ИТ

ИССЛЕДОВАНИЕ О ПРИРОДЕ И ПРИЧИНАХ БОГАТСТВА НАРОДОВ

ИЗДАТЕЛЬСТВО АСТ
МОСКВА

УДК 330.1
ББК 65.02
С50

Серия «Эксклюзивная классика»

Adam Smith
AN INQUIRY INTO THE NATURE AND CAUSES
OF THE WEALTH OF NATIONS

Серийное оформление *Е. Ферез*

Компьютерный дизайн *А. Чаругиной*

Перевод с английского

Смит, Адам.
С50 Исследование о природе и причинах богатства народов / Адам Смит ; [перевод с английского]. — Москва : Издательство АСТ, 2019. — 1072 с. — (Эксклюзивная классика).

ISBN 978-5-17-117450-7

Адам Смит (1723–1790) — шотландский экономист, философ и один из основоположников современной экономической науки.

«Исследование о природе и причинах богатства народов» — это краеугольный камень классической политической экономии.

В этой книге А. Смит обобщил экономические идеи и теории предшественников, выработал систему категорий, методов и принципов экономической науки и оказал решающее влияние на ее развитие.

УДК 330.1
ББК 65.02

Предисловие к третьему изданию

Первое издание этой книги печаталось в конце 1775 и начале 1776 г. Поэтому, когда в большей части этой книги говорится о настоящем положении вещей, надо иметь в виду положение вещей, существовавшее в то время, когда я писал эту книгу, или в несколько более ранний период. В третьем издании я сделал несколько добавлений, в частности к главе о возвратных пошлинах и к главе о премиях. Кроме того, я прибавил новую главу под заглавием «Заключение о меркантилистической системе» и новый параграф в главе о расходах государя. Во всех этих добавлениях, говоря о настоящем положении вещей, я всегда имею в виду положение вещей в 1783 и в начале 1784 г.

Предисловие к четвертому изданию

В этом, четвертом, издании я не сделал никаких изменений. Однако я считаю нужным выразить величайшую благодарность мистеру Генри Гопу из Амстердама. Этому лицу я обязан очень точными и подробными сведениями о весьма интересном и важном предмете, об Амстердамском банке, о котором я не нашел удовлетворительных и ясных данных ни в одном печатном отчете. Имя этого человека так хорошо известно в Европе, сведения, исходящие от него, делают столько чести всякому, кто их получил, и это признание так льстит моему самолюбию, что я не могу отказать себе в удовольствии предпослать этому новому изданию настоящее предисловие.

Введение и план сочинения

Годичный труд каждого народа представляет собою первоначальный фонд, который доставляет ему все необходимые для существования и удобства жизни продукты, потребляемые им в течение года и состоящие всегда или из непосредственных продуктов этого труда, или из того, что приобретается в обмен на эти продукты у других народов.

Поэтому от количества этих продуктов или того, что приобретается в обмен на них сравнительно с числом тех, кто их потребляет, народ оказывается лучше или хуже снабженным всеми необходимыми предметами и удобствами, в каких он нуждается.

Но это отношение у каждого народа определяется двумя различными условиями: во-первых, искусством, умением и сообразительностью, с какими, в общем, применяется его труд, и, во-вторых, отношением между числом тех, кто занят полезным трудом, и числом тех, кто им не занят. Каковы бы ни были почва, климат и размеры территории того или иного народа, обилие или скудость его годового снабжения всегда будут зависеть от этих двух условий.

Обилие или скудость этого снабжения зависят, по-видимому, в большей степени от первого из этих условий, чем от второго. У диких народов — охотников и рыболовов — каждый человек, способный к труду, более или менее занят полезным трудом и старается по мере сил добывать все необходимое для своей жизни или для тех лиц из своего семейства и племени, которые по своей старости, молодости или слабости не могут заниматься охотой и рыбной ловлей. Такие народы, однако, бывают так ужасно бедны, что нужда подчас заставляет их — или по крайней мере они думают, что она вынуждает их, — убивать своих детей, стариков и страдающих хроническими болезнями или же покидать их на голодную смерть и на съедение диким зверям. Напротив, у народов цивилизованных и процветающих — хотя у них большое число людей совсем не работает, причем многие неработающие потребляют в десять, а часто и в сто раз большего труда, чем большинство работающих, — продукт всего труда общества в целом так велик, что часто все бывают в изобилии снабжены им, так что работник даже низшего и беднейшего разряда, если он бережлив и трудолюбив, может пользоваться большим количеством предметов необходимости и удобств жизни, чем какой бы то ни было дикарь.

Причины этого прогресса в области производительности труда и порядок, в соответствии с которым его продукт естественным образом распределяется между различными классами и группами людей в обществе, составляют предмет первой книги настоящего исследования.

Каково бы ни было состояние искусства, умения и сообразительности, применяемых при работе данным народом, обилие или скудость годового снабжения должны зависеть при неизменности этого состояния от соотношения между числом людей, занятых полезным трудом, и числом лиц, не занимающихся им. Число полезных и производительных рабочих, как это будет выяснено в дальнейшем, зависит везде от количества капитала, затрачиваемого на то, чтобы дать им работу, и от особого способа его употребления. Поэтому вторая книга рассматривает природу капитала, способы его постепенного накопления, а также изменения в количествах труда, приводимых им в движение, в зависимости от различных способов его применения.

Народы, довольно далеко подвинувшиеся вперед в отношении искусства, умения и сообразительности в применении своего труда, употребляли весьма различные методы для того, чтобы придать труду известный характер или направление, причем не все применявшиеся ими методы были одинаково благоприятны для умножения их продукта. Политика одних народов особенно сильно поощряла земледелие, политика других — городскую промышленность. Вряд ли хотя бы один народ относился одинаково ко всем родам промышленности. Со времени падения Римской империи политика Европы более благоприятствовала ремеслам, мануфактуре и торговле — одним словом, городской промышленности, чем земледелию — труду сельскому. Обстоятельства, которые, по-видимому, привели к такой политике и упрочили ее, объяснены в третьей книге.

Хотя эти различные методы были, может быть, обусловлены частными интересами и предрассудками отдельных групп населения, которые не принимали во внимание или не предусматривали возможных последствий для благосостояния общества в целом, однако они послужили основанием для весьма различных теорий политической экономии; при этом одни из последних особенно подчеркивают значение городской промышленности, другие — сельской. Эти теории имели значительное влияние не только на мнения образованных людей, но и на политику государей и государственной власти. В четвертой книге я пытался возможно полнее и точнее объяснить эти различные теории и главные результаты, к которым они приводили в разные века и у различных народов.

В задачу первых четырех книг, таким образом, входит выяснение того, в чем состоял доход главной массы народа или какова была природа тех фондов, которые в различные века и у различных народов составляли их годовое потребление. Пятая, последняя, книга рассматривает доход государя или государства. В ней я старался показать, во-первых, каковы необходимые расходы государя или государства, какие из этих расходов должны покрываться за счет сборов со всего общества и какие — только определенною частью общества или отдельными его членами; во-вторых, каковы различные методы привлечения всего общества к покрытию расходов, падающих на все общество, и каковы главные преимущества и недостатки каждого из этих методов; и, в-третьих, наконец, какие причины и соображения побуждали почти все современные правительства отдавать часть своих доходов в долгосрочный залог или заключать займы и какое влияние имели они на действительное богатство общества, на годовой продукт его земли и его труда.

Книга I
ПРИЧИНЫ УВЕЛИЧЕНИЯ ПРОИЗВОДИТЕЛЬНОСТИ ТРУДА И ПОРЯДОК, В СООТВЕТСТВИИ С КОТОРЫМ ЕГО ПРОДУКТ ЕСТЕСТВЕННЫМ ОБРАЗОМ РАСПРЕДЕЛЯЕТСЯ МЕЖДУ РАЗЛИЧНЫМИ КЛАССАМИ НАРОДА

Глава I
О РАЗДЕЛЕНИИ ТРУДА

Величайший прогресс в развитии производительной силы труда и значительная доля искусства, умения и сообразительности, с какими он направляется и прилагается, явились, по-видимому, следствием разделения труда. Значение разделения труда для хозяйственной жизни общества в целом легче всего уяснить себе, если ознакомиться с тем, как оно действует в каком-либо отдельном производстве. Обыкновенно полагают, что дальше всего оно проведено в некоторых мануфактурах, имеющих второстепенное значение. В действительности разделение труда, может быть, и не идет там так далеко, как в других, более крупных; но в небольших мануфактурах, предназначенных обслуживать спрос лишь незначительного числа людей, общее число рабочих должно быть по необходимости невелико, и потому рабочие, занятые различными операциями в производстве, часто соединены в одной мастерской и могут находиться все сразу на виду. Напротив, в тех крупных мануфактурах, которые предназначены удовлетворять спрос большого количества людей, каждая отдельная часть работы занимает столь значительное число рабочих, что уже представляется невозможным соединить их всех в одной и той же мастерской. Здесь нам приходится видеть вместе только рабочих, занятых одною частью работы. И потому, хотя в таких крупных мануфактурах разделение труда может быть в действительности проведено гораздо дальше, чем в мануфактурах меньшего значения, в них оно не так заметно и поэтому мало обращало на себя внимание.

Для примера возьмем поэтому весьма маловажную отрасль промышленности, но такую, в которой разделение труда очень часто отмечалось, а именно производство булавок. Рабочий, не обученный этому производству (разделение труда сделало последнее особой профессией) и не умеющий обращаться с машинами, употребляемыми в нем (толчок к изобретению последних, вероятно, тоже был дан этим разделением труда), едва ли может, пожалуй, при всем своем старании сделать одну булавку в день и, во всяком случае, не сделает двадцати булавок. Но при организации, которую имеет теперь это производство, не только оно само в целом представляет особую профессию, но и подразделяется на ряд специальностей, из которых каждая в свою очередь является отдельным специальным занятием. Один рабочий тянет проволоку, другой выпрямляет ее, третий обрезает, четвертый заостряет конец, пятый обтачивает один конец для насаживания головки; изготовление самой головки требует двух или трех самостоятельных операций; насадка ее составляет особую операцию, полировка булавки — другую; самостоятельной операцией является даже завертывание готовых булавок в пакетики. Таким образом, сложный труд производства булавок разделен приблизительно на восемнадцать самостоятельных операций, которые в некоторых мануфактурах все выполняются различными рабочими, тогда как в других один и тот же рабочий нередко выполняет две или три операции. Мне пришлось видеть одну небольшую мануфактуру такого рода, где было занято только десять рабочих и где, следовательно, некоторые из них выполняли по две и по три различных операции. Хотя они были очень бедны и потому недостаточно снабжены необходимыми приспособлениями, они могли, работая с напряжением, выработать все вместе двенадцать с лишним фунтов булавок в день. А так как в фунте считается несколько больше 4 тыс. булавок средних размеров, то эти десять человек вырабатывали свыше 48 тыс. булавок в день. Следовательно, считая на человека одну десятую часть 48 тыс. булавок, можно считать, что один рабочий вырабатывал более 4 тыс. булавок в день. Но если бы все они работали в одиночку и независимо друг от друга и не были приучены к этой специальной работе, то, несомненно, ни один из них не смог бы сделать двадцати, а, может быть, даже и одной булавки в день. Одним словом, они, несомненно, не выработали бы $^1/_{240}$, а может быть, и $^1/_{4800}$ доли того, что в состоянии выработать теперь в результате надлежащего разделения и сочетания их различных операций.

Во всяком другом ремесле и мануфактуре последствия разделения труда подобны описанным в этом весьма маловажном производстве, хотя во многих из них труд не может быть в такой степени разделен и сведен к таким простым операциям. Однако разделение труда в любом ремесле, в каких бы размерах оно ни было введено, вызывает соответствующее увеличение производительности труда. По-видимому, отделение друг от друга различных профессий и занятий вызывалось этим преимуществом. Вместе с тем такое выделение обыкновенно идет дальше в странах, достигших более высокой ступени промышленного развития: то, что в диком состоянии общества составляет работу одного человека, в более развитом обществе выполняется несколькими. Во всяком развитом обществе фермер обыкновенно занимается только фермерством, владелец мануфактуры занят только своей мануфактурой. Труд, необходимый для производства какого-нибудь законченного предмета, тоже почти всегда распределяется между большим количеством людей. Сколько различных профессий занято в каждой отрасли производства полотна или сукна, начиная с тех, кто выращивает лен и овец, доставляющих шерсть, и кончая теми, которые заняты белением и лощением полотна или крашением и аппретурою сукна! Правда, земледелие по природе своей не допускает ни такого многообразного разделения труда, ни столь полного отделения друг от друга различных работ, как это возможно в мануфактуре. Невозможно вполне отделить занятие скотовода от занятия хлебопашца, как это обычно имеет место с профессиями плотника и кузнеца. Прядильщик и ткач почти всегда два разных лица, тогда как работник, который пашет, боронит, сеет и жнет, часто представляет собою одно лицо. Ввиду того что эти различные виды труда должны выполняться в разные времена года, невозможно, чтобы каждым из них в течение всего года был постоянно занят отдельный работник. Невозможность столь полного выделения всех различных видов труда, практикуемых в земледелии, является, пожалуй, причиной того, что увеличение производительности труда в этой области не всегда соответствует росту ее в промышленности. Самые богатые народы, конечно, обыкновенно идут впереди своих соседей как в области земледелия, так и промышленности, но их превосходство обычно больше проявляется в промышленности, чем в земледелии. Их земля, по общему правилу, лучше обработана, и, ввиду того что в нее вложено больше труда и издержек, она производит больше, чем это соответствовало бы ее размеру и естественному плодородию. Но это увеличение производительности редко превосходит добавочное вложение труда и издержек. В земледелии богатой страны труд не всегда более производителен, чем в бедной стране, или, во всяком случае, это различие в производительности никогда не бывает так значительно, как это обыкновенно наблюдается в промышленности. Поэтому хлеб богатой страны при равном качестве не всегда продается на рынке дешевле хлеба страны бедной. Хлеб из Польши стоит столько же, сколько французский хлеб того же качества, несмотря на большее богатство и техническое превосходство Франции. Хлеб во Франции в хлебородных провинциях столь же хорош и почти всегда имеет ту же цену, что и хлеб Англии, хотя по богатству и уровню техники Франция, наверное, стоит ниже Англии. А между тем поля Англии возделываются лучше полей Франции, а поля Франции, как утверждают, лучше возделываются, чем поля Польши. Хотя бедная страна, несмотря на худшую обработку земли, может в известной мере соперничать с богатой страной в отношении дешевизны и качества своего хлеба, но она не может претендовать на такую конкуренцию в отношении продуктов своих мануфактур, по крайней мере если последние соответствуют почвенным условиям, климату и географическому положению богатой страны. Шелка Франции лучше и дешевле шелков Англии, так как шелковая промышленность менее соответствует климату Англии, особенно при существующих ныне высоких ввозных пошлинах на шелк-сырец. Зато железные товары и грубые сукна Англии несравненно превосходят французские, а также много дешевле их при одинаковом качестве. В Польше, как сообщают, отсутствует какая бы то ни было промышленность, за исключением небольшой грубой домашней промышленности, без которой не может существовать ни одна страна.

Такое значительное увеличение количества работы, которое может выполнить в результате разделения труда одно и то же число рабочих, зависит от трех различных условий: во-первых, от увеличения ловкости каждого отдельного рабочего; во-вторых, от экономии времени, которое обыкновенно теряется на переход от одного вида труда к другому; и, наконец, от изобретения большого количества машин, облегчающих и сокращающих труд и позволяющих одному человеку выполнять работу нескольких.

I. Развитие ловкости рабочего обязательно увеличивает количество работы, которое он в состоянии выполнить, а разделение труда, сводя работу каждого рабочего к какой-нибудь простой операции и делая эту операцию единственным занятием всей его жизни, необходимо в значительной мере увеличивает ловкость рабочего. Обыкновенный кузнец, хотя и привычный к работе молотом, но никогда не выделывавший гвоздей, в случае поручения ему этой работы вряд ли окажется в состоянии, я в этом уверен, выделать более 200 или 300 гвоздей в день, и притом очень плохих. Кузнец, привыкший изготовлять гвозди, но не занимавшийся исключительно или преимущественно этим делом, редко может при крайнем старании выделать больше 800 или 1000 гвоздей в день. Я видел многих юношей, не достигших 20 лет, которые никогда не занимались другим делом, кроме выделки гвоздей, и которые при напряженном труде могли выделывать каждый свыше 2300 гвоздей в день. А между тем выделка гвоздей отнюдь не является одною из простейших операций. Один и тот же рабочий раздувает мехи, по мере нужды сгребает или разгребает жар, раскаливает железо и кует отдельно каждую часть гвоздя; притом при ковании шляпки ему приходится менять инструменты. Различные операции, на которые расчленяется работа по выделке булавки или металлической пуговицы, более просты, и ловкость рабочего, работа которого в течение всей жизни сводилась к этой операции, обыкновенно бывает значительно большей. Быстрота, с которой выполняются некоторые операции в этих мануфактурах, превосходит всякое вероятие, и кто не видел этого собственными глазами, не поверит, что рука человека может достигнуть такой ловкости.

II. Выгода, получаемая от экономии времени на переход от одного вида работы к другому, значительно больше, чем мы в состоянии с первого взгляда представить себе. Невозможно очень быстро переходить от одного вида работы к другому, поскольку она выполняется в другом месте и иными инструментами. Деревенский ткач, обрабатывающий небольшую ферму, должен терять очень много времени на переход от своего станка в поле и с поля к станку. Когда две различные работы могут выполняться в одной и той же мастерской, потеря времени, несомненно, значительно меньше. Однако даже и в этом случае она весьма значительна. Рабочий обыкновенно делает небольшую передышку, переходя от одного вида работы к другому. Когда он принимается за новую работу, он редко проявляет сразу большое усердие и внимание; его голова, как выражаются, занята еще другим, некоторое время он смотрит по сторонам и не работает как следует. Привычка глазеть по сторонам и работать небрежно, естественно или, вернее, неизбежно приобретаемая каждым деревенским работником, который вынужден каждые полчаса менять работу и инструменты и ежедневно приноравливаться в течение всей своей жизни к двадцати различным занятиям, почти всегда делает его ленивым, нерадивым и неспособным к напряженному труду даже в случаях настоятельной необходимости. Независимо поэтому от недостатка у него ловкости, одна эта причина должна всегда значительно уменьшать количество труда, которое он способен выполнить.

III. Наконец, всем должно быть понятно, как облегчается и сокращается труд благодаря применению надлежащих машин. Нет необходимости приводить примеры. Должен только заметить, что изобретение всех машин, облегчающих и сокращающих труд, следует, по-видимому, приписывать разделению труда. Люди скорее открывают более легкие и быстрые способы для достижения какого-нибудь результата, когда все внимание их умственных способностей направлено к одной лишь определенной цели, чем когда оно рассеивается на большое количество разных предметов. Вследствие разделения труда все внимание каждого работника, естественно, направляется на какой-нибудь один очень простой предмет. Естественно поэтому ожидать, что кто-либо из тех, кто занят в каждой специальной операции, скорее откроет более легкий и быстрый способ выполнения своей специальной работы, поскольку ее характер допускает это. Значительная часть машин, употребляемых в тех мануфактурах, где проведено наибольшее разделение труда, была первоначально изобретена простыми рабочими. Те, кому приходилось часто посещать такие мануфактуры, должны были видеть весьма хорошие машины, изобретенные самими рабочими в целях ускорения и облегчения выполняемой ими специальной работы. К первым паровым машинам постоянно приставлялся подросток для того, чтобы попеременно открывать и закрывать сообщение между котлом и цилиндром в зависимости от приподнимания и опускания поршня. Один из этих мальчиков, любивший играть со своими товарищами, подметил, что, если привязать веревку от рукоятки клапана, открывающего это сообщение, к другой части машины, клапан будет открываться и закрываться без его помощи и это позволит ему свободно забавляться с товарищами. Таким образом, одно из важнейших улучшений, сделанных в паровой машине с момента ее изобретения, было придумано подростком, который хотел сократить свой собственный труд.

Однако далеко не все усовершенствования машин явились изобретением тех, кому приходилось работать при машинах. Многие усовершенствования были произведены благодаря изобретательности машиностроителей, когда производство машин сделалось особой отраслью промышленности, а некоторые — теми, кого называют учеными, или теоретиками, профессия которых состоит не в изготовлении каких-либо предметов, а в наблюдении окружающего и которые в силу этого в состоянии комбинировать силы наиболее отдаленных друг от друга и несходных предметов. С прогрессом общества наука, или умозрение, становится, как и всякое другое занятие, главной или единственной профессией и занятием особого класса граждан. Подобно всякому иному занятию, она тоже распадается на большое число различных специальностей, из которых каждая доставляет занятие особому разряду или классу ученых; такое разделение занятий в науке, как и во всяком другом деле, увеличивает умение и сберегает время. Каждый отдельный работник становится более опытным и сведущим в своей специальности; в целом производится больше работы и значительно возрастают достижения науки. Получающееся в результате разделения труда значительное увеличение производства всякого рода предметов приводит в обществе, надлежащим образом управляемом, к тому всеобщему благосостоянию, которое распространяется и на самые низшие слои народа. Каждый работник может располагать значительным количеством продуктов своего труда сверх того количества, которое необходимо для удовлетворения его собственных потребностей; и, поскольку все остальные работники находятся точно в таком же положении, он оказывается в состоянии обменивать большое количество своих продуктов на большое количество изготовляемых ими продуктов, или, что то же самое, на цену этих продуктов. Он с избытком доставляет им то, в чем они нуждаются, а они в той же мере снабжают его тем, в чем он нуждается, и таким образом достигается общее благосостояние во всех слоях общества.

Присмотритесь к домашней обстановке большинства простых ремесленников или поденщиков в цивилизованной и богатеющей стране, и вы увидите, что невозможно даже перечислить количество людей, труд которых, хотя бы в малом размере, был затрачен на доставление всего необходимого им. Шерстяная куртка, например, которую носит поденный рабочий, как бы груба и проста она ни была, представляет собою продукт соединенного труда большого количества рабочих. Пастух, сортировщик, чесальщик шерсти, красильщик, прядильщик, ткач, ворсировщик, аппретурщик и многие другие — все должны соединить свои различные специальности, чтобы выработать даже такую грубую вещь. А сколько, кроме того, купцов и грузчиков должно было быть занято для доставки материалов от одних рабочих к другим, живущим часто в весьма отдаленных частях страны! Сколько нужно было торговых сделок и водных перевозок, сколько, в частности, нужно было судостроителей, матросов, выделывателей парусов, канатов, чтобы доставить различные материалы, употребляемые красильщиком и нередко привозимые из самых отдаленных концов земли! А какой разнообразный труд необходим для того, чтобы изготовить инструменты для этих рабочих! Не говоря уже о таких сложных машинах, как судно, валяльная мельница и даже станок ткача, подумаем только, какой разнообразный труд необходим для того, чтобы изготовить весьма простой инструмент — ножницы, которыми пастух стрижет шерсть. Рудокоп, строитель печи для руды, дровосек, угольщик, доставляющий древесный уголь для плавильной печи, изготовитель кирпича, каменщик, рабочий при плавильной печи, строитель завода, кузнец, ножовщик — все они должны соединить свои усилия, чтобы изготовить ножницы. Если мы таким же образом рассмотрим все различные предметы обстановки и одежды упомянутого простого ремесленника или поденщика — грубую холщовую рубаху, которую он носит на теле, обувь на его ногах, постель, на которой он спит, и все различные части ее в отдельности, плиту, на которой он приготовляет свою пищу, уголь, употребляемый им для этой цели, добытый из глубин земли и доставленный ему, может быть, морем и затем по суше с далекого расстояния, всю остальную утварь его кухни, все предметы на его столе — ножи и вилки, глиняные и оловянные блюда, на которых он ест и режет свою пищу; если подумаем о всех рабочих руках, занятых изготовлением для него хлеба и пива, оконных стекол, пропускающих к нему солнечный свет и тепло, защищающих от ветра и дождя, если подумаем о всех знаниях и ремеслах, необходимых для изготовления этого прекрасного и благодетельного предмета, без которого эти северные страны света вряд ли могли бы служить удобным местом для жилья; об инструментах всех различных работников, занятых в производстве различных предметов необходимости и удобств; если мы рассмотрим все это, говорю я, и подумаем, какой разнообразный труд затрачен на все это, мы поймем, что без содействия и сотрудничества многих тысяч людей самый бедный обитатель цивилизованной страны не мог бы вести тот образ жизни, который он обычно ведет теперь и который мы неправильно считаем весьма простым и обыкновенным. Конечно, в сравнении с чрезвычайной роскошью богача его обстановка должна казаться крайне простой и обыкновенной, и тем не менее может оказаться, что обстановка европейского государя не всегда настолько превосходит обстановку трудолюбивого и бережливого крестьянина, насколько обстановка последнего превосходит обстановку многих африканских царьков, абсолютных владык жизни и свободы десятков тысяч нагих дикарей.

Глава II

О ПРИЧИНЕ, ВЫЗЫВАЮЩЕЙ РАЗДЕЛЕНИЕ ТРУДА

Разделение труда, приводящее к таким выгодам, отнюдь не является результатом чьей-либо мудрости, предвидевшей и осознавшей то общее благосостояние, которое будет порождено им: оно представляет собою последствие — хотя очень медленно и постепенно развивающееся — определенной склонности человеческой природы, которая отнюдь не имела в виду такой полезной цели, а именно склонности к торговле, к обмену одного предмета на другой.

В нашу задачу в настоящий момент не входит исследование того, является ли эта склонность одним из тех основных свойств человеческой природы, которым не может быть дано никакого дальнейшего объяснения, или, что представляется более вероятным, она является необходимым следствием способности рассуждать и дара речи. Эта склонность обща всем людям и, с другой стороны, не наблюдается ни у какого другого вида животных, которым, по-видимому, данный вид соглашений, как и все другие, совершенно неизвестен. Когда две гончие преследуют одного и того же зайца, иногда кажется, будто они действуют по какому-то соглашению. Каждая из них гонит его в сторону другой или старается перехватить, когда другая гонит его к ней. Однако это отнюдь не результат какого-либо соглашения, а проявление случайного совпадения их страстей, направленных в данный момент в сторону одного и того же предмета. Никому не приходилось видеть, чтобы одна собака сознательно менялась костью с другой. Никому не приходилось видеть, чтобы какое-либо животное жестами или криком показывало другому: это — мое, то — твое, я отдам тебе одно в обмен на другое. Когда животное хочет получить что-либо от человека или другого животного, оно не знает других средств убеждения, чтобы снискать милость тех, от кого ожидает подачки. Щенок ласкается к своей матери, а болонка старается бесчисленными уловками привлечь внимание своего обедающего хозяина, когда хочет, чтобы он накормил ее. Человек иногда прибегает к таким же уловкам со своими ближними, и если у него нет другого средства побудить их действовать в соответствии с его желаниями, он пытается приобрести их расположение угодничеством и всяческой лестью. Однако у него не хватило бы времени действовать так во всех случаях. В цивилизованном обществе он непрерывно нуждается в содействии и сотрудничестве множества людей, между тем как в течение всей своей жизни он едва успевает приобрести дружбу нескольких лиц. Почти у всех других видов животных каждая особь, достигнув зрелости, становится совершенно независимой и в своем естественном состоянии не нуждается в помощи других живых существ; между тем человек постоянно нуждается в помощи своих ближних, но тщетно было бы ожидать ее лишь от их расположения. Он скорее достигнет своей цели, если обратится к их эгоизму и сумеет показать им, что в их собственных интересах сделать для него то, что он требует от них. Всякий предлагающий другому сделку какого-либо рода предлагает сделать именно это. Дай мне то, что мне нужно, и ты получишь то, что необходимо тебе, — таков смысл всякого подобного предложения. Именно таким путем мы получаем друг от друга значительно большую часть услуг, в которых мы нуждаемся. Не от благожелательности мясника, пивовара или булочника ожидаем мы получить свой обед, а от соблюдения ими своих собственных интересов. Мы обращаемся не к гуманности, а к их эгоизму и никогда не говорим им о наших нуждах, а лишь об их выгодах. Никто не хочет зависеть главным образом от благоволения своих сограждан. Даже нищий не целиком зависит от него. Милосердие добрых людей снабжает его, правда, средствами, необходимыми для существования. Но, хотя этот источник в конечном счете дает ему все необходимое для жизни, он не снабжает и не может снабжать его непосредственно предметами жизненной необходимости в тот момент, когда нищий испытывает в них нужду. Бóльшая часть его нужд удовлетворяется таким же способом, как и нужды других людей, а именно посредством договора, обмена, покупки. На деньги, которые нищий получает от других людей, он покупает пищу. Старое платье, которое ему дарят, он выменивает на другое, более подходящее для него, или на жилище, пищу, наконец, на деньги, на которые он может купить пищу, одежду, снять помещение в зависимости от потребности.

Точно так же как посредством договора, обмена и покупки мы приобретаем друг от друга большую часть необходимых нам взаимных услуг, так и эта самая склонность к обмену породила первоначально и разделение труда. В охотничьем или пастушеском племени один человек выделывает, например, луки и стрелы с большей быстротой и ловкостью, чем кто-либо другой. Он часто выменивает их у своих соплеменников на скот или дичь; в конце концов он видит, что может таким путем получать больше скота и дичи, нежели охотой. Соображаясь со своей выгодой, он делает изготовление луков и стрел своим главным занятием и становится таким образом своего рода оружейником. Другой выделяется своим умением строить и покрывать крышей маленькие хижины или шалаши. Он привыкает помогать в этой работе своим соседям, которые вознаграждают его таким же способом — скотом и дичью, пока, наконец, он не признает выгодным для себя целиком отдаться этому занятию и сделаться своего рода плотником. Таким же путем третий становится кузнецом или медником, четвертый — кожевником или дубильщиком шкур и кож, главных частей одежды дикарей. И, таким образом, уверенность в возможности обменять весь тот излишек продукта своего труда, который превышает его собственное потребление, на ту часть продукта труда других людей, в которой он может нуждаться, побуждает каждого человека посвятить себя определенному специальному занятию и развить до совершенства свои природные дарования в данной специальной области.

Различные люди отличаются друг от друга своими естественными способностями гораздо меньше, чем мы предполагаем, и само различие способностей, которыми отличаются они в своем зрелом возрасте, во многих случаях является не столько причиной, сколько следствием разделения труда. Различие между самыми несхожими характерами, между ученым и простым уличным носильщиком, например, создается, по-видимому, не столько природой, сколько привычкой, практикой и воспитанием. Во время своего появления на свет и в течение первых шести или восьми лет своей жизни они были очень похожи друг на друга, и ни их родители, ни сверстники не могли заметить сколько-нибудь заметного различия между ними. В этом возрасте или немного позже их начинают приучать к различным занятиям. И тогда становится заметным различие способностей, которое делается постепенно все больше, пока, наконец, тщеславие ученого отказывается признавать хотя бы и тень сходства между ними. Но не будь склонности к торгу и обмену, каждому человеку приходилось бы самому добывать для себя все необходимое для жизни. Всем приходилось бы выполнять одни и те же обязанности, производить одну и ту же работу, и не существовало бы тогда такого разнообразия занятий, которое и породило значительное различие в способностях.

Эта склонность к обмену не только создает различие способностей, столь заметное у людей различных профессий, она также делает его полезным. Многие породы животных, признаваемые принадлежащими к одному и тому же виду, отличаются от природы гораздо более резко выраженным несходством способностей, чем это наблюдается, по-видимому, у людей, пока они остаются свободными от воздействия привычки и воспитания. Ученый по своему уму и способностям и наполовину не отличается так от уличного носильщика, как дворовая собака от гончей, или гончая от болонки, или последняя от овчарки. Однако эти различные породы животных, хотя и принадлежащие все к одному виду, почти бесполезны друг для друга. Сила дворовой собаки ни в малейшей степени не дополняется ни быстротой гончей, ни понятливостью болонки, ни послушанием овчарки. Все эти различные способности и свойства, ввиду отсутствия способности или склонности к обмену и торгу, не могут быть использованы в общих целях и ни в какой мере не содействуют лучшему приспособлению и удобствам всего вида. Каждое животное, вынужденное заботиться о себе, защищать себя отдельно и независимо от других, не получает решительно никакой выгоды от разнообразных способностей, которыми природа наделила подобных ему животных. Напротив того, среди людей самые несходные дарования полезны одно другому; различные их продукты благодаря склонности к торгу и обмену собираются как бы в одну общую массу, из которой каждый человек может купить себе любое количество произведений других людей, в которых он нуждается.

Глава III

РАЗДЕЛЕНИЕ ТРУДА ОГРАНИЧИВАЕТСЯ РАЗМЕРАМИ РЫНКА

Так как возможность обмена ведет к разделению труда, то степень последнего всегда должна ограничиваться пределами этой возможности, или, другими словами, размерами рынка. Когда рынок незначителен, ни у кого не может быть побуждения посвятить себя целиком какому-либо одному занятию ввиду невозможности обменять весь излишек продукта своего труда на необходимые продукты труда других людей.

22 Существуют профессии, даже самые простые, которыми можно заниматься только в большом городе. Носильщик, например, ни в каком другом месте не может найти себе занятие и прокормление. Деревня является слишком узким поприщем для приложения его труда, даже город средней величины вряд ли достаточно велик для того, чтобы обеспечить ему постоянную работу. В уединенных фермах и маленьких деревушках, разбросанных в такой редконаселенной стране, как горная Шотландия, каждый фермер должен быть вместе с тем мясником, булочником и пивоваром для своей семьи. В таких условиях трудно встретить даже кузнеца, плотника или каменщика на расстоянии менее 20 миль от его собрата по профессии. Семьи, живущие на расстоянии 8 или 10 миль друг от друга, вынуждены сами выполнять множество мелких работ, за выполнением которых в более населенных местностях они обратились бы к содействию этих ремесленников. Деревенские ремесленники почти повсеместно вынуждены заниматься самыми разнообразными промыслами, имеющими лишь то общее, что для них употребляются одинаковые материалы. Деревенский плотник выполняет всякого рода работу по дереву, деревенский кузнец выделывает все изделия из железа. Первый является не только плотником, но и столяром, краснодеревцем и даже резчиком по дереву, а также изготовляет колеса, телеги и плуги. Работа кузнеца еще более разнообразна. В отдаленных и внутренних частях горной Шотландии немыслима даже профессия гвоздаря. Такой рабочий при выработке в день 1 тыс. гвоздей и при 300 рабочих днях в году изготовит за год 300 тыс. гвоздей. Но в такой местности невозможно сбыть и 1 тыс. гвоздей в год.

Так как благодаря водному транспорту для всех видов труда открывается более обширный рынок, чем это мыслимо при существовании одного лишь сухопутного транспорта, то разделение труда и совершенствование всякого рода промыслов, естественно, вводятся впервые в приморских местностях и по берегам судоходных рек; часто эти улучшения спустя лишь долгое время проникают во внутренние части страны. Большой фургон, запряженный 8 лошадьми и при 2 работниках, в продолжение шести недель свезет из Лондона в Эдинбург и обратно около 4 тонн товара. Приблизительно за то же самое время парусное судно с экипажем в 6 или 8 человек, курсирующее между портами Лондона и Лейта, свезет туда и обратно 200 тонн товара. Таким образом, 6 или 8 человек при помощи водного транспорта могут свезти туда и обратно между Лондоном и Эдинбургом такое же количество товаров, какое свезут 50 больших фургонов при 100 работниках и 400 лошадях. Следовательно, на 200 тонн товаров, перевозимых самым дешевым способом — сухим путем — из Лондона в Эдинбург, должны ложиться расходы по содержанию в течение трех недель 100 человек и 400 лошадей; к этому надо присоединить уменьшение стоимости лошадей — сумма, приблизительно равная содержанию их, равно как и 50 фургонов. Между тем на такое же количество товаров, перевозимых водою, приходится наложить только расход по содержанию 6 или 8 человек и стоимость снашивания судна вместимостью в 200 тонн плюс оплата большего риска, или разницы между морским и сухопутным страхованием. Поэтому, если бы между этими двумя пунктами не было иного сообщения, кроме сухопутного, и из одного из них можно было бы перевозить в другой только такие товары, цена которых весьма значительна в сравнении с их весом, эти пункты могли бы вести между собою лишь ничтожную торговлю по сравнению с тою, которая существует в настоящее время, и, следовательно, могли бы поощрять промышленность друг друга в значительно меньшей степени, чем ныне. При таких условиях или совсем не могла бы существовать какая бы то ни было торговля между различными частями света, или имела бы ничтожные размеры. Какие товары могли бы выдержать расходы по сухопутной перевозке между Лондоном и Калькуттой? И если бы даже нашлись столь дорогостоящие товары, чтобы выдержать такие расходы, то разве перевозка их через территории стольких варварских народов могла бы быть безопасна? Между тем эти два города в настоящее время ведут между собою очень значительную торговлю, и каждый из них, представляя рынок для другого, в большей мере поощряет промышленность последнего.

При таких преимуществах водного транспорта представляется естественным, что первые успехи ремесел и промышленности имели место там, где удобство сообщений открывало весь мир для сбыта продуктов всех видов труда, и что они всегда позднее начинали развиваться во внутренних областях страны. Последние в течение долгого времени не могут иметь для большей части своих товаров другого рынка, кроме прилегающих к ним местностей, отделяющих их от морского берега и больших судоходных рек. Размеры рынка поэтому в течение продолжительного времени должны соответствовать богатству и населению этих местностей, и потому рост их богатства всегда будет отставать от роста богатства упомянутых местностей. В наших североамериканских колониях плантации постоянно устраивались на берегу моря или по берегам судоходных рек и вряд ли где-нибудь простирались на значительное расстояние от них.

Народы, которые, согласно самым достоверным историческим источникам, представляются первыми носителями цивилизации, жили по берегам Средиземного моря. Это море, величайшее из известных на земле внутренних морей, не знающее ни приливов и отливов, ни волнений, кроме вызываемых ветром, благодаря спокойствию своей поверхности, а также обилию островов и близости окаймляющих его берегов чрезвычайно благоприятствовало зарождавшемуся мореплаванию в то отдаленное время, когда люди, не знавшие еще компаса, боялись терять из виду берег и вследствие слабого развития кораблестроения того времени не решались пускаться в бушующие волны океана. Проплыть геркулесовы столпы, т.е. выйти за Гибралтарский пролив в открытое море, долго считалось в древнем мире самым удивительным и опасным подвигом. Много прошло времени, пока финикийцы и карфагеняне, самые искусные мореплаватели и кораблестроители тех отдаленных времен, попытались сделать это, и еще долгое время только они предпринимали такие попытки.

Из всех стран по берегам Средиземного моря Египет, по-видимому, первый занялся в сколько-нибудь значительных размерах земледелием и промышленностью и усовершенствовал их. Верхний Египет ни в одном месте не отделяется более чем на несколько миль от Нила, а в Нижнем Египте эта великая река разветвляется на множество рукавов, которые при помощи несложных искусственных сооружений обеспечивали, по-видимому, водное сообщение не только между крупными городами, но и между всеми значительными сельскими поселениями и даже многими отдельными поместьями, как это в настоящее время имеет место по Рейну и Маасу в Голландии. Обширность и легкость этого внутреннего водного сообщения послужили, вероятно, одной из главных причин ранней цивилизации Египта.

Земледелие и промышленность развились, по-видимому, также в весьма глубокой древности в провинциях Бенгалии в Индии и в некоторых из восточных провинций Китая; впрочем, отдаленность этого времени не может быть установлена вполне достоверно для нас историческими источниками. В Бенгалии Ганг и ряд других больших рек разветвляются на множество судоходных рукавов, подобно Нилу в Египте. В восточных провинциях Китая несколько больших рек с их притоками тоже образуют много судоходных путей и, сообщаясь между собой, порождают внутреннее судоходство, еще более оживленное, чем по Нилу и Гангу или, пожалуй, по обоим вместе. Интересно, что ни древние египтяне, ни индусы, ни китайцы не поощряли внешней торговли, но свои большие богатства все они извлекали, по-видимому, из этого внутреннего судоходства.

Вся внутренняя часть Африки, часть Азии, которая отстоит далеко к северу от Черного и Каспийского морей, древняя Скифия, современная Татария и Сибирь во все века находились, по-видимому, в таком же варварском и диком состоянии, в каком они находятся и в настоящее время. Единственным морем Татарии являлся Ледовитый океан, который не допускает судоходства; и хотя несколько величайших рек в мире протекает по этой стране, они находятся на слишком большом расстоянии друг от друга, чтобы по ним можно было поддерживать сношения и вести торговлю с большей частью страны. В Африке совсем не существует таких больших внутренних морей, как Балтийское и Адриатическое в Европе, Средиземное и Черное в Европе и Азии, и таких заливов, как Аравийский, Персидский, Индийский, Бенгальский и Сиамский в Азии, а потому внутренние области этого великого материка недоступны морской торговле, большие же реки Африки находятся слишком далеко друг от друга, чтобы делать возможным сколько-нибудь значительное внутреннее судоходство. Помимо того, торговля, которую может вести народ, пользуясь рекой, не имеющей большого числа притоков и рукавов и протекающей перед впадением в море по чужой территории, никогда не достигает очень значительных размеров, потому что всегда во власти народов, обладающих этой территорией, воспрепятствовать сообщению между истоками реки и морем. Судоходство по Дунаю приносит очень мало пользы различным государствам, через которые он протекает, — Баварии, Австрии и Венгрии — в сравнении с тем, что оно могло бы давать, если бы одно из этих государств владело рекою на всем ее протяжении до впадения в Черное море.

Глава IV

О ПРОИСХОЖДЕНИИ И УПОТРЕБЛЕНИИ ДЕНЕГ

Как только повсеместно устанавливается разделение труда, лишь весьма малая доля потребностей каждого человека может быть удовлетворена продуктом его собственного труда. Значительно бóльшую часть их он удовлетворяет обменом того излишка продуктов своего труда, который остается после удовлетворения его потребностей, на излишки продукта труда других людей, в которых он нуждается.

Таким образом, каждый человек живет обменом или становится в известной мере торговцем, а само общество превращается, так сказать, в торговый союз.

Но, когда разделение труда только еще зарождалось, эта возможность обмена часто встречала очень большие затруднения. Предположим, что один человек обладал большим количеством определенного продукта, чем сам нуждался в нем, тогда как другой испытывал в нем недостаток. Поэтому первый охотно отдал бы часть этого излишка, а второй охотно приобрел бы его. Но если последний в данный момент не имел бы ничего такого, в чем нуждается первый, то между ними не могло бы произойти никакого обмена. Мясник имеет в своей лавке больше мяса, чем сам может потребить, а пивовар и булочник охотно купили бы каждый часть этого мяса; они не могут ничего предложить ему в обмен, кроме различных продуктов их собственного промысла, но мясник уже запасся тем количеством хлеба и пива, которое ему нужно на ближайшее время. В таком случае между ними не может состояться обмен. Мясник не может явиться поставщиком пивовара и булочника, а они — его потребителями; и, таким образом, они все ничем не могут служить друг другу. В целях избежания таких неудобных положений каждый разумный человек на любой ступени развития общества после появления разделения труда, естественно, должен был стараться так устроить свои дела, чтобы постоянно наряду с особыми продуктами своего собственного промысла иметь некоторое количество такого товара, который, по его мнению, никто не откажется взять в обмен на продукты своего промысла.

Надо думать, что самые различные товары выбирались и употреблялись последовательно для этой цели. В варварском состоянии общества таким общим орудием обмена, как говорят, был скот; и хотя он был весьма неудобен для этой цели, однако мы находим, что в древние времена предметы часто оценивались по тому количеству скота, которое давалось в обмен на них. Вооружение Диомеда, как говорит Гомер, стоило только 9 быков, а вооружение Главка стоило 100 быков. Как передают, в Абиссинии обычным средством торговли и обмена служит соль; на берегах Индии таким средством служат раковины особого вида, в Нью-Фаундленде — сушеная треска, в Виргинии — табак, в некоторых наших вест-индских колониях — сахар, в некоторых других странах — шкуры или выделанная кожа, и, как мне рассказывали, в настоящее время в Шотландии существует деревня, где рабочий нередко вместо денег приносит в булочную или пивную гвозди.

Однако во всех странах люди, по-видимому, в силу бесспорных доводов сочли, в конце концов, необходимым дать предпочтение для этой цели металлам по сравнению со всеми другими предметами. Металлы не только можно сохранять с наименьшею потерею, ибо вряд ли какие-нибудь другие предметы обладают большею прочностью по сравнению с ними, но их можно также делить без всяких потерь на любое количество частей, которые потом опять могут быть легко сплавлены в один кусок; этим качеством не обладает никакой другой продукт, отличающийся такою же прочностью, и именно оно, больше чем какое-нибудь другое, делает их пригодными служить орудием обмена и обращения. Например, человек, которому нужно было купить соль и который в обмен на нее мог дать только скот, вынужден был купить соль в количестве, равном цене целого быка или целой овцы. Он редко мог купить меньше этого количества, потому что то, что он мог отдать за нее, редко можно было разделить на части без убытка; а если ему хотелось купить больше, то в силу той же причины он вынужден был покупать двойное или тройное количество, т.е. на стоимость двух или трех быков или двух или трех овец. Если же вместо овцы или быка он мог дать в обмен за соль металл, он легко мог отделить количество металла, точно соответствующее количеству того товара, в котором он в данный момент нуждался.

Различные народы пользовались для этой цели различными металлами. Древние спартанцы употребляли в качестве средства обмена железо, древние римляне пользовались для этого медью; золотом и серебром пользовались все богатые и торговые народы.

Первоначально, по-видимому, металлы употреблялись для этой цели в слитках, а не в монете. Так, Плиний*рассказывает нам, ссылаясь на свидетельство Тимея, что до Сервия Туллия римляне не имели чеканной монеты, а для покупки нужных им предметов пользовались слитками меди без всякого чекана. Таким образом, эти неоформленные слитки металла в то время выполняли функцию денег.

Пользование такими слитками металла сопровождалось двумя очень значительными неудобствами: во-первых, трудностью взвешивать металл и, во-вторых, трудно-

---

* *Plin.* Hist. Nat. lib, cap. 3.

стью определения их пробы. По отношению к драгоценным металлам, когда даже ничтожная разница в количестве обусловливает громадную разницу в их стоимости, самое взвешивание с надлежащей точностью требует по крайней мере очень точных весов и гирь. Взвешивание золота в особенности представляет собою очень кропотливую и тонкую операцию. Конечно, с более грубыми металлами, когда небольшая ошибка не имеет большого значения, требуется меньшая точность. Однако мы нашли бы в высшей степени неудобным, если бы бедный человек, собирающийся купить или продать что-нибудь на мелкую монету, должен был каждый раз отвешивать надлежащее количество металла. Операция удостоверения чистоты металла еще более затруднительна, требует еще большей кропотливости, и если металл не расплавлен надлежащим образом в тигле и не обработан надлежащими кислотами, всякое определение пробы его будет в высшей степени неточно. До введения чеканной монеты люди всегда должны были подвергаться самым грубым обманам и надувательствам. Вместо фунта чистого серебра или чистой меди они могли получать в обмен на свои товары поддеданный сплав из самых грубых и дешевых материалов, которые, однако, по внешнему виду походили на эти металлы. Для предотвращения таких злоупотреблений, для облегчения обмена и содействия таким образом развитию всех видов промышленности и торговли во всех более или менее развитых странах было сочтено необходимым отмечать публичным клеймом определенные количества тех металлов, которые в этих странах обычно употреблялись при покупке товаров. Так возникли чеканная монета и те государственные учреждения, которые получили название монетных дворов. Они имеют совершенно такой же характер, как и учреждения, созданные для надзора за правильностью мер и для клеймения сукон и полотен. Все эти учреждения имеют одну и ту же задачу — удостоверять наложением публичных клейм количество и установленное качество различных товаров, поступающих на рынок.

Первые публичные клейма такого рода, которые накладывались на находившиеся в обращении металлы, во многих случаях, по-видимому, имели в виду удостоверить то, что было труднее и важнее всего, а именно — доброкачественность или чистоту металла; они походили на пробу, которой в настоящее время клеймятся слитки серебра и серебряная посуда, или на испанскую пробу, которая иногда накладывается на слитки золота и которая, будучи наложена только на одну сторону слитка, не покрывая всю его поверхность, удостоверяет только чистоту металла, а не его вес. Авраам отвесил Ефрону четыреста сиклей серебра, которые обещал заплатить за Махпельское поле. Хотя сикли, по-видимому, были ходячей монетой в торговле, однако они принимались по весу, а не счетом, точно так же, как слитки золота и серебра в настоящее время. Как передают, доходы древних саксонских королей Англии получались ими не в монете, а натурой, т.е. всякого рода съестными и другими припасами. Вильгельм Завоеватель установил обычай уплачивать эти доходы монетой. Однако она в течение долгого времени принималась в казначействе по весу, а не по счету.

Неудобства и затруднения, связанные с точным взвешиванием этих металлов, повели к установлению чекана монет, причем клейма, целиком покрывающие обе стороны монеты, а иногда также ее ребра, должны были удостоверять не только чистоту, но и вес металла. Поэтому такие монеты принимались, как и в настоящее время, по счету, без взвешивания их.

Названия этих монет первоначально, по-видимому, выражали вес или количество металла, содержащегося в них. Во времена Сервия Туллия, который первый стал чеканить в Риме монету, римский асс, или пондо, содержал римский фунт чистой меди. Подобно нашему тройскому фунту, он подразделялся на 12 унций, из которых каждая содержала унцию чистой меди. Во времена Эдуарда I английский фунт стерлингов содержал фунт серебра (по тауэрскому весу) установленной пробы. Тауэрский фунт, по-видимому, был несколько больше римского фунта и несколько меньше тройского фунта. Последний был введен в английском монетном дворе только на 18-м году царствования Генриха VIII. Французский ливр во времена Карла Великого содержал тройский фунт серебра установленной пробы. Ярмарка в Труа в Шампани в это время посещалась всеми народами Европы, и потому меры и весы столь известной ярмарки были всюду известны и всеми признавались. Шотландская монета в фунт со времени Александра I до Роберта Брюса содержала фунт серебра того же веса и пробы, как и английский фунт стерлингов. Английские, французские и шотландские пенни содержали тоже первоначально действительный пенс серебра, т.е. одну двадцатую часть унции, или $^1/_{240}$ часть фунта. Шиллинг тоже первоначально, по-видимому, обозначал вес. Когда пшеница стоит 12 шилл. за квартер, говорит старинный статут Генриха III, пшеничный хлеб ценою в один фартинг должен весить 11 шилл. и 4 п. Однако соотношение между шиллингом и пенни, с одной стороны, и фунтом, с другой стороны, не было, вероятно, так постоянно и единообразно, как соотношение между пенни и фунтом. Во время первой династии французских королей французское су, или шиллинг, в различных случаях содержал, по-видимому, 5, 12, 20 и 40 п. У древних саксов шиллинг одно время содержал только 5 пенсов; и представляется вероятным, что он был у них столь же неустойчив, как и у их соседей, древних франков. Со времени Карла Великого у французов и со времени Вильгельма Завоевателя у англичан соотношения между фунтом, шиллингом и пенни установились, по-видимому, такие же, как и в настоящее время, хотя стоимость их была совсем другая. Ибо во всех странах мира, как я полагаю, скупость и несправедливость государей и государственной власти, злоупотреблявших доверием своих подданных, постепенно уменьшили действительное содержание металла, первоначально содержавшееся в их монетах. Римский асс в последние времена республики был уменьшен до $^1/_{24}$ части своей первоначальной стоимости и стал весить только пол-унции вместо фунта. Английский фунт и пенни содержат в настоящее время только около трети, шотландские фунт и пенни — около $^1/_{36}$, а французские фунт и пенни — около $/_{66}$ части своей первоначальной стоимости. Посредством таких операций государи и правительства получали, как казалось, возможность уплачивать свои долги и выполнять свои обязательства при помощи меньшего количества серебра, чем требовалось бы без такой подделки. Однако это была только видимость, ибо их кредиторы фактически оказывались обманутыми и лишались части того, что им следовало получить. Все другие должники в государстве получали такую же привилегию и могли теперь погашать долги, сделанные ими в старой монете, такой же номинальной суммой новой и испорченной монеты. Поэтому подобные операции всегда оказывались выгодными для должников и разорительными для кредиторов; нередко они производили более значительные расстройства и всеобщие потрясения в имущественном состоянии частных лиц, чем потрясения, порождаемые великими общественными бедствиями.

Таким образом, у всех цивилизованных народов деньги стали всеобщим орудием торговли, при посредстве которого продаются и покупаются всякого рода товары или же обмениваются один на другой.

Теперь я приступлю к выяснению правил, согласно которым люди обменивают товары друг на друга или за деньги. Эти правила определяют так называемую относительную, или меновую, стоимость товара.

Надо заметить, что слово *стоимость* имеет два различных значения: иногда оно обозначает полезность какого-нибудь предмета, а иногда возможность приобретения других предметов, которую дает обладание данным предметом. Первую можно назвать потребительной стоимостью, вторую — меновой стоимостью. Предметы, обладающие весьма большой потребительной стоимостью, часто имеют совсем небольшую меновую стоимость или даже совсем ее не имеют; напротив, предметы, имеющие очень большую меновую стоимость, часто имеют совсем небольшую потребительную или совсем ее не имеют. Нет ничего полезнее воды, но на нее почти ничего нельзя купить, почти ничего нельзя получить в обмен на нее. Напротив, алмаз почти не имеет никакой потребительной стоимости, но часто в обмен на него можно получить очень большое количество других товаров.

Для выяснения основных правил, определяющих меновую стоимость товаров, я попытаюсь показать:

во-первых, каково действительное мерило этой меновой стоимости, или в чем состоит действительная цена всех товаров;

во-вторых, из каких частей состоит эта действительная цена; и, наконец, какие причины повышают иногда некоторые или все части этой цены над ее естественным или обычным уровнем, а иногда понижают ее ниже этого уровня; или какие причины иногда препятствуют точному совпадению рыночной цены, т.е. фактической цены товаров, с их естественной ценой.

Эти три вопроса я попытаюсь выяснить со всей возможной полнотой и ясностью в трех последующих главах, причем должен весьма серьезно просить у читателя внимания и терпения: терпения — для рассмотрения подробностей, которые могут в некоторых местах показаться, может быть, излишне утомительными; внимания — для усвоения того, что может показаться в некоторой степени неясным даже после самых обстоятельных объяснений, какие я в состоянии дать. Я всегда предпочитаю заслужить упрек в недостатке краткости, лишь бы быть уверенным, что мое изложение понятно; однако, несмотря на все мое старание быть возможно более понятным, вопрос все же может показаться недостаточно разъясненным ввиду его чрезвычайно абстрактного характера.

Глава V

О ДЕЙСТВИТЕЛЬНОЙ И НОМИНАЛЬНОЙ ЦЕНЕ ТОВАРОВ, ИЛИ О ЦЕНЕ ИХ В ТРУДЕ И ЦЕНЕ ИХ В ДЕНЬГАХ

Каждый человек богат или беден в зависимости от того, в какой степени он может пользоваться предметами необходимости, удобства и удовольствия. Но после того как установилось разделение труда, собственным трудом человек может добывать лишь очень небольшую часть этих предметов: значительно бóльшую часть их он должен получать от труда других людей; и он будет богат или беден в зависимости от количества того труда, которым он может распоряжаться или которое он может купить. Поэтому стоимость всякого товара для лица, которое обладает им и имеет в виду не использовать его или лично потребить, а обменять на другие предметы, равна количеству труда, которое он может купить на него или получить в свое распоряжение. Таким образом, труд представляет собою действительное мерило меновой стоимости всех товаров.

Действительная цена всякого предмета, т.е. то, что каждый предмет действительно стоит тому, кто хочет приобрести его, есть труд и усилия, нужные для приобретения этого предмета. Действительная стоимость всякого предмета для человека, который приобрел его и который хочет продать его или обменять на какой-либо другой предмет, состоит в труде и усилиях, от которых он может избавить себя и которые он может возложить на других людей. То, что покупается на деньги или приобретается в обмен на другие предметы, приобретается трудом в такой же мере, как и предметы, приобретаемые нашим собственным трудом. В самом деле, эти деньги или товары сберегают нам этот труд. Они содержат стоимость известного количества труда, которое мы обмениваем на то, что, по нашему предположению, содержит в данное время стоимость такого же количества труда. Труд был первоначальной ценой, первоначальной покупной суммой, которая была уплачена за все предметы. Не на золото или серебро, а только на труд первоначально были приобретены все богатства мира; стоимость их для тех, кто владеет ими и кто хочет обменять их на какие-либо новые продукты, в точности равна количеству труда, которое он может купить на них или получить в свое распоряжение.

Как говорит Гоббс, богатство — это сила*. Но человек, который приобретает или получает по наследству большое состояние, необязательно приобретает вместе с ним или наследует политическую, гражданскую или военную власть. Его состояние, может быть, дает ему средства приобрести ту или другую, но одно лишь обладание этим состоянием не дает ему непременно такую власть. Обладание

* «Leviathan», part. I, ch. 10.

этим состоянием дает ему немедленно и непосредственно лишь возможность покупать, располагать всем трудом или всем продуктом труда, который имеется на рынке. Богатство его более или менее велико в прямом соответствии с размерами этой возможности, т.е. с количеством труда других людей, или, что то же самое, с количеством продукта труда других людей, которое он благодаря своему богатству может купить или получить в свое распоряжение. Меновая стоимость всякого предмета должна быть всегда в точности равна размеру той власти, которую данный предмет дает своему обладателю.

Однако, хотя труд является действительным мерилом меновой стоимости всех товаров, стоимость их обычно расценивается не в труде. Часто бывает трудно установить отношение между двумя различными количествами труда. Время, затраченное на две различные работы, не всегда само по себе определяет это взаимоотношение. В расчет должна быть принята также различная степень затраченных усилий и необходимого искусства. Один час какой-нибудь тяжелой работы может заключать в себе больше труда, чем два часа легкой работы; точно так же один час занятия таким ремеслом, обучение которому потребовало десять лет труда, может содержать в себе больше труда, чем работа в течение месяца в каком-нибудь обычном занятии, не требующем обучения. Не легко найти точное мерило для определения степени трудности или ловкости. Правда, обычно при обмене продуктов различных видов труда принимается во внимание степень трудности и ловкости. Однако при этом не имеется никакого точного мерила, и дело решает рыночная конкуренция в соответствии с той грубой справедливостью, которая, не будучи вполне точной, достаточна все же для обычных житейских дел.

Помимо того, товары гораздо чаще обмениваются, а потому и сравниваются с другими товарами, чем с трудом. Поэтому более естественным является расценивать их меновую стоимость количеством какого-нибудь другого товара, а не количеством труда, которое можно на них купить. К тому же большинство людей лучше понимает, что означает определенное количество какого-нибудь товара, чем определенное количество труда. Первое представляет собою осязательный предмет, тогда как второе — абстрактное понятие, которое хотя и может быть объяснено, но не отличается такою простотою и очевидностью.

С тех пор как прекратилась меновая торговля и деньги сделались общепринятым средством торговли, каждый отдельный товар гораздо чаще обменивается на деньги, чем на какой бы то ни было другой товар. Мясник редко тащит своего быка или барана к булочнику или пивовару для того, чтобы обменять их на хлеб или на пиво; он отправляется с ними на рынок, где выменивает их на деньги, а затем обменивает эти деньги на хлеб и на пиво. Количество денег, которое он получает за них, определяет в свою очередь количество хлеба и пива, которое он может затем купить. Поэтому для него гораздо естественнее и проще расценивать их стоимость по количеству денег — товара, на который он непосредственно выменивает их, чем по количеству хлеба и пива — товаров, на которые он может обменять их только при посредстве третьего товара. Проще сказать, что мясо стоит три или четыре пенса за фунт, чем сказать, что оно стоит три или четыре фунта хлеба или три или четыре кварты пива. В результате этого меновая стоимость каждого товара чаще расценивается по количеству денег, чем по количеству труда или какого-нибудь другого товара, которое можно получить в обмен на него.

Однако, подобно всем другим товарам, золото и серебро меняются в своей стоимости: они бывают то дешевле, то дороже, их то легче, то труднее купить. Количество труда, которое можно получить в свое распоряжение или купить на определенное количество этих металлов, или количество других товаров, которое можно выменять на них, всегда находится в зависимости от обилия или скудости разрабатываемых в данное время рудников. В XVI столетии открытие богатых рудников в Америке уменьшило в Европе стоимость золота и серебра приблизительно на целую треть. Так как добыча этих металлов из рудников и доставка их на рынок стоили теперь меньшего труда, то, попадая на рынок, золото и серебро могли уже купить меньшее количество труда. И эта, пожалуй, величайшая революция в стоимости золота и серебра отнюдь не единственная известная в истории. Подобно тому как естественные меры, вроде ступни, локтя или горсти, постоянно меняющиеся в своих размерах, никогда не могут служить точным мерилом количества других предметов, так и товар, который сам постоянно подвергается колебаниям в своей стоимости, никоим образом не может быть точным мерилом стоимости других товаров. Можно сказать, что во все времена и во всех местах одинаковые количества труда имели всегда одинаковую стоимость для рабочего. При обычном состоянии своего здоровья, силы и способностей, при обычной степени искусства и ловкости он всегда должен пожертвовать той же самой долей своего досуга, своей свободы и спокойствия. Цена, которую он уплачивает, всегда остается неизменной, каково бы ни было количество товаров, которое он получает в обмен за свой труд. Правда, он может иногда купить большее количество этих товаров, иногда меньшее, но в данном случае изменяется стоимость этих товаров, а не стоимость труда, на который они покупаются. Во все времена и повсюду дорогим считалось то, что трудно достать или на приобретение чего требуется больше труда, а дешевым то, что легче достать или что требует затраты меньшего количества труда. Таким образом, один лишь труд, стоимость которого никогда не меняется, является единственным и действительным мерилом, при помощи которого во все времена и во всех местах можно было расценивать и сравнивать стоимость всех товаров. Именно труд составляет их действительную цену, а деньги составляют лишь их номинальную цену.

Но хотя равные количества труда имеют всегда одинаковую стоимость для работника, однако для его нанимателя они представляют собою то бо́льшую, то меньшую стоимость. Он покупает эти количества труда то за большее, то за меньшее количество товаров, и ему представляется, что цена труда меняется так же, как и цена всех других предметов. В одних случаях она кажется ему дорогой, а в других дешевой. Но в действительности именно товары дешевы в одном случае и дороги в другом.

Таким образом, в этом обычном смысле можно говорить, что труд, подобно товарам, обладает действительной и номинальной ценой. Можно сказать, что его действительная цена состоит в количестве предметов необходимости и удобства, которые даются за него, а номинальная цена состоит в количестве денег. Рабочий бывает богат или беден, он хорошо или плохо вознаграждается в зависимости от действительной, а не номинальной цены его труда.

Различие между действительной и номинальной ценой товаров и труда имеет не только чисто теоретическое значение, но нередко имеет и важное практическое значение. Одна и та же действительная цена всегда имеет одну и ту же стоимость, но ввиду колебания стоимости золота и серебра одна и та же номинальная цена может иметь весьма различные стоимости. Поэтому если продается какое-нибудь имение с обеспечением продавцу постоянной ренты, то при желании, чтобы эта рента всегда сохраняла одну и ту же стоимость, для семейства, в пользу которого устанавливается эта рента, важно, чтобы она не была выражена в какой-либо определенной сумме денег. Действительно, в таком случае стоимость этой ренты подвергалась бы двоякого рода колебаниям: во-первых, тем, которые обусловливаются колебаниями количества золота и серебра, содержащегося в различные эпохи в монете одного и того же наименования; и, во-вторых, тем, которые обусловливаются различием стоимости одинаковых количеств золота и серебра в разное время.

Государи и правительства нередко воображали, что в данный момент им выгодно уменьшить количество чистого металла, содержащегося в их монете, но им редко приходило в голову увеличивать его. Я поэтому думаю, что количество металла, содержащегося в монетах всех народов, почти непрерывно уменьшалось и вряд ли когда-нибудь увеличивалось. Такие изменения почти всегда ведут к уменьшению стоимости денежных рент.

Открытие рудников в Америке уменьшило стоимость золота и серебра в Европе. Как обыкновенно полагают, — хотя, думается мне, бездоказательно, — это уменьшение все еще постепенно продолжается и как будто будет продолжаться еще в течение значительного времени. Если это верно, то такие изменения в стоимости золота и серебра скорее уменьшат стоимость денежных рент, чем увеличат их, даже если плата их будет выговорена не в определенном количестве монет того или другого наименования (например, столько-то фунтов стерлингов), а в определенном количестве унций чистого серебра или серебра определенной пробы.

Ренты, установленные в зерне, гораздо лучше сохранили свою стоимость, чем ренты, установленные в деньгах, даже если чеканка монеты не изменилась. В 18-й год правления Елизаветы было издано распоряжение, чтобы третья часть ренты по арендным договорам, заключаемым университетскими коллегиями, устанавливалась в зерне и выплачивалась либо натурой, либо соответственно фактической цене зерна на ближайшем рынке. Деньги от реализации этой натуральной доли ренты и первоначально составлявшие лишь третью часть всей ренты, в настоящее время, по словам д-ра Блэкстона, обычно вдвое больше той суммы, которая получается от остальных двух третей. Соответственно этому сообщению старинные денежные ренты университетских коллегий уменьшились до четвертой части своей прежней стоимости или стоят немного больше четвертой части того количества зерна, которому они раньше равнялись по стоимости. Но со времени правления Филиппа и Марии качество английской монеты подверглось небольшим изменениям, а может быть, и совсем не изменялось, и потому одно и то же количество фунтов, шиллингов и пенсов содержало все время почти неизменное количество чистого серебра. Таким образом, это уменьшение стоимости денежных рент университетских коллегий обусловлено исключительно уменьшением стоимости серебра.

Когда уменьшение стоимости серебра соединяется с уменьшением количества его, содержащегося в монете одного и того же наименования, потери часто бывают еще больше. В Шотландии, где ухудшение монеты имело место в гораздо бо́льших размерах, чем когда бы то ни было в Англии, и во Франции, где оно производилось в еще бо́льших размерах, чем даже в Шотландии, некоторые старинные ренты, первоначально имевшие значительную стоимость, свелись, таким образом, почти к нулю.

В отдаленные друг от друга эпохи одинаковые количества труда можно скорее приобрести за одинаковые количества хлеба — этого главного средства существования рабочего, чем за равные количества золота и серебра или вообще какого-либо другого товара. Ввиду этого равные количества зерна скорее сохранят в отдаленные друг от друга эпохи одну и ту же действительную стоимость или будут давать возможность его обладателю купить или получить в свое распоряжение приблизительно то же самое количество труда других людей. Я говорю, что хлеб «скорее» сохранит свою стоимость, чем почти все другие товары, так как даже равные количества хлеба тоже не сохраняют вполне одну и ту же стоимость. Средства существования труда, или действительная цена труда, как я постараюсь показать в дальнейшем, подвергаются значительным изменениям в зависимости от различных обстоятельств; их размеры бывают более значительны в обществе, прогрессирующем на пути к богатству, чем в обществе, которое не прогрессирует, а в этом последнем значительнее, чем в обществе, клонящемся к упадку. Но любой другой товар будет обмениваться во всякое время на большее или меньшее количество труда в зависимости от количества необходимых средств существования, на которые он в данное время может быть обменен. Поэтому рента, установленная в зерне, изменяется только соответственно изменениям количества труда, которое можно купить за определенное количество зерна, тогда как рента, установленная во всяком другом товаре, меняется не только в зависимости от колебаний количества труда, которое можно купить за определенное количество зерна, но и в зависимости от колебаний количества зерна, которое можно приобрести в обмен за определенное количество данного товара.

При этом следует заметить, что хотя действительная стоимость ренты в зерне гораздо меньше изменяется на протяжении целого столетия, чем действительная стоимость денежной ренты, но из года в год она колеблется гораздо сильнее. Денежная цена труда, как я постараюсь ниже показать, не колеблется из года в год соответственно изменениям денежной цены зерна, а, по-видимому, везде приспособляется не к временной или случайной, а к средней или обычной цене этого необходимого средства существования. Средняя же или обычная цена зерна в свою очередь определяется, как я тоже постараюсь еще показать, стоимостью серебра, богатством или скудостью рудников, снабжающих рынок этим металлом, или количеством труда, который должен быть затрачен, а следовательно, и количеством зерна, которое должно быть потреблено, чтобы доставить определенное количество серебра из рудников на рынок. Стоимость серебра, хотя очень сильно колеблется на протяжении целого столетия, редко подвергается большим изменениям из года в год; нередко она держится на одном и том же уровне или незначительно изменяется в течение целого полувека или даже целого столетия. Поэтому обычная или средняя денежная цена зерна может оставаться неизменной в течение столь долгого периода или же изменяться незначительно, а вместе с ней остается неизменной или изменяется незначительно денежная цена труда при том условии, конечно, что в других отношениях в обществе не имели места никакие серьезные перемены. Между тем временная и случайная цена хлеба часто может быть в одном году в два раза больше, чем в предыдущем, или колебаться, например, от 25 до 50 шилл. за квартер. Но когда хлеб имеет эту последнюю цену, то не только номинальная, но и действительная стоимость ренты в зерне будет в два раза больше, чем при цене в 25 шилл., и будет обмениваться на двойное количество труда или большинства других товаров; денежная же цена труда, а вместе с ним и большинства других вещей останется неизменной, несмотря на эти колебания.

Таким образом, очевидно, что труд является единственным всеобщим, равно как и единственным точным мерилом стоимости, или единственной мерой, посредством которой мы можем сравнивать между собою стоимости различных товаров во все времена и во всех местах. Как уже было указано, мы не можем определять действительную стоимость различных товаров от одного столетия к другому количествами серебра, которые даются за них. Мы не можем определять ее от одного года к другому количествами хлеба. Но количествами труда мы можем с величайшей точностью определять ее как от столетия к столетию, так и от одного года к другому. Для очень продолжительных периодов времени хлеб представляет собою лучшее мерило, чем серебро, потому что от столетия к столетию одинаковые количества хлеба обмениваются скорее на то же количество труда, нежели серебра. Напротив, от одного года к другому серебро представляется лучшим мерилом, чем хлеб, потому что одинаковые количества серебра скорее могут быть обменены на одинаковое количество труда.

Хотя при установлении вечных рент или даже при весьма долгосрочных арендах, может быть, и полезно делать различия между реальной и номинальной ценой, но оно не имеет практического значения при покупках и продажах, этих наиболее распространенных и обычных сделках в человеческой жизни.

В данное время и в данном месте действительная и номинальная цена всех товаров точно соответствует одна другой. Чем больше или меньше денег вы получите, например, на лондонском рынке за какой-либо товар, тем большее или меньшее количество труда вы сможете приобрести на них в данное время и в данном месте. Поэтому в определенное время и в определенном месте деньги представляют собою точное мерило действительной меновой стоимости всех товаров, но только в определенное время и в определенном месте.

Поскольку речь идет о различных местах, не существует правильного соответствия между действительной и денежной ценой товаров. Несмотря на это, купец, доставляющий товары из [одних] мест в другие, может принимать во внимание только их денежную цену или разницу между количеством серебра, за которое он покупает их, и тем количеством, за которое он может их продать. Пол-унции серебра в Кантоне в Китае может означать большее количество как труда, так и средств существования и удобств, чем одна унция в Лондоне. Поэтому товар, который в Кантоне продается за пол-унции серебра, может быть в действительности там дороже или иметь большее действительное значение для человека, который обладает им, чем товар, который продается в Лондоне за одну ун-

цию, для человека, обладающего им в Лондоне.
Однако, если лондонский купец может купить в Кантоне за пол-унции серебра товар, который он может затем продать в Лондоне за одну унцию, он наживает 100% на этой сделке, как и в том случае, если бы унция серебра имела в Лондоне ту же стоимость, что и в Кантоне. Для него не имеет значения тот факт, что пол-унции серебра в Кантоне дали бы ему возможность получить больше труда или большее количество средств существования и удобств, чем одна унция может доставить ему в Лондоне. Одна унция в Лондоне всегда дает ему возможность приобретения двойного количества всего того, что можно приобрести на пол-унции, а в этом именно для него заключается сущность дела.

Поэтому номинальная, или денежная, цена товаров в конечном счете определяет разумность или неразумность всех торговых сделок и таким образом регулирует почти все дела обыденной жизни, связанные с ценой, нам не приходится удивляться, что на денежную цену люди обращали гораздо большее внимание, чем на действительную цену.

Но в сочинениях, подобных настоящему, иногда небесполезно сравнивать колебания действительных цен какого-нибудь одного товара в различное время и в различных местах, т.е. различные степени власти над трудом других людей, которую этот товар при различных условиях дает лицу, им обладающему. В подобном случае мы должны сравнивать не столько различные количества серебра, за которые этот товар обыкновенно продавался, сколько различные количества труда, которые могли быть куплены на эти количества серебра. Но рыночная цена труда в отдаленное время и в отдаленных местах вряд ли может быть установлена с какой-либо точностью. Цены хлеба, хотя они регулярно отмечались лишь в немногих местах, обыкновенно лучше известны и чаще отмечались историками и писателями. Мы поэтому должны по общему правилу удовлетворяться ценами хлеба, и не потому, что они всегда точно соответствуют рыночным ценам труда, а потому, что они ближе всего к ним. В дальнейшем мне не раз придется делать такого рода сравнения.

По мере развития промышленности торговые народы находили удобным чеканить монету из различных металлов; золотую монету чеканили для более крупных платежей, серебряную — для покупок средних размеров и медную или из какого-либо другого грубого металла — для совсем небольших покупок. Однако эти народы всегда признавали один из этих металлов более подходящим мерилом стоимости, чем другие два; такое предпочтение, по-видимому, обычно давалось тому металлу, который впервые стали употреблять в качестве орудия обмена. Раз начав пользоваться им в качестве мерила, — а это они вынуждены были делать в те времена, когда у них не было других денег, — они обыкновенно продолжали пользоваться им, когда в этом уже не было необходимости.

Говорят, что римляне имели лишь одни медные деньги почти до Первой Пунической войны и только за пять лет до нее впервые стали чеканить серебряную монету*. Медь поэтому всегда оставалась, по-видимому, мерилом стоимости в этой республике. В Риме все счета велись и ценность всех имуществ определялась, по-видимому, в ассах или сестерциях. Асс всегда оставался обозначением медной монеты. Слово «сестерций» означает два асса с половиной. Хотя, таким образом, сестерций был первоначально серебряной монетой, стоимость его определялась в меди. В Риме про человека, который наделал долгов на большую сумму денег, говорили, что он имеет много чужой меди.

Северные народы, утвердившиеся на развалинах Римской империи, с самого начала своей оседлой жизни имели, по-видимому, серебряную монету и в течение нескольких веков после того не знали ни золотой, ни медной монеты. В Англии во времена саксов была серебряная монета, в ней до эпохи Эдуарда III чеканилось очень мало золота, а до Якова I, короля Великобритании, совсем не было медной монеты. В Англии поэтому — и по той же самой причине, как я полагаю, у всех других современных народов Европы — все счета ведутся и стоимость всех товаров и всех имуществ обыкновенно исчисляется в серебре; и если мы хотим определить размеры состояния какого-ли-

* *Plin.* lib. 33, cap. 3.

бо лица, мы редко называем число гиней, а называем число фунтов стерлингов, которое, по нашему мнению, дадут за него.

Первоначально, как я думаю, во всех странах законным платежным средством могла служить только монета из того металла, который специально признавался мерилом стоимости. В Англии золото долгое время после того, как стали чеканить золотую монету, не признавалось законным платежным средством. Соотношение между стоимостью золотой и серебряной монеты не было установлено никаким законодательным актом или указом, это было предоставлено установить рынку. Если должник предлагал уплатить золотом, кредитор мог или отвергнуть такой платеж, или согласиться на него, причем золото при этом расценивалось по соглашению между ними. Медь в настоящее время не является законным платежным средством, исключая случаи размена мелкой серебряной монеты. При таком положении вещей различие между металлом, являвшимся мерилом стоимости, и металлом, не являвшимся им, имело не только номинальное значение.

С течением времени, по мере того как народ приучался к употреблению монет из различных металлов и таким путем ближе узнавал соотношение их стоимости, в большинстве стран, как мне кажется, нашли целесообразным определенно установить это соотношение, объявив законом, что гинея, например, такого-то веса и такой-то пробы соответствует 21 шилл. или является законным платежным средством для погашения долга этого размера. При таком положении вещей и при сохранении указанного определенного соотношения разница между металлом, который служит мерилом стоимости, и металлом, который им не был, имеет лишь номинальное значение.

Однако если произойдет какое-либо изменение в этом установленном соотношении, то указанное различие может приобрести — или по меньшей мере нам кажется, что оно приобретает, — уже не только номинальное значение. Так, например, если установленная стоимость гинеи будет уменьшена до 20 или повышена до 22 шилл., то при исчислении всех счетов и при выражении почти всех обязательств в серебряных деньгах большая часть платежей сможет быть выплачиваема тем же количеством серебряной монеты, как и раньше, но для этого будет требоваться совсем другое количество золотой монеты: большее в первом случае и меньшее во втором. Серебро покажется более устойчивым в своей стоимости, чем золото. Нам будет казаться, что серебро является мерилом стоимости золота, тогда как золото не является мерилом стоимости серебра. Стоимость золота, по-видимому, будет зависеть от количества серебра, на которое его можно обменять, между тем как стоимость серебра не будет находиться в зависимости от количества золота, на которое его можно будет обменять. Однако это различие будет целиком обусловлено обыкновением вести счета и выражать все крупные и мелкие суммы предпочтительно в серебряной, а не в золотой монете. Банкнота м-ра Друммонда в 25 или 50 гиней после изменения указанного рода будет оплачиваться 25 или 50 гинеями, точно так же, как и прежде. После указанной перемены она будет оплачиваться таким же количеством золота, как и раньше, но совсем другим количеством серебра. При оплате такой банкноты золото покажется более устойчивым в своей стоимости, чем серебро. Золото покажется мерилом стоимости серебра, тогда как серебро, по-видимому, не будет являться мерилом для стоимости золота. Если когда-либо получит общее распространение обычай вести счета и выражать всякие денежные обязательства и кредитные билеты в золоте, то золото, а не серебро будет принято в качестве металла, специально служащего мерилом стоимости.

В действительности, пока держится определенное соотношение между стоимостями различных металлов в монете, стоимость самого дорогого металла определяет стоимость всех монет. 12 медных пенсов содержат полфунта меди не самого лучшего качества, которая до чеканки едва ли стоит 7 серебряных пенсов. Но поскольку, согласно установленному соотношению, 12 таких пенсов должны обмениваться на шиллинг, на рынке они признаются имеющими стоимость шиллинга, и в любое время на них можно получить 1 шилл. Даже еще до недавнего преобразования золотой монеты в Великобритании золотая монета или по крайней мере та часть ее, которая циркулировала в Лондоне и в его окрестностях, меньше отклонялась от установленного веса, чем бо́льшая часть серебряной монеты. Тем не менее 21 истертый и изрезанный шиллинг признавался равным по стоимости гинее, которая, правда, тоже была истерта и изрезана, но не в столь большой степени. Недавно изданные правила довели золотую монету до ее установленного веса с такой точностью, которая только мыслима для находящейся в обращении монеты какого-либо народа; распоряжение о принятии золота в государственных учреждениях только по весу обещает сохранить такую полновесность золотой монеты до тех пор, пока оно будет проводиться в жизнь. Серебряная же монета продолжает обращаться в том же истертом и изрезанном виде, как и до перечеканки золотой монеты. Несмотря на это, на рынке 21 шилл. такой испорченной серебряной монеты все еще признается равным по своей стоимости полновесной золотой гинее.

Перечеканка золотой монеты, очевидно, повысила стоимость серебряной монеты, которая может быть обменена на золотую.

На английском монетном дворе из фунта золота чеканятся 44 $^1/_2$ гинеи, которые, считая 21 шилл. в гинее, равны 46 ф. ст. 14 шилл. 6 п. Таким образом, унция такой золотой монеты стоит 3 ф. 17 шилл. 10 $^1/_2$ п. серебром. В Англии за чеканку монеты не уплачивается никакая пошлина, и всякий, кто принесет на монетный двор фунт или унцию золота в слитке установленной пробы, получит взамен без всякого вычета фунт или унцию золота чеканной монетой. И потому принято говорить, что 3 ф. 17 шилл. 10 $^1/_2$ п. за унцию представляют собою монетную цену золота в Англии, т.е. количество золотой монеты, которое монетный двор выдает в обмен на слитки золота установленной пробы.

До перечеканки золотой монеты цена слитка золота установленной пробы на рынке в течение многих лет держалась выше 3 ф. 18 шилл., иногда 3 ф. 19 шилл. и очень часто 4 ф. за унцию; весьма вероятно, что эта сумма в стертой и изрезанной золотой монете редко содержала более одной унции золота установленной пробы. Со времени перечеканки золотой монеты рыночная цена золотых слитков установленной пробы редко превышает 3 ф. 17 шилл. 7 п. за унцию. До перечеканки золотой монеты рыночная цена всегда держалась несколько выше монетной; после этой перечеканки она постоянно держалась ниже монетной цены. Но эта рыночная цена всегда одна и та же, независимо от того, выплачивается она в золотой или в серебряной монете. Таким образом, последняя перечеканка золотой монеты повысила не только стоимость золотой, но и серебряной монеты по сравнению с золотом в слитках и, вероятно, также по сравнению со всеми другими товарами; но так как цена большей части других товаров колеблется в зависимости от многих других причин, то повышение стоимости золотой и серебряной монеты по сравнению с товарами не столь очевидно и чувствительно.

На английском монетном дворе из фунта серебра установленной пробы чеканятся 62 шилл., содержащие точно так же фунт серебра установленной пробы. Поэтому принято говорить, что монетной ценой серебра в Англии является 5 шилл. и 2 п. за унцию, или количество серебряной монеты, которое монетный двор дает в обмен на серебряный слиток установленной пробы. До перечеканки золотой монеты рыночная цена серебряных слитков установленной пробы была в различных случаях 5 шилл. 4 п., 5 шилл. 5 п., 5 шилл. 6 п., 5 шилл. 7 п. и очень часто 5 шилл. 8 п. за унцию. Однако наиболее обычной ценой было, по-видимому, 5 шилл. 7 п. Со времени перечеканки золотой монеты рыночная цена слитков серебра установленной пробы падала временами до 5 шилл. 3 п., 5 шилл. 4 п. и 5 шилл. 5 п. за унцию, причем выше последней она не поднималась. Хотя рыночная цена серебряных слитков значительно понизилась со времени перечеканки золотой монеты, она все же превышала монетную цену.

Если при установлении пропорции между различными металлами в английской монете медь оценивается гораздо выше, то серебро оценивается несколько ниже своей действительной стоимости. На европейских рынках унция чистого золота во французской или голландской монете выменивается приблизительно на 14 унций чистого серебра; в английской же монете она обменивается на 15 унций, т.е. на большее количество серебра, чем она стоит, согласно общепринятым в Европе расценкам. Но подобно тому как высокая цена меди в английской монете не повышает даже в Англии цены меди в слитках, так и низкая цена серебра в английской монете не понижает цены серебра в слитках. Серебро в слитках все еще сохраняет свою надлежащую пропорцию к золоту; в силу той же самой причины медь в слитках сохраняет свое соотношение к серебру.

После перечеканки серебряной монеты в правление Вильгельма III цена серебра в слитках продолжала держаться несколько выше монетной цены. Локк объяснял эту высокую цену разрешением вывозить серебро в слитках при одновременном запрещении вывоза серебряной монеты*. Он указывал, что это разрешение вывоза увеличивало спрос на серебро в слитках сравнительно со спросом на серебряную монету. Но количество людей, нуждающихся в серебряной монете для сделок по продаже и покупке у себя на родине, несомненно, гораздо больше, чем число тех, кому нужны серебряные слитки для вывоза их за границу или для каких-либо других целей. В настоящее время существует такое же разрешение вывозить золото в слитках и запрещение вывозить золотую монету, и тем не менее цена золота в слитках упала ниже монетной цены. Но серебро в английской монете в то время, как и теперь, было оценено ниже его действительного отношения к золоту, и золотая монета (относительно которой в ту эпоху не полагали, что она требует какой-либо перечеканки) определяла тогда так же, как и теперь, действительную стоимость всех монет. Подобно тому как перечеканка серебряной монеты не понизила в то время цены серебра в слитках до уровня монетной цены, так весьма вероятно, что и в настоящее время она не приведет к такому результату.

Если бы серебряная монета была приведена к узаконенному весу так же близко, как приведена золотая, то,

* *Locke.* Considerations Raising the value of Money. 2 nd. ed. (1695), p. 35, sqq.

вероятно, гинея при сохранении существующей пропорции стала бы вымениваться на большее количество серебра в монете, чем она может купить в слитках. Если бы серебряная монета содержала в себе полностью узаконенный вес, было бы выгодно переплавить ее в слитки, чтобы сперва продать эти слитки за золотую монету, а затем обменять эту золотую монету на серебряную с целью превращения последней опять в слиток. По-видимому, единственное средство для предупреждения таких нежелательных явлений заключается в некотором изменении установленной ныне пропорции между обоими металлами.

Неудобство это было бы, пожалуй, меньше, если бы серебро в монете было оценено настолько выше надлежащего соотношения его к золоту, насколько оно ныне оценивается ниже этого соотношения, при условии, конечно, чтобы одновременно с тем был бы издан закон, что серебро может служить законным платежным средством на сумму не более одной гинеи, подобно тому как в настоящее время медная монета служит законным платежным средством для суммы не более одного шиллинга. В таком случае ни один кредитор не оказался бы в убытке в результате высокой оценки серебра в монете, так же как ни один кредитор в настоящее время не терпит убытка от высокой оценки меди. При таком порядке теряли бы только банкиры. Когда к ним предъявляются усиленные требования платежей, они нередко стараются выиграть время, выплачивая деньги шестипенсовыми монетами, а вышеуказанное правило помешало бы им пользоваться таким сомнительным средством для избежания немедленного платежа. В результате этого они вынуждены были бы постоянно держать в своих денежных шкафах большее количество наличных денег, чем в настоящее время. И хотя это, без сомнения, могло бы явиться большим неудобством для них, это в то же самое время послужило бы солидным обеспечением для их кредиторов.

3 ф. 17 шилл. и 10 $^1/_2$ п. (монетная цена золота) не содержат, конечно, даже в нашей теперешней превосходной золотой монете больше одной унции золота установленной пробы, и потому, казалось бы, на эту сумму нельзя было бы купить большего количества золота в слитке. Но золото

в монете более удобно, чем золото в слитках; и хотя в Англии всем предоставлена свобода превращать свое золото в монету, тем не менее приносимое на монетный двор в слитках обычно может быть возвращено его владельцу в монете лишь по прошествии нескольких недель. А при теперешней загруженности монетного двора владелец может получить обратно свое золото в монете лишь через несколько месяцев. Эта проволочка равносильна небольшому налогу и делает золотую монету несколько более ценной, чем такое же количество золота в слитках. Если бы английская серебряная монета расценивалась соответственно ее надлежащему соотношению с золотом, то цена серебряных слитков, наверное, упала бы ниже монетной цены даже при отсутствии какой бы то ни было перечеканки серебряной монеты; ибо стоимость даже нынешней стертой и обрезанной серебряной монеты регулируется стоимостью вполне хорошей золотой монеты, на которую она может быть обменена.

Установление небольшой пошлины за чеканку золотой и серебряной монет, наверное, еще более повысило бы стоимость этих металлов в монете над стоимостью того же количества их в слитках. В таком случае при чеканке монеты стоимость металла поднялась бы соответственно размерам этой пошлины, подобно тому как рисунок повышает стоимость золотого или серебряного блюда на стоимость этого рисунка. Бо́льшая стоимость монеты сравнительно со слитком устранила бы переплавку монеты в слитки и остановила бы их вывоз за границу. И если бы какая-либо общественная необходимость побудила к вывозу монеты, то бо́льшая ее часть сама собою скоро вернулась бы обратно. За границей эта монета ценилась бы только по ее весу в слитках, внутри же страны она обладает большею покупательною силою, чем это соответствует ее весу. Поэтому выгодно возвращать ее обратно внутрь страны. Во Франции установлена пошлина на чеканку монеты приблизительно в 8%, и французская монета, как передают, в случае вывоза за границу сама собою возвращается на родину.

Те или иные случайные колебания рыночных цен золота и серебра в слитках происходят от тех же причин, как и подобные же колебания рыночных цен всех остальных товаров. Частые потери этих металлов благодаря различным несчастным случаям на море и на суше, постоянная затрата их на позолоту и на выделку посуды, на позументы и вышивки, на снашивание монеты и на снашивание утвари требуют во всех странах, не обладающих собственными рудниками, постоянного ввоза для возмещения этих потерь и этого расходования. Мы имеем основания полагать, что купцы, занимающиеся ввозом этих металлов, подобно всем остальным купцам, стараются по мере возможности приспособить свой ввоз к существующему, по их мнению, в данный момент непосредственному спросу. Но при всем своем старании они иногда или преувеличивают нужное количество, или преуменьшают его. И если они ввозят больше слитков, чем нужно, они, чтобы избежать риска и хлопот, связанных с обратным вывозом их, предпочитают продать часть этих слитков несколько дешевле их обычной или средней цены. Когда же, с другой стороны, они ввозят менее нужного количества, они получают несколько больше средней цены. Но если при всех таких случайных колебаниях рыночная цена золотых или серебряных слитков в течение нескольких лет устойчиво держится на уровне несколько высшем или несколько низшем по сравнению с их монетною ценою, мы можем быть уверены, что такое устойчивое отклонение цены вверх или вниз является следствием изменений в состоянии самой монеты, которые в данное время придают определенному количеству монеты бо́льшую или меньшую стоимость, чем стоимость того количества металла, которое эта монета должна содержать. Устойчивость и постоянство результата предполагают соответствующую устойчивость и постоянство причины.

В каждый данный момент и в каждом данном месте деньги какой-либо страны представляют собою более или менее точное мерило стоимости в соответствии с тем, насколько находящаяся в обращении монета более или менее точно соответствует своему узаконенному масштабу или содержит более или менее точно то самое количество чистого золота или чистого серебра, которое она должна содержать. Если в Англии, например, 44 $^1/_2$ гинеи содержали бы ровно фунт золота установленной пробы или 11 унций чистого золота и 1 унцию лигатуры, то ее золотая монета могла бы служить наиболее точным мерилом фактической стоимости товаров в любое время и в любом месте, поскольку это допускается самой природой вещей. Но если благодаря стиранию и обрезыванию 44 $^1/_2$ гинеи обыкновенно содержат меньше 1 фунта золота установленной пробы, причем уменьшение в весе в одних монетах больше, чем в других, то само мерило стоимости оказывается подверженным такой же неустойчивости и неточности, каким подвержены обыкновенно все остальные весы и меры. Так как эти последние редко соответствуют в точности установленному для них образцу, то купец сообразует цены своих товаров не с теми весами и мерами, какими они должны были бы быть, а с теми средними весами и мерами, какими, по его опыту, они фактически являются. Вследствие подобных отклонений в монетах цена товаров точно таким же образом должна сообразоваться не с количеством чистого золота или серебра, которое должна была бы содержать монета, а с тем количеством, которое в среднем она фактически содержит, как это установлено опытом.

Надлежит заметить, что под денежной ценой товаров я всегда понимаю количество чистого золота или серебра, за которое они продаются, совершенно не принимая во внимание названия монеты. 6 шилл. и 8 п. времен Эдуарда I я признаю, например, имеющими ту же самую денежную цену, что и фунт стерлингов в настоящее время, потому что они содержали, насколько мы можем судить, то же самое количество чистого серебра.

Глава VI
О СОСТАВНЫХ ЧАСТЯХ ЦЕНЫ ТОВАРОВ

В обществе первобытном и малоразвитом, предшествовавшем накоплению капиталов и обращению земли в частную собственность, соотношение между количествами труда, необходимыми для приобретения разных предметов, было, по-видимому, единственным основанием, которое могло служить руководством для обмена.

Так, например, если у охотничьего народа обычно приходится затратить вдвое больше труда для того, чтобы убить бобра, чем на то, чтобы убить оленя, один бобр будет, естественно, обмениваться на двух оленей или будет иметь стоимость двух оленей. Вполне естественно, что продукт, изготовляемый обычно в течение двух дней или двух часов труда, будет иметь вдвое бóльшую стоимость, чем продукт, изготовляемый обычно в течение одного дня или одного часа труда.

Если один вид труда тяжелее какого-либо другого вида, то, естественно, делается надбавка соответственно этой большей тяжести, и благодаря этому продукт одного часа первого вида труда может часто обмениваться на продукт двух часов более легкого труда.

Точно так же если какой-либо вид труда требует особенного искусства и ловкости, то уважение, с которым люди относятся к таким способностям, придает их продукту большую стоимость, чем это соответствовало бы времени, затраченному на него. Такие способности и таланты редко могут быть приобретены при отсутствии продолжительного предварительного упражнения, и высшая стоимость их продукта часто является лишь вполне разумным возмещением того времени и труда, которое надо было затратить на приобретение их. В развитом обществе в заработную плату рабочего обыкновенно включается надбавка этого рода за добавочную тяжесть и большее искусство работника; вероятно, нечто в этом роде имело место и в более ранних периодах развития общества.

При таком положении вещей весь продукт труда принадлежит работнику, и количество труда, обыкновенно затрачиваемого на приобретение или производство какого-нибудь товара, представляет собою единственное условие, определяющее количество труда, которое может быть куплено, приобретено в распоряжение или обменено на него.

Лишь только в руках частных лиц начинают накопляться капиталы, некоторые из них, естественно, стремятся использовать их для того, чтобы занять работой трудолюбивых людей, которых они снабжают материалами и средствами существования в расчете получить выгоду на продаже продуктов их труда или на том, что эти работники прибавили к стоимости обрабатываемых материалов. При обмене готового товара на деньги, на труд или на другие продукты помимо оплаты цены материалов и заработной платы работников должна быть еще дана некоторая сумма для прибыли предпринимателя, рискующего своим капиталом в этом деле. Поэтому стоимость, которую рабочие прибавляют к стоимости материалов, распадается сама в этом случае на две части, из которых одна идет на оплату их заработной платы, а другая — на оплату прибыли их предпринимателя на весь капитал, который он авансировал в виде материалов и заработной платы. У него не было бы никакого интереса нанимать этих рабочих, если бы он не мог рассчитывать получить от продажи изготовленных ими произведений что-нибудь сверх суммы, достаточной лишь на возмещение его капитала; точно так же он не был бы заинтересован затрачивать больший капитал, а не меньший, если бы прибыли не соответствовали величине употребленного в дело капитала.

Но могут подумать, что прибыль на капитал представляет собой лишь другое обозначение для заработной платы за особый вид труда, а именно за труд по надзору и управлению делом. Однако эта прибыль совершенно непохожа на заработную плату, она устанавливается совсем на иных началах и не стоит ни в каком соответствии с количеством, тяжестью или сложностью этого предполагаемого труда по надзору и управлению. Прибыль определяется вообще стоимостью употребленного в дело капитала и бывает больше или меньше в зависимости от размеров этого капитала. Предположим, например, что в каком-либо месте, где обычная годовая прибыль промышленного капитала доходит до 10%, имеются две различные мануфактуры, в каждой из которых работают по 20 рабочих за плату по 15 ф. в год, или при расходе 300 ф. в год на заработную плату в каждой мануфактуре. Предположим далее, что сырой материал, идущий в обработку на одной мануфактуре в течение года, стоит только 700 ф. ст., тогда как более дорогое сырье для другой мануфактуры стоит 7000 ф. ст. В таком случае капитал, ежегодно затрачиваемый на первой мануфактуре, будет достигать лишь 1 тыс. ф., тогда как капитал, затрачиваемый на второй, достигнет 7300 ф.

При норме в 10% предприниматель первой мануфактуры будет ожидать прибыль лишь в 100 ф., тогда как предприниматель второй будет ожидать прибыль в 730 ф. Но хотя размер прибыли так различен, их труд по надзору и управлению делом может быть одинаков или почти одинаков. На многих крупных предприятиях почти весь труд такого рода выполняется главным служащим или управляющим. В его заработной плате надлежащим образом выражается стоимость труда по надзору и управлению. Хотя при установлении ее обычно принимается во внимание не только его труд и умение, но также и доверие, которое оказывается ему, однако эта заработная плата никогда не находится в каком бы то ни было соответствии с размерами капитала в предприятии, которым он руководит. А владелец этого капитала, хотя он таким образом оказывается освобожденным почти от всякого труда, все же ожидает, что прибыль будет соответствовать размерам его капитала. Ввиду этого в цене товаров прибыль на капитал образует составную часть, совершенно отличную от заработной платы, и определяется на совершенно других началах.

При таком положении вещей работнику не всегда принадлежит весь продукт его труда. В большинстве случаев он должен делить его с владельцем капитала, который нанимает его. В таком случае количество труда, обычно затрачиваемого на приобретение или производство какого-либо товара, не является единственным условием для определения количества труда, которое может быть куплено или получено в обмен за него. Очевидно, что добавочное количество приходится на долю прибыли с капитала, авансированного на заработную плату и доставившего сырой материал для рабочего.

С тех пор как вся земля в той или иной стране превратилась в частную собственность, землевладельцы, подобно всем другим людям, хотят пожинать там, где не сеяли, и начинают требовать ренту даже за естественные плоды земли. Теперь устанавливается определенная добавочная цена за деревья в лесу, траву на лугах и за все естественные произведения земли, которые прежде, когда она была общей, не стоили работнику ничего, кроме труда собрать их.

Работник теперь должен платить за разрешение собирать их, он должен отдавать землевладельцу часть того, что собирает или производит его труд. Эта часть или, что то же самое, цена этой части, составляет земельную ренту, и эта рента образует третью составную часть цены большей части товаров.

Следует иметь в виду, что действительная стоимость всех различных составных частей цены определяется количеством труда, которое может купить или получить в свое распоряжение каждая из них. Труд определяет стоимость не только той части цены, которая приходится на заработную плату, но и тех частей, которые приходятся на ренту и прибыль.

Во всяком обществе цена каждого товара в конечном счете сводится к одной из этих основных частей или ко всем им, а в каждом развитом обществе все эти три составные части в большей или меньшей мере входят в цену громадного большинства товаров.

Так, например, в цене хлеба одна ее доля идет на оплату ренты землевладельца, вторая — на заработную плату или содержание рабочих и рабочего скота, занятых в его производстве, и третья доля является прибылью фермера. Эти три части, по-видимому, либо непосредственно, либо в конечном счете составляют всю цену хлеба. Может показаться, что необходима еще четвертая часть для возмещения капитала фермера, т.е. для возмещения снашивания его рабочего скота и других хозяйственных орудий. Но надо иметь в виду, что цена любого хозяйственного орудия, хотя бы рабочей лошади, в свою очередь состоит из таких же трех частей: из ренты на землю, на которой она была вскормлена, из труда, затраченного на уход за ней и содержание ее, и прибыли фермера, авансировавшего ренту за землю и заработную плату за труд. И потому, хотя в цену хлеба должна входить оплата цены и содержания лошади, в целом она все же сводится — непосредственно или в конечном счете — к тем же трем составным частям: к ренте, заработной плате и прибыли.

В цене муки мы должны прибавлять к цене зерна прибыль мельника и заработную плату его рабочих; к цене печеного хлеба — прибыль пекаря и заработную плату его рабочих, а в обоих случаях — затрату на оплату труда по перевозке зерна от фермера до мельника и от мельника до пекаря, а также прибыль тех, кто авансировал деньги на оплату этого труда.

Цена льна распадается на такие же три части, как и цена хлеба. В цене полотна мы должны прибавить к цене льна заработную плату чесальщика льна, прядильщика, ткача, отбельщика и т.п., а также прибыли их предпринимателей.

Чем больше какой-либо товар нуждается в обработке, тем большей становится та часть цены, которая приходится на заработную плату и прибыль, сравнительно с той частью, которая приходится на ренту. С развитием обрабатывающей промышленности не только увеличивается последовательный ряд прибылей, но и каждая последующая становится больше прибыли, полученной на предыдущей стадии; это обусловливается тем, что капитал, с которого она получается, становится все больше. Капитал, занимающий ткачей, например, должен быть больше капитала, занимающего прядильщиков, потому что он не только замещает последний с его прибылью, но, кроме того, выплачивает заработную плату ткачей, а прибыль всегда должна быть в известной пропорции к капиталу.

Впрочем, даже в наиболее развитых обществах всегда имеется небольшое число товаров, цена которых сводится лишь к двум составным частям, а именно к заработной плате и прибыли на капитал, и еще меньшее число товаров, цена которых состоит только из заработной платы. Так, например, в цене морской рыбы одна ее часть оплачивает труд рыбаков, а другая — прибыль на капитал, затраченный на рыбную ловлю. Рента очень редко входит составной частью в эту цену, хотя это иногда и бывает, как я покажу в дальнейшем. Иначе обстоит дело, по крайней мере в большей части Европы, в речном рыболовстве. За ловлю форелей уплачивается рента, она, хотя ее и нельзя назвать земельной рентой, так же составляет часть цены форели, как заработная плата и прибыль. В некоторых местах Шотландии бедняки промышляют собиранием вдоль морского берега различных камешков с крапинками, известных под названием шотландских голышей. Цена, которую им платит за эти камешки гранильщик, представляет собою только плату за их труд; в нее не входит ни рента, ни прибыль.

Но цена всякого товара в конечном счете должна все же сводиться к той или другой или ко всем этим трем частям, так как всякая доля цены, остающаяся после оплаты земельной ренты и цены всего труда, затраченного на добычу материала, обработку и доставку его на рынок, должна по необходимости оказаться чьей-либо прибылью.

Так как цена, или меновая стоимость любого товара, взятого в отдельности, сводится к той или другой или ко всем трем указанным составным частям, то к таким же трем составным частям должна сводиться цена, или меновая стоимость, всех товаров, составляющих общий годичный продукт труда каждой страны, взятых в общей сложности. Она должна распределяться между различными жителями данной страны или в виде заработной платы за их труд, или в виде прибыли на их капитал, или в виде ренты за их землю. Таким именно способом распределяется между различными членами общества все, что ежегодно собирается или производится трудом этого общества, или, что то же самое, вся цена годичного продукта труда. Заработная плата, прибыль и рента являются тремя первоначальными источниками всякого дохода, равно как и всякой меновой стоимости. Всякий иной доход в конечном счете получается из этих источников.

Всякий человек, который получает свой доход из источника, принадлежащего лично ему, должен получать его либо от своего труда, либо от своего капитала, либо от своей земли. Доход, получаемый от труда, называется заработной платой; доход, получаемый с капитала лицом, которое лично употребляет его в дело, называется прибылью; доход, получаемый с него лицом, которое не употребляет его в дело, а ссужает его другому, называется процентом, или денежным ростом. Он представляет собою вознаграждение, уплачиваемое заемщиком заимодавцу за ту прибыль, которую он имеет возможность извлечь при помощи этих денег. Часть этой прибыли, естественно, принадлежит заемщику, который берет на себя риск и заботы по употреблению капитала в дело, а часть, естественно, принадлежит заимодавцу, который предоставляет заемщику возможность получить прибыль. Ссудный процент всегда представляет собою доход производный, который, если он не выплачивается из прибыли, полученной от применения этих денег, должен быть выплачен из какого-либо иного источника дохода, поскольку, конечно, заемщик не является расточителем, делающим новый долг для уплаты процентов по первоначальному долгу. Доход, получающийся целиком с земли, называется рентой и достается землевладельцу. Доход фермера получается частью от его труда, частью с его капитала. Для него земля является лишь орудием, дающим возможность получать заработную плату за труд и извлекать прибыль с своего капитала. Все налоги и всякий основанный на них доход — все оклады, пенсии, ежегодные рентные доходы всякого рода — в конечном счете получаются из этих трех первоначальных источников и выплачиваются непосредственно или посредственно из заработной платы, из прибыли с капитала или из ренты с земли.

Когда эти различные виды дохода принадлежат различным лицам, их легко отличают друг от друга, но когда они принадлежат одному и тому же лицу, их нередко смешивают, по крайней мере в обыденной речи.

Землевладелец, обрабатывающий часть своего поместья, после оплаты расходов по обработке земли получает и ренту землевладельца, и прибыль фермера. Но он склонен называть всю свою выручку прибылью и таким образом смешивает, по крайней мере в обыденной речи, ренту с прибылью. Большая часть наших североамериканских и вест-индских плантаторов находится в таком именно положении. Они в большинстве своем сами ведут хозяйство в своих поместьях, и в соответствии с этим мы редко слышим о ренте с плантации, но часто слышим о прибыли, приносимой ею.

Рядовые фермеры редко держат управляющего для руководства работами на ферме. Они обыкновенно немало работают сами вместе со своими рабочими, сами пашут и боронят и т.п. И потому излишек урожая, остающийся после уплаты ренты, должен не только возместить им капитал, употребленный на обработку земли, вместе с обычной прибылью на него, но и оплачивать заработную плату, причитающуюся им в качестве рабочих и управителей. Однако весь излишек, остающийся после уплаты ренты и возмещения капитала, называется прибылью. Между тем часть этого излишка, очевидно, составляет заработная плата. Фермер, сберегая расход на эту заработную плату, должен сам получать ее. Следовательно, заработная плата в этом случае смешивается с прибылью.

Какой-нибудь независимый ремесленник, который обладает капиталом, достаточным для приобретения материала и для собственного содержания впредь до продажи продукта на рынке, получает как заработную плату поденщика, работающего на хозяина, так и прибыль, которую получил бы хозяин от продажи продукта труда поденщика. Но вся его выручка обыкновенно называется прибылью, и заработная плата в данном случае тоже смешивается с ней.

Огородник, который обрабатывает собственный огород своими руками, соединяет в своем лице три различных лица: землевладельца, фермера и рабочего. Его продукт поэтому должен оплачивать ему ренту первого, прибыль второго и заработную плату третьего. Однако вся его выручка обыкновенно признается заработной платой за его труд. Рента и прибыль в этом случае смешиваются с заработной платой.

Так как в цивилизованной стране найдется лишь немного товаров, меновая стоимость которых создается одним только трудом, и меновая стоимость большинства товаров содержит в себе в значительной мере ренту и прибыль, то годичный продукт труда этой страны оказывается всегда достаточным для того, чтобы купить или получить в свое распоряжение гораздо большее количество труда, чем то количество его, которое было затрачено на добычу, обработку и доставку этого продукта на рынок. Если бы общество ежегодно употребляло в дело весь тот труд, который оно в состоянии ежегодно купить, то вследствие того, что количество этого труда ежегодно будет значительно возрастать, продукт каждого последующего года будет иметь значительно большую стоимость, чем продукт предыдущего года. Но не существует страны, в которой весь годичный продукт употреблялся бы только на содержание лиц, занятых трудом. Повсюду значительная часть его потребляется праздными людьми, и в зависимости от различной пропорции, в какой продукт ежегодно распределяется между этими двумя классами людей, его обычная или средняя стоимость должна либо ежегодно возрастать, либо уменьшаться, или оставаться из года в год неизменной.

Глава VII

О ЕСТЕСТВЕННОЙ И РЫНОЧНОЙ ЦЕНЕ ТОВАРОВ

В каждом обществе или каждой местности существует обычная или средняя норма как заработной платы, так и прибыли для каждого из различных приложений труда и капитала. Эта норма, как я покажу в дальнейшем, естественно, регулируется частью в зависимости от общих условий общества, от его богатства или бедности, от его процветания, застоя или упадка, частью же в зависимости от особой природы того или иного приложения труда и капитала.

В каждом обществе или каждой местности, равным образом, существует обычная, или средняя, норма ренты, которая, как я покажу в дальнейшем, тоже регулируется частью общими условиями общества или местности, где расположена земля, частью же естественным или искусственным плодородием почвы.

Эти обычные, или средние, нормы могут быть названы естественными нормами заработной платы, прибыли и ренты для того времени и той местности, где они обычно преобладают.

Если цена какого-либо товара соответствует тому, что необходимо для оплаты в соответствии с их естественными нормами земельной ренты, заработной платы и прибыли на капитал, затраченный при добыче, обработке и доставке его на рынок, то товар этот продается, можно сказать, по его естественной цене.

Товар в таком случае продан за столько, сколько он стоит, т.е. сколько он обошелся тому лицу, которое доставило его на рынок, ибо, хотя в обыденной речи так называемые издержки производства товара не включают в себя прибыль лица, перепродающего его, все же, если оно продает товар по цене, не дающей ему обычную в его местности норму прибыли, оно, очевидно, теряет от такой торговой сделки; в самом деле, затратив свой капитал каким-либо иным образом, оно могло бы получить прибыль. Эта прибыль, кроме того, составляет его доход, действительный фонд, из которого он черпает средства для своего существования. Подобно тому как он при изготовлении и доставке на рынок своих товаров авансирует своим рабочим их заработную плату или средства их существования, он точно таким же образом авансирует и самому себе средства своего существования, которые обычно находятся в соответствии с той прибылью, которую он имеет основание ожидать от продажи своих товаров. И потому, если товары не приносят ему ожидаемую прибыль, можно сказать, что они не возмещают ему того, что они действительно ему стоили.

Поэтому, хотя цена, доставляющая ему эту прибыль, не всегда представляет собою самую низкую, за которую торговец соглашается продавать свои товары, но она будет самой низкой ценой, по которой он согласен продавать их сколько-нибудь продолжительное время по крайней мере там, где существует полная свобода или где он может по желанию менять профессию. Фактическая цена, за которую обычно продается товар, называется его рыночной ценой. Она может или превышать его естественную цену, или быть ниже ее, или же в точности совпадать с нею.

Рыночная цена каждого отдельного товара определяется отношением между количеством, фактически доставленным на рынок, и спросом на него со стороны тех, кто готов уплатить его естественную цену, или полную стоимость ренты, заработной платы и прибыли, которые надлежит оплатить для того, чтобы товар доставлялся на рынок. Эти лица могут быть названы действительными покупателями, а их спрос — действительным спросом, так как этот спрос достаточен для того, чтобы вызвать доставку товара на рынок. Он отличается от абсолютного спроса. Про очень бедного человека можно в известном смысле сказать, что он предъявляет спрос на карету с шестеркой лошадей; он может желать иметь ее, но его спрос не является действительным спросом, ибо товар ни в коем случае не может быть доставлен на рынок для удовлетворения его.

Если количество товара, доставленного на рынок, не покрывает действительного спроса, то лица, соглашающиеся заплатить полную стоимость ренты, заработной платы и прибыли, которые надлежит оплатить для того, чтобы товар был доставлен на рынок, не могут получить то именно количество товара, которое им нужно. Не желая совсем остаться без него, некоторые из них предпочитают в таком случае заплатить за него несколько больше. Среди них начнется сейчас же конкуренция, и рыночная цена более или менее повысится в сравнении с естественной ценою в зависимости от того, насколько недостаток предложения товара, богатство и расточительность покупателей обострят конкуренцию. При наличии конкурентов, отличающихся одинаковым богатством и одинаковой склонностью к расточительности, определенная нехватка товара обыкновенно вызывает более или менее обостренную конкуренцию в зависимости от большей или меньшей важности для них приобретения этого товара. Отсюда непомерно высокая цена предметов необходимости во время осады города или во время голода.

Если количество товара, доставленного на рынок, превышает действительный спрос, то он не может быть полностью продан тем, кто готов заплатить всю стоимость ренты, заработной платы и прибыли, которые надлежит оплатить для того, чтобы товар был доставлен на рынок. Некоторая часть товара должна быть продана лицам, которые согласны заплатить меньше этой суммы, и более низкая цена, даваемая ими, должна понизить цену всего товара в целом. Рыночная цена падает сравнительно с уровнем естественной цены в зависимости от того, насколько избыток предложения товара обостряет конкуренцию между продавцами, или в зависимости от того, насколько им необходимо немедленно сбыть с рук этот товар. Избыточный ввоз скоропортящихся продуктов вызывает гораздо большую конкуренцию, чем такой же ввоз товаров непортящихся, —

ввоз апельсинов, например, вызывает бóльшую конкуренцию, чем ввоз железного лома.

Если товар доставлен на рынок в количестве, как раз достаточном для удовлетворения действительного спроса, то рыночная цена или совершенно совпадает, или почти совпадает с естественной ценой. Все количество товара, имеющееся налицо, может быть продано именно по этой, но не по более высокой цене. Конкуренция между различными торговцами заставляет их принять эту цену, но не вынуждает соглашаться на меньшую.

Количество каждого товара, доставляемого на рынок, естественно, согласуется с действительным спросом на него. Все лица, которые производительно употребляют свою землю, труд или капитал для доставки какого-нибудь товара на рынок, заинтересованы в том, чтобы количество его не превышало действительного спроса, а все остальные заинтересованы в том, чтобы оно никогда не падало ниже этого спроса.

Если в какой-либо момент количество товара на рынке превышает действительный спрос, та или другая из составных частей его цены должна оказаться оплаченной ниже своей естественной нормы. Если это будет рента, то интерес землевладельцев немедленно побудит их изъять из обработки часть их земли; а если это будет заработная плата или прибыль, то интерес рабочих в одном случае и интерес предпринимателей в другом побудит изъять часть их труда или капитала из данного производства. И количество товара, доставляемого на рынок, скоро окажется как раз достаточным для удовлетворения действительного спроса. Все различные части его цены повысятся до размеров своей естественной нормы, а вся цена в целом — до естественной цены товара.

Если, напротив, в какой-либо момент количество товара, доставленного на рынок, будет ниже действительного спроса, та или другая из составных частей его цены должна будет подняться выше своей естественной нормы. Если это будет рента, интерес всех остальных землевладельцев, естественно, побудит их использовать больше земли для производства этого товара; если это будет заработная плата или прибыль, то интерес всех остальных рабочих и капиталистов скоро побудит их затратить больше труда и капитала для производства и доставки этого товара на рынок. Количество товара, доставленного на рынок, скоро окажется достаточным для удовлетворения действительного спроса. Все составные части цены товара скоро упадут до своей естественной нормы, а цена в целом — до естественной цены товара.

Таким образом, естественная цена как бы представляет собою центральную цену, к которой постоянно тяготеют цены всех товаров. Различные случайные обстоятельства могут иногда держать их на значительно более высоком уровне и иногда несколько понижать их по сравнению с нею. Но каковы бы ни были препятствия, которые отклоняют цены от этого устойчивого центра, они постоянно тяготеют к нему.

Все количество труда, затрачиваемого ежегодно на доставку какого-либо рода товаров на рынок, естественно, сообразуется, таким образом, с действительным спросом — оно естественно стремится всегда доставить на рынок ровно такое количество товара, какое достаточно, и не более того, что достаточно, для удовлетворения этого спроса.

Но в некоторых отраслях производства одно и то же количество труда производит в различные годы весьма различные количества товаров, тогда как в других отраслях оно неизменно или почти неизменно из года в год. Одно и то же число рабочих в сельском хозяйстве производит в различные годы весьма различное количество зерна, вина, масла, хмеля и т.п., между тем как одно и то же количество прядильщиков и ткачей каждый год производит одинаковое или почти одинаковое количество полотна и сукна. Только средний размер производства какой-либо отрасли промышленности может во всех отношениях согласоваться с действительным спросом; а так как фактический размер ее производства часто значительно превышает средний размер производства, а часто значительно отстает от него, то количество товаров, доставляемых на рынок, иногда намного превышает действительный спрос и иногда намного отстает от него. Поэтому даже при неизменности этого спроса рыночная цена этих товаров подвержена большим колебаниям, она иногда намного отстает от их естественной цены, а иногда намного превышает ее. В других отраслях производства, где продукция равных количеств труда всегда неизменна или почти неизменна, она может более точно сообразоваться с действительным спросом. И потому, пока этот спрос остается неизменным, рыночная цена товаров тоже не изменяется и совпадает или почти совпадает с естественной ценой. Собственный опыт каждого человека говорит ему, что цена полотна и сукна не подвержена столь частым и столь большим колебаниям, как цена хлеба. Цена одного рода товаров изменяется лишь в зависимости от изменений в спросе; цена другого рода товаров изменяется не только в зависимости от изменений в спросе, но и в зависимости от гораздо больших и гораздо более частых колебаний количества товара, доставляемого на рынок для удовлетворения этого спроса.

Случайные и временные колебания рыночной цены товара приходятся главным образом на те части ее, которые сводятся к заработной плате и прибыли, и меньше отражаются на той части, которая приходится на ренту. Рента, установленная в известной сумме денег, ни в малейшей степени не подвергается влиянию этих колебаний ни в своем размере, ни в своей стоимости. Рента, установленная в известной доле или в известном количестве продукта в натуре, подвергается, без сомнения, в своей годичной стоимости влиянию всех случайных и временных колебаний рыночной цены этого продукта в натуре, но при этом редко изменяется ее годичный размер. Устанавливая условия аренды, землевладелец и фермер стараются по силе своего разумения сообразовать размер ренты не с временной и случайной, а со средней и обычной ценой продукта.

Указанные колебания отражаются как на стоимости, так и на норме заработной платы и прибыли в зависимости от того, переполнен рынок или же испытывает недостаток в товарах или в труде, в работе уже выполненной или подлежащей выполнению. Общественный траур повышает цену черной материи (в которой рынок в таких случаях почти всегда испытывает недостаток) и увеличивает прибыли купцов, обладающих сколько-нибудь значительным количеством ее. Он совсем не отражается на заработной плате ткачей. Рынок испытывает недостаток в товарах, но не в труде, недостаток в уже выполненной работе, но не в работе, подлежащей выполнению. Но этот же траур повышает заработную плату рабочих-портных. В этой области рынок испытывает недостаток в труде. Здесь налицо действительный спрос на большее количество труда или работы, подлежащей выполнению, превышающий предложение. Траур ведет к понижению цены цветных шелковых и шерстяных материй и таким образом сокращает прибыли купцов, имеющих на руках сколько-нибудь значительное количество их. Он понижает также заработную плату рабочих, занятых в изготовлении этих товаров, так как всякий спрос на них приостанавливается на шесть месяцев, а может быть, и на целый год. В данном случае рынок оказывается переполненным как товарами, так и трудом.

Но хотя рыночная цена всякого отдельного товара, таким образом, постоянно тяготеет, если можно так выразиться, к естественной цене, однако иногда случайные обстоятельства, иногда естественные причины, а иногда особые распоряжения правительства могут продолжительное время держать рыночную цену многих товаров намного выше их естественной цены.

Когда в результате увеличения действительного спроса рыночная цена какого-нибудь товара поднимется значительно выше его естественной цены, лица, затрачивающие свои капиталы для снабжения рынка этим товаром, обыкновенно стараются скрыть такое изменение. Если бы оно стало общеизвестным, их большая прибыль побудила бы столь многих новых конкурентов вложить в это дело свои капиталы, что действительный спрос оказался бы полностью удовлетворенным и рыночная цена скоро понизилась бы до уровня естественной цены, а, может быть, на некоторое время и ниже ее. Если рынок находится на большом расстоянии от местожительства тех, кто снабжает его, они могут иногда сохранять секрет в течение ряда лет, и все это время пользоваться своими чрезвычайными прибылями, не встречая новых конкурентов. Однако надо признать, что секреты подобного рода редко можно сохранять в течение продолжительного времени, а чрезвычайная прибыль может держаться лишь немного дольше, чем сохраняется секрет.

Секреты в мануфактурном производстве можно сохранять дольше, чем в торговле. Красильщик, открывший способ окрашивать ткани в какой-нибудь цвет при помощи материалов вдвое более дешевых, чем те, которые обыкновенно применяются для этой цели, может при правильной постановке дела пользоваться выгодами своего изобретения всю свою жизнь и даже передать его в виде наследства своему потомству. Его чрезвычайный доход имеет своим источником высокую цену, уплачиваемую за его специальный труд. Он, в сущности, представляет собой высокую заработную плату за его труд. Но так как этот доход получается с каждой единицы его капитала и так как общая его сумма в соответствии с этим пропорциональна величине капитала, то обычно этот доход рассматривается как чрезвычайная прибыль с капитала.

Такие повышения рыночной цены являются, очевидно, следствием особых обстоятельств, действие которых, однако, может иногда длиться много лет подряд.

Некоторые естественные продукты требуют таких особых свойств почвы и расположения ее, что вся земля какой-нибудь обширной страны, годная для производства их, может оказаться недостаточной для удовлетворения действительного спроса. Поэтому все количество такого продукта, доставляемое на рынок, может быть продано тем лицам, которые готовы дать за него больше, чем необходимо для оплаты ренты за землю, на которой произведен этот продукт, и для оплаты по их естественным нормам заработной платы и прибыли за труд и капитал, затраченные на производство и доставку этого продукта на рынок. Такие товары могут в течение целых столетий продаваться по высокой цене, и в этом случае именно та часть цены, которая сводится к земельной ренте, оплачивается обычно выше своей естественной нормы. Рента с земли, доставляющей такие превосходные и высоко ценимые продукты, подобно ренте с некоторых виноградников во Франции, находящихся на особенно благоприятной и удачно расположенной почве, не стоит в каком-нибудь правильном соотношении с рентой с одинаково плодородных и столь же хорошо обрабатываемых земель в данной местности. Напротив, заработная плата и прибыль за труд и капитал, затрачиваемые для доставки таких товаров на рынок, редко отклоняются от своего нормального соотношения к заработной плате и прибыли, которые существуют в этой местности в других отраслях производства.

Такие повышения рыночной цены представляют собою, очевидно, следствие естественных причин, которые препятствуют полному удовлетворению действительного спроса и поэтому могут действовать вечно.

Монополия, предоставленная отдельному лицу или торговой компании, оказывает то же действие, что и секрет в торговле или мануфактурном производстве. Монополисты, поддерживая постоянный недостаток продуктов на рынке и умышленно не удовлетворяя полностью действительный спрос, продают свои товары намного дороже естественной цены и поднимают свои доходы — состоят ли они в заработной плате или прибыли — значительно выше их естественной нормы.

Монопольная цена во всех случаях является высшей ценой, какая только может быть получена. Естественная цена, или цена свободной конкуренции, напротив, представляет собою самую низкую цену, на какую можно согласиться, конечно, если речь идет не об отдельном случае, а о продолжительном времени. Первая во всех случаях является высшей ценой, какую только можно вытянуть у покупателей или какую, как предполагается, они согласны дать; вторая представляет собою низшую цену, какую продавцы соглашаются взять, не прекращая в то же время своего дела.

Такую же тенденцию, хотя и в меньшей степени, имеют исключительные привилегии корпораций, законы об ученичестве и все те законы, которые в отдельных отраслях производства сокращают число конкурентов по сравнению с тем, каким оно было бы при других условиях. Они являются своего рода расширенными монополиями и часто могут в течение целых столетий в целом ряде отраслей производства держать рыночную цену отдельных товаров выше естественной цены и удерживать как заработную плату за труд, так и прибыль на капитал, применяемый в этих производствах, на уровне, несколько превышающем их естественную норму.

Подобные повышения рыночной цены могут держаться до тех пор, пока сохраняют силу правительственные постановления, вызывающие их.

Рыночная цена любого товара редко может продолжительное время держаться ниже естественной цены, хотя и может долгое время оставаться на более высоком уровне. Какая бы часть ее ни оплачивалась ниже своей естественной нормы, лица, интересы которых от этого страдают, немедленно почувствуют ущерб и сейчас же извлекут столько труда или капитала из производства этого товара, что количество последнего, доставляемое на рынок, окажется достаточным только для удовлетворения действительного спроса на него. Его рыночная цена поэтому скоро повысится до его естественной цены. Так будет, по крайней мере, в случае существования полной свободы.

Те же законы об ученичестве и законы о корпорациях, которые при процветании данной отрасли промышленности дают работнику возможность поднять свою заработную плату значительно выше ее естественной нормы, вынуждают его, когда она переживает застой, понизить ее значительно ниже этой нормы. Подобно тому как в первом случае эти законы не дают другим лицам возможности конкурировать с данным работником в его производстве, так во втором случае они не дают самому этому работнику возможности заняться иными промыслами. Однако влияние таких ограничительных постановлений в смысле понижения заработной платы рабочего ниже ее естественной нормы не бывает столь продолжительным, как влияние их в смысле повышения ее над этой нормой. Воздействие их в последнем направлении может длиться в течение многих столетий, тогда как в первом направлении оно может проявляться лишь до тех пор, пока живы те рабочие, которые были обучены данному промыслу во время его процветания. Когда они умрут, число тех лиц, которые в дальнейшем будут обучаться этой профессии, естественно будет сообразоваться с действительным спросом. Нужна такая насильственная политика, как в Индии или в Древнем

Египте (где каждый человек в силу религиозных правил обязан был наследовать профессию своего отца и где самым ужасным святотатством считалось менять ее на другую профессию), чтобы в течение нескольких поколений держать в каком-либо промысле заработную плату за труд или прибыль на капитал ниже их естественной нормы.

Вот все, что я полагаю необходимым заметить в настоящее время относительно временных и постоянных отклонений рыночной цены товаров от их естественной цены.

Сама естественная цена изменяется вместе с естественной нормой каждой из ее составных частей — заработной платы, прибыли и ренты, и в каждом обществе эта норма изменяется в зависимости от его общих условий, в зависимости от его богатства или бедности, его прогресса, застоя или упадка. В последующих четырех главах я постараюсь выяснить с возможной для меня полнотой и отчетливостью причины этих разнообразных изменений.

Я постараюсь, во-первых, выяснить, какие условия естественно определяют норму заработной платы и как отражаются на этих условиях богатство или бедность общества, его прогресс, застой или упадок.

Я постараюсь, во-вторых, показать, какие условия естественно определяют норму прибыли и как, равным образом, на этих условиях отражаются указанные перемены в состоянии общества.

Хотя денежная заработная плата и прибыль весьма неодинаковы в различных сферах приложения труда и капитала, однако, по-видимому, обычно существует известная пропорция как между денежной заработной платой во всех различных сферах приложения труда, так и между денежной прибылью во всех различных сферах приложения капитала. Эта пропорция, как выяснится в дальнейшем, зависит отчасти от природы различных промыслов и отчасти от различных законов и общей политики, существующих в данном обществе. Но эта пропорция, хотя она во многих отношениях зависит от законов и общей политики, зависит, по-видимому, лишь в малой степени от богатства или бедности этого общества, его прогресса, застоя или упадка; она остается неизменной или почти неизменной при всех этих состояниях общества. Я постараюсь, в-третьих, выяснить все различные условия, определяющие эту пропорцию.

В-четвертых, наконец, я постараюсь показать, каковы условия, регулирующие земельную ренту и повышающие или понижающие действительную цену всех различных продуктов, производимых землей.

Глава VIII
О ЗАРАБОТНОЙ ПЛАТЕ

Продукт труда составляет естественное вознаграждение за труд, или его заработную плату.

В том первобытном состоянии общества, которое предшествует присвоению земли в частную собственность и накоплению капитала, весь продукт труда принадлежит работнику. Ему не приходится делиться ни с землевладельцем, ни с хозяином.

Если бы такое состояние сохранилось, заработная плата за труд возрастала бы вместе с увеличением производительной силы труда, порождаемой разделением труда. Все предметы постепенно становились бы более дешевыми. На производство их требовалось бы все меньшее количество труда, и так как товары, на производство которых затрачено одинаковое количество труда, при таком положении вещей, естественно, обменивались бы друг на друга, то их равным образом можно было бы покупать на продукт меньшего труда.

Хотя все предметы в действительности стали бы дешевле, но на первый взгляд могло бы показаться, что многие из них стали дороже, чем прежде, так как они обмениваются на большее количество других продуктов. Предположим, например, что в большинстве отраслей производства производительная сила труда увеличилась в десять раз, или в течение рабочего дня можно произвести в десять раз больше, чем прежде, между тем как в данной отдельной отрасли производства производительная сила труда увеличилась всего только в два раза, или в течение рабочего дня теперь можно произвести только вдвое больше, чем прежде. При обмене продуктов труда одного рабочего дня большинства отраслей производства на продукт труда одного рабочего дня данной отрасли, на десятикратное по сравнению с прежним количеством продуктов этих отраслей производства можно было бы приобрести лишь двойное количество продуктов труда данной отрасли. Поэтому определенное количество продукта данной отрасли, например один фунт, окажется, по-видимому, в пять раз дороже прежнего, но в действительности станет вдвое дешевле. Хотя для приобретения его необходимо отдать в пять раз большее количество других продуктов, но для приобретения или производства его приходится теперь затратить вдвое меньшее количество труда, чем прежде. Следовательно, приобрести его будет теперь вдвое легче.

Однако такое первобытное состояние общества, в котором рабочий получает полный продукт своего труда, не может сохраниться с момента присвоения земли в частную собственность и накопления капитала. Это положение вещей, следовательно, отошло в область прошлого задолго до того, как были достигнуты наиболее крупные успехи в увеличении производительной силы труда, и поэтому было бы бесполезно исследовать дальше, какое влияние оно могло бы оказать на вознаграждение или заработную плату за труд.

Как только земля становится частной собственностью, землевладелец требует долю почти со всякого продукта, который работник может взрастить на этой земле или собрать с нее. Его рента составляет первый вычет из продукта труда, затраченного на обработку земли.

Далее, только в редких случаях лицо, обрабатывающее землю, имеет средства для своего содержания до сбора жатвы. Эти средства существования обычно авансируются ему из капитала его хозяина или фермера, который нанимает его и который не имел бы никакого интереса нанимать его, если бы он не получал долю с продукта его труда или если бы его капитал не возмещался с некоторой прибылью. Эта прибыль составляет второй вычет из продукта труда, затрачиваемого на обработку земли.

Такой же вычет для оплаты прибыли делается из продукта почти всякого другого труда. Во всех ремеслах и производствах большинство работников нуждается в хозяине, который авансировал бы им материалы для работы, а также заработную плату и средства существования до времени ее окончания. Этот хозяин получает долю продукта их труда, или долю стоимости, которую труд прибавляет к обрабатываемому им материалу; эта доля и составляет прибыль хозяина.

Правда, бывает иногда, что самостоятельный рабочий-одиночка обладает капиталом, достаточным для покупки материала для своей работы, и средствами существования до времени ее окончания. Он является одновременно хозяином и работником и получает полностью продукт своего труда или всю ту стоимость, которую его труд прибавляет к обрабатываемому им материалу. Продукт в таком случае содержит два различных дохода, принадлежащих обычно двум различным лицам, а именно прибыль на капитал и заработную плату за труд.

Подобные случаи, однако, не очень часты, и в Европе повсюду на одного самостоятельного работника приходится двадцать рабочих, работающих на хозяина. И поэтому под заработной платой повсюду понимают то, чем она является обычно, когда рабочий и обладатель капитала, употребляющий его в дело, являются двумя различными лицами.

Размер обычной заработной платы зависит повсюду от договора между этими обеими сторонами, интересы которых отнюдь не тождественны. Рабочие хотят получать возможно больше, а хозяева хотят давать возможно меньше. Первые стараются сговориться для того, чтобы поднять заработную плату, последние же — чтобы ее понизить.

Нетрудно, однако, предвидеть, какая из этих двух сторон должна при обычных условиях иметь преимущество в этом споре и вынудить другую подчиниться своим условиям. Хозяева — предприниматели, будучи менее многочисленны, гораздо легче могут сговориться между собою, и притом закон разрешает или, по крайней мере, не запрещает им входить в соглашение, между тем как он запрещает это делать рабочим. В Англии нет ни одного парламентского акта против соглашений о понижении цены труда, но имеется много таких актов, которые направлены против соглашений о повышении ее. Во всех таких спорах и столкновениях хозяева могут держаться гораздо дольше.

Землевладелец, фермер, владелец мануфактуры или купец, не нанимая ни одного рабочего, могут обыкновенно прожить год или два на капиталы, уже приобретенные ими. Многие рабочие не могут просуществовать и неделю, немногие могут просуществовать месяц, и вряд ли хотя бы один из них может прожить год, не имея работы. В конечном счете рабочий может оказаться столь же необходимым для своего хозяина, как и хозяин для рабочего, но в первом случае необходимость не проявляется так непосредственно.

Говорят, что нам редко приходится слышать о соглашениях хозяев, зато часто слышим о соглашениях рабочих. Но те, которые на этом основании воображают, что хозяева редко вступают в соглашения, совершенно не знают ни жизни, ни данного предмета. Хозяева всегда и повсеместно находятся в своего рода молчаливой, но постоянной и единообразной стачке с целью не повышать заработной платы рабочих выше ее существующего размера. Нарушение этого соглашения повсюду признается в высшей степени неблаговидным делом, и виновный в нем предприниматель навлекает на себя упреки со стороны своих соседей и товарищей. Мы, правда, редко слышим о таких соглашениях, но только потому, что они представляют собой обычное и, можно сказать, естественное состояние вещей, о котором никогда не говорят. Иногда хозяева входят также в особые соглашения с целью понижения заработной платы даже ниже этого уровня. Обычно они проводятся всегда с соблюдением крайней осторожности и секрета до самого момента их осуществления, и если рабочие, как это иногда бывает, уступают без сопротивления, то посторонние лица никогда не узнают о состоявшемся соглашении, хотя оно очень чувствительно отражается на рабочих. Однако таким соглашениям часто противопоставляется оборонительное соглашение рабочих; иногда же сами рабочие без всякого вызова со стороны хозяев вступают по своей инициативе в соглашение о повышении цены своего труда. Обычно они ссылаются при этом то на дороговизну съестных припасов, то на большую прибыль, получаемую хозяином. Но отличаются ли соглашения рабочих наступательным или оборонительным характером — они всегда вызывают много разговоров. Стремясь привести дело к быстрому решению, рабочие всегда поднимают большой шум, а иногда прибегают даже к неприличным буйствам и насилиям. Они находятся в отчаянном положении и действуют с безумием отчаявшихся людей, вынужденных или помирать с голоду, или нагнать страх на своих хозяев, чтобы заставить немедленно удовлетворить их требования. С другой стороны, хозяева в таких случаях поднимают не меньше шума и требуют вмешательства гражданских властей, а также строгого применения тех суровых законов, которые были изданы против соглашений слуг, рабочих и поденщиков. Ввиду этого рабочие очень редко что-либо выигрывают от бурного характера таких соглашений, которые отчасти благодаря вмешательству гражданских властей, отчасти в силу большего упорства хозяев и отчасти вследствие необходимости для большинства рабочих сдаться, чтобы получить кусок хлеба, обычно кончаются лишь наказанием или разорением зачинщиков.

Хотя в своих столкновениях с рабочими хозяева обыкновенно имеют преимущество, однако существует известная граница, ниже которой невозможно, по-видимому, сократить на сколько-нибудь продолжительное время обычную заработную плату даже низших видов труда.

Человек всегда должен иметь возможность существовать своим трудом, и его заработная плата должна по меньшей мере быть достаточной для его существования. Она даже в большинстве случаев должна несколько превышать этот уровень; в противном случае ему было бы невозможно содержать семью, и раса рабочих вымерла бы после первого поколения. Кантильон, по-видимому, полагает*, что рабочий самого низшего разряда должен зарабатывать по меньшей мере вдвое больше того, что необходимо для его личного содержания, дабы он мог вырастить двух детей; ввиду необходимости ухода жены за детьми, труд ее предполагается достаточным лишь для прокормления ее самой.

---

* См. *Cantillon.* Essai sur la nature du commerce en general. 1755. Ch. XI.

Но половина детей, как установлено, умирает до достижения совершеннолетия. Следовательно, согласно такому расчету, чета беднейших рабочих должна пытаться вырастить по меньшей мере четверых детей, чтобы двое из них достигли совершеннолетия. Расход на содержание стольких детей, как полагают, приблизительно равен стоимости содержания взрослого рабочего. Труд сильного раба, добавляет указанный автор, признается имеющим вдвое бо́льшую стоимость, чем расход на его содержание, а труд самого простого рабочего, как он полагает, не может стоить меньше труда сильного раба. Ввиду этого представляется несомненным, что для содержания семьи труд мужа и жены, даже для низших разрядов простейшего труда, должен приносить несколько больше того, что абсолютно необходимо для их собственного содержания; я не берусь, впрочем, определить, насколько именно больше.

Однако бывают определенные условия, которые иногда ставят рабочих в благоприятное положение и позволяют им увеличить свою заработную плату значительно выше этой нормы, очевидно, самой низкой, которая только совместима с простой человечностью.

Когда в данной стране постоянно возрастает спрос на тех, кто живет заработной платой, а именно на рабочих, поденщиков, прислугу всякого рода, когда каждый год дает занятие большему числу лиц, чем было занято в предыдущем году, то рабочим не приходится вступать в соглашения для повышения их заработной платы. Недостаток рабочих рук вызывает конкуренцию между хозяевами, которые для того, чтобы заполучить рабочих, предлагают один больше другого и таким образом сами нарушают естественное соглашение хозяев не увеличивать заработную плату.

Очевидно, что спрос на лиц, живущих заработной платой, может возрастать лишь пропорционально увеличению фондов, предназначенных для выплаты заработной платы. Фонды эти бывают двух родов: во-первых, избыток дохода сверх размера, необходимого для содержания хозяев; во-вторых, избыток капитала сверх размера, необходимого для предоставления занятий самим хозяевам.

Когда землевладелец, или получатель ежегодной ренты, или капиталист имеет больший доход, чем нужно, по его мнению, для содержания его семьи, он затрачивает весь этот излишек или часть его на содержание одного или нескольких слуг. И когда этот излишек возрастает, он, естественно, увеличивает число этих слуг.

Когда самостоятельный ремесленник, например ткач или сапожник, накопил капитал больший, чем нужно ему для приобретения материалов для его собственной работы и для содержания себя до продажи продукта, он, естественно, употребляет остающуюся сумму на наем одного или нескольких поденщиков, чтобы извлекать прибыль из их труда. При возрастании этой свободной суммы он, безусловно, будет увеличивать число своих рабочих.

Таким образом, спрос на лиц, живущих заработной платой, необходимо увеличивается по мере возрастания дохода и капитала данной страны и никоим образом не может увеличиваться при отсутствии такого возрастания. Возрастание же дохода и капитала означает возрастание национального богатства. Следовательно, спрос на лиц, живущих заработной платой, естественно, возрастает по мере роста национального богатства и не может возрастать при отсутствии последнего.

Не размеры национального богатства, а его постоянное возрастание вызывает увеличение заработной платы за труд. В соответствии с этим заработная плата выше всего не в наиболее богатых странах, а в странах, больше всего накопляющих или быстрее богатеющих. Англия в настоящее время является, без сомнения, гораздо более богатой страной, чем любая часть Северной Америки. Однако заработная плата рабочих гораздо выше в Северной Америке, чем в любой части Англии. В провинции Нью-Йорк чернорабочие зарабатывают 3 шилл. 6 п., т.е. 2 шилл. на английские деньги в день; корабельные плотники получают 10 шилл. 6 п. и пинту рома стоимостью в 6 п. на английские деньги — всего 6 шилл. 6 п. на английские деньги; строительные плотники и каменщики получают 8 шилл., или 4 шилл. 6 п. на английские деньги; портные — 5 шилл., т.е. около 2 шилл. 10 п. на английские деньги. Все эти цифры выше лондонских, и, как утверждают, в других колониях заработная плата столь же высока, как и в Нью-Йорке. Цена на предметы продовольствия при этом повсюду в Северной Америке много ниже, чем в Англии. Недостаток продовольствия там неизвестен. В самые худшие времена года там всегда имеется достаточно продовольствия для собственного потребления, хотя и меньше остается для вывоза. Если поэтому денежная цена труда выше, чем где бы то ни было в метрополии, то его действительная цена, т.е. количество предметов необходимости и удобств, которое рабочий действительно получает в свое распоряжение, должна быть выше еще в большей пропорции.

Хотя Северная Америка еще не так богата, как Англия, она быстрее прогрессирует и гораздо быстрее продвигается по пути к дальнейшему приобретению богатств. Самым бесспорным свидетельством процветания всякой страны служит возрастание численности ее населения. В Великобритании и в большинстве других европейских стран население, как полагают, удваивается приблизительно в пятьсот лет. В британских колониях Северной Америки, как установлено, население удваивается в 20 или 25 лет. И в настоящее время этот рост населения обусловливается главным образом не постоянной иммиграцией новых жителей, а быстрым размножением населения. Как утверждают лица доживающие до старости, часто насчитывают от 50 до 100, а нередко и больше собственных потомков. Труд там вознаграждается так хорошо, что большое количество детей не только не служит обузой, но является источником богатства и благополучия для родителей. Труд каждого ребенка до той поры, когда он в состоянии покинуть родительский дом, приносит родителям, как высчитывают, 100 ф. ст. чистого барыша. За молодой вдовой с четырьмя или пятью малыми детьми на руках, которая в средних или низших слоях населения в Европе имела бы мало шансов вступить вторично в брак, здесь часто ухаживают, как за какой-то находкой. Тот факт, что дети представляют такую большую стоимость, является величайшим из всех поощрений к браку. Нам не приходится поэтому удивляться, что жители Северной Америки обыкновенно вступают в брак очень молодыми. И несмотря на большой прирост населения, вызываемый столь ранними браками, в Северной Америке не прекращаются жалобы на недостаток рабочих рук. Спрос на рабочих и фонды, предназначенные на оплату их, возрастают, по-видимому, еще быстрее, чем число рабочих, предлагающих свой труд.

В стране, обладающей значительным богатством, которое, однако, в течение продолжительного времени не возрастает, мы не можем встретить очень высокую заработную плату. Фонд, предназначенный на заработную плату, доход и капитал ее жителей могут быть очень велики, но если они в течение нескольких столетий оставались неизменными или почти неизменными, то количество рабочих, занятых в течение данного года, легко может покрыть, и даже больше чем покрыть, потребность в них в последующем году. В такой стране редко может чувствоваться недостаток рабочих рук и хозяевам нет необходимости перебивать их друг у друга. Количество рабочих рук, напротив, в таком случае окажется превышающим спрос на них. Постоянно будет ощущаться недостаток работы, и рабочим придется перебивать ее друг у друга. Если бы в такой стране заработная плата превысила размер, достаточный для существования рабочего и содержания его семьи, конкуренция между рабочими и интересы хозяев скоро понизили бы ее до наименьшего размера, который только совместим с простым человеколюбием. Китай долгое время был одной из самых богатых, т.е. наиболее плодородных, лучше всего обрабатываемых, наиболее трудолюбивых и самых населенных стран мира. Однако он оставался, по-видимому, продолжительное время в состоянии застоя. Марко Поло, который посетил Китай пятьсот лет тому назад, описывает его сельское хозяйство, промышленность и населенность почти в таких же выражениях, в каких они описываются путешественниками нашего времени. Возможно, что задолго до Марко Поло Китай приобрел все те богатства, которые можно было приобрести при его законах и учреждениях. Сообщения всех путешественников, которые расходятся во многих других отношениях, одинаково говорят о низкой заработной плате за труд и о трудности для рабочего в Китае содержать семью. Он доволен, если за тяжелую земляную работу в течение целого дня получит столько, что сможет купить вечером маленькую порцию риса. Условия существования ремесленников, если это возможно, еще хуже. Вместо того, чтобы спокойно ожидать в своих мастерских заказов от своих потребителей, как это принято в Европе, они постоянно рыщут по улицам, имея при себе орудия своего ремесла, предлагая свои услуги и как бы вымаливая работу. Бедность низших слоев народа в Китае далеко превосходит бедность самых нищенских наций Европы. В окрестностях Кантона многие сотни, как обычно утверждают, даже тысячи семейств не имеют совсем никакого жилища на суше и живут постоянно в маленьких рыбачьих лодках по рекам и каналам. Пропитание, которое они добывают себе здесь, настолько скудно, что они жадно выуживают самые негодные отбросы, выкидываемые за борт европейских судов. Любая падаль, например дохлая собака или кошка, хотя бы совсем разложившаяся и испускающая зловоние, столь же лакомая пища для них, как самая здоровая пища для народа других стран. Браки поощряются в Китае не выгодой, получаемой от детей, а дозволением умерщвлять их. Во всех больших городах каждую ночь много детей оставляют на улице или топят, как щенят, в реке. Утверждают даже, что выполнение этого ужасного дела является признанной профессией, которая дает пропитание многим людям.

Хотя Китай, может быть, и находится в состоянии застоя, но, как кажется, он не идет назад. Его города нигде не покидаются жителями. Земли, когда-либо пущенные в обработку, нигде не забрасываются. Поэтому ежегодно должно выполняться одно и то же или почти одно и то же количество труда, и, следовательно, фонд, предназначенный на оплату его, не должен заметно уменьшаться. Следовательно, рабочие низшего разряда, несмотря на свое скудное существование, так или иначе умудряются продолжать свой род настолько, чтобы их число не уменьшалось.

Иначе будет в стране, где фонд, предназначенный на содержание труда, заметно сокращается. С каждым годом спрос на прислугу и рабочих во всех отраслях труда будет уменьшаться в сравнении с предыдущим годом. Многие рабочие, принадлежащие к высшим отраслям труда, не имея возможности найти занятия по своей специальности, будут рады найти его в низшем разряде. В низших видах труда, переполненных не только своими собственными рабочими, но и пришельцами из всех других групп, конкуренция в погоне за работой будет столь велика, что сократит заработную плату до уровня, при котором рабочий будет влачить самое жалкое и скудное существование. Многие не смогут найти занятия даже на таких тяжелых условиях — они или погибнут с голоду, или вынуждены будут искать пропитания посредством нищенства или же тягчайших преступлений. Нужда, голод и усиленная смертность станут немедленно уделом этого разряда рабочих и отсюда будут распространяться на все высшие разряды, пока население страны не уменьшится до того количества, которое легко может просуществовать на доход и капитал, оставшиеся в стране. Приблизительно таково, пожалуй, состояние Бенгалии и некоторых других английских поселений Ост-Индии. Если в плодородной стране, население которой раньше значительно уменьшилось и где поэтому не очень трудно найти себе средства к существованию, тем не менее ежегодно умирают от голода триста или четыреста тысяч человек, то нет сомнения, что в такой стране фонд, предназначенный на содержание труда бедных классов, быстро сокращается. Различие между духом британской конституции, под покровительством и управлением которой находится Северная Америка, и меркантильным духом торговой компании, которая господствует в Ост-Индии и угнетает ее, не может быть, пожалуй, иллюстрировано лучше, чем различием положения этих стран.

Щедрая оплата труда является поэтому как неизбежным следствием, так и естественным симптомом роста национального богатства. Скудное существование трудящихся бедняков, с другой стороны, служит естественным симптомом того, что страна переживает застой, а их голодание — что она быстро идет к упадку.

В Великобритании заработная плата за труд в настоящее время, по-видимому, стоит выше того уровня, который необходим для обеспечения рабочему возможности прокормить семью. Для того чтобы удостовериться в этом, нет необходимости входить в утомительные и сомнительные вычисления минимальной суммы, обеспечивающей такую возможность. Имеется много очевидных симптомов того, что заработная плата нигде в нашей стране не определяется этой низшей нормой, совместимой с простой человечностью.

Во-первых, почти повсеместно в Великобритании, даже для самых низших видов труда, существует разница между летней и зимней заработной платой. Летняя заработная плата всегда выше, но ввиду чрезвычайного расхода на топливо содержание семьи обходится дороже всего зимою. Поэтому, поскольку заработная плата выше всего в ту пору, когда расходы на содержание семьи ниже всего, представляется очевидным, что она определяется не этими необходимыми расходами, а количеством и предполагаемой стоимостью труда. Правда, могут сказать, что рабочий сберегает часть своей летней заработной платы для того, чтобы покрывать свои зимние расходы, и что заработная плата за весь год не превышает суммы, необходимой на содержание его семьи в течение всего года. Однако мы не стали бы содержать таким образом раба или человека, который в средствах своего существования находился бы в безусловной зависимости от нас. Его дневная получка точно соответствовала бы его дневным потребностям.

Во-вторых, заработная плата в Великобритании не испытывает колебаний в зависимости от колебания цены съестных продуктов. Эта последняя изменяется повсеместно из года в год, а часто из месяца в месяц, тогда как денежная цена труда остается иногда в некоторых местностях неизменной в течение целого полувека. Если, таким образом, рабочие имеют возможность содержать свои семьи в годы дороговизны, то в годы умеренных цен они должны пользоваться достатком, а в годы особенной дешевизны должны жить в изобилии. Высокие цены на предметы продовольствия в последнее десятилетие не сопровождались во многих частях королевства заметным повышением денежной цены труда. В некоторых местах последнее, правда, имело место, но, вероятно, было вызвано скорее увеличением спроса на труд, чем ростом цен на предметы продовольствия.

В-третьих, в то время как цены на предметы продовольствия колеблются из года в год больше, чем заработная плата, заработная плата, со своей стороны, колеблется от одной местности к другой больше, чем цены на предметы продовольствия. Цены на хлеб и мясо в большей части Соединенного королевства обыкновенно одинаковы или почти одинаковы. Эти и большинство других предметов, продающихся в розницу — а именно в розницу рабочие покупают все нужные им продукты. — обычно столь же дешевы или даже еще дешевле в больших городах, чем в отдаленных частях страны, по причинам, которые я еше буду иметь случай выяснить. Но заработная плата в большом городе и его окрестностях часто на четверть или одну пятую, т.е. на 20 или 25%, выше, чем на расстоянии нескольких миль от него. 18 п. в день можно считать обычной платой за труд в Лондоне и его окрестностях. На расстоянии нескольких миль от него она падает до 14 и 15 п. В 10 п. можно принять заработную плату в Эдинбурге и его окрестностях. В нескольких милях от него она падает до 8 п., обычной цены простого труда в большей части Нижней Шотландии, где она обнаруживает гораздо меньше колебаний, чем в Англии. Такая разница в цене, которая, как кажется, не всегда достаточна для того, чтобы заставить человека переселиться из одного прихода в другой, неизбежно повела бы к такому значительному передвижению самых громоздких товаров не только из одного прихода в другой, но и из одного конца королевства, пожалуй, даже с одного конца света в другой, которое скоро привело бы цены к почти одинаковому уровню. Несмотря на все то, что говорят о легкомыслии и непостоянстве человеческой природы, опыт очевидно доказывает, что перемещение человека связано с бóльшими трудностями, чем перемещение какого бы то ни было другого груза. И потому если рабочий-бедняк может содержать свою семью в тех местностях королевства, где заработная плата ниже всего, то там, где она выше, она более чем достаточна для этой цели.

В-четвертых, колебания цен на труд не только не совпадают в пространстве и во времени с колебаниями цен на предметы продовольствия, но часто прямо противоположны им.

Зерновой хлеб — главная пища простого народа — дороже в Шотландии, чем в Англии, откуда первая почти ежегодно получает весьма значительные количества его. Но английское зерно должно продаваться по более дорогой цене в Шотландии, в стране, в которую оно ввозится, чем в Англии, стране, откуда оно получается; и при одинаковом качестве оно не может продаваться в Шотландии по более дорогой цене, чем шотландское зерно, которое поступает на тот же рынок и конкурирует с ним. Качество зерна определяется главным образом количеством муки, которое оно дает при размоле, и в этом отношении английское зерно настолько превосходит шотландское, что, будучи часто по видимости или по объему более дорогим, оно оказывается обычно более дешевым в действительности или ввиду своего лучшего качества, или даже по весу. Цена труда, напротив, в Англии дороже, чем в Шотландии. Если поэтому рабочие в состоянии содержать свои семьи в одной части Соединенного Королевства, а именно в Шотландии, то они могут жить в довольстве и в другой части страны, т.е. в Англии. Правда, овсяная мука составляет в Шотландии главную и лучшую пищу простонародья, которая, по общему мнению, гораздо хуже пищи того же класса людей в Англии. Однако эта разница в условиях питания рабочих является не причиной, а следствием разницы в их заработной плате, хотя, по странному недоразумению, в ней нередко видят причину. Не потому, что один человек держит карету, а его сосед ходит пешком, первый из них является богатым, а второй — бедным, но, наоборот, потому что первый богат, он держит карету, и потому что второй беден, он ходит пешком.

В течение прошлого столетия зерновой хлеб, в среднем, в обеих частях Соединенного Королевства был дороже, чем в текущем столетии. Это факт, который не допускает ныне никаких сколько-нибудь обоснованных сомнений и который доказан еще более неопровержимо, насколько это возможно, для Шотландии, чем для Англии. Для Шотландии он подтверждается свидетельством официальных записей ежегодной рыночной цены овса и всех видов зернового хлеба во всех графствах. Если же такое прямое доказательство требует еще косвенного подтверждения, то я укажу, что тот же факт имел место также во Франции и, вероятно, в большей части остальной Европы. Что касается Франции, то имеются несомненные доказательства этого. Но если бесспорно, что в обеих частях Соединенного Королевства хлеб в прошлом столетии был несколько дороже, чем в настоящем, то столь же несомненно, что труд был значительно дешевле. И если рабочие могли содержать свои семьи в ту пору, то теперь их положение должно быть более благоприятным. В минувшем столетии наиболее распространенной поденной заработной платой чернорабочего в большей части Шотландии были 6 п. летом и 5 п. зимой. Почти такая же заработная плата, а именно 3 шилл. в неделю, и поныне существует в некоторых частях горной Шотландии и на Западных островах. В большей части Нижней Шотландии обычная заработная плата чернорабочего доходит ныне до 8 п. в день и до 10 п., а иногда и до шилл. в окрестностях Эдинбурга, в графствах, граничащих с Англией, — вероятно, по причине этого близкого соседства — и в немногих других местах, где в последнее время наблюдалось значительное увеличение спроса на труд, — в Глазго, Карроне, Айршире и др. В Англии развитие сельского хозяйства, промышленности и торговли началось значительно раньше, чем в Шотландии. Спрос на труд, а следовательно, и его цену должен был неизбежно возрастать по мере этого развития. Ввиду этого как в минувшем, так и в настоящем столетии заработная плата была в Англии выше, чем в Шотландии. Она, правда, значительно возросла с того времени, но благодаря большому разнообразию заработной платы в разных местах трудно установить, на сколько именно. В 1614 г. жалованье пехотному солдату было такое же, как и в настоящее время, а именно 8 п. в день. Когда оно было впервые установлено, то, естественно, было согласовано с обычной заработной платой чернорабочих, из рядов которых обыкновенно рекрутировались пехотинцы. Лорд, главный судья, Гэлс, писавший в эпоху Карла II, исчисляет необходимые расходы семьи рабочего, состоящей из шести лиц, — отца, матери, двух детей, способных к какому-нибудь труду, и двух нетрудоспособных, — в 10 шилл. в неделю, или в 26 ф. в год. Если семья не может заработать эту сумму своим трудом, она должна добыть ее, как он полагает, нищенством или воровством. Гэлс, по-видимому, весьма тщательно исследовал данный предмет*. В 1688 г. Грегори Кинг, искусство которого в политической арифметике так восхваляется доктором Дэвенантом, определил обычный доход рабочих и батраков в 15 ф. в год на семью, состоящую, по его предположению, в среднем из 3 $^1/_2$ лица**. Таким образом, его исчисление почти совпадает с цифрой судьи Гэлса, хотя на первый взгляд как будто и расходится с нею. Оба принимают недельный расход таких рабочих семейств приблизительно в 20 п. на душу. Денежный доход и расход рабочих семей с того времени значительно возросли в большей части королевства — в некоторых местах больше, в других меньше, — однако вряд ли где бы то ни было в таких размерах, которые указывались в недавно опубликованных преувеличенных сообщениях о заработной плате в настоящее время. Следует, впрочем, заметить, что вполне точно нельзя установить для данного пункта цену за труд, ибо в одном и том же месте и за ту же самую работу часто платят неодинаковую плату в зависимости не только от различных способностей рабочих, но и от сговорчивости или упорства хозяев. В тех случаях, когда заработная плата не устанавливается законом, мы можем, в лучшем случае, определить обычный ее размер, а опыт как будто свидетельствует, что закон ни в коем случае не может надлежащим образом регулировать заработную плату, хотя часто пытался это делать.

Реальное вознаграждение за труд, т.е. действительное количество предметов необходимости и жизненных удобств, которое оно может доставить рабочему, возросло на протяжении текущего столетия, пожалуй, еще значительнее, чем денежная цена труда. Подешевел не только хлеб, но значительно понизились в цене также многие другие предметы, которые вносят приятное и здоровое разнообразие в пищу трудолюбивого бедняка. Так, например, картофель в настоящее время стоит в большей части королевства не более половины того, что он стоил обыкновенно

---

* См. его проект о содержании бедных в книге *Burn.* History of the Poorlaws.

** Это вычисление можно найти у Дэвенанта в его Essay upon the Probable Methods of Making a People Gainers in the Balance of Trades. Davenant's Works, edit. 1771, vol. II, p. 184.

тридцать или сорок лет тому назад. То же самое можно сказать о репе, моркови, капусте — овощах, которые прежде возделывались только с помощью лопаты, а теперь обыкновенно возделываются с помощью плуга. Всякого рода фрукты и овощи стали дешевле. Бóльшая часть яблок и даже лука, потреблявшихся в Великобритании, привозились в прошлом столетии из Фландрии. Крупные улучшения в производстве дешевых тканей, льняных и шерстяных, дают рабочим более дешевую и лучшую одежду, а прогресс в производстве грубых металлов дает им более дешевые и лучшие инструменты, а также много приятных и удобных предметов домашнего обихода. Мыло, соль, свечи, кожа и спиртные напитки, правда, значительно подорожали главным образом благодаря обложению налогами. Но рабочие потребляют столь незначительное количество этих предметов, что оно не уравновешивает понижения цен столь многих других продуктов. Обычные жалобы на то, что роскошь распространяется даже среди низших слоев народа и что рабочие не довольствуются теперь той пищей, одеждой и жилищем, какими довольствовались в прежние времена, могут убедить нас, что возросла не только денежная цена труда, но и его реальное вознаграждение.

Следует ли считать такое улучшение положения низших слоев народа выгодным или невыгодным для общества? Ответ на первый взгляд представляется совершенно ясным. Прислуга, рабочие и поденщики всякого рода составляют преобладающую часть всякого крупного государства. А то, что ведет к улучшению условий существования большинства, никоим образом не может быть признано вредным для целого. Ни одно общество, без сомнения, не может процветать и быть счастливым, если значительнейшая часть его членов бедна и несчастна. Да кроме того, простая справедливость требует, чтобы люди, которые кормят, одевают и строят жилища для всего народа, получали такую долю продуктов своего собственного труда, чтобы сами могли иметь сносную пищу, одежду и жилище.

Бедность не всегда предупреждает браки, хотя, несомненно, затрудняет их. Она, как кажется, даже благоприятствует размножению. Истощенная голодом женщина в горной Шотландии часто имеет более двадцати детей, тогда как изнеженная пресыщенная дама часто неспособна произвести на свет и одного ребенка и обыкновенно оказывается совершенно истощенной после рождения двух или трех детей. Бесплодие, столь частое среди светских женщин, весьма редко встречается у женщин из низших слоев народа. Роскошь, может быть, порождает в прекрасном поле страсть к наслаждениям, но, по-видимому, всегда ослабляет и часто совершенно уничтожает способность к деторождению.

Но бедность, хотя она и не предупреждает деторождение, чрезвычайно неблагоприятна для воспитания детей. Нежное растение порождено на свет, но в столь холодной почве и суровом климате оно скоро чахнет и погибает. Как мне часто приходилось слышать, в горной Шотландии нередко встречаются матери, родившие двадцать детей и сохранившие в живых только двоих. Некоторые обладающие большим опытом офицеры уверяли меня, что число детей, родившихся у их солдат, не было бы достаточным не только для укомплектования их полков, но даже для замещения должностей одних только барабанщиков и флейтщиков. А между тем редко где можно встретить такое большое число маленьких детей, как около солдатских казарм. Очень немногие из них, по-видимому, достигают тринадцати- или четырнадцатилетнего возраста. В некоторых местах половина рождающихся детей умирает, не достигнув четырехлетнего возраста, во многих местах — семилетнего и почти повсюду не дожив до девяти или десяти лет. Однако такая смертность повсеместно встречается главным образом среди детей простонародья, которое не может окружить их таким уходом, каким пользуются дети более обеспеченных родителей. Хотя браки у простонародья обычно более плодовиты, чем в высших кругах общества, однако до совершеннолетия доживает меньшая часть их детей. В воспитательных же домах и среди детей, воспитываемых за счет приходской благотворительности, смертность еще больше, чем среди детей простонародья.

Все виды животных, естественно, размножаются в соответствии с наличными средствами их существования, и ни один вид не может размножиться за пределы последних. Но в цивилизованном обществе только у низших слоев народа недостаток средств существования может ограничивать предел дальнейшего размножения, что выражается только одним — уничтожением большей части детей, рождающихся от плодовитых браков этих низших классов народа.

Щедрая оплата труда, позволяющая рабочим лучше содержать своих детей и, следовательно, вырастить большее число их, естественно, имеет тенденцию расширить пределы размножения. Следует заметить при этом, что это расширение происходит в соответствии с размерами спроса на труд. Если этот спрос непрерывно возрастает, то оплата труда с необходимостью должна в такой степени поощрять браки и размножение среди рабочих, чтобы этот непрерывно возрастающий спрос мог быть удовлетворен столь же непрерывно возрастающим населением. Если заработная плата в какой-либо момент опустится ниже того уровня, который требуется для этого, недостаток рабочих рук скоро повысит ее, а если она поднимется выше этого уровня, чрезмерное размножение скоро понизит ее до необходимой нормы. Рынок в одном случае будет настолько недостаточно снабжен рабочей силой, а в другом случае снабжен ею в таком избытке, что это скоро приведет ее цену к надлежащей норме, требуемой наличными условиями общества. Таким образом, спрос на людей, как и спрос на всякий иной товар, необходимо регулирует производство людей — ускоряет его, когда оно идет слишком медленно, задерживает, если оно происходит слишком быстро. Этот именно спрос регулирует и определяет размножение рода человеческого во всех решительно странах мира, в Северной Америке, в Европе и Китае; он вызывает быстрое размножение людей в первой, медленное и постепенное во второй и держит население на стационарном уровне в третьей.

Обычно говорят, что утрата трудоспособности раба происходит за счет его хозяина, а утрата трудоспособности свободного работника — за его собственный счет. Между тем утрата трудоспособности последнего в действительности ложится на хозяина в такой же мере, как и утрата трудоспособности первого. Заработная плата, выплачиваемая поденщикам и рабочим всякого рода, должна достигать в среднем таких размеров, чтобы давать возможность поддерживать общее число поденщиков и рабочих на том уровне, какой требуется возрастающим, уменьшающимся или стационарным состоянием спроса общества на них. Однако, хотя утрата трудоспособности свободного работника тоже производится за счет хозяина, она обычно стоит ему меньше, чем утрата трудоспособности раба. Фонд, предназначенный на восстановление или, если можно так выразиться, на ремонт раба, обыкновенно находится в распоряжении небрежного хозяина или невнимательного управляющего. Фонд, предназначенный для той же цели по отношению к свободному человеку, находится в распоряжении его самого. Беспорядочность, обычно преобладающая в хозяйстве богатого человека, естественно, распространяется и на тот фонд, на который содержатся рабы; напротив, строгая умеренность и бережливость бедняка столь же естественно проявляются в расходовании его средств существования. При столь различном ведении хозяйства одна и та же цель будет требовать для своего выполнения совершенно различных издержек. В соответствии с этим, как мне кажется, опыт всех веков и народов говорит за то, что труд свободных людей обходится в конечном счете дешевле труда рабов. Это установлено даже в Бостоне, Нью-Йорке и Филадельфии, где заработная плата за простой труд весьма высока.

Итак, высокая оплата труда, будучи последствием возрастания богатства, вместе с тем является причиной роста населения. Жаловаться по поводу ее — значит оплакивать необходимые следствия и причины величайшего общественного благосостояния.

Следует, пожалуй, отметить, что положение рабочих, этой главной массы народа, становится, по-видимому, наиболее счастливым и благоприятным скорее при прогрессирующем состоянии общества, когда оно идет вперед, в направлении дальнейшего обогащения, чем когда оно приобрело уже всевозможные богатства. Положение рабочих тяжело при стационарном состоянии общества и плачевно при упадке его. Прогрессирующее состояние общества означает в действительности радость и изобилие для всех его классов, неподвижное состояние общества лишено радости, а регрессирующее — полно печали.

Щедрое вознаграждение за труд, поощряя размножение простого народа, вместе с тем увеличивает его трудолюбие. Заработная плата за труд поощряет трудолюбие, которое, как и всякое иное человеческое свойство, развивается в соответствии с получаемым им поощрением. Обильная пища увеличивает физические силы работника, а приятная надежда улучшить свое положение и кончить свои дни в довольстве и изобилии побуждает его к максимальному напряжению своих сил. Поэтому при наличии высокой заработной платы мы всегда найдем рабочих более деятельными, прилежными и смышлеными, чем при низкой заработной плате; в Англии, например, мы скорее найдем таких рабочих, чем в Шотландии, вблизи крупных городов — скорее, чем в отдаленных сельских местностях. Конечно, имеются такие рабочие, которые, если они могут заработать в четыре дня пропитание на всю неделю, остальные три дня проводят сложа руки, однако они отнюдь не составляют большинства. Напротив, когда рабочие получают высокую поштучную плату, они склонны надрываться над работой и таким образом разрушают в несколько лет свое здоровье и силы. Плотник в Лондоне и в некоторых других местах, как полагают, не может свыше восьми лет сохранить свою полную силу. Нечто подобное имеет место во многих других промыслах, где рабочие оплачиваются поштучно; таков обыкновенно порядок в мануфактурах и даже в сельском хозяйстве — везде, где заработная плата выше обычного уровня. Почти все категории ремесленника подвержены каким-либо специальным болезням, порождаемым их постоянным занятием одним и тем же видом труда. Выдающийся итальянский врач Рамадзини написал особую книгу* относительно таких болезней. Мы не считаем наших солдат самой трудолюбивой частью нашего народа. Тем не менее, когда случалось употреблять их для

---

* *Ramazzini B.* A Treatise on the Diseases of Tradesmen etc. Перевод с латинского на английский был издан в 1705 г.

какой-нибудь особой работы, за которую давали хорошую поштучную плату, офицерам часто приходилось договариваться с предпринимателями, чтобы им не давали зарабатывать свыше определенной суммы в день в соответствии с установленными нормами поштучной оплаты. До заключения этого соглашения взаимное соревнование и стремление к большему заработку часто побуждали их чрезмерно напрягать свои силы и надрывать свое здоровье усиленным трудом. Чрезмерное напряжение в течение четырех дней в неделю часто бывает действительной причиной безделья в остальные три дня, по поводу которого так много и громко жалуются. За напряженным трудом, умственным или физическим, продолжающимся подряд несколько дней, у большинства людей, естественно, следует сильная, почти непреодолимая потребность в отдыхе, от которого удержать может только сила или острая нужда. Это естественная потребность, которая требует удовлетворения иной раз в виде простого отдыха, а иногда и в виде развлечений. Последствия неудовлетворения этой потребности часто опасны, а иногда губительны, они почти всегда, раньше или позже, вызывают специальную профессиональную болезнь. Если бы хозяева прислушивались всегда к велениям разума и человечности, они часто имели бы основания скорее умерять, чем возбуждать усердие многих из своих рабочих. Как я уверен, в любой профессии можно установить, что человек, который работает не спеша и потому способен работать постоянно, не только дольше сохранит свое здоровье, но в течение года выполнит большее количество работы.

Говорят, что в годы, когда продукты дешевы, рабочие в среднем более ленивы, а в годы дороговизны более усердны, чем обыкновенно. Отсюда заключают, что обилие средств существования ослабляет трудолюбие рабочих, а недостаток, напротив, усиливает трудолюбие. Не может подлежать сомнению, что достаток, несколько превышающий обычный, может сделать некоторых рабочих ленивыми, но представляется маловероятным, чтобы он оказывал такое влияние на большинство рабочих или чтобы люди вообще работали больше при скудном питании, подавленном настроении и частых болезнях, чем при обильном пи-

тании, бодром настроении и хорошем здоровье.
Годы дороговизны, следует заметить, обыкновенно бывают для простонародья годами болезней и усиленной смертности, что не может не вызывать уменьшения производительности труда.

В годы изобилия рабочие часто покидают своих хозяев и решаются добывать себе пропитание самостоятельным промыслом. Но эта же дешевизна предметов продовольствия, увеличивая фонд, предназначенный на содержание рабочих, побуждает хозяев, в особенности фермеров, нанимать большее число их. Фермеры в таких случаях надеются извлечь больше прибыли из своего хлеба путем найма несколько большего количества работников, чем от продажи его по низкой рыночной цене. Спрос на работников увеличивается, тогда как предложение их уменьшается. Таким образом, цена на труд в годы дешевизны часто повышается.

В годы дороговизны трудность и необеспеченность существования побуждают всех этих людей искать себе место в качестве рабочих. Но высокая цена предметов продовольствия, уменьшая фонд, предназначенный на содержание рабочих, побуждает хозяев скорее сократить, чем увеличить число своих рабочих. Вместе с тем в годы дороговизны бедные самостоятельные работники часто проедают весь свой небольшой капитал, на который они обыкновенно снабжали себя материалами для своего труда, и для поддержания своего существования вынуждены превратиться в наемных рабочих. Не все лица, ищущие работу, могут ее получить; многие готовы поступить на работу на условиях более низкой оплаты, чем обычно, и потому в годы дороговизны заработная плата как батраков, так и поденных рабочих часто понижается.

Поэтому хозяева всякого рода извлекают больше выгоды из своих рабочих в годы дороговизны, чем в годы дешевизны, и в первом случае находят их более покорными и сговорчивыми, чем во втором. И потому они, естественно, признают годы дороговизны более благоприятными, чем годы дешевизны. Лендлорды и фермеры, эти две многочисленные группы хозяев, имеют, кроме того, другую причину приветствовать годы дороговизны. Рента первых и прибыль вторых в весьма большой степени зависят от цен на предметы продовольствия. Однако не может быть ничего нелепее, как воображать, что люди вообще станут работать меньше, когда смогут работать на самих себя, нежели когда они работают на других. Бедный самостоятельный работник будет по общему правилу более трудолюбив, чем даже наемный рабочий, получающий поштучную плату. Первый получает весь продукт своего труда, второй делит его со своим хозяином.

Первый, работая в одиночку и самостоятельно, менее подвержен соблазнам плохого общества, которые в крупных мануфактурах так часто губят нравственность второго. Еще более значительно, конечно, превосходство самостоятельного работника сравнительно с теми рабочими, которых нанимают помесячно или на годовой срок и которые получают постоянную заработную плату и содержание независимо от количества сделанной ими работы. Годы дешевизны имеют тенденцию увеличивать количество самостоятельных работников в сравнении с числом поденных рабочих и батраков всякого рода, а годы дороговизны — уменьшать его.

Французский писатель, отличающийся большими знаниями и талантом, сборщик налогов в избирательном округе С.-Этьен господин Мессанс*, пытается доказать, что бедняки производят больше работы в годы дешевизны, чем в годы дороговизны, сравнивая количество и стоимость товаров, произведенных в том и другом случаях в трех различных производствах: грубых шерстяных материй в Эльбефе, полотняном и шелковом по всему району Руана. Из его сообщения, основанного на регистрах официальных учреждений, явствует, что количество и стоимость товаров, вырабатываемых в этих трех производствах, обыкновенно гораздо больше в годы дешевизны, чем в годы дороговизны. Все эти три производства, по-видимому, находятся в состоянии застоя или, в общем, клонятся к упадку и не развиваются, хотя их продукция, может быть, несколько колеблется из года в год.

---

* См.: *Messance.* Recherches sur la population des généralities d'Auvergne, de Lyon, de Rouen. Paris, 1776.

Полотняное производство в Шотландии и производство грубых шерстяных материй к западу от Йоркшира представляют собою развивающиеся промыслы; их продукция по общему правилу возрастает, хотя и с некоторыми колебаниями, как по количеству, так и по стоимости. Однако, рассмотрев опубликованные отчеты об их ежегодной продукции, я не мог обнаружить, чтобы колебания ее стояли в какой-либо заметной связи с периодами дороговизны или дешевизны. В 1740 г., когда был большой неурожай, оба эти производства пережили, правда, весьма значительный упадок. Но в 1756 г., когда также случился большой неурожай, шотландская промышленность развивалась быстрее, чем обычно. Йоркширская промышленность действительно падала, и ее продукция не достигала уровня 1755 г. вплоть до 1766 г., когда был отменен закон об американском гербовом сборе. В этот и следующий годы она значительно превысила прежние размеры и с того времени продолжала непрерывно возрастать.

Продукция всех значительных мануфактур, продающих свои товары на отдаленных рынках, зависит не столько от дороговизны или дешевизны в странах их нахождения, сколько от условий, влияющих на спрос в тех странах, где эта продукция потребляется: от мира или войны, от процветания или упадка других соперничающих мануфактур, от благоприятного или плохого положения их главных потребителей. Кроме того, большая часть добавочного труда, который, вероятно, выполняется в годы дешевизны, никогда не входит в официальные отчеты о промышленности. Батраки и слуги, оставляющие своих нанимателей, становятся самостоятельными работниками; женщины возвращаются к своим родителям и обычно занимаются прядением, чтобы изготовить одежду для себя и своих семейств; даже самостоятельные работники не всегда работают на открытый рынок, а изготовляют для своих соседей предметы домашнего обихода. Поэтому продукт их труда часто оказывается не внесенным в те официальные регистры, сводки которых нередко публикуются с такой торжественностью и на основании которых наши купцы и промышленники часто опрометчиво основывают свои суждения о процветании или упадке государства.

Хотя колебания цен на труд не только не всегда соответствуют колебаниям цен на предметы продовольствия, но часто прямо противоположны им, мы все же не должны на этом основании предполагать, что цена предметов продовольствия не оказывает никакого влияния на цену труда. Денежная цена труда необходимо определяется двумя моментами: спросом на труд и ценами на предметы необходимости и жизненного удобства. Спрос на труд, в зависимости от того, возрастает ли он, неподвижен или падает, т.е. в зависимости от того, требует ли он возрастающего, стационарного или уменьшающегося населения, определяет количество предметов необходимости и жизненных удобств, которые должны быть предоставлены рабочему, а денежная цена труда определяется той суммой, которая необходима для приобретения этого количества продуктов. Хотя, таким образом, денежная цена труда иногда бывает высока в то время, когда цена предметов продовольствия низка, она была бы еще выше при том же спросе на труд, но при высокой цене предметов продовольствия.

Именно потому, что спрос на труд возрастает в годы непредвиденного и чрезвычайного урожая и уменьшается в годы непредвиденного и чрезвычайного неурожая, денежная цена труда иногда повышается в первом случае и понижается во втором.

В годы непредвиденного и чрезвычайного урожая у многих промышленных предпринимателей хотя и имеются фонды, достаточные для содержания и производительного использования большего числа работников, чем было занято в предыдущем году, но им не всегда удается достать это добавочное число работников. Поэтому те хозяева, которые нуждаются в большем количестве рабочих, перебивают их друг у друга, благодаря чему нередко повышается как реальная, так и денежная цена труда рабочих.

Обратное этому происходит в год непредвиденного и чрезвычайного неурожая. Фонды, предназначенные для производительных целей, уменьшаются сравнительно с предыдущим годом. Значительное число людей лишается работы; они конкурируют друг с другом, а это нередко понижает как реальную, так и денежную цену труда. В 1740 г., когда был чрезвычайный неурожай, много народа соглашалось работать за одни харчи. В последующие урожайные годы было труднее достать рабочих и батраков.

В год дороговизны скудость средств существования, уменьшая спрос на труд, имеет тенденцию понизить его цену, тогда как высокая цена предметов продовольствия имеет тенденцию повысить ее. Напротив, изобилие урожайного года, увеличивая спрос на труд, имеет тенденцию повышать цену труда, тогда как дешевизна предметов продовольствия ведет к ее понижению. При обычных колебаниях цен на предметы продовольствия эти две противоположные причины, по-видимому, уравновешивают одна другую; это, вероятно, отчасти объясняет, почему заработная плата повсюду гораздо более устойчива и неизменна, чем цена предметов продовольствия.

Рост заработной платы необходимо ведет к возрастанию цены многих товаров, поскольку увеличивает ту часть ее, которая приходится на заработную плату и, таким образом, имеет тенденцию уменьшить потребление этих товаров как внутри страны, так и за границей. Однако та же причина, которая повышает заработную плату за труд, а именно возрастание капитала, имеет тенденцию увеличить производительную силу труда, благодаря чему при затрате меньшего количества труда производится большее количество изделий. Владелец капитала, нанимающий большее количество рабочих, всегда старается в своих выгодах установить такое надлежащее разделение и распределение работ, чтобы рабочие были в состоянии изготовить возможно больше предметов. С той же целью он старается снабдить их по возможности самыми лучшими орудиями. И то, что имеет место среди рабочих отдельной мастерской, происходит по той же причине среди рабочих всего общества. Чем значительнее число их, тем больше, естественно, подразделяются они на различные классы и виды занятий. Большее число умов занято изобретением наиболее подходящих орудий и машин для выполнения работы каждого, и поэтому тем вероятнее, что они будут изобретены. В результате этих усовершенствований затраты труда при производстве многих товаров настолько уменьшаются, что возрастание цены труда более чем уравновешивается уменьшением его количества.

Глава IX
О ПРИБЫЛИ НА КАПИТАЛ

Повышение или уменьшение прибыли на капитал зависит от тех же причин, которые вызывают изменение заработной платы за труд, — от возрастания или уменьшения богатства общества; но эти причины весьма различно отражаются на заработной плате и прибыли.

Возрастание капитала, увеличивающее заработную плату, ведет к понижению прибыли. Когда капиталы многих богатых купцов вкладываются в одну и ту же отрасль торговли, их взаимная конкуренция, естественно, ведет к понижению их прибылей; а когда во всех отраслях торговли данного общества происходит такое же увеличение капитала, та же конкуренция должна произвести подобное действие во всех отраслях.

Как было уже замечено, нелегко установить размер средней заработной платы даже в отдельной местности и в определенное время. Даже в этом случае мы можем обыкновенно определить лишь наиболее обычную заработную плату. Однако это редко может быть сделано и по отношению к прибыли на капитал. Прибыль так сильно колеблется, что человек, ведущий какое-нибудь торговое дело, не всегда может сам сказать вам, какова она в среднем. На нее оказывают влияние не только каждое колебание цены товаров, которыми он торгует, удачи или неудачи его конкурентов и потребителей, а также тысячи других случайностей, которым подвержены его товары при перевозке морем или сушей или даже при хранении на складе. Прибыль поэтому колеблется не только из года в год, но и изо дня в день и почти с часу на час. Установить, какова средняя прибыль всех различных отраслей торговли, существующих в обширном королевстве, должно быть, много труднее, а судить с некоторой степенью точности о том, какова она могла быть раньше или в отдаленные от нас периоды, должно быть, вообще невозможно.

Но хотя невозможно определить с некоторой степенью точности, какова в настоящее время и какова была прежде средняя прибыль на капитал, кое-какое представление об этом может быть составлено на основании обычного процента на деньги. Можно признать за правило, что процент на деньги будет выше в тех случаях, когда возможно получить бо́льшую прибыль от вложения денег в какое-нибудь дело, и, наоборот, за них дадут меньше, если употребление их обещает меньшую выгоду. Следовательно, мы можем быть уверены, что соответственно колебаниям в данной стране обычной рыночной нормы процента должна изменяться также обычная прибыль на капитал: понижаться, когда понижается эта норма, и возрастать, когда она повышается.

Законом в 37-й год правления Генриха VIII процент, превышающий десять со ста, был объявлен незаконным. До этого, по-видимому, взимали нередко больше. В правление Эдуарда VI религиозное рвение воспрещало всякий процент. Однако, как утверждают, это запрещение, подобно всем другим такого же рода, не имело никакого действия и, вероятно, скорее увеличило, чем ослабило, зло ростовщичества. Статут Генриха VIII был возобновлен пунктом 8-м акта, изданного в 13-й год правления Елизаветы, и десять процентов продолжали быть законной нормой процента до закона, изданного в 21-й год правления Якова I, когда она была ограничена восемью процентами. Она была понижена до шести процентов вскоре после Реставрации, а законом в 12-й год правления королевы Анны — до пяти процентов. Все эти различные законодательные ограничения устанавливались, по-видимому, соответственно обстоятельствам, не забегали вперед, а следовали за рыночной нормой процента, по какой обычно занимали деньги вполне кредитоспособные люди. Со времени королевы Анны пять процентов, как кажется, скорее превышали рыночную норму, чем отставали от нее. Перед последней войной правительство занимало по три процента, а вполне кредитоспособные люди в столице и во многих других местах королевства — по три с половиной, четыре и четыре с половиной процента.

Со времени Генриха VIII богатство и доход страны непрерывно возрастали, и темп возрастания скорее постепенно ускорялся, чем замедлялся. Богатство и доходы, по-видимому, не только возрастали, но возрастали все быстрее и быстрее. В течение этого периода зарабстная плата тоже непрерывно возрастала, а в большей части различных отраслей торговли и промышленности прибыль на капитал уменьшалась.

Обыкновенно для ведения какой-нибудь торговли требуется больший капитал в большом городе, чем в деревне. Крупные капиталы, вложенные во все отрасли торговли, и большое число конкурентов обыкновенно уменьшают норму прибыли в городе ниже того уровня, какой держится в деревне. Но заработная плата в большом городе обычно выше, чем в деревне. В развивающемся городе лица, обладающие крупными свободными капиталами, часто не могут достать нужное им количество рабочих и потому перебивают их друг у друга, чтобы достать возможно большее число их, а это повышает заработную плату и сокращает прибыль на капитал. В отдаленных частях страны часто не хватает свободного капитала, чтобы занять всех рабочих, которые поэтому конкурируют друг с другом в поисках места, а это понижает заработную плату и повышает прибыль на капитал.

Хотя в Шотландии законная норма процента та же, что и в Англии, рыночная норма его несколько выше. Самые кредитоспособные лица редко занимают там меньше чем по пяти процентов. Даже частные банкиры в Эдинбурге платят четыре процента по своим векселям, которые могут быть предъявлены к оплате частично или полностью в любой момент. Частные банкиры в Лондоне совсем не платят процентов на деньги, вложенные у них. В Шотландии в большинстве отраслей торговли можно вести дело на меньший капитал, чем в Англии. Обычная норма прибыли должна быть поэтому несколько выше. Заработная плата, как уже указано, в Шотландии ниже, чем в Англии. К тому же страна эта не только много беднее, но и темп ее развития, — хотя она, бесспорно, развивается и богатеет, — по-видимому, более медленный.

Законная норма процента во Франции в течение настоящего столетия не всегда регулировалась рыночной ценой*. В 1720 г. процент был понижен с одной двадцатой до одной пятидесятой пенни, т.е. с пяти до двух на сто;

---

* См. *Denisart*. Article Taux des Intérêts. Tome 111. P. 18.

в 1724 г. он был повышен до одной тридцатой пенни, т.е. до трех с третью на сто; в 1725 г. он был снова повышен до одной двадцатой, или до пяти на сто, а в 1766 г., во время управления г. Ляверди, уменьшен до одной двадцать пятой, т.е. до четырех процентов. Аббат Тэрре впоследствии повысил его до старой нормы в пять процентов. Многие из этих насильственных понижений процента, как предполагалось, имели в виду подготовить сокращение процента по государственному долгу — цель, которая иногда и достигалась. Франция в настоящее время, пожалуй, не столь богатая страна, как Англия, и хотя законная норма процента во Франции часто бывала ниже, чем в Англии, рыночная норма бывала обыкновенно выше, ибо там, как и в других странах, существует немало безопасных и легких способов обходить закон. Торговая прибыль, как уверяли меня британские купцы, торговавшие в обеих странах, выше во Франции, чем в Англии; и нет сомнения, что именно по этой причине многие британские подданные предпочитают применять свои капиталы в первой стране, где к торговле относятся с пренебрежением, чем в своей стране, где она пользуется большим почетом. Заработная плата во Франции ниже, чем в Англии. Когда вы приезжаете из Шотландии в Англию, различие, которое вы замечаете в одежде и внешнем виде простого народа в обеих странах, достаточно говорит о неодинаковости его положения. Контраст еще сильнее, когда вы возвращаетесь из Франции. Франция, хотя она, несомненно, более богатая страна, чем Шотландия, прогрессирует, по-видимому, не так быстро. В Шотландии общим и даже избитым местом является мнение, что она идет к упадку, — мнение, как я полагаю, плохо обоснованное даже по отношению к Франции и совершенно несостоятельное по отношению к Шотландии в глазах тех, кто знает ее теперь и знал ее 20 и 30 лет тому назад.

Голландия, напротив, в сравнении с размерами своей территории и численностью населения является более богатой страной, чем Англия. Ее правительство занимает деньги из двух процентов, а частные лица, пользующиеся прочным кредитом, — из трех процентов. Заработная плата, как говорят, в Голландии выше, чем в Англии, и голландцы, как хорошо известно, торгуют с меньшей прибылью, чем какой бы то ни было народ в Европе. Согласно утверждениям некоторых лиц, торговля Голландии клонится к упадку, и это, может быть, верно в применении к некоторым отдельным ее отраслям. Но вышеприведенные симптомы, как думается, достаточно указывают, что она не переживает общего упадка. Когда прибыль уменьшается, купцы очень склонны жаловаться на упадок торговли, хотя это уменьшение является естественным результатом процветания торговли и вложения в нее бóльших капиталов, чем раньше. Во время последней войны голландцы захватили всю транспортную торговлю Франции, значительную долю которой они удержали до сих пор. Крупные суммы, которыми они обладают в иностранных государственных бумагах — около 40 млн только в английских (мне эта цифра представляется значительно преувеличенной), крупные суммы, которые они ссужают частным лицам в тех странах, где норма прибыли выше, чем у них, — все это, без сомнения, свидетельствует об изобилии капитала или о возрастании его в таких размерах, что они не могут излишки его использовать со сносной прибылью в собственных предприятиях в своей стране, но отнюдь не говорит об упадке торговли и промышленности. Подобно тому как капитал частного лица, приобретенный в какой-нибудь отрасли торговли, может возрасти настолько, что это лицо уже не сможет использовать его в данной отрасли, несмотря на то что последняя продолжает развиваться, — так может происходить и с капиталом целой нации.

В наших североамериканских и вест-индских колониях не только заработная плата, но и денежный процент, а следовательно, и прибыль на капитал выше, чем в Англии. В различных колониях как законная, так и рыночная норма процента колеблется от шести до восьми на сто. Высокая заработная плата и высокая прибыль на капитал почти нигде не наблюдаются одновременно, исключая недавно возникшие колонии с их особыми условиями. Новая колония в течение некоторого времени всегда должна испытывать больший недостаток в капитале сравнительно с размерами ее территории и больший недостаток населения сравнительно с размерами ее капитала, чем это имеет место в большинстве других стран. Она имеет больше земли, чем капитала для обработки ее. И потому имеющиеся у нее средства употребляются только на обработку наиболее плодородных и благоприятнее всего расположенных участков, а именно по морскому побережью и вдоль берегов судоходных рек. Притом такая земля часто покупается по цене, не достигающей даже стоимости ее естественных произведений. Капитал, затраченный на покупку и возделывание таких земель, должен приносить весьма значительную прибыль и, следовательно, давать возможность уплачивать очень высокий процент. Его быстрое накопление при столь прибыльном приложении позволяет плантатору увеличивать число своих рабочих быстрее, чем он в состоянии найти в новом поселении. И потому те, кого он может найти, получают щедрое вознаграждение. По мере роста колонии прибыль на капитал постепенно уменьшается. После того как заняты самые плодородные и лучше всего расположенные участки земли, меньшая прибыль может быть получена от обработки худших по своей почве и расположению участков и меньший процент может быть уплачен за капитал, вкладываемый в них. Ввиду этого в большей части наших колоний законная и рыночная норма процента значительно понизилась в течение текущего столетия. В то время как богатство, культура земли и население возросли, процент понизился. Заработная плата не понижается вместе с понижением прибыли на капитал. Спрос на труд возрастает вместе с возрастанием капитала независимо от того, какова приносимая им прибыль; и после того как прибыль начинает уменьшаться, капитал может не только продолжать возрастать, но даже возрастать гораздо быстрее, чем раньше. С трудолюбивыми нациями, которые прогрессируют в деле накопления богатств, повторяется то же, что и с отдельными трудолюбивыми лицами. Большой капитал, хотя и приносящий небольшую прибыль, обыкновенно возрастает быстрее, чем незначительный капитал, приносящий большую прибыль. Деньги, говорит пословица, создают новые деньги. Стоит вам добыть немного денег, и вам часто легко будет добыть больше. Главная трудность заключается именно в получении этих небольших денег. Связь между возрастанием капитала и развитием промышленности или спроса на полезный труд уже отчасти выяснена, но она будет изложена более обстоятельно в дальнейшем, когда речь будет идти о накоплении капитала.

Приобретение новой территории или развитие новых видов торговли и промышленности может иногда повысить прибыль на капитал, а вместе с нею и размер денежного процента даже в стране, быстро накопляющей богатство. Поскольку капитала страны не хватает, в связи с указанными изменениями, для всей совокупности представляющихся капиталистам дел, то он направляется только в те отрасли, которые дают наибольшую прибыль. Часть капиталов, ранее вложенных в другие отрасли торговли и промышленности, неизбежно извлекается из них и направляется в какие-либо новые и более выгодные. Поэтому во всех старых отраслях торговли конкуренция ослабевает, рынок в меньшем изобилии снабжается многими видами товаров. Их цена неизбежно более или менее повышается и дает более значительную прибыль тем лицам, которые торгуют ими и которые поэтому могут теперь занимать деньги под более высокие проценты. В течение некоторого времени после окончания последней войны не только частные лица, обладающие наилучшим кредитом, но и некоторые крупнейшие компании в Лондоне занимали обыкновенно по пять процентов, тогда как раньше платили не больше четырех или четырех с половиной. Значительное увеличение территории и торговли в результате наших приобретений в Северной Америке и Вест-Индии достаточно объясняет этот факт без необходимости относить его на счет уменьшения капиталов общества. Столь значительное расширение торговых дел за счет имеющегося налицо капитала должно было неизбежно уменьшить размеры капитала, вложенного во многие отдельные отрасли торговли, где благодаря ослаблению конкуренции прибыль должна повыситься. В дальнейшем я буду иметь случай привести соображения, которые склоняют меня к предположению, что капитал Великобритании не уменьшился даже в результате громадных расходов последней войны.

Уменьшение капитала общества, или фонда, предназначенного на ведение промышленности, понижением заработной платы повышает прибыль на капитал и, следовательно, денежный процент. Благодаря понижению заработной платы владельцы оставшегося в обществе капитала могут доставлять на рынок свои товары с меньшими издержками, чем прежде, а благодаря уменьшению капитала, затрачиваемого на обслуживание рынка, они могут продавать их дороже. Их товары обходятся дешевле, а выручают они за них больше. Их прибыль поэтому возрастает в силу двух причин, и они ввиду этого могут платить более высокий процент. Столь быстрое и легкое приобретение больших состояний в Бенгалии и других британских владениях в Ост-Индии свидетельствует о том, что при очень низкой заработной плате в этих разоренных странах очень высока прибыль на капитал. Денежный процент тоже соответственно этому высок. В Бенгалии деньги часто ссужаются фермерам под сорок, пятьдесят и шестьдесят процентов, а ожидаемый урожай закладывается в обеспечение уплаты. Подобно тому как прибыль, могущая оплачивать такой высокий процент, должна поглотить почти всю ренту землевладельца, так и столь чрезмерное ростовщичество должно в свою очередь поглотить большую часть этой прибыли. Перед падением Римской республики подобное ростовщичество, по-видимому, было обычно в провинциях при разорительном управлении их проконсулов. Из писем Цицерона мы узнаем, что добродетельный Брут ссужал деньги в Кипре из сорока восьми процентов*.

В стране, которая достигла наибольшего благосостояния, соответствующего характеру ее почвы и климата и ее положению по отношению к другим странам, которая, таким образом, не может дальше развиваться и вместе с тем не идет назад, — в такой стране заработная плата и прибыль на капитал будут, вероятно, очень низки. В стране, густо населенной сравнительно с тем, что может прокормить ее почва или ее капитал, конкуренция в поисках работы будет по необходимости так сильна, что сократит за-

---

* См.: *Cicero* ad Att., VI, I, 6.

работную плату до уровня, необходимого для сохранения наличного числа рабочих; и поскольку страна уже густо заселена, число это не сможет увеличиваться. В стране, насыщенной капиталом пропорционально объему ее промышленности и торговли, в каждую отдельную отрасль вкладывается такое количество капитала, которое допускается характером и размерами ее. Конкуренция поэтому во всех отраслях будет очень сильна, а, следовательно, обычная прибыль весьма низка.

Возможно, однако, что ни одна страна еще не достигла описанной степени богатства. Китай, по-видимому, долгое время оставался в неподвижном состоянии и, вероятно, давно уже приобрел тот максимум богатств, который совместим с характером его законов и учреждений. Но возможно, что этот максимум богатств гораздо ниже того, который при наличии других законов и учреждений можно было бы приобрести при данном характере почвы, климата и положения страны. Страна, пренебрегающая внешней торговлей или презирающая ее и допускающая иностранные корабли только в один или два порта, не может развить свою торговлю в таких размерах, в которых это было бы возможно при других законах и учреждениях. К тому же в этой стране, где богатые люди и обладатели крупных капиталов пользуются почти полной неприкосновенностью, а бедняки или обладатели мелких капиталов совсем ею не пользуются и в любое время подвергаются под предлогом отправления правосудия грабежам со стороны низших мандаринов, — в такой стране количество капитала, вложенного во все различные отрасли ее торговли и промышленности, никогда не может достичь тех размеров, которые допускаются характером и объемом последних. В каждой отдельной отрасли притеснение бедных должно создать монополию богатых, которые, захватывая в свои руки всю торговлю, могут получать очень большую прибыль. В соответствии с этим, как утверждают, обычный денежный процент достигает в Китае двенадцати, а обычная прибыль на капитал должна быть достаточна для оплаты такого высокого процента.

Недостатки существующих законов могут иногда повышать норму процента значительно выше того уровня, который обусловливается богатством или бедностью данной страны. Когда закон не обеспечивает выполнения договоров и обязательств, он ставит всех заемщиков почти в такое же положение, в каком в более благоустроенных странах находятся банкроты или люди с сомнительной кредитоспособностью. Неуверенность в обратном получении своих денег побуждает заимодавца требовать такой же ростовщический процент, какой обычно требуется от банкротов. У варварских народов, наводнивших западные провинции Римской империи, выполнение договоров в течение многих столетий было поставлено в зависимость исключительно от добросовестности договаривающихся сторон. Их королевские суды редко вмешивались в эту область. Высокая норма процента, установившаяся в эти отдаленные времена, может быть объяснена отчасти этой причиной.

Когда закон вообще запрещает процент, он отнюдь не предупреждает взимание его. Многие лица вынуждены занимать деньги, но никто не соглашается ссудить их, не взяв за пользование деньгами вознаграждение, соответствующее не только тому доходу, который они могут приносить, но также трудности и опасности обхода закона. Высокую норму процента у всех магометанских народов Монтескье* объясняет не их бедностью, а запрещением взимания процента, отчасти же — трудностью получить свои деньги обратно.

Минимальная обычная норма прибыли должна всегда быть несколько больше того, что достаточно для покрытия случайных потерь, возможных при любом помещении капитала. Только этот излишек представляет собою чистую прибыль. Так называемая валовая прибыль включает в себя часто не только этот излишек, но и ту сумму, которая удерживается для возмещения указанных чрезвычайных потерь. Процент, который могут платить заемщики, определяется лишь размером чистой прибыли.

Минимальная обычная норма процента точно таким же образом должна быть несколько выше того, что достаточно для возмещения случайных потерь, возможных при

* См.: *Montesquieu*. Esprit des Lois, XXII, 19.

 ссуде денег даже при соблюдении осторожности. Если бы норма процента не превышала этого размера, то только благотворительность или дружба могли бы побуждать давать взаймы.

В стране, достигшей высших пределов богатства, где во все отрасли промышленности и торговли вложен максимальный капитал, какой только может быть использован в них, обычная норма чистой прибыли будет очень низка, и в соответствии с этим обычная рыночная норма процента, которая может быть выплачена из нее, будет так незначительна, что только самые богатые люди смогут жить на проценты со своих денег. Все обладатели небольших и средних состояний вынуждены будут сами производительно затрачивать свои капиталы, каждый должен будет заняться каким-либо торговым делом или промышленным предприятием. К такому состоянию приближается, по-видимому, Голландия, где считается предосудительным не заниматься торговым или промышленным делом. Необходимость делает обычным почти для всех участие в торговых или промышленных предприятиях, а ведь обычай повсюду решает, что именно считается предосудительным. Подобно тому как смешно ходить одетым не так, как все, так в известной степени смешно не заниматься делами подобно другим людям. Как человек гражданской профессии кажется неловким в военном лагере или гарнизоне и даже рискует вызвать там насмешки, так бывает и с человеком, не имеющим занятий, среди деловых людей.

Что касается высшей обычной нормы прибыли, то она может достигать таких размеров, при которых ею поглощается та часть цены большинства товаров, которая должна была бы приходиться на долю земельной ренты, и остается лишь столько, сколько необходимо для оплаты труда, затраченного на производство товара и доставку его на рынок, и притом соответственно возможно низшему уровню оплаты труда, сводящемуся к абсолютно необходимому для существования работника. Рабочего так или иначе всегда надо кормить, когда он работает, тогда как землевладелец может и не получить ренты за свою землю. Прибыль от торговли, которую ведут в Бенгалии служащие Ост-Индской компании, вероятно, близка к этой норме.

Соотношение между обычной рыночной нормой процента и обычной нормой чистой прибыли необходимо колеблется в зависимости от повышения или понижения прибыли. В Великобритании купцы признают хорошей, умеренной, справедливой прибыль, равную удвоенному обычному проценту; как мне думается, выражения эти имеют в виду именно среднюю и обычную прибыль. В стране, где обычная норма чистой прибыли доходит до восьми или десяти на сто, можно признать справедливым, если половина ее приходится на оплату процента в тех случаях, когда предприятие ведется на чужие деньги. Риск за судьбу капитала ложится на должника, который как бы берет на страх у заимодавца; и четыре или пять процентов в большинстве отраслей промышленности могут быть признаны и достаточной прибылью за риск такого страхования, и достаточным вознаграждением за хлопоты, связанные с производительным помещением капитала. Но соотношение между процентом и чистой прибылью может быть различным в странах с более низкой или более высокой обычною нормой прибыли. При низком уровне прибыли на оплату процента не может быть уделена половина ее, а в тех случаях, когда она значительно выше, на его оплату может идти и больше половины прибыли.

В странах, быстро богатеющих, высокая заработная плата может быть уравновешена в цене многих товаров низкой нормой прибыли; и это дает возможность им продавать свои товары столь же дешево, как и менее преуспевающим соседям, у которых заработная плата ниже.

Высокая прибыль в действительности больше влияет на повышение цены продукта, чем высокая заработная плата. Если, например, в полотняном производстве увеличить на 2 пенса в день заработную плату рабочих всех категорий — чесальщиков льна, прядильщиков, ткачей и т.п., то окажется необходимым повысить цену штуки полотна только на такое количество двухпенсовых монет, сколько рабочих было занято в ее изготовлении, помноженное на число дней, в течение которых они работали. Та часть цены товара, которая сводится к заработной плате, возрастает во всех различных стадиях производства лишь в арифметической пропорции к этому увеличению заработной платы.

112 Но при увеличении на пять процентов прибыли всех различных предпринимателей, которые нанимают этих рабочих, та часть цены товара, которая сводится к прибыли, возрастет на всех различных стадиях производства в геометрической пропорции к этому увеличению прибыли. Чесальный фабрикант, продавая свой лен, будет требовать добавочные пять процентов на всю стоимость материалов и заработной платы, авансированных им своим рабочим. Прядильный фабрикант будет требовать добавочные пять процентов как на авансированную им цену льна, так и на заработную плату прядильщиков. А ткацкий фабрикант будет требовать эти же добавочные пять процентов на авансированную цену льняной пряжи и заработную плату ткачей. На повышение цены товаров увеличение заработной платы оказывает такое же действие, как и простые проценты на возрастание долга. Увеличение же прибыли действует подобно сложным процентам. Наши купцы и владельцы мануфактур сильно жалуются на вредные результаты высокой заработной платы, повышающей цены и потому уменьшающей сбыт их товаров внутри страны и за границей. Но они ничего не говорят о вредных последствиях высоких прибылей. Они хранят молчание относительно губительных результатов своих собственных барышей, жалуясь лишь на то, что выгодно для других людей.

Глава X

О ЗАРАБОТНОЙ ПЛАТЕ И ПРИБЫЛИ ПРИ РАЗЛИЧНЫХ ПРИМЕНЕНИЯХ ТРУДА И КАПИТАЛА

Совокупность выгод и невыгод различных применений труда и капитала в одной и той же местности должна быть совершенно одинаковой или постоянно иметь тенденцию к равенству. Если бы в данной местности нашлось такое применение для труда и капитала, которое было бы очевидным образом более или менее выгодно, чем остальные применения, то к нему стремились бы в первом случае и покинули бы во втором случае столько людей и капитала, что в скором времени его выгоды снова оказались бы на одном уровне с другими применениями. Так, по крайней мере, должно было бы случиться в обществе, в котором дела были бы предоставлены своему естественному течению, в котором существовала бы совершенная свобода и где каждый мог бы совершенно свободно выбирать себе занятие, которое считает подходящим для себя, и менять его, когда сочтет это нужным. Собственный интерес каждого человека заставит его искать выгодного и избегать невыгодного занятия.

Однако в действительности денежная заработная плата и прибыль повсюду в Европе чрезвычайно различны для всех видов применения труда и капитала. Но это различие зависит частью от некоторых условий, которые присущи самим этим отраслям и которые в действительности или только в воображении людей компенсируют малую денежную выгоду в одних и уравновешивают большую выгоду в других, частью же от господствующей в Европе политики, которая нигде ничему не предоставляет полной свободы.

Специальное рассмотрение этих обстоятельств и этой политики делит настоящую главу на два отдела.

Отдел I

Неравенства, обусловливаемые самим характером занятий

Пять следующих главных условий, насколько я мог наблюдать, компенсируют малый денежный заработок в одних занятиях и уравновешивают больший заработок в других: 1) приятность или неприятность самих занятий, 2) легкость и дешевизна или трудность и дороговизна обучения им, 3) постоянство или непостоянство занятий, 4) большее или меньшее доверие, оказываемое тем лицам, которые занимаются ими, и 5) вероятность или невероятность успеха в них.

Во-первых, заработная плата изменяется в зависимости от легкости или трудности, чистоты или неопрятности, почетности или унизительности самого занятия. Так, в большинстве мест портной зарабатывает в среднем за год меньше ткача. Его труд много легче. Ткач зарабатывает меньше кузнеца, его труд не всегда легче, но много чище.

Кузнец, хотя он и ремесленник, редко зарабатывает за двенадцать часов работы столько же, сколько зарабатывает в восемь часов рудокоп, который является простым рабочим. Дело в том, что его работа не так грязна, менее опасна и производится на поверхности земли и при дневном свете. Почет составляет значительную часть вознаграждения во всех особо уважаемых профессиях; с точки же зрения денежного вознаграждения эти профессии, принимая во внимание все обстоятельства, обыкновенно оплачиваются недостаточно, как я это еще постараюсь показать. Презрение, проявляемое к некоторым занятиям, ведет к противоположному результату. Промысел мясника — грубая и отталкивающая профессия, но почти везде он выгоднее большей части промыслов. Самое отвратительное из всех занятий — это должность палача, и, однако, она, принимая во внимание количество выполняемой работы, оплачивается лучше всех других простых занятий.

Охота и рыбная ловля, самые важные занятия рода человеческого в первобытном состоянии общества, превращаются в дальнейшем развитии в наиболее приятную забаву людей, которые теперь занимаются с удовольствием тем, к чему их раньше толкала нужда. Поэтому в цивилизованном обществе лишь круглые бедняки занимаются как профессией тем, чем другие занимаются для времяпрепровождения. Рыбаки находились в таком положении со времен Феокрита*. Браконьерами в Великобритании повсюду являются совсем бедные люди. В странах, где строгость законов не допускает браконьерства, охотники, обладающие надлежащим разрешением, находятся в положении немного лучшем. Естественная склонность к таким занятиям побуждает заниматься ими гораздо большее число людей, чем могут жить от них в некотором довольстве, и продукт их труда на рынке всегда продается слишком дешево в сравнении с затраченным трудом и потому едва обеспечивает самое скудное существование.

Неприятный характер занятия и общественное презрение к последнему оказывают на прибыль с капитала такое же влияние, как и на заработную плату. Владелец харчевни

---

* См.: «Idyllium», XXI.

или кабака, который никогда не является хозяином своего дома и подвергается грубости первого пьяницы, занимается делом не весьма приятным и не весьма почтенным. Но вряд ли существует другая какая-либо профессия, в которой столь незначительный капитал приносил бы столь большой барыш.

Во-вторых, заработная плата изменяется в зависимости от легкости и дешевизны или трудности и дороговизны изучения данной профессии.

Когда сооружается какая-нибудь дорогая машина, обыкновенно рассчитывают, что количество работы, которое она выполнит, пока не износится, возместит капитал, затраченный на нее по меньшей мере с обычной прибылью. Человек, изучивший с затратой большого труда и продолжительного времени какую-либо из тех профессий, которые требуют чрезвычайной ловкости и искусства, может быть сравнен с такою дорогою машиною. Следует ожидать, что труд, которому он обучается, возместит ему сверх обычной заработной платы за простой труд все расходы, затраченные на обучение, с обычной по меньшей мере прибылью на капитал, равный этой сумме расходов. И это должно быть осуществлено в не слишком продолжительный промежуток времени, поскольку человеческая жизнь имеет весьма неопределенную продолжительность, как это рассчитывается применительно к более определенному сроку работы машины.

На этом основано различие между заработной платой квалифицированного труда и труда обычного.

Европейская практика признает труд всех мастеровых, ремесленников и мануфактурных рабочих квалифицированным трудом, а труд сельских работников — простым трудом. По-видимому, предполагается, что труд первых более тонкого и деликатного свойства, чем труд последних. Может быть, это и так в некоторых случаях, но в большинстве их дело обстоит совершенно иначе, как я постараюсь показать. Законы и обычаи Европы поэтому устанавливают необходимость ученичества для приобретения права занятия тем или другим видом труда, хотя в различных местах требования эти отличаются неодинаковой степенью строгости. Другие занятия свободны и открыты для каждого. Во время ученичества весь труд ученика принадлежит его хозяину. Все это время его должны содержать родители или родственники, и почти во всех случаях они также должны снабжать его одеждой. Обыкновенно мастер получает также некоторую сумму денег за обучение ремеслу. Кто не может дать денег, дает свое время, т.е. обязывается работать большее количество лет, чем обычно принято, — условие, хотя и не всегда выгодное мастеру ввиду обычной лености учеников, но всегда невыгодное ученику. В деревне, напротив, работник занимается сперва более легкими работами, постепенно приучаясь к более трудным, причем труд дает ему пропитание на всех ступенях его обучения. Справедливо поэтому, чтобы заработная плата мастеровых, ремесленников и мануфактурных рабочих была в Европе несколько выше заработной платы простых рабочих. Так оно и есть на самом деле, и более высокий заработок этих групп рабочих ведет к тому, что в большинстве местностей их причисляют к более высокому классу населения. Однако это превосходство обычно весьма незначительно; дневной или недельный заработок поденного рабочего на обыкновенных мануфактурах, как, например, суконных и грубого полотна, в среднем в большинстве случаев весьма мало превышает заработок простых чернорабочих. Правда, их занятие более устойчиво и более постоянно, и в среднем за целый год их заработная плата, может быть, окажется гораздо более значительной. Тем не менее она, по-видимому, больше лишь настолько, чтобы компенсировать большие расходы на обучение их.

В искусствах и либеральных профессиях обучение еще гораздо дороже и продолжительнее. Ввиду этого денежное вознаграждение художников и скульпторов, юристов и врачей должно быть более щедрое, что в действительности имеет место.

Прибыль на капитал, как кажется, очень мало зависит от легкости или трудности изучения отрасли промышленности или торговли, в которую он вложен. Все различные способы обычного вложения капиталов в больших городах представляются почти одинаково легкими или трудными для изучения. Та или иная отрасль внешней или внутренней торговли не может отличаться значительно большею сложностью, чем всякая иная.

В-третьих, заработная плата изменяется в различных занятиях в зависимости от постоянства или перерывов в работе.

В некоторых отраслях промышленности работа отличается гораздо большим постоянством, чем в других. В большей части мануфактур поденщик может быть почти уверен, что будет иметь работу круглый год, если только он сам будет работоспособен. Напротив, каменщик или штукатур не могут работать ни в сильный мороз, ни в плохую погоду, но и, помимо того, они будут иметь работу лишь в зависимости от случайных заказов их клиентов, а это означает частое сидение без работы. Поэтому заработка такого рабочего в те дни, когда он работает, должно не только хватить на существование в дни безработицы, но и дать ему некоторую компенсацию за тревожные моменты и волнения, вызываемые подчас столь тяжелым положением. Поэтому в тех случаях, когда средняя заработная плата мануфактурных рабочих держится почти на одном уровне с поденной заработной платой простых чернорабочих, заработок каменщиков и штукатуров обыкновенно превышает ее в полтора-два раза. Если простые чернорабочие зарабатывают в неделю 4 и 5 шилл., то каменщики и штукатуры часто зарабатывают 7 и 8 шилл.; если первые имеют 6 шилл., последние часто получают 9 и 10, а если первые получают 9 и 10 шилл., как это бывает в Лондоне, последние обычно зарабатывают 15 и 18 шилл. Между тем из всех видов квалифицированного труда легче всего, кажется, обучиться труду каменщика и штукатура. Как передают, в Лондоне во время летнего сезона в качестве штукатуров и каменщиков часто употребляют носильщиков. Таким образом, высокая заработная плата этой группы рабочих представляет собою не столько вознаграждение за особое их искусство, сколько возмещение за непостоянство работы.

Плотничье ремесло как будто более тонкое и требующее больше ловкости, чем мастерство каменщиков. Однако если не везде, то в большинстве случаев поденная заработная плата плотника несколько ниже. Его работа в значительной мере, но не целиком зависит от случайных заказов его потребителей, а кроме того, она не в такой степени прерывается плохой погодой.

Если известный промысел, обычно доставляющий постоянное занятие, имеет в данной местности временный характер, то заработная плата рабочих всегда значительно превышает ее обычное соотношение к заработной плате чернорабочих. В Лондоне почти все рабочие-ремесленники нанимаются и увольняются своими хозяевами на неопределенный срок, со дня на день и с недели на неделю, как и поденные рабочие в других местах. И потому самый низкий разряд ремесленных рабочих, портновские подмастерья, зарабатывает полкроны в день, хотя общепринятой платой за простой труд следует считать восемнадцать пенсов. В небольших городах и селах заработок рабочих-портных часто едва доходит до заработной платы чернорабочих, но в Лондоне они нередко много недель подряд оказываются без работы, в особенности в летнее время.

Когда непостоянство работы соединяется с особой трудностью, неприятностью и нечистоплотностью ее, это иногда повышает заработную плату за самый грубый труд сравнительно с платой за труд самых искусных ремесленников. Рудокоп, работающий сдельно, зарабатывает обыкновенно в Ньюкасле вдвое больше, а во многих местах Шотландии почти втрое больше, чем простой рабочий. Такая высокая заработная плата объясняется вообще трудностью, неприятностью и нечистоплотностью его работы. В большинстве случаев этот рабочий может всегда иметь работу, если только он этого хочет. Грузчики угля в Лондоне заняты работой, которая в отношении трудности, нечистоплотности и неприятности не уступает труду углекопов, и ввиду неизбежной нерегулярности прибытия судов с углем большинство их по необходимости имеет весьма непостоянную работу. И потому если углекопы обычно зарабатывают вдвое и втрое больше простого чернорабочего, то не должно казаться странным, что грузчики угля зарабатывают иногда вчетверо и впятеро больше. При произведенном несколько лет тому назад обследовании их положения было установлено, что при расценке, по какой они тогда оплачивались, грузчики могли зарабатывать от шести до десяти шиллингов в день. Шесть шиллингов составляют почти вчетверо больше заработной платы чернорабочего в Лондоне, а в каждой профессии наименьшим обычным заработком следует признавать заработок значительного большинства рабочих данной профессии. Как бы эти заработки ни казались чрезмерными, но если бы они превышали размер, достаточный для вознаграждения рабочего за все неприятности, связанные с его работой, в данной профессии, не представляющей исключительной привилегии, появилось бы так много конкурентов, что быстро уменьшило бы заработную плату до более низкой нормы.

Постоянство или непостоянство занятия не может влиять на размеры обычной прибыли на капитал в той или иной отрасли промышленности. Постоянство или непостоянство помещения капитала зависит не от данной отрасли промышленности, а от самого промышленника.

В-четвертых, заработная плата изменяется в зависимости от большего или меньшего доверия, которым должен пользоваться рабочий.

Заработная плата золотых дел мастеров и ювелиров повсюду выше заработной платы многих других рабочих, труд которых предполагает не только одинаковое, но и гораздо большее искусство; это объясняется дороговизной драгоценных металлов, которые им доверяются.

Мы вверяем наше здоровье врачу, наше состояние, а иногда нашу жизнь и репутацию — поверенному и адвокату. Такое доверие нельзя безопасно оказывать людям, не занимающим солидного общественного положения. Поэтому вознаграждение должно достигать таких размеров, чтобы обеспечивать им общественное положение, требуемое столь серьезным доверием. Продолжительное время и крупные расходы, необходимые на их обучение, вместе с указанным обстоятельством неизбежно еще больше повышают цену их труда.

Когда кто-либо вкладывает в свое предприятие лишь собственный капитал, не может быть вопроса о доверии; что же касается кредита, который он может получить у других лиц, то этот кредит находится в зависимости не от характера предприятия, а от мнения этих лиц о его состоянии, честности и благоразумии. Поэтому различие нормы прибыли в различных отраслях торговли и промышленности не может зависеть от различной степени доверия к предпринимателям.

В-пятых, заработная плата в различных отраслях изменяется в зависимости от вероятности или невероятности успеха в них.

Вероятность, что данное лицо окажется подходящим для занятия, которому оно обучается, весьма неодинакова для различных профессий. В большей части механических занятий успех в этом отношении почти обеспечен, но он весьма ненадежен в либеральных профессиях. Поместите своего сына учеником к сапожнику, и вы можете почти не сомневаться, что он выучится шить башмаки; но пошлите его изучать юриспруденцию, и можно поставить по крайней мере двадцать против одного, что он не достигнет таких успехов, которые позволили бы ему жить этой профессией. В правильно организованной лотерее вынимающие выигрышные номера должны выигрывать все то, что теряют вынувшие пустые билеты. В профессии, в которой приходится двадцать терпящих неудачу на одного удачника, этот один должен выиграть все то, что должны были бы получить двадцать неудачников. Адвокат, начинающий, может быть, в сорок лет кое-что зарабатывать своей профессией, должен получить вознаграждение не только за свое столь продолжительное и дорогое образование, но и за образование тех двадцати с лишним других лиц, которым никогда не удастся что-нибудь извлечь из него. Как ни могут казаться иногда чрезмерными гонорары адвокатов, их действительное вознаграждение никогда не достигает указанного размера. Подсчитайте для какого-нибудь города приблизительный годовой заработок и годовой расход всех рабочих какой-либо обычной профессии, положим, сапожников или ткачей, и вы увидите, что сумма заработка превышает, как общее правило, сумму расходов. Но произведите такой же подсчет относительно всех адвокатов и студентов в различных юридических школах, и вы увидите, что их годовой доход составляет лишь незначительную долю их годового расхода, даже если вы преувеличите первый и преуменьшите второй. Таким образом, лотерея юридической профессии весьма несправедлива, эта профессия, как и многие другие либеральные и уважаемые профессии, с точки зрения денежной выгоды, очевидно, недостаточно вознаграждается.

Тем не менее указанные профессии не уступают в привлекательности другим занятиям, и, несмотря на такое недостаточное поощрение, наиболее благородные и свободомыслящие люди стремятся получить эти профессии. Этому содействуют два различных обстоятельства. Во-первых, желание приобрести известность, которая ожидает наиболее выделившихся в одной из этих профессий, и, во-вторых, более или менее присущая каждому человеку вера не только в свои способности, но и в свое счастье.

Отличиться в профессии, в которой лишь немногие достигают даже посредственных успехов, значит обнаружить несомненную гениальность или выдающийся талант. Общественный почет, окружающий такие выдающиеся таланты, всегда составляет часть их вознаграждения, большую или меньшую в зависимости от степени этого почета. Он входит значительной частью в вознаграждение врача и еще бо́льшею частью, пожалуй, в вознаграждение юриста; для поэта и философа этот почет составляет почти единственное вознаграждение.

Существуют такие очень приятные и прекрасные таланты, которые обеспечивают их обладателям своего рода восхищение, но использование которых в целях заработка признается справедливо или в силу предрассудка своего рода общественной проституцией. Ввиду этого денежное вознаграждение тех лиц, которые пользуются такими талантами с указанной целью, должно быть достаточно не только для того, чтобы оплатить время, труд и расходы, потраченные на приобретение этих талантов, но должно и вознаградить за плохую репутацию, связанную с превращением их в источник существования. Непомерное вознаграждение актеров, оперных певцов, танцовщиков и пр. объясняется этими двумя причинами: редкостью и красотой талантов и плохой репутацией, связанной с использованием их указанным образом. С первого взгляда представляется нелепым, что мы презираем этих людей и вместе с тем вознаграждаем их таланты с самой расточительной щедростью. Но одно неразрывно связано с другим. Если общественное мнение или предрассудок когда-либо изменятся по отношению к этим профессиям, их денежное вознаграждение быстро уменьшится. Большее число людей устремится к этим профессиям, и конкуренция быстро понизит цену их труда. Подобные таланты, хотя и неширoко распространенные, отнюдь не так редки, как думают. Многие обладают ими в совершенстве, но пренебрегают использовать их таким образом, а еще большее число людей способно приобрести эти таланты, если окажется возможным использовать их без нарушения приличий.

Преувеличенное мнение большей части людей о своих способностях представляет собою давнее зло, отмеченное философами и моралистами всех веков. На нелепую веру людей в свою счастливую звезду обращалось меньше внимания. А между тем она, если возможно, еще более распространена. Нет ни одного человека, мало-мальски здорового и бодро настроенного, который не разделял бы ее. Каждый более или менее переоценивает шансы удачи, а шансы неудачи большинством людей недооцениваются, и вряд ли найдется такой человек, мало-мальски здоровый и бодро настроенный, который преувеличивал бы их.

О том, что шансы удачи естественно переоцениваются, мы можем судить по всеобщему успеху лотерей. На свете никогда не было и не будет вполне справедливой и честной лотереи, т.е. такой, в которой все выигрыши уравновешивали бы все потери, ибо в таком случае устроитель ее не имел бы никакой выгоды. В государственных лотереях билеты в действительности не стоят той цены, какую уплачивают за них первоначальные подписчики, а между тем они обычно продаются на рынке с надбавкой в 20, 30 и иногда 40%. Необоснованная надежда выиграть один из главных выигрышей является единственной причиной такого спроса. Самые трезвые люди не считают безумием уплатить небольшую сумму за шанс выиграть 10 или 20 тыс. ф., хотя знают, что даже эта небольшая сумма, может быть, на 20 или 30% превышает ту стоимость, которую представляет шанс на выигрыш. В лотерее, в которой ни один выигрыш не превышал бы 20 ф., спрос на билеты был бы меньше, хотя бы эта лотерея в других отношениях была гораздо справедливее и честнее, чем обычные государственные. Чтобы заручиться большими шансами на получение одного из крупных выигрышей, некоторые люди покупают по нескольку билетов, а другие — мелкие доли еще большего количества их. Однако одно из наиболее достоверных математических положений состоит в том, что чем больше билетов вы рискуете приобрести, тем скорее вы окажетесь в проигрыше. Рискните на все билеты лотереи, и вы наверняка проиграете, и чем больше число ваших билетов, тем несомненнее ваш проигрыш.

О том, что шансы потери часто недооцениваются и почти никогда не переоцениваются, может засвидетельствовать нам весьма умеренный процент, взимаемый при страховании. При страховании какого-либо предприятия от огня или риска на море необходимо, чтобы общая премия страхований была достаточна для покрытия всех потерь, для оплаты расходов по управлению и для получения прибыли, какая может быть получена с капитала соответствующих размеров, вложенного в любую отрасль торговли или промышленности. Лицо, уплачивающее не более этого, оплачивает, очевидно, лишь действительную стоимость риска, или низшую цену, по какой оно может разумно рассчитывать застраховать его. Но хотя многие из тех, кто занимался страховым делом, нажили немного, лишь некоторые составили на нем крупные состояния; из одного этого факта представляется вполне очевидным, что обычный баланс прибылей и убытков в этом деле не более благоприятен, чем во всякой другой из остальных отраслей торговли, в которых столько людей нажили состояния. Но как ни умеренна обыкновенно страховая премия, многие слишком пренебрежительно относятся к риску, чтобы позаботиться уплатить за премию. Беря в среднем все королевство, мы увидим, что девятнадцать домов из двадцати или, скорее, девяносто девять из ста не застрахованы на случай огня. Риск на море большинству людей внушает больше опасений, и потому отношение числа застрахованных судов к числу незастрахованных гораздо выше. Однако многие пускаются в плавание в любое время года и даже во время войны без всякой страховки. Возможно, что иногда в этом нельзя видеть неосторожность. В том случае, когда крупная компания или даже крупный купец имеет на море двадцать или тридцать судов, они могут как бы страховать одно судно другим судном. Экономия на премии за все эти суда может с избытком покрыть те потери, которым они подвергаются при обычном течении событий. Но пренебрежительное отношение к страхованию судов, как и домов, в большинстве случаев обусловлено не такими точными вычислениями, а чисто беззаботным легкомыслием и самоуверенным презрением к риску.

Пренебрежительное отношение к риску и преувеличенная надежда на успех ни в один период жизни не проявляются так сильно, как в том возрасте, когда молодые люди выбирают себе профессию. В какой малой степени опасение неудачи способно тогда уравновешивать надежды на удачу, еще очевиднее сказывается в готовности простонародья завербоваться в солдаты или отправляться в море, чем в стремлении людей из более достаточных классов вступать в так называемые либеральные профессии.

Достаточно очевидно, что может потерять рядовой солдат. И, однако, несмотря на опасность, юные добровольцы никогда не записываются в армию с такой готовностью, как в начале новой войны, и хотя у них нет почти ни малейшего шанса на повышение в чине, они в своей юношеской фантазии воображают себе тысячу случаев приобрести славу и награды. Эти романтические надежды составляют всю плату за проливаемую ими кровь. Их жалованье не достигает платы простого поденщика, а во время действительной службы их труд гораздо утомительнее.

Жребий моряка не столь неблагоприятен, как жребий солдата. Сын пользующегося уважением рабочего или ремесленника часто может пуститься в море с согласия своего отца, но идти в солдаты ему всегда приходится без такого согласия. Другие видят для него некоторые шансы выбиться в люди, если он станет моряком, но никто, кроме него самого, не ожидает этого от солдатской карьеры. Великий адмирал вызывает меньше общественного уважения, чем великий генерал, величайший успех на морской службе сулит менее блестящее состояние и почет, чем такой же успех на суше. Такая же разница наблюдается на всех ступенях морской и армейской службы. В силу правил старшинства капитан во флоте равен по чину полковнику в армии, но он не равен ему в общественном уважении. Если в лотерее мало крупных выигрышей, тем больше должно быть в ней число небольших выигрышей. Поэтому рядовые матросы чаще составляют себе небольшое состояние и получают повышение, чем рядовые солдаты, и именно надежда на эти счастливые номера лотереи главным образом и делает привлекательной профессию матроса. Хотя умение и ловкость гораздо выше у матросов, чем почти у всяких других рабочих, и хотя вся их жизнь представляет собою одну непрерывную цепь лишений и опасностей, они за все это, пока остаются в положении рядовых матросов, не получают почти никакого другого вознаграждения, кроме удовольствия развивать свою ловкость и преодолевать лишения и опасности. Их заработная плата не выше заработной платы простых чернорабочих в порту, которая определяет норму заработной платы моряков. Так как они постоянно переезжают из порта в порт, месячная плата тех, кто отправляется из различных портов Великобритании, несколько выше заработной платы рабочих других категорий в этих же местах, и норма того порта, куда направляется и откуда отплывает большинство моряков, а именно лондонского порта, определяет заработную плату во всех остальных портах. В Лондоне заработная плата большей части рабочих различных категорий почти вдвое превышает заработную плату соответствующих групп в Эдинбурге. Но матросы, отплывающие из лондонского порта, редко зарабатывают на 3 или 4 шилл. в месяц больше, чем отплывающие из Лейта, а часто разница еще того меньше. В мирное время и в торговом флоте лондонская плата колеблется между гинеей и двадцатью семью шиллингами за календарный месяц. Простой чернорабочий в Лондоне при заработной плате в 9 или 10 шилл. в неделю может заработать в календарный месяц от 40 до 45 шилл. Правда, матрос сверх своего жалованья получает продовольствие, однако стоимость его не всегда превышает разницу между его платой и оплатой простого чернорабочего, а если иногда и превышает, то излишек этот не составляет чистого выигрыша для матроса, потому что он не может поделиться им с своей женой и детьми, которых он вынужден содержать отдельно от себя на свою заработную плату.

Эта жизнь, полная приключений и опасностей, среди которых человек находится постоянно на волосок от смерти, не только не устрашает молодых людей, но часто, кажется, привлекает их к профессии моряка. Нежная мать из низших слоев народа часто не решается отправить своего сына в школу в портовый город, так как опасается, что вид кораблей и рассказы матросов о приключениях побудят его пуститься в море. Отдаленная перспектива опасностей, из которых мы можем надеяться выпутаться благодаря мужеству и ловкости, не неприятна нам и ни в одной профессии не повышает заработную плату. Иначе обстоит дело с теми профессиями, в которых не помогают мужество и ловкость. В профессиях, известных своей чрезвычайной вредностью для здоровья, заработная плата всегда очень высока. Вредность работы для здоровья представляет собою особый вид неприятности, и ее влияние на заработную плату подчиняется общим условиям.

Во всех различных вложениях капитала обычная норма прибыли колеблется более или менее в зависимости от надежности дохода. Последний по общему правилу менее сомнителен во внутренней торговле, чем во внешней, а в некоторых отраслях последний менее сомнителен, чем в других: в торговле с Северной Америкой, например, менее, чем в торговле с Ямайкой. Обычная норма прибыли всегда более или менее повышается в связи с бóльшим риском. Однако повышение это, как кажется, не пропорционально увеличению риска или не вполне уравновешивает его. Банкротства чаще всего происходят в наиболее рискованных отраслях торговли. Самая рискованная из всех профессий, профессия контрабандиста, неизбежно ведет к банкротству, хотя при удаче она наиболее прибыльна. Здесь, по-видимому, как и во всех других случаях, играет роль самонадеянная вера в успех, которая втягивает в эти рискованные предприятия столько авантюристических натур, что их взаимная конкуренция понижает их прибыль ниже уровня, необходимого для компенсации риска. Для компенсации риска в полной мере необходимо, чтобы общий доход сверх обычной прибыли на капитал не только покрывал все случайные потери, но и обеспечивал смельчакам добавочную прибыль, соответствующую прибыли страховых обществ. Но если бы обычный доход был достаточен для этого, банкротства в данных отраслях не были бы более часты, чем в других.

Таким образом, из пяти условий, влияющих на размеры заработной платы, только два условия отражаются на прибыли с капитала: привлекательность или непривлекательность данного занятия и больший или меньший риск, связанный с ним. Что касается привлекательности или непривлекательности, то в этом отношении значительное большинство вложений капитала почти ничем или совершенно ничем не отличается друг от друга; совсем иначе обстоит дело с различными приложениями труда. Что же касается риска, то обычная прибыль на капитал повышается вместе с ним, но, как кажется, не всегда пропорционально ему. Из всего этого следует, что в данном обществе или данной местности средняя или обычная норма прибыли в различных сферах приложения капитала должна быть более близка к одному общему уровню, чем денежная заработная плата за различные виды труда. Так и бывает в действительности. Разница между заработком обыкновенного чернорабочего и заработком имеющего хорошую практику юриста или врача, очевидно, значительно больше разницы между обычной прибылью в любых двух отраслях торговли или промышленности. К тому же кажущееся различие прибылей в различных отраслях обыкновенно является мнимым и объясняется тем, что мы смешиваем то, что следует считать заработной платой, с тем, что следует считать прибылью.

Прибыли аптекарей вошли в пословицу, они считаются необычайно высокими. Однако эта кажущаяся большая прибыль часто представляет собою лишь справедливую заработную плату за труд. Искусство аптекаря — более тонкого и деликатного свойства, чем искусство любого ремесленника, а доверие, с которым относятся к нему, имеет еще большее значение. Он является врачом бедняка всегда и врачом богатого человека в тех случаях, когда болезнь или опасность не очень серьезна. Его вознаграждение поэтому должно соответствовать его искусству и ответственности, лежащей на нем, и обычно оно заключается в цене, по которой он продает свои лекарства. Но все то количество лекарств, которое продаст за год в большом городе ведущий бойкую торговлю аптекарь, не стоит ему, пожалуй, больше 30 или 40 ф. И хотя он продаст эти лекарства за 300 или 400 ф., т.е. с прибылью в 1000%, это часто будет лишь справедливая плата за его труд, переложенная на цену его лекарств тем единственным способом, каким он может переложить ее. Значительнейшая часть кажущейся прибыли представляет собою на самом деле заработную плату.

В небольшом портовом городе мелочной торговец наживает на свой капитал в 100 ф. 40 или 50%, а крупный оптовый торговец в этом же городе выручает не более 8 или 10% на капитал в 10 тыс. Мелочная торговля необходима для удовлетворения нужд жителей, и ограниченность рынка может не допускать вложения в дело более крупного капитала. Но мелочной торговец должен не только получать со своего промысла доходы на жизнь, но и получать доходы, соответствующие личным его качествам, которые требуются для данного промысла. Помимо обладания небольшим капиталом он должен уметь читать, писать, считать, должен также разбираться, может быть, в пятидесяти или шестидесяти сортах товаров, в их ценах, качестве, знать, где их можно дешевле всего купить. Одним словом, он должен обладать всеми теми познаниями, которые необходимы для крупного торговца, каковым ему мешает сделаться только отсутствие достаточного капитала. 30 или 40 ф. в год нельзя считать слишком высоким вознаграждением за труд человека, обладающего такими качествами. Если вычесть эту сумму из кажущейся столь высокой прибыли на его капитал, то остается, пожалуй, немногим больше, чем обычная прибыль на капитал. Значительнейшая часть кажущейся прибыли и в данном случае представляет собою на самом деле заработную плату.

Разница между кажущейся прибылью в мелочной и оптовой торговле гораздо меньше в столице, чем в небольших городах или торговых селах. В тех случаях, когда в розничную торговлю можно вложить 10 тыс. фунтов, заработная плата за труд мелочного торговца составляет совершенно ничтожное добавление к действительной прибыли со столь большого капитала. Поэтому видимая прибыль такого крупного розничного торговца близка к уровню прибыли оптовика. По этой причине товары, продаваемые в розницу, в столицах обыкновенно столь же дешевы и часто много дешевле, чем в маленьких городах и торговых селах. Бакалейные товары, например, обыкновенно намного дешевле, хлеб и мясо часто столь же дешевы. Доставка бакалейных товаров в большой город обходится не дороже, чем в торговое село, тогда как доставка хлеба и скота обходится значительно дороже, ибо их приходится перевозить на большее расстояние. Поскольку, таким образом, себестоимость бакалейных товаров одинакова в обоих местах, они дешевле продаются там, где на них выручается меньшая прибыль. Себестоимость хлеба и мяса в большом городе выше, чем в торговом селе, и хотя прибыль на них в первом меньше, они там не всегда дешевле, но часто стоят в одной цене. При торговле такими продуктами, как хлеб и мясо, та же причина, которая уменьшает видимую прибыль, повышает себестоимость. Обширность рынка, допуская вложение большего капитала, уменьшает видимую прибыль; но, требуя подвоза продуктов с более отдаленного расстояния, она увеличивает себестоимость. Это уменьшение первой и увеличение второй в большинстве случаев, как кажется, почти уравновешивают друг друга, и это, вероятно, объясняет тот факт, что цены на хлеб и мясо в большей части королевства обыкновенно стоят почти на одном уровне, хотя цены на хлеб в зерне и на скот обычно весьма различны в различных частях страны.

Хотя прибыль на капитал как в оптовой, так и в розничной торговле обыкновенно в столице ниже, чем в небольших городах и торговых селах, однако крупные состояния часто вырастают из небольшого предприятия в столице и очень редко — в небольших городах и торговых селах. В небольших городах и торговых селах вследствие малой емкости рынка торговлю не всегда возможно расширять в соответствии с возрастанием капитала. Поэтому, хотя в таких местах норма прибыли отдельного лица может быть очень высока, сумма или размеры ее никогда не могут быть очень значительны, а следовательно, не может быть велико и его ежегодное накопление. В больших городах, напротив, предприятие можно расширять по мере возрастания капитала, а кредит бережливого и расчетливого человека увеличивается еще быстрее, чем его капитал. Его предприятие расширяется в соответствии с ростом того и другого, сумма или размеры его прибыли пропорциональны размерам предприятия, а ежегодное накопление пропорционально размерам его прибыли. Однако редко случается, чтобы крупные состояния даже в больших городах наживались в давно установившихся и хорошо известных отраслях торговли или промышленности иначе, как после долгих годов трудовой и бережливой жизни. В таких местах состояния нередко создаются благодаря так называемой спекуляции. Купец-спекулянт не занимается какой-нибудь одной регулярной, прочно установившейся и широко известной отраслью торговли. В одном году он торгует зерном, в следующем — вином, а затем — сахаром, табаком или чаем. Он хватается за любое торговое дело, которое обещает ему прибыль выше обычной, бросает его, как только замечает, что прибыль от него понижается до уровня других отраслей торговли. Его прибыли и убытки поэтому не могут быть ни в каком соответствии с прибылями и убытками в какой-либо установившейся и общеизвестной отрасли торговли. Смелый авантюрист может иногда приобрести значительное состояние в результате двух или трех успешных спекуляций, но с такой же вероятностью он может потерять целое состояние. Такую спекулятивную торговлю можно вести только в крупных городах. Только там, где торговые дела и торговая корреспонденция получили широкое распространение, можно иметь все необходимые для этого сведения.

Хотя пять условий, указанных выше, вызывают значительное неравенство заработной платы и прибыли на капитал, они не оказывают влияния на общую сумму действительных или воображаемых выгод или невыгод, связанных с тем или иным приложением труда и капитала. По самому существу своему они возмещают малые размеры денежного вознаграждения в одних отраслях и уравновешивают слишком высокое вознаграждение в других.

Однако для соблюдения такого равенства в общей сумме выгод и невыгод необходимы даже при наличности наиболее полной свободы три следующих условия: во-первых, данная отрасль торговли или промышленности должна быть хорошо всем известна и давно утвердиться в данной местности; во-вторых, она должна находиться в своем нормальном или, так сказать, естественном состоянии; в-третьих, она должна быть единственным или главным занятием тех, кто посвящает себя ей.

Во-первых, это равенство может иметь место лишь в тех занятиях, которые хорошо известны и давно установились в данной местности.

При прочих равных условиях заработная плата обыкновенно бывает выше в новых, чем в старых отраслях промышленности и торговли. Когда какой-нибудь предприниматель приступает к учреждению нового производства, он должен сперва отвлечь нужных ему рабочих от других отраслей промышленности, прельщая их более высокой заработной платой, чем та, которую они получают на своих прежних местах или которая вообще соответствует характеру их труда. И должно пройти значительное время, прежде чем он сможет решиться сократить ее до обычного уровня. Производства, спрос на продукты которых вызывается вообще модой и капризами потребителей, постоянно меняются и редко существуют столь продолжительное время, чтобы их можно было считать прочно утвердившимися. Напротив, те производства, продукты которых удовлетворяют преимущественно необходимые или привычные потребности, менее подвержены изменениям, и одни и те же способы производства могут удовлетворять спрос в течение целых столетий. Ввиду этого заработная плата в производствах первого рода должна быть выше, чем в производствах второго рода. В Бирмингеме преобладают предприятия первой категории, в Шеффилде — второй, и заработная плата в этих двух пунктах, как сообщают, соответствует такому различию в характере их производств.

Введение новой отрасли производства или торговли или нового метода в земледелии всегда представляет собою своего рода спекуляцию, от которой предприниматель ожидает получить чрезвычайную прибыль. Прибыли эти иногда бывают очень велики, но иногда, а может быть и чаще всего, бывает совершенно противоположное; но, по общему мнению, прибыли эти не находятся ни в каком правильном соответствии с прибылями других, старых отраслей промышленности и торговли в данной местности. В случае успеха предприятия она обыкновенно бывает вначале очень высока. Когда же данная отрасль производства или торговли или новый метод вполне упрочиваются и становятся общеизвестными, конкуренция уменьшает прибыль до обычного уровня ее в других отраслях.

Во-вторых, это равенство общей суммы выгод и невыгод для различных приложений труда и капитала может иметь место только при обычном или, так сказать, естественном состоянии их.

Спрос почти на все отдельные виды труда то сильнее, то слабее обычного. В одном случае выгоды данного приложения труда увеличиваются, в другом — уменьшаются по сравнению с обычным уровнем их. Спрос на сельскохозяйственных рабочих сильнее в пору сенокоса и жатвы, чем в течение большей части года, и заработная плата повышается вместе с усилением спроса. Во время войны, когда от 40 до 50 тыс. матросов отвлекаются из торгового флота в военный, спрос на матросов для торговых судов необходимо усиливается соответственно уменьшению их числа, заработная плата в таких случаях обыкновенно повышается с гинеи и 27 шилл. до 40 шилл. и 3 ф. в месяц. Напротив, в производстве, клонящемся к упадку, многие рабочие, не желая покидать привычную работу, удовлетворяются более низкой заработной платой, чем та, которая соответствовала бы вообще характеру их работы.

Прибыль на капитал колеблется вместе с колебаниями цены товаров, на изготовление которых он употребляется. При возрастании цены какого-либо товара выше ее обычной или средней нормы прибыль по крайней мере на некоторую часть капитала, затраченного на доставление его на рынок, повышается сравнительно с ее обычным уровнем, а при понижении этой цены падает ниже его. Цены всех товаров более или менее подвержены колебаниям, но эти колебания более значительны для одних товаров, чем для других. В производстве всех товаров, создаваемых человеческим трудом, количество труда, ежегодно затрачиваемого, необходимо регулируется годичным спросом, так что средняя годовая продукция по возможности соответствует среднему годовому потреблению. Как уже было указано, в некоторых отраслях одно и то же количество труда создает всегда одно и то же или почти одно и то же количество товаров. В полотняном или шерстяном производстве, например, одно и то же число рабочих вырабатывает ежегодно почти одно и то же количество полотна и шерстяной материи. Поэтому колебания рыночной цены таких товаров могут происходить только в результате каких-либо случайных колебаний спроса. Общественный траур повышает цену черного сукна, но ввиду того, что спрос на бо́льшую часть сортов полотняных и шерстяных материй почти неизменен, то и цена их тоже устойчива. Но существуют и другие отрасли, где одно и то же количество труда не всегда производит одинаковое количество товаров. Так, например, одно и то же количество труда дает в различные годы весьма различные количества хлеба, вина, хмеля, сахара, табака и пр. Цена таких товаров колеблется в зависимости не только от колебаний спроса, но и от еще бо́льших и более частых колебаний их количества и ввиду этого чрезвычайно изменчива. Но вместе с колебаниями цен товаров необходимо колеблются и прибыли некоторых купцов. Операции купцов-спекулянтов направлены главным образом на такого рода товары. Они стараются скупить их, когда предвидят вероятное возрастание их цены, и продавать их, когда ожидается ее падение.

В-третьих, равенство общей суммы выгод и невыгод для различных приложений труда и капитала может иметь место только в тех промыслах, которые представляют собою единственную или главную профессию лиц, занимающихся ими.

В тех случаях, когда кто-либо получает средства существования от одного занятия, не отнимающего большую часть его времени, он часто в часы досуга готов работать в другом занятии за более низкую плату, чем та, которая вообще соответствует характеру этого занятия.

До настоящего времени во многих частях Шотландии существует еще категория людей, называемых коттерами или коттеджерами, хотя несколько времени тому назад они встречались чаще, чем теперь. Это своего рода батраки лендлордов и фермеров, не живущие в усадьбе последних. Они обычно получают от своих хозяев вознаграждение в виде хижины и небольшого огорода, сено в количестве, необходимом для прокормления коровы, а иногда акр или два плохой пахотной земли. Когда хозяин нуждается в их труде, он дает им сверх указанного два гарнца овсяной крупы в неделю стоимостью около шестнадцати пенсов. В течение большей части года он мало или совсем не нуждается в их труде, а обработка предоставленного им маленького участка не занимает всего того времени, которое имеется в их распоряжении. Когда такие батраки были более многочисленны, чем в настоящее время, они, как передают, охотно отдавали свое свободное время кому угодно за весьма ничтожное вознаграждение и работали за меньшую заработную плату, чем другие рабочие. В давно минувшие времена такие крестьяне-батраки были, по-видимому, общим явлением во всей Европе. В странах малокультурных и редко населенных большая часть землевладельцев и фермеров не могла иным способом обеспечить себе то чрезвычайное количество рабочих рук, которое требуется для сельского хозяйства в определенные периоды. Та поденная или еженедельная плата, которую такие рабочие получали время от времени от своих хозяев, очевидно, не составляла полной цены труда. Их небольшой клочок земли составлял значительную ее часть. Однако многие писатели, собиравшие данные о ценах на труд и на предметы продовольствия в прежние времена, по-видимому, считали это поденное или недельное вознаграждение полной платой за труд и потому могли с удовольствием констатировать ее удивительно малые размеры.

Продукт такого труда часто оказывается на рынке дешевле, чем это соответствовало бы его характеру. Чулки во многих частях Шотландии вяжут гораздо дешевле, чем в других местах, где их изготовляют на станках, и это потому, что их вяжут работницы, которые главную часть своих средств к существованию получают от других занятий. Более тысячи пар чулок привозится ежегодно с Шетландских островов в Лейт, причем цена их колеблется от 5 до 7 п. за пару. В Лирвике, скромной столице Шетландских островов, как меня уверяли, 10 п. в день составляют обычную плату за простой труд. На этих же островах население вяжет шерстяные чулки ценою в одну гинею и выше за пару.

Прядение льняной пряжи в Шотландии производится почти так же, как и вязание чулок, т.е. работницами, которые нанимаются главным образом для других целей. Те, кто пытается заработать на жизнь исключительно одним из этих видов труда, ведут весьма скудное существование. В большей части Шотландии хорошей прядильщицей считается та, которая может заработать 20 п. в неделю.

В богатых странах рынок сбыта обычно так обширен, что любое занятие достаточно для того, чтобы поглотить весь труд и капитал лица, занимающегося им. Примеры людей, живущих одним занятием и в то же время получающих какие-либо выгоды от другого, встречаются главным образом в бедных странах. Однако следующий пример подобного явления встречается также в столице очень богатой страны. Нет, мне думается, такого города в Европе, где квартирная плата дороже, чем в Лондоне, и тем не менее я не знаю столицы, в которой можно было бы за более дешевую плату нанять меблированную квартиру. Квартиры в Лондоне не только дешевле, чем в Париже, но при равных удобствах много дешевле даже, чем в Эдинбурге; и, что может показаться удивительным, высокая плата за аренду целого дома является причиной низкой платы за аренду квартир. Высокий уровень арендной платы за целый дом в Лондоне обусловлен не только теми причинами, которые влияют в том же направлении во всех крупных столицах: дороговизной труда, дороговизной всех строительных материалов, которые по общему правилу приходится подвозить издалека, и, сверх того, высокою земельною рентою, поскольку каждый землевладелец выступает в качестве монополиста и часто взимает за один акр плохой земли в городе более высокую ренту, чем платят за сто акров лучшей земли в деревне; он обусловлен отчасти особыми привычками населения, обязывающими каждого главу семейства снимать целый дом от подвала до чердака. Под квартирой в Лондоне понимают всякое жилое помещение под одной крышей; во Франции, Шотландии и многих других частях Европы под нею часто понимают лишь один этаж. Лондонский купец вынужден снимать целый дом в той части города, где живут его покупатели. Его магазин помещается в нижнем этаже, а он и его семья спят на самом верхнем этаже; он старается покрыть часть своей арендной платы за дом сдачей двух средних этажей. Он надеется содержать свою семью доходом с торговли, а не выручкой от сдачи квартир внаем, тогда как в Париже и Эдинбурге лица, сдающие квартиры, не имеют обычно других источников существования, и плата за них должна не только покрывать наемную плату за весь дом, но ее должно хватать и на покрытие всех расходов семьи.

Отдел II
Неравенства, вызываемые вмешательством государства

Таковы неравенства в общей сумме выгод и невыгод различного приложения труда и капитала, неравенства, которые вызываются отсутствием одного из трех вышеуказанных условий даже в тех случаях, когда существует полнейшая свобода. Но политика вмешательства правительств Европы, не допуская полной свободы, порождает другие неравенства, которые имеют гораздо более важное значение.

Политика вмешательства действует следующими тремя способами: во-первых, ограничивая конкуренцию в некоторых промыслах меньшим числом людей, во-вторых, усиливая конкуренцию в других промыслах сравнительно с тем, что было бы при естественных условиях; в-третьих, стесняя свободный переход труда и капитала от одного промысла к другому и с одного места в другое.

I. Политика вмешательства порождает весьма важное неравенство в общей сумме выгод и невыгод различного приложения труда и капитала, ограничивая в некоторых промыслах конкуренцию меньшим числом людей.

Главным средством, применяемым для этого, являются исключительные привилегии цеховых корпораций.

Исключительная привилегия какого-нибудь зарегистрированного цеха неизбежно ограничивает конкуренцию в городе, где он существует, теми лицами, которые состоят в цехе. Для доступа в цех обыкновенно необходимо пробыть в городе учеником у мастера, состоящего в цехе. Цеховые постановления иногда устанавливают количество учеников, которое дозволяется держать каждому мастеру, и почти всегда — продолжительность ученичества. Постановления того и другого рода имеют целью ограничить конкуренцию меньшим числом людей, чем это было бы при отсутствии таких стеснений. Ограничение числа учеников сокращает конкуренцию непосредственно. Продолжительность срока ученичества ограничивает ее косвенным, но не менее действительным образом, поскольку увеличивает расходы на обучение мастерству.

В Шеффилде постановлением цеха ни одному мастеру-ножовщику не дозволяется держать более одного ученика. В Норвиче и Норфольке ни один ткацкий мастер не имеет права держать более двух учеников под угрозой штрафа в пользу короны в пять фунтов в месяц. Повсеместно в Англии, а также в английских колониях ни один мастер-шляпник не может держать более двух учеников под угрозой штрафа в пять фунтов в месяц, из которого половина идет в пользу короны, а другая в пользу заявившего о том суду. Оба последние постановления, хотя они и утверждены законом королевства, очевидно, продиктованы тем же цеховым духом, каким внушен и шеффилдский статут. Не прошло и года со времени учреждения в Лондоне цеха шелкоткачей, как они издали постановление, ограничивающее число учеников у каждого мастера. Потребовался специальный акт парламента для отмены этого постановления.

По-видимому, с давних пор по всей Европе обычная продолжительность ученичества в большинстве цехов была установлена в семь лет. Все такие цеховые корпорации в старые времена назывались университетами — от латинского слова, означающего корпорацию вообще. Университет кузнецов, университет портных и т.д. — такие выражения мы обыкновенно встречаем в старинных документах и хартиях старых городов. Когда впервые учреждались те особые корпорации, которые ныне, собственно, и называются университетами, срок продолжительности обучения для получения степени магистра наук или искусств был, по-видимому, приноровлен к сроку ученичества обычных ремесел, цехи которых возникали гораздо раньше. Подобно тому как было необходимо проработать семь лет у полноправного мастера, чтобы стать самому мастером и иметь учеников в каком-либо ремесле, точно так же требовалось заниматься у соответствующего полноправного магистра в течение семи лет, чтобы стать магистром, учителем или доктором (в старые времена это были синонимы) либеральных профессий и держать школьников или учеников (слова эти первоначально тоже были синонимами).

Законом в 5-й год правления Елизаветы, обыкновенно называемым законом об ученичестве, было установлено, чтобы никто впредь не занимался каким-либо ремеслом, искусством или мастерством, существовавшими в ту пору в Англии, не пробыв предварительно по крайней мере семи лет в ученичестве. Таким образом, частные постановления многих отдельных корпораций превратились в Англии в общеобязательный закон для всех ремесел в городах Англии. Ибо хотя выражения этого закона были очень общи и, очевидно, подразумевали все королевство, однако путем толкования его действие было ограничено одними городами; было признано, что в деревнях одно лицо может заниматься несколькими различными ремеслами, хотя оно и не отбыло семилетнего ученичества в каждом из них, так как ремесла эти необходимы для удобства жителей, а количество последних недостаточно для того, чтобы каждым ремеслом занимались особые люди.

Сверх того, точное толкование закона ограничивало его действие теми ремеслами и промыслами, которые существовали в Англии до 5-го года правления Елизаветы, и никогда не распространялось на ремесла, которые появились позднее. Такое ограничение породило ряд различий, которые с точки зрения определенной политики представляются в высшей степени нелепыми. Было установлено, например, что каретник ни сам, ни через своих работников не имеет права изготовлять колеса для своих экипажей, а должен покупать их у мастера-колесника, ибо последнее ремесло существовало в Англии до 5-го года правления Елизаветы. Но колесник, хотя он и не пробыл в ученичестве у каретника, имел право делать сам или при помощи своих работников кареты и экипажи, ибо ремесло каретника не подходит под действие закона, так как оно появилось в Англии после его издания. Многие из мануфактур Манчестера, Бирмингема и Уольвергамптона ввиду этого не подлежат действию этого закона, поскольку они не существовали в Англии до 5-го года правления Елизаветы.

Во Франции продолжительность ученичества неодинакова в различных городах и в различных ремеслах. В Париже во многих ремеслах требуется пятилетний срок; но до получения права заниматься ремеслом в качестве самостоятельного мастера кончивший срок ученичества во многих ремеслах должен еще прослужить пять лет в качестве подмастерья. В течение этого времени он называется компаньоном, или товарищем своего мастера, а самый срок называется товариществом, или компаньонажем.

В Шотландии нет закона, устанавливающего всеобщий срок ученичества. В различных ремеслах этот срок неодинаков. Когда он продолжителен, он может быть сокращен уплатою небольшого взноса. Точно так же в большинстве городов за весьма незначительную сумму можно приобрести право вступления в любой цех. Ткачи полотна и парусины, главных производств в стране, а также все другие подсобные ремесленники, каковы колесники, шпульщики и пр., могут заниматься своим ремеслом в любом городе с цеховым устройством, не уплачивая никакого взноса. Во всех цеховых городах каждое лицо имеет право продавать мясо в установленный законом день недели.

Обычный срок ученичества в Шотландии ограничивается тремя годами даже в некоторых очень сложных ремеслах, и вообще я не знаю другой страны в Европе, где цеховые постановления были бы менее стеснительны.

Самое священное и неприкосновенное право собственности есть право на собственный труд, ибо труд есть первоначальный источник всякой собственности вообще. Все достояние бедняка заключается в силе и ловкости его рук, и мешать ему пользоваться этой силой и ловкостью так, как он сам считает для себя удобным, если только он не вредит своему ближнему, значит прямо посягать на эту священнейшую собственность. Это представляет собою явное посягательство на законную свободу как самого работника, так и тех, кто хотел бы нанять его. Такие ограничения препятствуют рабочему работать так, как он считает выгодным, а остальным людям — нанимать тех, кого они хотят. Судить о том, пригоден ли рабочий для работы, можно смело предоставить разумению самих нанимателей, которых это больше всего касается. Преувеличенная забота законодателя о том, чтобы они не нанимали неподходящих работников, очевидно, столь же неуместна, сколько стеснительна.

Институт продолжительного ученичества не может дать никакой гарантии того, что в продажу не будут часто поступать плохо изготовленные изделия. Последнее происходит обычно в результате обмана, а не благодаря неумению, продолжительное ученичество не может гарантировать от обмана. Для предупреждения этого необходимы совершенно иные меры. Проба на серебряных изделиях и клеймо на полотне и шерстяной материи дают покупателю гораздо большую гарантию, чем любой статут об ученичестве. Покупатель обыкновенно обращает внимание на наличность пробы или клейма, но никогда не считает нужным осведомляться, отбыл ли семилетний срок ученичества работник, изготовивший эти предметы.

Институт продолжительного ученичества отнюдь не имеет тенденции подготовлять молодежь к промышленному труду. Подмастерье, работающий поштучно, наверное, будет очень трудолюбив, поскольку он получает выгоду от своего старания. Ученик, наверное, будет ленив, и почти всегда так и бывает, потому что у него нет непосредственного интереса не быть ленивым. В более грубых профессиях приятность труда состоит исключительно в вознаграждении. Чем скорее данное лицо сможет получить вознаграждение за свой труд, тем скорее оно, наверное, почувствует вкус к труду и привычку к работе. Юноша, естественно, приобретает отвращение к труду, если в течение продолжительного времени он не получает от него никакой выгоды. Мальчики, отдаваемые в ученики общественными благотворительными учреждениями, обыкновенно отдаются на более продолжительный срок, и, по общему мнению, из них выходят очень ленивые и негодные работники.

Ученичество было вообще неизвестно древним. Взаимные обязательства мастера и ученика занимают значительное место во всех современных законодательствах. Римское право совершенно умалчивает об этом. Я не знаю ни одного греческого или латинского слова (мне кажется, я смело могу утверждать, что таких слов в этих языках не существует), выражающего то понятие, которое мы ныне связываем со словом ученичество, т.е. понятие работника, занятого трудом какой-либо профессии в пользу мастера в течение определенного количества лет при условии, что мастер обучает его данной профессии.

Продолжительное ученичество вообще не нужно. Специальности, стоящие гораздо выше обычных ремесел, например изготовление карманных и стенных часов, не знают таких секретов, чтобы требовалось долгое обучение. Конечно, первоначальное изобретение этих прекрасных механизмов и даже некоторых из инструментов, употребляемых при изготовлении их, было плодом глубокой мысли и продолжительного времени, и его справедливо следует считать одним из самых счастливых результатов человеческой изобретательности. Но после того как они были изобретены и хорошо поняты, вряд ли требуется более нескольких недель для объяснения во всех подробностях молодому работнику, как пользоваться этими инструментами и как изготовлять эти механизмы. Пожалуй, достаточно даже для этого и нескольких дней. В простых механических ремеслах, безусловно, достаточно нескольких дней. Правда, даже в самых простых ремеслах сноровка приобретается только в результате продолжительной практики и опыта. Но молодой работник будет практиковаться с гораздо большей старательностью и вниманием, если с самого начала он будет работать в качестве подмастерья, получая плату пропорционально той небольшой работе, которую он сумеет выполнить, и уплачивая в свою очередь за материалы, которые ему случится испортить в силу своей неловкости и неопытности. При таких условиях его обучение по общему правилу было бы более успешно и во всяком случае менее продолжительно и не так дорого. Конечно, при таком порядке терял бы мастер. Он терял бы всю ту заработную плату ученика, которая теперь остается у него в кармане за все семь лет обучения. В конечном счете, может быть, терял бы и сам ученик. В ремесле, которому так легко обучиться, у него было бы больше конкурентов, и его заработная плата, когда он становился бы взрослым рабочим, была бы ниже, чем в настоящее время. То же самое усиление конкуренции уменьшало бы прибыль мастера, равно как и заработную плату рабочих. Теряли бы все ремесла, все искусства, все профессии. Но выиграло бы население, ибо труд всех ремесленников сделался бы много дешевле.

Все цехи и бо́льшая часть цеховых правил были учреждены именно для того, чтобы посредством ограничения свободной конкуренции, которая необходимо приводит к падению цен, а следовательно, и заработной платы и прибыли, предотвратить такое падение. В прежние времена во многих частях Европы для учреждения цеха не требовалось никакой иной власти, кроме городских властей того места, в котором они учреждались. Правда, в Англии требовалась также хартия от короля. Но эта королевская прерогатива, по-видимому, была установлена скорее в целях вымогательства денег от подданных, чем в интересах защиты общественной свободы от таких притеснительных монополий. По-видимому, такого рода хартии охотно давались по уплате определенной суммы королю; и когда представители того или иного вида ремесла или торговли считали нужным выступать в качестве корпорации, не имея на то хартии, такие незаконные гильдии, как их называли, не всегда распускались, их лишь заставляли платить в пользу короля ежегодно определенную денежную сумму за разрешение пользоваться узурпированными ими привилегиями*. Непосредственный надзор за всеми цехами и издаваемыми ими правилами, которые они считали нужным устанавливать для урегулирования своих дел, принадлежал

---

* См. *Madox.* Firma Burgi. P. 26, etc.

управлению города, в котором они устанавливались; и меры воздействия по отношению к ним, если они предпринимались, исходили не от короля, а от более обширной корпорации, частью или членами которой они сами являлись.

Управление городами, в которых существовали цехи, находилось вообще в руках торговцев и ремесленников, и, очевидно, в их интересах было противодействовать тому, чтобы рынок был переполнен, как они обыкновенно выражаются, изготовляемыми ими продуктами, а это значит, что они в действительности заинтересованы были в постоянном недоснабжении рынка. Каждая группа ремесленников и торговцев стремилась установить ограничения, ведущие к этой цели, и, поскольку это допускалось, была готова согласиться, чтобы всякая другая группа делала то же самое. В результате подобных ограничений каждая группа, правда, должна была покупать все нужные ей товары от другой группы в пределах того же города по более дорогой цене, нежели за пределами города. Но возмещалось это тем, что каждая из них могла продавать свои товары настолько же дороже и, следовательно, столько же выигрывала, сколько теряла. Таким образом, в торговых сделках различных групп городского населения между собой ни одна из них не теряла благодаря таким указанным ограничениям. Но в своих сделках с деревней все они выгадывали, а ведь именно торговля с деревней главным образом обогащает города.

Все города получают главные свои средства существования и все сырье для промышленности из деревни. Город платит за это деревне двумя способами: во-первых, отдавая деревне обратно часть этого сырья в переработанном виде; в таком случае цена сырья увеличивается на всю сумму заработной платы рабочих и прибыли их предпринимателей или мастеров; во-вторых, отдавая деревне часть сырья и готовых изделий, которые город ввозит из других стран или из отдаленных частей той же страны; в таком случае первоначальная цена продуктов тоже увеличивается на всю сумму заработной платы перевозчиков и матросов и прибыли купцов, нанимающих их. Барыш, извлекаемый из первой отрасли торговли, представляет собой выгоду, которую город получает от своих ремесел; барыш от второго вида торговли представляет собою выгоды, даваемые внутренней и внешней торговлей. Заработная плата рабочих и прибыли их предпринимателей покрывают собой всю сумму барыша, даваемого этими обоими видами торговли и промышленности. Ввиду этого все ограничения увеличения этой заработной платы и прибыли сверх их нормального размера позволяют городу покупать за меньшие количества своего труда продукт большего количества труда деревни. Они ставят торговцев и ремесленников города в преимущественное положение сравнительно с землевладельцами, фермерами и рабочими в деревне и нарушают естественное равновесие, которое в противном случае имело бы место в торговле между городом и деревней. Весь ежегодный продукт труда общества распределяется между этими двумя различными группами населения. В силу указанных ограничений бо́льшая часть этого продукта достается на долю жителей города, чем это имело бы место при отсутствии этих ограничений, и меньшая доля — жителям деревни.

Цена, которую город уплачивает в действительности за продовольствие и материалы, ежегодно ввозимые им, выражается в общем количестве промышленных изделий и других товаров, ежегодно вывозимых из него. Чем дороже продаются последние, тем дешевле покупаются первые. Городская промышленность получает больше, а труд деревни оказывается менее выгодным.

В том, что городская промышленность повсюду в Европе более выгодна, чем сельскохозяйственный труд, мы можем удостовериться, не входя в сложные вычисления, на следующем весьма простом и известном примере. В любой европейской стране на целую сотню людей, приобретших большие состояния, хотя они начали с очень скромного дела в торговле или мануфактуре, т.е. в отраслях преимущественно городских, приходится лишь один человек, приобретший состояние в какой-нибудь отрасли сельского труда, сводящегося к добыванию сырья при помощи улучшения и обработки почвы. Промышленный труд, таким образом, должен лучше вознаграждаться, заработная плата и прибыль с капитала должны быть больше в городе, чем в деревне. Но капитал и труд, естественно, ищут самого выгодного приложения. Поэтому они по мере возможности притекают в город и покидают деревню.

Жители города, будучи собраны в одном месте, легко могут сговариваться между собою и вступать в соглашения. Ввиду этого даже самые незначительные городские ремесла объединялись почти везде в цехи; и даже там, где объединения не было, среди них обыкновенно преобладают корпоративный дух, вражда к чужеземцам и посторонним, нежелание держать учеников или сообщать секреты своего ремесла; часто добровольными организациями и соглашениями они предупреждают ту свободную конкуренцию, которую они не могут воспретить изданием соответствующих постановлений. Ремесла, в которых занято очень немного людей, наиболее легко достигают таких соглашений. Полдюжины чесальщиков шерсти нужны для того, чтобы дать материал для работы тысяче прядильщиков и ткачей. Сговорившись не брать учеников, они могут не только обеспечить себе обилие работы, но и поставить эту отрасль промышленности в своего рода рабскую зависимость от себя и повысить цену своего труда намного выше того уровня, который соответствует характеру их работы.

Сельские жители, рассеянные на больших пространствах друг от друга, нелегко могут сговариваться между собою. И они не только никогда не объединялись в цехи, но среди них даже никогда не преобладал цеховой дух. Никогда не признавалось необходимым установить ученичество для допущения к занятию сельским хозяйством — главному занятию деревни. Но если не считать изящные искусства и либеральные профессии, не существует, пожалуй, занятия, которое требовало бы столь разнообразных знаний и такого обширного опыта. Бесчисленные книги, написанные на всех языках об этой отрасли труда, могут свидетельствовать нам, что среди самых мудрых и ученых наций на сельское хозяйство никогда не смотрели как на легкодоступное занятие. И тщетно мы старались бы почерпнуть из всех этих томов знакомство со всеми разнообразными и сложными сторонами этого хозяйства, которые известны даже рядовому фермеру, как бы презрительно ни говорили иногда о нем некоторые высокомерные авторы. Напротив, вряд ли существует такое механическое ремесло, все операции которого нельзя было бы подробно и вполне ясно изложить в брошюрке в несколько страничек, насколько это возможно сделать при помощи слов, поясняемых чертежами. В самом деле, в Истории искусств и ремесел, ныне издаваемой Французской академией наук, многие из них так именно и объясняются. Кроме того, руководство операциями, которые должны меняться в зависимости от каждой перемены погоды, а также и от других случайных обстоятельств, требует гораздо большей сообразительности, чем в том случае, когда операции всегда одни и те же или почти одни и те же.

Не только ремесло фермера, общее управление сельским хозяйством, но и многие низшие отрасли сельского труда требуют гораздо больше искусства и опыта, чем большинство механических ремесел. Человек, который работает над медью или железом, работает инструментами и с материалом, характер которых неизменен или почти неизменен. Между тем работник, который пашет землю при помощи запряжки лошадей или быков, работает с инструментами и орудиями, здоровье, сила и настроение которых весьма неодинаковы в различных случаях. Качество материала, с которым он работает, тоже не менее изменчиво, чем его орудия и инструменты, обращение с тем и другим требует от него большой сообразительности и внимания. И простой пахарь, хотя обычно его считают образцом глупости и невежества, в большинстве случаев обладает такой рассудительностью и вниманием. Правда, он менее общителен, чем механические рабочие, живущие в городе. Его голос и язык более грубы, их труднее понять тем, кто не привык к ним. Но его умственные способности, поскольку он привык наблюдать большее разнообразие предметов, обыкновенно гораздо выше тех, все внимание которых с утра до ночи обычно направлено на выполнение одной или двух весьма простых операций. Насколько в действительности низшие слои народа в деревне превосходят в умственном отношении городское простонародье, хорошо известно всякому, кого дела или любознательность побуждали часто беседовать с теми и другими. Ввиду этого в Китае и Индостане, как утверждают, положение сельских рабочих и их заработная плата выше положения и заработной платы большей части ремесленников и мануфактурных рабочих. Так было бы, вероятно, повсеместно, если бы этому не препятствовали цеховые законы и цеховой дух.

Преобладание городской промышленности над сельской во всех странах Европы объясняется не исключительно существованием цехов и цеховых законов. Оно поддерживается многими другими постановлениями властей. Высокие пошлины на ввозимые из-за границы мануфактурные товары и на все вообще товары, ввозимые иностранными купцами, ведут к тому же. Цеховые законы позволяют жителям города повышать цены на товары, не опасаясь свободной конкуренции их собственных соотечественников. Указанные пошлины обеспечивают их равным образом и от конкуренции иностранцев. Повышение цен, обусловленное этими двумя причинами, в конце концов оплачивается землевладельцами, фермерами и сельскими рабочими, которые редко оказывали сопротивление введению таких монополий. Они обыкновенно не склонны и не способны вступать в такие соглашения; а вопли и софистические доводы купцов и фабрикантов легко убеждают их в том, что частный интерес одной части, и притом незначительной части, общества тождествен с общим интересом целого.

В Великобритании преобладание городской промышленности над сельской раньше, по-видимому, было гораздо значительнее, чем в настоящее время. Заработная плата в деревне уже более приближается к заработной плате промышленного труда, а прибыль на капитал в сельском хозяйстве не так отстает от прибыли на торговый и промышленный капитал, как это было, по-видимому, в минувшем столетии или в начале настоящего. Эту перемену следует считать необходимым, хотя и запоздавшим последствием тех чрезвычайных преимуществ и покровительства, которыми пользовалась городская промышленность. Накопленный в городах капитал в конце концов становится столь значительным, что уже нет возможности прилагать его к делу с прежнею прибылью в тех отраслях промышленности, которые обычны в городах. Эти отрасли промышленности, как и всякие другие, имеют свои пределы; возрастание капитала, имея своим следствием усиление конкуренции, необходимо ведет к уменьшению прибыли. А понижение прибыли в городе ведет к отливу капитала в деревню, который, создавая новый спрос на сельский труд, необходимо ведет к повышению заработной платы. Капитал, если можно так выразиться, растекается затем по всему лицу страны и, будучи вложен в сельское хозяйство, отчасти возвращается в деревню, за счет которой в значительной мере был первоначально накоплен в городе. В дальнейшем я попытаюсь показать, что повсюду в Европе крупнейшие улучшения в сельском хозяйстве и подъем его были обусловлены таким приливом капитала, первоначально накопленного в городах. Одновременно с тем я попытаюсь доказать, что, хотя некоторые страны таким путем достигли значительной степени богатства, такое развитие, однако, само по себе по необходимости совершается медленно, ненадежно, подвержено перерывам в силу бесчисленных случайностей и во всех отношениях противно естественному порядку и разуму. В третьей и четвертой книгах этого исследования я попытаюсь по возможности полно и отчетливо выяснить те интересы, предрассудки, законы и обычаи, которые дали повод к такому порядку вещей.

Представители одного и того же вида торговли или ремесла редко собираются вместе даже для развлечений и веселья без того, чтобы их разговор не кончился заговором против публики или каким-либо соглашением о повышении цен. Действительно, невозможно воспретить такие собрания изданием закона, который можно было бы проводить в жизнь или который был бы совместим со свободой и справедливостью. Хотя закон не может препятствовать представителям какой-либо отрасли торговли или ремесла собираться по временам вместе, он во всяком случае не должен ничего делать для облегчения таких собраний и еще меньше для того, чтобы делать их необходимыми.

Постановление, которое обязывает всех лиц, занимающихся в данном городе определенной отраслью торговли или ремесла, вносить свои имена и адреса в публичный регистр, облегчает такие собрания. Оно сближает лиц, которые без этого, может быть, никогда не узнали бы друг друга, и каждому из них указывает, где найти своих собратьев по профессии.

Постановление, дающее лицам, занимающимся определенным видом торговли или ремесла, право облагать себя для обеспечения своих бедных и больных членов, вдов и сирот, делает такие собрания необходимыми.

Корпорация или цех не только делает такие собрания необходимыми, но и делает постановление большинства обязательным для всей корпорации. В свободной торговле или свободном ремесле действительное соглашение может быть установлено только при согласии всех членов, и оно может иметь силу до тех пор, пока все члены останутся при этом же мнении. Большинство же корпораций или цеха может издать обязательное постановление с соответствующими карами за его нарушение, причем это постановление ограничивает конкуренцию более действительно и на более продолжительное время, чем любое добровольное соглашение.

Мнение о необходимости цехов для лучшего управления торговлей или ремеслом лишено всякого основания. Действительная дисциплина налагается на работника не его цехом, а его потребителями и заказчиками. Не что иное, как боязнь потерять их заказы или лишиться работы, удерживает его от обманов и ограничивает небрежность. Цех, обладающий исключительными правами, необходимо ослабляет силу этой дисциплины. При наличии цехов в производстве занята определенная группа работников, независимо от того, работают ли они хорошо или плохо. Именно по этой причине во многих крупных городах с цеховым устройством нельзя найти сносных работников даже в самых необходимых ремеслах. Если вы хотите, чтобы ваш заказ был сносно выполнен, вы должны его отдать куда-нибудь в пригород, где работники, не имея исключительных привилегий, зависят только от своей репутации, и потом вы должны каким-нибудь способом принести в город контрабандой свой заказ.

Таким-то образом господствующая в Европе политика вмешательства, ограничивая в некоторых профессиях конкуренцию меньшим числом людей, чем были бы склонны заняться ими, создает весьма важное неравенство в общей сумме выгод и невыгод различных приложений труда и капитала.

Во-вторых, господствующая в Европе политика вмешательства, усиливая в некоторых профессиях конкуренцию сравнительно с тем размером, который она имела бы при естественных условиях, создает другое неравенство противоположного свойства в общей сумме выгод и невыгод различных приложений труда и капитала.

Например, признавалось весьма важным, чтобы к определенным профессиям подготовлялось достаточное число молодых людей, и с этой целью государство, а иногда и частные благотворители учреждали специальные пенсии, пособия на учение, стипендии и т.п., которые и привлекали к этим занятиям гораздо больше людей, чем это имело бы место при отсутствии таких мер. Во всех христианских государствах, как мне кажется, подготовка большей части духовенства оплачивается именно таким образом. Весьма немногие лица из духовенства воспитываются на свой собственный счет. Благодаря этому продолжительная, трудная и дорогостоящая подготовка тех, кто обучается на собственные средства, не всегда обеспечивает им надлежащее вознаграждение, ибо церковь переполнена людьми, которые, чтобы получить какое-нибудь место, готовы согласиться на гораздо меньшее вознаграждение, чем то, на которое им давало бы право их образование; таким образом, конкуренция бедняков лишает вознаграждения лиц состоятельных. Несомненно, не подобает сравнивать приходского священника и капеллана с подмастерьем в каком-нибудь ремесле. Но жалованье их можно с полным правом считать имеющим тот же характер, что и заработная плата подмастерья. Все они одинаково получают плату за свой труд согласно договору, установленному по соглашению с лицами, от которых они зависят. До самой середины XIV столетия пять серебряных марок, содержащих приблизительно столько же серебра, сколько десять фунтов нынешней монеты, составляли в Англии обычную плату приходского священника или его заместителя, как это мы находим в постановлениях различных национальных конвентов.

В эту же эпоху плата в 4 п. в день, содержащих такое же количество серебра, как 1 шилл. современной монеты, была установлена за работу мастера-каменщика и 3 п. в день, т.е. 9 п. на нынешние деньги, за работу каменщика-подмастерья*. Таким образом, заработная плата этих работников при условии, если они имели работу круглый год, была много выше вознаграждения приходского священника. Если же мастер-каменщик не имел работы в течение трети года, его заработная плата равнялась вознаграждению священника. Законом, изданным в 12-й год правления королевы Анны (в главе 12-й), объявлялось, что, «поскольку ввиду отсутствия достаточного содержания и вознаграждения священников приходы во многих местах остаются без последних, епископ уполномочивается устанавливать за своей подписью и печатью достаточную стипендию или жалованье не свыше 50 и не менее 20 ф. в год». Плата в 40 ф. в год признается в настоящее время весьма хорошим вознаграждением для приходского священника, и, несмотря на упомянутый акт парламента, существует немало приходов с вознаграждением ниже 20 ф. в год. В Лондоне встречаются сапожники, зарабатывающие 40 ф. в год, и там вряд ли можно найти трудолюбивого рабочего какой-либо профессии, не зарабатывающего более 20 ф. в год. Последняя сумма в самом деле не превышает того, что часто зарабатывает простой чернорабочий во многих сельских приходах. Во всех случаях, когда закон пытался регулировать заработную плату рабочих, он делал это скорее с целью понизить, а не повысить ее. Но закон неоднократно пытался повысить оплату приходских священников и обязать в интересах достоинства церкви приходских ректоров обеспечить им несколько больше, чем то скудное содержание, на которое они сами могли бы согласиться. И в обоих случаях закон, по-видимому, одинаково не достигал цели: не мог ни повысить вознаграждения приходских священников, ни понизить заработную плату рабочих в той степени, в какой имел это в виду; это имело место потому, что он не был в состоянии помешать

---

* См. Статут о рабочих, изданный в 25-й год правления Эдуарда III.

первым соглашаться на вознаграждение меньше установленного размера ввиду их нужды и большой конкуренции между ними, а последним получать выше установленного размера ввиду конкуренции между теми, кто рассчитывал извлечь прибыль или удовольствие от найма этих рабочих.

Высокие оклады и иные почетные отличия поддерживают достоинство церкви, несмотря на бедственное положение некоторых ее низших чинов. Последние получают некоторую компенсацию за скудость своего денежного вознаграждения в виде уважения, которым пользуется их профессия. В Англии и во всех католических странах выгоды, предоставляемые духовным званием, в действительности гораздо значительнее, чем это было бы необходимо. Пример шотландской, женевской и некоторых других протестантских церквей свидетельствует, что пользующаяся таким почетом профессия, подготовку к которой так легко получить, и при перспективе гораздо более скромного вознаграждения привлекала бы к принятию священнического сана достаточное количество образованных, приличных и почтенных людей.

Если бы в профессиях, где не существует должностных окладов, как, например, в юриспруденции и медицине, такое же количество лиц обучалось на общественный счет, конкуренция скоро стала бы так сильна, что очень заметно понизила бы вознаграждение за труд. В таком случае никому, пожалуй, не было бы расчета подготовлять своего сына к этим профессиям на собственные средства. Эти профессии были бы всецело предоставлены лицам, которые обучались на общественный счет и в силу своей многочисленности и бедности были бы вынуждены довольствоваться весьма скудным вознаграждением, а это привело бы к полному упадку ныне столь уважаемых профессий, как юриспруденция и медицина.

Та несчастная порода людей, которых обыкновенно называют учеными и литераторами, находится почти в таком же положении, в каком, вероятно, очутились бы юристы и врачи при наличии описанных выше условий. По всей Европе большинство их подготовлялось к служению церкви, но в силу различных обстоятельств не приняло

церковного сана. Они, следовательно, обычно обучались на общественный счет, и повсюду число
их так значительно, что плата за их труд по общему правилу сводится к самому незначительному уровню.

До изобретения искусства книгопечатания ученый и литератор могли найти применение своим знаниям только в одном занятии — в занятии частного или школьного учителя и в сообщении другим людям тех любопытных и полезных знаний, какие они приобрели; это, несомненно, более почетное, более полезное и, по общему мнению, более выгодное занятие, чем писание для книгоиздателя, ставшее обычным после появления книгопечатания. Продолжительность подготовки, способности, знания и усердие, необходимые для того, чтобы стать выдающимся преподавателем, по меньшей мере не уступают качествам, необходимым для виднейших практиков в сфере юриспруденции и медицины. Но обычное вознаграждение выдающегося преподавателя не стоит ни в малейшем соответствии с вознаграждением юриста или врача; объясняется это тем, что профессия первого переполнена нуждающимися людьми, получившими образование на общественный счет, тогда как в профессиях последних встречается очень немного лиц, получивших подготовку не на собственные средства. Однако, каким бы незначительным ни казалось обычное вознаграждение частных и школьных преподавателей, оно, несомненно, было бы еще ниже, если бы не была устранена конкуренция тех еще более нуждающихся образованных людей, которые пишут для заработка. До изобретения книгопечатания понятия «студент» и «нищий» были, по-видимому, почти синонимами. В ту пору ректоры некоторых университетов часто выдавали своим студентам разрешительные свидетельства на право просить милостыню.

В древности, до учреждения фондов для подготовки несостоятельных людей к ученым профессиям, вознаграждение выдающихся преподавателей было, по-видимому, гораздо более значительно. Изократ в своем так называемом диалоге против софистов упрекает учителей своего времени в непоследовательности. «Они дают своим ученикам самые широковещательные обещания, — говорит он, — и берутся научить их быть мудрыми, счастливыми и справедливыми, и в обмен за столь важную услугу они требуют ничтожное вознаграждение в четыре или пять мин. Те, которые обучают мудрости, — продолжает он, — без сомнения, сами должны быть мудрыми, но если бы кто-нибудь другой продал такие услуги за подобную плату, это сочли бы безусловной глупостью». Изократ, конечно, не имеет здесь в виду преувеличивать обычное вознаграждение, и мы поэтому можем быть уверены, что оно было не меньше указываемого им. Четыре мины равнялись 13 ф. ст. 6 шилл. 8 п., а пять мин — 16 ф. ст. 13 шилл. 4 п. Следовательно, обычно уплачивалась сумма не ниже большей из указанных двух сумм. Сам Изократ брал с каждого ученика по десяти мин, или 33 ф. ст. 6 шилл. 8 п. Когда он преподавал в Афинах, у него было, как передают, сто учеников. Я полагаю, что таково было количество учеников, которых он обучал одновременно или которые слушали то, что мы назвали бы теперь курсом лекций; количество это не покажется необычайным, если принять во внимание размеры города и славу учителя, преподававшего к тому же самую модную в то время науку — риторику. Таким образом, он должен был выручать с каждого курса лекций тысячу мин, или 3333 ф. ст. 6 шилл. 8 п. Действительно, как утверждает Плутарх в другом месте*, обычная плата Изократу за курс учения достигала тысячи мин. Многие другие выдающиеся учителя приобретали, по-видимому, в те времена крупные состояния. Горгий принес в дар Дельфийскому храму свою собственную статую из литого золота. Мы не должны, я думаю, предполагать, что она была в натуральную величину. Его образ жизни, как и образ жизни Гиппия и Протагора, двух других знаменитых преподавателей того времени, по описанию Платона, отличался великолепием, доходившим даже до тщеславия. Образ жизни самого Платона, как рассказывают, не лишен был блеска. Аристотель, закончив обучение Александра и получив, по всеобщему признанию, в высшей степени щедрое вознаграждение от Александра и его отца Филиппа, счел тем не менее выгодным вернуться в Афины, чтобы

---

* *Plutarch.* Vitae X Oratorum.

возобновить преподавание в своей школе. Преподаватели наук в ту пору, вероятно, были не столь многочисленны, как сто или двести лет спустя, когда конкуренция, по-видимому, несколько понизила цену на их труд и уменьшила оказываемый им почет. Однако наиболее знаменитые из них, по-видимому, пользовались всегда гораздо бóльшим почетом, чем кто-либо из представителей подобных профессий в настоящее время. Афиняне отправили академика Карнеада и стоика Диогена в торжественное посольство в Рим, и хотя их город тогда уже утратил свое прежнее величие, все же он был еще независимой и значительной республикой. Притом Карнеад был по рождению вавилонянином, и так как никогда не было народа, столь мало склонного к допущению чужестранцев к общественным должностям, как афиняне, их уважение к нему, по-видимому, было очень велико.

Такое неравенство в конечном счете, пожалуй, более выгодно, чем вредно для общества. Оно, может быть, несколько принижает профессию преподавателя, но дешевизна научного образования представляет собою, несомненно, такое преимущество, которое значительно превосходит это незначительное неудобство. И притом население извлекало бы еще большую выгоду, если бы устройство школ и колледжей, в которых происходит обучение, было более разумно, чем это имеет место в настоящее время в большей части Европы.

В-третьих, господствующая в Европе политика, препятствуя свободному переходу труда и капитала от одного применения к другому и из одной местности в другую, порождает в некоторых случаях весьма неудобные неравенства в общей сумме выгод и невыгод различных приложений труда и капитала.

Законы об ученичестве препятствуют свободному переходу труда от одного занятия к другому даже в пределах одной и той же местности. Исключительные привилегии цеховых корпораций не допускают такого же перехода из одной местности в другую даже в пределах той же профессии.

Часто бывает, что в то время, как в одном производстве рабочие получают высокую заработную плату, рабочие другого вынуждены довольствоваться самым скудным существованием. Первое развивается, и поэтому в нем всегда существует спрос на добавочные рабочие руки; второе находится в упадке, и поэтому число излишних рабочих рук непрерывно возрастает. Эти два производства могут иногда быть в одном и том же городе, а иногда в одной округе, не будучи в состоянии оказать малейшую помощь друг другу. Законы об ученичестве мешают этому в одном случае, а в другом — этому мешают не только законы об ученичестве, но и о существовании замкнутого цеха. А между тем во многих различных производствах операции настолько сходны, что рабочие легко могли бы переходить от одного производства к другому, если бы им не препятствовали эти нелепые законы. Ремесла ткача гладкого полотна и ткача гладкого шелка, например, почти совсем не отличаются друг от друга; ремесло ткача гладкого сукна несколько иного рода; но разница так незначительна, что ткач полотна или шелка всего за несколько дней может стать сносным работником и в этом производстве. Если, таким образом, одно из этих трех главных ремесел находится в упадке, рабочие могут найти средства к существованию в остальных двух, которые находятся в более благоприятном положении, и их заработная плата не будет тогда чрезмерно повышаться в преуспевающем производстве и падать слишком низко в клонящемся к упадку. Правда, производство полотна в Англии в силу особого статута открыто для всех, но так как оно не очень распространено в большей части страны, то не может служить поддержкой всем рабочим других производств, находящихся в упадке; поэтому всюду, где имеют силу законы об ученичестве, эти рабочие не имеют другого выбора, как жить за счет прихода или же пойти работать простыми чернорабочими, на что они благодаря своим привычкам менее пригодны, чем для любого ремесла, в известной мере сходного с их собственным. Ввиду этого они обычно предпочитают обращаться за помощью к приходу.

Но все то, что препятствует свободному перемещению труда от одного занятия к другому, препятствует также и перемещению капитала, ибо размеры капитала, могущего найти помещение в любой отрасли промышленности, находятся в очень большой зависимости от количества труда, которое может быть занято в ней. Однако цеховые постановления в меньшей степени препятствуют перемещению капитала из одной местности в другую, чем перемещению труда: повсюду богатому купцу гораздо легче приобрести право на торговлю в городе с цеховым устройством, чем бедняку-ремесленнику получить право работать в нем.

Препятствия свободному перемещению труда, создаваемые цеховыми законами, существуют, думается мне, во всей Европе. Но те препятствия, которые в этом отношении создаются законами о бедных, являются, насколько мне известно, особенностью Англии. Они состоят в трудности для бедняка приобрести оседлость или даже разрешение на занятие своим ремеслом в любом приходе, за исключением того, к которому он принадлежит. Цеховые законы препятствуют свободному передвижению лишь труда ремесленников и мануфактурных рабочих, тогда как трудность приобрести оседлость препятствует даже передвижению простого чернорабочего труда. Нелишним будет дать беглый очерк возникновения, усиления и современного состояния этого зла, величайшего, пожалуй, из всех создаваемых в Англии политикой государства.

Когда вследствие уничтожения монастырей бедные лишились благотворительной помощи этих религиозных учреждений после ряда других неудачных попыток помочь им, законом, изданным в 43-й год правления Елизаветы (глава 2-я), было установлено, чтобы каждый приход заботился о своих бедных и чтобы ежегодно назначались попечители о бедных, которые должны были вместе с церковными старостами собирать путем обложения жителей прихода необходимые для этой цели суммы.

В силу этого закона каждый приход неизбежно оказывался вынужденным заботиться о своих бедных. Поэтому немаловажное значение приобрел вопрос, кого же, собственно, считать бедным данного прихода. Вопрос этот после различных толкований был в конце концов решен законом, изданным в 13-й и 14-й годы правления Карла II, когда было постановлено, что неопротестованное пребывание в каком-либо приходе в течение сорока дней создает для любого лица оседлость в нем, но что в течение этого срока двое мировых судей имеют право по жалобе церковных старост или попечителей о бедных удалить всякого нового жителя в тот приход, где он перед тем законно проживал, если только он не нанимает помещения за плату в 10 ф. ст. в год или не представит достаточных, по мнению судей, гарантий в том, что он не явится бременем для прихода, в котором теперь поселился.

Как утверждают, закон этот имел следствием различного рода обманы: приходские должностные лица при помощи подкупа побуждали своих бедных тайно переселяться в другие приходы и, скрываясь в течение сорока дней, приобретать там оседлость, чтобы таким образом освобождать от себя приход, к которому они, собственно, принадлежали. Поэтому законом, изданным в первый год правления Якова II, было постановлено, что сорокадневное пребывание, необходимое для приобретения кем-либо оседлости, должно считаться лишь с момента представления этим лицом письменного заявления с указанием его местожительства и состава его семьи церковным старостам или попечителям прихода, в котором оно собиралось поселиться.

Но приходские должностные лица, по-видимому, не всегда относились к своему собственному приходу с большей добросовестностью, чем к чужим приходам, и нередко, получив извещение о самовольных поселениях, допускали их и не предпринимали никаких шагов против этого. Поэтому, поскольку предполагалось, что каждый обитатель прихода имеет интерес воспрепятствовать по возможности обременению его такими новыми поселенцами, законом, изданным в 3-й год правления Вильгельма III, было постановлено, что срок сорокадневного пребывания исчисляется лишь после оглашения упомянутого письменного заявления в воскресенье в церкви после службы.

«В конце концов, — говорит доктор Берн*, — этот вид оседлости, устанавливаемой сорокадневным пребыванием

* *Burn R.* Justice. Vol. II, p. 253. Edit. 1764.

после оглашения письменного заявления, приобретается весьма редко, и законодательство имеет в виду не столько облегчить приобретение оседлости, сколько затруднить его тем лицам, которые тайком поселяются в приходе, ибо подача такого заявления лишь побуждает приход удалить такого поселенца. Но если положение поселенца таково, что сомнительно, подлежит он удалению или нет, подачею своего заявления он вынуждает приход или не препятствовать ему в приобретении оседлости, дав прожить сорок дней, или, выселив его, предоставить решение вопроса суду».

Таким образом, этот закон сделал почти невозможным для бедняка приобретение новой оседлости прежним порядком, а именно проживанием в течение сорока дней. Но чтобы не казалось, что он вообще воспрещает неимущим переселяться из одного прихода в другой, закон установил еще четыре других способа приобретения оседлости, помимо подачи или оглашения соответствующего заявления. Первый способ — это обложение приходскими налогами и уплата их; второй — избрание на какую-либо приходскую должность и отправление ее в течение года; третий — прохождение срока ученичества в приходе; четвертый — служба по найму непрерывно в течение года на территории прихода.

Приобрести оседлость одним из первых двух способов можно только при согласии всех обитателей прихода, которые очень хорошо понимают последствия допущения пришельца, живущего лишь своим трудом, посредством обложения его приходскими налогами или избрания на приходскую должность.

Ни один семейный человек не может рассчитывать приобрести оседлость одним из двух последних способов. Ученики почти всегда бывают неженатые, а в законе специально оговорено, что ни один женатый работник не может приобрести оседлость посредством работы по найму в течение года. Главным результатом установления оседлости, приобретаемой посредством службы по найму, явилось исчезновение в значительной мере из практики старого обычая годичного найма, который ранее был настолько распространен в Англии, что даже до сих пор закон предполагает годичный срок найма, если не оговорен другой срок. Хозяева не всегда желают предоставить своим работникам оседлость, нанимая их таким образом, а работники не всегда желают быть нанятыми на таких условиях, потому что, поскольку всякая последняя оседлость аннулирует все предыдущие, они могут утратить свою первоначальную оседлость в местах своего рождения, пребывания их родителей и родственников.

Очевидно, что ни один самостоятельный работник, поденщик или ремесленник, не может приобрести оседлость посредством ученичества или работы по найму. Поэтому в тех случаях, когда такой работник поселялся для работы в новом приходе, он подлежал выселению по усмотрению любого церковного старосты или попечителя, как бы трудолюбив и здоров он ни был, если только не снимал жилища за плату в 10 ф. в год, — что невозможно для человека, живущего исключительно своим трудом, — или не представлял обеспечения, освобождающего приход от забот о содержании его и признанного достаточным двумя мировыми судьями. Размер этого обеспечения всецело предоставлен усмотрению мировых судей, но они, безусловно, не могут требовать обеспечения менее чем в 30 ф., так как закон устанавливает, что даже покупка недвижимости стоимостью ниже 30 ф. не дает покупщику оседлости, поскольку ее недостаточно, чтобы гарантировать приход от возможных расходов на пособие. Но такое обеспечение вряд ли может представить человек, живущий своим трудом, а между тем часто требуется значительно более крупное обеспечение.

В целях восстановления в известной мере свободного передвижения труда, почти совершенно уничтоженного этими различными законами, были придуманы «удостоверения». Законом, изданным в 8-й и 9-й годы правления Вильгельма III, установлено, что лиц, имеющих удостоверение от последнего прихода, в котором они на законном основании проживали, — удостоверение, подписанное церковными старостами и попечителями о бедных и заверенное двумя мировыми судьями, — обязаны допускать к поселению все другие приходы; они не подлежат выселению только на том основании, что могут оказаться обременительными для прихода, а могут быть выселяемы лишь в том случае, если фактически ложатся на него бременем, и что приход, выдавший удостоверение, обязан уплачивать расходы по содержанию и выселению их. И для лучшего обеспечения прихода, в котором поселялось такое снабженное удостоверением лицо, этот закон устанавливал далее, что оно может приобрести здесь оседлость исключительно лишь посредством найма жилища с платой не менее 10 ф. в год или бесплатным отправлением в течение года какой-либо выборной приходской должности; следовательно, устранялась возможность приобретения оседлости посредством подачи заявления, службы по найму, ученичества или платежа приходских налогов. Затем закон 12-го года правления королевы Анны (статут I, глава 18-я) устанавливал, что ни ученики, ни рабочие лиц, снабженных таким удостоверением, не могут приобретать оседлость в приходе, в котором эти лица проживают на основании удостоверения.

Насколько это нововведение восстановило свободное передвижение труда, почти совершенно уничтоженное ранее изданными законами, мы можем судить на основании следующего весьма справедливого замечания доктора Берна: «Очевидно, что имеются различные причины требовать удостоверений от лиц, приходящих куда-либо в целях поселения; в самом деле, причины эти сводятся к тому, что эти лица не могут приобрести оседлость ни путем ученичества, ни посредством службы по найму, ни подачей заявления, ни уплатой приходских налогов; что они не могут давать оседлости своим ученикам и работникам; что в случае, если они ложатся бременем на приход, определенно известно, куда надлежит выселить их, причем приходу возмещаются расходы по выселению и содержанию их до него; что в случае их заболевания и невозможности ввиду этого выселения содержать их должен приход, выдавший удостоверение, — все это может иметь место лишь при наличии удостоверения. С другой стороны, эти же причины побуждают приходы в обычных случаях отказывать в выдаче удостоверений, ибо они имеют все основания ожидать, что получившие их лица вновь окажутся у них и притом в гораздо худшем положении»*. Это замечание, по-видимому, позволяет заключить, что удостоверение всегда требуется приходом, в котором хочет поселиться бедняк, и что оно весьма редко выдается тем приходом, который он предполагает покинуть. «Обязательность этих удостоверений не лишена жестокости, — говорит этот же весьма вдумчивый автор в своей «Истории законов о бедных»**, — поскольку она дает приходскому должностному лицу власть привязывать человека к месту на всю его жизнь, как бы ни было ему неудобно оставаться в той местности, где он имел несчастье приобрести так называемую «оседлость», или как бы выгодно ни было переселение в другое место».

Хотя удостоверение не является вместе с тем свидетельством о хорошем поведении и удостоверяет только то, что данное лицо действительно принадлежит к данному приходу, от доброй воли приходских должностных лиц зависит, выдать такое удостоверение или отказать в нем. Как сообщает доктор Берн, однажды был предъявлен иск о принуждении церковных старост или попечителей подписать удостоверение, но Суд королевской скамьи отклонил его как весьма странную претензию.

Значительная неравномерность заработной платы, часто наблюдаемая нами в Англии в близких друг от друга местах, объясняется, вероятно, затруднениями, которые закон об оседлости ставит бедняку, желающему без соответствующего удостоверения перенести свой труд из одного прихода в другой. Действительно, холостяк, здоровый и трудолюбивый, может иногда поселиться в другом приходе, не имея удостоверения, — его будут терпеть, но человек женатый и имеющий детей, который попытается сделать это, в большинстве приходов почти наверняка подвергнется выселению; а если этот холостяк впоследствии женится, то по общему правилу он тоже будет выселен. Благодаря этому недостаток рабочих рук в одном при-

---

* *Burn R.* Justice. Vol. II, p. 274. Edit. 1764.

** *Burn R.* The history of the poor-laws, with observations. London, 1764.

ходе не может быть в любой момент восполнен излишком их в других приходах, как это бывает постоянно в Шотландии и, как мне думается, во всех остальных странах, где не существует затруднений для приобретения оседлости. В таких странах заработная плата, правда, может иногда несколько повышаться в окрестностях большого города или там, где возникает чрезвычайный спрос на труд, и постепенно понижаться по мере удаления от таких пунктов, пока не сравняется с обычным в стране уровнем; но мы никогда не встретим таких резких и необъяснимых различий в заработной плате, которые нередко видим в Англии, где бедняку часто бывает труднее переступить искусственную границу прихода, чем пересечь море или проникнуть за цепь высоких гор — эти естественные границы, которые в других странах нередко отделяют одну от другой местности с различною заработною платою.

Выселение человека, не совершившего никакого преступления или проступка, из избранного им для жительства прихода представляет собою очевидное нарушение естественной свободы и справедливости. Однако простой народ Англии, столь ревностно относящийся к своей свободе, но подобно народу большинства других стран никогда правильно не понимающий, в чем именно она состоит, уже более столетия терпит это угнетение. Хотя мыслящие люди нередко указывали на закон об оседлости как на общественное зло, он никогда не вызывал каких-либо массовых народных протестов, подобно протестам против общих приказов об аресте, тоже представляющих собою злоупотребление, но не ложащееся гнетом на широкие массы. Осмелюсь сказать, что вряд ли найдется в Англии хотя один бедняк в сорокалетнем возрасте, который в какой-либо момент своей жизни не почувствовал жестокий гнет этого нелепого закона об оседлости.

Закончу эту главу указанием, что, хотя в прежнее время было обычным нормировать заработную плату, во-первых, общими законами, имеющими силу на протяжении всего королевства, и, во-вторых, специальными постановлениями мировых судей в каждом отдельном графстве, оба эти метода в настоящее время совершенно вышли из употребления. «Основываясь на более чем четырехсотлетнем опыте, — говорит доктор Берн, — пора, кажется, оставить все попытки подвергать строгому регулированию то, что по самой природе своей представляется не поддающимся точному определению: в самом деле, если все лица, занятые одним и тем же видом труда, будут получать одинаковую заработную плату, не будет никакого соревнования, не останется места для трудолюбия или искусства».

Отдельные акты парламента тем не менее все еще пытаются иногда регулировать заработную плату в отдельных отраслях промышленности и в отдельных местностях. Так, закон 8-го года правления Георга III под угрозой строгих кар воспрещает всем хозяевам-портным в Лондоне и на пять миль в окружности давать, а их работникам принимать более 2 шилл. 7 $^{1}/_{2}$ п. в день, исключая случаев общественного траура. Во всех тех случаях, когда законодательство пытается улаживать несогласия между хозяевами и рабочими, его советниками всегда являются хозяева. Поэтому, когда предписания закона оказываются в пользу рабочих, они всегда справедливы, но они не всегда справедливы в тех случаях, когда высказываются в пользу хозяев. Так, закон, обязывающий хозяев в ряде отраслей промышленности рассчитываться с рабочими деньгами, а не товарами, совершенно справедлив. Он не налагает на хозяев никаких трудно исполнимых обязательств; он лишь обязывает их платить деньгами ту именно сумму, которую они, по их словам, выплачивали товарами, хотя на деле они выплачивали меньше. Этот закон издан в пользу рабочих, но закон, изданный в 8-й год правления Георга III, составлен в интересах хозяев. Когда хозяева сговариваются в целях сокращения заработной платы своих рабочих, они обыкновенно заключают частное соглашение не давать им больше определенной суммы под угрозой известного штрафа. Но если рабочие заключат между собою противоположные соглашения под угрозой штрафа не соглашаться на определенную заработную плату, закон карает их весьма сурово; а ведь если бы он относился беспристрастно, он должен был бы таким же образом поступать и по отношению к хозяевам. Но закон, изданный в 8-й год правления Георга III, устанавливает такое же ограничение заработной платы, которое хозяева пытаются иногда осуществить посредством упомянутых соглашений. Представляется вполне обоснованной жалоба рабочих, что такое ограничение ставит самых способных и трудолюбивых на одну доску с рядовыми рабочими.

В прежние времена обычно пытались также регулировать прибыль купцов и других торговцев нормированием цен съестных припасов и других товаров. Такса на хлеб, насколько я знаю, представляет собою единственный пережиток этой старинной практики. При существовании монопольной корпорации, может быть, и надлежит регулировать цену предметов первой необходимости, но при отсутствии таких корпораций конкуренция будет регулировать цены гораздо лучше любой таксы. Установление таксы на хлеб, предусмотренное законом, изданным в 31-й год правления Георга II, не могло войти в жизнь в Шотландии благодаря недосмотру закона: осуществление его было связано с должностью базарного пристава, каковая там отсутствовала. Этот недосмотр оставался неисправленным до третьего года правления Георга III. Отсутствие таксы не вызывало никаких заметных неудобств, а установление ее в немногих местах, где это имело место, не принесло заметных выгод. Впрочем, в большей части городов Шотландии существует корпорация булочников, претендующая на исключительные привилегии, хотя они и не очень строго соблюдаются.

На соотношение между нормами заработной платы и прибыли в различных приложениях труда и капитала, по-видимому, не очень заметно влияет, как уже указано, богатство или бедность страны, ее прогрессирующее, стационарное или регрессирующее состояние. Такие резкие изменения в общественном благосостоянии, хотя и отражаются на общем уровне заработной платы и прибыли, в конечном счете должны одинаково влиять на них в различных отраслях промышленности. Соотношение между ними должно поэтому оставаться прежним и не может изменяться по крайней мере на сколько-нибудь продолжительное время изменением в общественном благосостоянии.

Глава XI
ЗЕМЕЛЬНАЯ РЕНТА

Рента, рассматриваемая как плата за пользование землей, естественно, представляет собою наивысшую сумму, какую в состоянии уплатить арендатор при данном качестве земли. Устанавливая условия договора, землевладелец стремится оставить арендатору лишь такую долю продукта, которая достаточна для возмещения капитала, затрачиваемого им на семена, на оплату труда, покупку и содержание скота, а также остального сельскохозяйственного инвентаря, и для получения обычной в данной местности прибыли на вложенный в сельское хозяйство капитал. Это, очевидно, наименьшая доля, какою может удовлетвориться арендатор, не оставаясь в убытке, а землевладелец редко имеет в виду оставить ему больше. Всю ту часть продукта, или, что то же самое, всю ту часть цены, которая остается сверх этой доли, землевладелец, естественно, стремится удержать для себя в качестве земельной ренты, которая, очевидно, будет представлять собою наивысшую сумму, какую только арендатор может платить при данном качестве земли. Правда, иногда щедрость, а еще чаще невежество землевладельца побуждают его довольствоваться несколько меньшей долей, равно как иногда, хотя и реже, невежество арендатора побуждает его обязаться платить несколько больше или довольствоваться несколько меньшей прибылью, чем обычная в данной местности прибыль на сельскохозяйственный капитал. Тем не менее указанную долю все же можно рассматривать как естественную земельную ренту, т.е. ренту, за которую сдается в аренду большая часть земель.

Можно думать, что земельная рента часто представляет собою лишь умеренную прибыль, или процент на капитал, затраченный землевладельцем на улучшение земли. Это, без сомнения, может отчасти иметь место в некоторых случаях, но только отчасти. Землевладелец требует ренту и за земли, совершенно не подвергавшиеся улучшению, а предполагаемый процент, или прибыль на капитал, затрачиваемый на улучшение земли, обыкновенно составляет надбавку к этой первоначальной ренте. Кроме того, улучшения эти не всегда производятся на средства землевладельца, нередко они делаются за счет арендатора. Однако при возобновлении арендного договора землевладелец обычно требует такого увеличения ренты, как будто все эти улучшения были произведены за его счет. Он иногда требует ренту даже за то, чтó вообще не поддается улучшению посредством человеческих усилий. Солянка — вид морской травы, будучи сожжена, дает щелочную соль, употребляемую при выделке стекла, мыла и для других целей. Она растет в некоторых местах Великобритании, в особенности в Шотландии, только на таких скалах, которые расположены в полосе прилива и дважды в день покрываются водой; труд человека, таким образом, ничего не сделал для увеличения производительности этих скал. А между тем землевладелец, в состав имения которого входит береговая полоса с такого рода травой, требует за нее такую же ренту, как и за свои хлебные поля.

Около Шетландских островов море особенно изобилует рыбой, ловля которой доставляет значительную часть средств существования обитателям этих островов. Но для того чтобы пользоваться водными богатствами, они должны иметь жилище на прилегающей земле. И рента, получаемая в данном случае землевладельцем, соответствует не тому, что фермер может получить с земли, а тому, что он может получить одновременно от земли и от моря. Рента выплачивается отчасти рыбою; именно здесь мы встречаем один из немногих примеров того, когда рента входит как составная часть в цену рыбы.

Таким образом, земельная рента, рассматриваемая как плата за пользование землей, естественно, представляет собою монопольную цену. Она не стоит ни в каком решительно соответствии с тем, что землевладелец затратил на улучшение земли или чем он мог бы довольствоваться; она определяется тем, что фермер в состоянии платить за землю.

Сельскохозяйственные продукты могут, как правило, поступать на рынок только в таком количестве, чтобы обычная цена их была достаточна для возмещения капитала, необходимого для доставки их туда, и для оплаты обычной прибыли. Если обычная цена превышает эту норму, излишек ее, естественно, приходится на долю земельной ренты; если она не превышает эту норму, то, хотя товар и может доставляться на рынок, он не приносит никакой ренты землевладельцу. От спроса зависит, превышает ли цена этот уровень или нет.

На некоторую часть сельскохозяйственного продукта спрос всегда должен быть таков, чтобы обеспечивать более высокую цену, чем это необходимо для доставления его на рынок; на остальную часть продукта спрос может и не обеспечивать такую более высокую цену. В первом случае землевладелец всегда получит ренту, во втором он может получить ее или не получить в зависимости от различных обстоятельств.

Отсюда, следовательно, надо заметить, что рента входит в состав цены продукта иным образом, чем заработная плата и прибыль. Высокая или низкая заработная плата и прибыль на капитал являются причиною высокой или низкой цены продукта; больший или меньший размер ренты является результатом последней. Цена продукта высока или низка в зависимости от того, высокую или низкую заработную плату и прибыль приходится выплачивать для того, чтобы данный продукт доставлялся на рынок. Но цена продукта дает высокую или низкую ренту или не дает никакой ренты в зависимости от того, высока эта цена или низка, превышает ли она намного, незначительно или совсем не превышает сумму, достаточную для покрытия заработной платы и прибыли.

Настоящая глава распадается на три отдела соответственно рассмотрению, во-первых, той части сельскохозяйственного продукта, которая всегда дает некоторую ренту, во-вторых, той части его, которая в одних случаях дает, а в других случаях не дает ренту, и, в-третьих, тех колебаний, которые, естественно, имели место в различ-

ные периоды земельных улучшений в относительной стоимости этих различных видов сырья
при сравнении их друг с другом и с промышленными товарами.

Отдел I

О сельскохозяйственном продукте, который всегда доставляет ренту

Так как люди, подобно другим живым существам, естественно размножаются соответственно имеющимся средствам их существования, то постоянно существует больший или меньший спрос на предметы питания. Последние всегда могут быть обменены на большее или меньшее количество труда, и всегда найдутся охотники выполнить какую-нибудь работу, чтобы получить эти предметы питания. Правда, вследствие того что иногда за труд приходится выплачивать высокую заработную плату, количество труда, которое можно получить в обмен на определенное количество предметов питания, не всегда равняется тому количеству труда, содержание которого может быть обеспечено при наиболее экономном их расходовании. Но на предметы питания всегда можно приобрести такое количество труда, которое можно содержать на них соответственно обычному для данной местности уровню существования этого вида труда.

Но земля почти при всех условиях производит большее количество пищи, чем это необходимо для содержания всего того количества труда, которое затрачивается на доставление этой пищи на рынок, хотя бы этот труд содержался самым щедрым образом. При этом получающийся излишек всегда более чем достаточен для возмещения капитала, затрачиваемого на применение этого труда, и для получения прибыли на него. Поэтому всегда некоторый излишек остается на долю ренты землевладельца.

В самых безлюдных местностях Норвегии и Шотландии имеются пастбища для скота, который доставляет молоко и приплод в количестве, достаточном не только для содержания всего того труда, который необходим для ухода за этим скотом и для оплаты обычной прибыли фермера или владельца стад, но и для доставления небольшой ренты землевладельцу. Рента эта увеличивается в зависимости от качества пастбища. В таком случае одна и та же площадь земли не только прокармливает большее количество скота, но и требует меньшего количества труда для ухода за ним и сбора продуктов с него, ибо скот содержится на меньшем пространстве. Землевладелец выигрывает двояким образом — от увеличения продукта и от сокращения количества труда, которое приходится содержать за счет этого продукта.

Земельная рента изменяется не только в зависимости от плодородия земли, каков бы ни был продукт, получаемый с нее, но и в зависимости от расположения ее, каково бы ни было ее плодородие. Пригородная земля дает большую ренту, чем столь же плодородная земля в отдаленной части страны. Хотя обработка той и другой может требовать одинакового количества труда, доставка на рынок продукта с отдаленного участка земли всегда должна обходиться дороже, а следовательно, за счет этого продукта должно получать содержание большее количество труда; благодаря этому должен сокращаться тот излишек, из которого получаются как прибыль фермера, так и рента землевладельца. Но в отдаленных частях страны норма прибыли, как уже выяснено, обыкновенно бывает выше, чем в окрестностях больших городов. Поэтому землевладельцу приходится получать меньшую долю из этого уменьшенного излишка.

Хорошие дороги, каналы и судоходные реки, сокращая расходы на перевозку, ставят отдаленные части страны в положение, приблизительно одинаковое с участками, расположенными поблизости к большим городам. С этой точки зрения они представляют собой величайшее из всех улучшений. Они поощряют обработку отдаленных частей страны, которые всегда являются и самыми обширными. Они приносят выгоды городу, уничтожая монополию его ближайших окрестностей, они выгодны даже и для самих этих окрестностей: хотя эти дороги содействуют ввозу некоторых конкурирующих товаров на прежний рынок, они вместе с тем открывают много новых рынков для продуктов этих окрестностей. Монополия, помимо того, является великим врагом хорошего хозяйства: последнее может получить всеобщее распространение только в результате того свободного и всеобщего соперничества, которое вынуждает каждого прибегать к хорошему ведению хозяйства в интересах самозащиты. Не более пятидесяти лет тому назад несколько графств поблизости от Лондона обращались в парламент с петициями против проведения шоссейных дорог в отдаленных графствах. Они заявляли, что эти отдаленные графства смогут благодаря дешевизне труда в них продавать на лондонском рынке свое сено и хлеб дешевле, чем близкие графства, и таким образом вызовут в последних понижение ренты и разорение сельского хозяйства. Между тем их рента с того времени возросла, а сельское хозяйство улучшилось.

Земля умеренного плодородия, засеваемая хлебом, производит значительно большее количество пищи для человека, чем самое лучшее пастбище такого же размера. Хотя обработка ее требует гораздо большей затраты труда, тем не менее излишек, остающийся за вычетом семян и после оплаты всего затраченного труда, тоже бывает значительно больше. Если бы поэтому фунт мяса имел стоимость не больше стоимости фунта хлеба, этот больший излишек продукта всегда представлял бы собою более значительную стоимость и составлял бы больший фонд для прибыли фермера и ренты землевладельца. Так, по-видимому, и было повсеместно в начальной стадии земледелия.

Но относительная стоимость этих двух различных видов пищи — хлеба и мяса — весьма неодинакова в различные периоды развития сельского хозяйства. В самой примитивной, начальной его стадии все необработанные пустоши, которые тогда покрывали значительно большую часть страны, целиком были предоставлены скоту. Налицо имеется больше мяса, чем хлеба, и поэтому хлеб является тем видом пищи, на который существует наибольший спрос и который вследствие этого имеет наиболее высокую цену. Как нам сообщает Уллоа*, в Буэнос-Айресе сорок

* См.: *Ulloa.* Restablecimiento de las y Commercio Espanol. 1740. Книга I, глава 15.

или пятьдесят лет тому назад обычная цена быка на выбор из стада в двести-триста голов равнялась всего четырем реалам, или 21 $^{1}/_{2}$ пенса. Он ничего не говорит о цене хлеба, вероятно, потому, что не заметил в этом отношении ничего особенного. Бык, как он говорит, стоит там немногим больше, чем труд поймать его. Но хлеб нигде нельзя получить, не затратив значительного труда, а в стране, лежащей по берегам реки Ла-Платы, в то время служившей главным путем из Европы к серебряным рудникам Потози, денежная цена труда не могла быть очень дешева. Иначе бывает, когда земледелие распространяется на большую часть страны. Тогда хлеба имеется больше, чем мяса. Спрос меняет свой характер, и цена мяса становится выше цены хлеба.

Помимо того, при распространении земледелия уже не хватает необработанных земель для того, чтобы удовлетворять существующий спрос на мясо. Приходится значительную часть возделанной земли обращать на выращивание и откармливание скота, цена которого поэтому должна быть достаточна не только для оплаты труда по уходу за ним, но и для оплаты ренты и прибыли, которые землевладелец и фермер могли бы получить, если бы эта земля была занята под пашню. Скот, выращенный на самых некультурных пустошах, продается на данном рынке по той же цене при одинаковом весе и качестве, как и скот, выращенный на самых культурных землях. Владельцы таких пустошей пользуются этим и повышают ренту со своей земли в соответствии с ценою этого скота. Не более ста лет тому назад во многих местах горной Шотландии мясо было столь же дешево или еще дешевле, чем даже хлеб из овсяной муки. Объединение с Англией открыло скоту горной Шотландии рынок Англии. Его обычная цена в настоящее время в три раза превышает цену, существовавшую в начале столетия, а рента многих поместий горной Шотландии за это время возросла втрое или вчетверо. В настоящее время почти повсеместно в Великобритании фунт лучшего мяса обычно стоит больше двух фунтов лучшего пшеничного хлеба, а в урожайные годы стоит иногда столько же, сколько стоят три или четыре фунта хлеба.

Таким образом, по мере развития сельского хозяйства рента и прибыль с пастбищ, не подвергавшихся улучшению, в известной степени определяются рентой и прибылью с улучшенных пастбищ, а эти последние — рентой и прибылью, получаемыми при производстве хлебов. Хлеб представляет собою злак, вырастающий ежегодно; мясо является продуктом, для полного созревания которого требуется четыре или пять лет. Поэтому, так как с акра земли получается гораздо меньшее количество одного рода пищи, чем другого, эта недостаточность должна компенсироваться более высокой ценой. Если бы эта компенсация превышала необходимый размер, то еще больше земель обращалось бы в пастбища, и, напротив, если она не достигла этого размера, часть пастбищ была бы обращена в пашню.

Однако надо иметь в виду, что это равенство ренты и прибыли с лугов и земель под хлебом, т.е. с земель, непосредственный продукт которых служит пищей скоту, и с земель, непосредственный продукт которых служит пищей людям, наблюдается лишь по отношению к большей части культурных земель обширной страны. При наличии особых местных условий дело обстоит совершенно иначе, и рента и прибыль с земель под лугами гораздо выше ренты и прибыли, получаемых при возделывании хлеба.

Так, в окрестностях большого города спрос на молоко и сено для лошадей вместе с высокой ценой мяса часто ведет к повышению стоимости сена выше того, что можно назвать естественным соотношением с хлебом. Очевидно, что эти местные выгоды не могут распространяться на земли, расположенные далеко от города.

Особые обстоятельства иногда вели к такому возрастанию населения в некоторых странах, что вся их территория, подобно землям в окрестностях большого города, оказывалась уже недостаточной для того, чтобы произвести сено и хлеб в количестве, необходимом для существования жителей. Их земли поэтому обращались главным образом на производство трав, как более громоздкого товара, не выносящего ввиду этого перевозку на большие расстояния, а хлеб, пища главной массы народа, ввозился преимущественно из-за границы. В таком положении в настоящее время находится Голландия, а в эпоху процветания Рима таково же было, по-видимому, положение значительной части Италии. По свидетельству Цицерона*, Катон Старший говорил, что наибольшую прибыль имение приносит при хорошем откармливании скота, несколько меньшую — при сносном и еще меньшую — при плохом откармливании его; меньше всего прибыли дает, по его мнению, вспашка земли. Действительно, в той части древней Италии, которая примыкала к Риму, распашке земель сильно противодействовали частые раздачи хлеба народу, производившиеся бесплатно или по весьма низкой цене. Этот хлеб привозился из завоеванных провинций, из которых некоторые должны были доставлять республике вместо налогов десятую часть своего урожая по установленной цене приблизительно шесть пенсов за гарнец. Низкая цена, по которой этот хлеб раздавался народу, должна была вести к понижению цены хлеба, доставляемого на римский рынок из Лациума или древней территории Рима, и подрывать хлебопашество в этой области.

В стране, главным продуктом которой является хлеб, хорошо огороженный луг часто приносит более высокую ренту, чем любое поле по соседству. Луг нужен для содержания скота, употребляемого при обработке пашни, приносимая им высокая рента в данном случае выплачивается, собственно, не из стоимости его собственного продукта, а из продукта пашни, обрабатываемой при его помощи. Но эта рента, наверное, понизится, если окрестные земли будут полностью огорожены. Существующая ныне в Шотландии высокая рента с огороженных земель обусловлена, по-видимому, немногочисленностью таких участков и удержится, вероятно, только до тех пор, пока число их не увеличится. Выгоды огораживания лугов более значительны, чем огораживания полей. Оно сберегает труд по охране скота, который к тому же лучше откармливается, когда его не беспокоит пастух или его собака.

Там, где не существует местных преимуществ подобного рода, рента и прибыль, получаемые от хлеба или другой

---

* *Cicero.* De Officiis, II, 25.

главной растительной пищи народа, должны, есте-
ственно, регулировать ренту и прибыль с пастбищ, если последние пригодны для возделывания хлеба.

Применение искусственных кормов — репы, моркови, капусты и других, которые позволяют прокармливать с одинакового участка земли большее количество скота, чем при естественных травах, должно несколько уменьшать, как можно ожидать, дороговизну мяса в культурной стране в сравнении с хлебом. Это, по-видимому, и имеет место. Имеются основания полагать, что по крайней мере на лондонском рынке цена мяса в сравнении с ценою хлеба в настоящее время значительно ниже, чем это было в начале минувшего столетия.

В прибавлении к жизнеописанию принца Генриха доктор Берч* дает нам сведения о ценах на мясо, которые обычно платил этот принц. Мы узнаем, что четыре четверти быка весом в 600 фунтов обходились ему в 9 ф. 10 шилл. или около того, т.е. в 31 шилл. 8 п. за 100 фунтов. Принц Генрих умер 6 ноября 1612 г. на девятнадцатом году жизни.

В марте 1764 г. было произведено парламентское обследование причин дороговизны предметов продовольствия. При этом, в числе других свидетельств, один виргинский купец показал, что в марте 1763 г. он нагружал свои суда мясом по цене 24–25 шилл. за 100 фунтов и эту цену считал обычной, между тем как за то же количество мяса такого же сорта он в этот год дороговизны платил 27 шилл. Однако эта высокая цена 1764 г. оказывается на 4 шилл. 8 п. дешевле того, что обычно платил принц Генрих. При этом следует иметь в виду, что речь идет лишь о мясе лучшего сорта, которое пригодно для засолки в целях перевозки на отдаленные расстояния.

Цена, которую платил принц Генрих, достигает $3\,^4/_5$ п. за фунт туши, не разбирая худших и лучших частей, при такой средней цене лучшие сорта мяса в розничной торговле не могли стоить дешевле $4\,^1/_2$ или 5 п. за фунт.

При парламентском обследовании 1764 г. свидетели заявляли, что цена лучших частей мяса первого сорта для потребителя достигает 4 и $4\,^1/_2$ п. за фунт, а более грубых

---

* *Birch.* Life of Henry, Prince of Wales. P. 449.

сортов от 7 фартингов до $2^1/_2$ и $2^3/_4$ п., при этом они говорили, что эти цены вообще на полпенни выше соответствующих обычных цен в марте месяце. Но даже и эта высокая цена значительно ниже той обычной розничной цены, которая, как мы можем предполагать, существовала во времена принца Генриха.

В течение первых двенадцати лет прошлого столетия средняя цена лучшей пшеницы достигала на виндзорском рынке 1 ф. 18 шилл. $3^1/_6$ п. за квартер в девять винчестерских бушелей. А за двенадцать лет, предшествовавших 1764 г. (включая последний), средняя цена такого же количества лучшей пшеницы на том же рынке достигала 2 ф. 1 шилл. $9^1/_2$ п.

Таким образом, в течение первых двенадцати лет минувшего столетия, как оказывается, пшеница была значительно дешевле, а мясо значительно дороже, чем в течение двенадцати лет, предшествовавших 1764 г.

Во всех крупных государствах большая часть культурных земель используется для производства пищи для людей или корма для скота. Рента и прибыль, получаемые с этих земель, определяют ренту и прибыль с земель, занятых под другие виды культур. Если бы какой-нибудь отдельный продукт приносил меньшую ренту и прибыль, земля, на которой он возделывается, была бы обращена на производство хлеба или кормов, а если бы он приносил бóльшую ренту или прибыль, часть земли, находящейся под хлебом или кормами, скоро была бы обращена под возделывание этого продукта.

Правда, культуры, требующие более значительных первоначальных затрат на улучшение земли или более значительных ежегодных расходов на ее обработку, по-видимому, дают обычно: первые — более высокую ренту, а вторые — более высокую прибыль, чем производство хлеба и кормов. Но редко этот излишек ренты или прибыли превышает умеренный процент или возмещение за указанные добавочные издержки.

Так, хмельник, плодовый сад, огород дают обыкновенно землевладельцу более высокую ренту, а фермеру — более высокую прибыль, чем хлебное поле или пастбище. Но подготовка земли для них требует более значительных расходов, чем и обусловливается более высокая рента землевладельцев. Они требуют более внимательного и искусного ухода, чем и обусловливается более высокая прибыль фермера. Да и урожай, по крайней мере хмеля и плодов, более сомнителен, а потому и цена продукта в данном случае помимо погашения всех случайных потерь должна также включать и нечто вроде страховой премии. Уровень жизни садоводов, обычно скромный и всегда умеренный, показывает нам, что их искусство, по общему мнению, не вознаграждается чрезмерно. Этим восхитительным искусством занимаются для развлечения многие богачи, благодаря чему люди, занимающиеся им ради прибыли, извлекают из него лишь скромную выгоду: лица, долженствующие быть их лучшими покупателями, сами снабжают себя наиболее дорогими их произведениями.

Выгоды, извлекаемые землевладельцем от таких улучшений земли, никогда, по-видимому, не превышают того, что́ необходимо для покрытия первоначальных расходов на такие улучшения. В сельском хозяйстве Древнего мира хорошо орошаемый огород считался, вероятно, наряду с виноградниками той частью фермы, которая приносит наиболее ценный продукт. Но Демокрит, который писал о сельском хозяйстве около двух тысяч лет тому назад и считался древними одним из отцов этого искусства, думал, что неумно поступает тот, кто огораживает огород. Прибыль, писал он, не возместит расходов на каменную ограду, а кирпичи (он имел в виду, как я думаю, кирпичи, обожженные на солнце) будут разрушаться под дождем, от зимних ветров и требовать постоянного ремонта. Колумелла*, приводящий это мнение Демокрита, не опровергает его, а предлагает весьма экономный способ огораживания посредством изгороди из терновника и шиповника, которая, по его словам, оказалась на опыте наиболее прочной и долговечной, но которая, по-видимому, не была во всеобщем употреблении во времена Демокрита. Палладий** присоединяется к мнению Колумеллы, до того еще одоб-

---

* *Columella.* De re rustica, XI, cap. 3.

** *Palladius Rutilius.* De re rustica, lib. I, cap. 34.

ренному Варроном. Таким образом, по мнению этих древних знатоков сельского хозяйства, продукт с огорода лишь немногим превышает то, что необходимо для оплаты усиленной обработки и расходов по орошению; в этих южных странах в те времена, как и ныне, считалось целесообразным иметь в своем распоряжении струю воды, которую можно было бы провести к каждой грядке огорода. В настоящее время в большей части Европы считают, что огороды не заслуживают лучшего ограждения, чем предложенное Колумеллой. В Великобритании и некоторых других северных странах наиболее тонкие фрукты могут быть доведены до совершенства только с помощью стены. Поэтому их цена в этих странах должна быть достаточна для оплаты стоимости возведения и поддержания в порядке такой ограды. Стена фруктового сада окружает часто огород, который, таким образом, пользуется выгодами ограды, какую его собственный продукт редко в состоянии оплатить.

То, что виноградник, надлежащим образом посаженный и культивированный, составляет наиболее ценную часть имения, являлось, по-видимому, не вызывающим сомнений правилом в древнем земледелии, как и в современной агрикультуре во всех винодельческих странах. Но как мы узнаем от Колумеллы*, для сельских хозяев древней Италии было спорным вопросом, выгодно ли засаживать новый виноградник. Он высказывается, как и подобает истинному любителю культур, требующих тщательного ухода, в пользу виноградников и пытается показать, сравнивая прибыль и издержки, что они представляют собою самую выгодную культуру. Однако такие сравнения прибыли и издержек проектируемых культур обычно бывают весьма ошибочны, в особенности в сельском хозяйстве. Если бы в действительности выручка от таких насаждений была обыкновенно так велика, как это воображают, не могло бы быть и спора по этому поводу. А между тем этот вопрос в настоящее время часто возбуждает разногласия в винодельческих странах. Исследователи по вопросам сельского хозяйства, любители и сторонники высших культур обык-

---

* *Columella.* De re rustica, IV, cap. 5.

новенно склонны, как кажется, решать вопрос вместе с Колумеллой в пользу виноградников. Во Франции стремление владельцев старых виноградников воспрепятствовать насаждению новых как будто подтверждает их мнение и указывает на то, что люди, которые должны знать это по собственному опыту, сознают, что этот вид культуры в настоящее время в данной стране выгоднее, чем какой-либо иной. Но вместе с тем это указывает, по-видимому, и на сознание того, что такая более высокая прибыль может существовать лишь до тех пор, пока существуют законы, ограничивающие в настоящее время свободное виноделие. В 1731 г. владельцы виноградников добились издания королевского указа, воспрещающего как насаждение новых виноградников, так и восстановление старых, обработка которых была прервана в течение двух лет без специального королевского разрешения, даваемого на основании отзыва интенданта провинции, удостоверяющего, что он обследовал данный участок и что последний непригоден для какой-либо другой культуры. Приказ этот мотивировался недостатком хлеба и трав и обилием вина. Но если бы такое обилие существовало в действительности, оно помимо всякого королевского указа предупредило бы насаждение новых виноградников, поскольку понизило бы прибыль от этого вида культуры ниже естественного ее уровня по сравнению с прибылью от хлебных полей и лугов. Что же касается предполагаемого недостатка хлеба, вызываемого умножением виноградников, то во Франции хлеб нигде так тщательно не возделывается, как в тех винодельческих провинциях, где земля пригодна для производства его, как, например, в Бургундии, Гиенне и Верхнем Лангедоке. Многочисленность рабочих, занятых в одном виде культуры, по необходимости содействует развитию другого, так как создает готовый рынок для продукта последнего. Уменьшение числа тех лиц, которые в состоянии оплачивать хлеб, является, несомненно, самым негодным способом поощрять возделывание хлеба. Это то же самое, что стараться содействовать сельскому хозяйству, препятствуя развитию мануфактур.

Ввиду всего сказанного рента и прибыль от тех культур, которые требуют или более значительных первоначальных затрат для приспособления к ним земли, или более значительного ежегодного расхода на обработку, хотя часто значительно превышают ренту и прибыль, получаемые при возделывании хлеба или от лугов, все же, если они только компенсируют указанные чрезвычайные расходы, регулируются в действительности рентой и прибылью, получаемыми от этих наиболее распространенных растений.

Впрочем, иногда бывает и так, что количество земли, которое может быть обращено под какую-нибудь особую культуру, слишком незначительно для удовлетворения действительного спроса. Весь продукт может быть продан тем лицам, которые готовы дать за него несколько больше того, чем это достаточно для оплаты ренты, заработной платы и прибыли, необходимых для производства продукта и для доставки его на рынок, в соответствии с естественными нормами заработной платы, прибыли и ренты, т.е. нормами, существующими для большей части других возделываемых земель. Излишек цены, остающийся после покрытия всех издержек по улучшению земли и обработке ее, в этом случае — и только в этом — может обыкновенно не стоять ни в каком соответствии с подобным излишком, получающимся от хлебных полей и лугов, но может превышать его почти в любых размерах. При этом значительнейшая часть этого излишка, естественно, приходится на ренту землевладельца.

Надо иметь в виду, что обычное и естественное соотношение между рентой и прибылью от виноделия и рентой и прибылью с земель под хлебом и травами сохраняется только по отношению к виноградникам, дающим вино обычного хорошего качества, которое может быть получено почти везде на любой легкой или песчаной почве и отличается лишь своей крепостью и полезностью для здоровья. Только с такими виноградниками могут конкурировать другие земли среднего качества, ибо очевидно, что виноградники на специальных почвах находятся вне конкуренции.

Различные качества почвы в большей степени влияют на качества вина, чем на качества какого-либо другого плода. Некоторые почвы придают вину такой букет, которого нельзя получить с других земель ни при какой обработке и уходе. Такой букет, действительный или воображаемый, иногда присущ продукту немногих виноградников; иногда он присущ виноградникам значительной части небольшого района, а иногда им отличаются виноградники значительной части обширной провинции. Все количество таких вин, выносимых на рынок, не покрывает действительного спроса или спроса тех, кто готов оплатить всю сумму ренты, прибыли и заработной платы, необходимых для приготовления их и доставки на рынок, в соответствии с естественными нормами заработной платы, прибыли и ренты, т.е. нормами, по которым они оплачиваются в виноградниках среднего качества. Поэтому все это количество может быть продано тем, кто готов платить за это вино больше указанной суммы, а это неизбежно ведет к повышению его цены сравнительно с ценой вина среднего качества. Разница в цене более или менее зависит от того, насколько популярность данного вина и недостаточность его количества делают конкуренцию покупателей более или менее обостренной. Как бы то ни было, большая часть этой разницы составляет ренту землевладельца. Ибо хотя такие виноградники обычно требуют более тщательной обработки, чем большинство других, однако высокая цена вина, по-видимому, является не столько следствием, сколько причиной такой тщательной обработки. При столь ценном продукте потери, вызываемые небрежностью, так велики, что заставляют даже наиболее легкомысленных относиться к делу с вниманием. Небольшой части этой высокой цены достаточно поэтому для выплаты заработной платы за добавочный труд, затрачиваемый при уходе за такими виноградниками, и для прибыли на добавочный капитал, затрачиваемый на этот труд.

Принадлежащие европейским государствам вест-индские колонии, производящие сахар, могут быть сравнены с этими особенно ценными виноградниками. Всего получаемого продукта оказывается недостаточно для удовлетворения действительного спроса Европы, поэтому он может быть продан только тем лицам, которые согласны платить более того, что необходимо для оплаты ренты, прибыли и заработной платы, необходимых для производства его и доставки на рынок, соответственно обычной норме их при производстве других продуктов. В Кохинхине наилучший белый сахар продается обыкновенно по три пиастра за квинтал, по 13 шилл. 6 п. приблизительно на наши деньги, как сообщает нам г. Пуавр*, весьма внимательный наблюдатель сельского хозяйства этой страны. Тамошний квинтал весит от 150 до 200 парижских фунтов или в среднем 175 парижских фунтов, что дает приблизительно цену в 8 шиллингов за 100 английских фунтов; цена эта не достигает и четвертой части того, что обыкновенно платят за сырец или сахарный песок, ввозимый из наших колоний, и шестой части того, что платят за лучший кусковой сахар. Значительнейшая часть обрабатываемой земли занята в Кохинхине производством хлеба и риса, составляющих пищу главной массы народа. Соответственные цены хлеба, риса и сахара там, вероятно, сохраняют свое естественное соотношение или то соотношение, которое естественно устанавливается между различными растениями большей части обрабатываемых земель ввиду необходимости вознаграждения землевладельцев и фермеров приблизительно в соответствии с их обычными первоначальными затратами на улучшения и на ежегодные расходы по обработке. Но в наших колониях, производящих сахар, цена его в противоположность этому не соответствует цене продукта рисовых и хлебных полей в Европе или Америке. Обыкновенно утверждают, что плантатор сахара рассчитывает, чтобы ром и патока покрывали все его расходы по обработке и чтобы получаемый им сахар весь составлял его чистую прибыль. Если это верно, чего я не стану утверждать, то это равносильно тому, если бы фермер, производящий хлеб, рассчитывал покрывать все свои расходы по обработке отрубями и соломой, а от зерна получить только чистую прибыль. Мы часто видим, что торговые компании в Лондоне и других городах покупают в наших колониях, производящих сахар, обширные земли, которые намереваются улучшать и обрабатывать с прибылью при посредстве управляющих и агентов, несмотря на большую отдаленность их и ненадежность дохода. Никто

* См.: *Poivre*. Voyages d'un philosophe. 1768.

не захочет улучшать и обрабатывать таким способом наиболее плодородные земли Шотландии, Ирландии или хлебных провинций Северной Америки, хотя при более строгом отправлении правосудия в этих странах можно было бы ожидать более регулярного поступления доходов.

В Виргинии и Мэриленде разведение табака, как более выгодное, предпочитается возделыванию хлеба. Табак может быть с выгодой возделываем в большей части Европы, но почти по всей Европе он сделался главным предметом обложения, и господствовало мнение, что собирать налог с каждой отдельной фермы, в которой разводится это растение, было бы гораздо затруднительнее, чем взимать его при ввозе табака. Ввиду этого разведение табака было в высшей степени нелепым образом воспрещено в большей части Европы, что необходимо дает своего рода монополию тем странам, которые разрешают его разведение. И так как Виргиния и Мэриленд производят наибольшее количество табака, они широко пользуются выгодами этой монополии, хотя и делят их с некоторыми конкурентами. Тем не менее разведение табака, по-видимому, не столь выгодно, как производство сахара. Мне никогда не приходилось слышать о табачных плантациях, разводимых и обрабатываемых за счет капитала купцов, проживающих в Великобритании, и наши колонии, разводящие табак, не присылают к нам в метрополию столь богатых плантаторов, каких мы часто видим приезжающими из наших сахарных колоний. Хотя предпочтение, оказываемое в этих колониях разведению табака сравнительно с возделыванием хлеба, говорит как будто о том, что действительный спрос Европы на табак не вполне покрывается, однако он, по-видимому, удовлетворяется в большей мере, чем спрос на сахар. И хотя современная цена табака, вероятно, более чем достаточна для оплаты ренты, заработной платы и прибыли, необходимых для производства его и доставки на рынок, соответственно их норме в производящей хлеб стране, она все же не настолько превышает этот уровень, как нынешняя цена сахара. Вследствие этого наши табаководы проявили такие же опасения по поводу изобилия табака, как и владельцы старых виноградников во Франции по поводу изобилия вина. Особым актом они ограничили разведение табака шестью тысячами кустов, долженствующих давать тысячу квинталов табаку на каждого негра в возрасте от 16 до 60 лет. Такой негр, по их расчету, помимо ухода и производства такого количества табака, может обработать четыре акра маиса. Кроме того, для предотвращения переполнения рынка они иногда в урожайные годы, по словам д-ра Дугласа* (я подозреваю, что он плохо осведомлен), сжигали определенное количество табака на каждого негра, как это делали голландцы с пряностями. Если необходимы столь насильственные методы для того, чтобы удерживать на определенном уровне нынешнюю цену табака, то ненадолго, вероятно, сохранится особая выгода разведения его в сравнении с производством хлеба, если только она вообще существует.

Таким образом, рента с обрабатываемых земель, продукт которых составляет пищу людей, регулирует ренту большей части других находящихся под обработкой земель. Ни один специальный продукт не может продолжительное время давать меньшую ренту, ибо в таком случае земля будет немедленно обращена под другую культуру; а если какой-либо специальный продукт приносит обычно более высокую ренту, то это потому, что количество земли, которое может быть приспособлено для его производства, слишком незначительно для удовлетворения действительного спроса.

В Европе хлеб является главным продуктом земли, который служит непосредственно в качестве пищи. Поэтому, если не считать особых условий, рента с земли, обращенной под производство хлеба, регулирует в Европе ренту со всех других обрабатываемых земель, Великобритании не приходится завидовать ни виноградникам Франции, ни масличным плантациям Италии. За исключением особых условий, стоимость этих последних регулируется стоимостью земель, находящихся под хлебом; а плодородие этих земель в Англии ненамного уступает плодородию таких же земель в любой из этих двух стран.

---

* *Douglas.* Summary. Vol. 2, p. 372, 373.

Если в какой-либо стране наиболее распространенная и излюбленная пища народа получается от растения, которое произрастает на земле среднего качества в гораздо большем количестве, чем хлеб на самой плодородной земле, при условии одинаковых или почти одинаковых затрат на обработку, то рента землевладельца, или то избыточное количество пищи, которое будет оставаться в его распоряжении после оплаты труда и возмещения капитала фермера вместе с обычной прибылью, будет по необходимости значительно больше. Каковы бы ни были обычные расходы на содержание труда в этой стране, этот больший избыток всегда может обеспечивать содержание большего количества труда, а следовательно, позволит землевладельцу купить или получить в свое распоряжение большее количество труда. По необходимости будет гораздо больше и реальная стоимость его ренты, его реальное богатство и власть, его обладание предметами необходимости и удобства, получаемыми от труда других людей.

Рисовое поле производит гораздо больше пищи, чем самое плодородное хлебное поле. Как утверждают, с акра собирают обычно два урожая в год, по 30–60 бушелей каждый. Хотя возделывание риса в соответствии с этим требует большего количества труда, однако после покрытия расходов на содержание его остается гораздо больший излишек. В тех странах, где возделывается рис и где он является главной излюбленной пищей народа, где земледельцы питаются главным образом им, землевладельцы получают более значительную долю этого большего излишка, чем в странах, производящих хлеб. В Каролине, где плантаторы, как и в других британских колониях, соединяют в своем лице землевладельцев и фермеров и где ввиду этого рента смешивается с прибылью, возделывание риса оказалось более выгодным, чем возделывание хлеба, хотя поля их приносят лишь одну жатву в год и благодаря сохранению европейских привычек рис не является здесь обычной излюбленной пищей населения.

Хорошее рисовое поле во все времена года представляет собою болото, а в одно время года — болото, покрытое водою. Оно непригодно ни для хлеба, ни для пастбища, ни для винограда, ни для какого-либо другого растения, могущего быть весьма полезным для людей; а земли, пригодные для всех указанных целей, непригодны для риса. Поэтому даже в странах, производящих рис, рента с рисовых земель не может регулировать ренту с других обрабатываемых земель, которые ни при каких условиях не могут быть обращены под возделывание риса.

Количество пищи, производимое картофельным полем, не уступает количеству, производимому рисовым полем, и значительно превышает количество пищи, даваемое пшеничным полем. Двенадцать тысяч квинталов картофеля представляют не больший урожай с акра земли, чем две тысячи квинталов пшеницы. Количество питательных веществ, которое может быть извлечено из этих двух растений, отнюдь не пропорционально их весу ввиду большого содержания воды в картофеле. Однако, принимая вес воды в этом корнеплоде в половину его общего веса, что следует признать очень большой нормой, мы все же получим, что акр земли под картофелем приносит шесть тысяч квинталов твердой пищи — в три раза больше акра, засеянного пшеницею. Обработка акра земли под картофелем требует меньше расходов, чем обработка акра под пшеницей, поскольку оставление земли под паром, предшествующее обыкновенно посеву пшеницы, более чем компенсирует вскапывание земли под картофель и другие работы, производимые при посеве картофеля. Если этот корнеплод когда-нибудь станет в какой-либо части Европы обычной и излюбленной пищей населения, подобно рису в некоторых странах, и будет занимать ту часть возделываемой земли, какую ныне занимают пшеница и другие зерновые хлеба, идущие в пищу, то та же самая площадь возделываемой земли будет давать пропитание гораздо большему количеству людей. И так как рабочие большей частью питаются картофелем, будет оставаться больший излишек после возмещения капитала и покрытия всего содержания рабочих, занятых при возделывании его. При этом большая доля этого излишка будет доставаться землевладельцу. Население будет возрастать, а рента будет повышаться сравнительно с ее теперешним уровнем.

Земля, пригодная для картофеля, пригодна почти для всех других полезных растений. Если картофель будет занимать такую же часть всей возделываемой земли, какую ныне занимает хлеб, он точно таким же образом будет регулировать ренту большей части других возделываемых земель.

Как мне говорили, в некоторых местностях Ланкашира считают, что хлеб из овсяной муки представляет собою более приятную пищу для рабочих, чем пшеничный хлеб; мне часто приходилось слышать такое же мнение в Шотландии. Однако я несколько сомневаюсь в справедливости этого. Люди из простонародья в Шотландии, питающиеся овсяным хлебом, по общему правилу не так сильны и красивы, как люди того же класса в Англии, питающиеся пшеничным хлебом. Они и не работают так хорошо, и не выглядят так хорошо, как те. И так как не наблюдается такого же различия между людьми состоятельными в этих двух странах, то опыт, по-видимому, свидетельствует о том, что пища простонародья в Шотландии не в такой степени соответствует потребностям человека, как пища людей того же класса в Англии; но не так, по-видимому, обстоит дело с картофелем. Как говорят, носильщики, чернорабочие, угольщики в Лондоне, а также те несчастные женщины, которые живут проституцией, — эти сильнейшие мужчины и, пожалуй, самые красивые в британских владениях женщины — в большинстве своем происходят из низших слоев населения Ирландии, которые питаются главным образом этим корнеплодом. Никакая другая пища не может представить более решительного доказательства своих питательных качеств или своей особенной полезности для здоровья человека.

Трудно сохранять картофель в течение целого года и невозможно держать его, как хлеб, в течение двух или трех лет. Опасение не иметь возможности продать его до того, как он начнет портиться, препятствует его разведению и является, возможно, главным препятствием к тому, чтобы он сделался когда-нибудь, подобно хлебу, в какой-либо обширной стране главной растительной пищей всех классов населения.

Отдел II

О сельскохозяйственном продукте, который иногда дает ренту, а иногда не дает ее

Пищевые продукты, по-видимому, представляют собою единственный сельскохозяйственный продукт, который всегда и необходимо дает некоторую ренту землевладельцу. Другие виды продуктов, смотря по обстоятельствам, иногда могут давать, а иногда и не давать ренты.

После пищи одежда и жилище являются двумя главными потребностями человечества.

В своем первобытном состоянии земля может доставлять материалы для одежды и жилища гораздо большему числу людей, чем она может прокормить. В своем культурном состоянии она иногда может прокормить большее число людей, чем она может снабдить указанными материалами, — по крайней мере в таком виде, в каком они желают получить их и согласны платить за них. В первом случае поэтому всегда имеется налицо излишек этих материалов, которые ввиду этого часто имеют небольшую стоимость или совсем не имеют ее. Во втором случае часто бывает недостаток, благодаря чему необходимо увеличивается их стоимость. В первом случае значительная часть этих материалов выбрасывается как нечто бесполезное, а цена той части, которая используется, признается равной лишь стоимости труда и издержек, затраченных на приведение их в годное для пользования состояние, и потому не может давать ренту землевладельцу. Во втором случае все они идут в дело, причем часто спрос превышает их количество. Всегда находятся люди, готовые заплатить за них больше того, что необходимо для оплаты расходов по доставлению их на рынок. Поэтому их цена всегда может дать некоторую ренту землевладельцу.

Первоначальным материалом для одежды служили шкуры более крупных животных. Поэтому у охотничьих и пастушеских народов, пища которых состоит главным образом из мяса таких животных, каждый человек, добывая себе пищу, вместе с тем снабжает себя материалом для одежды, и притом в большем количестве, чем может сам носить. Если бы не существовало торговли с чужеземцами, большая часть этих шкур выбрасывалась бы как нечто, не имеющее никакой стоимости. Таково было, вероятно, положение у охотничьих народов Северной Америки до открытия их страны европейцами, которым они теперь выменивают избыток своих мехов на одеяла, огнестрельное оружие и водку, что и придает им некоторую стоимость. При современном уровне торгового развития известной нам части земного шара наиболее варварские народы, у которых существует земельная собственность, ведут, как я думаю, внешнюю торговлю указанного рода и находят со стороны своих более богатых соседей такой большой спрос на все материалы для одежды, производимые их страной и не могущие быть переработанными или потребленными у себя дома, что благодаря им цена поднимается выше уровня, необходимого для того, чтобы покрыть издержки по доставке их этим более богатым соседям. Они приносят поэтому некоторую ренту землевладельцу. Когда большая часть скота горной Шотландии потреблялась на месте, вывоз шкур составлял главнейшую статью торговли этой страны, а выручка за них составляла добавочную сумму к ренте, получаемой с имений горной полосы. Английская шерсть, которая в прежние времена не могла быть потреблена или переработана внутри страны, находила рынок в более богатой и более промышленной Фландрии, и цена ее доставляла некоторую добавочную сумму к ренте с земли, на которой она была произведена. В странах, стоящих на той же ступени развития, на какой стояла тогда Англия или на какой находится в настоящее время горная Шотландия, не ведущих внешнюю торговлю, материалы для одежды должны быть, очевидно, в таком изобилии, что значительная их часть должна выбрасываться как бесполезная, и ни одна часть их не может давать ренту землевладельцу.

Материалы для постройки жилищ не всегда могут быть перевозимы на столь большие расстояния, как материалы для одежды, и не так легко становятся предметом внешней торговли. Когда они имеются в изобилии в стране, производящей их, часто, даже при современном уровне торгового развития, не представляют никакой стоимости для землевладельца. Хорошая каменоломня в окрестностях Лондона будет давать значительную ренту. Во многих частях Шотландии и Уэльса она ничего не принесет. Сухой строительный лес имеет значительную стоимость в населенной и культурной стране, и земля, дающая его, приносит большую ренту. Но во многих частях Северной Америки землевладелец будет весьма благодарен всякому, кто срубит бóльшую часть его громадных деревьев. В некоторых частях горной Шотландии при отсутствии дорог и водных путей древесная кора представляет собою единственный продукт леса, который может быть отправлен на рынок. Дерево оставляют гнить на земле. Когда строительные материалы имеются в таком изобилии, та часть их, которая идет в дело, имеет только ту стоимость, которую им придают труд и издержки, затраченные на приведение их в годное состояние. Они не приносят ренты землевладельцу, который обыкновенно позволяет пользоваться ими всякому, кто только попросит у него разрешения. Впрочем, спрос более богатых народов иногда позволяет землевладельцу получать ренту от этих материалов. Замощение улиц Лондона позволило владельцам некоторых голых скал на берегах Шотландии извлечь ренту с таких земель, которые никогда раньше не давали ее. Леса Норвегии и побережья Балтийского моря находят рынок сбыта во многих местах Великобритании, которого они не находят у себя в стране, и потому приносят некоторую ренту своим владельцам.

Численность населения той или другой страны пропорциональна не тому количеству людей, которое может быть обеспечено доставляемыми ею одеждой и жилищем, а тому количеству людей, которое может быть прокормлено ею. Когда обеспечена пища, легко найти необходимую одежду и жилище. Но при наличии последних часто может оказаться трудным достать пищу. Даже в некоторых частях британских владений то, что называется домом, может быть выстроено с затратой однодневного труда одного человека. Простейший вид одежды, шкура животных, требует несколько больше труда на сдирание и очистку ее, чтобы сделать пригодной для употребления. Но для этого все же не требуется очень значительного труда. Если иметь в виду дикие и варварские племена, то сотой или несколько более сотой части всего количества труда, затрачиваемого в течение года, достаточно для снабжения их одеждой и жилищем. Остальные девяносто девять сотых труда часто оказываются едва достаточными для того, чтобы обеспечить их пищей.

Но когда благодаря улучшению и обработке земли труд одной семьи может уже снабжать пищей две семьи, труд половины всего общества оказывается достаточным для снабжения пищей всех жителей. Поэтому другая половина или по меньшей мере значительная часть ее может быть использована для добывания других предметов, для удовлетворения иных потребностей или прихотей человечества. Одежда и жилище, предметы домашнего обихода и так называемая обстановка представляют собою значительную часть таких потребностей и прихотей. Богатый человек потребляет не больше пищи, чем его бедный сосед. Что касается качества, то могут быть значительные различия в пище, на отыскание и приготовление ее может требоваться много труда и умения, но в количественном отношении разницы почти нет. Сравните обширный дворец и большой гардероб одного с лачугой и немногими лохмотьями другого, и вы увидите, что различие в их одежде, жилище и домашней обстановке почти одинаково велико как в отношении количества, так и качества. Стремление к пище ограничивается у каждого человека небольшой вместимостью человеческого желудка, но стремление к удобствам и украшению жилища, одежды, домашней обстановки и утвари не имеет, по-видимому, предела или определенных границ. Поэтому те, кто обладает большим количеством пищи, чем могут сами потребить, всегда готовы обменять излишек ее, или, что то же самое, цену его, на удовлетворение потребностей другого рода. Все то, что остается после удовлетворения потребностей, имеющих определенную границу, затрачивается на потребности, которые не могут быть полностью удовлетворены. Бедняк для того, чтобы добыть пищу, изощряется в удовлетворении этих прихотей богатых; и для того, чтобы добыть ее наверняка, он соперничает с другими такими же бедняками в дешевизне и совершенстве своего труда. Число работников возрастает вместе с возрастанием количества пищи или с развитием улучшения обработки земель; так как сама природа их занятия допускает величайшее разделение труда, то количество материала, которое они могут обработать, возрастает в еще большей степени, чем число самих работников. Отсюда возникает спрос на материалы всякого рода, какие только в состоянии употреблять человеческая изобретательность в полезных целях или для украшения, в строительстве, в одежде, в нарядах или домашней обстановке и утвари; спрос на ископаемые и минералы, содержащиеся в недрах земли, на драгоценные металлы и драгоценные камни.

Таким образом, пища является не только первоначальным источником ренты, но и все другие продукты земли, которые в позднейшие периоды начали давать ренту, получают эту часть своей стоимости от увеличения производительности труда при добывании пищи, обусловленного улучшенными методами обработки земли.

Однако эти другие виды продуктов земли, которые позже начинают давать ренту, дают ее не всегда. Даже в цивилизованных и культурных странах спрос на эти продукты не всегда настолько велик, чтобы цена их превышала ту цену, которая достаточна для оплаты труда и возмещения — вместе с обычной прибылью — капитала, затрачиваемого для доставки их на рынок. Будет ли этот спрос достаточно велик или нет, зависит от различных обстоятельств.

Так, например, получение ренты с каменноугольной копи зависит отчасти от обилия в ней угля, отчасти от ее местоположения.

Рудник какого бы то ни было рода может быть признан богатым или бедным в зависимости от того, будет ли количество минералов, которое может быть извлечено из него при затрате определенного количества труда, больше или меньше количества, которое может быть добыто при равной затрате труда из большей части других рудников того же рода.

Некоторые каменноугольные копи, выгодно расположенные, не могут подвергаться разработке ввиду своей скудости. Получаемый продукт не оплачивает издержек. Они не могут давать ни прибыли, ни ренты.

Существуют такие копи, продукт которых может покрывать лишь оплату труда и возмещение капитала, затрачиваемого при их разработке, вместе с обычной прибылью на него. Они приносят некоторую прибыль предпринимателю работ, но не дают ренты землевладельцу. Они могут разрабатываться с выгодой исключительно только землевладельцем, который, будучи сам предпринимателем работ, получает обычную прибыль на капитал, затрачиваемый им на это. Многие каменноугольные копи Шотландии разрабатываются таким именно образом. Землевладелец никого не допустит к разработке, не потребовав уплаты некоторой ренты, но едва ли кто будет в состоянии платить ее.

Другие каменноугольные копи в той же стране, достаточно богатые, не могут подвергаться разработке вследствие их положения. Из таких копей может быть добыто с затратой обычного или даже меньшего труда такое количество минералов, которое достаточно для покрытия издержек производства; но в местности, далекой от берега, редко населенной и не имеющей хороших путей сообщения или водных путей, это добытое количество не сможет быть продано.

Каменный уголь — менее удобное топливо, чем дерево: как утверждают, он более вреден. Поэтому стоимость отопления углем в местах его потребления должна быть несколько менее стоимости дровяного отопления.

Но цена леса, в свою очередь, изменяется в зависимости от состояния сельского хозяйства приблизительно таким же образом и по той же самой причине, как и цена скота. При самом возникновении земледелия бóльшая часть поверхности каждой страны покрыта лесами, которые в ту пору являются для землевладельца лишь бременем, не имеют для него никакой стоимости, так что он готов предоставить всякому вырубать их. По мере развития земледелия леса отчасти вырубаются благодаря увеличению запашек, частью погибают благодаря возрастанию численности скота. Хотя скот и не размножается с такой быстротой, как растет хлеб, добываемый исключительно трудом человека, все же он размножается под защитой и благодаря уходу людей, которые запасают в урожайные годы корм, могущий прокормить скот в годы неурожайные; люди в течение всего года дают скоту большее количество корма, чем доставила бы ему невозделанная природа, они же, уничтожая и вытесняя его врагов, обеспечивают ему беспрепятственное пользование тем, что дает природа. Бесчисленные стада домашних животных, если им позволяют пастись в лесах, не уничтожают, правда, старых деревьев, но губят молодые побеги, так что в течение столетия или двух весь лес погибает. И тогда недостаток леса повышает его цену. Он начинает давать хорошую ренту, и землевладелец иногда находит наиболее выгодным делом разведение строевого леса на своих лучших землях; высота прибыли, получаемой при этом, часто возмещает медленность оборота капитала. Таково приблизительно положение в настоящее время в некоторых местах Великобритании, где прибыль от насаждения лесов не уступает прибыли, получаемой от хлебопашества и разведения лугов. Выгоды от лесоразведения никогда не могут превышать, по крайней мере на сколько-нибудь продолжительное время, ренту, которую может приносить на этой земле хлебопашество или луг; но в удаленной от моря, стоящей на высоком культурном уровне стране она часто будет немногим ниже этой ренты. Действительно, на морском побережье высококультурной страны, пользующейся для топлива каменным углем, иногда может оказаться дешевле привозить лес для строительных надобностей из более отсталых стран, чем взращивать его внутри страны. В новом городе Эдинбурге, выстроенном в течение последних лет, не найти, пожалуй, ни одного бревна из шотландского леса.

Какова бы ни была цена на лес, если цена угля такова, что расход на отопление углем почти одинаков с расходом на дровяное отопление, мы можем быть уверены, что в данной местности и при данных условиях цена угля не может подняться выше. Это, по-видимому, наблюдается в некоторых отдаленных от побережья частях Англии, особенно в Оксфордском графстве, где даже простонародье обыкновенно при топке мешает пополам каменный уголь с дровами и где поэтому разница в расходе на тот или другой вид топлива не может быть весьма значительна.

В странах, производящих каменный уголь, цена последнего везде стоит ниже этого максимального уровня. В противном случае уголь не мог бы выдержать издержек при дальней перевозке сухим путем или водою. При таких условиях находило бы сбыт только небольшое количество угля, а углепромышленники и владельцы угольных копей находят более выгодным для себя продавать большее количество угля по цене, несколько превышающей минимальную, чем небольшое количество его по максимальной цене. Наиболее богатая копь регулирует цену угля всех других копей в окрестности. Как владелец копи, так и предприниматель, разрабатывающий ее, находят, что, продавая несколько дешевле своих соседей, они могут получить: первый — бóльшую ренту, второй — бóльшую прибыль. Их соседи скоро оказываются вынужденными продавать свой уголь по такой же цене, хотя и не могут делать это без потерь, ибо это всегда уменьшает, а иногда и совсем сводит на нет их ренту и прибыль. Некоторые копи в результате этого забрасываются, другие же перестают приносить ренту и могут быть разрабатываемы только землевладельцем.

Низшая цена, по которой может продаваться уголь в течение сколько-нибудь продолжительного времени, должна, как и цена всякого другого товара, быть достаточной для возмещения капитала, затрачиваемого на его производство, и обычной прибыли на него. Цена угля, получаемого из копи, которая не дает ее собственнику ренту и которую он должен разрабатывать сам или же забросить, обычно должна приблизительно держаться на указанном уровне.

Даже в тех случаях, когда уголь дает ренту, последняя обычно составляет меньшую часть его цены, чем это имеет место у большинства других произведений земли. Рента с имения, в котором ведется сельское хозяйство, обыкновенно достигает, как считают, трети валового продукта; при этом, по общему правилу, она устойчива и не зависит от случайных колебаний урожая. Для угольных копей рента в размере одной пятой валового продукта считается весьма высокой; обычно она достигает одной десятой его; при этом сама рента редко бывает обеспечена, она зависит от случайных колебаний добычи. Эти последние так значительны, что в стране, где капитализация из 3 $^1/_3$ процента признается умеренной ценой при покупке недвижимого сельскохозяйственного имения, капитализация из 10 процентов считается хорошей ценой при покупке каменноугольных копей.

Стоимость каменноугольных копей для ее владельца часто зависит столько же от ее местоположения, как и от богатства. Стоимость рудника, содержащего металлы, в большей степени зависит от его богатства и в меньшей — от местоположения. Простые, а в еще большей мере драгоценные металлы, будучи выделены из руды, представляют собой такую значительную стоимость, что могут обычно выдержать издержки перевозки на очень большие расстояния сухим путем и на самые отдаленные расстояния морским путем. Их рынок сбыта не ограничивается местностями, находящимися поблизости к руднику, а распространяется на весь мир. Японская медь составляет предмет торговли в Европе; испанское железо продается на рынках Чили и Перу. Перуанское серебро проникает не только в Европу, но и через последнюю в Китай.

Цена угля в Уэстморлэнде или Шропшире может оказывать мало влияния на цену его в Ньюкасле, а цена его в Лионском районе и совсем не может оказывать влияния. Продукты столь отдаленных друг от друга каменноугольных копей никогда не могут конкурировать между собой. Напротив, продукты наиболее отдаленных друг от друга металлических рудников часто могут конкурировать между собой и в действительности обычно конкурируют. Поэтому цена простых, а еще более драгоценных металлов из самых богатых рудников в мире необходимо должна влиять на цену продукта всех других рудников. Цена меди в Японии должна оказывать некоторое влияние на цену меди, получаемой из рудников Европы. Цена серебра в Перу, или количество труда, или других товаров, которые можно получить там в обмен на него, должна иметь некоторое влияние на цену серебра, добываемого не только из рудников Европы, но и из рудников Китая. После открытия рудников в Перу серебряные рудники Европы были в большинстве своем заброшены. Стоимость серебра так понизилась, что добыча из этих рудников не могла оплачивать или возмещать с прибылью стоимость пищи, одежды, жилищ и других предметов необходимости, потребленных при разработке этих рудников. То же самое случилось с рудниками Кубы и Сан-Доминго и даже со старинными перуанскими рудниками после того, как были открыты рудники в Потози.

Поскольку, таким образом, цена всякого металла в любом руднике регулируется в некоторой степени ценой в самом богатом в мире руднике из числа действительно находящихся в разработке, постольку она в большинстве из них может приносить лишь немногим больше того, что необходимо для покрытия издержек по разработке, и редко может давать очень высокую ренту землевладельцу. Ввиду этого рента в большинстве рудников, по-видимому, входит лишь небольшой долей в цену простых и еще меньшей долей в цену драгоценных металлов. Стоимость труда и прибыль составляют бóльшую часть цены тех и других.

Шестую часть валового продукта составляет в среднем рента с оловянных рудников Корнуэльса, самых богатых из известных во всем мире, как сообщает нам почтенный г. Борлес*, помощник директора оловянных рудников. Некоторые, как он говорит, приносят больше, другие дают не так много. Рента с некоторых весьма богатых свинцовых рудников Шотландии тоже составляет шестую часть валового продукта.

Как сообщают Фрезьер** и Уллоа***, собственник серебряных рудников в Перу часто выговаривает у своего арендатора только одно условие: арендатор обязывается толочь руду на его мельнице с уплатой обычного вознаграждения за это. Действительно, до 1736 г. пошлина в пользу испанского короля достигала одной пятой чистого серебра, что для того времени и можно считать действительной рентой большей части серебряных рудников Перу, самых богатых, какие только были известны во всем мире.

---

* *Borlase*. Natural History of Goruwall. P. 183.

** *Frezier*. Voyage de la Mer du Sud. Vol. I, p. 269, sqq.

*** *Ulloa*. Noticias Americanas Entretenmentos, 12–14.

Если бы пошлины совсем не было, эта пятая доля, естественно, принадлежала бы землевладельцу; тогда разрабатывались бы многие рудники, которые в настоящее время заброшены, ибо не могут оплатить такую пошлину. Пошлина, взимаемая герцогом Корнуэльским с олова, превышает, как полагают, 5 процентов, или двадцатую часть, стоимости его; каковы бы ни были ее размеры, она целиком шла бы в пользу собственника рудника, если бы олово было свободно от обложения. Но если прибавить одну двадцатую к одной шестой, то мы найдем, что в общей сложности средняя рента с оловянных рудников Корнуэльса относилась к средней ренте с серебряных рудников Перу, как тринадцать к двенадцати. Но серебряные рудники Перу в настоящее время не в состоянии приносить даже такую низкую ренту, и пошлина на серебро была понижена в 1736 г. с одной пятой до одной десятой. Но даже и такая пошлина с серебра больше искушает заниматься контрабандой, чем пошлина в размере одной двадцатой с олова, а контрабанда драгоценного металла гораздо легче, чем контрабанда громоздкого продукта. Ввиду этого, как говорят, пошлина в пользу испанского короля уплачивается очень плохо, тогда как пошлина в пользу герцога Корнуэльского уплачивается хорошо. Поэтому весьма вероятно, что рента составляет большую часть цены олова в самых богатых оловянных рудниках, чем цены серебра в самых богатых серебряных рудниках мира. Рента, остающаяся владельцу после возмещения капитала, затраченного при разработке этих рудников, и оплаты обычной прибыли, больше, по-видимому, с простых, чем с драгоценных металлов.

Вместе с тем в Перу обычно не очень велики и прибыли предпринимателей, разрабатывающих серебряные рудники. Те же самые весьма почтенные и хорошо осведомленные авторы сообщают нам, что всякого человека, предпринимающего разработку нового рудника в Перу, по общему правилу считают обреченным на банкротство и разорение, вследствие чего его все избегают и сторонятся. На занятие разработкой рудников там, по-видимому, смотрят так же, как и у нас, видя в нем лотерею, в которой выигрышные билеты не уравновешивают пустых, хотя крупные размеры выигрышей искушают много смельчаков вкладывать свои состояния в столь малообещающее дело.

Однако, поскольку государь получает значительную часть своих доходов с добычи серебряных рудников, существующие в Перу законы всевозможными способами поощряют открытие и разработку новых рудников. Всякое лицо, открывающее новый рудник, имеет право отметить себе участок в двести сорок шесть футов в длину, соответственно предполагаемому им направлению жилы, и вдвое меньше в ширину. Он становится собственником этой части рудника и может разрабатывать его, не уплачивая никакого вознаграждения землевладельцу. Интересы герцога Корнуэльского привели к установлению почти таких же правил в этом старинном герцогстве. Любое лицо, открывающее оловянный рудник на незанятых и неогороженных землях, имеет право отметить его границы в определенных размерах, что называется отмежевкой рудника. Такое лицо становится фактическим владельцем рудника и может или само разрабатывать его, или сдавать в аренду другому лицу, не спрашивая согласия землевладельца, которому, впрочем, должно уплачиваться весьма незначительное вознаграждение за разработку. В правилах этих в обоих случаях священные права частной собственности принесены в жертву предполагаемым интересам государственных доходов.

Таким же образом поощряется в Перу открытие и разработка новых золотых рудников, и королевская пошлина с золота достигает лишь двадцатой части чистого металла. Раньше она равнялась пятой части, потом десятой, как и с серебра, но выяснилось, что рудники не могут выдержать даже низшей из этих ставок. Тем не менее если, как говорят те же авторы Фрезьер и Уллоа, редко приходится встретить человека, составившего состояние разработкой серебряных рудников, то еще реже встречаются такие люди среди разрабатывающих золотые. Пошлина в размере двадцатой части составляет, по-видимому, всю ренту, приносимую большею частью золотых рудников Чили и Перу.

Притом золото гораздо более удобно для контрабанды, чем даже серебро, не только ввиду большей стоимости металла в сравнении с его объемом, но и вследствие того особого вида, в каком природа производит его. Серебро редко находится в чистом виде, как и большинство других металлов, оно обыкновенно добывается в соединении с каким-либо другим минералом, от которого его можно отделить в количествах, оплачивающих издержки, только посредством весьма длительного и кропотливого процесса, выполнимого лишь в специально сооруженной мастерской, что трудно скрыть от надзора королевских чиновников. Золото, напротив, почти всегда добывается в чистом виде. Его иногда находят слитками небольших размеров; и даже в тех случаях, когда оно смешано небольшими и почти незаметными частицами с песком, землей и другими телами, его легко отделить от этих примесей весьма быстрым и простым способом, доступным в любом частном жилище всякому человеку, обладающему небольшим количеством ртути. И если поэтому королевская пошлина плохо уплачивается с серебра, то она должна быть еще хуже уплачиваема с золота, а рента должна составлять гораздо меньшую часть цены золота, чем серебра.

Самая низкая цена, по которой могут продаваться драгоценные металлы, или наименьшее количество других предметов, на которые они могут обмениваться в течение сколько-нибудь значительного времени, регулируется теми же правилами, какие устанавливают наименьшую обычную цену всех других товаров. Эта цена определяется капиталом, который обычно должен быть затрачен, стоимостью пищи, одежды и жилища, которые обычно должны быть употреблены для извлечения металлов из рудника и доставления их на рынок. Она должна быть по меньшей мере достаточна для возмещения капитала и доставления обычной прибыли на него.

Однако наивысшая цена этих металлов определяется, по-видимому, лишь недостатком или обилием их в данное время. Она не определяется ценой какого-либо товара, как это, например, имеет место с каменным углем, который — даже при недостатке его — не может подняться выше цены дров. Увеличьте недостаток в золоте до известной степени, и мельчайший кусочек его станет более дорогим, чем бриллиант, и будет обмениваться на большее количество других товаров.

Спрос на драгоценные металлы обусловливается отчасти их полезностью, отчасти их красивым видом. Они, пожалуй, полезнее всех других металлов, за исключением железа. Так как они менее подвержены ржавчине и загрязнению, их легче держать в чистоте, а потому столовая и кухонная посуда, сделанная из них, часто бывает приятнее всякой другой. Серебряный котел больше сохраняет чистоту, чем свинцовый, медный или оловянный, благодаря тому же свойству золотой котел еще лучше серебряного. Но главное достоинство драгоценных металлов связано с их красивым видом, что делает их особенно пригодными для украшения одежды и домашней утвари. Никакая краска или лакировка не могут дать столь блестящего цвета, как позолота. Достоинство драгоценных металлов, обусловленное красотой, в значительной мере увеличивается благодаря их редкости. Для большинства богатых людей главное наслаждение богатством состоит в возможности выставлять это последнее напоказ; в их глазах оно никогда не бывает полным, если они не обладают теми внешними отличиями богатства, какими не может обладать никто, кроме них одних. В их глазах достоинства предмета, в какой-либо мере полезного или красивого, значительно увеличиваются благодаря его редкости или необходимости затратить много труда для того, чтобы достать его в сколько-нибудь большом количестве труда, который никто не в состоянии оплатить, кроме них. Такие предметы они охотно готовы покупать по цене более высокой, нежели вещи, гораздо более красивые и полезные, но более распространенные. Эти свойства полезности, красоты и редкости лежат в основе высокой цены драгоценных металлов, которые повсюду обмениваются на большое количество других товаров. Эта их высокая стоимость предшествовала и была независима от чеканки из них монеты и явилась именно тем качеством, которое сделало их пригодным для такого употребления. Но такое употребление, создав добавочный спрос на них, а следовательно, уменьшив количество драгоценных металлов, могущее быть употребленным на другие цели, могло впоследствии повести к сохранению или даже повышению их высокой стоимости.

Спрос на драгоценные камни обусловливается исключительно их красотой. Они служат только для украшения, и достоинства их значительно увеличиваются благодаря редкости или благодаря трудности и издержкам, связанным с добыванием их из рудников. Ввиду этого заработная плата и прибыль в большинстве случаев поглощают почти всю высокую цену драгоценных камней. Рента входит в нее лишь очень небольшой долей, а часто даже и совсем не входит, и только самые богатые рудники приносят сколько-нибудь значительную ренту. Когда ювелир Тавернье* посетил алмазные копи в Голконде и Визиапуре, ему сообщили, что местный государь, в пользу которого они разрабатывались, приказал остановить работу на всех рудниках, за исключением тех, которые дают самые крупные и наилучшие камни. Остальные, по-видимому, не окупали для владельца расходов по разработке.

Так как цена драгоценных металлов и камней регулируется во всем свете ценою их на самых богатых рудниках, то рента, которую может давать своему владельцу тот или иной рудник, зависит не от его абсолютного, а, так сказать, от относительного богатства или избытка его добычи сравнительно с другими рудниками такого же рода. Если были бы открыты новые рудники, настолько более богатые, чем рудники Потози, насколько последние богаче европейских рудников, то стоимость серебра понизилась бы в такой степени, что даже рудники Потози оказались бы не стоящими разработки. До открытия испанской Вест-Индии самые богатые рудники Европы могли давать своим владельцам такую же высокую ренту, какую в настоящее время дают богатейшие рудники в Перу. Хотя количество получавшегося серебра было меньше, оно могло быть обмениваемо на такое же большое количество других предметов и доля собственника могла давать ему возможность приобретать такое же большое количество труда или товаров. Стоимость как продукта, так и ренты, действительный доход, который

---

* *Tavernier.* Indian Travels. Book II, chap. 11–15.

они доставляли обществу и владельцу, могла быть такой же высокой.

Самые обильные рудники драгоценных металлов или камней могут мало прибавить к мировому богатству. Продукт, стоимость которого обусловливается главным образом его редкостью, необходимо уменьшается в стоимости при обилии его. Серебряный сервиз и другие пустые украшения одежды или утвари можно будет приобретать за меньшее количество труда или меньшее количество других товаров — лишь в этом будет состоять та выгода, которую мир сможет извлечь из обилия драгоценных металлов и камней.

Иначе обстоит дело с земельными владениями на поверхности земли. Стоимость их продукта и ренты пропорциональна их абсолютному, а не относительному плодородию. Земля, производящая определенное количество пищи, одежды и жилищ, всегда может прокормить, одеть и снабдить жилищем определенное количество людей; и какова бы ни была доля землевладельца, она всегда дает ему соответственную возможность распоряжения трудом этих людей или товарами, какими этот труд может снабдить его. Стоимость самой бесплодной земли не уменьшается благодаря соседству самой плодородной. Напротив, она обыкновенно возрастает от этого. Многочисленность населения, живущего на плодородных землях, создает рынок для значительной части продуктов бесплодной земли, которого они никогда не могли бы найти среди населения, могущего прожить на продукт этой земли.

Все, что увеличивает плодородие земли, производящей пищу, увеличивает не только стоимость земель, которые подвергались улучшению, но и стоимость других земель, создавая новый спрос на их продукты. Излишек пищи, которым благодаря улучшению земли могут располагать многие люди сверх того, что они сами могут потребить, представляет собою основную причину спроса на драгоценные металлы и камни, а также на всякие другие удобства и украшения в одежде, жилищах, домашней утвари и нарядах. Пищевые продукты не только составляют главную часть мирового богатства, их изобилие создает главную часть стоимости многих других видов богатства. Бедные обитатели Кубы и Сан-Доминго, когда они были впервые открыты испанцами, имели обыкновение носить маленькие куски золота, как украшения, в своих волосах и на других частях своего одеяния. Они, по-видимому, ценили их приблизительно так, как ценили бы мы любую безделушку, выделяющуюся своею красотою, и признавали их годными для украшения, но отнюдь не столь ценными, чтобы отказать отдать их тому, кто попросит. По первой просьбе они отдавали их своим новым гостям, нисколько, по-видимому, не предполагая, что дают им весьма ценный подарок. Они изумлялись при виде алчности, проявляемой испанцами в стремлении получить золото, и не подозревали, что может существовать страна, где многие люди имеют в своем распоряжении такое изобилие пищи, столь скудной у жителей Кубы и Сан-Доминго, что за очень небольшое количество этих блестящих безделушек готовы отдать столько пищи, сколько хватит на прокормление целой семьи в течение многих лет. Если бы можно было объяснить им это, то страсть испанцев к золоту перестала бы вызывать их удивление.

Отдел III

О колебаниях в соотношении стоимости продуктов, всегда приносящих ренту, и продуктов, иногда приносящих и иногда не приносящих ренту

Возрастающее изобилие пищи, являющееся результатом роста улучшений и расширения обработки земель, необходимо должно вести к увеличению спроса на те виды сельскохозяйственных продуктов, которые не употребляются в пищу, а служат удобством или украшением. Поэтому вполне вероятно, что в общем процессе развития может иметь место только одно изменение в относительной стоимости этих двух различных видов продуктов. Стоимость того вида продуктов, которые иногда приносят и иногда не приносят ренту, должна постоянно возрастать сравнительно со стоимостью продуктов, всегда приносящих некоторую ренту. По мере развития искусств и промышленности материалы для одежды и построек, полезные ископаемые и минералы, драгоценные металлы и камни должны с течением времени пользоваться все большим спросом, должны обмениваться на все большее и большее количество пищи, или, другими словами, должны становиться все дороже и дороже. Действительно, так и происходило со многими из этих предметов в большинстве случаев и происходило бы со всеми ими всегда, если бы особые обстоятельства не увеличивали иногда предложения некоторых из них в еще большей степени, чем спрос.

Стоимость каменоломни плитняка, например, неизбежно возрастает вместе с ростом богатства и населения окрестной местности, в особенности в том случае, если она является там единственной каменоломней. Напротив, стоимость серебряного рудника, даже если на расстоянии в тысячу миль не существует второго рудника, не возрастает обязательно вместе с увеличением богатства страны, в которой он находится. Рынок сбыта для продукта каменоломни редко может простираться более чем на несколько миль вокруг нее, и спрос должен вообще соответствовать богатству и населенности данного небольшого района. Напротив, рынок сбыта для продукта серебряного рудника может простираться на все известные части земного шара. Поэтому, если не возрастает богатство и население всего мира вообще, спрос на серебро может совсем и не возрастать, даже при увеличении богатства обширной страны, окружающей рудник. Даже в том случае, если богатство всего мира возрастает, но параллельно с этим ростом открываются новые рудники, гораздо более богатые, чем известные раньше, то, хотя и возрастает спрос на серебро, предложение его все же может возрасти в еще большей степени, так что действительная цена этого металла будет постепенно понижаться, т.е. данное количество его, например весом в один фунт, будет обмениваться постепенно на все меньшее и меньшее количество труда или на меньшее количество хлеба, главной составной части содержания рабочего.

Рынком сбыта для серебра является цивилизованная часть всего мира, вовлеченная в торговлю.

Если в процессе общего развития спрос этого рынка возрастет, а предложение не увеличится в той же пропорции, то стоимость серебра будет постепенно возрастать по сравнению со стоимостью хлеба. Данное количество серебра будет вымениваться на все большее количество хлеба, или, другими словами, средняя денежная цена хлеба будет постепенно уменьшаться.

Если, напротив, предложение благодаря какому-либо случайному обстоятельству будет возрастать в течение ряда лет в большей степени, чем спрос, то этот металл будет становиться постепенно дешевле, или, другими словами, средняя денежная цена хлеба, несмотря на все улучшения, будет постепенно повышаться.

Но если, с другой стороны, предложение металла будет возрастать приблизительно в такой же мере, как и спрос, то он будет по-прежнему обмениваться на почти такое же количество хлеба, и средняя денежная цена хлеба будет, несмотря на все улучшения, оставаться почти неизменной.

Эти три случая исчерпывают, по-видимому, все возможные комбинации, могущие иметь место в ходе прогресса; и поскольку мы можем судить на основании истории Франции и Великобритании, за четыре столетия до настоящего времени каждая из этих трех комбинаций имела, по-видимому, место на европейском рынке и почти в таком же порядке, в каком я изложил их здесь.

Очерк колебаний стоимости серебра в течение последних четырех столетий

Первый период

В 1350 г. и несколько ранее до того средняя цена квартера пшеницы в Англии расценивалась, по-видимому, не ниже 4 унций серебра, равных приблизительно 20 шилл. на нынешние деньги. С этого уровня она, по-видимому, постепенно понижалась до 2 унций серебра, что равно приблизительно 10 шилл. на нынешние деньги, причем по этой цене она расценивалась в начале XVI столетия и продолжала, по-видимому, расцениваться так приблизительно вплоть до 1570 г.

В 1350 г., в 25-й год правления Эдуарда III, был издан так называемый статут о рабочих. Во вступительной части его содержатся жалобы на дерзость слуг, которые стараются повысить свою заработную плату, получаемую от хозяев. Статут поэтому постановляет, чтобы в дальнейшем все слуги и работники довольствовались той самой заработной платой и содержанием (содержание в те времена означало не только одежду, но и продовольствие), которые они обычно получали в 20-й год правления короля и за четыре предшествующих года, чтобы в связи с этим входящая в их содержание пшеница не расценивалась нигде выше 10 п. за бушель и чтобы усмотрению хозяев предоставлялось выдавать это содержание пшеницей или деньгами. Таким образом, в 25-й год правления Эдуарда III цена в 10 п. за бушель признавалась весьма умеренной, ибо требовалось издание специального закона, чтобы заставить слуг соглашаться на эту цену вместо обычного содержания натурою; эта цена признавалась справедливой также и за десять лет до того, в 16-й год правления указанного короля, — срок, до которого простирался закон. Но в 16-й год правления Эдуарда III 10 п. содержали около пол-унции серебра тауэрского веса и почти равнялись полкроне на нынешние деньги. Следовательно, четыре унции серебра тауэрского веса, равные 6 шилл. 8 п. на деньги того времени и около 20 шилл. на современные деньги, надо было признавать умеренной ценой за квартер в 8 бушелей.

Упомянутый закон, несомненно, дает нам более точное понятие о том, что́ в те времена признавалось умеренной ценой хлеба, чем приводимые обыкновенно историками цены за отдельные годы, поскольку эти отдельные годы являлись годами чрезвычайной дороговизны или дешевизны и на основании их трудно поэтому составить себе представление относительно обычной цены. Впрочем, имеются и другие основания полагать, что в начале XIV столетия и за несколько времени до того обычная цена пшеницы не падала ниже 4 унций серебра за квартер и что цена других зерновых продуктов была пропорциональна ей.

В 1309 г. Рауль де Борн при избрании его приором монастыря Св. Августина в Кентербери устроил пиршество, описанное Вильямом Торном, который сообщает не только список пищевых продуктов, но и цены многих отдельных предметов. Во время этого пиршества было потреблено, во-первых, 53 квартера пшеницы ценою в 19 ф., или по 7 шилл. 2 п. за квартер, что на наши деньги составляет около 21 шилл. 6 п.; во-вторых, 58 квартеров солода на 17 ф. 10 шилл., или по 6 шилл. за квартер, что составляет на наши деньги около 18 шилл.; в-третьих, 20 квартеров овса на 4 ф., или 4 шилл. за квартер, на наши деньги около 12 шилл. Цены солода и овса здесь как будто выше, чем это следовало бы при соблюдении обычного соотношения с ценою пшеницы.

Цены эти приведены не ввиду их чрезвычайной дороговизны или дешевизны, но упоминаются случайно, как цены, фактически уплаченные за большие количества хлеба, поглощенного во время пиршества, известного своим великолепием.

В 1262 г., в 51-й год правления Генриха III, был восстановлен старинный закон, так называемая такса на печеный хлеб и пиво, которая, как говорит король во вступлении к закону, была установлена во времена его предков, королей Англии, вероятно, потому, что этот закон восходит по крайней мере ко временам его деда, Генриха II, а может быть, и ко временам завоевания Англии. Закон устанавливает цену печеного хлеба в зависимости от существующих цен на пшеницу в размере от 1 шилл. до 20 шилл. за квартер на деньги того времени. Но законы подобного рода обычно предусматривают одинаково все отступления от средних цен — как цены ниже средней, так и выше ее. Основываясь на этом, 10 шилл., содержащие 6 унций серебра тауэрского веса и равные приблизительно 13 шилл. на наши деньги, следует считать средней ценой квартера пшеницы в то время, когда этот закон был впервые установлен; эта же цена удержалась вплоть до 51-го года правления Генриха III. Мы поэтому не сделаем большой ошибки, если предположим, что средняя цена была не ниже $^1/_3$ наивысшей цены, установленной законом для хлеба, т.е. не ниже 6 шилл. 8 п. на деньги того времени, содержащие 4 унции серебра тауэрского веса.

Исходя из приведенных фактов, мы имеем основания, по-видимому, заключать, что около середины XIV столетия и в течение значительного времени до того средняя или обычная цена квартера пшеницы считалась не меньше 4 унций серебра тауэрского веса.

С середины приблизительно XIV столетия и до начала XVI столетия справедливая и умеренная, т.е. обычная или средняя, цена пшеницы постепенно понизилась, по-видимому, до половины указанной цены, так что в конце концов упала до 2 унций серебра тауэрского веса, что равняется приблизительно 10 шилл. на наши нынешние деньги. Пшеница расценивалась по этой цене приблизительно до 1570 г.

В расходной книге Генриха, пятого графа Нортумберлендского, составленной в 1512 г., имеются две различные цифры, показывающие цену пшеницы. Одна из них принимает ее в 6 шилл. 8 п. за квартер, другая — лишь в 5 шилл. 8 п. В 1512 г. 6 шилл. 8 п. содержали две унции серебра тауэрского веса и равнялись около 10 шилл. на наши деньги.

С 25-го года правления Эдуарда III до начала правления Елизаветы, за промежуток времени более чем в два столетия, 6 шилл. 8 п. продолжали, как это явствует из различных статутов, считаться умеренной и справедливой, т.е. обычной или средней, ценой пшеницы. Однако количество серебра, содержащееся в этой номинальной сумме, в течение этого периода постоянно уменьшалось вследствие изменений, производившихся в монете. Увеличение стоимости серебра, по-видимому, настолько уравновешивало уменьшение его количества, содержащегося в данной номинальной сумме, что законодательство не считало нужным обратить внимание на это обстоятельство.

Так, в 1436 г. был издан закон, что пшеница может быть вывозима без специального разрешения, когда цена ее не превышает 6 шилл. 8 п.; а в 1463 г. — закон, воспрещавший ввоз пшеницы при цене ее, не превышающей 6 шилл. 8 п. за квартер. Законодательные органы полагали, что при столь низкой цене вывоз не может представлять никаких неудобств, но что при возрастании цены сверх этого уровня будет благоразумным допустить ввоз пшеницы. Таким образом, в ту эпоху умеренной и справедливой ценой пшеницы считались 6 шилл. 8 п., содержавшие столько же серебра, сколько 13 шилл. 4 п. на наши деньги (на одну треть меньше, чем содержала такая же номинальная сумма во время Эдуарда III).

В 1554 г., в 1-й и 2-й годы правления Филиппа и Марии, и в 1558 г., в 1-й год правления Елизаветы, вывоз пшеницы был таким же образом воспрещен в тех случаях, когда цена квартера превышала 6 шилл. 8 п. — сумма, которая содержала тогда лишь на 2 п. больше серебра, чем такая же номинальная сумма содержит в настоящее время. Но скоро было найдено, что воспрещение вывоза пшеницы до тех пор, пока цена ее понизится до столь ничтожного уровня, означает в действительности запрещение ее вывоза вообще. Поэтому в 1562 г., в 5-й год правления Елизаветы, был допущен вывоз пшеницы из некоторых портов в тех случаях, когда цена квартера не превышала 10 шилл., содержавших приблизительно такое же количество серебра, как и соответствующая номинальная сумма в настоящее время. Таким образом, цена эта признавалась в это время умеренной и справедливой ценой пшеницы. Она почти совпадает с расценкой Нортумберлендской расходной книги 1512 г.

На то, что во Франции средняя цена зерновых хлебов тоже была значительно ниже в конце XV и начале XVI столетия, чем в два предшествовавшие, указано как г. Дюпрэ де Сен-Мором*, так и блестящим автором «Опыта о хлебной политике». Цена хлеба за этот период, вероятно, понизилась таким же образом в большей части Европы.

Такое повышение цены серебра в сравнении с ценою хлеба могло быть обусловлено или исключительно увеличением спроса на этот металл в результате развития промышленности и земледелия, тогда как предложение его оставалось неизменным, или же при неизменном сравнительно с предыдущим временем спросе оно могло быть об-

---

* *Dupré de St. Maur.* Recherches sur la valeur des monnoies et sur les prix des grains et aprés le Concile de Francfort, 1762. *Idem.* Essai sur les monnoies ou Réflexions sur le rapport entre l’argent et les denrées, 1746.

условлено исключительно постепенным уменьшением предложения, поскольку большая часть известных в то время рудников была значительно истощена, а потому и расходы по разработке их значительно возросли, или же оно могло быть обусловлено отчасти одним, отчасти другим из указанных двух обстоятельств. В конце XV и в начале XVI столетия большая часть Европы приближалась к установлению более устойчивой формы правительства, чем та форма, которой она обладала в течение нескольких столетий до того. Увеличение безопасности должно было, естественно, вести к возрастанию промышленности и культуры, и спрос на драгоценные металлы, а также на все другие предметы роскоши и украшения должен был, естественно, увеличиваться вместе с возрастанием богатства. Более значительный по количеству ежегодный продукт должен был требовать для своего обращения большего количества монеты, а возросшее количество богатых людей должно было требовать большего количества всякой утвари и других украшений из серебра. Естественно также предположить, что бóльшая часть рудников, снабжавших тогда европейский рынок серебром, была значительно истощена, и потому разработка их была сопряжена с более значительными издержками. Многие из них разрабатывались со времен римлян.

Однако большинство писавших по вопросу о ценах товаров в прежние времена держалось того мнения, что со времени завоевания Англии, а может быть, и со времени вторжения Цезаря, вплоть до открытия рудников Америки, стоимость серебра непрерывно понижалась. К такому мнению их, по-видимому, приводили отчасти наблюдения относительно цен как на хлеб, так и на некоторые иные виды сельскохозяйственных сырых продуктов, а отчасти распространенный взгляд, что с возрастанием богатства во всякой стране, естественно, возрастает и количество серебра, и поэтому его стоимость уменьшается по мере увеличения этого количества.

В своих замечаниях о ценах на хлеб эти исследователи, по-видимому, часто упускали из виду три различных обстоятельства.

I. В старину почти все ренты уплачивались натурой, определенным количеством хлеба, скота, птицы и пр. Однако часто бывало, что землевладелец устанавливал, что он может по усмотрению требовать от держателя земли или ежегодного платежа натурой или же взамен его определенную сумму денег. Цена, согласно которой платеж натурой заменялся таким образом определенной суммой денег, называется в Шотландии конверсионною ценою. Так как выбор между получением ренты натурой или деньгами всегда принадлежит землевладельцу, то в интересах держателя необходимо, чтобы конверсионная цена была несколько ниже средней рыночной цены. Поэтому во многих местах она почти не превышает половины последней. В большей части Шотландии этот обычай все еще держится в отношении домашней птицы, а в некоторых местах и в отношении скота. Возможно, что он сохранился бы и в отношении хлеба, если бы ему не положило конец установление публичных такс. Особыми комиссиями устанавливались ежегодные котировки средней цены всех сортов зерновых хлебов различного качества в соответствии с фактической рыночной ценой их в каждом отдельном графстве. Эти таксировки делали достаточно безопасным для держателя земли и гораздо более удобным для землевладельца переводить хлебную ренту в деньги в соответствии с установленною таксою каждого года, а не в соответствии с какой-либо фиксированной заранее определенной ценой; но исследователи, собиравшие данные о ценах на хлеб в прежние времена, часто, по-видимому, принимали цену, которая называется в Шотландии конверсионною, за фактическую рыночную цену. Флитвуд в одном случае признает, что сделал именно такую ошибку. Но поскольку он писал свою книгу со специальной целью, он счел нужным сделать это признание лишь после того, как он привел эту конверсионную цену пятнадцать раз. Цена эта составляет 8 шилл. за квартер пшеницы. Эта сумма в 1423 г., в применении к которому она впервые упоминается им, содержала такое же количество серебра, как и 16 шилл. на наши теперешние деньги, а в 1562 г., в применении к которому он приводит ее в последний раз, она содержала не более того, что содержит такая же номинальная сумма в настоящее время.

II. Исследователей часто вводила в заблуждение небрежность, с какою некоторые старинные законы о таксе переписывались иногда нерадивыми переписчиками, а иногда, пожалуй, и составлялись законодателями.

Старинные статуты о таксе всегда начинали, по-видимому, с установления цены на хлеб и пиво при самой низкой цене пшеницы и ячменя, а затем постепенно переходили к установлению этих цен при соответственном постепенном повышении цены этих двух видов зерна. Но переписчики этих статутов часто, как кажется, считали достаточным переписывать постановление лишь в той части, которая упоминает первые три или четыре ставки низшего размера, сокращая таким образом свой труд и считая это, по-видимому, достаточным, чтобы показать пропорцию, которая должна быть соблюдаема при всех более высоких ценах.

Так, в таксе на хлеб и пиво в 51-й год правления Генриха III цена на хлеб устанавливалась в соответствии с различными ценами пшеницы от одного до двадцати шиллингов за квартер на деньги того времени. Но в рукописях, с которых печатались все различные издания статутов до издания г. Руфхэда, переписчики никогда не переписывали эти постановления дальше цены в 12 шилл. Некоторые исследователи, введенные в заблуждение такой ошибочной копией, весьма естественно заключали, что средняя цена, или 6 шилл. за квартер, равная приблизительно 18 шилл. на наши нынешние деньги, была обычной, или средней ценой пшеницы в то время.

В статуте о позорном столбе и позорном стуле, изданном приблизительно в то же время, цена на пиво устанавливается в соответствии с каждым повышением цены ячменя на шесть пенсов в пределах от двух до четырех шиллингов за квартер. Однако эти 4 шилл. не считались наивысшей ценой, до которой мог часто доходить ячмень в то время, и эти цены приводились только в виде примера пропорции, которая должна соблюдаться для определения всех других цен, более высоких или более низких. Об этом мы можем заключить из последних слов статута: «et sic deinceps crescetur vel diminuetur per sex denarios». Выражение это не отличается точностью, но смысл его достаточно ясен: «Цена пива, таким образом, должна повышаться или понижаться в соответствии с каждым повышением или понижением цены ячменя на 6 п.». При составлении этого статута сами законодатели были столь же небрежны, как и переписчики при переписке других.

В старинной рукописи под заглавием «Regiam Majestatem», древнем шотландском своде законов, имеется закон о таксе, в котором цена хлеба определяется в соответствии с различными ценами муки, начиная от 10 п. и до 3 шилл. за шотландский «болл», равный приблизительно половине английского квартера. 3 шотландских шиллинга в то время, когда, как предполагают, была издана эта такса, равнялись около 9 шилл. серебром на наши нынешние деньги. Г-н Руддиман*, по-видимому, заключает из этого, что 3 шилл. представляли собою самую высшую цену, до которой когда-либо поднималась пшеница в те времена, и что 10 пенсов, шиллинг или самое большее 2 шиллинга были обычной ценой ее. Но при ознакомлении с рукописью представляется очевидным, что все эти цены приведены лишь в качестве примера той пропорции, которая должна соблюдаться между ценами пшеничной муки и ценами на хлеб. Закон оканчивается следующими словами: «reliqua judicabis secundum praescripta habendo respectum ad pretium bladi», что означает: «Вы должны судить в остальных случаях согласно вышенаписанному, считаясь с ценой зерна».

III. Указанные исследователи, по-видимому, были введены в заблуждение чрезвычайно низкой ценой, по которой иногда продавалась пшеница в весьма давние времена, и воображали, что, поскольку она оказывалась тогда значительно ниже, чем в последующие времена, постольку и обычная ее цена должна была быть тоже значительно ниже. Однако они могли бы найти, что ее наивысшая цена в те давно прошедшие времена была как раз настолько же выше, насколько ее низшая цена была ниже, чем когда-ли-

---

* См. его предисловие к сборнику Андерсона, Diplomata Scotiae.

бо в последующие времена. Так, для 1270 г. Флитвуд сообщает нам две цены квартера пшеницы. Одна равняется 4 ф. 16 шилл. на деньги того времени, что составляет 14 ф. 8 шилл. на наши деньги, а другая равняется 6 ф. 8 шилл., что составляет 19 ф. 4 шилл. на наши деньги. В конце XV или в начале XVI столетия нельзя встретить ни одной цены, которая приближалась бы к этим непомерно высоким ценам. Цена хлеба, хотя и во все времена подверженная колебаниям, больше всего колеблется в тех неспокойных и неблагоустроенных государствах, где расстройство всякой торговли и сообщений мешает тому, чтобы изобилие в одной части страны облегчало недостаток в другой. В смутные времена Плантагенетов, которые управляли Англией с середины XII до конца XV столетия, один округ мог пользоваться изобилием, тогда как другой, находящийся на небольшом расстоянии от первого, мог претерпевать все ужасы голода, если его жатва была уничтожена неблагоприятной погодой или же вторжением какого-нибудь соседнего барона. Если между ними лежали земли какого-либо враждебного владетеля, один округ не был в состоянии оказать малейшую помощь другому. При сильном правительстве Тюдоров, управлявших Англией в течение последней части XV и всего XVI столетия, ни один барон не был так могуществен, чтобы осмелиться нарушать общественное спокойствие.

Читатель найдет в конце настоящей главы сводку цен на пшеницу, собранных Флитвудом с 1202 по 1597 г. (включая оба эти года), переведенных на современные деньги и разделенных хронологически на семь отделов по двенадцать лет в каждом. В конце каждого отдела он найдет также среднюю цену для 12 лет, из которых он состоит. Для этого продолжительного периода Флитвуд сумел собрать цены не более чем для восьмидесяти лет, так что для последнего отдела в двенадцать лет не хватает четырех лет. Поэтому я присоединил цены 1598, 1599, 1600 и 1601 гг., заимствованные мною из книг Итонского колледжа. Это единственное добавление, сделанное мною. Читатель увидит, что с начала XIII столетия до середины XVI средняя цена для каждых 12 лет становится постепенно все ниже и ниже и что к концу XVI столетия она начинает снова повышаться. Однако цены, сведения о которых Флитвуд был в состоянии собрать, были, по-видимому, главным образом ценами, которые отличались своей чрезвычайной дороговизной или дешевизной; поэтому я не могу утверждать, что на основании их можно прийти к каким-либо надежным выводам. Но, поскольку они вообще что-нибудь доказывают, они подтверждают мнение, которое я пытался обосновать. Впрочем, сам Флитвуд вместе с большинством других исследователей, по-видимому, полагал, что в течение всего этого периода стоимость серебра вследствие возрастающего его обилия непрерывно уменьшалась. Цены на хлеб, собранные им самим, безусловно, не подтверждают этого мнения. Они подтверждают в полной мере мнение Дюпрэ де Сен-Мора и то мнение, которое я пытался изложить. Епископ Флитвуд и г. Дюпрэ де Сен-Мор являются теми двумя авторами, которые, по-видимому, собрали с величайшей тщательностью и точностью цены на различные предметы в старинные времена. Представляется несколько странным, что при столь значительном расхождении их мнений приводимые ими факты, поскольку они относятся по крайней мере к цене хлеба, столь точно совпадают.

Но наиболее вдумчивые авторы в своих утверждениях о высокой стоимости серебра в те давние времена основывались не столько на низкой цене хлеба, сколько на низкой цене других сырых продуктов земли. Хлеб, как утверждали они, будучи своего рода обработанным продуктом, был в те примитивные времена значительно дороже по сравнению с бóльшей частью других товаров; здесь имеется в виду, как мне кажется, большая часть необработанных продуктов, каковы скот, птица, дичь всякого рода и пр. Бесспорно правильно, что в те времена варварства и бедности эти продукты были сравнительно гораздо дешевле, чем хлеб. Но эта дешевизна была следствием не высокой стоимости серебра, а малой стоимости этих продуктов. Она обусловливалась не тем, что серебро в то время покупало или представляло большее количество труда, а тем, что подобные продукты покупали или представляли собою гораздо меньшее количество труда, чем в эпоху, отличающуюся бóльшим богатством и развитием промышленности. Серебро, конечно, должно быть дешевле в испанской Америке, чем в Европе, в стране, где оно добывается, чем в стране, в которую оно привозится с издержками на сухопутную и морскую перевозку на дальнее расстояние, на фрахт и страхование. Как рассказывает Уллоа, немного лет тому назад в Буэнос-Айресе цена быка, взятого прямо из стада в триста или четыреста голов, равнялась 21 $^{1}/_{2}$ п. Как сообщает нам г. Байрон*, цена хорошей лошади в столице Чили равнялась 16 шилл. серебром. В стране, которая отличается естественным плодородием, но значительнейшая часть которой остается необработанной, скот, птица, дичь всякого рода и пр., поскольку они могут быть приобретены с затратой весьма незначительного количества труда, покупают или получают в свое распоряжение тоже лишь весьма малое количество труда. Низкая денежная цена, по которой они могут быть проданы, отнюдь не служит доказательством того, что действительная стоимость серебра там очень высока, — это лишь доказывает, что действительная стоимость этих продуктов очень низка.

Надо всегда помнить, что труд, а не какой-либо особый товар или группа товаров, является действительным мерилом стоимости как серебра, так и всех других товаров.

В странах, почти необитаемых или лишь слабо заселенных, скот, птица, дичь всякого рода и т.п., поскольку они являются непосредственным произведением природы, часто производятся ею в гораздо больших количествах, чем это требуется для потребления жителей страны. При таком положении вещей предложение обычно превышает спрос. Поэтому при различных состояниях общества, на различных стадиях развития благосостояния подобные товары эквивалентны весьма различным количествам труда.

При любом состоянии общества, на любой ступени развития благосостояния хлеб представляет собой продукт человеческого труда. Но среднее количество продукта любой отрасли труда всегда более или менее точно соответ-

---

* *Byron*. Narrative of the distresses suffered on the coast of Patagonia from 1740 to 1746. London, 1768. P. 220.

ствует среднему потреблению; среднее предложение соответствует среднему спросу. Затем на любой ступени культуры для возделывания одинаковых количеств хлеба при одинаковой почве и при одинаковом климате требуются в среднем почти равные количества труда или, что то же самое, почти равные затраты на труд; ибо непрерывное возрастание производительности труда при повышении культуры более или менее уравновешивается непрерывным возрастанием цены скота — главного орудия в земледелии. Ввиду всего этого мы можем быть уверены, что при любом состоянии общества, на любой ступени культуры равные количества хлеба в большей мере, чем равные количества других видов сырых продуктов земли, будут представлять собой или будут эквивалентны одинаковым количествам труда. В соответствии с этим хлеб, как уже указано, является на всех различных ступенях развития богатства и культуры более точным мерилом стоимости, чем какой-либо другой товар или группа товаров. Поэтому на всех этих различных ступенях развития мы можем лучше судить о действительной стоимости серебра, сравнивая ее с хлебом, нежели с каким-либо другим товаром или группой товаров.

Помимо того, хлеб или всякая иная обычная и излюбленная растительная пища народа составляет во всякой культурной стране главную часть содержания работника. Вследствие расширения земледелия земля каждой страны производит гораздо большее количество растительной, чем животной пищи, и работник повсюду питается главным образом той здоровой пищей, которая является наиболее дешевой и обильной. Мясо, если не считать наиболее богатых стран или таких, где труд очень высоко оплачивается, составляет лишь незначительную часть пропитания работника, птица — еще меньшую часть, а дичь и совсем не входит в его питание. Во Франции и даже в Шотландии, где труд несколько лучше вознаграждается, чем во Франции, трудящийся бедняк редко кушает мясо, исключая праздников и других чрезвычайных случаев. Денежная цена труда поэтому гораздо больше зависит от средней денежной цены хлеба, этого предмета питания работника, чем от цены мяса или какого-либо другого сырого продукта земли. Поэтому действительная стоимость золота и серебра, действительное количество труда, которое они могут купить или получить в свое распоряжение, гораздо больше зависит от количества хлеба, чем от количества мяса или всякого другого сырого продукта земли.

Подобные поверхностные наблюдения над ценами хлеба или других товаров не ускользнули бы, вероятно, от внимания многих просвещенных авторов, если бы они не находились под влиянием распространенного мнения, которое утверждает, что, поскольку количество серебра естественно возрастает в каждой стране вместе с возрастанием богатства, постольку его стоимость уменьшается по мере возрастания его количества. Но такое мнение представляется совершенно необоснованным.

Количество драгоценных металлов в стране может возрастать в силу двух различных причин: или, во-первых, благодаря возрастающему обилию рудников, доставляющих эти металлы, или, во-вторых, благодаря возрастанию богатства народа, благодаря увеличению продукта его годичного труда. Первая из этих причин, без сомнения, необходимо связана с уменьшением стоимости драгоценных металлов, вторая отнюдь не связана с этим.

Когда открываются более обильные рудники, на рынок поступает большее количество драгоценных металлов и, поскольку остается неизменным то количество предметов необходимости и удобства, на которое эти металлы должны быть обменены, данное количество металлов должно быть обменено на меньшее количество товаров. Поскольку увеличение количества драгоценных металлов в какой-либо стране происходит от роста добычи рудников, оно необходимо бывает связано с некоторым уменьшением их стоимости.

Когда, напротив того, богатство какой-либо страны возрастает, когда годичный продукт ее труда становится постепенно все больше и больше, появляется необходимость в большем количестве денег для обращения большего количества товаров; с другой стороны, частные лица начинают, естественно, приобретать все большее количество серебряных и золотых изделий, так как они в состоянии делать это и обладают большим количеством товаров для обмена на эти изделия. Количество звонкой монеты, имеющейся в их распоряжении, будет увеличиваться в силу необходимости, а количество золотых и серебряных изделий — из тщеславия и суетности, т.е. по той же причине, в силу которой у них, вероятно, будет увеличиваться также количество красивых статуй, картин и всяких других дорогих и редких предметов. Но трудно предполагать, чтобы скульпторы и художники вознаграждались хуже во времена растущего богатства и преуспевания, чем во времена бедности и застоя, не приходится думать, чтобы за золото и серебро платили меньше в такое время.

Так как цена золота и серебра, естественно, возрастает в каждой стране вместе с возрастанием богатства — если только случайное открытие более богатых рудников не понижает ее, то, каково бы ни было состояние рудников, цена золота и серебра в любое время бывает, естественно, выше в богатой, чем в бедной стране. Золото и серебро, как и все другие товары, естественно, ищут рынок, где за них дают лучшую цену, а лучшая цена обычно дается за всякую вещь в той стране, которая может заплатить за нее больше. Но следует помнить, что труд представляет собою в последнем счете ту цену, которая уплачивается за всякую вещь, и в странах, в которых труд оплачивается одинаково хорошо, денежная цена его пропорциональна денежной цене средств существования рабочего. Но золото и серебро, естественно, обмениваются на большее количество средств существования в богатой стране, чем в бедной, в стране, изобилующей средствами существования, чем в стране, которая недостаточно снабжена ими. Если две такие страны находятся на значительном расстоянии друг от друга, разница может быть очень велика, потому что, хотя металлы, естественно, притекают с менее выгодных рынков на более выгодные, все же может оказаться затруднительным перевозить их в таких количествах, чтобы приблизительно уравнять их цену в обеих странах. Если страны эти близки друг к другу, разница будет меньше и иногда может быть едва заметной, потому что в этом случае перевозка будет легче. Китай более богатая страна, чем любая часть Европы, и разница между ценой средств существования в Китае и Европе очень велика. Рис в Китае гораздо дешевле, чем пшеница в любой части Европы. Англия более богатая страна, чем Шотландия, но разница между денежной ценой хлеба в этих двух странах гораздо меньше и даже едва заметна. Если судить по количеству или мере, то хлеб в Шотландии представляется обычно значительно более дешевым, чем в Англии, но, если иметь в виду его качество, он оказывается, несомненно, несколько более дорогим. Шотландия получает почти ежегодно большие количества зерна из Англии, а всякий товар должен быть несколько дороже в стране, в которую он ввозится, чем в стране, откуда он получается. Английское зерно должно быть поэтому дороже в Шотландии, чем в Англии, а между тем, принимая во внимание его качество, т.е. количество и доброкачественность муки, которую можно получить из него, оно не может быть продаваемо по более высокой цене, чем шотландское зерно, соперничающее с ним на том же рынке.

Разница между денежной ценой труда в Китае и Европе еще больше, чем между денежной ценой средств существования, так как действительное вознаграждение труда в Европе выше, чем в Китае, поскольку значительнейшая часть Европы находится в прогрессирующем состоянии, а Китай, по-видимому, в стационарном. Денежная цена труда в Шотландии ниже, чем в Англии, так как действительное вознаграждение труда значительно ниже, хотя и в Шотландии происходит рост богатства, но более медленный, чем в Англии. Значительные размеры эмиграции из Шотландии и малые размеры ее из Англии достаточно доказывают, что спрос на труд весьма неодинаков в этих странах. Следует помнить, что соотношение между действительным вознаграждением труда в различных странах, естественно, регулируется не фактическим богатством или бедностью этих стран, а тем, происходит ли в них рост богатства, переживают они застой или упадок.

Золото и серебро, естественно, обладая наибольшей стоимостью у самых богатых народов, имеют наименьшую стоимость у народов самых бедных. У дикарей, являющихся самыми бедными из всех народов, они вряд ли имеют вообще какую-либо стоимость.

В больших городах хлеб всегда дороже, чем в отдаленных частях страны. Но это является следствием не действительной дешевизны серебра, а действительной дороговизны хлеба. Отнюдь не меньше труда стоит доставить серебро в город по сравнению с доставкой его в отдаленные части страны, но гораздо дороже обходится доставить в него хлеб.

В некоторых очень богатых и торговых странах, как, например, в Голландии и в области Генуи, хлеб дорог в силу тех же причин, в силу каких он дорог и в больших городах. Они производят недостаточно для прокормления своих жителей. Они богаты трудолюбием и искусством своих ремесленников и мануфактурных работников, богаты всякого рода машинами, могущими облегчать и сокращать труд, богаты кораблями и другими средствами передвижения и торговли, но они бедны хлебом, который привозится туда из отдаленных стран и поэтому должен быть оплачен с надбавкой к цене для покрытия расходов по перевозке его из этих стран. Не меньше труда стоит доставить серебро в Амстердам, чем в Данциг, но стоит гораздо дороже доставить туда хлеб. Действительная стоимость серебра должна быть почти одинакова в обоих местах, но действительная стоимость хлеба должна быть весьма различна. Пусть уменьшится реальное богатство Голландии или Генуэзской области при неизменной численности их населения; пусть уменьшится их способность снабжать себя продовольствием из отдаленных стран; в таком случае цена хлеба, вместо того чтобы понизиться вместе с уменьшением количества их серебра, которое неизбежно должно сопутствовать такому материальному упадку в качестве его причины или следствия, повысится до размеров голодной цены. Когда мы нуждаемся в предметах существования, мы вынуждены отказаться от всего излишнего; стоимость всех этих излишних предметов, повышающаяся во времена благосостояния и процветания, понижается в периоды бедности и упадка. Иначе бывает с предметами первой необходимости. Их действительная цена, т.е. количество труда, на которое они могут быть обменены, повышается в периоды бедности и нужды и падает в периоды благосостояния и процветания, которые всегда являются вместе с тем временем большого изобилия, так как без него не было бы ни благосостояния, ни процветания. Хлеб представляет собою предмет первой необходимости, а серебро — лишь предмет роскоши, без которого можно обойтись.

Каково бы ни было поэтому увеличение количества драгоценных металлов, вызванное в период между серединой XIV и серединой XVI столетий ростом богатства и культуры, оно не могло бы вызвать тенденцию к уменьшению его стоимости в Великобритании или в какой-либо другой части Европы. Если поэтому те, которые собирали данные о ценах на товары в прежние времена, не имеют никаких оснований делать из своих наблюдений над ценами хлеба или других товаров выводы об уменьшении стоимости серебра в указанный период, то еще меньше имеется у них оснований заключать об этом из предполагаемого возрастания богатства и прогресса культуры.

Второй период

Как ни расходятся мнения ученых относительно движения стоимости серебра в течение первого периода, они единодушны относительно второго периода.

Приблизительно с 1570 по 1640 г., за период около 70 лет, колебания стоимости серебра и хлеба проявлялись в совершенно обратном направлении. Серебро понизилось в своей действительной стоимости или обменивалось на меньшее количество труда, чем прежде, а хлеб повышался в своей номинальной цене и, вместо того чтобы продаваться обычно по 2 унции серебра за квартер, или около 10 шилл. на наши нынешние деньги, стал продаваться по 6 и 8 унций серебра за квартер, или по 30 и 40 шилл. на наши теперешние деньги.

Открытие обильных рудников в Америке является, по-видимому, единственной причиной такого уменьшения стоимости серебра по отношению к стоимости хлеба. Решительно все объясняют это явление именно таким образом, и никогда не было спора по вопросу о самом факте или причине его. В значительнейшей части Европы в этот период промышленность и богатство развивались, и спрос на серебро вследствие этого должен был увеличиваться. Но увеличение предложения, по-видимому, настолько превосходило возрастание спроса, что стоимость этого металла значительно упала. Следует заметить, что открытие рудников в Америке не имело, вероятно, сколько-нибудь заметного влияния на цены продуктов в Англии вплоть до 1570 г., хотя даже рудники в Потози были открыты более чем за двадцать лет до того времени.

С 1595 по 1620 г. (включая оба эти года) средняя цена квартера в 9 бушелей лучшей пшеницы была, по-видимому, на виндзорском рынке, как это явствует из счетов Итонского колледжа, 2 ф. 1 шилл. 6 $^{9}/_{13}$ п. Основываясь на этой цене, отбросив дробь и вычтя девятую часть, т.е. 4 шилл. 7 $^{1}/_{3}$ п., мы получим цену квартера в 8 бушелей в 1 ф. 16 шилл. 10 $^{2}/_{3}$ п. А из этой цены, тоже отбрасывая дробь и вычитая девятую часть, т.е. 4 шилл. 1 $^{1}/_{9}$ п., как разницу между ценой пшеницы высшего и среднего сорта, получим цену пшеницы среднего качества приблизительно в 1 ф. 12 шилл. 8 $^{8}/_{9}$ п., или около 6 $^{1}/_{3}$ унции серебра.

С 1621 по 1636 г. (включая оба эти года) средняя цена такого же количества пшеницы высшего сорта на том же рынке достигала, согласно тем же счетам, 2 ф. 10 шилл.; это дает, если сделать такие же вычеты, как и в предыдущем случае, среднюю цену за квартер в 8 бушелей пшеницы среднего качества в 1 ф. 19 шилл. 6 п., или около 7 $^{2}/_{3}$ унции серебра.

Третий период

Между 1630 и 1640 гг., или около 1636 г., влияние открытия рудников в Америке на уменьшение стоимости серебра, по-видимому, проявлялось с наибольшею силою, а стоимость этого металла никогда не падала так низко по сравнению со стоимостью хлеба, как около этого времени. Она как будто повысилась в течение настоящего столетия и, пожалуй, начала повышаться даже за некоторое время до конца минувшего столетия.

С 1637 по 1700 г. (включая оба эти года), т.е. за последние шестьдесят четыре года минувшего столетия, средняя цена квартера в 9 бушелей лучшей пшеницы на виндзорском рынке была, по-видимому, как это следует из некоторых счетов, 2 ф. 11 шилл. $^{1}/_{3}$ п., что только на 1 шилл. $^{1}/_{3}$ п.

дороже, чем за шестнадцать лет до того. Но в течение этих шестидесяти четырех лет имели место два события, которые должны были породить гораздо больший недостаток хлеба, чем это могло бы быть вызвано неурожаем, и которые поэтому даже и при отсутствии предположения о дальнейшем понижении стоимости серебра более чем объясняют это весьма небольшое возрастание цены хлеба.

Первым из этих событий была гражданская война, которая, препятствуя хлебопашеству и расстраивая торговлю, должна была повысить цену хлеба значительно выше того, чем это могло быть вызвано неурожаями. Она должна была повести к этому в большей или меньшей степени на всех рынках королевства, но в особенности на рынках в окрестностях Лондона, который требует снабжения из самых отдаленных местностей. Действительно, в 1648 г. цена пшеницы высшего качества на виндзорском рынке была, согласно тем же данным, 4 ф. 5 шилл., а в 1649 г. — 4 ф. за квартер в 9 бушелей. Повышение в эти два года сравнительно с ценою в 2 ф. 10 шилл. (средняя цена за шестнадцать лет до 1637 г.) достигает 3 ф. 5 шилл.; будучи разделено на шестьдесят четыре последних года минувшего столетия, это повышение почти достаточно объясняет то небольшое возрастание цены, которое, по-видимому, имело место за эти годы. Но хотя эти цены являются максимальными, они отнюдь не являются ценами, порожденными единственно гражданской войной.

Вторым фактом явилась премия за вывоз хлеба, установленная в 1688 г. Как многие полагали, такая премия, поощряя хлебопашество, может с течением времени вызвать большее обилие, а следовательно, и большую дешевизну хлеба на внутреннем рынке, чем это иначе могло бы иметь место. В дальнейшем я выясню, в какой мере премия может в любое время дать такие результаты; в настоящее время замечу лишь, что между 1688 и 1700 гг. она не успела за краткостью времени привести к таким результатам. За этот короткий период времени единственным результатом премии должно было быть повышение цены на внутреннем рынке, поскольку эта премия поощряла вывоз избытка каждого года и этим не давала избытку одного года уравновешивать недостаток хлеба в другом году. Хотя недостаток хлеба, существовавший в Англии с 1693 по 1699 г. (включая оба эти года), несомненно, был обусловлен главным образом неурожаями и потому охватывал значительную часть Европы, он должен был несколько усилиться благодаря премии. Вследствие этого в 1699 г. дальнейший вывоз хлеба был воспрещен на девять месяцев.

Был еще третий факт на протяжении этого периода, который хотя и не мог вызвать какой-либо недостаток в хлебе или увеличение действительного количества серебра, уплачиваемого обычно за него, но необходимо должен был повести к некоторому увеличению номинальной суммы, платимой за него. Фактом этим было значительное ухудшение монеты благодаря обрезыванию ее и стиранию. Зло это возникло во время Карла II и все усиливалось вплоть до 1695 г., когда, как мы можем узнать от г. Лоундса, находящаяся в обращении серебряная монета была в среднем на 25% ниже установленной ее стоимости. Но номинальная сумма, составляющая рыночную цену всякого товара, необходимо регулируется не столько количеством серебра, которое должно содержаться в ней согласно установленной норме, сколько тем количеством, которое фактически, как это установлено опытом, в ней содержится. Следовательно, эта номинальная сумма в силу необходимости более высока тогда, когда монета значительно обесценена благодаря обрезыванию ее и изнашиванию, нежели когда она близка к своей установленной стоимости.

В течение текущего столетия серебряная монета ни разу не была настолько ниже своего установленного веса, как в настоящее время. Но хотя она была очень сильно испорчена, ее стоимость поддерживалась на известной высоте стоимостью золотой монеты, на которую она обменивалась. Ибо, хотя до последней перечеканки золотая монета была тоже порядочно испорчена, она была испорчена гораздо меньше, чем серебряная. Напротив того, в 1695 г. стоимость серебряной монеты не поддерживалась на установленном уровне золотою монетой; гинея тогда обычно выменивалась на 30 шилл. стертой и обрезанной серебряной монеты. Вплоть до последней перечеканки золота цена серебряных слитков редко превышала 5 шилл. 7 п. за унцию, что лишь на 5 п. больше монетной цены. Но в 1695 г. обычная цена серебряных слитков достигала 6 шилл. 5 п. за унцию, т.е. на 15 п. превышала монетную цену. Таким образом, даже до последней перечеканки золота золотая и серебряная монета одинаково расценивались в сравнении с серебряными слитками не более чем на 8% ниже своей установленной стоимости. Напротив того, в 1695 г. они расценивались почти на 25% ниже своей установленной стоимости. Но в начале настоящего столетия, т.е. непосредственно вслед за великой перечеканкой в эпоху короля Вильгельма, бо́льшая часть находившейся в обращении серебряной монеты должна была быть еще ближе к своему установленному весу, чем в настоящее время. Затем в течение настоящего столетия не бывало крупных общественных бедствий вроде гражданской войны, которые могли бы разорить земледелие или прерывать нормальный ход внутренней торговли страны. И хотя премия, существовавшая в течение большей части этого столетия, должна была всегда несколько повышать цену хлеба сравнительно с тем, какой она была бы при отсутствии ее и при современном состоянии земледелия, все же на протяжении всего столетия эта премия должна была иметь достаточно времени, чтобы вызвать все те выгодные последствия, которые обычно приписываются ей, а именно содействовать развитию земледелия и таким образом увеличить количество хлеба на внутреннем рынке. При таких условиях в силу принципов системы, которую я изложу и объясню в дальнейшем, она должна была бы, повышая, с одной стороны, цену хлеба, вместе с тем приводить, с другой стороны, к ее понижению. Многие даже полагают, что она больше повлияла в последнем смысле. Действительно, за первые шестьдесят четыре года текущего столетия средняя цена квартера в 9 бушелей пшеницы высшего сорта на виндзорском рынке достигала, по-видимому, согласно счетам Итонского колледжа, 2 ф. 69/32 п.*, что приблизительно на 10 шилл. 6 п., или более чем на 25%, дешевле, чем цена ее за последние шестьдесят четыре года истекшего

* «Treaties on the Corn Trade». Tract 3 d.

столетия, и на 9 шилл. 6 п. дешевле цены ее за шестнадцать лет, предшествовавшие 1636 г., когда открытие американских рудников, как можно предполагать, успело в полной мере оказать свое влияние, и на 1 шилл. дешевле, чем в течение двадцати шести лет до 1620 г., пока это открытие, как это возможно предполагать, еще не успело полностью оказать свое влияние. Согласно этим данным, средняя цена пшеницы среднего качества достигала в течение этих первых шестидесяти четырех лет текущего столетия около 32 шилл. за квартер в 8 бушелей.

Таким образом, стоимость серебра, по-видимому, в течение текущего столетия повысилась сравнительно со стоимостью хлеба и, вероятно, начала повышаться еще за несколько времени до истечения минувшего столетия.

В 1687 г. цена квартера в 9 бушелей пшеницы высшего сорта на виндзорском рынке была 1 ф. 5 шилл. 2 п., что представляет собою самую низкую цену ее, существовавшую когда-либо с 1595 г.

В 1688 г. Грегори Кинг, человек, известный своими познаниями в вопросах подобного рода, полагал, что средняя цена пшеницы в годы умеренного урожая составляет для производителя 3 шилл. 6 п. за бушель, или 28 шилл. за квартер. Цена производителя, как я полагаю, представляет собою то, что называют иногда договорной ценой, или ценой, по которой фермер договаривается поставлять в течение определенного ряда лет определенное количество хлеба торговцу. Так как договор подобного рода избавляет фермера от расходов и труда по продаже своего продукта, то договорная цена обыкновенно бывает ниже так называемой средней рыночной цены. Кинг полагал, что 28 шилл. за квартер составляли в то время обычную договорную цену в годы умеренных урожаев. До наступления нужды в хлебе, вызванной рядом последних чрезвычайных неурожаев, эта была, как меня уверяли, обычная договорная цена в годы, отличающиеся средним урожаем.

В 1688 г. парламентом была установлена премия за вывоз хлеба. Землевладельцы, составлявшие тогда гораздо большую часть законодательного собрания, чем в настоящее время, видели, что денежная цена хлеба падает. Премия являлась средством искусственно поднять ее до той высокой цены, по которой хлеб часто продавался во времена Карла I и Карла II. Поэтому премия должна была выдаваться до тех пор, пока цена пшеницы не достигнет 48 шилл. за квартер, т.е. на 20 шилл., или на $^5/_7$ дороже той цены производителя, которую исчислял г. Кинг в том самом году при умеренных урожаях. Если его исчисления заслуживают хотя бы отчасти того доверия, которым они пользуются повсеместно, то 48 шилл. за квартер представляли собою цену, которую при отсутствии таких средств, как премия, нельзя было в то время ожидать, если не считать лет чрезвычайного неурожая. Но правительство короля Вильгельма тогда еще не упрочилось, оно не было в состоянии в чем-либо отказать землевладельцам, от которых оно как раз в то время добивалось утверждения впервые ежегодного земельного налога.

Таким образом, стоимость серебра сравнительно со стоимостью хлеба, вероятно, несколько повысилась незадолго до конца минувшего столетия и, по-видимому, продолжала повышаться в течение большей части настоящего столетия, хотя неизбежное действие премии должно было противодействовать этому повышению и сделать его меньше, чем оно было бы при отсутствии премии при данном состоянии земледелия.

В урожайные годы премия, ведя к усиленному вывозу, неизбежно повышает цену хлеба сравнительно с тем, какова она была бы в такие годы при отсутствии премии. Прямая цель премии состояла в поощрении земледелия путем повышения цены хлеба даже в наиболее урожайные годы.

Правда, в годы большого недостатка хлеба премия временно отменялась. Тем не менее она должна была оказывать некоторое влияние на цены даже в такие годы. Вызывая в урожайные годы чрезвычайно большой вывоз, премия часто препятствует тому, чтобы изобилие одного года уравновешивало недостаток другого.

Таким образом, как в урожайные, так и в неурожайные годы премия повышает цену хлеба выше того уровня, на котором она, естественно, держалась бы при современном состоянии земледелия. Если поэтому в течение первых шестидесяти четырех лет текущего столетия средняя цена хлеба была ниже, чем в течение последних шестидесяти четырех лет минувшего столетия, то при таком же состоянии земледелия она была бы еще значительно ниже, если бы не оказывала своего влияния премия.

Но мне могут возразить, что, не будь премии, состояние земледелия было бы иное. Ниже, при специальном рассмотрении вопроса о премиях, я попытаюсь выяснить, какое влияние они могли оказать на земледелие страны. Теперь же я лишь замечу, что повышение стоимости серебра по сравнению со стоимостью хлеба было характерно не для одной лишь Англии. Оно происходило во Франции в течение того же периода и приблизительно в тех же размерах, что было замечено тремя весьма точными, старательными и трудолюбивыми собирателями цен на хлеб, а именно: г. Дюпрэ де Сен-Мором, г. Мессансом и автором «Опыта о хлебной политике». Но во Франции вывоз хлеба до 1764 г. был воспрещен, и трудно предположить, чтобы почти одинаковое понижение цены, которое имело место в одной стране, несмотря на указанное запрещение вывоза, в другой вызывалось чрезвычайным поощрением, оказываемым вывозу.

Будет, пожалуй, более правильным считать такое изменение средней денежной цены хлеба скорее следствием некоторого постепенного повышения действительной стоимости серебра на европейском рынке, чем какого-либо понижения средней действительной стоимости хлеба. Как уже было указано, хлеб для значительных периодов времени является более точным мерилом стоимости, чем серебро или какой-нибудь другой товар. Когда после открытия богатых рудников в Америке хлеб подорожал в три и четыре раза в сравнении с его прежней денежной ценой, такое изменение приписывалось всеми не повышению действительной стоимости хлеба, а уменьшению действительной стоимости серебра. Если поэтому за первые шестьдесят четыре года текущего столетия средняя денежная цена хлеба несколько понизилась сравнительно с ценой, существовавшей в течение большей части минувшего столетия, то мы должны будем точно так же объяснять это изменение не понижением его действительной стоимости, а некоторым повышением действительной стоимости серебра на европейском рынке.

Правда, высокая цена хлеба в последние десять или двенадцать лет вызвала подозрение, что действительная стоимость серебра все еще продолжает падать на европейском рынке. Но, по-видимому, эта цена хлеба является следствием чрезвычайных неурожаев, и поэтому ее следует считать не постоянным явлением, а преходящим и случайным. Урожаи в последние десять-двенадцать лет были неблагоприятны в большей части Европы, а беспорядки в Польше весьма значительно усилили недостаток хлеба во всех тех странах, которые в годы дороговизны обычно снабжались этим рынком. Столь длинный ряд неурожаев, хотя и не представляет собою обычного явления, отнюдь не может быть признан чем-то исключительным; все, кому приходилось изучать историю цен на хлеб в прежние времена, легко могут вспомнить немало примеров подобного рода. Кроме того, десять лет необычайных неурожаев не более удивительны, чем десять лет необычайных урожаев. Низкая цена хлеба с 1741 по 1750 г. (включая оба эти года) с полным правом может быть противопоставлена высокой цене его за последние восемь или десять лет. С 1741 по 1750 г. средняя цена квартера в 9 бушелей пшеницы высшего сорта на виндзорском рынке достигала, как явствует из счетов Итонского колледжа, лишь 1 ф. 13 шилл. $9^4/_5$ п., что почти на 6 шилл. 3 п. ниже средней цены первых шестидесяти четырех лет текущего столетия. Согласно этим данным, средняя цена квартера в 8 бушелей пшеницы среднего качества равна для этих лет только 1 ф. 6 шилл. 8 п.

Однако между 1741 и 1750 гг. премия должна была предотвратить понижение цены хлеба на внутреннем рынке в той степени, в какой это произошло бы при естественном ходе вещей. В течение этих десяти лет, согласно записям таможни, количество вывезенного хлеба всех видов достигало не менее 8 029 156 квартеров. Премия, выплаченная за это количество, достигала 1 514 962 ф. 17 шилл. $4^1/_2$ п. И в 1749 г. Пельгэм, бывший в то время первым министром, заметил в палате общин, что за три предыдущих года чрезвычайно крупная сумма была выплачена в виде премии за вывоз хлеба. Он имел все основания сделать это замечание, а в следующем году — еще больше того. За один только этот год выплаченная премия достигала не менее 324 176 ф. 10 шилл. 6 п.*. Нет нужды указывать, как значительно такой форсированный вывоз должен был повышать цену хлеба сравнительно с тем, какова она была бы на внутреннем рынке в иных условиях.

В конце таблицы цен, приложенной к настоящей главе, читатель увидит отдельную таблицу, относящуюся к этим десяти годам. Он найдет также отдельную таблицу для десяти предыдущих лет, для которых средняя цена тоже ниже, хотя и не настолько ниже, общей средней цены за первые шестьдесят четыре года этого столетия. Впрочем, 1740 г. был годом сильнейшего неурожая. Двадцать лет, предшествовавшие 1750 г., вполне могут быть противопоставлены двадцати годам, предшествовавшим 1770 г. Подобно тому как в первое двадцатилетие цены стояли намного ниже средней за все столетие, несмотря на один или два года дороговизны, так и во второе цены стояли много выше средней, несмотря на один или два года дешевизны, как, например, 1759 г. И если в первом случае цены стояли не настолько ниже общей средней, насколько они стояли выше такой средней во втором случае, то мы должны приписать это, вероятно, существованию премии. Перелом в ценах был, очевидно, слишком внезапен, чтобы его можно было приписывать изменению стоимости серебра, всегда медленному и постепенному. Внезапность и резкость результата может быть объяснена только такой причиной, которая и сама действует внезапно, а именно случайными колебаниями урожая.

Правда, денежная цена труда в Великобритании повышалась в течение настоящего столетия. Однако это, по-видимому, являлось следствием не столько какого-либо уменьшения стоимости серебра на европейском рынке, сколько увеличения спроса на труд в Великобритании, порождаемого значительным и почти всеобщим процветанием страны. Во Франции, стране, далеко не пользующейся таким благосостоянием, с середины последнего столетия наблюдается постепенное понижение денежной цены тру-

* «Treaties on the Corn Trade». Tract 3 d.

да вместе с понижением средней денежной цены хлеба. Как в прошлом, так и в настоящем столетии поденная плата чернорабочего, как утверждают, почти все время держалась на уровне $^1/_{20}$ средней цены сетье пшеницы, меры, содержащей несколько больше 4 винчестерских бушелей. В Великобритании, как было уже указано, действительное вознаграждение за труд, действительное количество предметов необходимости и удобства, которые получает рабочий, значительно возросло в течение настоящего столетия. Повышение денежной цены труда, по-видимому, является следствием не уменьшения стоимости серебра на европейском рынке, но повышения действительной цены труда специально на английском рынке, обусловленного особо благоприятными условиями этой страны.

В течение некоторого времени после открытия Америки серебро продолжало продаваться по своей прежней или незначительно пониженной цене. Прибыли с рудников некоторое время были очень велики и значительно превышали их естественную норму. Но лица, ввозившие серебро в Европу, однако, скоро должны были убедиться, что весь годичный ввоз не может быть продан по столь высокой цене. Серебро постепенно стало вымениваться на все меньшее и меньшее количество товаров. Его цена постепенно падала все ниже и ниже, пока не достигла своего естественного уровня, или той суммы, которая необходима для уплаты, согласно их естественным нормам, заработной платы, прибыли на капитал и земельной ренты, подлежащих оплате для того, чтобы доставить серебро из рудника на рынок. В большей части рудников Перу пошлина короля Испании, достигающая десятой части валового продукта, поглощает, как было уже указано, всю земельную ренту. Пошлина эта первоначально достигала половины, потом понизилась до $^1/_3$, затем до $^1/_5$ и, наконец, до $^1/_{10}$ валовой добычи, эта норма существует в настоящее время. В большинстве серебряных рудников Перу, по-видимому, это все, что остается после возмещения капитала предпринимателя и оплаты его обычной прибыли; вообще, всеми признается, что эта прибыль, бывшая прежде очень высокой, в настоящее время не превышает минимума, при котором еще возможна дальнейшая разработка рудников.

Пошлина в пользу испанского короля была понижена до $^1/_5$ зарегистрированного серебра в 1504 г.*, т.е. за 41 год до 1545 г., когда были открыты рудники Потози. За девяносто лет, т.е. почти до 1636 г., эти рудники, самые богатые во всей Америке, имели достаточно времени для того, чтобы в полной мере оказать свое действие или привести к такому понижению стоимости серебра на европейском рынке, которое только было возможно при продолжающемся взимании пошлины в пользу испанского короля. Девяносто лет — период, вполне достаточный для того, чтобы довести цену любого товара, не являющегося монопольным, до естественной его цены или до минимальной, по которой он может вообще продаваться сколько-нибудь продолжительное время при уплате специальной пошлины.

Возможно, что цена серебра на европейском рынке могла бы упасть еще ниже, вследствие чего стало бы необходимым или понизить пошлину на него не только до $^1/_{10}$, как это было сделано в 1736 г., но и до $^1/_{12}$, как это было сделано с золотом, или же приостановить разработку большей части американских рудников, ныне разрабатываемых. Постепенное возрастание спроса на серебро или постепенное расширение рынка сбыта для продукта американских серебряных рудников является, вероятно, той причиной, которая предотвратила это и не только поддерживала на прежнем уровне стоимость серебра на европейском рынке, но даже, может быть, несколько повысила ее сравнительно со стоимостью его в середине последнего столетия.

Со времени первоначального открытия Америки рынок сбыта для продукта ее серебряных рудников постепенно все более и более расширялся.

I. Европейский рынок постепенно все более и более расширялся. Со времени открытия Америки значительно повысилось благосостояние большей части Европы. Англия, Голландия, Франция и Германия, даже Швеция, Дания и Россия — все эти страны значительно прогрессировали в смысле развития земледелия и промышленности.

* Solorzano. Vol. 2.

Италия, кажется, также не регрессировала. Ее упадок предшествовал завоеванию Перу. С тех пор она несколько оправилась. Правда, предполагают, что Португалия и Испания несколько регрессировали. Но Португалия составляет лишь ничтожную часть Европы, а упадок Испании, пожалуй, не так велик, как это обычно предполагают. В начале XVI столетия Испания была очень бедной страной даже в сравнении с Францией, благосостояние которой сильно повысилось с тех пор. Всем хорошо известно замечание императора Карла V, часто путешествовавшего по обеим этим странам, что во Франции всего вдоволь, в Испании же во всем чувствуется недостаток. Возрастающая производительность европейского сельского хозяйства и промышленности неизбежно должна была требовать постепенного увеличения количества серебряной монеты, необходимой для обращения большого количества продуктов, а возрастание числа богатых людей неизбежно должно было вести за собою такое же возрастание количества их серебряной посуды и украшений.

II. Америка сама является новым рынком сбыта для продуктов ее собственных серебряных рудников, а так как ее земледелие, промышленность и население развиваются гораздо быстрее, чем в самых цветущих странах Европы, то ее спрос должен возрастать гораздо быстрее. Английские колонии вообще представляют собою новый рынок, который требует отчасти для монеты, отчасти для утвари и украшений непрерывно возрастающего притока серебра для целого материка, который до того времени совсем не предъявлял спроса на этот металл. Точно так же совсем новым рынком является и большинство испанских и португальских колоний. Новая Гренада, Юкатан, Парагвай и Бразилия до открытия их европейцами были населены дикими народами, не знавшими ни ремесел, ни земледелия. А теперь и земледелие, и ремесла уже в значительной степени развиты в этих странах. Даже Мексика и Перу, которые, правда, нельзя считать совершенно новыми рынками, предъявляют теперь, несомненно, гораздо больший спрос, чем когда бы то ни было раньше. После всех чудесных рассказов о блестящем состоянии этих стран в прежние времена всякий, кто читает историю их открытия и завоевания, сохраняя при этом трезвость суждения, увидит, что жители их гораздо более отстали в ремеслах, земледелии и торговле, чем татары в современной Украине. Даже перуанцы, наиболее цивилизованные из этих двух народов, хотя и употребляли золото и серебро для украшений, не имели никакой чеканной монеты. Вся их торговля велась посредством безденежного обмена, и в соответствии с этим у них почти не существовало разделения труда. Люди, обрабатывавшие землю, должны были сами строить себе дома, делать себе одежду, обувь, домашнюю утварь и сельскохозяйственные орудия. Небольшое число бывших у них ремесленников, как говорят, содержалось государем, знатными лицами или духовенством и было, вероятно, их слугами или рабами. Все старинные ремесла Мексики и Перу никогда не доставили ни одного своего продукта в Европу. Испанские армии, вряд ли когда-либо насчитывавшие более пятисот человек, а часто не достигавшие и половины этого числа, почти везде встречали величайшие затруднения при добывании средств существования. Голод, который эти войска, как говорят, вызывали почти везде, куда они приходили в этих странах, которые вместе с тем изображаются как весьма населенные и богатые, достаточно доказывает, что баснословные рассказы об этой населенности и высокой культуре не заслуживают большого доверия. Испанские колонии обладают правительством, во многих отношениях менее благоприятным для земледелия, роста благосостояния и населения, чем правительство английских колоний. Но они, несмотря на все это, по-видимому, развиваются быстрее, чем любая страна в Европе. При плодородной почве и хорошем климате изобилие и дешевизна земли — условия, общие всем новым колониям, — являются, по-видимому, столь большим преимуществом, что это уравновешивает многие недостатки гражданского управления. Фрезьер*, посетивший Перу в 1713 г., говорит, что в Лиме насчитывается от 25 до 28 тыс. жителей. Уллоа, живший в этой стране от 1740 до 1746 г., говорит, что в ней насчитывается свыше 50 тыс.

---

* *Frezier*. Voyage de la Mer du Sud. Vol. II, p. 379.

жителей. Разница в их показаниях о населенности
ряда других городов Чили и Перу почти такая же; и так как у нас нет, по-видимому, никаких оснований сомневаться в осведомленности их обоих, то это говорит о росте населения, который вряд ли меньше, нежели в английских колониях. Таким образом, Америка представляет собою новый рынок для продукта ее собственных серебряных рудников, спрос на который должен возрастать быстрее, чем в большинстве самых цветущих стран Европы.

III. Ост-Индия также является рынком для продукта серебряных рудников Америки, и притом рынком, который со времени открытия этих рудников постоянно поглощал все большее количество серебра. С того времени постоянно возрастала непосредственная торговля между Америкой и Ост-Индией, ведущаяся водным путем через Акапулько, а косвенные сношения через Европу возрастали в еще большей степени. В течение XVI столетия португальцы были единственным народом Европы, который вел регулярную торговлю с Ост-Индией. В последние годы столетия голландцы начали пробивать брешь в этой монополии и в течение короткого времени вытеснили их из главных поселений Индии. В течение большей части минувшего столетия эти два народа делили между собою главнейшую часть ост-индской торговли, причем торговля голландцев возрастала в большей степени, чем падала торговля португальцев. Англичане и французы вели в истекшем столетии некоторую торговлю с Индией, но она значительно возросла только в течение настоящего века. Ост-индская торговля шведов и датчан возникла в течение настоящего столетия. Даже русские ведут ныне регулярную торговлю с Китаем посредством караванов, которые идут сухим путем через Сибирь и Татарию в Пекин. Ост-индская торговля всех этих народов, если не считать торговлю французов, которую последняя война почти совершенно уничтожила, возрастала почти непрерывно. Возрастающее потребление произведений Ост-Индии в Европе, по-видимому, так велико, что все эти нации увеличивают свою торговлю с этой страною. Чай, например, являлся напитком, весьма мало употреблявшимся в Европе до половины истекшего столетия. В настоящее время стоимость чая, ежегодно ввозимого Английской ост-индской компанией для потребления одних только англичан, превышает полтора миллиона фунтов стерлингов в год; но, кроме того, еще большее количество постоянно ввозится в страну контрабандой из портов Голландии, из Гетеборга в Швеции, а также с берегов Франции, пока там процветает Французская ост-индская компания. Потребление китайского фарфора, пряностей с Молуккских островов, бенгальских материй и бесчисленного количества других предметов возросло почти в таких же размерах. В соответствии с этим общий тоннаж всех европейских судов, занятых в ост-индской торговле, в любой момент прошлого столетия был, пожалуй, немногим больше тоннажа Английской ост-индской компании до последнего сокращения числа ее судов.

Но стоимость драгоценных металлов в Ост-Индии, а в особенности в Китае и Индостане, когда европейцы впервые начали торговать с этими странами, была гораздо выше, чем в Европе; и в настоящее время она продолжает быть выше. В странах, возделывающих рис, который обыкновенно дает две, а иногда и три жатвы в год, причем каждая более обильна, чем жатва какого-либо другого зернового хлеба, обилие пищи должно быть гораздо более значительно, чем в любой стране таких же размеров, возделывающей хлеб. Такие страны ввиду этого отличаются более густым населением. В этих странах богатые люди, располагая гораздо большим избытком пищи, сверх того, что могут сами потребить, имеют средства для покупки гораздо большего количества труда других людей. Поэтому двор вельможи в Китае или Индостане, согласно всем сообщениям, гораздо более многочисленный и блестящий, чем дома самых богатых людей в Европе. Тот же самый избыток пищи позволяет им отдавать большее количество ее за все те особенные и редкие произведения, которые природа доставляет лишь в небольших количествах, как, например, драгоценные металлы и камни, составляющие главный предмет соревнования богатых. Поэтому, если бы рудники, снабжавшие индийский рынок, были столь же изобильны, как и рудники, снабжавшие европейский рынок, драгоценные металлы должны были бы, естественно, обмениваться на большее количество пищи в Индии, чем в Европе. Рудники, снабжавшие индийский рынок драгоценными металлами, были, по-видимому, менее, а снабжавшие драгоценными камнями гораздо более богаты, чем рудники, снабжавшие европейский рынок. Ввиду этого драгоценные металлы, естественно, вымениваются в Индии на несколько большее количество драгоценных камней и на гораздо большее количество пищи, чем в Европе. Денежная цена бриллиантов, наиболее дорогого предмета роскоши, должна быть несколько ниже, а денежная цена пищи, самого главного предмета необходимости, значительно ниже в Индии, чем в Европе. Но, как уже замечено, действительная цена труда, действительное количество предметов существования, предоставляемое работнику в Китае и Индостане — двух крупнейших рынках Индии, меньше, чем в большей части Европы. На заработную плату работника там можно купить меньшее количество пищи, а так как денежная цена пищи в Индии гораздо ниже, чем в Европе, то и денежная цена заработной платы там ниже по двум причинам: ввиду меньшего количества пищи, которое можно приобрести на нее, и из-за дешевизны этой пищи. В странах, обладающих одинаково развитыми ремеслами и промышленностью, денежная цена большей части промышленных изделий пропорциональна денежной цене труда; а в отношении развития ремесел и промышленности Китай и Индостан хотя и уступают, но ненамного любой части Европы. Денежная цена большей части промышленных изделий поэтому, естественно, будет значительно ниже в этих обширных государствах, чем в любой европейской стране. Кроме того, в большей части Европы расходы по сухопутной перевозке весьма значительно увеличивают как действительную, так и номинальную цену большинства промышленных изделий. Приходится затрачивать больше труда, а следовательно, и больше денег на то, чтобы доставить сперва материалы, а потом изготовленный продукт на рынок. В Китае и Индостане обилие и разнообразие внутренних водных сообщений сберегают значительную часть этого труда, а следовательно, и этих денег и, таким образом, еще больше понижают действительную и номинальную цену большинства промышленных изделий. В силу всех этих причин драгоценные металлы представляют собою товар, который всегда было выгодно и до сих пор еще чрезвычайно выгодно привозить из Европы в Индию. Вряд ли найдется другой товар, который продавался бы там по лучшей цене или по сравнению с количеством труда и товаров, которое он стоит в Европе, мог бы обмениваться на большее количество труда или товаров в Индии. При этом выгоднее привозить серебро, чем золото, так как в Китае и большей части других рынков в Индии соотношение между чистым серебром и чистым золотом равняется десяти или, самое большее, двенадцати к одному, тогда как в Европе оно достигает четырнадцати или пятнадцати к одному. В Китае и большей части других рынков Индии десять или, самое большее, двенадцать унций серебра выменяваются на одну унцию золота, в Европе для этого требуется от четырнадцати до пятнадцати унций. Ввиду этого в составе груза большей части европейских судов, отплывающих в Индию, серебро занимало одно из первых мест. Оно составляет главный груз кораблей, направляющихся из Акапулько в Манилу. Серебро нового континента является, таким образом, по-видимому, одним из главных товаров, посредством которых ведется торговля между двумя крайними пунктами старого света, и в значительной мере посредством него связываются между собою эти отдаленные части света.

Для того чтобы снабжать столь обширный рынок, количество серебра, ежегодно доставляемого из рудников, должно быть не только достаточно для обеспечения постоянного возрастания спроса на монету и утварь, которое вызывается во всех странах ростом благосостояния, но и для возмещения того постоянного снашивания и потребления серебра, какое имеет место во всех странах, пользующихся этим металлом.

Постоянная потеря драгоценных металлов, которая в монете обусловливается снашиванием, а в утвари снашиванием и чисткой, весьма значительна, и для товаров, употребление которых столь широко распространено, сама по себе должна требовать ежегодно весьма значительного пополнения. Потребление этих металлов в некоторых специальных производствах, будучи в целом, может быть, и не больше указанного постепенного потребления их, все же гораздо чувствительнее, так как оно происходит гораздо быстрее. В предприятиях одного лишь Бирмингема количество золота и серебра, которое ежегодно употребляется на золочение и изготовление накладных изделий и потому не может уже опять принять форму этих металлов, превышает 50 тыс. ф. ст. Это дает нам некоторое представление о том, как велико должно быть ежегодное потребление во всех частях света как в производствах, подобных бирмингемскому, так и при изготовлении позументов, галунов, парчовых золотых и серебряных тканей, при золочении книг, позолоте мебели и пр. Точно так же значительное количество должно утрачиваться ежегодно при перевозке этих металлов из одного места в другое по морю и суше. Кроме того, в большей части азиатских государств почти повсеместный обычай зарывать в землю в горшках сокровища вызывает потерю еще большего количества, так как часто после смерти лица, зарывшего клад, местонахождение последнего неизвестно.

Количество серебра и золота, ввозимых в Кадис и Лиссабон (считая не только зарегистрированное, но и предполагаемый контрабандный ввоз), достигает, согласно наиболее верным подсчетам, около 6 млн ф. ст. ежегодно.

Согласно г. Медженсу, ежегодный ввоз драгоценных металлов в Испанию в среднем за шесть лет, а именно с 1748 по 1753 г., и в Португалию в среднем за семь лет, а именно с 1747 по 1753 г., достигал для серебра по весу 1101 107 фунтов, а для золота — 49 940 фунтов. Считая серебро по 62 шилл. за тройский фунт, получаем для серебра 3413 431 ф. ст. 10 шилл. Для золота, считая по 44 $^1/_2$ гинеи за тройский фунт, получаем 2333 446 ф. ст. 14 шилл. Общий итог достигает 5746 878 ф. ст. 4 шилл. Медженс утверждает, что цифра регистрируемого ввоза вполне точна. Он приводит нам подобные сведения об отдельных пунктах, откуда привозятся золото и серебро, и о количествах того и другого металла, привозимых, согласно регистру, из каждого пункта. Он также принимает во внимание количество каждого металла, ввозимого, по его предположению, контрабандой. Большой опыт этого дельного купца придает его мнению значительный вес.

Согласно красноречивому и в некоторых отношениях хорошо осведомленному автору «Философской и политической истории поселения европейцев в обеих Индиях», ежегодный ввоз регистрированного золота и серебра в Испанию в среднем за 11 лет, а именно с 1754 по 1764 г., достигал 13 984 185 $^{3}/_{5}$ пиастра (в десять реалов). Прибавляя возможный ежегодный ввоз контрабандой, он полагает, что ежегодный ввоз мог достигать 17 миллионов пиастров, что при 4 шилл. 6 п. за пиастр составляет 3 825 000 ф. ст. Он приводит также данные об отдельных пунктах, откуда привозилось золото и серебро, и о количествах обоих металлов, доставлявшихся, согласно регистрам, из каждого отдельного пункта. Он сообщает нам также, что если судить о количестве ежегодно ввозимого из Бразилии в Лиссабон золота по сумме пошлины, уплачиваемой португальскому королю и достигающей одной пятой чистого металла, то мы можем оценить его в 18 млн крузадо или 45 млн французских ливров, что составляет около 2 млн ф. ст. Имея в виду контрабандный ввоз, мы можем смело добавить к этой сумме восьмую часть, или 250 тыс. ф., так что весь ввоз выразится в сумме 2 250 тыс. ф. Таким образом, согласно этим данным, ежегодный ввоз драгоценных металлов в Испанию и Португалию вместе достигает приблизительно 6 075 тыс. ф. ст.

Некоторые другие весьма достоверные, хотя и рукописные, подсчеты, как уверяли меня, сходятся в определении размера этого ежегодного ввоза в среднем приблизительно в 6 млн ф. ст., иногда несколько больше, иногда несколько меньше.

Правда, ежегодный ввоз драгоценных металлов в Кадис и Лиссабон не представляет собою всей ежегодной продукции рудников Америки. Некоторая часть ее ежегодно отправляется на судах через Акапулько в Манилу; некоторая часть составляет предмет контрабандной торговли, которую ведут испанские колонии с колониями других европейских народов, а некоторая часть, несомненно, остается в самой стране. Помимо того, рудники Америки отнюдь не являются единственными золотыми и серебряными рудниками в мире, хотя они и значительно богаче других. По общепризнанному мнению, продукция всех других известных нам рудников незначительна в сравнении с добычей американских, и значительно большая часть их добычи, как это тоже общепризнано, ввозится ежегодно в Кадис и Лиссабон. Но потребление одного лишь Бирмингема, составляющее 50 тыс. ф. в год, равняется уже одной сто двадцатой части этого ежегодного ввоза в 6 млн. Ввиду этого все ежегодное потребление золота и серебра во всех различных странах мира, где эти металлы употребляются, может, пожалуй, достигать приблизительно всей годичной добычи. Остаток может быть не больше, чем достаточно для удовлетворения возрастающего спроса стран, в которых растет благосостояние. Возможно даже, что его не хватает для удовлетворения этого спроса, что может несколько повысить цену этих металлов на европейском рынке.

Количество меди и железа, ежегодно доставляемое из рудников на рынок, несравненно больше количества золота и серебра. Мы, однако, не воображаем на основании этого, что эти грубые металлы доставляются в количестве, превышающем имеющийся на них спрос, или что они постепенно становятся все дешевле и дешевле. Почему же мы должны считать, что это происходит с драгоценными металлами? Правда, грубые металлы, хотя и более прочны, подвергаются гораздо более грубому употреблению, а так как они обладают гораздо меньшей стоимостью, то к их сохранению относятся с меньшей заботой. Тем не менее драгоценные металлы отнюдь не обязательно в большей степени бессмертны, чем они, но тоже подвержены утрате, снашиванию и потреблению самыми различными способами.

Цена всех металлов, хотя и подверженная медленным и постепенным колебаниям, меньше изменяется из года в год, чем цена почти всех других сырых продуктов земли, а цена драгоценных металлов еще менее подвержена внезапным колебаниям, чем цена грубых металлов. В основе такой необычайной устойчивости их цены лежит малая изнашиваемость. Хлеб, доставленный на рынок в прошлом году, почти весь уже потреблен задолго до истечения настоящего года. Но некоторая часть железа, извлеченного из рудников двести или триста лет тому назад, может все еще находиться в употреблении, точно так же, как, может быть, и некоторая часть золота, добытого две или три тысячи лет тому назад. Различные количества хлеба, которые в различные годы служат для мирового потребления, всегда более или менее пропорциональны соответственной продукции этих лет. Но соотношение между различными количествами железа, находящимися в употреблении в два различных года, весьма мало изменяется в зависимости от случайной разницы в продукции рудников за эти два года. А соотношение между количествами золота испытывает еще меньшее влияние от колебаний добычи золотых рудников. Поэтому, хотя добыча большей части металлических рудников колеблется, может быть, гораздо больше из года в год, чем продукция большей части хлебных полей, эти колебания не оказывают такого же влияния на цену товаров первого рода, как на цену товаров второго рода.

Колебания в соотношении между стоимостью золота и серебра

До открытия американских рудников соотношение стоимости чистого золота к стоимости чистого серебра регулировалось на различных монетных дворах Европы в размере от одного к десяти до одного к двенадцати, т.е. предполагалось, что одна унция чистого золота стоит от десяти до двенадцати унций серебра. Около середины истекшего столетия оно было определено в пределах от одного к четырнадцати до одного к пятнадцати, т.е. унция чистого золота предполагалась уже равной от четырнадцати до пятнадцати унций чистого серебра. Золото повысилось в своей номинальной стоимости, или за него стали давать большее количество серебра. Оба металла понизились в своей действительной стоимости, или могли уже приобретать меньшее количество труда; серебро, однако, понизилось в стоимости больше, чем золото. Хотя как золотые, так и серебряные рудники Америки превосходили своим обилием все известные до тех пор рудники, богатство серебряных, по-видимому, было сравнительно меньше, чем золотых рудников.

Большие количества серебра, привозимые ежегодно из Европы в Индию, постепенно понизили в некоторых английских поселениях в этой стране стоимость этого металла в сравнении со стоимостью золота. На монетном дворе в Калькутте унция чистого золота принималась равной по стоимости пятнадцати унциям серебра, как это было и в Европе. Но на монетном дворе золото оценивается, быть может, слишком высоко сравнительно со стоимостью, какую оно имеет на бенгальском рынке. В Китае соотношение между золотом и серебром продолжает держаться на отношении одного к десяти или одного к двенадцати. В Японии оно, как говорят, составляет один к восьми.

Соотношение между количествами золота и серебра, ежегодно ввозимыми в Европу, согласно сообщению г. Медженса, равняется приблизительно одному к двадцати двум, т.е. на одну унцию золота туда ввозится несколько больше двадцати двух унций серебра. Большое количество серебра, ежегодно отправляемого в Ост-Индию, уменьшает, как он думает, количество этих металлов, остающееся в Европе, доводя их соотношение до одного к четырнадцати или пятнадцати, что соответствует соотношению их стоимостей. Соотношение между их стоимостями, по его мнению, должно обязательно быть равно соотношению между их количествами; оно равнялось бы поэтому одному к двадцати двум, если бы не имел места этот большой вывоз серебра.

Но обычное соотношение между соответственными стоимостями двух товаров отнюдь не равняется обязательно соотношению между количествами их, находящимися обычно на рынке. Цена быка, определяемая в десять гиней, приблизительно в 60 раз больше цены теленка, определяемой в 3 шилл. 6 п. Однако нелепо было бы заключать отсюда, что на рынке обычно имеется 60 телят на одного быка; но столь же нелепо было бы, исходя из того факта, что унция золота обычно стоит от четырнадцати до пятнадцати унций серебра, заключать, что на рынке обычно имеется только четырнадцать или пятнадцать унций серебра на одну унцию золота.

Количество серебра, обычно находящегося на рынке, вероятно, гораздо значительнее количества золота, и притом вне всякого соответствия с соотношением стоимости определенного количества золота к стоимости такого же количества серебра. Общее количество дешевого товара, выносимого на рынок, обыкновенно не только больше, но и обладает большей стоимостью, чем все количество дорогого товара. Все количество хлеба, ежегодно доставляемого на рынок, не только больше, но и обладает большей стоимостью, чем все количество мяса, а все количество мяса, доставляемого на рынок, не только больше, но и обладает большей стоимостью, чем общее количество домашней птицы, последнее же не только больше, но и обладает большей стоимостью, чем все количество дичи. Число покупателей дешевого товара настолько превышает число покупателей дорогого, что обыкновенно можно продать не только большее количество его, но и реализовать большую стоимость. Поэтому все количество дешевого товара должно обычно превышать все количество дорогого товара в большей степени, чем стоимость дорогого товара превышает стоимость такого же количества дешевого. Если сравнивать между собой драгоценные металлы, то серебро будет дешевым товаром, а золото — дорогим. Мы поэтому, естественно, должны ожидать, что серебро на рынке всегда превышает золото не только по своему количеству, но и по своей стоимости. Пусть кто-нибудь, обладающий небольшим количеством того и другого, сравнит имеющиеся у него серебряные и золотые вещи, и он, вероятно, найдет, что не только по количеству, но и по стоимости первые значительно превосходят последние. Кроме того, многие люди обладают серебряной посудой, не имея золотых вещей; последние даже у тех, кто имеет их, ограничиваются обыкновенно часами, табакерками и тому подобными мелкими вещами, которые, в общей сложности, редко представляют собою сколько-нибудь значительную стоимость. Правда, в британской монете золото по своей стоимости значительно перевешивает серебро, но не так обстоит дело во всех странах. В денежном обращении некоторых стран стоимость обоих металлов почти одинакова. В Шотландии, до соединения с Англией, золотая монета весьма мало перевешивала, хотя это и имело место, как явствует из отчетов монетного двора. В денежном обращении многих стран перевешивает серебро. Во Франции крупнейшие суммы обычно выплачиваются этим металлом, там трудно получить больше золота, чем можно носить с собой в кармане. Однако большая стоимость серебряной утвари сравнительно с золотой, замечающаяся во всех странах, более чем уравновешивает преобладание золотой монеты сравнительно с серебряной, которое имеет место лишь в некоторых странах.

Хотя в одном смысле этого слова серебро всегда было и, вероятно, всегда будет дешевле золота, однако в другом смысле золото при современном состоянии испанского рынка может быть признано, пожалуй, несколько более дешевым, чем серебро. Товар можно признавать дорогим или дешевым не только в зависимости от большей или меньшей абсолютной величины его обычной цены, но и в зависимости от того, стоит ли эта цена значительно выше или ниже самой низкой цены, при которой возможно доставлять его на рынок в течение сколько-нибудь продолжительного времени. Эта низшая цена представляет собою цену, которая лишь возмещает с умеренной прибылью капитал, затрачиваемый на доставление товара на рынок. Цена эта не дает ничего землевладельцу, рента не входит в нее какой-либо составной частью, она целиком распадается на заработную плату и прибыль. Но при современном состоянии испанского рынка золото, несомненно, несколько ближе к самой низкой цене, чем серебро. Пошлина испанского короля на золото составляет лишь одну двадцатую часть чистого металла, или пять процентов, тогда как его пошлина на серебро достигает одной десятой части его, или десяти процентов. В этих пошлинах, как было уже замечено, содержится вся рента большей части золотых и серебряных рудников испанской Америки; и пошлина с золота увеличивается еще хуже, чем с серебра. Прибыли предпринимателей золотых рудников, которые реже составляют себе состояние, должны быть так же, как общее правило, более умеренны, чем прибыли предпринимателей серебряных рудников. Поэтому цена испанского золота, которое приносит меньшую ренту и меньшую прибыль, должна быть на испанском рынке несколько ближе к низшей цене, по которой его возможно доставить туда, чем цена испанского серебра. Если принять во внимание все издержки, то окажется, что все количество первого металла не может быть продано на испанском рынке с такою же выгодой, как все количество последнего металла. Правда, пошлина португальского короля с бразильского золота равна прежней пошлине испанского короля с мексиканского и перуанского серебра, а именно равняется одной пятой части чистого металла. Поэтому трудно судить, поступает ли на общий европейский рынок вся масса американского золота по цене, которая по сравнению с ценою американского серебра более приближается к той низшей цене, по которой возможно доставлять его на этот рынок.

Цена бриллиантов и других драгоценных камней, может быть, еще более приближается к низшей цене, по которой возможно доставлять их на рынок, чем даже цена золота.

Хотя и не очень вероятно, чтобы какая-либо доля пошлины с серебра, которая взимается с него как с одного из наиболее подходящих для обложения и составляющего исключительно предмет роскоши и притом еще приносит столь значительный доход, была отменена до тех пор, пока еще возможно платить ее, однако невозможность уплачивать ее, которая в 1736 г. сделала необходимым уменьшение ее с одной пятой до одной десятой, может сделать необходимым и дальнейшее ее уменьшение, как уже оказалось необходимым уменьшение пошлины с золота до одной двадцатой. Все, кто изучал состояние серебряных рудников испанской Америки, признают, что, подобно всем другим рудникам, они требуют при разработке все больших издержек из-за большой глубины, на которой приходится вести работу, и более значительных расходов на откачку воды и обеспечение их притоком свежего воздуха на такой глубине.

Эти причины, равносильные растущему недостатку серебра (ибо можно сказать, что, если добывание определенного количества товара становится более трудным и сопряженным с бóльшими расходами, товар этот становится более редким), должны со временем привести к одному из трех следующих результатов. Возрастание издержек должно, во-первых, или полностью компенсироваться пропорциональным повышением цены металла, или, во-вторых, полностью компенсироваться пропорциональным уменьшением пошлины с серебра, или, в-третьих, компенсироваться частью одним, частью другим из этих двух способов. Этот последний исход весьма возможен. Как золото возросло в цене по сравнению с серебром, несмотря на значительное уменьшение пошлины, так и серебро может повышаться в цене по сравнению с трудом и товарами, несмотря на такое же уменьшение пошлины с серебра.

Подобные последовательные понижения пошлины хотя и не могут совершенно предотвратить, однако должны, несомненно, более или менее задержать повышение стоимости серебра на европейском рынке. Благодаря такому понижению пошлины могут начать действовать многие рудники, которые не могли разрабатываться ранее, так как они не были в состоянии оплачивать прежнюю пошлину, и количество серебра, ежегодно доставляемого на рынок, станет несколько больше, а стоимость данного количества его поэтому несколько меньше, чем это было бы в противном случае. Вследствие уменьшения пошлины в 1736 г. стоимость серебра на европейском рынке — хотя она в настоящее время, вероятно, не ниже, чем была до этого уменьшения, — все же по меньшей мере на десять процентов ниже, чем она была бы, если бы испанское правительство продолжало взимать прежнюю пошлину.

Факты и соображения, приведенные мною выше, побуждают меня думать или, вернее, подозревать и предполагать, что, несмотря на это уменьшение пошлины, стоимость серебра в течение настоящего столетия начала несколько повышаться на европейском рынке. Действительно, самое добросовестное суждение, какое я могу составить себе относительно этого вопроса, вряд ли заслуживает имени прочного убеждения. В самом деле, повышение это, если допускать, что оно вообще имело место, было до сих пор настолько незначительно, что после всего сказанного многим может показаться вообще сомнительным, произошло ли это на самом деле и что не случилось ли нечто обратное, т.е. не продолжает ли стоимость серебра на европейском рынке понижаться и по сию пору.

Следует, однако, заметить, что, каков бы ни был предполагаемый ежегодный ввоз золота и серебра, должен быть такой период, когда ежегодное потребление этих металлов будет равняться этому ежегодному ввозу. Их потребление возрастает с возрастанием их общей массы или, вернее, в еще большей пропорции. По мере возрастания их массы уменьшается их стоимость. Их больше употребляют в дело, меньше берегут, и в результате этого потребление их возрастает в большей степени, чем общая масса. Поэтому по истечении определенного периода ежегодное потребление этих металлов должно, таким образом, сравняться с ежегодным ввозом при том условии, что ввоз этот не возрастает постоянно; мы не предполагаем, что последнее имеет место в настоящее время.

Если при ежегодном потреблении, сравнявшемся с ежегодным ввозом, последний постепенно уменьшается, то ежегодное потребление может в течение некоторого времени превышать ежегодный ввоз. Масса этих металлов может постепенно и незаметно уменьшаться, а их стоимость постепенно и незаметно повышаться до тех пор, пока ежегодный ввоз опять не достигнет стационарного состояния и ежегодное потребление постепенно и незаметно приспособится к той норме, которая соответствует такому ежегодному ввозу.

Основания, позволяющие предполагать, что стоимость серебра продолжает уменьшаться

Возрастание богатства Европы и широко распространенный взгляд, что количество драгоценных металлов, естественно, увеличивается с ростом богатства, а их стоимость уменьшается с увеличением их количества, могут, пожалуй, вызвать общераспространенное мнение, будто стоимость благородных металлов все еще продолжает понижаться на европейском рынке, а продолжающееся повышение цен многих сырых продуктов земли может укреплять подобное мнение.

Я уже пытался показать, что такое увеличение количества драгоценных металлов, происходящее во всякой стране при возрастании богатства, не имеет тенденции уменьшать их стоимость. Золото и серебро, естественно, притекают в богатую страну по той же самой причине, по которой туда притекают всякого рода предметы роскоши и утонченности, — не потому, что они дешевле там, чем в более бедных странах, а потому, что они дороже. Их привлекает более высокая цена, и как только этот более высокий уровень цены исчезает, они неизбежно перестают притекать туда.

Я уже пытался показать, что, за исключением хлеба и других растений, разводимых человеческим трудом, все другие виды сырых продуктов — скот, птица, всякого рода дичь, полезные ископаемые и металлы — становятся, естественно, дороже по мере возрастания богатства и культуры общества. Хотя, таким образом, подобные товары начинают обмениваться на большие количества серебра, чем раньше, отсюда отнюдь не следует, что серебро действительно стало дешевле или обменивается на меньшее количество труда, чем до сих пор; отсюда лишь следует, что эти товары в действительности стали дороже или вымениваются на большее количество труда, чем раньше. С развитием культуры повышается не только их номинальная цена, но и реальная. Повышение номинальной цены этих товаров является следствием не какого-либо понижения стоимости серебра, а повышения их действительной цены.

Различные последствия развития культуры для трех видов сырых продуктов

Различные виды сырых продуктов могут быть подразделены на три разряда. Первый включает те продукты, количество которых человеческий труд вообще вряд ли в состоянии увеличить. Второй включает такие, количество которых он в состоянии увеличивать соответственно спросу. Третий включает такие, по отношению к которым способность человеческого труда увеличивать их количество ограничена или неопределенна. По мере развития богатства и культуры действительная цена первых может возрастать до чрезвычайной высоты и, по-видимому, не ограничена никакими пределами. Действительная цена вторых хотя и может значительно повышаться, ограничена определенными пределами, перейти которые она не может на сколько-нибудь продолжительное время. Действительная цена третьих, при естественной тенденции повышаться по мере роста богатства, все же может на данной ступени развития даже понижаться, иногда оставаться неизменной, а иногда более или менее возрастать в зависимости от того, насколько те или иные обстоятельства делают более или менее успешными усилия человеческого труда увеличить этот вид сырых продуктов.

Первый разряд

Первый разряд сырых продуктов, цена которых возрастает по мере роста богатства, состоит из тех продуктов, количество которых человеческий труд вообще совсем не может увеличивать. Он состоит из таких предметов, которые природа производит только в определенных количествах и которые ввиду их нестойкости и быстрой порчи невозможно накоплять из продукта нескольких лет. Такова бóльшая часть редких и особенно ценных птиц и рыб, различных видов дичи, почти всех видов дикой птицы, а также многие другие предметы. Когда возрастает богатство и сопровождающая его роскошь, спрос на эти предметы также возрастает, и никакие усилия человеческого труда не могут значительно увеличить предложение этих предметов сравнительно с тем, каково оно было до этого увеличения спроса. Таким образом, при неизменном количестве таких товаров и при постоянном усилении конкуренции между желающими их приобрести их цена может возрастать до любых размеров и, по-видимому, не ограничивается никакими определенными пределами. Если бы появилась такая мода на куликов, что они стали бы продаваться по двадцать гиней за штуку, то никакие усилия человеческого труда не могли бы все же значительно увеличить количество их, доставляемое на рынок, сверх того, что доставляется теперь. Этим легко объясняются высокие цены, которые платили римляне в период наивысшего расцвета за редких птиц и рыб. Цены эти были следствием не низкой стоимости серебра в то время, а высокой стоимости этих редких предметов, количество которых человеческий труд не мог увеличивать произвольно. Действительная стоимость серебра была выше в Риме в течение некоторого времени до и после падения республики, чем в большей части Европы в настоящее время. Три сестерции, или около 6 п., были ценой, уплачиваемой республикой за модий или гарнец пшеницы из Сицилии, поставляемой в счет десятины. Эта цена, впрочем, была, вероятно, несколько ниже средней рыночной цены, ибо обязательство поставлять пшеницу по такой цене считалось налогом, взимаемым с сицилийских фермеров. Поэтому, когда римлянам случалось предъявлять спрос на большее количество пшеницы, чем полагалось получить с десятины, им приходилось платить по соглашению за излишек по 4 сестерции, или по 8 п., за гарнец, и такая цена, вероятно, считалась умеренной и разумной, т.е. обычной или средней договорной ценой того времени; она равняется около 21 шилл. за квартер. 28 шилл. за квартер составляли до последних неурожайных лет обычную договорную цену английской пшеницы, которая по качеству ниже сицилийской и обыкновенно продается на европейском рынке по более низкой цене. Следовательно, стоимость серебра в те древние времена должна была относиться к современной его стоимости, как четыре к трем, т.е. за три унции серебра тогда можно было приобрести то же количество труда и товаров, что и за 4 унции в настоящее время. Когда мы поэтому читаем у Плиния*, что Сей купил для подарка императрице Агриппине белого соловья за 6 тыс. сестерций, или около 50 ф. на наши деньги, и что Азиний Целер** купил рыбу-краснобородку за 8 тыс. сестерций, или приблизительно 66 ф. 13 шилл. 4 п. на наши деньги, то, как ни поражает нас чрезмерность таких цен, они тем не менее представляются нам на треть ниже того, чем они в действительности были. Действительная цена этих предметов, количество труда и предметов существования, кото-

---

* Lib. X, ch. 29.

** Lib. IX, ch. 17.

рые давали за них, была на одну треть выше того, что говорит нам их номинальная цена в настоящее время. Сей отдал за соловья такое количество труда и средств существования, которое в настоящее время можно приобрести за 66 ф. 13 шилл. 4 п., а Азиний Целер дал за краснобородку такое количество труда и средств существования, которое ныне можно приобрести за 88 ф. 17 шилл. 9 п. Необычайность таких высоких цен обусловливалась не столько обилием серебра, сколько обилием труда и средств существования, которыми располагали эти римляне сверх того, что было необходимо для их собственного потребления. Количество серебра, которым они располагали, было значительно меньше того, каким они могли бы в настоящее время располагать при помощи такого же количества труда и средств существования.

Второй разряд

Второй вид сырых продуктов, цена которых повышается по мере возрастания богатства, состоит из таких продуктов, количество которых человеческий труд может увеличивать соответственно возрастанию спроса. Он состоит из тех полезных растений и животных, которые в некультурных странах природа производит в таком изобилии, что они обладают небольшой стоимостью или совсем не имеют ее, и которые по мере развития культуры вынуждены поэтому уступать место более выгодным продуктам. В течение продолжительного периода возрастания богатства количество их постоянно уменьшается, тогда как спрос на них постоянно возрастает. Ввиду этого их действительная стоимость, действительное количество труда, которое можно приобрести на них, постепенно увеличивается, пока, наконец, не становится столь высокой, чтобы сделать их столь же выгодным продуктом, как и всякий иной продукт, который может быть произведен человеческим трудом на самой плодородной и наилучшим образом обработанной земле. Когда эти продукты достигают такой высокой цены, они уже не могут становиться дороже. Если бы произошло последнее, большее количество земли и труда было бы вскоре использовано в целях увеличения количества этих продуктов.

Когда цена скота, например, так повышается, что оказывается столь же выгодным возделывать землю для получения корма для него, как и для получения пищи для людей, она уже не может более повышаться. Если бы это произошло, большее количество земли вскоре оказалось бы обращенным под пастбища. Увеличение площади пахотных земель, сокращая количество земли под природными пастбищами, уменьшает количество мяса, которое, естественно, производит страна без затраты труда и обработки земли, и увеличивает спрос на мясо, поскольку увеличивает количество тех, кто обладает хлебом, или, что то же самое, ценою хлеба для обмена на мясо. Поэтому цена мяса, а следовательно, и скота должна постепенно возрастать, пока она не станет столь высокой, чтобы стало более выгодным пользоваться наиболее плодородной и наилучше обработанной землей для получения корма скоту, чем для посева хлеба. Но расширение площади запашки в размерах, при которых цена скота поднялась бы до такого уровня, может иметь место только на позднейших стадиях развития культуры и богатства; и до тех пор, пока цена скота не достигнет такой высоты, она должна постоянно повышаться, если только страна вообще развивается. Возможно, что в некоторых частях Европы цены на скот еще не повысились до таких размеров. Они не достигли такой высоты ни в одной части Шотландии до объединения с Англией. Если бы шотландский скот не имел другого рынка сбыта, кроме шотландского, то в стране, где площадь земли, пригодной только для пастбищ, очень велика в сравнении с землями, пригодными для других целей, вряд ли было бы возможно, чтобы цена скота достигла такой высоты, при которой было бы выгодно обрабатывать землю для получения кормов. В Англии, как уже было указано, цена скота достигла, по-видимому, в окрестностях Лондона такой высоты около начала минувшего столетия, но в большей части отдаленных районов страны она достигла этого уровня, вероятно, позднее, а в некоторых из последних она вряд ли достигла его и в настоящее время. Из всех различных предметов, входящих во вторую группу сырых продуктов, скот, вероятно, является тем продуктом, цена которого раньше всего с ростом богатства достигает такой высоты.

Пока цена скота не достигнет такой высоты, представляется вряд ли возможным, чтобы полностью обрабатывалась хотя бы большая часть тех земель, которые пригодны для самой интенсивной обработки. На всех фермах, слишком отдаленных от городов, чтобы возможно было привозить оттуда удобрение, т.е. на большей части их в каждой обширной стране, количество хорошо обрабатываемой земли должно быть пропорционально количеству удобрения, производимому на самой ферме, а последнее, в свою очередь, должно быть пропорционально количеству скота, содержимого на ней. Земля удобряется или выпасом скота на ней, или откармливанием его в стойле и вывозом навоза оттуда на поля. Но если цена скота недостаточна для оплаты ренты и прибыли с обработанной земли, фермер не может пасти его на своей земле; тем меньше может он при таком условии кормить его в стойле. При стойловом содержании скот можно кормить только продуктом с культурной и хорошо обрабатываемой земли, ибо сбор скудного и разбросанного продукта с обширной площади невозделанной земли требовал бы слишком много труда и обходился бы слишком дорого. Если поэтому цена скота недостаточна для оплаты продукта с культурной и обрабатываемой земли, на которой он пасется, то эта цена еще в меньшей мере окажется достаточной для оплаты продукта, собираемого с затратой значительного количества добавочного труда и доставляемого скоту в стойло. Поэтому при таких условиях можно кормить в стойле с прибылью только такое количество скота, которое необходимо для вспашки полей. Но такое количество скота никогда не может дать достаточно удобрения для постоянного содержания в хорошем состоянии всех земель, которые можно при помощи этого скота обработать. Даваемое скотом удобрение, недостаточное для всей фермы, естественно, предназначается для таких земель, на которых оно может быть наиболее выгодным образом или удобнее всего использовано, т.е. на самых плодородных или, может быть, наиболее близких к усадьбе. Эти-то земли и будут постоянно содержаться в хорошем состоянии и будут пригодны для вспашки. Остальная земля, ее бóльшая часть, будет оставаться запущенной, не давая почти ничего, кроме скудного пастбища, едва достаточного для прокормления небольшого количества блуждающего полуголодного скота; при этом ферма, хотя и обладающая гораздо меньшим количеством скота в сравнении с тем, какое было бы необходимо для обработки ее в полной мере, весьма часто будет переобременена им сравнительно с фактически производимым ею продуктом. Часть этой обширной площади, оставленной в течение шести или семи лет под выгоном, может быть снова вспахана, причем даст, может быть, одну или две скудные жатвы плохого овса или какого-либо другого грубого зерна, а затем, оказавшись совершенно истощенной, должна быть снова заброшена и отдана, как прежде, под выгон, под вспашку же должна быть взята другая часть этой площади, чтобы, в свою очередь, стать истощенной и заброшенной. Такова действительно была общая система ведения хозяйства по всей низменной части Шотландии до объединения ее с Англией. Участки, которые постоянно удобрялись и содержались в хорошем состоянии, редко превышали третью или четвертую часть всей площади фермы, а иногда не занимали и пятой или шестой части ее. Остальная площадь никогда не удобрялась, но, несмотря на это, часть ее, в свою очередь, обычно обрабатывалась и истощалась. Очевидно, что при такой системе хозяйства даже та часть земель Шотландии, которая пригодна для хорошей обработки, производила очень немного в сравнении с тем, что она в состоянии была бы дать. Хотя такая система кажется очень невыгодной, однако до объединения с Англией низкая цена скота, по-видимому, делала ее почти неизбежной. И если, несмотря на значительное возрастание цен на скот, эта система все же продолжает преобладать в значительной части страны, то это, несомненно, обусловливается во многих местах невежеством и привязанностью к старым обычаям, а в большинстве местностей — невозможностью устранить те затруднения, которые естественный ход вещей ставит немедленному или быстрому введению лучшей системы: во-первых, бедностью крестьян, тем, что они не успели еще приобрести достаточное количество скота для более полной обработки своих земель; тот же самый рост цен на скот, который делает для них выгодным держать большее количество скота, делает для них более затруднительным приобретать его; во-вторых, тем, что они не имели еще времени сделать свои земли пригодными для содержания надлежащим образом большего количества скота, даже если бы они были в состоянии приобрести его. Увеличение количества скота и улучшение земли должны идти рука об руку, одно никогда не может сильно обгонять другое. Без некоторого увеличения скота вряд ли возможно сколько-нибудь заметное улучшение земли, но не может быть и сколько-нибудь значительного увеличения количества скота без предварительного улучшения земли, ибо в противном случае земля не могла бы прокормить его. Эти естественные препятствия для введения лучшей системы могут быть устранены лишь в результате продолжительного труда и бережливости, и должно пройти не менее полустолетия или, может быть, даже целое столетие, прежде чем возможно будет во всех частях страны совершенно оставить старую систему, которая постепенно отмирает. Однако из всех коммерческих выгод, которые извлекла Шотландия из союза с Англией, величайшей является, может быть, рост цен скота. Он не только повел к увеличению стоимости всех поместий горной Шотландии, но и был, вероятно, главной причиной улучшения культуры и развития низменной части Шотландии.

Во всех новых колониях большое количество пустующих земель, которые в течение многих лет могут служить исключительно для пастбищ, скоро приводит к чрезвычайному обилию последнего, а обыкновенно следствием большого обилия неизбежно является большая дешевизна. Хотя весь скот европейских колоний в Америке был первоначально привезен из Европы, он скоро так размножился здесь и настолько понизился в цене, что даже лошадей пускали свободно пастись в лесах, причем владельцы не считали нужным заботиться об их целости. Только спустя продолжительное время после основания подобных колоний может стать выгодным кормить скот продуктами с возделываемой земли. Те же самые причины, а именно отсутствие достаточного количества удобрений и несоответствие между размерами капитала, затрачиваемого на обработку земли, и количеством земли, пригодным для обработки, должны, по всей вероятности, привести к распространению здесь системы хозяйства, сходной с той, какая еще продолжает существовать в столь многих местах Шотландии. И действительно, шведский путешественник Кальм, описывая систему хозяйства некоторых английских колоний Северной Америки в 1749 г., замечает, что весьма трудно обнаружить здесь следы характера английского народа, столь хорошо знакомого с различными отраслями сельского хозяйства. Колонисты почти не удобряют свои хлебные поля, говорит он; когда участок земли истощается после ряда непрерывных посевов, они расчищают и обрабатывают новый, а когда истощается и этот участок, переходят к третьему. Свой скот они пускают бродить в лесах и других пустошах, где он почти помирает с голоду, ибо они давно уже уничтожили почти все однолетние травы, скашивая их слишком рано весною и не давая созреть их цветам или рассыпать свои семена*. Однолетние травы, по-видимому, были лучшими естественными травами в этой части Америки, и когда европейцы впервые поселились здесь, эти травы росли очень густо и достигали трех или четырех футов в вышину. Участок, который в то время, когда Кальм писал, не мог прокормить и одной коровы, в прежние времена, как его уверяли, давал пищу четырем коровам, причем каждая из них давала вчетверо больше молока, чем теперь. Скудость пастбищ, по его мнению, привела к вырождению скота, который значительно ухудшался с каждым поколением. Этот скот, по-видимому, мало чем отличается от той слабой породы, которая преобладала по всей Шотландии лет 30 или 40 тому назад и которая в настоящее время столь значительно улучшена в большей части низменной Шотландии, и притом не столько переменой породы, хотя и это было испробовано в некоторых местах, сколько улучшением и увеличением корма.

Таким образом, хотя и должно пройти много времени, пока скот может приобрести такую цену, чтобы сделать выгодным возделывание земли для откармливания его, тем не менее из всех различных видов сырых продуктов второго

---

* *Кальм*. Путешествие. Т. I, стр. 343, 344.

 рода скот, пожалуй, первый достигает такой цены.

В самом деле, пока он не достиг этой цены, представляется невозможным, чтобы сельскохозяйственная техника могла быть доведена хотя бы до той степени совершенства, какой она достигла во многих частях Европы.

Если скот раньше всего достигал указанной цены, то дичь, пожалуй, достигала этой цены в последнюю очередь. Цена дичи в Великобритании, какой бы чрезмерно высокой она ни казалась, далеко не достаточна для возмещения расходов по содержанию охотничьего парка, как это отлично знают все, кому приходилось заниматься разведением дичи. Если бы это было иначе, то разведение дичи сделалось бы вскоре распространенной отраслью сельского хозяйства, как это было с разведением маленьких птиц, известных под названием «turdi» у древних римлян. Варрон* и Колумелла** уверяют нас, что это было в высшей степени прибыльным делом. Как сообщают, столь же выгодно в некоторых частях Франции откармливание овсянок, перелетных птиц, прилетающих в страну совершенно тощими. Если дичь будет оставаться в моде и если богатство и роскошь в Великобритании будут возрастать так, как они возрастали в течение последнего времени, то цена ее может, вероятно, подняться еще выше.

Между периодом хозяйственного развития, когда достигает высшего предела цена такого необходимого продукта, как скот, и тем периодом, когда такой цены достигает столь излишний продукт, как дичь, протекает весьма продолжительный промежуток времени, в течение которого многие другие виды сырых продуктов постепенно достигают своей наивысшей цены — некоторые раньше, другие позднее, в зависимости от различных обстоятельств.

Так, на отбросы из амбаров и хлевов на каждой ферме содержится некоторое количество домашней птицы. И поскольку ее кормят тем, что было бы потеряно без пользы, она представляет собой чистую экономию, так как почти ничего не стоит фермеру и он может продавать ее по очень дешевой цене. Почти вся сумма, которую он выручает за

---

* «De re rustica», lib. III, cap. 2.

** «De re rustica», lib. VIII, cap. 10, где он цитирует Варрона.

нее, составляет чистый барыш, и, как ни незначительна будет цена ее, это не побудит его прекратить разведение ее. Но в странах с низким уровнем культуры, а потому слабо заселенных, домашней птицы, разводимой таким путем без всяких расходов, часто бывает вполне достаточно для удовлетворения всего наличного спроса. При таких условиях она поэтому часто стоит столько же, сколько мясо или всякая иная животная пища. Но все количество домашней птицы, которое ферма производит таким образом без всяких издержек, всегда должно быть значительно меньше общего количества мяса, которое получается на этой ферме; а при распространении богатства и роскоши то, что встречается редко, при прочих равных условиях предпочитается всегда тому, что обычно и общераспространенно. Поэтому по мере роста богатства и роскоши, обусловленного хозяйственным развитием, цена домашней птицы постепенно повышается и начинает превышать цену мяса, пока в конце концов не достигает столь высокого уровня, что становится выгодным возделывать землю для разведения и откармливания ее. И когда цена достигла такого высокого уровня, она уже не может подняться еще выше. В противном случае добавочные участки земли скоро были бы обращены на это дело. В некоторых провинциях Франции разведение домашней птицы признается весьма важной отраслью сельского хозяйства и достаточно прибыльным делом, чтобы побуждать фермера возделывать для этой цели значительное количество маиса и гречихи. Фермер, обладающий хозяйством среднего размера, имеет иногда до пятисот птиц у себя на дворе. В Англии разведение домашней птицы, по-видимому, еще не признается повсеместно столь важным делом. А между тем она там, несомненно, дороже, чем во Франции, так как Англия получает значительные количества ее из Франции. В ходе хозяйственного развития период, во время которого данный вид животной пищи достигает наивысшей цены, должен, естественно, быть периодом, непосредственно предшествующим всеобщему стремлению возделывать землю в целях производства именно этого вида пищи. В течение некоторого времени до того, как такая практика получит всеобщее распространение, недостаточность этого вида пищи необходимо должна повести к повышению его цены. Когда же производство его станет общераспространенным, обычно вводятся новые методы откармливания, которые позволяют фермеру на той же площади земли прокармливать гораздо большее количество данного вида животной пищи. И не только обилие заставляет его продавать дешевле, но и эти нововведения и улучшения позволяют ему делать это, ибо, если бы он не мог ввести их, изобилие не было бы длительным. Вероятно, именно по этой причине введение в употребление клевера, репы, моркови, капусты и т.п. содействовало понижению обычной цены мяса на лондонском рынке несколько ниже того уровня, на каком она держалась в начале минувшего столетия.

Свинья, которая находит себе пищу среди нечистот и жадно пожирает многое из того, что отбрасывает всякое иное полезное животное, первоначально, подобно домашней птице, содержится на отбросы хозяйства и представляет собою чистую экономию. Пока количество этих животных, которое может быть откармливаемо таким путем с незначительными издержками или совсем без них, вполне достаточно для удовлетворения спроса, этот вид мяса поступает на рынок по гораздо более низкой цене, чем любой другой вид мяса. Но когда спрос начинает превышать это количество, когда становится необходимым производить корм специально для откармливания свиней, как это приходится делать для откармливания всякого другого скота, тогда цена неизбежно повышается и делается пропорционально выше или ниже других видов мяса в зависимости от того, делает ли природа страны и состояние ее сельского хозяйства более дорогим или более дешевым откармливание свиней или других видов скота. Во Франции, согласно свидетельству Бюффона*, цена свинины почти равняется цене говядины. В большей части Великобритании она в настоящее время несколько выше.

Значительное повышение цены свиней и домашней птицы в Великобритании часто объяснялось уменьшением

---

* «Histoire Naturelle», vol. V.

численности коттеров и других мелких держателей земли — явлением, которое во всех частях Европы непосредственно предшествовало улучшению техники сельского хозяйства, но которое вместе с тем могло содействовать более быстрому и усиленному возрастанию цены этих продуктов, чем это было бы без него. Подобно тому как самая бедная семья в состоянии часто содержать кошку или собаку, не производя никаких расходов, так и беднейшие держатели земли могут обычно содержать при очень небольших издержках несколько домашних птиц или свинью и несколько поросят. Остатки и отбросы их собственной пищи, сыворотка, снятое молоко и пр. дают этим животным часть корма, а остальное они находят себе в соседних полях, не причиняя никому сколько-нибудь заметного ущерба. Ввиду этого с уменьшением количества таких мелких держателей обязательно должно значительно сократиться и количество продовольствия, производимого с ничтожными расходами или без всяких расходов, и цена его должна вследствие этого повышаться быстрее и усиленнее, чем это имело бы место без такого уменьшения. Однако раньше или позже по мере хозяйственного развития цена эта во всяком случае должна подняться до максимальной высоты, до какой только может подняться, т.е. до цены, которая оплачивает труд и издержки по обработке земли, доставляющей корм для этих животных, в таком же размере, как оплачиваются труд и издержки на большей части земель, возделываемых для других целей.

Домашнее хозяйство, как разведение свиней и домашней птицы, первоначально тоже ведется в виде побочного дела, не вызывающего специальных расходов. Скот, который по необходимости содержится на ферме, дает больше молока, чем это требуется для прокормления его потомства или для потребления семьи фермера; при этом он дает больше всего молока в определенный сезон. Между тем из всех сельскохозяйственных продуктов молоко, пожалуй, больше всего подвержено порче. В жаркое время года, когда его получается больше всего, оно еле выдерживает сутки. Фермер, делая из него сливочное масло, сохраняет небольшую часть его на неделю; делая из него соленое масло, сохраняет его на год, а выделывая из него сыр, сохраняет значительно большую часть его на несколько лет. Часть всего этого продукта сохраняется для потребления собственной семьи фермера, а остальное поступает на рынок и продается по высшей цене, какую только можно получить и которая не может быть настолько низка, чтобы отбить у фермера охоту отправлять на рынок излишки, остающиеся после потребления его семьи. В самом деле, если цена слишком низка, он, вероятно, будет вести свое молочное хозяйство очень неряшливо и грязно и, вероятно, решит обойтись без отдельного помещения или здания для этой цели, работа будет производиться среди чада, дыма и грязи его кухни, как это практиковалось почти на всех фермах с молочным хозяйством в Шотландии 30–40 лет тому назад и как это кое-где имеет место еще и поныне. Те же причины, какие постепенно повышают цену мяса, а именно увеличение спроса и — как следствие повышения благосостояния страны — уменьшение того количества скота, которое можно содержать с небольшими издержками или без всяких издержек, ведут и к повышению цены молочных продуктов, которая, естественно, находится в зависимости от цены мяса или издержек по содержанию скота. Повышение цены дает возможность оплачивать большее количество труда, большую тщательность и чистоту. Молочное хозяйство начинает заслуживать больше внимания со стороны фермера, и качество его продуктов постепенно улучшается. В конце концов цена достигает такой высоты, что становится выгодным обращать некоторые из наиболее плодородных и лучше всего возделанных участков земли на корм скоту исключительно для молочного хозяйства. Больше цена уже не может повышаться. Если бы это случилось, вскоре еще большее количество земли было бы обращено на эту цель. По-видимому, цена эта достигла такого предела в большей части Англии, где много хорошей земли обычно используется таким образом. В Шотландии же, где большинство фермеров редко отводит много хорошей земли под производство корма для скота исключительно в целях молочного хозяйства, эта цена, как кажется, еще нигде не достигала такой высоты, за исключением окрестностей немногих крупных городов.

Хотя цена продуктов молочного хозяйства в течение нескольких последних лет очень значительно повысилась, все же, вероятно, она еще слишком низка, чтобы делать это возможным. Впрочем, плохое качество этих молочных продуктов в сравнении с английскими вполне соответствует низкому уровню их цены. Но оно является скорее следствием, а не причиной более низкой цены. Продукты лучшего качества, доставляемые на рынок, нельзя было, по-видимому, продавать при наличных условиях в стране по более высокой цене; а ныне существующая цена, вероятно, не покроет издержки на землю и труд, необходимые для производства значительно лучшего качества. В большей части Европы, несмотря на высокий уровень цен, молочное хозяйство не считается более выгодным способом использования земли, чем производство зерновых хлебов или разведение скота, этих двух главных отраслей сельского хозяйства. Поэтому и в большей части Шотландии оно еще не может быть столь выгодным.

Очевидно, таким образом, что ни в одной стране земли не могут полностью поступить в обработку и подвергаться улучшениям, пока цена всех решительно продуктов, какие человеческий труд вынужден производить на этих землях, не достигла такой высоты, чтобы оплачивались издержки на такую обработку и улучшение. Для получения такого результата цена каждого определенного рода продуктов должна быть достаточна для того, чтобы оплачивать, во-первых, ренту хорошей пахотной земли под хлеб, так как она определяет ренту большей части других возделанных земель, и, во-вторых, оплачивать труд и издержки фермера не хуже, чем они обычно оплачиваются на хорошей пахотной земле под хлебом, или, другими словами, чтобы возмещать с обычной прибылью затрачиваемый на нее капитал. Такое повышение цены каждого определенного вида продуктов должно, очевидно, предшествовать улучшению и обработке земли, которая предназначается для производства их. Выгода составляет цель всякого улучшения, и последнее не заслуживает названия улучшения, если оно имеет своим неизбежным следствием убытки. Но убытки должны быть неизбежным следствием улучшения земли для возделывания продукта, цена которого никогда не может вернуть производственных затрат. Если полное улучшение и обработка всех земель страны представляют собой величайшее общественное благо — в чем не может быть ни малейшего сомнения, — то указанное повышение цены всех различных видов сырого продукта следует считать отнюдь не общественным бедствием, а необходимым предвестником и спутником этого величайшего общественного блага.

Это повышение номинальной, или денежной, цены всех этих различных видов сырого продукта было также следствием не какого-либо понижения стоимости серебра, а повышения их действительной цены. Они стоят не только большего количества серебра, но и большего количества труда и средств существования, чем прежде. Так как требуется большее количество труда и средств существования, чтобы доставить их на рынок, то, когда они попадают туда, они представляют большее его количество или эквивалентны ему.

Третий разряд

Третьим и последним видом сырых продуктов, цена которых, естественно, возрастает по мере развития хозяйства, являются продукты, по отношению к которым способность человеческого труда увеличивать их количество является ограниченной или неопределенной. Хотя реальная цена такого сырого продукта имеет поэтому естественную тенденцию к возрастанию по мере хозяйственного развития, все же, в зависимости от различных причин, делающих усилия человеческого труда более или менее успешными в деле увеличения его количества, она может падать, иногда оставаться без изменения в различные периоды этого развития, а иногда повышаться в большей или меньшей степени на протяжении одного и того же периода.

Существуют такие виды сырого продукта, которые природа сделала как бы придатком к другим видам, так что количество одного продукта, какое может произвести страна, необходимо ограничено количеством другого. Количество шерсти или сырых кож, например, какое может произвести данная страна, неизбежно ограничено количеством крупного и мелкого скота, имеющегося у нее. А это последнее, в свою очередь, неизбежно определяется общим состоянием и характером ее сельского хозяйства.

Те же причины, которые по мере хозяйственного развития ведут к постепенному повышению цены мяса, должны, казалось бы, оказывать такое же действие и на цены шерсти и сырых кож и повышать их почти в такой же степени. Это, вероятно, и имело бы место, если бы на начальных стадиях хозяйственного развития рынок для продуктов последнего рода был ограничен такими же узкими пределами, как и рынок для мяса. Но размеры рынков в обоих этих случаях обычно крайне различны.

Рынок для мяса почти везде ограничивается страной, которая его производит. Правда, Ирландия и британская Америка ведут значительную торговлю солониной, но они, как мне кажется, являются единственными странами торгового мира, которые делают это, т.е. вывозят в другие страны сколько-нибудь значительную долю своего мяса.

Рынок для шерсти и сырых кож, напротив, на ранней стадии хозяйственного развития редко ограничивается страною, которая производит их. Они легко могут быть перевозимы в отдаленные страны: шерсть может перевозиться без всякой обработки, а сырые кожи — с очень небольшой обработкой; так как они служат сырьем для многих отраслей производства, то промышленность других стран может предъявлять спрос на них, хотя в своей собственной стране его может и не быть.

В странах, плохо возделываемых и потому слабо заселенных, цена шерсти и сырых кож всегда составляет гораздо большую долю цены всего животного, чем в странах, где благодаря более высокому уровню хозяйства и более многочисленному населению существует больший спрос на мясо. Юм замечает, что во времена саксов руно овцы оценивалось в $^2/_5$ стоимости всей овцы и что это соотношение значительно превышает современную расценку. Как меня уверяли, в некоторых провинциях Испании овец часто убивают только ради шерсти и сала. Тушу оставляют гнить на земле или на пищу животным и хищным птицам. Если это иногда бывает в Испании, то почти постоянно так происходит в Чили, в Буэнос-Айресе и во многих других частях испанской Америки, где рогатый скот почти постоянно убивается только ради шкуры и сала. Точно так же почти всегда практиковалось в испанской части Сан-Доминго, когда она кишела звероловами, и до того времени, когда создание поселений, развитие хозяйства и возрастание населения французских плантаций (ныне простирающиеся по берегу почти всей западной половины острова) придали некоторую стоимость также скоту испанцев, которые до сих пор владеют не только восточной частью берега, но и всей внутренней и горной частью страны.

С развитием хозяйства и ростом населения цена головы скота необходимо повышается, однако цена туши повышается гораздо больше, чем цена шерсти и шкуры. Параллельно с развитием хозяйства и ростом населения страны должен неизбежно расширяться рынок для мяса, который на низшей ступени развития общества всегда ограничивается пределами производящей страны. Но поскольку рынок для шерсти и кожи даже варварской страны часто простирается на весь торговый мир, его расширение редко может происходить в такой же пропорции. На состояние всего торгового мира редко может оказать влияние хозяйственное развитие и подъем в одной какой-нибудь стране, и рынок для таких товаров может оставаться неизменным или почти неизменным после указанного подъема хозяйства. Впрочем, при естественном ходе вещей он в результате этого должен скорее несколько расшириться. В частности, если отрасли промышленности, для которых эти товары служат сырым материалом, начинают процветать в данной стране, рынок, если даже он и не расширится значительно, окажется по крайней мере значительно приближенным к месту производства, и цена этих материалов может повыситься на всю ту сумму, которая обычно расходовалась на перевозку их в отдаленные страны. Поэтому, если цена шерсти и кож не повысится в той же пропорции, как цена мяса, она все же должна, естественно, несколько повыситься и во всяком случае не должна понизиться.

Однако в Англии, несмотря на цветущее состояние ее шерстяной промышленности, цена английской шерсти

очень значительно упала со времени Эдуарда III.
Имеется много достоверных свидетельств, которые показывают, что во время правления этого короля (в середине XIV столетия или около 1339 г.) умеренной и справедливой ценой за тюк в 28 фунтов английской шерсти считалось не менее 10 шилл. на деньги того времени*, что при 20 п. за унцию составляло 6 унций серебра тауэрского веса, или около 30 шилл. на наши деньги. В настоящее время хорошей ценой за вполне хорошую английскую шерсть можно считать 21 шилл. за тюк в 28 фунтов. Таким образом, денежная цена шерсти во время Эдуарда III относится к ее современной денежной цене, как 10:7. Превышение ее реальной цены было еще больше. Считая 6 шилл. 8 п. за квартер пшеницы, мы имеем для этого давно прошедшего времени цену 12 бушелей пшеницы в 10 шилл. При цене в 28 шилл. за квартер 21 шилл. составляет в настоящее время цену только 6 бушелей. Таким образом, отношение между реальными ценами в то давнее время и ныне равно 12:6, или 2:1. В те давно прошедшие времена на один тюк шерсти можно было купить вдвое большее количество средств существования, чем в настоящее время, а следовательно, и вдвое большее количество труда, если реальная оплата труда была одинакова для этих периодов.

Такое падение как реальной, так и номинальной стоимости шерсти никоим образом не могло бы произойти при естественном ходе вещей. Действительно, оно являлось следствием насильственных и искусственных мер: во-первых, полного воспрещения вывоза шерсти из Англии; во-вторых, разрешения ввоза ее из Испании без уплаты пошлины; в-третьих, воспрещения вывоза ее из Ирландии в другие страны, кроме Англии. В результате этих ограничительных мер рынок для английской шерсти, вместо того чтобы расшириться вследствие хозяйственного развития Англии, был ограничен внутренним рынком, куда был открыт доступ для конкуренции с нею шерсти нескольких других стран и где ирландская шерсть была вынуждена конкурировать с нею. А так как к тому же шерстяные фабрики в Ирландии встречают максимум стеснений, совме-

* «Memoirs of wool» Smith'а, т. I, гл. 5, 6 и 7; также т. II, гл. 176.

стимых со справедливым и честным ходом дел, то ирландцы в состоянии перерабатывать только часть своей шерсти и вынуждены поэтому отправлять большую часть ее в Великобританию, на единственный рынок, открытый для них.

Мне не удалось найти столь же достоверных данных о цене сырых кож в давно прошедшее время. Шерсть обычно уплачивалась как налог в пользу короля, и ее расценка при уплате его устанавливает по крайней мере до известной степени ее обычную цену. Но не так, по-видимому, было с сырыми кожами. Впрочем, Флитвуд приводит нам, пользуясь счетами от 1425 г. приора в Бурчестере (Оксфорд) и одного из его каноников, их цену, по крайней мере ту, которая указывалась в этом отдельном случае; мы имеем такие цифры: 5 бычьих шкур за 12 шилл., 5 коровьих шкур за 7 шилл. 3 п., 36 овечьих кож (двухлеток) за 9 шилл., 16 телячьих кож за 2 шилл. В 1425 г. 12 шилл. содержали приблизительно такое же количество серебра, как 24 шилл. на наши деньги. Бычья шкура, следовательно, оценивалась в приведенном счете таким количеством серебра, которое содержится в $4^4/_5$ шилл. на наши теперешние деньги. Его номинальная цена была в то время значительно ниже, чем теперь; но при цене квартера пшеницы в 6 шилл. 8 п. на 12 шилл. можно было тогда купить $14^4/_5$ бушеля пшеницы, которые при цене в 3 шилл. 6 п. за бушель в настоящее время стоили бы 51 шилл. 4 п. Следовательно, за бычью шкуру в то время можно было бы купить столько же хлеба, сколько можно купить его за 10 шилл. 3 п. в наши дни. Ее реальная стоимость равнялась 10 шилл. 3 п. на наши теперешние деньги. Мы не можем предполагать, что в те давние времена скот, который в течение большей части зимы почти помирал с голоду, был очень больших размеров. Бычья шкура весом в 4 стона по 16 ф. не считается ныне плохой, а в ту пору была бы, вероятно, признана очень хорошей. Но при цене в полкроны за стон, какова в настоящее время (февраль 1773 г.), по моим сведениям, обычная цена, такая шкура стоила бы теперь только 10 шилл. Таким образом, хотя ее номинальная цена в настоящее время выше, чем она была в эти давно минувшие времена, ее реальная цена, реальное количество средств существования, какое можно купить или получить в обмен на нее, скорее несколько уменьшилась. Цена коровьих шкур, как она указана в упомянутых счетах, почти соответствует цене бычьих шкур. Цена овечьих кож значительно выше этого. Они, вероятно, продавались вместе с шерстью. Цена телячьих кож, напротив, много ниже. В странах, где цены на скот очень низки, телят, которых не хотят вскармливать для поддержания стада, обыкновенно бьют очень молодыми, как это имело место в Шотландии лет 20–30 тому назад. Это сберегает молоко, расход которого не может окупить их цена. Поэтому их кожи обыкновенно мало на что пригодны.

Цена невыделанных шкур в настоящее время ниже, чем это было несколько лет тому назад, что объясняется, вероятно, отменой пошлины на тюленьи шкуры и разрешением в 1769 г. беспошлинного ввоза невыделанных шкур из Ирландии и из колоний. Если взять среднюю цену за настоящее столетие, то она окажется, наверное, несколько более высокой, чем это было в давно прошедшее время. Природа этого товара делает его менее пригодным, чем шерсть, для перевозки на отдаленные рынки. Он ухудшается в качестве от времени. Просоленная шкура признается худшей по качеству, чем свежая, и продается за более низкую цену. Это обстоятельство должно неизбежно иметь тенденцию понижать цену сырых шкур в стране, которая не перерабатывает их сама, а вынуждена вывозить, и сравнительно повышает ее в странах, где эти кожи подвергаются переработке. Оно должно приводить к понижению их цены в варварской стране и к повышению ее в культурных и промышленных странах. Следовательно, оно должно было приводить к понижению ее в минувшие времена и к повышению в наше время. Кроме того, нашим кожевникам не удалось, как это удалось суконщикам, убедить разум нации, что благополучие государства зависит от процветания именно их отрасли промышленности; ввиду этого им покровительствовали гораздо меньше. Вывоз невыделанных шкур, правда, был воспрещен и объявлен вредным, но их ввоз из чужеземных стран был обложен пошлиной; и хотя эта пошлина была отменена для шкур, ввозимых из Ирландии и из колоний (на срок только в пять лет), все же Ирландия не была ограничена рынком Великобритании для продажи своих излишних или тех шкур, которых она не перерабатывала сама. Шкуры простого скота в последние годы внесены в список товаров, которые колониям разрешается вывозить только в метрополию; точно так же и торговля Ирландии до сих пор не подвергалась в этом отношении никаким стеснениям в целях поддержки великобританских кожевенных заводчиков.

Всякого рода регулирующие меры, ведущие к понижению цены шерсти или невыделанных шкур ниже их естественного уровня, в культурной и развитой в хозяйственном отношении стране должны иметь тенденцию к повышению цены на мясо. Цена как крупного, так и мелкого скота, разводимого и откармливаемого на улучшенной и культурной земле, должна быть достаточна для оплаты ренты и прибыли, которые ожидают получить с такой земли ее владелец и фермер. Если она недостаточна для этого, они скоро перестанут откармливать скот. Поэтому та доля цены, которая не оплачивается шерстью или шкурой, должна покрываться ценою туши. Чем меньше платят за первые, тем больше должно быть уплачено за вторую. Землевладельцам и фермерам безразлично, как распределяется эта цена между различными частями животного, если только она полностью уплачивается им. Поэтому в хозяйственно развитой и культурной стране интересы землевладельцев и фермеров не могут быть сильно задеты такими регулирующими мерами, хотя их интересы как потребителей могут оказаться затронутыми в результате повышения цены продовольствия. Совершенно иным будет положение в малоразвитой и некультурной стране, где большая часть земель не может быть использована ни для какой другой цели, кроме разведения и выращивания скота, и где шерсть и шкура составляют главную часть стоимости этого скота. Их интересы как землевладельцев и фермеров в этом случае будут глубоко задеты подобными регулирующими мерами, а интерес их в качестве потребителей — весьма мало. Понижение цены шерсти и шкуры в этом случае не приведет к повышению цены туши, так как количество выращиваемого скота не изменяется, поскольку бóльшая часть земель страны не применима ни для какой другой цели, кроме разведения скота; на рынок будет поступать такое же количество мяса, как и до того, между тем как спрос на него не увеличится; следовательно, цена его останется прежней. Полная цена за голову скота уменьшится, и вместе с нею понизятся рента и прибыль со всех тех земель, главным продуктом которых был скот, т.е. большей части земель страны. Воспрещение вывоза шерсти, которое обычно, но весьма ошибочно приписывается Эдуарду III, при существовавших в то время условиях явилось бы в высшей степени разрушительной мерой, какую только можно себе представить. Оно не только вызвало бы понижение стоимости большей части земель королевства, но благодаря понижению цены наиболее важных видов мелкого скота оно весьма замедлило бы его улучшение в дальнейшем.

Шерсть в Шотландии весьма значительно понизилась в цене вследствие соединения с Англией, благодаря которому она оказалась исключенной из обширного рынка Европы и ограниченной небольшим рынком Великобритании. Стоимость большей части земель южных графств Шотландии, где преобладает овцеводство, очень сильно пострадала бы благодаря этому событию, если бы повышение цены мяса не уравновесило полностью падение цены шерсти.

Успешность человеческого труда в области увеличения количества шерсти или сырых кож является ограниченною, поскольку она зависит от производства данной страны, и неопределенною, поскольку зависит от производства других стран. Она зависит не столько от количества, производимого последними, сколько от того количества, которое они сами не перерабатывают, а также от тех ограничений, которые они могут считать нужным установить для вывоза этого вида сырья. Поскольку все эти обстоятельства нисколько не зависят от промышленности данной страны, это неизбежно делает успешность ее усилий более или менее неопределенной. Таким образом, успешность человеческого труда в области увеличения количества этого вида сырых продуктов является не только ограниченною, но и неопределенною.

Точно так же успешность его ограниченна и неопределенна в деле увеличения количества другого весьма важного вида сырого продукта — количества рыбы, доставляемой на рынок. Это количество ограничено топографией страны, близостью или отдаленностью ее различных провинций от моря, количеством ее озер и рек, а также так называемым богатством или скудостью этих морей, озер и рек рыбою. По мере роста населения, по мере все большего увеличения годового продукта земли и труда страны возрастает число покупателей рыбы, и они обладают большим количеством и разнообразием других продуктов или, что то же самое, располагают ценой большего количества и более разнообразных других продуктов, на которую могут производить покупки. Но обыкновенно невозможно снабжать обширный рынок, не затрачивая большого количества труда и притом в большей пропорции, чем это необходимо для снабжения небольшого и ограниченного рынка. Так, рынок, который сперва требовал только одну тысячу тонн рыбы в год, а теперь требует десять тысяч, уже не может удовлетвориться трудом, возросшим тоже в десять раз, ибо приходится отыскивать рыбу на более далеком расстоянии, надо употреблять более крупные суда, пользоваться более дорогими орудиями всякого рода. Поэтому реальная цена этого продукта, естественно, повышается с ходом хозяйственного развития. И мне кажется, что она в большей или меньшей степени действительно повышалась во всех странах.

Хотя успешность ловли рыбы в какой-нибудь день может быть весьма неопределенной, однако при данной топографии страны средний улов за год или за несколько лет в отношении доставки на рынок определенного количества рыбы может быть признан достаточно определенным, что, без сомнения, и есть в действительности. Так как ловля рыбы в большей степени зависит от расположения страны, чем от уровня ее богатства и состояния промышленности, поэтому в различных странах она может быть одинаковой на различных ступенях хозяйственного развития и весьма различной на одной и той же ступени, зависимость же ее от состояния хозяйства неопределенна, и об этой именно неопределенности я здесь и говорю.

Успешность человеческого труда в деле увеличения количества различных минералов и металлов, извлекаемых из недр земли, в особенности более дорогих, по-видимому, не является ограниченной, но является совершенно неопределенной.

Количество драгоценных металлов, имеющееся в какой-либо стране, не ограничивается какими-либо свойствами ее почвы и поверхности, как, например, богатством или скудостью ее собственных рудников. Эти металлы часто имеются в изобилии в странах, совсем не обладающих рудниками. Их количество в каждой определенной стране зависит, по-видимому, от двух различных обстоятельств: во-первых, от ее покупательной способности, от состояния ее промышленности, от размеров годового продукта ее земли и труда, в соответствии с чем она в состоянии затрачивать большее или меньшее количество труда и средств существования на добычу или покупку таких предметов роскоши, как золото и серебро из своих собственных рудников или из рудников других стран; во-вторых, от богатства или скудости рудников, которые в данный период снабжают торговый мир этими металлами. Количество этих металлов в странах, наиболее отдаленных от рудников, в большей или меньшей степени зависит от богатства или скудости последних, ввиду легкости и дешевизны перевозки этих металлов, их небольшого объема и большой стоимости. На количестве их в Китае и Индостане должно более или менее отражаться богатство рудников в Америке.

Поскольку количество драгоценных металлов в какой-либо отдельной стране зависит от первого из этих двух обстоятельств (покупательной способности), постольку их реальная цена, как и цена всех других предметов роскоши, должна повышаться вместе с возрастанием богатства и развитием хозяйства страны и падать при бедности ее и застое. Страны, могущие накопить большое количество труда и средств существования, в состоянии покупать любое количество этих металлов ценою большего количества труда и средств существования.

Поскольку количество драгоценных металлов в данной стране зависит от второго из этих обстоятельств (богатства или скудости рудников, которые снабжают торговый мир), постольку их реальная цена, реальное количество труда или средств существования, которые можно купить или обменять на них, будет, без сомнения, более или менее понижаться в соответствии с богатством этих рудников и повышаться в соответствии с их скудостью.

Но очевидно, что богатство или скудость рудников, которые в данное время могут оказаться поставщиками торгового мира, представляет собой обстоятельство, которое может не иметь никакой связи с состоянием промышленности отдельной страны. Оно представляется даже не имеющим никакой связи с состоянием мировой промышленности вообще. Правда, по мере того как промыслы и торговля постепенно распространялись по все большей и большей части земного шара, поиски рудников, производившиеся теперь на огромном пространстве, могли иметь больше шансов на успех, чем в ту пору, когда ограничивались более узкими пределами. Однако открытие новых рудников по мере постепенного истощения старых представляется делом в высшей степени ненадежным, успех которого не может гарантировать человеческое искусство или труд. Все признаки, как известно, сомнительны, и только фактическое открытие и успешная разработка нового рудника могут удостоверить его действительную стоимость или даже существование в нем металла. В этих поисках нет, по-видимому, определенных пределов ни для возможного успеха, ни для возможной безуспешности человеческого труда. Вполне возможно, что на протяжении одного или двух столетий будут открыты новые рудники, более богатые, чем известные когда-либо до сих пор; и точно так же вполне мыслимо, что наиболее богатые из известных в это время рудников окажутся более бедными, чем разрабатывавшиеся еще до открытия рудников Америки. Произойдет то или другое, это будет иметь очень мало значения для действительного богатства и благосостояния мира, для действительной стоимости годового продукта, земли и труда человечества. Его номинальная стоимость, количество золота и серебра, в котором может быть выражен или представлен этот годовой продукт, будет, без сомнения, весьма различна, но его реальная стоимость, действительное количество труда, которое можно купить или выменять на него, будет одним и тем же. В первом случае один шиллинг мог бы представлять не больше труда, чем представляет его одно пенни в настоящее время, а в последнем случае одно пенни могло бы представлять столько же труда, сколько шиллинг в настоящее время. Но в первом случае обладатель одного шиллинга был бы не богаче того, кто имеет теперь одно пенни, а в последнем случае обладатель одного пенни был бы столь же богат, как и обладающий теперь одним шиллингом. Дешевизна и обилие золотой и серебряной утвари были бы единственной выгодой, которую мир мог бы извлечь из первого обстоятельства, и дороговизна и редкость этих ненужных вещей были бы единственным неудобством, которое явилось бы результатом последнего обстоятельства.

Заключение обзора колебаний стоимости серебра

Бо́льшая часть исследователей, собиравших данные о денежных ценах в минувшие времена, считала, по-видимому, низкую денежную цену хлеба и продуктов вообще или, другими словами, высокую стоимость золота и серебра свидетельством не только недостаточности этих металлов, но и бедности и варварского состояния страны в то время, когда эти цены имели место. Такое понимание связано с системой политической экономии, которая считает, что национальное богатство заключается в изобилии золота и серебра, а национальная бедность — в их недостаточном количестве. Эту теорию я постараюсь изложить и разобрать в четвертой книге настоящего исследования. Пока же я только замечу, что высокая стоимость драгоценных металлов отнюдь не может служить свидетельством бедности или варварского состояния какой-либо страны в то время, когда это наблюдается. Она только свидетельствует о бедности рудников, которые в этот период снабжают торговый мир. Бедная страна, не могущая покупать больше богатой страны, не может также и платить дороже ее за золото и серебро, а потому стоимость этих металлов вряд ли может быть выше в первой, чем во второй. В Китае, стране гораздо более богатой, чем любая часть Европы, стоимость драгоценных металлов гораздо выше, чем где бы то ни было в Европе. Правда, если богатство Европы значительно возросло со времени открытия рудников Америки, то стоимость золота и серебра постепенно понизилась. Но такое понижение их стоимости было обусловлено не увеличением реального богатства Европы, годового продукта ее земли и труда, а случайным открытием более обильных рудников, чем известные до того времени. Увеличение количества золота и серебра в Европе и развитие ее мануфактур и земледелия представляют собою два явления, хотя и имевшие место почти в одно и то же время, однако возникшие под влиянием весьма различных причин и почти не имеющие никакой связи друг с другом. Первое обусловлено чистой случайностью, в которой не играли и не могли играть роли предусмотрительность или политика; второе вызвано падением феодальной системы и установлением правительства, которое дало промышленности то единственное поощрение, в каком она нуждалась, т.е. некоторую уверенность в том, что она сможет пользоваться плодами своего труда. Польша, где феодальная система продолжает еще существовать, является в настоящее время столь же нищенской страной, какой она была до открытия Америки. Однако денежная цена хлеба повысилась; реальная стоимость драгоценных металлов в Польше понизилась точно так же, как и в других частях Европы. Их количество поэтому должно было увеличиться там, как и в других странах, и почти в такой же пропорции, в какой увеличился годичный продукт ее земли и труда. Но рост количества драгоценных металлов не увеличил, как кажется, годового продукта страны, не привел к улучшению ее фабрик и земледелия, не улучшил положения ее обитателей. Испания и Португалия — страны, обладающие рудниками, являются после Польши, пожалуй, самыми нищенскими странами Европы. Однако стоимость драгоценных металлов должна быть там ниже, чем в какой-либо другой части Европы, поскольку они попадают из этих стран во все остальные страны Европы и обременены не только стоимостью перевозки и страховки, но и издержками на контрабандный провоз ввиду того, что их вывоз или совсем воспрещен, или обложен пошлиной. Поэтому по отношению к годовому продукту земли и труда их количество в этих странах должно быть больше, чем в любой другой стране Европы. Между тем эти страны беднее других частей Европы. Хотя феодальная система была отменена в Испании и Португалии, она не была заменена чем-либо лучшим.

Подобно тому как низкая стоимость золота и серебра не служит свидетельством богатства и процветания той страны, где это имеет место, так и высокая или низкая денежная стоимость товаров вообще или хлеба в частности отнюдь не является свидетельством бедности страны и ее варварского состояния.

Если низкая денежная цена товаров вообще или в особенности хлеба не служит свидетельством бедности или варварского состояния, то вполне решающим свидетельством этого является низкая денежная цена сравнительно с ценою хлеба некоторых отдельных видов товаров, как, например, скота, домашней птицы, дичи всякого рода и т.п. Это ясно показывает, во-первых, их большее обилие в сравнении с хлебом, а следовательно, бóльшие размеры отведенной для их разведения земли сравнительно с той землей, которая отведена под хлеб, и, во-вторых, низкую стоимость этой земли в сравнении со стоимостью пахотной земли и, следовательно, свидетельствует о плохом состоянии и невозделанности большей части страны. Это ясно говорит о том, что отношение капитала и населения страны к размерам ее территории ниже того, какое обычно существует в цивилизованных странах, и что общество в данное время и в данной стране находится еще в состоянии детства. По высокой или низкой денежной цене товаров вообще или хлеба в частности мы можем только заключить, что рудники, в данное время снабжающие торговый мир золотом и серебром, обильны или скудны, но не можем заключить, богата или бедна данная страна. Но по высокому или низкому уровню денежной цены некоторых видов товаров по сравнению с ценою других мы можем заключить с известной степенью вероятности, почти граничащей с несомненностью, богата страна или бедна, подвергается или не подвергается большая часть ее земель улучшению, что она находится в более или менее варварском или в более или менее цивилизованном состоянии.

Всякое повышение денежной цены товаров, происходящее только из-за понижения стоимости серебра, должно одинаково отражаться на всех видах товаров, вызывая общее повышение их цены на треть, на четверть, на пятую часть соответственно утрате серебром третьей, четвертой или пятой части его прежней стоимости. Но повышение цены съестных продуктов, о котором так много рассуждали и спорили, не распространяется в одинаковой мере на все виды съестных продуктов. Если взять средние цифры за текущее столетие, то окажется, что цена хлеба — как это признается даже теми, кто объясняет это повышение уменьшением стоимости серебра, — повысилась меньше, чем цены всех других съестных продуктов. Поэтому повышение цены этих последних не могло быть вызвано понижением стоимости серебра. Необходимо принять во внимание какие-либо иные причины, и те причины, которые были указаны выше, могут, пожалуй, удовлетворительно объяснить повышение цены тех отдельных видов съестных продуктов, цена которых действительно повысилась по сравнению с ценою хлеба, причем не будет нужды прибегать к предполагаемому уменьшению стоимости серебра.

Что касается цены самого хлеба, то в течение первых шестидесяти четырех лет текущего столетия и до недавнего ряда необычайных неурожаев она была несколько ниже, чем в течение последних шестидесяти четырех лет предыдущего столетия. Факт этот удостоверен не только счетами виндзорского рынка, но и официальными отметками в различных графствах Шотландии, а также данными различных рынков Франции, собранными с большой тщательностью и точностью Мессансом* и Дюпрэ де Сен-Мором. Эти доказательства по своей полноте превосходят то, что можно было бы ожидать в вопросе, который, естественно, так трудно точно исследовать.

---

* *Messance.* Recherches sur la Population des Généralités d'Auvergne, de Lyon, de Rouen etc. depuis 1674 jusqu'en 1764. Paris, 1766.

Что касается высокой цены хлеба в течение последних десяти или двенадцати лет, то она может быть вполне объяснена плохими урожаями, а не понижением стоимости серебра.

Таким образом, мнение, что серебро непрерывно понижается в своей стоимости, не основывается, по-видимому, ни на каких наблюдениях, касающихся цены хлеба или других съестных продуктов.

Однако могут сказать, что на то же самое количество серебра в настоящее время, даже согласно приведенным здесь данным, можно будет купить гораздо меньшее количество разного рода съестных продуктов, чем в тот или другой период минувшего столетия, и что выяснение того, вызвана ли такая перемена повышением стоимости этих товаров или понижением стоимости серебра, представляет собою совершенно напрасный и бесполезный труд, ибо это не имеет никакого значения для человека, который идет на рынок с определенным количеством серебра или обладает определенным фиксированным денежным доходом. Я, конечно, не предполагаю, что знание этого различия даст ему возможность покупать дешевле, но оно тем не менее не является вообще бесполезным.

Оно может иметь некоторое полезное значение для публики, давая ей свидетельство о благоприятном положении страны. Если повышение цены некоторых видов съестных продуктов вызвано только понижением стоимости серебра, то это обусловлено фактом, по которому можно заключить только об изобилии американских рудников. Действительное богатство страны, годовой продукт ее земли и труда, может, несмотря на это обстоятельство, или постепенно уменьшаться, как в Португалии и Польше, или постепенно возрастать, как в большинстве других стран Европы. Но если это повышение цены некоторых видов съестных продуктов обусловлено повышением реальной стоимости земли, которая производит их, ее возросшим плодородием или если оно являлось следствием значительных улучшений и хорошей обработки, сделавших ее пригодной для посева хлебов, то оно вызвано обстоятельством, совершенно ясно указывающим на процветание и развитие страны. Земля составляет самую большую, самую важную и наиболее устойчивую часть богатства всякой обширной страны. Несомненно, обществу может быть полезно или по крайней мере в некоторой степени приятно иметь такое решающее свидетельство о возрастании стоимости самой большой, самой важной и наиболее устойчивой части его богатства.

Это может быть также полезно обществу для регулирования денежного вознаграждения некоторых низших служащих. Если повышение цены некоторых видов съестных продуктов вызвано снижением стоимости серебра, их денежное вознаграждение, в том случае, если оно было до того не очень велико, должно быть, несомненно, увеличено пропорционально размерам этого понижения. Если оно не будет увеличено, их реальное вознаграждение окажется, очевидно, настолько же уменьшившимся. Если же указанное повышение цены вызвано повышением стоимости в результате искусственного улучшения плодородия земли, производящей эти продукты, то более затруднительным делом будет решить, в какой пропорции надлежит увеличить денежное вознаграждение и нужно ли вообще увеличивать его. Если расширение сельскохозяйственных улучшений неизбежно повышает в большей или меньшей мере цену всех видов животной пищи по сравнению с ценою хлеба, то оно неизбежно понижает, как я полагаю, цену всех видов растительной пищи. Оно повышает цену животной пищи, потому что значительная часть земли, которая производит ее, являясь пригодной для производства хлеба, должна давать землевладельцу и фермеру ренту и прибыль, обычные для пахотной земли. Оно понижает цену растительной пищи, потому что, увеличивая плодородие земли, оно увеличивает обилие этой пищи. Кроме того, сельскохозяйственные улучшения вводят много видов растительной пищи, которые, поскольку они требуют меньше земли и не больше труда, чем хлеб, поступают на рынок по гораздо более дешевой цене. Таковы картофель и маис, или так называемый индийский хлеб, — два важнейших приобретения, которые сельское хозяйство Европы или даже сама Европа получила от расширения ее торговли и мореплавания. Затем многие виды растительной пищи, которые на низком уровне развития земледелия разводятся только в огороде и при помощи лопаты, на высшей его стадии сеются в полях, для чего пользуются плугом, — таковы репа, морковь, капуста и т.п. Если, таким образом, с развитием улучшений в сельском хозяйстве необходимо повышается реальная цена одного вида пищи, то так же необходимо понижается реальная цена другого вида и становится делом простой точности расчета, насколько повышение цены одного рода пищи может быть уравновешено понижением цены другого. После того как реальная цена мяса достигла уже своего максимума (а это, по-видимому, более ста лет тому назад уже достигнуто в большей части Англии по отношению ко всем видам мяса, исключая, может быть, свинины), всякое повышение цены иного вида животной пищи, которое может после этого иметь место, не может значительно отражаться на положении низших слоев народа. Положение бедных слоев в большей части Англии не может, вне всякого сомнения, ухудшиться при повышении цены домашней птицы, рыбы или дичи в такой же сильной степени, в какой оно должно улучшиться в результате понижения цены картофеля.

При теперешней дороговизне высокая цена хлеба, без сомнения, тяжело отражается на бедных. Но в периоды сравнительного изобилия, при обычном или среднем уровне цены хлеба, естественное повышение цены всякого иного вида сырых продуктов не может отразиться на них. Они, пожалуй, страдают больше от искусственного, вызываемого налогами, повышения цены некоторых промышленных товаров, каковы соль, мыло, кожа, свечи, солод, пиво, эль и т.п.

Влияние хозяйственного развития на действительную цену промышленных изделий

Естественным следствием хозяйственного развития является постепенное понижение действительной цены почти всех мануфактурных изделий. Цена труда, затрачиваемого на изготовление их, понижается, пожалуй, для всех их без исключения. В результате применения лучших машин, вследствие большей ловкости и более целесообразного разделения и распределения труда, для выполнения каждого отдельного предмета требуется гораздо меньшее количество труда; и хотя в силу процветания общества действительная цена труда должна очень сильно повыситься, все же значительное уменьшение затрачиваемого количества труда по общему правилу более чем уравновешивает максимальное повышение его цены, которое только может произойти.

Правда, существуют отрасли промышленности, в которых неизбежное повышение действительной цены сырых материалов более чем уравновешивает все выгоды, которые может принести с собою улучшение техники при производстве работы. В столярном и плотничьем деле неизбежное повышение действительной цены сухого леса, являющееся результатом улучшения земли, может более чем уравновесить все те выгоды, которые могут быть получены от применения лучших машин, от величайшего умения и самого целесообразного разделения и распределения труда.

Но во всех случаях, когда действительная цена сырых материалов совсем не повышается или повышается не очень много, цена мануфактурных изделий понижается весьма значительно.

Это понижение было в высшей степени заметно в течение настоящего и минувшего столетий в тех мануфактурных производствах, материалом для которых служат более грубые металлы. Очень хорошие часы, которые около середины прошлого столетия можно было купить за 10 ф., теперь можно получить, пожалуй, за 20 шилл. В области ножевого товара, замочных изделий, игрушек, выделываемых из простых металлов, и всех тех товаров, которые обычно известны под названием бирмингамских и шеффильдских, за тот же период произошло очень большое понижение цены, хотя и не такое значительное, как для часов. Однако оно было достаточно для того, чтобы вызвать удивление работников всех других стран Европы, которые во многих случаях признают, что не могут изготовлять товары такого же качества за двойную или даже тройную цену. Не существует, кажется, других мануфактурных производств, где разделение труда может быть проведено дальше или где возможны более разнообразные усовершенствования применяемых орудий, чем это имеет место в производствах, материалом для которых служат простые металлы.

В суконном производстве за этот же период не произошло столь чувствительного понижения цен. Цена самого тонкого сукна, как меня уверяли, напротив, за последние 25–30 лет повысилась в известном соответствии с повышением его качества, что объясняется, как мне говорили, значительным повышением цены материала, состоящего главным образом из испанской шерсти. Цена же йоркширского сукна, выделываемого исключительно из английской шерсти, как говорят, понизилась на протяжении настоящего столетия, принимая во внимание его качество. Впрочем, качество представляется столь спорной вещью, что я признаю всякую информацию подобного рода в известной мере ненадежной. В суконной промышленности разделение труда ныне почти такое же, какое существовало сто лет тому назад, а применяемые в ней машины не очень изменились. Впрочем, возможно, что имели место небольшие улучшения в том и другом отношении, которые вызвали некоторое понижение цены.

Но понижение окажется гораздо более заметным и неоспоримым, если мы сравним цену этого товара в настоящее время с его ценой в гораздо более отдаленный от нас период, в конце XV столетия, когда существовало, вероятно, гораздо меньшее разделение труда, а применявшиеся орудия были более несовершенны, чем в настоящее время.

В 1487 г, т.е. в 4-й год правления Генриха VII, был издан указ, согласно которому «всякий, кто станет продавать в розничной продаже ярд самого тонкого, ярко окрашенного красного сукна или другого окрашенного сукна тончайшей выделки дороже 16 шилл., будет подлежать штрафу в 40 шилл. за каждый проданный ярд». Таким образом, 16 шилл., содержавшие приблизительно то же количество серебра, что и 24 шилл. на нынешние деньги, признавались в то время справедливой ценой за ярд самого тонкого сукна; и так как закон этот имеет характер закона против роскоши, то вероятно, что подобное сукно продавалось обычно по несколько более дорогой цене. В настоящее время максимальной ценой можно считать гинею. Даже при предположении, что качество сукна тогда и теперь было одинаково — хотя на самом деле современное сукно, по всей вероятности, лучше, — окажется, что денежная цена самого тонкого сукна значительно понизилась с конца XV столетия. А его действительная цена понизилась гораздо больше. Средняя цена пшеницы считалась в этот период и долгое время после того в 6 шилл. 8 п. за квартер. 16 шилл. составляли, таким образом, цену 2 квартеров и более 3 бушелей пшеницы. Считая квартер пшеницы в настоящее время по 28 шилл., получаем, что действительная цена ярда тонкого сукна должна была в ту пору равняться минимум 3 ф. 6 шилл. 6 п. на наши деньги. Человек, покупавший это сукно, должен был отказаться от возможности распоряжения таким количеством труда и средств существования, которое можно купить на эту сумму в настоящее время.

Понижение действительной цены более простых и грубых материй, хотя и значительное, не так велико, как понижение цены материй высшего качества.

В 1463 г., т.е. в 3-й год правления Эдуарда IV, был издан закон, согласно которому «никто из деревенских поденщиков, чернорабочих, простых мастеровых, живущих вне города или местечка, не должен употреблять или носить в своей одежде какую-либо материю по цене свыше 2 шилл. за ярд». В 3-й год правления Эдуарда IV 2 шилл. содержали почти такое же количество серебра, как 4 шилл. на наши деньги. Но йоркширское сукно, которое ныне продается по 4 шилл. за ярд, вероятно, значительно лучше тех сукон, которые выделывались в то время для беднейшего слоя рабочих. Даже денежная цена их одежды поэтому в настоящее время несколько более дешева, принимая во внимание ее качество, чем в ту отдаленную от нас эпоху. А реальная цена, несомненно, гораздо более дешева. Для бушеля пшеницы 10 п. тогда считались умеренной и разумной ценой. Два шиллинга поэтому составляли цену почти $2^1/_2$ бушеля пшеницы, а это количество при цене в 3 шилл. 6 п. за бушель стоит в настоящее время 8 шилл.

9 п. Для приобретения ярда такого сукна бедный батрак должен был отдать такое количество средств существования, какое в настоящее время можно купить на 8 шилл. 9 п. Приведенный закон тоже направлен против роскоши, имея в виду ограничить расточительность бедняков; их одежда поэтому обычно стоила значительно дороже.

Этим же законом воспрещалось бедным классам носить чулки по цене, превышающей 14 п. за пару, что на наши деньги составляет около 28 п. Но 14 п. составляли в то время цену одного бушеля и около 2 гарнцев пшеницы, а это количество при цене 3 шилл. 6 п. за бушель стоит теперь 5 шилл. 3 п. Мы ныне признали бы эту сумму очень высокой ценой за пару чулок прислуги и рабочего самого бедного и низшего разряда. А между тем они в то время платили за них фактический эквивалент этой суммы.

Во времена Эдуарда IV искусство вязать чулки, вероятно, еще не было известно в Европе. Чулки изготовлялись из материи, что, может быть, и было одной из причин их дороговизны. Первым человеком, надевшим в Англии вязаные чулки, была, как говорят, королева Елизавета; она получила их в подарок от испанского посла.

В производствах грубых и тонких сортов шерстяных материй в эти давние времена употребляли орудия гораздо более несовершенные, чем теперь. С тех пор в нем были введены три весьма важных усовершенствования помимо многочисленных более мелких, количество и значение которых трудно установить. Эти три основных усовершенствования таковы: во-первых, замена прялки и веретена самопрялкой, которая при той же затрате труда выполняет более чем двойное количество работы; во-вторых, применение различных очень остроумных машин, в еще большей степени облегчающих и сокращающих наматывание пряжи или надлежащую заправку основы и утка до укрепления их в станке, — операция, которая до изобретения этих машин должна была являться чрезвычайно кропотливой и утомительной; в-третьих, употребление валяльной мельницы для уплотнения сукна вместо промывания его в воде. Ни ветряные, ни водяные мельницы не были известны в Англии еще в начале XVI столетия, а также, насколько я знаю, в других частях Европы к северу от Альп. Они появились в Италии за некоторое время до того.

Эти обстоятельства могут, пожалуй, объяснить нам в некоторой степени, почему реальная цена как грубых, так и тонких материй была в ту пору настолько выше современной их цены. Требовалось гораздо большее количество труда для изготовления этих предметов, а потому, будучи доставлены на рынок, они должны были продаваться или поступать в обмен за цену большего количества труда.

Грубые материи в те давно минувшие времена вырабатывались, вероятно, в Англии точно таким же способом, как это всегда происходило в странах, где ремесла и промыслы находятся в зачаточном состоянии. Это был, вероятно, домашний промысел, причем каждая отдельная часть работы выполнялась между делом всеми членами почти всякой семьи; и при этом они занимались этой работой тогда, когда у них не было другого дела, и она не являлась главным их занятием, от которого каждый из них получал наибольшую часть своих средств к существованию. Работа, выполняемая таким образом, как это уже было отмечено, всегда оказывается на рынке гораздо более дешевой, чем та, которая составляет главный или единственный источник существования работника. Лучшего качества материи, с другой стороны, не вырабатывалось в то время в Англии; она выделывалась в богатой и торговой Фландрии; вероятно, это производство велось там тогда точно таким же образом, как и в настоящее время людьми, которые все средства существования или главную их часть извлекали из этого промысла. Помимо того, это был заграничный товар и должен был оплачиваться некоторой пошлиной, по крайней мере тоннажным и весовым сбором в пользу короля. Эта пошлина, впрочем, была, вероятно, не очень велика. В ту пору преобладавшая в Европе политика имела в виду не ограничивать высокими пошлинами ввоз иностранных изделий, а скорее поощрять его, чтобы купцы могли снабжать по возможно более дешевым ценам богатых людей предметами роскоши и удобства, в которых они нуждались и которых им не могла доставлять промышленность их собственной страны.

Принятие во внимание этих обстоятельств может в известной мере объяснить нам, почему в эти давно минувшие времена действительная цена простых материй была в сравнении с более тонкими сортами настолько ниже, чем в настоящее время.

Заключение

Я закончу эту весьма длинную главу замечанием, что всякое улучшение в условиях жизни общества имеет тенденцию прямо или косвенно повышать действительную ренту с земли, увеличивать действительное богатство землевладельца, его способность покупать труд или продукт труда других людей.

Распространение улучшения земли и ее обработки ведет непосредственно к повышению ренты. Доля землевладельца в продукте необходимо увеличивается вместе с увеличением всего продукта.

Возрастание действительной цены сырых произведений земли, которое первоначально является следствием распространения улучшений и обработки земли, а затем и причиной их дальнейшего распространения, например увеличение цены скота, также ведет к непосредственному повышению ренты с земли, и притом в еще большей пропорции. Действительная стоимость доли землевладельца, его действительное распоряжение трудом других людей, не только увеличивается с увеличением действительной стоимости его продукта, но и увеличивается вместе с тем также и отношение его доли к всеобщей массе продукта. Для добывания этого продукта, после повышения его действительной цены, не требуется большего количества труда, чем прежде. И потому меньшая доля продукта оказывается достаточной, чтобы возместить с обычной прибылью капитал, затрачиваемый на этот труд. Вследствие этого бóльшая доля его должна оставаться землевладельцу.

Все улучшения в производительности труда, которые ведут непосредственно к понижению действительной цены промышленных изделий, косвенно ведут к повышению действительной ренты с земли. Землевладелец обменивает на промышленные изделия ту часть своего продукта, которая остается от его собственного потребления, или, что то же самое, цену этой части его. Все, что понижает действительную цену первых, повышает действительную цену последнего продукта. В силу этого одно и то же количество сельскохозяйственного продукта становится эквивалентным большему количеству промышленных изделий и землевладелец получает возможность приобретать большее количество предметов удобства, украшения или роскоши.

Всякое увеличение действительного богатства общества, всякое увеличение количества затрачиваемого в нем полезного труда ведут косвенно к повышению действительной ренты с земли. Определенная доля этого труда вкладывается, естественно, в землю. Большее количество людей и скота употребляется на ее обработку, получаемый продукт увеличивается вместе с увеличением капитала, затрачиваемого на его производство, а рента увеличивается вместе с продуктом.

Противоположные явления — плохая обработка земли, понижение действительной цены какой-либо части продуктов земледелия, повышение действительной цены промышленных изделий в результате упадка мануфактур и промыслов, уменьшение действительного богатства общества — все это ведет к понижению действительной ренты с земли, к уменьшению действительного богатства землевладельца, к уменьшению его способности покупать труд или продукт труда других людей.

Весь годовой продукт земли и труда каждой страны или, что то же самое, вся цена этого годового продукта, естественно, распадается, как уже было замечено, на три части: ренту с земли, заработную плату труда и прибыль на капитал — и составляет доход трех различных классов народа: тех, кто живет на ренту, тех, кто живет на заработную плату, и тех, кто живет на прибыль с капитала. Это — три главных, основных и первоначальных класса в каждом цивилизованном обществе, из дохода которых извлекается в конечном счете доход всякого другого класса.

Из сказанного выше явствует, что интересы первого из этих трех главных классов тесно и неразрывно связаны с общими интересами общества. Все, что благоприятствует или вредит интересам первого, неизбежно благоприятствует или вредит интересам общества. Когда общество обсуждает вопросы регулирования торговли или экономической политики, собственники земли никоим образом не могут вводить его в заблуждение в целях благоприятствования интересам только своего класса, если они, конечно, хотя бы сколько-нибудь понимают эти свои интересы. Правда, слишком часто им недостает такого понимания. Они представляют собою единственный из трех классов, доход которых не стоит им труда и усилий, а приходит к ним как бы сам собой и независимо от каких бы то ни было их собственных проектов или планов. Эта бездеятельная жизнь, являющаяся естественным последствием довольства и прочности их положения, делает их слишком часто не только несведущими, но и неспособными к той умственной деятельности, которая необходима для того, чтобы предвидеть и понять возможные последствия той или иной меры регулирования.

Интересы второго класса, члены которого живут заработной платой, столь же тесно связаны с интересами общества, как и интересы первого. Как уже было выяснено, заработная плата рабочего никогда не бывает так высока, как тогда, когда спрос на труд неизменно увеличивается или когда количество употребляемого труда ежегодно значительно возрастает. Когда действительное богатство общества перестает возрастать и остается неизменным, заработная плата этого класса скоро сокращается до такого размера, который как раз достаточен для того, чтобы рабочий мог содержать семью или продолжить существование расы рабочих. При упадке общества она даже падает ниже этого уровня. Класс собственников может, пожалуй, извлекать большую выгоду из процветания общества, чем класс рабочих, но ни один другой класс не страдает так жестоко от его упадка, как рабочие. Но хотя интересы рабочего тесно связаны с интересами общества, он неспособен ни уразуметь эти интересы, ни понять их связь со своими собственными. Условия его жизни не оставляют ему времени для того, чтобы приобретать необходимые сведения, а его образование и привычки обыкновенно таковы, что делают его совсем неспособным к правильному суждению, даже если бы он обладал всей полнотой сведений. Ввиду этого при общественном обсуждении вопросов его голос слабо слышен, на него обращают мало внимания, исключая особые случаи, когда его требования достаточно громки, настойчивы и поддерживаются предпринимателями в их собственных целях.

Люди, употребляющие в дело рабочих, составляют третий класс, класс тех, кто живет на прибыль. Для получения прибыли пускается в оборот капитал, который приводит в движение большую часть полезного труда всякого общества. Планы и проекты обладателей капитала регулируют и направляют все важнейшие приложения труда, прибыль составляет конечную цель всех этих планов и проектов. Но норма прибыли не повышается подобно ренте и заработной плате вместе с процветанием общества и не понижается вместе с его упадком. Напротив, она обычно низка в богатых странах и высока в бедных, а на самом высоком уровне она всегда держится в тех странах, которые быстрее всего идут к разорению и гибели. Ввиду этого интересы этого третьего класса не так связаны с общими интересами общества, как это наблюдается у других двух классов. Купцы и промышленники, входящие в этот класс, пускают в дело обычно крупные капиталы и благодаря своему богатству пользуются в обществе очень большим уважением и влиянием. Поскольку в течение всей своей жизни они разрабатывают всяческие планы и проекты, они часто отличаются большей сообразительностью и пониманием, чем большинство землевладельцев. Но так как их помыслы обыкновенно поглощены скорее интересами собственной специальной отрасли, а не общими интересами общества, то их мнение, даже высказываемое с полной искренностью (что бывает далеко не во всех случаях), в гораздо большей степени отвечает первым интересам, чем последним. Их превосходство над землевладельцем состоит не столько в понимании ими общественных интересов, сколько в лучшем понимании своих собственных интересов, чем это наблюдается у землевладельца. Именно благодаря такому лучшему пониманию своих интересов им часто удавалось влиять на великодушие землевладельца и убеждать его пожертвовать своими интересами и интересами общества в силу весьма простого, но благородного довода, что их интересы, а не интересы землевладельца представляют собою интересы общества. Между тем интересы представителей той или иной отрасли торговли или промышленности всегда в некоторых отношениях расходятся с интересами общества и даже противоположны им. Расширение рынка и ограничение конкуренции всегда отвечают интересу торговцев. Расширение рынка часто может соответствовать также интересам общества, но ограничение конкуренции всегда должно идти вразрез с ними и может только давать торговцам возможность путем повышения их прибыли сверх естественного ее уровня взимать в свою личную пользу чрезмерную подать с остальных своих сограждан. К предложению об издании какого-либо нового закона или регулирующих правил, относящихся к торговле, которое исходит от этого класса, надо всегда относиться с величайшей осторожностью, его следует принимать только после продолжительного и всестороннего рассмотрения с чрезвычайно тщательным, но и чрезвычайно подозрительным вниманием. Оно ведь исходит от того класса, интересы которого никогда полностью не совпадают с интересами общества, который обычно заинтересован в том, чтобы вводить общество в заблуждение и даже угнетать его, и который действительно во многих случаях и вводил его в заблуждение и угнетал.

Годы	Цены кварт. пшеницы за год	Средняя цена за год	Средняя цена в современных деньгах
	ф. ш. п.	ф. ш. п.	ф. ш. п.
1202	0 12 0	. . .	1 16 0
1205	0 12 0 0 12 0 0 15 0	0 13 5	2 0 3
1223	0 12 0	. . .	1 16 0
1237	0 3 4	. . .	0 10 0
1243	0 2 0	. . .	0 6 0
1244	0 2 0	. . .	0 6 0
1246	0 16 0	. . .	2 8 0
1247	0 13 4	. . .	2 0 0
1257	0 4 0	. . .	3 12 0
1258	1 0 0 0 15 0 0 16 0	0 17 0	2 11 0
1270	4 16 0 6 8 0	5 12 0	16 16 0
1286	0 2 8 0 16 0	0 9 4	1 8 0
	Итого		35 9 3
	Средняя цена		2 19 $1\frac{1}{2}$
1287	0 3 4	. . .	0 10 0
1288	0 0 8 0 1 0 0 1 4 0 1 6 0 1 8 0 2 0 0 3 4 0 9 4	0 3 $0\frac{1}{4}$	0 9 $0\frac{3}{4}$
1289	0 12 0 0 6 0 0 2 0 0 10 8 1 0 0	0 10 $1\frac{1}{2}$	1 10 $4\frac{1}{2}$
1290	0 16 0	. . .	2 8 0
1294	0 16 0	. . .	2 8 0

Годы	Цены кварт. пшеницы за год	Средняя цена за год	Средняя цена в современных деньгах
	ф. ш. п.	ф. ш. п.	ф. ш. п.
1302	0 4 0	. . .	0 12 0
1309	0 7 2	. . .	1 1 6
1315	1 0 0	. . .	3 0 0
1316	1 0 0 1 10 0 1 12 0 2 0 0	1 10 6	4 11 6
1317	2 4 0 0 14 0 2 13 0 4 0 0 0 6 8	1 19 6	5 18 6
1336	0 2 0	. . .	0 6 0
1338	0 3 4	. . .	0 10 0
	Итого		23 4 $11\frac{1}{4}$
	Средняя цена		1 18 8
1339	0 9 0	. . .	1 7 0
1349	0 2 0	. . .	0 5 2
1359	1 6 8	. . .	3 2 2
1361	0 2 0	. . .	0 4 8
1363	0 15 0	. . .	1 15 0
1369	1 0 0 1 4 0	1 2 0	2 9 4
1379	0 4 0	. . .	0 9 4
1387	0 2 0	. . .	0 4 8
1390	0 13 4 0 14 0 0 16 0	0 14 5	1 13 7
1401	0 16 0	. . .	1 17 4
1407	0 4 4 0 3 $4\frac{3}{4}$	0 3 10	0 8 11
1416	0 16 0	. . .	1 12 0
	Итого		15 9 4
	Средняя цена		1 5 $9\frac{1}{3}$

Годы	Цены кварт. пшеницы за год	Средняя цена за год	Средняя цена в современных деньгах	Годы	Цены кварт. пшеницы за год	Средняя цена за год	Средняя цена в современных деньгах
	ф. ш. п.	ф. ш. п.	ф. ш. п.		ф. ш. п.	ф. ш. п.	ф. ш. п.
1423	0 8 0	. . .	0 16 0	1504	0 5 8	. . .	0 8 6
1425	0 4 0	. . .	0 8 0	1521	1 0 0	. . .	1 10 0
1434	1 6 8	. . .	2 13 4	1551	0 8 0	. . .	0 2 0
1435	0 5 4	. . .	0 10 8	1553	0 8 0	. . .	0 8 0
1439	1 0 0 1 6 8	1 3 4	2 6 8	1554 1555	0 8 0 0 8 0	. . . . . .	0 8 0 0 8 0
1440	1 4 0	. . .	2 8 0	1556	0 8 0	. . .	0 8 0
1444	0 4 4 0 4 0	0 4 2	0 8 4	1557	0 4 0 0 5 0 0 8 0 2 13 4	0 17 $8\frac{1}{2}$	0 17 $8\frac{1}{2}$
1445	0 4 6	. . .	0 9 0				
1447	0 8 0	. . .	0 16 0				
1448	0 6 8	. . .	0 13 4	1558	0 8 0	. . .	0 8 0
1449	0 5 0	. . .	0 10 0	1559	0 8 0	. . .	0 8 0
1451	0 8 0	. . .	0 16 0	1560	0 8 0	. . .	0 8 0
	Итого		1 15 4		Итого		6 0 $2\frac{1}{2}$
	Средняя цена		1 1 $3\frac{1}{2}$		Средняя цена		0 10 $0\frac{5}{12}$
1453	0 5 4	. . .	0 10 8	1561	0 8 0	. . .	0 8 0
1455	0 1 2	. . .	0 2 4	1562	0 8 0	. . .	0 8 0
1457	0 7 8	. . .	0 15 4	1574	2 16 0 1 4 0	2 0 0	2 0 0
1459	0 5 0	. . .	0 10 0				
1460	0 8 0	. . .	0 16 0	1587	3 4 0	. . .	3 4 0
1463	0 2 0 0 1 8	0 1 10	0 3 8	1594 1595	2 16 0 2 13 0	. . . . . .	2 16 0 2 13 0
1464	0 6 8	. . .	0 10 0	1596	4 0 0	. . .	4 0 0
1486	1 4 0	. . .	1 17 0	1597	5 4 0 4 0 0	4 12 0	4 12 0
1491	0 14 8	. . .	1 2 0				
1494	0 4 0	. . .	0 6 0	1598	2 16 8	. . .	2 16 8
1495	0 3 4	. . .	0 5 0	1599	1 19 2	. . .	1 19 2
1497	1 0 0	. . .	1 11 0	1600	1 17 8	. . .	1 17 8
1499	0 4 0	. . .	0 6 0	1601	1 14 10	. . .	1 14 10
	Итого		8 9 0		Итого		28 9 4
	Средняя цена		0 14 1		Средняя цена		2 7 $5\frac{1}{8}$

Цены квартера в 9 бушелей лучшей или самого дорогого сорта пшеницы на виндзорском рынке в день Благовещения или на Михайлов день за период с 1595 по 1764 г. Указанные цены представляют собою среднюю из максимальных цен в эти два базарных дня.

Годы	Квартер пшеницы ф.	ш.	п.	Годы	Квартер пшеницы ф.	ш.	п.	Годы	Квартер пшеницы ф.	ш.	п.	Годы	Квартер пшеницы ф.	ш.	п.
1595	2	0	0	1629	2	2	0	1663	2	17	0	1701	1	17	8
1596	2	8	0	1630	2	15	8	1664	2	0	6	1702	1	9	6
1597	3	9	6	1631	3	8	0	1665	2	9	4	1703	1	16	0
1598	2	16	8	1632	2	13	4	1666	1	16	0	1704	2	6	6
1599	1	19	2	1633	2	18	0	1667	1	16	0	1705	1	10	0
1600	1	17	8	1634	2	16	0	1668	2	0	0	1706	1	6	0
1601	1	14	10	1635	2	16	0	1669	2	4	4	1707	1	8	6
1602	1	9	4	1636	2	16	8	1670	2	1	8	1708	2	1	6
1603	1	15	4					1671	2	2	0	1709	3	18	6
1604	1	10	8					1672	2	1	0	1710	3	18	0
1605	1	15	10		16/40	0	0	1673	2	6	8	1711	2	14	0
1606	1	13	4					1674	3	8	8	1712	2	6	4
1607	1	16	8					1675	3	4	8	1713	2	11	0
1608	2	16	8		2	10	0	1676	1	18	0	1714	2	10	4
1609	2	10	0					1677	2	2	0	1715	2	3	0
1610	1	15	10					1678	2	19	0	1716	2	8	0
1611	1	18	8	1637	2	13	0	1679	3	0	0	1717	2	5	8
1612	2	2	4	1638	2	17	4	1680	2	5	0	1718	1	18	10
1613	2	8	8	1639	2	4	10	1681	2	6	8	1719	1	15	0
1614	2	1	8 1/2	1640	2	4	8	1682	2	4	0	1720	1	17	0
1615	1	18	8	1641	2	8	0	1683	2	0	0	1721	1	17	6
1616	2	0	4	1642	0	0	0	1684	2	4	0	1722	1	16	0
1617	2	8	8	1643[1]	0	0	0	1685	2	6	8	1723	1	14	8
1618	2	6	8	1644	0	0	0	1686	1	14	0	1724	1	17	0
1619	1	15	4	1645	0	0	0	1687	1	5	2	1725	2	8	6
1620	1	10	4	1646	2	8	0	1688	2	6	0	1726	2	6	0
				1647	3	13	8	1689	1	10	0	1727	2	2	0
				1648	4	5	0	1690	1	14	8	1728	2	14	6
	26/54	0	6 1/2	1649	4	0	0	1691	1	14	0	1729	2	6	10
				1650	3	16	8	1692	2	6	8	1730	1	16	6
				1651	3	13	4	1693	3	7	8	1731	1	12	10
	2	1	6 9/12	1652	2	9	6	1694	3	4	0	1732	1	6	8
				1653	1	15	6	1695	2	13	0	1733	1	8	4
1621	1	10	4	1654	1	6	0	1696	3	11	0	1734	1	18	10
1622	2	18	8	1655	1	13	4	1697	3	0	0	1735	2	3	0
1623	2	12	0	1656	2	3	0	1698	3	8	4	1736	2	0	4
				1657	2	6	8	1699	3	4	0	1737	1	18	0
												1738	1	15	6
1624	2	8	0	1658	3	5	0	1700	2	0	0	1739	1	18	6
1625	2	12	0	1659	3	6	0					1740	2	10	8
												1741	2	6	8
1626	2	9	4	1660	2	16	6		60/153	1	8	1742	1	14	0

* Нет данных. Цифра для 1646 г. сообщена епископом Флитвудом.

Годы	Квартер пшеницы			Годы	Квартер пшеницы			Годы	Квартер пшеницы			Годы	Квартер пшеницы		
	ф.	ш.	п.		ф.	ш.	п.		ф.	ш.	п.		ф.	ш.	п.
1745	1	7	6	1755	1	13	10	1731	1	12	10	1741	2	6	8
1746	1	17	0	1756	2	5	3	1732	1	6	8	1742	1	14	0
1747	1	14	10	1757	3	0	0	1733	1	8	4	1743	1	4	10
1748	1	17	0	1758	2	10	0	1734	1	18	10	1744	1	4	10
1749	1	17	0	1759	1	19	10	1735	2	3	0	1745	1	7	6
1750	1	12	6	1760	1	16	6	1736	2	0	4	1746	1	19	0
1751	1	18	6	1761	1	10	3	1737	1	18	0	1747	1	14	10
1752	2	1	10	1762	1	19	0	1738	1	15	6	1748	1	17	0
1753	2	4	8	1763	2	0	9	1739	1	18	6	1749	1	17	0
1754	1	14	8	1764	2	6	9	1740	2	10	8	1750	1	12	6
					$^{64}/_{129}$	13	6		$^{10}/_{18}$	12	8		$^{10}/_{6}$	18	2
					2	0	$6^{19}/_{42}$		1	17	$3^{1}/_{5}$		1	13	$9^{4}/_{5}$

Книга II
О ПРИРОДЕ КАПИТАЛА, ЕГО НАКОПЛЕНИИ И ПРИМЕНЕНИИ

В том грубом состоянии общества, когда не существует разделения труда, когда редко происходит обмен и каждый сам производит для себя все предметы, нет необходимости, чтобы предварительно был собран или накоплен запас для того, чтобы поддерживалась хозяйственная жизнь общества. Каждый человек старается удовлетворять собственной деятельностью все свои потребности по мере их возникновения. Когда он голоден, он отправляется в лес охотиться; когда изнашивается его одежда, он прикрывается шкурой первого крупного животного, которое ему удастся убить, а когда начинает разваливаться его хижина, он поправляет ее, как может, при помощи ветвей и дерна, находящихся под рукой.

Но как только повсеместно установилось разделение труда, продукт собственного труда человека может уже удовлетворять только очень небольшую часть его потребностей. Гораздо бо́льшая их часть удовлетворяется уже продуктом труда других людей, который он покупает на свой собственный продукт, или, что то же самое, за цену своего собственного продукта. Но покупка эта может быть совершена лишь после того, как этот продукт его труда будет не только произведен, но и продан. Поэтому должен быть образован запас продуктов различного рода, достаточный для содержания и снабжения его необходимыми для работы материалами и орудиями по крайней мере до того момента, пока не будут осуществлены обе эти операции. Ткач не может целиком заняться своей специальной работой, если заранее не образован запас или в его собственном владении, или во владении какого-либо другого лица, достаточный для содержания его и для снабжения его материалами и орудиями для работы, пока он не только соткет материю, но и продаст ее. Это накопление запасов, понятно, должно предшествовать возможности для него применять свой труд в течение столь значительного времени в этом специальном промысле.

Так как накопление запаса в силу естественного хода вещей должно предшествовать разделению труда, то возрастающее разделение труда возможно только по мере возрастающего предварительного накопления запаса. Количество материалов, которое может переработать одно и то же число рабочих, возрастает очень значительно вместе с ростом разделения труда; и так как работа каждого работника сводится постепенно к очень простым операциям, то изобретаются различные новые машины, облегчающие и сокращающие эти операции. Поэтому с ростом разделения труда, для того чтобы дать постоянное занятие тому же самому числу рабочих, должен быть предварительно накоплен тот же запас продовольствия и больший запас материалов и орудий, чем это было бы необходимо при менее развитых условиях. Но число рабочих в каждой отрасли промышленности обыкновенно возрастает с разделением труда в ней или, точнее, именно увеличение их числа позволяет им, таким образом, подразделять и группировать себя.

Предварительное накопление запаса необходимо для достижения этого увеличения производительной силы труда, и такое накопление естественным образом приводит к увеличению производительности. Лицо, употребляющее свой запас на содержание труда, неизбежно желает применять его таким образом, чтобы произвести возможно большее количество работы. Оно поэтому стремится установить среди своих рабочих наиболее соответственное разделение занятий, а также снабдить их наилучшими машинами, какие оно в состоянии изобрести или купить. Его возможности в обоих этих отношениях обычно соответствуют размерам его запаса или количеству рабочих, которое лицо это может занять. Поэтому количество полезного труда в стране не только возрастает с увеличением запаса, применяющего его, но и то же самое количество труда вследствие такого увеличения производит гораздо большее количество работы.

Таковы общие результаты для труда и для его производительной силы от увеличения запаса.

В настоящей книге я старался выяснить природу запасов, действие, производимое накоплением их в капиталы разного рода, и последствия различного употребления этих капиталов. Книга эта подразделяется на пять глав. В первой главе я пытался показать, каковы различные части или виды, на которые, естественно, подразделяется запас отдельного лица или всего общества. Во второй главе я пытался выяснить природу и действие денег, рассматриваемых как особая часть общего запаса общества. Запасы, накопляемые в виде капиталов, могут или применяться тем лицом, которому они принадлежат, или ссужаться какому-либо иному лицу. В третьей и четвертой главах я пытался исследовать, как капитал действует в обоих этих случаях. Пятая, и последняя, глава говорит о различном действии, непосредственно оказываемом различным применением капитала как на количество национального труда, так и на размеры годового продукта земли и труда.

Глава I

О ПОДРАЗДЕЛЕНИИ НАКОПЛЕННЫХ ЗАПАСОВ

Когда запасы, которыми владеет человек, не превышают количества, достаточного только на содержание его в течение нескольких дней или недель, он редко помышляет об извлечении из них какого-либо дохода. Он потребляет их по возможности более бережливо и старается произвести что-нибудь своим трудом в возмещение этих запасов, пока они не будут полностью потреблены. В этом случае его доход получается исключительно от его труда. Таково положение большей части бедных работников во всех странах.

Если же данное лицо обладает запасами, достаточными для содержания его в течение нескольких месяцев или лет, оно, естественно, старается извлекать доход из большей части этих запасов, оставляя для непосредственного своего потребления лишь столько, сколько необходимо для прожития до тех пор, пока начнет поступать этот доход. Поэтому его запасы подразделяются на две части. Та часть, от которой он ожидает получить доход, называется его капиталом. Другая часть — это та, которая идет на непосредственное его потребление; она состоит, во-первых, из той части всего запаса, которая первоначально отложена для этой цели; во-вторых, из его дохода, независимо от источника последнего, по мере его поступления, и, в-третьих, из тех предметов, которые были куплены на ту или другую часть запаса в предыдущие годы и которые еще полностью не потреблены; таковы запасы одежды, домашней утвари и т.п. В том или в другом или во всех этих трех видах состоят те запасы, которые люди обычно сохраняют для своего собственного непосредственного потребления.

Капитал может быть употребляем двумя различными способами, чтобы доставлять доход или прибыль своему обладателю.

Во-первых, он может быть употреблен на производство, переработку или покупку товаров с целью перепродажи их с прибылью. Капитал, употребляемый таким образом, не приносит дохода, или прибыли, своему владельцу, пока он остается в его обладании или сохраняет свою прежнюю форму. Товары купца не приносят ему дохода, или прибыли, пока он не продаст их за деньги, а деньги дадут ему мало пользы, пока они в свою очередь не будут выменены на товары. Его капитал постоянно уходит от него в одной форме и возвращается к нему в другой, и только путем такого обращения или последовательных обменов он может приносить ему какую бы то ни было прибыль. Такого рода капиталы можно поэтому вполне правильно назвать оборотными капиталами.

Во-вторых, капитал может быть употреблен на улучшение земли, на покупку полезных машин и инструментов или других подобных предметов, которые приносят доход, или прибыль, без перехода от одного владельца к другому или без дальнейшего обращения. Такие капиталы можно поэтому с полным правом назвать основными капиталами.

В различных промыслах необходимо весьма различное соотношение между употребляемыми в них капиталами основными и оборотными.

Капитал купца, например, целиком представляет собою капитал оборотный. Ему не нужны никакие машины или орудия, если не считать таковыми его лавки или склады.

Некоторая часть капитала каждого ремесленника или мануфактуриста должна быть вложена в инструменты его промысла. Эта часть, впрочем, в одних промыслах совсем незначительна, в других же очень велика. Ремесленнику-портному не нужны никакие другие орудия труда, кроме нескольких иголок. Орудия труда сапожника стоят несколько дороже, но совсем ненамного; ткачу они уже обходятся значительно дороже, чем сапожнику. Но зато значительно большая часть капитала всех таких хозяев-ремесленников обращается в виде заработной платы их рабочих или цены употребляемых ими материалов и возмещается им с некоторой прибылью в цене их изделий.

В других производствах требуется гораздо больший основной капитал. На железоделательном заводе, например, печь для плавки руды, горн, мельница для измельчения руды представляют собою орудия производства, устройство которых требует весьма значительных расходов. В каменноугольных копях и всякого рода рудниках машины, необходимые для откачивания воды и для других целей, часто стоят еще дороже.

Та часть капитала фермера, которая затрачивается на земледельческие орудия, представляет собою основной капитал, а та, которая употребляется на заработную плату и содержание его рабочих, будет капиталом оборотным. Он извлекает прибыль из первого, удерживая его в своем обладании, а из второго, расставаясь с ним. Цена или стоимость его рабочего скота представляет собою основной капитал точно так же, как и цена орудий его хозяйства; корм, затрачиваемый на содержание скота, составляет оборотный капитал, как и средства на содержание рабочих. Фермер получает прибыль, не выпуская из рук рабочего скота; прибыль же на фураж он извлекает, расставаясь с ним. И цена, и содержание скота, покупаемого и откармливаемого не для работы, а на продажу, являются оборотным капиталом. Фермер получает свою прибыль, продавая его. Стадо же овец или рогатого скота, которое в стране, пригодной для их содержания, покупается не для работы и не для продажи, а с целью получить прибыль от их шерсти, молока или приплода, есть основной капитал, так как прибыль получается путем сохранения скота. Напротив, содержание скота есть оборотный капитал. Прибыль на него получается путем его продажи, и капитал возвращается обратно в цене шерсти, молока и приплода не только со своей собственной прибылью, но и с прибылью на всю цену скота. Также и вся стоимость семян есть, собственно, основной капитал. Хотя они и перемешаются все время из амбара в поле и обратно, они никогда не меняют хозяина и, следовательно, не обращаются. Фермер получает свою прибыль не от продажи их, а от их приращения.

Общие запасы любой страны или общества совпадают с суммой запасов всех ее жителей или членов и потому, естественно, подразделяются на те же самые три части, из которых каждая выполняет свою особую функцию или назначение.

Первая часть — это та, которая предназначается для непосредственного потребления и которая отличается тем, что она не приносит дохода или прибыли. Она состоит из запасов пищи, одежды, предметов домашнего обихода и т.п., которые были приобретены их непосредственными потребителями, но еще полностью не потреблены. Весь запас жилых домов, существующих в каждый данный момент в стране, тоже входит в эту первую часть запасов общества. Запас, вложенный в дом, если он должен служить жилищем для владельца, перестает с этой минуты выполнять функцию капитала, т.е. приносить своему обладателю какой-либо доход. Жилой дом, как таковой, ничего не добавляет к доходу того, кто живет в нем; и хотя он, без сомнения, чрезвычайно полезен ему, он все же так же полезен ему, как его одежда и домашняя утварь, которые, однако, составляют часть его расходов, а не дохода. Если дом сдается за ренту арендатору, то, так как сам дом ничего не может произвести, арендатору всегда приходится уплачивать ренту из какого-то другого дохода, который он извлекает или из своего труда, или из капитала, или из земли. Поэтому, хотя дом может приносить доход своему владельцу и таким образом выполнять для него функцию капитала, он не в состоянии давать какой-либо доход обществу или выполнять для него функцию капитала, и доход всего народа ни в малейшей степени не может никогда возрастать таким путем. Одежда и домашняя утварь точно так же иногда дают доход отдельным лицам и таким образом выполняют для них функцию капитала. В странах, где часто устраиваются маскарады, существует промысел отдачи напрокат маскарадных костюмов на один вечер. Обойщики часто отдают напрокат обстановку помесячно или на год. Владельцы предприятий по устройству похоронных процессий сдают на дни и на недели погребальные принадлежности. Многие люди сдают меблированные квартиры и получают ренту за пользование не только квартирой, но и обстановкой. Однако доход, полученный во всех этих случаях, всегда должен в конечном счете быть извлечен из какого-либо другого источника дохода. Из всех видов накопленных запасов, принадлежащих отдельным лицам или обществу и предназначенных для непосредственного потребления, та часть, которая вкладывается в дома, потребляется медленнее всего. Запас одежды может просуществовать несколько лет, запас мебели — полвека или целое столетие, а запасы, вложенные в дома, хорошо построенные и содержащиеся в надлежащем порядке, могут сохраняться целые столетия. Однако, хотя период их полного потребления растягивается на очень продолжительное время, они все же представляют собою на деле запасы, предназначенные для непосредственного потребления, как и одежда или домашняя обстановка.

Вторую из трех частей, на которые распадаются общие запасы общества, составляет основной капитал, который характеризуется тем, что он приносит доход или прибыль, не поступая в обращение или не меняя владельца. Он состоит главным образом из четырех следующих статей:

Во-первых, из всякого рода полезных машин и орудий труда, облегчающих и сокращающих труд.

Во-вторых, из всех тех доходных построек, которые служат средством получения дохода не только для их владельца, отдающего их в аренду, но и для лиц, занимающих их и уплачивающих за них арендную плату; таковы помещения под лавки, склады, мастерские, здания на ферме со всеми необходимыми постройками: конюшнями, амбарами и т.п. Эти постройки сильно отличаются от жилых домов, они представляют собою своего рода орудия производства и могут быть рассматриваемы в качестве таковых.

В-третьих, из улучшений земли — всего того, что с выгодой затрачено на расчистку, осушение, огораживание, удобрение и приведение ее в состояние, наиболее пригодное для обработки и культуры. Такого рода улучшенную ферму можно с полным правом рассматривать с той же точки зрения, как и полезные машины, которые облегчают и сокращают труд и при помощи которых один и тот же оборотный капитал может дать своему владельцу гораздо больший доход. Улучшенная ферма столь же выгодна и существует дольше, чем любая из этих машин, причем она часто не требует никакого ремонта, а нуждается лишь в наиболее выгодном применении капитала фермера, затрачиваемого им на ее обработку.

В-четвертых, из приобретенных и полезных способностей всех жителей или членов общества. Приобретение таких способностей, считая также содержание их обладателя в течение его воспитания, обучения или ученичества, всегда требует действительных издержек, которые представляют собою основной капитал, который как бы реализуется в его личности. Эти способности, являясь частью состояния такого лица, вместе с тем становятся частью богатства всего общества, к которому оно принадлежит. Большую ловкость и умение рабочего можно рассматривать с той же точки зрения, как и машины и орудия производства, которые сокращают или облегчают труд и которые хотя и требуют известных расходов, но возмещают эти расходы вместе с прибылью.

Третью, и последнюю из трех, часть, на которые, естественно, подразделяется весь накопленный запас общества, составляет оборотный капитал, который характеризуется тем, что он приносит доход только в процессе обращения или меняя хозяев. Он составляется, таким образом, из четырех частей:

1) из денег, при посредстве которых обращаются и распределяются среди потребителей остальные три части оборотного капитала;

2) из запасов продовольствия, которыми обладают мясник, скотопромышленник, фермер, хлеботорговец, пивовар и др. и от продажи которых они рассчитывают получить прибыль;

3) из материалов, вполне сырых или более или менее обработанных, предназначенных на изготовление одежды, предметов обстановки, зданий, но которые еще окончательно не употреблены в дело и остаются в руках сельских хозяев, фабрикантов, портных, суконщиков, лесоторговцев, столяров и плотников, кирпичников и т.п.;

4) из изделий, уже изготовленных и законченных, но находящихся еще в руках торговца или фабриканта и еще не проданных или не распределенных среди соответствующих потребителей; таковы готовые изделия, которые мы нередко находим выставленными на продажу в мастерских слесаря, столяра, золотых дел мастера, ювелира, торговца фарфором и т.п. Таким образом, оборотный капитал состоит из продовольствия, материалов и готовых изделий всякого рода, находящихся на руках у соответствующих продавцов, и из денег, необходимых для обращения их и распределения среди тех, кто в конце концов будет пользоваться ими или потреблять их.

Из этих четырех частей три части, а именно продовольствие, материалы и готовые изделия, регулярно извлекаются — или ежегодно, или в более или менее продолжительные промежутки времени — из оборотного капитала и вкладываются или в основной капитал, или в запасы, предназначаемые для непосредственного потребления.

Всякий основной капитал первоначально возникает из капитала оборотного и требует постоянного пополнения из этого же источника. Все полезные машины и орудия производства первоначально возникают из оборотного капитала, доставляющего материалы, из которых они изготовляются, и средства существования для рабочих, изготовляющих их. Точно так же того же вида капитал необходим для их постоянного ремонта.

Никакой основной капитал не может приносить какой-либо доход иначе как только при помощи оборотного капитала. Самые полезные машины и орудия производства не могут ничего произвести без оборотного капитала, доставляющего материалы, которые они перерабатывают, и средства существования для рабочих, применяющих их. Земля, как бы улучшена она ни была, не принесет никакого дохода без оборотного капитала, на который содержатся рабочие, обрабатывающие ее и собирающие ее продукт. Сохранение и увеличение запасов, предназначаемых для непосредственного потребления, составляют единственную цель и назначение как основного, так и оборотного капиталов. За счет этих запасов люди питаются, одеваются и находят себе кров. Их богатство или бедность зависят от того, обильно или скудно доставляют эти оба вида капитала материал для запасов, предназначенных для непосредственного потребления.

Поскольку очень большая часть оборотного капитала постоянно извлекается из него для помещения в два других вида общего запаса общества, он, в свою очередь, должен постоянно пополняться, без чего скоро совсем прекратил бы свое существование. Эти пополнения получаются главным образом из трех источников — от продукта земли, рудников и рыболовства. Они постоянно доставляют новые количества предметов продовольствия и материалов, часть которых потом перерабатывается в готовые изделия и которые восполняют продовольствие, материалы и готовые изделия, непрерывно извлекаемые из оборотного капитала. Из рудников получается то, что необходимо для сохранения и увеличения той его части, которая состоит из денег. Действительно, хотя при обычном ходе дел эта часть необязательно извлекается из оборотного капитала, как это бывает с тремя другими частями, чтобы быть вложенной в два других разряда общих запасов общества, все же подобно всем другим предметам она разрушается и в конце концов изнашивается, а иногда также теряется или пересылается за границу, а потому требует постоянного восполнения, хотя и в меньших размерах.

Земля, рудники и рыбная ловля требуют для своей эксплуатации как основного, так и оборотного капиталов. И продукт возмещает с прибылью не только эти капиталы, но и все вообще капиталы общества. Так, фермер ежегодно возмещает мануфактуристу продовольствие, которое он потребил, и материалы, которые он переработал за предыдущий год; промышленник, в свою очередь, возмещает фермеру готовые изделия, которые тот истратил и употребил в дело за то же время. Таков действительный обмен, ежегодно совершаемый между этими двумя классами людей, хотя редко бывает, чтобы сырые продукты одного и готовые изделия другого обменивались непосредственно друг на друга; действительно, редко случается так, чтобы фермер продавал свой хлеб или скот, свой лен и свою шерсть тому самому лицу, у которого он намеревается купить нужные ему одежду, мебель и орудия производства. Он поэтому продает свои сырые продукты за деньги, на которые он может купить в любом месте нужные ему готовые изделия. Земля даже возмещает, по крайней мере отчасти, капиталы, при помощи которых эксплуатируются рыбная ловля и рудники. При помощи продукта земли вытаскивают рыбу из воды; при помощи продуктов, получаемых с поверхности земли, извлекают минералы из ее недр.

Количество продукта, получаемого от земли, рудников и рыбной ловли, предполагая одинаковую их естественную производительность, находится в зависимости от размеров и надлежащего приложения капиталов, затрачиваемых на них. Если же капиталы одинаковы и одинаково хорошо прилагаются, это количество пропорционально их естественной производительности.

Во всех странах, где существует достаточно устойчивый порядок, каждый человек, обладающий здравым смыслом, старается употребить имеющиеся в его распоряжении запасы для того, чтобы добыть себе удовлетворение своих потребностей в настоящем или прибыль в будущем. Если они употребляются на удовлетворение какой-либо потребности в настоящем, они представляют собою запасы, предназначаемые для непосредственного потребления. Если они употребляются на получение в будущем прибыли, они должны добыть ее, оставаясь у него или переходя в другие руки. В первом случае это будет основной, во втором — оборотный капитал. Человек должен быть лишен всякого здравого смысла, если в стране, где существует достаточно устойчивый порядок, он не употребляет весь имеющийся в его распоряжении запас, свой собственный или занятый у других, одним из этих трех способов.

Конечно, в тех несчастных странах, где люди постоянно опасаются насилий со стороны вышестоящих, они часто закапывают и прячут большую часть своих запасов, чтобы они всегда были под рукой и иметь, таким образом, возможность унести вместе с собою в какое-нибудь безопасное место, если им грозит одна из тех бед, которые они имеют основание ожидать для себя каждую минуту. Это, как говорят, представляет собою обычное явление в Турции, в Индостане и, как мне кажется, в большинстве других стран Азии. Такое же обыкновение, по-видимому, было общераспространенным у наших предков в эпоху насилий феодального режима. Присвоение кладов в ту пору представляло собою немаловажную часть доходов самых могущественных государей Европы. Она состояла в обнаруженных кладах, которые зарыты в земле и на которые никакое отдельное лицо не могло доказать своего права. В те времена они считались столь важной статьей дохода, что их всегда признавали принадлежащими государю, а не нашедшему их и не собственнику земли, если только в пожалованной грамоте последнего не оговаривалось особо его право на них. Они приравнивались к залежам золота и серебра, которые, если не было специальной оговорки в жалованной грамоте, никогда не считались включенными в общее пожалование земель в противоположность свинцовым, медным или оловянным рудникам и угольным копям, как имеющим меньшее значение.

Глава II

О ДЕНЬГАХ КАК ОСОБОЙ ЧАСТИ ОБЩИХ ЗАПАСОВ ОБЩЕСТВА, ИЛИ ОБ ИЗДЕРЖКАХ ДЛЯ ПОДДЕРЖАНИЯ НАЦИОНАЛЬНОГО КАПИТАЛА

В первой книге было показано, что цена большей части товаров распадается на три части, из которых одна оплачивает заработную плату за труд, вторая — прибыль на капитал, а третья — ренту с земли, затраченные и употребленные для производства и доставки их на рынок, что существуют, впрочем, такие товары, цена которых состоит только из двух частей, а именно из заработной платы и прибыли на капитал, и очень немного таких, у которых она состоит вообще только из одной части — из заработной платы за труд. Но во всяком случае цена всякого товара необходимо распадается на ту или другую или на все эти три указанные части, причем вся та доля ее, которая не приходится на ренту или заработную плату, обязательно оказывается чьей-нибудь прибылью.

И, как было указано, если так обстоит дело с каждым единичным товаром, взятым в отдельности, то это должно относиться и ко всей совокупности товаров, составляющих годовой продукт земли и труда каждой страны. Общая цена, или меновая стоимость, этого годового продукта должна распадаться на такие же три части и распределяться между различными жителями страны в виде ли заработной платы за их труд, прибыли с их капитала или ренты с их земли.

Но хотя вся стоимость годового продукта земли и труда каждой страны распределяется, таким образом, между различными жителями страны и составляет их доход, однако подобно тому как в ренте с частного имения мы различаем валовую ренту и чистую ренту, так и в доходе всех жителей обширной страны мы тоже можем проводить такое различие.

Валовая рента частного имения охватывает все, что уплачивает фермер; чистой рентой является все то, что остается у землевладельца за вычетом расходов по управлению и по ремонту и всех других необходимых издержек, или, другими словами, все то, что он может, не ухудшая состояния своего имения, включить в свой запас, предназначенный для непосредственного потребления, или затратить на свой стол, обстановку, украшение своего дома и утварь, на свои личные удовольствия и развлечения. Его действительное богатство пропорционально не валовой, а чистой ренте, получаемой им.

Валовой доход всех жителей обширной страны состоит из всего годового продукта их земли и труда; их чистый доход составляет то, что остается в их распоряжении за вычетом издержек по восстановлению, во-первых, их основного, а во-вторых, их оборотного капитала, или, другими словами, все то, что они могут, не уменьшая своего капитала, включить в запас, предназначенный для непосредственного потребления, или затратить на свое питание, удобства и удовольствия. Их действительное богатство тоже пропорционально не их валовому, а чистому доходу.

Все издержки по поддержанию основного капитала необходимо, очевидно, исключить из чистого дохода общества. Ни при каких условиях не могут входить в него материалы, необходимые для ремонта его полезных машин и орудий труда, его доходных зданий и т.п., ни продукт труда, необходимого для приведения этих материалов в надлежащий вид. Цена же этого труда может составлять часть чистого дохода, ибо рабочие, занятые им, могут всю стоимость своей заработной платы обращать в свой запас, предназначенный для непосредственного потребления. Но что касается других видов труда, то тут его цена и продукт обращаются в этот запас: цена — в запас рабочих, продукт — в запас других лиц, средства существования которых, удобства и удовольствия увеличиваются благодаря труду этих рабочих.

Назначение основного капитала состоит в увеличении производительной силы труда или в предоставлении тому же количеству рабочих возможности выполнить гораздо большее количество работы. На ферме, где все необходимые постройки, изгороди, канавы, дороги и т.п. находятся в полнейшем порядке, одно и то же количество рабочих и рабочего скота произведет гораздо большее количество продуктов, чем на ферме таких же размеров и с землею столь же хорошего качества, но не так хорошо оборудованной. На фабрике одно и то же количество рабочих рук с помощью лучших машин вырабатывает гораздо большее количество товаров, чем при наличности менее совершенных орудий производства. Средства, надлежащим образом вложенные в какой-либо основной капитал, всегда возмещаются с большой прибылью и увеличивают годовой продукт на гораздо большую стоимость, чем стоимость затрат, необходимых для этих улучшений. Но все же эти затраты поглощают некоторую долю этого годового продукта; некоторое количество материалов и труд некоторого количества рабочих, которые могли бы быть непосредственно затрачены на увеличение количества пищи, одежды, жилищ, средств существования и удобств общества, употребляются, таким образом, на другое дело, правда весьма выгодное, но все же совсем иное. По этой именно причине все технические усовершенствования, которые позволяют неизменному количеству рабочих выполнять то же количество работы с помощью более дешевых и простых машин, чем раньше, всегда признаются выгодными для всякого общества. Известное количество материалов и труд известного количества рабочих, которые раньше затрачивались на поддержание более сложных и дорогих машин, могут быть после этого применены для увеличения работы, выполняемой при помощи данной или другой какой-нибудь машины. Если владелец большой фабрики, затрачивающий 1000 фунтов в год на поддержание в порядке своих машин, сможет сократить этот расход до 500 фунтов, он, естественно, затратит остающиеся 500 фунтов на покупку добавочного количества материалов для переработки его добавочным количеством рабочих. Таким образом, увеличится количество работы, выполняемой его машинами, и вместе с тем увеличатся все выгоды и удобства, которые общество может извлечь из этой работы.

Затраты на содержание основного капитала в обширной стране с полным правом могут быть приравнены к затратам на ремонт в частном имении. Расходы на ремонт часто могут оказываться необходимыми для получения продукта с имения, а следовательно, и для получения как валовой, так и чистой ренты землевладельца. Но в тех случаях, когда благодаря более правильному использованию они могут быть уменьшены, не вызывая уменьшения количества продукта, валовая рента остается по меньшей мере неизменной, а чистая рента обязательно увеличивается.

Но если вся сумма затрат, произведенных на содержание основного капитала, необходимо исключается, таким образом, из чистого дохода общества, то не так обстоит дело с затратами на содержание оборотного капитала. Из четырех частей, из которых составляется этот капитал, а именно: денег, средств существования, материалов и готовых изделий — три последние, как было уже указано, постоянно извлекаются из него и вкладываются или в основной капитал общества, или в его запасы, предназначенные для непосредственного потребления. Вся та часть этих предметов потребления, которая не идет на возмещение первого, поступает целиком в состав последних и составляет часть чистого дохода общества. Поддержание этих трех частей оборотного капитала поэтому не берет из чистого дохода общества никакой доли годового продукта, исключая то, что необходимо для пополнения и возмещения основного капитала.

Оборотный капитал общества в этом отношении отличается от оборотного капитала отдельного лица. Поддержание последнего не составляет никакой части его чистого дохода, который должен целиком состоять из его прибыли. Но хотя оборотный капитал каждого отдельного лица и составляет часть оборотного капитала общества, к которому оно принадлежит, однако это не исключает для капитала возможности составлять также часть чистого дохода общества. Хотя все товары, находящиеся в лавке купца, никоим образом не могут быть включены в его собственные запасы, предназначенные для непосредственного потребления, но они могут попасть в такие запасы других людей, которые за счет дохода, получаемого из других источников, могут регулярно возмещать ему их стоимость вместе с его прибылью, не вызывая этим ни малейшего уменьшения ни его капитала, ни своих собственных капиталов.

Поэтому деньги представляют собою единственную часть оборотного капитала общества, поддержание которой может вызвать некоторое уменьшение его чистого дохода.

Основной капитал и та часть оборотного капитала, которая состоит в деньгах, весьма сходны друг с другом, поскольку влияют на доход общества.

1) Подобно тому как машины и прочие орудия производства требуют известных издержек сперва на изготовление их, а затем на их поддержание, причем эти издержки, хотя они и составляют часть валового дохода общества, представляют собою вычеты из его чистого дохода, точно так же и запас денег, обращающихся в стране, требует известных издержек для собирания их, а затем и для сохранения, причем эти издержки, хотя и составляют часть валового дохода общества, равным образом представляют собою вычеты из его чистого дохода. Известное количество весьма ценных материалов, а именно: золота и серебра — и весьма искусного труда, вместо того чтобы увеличивать запасы, предназначенные для непосредственного потребления — для продовольствия, удобств и удовольствий отдельных лиц, затрачивается на это важное, но дорого стоящее орудие обмена, посредством которого каждый отдельный член общества получает свои средства существования, удобства и удовольствия, регулярно распределяемые в надлежащей пропорции.

2) Подобно тому как машины и прочие орудия производства, составляющие основной капитал отдельного лица или общества, не образуют никакой части их валового, или чистого, дохода, так и деньги, посредством которых регулярно распределяется весь доход общества между всеми различными его членами, не составляют части этого дохода. Великое колесо обращения вообще отлично от товаров, обращающихся посредством его. Доход общества вообще состоит в этих товарах, а не в колесе, при помощи которого они обращаются. Исчисляя валовой, или чистый, доход общества, мы всегда должны из всей суммы обращающихся в нем товаров и денег вычитать всю стоимость денег, из которых ни один фартинг никогда не может входить в состав того или другого.

Только в силу двусмысленности нашего языка это положение может казаться сомнительным или парадоксальным. Достаточно правильно объяснить его и понять, чтобы оно стало самоочевидным.

Когда мы говорим о какой-нибудь определенной сумме денег, мы иногда имеем при этом в виду только те металлические монеты, из которых она состоит, но иногда мы в эти слова включаем также несколько смутное указание на товары, которые могут быть получены в обмен на них, или на покупательную силу, какую дает обладание ими. Так, когда мы говорим, что стоимость обращающихся в Англии денег исчислена в 18 миллионов, мы этим имеем в виду лишь выразить количество монет, которое, по исчислению, или, точнее, по предположению некоторых исследователей, находится в обращении в этой стране. Но когда мы говорим, что данный человек имеет ежегодный доход в 50 или 100 фунтов, мы обычно хотим выразить не только сумму денег, уплачиваемую ему каждый год, но и стоимость товаров, которые он может купить или потребить в течение года. Мы обычно хотим установить, каков есть или каков должен быть его образ жизни или количество и качество предметов необходимости и удобства, потребление которых он может позволить себе.

Если, называя определенную сумму денег, мы имеем в виду не только выразить количество монет, из которого она состоит, но и включить в это понятие некоторое неясное указание на товары, которые можно иметь в обмен на нее, то богатство или доход, обозначаемые в таком случае этой суммой, равняются только одной из двух стоимостей, на какие несколько двусмысленно указывает, таким образом, одно и то же слово, и притом скорее последней, чем первой, т.е. скорее стоимости этих денег, чем самим деньгам.

В самом деле, если гинея составляет недельную пенсию какого-либо лица, то оно может в течение недели купить на нее известное количество средств существования, удобства и удовольствия. В зависимости от того, насколько велико или мало это количество, будет велико или мало его действительное богатство, его реальный недельный доход. Его недельный доход, бесспорно, не равняется одновременно и гинее и тому, что можно купить на нее, а только той или другой из этих двух равных стоимостей, и скорее именно второй, а не первой, скорее стоимости гинеи, чем самой гинее.

Если пенсия такого лица будет уплачиваться ему не золотом, а еженедельным векселем в одну гинею, его доход, разумеется, будет состоять не столько в этом клочке бумаги, сколько в том, что он сможет получить на нее. Гинею можно считать векселем на определенное количество предметов необходимости и удобства, выдаваемым на всех окрестных торговцев. Доход лица, которому она уплачивается, состоит не столько в золотой монете, сколько в том, что он может получить на нее или что он может выменять на нее. Если в обмен на нее ничего нельзя получить, она подобно векселю банкрота будет обладать не большей стоимостью, чем никуда не нужный клочок бумаги.

Хотя недельный или годовой доход всех жителей страны может точно таким же образом выплачиваться и в действительности часто выплачивается деньгами, все же их реальное богатство, реальный недельный или годовой доход их всех, взятых вместе, всегда будет велик или мал в соответствии с количеством предметов потребления, которое они все смогут купить на эти деньги. Весь доход их, взятых вместе, очевидно, не равняется и тому и другому, и деньгам и предметам потребления, а равняется только одной из этих двух стоимостей, и вернее последней, чем первой.

Поэтому если мы часто выражаем доход какого-нибудь лица в денежной сумме, выплачиваемой ему в год, то это делается потому, что она определяет размеры его покупательной силы или стоимость предметов, которые он может потребить в течение года. Но мы понимаем, что его доход состоит в этой способности купить или потреблять, а не в монетах, дающих ее.

Но если это достаточно очевидно даже по отношению к отдельному лицу, то это еще очевиднее в приложении к обществу. Денежная сумма, уплачиваемая за год отдельному лицу, часто точно соответствует его доходу и ввиду этого представляет собою простейшее и лучшее выражение его стоимости. Но сумма металлических денег, обращающихся в обществе, никоим образом не может равняться доходу всех его членов. Так как одна и та же монета — гинея, которою выплачивается сегодня недельная пенсия одного человека, может служить завтра для уплаты пенсии второму, а послезавтра — третьему, то вся сумма металлических денег, обращающихся в течение года в какой-нибудь стране, всегда должна иметь значительно меньшую стоимость, чем денежная сумма всех пенсий, выплачиваемых за год посредством их. Но покупательная сила или вся совокупность товаров, которые могут быть куплены последовательно на всю сумму этих пенсий по мере их выплаты, всегда должны иметь точно такую же стоимость, как и эти пенсии, подобно тому как это имело место в случае дохода отдельных лиц, получающих эти пенсии. Этот доход поэтому не может состоять в этих монетах, количество которых значительно меньше его стоимости, но он состоит в покупательной силе, в тех предметах, которые могут быть последовательно куплены на эти деньги, по мере того как они переходят из рук в руки.

Таким образом, деньги, это великое колесо обращения, это великое орудие обмена и торговли, хотя и составляют наравне с другими орудиями производства часть, и притом весьма ценную часть, капитала, не входят какою бы то ни было частью в доход общества, которому они принадлежат. И хотя монеты, из которых они состоят, в течение своего годового обращения доставляют каждому человеку следуемый ему доход, сами они в этот доход не входят.

3) Наконец, машины, орудия производства и пр., составляющие основной капитал, еще и в том отношении сходны с той частью оборотного капитала, которая состоит из денег, что всякое сбережение в расходах по собиранию и поддержанию этой части оборотного капитала, состоящей из денег, представляет собою точно такое же увеличение чистого дохода общества, как и всякое сбережение в расходах по сооружению и поддержанию этих машин, когда оно не уменьшает производительной силы труда.

Представляется достаточно ясным, — да и было уже отчасти разъяснено, — каким образом всякое сбережение в расходах по поддержанию основного капитала составляет увеличение чистого дохода общества. Весь капитал любого предпринимателя обязательно подразделяется на капитал основной и капитал оборотный. Если его капитал остается неизменным, то чем меньше одна из указанных частей, тем больше должна быть другая. Оборотный капитал доставляет материалы и заработную плату рабочих и приводит все предприятие в движение. Поэтому всякое сбережение в расходах по поддержанию основного капитала, которое не уменьшает производительной силы труда, должно увеличивать фонд, который приводит в движение предприятие, а следовательно, должно увеличивать и годовой продукт земли и труда, реальный доход всякого общества.

Употребление вместо золотых и серебряных денег бумажных заменяет дорогое орудие обмена гораздо более дешевым и нередко столь же удобным. Обращение при этом поддерживается посредством нового колеса, создание и поддержание которого обходятся дешевле прежнего. Но не всегда ясно, как происходит эта замена и каким образом она ведет к увеличению валового или чистого дохода общества, поэтому здесь требуются некоторые дальнейшие разъяснения.

Существует несколько видов бумажных денег, но обращающиеся банковские или банкирские билеты (банкноты) представляют собою наиболее известный их вид, который, по-видимому, лучше всего пригоден для данной цели.

Когда население какой-либо страны питает такое доверие к состоянию, честности и осторожности какого-нибудь банкира, что уверено в том, что он сможет в любой момент оплатить по требованию те его кредитные билеты, которые ему будут предъявлены, они приобретают такое же хождение, как и золотая и серебряная монеты, поскольку имеется уверенность, что в обмен на эти билеты в любой момент можно получить такие деньги.

Предположим, что какой-нибудь банкир ссужает своим клиентам свои собственные кредитные билеты на сумму в 100 тыс. ф. Так как эти билеты выполняют все функции денег, его должники уплачивают ему такой же процент, как если бы он ссудил им деньги. Этот процент является источником его прибыли. Хотя часть этих билетов постоянно возвращается к нему для оплаты, другая часть их продолжает обращаться в течение месяцев или целых лет. И поэтому, хотя у него постоянно находится в обращении билетов на сумму в 100 тыс. ф., часто запаса в 20 тыс. ф. золотом и серебром будет вполне достаточно для удовлетворения предъявляемых требований. Таким образом, посредством этой операции 20 тыс. ф. золотом и серебром выполняют все те функции, какие в противном случае должны были бы выполнять 100 тыс. Может быть заключено такое же количество меновых сделок, то же самое количество предметов потребления может обращаться и доставляться соответствующим потребителям посредством этих кредитных билетов стоимостью в 100 тыс. ф., как и при помощи золотой и серебряной монеты такой же стоимости. Следовательно, таким путем возможно произвести в обращении страны экономию на 80 тыс. ф. золотом и серебром. И если операции такого характера производятся одновременно многими другими банками и банкирами, то все обращение, таким образом, может совершаться при посредстве лишь пятой части золота и серебра, какие потребовались бы в ином случае.

Предположим, например, что вся сумма обращающихся в какой-нибудь стране денег достигала в определенный момент 1 млн ф. ст., причем ее было достаточно для обращения всего годового продукта земли и труда. Предположим также, что спустя некоторое время различные банки и банкиры выпустили кредитные билеты, оплачиваемые по предъявлении, на один миллион, сохраняя в своих денежных шкафах 200 тыс. ф. для оплаты возможных требований. После этого в обращении останется 800 тыс. ф. золотом и серебром и 1 млн ф. банкнотами, или 1800 тыс. ф. бумажными и металлическими деньгами. Но для обращения и распределения между потребителями годового продукта земли и труда страны требовался раньше только один миллион, и этот годовой продукт не может быть сразу увеличен такими банковскими операциями. Поэтому одного миллиона будет по-прежнему достаточно для его обращения. Так как осталось неизменным количество покупаемых и продаваемых предметов, будет достаточно прежнее количество денег для покупки и продажи их. Каналы обращения, если позволено употребить такое выражение, останутся точно такими же, какими были раньше. Мы предположили, что одного миллиона достаточно для наполнения этих каналов. И поэтому весь излишек сверх этой суммы, вливаемый в них, не может течь по ним, но должен выйти из берегов. В каналы обращения влито 1800 тыс. ф. Следовательно, 800 тыс. ф. должны выйти из них, ибо эта сумма представляет собой излишек сверх того, что может быть употреблено в обращении страны. Но хотя эта сумма не может найти применения внутри страны, она представляет слишком большую стоимость, чтобы ее можно было оставить в бездействии. Она будет поэтому отправлена за границу, чтобы искать там выгодного применения, какого она не может найти в своей стране. Но бумажные деньги не могут отправляться за границу, потому что их не будут принимать в обычные платежи ввиду отдаленности банков, выпускающих их, и самой страны, где оплата их может быть востребована по закону. Поэтому золото и серебро на сумму 800 тыс. ф. будут отправлены за границу, и каналы внутреннего обращения останутся наполненными бумажными деньгами на 1 млн вместо 1 млн металлических денег, которые наполняли их раньше.

Но хотя такое большое количество золота и серебра отослано за границу, мы не должны представлять себе, что оно отправлено туда безвозмездно или что его владельцы преподносят его в подарок чужеземным народам. Они выменивают его на иностранные товары того или иного рода, чтобы снабжать ими потребление какой-либо чужой страны или своей собственной.

Если они употребляют его на покупку товаров в какой-либо чужой стране, чтобы снабжать ими потребление другой страны, т.е. занимаются той торговлей, которую можно назвать транзитной, то вся прибыль, получаемая ими при этом, явится добавлением к чистой прибыли их собственной страны. Золото и серебро составляют как бы новый фонд, созданный для ведения новой торговли; внутренний деловой оборот будет вестись на бумажные деньги, а золото и серебро превращены в фонд для этой новой торговли.

Если они употребляют вывозимое золото и серебро на покупку товаров для внутреннего потребления, они могут, во-первых, или покупать такие предметы, которые потребляются главным образом людьми праздными, ничего не

производящими, как, например, иностранные
вина, иностранные шелковые материи и т.п., или,
во-вторых, приобретать добавочные запасы материалов, орудий производства и продовольствия, чтобы содержать и производительно занимать добавочное количество трудящихся людей, которые воспроизводят с некоторой прибылью стоимость своего годового потребления.

Поскольку золото и серебро затрачиваются первым из указанных способов, это содействует усилению расточительности, увеличивает расходы и потребление, не увеличивая производства или не создавая постоянного фонда для покрытия таких расходов, и во всех отношениях вредно для общества.

Поскольку же золото и серебро затрачиваются вторым способом, это содействует развитию промышленности; и хотя при этом увеличивается потребление общества, такая затрата создает постоянный фонд для поддержания этого потребления, так как эти потребители воспроизводят с прибылью полную стоимость своего годового потребления. Валовой доход общества, годовой продукт его земли и труда, увеличивается на всю ту стоимость, какую труд этих работников добавляет к материалам, над которыми они работают, а его чистый доход возрастает на всю ту сумму, какая остается от этой стоимости, за вычетом того, что необходимо для поддержания орудий и инструментов их промысла.

Что бóльшая часть золота и серебра, вытесненная за границу этими банковскими операциями, затрачивается на покупку иностранных товаров для внутреннего потребления, и притом затрачивается и должна затрачиваться на покупку товаров второго рода, представляется не только вероятным, но и почти неизбежным. Если даже некоторые отдельные лица могут иногда увеличивать свои расходы весьма значительно, хотя их доход совсем не увеличивается, мы можем быть уверены, что ни один класс или разряд людей никогда этого не делает, потому что, если правила обычного благоразумия не всегда определяют поведение отдельных лиц, они всегда влияют на поведение большинства членов каждого класса или разряда; между тем доход праздных людей, рассматриваемых в качестве класса или разряда, ни в малейшей степени не может возрасти в результате этих банковских операций. Ввиду этого их расходы в общем не могут быть ими значительно увеличены, хотя расходы немногих из их числа могут быть увеличены и действительно иногда бывают увеличены. Поэтому, поскольку спрос праздных людей на иностранные товары остается неизменным или почти неизменным, весьма небольшая часть денег, вытесняемых путем этих банковских операций за границу и употребляемых на покупку иностранных товаров для внутреннего потребления, может быть употреблена на покупку последних для потребления праздных лиц. Гораздо бóльшая часть их будет, естественно, предназначаться для промышленного употребления, а не для содержания праздных.

При определении количества производительного труда, которое может занимать оборотный капитал общества, мы всегда должны принимать во внимание только те его части, которые состоят из предметов продовольствия, материалов и готовых изделий; остальную часть, состоящую из денег и служащую только для обращения первых трех частей, всегда следует вычитать из него. Для того чтобы привести в движение промышленную деятельность, необходимы три вещи: материалы для переработки, инструменты и орудия производства, при помощи которых работают, и заработная плата, или вознаграждение, ради которой выполняется работа. Деньги не представляют собою ни материала для работы, ни орудий, при помощи которых работают; и хотя заработная плата рабочего выплачивается ему обычно деньгами, его реальный доход, как и доход остальных людей, состоит не в деньгах, а в стоимости этих денег, не в металлических монетах, а в том, что можно получить за них.

Количество производительного труда, которое может занять какой-либо капитал, должно, очевидно, быть равным количеству рабочих, какое он может снабдить материалами, орудиями труда и средствами существования, соответствующими характеру труда. Деньги могут быть нужны для приобретения материалов и орудий труда, а также и средств существования рабочих, но количество производительного труда, какое может быть занято всем капиталом, разумеется, не может равняться в одно и то же время как деньгам, на которые производятся закупки, так и материалам, орудиям труда и средствам существования, приобретаемым на эти деньги; оно будет равняться только одной из этих двух стоимостей, и скорее стоимости последних, чем первых.

Когда золото и серебро заменяются бумажными деньгами, количество материалов, орудий производства и средств существования, которые могут быть доставлены всем совокупным оборотным капиталом, может быть увеличено на всю стоимость золота и серебра, которая раньше затрачивалась на покупку их. Вся стоимость этого великого колеса обращения и распределения добавляется к товарам, обращающимся и распределяемым при его посредстве. Эта операция до известной степени походит на операцию владельца крупного предприятия, который вследствие какого-либо технического усовершенствования сменяет свои старые машины и разность между их ценою и ценою новых машин добавляет к своему оборотному капиталу, к тому фонду, из которого он черпает средства для снабжения своих рабочих материалами и для выплаты им заработной платы.

Пожалуй, не представляется возможным определить отношение суммы обращающихся в стране денег ко всей стоимости годового продукта, приводимого ими в обращение. Оно исчислялось различными авторами в одну пятую, в одну десятую, в одну двадцатую и тридцатую часть этой стоимости. Но как бы незначительно ни было отношение суммы обращающихся денег ко всей стоимости годового продукта, поскольку только часть, и притом нередко лишь незначительная часть, этого продукта предназначается на поддержание промышленной деятельности, постольку сумма обращающихся денег всегда должна быть очень значительна по отношению к этой части. Если поэтому в результате замены золота и серебра бумажными деньгами их количество, необходимое для обращения, сокращено, например, до одной пятой части прежнего, если, далее, хотя бы более значительная часть остальных четырех пятых будет добавлена к фонду, предназначенному для ведения производства, это составит весьма значительное увеличение этого производства, а следовательно, и стоимости годового продукта земли и труда.

Такого рода операция была 25–30 лет тому назад произведена в Шотландии путем учреждения новых банкирских компаний почти во всех значительных городах и даже в некоторых селах. Последствия были именно такие, какие указаны выше. Торговый оборот страны совершается почти целиком посредством бумажных денег этих различных банкирских компаний, при помощи которых совершаются обычно покупки и продажи, а также платежи всякого рода. Серебро редко появляется в обороте, если не считать случаев размена банкнот в 20 шилл., а золото — еще реже. Но хотя образ действий всех этих различных компаний был небезупречен и соответственно вызвал даже издание регулирующего эту практику парламентского акта, страна тем не менее извлекла, без сомнения, большую пользу из этого дела. Мне приходилось слышать утверждение, что торговый оборот города Глазго удвоился приблизительно за 15 лет после учреждения там первых банков, а торговый оборот Шотландии возрос более чем в четыре раза после открытия двух общественных банков в Эдинбурге, из которых один, именуемый Шотландским банком, был учрежден актом парламента в 1695 г., а другой, именуемый Королевским банком, — королевской хартией в 1727 г. Действительно ли торговый оборот Шотландии вообще или города Глазго в частности возрос так сильно за столь короткий период, это я не решусь утверждать. Если этот оборот и возрос в такой пропорции, то представляется, что столь значительный результат не может быть приписан действию одной этой причины. Но не может подлежать сомнению, что торговля и промышленность Шотландии возросли за этот период весьма значительно и что банки в большой мере содействовали этому возрастанию.

Стоимость серебряных денег, находившихся в обращении в Шотландии перед объединением с Англией в 1707 г. и непосредственно после него принесенных в Шотландский банк для перечеканки, достигла 411 117 ф. 10 шилл. 9 п. Сведений о золотой монете не имеется, но из прежних отчетов шотландского монетного двора явствует, что стоимость чеканившейся ежегодно золотой монеты несколько превышала стоимость серебряной монеты. При этом довольно много людей, не веривших в обратное получение монеты, не приносили своей серебряной монеты в Шотландский банк; а, кроме того, в обращении находилось некоторое количество английской монеты, которая не подлежала изъятию. Поэтому общую стоимость золотой и серебряной монеты, находившейся в обращении в Шотландии до объединения, следует определять не меньше чем в миллион фунтов стерлингов. Эта сумма, по-видимому, составляла почти все обращение страны, ибо, хотя обращение Шотландского банка, не имевшего тогда соперников, и было значительно, оно все же составляло лишь незначительную долю всего обращения. В настоящее время все обращение Шотландии нельзя определять меньше чем в 2 млн, причем та часть его, которая состоит в золотой и серебряной монете, по всей вероятности, не достигает и полумиллиона. Хотя количество обращающейся в Шотландии золотой и серебряной монеты подверглось столь значительному уменьшению за этот период, ее действительное богатство и благосостояние, по-видимому, не испытали никакого уменьшения. Напротив, в сфере сельского хозяйства, промышленности и торговли годовой продукт ее земли и труда явным образом увеличился.

Банки и банкиры в большинстве своем выпускают кредитные билеты главным образом посредством учета векселей, т.е. выдачи авансом денег под векселя до истечения их срока. Они всегда вычитают при этом из авансируемой ими суммы законный процент до наступления срока векселя. Уплата по векселю, когда наступает его срок, возмещает банку стоимость авансированной суммы вместе с чистой прибылью в виде процента. Банкир, выдающий купцу, вексель которого он учитывает, не золото и серебро, а свои собственные кредитные билеты, извлекает ту выгоду, что имеет возможность учитывать на бóльшую сумму, а именно на всю стоимость его кредитных билетов, которые, как им установлено на опыте, находятся обычно в обращении. Это позволяет ему получать чистую выручку в виде процентов с гораздо более значительной суммы.

Торговля Шотландии, и в настоящее время не очень большая, была еще более незначительной в то время, когда были учреждены две первые банкирские компании; и эти компании имели бы очень небольшие обороты, если бы ограничили свою деятельность одним учетом векселей. Они поэтому придумали другой способ выпуска своих кредитных билетов, а именно предоставляли так называемые текущие счета, т.е. открывали кредит на определенную сумму (в две или три тысячи фунтов, например) всякому лицу, которое могло представить двух лиц, обладающих безусловной кредитоспособностью, владеющих недвижимой собственностью и готовых поручиться, что любая сумма, выданная ему в пределах открытого кредита, будет по первому требованию выплачена вместе с законными процентами. Кредиты подобного рода, как я полагаю, обычно предоставляются банками и банкирами во всех частях света. Но льготные условия, которые шотландские банкирские компании устанавливают для их выплаты, представляют, насколько я знаю, их особенность и были, наверное, главной причиной как больших размеров оборотов этих компаний, так и выгоды, полученной от них страною.

Всякий имеющий такого рода кредит у одной из этих компаний и занимающий, например, тысячу фунтов, может выплачивать эту сумму частями, по 20 или 30 ф. каждый раз, причем компания сбрасывает пропорционально часть из процентов с общей суммы со дня уплаты данного взноса и так далее, пока не будет выплачен таким образом весь долг. Поэтому все торговцы и почти все деловые люди находят удобным иметь такие текущие счета в банках, и потому в их интересах содействовать росту оборотов этих компаний посредством приема к платежу кредитных билетов и поощрения к тому же всех тех, у кого они пользуются влиянием. Банки, когда их клиенты обращаются к ним за деньгами, обыкновенно выдают их своими собственными кредитными билетами. Купцы платят эти билеты мануфактуристам за товары, мануфактуристы отдают их фермерам за сырье и продовольствие, фермеры — землевладельцам для уплаты ренты, землевладельцы в свою очередь платят их торговцам за предметы удобства и роскоши, которыми те снабжают их, а торговцы возвращают их в банки, чтобы покрыть свои текущие счета, т.е. уплатить занятые у них деньги. Таким образом, почти весь денежный оборот страны совершается при посредстве этих кредитных билетов. Отсюда и значительные размеры операций этих компаний.

При помощи этих текущих счетов каждый купец может, не отступая от благоразумия, вести более обширное дело, чем при отсутствии их. Если взять двух купцов, одного в Лондоне и другого в Эдинбурге, вкладывающих одинаковые капиталы в одну и ту же отрасль, то эдинбургский купец может, не совершая неосторожности, вести более обширное дело и давать занятие большему числу людей, чем лондонский коммерсант. Последний всегда должен иметь в своем распоряжении значительную сумму денег — у себя ли в денежном шкафу или в шкафу своего банкира, который не уплачивает ему процентов на нее, — чтобы иметь возможность удовлетворять те требования об уплате за купленные им в кредит товары, которые непрерывно поступают к нему. Предположим, что обычно для этого требуется сумма в 500 ф. ст. Стоимость товаров, находящихся у него на складе, всегда должна быть на 500 ф. меньше сравнительно с тем, какова она была бы, если бы он не был вынужден держать при себе непроизводительно такую сумму денег. Предположим также, что весь его капитал или товары, равные по стоимости его капиталу, оборачиваются у него один раз в год. Благодаря необходимости держать непроизводительно такую большую сумму он вынужден продавать в течение года на 500 ф. меньше товаров, чем это было бы возможно в противном случае. Его ежегодная прибыль должна быть меньше на всю ту прибыль, которую он получил бы при продаже товаров на 500 ф. больше; а число работников, занятых изготовлением этих его товаров для рынка, должно быть меньше ровно на столько человек, сколько могли бы найти занятие при затрате добавочного капитала в 500 ф. Эдинбургский купец, с другой стороны, не держит при себе непроизводительно денег для оплаты поступающих к нему требований. Когда они поступают к нему, он оплачивает их со своего текущего счета в банке, а затем постепенно погашает взятую в банке сумму деньгами или кредитными билетами, поступающими к нему от текущих сделок по продаже его товаров. Он может, следовательно, при одинаковом капитале иметь постоянно у себя на складе большее количество товаров, чем лондонский купец; поэтому он может также и получать более значительную прибыль и давать постоянное занятие большему числу трудолюбивых людей, изготовляющих эти товары для рынка. Отсюда большая выгода, получаемая страною от его торговли.

Можно, правда, подумать, что легкость учета векселей дает английским купцам те же выгоды и удобства, как текущие счета шотландским купцам. Но не следует забывать, что шотландские купцы могут учитывать свои векселя столь же легко, как и английские, а кроме того, пользуются добавочными удобствами своих текущих счетов.

Общее количество бумажных денег всякого рода, какое может без затруднений обращаться в какой-либо стране, ни при каких условиях не может превышать стоимости золотой и серебряной монеты, которую они заменяют или которая (при тех же размерах торгового оборота) находилась бы в обращении, если бы не было бумажных денег. Если, например, низшей купюрой бумажных денег, обращающихся в Шотландии, являются банкноты в 20 шилл., то все количество их, могущее без затруднений обращаться здесь, не может превышать суммы золота и серебра, которая была бы необходима для совершения всех сделок обмена по 20 шилл. и выше, обычно совершаемых в течение года в этой стране. Если в какой-либо момент количество обращающихся бумажных денег превышает эту сумму, излишек, поскольку он не может быть ни отослан за границу, ни использован в обращении внутри страны, обязательно немедленно притекает обратно в банки для обмена на золото и серебро. Многие люди сразу же заметят, что у них на руках больше бумажных денег, чем это необходимо для ведения их дел внутри страны, а так как они не могут отправить их за границу, они немедленно потребуют оплаты их банками. После размена излишних бумажных денег на золото и серебро они легко могут найти им применение, переслав их за границу; но они не найдут применения им, поскольку они остаются в форме бумажных денег. Поэтому воспоследует немедленный наплыв в банки для размена всей суммы этих излишних бумажных денег или даже большей суммы. Если банки станут делать при этом затруднения или оттягивать размен, то тревога, которая будет необходимо вызвана этим обстоятельством, еще более усилит наплыв.

Помимо издержек, обычных во всякой отрасли коммерческой деятельности, как, например, расходов по аренде помещения, заработной платы рабочим, конторщикам, счетоводам и т.п., издержки, свойственные банку, состоят главным образом из двух статей: во-первых, из расходов по постоянному хранению в своих денежных шкафах значительной суммы денег для оплаты требований обладателей его кредитных билетов, проценты на каковую сумму он теряет; во-вторых, из расходов по пополнению своей наличности по мере ее истощения в результате удовлетворения этих требований.

Банкирская компания, выпускающая больше бумажных денег, чем может быть поглощено обращением страны, излишек которых постоянно возвращается к ней для оплаты, должна увеличивать количество золота и серебра, имеющегося у нее всегда в наличности, не только пропорционально этому излишку сверх нужд обращения, но и в гораздо большей пропорции, ибо его кредитные билеты возвращаются к нему в гораздо большем количестве, чем это соответствует излишку в их количестве. Поэтому такая компания должна увеличивать первую статью своих расходов не только пропорционально этому форсированному увеличению ее оборотов, но и в гораздо большей пропорции.

Точно так же кассы подобной компании, хотя они и должны наполняться в большей степени, опоражниваются, однако, гораздо быстрее, чем в том случае, если бы обороты компании сдерживались в более разумных пределах. Да и для наполнения их требуются не только усиленные, но и более постоянные и непрерывные издержки. Кроме того, монета, постоянно извлекаемая, таким образом, из ее касс в столь больших количествах, не может быть использована в обращении страны. Она ведь поступает на место бумажных денег, превышающих потребность этого обращения, и потому оказывается излишней и не может быть поглощена им. Но так как никто не хочет оставить эти деньги лежать в праздном состоянии, то в том или ином виде они должны быть отправлены за границу, чтобы найти то выгодное приложение, какого они не могли найти в своей стране. И такой постоянный вывоз золота и серебра, увеличивая затруднения банка, должен также увеличивать еще больше его расходы при скупке золота и серебра, нужных ему для пополнения его наличности, столь быстро убывающей. Следовательно, такая компания должна пропорционально этому форсированному увеличению своих оборотов увеличивать и вторую статью своих издержек, и даже в еще большей мере, чем первую.

Предположим, что вся сумма бумажных денег какого-нибудь банка, которую легко может поглотить и использовать обращение страны, достигает ровно 40 тыс. ф. ст. и что для оплаты поступающих требований банк этот вынужден постоянно держать в кассе 10 тыс. ф. золотом и серебром. Если банк попытается выпустить в обращение 44 тыс. ф., то 4 тыс., которые являются излишком над той суммой, которую может легко поглотить и использовать обращение, вернутся к нему почти немедленно после своего выпуска. И поэтому для оплаты предъявляемых к нему требований этот банк вынужден будет держать теперь постоянно в своей кассе уже не 10 тыс. ф., а 14. Таким образом, он не получит никакой прибыли на процентах с лишних 4 тыс., выпущенных в обращение, и вместе с тем потерпит убыток на всю сумму издержек по добыванию 4 тыс. золотом и серебром, которые будут постоянно быстро уплывать из его денежного шкафа, лишь только они будут попадать туда.

Если бы каждая отдельная банкирская компания всегда понимала свои собственные частные интересы и следовала им, обращение никогда не оказывалось бы переполненным бумажными деньгами. Но отдельные банки не всегда понимали свои интересы или следовали им, а потому обращение часто оказывалось переполненным бумажными деньгами.

Благодаря выпуску слишком большого количества бумажных денег, избыток которых постоянно возвращался к нему для обмена на золото и серебро, Английский банк в течение многих лет подряд вынужден был чеканить золотую монету на сумму от 800 тыс. до 1 млн ф. в год, или в среднем около 850 тыс. Для чеканки такого большого количества монеты банк (ввиду большой испорченности и стертости золотой монеты в период, охватывающий несколько последних лет) часто бывал вынужден покупать золотые слитки по высокой цене — 4 ф. за унцию, которые он затем выпускал в виде монеты по 3 ф. 17 шилл. 10,5 п. за унцию, теряя, таким образом, от двух с половиной до трех процентов при чеканке монеты на столь крупную сумму. Поэтому, хотя банк не уплачивал пошлины, так как, собственно, чеканка производилась за счет правительства, эта щедрость последнего не избавила банк от издержек.

Шотландские банки в результате излишеств того же рода должны были все без исключения постоянно держать в Лондоне агентов по скупке для них монеты, причем издержки на это редко держались ниже полутора или двух процентов. Скупленные таким образом деньги посылались в фургонах, и перевозчики страховали их с расходом на это добавочных трех четвертей процента, или 15 шилл. на 100 ф. Эти агенты не всегда были в состоянии наполнять денежные шкафы своих доверителей с такой же быстротой, с какой они пустели. В таких случаях банки прибегали к выдаче векселей на своих корреспондентов в Лондоне на нужную им сумму. Когда же эти корреспонденты впоследствии выписывали векселя на них для уплаты этой суммы вместе с процентами и комиссионными, некоторые из этих банков в результате затруднений, в которых они оказывались благодаря такому чрезмерному выпуску в обращение своих банкнот, нередко не находили другого способа оплатить эти векселя, как выписывать новые векселя на этих же самых или на других своих корреспондентов в Лондоне. И одна и та же сумма, или, точнее, векселя на одну и ту же сумму, нередко совершали, таким образом, больше чем два или три путешествия, причем банк-должник всякий раз уплачивал проценты и комиссию на всю накопившуюся сумму. Даже те шотландские банки, которые никогда не отличались чрезмерной неосторожностью, нередко были вынуждены прибегать к этому разорительному методу.

332 Золотая монета, выплачивавшаяся Английским банком или шотландскими банками в обмен на ту часть их банкнот, которая не могла быть поглощена обращением страны, поскольку она тоже превышала потребности обращения, иногда отправлялась за границу в виде монеты, а иногда переплавлялась и в слитках отсылалась за границу, иногда же переплавлялась и продавалась Английскому банку по высокой цене — 4 ф. за унцию. Из всей массы монет тщательно отбирались только самые новенькие, наиболее полновесные и лучше всего сохранившиеся, и их отправляли за границу или переплавляли в слитки. Внутри страны и в виде монеты более полновесные из них стоили не бóльше легких, но за границей или превращенные в слитки внутри страны они представляли собою большую стоимость. Английский банк, несмотря на то что он ежегодно чеканил большое количество новой монеты, к своему изумлению, видел, что каждый год наблюдается такой же недостаток монеты, как и в предыдущем году, и что, несмотря на большое количество выпускаемой ежегодно банком новой и доброкачественной монеты, качество монеты с каждым годом все более и более ухудшается, вместо того чтобы становиться все лучше и лучше. Ежегодно необходимо было чеканить почти такое же количество золотой монеты, как и в предыдущем году, и благодаря непрерывному возрастанию цены золотых слитков вследствие непрерывного стирания и обрезывания монеты расходы по такому ежегодному выпуску вновь начеканенной монеты становились все больше и больше. Следует заметить, что Английский банк, пополняя свои кассы золотой монетой, косвенно вынуждается снабжать ею все королевство, куда звонкая монета самыми различными путями вытекает из его хранилищ. Поэтому Английский банк должен был давать всю ту звонкую монету, которая была необходима для поддержания указанного чрезмерного обращения шотландских и английских бумажных денег и для заполнения вызванных этим чрезмерным обращением недостач в сумме наличных монет, необходимой для королевства. Шотландские банки, вне всякого сомнения, очень дорого платились за свое неблагоразумие и беспечность, а Английский банк очень дорого платился не только за свое собственное неблагоразумие, но и за еще большее неблагоразумие всех шотландских банков.

Первоначальной причиной этого чрезмерного обращения бумажных денег явилось чрезмерное расширение операций некоторыми смелыми прожектерами.

Сумма, которую банк может, соблюдая осторожность, ссужать какому-либо купцу или предпринимателю, равна не сумме всего капитала, с которым последний ведет свое дело, и даже не значительной части этого капитала, а только той его части, которую он в противном случае был бы вынужден держать без употребления и в наличных деньгах, чтобы производить текущие платежи. Пока сумма бумажных денег, ссужаемых банком, не превышает этой стоимости, она никогда не может превысить стоимости того золота и серебра, которые находились бы в обращении страны при отсутствии бумажных денег, т.е. она никогда не может превысить того количества, которое легко может поглотить и применить обращение страны.

Когда банк учитывает купцу реальный вексель, трассированный действительным кредитором на действительного должника и с наступлением срока действительно оплачиваемый последним, он только ссужает ему часть стоимости, которую ему в противном случае пришлось бы держать у себя без употребления и в виде наличных денег для покрытия текущих платежей. Оплата векселя, когда наступает его срок, возмещает банку стоимость, которую он ссудил, вместе с процентами на нее. Кассы банка, поскольку его операции ограничиваются такого рода клиентами, могут быть сравнены с бассейном, откуда постоянно вытекает одна струя, а другая притекает, принося столько же воды, сколько уносит первая, так что без особых забот и усилий вода в бассейне всегда остается на том же или почти на том же уровне. Такому банку не приходится производить никаких расходов или нести очень малые издержки для пополнения своих касс.

Но купец, даже не расширяя чрезмерно своих оборотов, часто может нуждаться в наличных деньгах даже и тогда, когда у него нет векселей для учета. Если банк кроме учета представляемых ему векселей ссужает ему в таких случаях на необременительных условиях, предлагаемых шотландскими банками, необходимые суммы по открываемому ему текущему счету с уплатой ее по частям, по мере того как он выручает деньги за продажу своих товаров, то этим он совершенно избавляет его от необходимости держать какую-либо часть своего капитала без употребления или в наличных деньгах для производства текущих платежей. Когда к нему действительно поступают подобные требования платежа, он может оплачивать их из открытого ему текущего счета. Однако банк, ведя операции с клиентами подобного рода, должен очень внимательно следить за тем, равняется или нет за некоторый непродолжительный период времени (например, 4, 5, 6 или 8 месяцев) сумма платежей, обычно получаемых им от них, сумме ссуд, выдаваемых им. Если в течение таких коротких промежутков времени сумма платежей от известной группы клиентов вполне соответствует сумме отпущенных кредитов, банк может смело продолжать свои операции с этими клиентами. Хотя струя, непрерывно вытекающая в таком случае из касс банка, может быть очень сильна, но другая струя, притекающая к ним, оказывается не менее сильной, так что кассы банка без каких-либо дальнейших забот и усилий остаются все время наполненными или почти наполненными и не требуется никаких чрезвычайных расходов для пополнения их. Если, напротив, сумма платежей другой группы клиентов значительно ниже суммы предоставленных им банком кредитов, то банк не может без риска продолжать вести с ними дела, по крайней мере если они не изменят своего образа действий. Струя, отливающая в таком случае из его касс, неизбежно будет значительно сильнее струи, которая приливает к ним, так что они должны скоро совсем опустеть, если не будут производиться значительные и постоянные затраты для пополнения их.

Соответственно этому шотландские банки в течение долгого времени считали необходимым требовать от всех своих клиентов частой и регулярной уплаты по их обязательствам и отказывались вести дела с людьми независимо даже от размеров их состояния или кредита, которые, как они это называли, не совершают с ними операций часто и регулярно. При таком осмотрительном ведении дела они не только могли сберегать почти всю ту сумму, которая поглощается чрезвычайными расходами на пополнение касс банка, но и извлекали еще две другие весьма значительные выгоды.

Прежде всего при такой осторожности банки получали возможность составлять себе более или менее верное мнение относительно хорошего или плохого положения дел своих клиентов, не наводя справок помимо тех, которые им доставляли их собственные книги: ведь аккуратность в платежах большей частью зависит от того, в хорошем или плохом состоянии находятся дела данного человека. Частное лицо, которое ссужает деньги пяти или десяти должникам, может самолично или через своих служащих постоянно и тщательно наблюдать и осведомляться о поведении и положении каждого из них. Но банковская компания, ссужающая деньги, может быть, пятистам различным лицам, причем ее внимание постоянно занято делами самого различного рода, не может иметь других регулярных сведений об образе действий и обстоятельствах большей части своих должников, кроме сведений, даваемых ему его собственными книгами. Требуя от всех своих клиентов частых и регулярных платежей, шотландские банки, вероятно, и имели в виду именно это преимущество.

Во-вторых, следя за этим, банки удерживали себя от возможности выпустить больше бумажных денег, чем могло поглотить и применить обращение страны. Когда они замечали, что на протяжении небольших промежутков времени платежи какого-нибудь одного клиента в большинстве случаев вполне покрывают предоставленные ему кредиты, они могли быть уверены, что бумажные деньги, которые они ссудили ему, ни на один момент не превысили то количество золота и серебра, которое он в противном случае должен был бы иметь в наличности для производства текущих платежей, и что, следовательно, количество бумажных денег, пущенных банком через него в обращение, ни на одну минуту не превысило того количества золота и серебра, которое находилось бы в обращении страны, если бы совсем не было бумажных денег. Частое поступление от него платежей, их регулярность и размеры достаточно показывают, что сумма открытых ему кредитов ни разу не превысила ту часть его капитала, которую он при отсутствии такого кредита должен был бы держать без употребления и в наличных деньгах для текущих платежей, т.е. для того, чтобы остальная часть его капитала могла быть все время производительно занятой. Только эта часть капитала через небольшие промежутки времени постоянно возвращается ко всякому торговцу в виде денег — бумажных или звонкой монетой — и в том же виде непрерывно уходит от него. Если бы открытые банком кредиты вообще превышали эту часть капитала, сумма обычных платежей торговца не могла бы на протяжении небольшого промежутка времени покрыть сумму полученных им кредитов. Струя денег, притекающая в результате операций с ним в кассы банка, не могла бы быть равной той струе, которая непрерывно отливает из них в связи с этими же операциями. Кредиты, выдаваемые бумажными деньгами, превышая количество золота и серебра, которое торговец должен был бы держать при себе для текущих платежей, если бы не получал этих кредитов, скоро могли бы превысить все то количество золота и серебра, которое (при неизменных размерах оборотов торговли) находилось бы в обращении страны при отсутствии бумажных денег, а следовательно, и то количество, которое без затруднений могло бы поглотить и применить обращение страны; излишек же бумажных денег при таких условиях должен был бы немедленно возвращаться в банк для обмена на золото и серебро. Эту вторую выгоду, хотя она столь же реальна, не так хорошо понимали различные банковские компании Шотландии, как первую.

Если кредитоспособные купцы какой-либо страны отчасти благодаря удобству, предоставляемому им учетом их векселей, а отчасти благодаря возможности пользоваться удобствами открытых текущих счетов освобождаются от необходимости держать без употребления и в наличных деньгах часть своего капитала для текущих платежей, то они, однако, не могут рассчитывать на дальнейшую помощь со стороны банков и банкиров, которые, достигнув этого предела, не могут, соблюдая собственные интересы идти дальше. Соблюдая свои интересы, банк не может ссужать купцу весь или даже большую часть оборотного капитала, с каким тот работает. Действительно, хотя этот капитал непрерывно возвращается к нему в виде денег и в том же виде уходит от него, все же обратное возвращение всего его капитала значительно отстоит по времени от его затраты, и сумма производимых им платежей банку не может сравняться с суммой полученных им от банка кредитов на протяжении таких непродолжительных периодов времени, как это соответствовало бы интересам банка. Еще меньше банк может ссудить ему сколько-нибудь значительную часть основного капитала, например капитала, который железозаводчик затрачивает на сооружение своих плавильных печей, литейной, мастерских и складов, жилищ для своих рабочих и т.п. или который затрачивает горнопромышленник на устройство шахт, на сооружение машин для откачки воды, на проведение дорог и рельсовых путей и пр., или капитала, употребляющегося на расчистку, осушение, огораживание, удобрение и вспашку пустошей и необработанных полей, на постройку фермерских домов со всеми необходимыми службами — хлевами, амбарами и пр. Возвращение основного капитала почти во всех случаях гораздо медленнее оборотного капитала, и подобного рода затраты, даже если они производятся с величайшим благоразумием и расчетом, очень редко возвращаются предпринимателю раньше, чем через несколько лет, а это слишком продолжительный период для банковской практики. Торговцы и другие предприниматели могут, без сомнения, с большим удобством осуществлять очень значительную часть своих проектов на занятые деньги. Однако в интересах кредиторов их собственный капитал должен в таком случае быть достаточным для обеспечения, если можно так выразиться, капитала этих кредиторов или для исключения возможности того, чтобы эти кредиторы потерпели потери даже и в том случае, если их проекты далеко не оправдают ожиданий их авторов. Однако даже при соблюдении такой предосторожности занимаемые таким образом деньги, которые имеется в виду вернуть только через несколько лет, не следует занимать в банке; их надлежит занимать под обязательство или под закладные у таких частных лиц, которые намерены жить на проценты со своего капитала, не затрудняя себя самостоятельным употреблением его в дело, и которые поэтому готовы ссужать этот капитал кредитоспособным людям, желающим пользоваться им в течение нескольких лет. Конечно, банк, ссужающий деньги без расходов на гербовую бумагу или на вознаграждение нотариуса при составлении заемных обязательств или закладных и принимающий платежи по ссудам на льготных условиях шотландских банков, был бы, без сомнения, очень удобным кредитором для подобных купцов и промышленников, но, разумеется, они сами явились бы в высшей степени неудобными должниками для такого банка.

Прошло уже больше двадцати пяти лет с тех пор, как количество бумажных денег, выпущенных различными банкирскими компаниями Шотландии, вполне достигло или даже, пожалуй, несколько превысило ту сумму, которую могло без затруднений поглотить обращение страны. Эти компании, таким образом, уже долгое время оказывали купцам и другим промышленникам Шотландии все то содействие, которое банки и банкиры могут оказывать, не нарушая собственных интересов. Они даже делали несколько больше этого. Они несколько превысили нормальные размеры своих операций и навлекли на себя те убытки или по крайней мере то уменьшение прибыли, которым в этой специальной области всегда сопровождается малейшее превышение нормальных оборотов. Купцы же и другие предприниматели, получив такую значительную помощь от банков и банкиров, желали получить еще больше. Банки — так, по-видимому, они рассуждали — могут увеличивать свои кредиты до любых требуемых сумм, не расходуя на это ничего, кроме немногих стоп бумаги. Они жаловались на ограниченность взглядов и трусость директоров банков, которые, по их словам, не расширяли своих кредитов в соответствии с расширением торговли и промышленности страны, причем, без сомнения, под таким расширением они понимали расширение своих собственных проектов за пределы того, что они могли выполнить сами на свой собственный капитал или на тот капитал, который могли занять у частных лиц обычным путем заемных обязательств или ссуд под залог. Репутация банков, по их мнению, обязывала их восполнять недостающие им суммы и снабжать их всем тем капиталом, который они желали получить для своих операций. Банки, однако, держались иного мнения, и ввиду их отказа расширять предоставляемые кредиты некоторые из этих торговцев и промышленников прибегали к средству, которое на некоторое время служило их цели, хотя и с гораздо более значительными издержками, но все же не менее действенно, чем это могло бы сделать величайшее расширение банковских кредитов. Это средство состояло в широко известной практике трассировки и переписывания векселей, практике, к которой иногда прибегают неудачливые торговцы и промышленники, когда они находятся на краю банкротства. Практика получения таким способом денег была давно известна в Англии, и во время последней войны, когда большие прибыли сильно соблазняли чрезмерно расширять обороты, к ней, как утверждают, прибегали в очень широких размерах. Из Англии она была перенесена в Шотландию, где в сравнении с весьма ограниченными размерами торговли и весьма небольшим капиталом страны она скоро получила гораздо большее распространение, чем даже в самой Англии.

Практика трассировки и переписывания векселей настолько хорошо знакома всем деловым людям, что было бы, пожалуй, излишним пояснять ее, но так как эта книга может попасть в руки многих людей, которые не принадлежат к числу деловых людей, и так как влияние этой практики на банковское дело не всегда понимают, пожалуй, даже и сами деловые люди, то я постараюсь здесь объяснить это настолько понятно, насколько могу.

Торговые обычаи, установившиеся в то время, когда варварские законы Европы не принуждали торговцев к выполнению своих обязательств, и воспринятые в течение двух последних столетий законами всех европейских народов, придали такие чрезвычайные преимущества векселям, что деньги ссужаются под них с гораздо большей готовностью, чем под какие-либо иные обязательства, в особенности если они подлежат оплате в течение столь короткого периода, как два или три месяца со дня их выдачи. Если в день срока векселя акцептант не оплатит его по предъявлении, он с этого момента становится банкротом. Вексель протестуется и предъявляется трассанту, который, если немедленно не оплатит его, подобным же образом становится банкротом. Если до того, как вексель попадет в руки лица, предъявившего его к оплате акцептанту, он прошел через руки ряда других лиц, которые последовательно ссудили одно другому его сумму деньгами или товарами и которые для установления того, что каждое из них получило в свою очередь эту сумму, по очереди индоссировали его, т.е. ставили свои подписи на обороте векселя, то каждый индоссант принимает в свою очередь обязательство перед владельцем векселя в размере его суммы и, если не уплатит ее, тоже станет с этого момента банкротом. И хотя бы трассант, акцептант и индоссант были все без исключения людьми с сомнительной кредитоспособностью, все же краткость срока дает обладателю векселя известную гарантию платежа. Хотя весьма вероятно, что все они окажутся банкротами, однако трудно предполагать, чтобы они все успели обанкротиться в столь короткое время. Дом ветхий долго не продержится, говорит себе путник, но трудно предполагать, чтобы он обрушился как раз в эту ночь, и я рискну поэтому переночевать в нем сегодня.

Положим, купец А в Эдинбурге выписывает на Б в Лондоне вексель сроком на два месяца. В действительности Б в Лондоне ничего не должен А в Эдинбурге, но он соглашается акцептовать вексель А с условием, что до наступления срока платежа он выпишет на А в Эдинбурге другой вексель на ту же сумму вместе с процентами и комиссией тоже сроком на два месяца со дня написания. Согласно этому условию Б до истечения первых двух месяцев выписывает такой вексель на А в Эдинбурге, который в свою очередь до истечения следующих двух месяцев выписывает новый вексель на Б в Лондоне тоже сроком на два месяца, а до истечения дальнейших двух месяцев Б в Лондоне выписывает на А в Эдинбурге еще один вексель тоже сроком на два месяца. Такая процедура иногда тянулась не только несколько месяцев, но и ряд лет, причем вексель всякий раз возвращался к А в Эдинбурге с накопившимися процентами и комиссией за все предыдущие векселя. Процент устанавливался в размере пяти годовых, а комиссия всегда была не ниже полупроцента за каждый

вексель. Поскольку такая комиссия взималась
более шести раз за год, деньги, которые А мог получить таким способом, должны были обходиться ему несколько дороже, чем по 8 % в год, а иногда и значительно дороже — именно когда повышался размер комиссии или когда ему приходилось платить сложные проценты на проценты и комиссию за предыдущие векселя. Практика эта получила название добывания денег посредством обращения.

В стране, где обычная прибыль на капитал в большей части коммерческих предприятий признается равной от 6 до 10 на сто, лишь очень удачная спекуляция может принести такую выручку, которая не только покроет громадные издержки, связанные с заключенным для нее займом, но и даст еще хорошую добавочную прибыль спекулянту. Между тем обширные операции предпринимались и производились в течение нескольких лет при отсутствии каких-либо иных средств для них, кроме тех сумм, какие удавалось получить с такими чрезвычайно большими издержками. Спекулянты, без сомнения, в своих золотых сновидениях отчетливо видели эту большую прибыль. Однако при пробуждении, к концу своих операций или когда они больше не были в состоянии продолжать их, им редко, мне думается, удавалось видеть реализацию этих надежд*.

---

* Описанный здесь способ не был ни самым обычным, ни наиболее убыточным из средств, при помощи которых прожектеры получали деньги. Нередко случалось, что эдинбургский купец А, желая дать средство лондонскому купцу Б уплатить по первому векселю, за несколько дней до истечения его срока писал на него новый вексель сроком на три месяца. И так как последний вексель уплачивался по предъявлении написавшего его, то купец А и продавал его в Эдинбурге по его цене, а на вырученную сумму он покупал векселя на находящегося в Лондоне Б с уплатой по ним по предъявлении и пересылал их в Лондон к Б. В конце последней войны за векселя при переводе денег из Эдинбурга в Лондон платили надбавку в 3%, так что А часто должен был платить такую премию при покупке векселей с уплатой по предъявлении. Поэтому такая операция, повторенная до четырех раз в год с присовокуплением $^1/_2$% за комиссию за всякое ее повторение, обходилась в то время купцу А по меньшей мере в 14%. Иногда же средство, к которому прибегал А, чтобы доставить возможность Б

Векселя, которые А в Эдинбурге выписывал на Б в Лондоне, он регулярно учитывал за два месяца до срока в каком-нибудь банке или у какого-нибудь банкира в Эдинбурге, а векселя, которые Б в Лондоне выписывал взамен этого на А в Эдинбурге, учитывались Б или в Английском банке, или у других лондонских банкиров. Все суммы, которые выдавались под такие обращающиеся векселя, выплачивались в Эдинбурге билетами шотландских банков, а в Лондоне, когда они учитывались в Английском банке, — билетами этого последнего. Хотя векселя, под которые выдавались эти билеты, все оплачивались по очереди, когда наступал их срок, однако стоимость, действительно выданная под первый вексель, в действительности никогда не возвращалась к банку, выдавшему ее; в самом деле, еще до наступления срока каждого векселя всегда выписывался новый вексель на несколько бóльшую сумму, чем вексель, подлежащий в скором времени оплате, причем учет этого нового векселя был безусловно необходим для оплаты векселя, срок которого скоро истекал. Поэтому уплата по нему являлась целиком фиктивной. Струя денег,

---

уплатить ему по первому векселю, состояло в том, что он высылал за несколько дней до истечения его срока другой вексель на два месяца, но не на Б, а на третье лицо, например на лондонского купца В. Уплаты по этому векселю требовал Б, и, после того как В акцептовал этот вексель, Б учитывал его у какого-нибудь лондонского банкира, а А доставлял возможность В уплатить по векселю, выдавая ему за несколько дней до срока третий вексель тоже на два месяца или на того же купца Б, или же на четвертое и пятое лицо, например Г или Д. Третий вексель предъявлялся В, который, после того как вексель был акцептован, учитывал его таким же образом у какого-нибудь лондонского банкира. Такого рода операция для займа денег, повторенная по крайней мере шесть раз в продолжение года с присовокуплением $^1/_2$% за комиссию за каждое ее повторение и законных 5%, подобно операции, описанной в тексте, должна обойтись А более чем в 8%. Тем не менее по причине экономии расхода на перевод денег из Эдинбурга в Лондон она была менее убыточна, чем та, которая приведена в первой половине этого примечания, но зато она требовала сношений с большим числом лондонских торговых домов, что представляло некоторые затруднения для многих из указанных прожектеров.

отливающая благодаря этим обращающимся векселям из касс банка, никогда не возмещалась другой струей, действительно притекавшей к ним.

Количество бумажных денег, выпускавшихся под эти обращающиеся векселя, во многих случаях достигало всей суммы, предназначавшейся на выполнение какого-либо обширного и дорогостоящего сельскохозяйственного, коммерческого или промышленного предприятия, а не только той ее части, которую должен был бы держать при себе, не вкладывая их в дело и наличными деньгами, предприниматель для производства текущих платежей, если бы вообще не было бумажных денег. Вследствие этого бóльшая часть этих бумажных денег превышала стоимость золота и серебра, которые обращались бы в стране, если бы не было бумажных денег. Они, следовательно, превышали то количество, какое легко могло поглотить и применить обращение страны; поэтому они немедленно притекали обратно в банки для обмена на золото и серебро, которые банки вынуждены были добывать во что бы то ни стало. Вот этот-то капитал эти прожектеры очень ловко ухитрялись извлекать из банков не только помимо их ведома или обдуманного согласия, но и в течение некоторого времени, пожалуй, при отсутствии у банков малейшего подозрения насчет того, что они фактически ссудили его.

Если два лица, постоянно трассирующие друг на друга, учитывают свои векселя всегда у одного и того же банкира, он должен сейчас же обнаружить, в чем дело, и увидеть, что они ведут свои операции не на собственный капитал, а на капитал, какой он ссужает им. Но обнаружить это не так легко, если они учитывают свои векселя то у одного, то у другого банкира и если эти лица не всегда трассируют друг на друга, а иногда пользуются большим кругом спекулянтов, в интересах которых помогают друг другу в использовании этого средства добывать деньги и сделать в этих целях возможно более затруднительным различие между действительным и фиктивным векселем, между векселем, выписанным действительным кредитором на действительного должника, и векселем, за которым, собственно, не стоит никакого действительного кредитора, кроме банка, который учел его, и никакого действительного должника, кроме прожектера, воспользовавшегося деньгами. Если даже банкир и делал это открытие, он иногда обнаруживал это слишком поздно и убеждался, что учел уже векселей этих спекулянтов на столь значительные суммы, что своим отказом производить дальнейший учет он неизбежно приведет их всех к банкротству и, погубив их, может, пожалуй, погубить самого себя. В своих собственных интересах и ради собственной безопасности он поэтому мог признать необходимым при таком очень опасном положении продолжать еще некоторое время учет их векселей, пытаясь, однако, постепенно освободиться от этого дела и с этой целью делая с каждым днем все бо́льшие и бо́льшие затруднения при учете, чтобы заставить этих спекулянтов постепенно обращаться или к другим банкирам, или прибегать к другим способам добывания денег, а самому получить возможность поскорее выйти из этого круга. Поэтому затруднения, которые стали делать при учете векселей Английский банк, главные лондонские банкиры и даже более осторожные шотландские банки, спустя некоторое время после того как все они зашли слишком далеко, не только встревожили, но и привели в ярость этих спекулянтов. Свое собственное разорение, которое, без сомнения, явилось непосредственным результатом этой благоразумной и необходимой сдержанности банков, они объявили разорением страны и утверждали, что это разорение вызвано невежественностью, трусостью и плохим управлением банков, которые не предоставили достаточно щедрой поддержки широко задуманным предприятиям тех, кто напрягал свои силы, чтобы возвеличить, улучшить и обогатить страну. Они, по-видимому, думали, что обязанность банков — предоставлять ссуды на такой срок и в таких размерах, сколько им заблагорассудится занимать. Между тем банки, отказывая в дальнейшем кредите тем, кому они уже без того ссудили слишком много денег, избрали единственный путь, каким теперь оказывалось возможным спасти их собственный кредит или общественный кредит страны.

В разгар этих воплей и затруднений в Шотландии был учрежден новый банк со специальной целью облегчить стесненное положение страны. Намерения были благородны, но выполнение их неразумно, и характер и причины того стесненного положения, которое имелось в виду облегчить, не были как следует поняты. Этот банк отличался большей щедростью, чем какой бы то ни было другой, как в отношении открытия текущих счетов, так и учета векселей. Что касается последних, то он как будто не делал почти никакого различия между действительными и фиктивными векселями, учитывая одинаково те и другие. Банк этот открыто усвоил себе правило ссужать под сколько-нибудь разумное обеспечение всю сумму капитала, подлежащего вложению в такие предприятия, в которых возврат его поступает наиболее медленно и спустя продолжительное время, как, например, в предприятия сельскохозяйственные. Заявлялось даже, что содействие такого рода предприятиям составляет главную из общеполезных целей, ради которых он учрежден. В результате своей щедрости в деле открытия текущих счетов и учета векселей банк, несомненно, выпускал большие количества своих банкнот. Но эти банкноты, поскольку бо́льшая их часть не могла быть легко поглощена и употреблена обращением страны, притекали обратно в банк для обмена на золото и серебро с такой же быстротой, с какою выпускались. Кассы банка никогда не обладали достаточной наличностью. Капитал банка, собранный по подписке по двум выпускам акций, достигал 160 тыс. ф., из которых оплачено было только 80 % этой суммы. Вся сумма должна была быть оплачена в несколько сроков. Большинство обладателей акций, сделав первый взнос, открыли в банке текущий счет, а его директора, считая себя обязанными относиться к своим собственным акционерам с такой же благожелательностью, с какою они относились ко всем другим клиентам, позволяли многим из них занимать по этому текущему счету те суммы, которые они потом вносили в банк в виде своих последующих взносов по акциям. Эти платежи поэтому лишь возвращали в одну кассу те суммы, которые только что были взяты из другой. Но как бы много денег ни было в кассах этого банка, его слишком широкие операции должны были опустошать их быстрее, чем они могли пополняться каким бы то ни было иным способом, помимо разорительного способа трассирования векселей на Лондон и оплаты их в срок вместе с процентами и комиссией посредством выдачи на Лондон же нового векселя. И поскольку у банка с самого начала было очень мало денег, он вынужден был, как передают, прибегнуть к этому средству спустя немного месяцев после начала своих операций. Недвижимое имущество владельцев этого банка стоило несколько миллионов, и, поскольку они подписались под учредительным актом банка, они фактически отвечали этим имуществом по всем обязательствам банка. Благодаря большому кредиту, какой давало банку столь солидное обеспечение, он мог, несмотря на свой слишком щедрый образ действий, продолжать операции в течение более двух лет. Когда банку пришлось прекратить их, он имел в обращении своих банкнот на сумму около 200 тыс. ф. Чтобы обеспечить обращение этих банкнот, которые непрерывно возвращались к нему тотчас же после их выпуска, он должен был постоянно практиковать выписывание векселей на Лондон, количество и стоимость которых непрерывно возрастали, так что к моменту приостановки операций банка сумма их превысила 600 тыс. ф. Таким образом, банк этот за два с небольшим года ссудил различным лицам свыше 800 тыс. ф. по 5%. Что касается 200 тыс. ф., обращавшихся в виде банкнот, то эти пять процентов можно, пожалуй, считать чистой прибылью, если вычесть отсюда расходы по управлению. Но на 600 тыс. ф., для получения которых он все время трассировал векселя на Лондон, банк платил в виде процентов и комиссии свыше 8% и, следовательно, терял более чем 3% с суммы, превышающей три четверти его оборотов.

Операции этого банка привели, как кажется, к результатам, прямо противоположным по сравнению с тем, на что надеялись его инициаторы и руководители. Они, как кажется, намеревались оказывать поддержку широко задуманным предприятиям, каковыми они считали предприятия, затевавшиеся в то время в различных частях страны, и одновременно с этим заменить все другие шотландские банки, сосредоточив в своих руках все банковское дело; особенно имелось в виду вытеснить эдинбургские банки, отсталость которых в области учета векселей вызвала некоторое недовольство. Новый банк, вне всякого сомнения, оказал некоторую временную поддержку этим предпринимателям и дал им возможность проводить их проекты в течение двух лишних лет. Но этим он только помог им еще глубже увязнуть в долгах, так что, когда наступил крах, это тем тяжелее отозвалось как на них самих, так и на их кредиторах. Таким образом, операции банка, вместо того чтобы облегчить, в действительности лишь усилили в конце концов затруднения и бедствия, которые эти предприниматели навлекли на себя и на свою страну. Было бы гораздо лучше для них самих, для их кредиторов и для страны, если бы большинство из них вынуждено было прекратить свои дела на два года раньше. Тем не менее временная поддержка, оказанная банком этим предпринимателям, оказала действительную и длительную помощь другим шотландским банкам. Все те, кто оперировал с обращающимися векселями и кому эти банки делали затруднения в учете таких векселей, отхлынули к этому новому банку, где их встречали с распростертыми объятиями. Благодаря этому остальные банки смогли очень легко выйти из фатального круга, выбраться из которого они при других условиях не были бы в состоянии, не потерпев значительных убытков и не поколебав даже в известной мере своего кредита.

Следовательно, в конечном счете операции нового банка только усилили затруднения и бедствия страны, которые он имел в виду облегчить, и на деле избавили от весьма серьезных затруднений тех соперников, которых предполагалось вытеснить.

При самом открытии нового банка некоторые люди держались того мнения, что банк легко сможет пополнять свои кассы всякий раз, как они окажутся пустыми, посредством реализации обеспечений, полученных от лиц, которым он ссудил свои банкноты. Опыт, как мне кажется, скоро убедил их, что такой способ получения денег слишком медленный, чтобы служить этой цели, и что кассы, в которых с самого начала было так мало денег и из которых деньги так быстро отливали, можно пополнять не иначе как посредством разорительной практики трассирования векселей на Лондон, а при наступлении их срока — оплаты их путем выписывания новых векселей на тот же Лондон с добавлением накопившихся процентов и комиссии. Но хотя этот способ позволял добывать деньги, как только в них ощущалась нужда, однако, вместо того чтобы получать прибыль, банк должен был нести потери на каждой такой операции. Таким образом, банк как коммерческое предприятие в конце концов должен был потерпеть крах, хотя, может быть, и не так скоро, как это случилось бы при более широком пользовании этой системой выписывания и переписывания векселей. Банк не мог также извлекать никакой выгоды от процентов с выпускаемых им билетов, ибо последние, представляя излишек, который не мог быть поглощен обращением страны, возвращались к нему тотчас же после их выпуска для обмена на золото и серебро, и для оплаты их он постоянно бывал вынужден занимать деньги. Напротив, все расходы, связанные с такими займами, с содержанием агентов для выискивания людей, имеющих свободные средства, с ведением переговоров с этими людьми и с составлением закладных или обязательств, должны были падать на банк и являлись чистым убытком в балансе его счетов. Проект пополнения касс банка таким способом можно сравнить с проектом человека, имеющего пруд, из которого непрерывно вытекает вода, но в который нет притока воды, и предполагающего сохранять в нем неизменный уровень воды при помощи найма нескольких рабочих, которые непрерывно отправляются с ведрами к колодцу за несколько миль за водой для наполнения пруда.

Если бы даже эта операция и оказалась не только выполнимой, но и выгодной для банка как коммерческого предприятия, все же страна не могла получить от этого никакой выгоды, а, напротив, должна была понести большие потери. Эта операция не могла ни в малейшей степени увеличить количество денег, свободных для ссуды. Она могла лишь превратить банк в своего рода центральное ссудное учреждение для всей страны. Лица, нуждавшиеся в деньгах, должны были бы обращаться в банк, вместо того чтобы обращаться к частным лицам, ссудившим ему свои деньги. Но банк, ссужающий свои деньги, может быть, пятистам различным лицам, относительно большей части которых его директора знают очень мало, вряд ли будет в состоянии делать более правильный выбор своих дебиторов, чем частное лицо, ссужающее деньги немногим, лично ему известным лицам, осторожности и бережливости которых оно, по его мнению, имеет достаточное основание доверять. Должники такого банка, образ действий которого я охарактеризовал, в большинстве своем должны, по всей вероятности, состоять из фантастических прожектеров, людей, постоянно выписывающих обращающиеся векселя, затрачивающих получаемые деньги на нелепые предприятия, которые, даже при всей помощи, какая может быть оказана им, они, вероятно, никогда не будут в состоянии выполнить и которые, даже будучи доведены до конца, никогда не смогут вернуть суммы, в действительности затраченные на них, и никогда не смогут доставить фонд для занятия того количества труда, которое было затрачено на них. Наоборот, осторожные и бережливые должники частных лиц скорее всего затратят занятые деньги на надежные предприятия, соответствующие их капиталам, может быть, менее грандиозные и заманчивые, но зато более солидные и прибыльные, возвращающие с большей прибылью затраченные на них средства и таким образом образующие фонд, на который можно содержать большее количество труда, чем было вложено в них. Таким образом, успех описанной операции, не увеличивая ни в малейшей степени капитала страны, только перевел бы значительную его часть из благоразумных и прибыльных предприятий в предприятия неразумные и невыгодные.

Знаменитый Лоу был того мнения, что промышленность Шотландии не развивается ввиду недостатка в деньгах. Учреждением банка особого рода, который, как он, по-видимому, воображал, может выпустить бумажные деньги на сумму, равную стоимости всех земель страны, он предполагал устранить этот недостаток денежных средств. Шотландский парламент, когда он впервые выдвинул свой проект, не счел возможным принять его. Он был впоследствии принят с некоторыми изменениями герцогом Орлеанским, бывшим тогда регентом Франции. Идея возможности умножать до любых размеров количество бумажных денег фактически лежала в основании так называемой Миссисипской компании, этого наиболее безумного банковского и биржевого предприятия, какое когда-либо видел свет. Различные операции этого предприятия с такой полнотой и ясностью и с такой отчетливостью выяснены Дювернеем в его анализе «Политических размышлений о торговле и финансах» Дюто, что я не стану останавливаться на них. Принципы, положенные в основу его, изложены самим Лоу в «Рассуждении о деньгах и торговле», которое он издал в Шотландии, когда впервые выдвинул свой проект. Блестящие, но сумасбродные идеи, развитые в этом и некоторых других произведениях по поводу этих же принципов, все еще продолжают производить впечатление на многих людей и, возможно, в известной мере содействовали тому непомерному расширению банковских операций, по поводу которого в последнее время слышались жалобы как в Шотландии, так и в других местах.

Английский банк является крупнейшим из существующих в Европе банков. Он был утвержден в форме корпорации хартией с приложением большой государственной печати от 27 июля 1694 г. на основании специального акта парламента. В это время он ссудил правительству 1 200 тыс. ф. с условием получать от последнего ежегодно 100 тыс. ф., каковая сумма составилась из 96 тыс. ф. процентов, считая по восемь на сто, и 4 тыс. ф. в год на расходы по управлению. Кредит нового правительства, установленного революцией, можно думать, был очень незначителен, если ему приходилось занимать деньги под столь высокие проценты.

В 1697 г. банку было разрешено увеличить свой основной капитал на 1 101 171 ф. 10 шилл., так что весь его основной капитал к этому времени достигал 1 201 171 ф. 10 шилл. Это увеличение капитала, как утверждают, было произведено для поддержания государственного кредита. В 1696 г. купоны банка упали на 40, 50 и 60%, а банкноты банка — на 20%*. Во время общей перечеканки серебра, производившейся в этот период, банк счел нужным прекратить оплату своих банкнот, что неизбежно вызвало понижение их курса.

Согласно ст. 7 закона, изданного в 7-й год правления королевы Анны, банк ссудил и выплатил казначейству

---

* *Postlethwaite James.* History of the Public Revenue. P. 301.

400 тыс. ф., что довело до 1600 тыс. ф. ту сумму, которую он выдал за первоначально установленный ежегодный платеж в 96 тыс. ф. процентов и 4 тыс. ф. на расходы по управлению. Следовательно, в 1708 г. правительство пользовалось не худшим кредитом, чем частные лица, поскольку могло занять деньги по 6%, т.е. по обычной в то время законной и рыночной норме. Согласно этому же закону банк погасил шестипроцентные билеты казначейства на сумму в 1775 027 ф. 17 шилл. $10^1/_2$ п. и одновременно с тем получил разрешение открыть подписку в целях увеличения вдвое своего капитала. Таким образом, в 1708 г. капитал банка достиг 4402 343 ф., из которых он ссудил правительству 3375 027 ф. 17 шилл. $10^1/_2$ п.

В результате объявления о дополнительном процентном взносе по акциям в 1709 г. было уплачено и превращено в капитал 656 204 ф. 1 шилл. 9 п., а объявления о втором дополнительном десятипроцентном взносе в 1710 г. — 501 448 ф. 12 шилл. 11 п., так что капитал банка достиг 5559 995 ф. 14 шилл. 8 п.

На основании ст. 8 закона, изданного в 3-й год правления Георга I, банк погасил на два миллиона билетов казначейства, так что к этому времени он ссудил правительству уже 5375 027 ф. 17 шилл. $10^1/_2$ п. На основании ст. 21 закона, изданного в 8-й год правления Георга I, банк купил акции Южноокеанской компании на сумму в 4 млн ф., а в 1722 г. капитал его в результате выпуска новых акций для приобретения средств для этой покупки увеличен на 3400 тыс. ф. Таким образом, к этому времени банк ссудил государству 9375 027 ф. 17 шилл. $10^1/_2$ п., тогда как его капитал достигал лишь 8959 995 ф. 14 шилл. 8 п. С этого времени сумма, которую банк дал в ссуду государству и на которую он получал проценты, стала впервые превышать его основной капитал или сумму, на которую он выплачивал дивиденд владельцам банковских акций; другими словами, банк с этого времени стал обладать сверхкапиталом, на который он платил дивиденды. И с тех пор у него все время оставался такой капитал. В 1746 г. ссуды банка государству достигли 11686 800 ф., а его акционерный капитал в результате новых выпусков акций и дополнительных взносов был увеличен до 10 780 тыс. ф. С того времени обе эти суммы оставались без изменения. Согласно ст. 25 закона, изданного в 4-й год правления Георга III, банк согласился заплатить правительству безвозвратно и без оплаты процентами за продление его привилегии 110 тыс. ф. ст. Таким образом, эта сумма не увеличила ни одну из указанных двух сумм.

Дивиденд, выдаваемый банком, колебался в зависимости от колебаний нормы процента, который банк в различные периоды получал за деньги, ссуженные им государству, а также в зависимости от других обстоятельств. Эта норма процента постепенно понизилась с восьми до трех на сто. В течение нескольких последних лет дивиденд банка равнялся $5^1/_2$%.

Устойчивость Английского банка равна устойчивости британского правительства. Все то, что он ссудил государству, должно быть потеряно, прежде чем его кредиторы понесут какие-либо потери. Никакая другая банкирская компания не может быть учреждена в Англии актом парламента или состоять более чем из 6 членов. Он производит операции не только как банк обыкновенного типа, но и как великий государственный механизм. Банк получает и выплачивает большую часть ежегодных платежей, причитающихся кредиторам государства, он выпускает в обращение билеты казначейства и авансирует правительству годичную сумму земельного налога и налога на солод, которые часто уплачиваются только спустя несколько лет. При выполнении этих различных операций обязанности банка перед государством иногда вынуждают его, не по вине его директоров, переобременять обращение бумажными деньгами. Банк равным образом учитывал коммерческие векселя и в ряде случаев поддерживал кредит главных фирм не только Англии, но и Гамбурга и Голландии. В одном случае, а именно в 1763 г., он, говорят, выдал с этой целью за одну неделю около 1 600 тыс. ф., главным образом слитками. Впрочем, я не ручаюсь ни за размеры приведенной суммы, ни за краткость этого срока. В других случаях это крупное предприятие оказывалось вынужденным производить платежи шестипенсовыми монетами.

* * *

Благоразумные банковские операции могут содействовать развитию производительной деятельности страны не увеличением ее капитала, а превращением большей части существующего капитала в активный и производительный, чего не было бы при отсутствии банка. Та часть капитала, которую коммерсант вынужден держать при себе без применения и в наличных деньгах на покрытие текущих платежей, представляет собою мертвый капитал, который ничего не производит ни для него самого, ни для страны, пока остается в таком состоянии. Благоразумные банковские операции позволяют ему превращать этот мертвый капитал в активный и производительный, превращать его в материалы для переработки, в орудия производства и в средства существования для работающих, т.е. в капитал, производящий что-нибудь как для него самого, так и для его страны. Золото и серебро, находящиеся в обращении какой-либо страны и служащие средством для обращения и распределения между надлежащими потребителями годового продукта ее земли и труда, представляют собою, как и наличные деньги отдельного коммерсанта, мертвый капитал. Эта весьма ценная часть капитала страны ничего не производит для нее. Благоразумные банковские операции, заменяя бумажными деньгами значительную часть этого золота и серебра, позволяют стране превращать большую часть этого мертвого капитала в капитал активный и производительный, в капитал, производящий что-нибудь для страны. Золотые и серебряные деньги, находящиеся в обращении страны, можно с полным правом сравнить с шоссейной дорогой, которая, содействуя передвижению и доставке на рынок всего сена и хлеба страны, сама по себе не производит ни одного снопа или вязанки. Благоразумные банковские операции, создавая, если позволено употребить такую метафору, своего рода воздушный путь, дают стране возможность как бы превращать большую часть ее дорог в хорошие пастбища и хлебные поля и таким образом весьма значительно увеличивать годовой продукт ее земли и труда. Однако надо признать, что торговля и промышленность страны хотя и могут несколько расширяться, но вообще не могут быть столь устойчивы, когда они держатся, так сказать, на дедаловских крыльях бумажных денег, как если бы они развивались на твердой почве золота и серебра. Помимо случайностей, каким они подвержены благодаря неумению распорядителей этих бумажных денег, они стоят под угрозой многих других случайностей, от которых их не могут уберечь осторожность и искусство этих распорядителей.

Неудачная война, например, во время которой неприятель захватил бы столицу, а следовательно, и те сокровища, которые служат обеспечением бумажных денег, вызвала бы гораздо большее замешательство в стране, где все обращение питается бумажными деньгами, чем в стране, где обращение в большей своей части основано на золоте и серебре. Поскольку обычное орудие обмена утратило бы свою стоимость, ни одной меновой сделки нельзя было бы совершить иначе как посредством натурального обмена или в кредит. Так как все налоги уплачиваются обычно бумажными деньгами, король не мог бы платить своим войскам или снабжать свои военные склады; страна оказалась бы в гораздо более затруднительном положении, чем если бы значительнейшая часть ее обращения состояла из золота и серебра. Государь, желающий сохранять свои владения в любое время в таком состоянии, при котором было бы гораздо легче защищать их, должен ввиду этого не только остерегаться чрезмерного умножения бумажных денег, разоряющего те самые банки, которые выпускают их, но и такого увеличения их количества, которое приводит к заполнению ими большей части обращения страны.

Обращение каждой страны можно считать распадающимся на две самостоятельные ветви: обращение, совершающееся между торговцами, и обращение, происходящее между торговцами и потребителями. Хотя одни и те же денежные знаки, бумажные или металлические, могут употребляться то в одной ветви обращения, то в другой, все же, поскольку оба эти процесса обращения происходят в одно и то же время, каждый из них требует для своего совершения определенной суммы денег того или иного рода. Стоимость товаров, обращающихся между различными торговцами, никогда не может превысить стоимость товаров, обращающихся между торговцами и потребителями, поскольку все, что продается торговцами, в конечном счете предназначается для продажи потребителям. Обмен между торговцами, носящий оптовый характер, требует обыкновенно довольно значительной суммы для каждой отдельной сделки. Обращение между торговцами и потребителями, напротив, поскольку оно отличается преимущественно розничным характером, часто требует лишь очень небольших сумм — нередко бывает достаточно шиллинга или даже полпенни. Но мелкие суммы обращаются гораздо быстрее крупных. Шиллинг меняет владельцев гораздо чаще, чем гинея, а полпенни — чаще шиллинга. Поэтому, хотя покупки за год всех потребителей по стоимости по меньшей мере равны покупкам за год всех торговцев, они по общему правилу могут быть произведены посредством гораздо меньшего количества денег, ибо одни и те же монеты благодаря более быстрому своему обращению служат орудием для совершения гораздо большего количества покупок первого рода, чем второго.

Выпуск бумажных денег может регулироваться таким образом, чтобы их обращение или ограничивалось преимущественно сделками между различными торговцами, или же так, чтобы оно распространялось также и на значительную часть сделок между торговцами и потребителями. Там, где в обращении нет банкнот стоимостью ниже десяти фунтов, как это имеет место в Лондоне, бумажные деньги находятся в обращении главным образом при сделках между торговцами. Когда бумажка в 10 ф. попадает в руки потребителя, он обыкновенно бывает вынужден разменять ее в первой лавке, где ему понадобится купить товаров на 5 шилл., так что она часто возвращается в руки торговца еще до того, как потребитель израсходовал сороковую часть своих денег. Там, где банкноты выпускаются на такие небольшие суммы, как 20 шилл., как, например, в Шотландии, бумажные деньги распространяются на значительную часть обращения между торговцами и потребителями. До издания закона, прекратившего обращение банкнот в 10 и 5 шилл., они заполняли еще бóльшую часть обращения. В Северной Америке бумажные деньги обычно выпускались такими мелкими купюрами, как один шиллинг, и заполняли почти все обращение. В Йоркшире они выпускались даже в столь мелких купюрах, как 6 п.

Там, где допускается и обычно практикуется выпуск банкнот на такие незначительные суммы, многие малосознательные люди получают возможность и решаются сделаться банкирами. Человек, обязательство которого в 5 ф. или даже в 20 шилл. будет всеми отвергнуто, сумеет обеспечить прием его без всяких колебаний, если оно выдается на такую ничтожную сумму, как 6 п. Но частые банкротства, каким должны подвергаться подобные нищенские банкиры, могут вызывать весьма значительные неудобства, иногда даже и очень большие бедствия для многих неимущих людей, получивших в уплату такие банкноты.

Было бы, пожалуй, лучше, если бы в королевстве нигде не выпускались банкноты на сумму меньшую, чем 5 ф. Тогда нигде бумажные деньги не выходили бы, вероятно, за пределы обращения между различными торговцами, как это имеет место в настоящее время в Лондоне, где совсем не выпускаются банкноты стоимостью ниже 10 ф., ибо 5 ф. в большинстве местностей королевства представляют собою сумму, на которую хотя и можно купить, пожалуй, лишь несколько больше товаров, чем на половину десяти фунтов, но на которую там смотрят так же, как на 10 ф. в Лондоне, и столь же редко затрачивают ее сразу, как 10 ф. в расточительном Лондоне.

Следует заметить, что там, где, как в Лондоне, бумажные деньги ограничиваются главным образом обращением между торговцами, всегда наблюдается обилие золота и серебра. Там, где они захватывают значительную часть обращения между торговцами и потребителями, как в Шотландии и еще больше в Северной Америке, они почти целиком вытесняют из страны золото и серебро; почти все обычные сделки ее внутренней торговли происходят при посредстве бумажных денег. Изъятие из обращения десяти– и пятишиллинговых банкнот несколько уменьшило недостаток золота и серебра в Шотландии, а изъятие банкнот в 20 шилл., вероятно, еще больше уменьшит его. Эти металлы, как сообщают, стали встречаться в Америке в большем количестве после упразднения некоторой доли ее бумажных валют. Точно так же указывают, что их было больше и до введения этих валют.

Если бы даже бумажные деньги были ограничены преимущественно обращением между торговцами, тем не менее банки и банкиры были бы в состоянии предоставлять промышленности и торговле страны почти такую же помощь, как и тогда, когда бумажные деньги заполняют почти все обращение. Наличные деньги, которые торговец вынужден держать при себе для текущих платежей, предназначены вообще для обращения между ним и другими торговцами, у которых он покупает товары. Ему нет нужды держать при себе деньги для обращения между ним самим и потребителями, которые являются его клиентами и приносят ему наличные деньги, а не берут их от него. Поэтому, если бы даже допускался выпуск бумажных денег только на такие суммы, которые ограничивают их обращением между торговцами, однако банки и банкиры могли бы отчасти посредством учета реальных векселей, отчасти в виде ссуд по текущим счетам избавлять большую часть этих торговцев от необходимости держать без употребления сколько-нибудь значительную часть своего капитала в наличных деньгах для покрытия текущих платежей. Они могли бы, следовательно, оказывать наибольшую поддержку, какую, руководствуясь благоразумием, банки и банкиры вообще в состоянии давать торговцам и промышленникам всякого рода.

Могут сказать, что препятствовать частным лицам в получении платежей в виде обязательств банкира на большую или меньшую сумму, если они сами согласны принимать их, или ограничивать банкира в выпуске таких обязательств, хотя все его соседи согласны принимать их, представляет собою явное посягательство на ту естественную свободу, которую закон должен охранять, а не нарушать. А такое регулирование, без сомнения, может быть в некоторых отношениях рассматриваемо как подавление естественной свободы. Но такие проявления естественной свободы немногих отдельных лиц, которые могут подвергать опасности благополучие всего общества, ограничиваются и должны ограничиваться законами всех правительств, как самых свободных, так и наиболее деспотических. Обязательство возводить брандмауэры между домами, чтобы предотвратить распространение пожаров, представляет собою нарушение естественной свободы совершенно такого же характера, как и регулирование банковских операций, предложенное здесь.

Бумажные деньги, состоящие из банкнот, которые выпускаются лицами, обладающими безупречным кредитом, и подлежат оплате по требованию без всяких условий и фактически всегда оплачиваются немедленно по предъявлении, во всех отношениях равны по стоимости золоту и серебру, поскольку в любой момент в обмен на них можно получить золото и серебро. Все, что покупается и продается за эти деньги, обязательно должно покупаться или продаваться так же дешево, как и при покупке или продаже на золото и серебро.

Указывали, что возрастание количества бумажных денег, увеличивая общее количество обращающихся денег, а следовательно, уменьшая их стоимость, неизбежно повышает денежную цену товаров. Но так как количество золота и серебра, извлекаемого из обращения, всегда равняется количеству бумажных денег, вливаемых в него, то бумажные деньги отнюдь не обязательно увеличивают общее количество обращающихся денег. С начала истекшего столетия до настоящего времени предметы продовольствия никогда не были в Шотландии дешевле, чем в 1759 г., хотя благодаря обращению банкнот в 10 и 5 шилл. тогда было в стране больше бумажных денег, чем в настоящее время. Соотношение цен на предметы продовольствия в Шотландии и Англии и ныне такое же, какое было до появления множества банкирских компаний в Шотландии. Хлеб в большинстве случаев столь же дешев в Англии, как и во Франции, хотя в Англии в обращении очень много бумажных денег, а во Франции их почти нет. В 1751 и 1752 гг., когда Юм опубликовал свои «Политические рассуждения» и вскоре после значительного увеличения количества бумажных денег в Шотландии, произошло весьма заметное повышение цен на предметы продовольствия, вызванное, вероятно, неурожаями, а не увеличением количества бумажных денег.

Конечно, иначе было бы с бумажными деньгами, состоящими из обязательств, немедленность оплаты которых зависела бы во всех отношениях от усмотрения выдавших их или от условия, которое держатель этих обязательств не всегда был бы в состоянии выполнить, или платежа, по которым можно было бы требовать только по истечении определенного числа лет и которые в течение этого времени не приносили бы никаких процентов. Подобные бумажные деньги, без сомнения, упали бы в большей или меньшей мере ниже стоимости золота и серебра, в зависимости от большей или меньшей трудности или надежности получить оплату их или в зависимости от большего или меньшего срока, по истечении которого можно было требовать их оплаты.

Несколько лет тому назад некоторые шотландские банкирские компании имели обыкновение печатать на своих банкнотах так называемую оговорку об усмотрении, в силу которой они обещали предъявителю платеж по банкноте или немедленно по предъявлении, или, по усмотрению директоров, через шесть месяцев по предъявлении с уплатой законного процента за эти 6 месяцев. Директора некоторых из этих банков пользовались иногда этой оговоркой и нередко грозили тем, кто требовал золота и серебра в обмен на значительное количество их банкнот, что они воспользуются ею, если эти лица не удовлетворятся частью того, что они требуют. Кредитные билеты этих банкирских компаний составляли в ту пору значительнейшую часть обращавшихся в Шотландии денежных знаков, и благодаря такой необеспеченности оплаты их стоимость необходимо понизилась ниже стоимости золотой и серебряной монеты. Пока существовало это злоупотребление (которое практиковалось главным образом в 1762, 1763 и 1764 гг.), в то время как вексельный курс между Лондоном и Карляйлем держался на уровне паритета, курс Лондона на Демфри стоял иногда на 4% ниже против Демфри, хотя этот город отстоит не больше чем на 30 миль от Карляйля. Но в Карляйле векселя оплачивались золотом и серебром, тогда как в Демфри они оплачивались шотландскими банкнотами, и неуверенность в возможности обмена этих банкнот на золотую и серебряную монету понижала их, таким образом, на 4% сравнительно со стоимостью этой монеты. Тот же акт парламента, который воспретил выпуск банкнот в 10 и 5 шилл., воспретил и эту оговорку об усмотрении и этим вернул вексельный курс между Англией и Шотландией к его естественной норме, т.е. к той норме, которая устанавливается в зависимости от хода торговли и вексельного обращения.

В Йоркшире оплата столь ничтожной суммы, как 6 п., нередко обусловливалась тем, что предъявитель кредитного билета должен был дать сдачи с гинеи лицу, выпустившему этот билет; условие это часто бывало очень трудно выполнить держателям таких кредитных билетов, и это должно было понижать курс этих бумажных денег сравнительно с золотом и серебром. Ввиду этого парламентским актом все такого рода оговорки и условия были объявлены незаконными, а выпуск всякого рода кредитных билетов на предъявителя стоимостью ниже двадцати шиллингов, так же как и в Шотландии, был воспрещен.

Бумажное денежное обращение Северной Америки состояло не в банкнотах, оплачиваемых по предъявлении, а в государственных билетах, платежа по которым можно было требовать лишь спустя несколько лет после выпуска их; и хотя колониальные правительства не выплачивали процентов держателям этих билетов, они все же объявили и фактически сделали их законным платежным средством на полную сумму, обозначенную на них. Но даже если признать полную устойчивость колонии, все же в стране, где нормальный процент достигает шести на сто, 100 ф., уплачиваемые через 15 лет, например, будут стоить немногим больше 40 ф. наличными деньгами. Поэтому обязывать кредитора принимать такое обязательство в погашение долга в 100 ф., фактически полученного наличными деньгами, было актом такой возмутительной несправедливости, на какую, пожалуй, вряд ли решилось бы правительство любой другой страны, считающей себя свободной. Эта мера носит на себе очевидные следы своего происхождения, будучи придумана, как уверяет нас честный и прямодушный д-р Дуглас, недобросовестными должниками для того, чтобы надуть своих кредиторов. Правительство Пенсильвании, произведя в 1772 г. свой первый выпуск бумажных денег, думало придать этим последним одинаковую стоимость с золотом и серебром, установив кары для всех тех, кто назначал различные цены на свои товары в зависимости от уплаты за них колониальными бумажными деньгами или золотом и серебром, — мера столь же тираническая, но еще менее достигающая цели, чем та, для проведения которой она предназначалась. Положительный закон может объявить шиллинг платежным средством, равным гинее, ибо может заставить суды освобождать от всяких обязательств должника, уплатившего эту сумму. Но никакой положительный закон не может заставить человека, продающего товары и могущего по своему усмотрению продать их или не продать, принимать шиллинг в уплату за товары, стоящие гинею. Несмотря на все такого рода постановления, в обмене с Великобританией выяснилось, что 100 ф. ст. иногда признавались в некоторых колониях равными 130 ф., а в других колониях столь большой сумме, как 1100 ф. бумажными деньгами; эта разница в стоимости обусловливалась неодинаковым количеством бумажных денег, выпущенных в различных колониях, и большей или меньшей продолжительностью срока и вероятностью окончательной оплаты их и выкупа.

Поэтому ничего не может быть справедливее закона, изданного парламентом, на который так безосновательно жаловались в колониях и который устанавливал, что бумажные деньги, какие в дальнейшем будут там выпущены, не могут быть объявлены законным платежным средством.

Пенсильвания проявляла всегда бóльшую умеренность в выпуске бумажных денег, чем все другие наши колонии. Ввиду этого, как сообщают, ее бумажные деньги никогда не падали ниже стоимости золота и серебра, находившихся в обращении этой колонии до первого выпуска там бумажных денег. Еще до этой эмиссии колония повысила нарицательную стоимость своей монеты и актом своего народного собрания постановила, что монеты в 5 шилл. должны приниматься за 6 шилл. 3 п., а впоследствии — за 6 шилл. 8 п. Поэтому фунт в валюте колонии, даже когда ее денежное обращение состояло из золота и серебра, на 30% с лишним стоял ниже стоимости фунта стерлингов, а когда колония перешла к бумажному обращению, ее валюта редко понижалась больше 30% сравнительно с этой стоимостью. Повышение нарицательной стоимости монеты было произведено с той целью, чтобы предотвратить вывоз золота и серебра, так как одинаковые количества этих металлов в колониях представляли бóльшую сумму, чем в метрополии. Однако обнаружилось, что цена всех товаров, получаемых из метрополии, повысилась пропорционально произведенному повышению нарицательной стоимости монеты колонии, так что золото и серебро продолжали вывозиться из нее в таких же больших количествах, как и прежде.

Поскольку бумажные деньги каждой колонии принимались в уплату местных налогов по полной стоимости, обозначенной на них, постольку это необходимо придавало им некоторую добавочную стоимость сравнительно с той, какую они имели бы на основании действительной или предполагаемой отдаленности срока их окончательной оплаты или погашения. Эта добавочная стоимость была большей или меньшей в зависимости от того, насколько количество выпущенных бумажных денег превышало сумму, которая могла быть употреблена на уплату налогов выпустившей их колонии. Во всех колониях это количество в значительной мере превышало необходимую для этого сумму.

Государь, который повелел, чтобы известная часть налогов уплачивалась бумажными деньгами известного рода, мог бы придать таким путем некоторую стоимость этим деньгам, даже если бы срок их полной оплаты и погашения зависел от его усмотрения. Если бы банк, выпустивший эти бумажные деньги, старался постоянно следить за тем, чтобы их количество всегда было несколько меньше того, какое могло быть употреблено с этой целью, спрос на эти деньги мог бы настолько усилиться, что они стали бы давать некоторую премию или продаваться на рынке по цене несколько более высокой, чем соответствующие золотые и серебряные монеты, вместо которых они были выпущены. Некоторые именно этим объясняют так называемое ажио Амстердамского банка, или превосходство банковских денежных знаков над звонкой монетой, хотя эти банковские деньги, как они заявляют, не могут быть взяты из банка по желанию их владельца. Большая часть заграничных векселей должна быть оплачиваема банковскими деньгами, т.е. переводом в книгах банка, и директора банка, как утверждают, стараются удерживать всегда общее количество банковских билетов на несколько низшем уровне, чем это необходимо для указанной цели. Именно поэтому, по мнению некоторых лиц, банковские билеты продаются с премией или дают ажио в 4 или 5% сверх такой же номинальной суммы золотой и серебряной монеты страны. Как выяснится ниже, это сообщение об Амстердамском банке в значительной мере лишено всякого основания.

Падение курса бумажных денег ниже стоимости золотой и серебряной монет отнюдь не вызывает падения стоимости этих металлов, т.е. обмена одинаковых количеств их на меньшее количество товаров всякого рода. Соотношение между стоимостью золота и серебра и стоимостью товаров всякого рода зависит во всех случаях не от природы или количества тех или других бумажных денег, находящихся в обращении в данной стране, а от обилия или скудости рудников, которые в данное время снабжают этими металлами великий рынок торгового мира. Оно зависит от соотношения между количеством труда, необходимого для доставления определенного количества золота и серебра на рынок, и количеством труда, нужного для того, чтобы доставить туда же определенное количество того или иного рода товаров.

При воспрещении банкирам выпускать какого-либо рода обращающиеся банкноты или кредитные билеты, оплачиваемые по предъявлении купюрами ниже определенной суммы и при установлении для них обязательства оплачивать немедленно и без всяких условий предъявляемые к платежу банкноты, их операции с полной безопасностью для публики могут быть оставлены во всех других отношениях совершенно свободными. Происшедшее в последнее время значительное увеличение числа банкирских компаний в обеих частях Соединенного Королевства — явление, сильно встревожившее многих людей, — не уменьшает, а только усиливает безопасность интересов публики. Оно обязывает все банки быть более осмотрительными в своих операциях и, соблюдая надлежащую пропорцию между выпускаемыми ими бумажными деньгами и своей наличностью, ограждать себя от последствий той злостной паники, которую соперничество столь многих конкурентов всегда готово вызвать против них. Оно ограничивает обращение билетов каждого банка более узким кругом и сокращает их количество. При таком разделении всего обращения на большее число самостоятельных частей банкротство одного какого-нибудь банка — что должно иногда случаться при естественном ходе вещей — будет иметь менее тяжелые последствия для публики. Свободная конкуренция равным образом заставляет всех банкиров проявлять большую предупредительность в их операциях со своими клиентами, чтобы их соперники не отвлекли этих последних к себе. Вообще если какая-либо отрасль промышленности и торговли или труда выгодна публике, то чем свободнее и шире конкуренция, тем более выгодными они окажутся для нее.

Глава III

О НАКОПЛЕНИИ КАПИТАЛА, ИЛИ О ТРУДЕ ПРОИЗВОДИТЕЛЬНОМ И НЕПРОИЗВОДИТЕЛЬНОМ

Один вид труда увеличивает стоимость предмета, к которому он прилагается, другой вид труда не производит такого действия. Первый, поскольку он производит некоторую стоимость, может быть назван производительным трудом, второй — непроизводительным. Так, труд рабочего мануфактуры обычно увеличивает стоимость материалов, которые он перерабатывает, а именно увеличивает ее на стоимость своего содержания и прибыли его хозяина. Труд домашнего слуги, напротив, ничего не добавляет к стоимости. Хотя хозяин авансирует мануфактурному рабочему его заработную плату, последний в действительности не стоит ему никаких издержек, так как стоимость этой заработной платы обычно возвращается ему вместе с прибылью в увеличенной стоимости того предмета, к которому был приложен труд рабочего. Напротив, расход на содержание домашнего слуги никогда не возмещается. Человек становится богатым, давая занятие большому числу мануфактурных рабочих; он беднеет, если содержит большое число домашних слуг. Тем не менее труд последних имеет свою стоимость и заслуживает вознаграждения, так же как и труд первых, но труд мануфактурного рабочего закрепляется и реализуется в каком-либо отдельном предмете или товаре, который можно продать и который существует по крайней мере некоторое время после того, как закончен труд. Некоторое количество труда как будто откладывается про запас и накопляется, чтобы быть затраченным, если понадобится, при каком-либо другом случае. Этот предмет, или, что то же самое, цена этого предмета, может впоследствии, если понадобится, привести в движение количество труда, равное тому, которое первоначально произвело его. Труд домашнего слуги, напротив, не закрепляется и не реализуется в каком-либо отдельном предмете или товаре, пригодном для продажи. Его услуги обычно исчезают в самый момент оказания их и редко оставляют после себя какой-либо след или какую-нибудь стоимость, за которую можно было бы впоследствии получить равное количество услуг.

Труд некоторых самых уважаемых сословий общества подобно труду домашних слуг не производит никакой стоимости и не закрепляется и не реализуется ни в каком длительно существующем предмете или товаре, могущем быть проданным, который продолжал бы существовать и по прекращении труда и за который можно было бы получить потом равное количество труда. Например, государь со всеми своими судебными чиновниками и офицерами, вся армия и флот представляют собою непроизводительных работников. Они являются слугами общества и содержатся на часть годового продукта труда остального населения. Их деятельность, как бы почетна, полезна или необходима она ни была, не производит решительно ничего, за что потом можно было бы получить равное количество услуг. Защита и охрана страны — результат их труда в этом году — не купят защиты и охраны ее в следующем году. К одному и тому же классу должны быть отнесены как некоторые из самых серьезных и важных, так и некоторые из самых легкомысленных профессий — священники, юристы, врачи, писатели всякого рода, актеры, паяцы, музыканты, оперные певцы, танцовщики и пр. Труд самого последнего из этих людей обладает известной стоимостью, определяемой теми же правилами, которые определяют стоимость всякого иного вида труда, но труд даже самой благородной и самой полезной из этих профессий не производит ничего такого, на что можно было бы потом купить или достать одинаковое количество труда. Подобно декламации актера, речи оратора или мелодии музыканта труд их всех исчезает в самый момент его выполнения.

Производительные и непроизводительные работники и те, кто совсем не работает, одинаково содержатся все на счет годового продукта земли и труда страны. Продукт этот, как бы значителен он ни был, никогда не может быть безграничным, он должен иметь известные пределы. Ввиду этого в зависимости от того, меньшая или бóльшая доля его затрачивается в течение года на содержание непроизводительных людей, для производительных работников останется в одном случае больше, в другом меньше, и соответственно этому продукт следующего года будет более значительным или сократится, ибо весь годовой продукт, если не считать естественных плодов земли, является результатом производительного труда.

Хотя весь годовой продукт земли и труда каждой страны в конечном счете предназначается, без сомнения, для удовлетворения потребления ее жителей и для доставления им дохода, однако, после того как он вначале получен от земли или от труда производительных работников, он, естественно, разделяется на две части. Одна из этих частей — и часто наибольшая — предназначается прежде всего на возмещение капитала или на восстановление предметов продовольствия, материалов и готовых продуктов, которые были взяты из капитала; другая идет на образование дохода собственника капитала как прибыль с его капитала или какого-либо другого лица как рента с его земли. Так, из продукта земли одна часть возмещает капитал фермера, другая оплачивает его прибыль и ренту землевладельца, составляя, таким образом, доход собственника этого капитала в качестве прибыли на его капитал и доход какого-либо другого лица в качестве ренты с его земли. Точно так же из всего продукта крупной мануфактуры одна часть — и притом всегда наибольшая — возмещает капитал предпринимателя, а другая оплачивает его прибыль и таким образом образует доход владельца этого капитала.

Та часть годового продукта земли и труда какой-либо страны, которая возмещает капитал, всегда непосредственно употребляется на содержание только производительных рабочих сил. Она оплачивает только заработную плату производительного труда. Та же часть, которая непосредственно предназначается на образование дохода, в виде ли прибыли или ренты, может идти на содержание безразлично как производительных, так и непроизводительных работников.

Какую бы часть своих запасов человек ни затрачивал в качестве капитала, он всегда ожидает, что она будет возмещена ему с прибылью. Поэтому он затрачивает ее исключительно на содержание производительных рабочих сил; выполнив свою функцию капитала для него, она образует доход этих последних. Всякий же раз, когда он употребляет часть своих запасов на содержание непроизводительных работников всякого рода, она с этого момента исключается из его капитала и поступает в его запасы, предназначенные для непосредственного потребления.

Непроизводительные работники и те, кто совсем не работает, содержатся все на доход; они содержатся, во-первых, на ту часть годового продукта, которая первоначально предназначается на образование дохода каких-либо отдельных лиц в виде ренты с земли или прибыли на капитал, или, во-вторых, на ту часть, которая хотя первоначально предназначается на возмещение капитала и на содержание одних только производительных работников, однако, попав в их руки, может быть затрачиваема в части своей, превышающей то, что необходимо для их существования, на содержание безразлично как производительных, так и непроизводительных работников. Так, не только крупный землевладелец или богатый купец, но даже простой рабочий, если его заработная плата значительна, может содержать домашнего слугу или пойти иногда в театр или в цирк и таким путем вносить свою долю на содержание определенной группы непроизводительных работников; точно так же он может уплачивать некоторые налоги и таким образом помогать содержать другую группу их, правда более почтенную и полезную, но столь же непроизводительную. Однако ни малейшая часть годового продукта, предназначаемая первоначально на возмещение капитала, никогда не обращается на содержание непроизводительных работников раньше, чем она приведет в движение свою полную норму производительного труда или все то количество, которое она может привести в движение тем путем, каким она затрачивается. Рабочий должен заработать свою заработную плату, выполнив свою работу, прежде чем он сможет затратить часть ее указанным путем. Притом эта часть обычно очень невелика. Она представляет собою лишь сбережение из его дохода, а таких сбережений у производительных рабочих редко бывает много. Но кое-какие сбережения они обыкновенно имеют, и при уплате налогов их многочисленность может в известной мере компенсировать малые размеры взноса каждого из них. Поэтому рента с земли и прибыль на капитал образуют везде главный источник, из которого непроизводительные элементы получают свои средства к существованию. Это именно такие два вида доходов, обладатели которых больше всего могут обычно сберегать. Они могут содержать без различия производительных и непроизводительных рабочих. Однако они, по-видимому, отдают некоторое предпочтение последним. Расходы крупного землевладельца кормят обычно больше бездельников, чем трудолюбивых людей. Богатый купец, хотя на свой капитал он содержит только производительные элементы, однако своими расходами, т.е. при употреблении своего дохода, дает обычно пропитание таким же людям, что и крупный землевладелец.

Поэтому соотношение между количеством производительных и непроизводительных работников в каждой стране в весьма значительной степени зависит от соотношения между той частью годового продукта, которая, будучи получена от земли или от труда производительных рабочих, предназначается на возмещение капитала и той его части, которая предназначается на образование дохода в виде ренты или прибыли. Это соотношение весьма различно в богатых и бедных странах.

Так, в настоящее время в богатых странах Европы весьма значительная, часто наибольшая часть продукта земли предназначается на возмещение капитала богатого и независимого фермера; остальная часть идет на оплату его прибыли и ренты землевладельца. Но в прежние времена, при господстве феодального режима, было достаточно весьма малой доли продукта для возмещения капитала, затрачиваемого на обработку земли. Он состоял обыкновенно из небольшого количества плохого скота, существовавшего исключительно за счет естественного продукта невозделанной земли, так что его можно было признать частью этого естественного продукта. К тому же скот этот обыкновенно принадлежал землевладельцу, который предоставлял его в пользование земледельцу. Весь остальной продукт тоже принадлежал ему в виде ренты за его землю или в виде прибыли на этот ничтожный капитал. Земледельцы, обрабатывавшие его землю, были по общему правилу крепостные, личность и пожитки которых тоже являлись его собственностью. Те, которые не были крепостными, являлись держателями по его воле, и хотя рента, которую они уплачивали, номинально часто лишь немного превышала оброк, все же она на деле достигала суммы всего продукта земли. Землевладелец мог в любой момент пользоваться их трудом в мирное время и службой во время войны. Хотя они жили на некотором расстоянии от его дома, они столь же зависели от него, как и его дворня, жившая при нем. А ведь весь продукт земли принадлежит, без сомнения, тому, кто может распоряжаться трудом и услугами всех тех, кто живет за счет этого продукта. В современной же Европе доля землевладельца редко превышает треть, а иногда не превышает и четверти всего продукта земли. Между тем рента с земли в тех частях страны, где земля была улучшена, возросла с того давно прошедшего времени в три и четыре раза, и эта третья или четвертая часть годового продукта, по-видимому, в три или четыре раза превышает то, чему раньше равнялся весь продукт. С развитием улучшенной культуры рента хотя и возрастает абсолютно, однако уменьшается в отношении ко всему продукту.

В богатых странах Европы крупные капиталы вложены в настоящее время в торговлю и промышленность. В прежние времена прозябавшая незначительная торговля и немногие грубые и простые мануфактуры, которые были в ходу, требовали лишь весьма небольших капиталов. Однако последние должны были приносить очень высокие прибыли. Норма процента нигде не спускалась ниже десяти на сто, и их прибыли должны были быть достаточно высоки, чтобы давать этот высокий процент. В настоящее время в развитых частях Европы процент нигде не превышает шести на сто, а в некоторых наиболее развитых странах он понижается до четырех, трех и даже двух на сто. Хотя доля дохода населения, которая получается из прибыли на капитал, всегда значительно больше в богатых странах, чем в бедных, однако это объясняется тем, что здесь сам капитал значительно больше, по отношению же к капиталу прибыль обыкновенно бывает гораздо меньше.

Следовательно, та часть годового продукта, которая по поступлении ее с земли или от производительных работников предназначается на возмещение капитала, не только значительно больше в богатых странах, чем в бедных, но она представляет также и значительно большую долю сравнительно с той частью, которая непосредственно предназначается на образование дохода в виде ренты или прибыли. Фонды, предназначаемые на содержание производительного труда, не только значительно больше в богатых странах, чем в бедных, но они представляют и большую пропорцию по сравнению с теми фондами, которые хотя и могут быть затрачиваемы на содержание как производительного, так и непроизводительного труда, но по общему правилу затрачиваются предпочтительно на содержание последнего.

Соотношение между этими различными фондами по необходимости определяет в каждой стране характер ее населения в отношении трудолюбия или праздности. Мы более трудолюбивы, чем наши предки, потому что в наше время фонды, предназначаемые на содержание производительной деятельности, относительно гораздо выше, чем это было двести или триста лет тому назад, сравнительно с теми фондами, которые употребляются на содержание празднолюбцев. Наши предки были праздны ввиду отсутствия достаточного поощрения к производительному труду. Лучше, говорит поговорка, гулять задаром, чем задаром работать. В торговых и промышленных городах, где низшие слои народа существуют главным образом благодаря приложению капитала, они по общему правилу трудолюбивы, трезвы и бережливы, как это наблюдается во многих английских и в большинстве шотландских городов. В тех городах, которые главным источником своего существования имеют постоянное или временное пребывание в них двора и где низшие слои народа существуют главным образом за счет расходования дохода, они по общему правилу ленивы, развращены и бедны, как это имеет место в Риме, Версале, Компьене и Фонтенбло. Если не считать Руана и Бордо, ни в одном из парламентских городов Франции не существует значительной торговли и промышленности, и низшие слои населения этих городов, существующие главным образом за счет расходов членов судов и тех, кто судится в них, отличаются праздностью и бедностью. Обширная торговля Руана и Бордо является, по-видимому, исключительно следствием их местоположения. Руан является естественным складом почти для всех товаров, привозимых для потребления великого города Парижа или из-за границы, или из приморских провинций Франции. Бордо точно так же служит складом вин, производимых на берегах Гаронны и рек, впадающих в нее, в одной из самых богатых винодельческих местностей мира, которая притом производит вино, наиболее пригодное для вывоза или наиболее соответствующее вкусам иностранных наций. Такое выгодное местоположение необходимо привлекает большие капиталы, поскольку обеспечивает им широкое приложение, и это последнее породило промышленность и торговлю этих двух городов. В других парламентских городах Франции, по-видимому, вложено в дело ненамного больше капиталов, чем это необходимо для удовлетворения их собственных нужд, т.е. чуть-чуть больше минимального капитала, который может найти в них производительное применение. То же самое можно сказать и о Париже, Мадриде и Вене. Из этих трех городов Париж является наиболее промышленным, но он сам служит главным рынком для всех промышленных предприятий, существующих в нем, и нужды его собственного потребления составляют главную основу всей торговли, которую он ведет. Лондон, Лиссабон и Копенгаген представляют собой, вероятно, единственные города в Европе, которые служат постоянными резиденциями дворов и вместе с тем могут быть признаны торговыми городами, т.е. городами, которые торгуют не только для покрытия нужд собственного потребления, но и для удовлетворения нужд других городов и стран. Местоположение этих трех городов чрезвычайно выгодно и удобно и, естественно, делает их складами для большей части товаров, предназначаемых для потребления отдаленных стран. В городе, где расходуются крупные доходы, вкладывать с выгодой капитал в другое дело, кроме удовлетворения нужд потребления этого города, вероятно, труднее, чем в городе, где низшие слои народа не имеют других средств к существованию, кроме тех, которые они получают в результате производительного приложения такого капитала. Праздность большей части людей, которые существуют за счет расходования дохода, ослабляет, весьма вероятно, трудолюбие тех, которые должны получать свое содержание из применяемого капитала, и делает приложение капитала в таких местах менее выгодным, чем в других. До соединения с Англией торговля и промышленность в Эдинбурге были слабо развиты. Когда здесь прекратились сессии шотландского парламента, когда этот город перестал быть резиденцией знати и помещиков Шотландии, он сделался городом с некоторой промышленностью и торговлей. Он все же продолжает оставаться местопребыванием главных судебных установлении Шотландии, таможенного и акцизного управлений и т.п. Поэтому здесь по-прежнему расходуются значительные доходы. В отношении торговли и промышленности он много уступает Глазго, жители которого существуют главным образом за счет приложения капитала. Как иногда наблюдалось, население больших сел, сделавшее значительные успехи в области различных промыслов, становилось праздным и бедным вследствие того, что какой-нибудь богатый землевладелец поселялся по соседству с ним.

Таким образом, соотношение между капиталом и доходом регулирует, по-видимому, повсюду соотношение между трудолюбием и праздностью. Там, где преобладает капитал, господствует трудолюбие, где преобладает доход, там господствует праздность. Поэтому всякое увеличение или уменьшение капитала, естественно, ведет к увеличению или уменьшению промышленной деятельности, количества производительных рабочих, а следовательно, и меновой стоимости годового продукта земли и труда страны, реального богатства и дохода всех ее жителей.

Капиталы возрастают в результате бережливости и уменьшаются вследствие мотовства и неблагоразумия.

Все, что какое-либо лицо сберегает из своего дохода, оно добавляет к своему капиталу; оно или затрачивает это сбережение на содержание добавочного количества производительных рабочих, или дает возможность сделать это кому-нибудь другому, ссужая ему это сбережение под проценты, т.е. за долю прибыли. Подобно тому как капитал отдельного лица может увеличиваться только на ту сумму, какую оно сберегает из своего годового дохода или прибыли, так и капитал всего общества, который равен общему капиталу всех отдельных личностей, составляющих его, может быть увеличен только таким же путем.

Бережливость, а не трудолюбие (industry) является непосредственной причиной возрастания капитала. Правда, трудолюбие (industry) создает то, что накопляет бережливость. Но что бы ни создавало трудолюбие (industry), капитал все же никогда не мог бы возрастать, если бы бережливость не сберегала и не накопляла.

Бережливость, увеличивая фонд, предназначенный на содержание производительных работников, ведет к увеличению числа тех рабочих, труд которых увеличивает стоимость предметов, к которым он прилагается. Она ведет поэтому к увеличению меновой стоимости годового продукта земли и труда данной страны. Она приводит в движение добавочное количество труда (industry), которое придает добавочную стоимость годовому продукту.

То, что сберегается в течение года, потребляется столь же регулярно, как и то, что ежегодно расходуется, и притом в продолжение почти того же времени, но потребляется оно совсем другого рода людьми. Доля дохода богатого человека, расходуемая им в течение года, в большинстве случаев потребляется праздными гостями и домашними слугами, которые ничего не отдают взамен своего потребления. Доля его дохода, ежегодно сберегаемая им, поскольку она в целях получения прибыли немедленно употребляется в дело как капитал, потребляется таким же образом и почти в то же время, но людьми иного рода — сельскохозяйственными рабочими, промышленными рабочими и ремесленниками, которые воспроизводят с некоторой прибылью стоимость своего годового потребления. Предположим, что доход его выплачивается ему деньгами. При расходовании всего дохода предметы питания, одежды и жилища, которые могли бы быть приобретены на всю эту сумму, были бы распределены среди первой группы лиц. При сбережении части этого дохода, поскольку она в целях получения прибыли немедленно употребляется как капитал им самим или каким-либо другим лицом, предметы питания, одежда и жилища, которые возможно приобрести на нее, обязательно достанутся второй группе людей. Потребление не изменилось, но потребители другие.

Своими сбережениями за год бережливый человек не только доставляет средства существования добавочному количеству производительных рабочих на этот или на следующий год, но подобно основателю общественной мастерской как бы учреждает вечный фонд для содержания такого же количества их на все будущие времена. Вечное употребление этого фонда на указанную цель, конечно, не всегда гарантируется каким-либо положительным законом, завещательным правом и т.п. Но такое употребление всегда гарантируется весьма могущественным началом, явным и очевидным интересом каждого отдельного человека, которому когда-либо должна будет принадлежать какая-нибудь часть этого фонда. Ни одна доля этого фонда не может быть никогда впоследствии затрачена на что-либо иное, кроме содержания производительных рабочих, без очевидного ущерба для того лица, которое таким образом изменяет его назначение.

Так поступает только расточитель: не ограничивая свои расходы своим доходом, он растрачивает свой капитал. Подобно человеку, обращающему доходы какого-либо благотворительного учреждения на суетные цели, он оплачивает праздность из того фонда, который его бережливые предки как бы завещали на содержание трудолюбия. Уменьшая фонд, предназначенный на применение производительного труда, он неизбежно уменьшает, насколько это зависит от него, количество труда, увеличивающего стоимость того предмета, на который он затрачивается, а следовательно, и годовой продукт земли и труда всей страны, действительное богатство и доход ее жителей. Если расточительность одних не уравновешивалась бы бережливостью других, то поведение всякого расточителя, который кормит тунеядца хлебом трудолюбивого работника, повело бы не только к его собственному разорению, но и к обеднению страны.

Если даже расточительные люди производят свои расходы исключительно на приобретение отечественных товаров, а не иностранных, то влияние этого на производительные фонды общества будет то же самое. Ежегодно известное количество пищи и одежды, которое должно было бы идти на содержание производительных рабочих, будет все же затрачиваться на содержание непроизводительных элементов. И поэтому ежегодно имеет место некоторое уменьшение стоимости годового продукта земли и труда страны по сравнению с тем, что было бы в ином случае.

Конечно, можно сказать, что, поскольку расход этот производится не на иностранные товары и не вызывает вывоза золота и серебра, постольку в стране остается прежнее количество денег. Но если бы то количество пищи и одежды, которое, таким образом, потреблено непроизводительными элементами, было распределено среди производительных работников, последние воспроизвели бы с некоторой прибылью всю стоимость потребленного ими. Таким образом, в этом случае количество денег в стране тоже осталось бы прежним, но вместе с тем были бы воспроизведены на такую же стоимость предметы потребления. Вместо одной налицо были бы две стоимости.

Помимо того, в стране, стоимость годового продукта которой уменьшается, не может долго оставаться одно и то же количество денег. Единственное назначение денег — содействовать обращению предметов потребления. Посредством их покупаются и продаются и распределяются между соответствующими потребителями предметы продовольствия, сырье и готовые изделия. Поэтому количество денег, какое может быть ежегодно в употреблении в какой-либо стране, должно определяться стоимостью потребительных благ, обращающихся в ней в течение года. Эти последние должны состоять или из продукта земли и труда самой данной страны, или из других предметов, покупаемых в обмен на часть этого продукта. Поэтому их стоимость должна уменьшаться в зависимости от уменьшения стоимости этого продукта, а вместе с этим должно уменьшаться и количество денег, которое может быть употреблено для обращения их. Но деньги, устраняемые таким образом из внутреннего обращения благодаря ежегодному уменьшению продукта, не могут быть оставлены без применения. Интерес их обладателей требует, чтобы они были пущены в ход. И поскольку для них нет приложения внутри страны, они будут вопреки всем законам и запрещениям отсылаться за границу и затрачиваться на покупку потребительных благ, которые могут быть использованы внутри страны. Таким образом, такой ежегодный вывоз денег будет в течение некоторого времени увеличивать годовое потребление страны сверх стоимости ее собственного годового продукта. Те суммы, которые в дни ее преуспеяния сберегались из ее годового продукта и употреблялись на покупку золота и серебра, будут теперь, при плохих обстоятельствах, в течение непродолжительного времени содействовать удержанию ее потребления на прежнем уровне. Вывоз золота и серебра в этом случае является не причиной, а следствием упадка страны и может даже на непродолжительное время смягчить бедственные последствия этого упадка.

Напротив, с возрастанием стоимости годового продукта страны должно, естественно, увеличиваться в ней и количество денег. В результате увеличения стоимости потребительных благ, обращающихся в течение года внутри данного общества, потребуется для их обращения и большее количество денег. Поэтому часть этого увеличившегося продукта будет, естественно, затрачена на покупку добавочного количества золота и серебра, необходимых для обращения остальной части продукта. В этом случае увеличение количества этих металлов будет следствием, а не причиной процветания общества. Золото и серебро покупаются всюду одним и тем же способом. Пища, одежда и жилище, доход и содержание всех тех лиц, чей труд или капитал прилагается на доставление золота и серебра из рудников на рынок, представляют собой ту цену, которая уплачивается за них одинаково в Перу или в Англии. Страна, которая может уплатить эту цену, никогда не останется в течение долгого времени без того количества этих металлов, какое ей понадобится, и ни одна страна не сохранит на долгое время того количества их, которое превышает ее нужды.

Поэтому, в чем бы ни состояли, по нашему мнению, реальное богатство и доход каждой страны — в стоимости годового продукта ее земли и труда, как это, по-видимому, подсказывается здравым смыслом, или в количестве драгоценных металлов, обращающихся в ней, как это предполагает грубый предрассудок, — в обоих случаях каждый расточитель оказывается врагом общественного блага, а всякий бережливый человек — общественным благодетелем.

Последствия неразумных действий часто бывают таковы же, как и последствия расточительности. Каждый неправильный и неудачный проект в области сельского хозяйства, горного дела, рыболовства, торговли или обрабатывающей промышленности ведет точно так же к уменьшению фонда, предназначенного на содержание производительного труда. Каждый такой проект, хотя капитал потребляется при этом только производительными элементами, всегда сопровождается некоторым уменьшением производительного фонда общества, так как эти производительные элементы ввиду неправильного использования их не воспроизводят полностью стоимость потребляемого ими.

В действительности редко бывает так, чтобы на положении большой нации сколько-нибудь значительно отзывались расточительность или ошибки отдельных лиц. Расточительность или неблагоразумие одних всегда более чем уравновешивается бережливостью и разумным поведением других.

Что касается расточительности, то к расходам толкает стремление к наслаждению, которое, хотя и бывает нередко очень сильно и трудно преодолимо, все же обычно непродолжительно и вызывается случайными причинами. Напротив, к бережливости нас побуждает желание улучшить наше положение, желание, обычно лишенное страстности и спокойное, присущее нам, однако, с рождения и не покидающее нас до могилы. На всем протяжении нашей жизни вряд ли бывает хотя один такой момент, когда человек был бы настолько доволен своим положением, что совсем не стремился бы так или иначе изменить или улучшить его. Большинство людей предполагает и желает улучшить свое положение посредством увеличения своего имущества. Это — самое обыкновенное и самое простое средство; а самый надежный способ увеличить свое состояние — это сбережение и накопление некоторой части того, что приобретается или регулярно, или ежегодно, или же при каком-либо исключительном случае. Поэтому, хотя почти у всех людей в некоторых случаях берет верх стремление производить расходы, а у некоторых людей оно преобладает почти всегда, все же у большинства людей, если иметь в виду всю их жизнь, стремление к бережливости, по-видимому, не только преобладает, но и преобладает весьма значительно.

Что касается ошибок и неблагоразумного образа действий, то количество благоразумных и успешных предприятий повсюду гораздо больше числа опрометчивых и неудачных, при всех наших жалобах на большое число банкротств неудачники, впадающие в это несчастье, составляют лишь ничтожную часть всех тех людей, которые занимаются торговлей и делами всякого иного рода; их будет, вероятно, не больше, чем один на тысячу. Банкротство, пожалуй, представляет собою величайшее и самое унизительное бедствие, какое может постичь невинного человека. Поэтому бóльшая часть людей проявляет достаточную осторожность в целях избежания его. Конечно, не всем это удается, но и не всем удается избежать виселицы.

Великие нации никогда не беднеют из-за расточительности и неблагоразумия частных лиц, но они нередко беднеют в результате расточительности и неблагоразумия государственной власти. Весь или почти весь государственный доход в большинстве стран расходуется на содержание непроизводительных элементов. К последним следует отнести всех тех, кто составляет многочисленный и блестящий двор, обширную церковную организацию, большие флоты и армии, в мирное время ничего не производящие, а во время войны не приобретающие ничего, что могло бы покрыть расходы на их содержание хотя бы во время военных действий. Эти элементы, поскольку они сами ничего не производят, содержатся за счет продукта труда других людей. И когда число их увеличивается сверх необходимого, они могут потребить за год столь значительную часть этого продукта, что не останется достаточно для содержания производительных работников, чтобы воспроизвести его в следующем году. Ввиду этого продукт следующего года уменьшится сравнительно с продуктом предыдущего года; и если такой ненормальный порядок будет существовать и дольше, то продукт третьего года окажется еще меньшим, чем во втором году. Эти непроизводительные элементы, которые надлежало бы содержать лишь на часть сберегаемого народного дохода, могут потреблять столь большую часть последнего и потому вынудить столь многих людей расходовать свои капиталы, расходовать фонды, предназначенные на содержание производительного труда, что вся бережливость и все благоразумие отдельных лиц могут оказаться не в силах уравновесить расточение продуктов и понижение производства, вызванные таким непомерным и вынужденным расхищением.

Однако, как показывает опыт, эта бережливость и благоразумие в большинстве случаев достаточны для того, чтобы уравновесить не только частную расточительность и неблагоразумие отдельных лиц, но и расточение общественных средств правительствами. Одинаковое у всех людей, постоянное и неисчезающее стремление улучшить свое положение — это начало, откуда вытекает как общественное и национальное, так и частное богатство, — часто оказывается достаточно могущественным для того, чтобы обеспечить естественное развитие в сторону улучшения общего положения вопреки чрезмерным расходам правительства и величайшим ошибкам администрации. Как и неизвестная нам жизненная сила организма, оно часто восстанавливает здоровье и силу вопреки не только болезни, но и нелепым предписаниям врача.

Годовой продукт земли и труда какой-либо нации может быть увеличен в своей стоимости только посредством увеличения числа ее производительных работников или производительной силы прежде занятых рабочих. Число ее производительных работников, само собою очевидно, может быть значительно увеличено только в результате увеличения капитала или фондов, предназначенных на содержание их. Производительная сила одного и того же количества рабочих может быть увеличена только в результате увеличения или усовершенствования машин и орудий, облегчающих и сокращающих труд, или в результате более целесообразного разделения и распределения труда. В том и другом случае почти всегда необходим добавочный капитал. Только при помощи добавочного капитала предприниматель может снабдить своих рабочих лучшими машинами или провести более целесообразное распределение работы между ними. Когда подлежащая выполнению работа состоит из нескольких операций, требуется гораздо больший капитал для того, чтобы поставить каждого рабочего на выполнение только одной из них, чем в том случае, когда каждый рабочий переходит от одной операции к другой. Когда мы сравниваем состояние какого-нибудь народа в два различные периода и находим, что годовой продукт его земли и труда заметно увеличился во второй период сравнительно с предыдущим, что его земли лучше обрабатываются, его мануфактуры более многочисленны и больше преуспевают, а его торговля более обширна, то мы можем быть уверены, что его капитал возрос в промежутке между этими двумя периодами и что к нему было больше добавлено вследствие благоразумного поведения одних, чем взято из него вследствие беспорядочного поведения других или вследствие расточительности правительства. Но мы убедимся, что это наблюдается почти у всех народов в сколько-нибудь спокойные и мирные эпохи, даже у тех, которые не обладали наиболее благоразумными и бережливыми правительствами. Однако, чтобы составить себе правильное суждение о развитии какой-либо страны, мы должны сравнивать ее состояние в периоды, более или менее отдаленные один от другого. Прогресс часто происходит так медленно и постепенно, что за небольшие периоды он не только не заметен, но часто даже возникает подозрение, что страна беднеет и ее промышленность падает, если наблюдается упадок некоторых отраслей промышленности или некоторых районов, что действительно иногда имеет место, хотя страна в общем процветает.

Годовой продукт земли и труда Англии, например, без сомнения, намного увеличился сравнительно с тем, что было сто с лишним лет назад, при Реставрации Карла II. Хотя в настоящее время немногие, думается мне, сомневаются в этом, однако в течение этого периода редко проходило пять лет, чтобы не появлялась какая-нибудь книга или брошюра, которая благодаря своей талантливости завоевывала некоторый авторитет у публики и которая доказывала, что богатство нации быстро уменьшается, что население страны сокращается, земледелие заброшено, промышленность в упадке и торговля замирает. При этом они не все были партийными брошюрами, извращенным продуктом лжи и продажности, многие из них были написаны весьма искренними и очень вдумчивыми людьми, которые писали только то, в чем были убеждены, и только потому, что были в этом убеждены.

В свою очередь, годовой продукт земли и труда Англии был, несомненно, гораздо значительнее при Реставрации, чем, как это можно предполагать, за сто лет до того, в момент восшествия на престол Елизаветы. А в последний период, как мы имеем все основания предполагать, страна тоже была гораздо богаче, чем за сто лет перед тем, к моменту окончания борьбы между Йоркским и Ланкастерским домами. Даже в ту пору страна находилась, вероятно, в лучшем состоянии, чем во времена норманнского завоевания, а во времена норманнского завоевания — в лучшем состоянии, чем в период смут саксонского семивластия. Даже в эти ранние времена она, несомненно, представляла собою более богатую страну, чем в эпоху вторжения Юлия Цезаря, когда ее жители находились почти в таком же самом состоянии, в каком находятся в настоящее время дикари Северной Америки.

Однако во все эти эпохи не только имела место большая расточительность частных лиц и государства, не только происходили многочисленные разорительные и ненужные войны, не только значительная часть годового продукта отвлекалась от содержания производительных работников на содержание непроизводительных элементов, но иногда среди смут гражданской войны, как можно предполагать, происходило такое абсолютное расточение и уничтожение капитала, которое могло задерживать не только естественное накопление богатств — как это, без сомнения, и было, — но и делать страну к концу данной эпохи более бедной, чем в начале ее. Так, сколько было беспорядков и бедствий даже в самую счастливую из всех этих эпох, в эпоху после Реставрации, — бедствий, от которых, если бы только их могли предвидеть, ожидали бы не только обеднения, но и полного разорения и гибели страны? Пожар и моровая язва в Лондоне, две войны с Голландией, беспорядки революции, война в Ирландии, четыре разорительные войны с Францией в 1688, 1701, 1742 и 1756 гг. вместе с двумя мятежами в 1715 и 1745 гг. За время четырех войн с Францией нация обременила себя долгом более чем на 145 млн, не считая других чрезвычайных ежегодных расходов, вызванных ими, так что общую сумму следует принять не менее чем в 200 млн. Такая большая доля годового продукта земли и труда страны была затрачена при различных случаях после революции на содержание чрезвычайно большого количества непроизводительных элементов. Но если бы эти войны не дали такого особого назначения столь значительному капиталу, его бóльшая часть была бы, естественно, употреблена на содержание производительных работников, труд которых возместил бы с некоторой прибылью всю стоимость их потребления. Благодаря этому стоимость годового продукта земли и труда страны значительно возрастала бы каждый год, а это увеличение ее вело бы к еще большему увеличению в следующем году. Строилось бы больше домов, улучшалось бы больше земель, а те, которые были уже раньше улучшены, обрабатывались бы лучше, учреждалось бы больше мануфактур, а старые мануфактуры расширялись бы, так что трудно даже представить себе, до каких размеров могли бы тогда возрасти к настоящему времени реальное богатство и доход страны.

Но хотя расточительность правительства должна была, вне всякого сомнения, задерживать естественный рост богатства и культуры Англии, она все же не могла совсем остановить его. Годовой продукт ее земли и труда в настоящее время, несомненно, намного значительнее, чем это было во время Реставрации или революции. Поэтому и капитал, затрачиваемый ежегодно на обработку этой земли и на содержание этого труда, должен быть тоже намного больше. Вопреки всем вымогательствам правительства капитал этот медленно и постепенно накоплялся благодаря частной бережливости и благоразумию отдельных лиц, благодаря их общим, непрерывным и настойчивым усилиям улучшить свое собственное положение. Именно эти усилия, ограждаемые законом и допускаемые свободой применять свои силы наиболее выгодным образом, обеспечивали развитие в Англии богатства и культуры в прежние времена и, надо надеяться, будут обеспечивать его и впредь. Однако так как Англия никогда не могла похвастать весьма бережливым правительством, то бережливость никогда не была добродетелью, отличающей ее жителей. Поэтому высшей наглостью и самонадеянностью со стороны королей и министров являются поползновения наблюдать за бережливостью частных лиц и ограничивать их расходы посредством законов против роскоши или воспрещения ввоза заграничных предметов роскоши. Они сами всегда и без всяких исключений являлись величайшими расточителями во всем обществе. Пусть они наблюдают за собственными расходами и предоставят частным лицам заботиться о своих. Если их собственная расточительность не разоряет государства, отсутствие бережливости у их подданных уже во всяком случае не приведет к этому.

Подобно тому как бережливость увеличивает, а расточительность уменьшает капитал общества, так и образ действий тех, расходы которых точно совпадают с их доходами, так что они не накопляют и не расходуют своего капитала, не увеличивает и не уменьшает капитала общества. Однако некоторые виды расходования средств, по-видимому, в большей степени содействуют росту общественного богатства, чем другие.

Доход отдельного лица может затрачиваться на предметы, которые потребляются немедленно и расход на которые сегодня не может ни облегчить, ни улучшить расхода на них завтра, или он может затрачиваться на предметы более прочные, которые возможно поэтому накоплять и расход на которые сегодня может по желанию владельца облегчить, улучшить или повысить полезное действие расхода на них завтра. Состоятельный человек, например, может расходовать свой доход на обильный и роскошный стол, на содержание большого числа домашних слуг и множества собак и лошадей; или, наоборот, удовлетворяясь умеренной пищей и немногими слугами, он может затрачивать большую часть своего дохода на украшение своего дома или усадьбы, на полезные или красивые постройки, на полезную или красивую утварь и обстановку, на собирание книг, статуй, картин или на вещи более легкомысленные: на драгоценные камни, безделушки всякого рода или на самое пустячное дело — на составление большого гардероба из роскошных платьев, подобно фавориту и министру великого государя, умершему несколько лет тому назад. Если предположить, что два человека, обладающие одинаковым состоянием, расходуют свои доходы один первым способом, а другой вторым, то богатство того из них, который производит свои затраты главным образом на предметы, служащие продолжительное время, будет непрерывно возрастать: ежедневный расход будет в той или иной степени улучшать и усиливать полезное действие его расходов следующего дня. Богатство другого, напротив, не увеличится к концу этого периода сравнительно с тем, каким оно было вначале. Первый к концу периода окажется более богатым: в его обладании будет некоторый запас предметов того или иного рода, которые, хотя и могут не стоить всего того, во что они обошлись, тем не менее будут всегда иметь некоторую стоимость. От затрат второго из них не останется ни малейшего следа, и плоды расточительности, которая длилась десять или двадцать лет, будут уничтожены настолько полно, как будто их никогда не существовало.

Как один род затрат более благоприятствует возрастанию богатства отдельных лиц, чем другой, так наблюдается это и с национальным богатством. Дома, обстановка и утварь, одежда богатых людей спустя короткое время используются низшими и средними слоями народа. Эти последние оказываются в состоянии приобретать их, когда эти предметы надоедают выше их стоящим классам; таким образом, постепенно улучшается общая обстановка жизни всего народа, когда такой способ расходования своих средств становится общераспространенным у богатых людей. В странах, продолжительное время отличавшихся богатством, часто можно видеть низшие слои народа обладающими вполне хорошими домами и обстановкой, которые, однако, не могли бы быть построены или изготовлены для их употребления. Здание, прежде служившее резиденцией фамилии Сеймур, служит теперь гостиницей на дороге, ведущей в Базе. Брачная постель английского короля Якова I, привезенная с собою королевой из Дании как подарок, достойный государя, служила несколько лет тому назад украшением пивной в Демферлайн. В некоторых старинных городах, которые в течение долгого времени не развивались или пришли в некоторый упадок, иногда трудно найти хотя один дом, выстроенный для его теперешних обитателей. Если вы зайдете в эти дома, вы часто найдете там много великолепных, хотя и старых, предметов обстановки и утвари, которые все еще вполне пригодны для употребления и которые не могли бы быть изготовлены для них. Изящные дворцы, роскошные виллы, большие собрания книг, статуй, картин и других редких предметов часто являются украшением и гордостью не только окрестной местности, но и всей страны, в которой они находятся. Версаль составляет украшение и гордость Франции, Стов и Уильтон — Англии. Италия и по сию пору продолжает вызывать своего рода почтение к себе и восхищение благодаря большому количеству памятников, которыми она обладает, хотя богатство, создавшее их, исчезло и хотя гений, породивший их, по-видимому, умер, может быть, потому, что не находил прежнего занятия.

Вместе с тем расходы, производимые на предметы, долго сохраняющиеся, благоприятствуют не только накоплению, но и бережливости. Если кто-либо слишком расточителен в этом отношении в какой-нибудь момент, он легко может исправиться, не навлекая этим на себя публичного порицания. Значительное уменьшение числа слуг, замена обильного и роскошного стола очень скромным и умеренным, отказ от экипажа, которым уже пользовался, — все это такие перемены, которые не могут укрыться от наблюдения его соседей и которые внушают предположение о признании им недоступности своего поведения в прошлом. Поэтому немногие из тех, кто имел однажды несчастье зайти слишком далеко по пути такого рода расходов, имеют впоследствии достаточно мужества, чтобы исправиться, пока к этому их не принудит разорение или банкротство. Но, если какой-либо человек затрачивал много средств на постройки, на обстановку, на книги или картины, изменение им своего поведения не заставит говорить о неблагоразумии с его стороны. Ведь это все такие вещи, дальнейшие расходы на которые часто делаются излишними благодаря предыдущим расходам; и когда такой человек прекращает подобные затраты, всем будет казаться, что он делает это не потому, что исчерпал свои средства, а потому, что удовлетворил свою страсть.

Кроме того, затраты, производимые на предметы, сохраняющиеся долгое время, служат обычно источником существования для большего числа людей, чем такие, которые употребляются в целях расточительного гостеприимства. Из двухсот или трехсот фунтов провизии, какие иной раз идут на угощение во время большого пиршества, половина, пожалуй, выбрасывается в мусорную яму, и притом большое количество ее всегда пропадает задаром или портится. Но, если бы расход, потребовавшийся на это угощение, был произведен на то, чтобы дать работу каменщикам, столярам, плотникам, слесарям и т.п., количество съестных продуктов такой же стоимости оказалось бы распределенным между еще бóльшим числом людей, которые покупали бы их по мелочам и не оставили бы неиспользованной и не выбросили бы ни одной унции из них. В одном случае вдобавок такой расход дает содержание производительным элементам, в другом — непроизводительным; в одном случае, следовательно, он увеличивает, а в другом не увеличивает меновую стоимость годового продукта земли и труда страны.

При всем том не следует понимать сказанное так, будто один вид затрат всегда свидетельствует о более щедром и широком характере человека, чем другой. Когда богатый человек затрачивает свой доход главным образом на гостеприимство, он делит значительную его часть со своими друзьями и знакомыми; но, когда он расходует его на приобретение перечисленных предметов, сохраняющихся продолжительное время, он часто затрачивает весь свой доход только на самого себя и не дает никому ничего без соответствующего эквивалента. Поэтому последний вид затрат, в особенности если они производятся на пустяки и ненужные вещи, каковы разные украшения одежды и обстановки, драгоценные камни, погремушки и т.п., часто указывает не только на легкомысленные, но и на низменные и эгоистические наклонности. Все, что я хочу сказать, сводится к тому, что один вид затрат, поскольку он всегда ведет к некоторому накоплению ценных предметов, более содействует частной бережливости, а следовательно, и увеличению капитала общества, а поскольку он дает средства к существованию больше производительным элементам, чем непроизводительным, он в большей степени, чем другой вид затрат, содействует росту общественного богатства.

Глава IV

О КАПИТАЛЕ, ССУЖАЕМОМ ПОД ПРОЦЕНТЫ

На свои запасы, ссужаемые под проценты, заимодавец всегда смотрит как на капитал. Он ожидает, что в установленный срок они будут возвращены ему и что заемщик в течение всего этого времени будет уплачивать ему за это некоторую ежегодную ренту. Заемщик может использовать полученные средства как капитал или как запасы, обращаемые на непосредственное потребление. Если он использует их как капитал, он употребляет их на содержание производительных рабочих, которые воспроизводят их стоимость с некоторой прибылью. В этом случае он может вернуть капитал и уплатить проценты, не отчуждая и не затрагивая других источников дохода. Если он употребляет их для непосредственного потребления, он играет роль расточителя и растрачивает на поддержание праздности то, что было предназначено для содержания трудящихся. В этом случае он уже оказывается не в состоянии ни вернуть капитал, ни уплатить проценты, не отчуждая или не затрагивая какого-либо другого источника дохода, как, например, недвижимого имущества или земельной ренты.

Запасы, ссужаемые под проценты, без сомнения, употребляются обоими указанными способами, но первым гораздо чаще, чем вторым. Человек, занимающий для того, чтобы тратить, скоро разорится, а тот, кто ссужает его, обычно будет иметь основания раскаиваться в своем неблагоразумии. Поэтому заем или ссуда для такой цели во всех случаях, когда не имеется в виду чистое ростовщичество, не в интересах обеих сторон; и хотя не подлежит сомнению, что люди порою делают это, однако, поскольку все люди стараются соблюдать свои интересы, мы можем быть уверены, что это вряд ли случается так часто, как это мы иногда склонны предполагать. Спросите любого богатого человека, отличающегося обычным благоразумием, кому он ссудил большую часть своего капитала — тем ли, кто, по его мнению, даст ему прибыльное употребление, или же тем, кто затратит его без всякого дела, — и он рассмеется в ответ на такой вопрос. Даже между людьми, берущими взаймы, — а этот род людей не очень-то отличается бережливостью — число расчетливых и трудолюбивых значительно превышает число расточителей и празднолюбцев.

Единственная категория людей, которым обыкновенно дают деньги взаймы, не ожидая, что они дадут им какое-нибудь прибыльное употребление, — это землевладельцы, занимающие под залог своих имений. Но даже и они вряд ли когда-нибудь занимают исключительно для того, чтобы тратить. Можно сказать, что сумма, которую они занимают, обычно израсходована ими еще до заключения займа. Они, по общему правилу, потребили такое большое количество разных предметов, предоставленных им в кредит лавочниками и торговцами, что видят себя вынужденными занять под проценты, чтобы уплатить эти долги. Занятый капитал возмещает капиталы этих лавочников и торговцев, которые землевладельцы не могли возместить за счет ренты со своих имений. Он, в сущности, занимается не для того, чтобы быть растраченным, а для того, чтобы возместить уже ранее растраченный капитал.

Почти все займы под проценты получаются в деньгах, бумажных или же золотых и серебряных. Но в чем в действительности нуждается заемщик и чем снабжает его лицо, дающее взаймы, это не деньги, а стоимость денег, или товары, которые можно купить на них. Если они ему нужны в качестве фонда для непосредственного потребления, он может этот фонд составить лишь из этих товаров. Если они ему нужны в качестве капитала для производительного употребления, он только за счет этих товаров может снабдить рабочих орудиями труда, материалами и средствами существования, необходимыми для выполнения работы. Посредством займа заимодавец как бы предоставляет должнику свое право на известную часть годового продукта земли и труда страны, какою он может распоряжаться по своему усмотрению.

Поэтому величина капитала, или, как обыкновенно выражаются, сумма денег, которая может в какой-либо стране отдаваться взаймы под проценты, определяется не стоимостью денег, бумажных или металлических, которые служат средством для совершения различных займов в данной стране, а стоимостью той части годового продукта, которая, будучи получена с земли и от труда производительных рабочих, предназначается не просто для возмещения капитала, а для возмещения такого капитала, который его собственник не дает себе труда применять самолично. Так как подобного рода капиталы обычно ссужаются и выплачиваются обратно деньгами, то они и составляют то, что называют денежным капиталом. Этот капитал отличается не только от земельного, но и от торгового и промышленного капиталов, поскольку владельцы последних сами применяют свои капиталы. Тем не менее даже в денежном капитале деньги представляют собой как бы ассигновку, передающую из одних рук в другие те капиталы, которые их владельцы не хотят сами употребить в дело. Капиталы эти могут на любую сумму превышать сумму денег, которая служит орудием для передачи их из рук в руки, поскольку одни и те же денежные знаки служат последовательно для совершения как многих займов, так и многих покупок. Так, например, *A* ссужает *W* 1 тыс. ф., на которые *W* сейчас же покупает у *B* товары стоимостью в 1 тыс. ф. *B*, которому деньги сейчас не нужны, отдает в ссуду те же самые монеты *X*, а *X* сейчас же покупает на них у *C* другие товары стоимостью в 1 тыс. ф. С точно так же и по той же причине ссужает их *Y*, который в свою очередь покупает на них товары у *Д*. Таким путем одни и те же денежные знаки, бумажные или металлические, могут на протяжении нескольких дней служить средством для совершения трех различных займов и трех различных покупок, причем в каждом отдельном случае сделка по стоимости равна всей сумме этих денежных знаков. То, что три денежных капиталиста *A, B и C* передают трем заемщикам *W, X* и *Y*, сводится к передаче возможности произвести эти покупки. В этой возможности и состоят значение и польза займов. Капитал, отданный взаймы тремя денежными капиталистами, равняется стоимости товаров, которые можно купить на него, и в три раза больше суммы денег, посредством которой произведены покупки. Притом все эти ссуды могут быть вполне обеспечены, поскольку купленные должниками товары употребляются так, что к условленному сроку вернут вместе с некоторой прибылью такую же стоимость в звонкой монете или в бумажных деньгах. И подобно тому как одни и те же денежные знаки могут, таким образом, служить средством для совершения нескольких займов на сумму, в три раза или же совершенно аналогичным образом в тридцать раз превышающую их стоимость, они точно так же могут во столько же раз последовательно служить и средством уплаты долга.

Таким образом, на капитал, который ссужен под проценты, можно смотреть как на ассигновку со стороны заимодавца заемщику на некоторую значительную часть годового продукта при том условии, что заемщик в свою очередь будет в течение всего времени пользования займом предоставлять заимодавцу ежегодно небольшую часть, называемую процентом, а к концу договоренного срока займа возвратит ему часть, равняющуюся по величине той ассигновке, которую первоначально получил, что называется уплатой долга. Хотя деньги — звонкой монетой или бумажками — служат обыкновенно средством для передачи как незначительной, так и большой части годового продукта (процентов и капитала), они сами по себе представляют собою нечто отличное от того, что передается при их посредстве.

В соответствии с возрастанием в какой-либо стране той доли годового продукта, которая, как только она получается с земли или от труда производительных рабочих, предназначается на возмещение капитала, естественно возрастает вместе с тем и то, что называют денежным капиталом. Возрастание тех особых капиталов, с которых владельцы их желают получать доход, не давая себе труда лично пустить их в дело, естественно, сопровождает общее увеличение капиталов. Другими словами, по мере возрастания капитала страны постепенно все больше увеличиваются и размеры капитала, отдаваемого взаймы под проценты.

По мере увеличения отдаваемых взаймы капиталов неизбежно уменьшается процент или цена, какую приходится платить за пользование этими капиталами. Это уменьшение происходит не только в силу тех общих причин, которые обыкновенно понижают рыночную цену товаров в соответствии с увеличением их количества, но и в силу других причин, проявляющих свое действие только в этом особом случае. По мере увеличения в стране капиталов неизбежно уменьшается прибыль, которую можно получить от употребления их в дело. Постепенно становится все более и более трудным найти в пределах страны выгодный способ применения для нового капитала. В результате этого возникает конкуренция между различными капиталами, причем владелец одного старается овладеть областью, которая занята другим. Но в большинстве случаев он может надеяться вытеснить этот другой капитал из данной области только в том случае, если он предлагает более льготные условия. Он не только должен продавать свои товары несколько дешевле, но и для того, чтобы иметь возможность продать их, он вынужден иногда производить свои закупки по более дорогой цене. Спрос на производительный труд благодаря увеличению капиталов, предназначенных на его содержание, возрастает с каждым днем. Рабочие легко находят себе работу, но владельцы капиталов испытывают затруднения в приискании рабочих. Их конкуренция между собою повышает оплату труда и понижает прибыль с капитала. Но если прибыль, которая может быть получена от приложения капитала, уменьшается таким образом, так сказать, с обоих концов, то и цена, какую возможно платить за пользование им, т.е. норма процента, должна тоже неизбежно уменьшаться.

Локк*, Лоу, Монтескье**, как и многие другие писатели, предполагали, по-видимому, что вызванное открытием испанской Вест-Индии увеличение количества золота и серебра явилось действительной причиной понижения нормы процента в большей части Европы. Они утверждают, что, поскольку эти металлы утратили сами некоторую долю своей стоимости, постольку и пользование той или другой частью их стало тоже представлять меньшую стоимость, а потому и должна была уменьшиться цена, которую можно было платить за него. Это мнение, на первый взгляд представляющееся столь убедительным, так обстоятельно разобрано Юмом***, что, пожалуй, нет необходимости говорить еще что-нибудь по этому поводу. Все же нижеследующие краткие и простые соображения могут помочь более убедительному выяснению ошибки, которая, по-видимому, ввела в заблуждение этих авторов.

До открытия испанской Вест-Индии обычной нормой были в большей части Европы, по-видимому, 10%. С тех пор она понизилась в различных странах до 6, 5, 4 и 3%. Предположим, что во всех странах стоимость серебра уменьшилась в той самой пропорции, в какой понизилась в них норма процента, и что в тех странах, например, где процент понизился с десяти до пяти на сто, на одно и то же количество серебра теперь можно купить вдвое меньшее количество товаров, чем прежде. Такое предположение, мне кажется, вряд ли найдут где бы то ни было соответствующим действительности; но оно наиболее благоприятно точке зрения, которую мы намерены подвергнуть рассмотрению; однако даже при таком предположении совершенно невозможно, чтобы понижение стоимости серебра могло хотя бы в малейшей степени вести к понижению нормы процента. Если 100 ф. в этих странах стоят теперь не больше, чем стоили в то время 50 ф., то и 10 ф. должны

---

* *Locke.* Considerations on the Lowering the Rate of Interest and Raising the Value of Money. P. 6.

** *Montesquieu.* Esprit des lois, liv. XXII, chap. VI.

*** См. «Опыты» Юма, опыт о проценте.

теперь обладать не большей стоимостью, чем 5 ф. тогда. Каковы бы ни были причины, которые понизили стоимость капитала, те же самые причины должны были понизить и стоимость процента, и притом в такой же пропорции. Соотношение между стоимостью капитала и стоимостью процента должно было остаться неизменным, если норма процента не изменилась; напротив, при изменении нормы процента соотношение между этими двумя стоимостями необходимо изменяется. Если 100 теперешних фунтов стоят не больше 50 ф. прежних, то 5 ф. теперешних не могут стоить более чем 2 ф. 10 шилл. прежних. Следовательно, при понижении нормы процента с десяти до пяти на сто мы даем за пользование капиталом, который предполагается равным лишь половине его прежней стоимости, процент, который равняется лишь четвертой части стоимости прежнего процента.

Увеличение количества серебра при неизменном количестве товаров, обращающихся посредством его, не могло бы иметь другого результата, кроме уменьшения стоимости этого металла. Номинальная стоимость предметов всякого рода увеличилась бы, но их действительная стоимость осталась бы прежней. Они теперь обменивались бы на большее число серебряных монет, но количество труда, которое можно приобрести на них, или число людей, которым они могут дать содержание и занятие, осталось бы тем же самым. Капитал страны остался бы неизменным, хотя большее число монет может теперь понадобиться для перехода какой-либо его части из одних рук в другие. Средство для такого перехода станет подобно бумаге многословного нотариуса более тяжеловесным, но переходящий из рук в руки предмет не изменится сравнительно с прежним временем и сможет оказывать лишь прежнее действие. Поскольку останется неизменным фонд, предназначенный на содержание производительного труда, не изменится и спрос на последний. Поэтому и цена его, или заработная плата, останется фактически без изменения, хотя номинально повысится. Эта заработная плата будет выплачиваться посредством большего количества серебряных монет, но на них можно будет купить такое же самое, как и прежде, количество продуктов. Прибыль на капитал, номинальная и действительная, останется без изменения. Заработная плата за труд обычно измеряется количеством серебра, которое выплачивается рабочему. Поэтому, когда это количество увеличивается, кажется, что заработная плата повысилась, хотя в некоторых случаях она может быть не большей, чем прежде. Но прибыль на капитал измеряется не количеством серебряных монет, какими она выплачивается, а отношением суммы этих монет ко всему затраченному капиталу. Таким образом, говорят, что в данной стране 5 шилл. в неделю составляют обычную заработную плату рабочего, а 10 процентов — обычную прибыль на капитал. Но если весь капитал страны остается неизменным, то не усилится и конкуренция между различными капиталами отдельных лиц, из которых он состоит. Они все будут работать с тем же успехом и неудачами. Поэтому и не изменится обычное соотношение между капиталом и прибылью, а следовательно, не изменится и обычный денежный процент, поскольку то, что обычно могут давать за пользование деньгами, с необходимостью регулируется тем, что можно извлечь от пользования ими.

Напротив, увеличение количества товаров, обращающихся ежегодно внутри страны, при неизменном количестве обращающихся денег вызывает много других важных последствий помимо повышения стоимости денег. Капитал страны, хотя номинально он может остаться неизменным, в действительности увеличится. Он может выражаться в прежнем количестве денег, но сможет распоряжаться бо́льшим количеством труда. Увеличится количество производительного труда, которое он может содержать и занимать, а следовательно, усилится и спрос на этот труд. Заработная плата, естественно, повысится вместе с усилением спроса, и, однако, может казаться, что она понизилась. Она может выплачиваться в виде меньшего количества денег, но на это меньшее количество денег можно будет покупать больше товаров, чем раньше на большее количество денег. Прибыль на капитал уменьшится как фактически, так и по видимости. Вместе с увеличением всего капитала страны, естественно, усилится и конкуренция между различными капиталами, из которых он состоит. Владельцы этих капиталов будут вынуждены довольствоваться меньшей долей продукта того труда, который занимают их капиталы. Денежный процент, всегда изменяющийся в соответствии с прибылью на капитал, сможет, таким образом, значительно понизиться, хотя бы стоимость денег, или количество товаров, которое можно купить на определенную сумму денег, и повысилось значительно.

В некоторых странах законом было воспрещено взимание денежного процента. Но поскольку везде пользование деньгами может приносить некоторую прибыль, постольку и следует везде что-нибудь платить за такое пользование ими. Этот запрет, как обнаружилось на опыте, вместо того чтобы предотвратить, только усиливал зло ростовщичества, ибо должнику приходилось уже платить не только за пользование деньгами, но и за риск, которому подвергался кредитор, принимая вознаграждение за это пользование. Он был вынужден, если можно так выразиться, страховать своего кредитора на случай кары за ростовщичество.

В странах, где взимание процента дозволено, закон в целях предотвращения вымогательств ростовщиков обычно устанавливает максимальную норму процента, какая может взиматься, не навлекая за это кары. Эта норма должна всегда несколько превышать самую низшую рыночную цену или ту цену, которая обычно уплачивается за пользование деньгами лицами, могущими представить наиболее верное обеспечение. Если эта законная норма устанавливается менее низшей рыночной нормы, то последствия этого будут почти такие же, как и при полном воспрещении взимания процента. Кредитор не захочет ссужать свои деньги дешевле той стоимости, которую имеет пользование ими, и должник должен платить ему за риск, которому тот подвергается, беря с него полную стоимость такого пользования. Если норма устанавливается в размере как раз низшей рыночной цены, это подрывает у честных людей, уважающих законы своей страны, кредит всех тех, кто не в состоянии представить наилучшее обеспечение, и заставляет последних прибегать к ростовщикам-вымогателям. В такой стране, как Великобритания, где деньги ссужаются правительству по 3%, а частным лицам ссужаются под верное обеспечение по 4 и 4 $^1/_2$%, установленная ныне законом норма в 5% представляется, пожалуй, наиболее соответственной.

Следует, однако, заметить, что законная норма процента, хотя она и должна несколько превышать низшую рыночную норму, все же не должна превышать ее слишком много. Если бы, например, законная норма процента была установлена в Великобритании на таком высоком уровне, как 8 или 10%, то бо́льшая часть денег, отдаваемых взаймы, ссужалась бы только расточителям и спекулянтам, которые проявляли бы готовность платить такой высокий процент. Здравомыслящие люди, готовые давать за пользование деньгами не больше, чем часть того, что они могут получить сами в результате пользования ими, не рискнут конкурировать с ними. Таким образом, значительная часть капитала страны не будет попадать в руки именно тех людей, которые скорее всего могут дать им выгодное и прибыльное применение, и достанется тем, кто скорее всего растратит и уничтожит его. Напротив, там, где законная норма процента установлена лишь немного более низшей рыночной нормы, обычно будут предпочитать иметь должниками людей здравомыслящих и осторожных, чем расточителей и спекулянтов. Лицо, дающее взаймы деньги, получает с первых почти такой же процент, какой может брать с последних, а между тем его деньги гораздо безопаснее в руках первых, чем в руках последних. Значительная часть капитала страны попадает, таким образом, в такие руки, в которых он скорее всего будет применен с выгодой.

Никакой закон не в силах понизить обычную норму процента ниже самой низшей рыночной нормы, существующей в момент издания закона. Несмотря на эдикт 1766 г., которым французский король пытался понизить норму процента с 5 до 4, деньги по-прежнему ссужались во Франции по 5%, а закон обходился различными способами.

Обычная рыночная цена земли, следует заметить, зависит везде от обычной рыночной нормы процента. Лицо, обладающее капиталом, от которого оно желает получать доход, не обременяя себя личным употреблением его в дело, имеет перед собою выбор: купить на него землю или отдать взаймы под проценты. Бо́льшая обеспеченность помещения в землю, а также некоторые другие преимущества, связанные почти повсюду с этим видом собственности, в большинстве случаев побуждают его довольствоваться меньшим доходом с земли, чем тот доход, какой он мог бы иметь, ссужая свои деньги под проценты. Эти преимущества достаточны для того, чтобы компенсировать некоторую разницу в доходе. Но компенсировать они могут только некоторую разницу; и если рента с земли упадет значительно ниже обычного денежного процента, то никто не станет покупать землю, а это скоро восстановит ее обычную цену. Напротив, если указанные преимущества и выгоды с избытком уравновешивают эту разницу, все станут покупать землю, что в свою очередь скоро повысит ее обычную цену. Когда процент держался на уровне десяти на сто, земля обычно продавалась из расчета 10- или 12-летней доходности. Когда норма процента понизилась до 6, 5 и 4%, цена земли повысилась и ее стали продавать из расчета 20-, 25- и 30-летней доходности. Рыночная норма процента во Франции выше, чем в Англии, а средняя цена земли ниже. В Англии она обычно продается из расчета 30-летней, а во Франции 20-летней доходности.

Глава V
О РАЗЛИЧНЫХ ПОМЕЩЕНИЯХ КАПИТАЛОВ

Хотя все капиталы предназначаются лишь на содержание производительного труда, однако количество труда, которое равные по размерам капиталы могут привести в движение, чрезвычайно колеблется в зависимости от способа их употребления, равно как изменяется и стоимость, какую их применение добавляет к годовому продукту земли и труда страны.

Капитал может затрачиваться четырьмя различными способами: он может, во-первых, употребляться на добывание сырого продукта, требующегося ежегодно обществу для его потребления и нужд; он может, во-вторых, употребляться на выделку и переработку этого сырого продукта для непосредственного использования и потребления; в-третьих, он может употребляться на перевозку сырых или готовых продуктов из тех мест, где они имеются в избытке, в места, где их недостает; наконец, в-четвертых, он может употребляться на разделение тех или других продуктов на такие малые партии, какие соответствуют нуждам их потребителей. Первым способом затрачиваются капиталы всех тех, кто занимается улучшением или обработкой земли, разработкой рудников или рыболовством; вторым способом употребляются капиталы всех предпринимателей в мануфактурах; третьим способом — всех оптовых торговцев и четвертым — розничных торговцев. Трудно представить себе, чтобы капитал мог прилагаться какимлибо иным способом, который нельзя было бы отнести ни к одному из перечисленных выше.

Каждый из этих четырех видов приложения капитала существенно необходим как для существования и расширения трех других, так и для общего благополучия всего общества.

Если бы совсем не прилагался капитал для добывания в сколько-нибудь достаточном количестве сырья, то не могло бы существовать никакой мануфактуры и торговли.

Если бы капитал совсем не прилагался к той части сырых продуктов, которая требует значительной переработки, прежде чем стать пригодной для использования и потребления, то она или совсем не добывалась бы ввиду отсутствия спроса на нее, или, если бы все же производилась, не обладала бы никакой меновой стоимостью и ничего не добавляла бы к богатству общества.

Если бы капиталы не прилагались для перевозки сырых продуктов или готовых изделий из мест, где они имеются в избытке, в места, где в них ощущается недостаток, они производились бы только в таком количестве, какое необходимо для потребления той местности, где они производятся. Капитал торговца обменивает избыточный продукт одной местности на избыточный продукт другой и этим дает толчок промышленности обеих местностей и увеличивает средства их потребления. Если бы капитал не употреблялся на то, чтобы делить сырые продукты или готовые изделия на такие небольшие части, которые соответствуют обычному спросу их потребителей, все были бы вынуждены покупать нужные им товары в большем количестве, чем это требуется в каждом отдельном случае. Если бы, например, не существовало промысла мясника, всем приходилось бы покупать сразу целого быка или овцу. Это было бы по общему правилу неудобно для людей богатых и гораздо более неудобно для бедных. Если бы бедному ремесленнику приходилось покупать продовольствие сразу на месяц или на 6 месяцев, то значительную часть своих средств, которые он использует как капитал на приобретение инструментов или на оборудование мастерской и которые приносят ему доход, он вынужден был бы отнести к той части, которая предназначается для непосредственного потребления и не приносит ему никакого дохода. Для такого человека удобнее всего иметь возможность покупать нужные ему предметы необходимости изо дня в день, даже в любой час, в зависимости от потребности в них. Это позволяет ему употреблять почти все свои средства как капитал и дает возможность выполнять работу на бо́льшую стоимость, а прибыль, которую он получает благодаря этому, с избытком покрывает ту надбавку к цене, какую розничный торговец делает на товары, чтобы получить свою прибыль. Предупреждение некоторых политических писателей по отношению к лавочникам и торговцам вообще лишено всякого основания. Точно так же нет никакой необходимости облагать их особым налогом или ограничивать их число, потому что их никогда не может быть так много, чтобы причинять ущерб публике, хотя они могут вредить друг другу. Количество колониальных товаров, например, которое может быть продано в каком-нибудь городе, ограничено спросом этого города и его окрестностей. Поэтому капитал, который может быть вложен в торговлю колониальными товарами, не может превышать суммы, достаточной для покупки этого количества. Если он находится в руках двух торговцев, то конкуренция между собой будет вынуждать их обоих продавать свои товары дешевле, чем если бы товар находился в одних руках. Если же весь капитал оказался бы распределенным среди двадцати торговцев, то их конкуренция была бы соответственно сильнее, а возможность сговора между ними в целях повышения цен меньше. Конкуренция между собою могла бы, может быть, разорить некоторых из них, но принятие мер в предупреждение этого — дело заинтересованных сторон, и его можно всецело предоставить их осторожности. Такое усиление конкуренции ни в каком случае не может задеть интересов потребителя или производителя; напротив, это должно заставить розничных торговцев продавать дешевле и покупать дороже, чем в том случае, если бы вся отрасль торговли была монополизирована одним или двумя лицами. Некоторые из них могут, пожалуй, соблазнить податливого покупателя купить то, что ему не нужно. Но это отрицательное явление имеет слишком мало значения, чтобы заслуживать общественного внимания, да его и нельзя устранить ограничением числа торговцев. Отнюдь не многочисленность пивных — если прибегнуть к наиболее сомнительному примеру — порождает общераспространенную в простонародье склонность к пьянству; напротив, эта склонность, порождаемая другими причинами, необходимо поставляет потребителей многочисленным пивным.

Лица, чьи капиталы употребляются одним из перечисленных четырех способов, сами являются производительными работниками. Их труд, если он надлежащим образом направлен, фиксируется и реализуется в каком-нибудь предмете или продаваемой вещи, к которой он прилагается, и обыкновенно прибавляет к цене предмета по меньшей мере стоимость своего собственного содержания и потребления. Прибыли фермера, мануфактуриста, оптового и розничного торговцев получаются все без различия из цены товаров, которые первые два производят, а два последние покупают и продают. Но одинаковые капиталы, употребляемые указанными четырьмя способами, приводят в движение весьма различные количества производительного труда и точно так же в весьма различной степени увеличивают стоимость годового продукта земли и труда общества, к которому они принадлежат.

Капитал розничного торговца возвращает с прибылью капитал оптового торговца, у которого он закупает товары, и этим дает ему возможность продолжать свою торговлю. В розничном торговом предприятии его владелец является единственным производительным работником, занятым в нем. В его прибыли и заключается вся стоимость, которую его занятие добавляет к годовому продукту земли и труда общества.

Капитал оптового торговца возвращает капиталы вместе с прибылью на них фермеров и мануфактуристов, у которых он покупает сырые продукты и готовые изделия, составляющие предмет его торговли, и этим дает им возможность продолжать ведение своих предприятий. Главным образом выполнением этой функции он косвенно содействует поддержке производительного труда в обществе и увеличению стоимости его годового продукта. Его капитал дает также занятие матросам и извозчикам, перевозящим его товары из одного места в другое, и увеличивает цену этих товаров на стоимость не только его прибыли, но и их заработной платы. В этом заключается весь производительный труд, который он приводит в движение, и вся та стоимость, которую он непосредственно добавляет к годовому продукту. В обоих этих отношениях его операции стоят значительно выше деятельности розничного торговца.

Часть капитала предпринимателя-мануфактуриста вкладывается в виде основного капитала в орудия его производства и возвращает вместе с соответствующей прибылью капитал какого-либо другого промышленника, у которого он приобретает их. Часть его оборотного капитала затрачивается на покупку материалов и возвращает вместе с соответствующей прибылью капиталы фермеров и горнопромышленников, у которых он покупает их; значительная его часть, однако, раз в год или в более короткие сроки всегда распределяется между различными работниками, которые работают на него. Капитал промышленника увеличивает стоимость материалов на сумму заработной платы этих рабочих и на всю прибыль предпринимателей с капиталов, затраченных на заработную плату, материалы и орудия производства в данном предприятии. Таким образом, он непосредственно приводит в движение большее количество производительного труда и добавляет большую стоимость к годовому продукту земли и труда общества, чем капитал таких же размеров в руках какого-либо оптового торговца. Никакой капитал не приводит в движение большего количества производительного труда, чем равный по размерам капитал фермера. Ибо не только его рабочие-батраки, но и его рабочий скот являются производительными работниками. Помимо того, в сельском хозяйстве природа также работает вместе с человеком, и, хотя ее работа не требует никаких издержек, ее продукт обладает своей стоимостью точно так же, как и продукт наиболее дорогостоящих рабочих. Наиболее важные сельскохозяйственные работы имеют целью не столько увеличить (хотя они делают и это), сколько направлять естественное плодородие природы к производству растений, наиболее выгодных человеку. Поле, заросшее терновником и кустарником, часто может произвести не меньше растений, чем самым тщательным образом возделанный виноградник или хлебное поле. Посев и обработка часто не столько пробуждают, сколько направляют деятельное плодородие природы, и после всех трудов земледельца главный труд всегда приходится на ее долю. Поэтому рабочие и рабочий скот, занятые в сельском хозяйстве, воспроизводят не только стоимость, равную стоимости их потребления или стоимости капитала, дающего им занятие вместе с прибылью его владельца, как это мы видели у мануфактурных рабочих, но и гораздо бо́льшую стоимость. Сверх капитала фермера и всей его прибыли они регулярно воспроизводят ренту землевладельцев. Эту ренту можно рассматривать как продукт тех сил природы, пользование которыми землевладелец предоставляет фермеру. Она выше или ниже в зависимости от предполагаемой величины этих сил, или, другими словами, от предполагаемого естественного или искусственно созданного плодородия земли. Ведь после вычета, или оплаты, всего того, что можно признать делом рук человеческих, остается только продукт деятельности самой природы. Этот остаток редко бывает меньше четвертой части, а часто превышает третью часть всего продукта. Такое же количество производительного труда, затраченного в мануфактурах, никогда не даст такого большого воспроизводства. В мануфактурах природа не делает ничего — все делается человеком, и полученный продукт всегда должен быть пропорционален размерам действующих сил, создающих его. Таким образом, капитал, вкладываемый в земледелие, не только приводит в движение большее количество производительного труда, чем таких же размеров капитал, вложенный в мануфактуру, но и добавляет в отношении к количеству применяемого им производительного труда гораздо большую стоимость к годовому продукту земли и труда страны, действительному богатству и доходу ее жителей. Это самый выгодный для общества из всех существующих способов приложения капитала.

Капиталы, вкладываемые в земледелие и в розничную торговлю данного общества, всегда должны оставаться внутри этого последнего. Их приложение связано почти всегда с определенным местом — фермой или лавкой розничного торговца. По общему правилу, хотя из этого и бывают некоторые исключения, они принадлежат постоянным жителям данной страны.

Капитал оптового торговца, напротив, по-видимому, не имеет какого-либо вполне определенного или обязательного для него пребывания, а может перемещаться с места на место в зависимости от того, где он может дешево покупать или дорого продавать.

Капитал мануфактуриста должен, без сомнения, находиться там, где ведется само производство, но не всегда обязательно предопределено, где именно оно должно вестись. Часто оно может вестись на значительном расстоянии как от места, где растет сырье, так и от того места, где потребляются готовые изделия этого производства. Лион очень далеко отстоит как от местностей, которые снабжают его сырьем для его изделий, так и от тех пунктов, которые их потребляют. Сицилийская знать одевается в шелк, который выделывается в других странах из сырья, производимого ее собственной страной. Часть испанской шерсти перерабатывается в сукно в Великобритании, и некоторая часть этого сукна ввозится после этого обратно в Испанию.

Очень мало значения имеет, будет ли местным жителем или иностранцем купец, капитал которого вывозит за границу избыточный продукт страны. Если он иностранец, число производительных работников страны уменьшится всего только на одного человека по сравнению с тем случаем, если бы он был местным жителем, а стоимость ее годового продукта уменьшится всего только на прибыль этого одного человека. Матросы или возчики, которые у него работают, могут быть и в этом случае безразлично подданными или его страны, или данной страны, или какой-нибудь третьей страны, точно так же как и в том случае, если бы он являлся местным жителем. Капитал иностранца придает избыточному продукту данной страны такую же стоимость, как и капитал местного жителя, обменивая его на товары, на какие существует спрос внутри страны. Он столь же успешно возмещает капитал лица, производящего этот избыток, и столь же действительно дает ему возможность вести дальше свое дело; а ведь в этом и состоит главным образом услуга, которую оказывает капитал оптового торговца для поддержания производительного труда и увеличения стоимости годового продукта общества, к которому он принадлежит.

Большое значение имеет, чтобы капитал мануфактуриста оставался внутри страны. Он необходимо приводит тогда в движение большее количество производительного труда и добавляет бóльшую стоимость к годовому продукту земли и труда общества. Тем не менее он может быть очень полезен для страны и в том случае, когда находится за ее пределами. Капиталы британских мануфактуристов, перерабатывающих лен и пеньку, ввозимые ежегодно с берегов Балтийского моря, несомненно, приносят большую пользу странам, производящим эти материалы. Они составляют часть избыточного продукта этих стран, который утратил бы всякую стоимость и больше не производился бы, если бы прекратился его обмен на другие товары, нужные этим странам. Торговцы, вывозящие эти материалы, возмещают капиталы их производителей и тем самым поощряют их продолжать производство, а британские мануфактуристы возмещают капитал этих торговцев.

Отдельная страна, так же как и отдельное лицо, часто может не располагать капиталом, достаточным для улучшения и обработки всех ее земель, для переработки всего ее сырья с целью непосредственного использования и потребления и для перевозки избыточного сырья или готовых изделий на те отдаленные рынки сбыта, где они могут быть обменены на другие товары, на которые существует спрос внутри этой страны. Жители многих местностей Великобритании не имеют достаточно капитала для улучшения и обработки всех своих земель. Шерсть южных графств

Шотландии после перевозки на очень большое расстояние по очень плохим дорогам в значительной своей части перерабатывается в Йоркшире ввиду отсутствия капитала, нужного для переработки ее на месте. В Великобритании существует очень много небольших промышленных городов, жители которых не обладают достаточным капиталом для перевозки продуктов своей промышленности на те отдаленные рынки, где имеется спрос на них и где они могут быть потреблены. Если здесь среди них встречаются торговцы, то это, собственно говоря, лишь агенты более богатых торговцев, живущих в каком-либо крупном коммерческом центре.

Когда капитал какой-нибудь страны оказывается недостаточным для всех этих целей, то чем больше та часть его, которая вложена в земледелие, тем больше будет количество производительного труда, который приводится им в движение внутри страны, равно как и стоимость, которую приложение его добавляет к годовому продукту земли и труда общества. После земледелия наибольшее количество труда приводит в движение и добавляет наибольшую стоимость к годовому продукту капитал, вложенный в мануфактуру. Тот же капитал, который вложен в вывозную торговлю, дает наименьшие результаты.

Страна, не обладающая капиталом, достаточным для всех трех указанных целей, не достигла еще той ступени развития и богатства, которая ей, по-видимому, предназначена от природы. Но пытаться преждевременно и с недостаточным капиталом выполнять все эти три задачи отнюдь не будет кратчайшим путем для общества, так же как и для отдельного человека, для того чтобы приобрести достаточный капитал. Общий капитал всех членов нации имеет свои пределы, как и капиталы отдельного лица, и в состоянии служить только некоторому числу определенных целей. Общий капитал всех членов нации увеличивается таким же образом, как и капитал отдельного лица, в результате постоянного накопления и добавления к нему того, что они сберегают из своего дохода. Поэтому возможно ожидать наиболее быстрое его возрастание в том случае, когда он прилагается таким образом, что приносит наибольший доход всем жителям страны, ибо это позволит им делать наибольшие сбережения. Но доход всех жителей страны находится в необходимой зависимости от стоимости годового продукта ее земли и труда.

Главной причиной быстрого развития богатства и роста наших американских колоний явилось то обстоятельство, что почти все их капиталы прилагались до сих пор к земледелию. Они не имеют мануфактур, если не считать домашних и простейших промыслов, которые неизбежно сопровождают развитие земледелия и которыми занимаются в каждой семье женщины и дети. Бóльшая часть экспортной и прибрежной торговли Америки ведется на капиталы торговцев, живущих в Великобритании. Даже многие магазины и торговые склады, из которых товары распределяются по некоторым провинциям, в частности в Виргинии и Мэриленде, принадлежат торговцам, постоянно живущим в метрополии, и представляют один из немногих примеров розничной торговли в обществе, ведущейся на капиталы лиц, не являющихся постоянными жителями данной страны. Если бы американцы путем соглашения или посредством каких-либо принудительных мер прекратили ввоз европейских промышленных изделий и, обеспечив таким образом монополию тем из своих соотечественников, которые могут вырабатывать подобные товары, отвлекли сколько-нибудь значительную часть своего капитала на это дело, они только затормозили бы, а не ускорили дальнейшее возрастание стоимости своего годового продукта и задержали бы, вместо того чтобы ускорить, развитие своей страны в сторону богатства и могущества. Это проявилось бы еще в большей степени, если бы они попытались таким же путем монополизировать в свою пользу всю свою экспортную торговлю.

В общем ход развития благосостояния человечества, по-видимому, вряд ли когда-либо отличался такой продолжительностью, чтобы дать возможность какой бы то ни было большой стране накопить капитал, достаточный для всех трех указанных целей, конечно, если только не придавать веры чудесным рассказам о богатстве и культуре Китая, Древнего Египта и древнего государства Индостана. Даже эти три страны, самые богатые, судя по этим рассказам, какие только существовали на свете, славятся главным образом своим превосходством в области земледелия и обрабатывающей промышленности. Они, как кажется, не выделялись своей внешней торговлей. Древние египтяне питали суеверное предубеждение против моря; суеверие почти такого же характера господствует и среди жителей Индии; китайцы ничем не проявляли себя в области внешней торговли. Значительнейшая часть избыточного продукта этих трех стран всегда, по-видимому, вывозилась иностранцами, которые в обмен на это давали что-нибудь другое, на что там существовал спрос, часто же золото и серебро.

Таким образом, один и тот же капитал в какой-нибудь стране приводит в движение большее или меньшее количество производительного труда и увеличивает на бо́льшую или меньшую стоимость годовой продукт ее земли и труда в зависимости от того, в каких различных пропорциях он вкладывается в земледелие, мануфактуры и оптовую торговлю. Кроме того, получается различный результат в зависимости от характера оптовой торговли, в которую вкладывается та или иная часть его.

Всякую оптовую торговлю, всякую покупку для перепродажи оптом можно свести к трем различным видам: внутренней торговле, внешней торговле предметами потребления и транзитной торговле. Внутренняя торговля занимается покупкой продуктов промышленности страны в одной ее части и продажей в другой. Она охватывает как торговлю внутри страны, так и прибрежную торговлю. Внешняя торговля предметами потребления занимается покупкой иностранных товаров для внутреннего потребления. Транзитная торговля занимается ведением торговых сношений чужих стран, т.е. доставкой избыточного продукта одной страны в другую.

Капитал, употребляемый на покупку в одной части страны и для продажи в другой продукта промышленности этой страны, обыкновенно при каждой такой операции возмещает два различных капитала, вложенных в сельское хозяйство или мануфактуры этой страны, и этим дает им возможность продолжать свою производительную деятельность. Когда он отправляет из места жительства торговца товары определенной стоимости, он обыкновенно возвращает обратно другие товары по меньшей мере такой же стоимости. Если эти товары в обоих случаях являются продуктами отечественной промышленности, он обязательно возмещает при каждой такой операции два различных капитала, каждый из которых затрачивался на содержание производительного труда, и этим дает им возможность продолжать такое содержание его. Капитал, посылающий шотландские промышленные изделия в Лондон и привозящий обратно, в Эдинбург, английский хлеб и английские изделия, при каждой такой операции возмещает два британских капитала, причем оба они вложены в сельское хозяйство или мануфактуры Великобритании.

Капитал, употребляемый на покупку иностранных товаров для внутреннего потребления, когда эта покупка производится в обмен на продукты отечественной промышленности, при каждой такой операции тоже возмещает два различных капитала, но только один из них затрачивается на поддержку отечественной промышленности. Капитал, отправляющий британские товары в Португалию и ввозящий обратно, в Великобританию, португальские товары, при каждой такой операции замещает только один британский капитал, другой замещаемый им капитал — португальский. Поэтому, если бы даже обороты внешней торговли предметами потребления были столь же быстры, как и обороты внутренней торговли, капитал, употребленный в ней, оказывал бы вдвое меньшее поощрение промышленности или производительному труду данной страны.

Но обороты внешней торговли предметами потребления очень редко бывают так же быстры, как и обороты внутренней торговли. Во внутренней торговле капитал оборачивается обыкновенно в период времени меньше одного года, а иногда три или четыре раза в год. Во внешней торговле предметами потребления капитал редко оборачивается за год, а иногда оборачивается не меньше чем в два или три года. Поэтому капитал, вложенный во внутреннюю торговлю, успевает иногда произвести двенадцать операций или отправить и привезти товары двенадцать раз за то время, как капитал, вложенный во внешнюю торговлю, успевает выполнить одну операцию. Поэтому, если эти капиталы равны, первый из них окажет в двадцать четыре раза большее содействие и поощрение промышленности страны, чем второй.

Иностранные товары для внутреннего потребления могут иногда приобретаться в обмен не на продукты отечественной промышленности, а на какие-либо другие иностранные же товары. Но эти последние должны были быть приобретены или непосредственно на продукты отечественной промышленности, или на что-нибудь другое, купленное в обмен на эти продукты, потому что иностранные товары никогда не могут быть приобретены (если не считать войны и завоевания) иначе, как в обмен на какие-либо произведения данной страны непосредственно или после двух или нескольких обменных сделок. Таким образом, капитал, вложенный в такую внешнюю торговлю предметами потребления, ведущуюся окольным путем, производит во всех отношениях такое же действие, как и капиталы, вкладываемые в подобного же рода торговлю, только ведущуюся наиболее прямым путем, если не считать того, что оборачиваться он будет еще медленнее, так как его реализация должна зависеть от оборотов двух или трех других операций внешней торговли. Если рижские лен и пенька покупаются в обмен на виргинский табак, приобретенный в обмен на британские промышленные изделия, то торговец должен выждать окончания оборота двух различных операций внешней торговли, пока сможет затратить такой же капитал на покупку вновь такого же количества британских промышленных изделий. Если виргинский табак был приобретен в обмен не на британские промышленные изделия, а на ямайский сахар и ром, купленные в обмен на эти изделия, он должен будет ожидать окончания оборота трех различных операций. Если эти две или три различные операции внешней торговли совершаются двумя или тремя различными торговцами, из которых второй покупает товары, ввозимые первым, а третий — ввозимые вторым, чтобы, в свою очередь, вывезти их, каждый торговец в таком случае сумеет более быстро оборачивать свой капитал, но общий оборот всего вложенного в торговлю капитала будет столь же медленным, как и прежде. Для страны не составляет разницы, принадлежит ли весь капитал, вложенный в такую многостепенную торговлю, одному или трем торговцам, хотя это может иметь значение для отдельных торговцев. В обоих случаях должен быть вложен в дело втрое больший капитал, чтобы обменять британские промышленные изделия определенной стоимости на известное количество льна и пеньки, чем это было бы необходимо, если бы эти изделия и лен с пенькой обменивались непосредственно друг на друга. Следовательно, весь капитал, вкладываемый в подобного рода многостепенную внешнюю торговлю предметами потребления, будет в меньшей степени поощрять и оказывать содействие производительному труду страны, чем равный ему капитал, вкладываемый в более непосредственную торговлю такого же рода.

Каков бы ни был иностранный товар, при помощи которого приобретаются другие иностранные товары для внутреннего потребления, это не может иметь сколько-нибудь существенного влияния ни на характер торговли, ни на степень оказываемого ею поощрения и содействия производительному труду страны, которая ведет ее. Если, например, эти товары покупаются на бразильское золото или перуанское серебро, то это золото и серебро, как и виргинский табак, должны быть приобретены в обмен на какие-нибудь продукты промышленности страны или на что-нибудь другое, купленное на такие продукты. Следовательно, поскольку дело касается производительного труда страны, внешняя торговля предметами потребления, ведущаяся при посредстве золота и серебра, представляет те же выгоды и неудобства, что и другой вид внешней торговли предметами потребления, столь же многостепенной; в ней равным образом столь же быстро или медленно реализуется капитал, непосредственно употребляемый на содержание производительного труда. По-видимому, подобного рода торговля отличается даже одним преимуществом сравнительно со всяким другим видом столь же многостепенной внешней торговли. Перевозка этих металлов из одного места в другое благодаря их малому объему и большой стоимости обходится дешевле, чем перевозка почти всех других иностранных товаров такой же стоимости; фрахты за перевозку их значительно ниже, а страховая премия не выше, к тому же нет другого товара, менее подверженного порче при перевозке, чем золото и серебро. В результате этого при посредстве золота и серебра часто можно приобрести определенное количество товаров в обмен на меньшее количество продуктов отечественной промышленности, чем при посредстве каких-либо других иностранных товаров. Спрос страны может, таким образом, удовлетворяться более полно и с меньшими издержками, чем каким-либо иным путем. Мне еще придется в дальнейшем весьма подробно рассмотреть вопрос о том, не приводит ли иным путем торговля этого рода к обеднению страны вследствие непрерывного вывоза ею этих драгоценных металлов.

Та часть капитала страны, которая вкладывается в транзитную торговлю, отвлекается вообще от содержания производительного труда данной страны, чтобы содержать производительный труд других стран. Хотя он при каждой своей операции замещает два различных капитала, однако ни один из них не принадлежит данной стране. Капитал голландского купца, везущего хлеб из Польши в Португалию, а обратно привозящего в Польшу португальские фрукты и вино, замещает при каждой такой операции два различных капитала, причем ни один из них не служил для содержания производительного труда Голландии: один из них содержал производительный труд Польши, другой — Португалии. Только прибыли регулярно притекают в Голландию и составляют все то добавление к годовому продукту земли и труда этой страны, которое является необходимым результатом этой торговли. Впрочем, когда транзитная торговля какой-либо страны ведется на кораблях и при посредстве матросов этой же страны, то та часть капитала, вложенного в нее, которая оплачивает фрахт, распределяется между некоторым числом производительных работников этой страны и приводит их труд в движение. Почти все нации, принимавшие сколько-нибудь значительное участие в транзитной торговле, действительно вели ее именно таким образом. Самый род торговли получил, вероятно, от этого свое название, ибо жители таких стран являлись и перевозчиками для других стран. Однако эта особенность отнюдь не представляется необходимо присущей чертой такой торговли. Голландский купец, например, может вкладывать свой капитал в торговлю между Польшей и Португалией, перевозя часть избыточного продукта первой во вторую не на голландских, а на британских кораблях. И можно предполагать, что в некоторых особых случаях так и бывает в действительности. С этой точки зрения считалось, что для такой страны, как Великобритания, защита и безопасность которой зависят от числа ее матросов и размеров ее флота, особенно выгодна транзитная торговля. Но тот же капитал может дать занятие такому числу матросов и кораблей, если он вложен во внешнюю торговлю предметами потребления или даже в прибрежную торговлю, поскольку она ведется судами каботажного плавания, как и в том случае, если он прилагается к транзитной торговле. Количество матросов и кораблей, которым может дать занятие данный капитал, зависит не от характера торговли, а от громоздкости товаров в сравнении с их стоимостью и отчасти от расстояния, на каком находятся друг от друга порты, между которыми они перевозятся, — главным же образом от первого из этих двух условий. Так, например, торговля углем между Ньюкаслом и Лондоном дает работу бо́льшему количеству судов, чем вся внешняя транзитная торговля Англии, хотя порты эти находятся друг от друга совсем не на большом расстоянии. Поэтому применение в какой-либо стране исключительных поощрительных мер в целях более широкого привлечения капитала в транзитную торговлю в более значительных размерах, чем это требуется при естественном ходе вещей, не всегда обязательно ведет к увеличению судоходства данной страны.

Таким образом, капитал, вкладываемый во внутреннюю торговлю страны, обычно поощряет и содержит большое количество производительного труда в этой стране и увеличивает стоимость ее годового продукта в большей мере, чем такой же капитал, занимающийся внешней торговлей предметами потребления, а капитал, занятый в этой последней, имеет в обоих этих отношениях еще большее преимущество над одинаковой величины капиталом, вложенным в транзитную торговлю. Богатство каждой страны, а также могущество ее, поскольку это последнее зависит от богатства, всегда должно находиться в соответствии со стоимостью ее годового продукта, образующего фонд, за счет которого в конечном счете оплачиваются все налоги. И главная задача политической экономии каждой страны состоит в увеличении богатства и могущества; поэтому она не должна давать преимуществ или оказывать особое поощрение внешней торговле предметами потребления предпочтительно перед внутренней торговлей или же транзитной торговле предпочтительно перед той и другой. Она не должна путем всякого рода поощрений привлекать к одному из этих двух каналов бóльшую долю капитала, чем естественно притекало бы к ним без всякого воздействия.

Каждый из этих видов торговли, однако, не только выгоден, но и необходим и неизбежен, когда он порождается естественным ходом вещей, без всяких принудительных и насильственных мер воздействия.

Когда продукт какой-либо отдельной отрасли промышленности превышает спрос страны на него, избыток должен отправляться за границу и обмениваться на другие товары, на которые в данной стране имеется спрос. Без такого вывоза должна быть приостановлена часть производительного труда страны, и стоимость годового продукта страны уменьшится. Земля и труд Великобритании производят обычно больше хлеба, шерстяных и металлических изделий, чем это требуется существующим на ее внутреннем рынке спросом. Поэтому избыток их должен отправляться за границу и обмениваться на какие-либо товары, требующиеся внутри страны. Только посредством такого вывоза этот избыток может приобрести стоимость, достаточную для оплаты труда и издержек, затраченных на его производство. Места по морскому побережью и берега всех судоходных рек потому только и представляют собою выгодное местоположение для промышленности, что облегчают вывоз и обмен такого избыточного продукта на продукты, на которые имеется большой спрос.

Если иностранные товары, приобретенные в обмен на избыточный продукт внутренней промышленности, превышают спрос внутреннего рынка, лишняя их часть должна быть снова вывезена за границу и выменена на какие-нибудь другие продукты, на которые здесь существует спрос. Около 96 тыс. бочек табаку покупается ежегодно в Виргинии и Мэриленде на часть избыточного продукта британской промышленности. Но спрос на табак в Великобритании не требует, может быть, более 14 тыс. бочек. Поэтому если бы нельзя было отправлять остающиеся 82 тыс. бочек за границу и обменивать на такие товары, на которые имеется большой спрос внутри страны, то должен был бы немедленно прекратиться ввоз табака, а вместе с этим остановиться и производительный труд всех тех жителей Великобритании, которые в настоящее время заняты изготовлением товаров, на какие ежегодно приобретаются эти 82 тыс. бочек табаку. Должно быть прекращено производство этих товаров, которые составляют часть продукта земли и труда Великобритании, поскольку на них нет спроса внутри страны и поскольку она лишилась своего рынка сбыта за границей. Поэтому наиболее многостепенная внешняя торговля предметами потребления может в некоторых случаях быть столь же необходимой для поддержки производительного труда страны и для поддержания на известном уровне стоимости ее годового продукта, как и непосредственная внешняя торговля.

Когда масса капиталов в какой-либо стране возрастает до таких размеров, что они не могут быть целиком использованы в области обслуживания потребления и поддержки производительного труда страны, избыточная часть их, естественно, отливает в транзитную торговлю и употребляется для выполнения таких же функций в интересах других стран. Транзитная торговля представляет собой естественный результат и признак значительного национального богатства, но она, по-видимому, не является естественной причиной его. Те государственные люди, которые проявляли склонность содействовать ее развитию посредством специальных поощрительных мероприятий, очевидно, принимали результат и признак явления за его причину. Голландия, которая, если иметь в виду размеры ее поверхности и количество жителей, является самой богатой страной Европы, держит поэтому в своих руках наибольшую часть транзитной торговли Европы. Англия, стоящая по богатству, вероятно, на втором месте после нее в Европе, тоже считается ведущей значительную часть этой торговли, хотя то, что обычно считается транзитной внешней торговлей Англии, в большинстве случаев оказывается не чем иным, как многостепенной внешней торговлей предметами потребления. Таковою в значительной мере является торговля, доставляющая продукты Ост-Индии, Вест-Индии и Америки на различные европейские рынки. Эти товары обыкновенно покупаются или непосредственно на продукты британской промышленности, или на что-нибудь другое, приобретаемое в обмен на эти продукты, и то, что получается в результате всех этих торговых сделок, используется или потребляется в Великобритании. Торговля, которая ведется на британских кораблях между различными портами Средиземного моря, и небольшая торговля такого же рода, ведущаяся британскими купцами между портами Индии, составляют, вероятно, главные отрасли того, что следует считать собственно транзитной торговлей Великобритании.

Размеры внутренней торговли и капитала, который может быть вложен в нее, по необходимости ограничиваются стоимостью избыточного продукта всех тех отдаленных друг от друга местностей внутри страны, которые обмениваются своими продуктами друг с другом. Размеры внешней торговли предметами потребления ограничиваются стоимостью избыточного продукта всей страны и того, что может быть приобретено на него. Размеры транзитной торговли ограничиваются стоимостью избыточного продукта всех стран мира. Ее возможные размеры поэтому в известной мере беспредельны в сравнении с размерами двух других видов торговли, и она способна поглотить наибольшие капиталы.

Помыслы о своей собственной частной прибыли являются единственным мотивом, побуждающим владельца всякого капитала вкладывать его в земледелие, в мануфактуры или в какую-либо особую отрасль оптовой или розничной торговли. Его никогда не занимает мысль о том, какие различные количества производительного труда может он привести в движение и какую различную стоимость может он прибавить к годовому продукту земли и труда общества в зависимости от того, в какой из этих различных областей применяется его капитал. Поэтому в тех странах, где сельское хозяйство представляет собою самое выгодное из всех приложений капитала, а возделывание и улучшение земли — самый прямой путь к большому состоянию, капиталы отдельных лиц будут, естественно, прилагаться самым выгодным для всего общества образом. Но, насколько можно судить, прибыль, даваемая сельским хозяйством, нигде в Европе не превышает прибылей, приносимых другими видами занятий. Правда, во всех частях Европы прожектеры в последние годы тешили публику блестящими рассказами о прибылях, получаемых от обработки и улучшения земли. Не входя в подробное рассмотрение их выкладок, простое наблюдение может убедить нас, что выводы их должны быть неправильны. Мы ежедневно наблюдаем крупнейшие состояния, приобретенные на протяжении всего одной жизни при помощи торговли и промышленной деятельности, причем дело часто начиналось с очень небольшим капиталом, а иногда и без всякого капитала. Между тем во всей Европе в течение текущего столетия не наблюдалось, должно быть, ни одного примера приобретения за тот же промежуток времени такого же состояния от занятий земледелием. Между тем во всех больших странах Европы до сих пор остается невозделанной много хорошей земли, а большая часть возделываемой земли далеко не улучшена еще в такой мере, в какой это возможно. Поэтому сельское хозяйство почти везде способно поглощать гораздо больший капитал, чем какой когда-либо прилагался в нем. В дальнейших двух книгах я попытаюсь подробно выяснить, какие моменты в хозяйственной политике Европы сделали городские промыслы настолько более выгодными по сравнению с сельскими, что частные лица нередко считают более выгодным для себя вложить свои капиталы в ведущуюся где-то очень далеко в Азии и Америке транзитную торговлю, чем в улучшение и обработку плодороднейших полей в их непосредственном соседстве.

Книга III
О РАЗВИТИИ БЛАГОСОСТОЯНИЯ У РАЗНЫХ НАРОДОВ

Глава I
О ЕСТЕСТВЕННОМ РАЗВИТИИ БЛАГОСОСТОЯНИЯ

В каждом развитом обществе главный товарообмен происходит между городскими и сельскими жителями. Он состоит в обмене сырых продуктов на изделия промышленности, причем этот обмен совершается непосредственно или посредством металлических денег, или каких-либо бумажных знаков, представляющих последние. Деревня снабжает город предметами продовольствия и материалами для переработки. Город оплачивает это снабжение тем, что отсылает часть готовых изделий жителям деревни. Город, который сам не производит и не может производить никаких средств пропитания, получает, собственно говоря, все свое богатство и все средства пропитания из деревни. Однако мы не должны отсюда заключать, что выгоды, получаемые городом, представляют собою ущерб для деревни. Выгоды их обоюдны и взаимно обусловлены, и разделение труда в данном случае, как и во всех других, выгодно всем лицам, посвящающим себя различным занятиям, на которые труд подразделяется. Жители деревни покупают у города большее количество промышленных изделий в обмен на продукт гораздо меньшего количества их собственного труда, чем сколько им пришлось бы затрачивать в том случае, если бы они пытались сами производить эти изделия. Город служит рынком для избыточного продукта деревни, для тех продуктов, которые превышают нужды потребления земледельцев; в городе жители деревни обменивают этот избыточный продукт на какие-нибудь товары, нужные им. Чем многочисленнее население города и чем больше его доход, тем обширнее рынок сбыта, предоставляемый для жителей деревни, а чем обширнее этот рынок, тем это всегда выгоднее для большого числа лиц. Хлеб, произрастающий в какой-нибудь миле от города, продается там по такой же цене, как и хлеб, привозимый за двадцать миль. Но цена последнего должна по общему правилу не только оплачивать издержки по производству хлеба и доставке его на рынок, но и давать также фермеру обычную в сельском хозяйстве прибыль. Поэтому собственники земли и земледельцы, живущие поблизости к городу, сверх обычной в сельском хозяйстве прибыли получают в цене продаваемых ими продуктов всю стоимость перевозки этих продуктов, привозимых из более отдаленных местностей, а кроме того, сберегают всю стоимость такого провоза в цене всего того, что покупают. Сравните обработку земель в окрестностях любого большого города с обработкой земель, находящихся на более значительном расстоянии от него, и вы сами легко убедитесь, как много выигрывает деревня от товарообмена с городом. Ни одна из всех нелепых теорий торгового баланса не пробовала утверждать, что деревня теряет от своего товарообмена с городом или что город теряет от своего товарообмена с деревней, которая кормит его.

Так как по самой природе вещей предметы питания представляют собою потребность, стоящую на первом месте сравнительно с предметами удобства и роскоши, то отрасль, доставляющая первые, должна предшествовать тем отраслям, которые производят последние. Поэтому возделывание и улучшение земли, доставляющей средства существования, необходимо должны предшествовать росту города, доставляющего лишь предметы удобства и роскоши. Только избыточный продукт деревни, или тот продукт, который превышает потребности содержания земледельцев, доставляет городу средства существования, а потому последний может расти и развиваться только по мере увеличения этого избыточного продукта. Конечно, город не всегда получает все средства для своего существования из непосредственно прилегающей к нему округи или даже из страны, в которой он находится. Он может получать их из очень отдаленных стран. Последнее обстоятельство, хотя оно и не составляет исключения из общего правила, в различные эпохи и у различных народов вызывало значительные колебания и изменения в общем ходе развития народного благосостояния.

Такой порядок вещей, вообше устанавливаемый необходимостью, хотя и не во всех без исключения странах, в каждой отдельной стране поддерживается естественными наклонностями человека. Если бы человеческие учреждения никогда не шли вразрез с этими естественными наклонностями, города нигде не могли бы увеличивать свое население за пределы того, что могло бы существовать на продукты земледелия той местности, в которой они расположены, до тех пор по крайней мере, пока земли этой местности не будут полностью обработаны и улучшены. При одинаковой или почти одинаковой прибыли большинство людей предпочитает вкладывать свои капиталы скорее в улучшение и обработку земли, чем в мануфактуры или внешнюю торговлю. Человек, вкладывающий свой капитал в землю, в большей степени может распоряжаться им и наблюдать за ним, и его состояние менее подвержено разным случайностям, чем состояние купца, который часто бывает вынужден отдавать его на волю ветров и волн и даже еще более ненадежных стихий человеческого безумия и несправедливости, когда он предоставляет большие кредиты в отдаленных странах таким людям, с характером и положением которых он редко имеет возможность как следует ознакомиться. Напротив, капитал землевладельца, вложенный в улучшение земли, обеспечен от всяких случайностей, обеспечен в максимальной степени, допускаемой природой человеческих дел. Красота природы, а также удовольствия сельской жизни, спокойствие духа, которое она обещает, и независимость, действительно даваемая ею, если несправедливость человеческих законов не нарушает ее, — все это так заманчиво, что в большей или меньшей степени привлекает всякого. И так как возделывание земли было исконным предназначением человека, то во все эпохи своего существования он, по-видимому, сохранил особое предрасположение к этому первоначальному занятию.

Конечно, без помощи и содействия некоторого количества ремесленников возделывать землю можно было бы только с большими неудобствами и постоянными перерывами. Кузнецы, плотники, колесники и плужники, бочары, сапожники и портные — все это мастера, к услугам которых земледельцу часто приходится обращаться. Эти ремесленники часто нуждаются в содействии и услугах друг друга, и так как их местожительство не связано по необходимости с определенным местом, как у земледельца, то они, естественно, селятся по соседству друг с другом и, таким образом, образуют небольшой город или местечко. Скоро к ним присоединяются мясник, пивовар и булочник, а за ними ряд других ремесленников и мелких торговцев, необходимых или полезных в деле удовлетворения их потребностей и, в свою очередь, содействующих дальнейшему разрастанию города. Жители города и жители деревни взаимно обслуживают друг друга. Город служит базаром, или рынком, к которому обращаются жители деревни, чтобы обменять свои сырые продукты на готовые изделия. Этот товарообмен и снабжает жителей города как материалами для работы, так и средствами существования. Количество готовых изделий, продаваемых жителям деревни, определяет количество материалов и предметов продовольствия, которые они покупают. Поэтому количество имеющейся у них работы и количество их средств существования могут возрастать только в соответствии с возрастанием спроса деревни на готовые изделия, а этот спрос, в свою очередь, может возрастать только в соответствии с ростом улучшений обработки земли. Следовательно, если бы человеческие учреждения никогда не нарушали естественного хода вещей, развитие богатства и рост городов во всех государствах являлись бы последующим результатом и соответствовали бы улучшению и обработке данной территории или страны.

В наших североамериканских колониях, где еще можно получить по дешевой цене невозделанную землю, ни в одном из городов не могли еще развиться промышленные предприятия, продающие свои изделия на отдаленных рынках. Когда какой-либо ремесленник накопит несколько больший капитал, чем необходимо для ведения его предприятия при сбыте изделий в окрестностях, он в Северной

Америке не пытается устроить на этот капитал мануфактуру, поставляющую свои продукты на более отдаленный рынок, а затрачивает его на покупку и обработку невозделанной земли. Из ремесленника он превращается в фермера, и ни высокий заработок, ни жизнь в достатке, которые эта страна обеспечивает ремесленникам, не в состоянии соблазнить его работать на других, а не на самого себя. Он чувствует, что ремесленник является слугой своих потребителей, от которых получает средства к существованию, тогда как фермер, обрабатывающий свою землю и добывающий средства к существованию трудом своей собственной семьи, является сам себе хозяином и независимым от кого бы то ни было.

Напротив, в странах, где нет свободной невозделанной земли или где ее нельзя получить по дешевой цене, каждый ремесленник, скопивший больший капитал, чем он может употребить при выполнении случайных работ для соседней местности, старается изготовить товар для сбыта на более отдаленных рынках. Кузнец строит какой-нибудь железоделательный завод, ткач — полотняную или шерстяную фабрику. Эти различные промышленные предприятия с течением времени постепенно специализируются, а благодаря этому улучшаются различными путями, которые легко себе представить и которые поэтому здесь нет необходимости подробнее выяснять.

При приискании выгодного приложения капитала, при одинаковой или почти одинаковой прибыли мануфактурам, естественно, отдается предпочтение перед внешней торговлей по той же причине, по какой земледелие, естественно, предпочитается мануфактурам. Подобно тому как капитал землевладельца и фермера более обеспечен, чем капитал владельца мануфактуры, так и капитал владельца мануфактуры, все время находящийся у него на виду и в его распоряжении, более обеспечен от всяких случайностей, чем капитал купца, ведущего заморскую торговлю. Разумеется, на любой ступени развития всякого общества избыточная часть его сырых и промышленных продуктов, т.е. та часть их, на которую отсутствует спрос внутри страны, должна отправляться за границу для обмена на продукты, на которые в данной стране существует спрос. Но весьма мало значения имеет, какой капитал — иностранный или отечественный — доставляет за границу этот избыточный продукт. Если общество не накопило капитала, достаточного как для обработки всех его земель, так и для полной переработки всех его сырых продуктов, даже очень выгодно, чтобы сырые продукты вывозились иностранным капиталом, тогда весь капитал общества сможет затрачиваться на более полезные цели. Богатство Древнего Египта, Китая и Индостана в достаточной мере свидетельствует о том, что народ может достичь очень высокой степени благосостояния, хотя бóльшая часть его вывозной торговли производится иностранцами. Развитие наших североамериканских и вест-индских колоний совершалось бы менее быстро, если бы для вывоза избыточного продукта прилагались только капиталы, принадлежащие им самим.

Таким образом, при естественном ходе вещей большая часть капитала всякого развивающегося общества направляется прежде всего в земледелие, а затем в мануфактуры и в последнюю очередь во внешнюю торговлю. Такой порядок вещей настолько естествен, что во всяком обществе, обладавшем своей территорией, он всегда, как мне кажется, соблюдался в той или иной мере. Часть земель должна была обрабатываться до того, как могли возникнуть сколько-нибудь значительные города, а в этих городах должна была существовать хотя бы неразвитая обрабатывающая промышленность, прежде чем они могли подумать о том, чтобы заняться внешней торговлей.

Но хотя такой естественный порядок вещей должен был в известной степени иметь место в любом обществе, во всех современных европейских государствах он оказался во многих отношениях перевернутым на голову. Внешняя торговля в некоторых городах вызвала устройство более тонких мануфактур или таких, которые рассчитаны для сбыта на дальних рынках, а мануфактуры и внешняя торговля, вместе взятые, породили главные улучшения в земледелии. Обычаи и нравы, привитые этим народам характером их первоначального правительства и сохранившиеся после того, как это правительство значительно изменилось, неизбежно толкали их на этот противоестественный и ложный путь.

Глава II

О ПРЕПЯТСТВИЯХ РАЗВИТИЮ ЗЕМЛЕДЕЛИЯ В ДРЕВНЕЙ ЕВРОПЕ ПОСЛЕ ПАДЕНИЯ РИМСКОЙ ИМПЕРИИ

Когда германские и скифские племена наводнили западные провинции Римской империи, смута и замешательство, последовавшие за столь глубокой революцией, не прекращались в течение нескольких столетий. Грабежи и насилия, которым варвары подвергали коренное население, прекратили товарообмен между городом и деревней. Города обезлюдели, а земли оставались невозделанными, и западные провинции Европы, при римском господстве пользовавшиеся значительной степенью благосостояния, погрузились в самую глубокую нищету и варварство. За время смут вожди и главные военачальники этих варварских племен приобрели или захватили бóльшую часть земель этих стран. Значительная часть их была необработана, но независимо от того, была ли то возделанная или невозделанная земля, не осталось ни клочка земли, которая не имела бы владельца. Земли соединялись в одних руках, и значительнейшая часть их оказалась захваченной небольшим числом крупных собственников.

Такое первоначальное сосредоточение необработанных земель в немногих руках, хотя и было большим злом, могло, однако, быть явлением временным. Наследование и отчуждение могли скоро снова привести к разделу земель, если бы закон о первородстве не препятствовал такому разделу земель при наследовании, а установление фидеикомиссов не препятствовало разделу их на небольшие участки при отчуждении.

Когда в земле, как и в движимом имуществе, видят исключительно средство к существованию и к удовлетворению своих потребностей, естественный закон наследования делит земли, как и движимое имущество, между всеми детьми семьи, так как существование их всех представляется одинаково дорогим отцу. Ввиду этого такой естественный закон наследования применялся у римлян, которые при передаче земель по наследству делали не больше различия между старшими и младшими детьми, между детьми мужского и женского пола, чем мы делаем это при разделе движимого имущества. Но, когда землю стали считать не только источником существования, но и источником власти и влияния, было признано лучшим передавать ее неразделенной одному из детей. В те смутные времена каждый крупный землевладелец был своего рода небольшим государем. Держатели его земли были вместе с тем его подданными. Он был их судьей и в некоторых отношениях был для них законодателем в мирное время и вождем во время войны. Он вел войну, когда считал это нужным, часто против своих соседей, а иногда и против своего государя. Поэтому безопасность поместья, защита, которую его владелец мог оказывать тем, кто жил в нем, зависели от размеров владения. Дробить его значило вести к его разорению и подвергать все части его опасности угнетения и поглощения при набегах соседей. Ввиду этого при наследовании земельных владений установился — правда, не сразу, а с течением времени — закон о первородстве в силу той же причины, которая привела к установлению его для монархической власти, хотя и не всегда с самого момента ее возникновения. Для того чтобы могущество, а следовательно, и прочность монархической власти не ослаблялись разделами, она должна целиком переходить к одному из детей. Кому именно из них должно отдаваться столь важное предпочтение, устанавливается каким-либо общим законом, основанным не на сомнительных признаках личных заслуг или достоинств, а на каком-нибудь ясном и очевидном признаке, не могущем допускать никаких споров. Между детьми одной и той же семьи бесспорные различия могут быть только по полу и возрасту. Повсеместно мужскому полу дается предпочтение перед женским, а при прочих равных условиях старший всегда идет впереди младшего. Так возникли право первородства и так называемое наследование по прямой линии.

Законы часто продолжают сохранять свою силу долгое время после того, как исчезли обстоятельства, которые породили их и которые одни только могут придать им какой-нибудь смысл. При современном состоянии Европы собственник одного какого-нибудь акра земли так же прочно владеет им, как и собственник сотни тысяч акров. Тем не менее право первородства по-прежнему признается и ныне, и, поскольку оно больше всех других учреждений способно поддерживать и питать родовую гордость, надо думать, оно продержится еще не одно столетие. Во всех других отношениях ничто не поможет быть более противоречащим действительным интересам многолюдной семьи, чем право, которое в целях обогащения одного ребенка превращает в нищих всех остальных.

Фидеикомиссы являются естественным следствием закона о первородстве. Они были установлены для обеспечения определенного наследования по прямой линии, мысль о котором впервые дал закон о первородстве, и для предотвращения того, чтобы хотя бы часть первоначального недвижимого имения вышла из владения основной линии путем дарения, завещания и отчуждения или вследствие расточительности или несчастий кого-либо из наследников. Фидеикомиссы были вообще неизвестны римлянам. Их субституции и фидеикомиссы не имеют ничего общего с современными фидеикомиссами, хотя некоторые французские юристы сочли уместным облечь это современное учреждение во внешние формы и термины упомянутых древних учреждений.

В ту пору, когда крупные земельные владения представляли собою нечто вроде независимых княжеств, фидеикомиссы могли иметь некоторый смысл. Подобно так называемым основным законам некоторых монархий, они часто могли препятствовать тому, чтобы безопасность многих тысяч находилась в зависимости от произвола или расточительности одного человека. Но в современной Европе, где мелкие владения одинаково с крупными обладают устойчивостью и незыблемостью в силу законов страны, ничего не может быть нелепее этих фидеикомиссов. Они основываются на нелепейшем из всех предположений — на предположении, что следующие друг за другом поколения людей имеют неодинаковые права на землю и на все то, что она содержит, что собственность современного поколения должна ограничиваться и регулироваться в соответствии с капризами тех, кто умер, может быть, пятьсот лет тому назад. Тем не менее фидеикомиссы до сих пор еще признаются в большей части Европы, в особенности в тех странах, где знатное происхождение является обязательным условием для занятия гражданских или военных почетных должностей. Фидеикомиссы были признаны необходимыми для сохранения этой исключительной привилегии дворянства занимать главные почетные должности в стране. И после того как это сословие захватило несправедливое преимущество перед остальными своими согражданами, было сочтено необходимым дать ему еще и другое, чтобы его бедность не сделала эту привилегию смешной. Правда, в Англии, как утверждают, обычное право относится отрицательно к фидеикомиссам, они соответственно этому ограничены здесь в большей мере, чем в какой-либо другой из европейских монархий, хотя даже и Англия не обошлась без них. Что касается Шотландии, то считают, что более пятой части, а может быть и более трети, всех земель страны находится в настоящее время под строгим режимом фидеикомиссов.

Таким путем не только громадные пространства необработанных земель сосредоточились в руках отдельных фамилий, но и навсегда была почти совершенно исключена возможность их нового дробления. Между тем редко бывает, чтобы крупный землевладелец являлся вместе с тем деятельным проводником значительных улучшений. В смутные времена, породившие этот варварский институт, крупный землевладелец был достаточно поглощен защитой своих собственных владений или распространением своей юрисдикции и власти на владения своих соседей. У него не было свободного времени для того, чтобы заниматься обработкой и улучшением земли. Когда упрочение порядка и закона дало ему этот досуг, у него часто отсутствовали интерес и склонность к этому и почти всегда — необходимые способности и умение. Если же расходы по содержанию его самого и его замка поглощали целиком доходы или превышали их, как это часто бывало, у него отсутствовал и капитал, необходимый для улучшений. Если он отличался бережливостью, он обыкновенно находил более выгодным употреблять свои ежегодные сбережения на покупку новых земель, чем на улучшение уже принадлежавших ему. Для того чтобы делать с прибылью земельные улучшения, требуется, как и во всех других коммерческих предприятиях, внимательно подмечать все возможные, хотя бы небольшие, сбережения расходов и небольшие выгоды, на что очень редко бывает способен человек, обладающий с рождения крупными средствами, если бы даже по своему характеру он и отличался бережливостью. Положение такого лица, естественно, располагает его скорее помышлять о внешнем блеске, который льстит его вкусам, чем о прибыли, в которой он испытывает так мало нужды. С самого своего детства он привыкает заботиться о таких вещах, как элегантность его собственной одежды, его выезда, дома и домашней обстановки. Умонастроение, естественно создаваемое такой привычкой, не покидает его и тогда, когда он начинает помышлять об улучшении своего поместья. Он, возможно, сделает более живописными 400 или 500 акров, окружающих его дом, затратив на это в десять раз больше того, что стоит земля после всех сделанных улучшений, и убедится после этого, что при улучшении остального имения на такой же манер — а иначе он не умеет — он окажется банкротом, не выполнив и десятой части работы. В обеих частях Соединенного Королевства существуют и поныне немногие крупные поместья, со времен феодальной монархии остававшиеся в руках одной и той же фамилии. Стоит только сравнить современное состояние этих имений с владениями мелких собственников по соседству с ними, и тогда не надо будет других доказательств того, как неблагоприятно такое крупное землевладение для земельных улучшений.

Если мало улучшений приходилось ожидать от таких крупных землевладельцев, то еще меньше надежд можно было возлагать на тех, кто жил на их земле. В древней Европе крестьяне все были крепостными, почти все они были рабами, но рабство их отличалось более мягким характером, чем известное у древних греков и римлян или даже в наших вест-индских колониях. Предполагалось, что они принадлежали непосредственно более земле, чем своему владельцу. Поэтому их можно было продавать вместе с землей, но не отдельно от нее. С согласия своего господина они могли вступать в брак, и он потом не мог расторгать его продажей мужа и жены разным лицам. Если господин наносил увечье или убивал кого-нибудь из своих крестьян, он подлежал некоторому наказанию, хотя обычно совсем незначительному. Крестьяне, однако, не имели права приобретать собственность. Все, что приобреталось ими, считалось приобретением их господина, и он мог по своему усмотрению отбирать у них приобретенное. Все улучшения и обработка земли, которые можно было производить при помощи таких рабов, производились, собственно, их господином. И производились они на его счет. Семена, скот, сельскохозяйственные орудия — все принадлежало ему. В его пользу шел и весь доход. Эти рабы-крепостные могли приобретать только то, что было необходимо для их повседневного существования. Таким образом, в данном случае, собственно, сам землевладелец владел всеми своими землями и обрабатывал их руками своих крепостных. Такой вид рабства существует еще и поныне в России, Польше, Венгрии, Богемии и Моравии. Только в западных и юго-западных частях Европы он постепенно был совсем упразднен.

Но если редко можно ожидать значительных улучшений от крупных землевладельцев, то меньше всего приходится ожидать их в тех случаях, когда они употребляют для работы своих рабов. Опыт всех веков и народов, как мне думается, свидетельствует о том, что работа, выполняемая рабами, хотя она как будто требует расхода только на их содержание, обходится дороже всякой другой. Человек, не имеющий права приобрести решительно никакой собственности, может быть заинтересован только в том, чтобы есть возможно больше и работать возможно меньше. Только насильственными мерами, а не его собственной заинтересованностью можно заставить его работать больше того, что достаточно для оплаты его собственного существования. Как Плиний*, так и Колумелла** указывают, в какой упадок пришло в древней Италии возделывание хлеба, как невыгодно стало оно для землевладельца, с тех пор как перешло в руки рабов. Не лучше обстояло дело и в Древней Греции во времена Аристотеля. Говоря об идеальной республике, описанной в «Законах» Платона, он замечает, что

* «Hist. Nat», 18, 4.

** «De re rustica», 1, 7.

на содержание 5 тыс. неработающих людей (такое число воинов считалось необходимым для ее защиты) вместе с семьями их и слугами понадобится территория безграничных размеров и плодородия вроде Вавилонской равнины*.

Присущая человеку гордость внушает ему любовь к власти, и ничто так не оскорбляет его чувства, как необходимость снисходить к уговариванию ниже его стоящих людей. Поэтому всюду, где закон допускает это и где характер работы делает это возможным, он по общему правилу предпочитает работу рабов работе свободных людей. Возделывание сахара и табака может вынести расходы по обработке земли рабским трудом; возделывание хлеба, как кажется, в настоящее время этих расходов вынести не в состоянии. В английских колониях, главным продуктом которых является хлеб, значительнейшая часть работы выполняется свободными людьми. Недавнее постановление квакеров Пенсильвании об освобождении всех их рабов-негров свидетельствует нам о том, что количество их не может быть очень велико. Если бы негры составляли сколько-нибудь значительную часть их собственности, такое постановление никогда не могло бы быть принято. В наших колониях, производящих сахар, напротив того, вся работа выполняется рабами, а в колониях, занимающихся разведением табака, весьма большая часть работы выполняется ими же. Прибыли от сахарных плантаций в любой из наших вест-индских колоний обычно гораздо больше, чем от какой-либо другой культуры, известной в Европе или Америке, а прибыли от табачных плантаций, хотя и ниже, чем от сахарных, все же превосходят, как было уже указано, прибыли от возделывания хлеба. Как сахарные, так и табачные плантации могут оправдать издержки рабского труда, причем первые еще в большей степени, чем последние. В соответствии с этим на наших сахарных плантациях количество негров в сравнении с числом белых рабочих гораздо больше, чем на плантациях табачных.

Обработка земли трудом рабов, преобладавшая в древности, сменилась постепенно обработкой ее своего рода

---

* *Aristot.* Politic., 11, 6.

фермерами, известными в настоящее время во Франции под названием половников. По-латыни они называются coloni partiarii. Они так давно исчезли в Англии, что для настоящего времени мне неизвестно обозначение на английском языке для них. Землевладелец снабжал таких крестьян семенами, скотом и сельскохозяйственными орудиями — одним словом, всем капиталом, необходимым для обработки участка земли. Полученный продукт делился поровну между землевладельцем и крестьянином после вычета из него того, что считалось необходимым для сохранения и восстановления капитала; последний возвращался землевладельцу, когда крестьянин покидал участок или прогонялся с него.

Земля, занимаемая такими крестьянами, в сущности, обрабатывается за счет землевладельцев, как и занимаемая крепостными. Они отличаются друг от друга только в одном весьма существенном пункте. Такие крестьяне, будучи свободными людьми, имеют право приобретать собственность, и, поскольку они получают известную часть продукта земли, они явно заинтересованы в том, чтобы весь продукт в целом был возможно более значителен и их доля была, таким образом, больше. Напротив, крепостной, не могущий приобретать ничего, кроме своего пропитания, старается лишь не переобременять себя чрезмерным трудом и не дает продукту земли намного превысить то, что необходимо для его существования. Вероятно, отчасти благодаря этому, а отчасти благодаря также ограничению власти крупных землевладельцев, к которому поощряли крепостных государи, всегда соперничавшие с землевладельцами, и которое, по-видимому, в конце концов приняло такой характер, что сделало этот вид рабства неудобным, крепостничество постепенно исчезло в большей части Европы. Однако момент, когда произошла эта столь значительная революция, и способ, каким она произошла, представляются самыми темными пунктами современной истории. Римская церковь претендует на большую заслугу в этом деле, и действительно установлено, что уже в XII веке папа Александр III издал буллу об общем освобождении рабов. Похоже, впрочем, что булла эта представляла собою скорее благочестивое увещание, а не закон, строгое повиновение которому требовалось от всех верных. Рабство продолжало в течение нескольких столетий после того существовать почти повсеместно, пока оно не было уничтожено в результате соединенного воздействия двух упомянутых интересов: землевладельца, с одной стороны, государя — с другой. Освобожденный крепостной, которому оставлено было пользование землей, но который не обладал собственным капиталом, мог обрабатывать эту землю только при помощи того, что ссужал ему землевладелец, и потому должен был превратиться в так называемого во Франции половника.

Однако интересы землевладельцев этого последнего рода никогда не могут побуждать их затрачивать на дальнейшее улучшение земли хотя бы часть того небольшого капитала, который они могли накопить из своей доли продукта, потому что землевладелец, не принимавший участия в этих затратах, должен был все же получать половину того избыточного продукта, который мог получиться в результате этой затраты. Установлено, что десятина, составляющая только десятую часть всего получаемого продукта, служит весьма большим препятствием к улучшению. Поэтому платеж, доходивший до половины продукта, должен был фактически совершенно остановить их. В интересах половника было извлечь из земли все, что она была в состоянии дать при затрате капитала, предоставленного ему землевладельцем, но никогда интересы его не требовали добавления к этому капиталу хотя бы доли его собственных средств. Во Франции, где пять шестых королевства, как сообщают, заняты этой категорией земледельцев, помещики жалуются, что их половники не упускают ни одного представляющегося случая использовать помещичий скот для извоза вместо сельскохозяйственных работ, потому что в первом случае вся выручка целиком достается им, а в последнем делится с помещиком. Такого рода крестьяне существуют еще в некоторых местах Шотландии. Их называют арендаторами steel-bow (со стальными луками). Те английские арендаторы давно минувших времен, которые, по словам верховного судьи Джильберта и д-ра Блэкстона, представляли собой скорее управителей землевладельца, чем собственно крестьян, принадлежали, наверное, к этой же категории.

Эту категорию крестьян сменили, хотя очень медленно, фермеры в точном смысле этого слова, обрабатывающие землю на собственный капитал и уплачивающие определенную ренту владельцу земли. Когда такие фермеры берут аренду на несколько лет, они иногда могут находить в своих интересах вкладывать часть своего капитала в дальнейшее улучшение фермы, потому что они могут ожидать возмещения со значительной прибылью произведенных затрат еще до истечения срока аренды. Однако положение даже этих фермеров было долгое время крайне неустойчиво и остается таким еще во многих частях Европы. Покупщик земли может по закону отобрать у них арендуемый ими участок до истечения срока аренды; в Англии это может быть сделано даже посредством фиктивного иска о возвращении имущества (action of common recovery). В случаях, когда землевладелец незаконно насильно сгонял их с арендованного участка, процедура, посредством которой они могли восстановить свои права, была крайне несовершенна. В результате жалобы они не всегда получали обратно земельный участок; дело ограничивалось присуждением вознаграждения, которое никогда не покрывало действительно понесенных убытков. Даже в Англии, в стране, где отношение к свободным крестьянам (йоменам) всегда было очень хорошее, только в 14-й год правления Генриха VII был введен в практику иск об изгнании, причем арендатор получал не только вознаграждение за убытки, но и утраченное владение и решение низшей судебной инстанции по его иску не считалось окончательным. Эта исковая процедура оказалась столь действительным средством, что в современной практике землевладелец, которому приходится вчинять иск о возвращении земли, редко пользуется процедурой, установленной специально для собственника земли, — не вчиняет иска о возвращении имущества или о введении во владение, а вчиняет от имени своего арендатора иск об изгнании. Таким образом, в Англии прочность владения арендатора такова же, как и собственника земли. Помимо того, в Англии пожизненная аренда с уплатой в год 40 шилл. считается свободным участком и дает арендатору право голоса при выборах членов парламента; и так как значительная часть крестьян обладает свободными участками этого рода, то все их сословие пользуется уважением со стороны их землевладельцев ввиду политического значения, которое это дает им. Мне кажется, нигде в Европе, кроме Англии, нельзя найти примера того, чтобы арендатор строил здание на не принадлежащей ему земле, полагаясь на то, что чувство чести помещика не позволит ему воспользоваться таким значительным повышением стоимости его земли. Эти законы и обычаи, столь благоприятные для свободного крестьянства, вероятно, больше содействовали современному величию Англии, чем все ее хваленое торговое законодательство.

Закон, обеспечивающий наиболее долгосрочную аренду и ограждающий ее от всякого рода правопреемников землевладельца, существует, насколько мне известно, только в одной Великобритании. В Шотландии он был установлен уже в 1449 г. при Якове II. Впрочем, его благоприятное действие значительно парализовалось фидеикомиссами, потому что они воспрещали назначаемым наследникам сдавать земли на сколько-нибудь продолжительные сроки, часто даже на срок больше одного года. Недавний акт парламента несколько смягчил эти ограничения, хотя они все еще остаются очень чувствительными. Кроме того, поскольку аренда не дает в Шотландии права голоса, свободное крестьянство пользуется там со стороны землевладельцев меньшим уважением, чем в Англии.

В других частях Европы, после того как было признано необходимым обеспечить права арендаторов от произвола наследников и покупателей земли, такие гарантии ограничивались очень кратким сроком: во Франции, например, девятью годами с начала аренды. Впрочем, в названной стране срок этот недавно удлинен до 27 лет — период все же слишком непродолжительный для поощрения арендатора производить наиболее значительные улучшения. Землевладельцы в прежние времена являлись законодателями во всей Европе. Поэтому все законодательство, относящееся к земле, считалось с интересами землевладельца. Как предполагалось, этот интерес требовал, чтобы никакая аренда, сданная кем-либо из его предшественников по владению землей, не препятствовала ему пользоваться на протяжении ряда лет полной стоимостью земли. Жадность и несправедливость всегда близоруки, и они не предвидели, как сильно такое правило должно мешать улучшениям и потому в конечном счете причинить ущерб действительным интересам землевладельца.

Помимо уплаты ренты, фермеры в прежнее время обязаны были выполнять ряд повинностей для своего землевладельца, которые редко точно перечислялись в договоре об аренде или устанавливались какими-либо правилами: они определялись обычаем и нуждами поместья. Эти повинности, поскольку они носили почти совершенно произвольный характер, причиняли арендатору много затруднений и неприятностей. В Шотландии отмена всех повинностей, не установленных точно в договоре об аренде, очень сильно изменила к лучшему в течение немногих лет положение йоменов (свободных крестьян).

Государственные повинности, лежавшие на йоменах, отличались не менее произвольным характером, чем их частные повинности. Проведение и ремонт дорог — повинность, существующая еще и поныне, как мне кажется, повсеместно, хотя неодинаково обременительная в различных странах, — были не единственной повинностью этого рода. Когда войска короля, его двор или его чиновники проезжали через какую-нибудь местность, йомены обязаны были доставлять им лошадей, подводы и продовольствие по ценам, назначаемым интендантом. Великобритания, насколько я знаю, представляет собою единственную монархию в Европе, где эта натуральная повинность совершенно уничтожена. Во Франции и Германии она существует до сих пор.

Государственные налоги, лежащие на крестьянах, столь же не урегулированы и обременительны, как и натуральные повинности. Крупные землевладельцы прошлых времен, чрезвычайно неохотно соглашавшиеся сами оказывать денежную помощь своему государю, легко позволяли ему стричь, как они выражались, своих арендаторов и были настолько невежественны, что не предвидели, как в конце концов это должно отразиться на их собственном доходе. Налог с дохода («талья»), как он до сих пор существует во Франции, может служить примером этой стрижки былых времен. Это — налог с предполагаемого дохода арендатора, который исчисляется в соответствии с капиталом, вложенным им в свое хозяйство. Арендатор поэтому заинтересован представить себя малоимущим и, следовательно, затрачивать возможно меньше на обработку своего участка и совсем ничего не затрачивать на его улучшение. Если бы в руках французского крестьянина даже накопились какие-либо средства, «талья» почти равносильна полному запрету вложить их в землю. Помимо того, налог этот считается обесчещивающим того, кто подлежит ему, и ставящим его в более низкое положение сравнительно не только с дворянином, но и с мещанином, а всякий, снимающий землю в аренду, подлежит этому налогу. Ни один дворянин, ни один горожанин, обладающие капиталом, не захотят подвергнуться такому унижению. Таким образом, налог этот не только препятствует употреблению на земельные улучшения капитала, накопленного в земледелии, но и устраняет от этого все другие капиталы. Старинные десятины и пятнадцатые деньги, столь распространенные в Англии в минувшие времена, поскольку они распространялись на землю, представляли собою, по-видимому, налог такого же характера, как и «талья».

При наличии всех обрисованных препятствий и затруднений нельзя ожидать больших улучшений от держателей земли. При всей свободе и безопасности, которые может давать закон, этому классу всегда приходится производить свои улучшения при весьма неблагоприятных условиях. Арендатор по сравнению с собственником земли находится в таком же положении, как и купец, ведущий свою торговлю на занятые деньги, в сравнении с купцом, ведущим свою торговлю на собственные деньги. Состояние обоих может увеличиваться, но состояние одного при одинаково осторожном образе действий может всегда увеличиваться медленнее, чем состояние другого, ввиду той большой доли, какую поглощают из прибыли проценты на занятый капитал. Точно так же земля, обрабатываемая арендатором, может при прочих равных условиях улучшаться медленнее, чем земля, обрабатываемая собственником, ввиду большой доли, которую из полученного продукта поглощает рента и которую, если бы земля принадлежала арендатору, он мог бы употребить на дальнейшее улучшение ее. Кроме того, общественное положение арендатора по самой природе вещей ниже положения собственника. В большей части Европы крестьяне считаются низшим классом населения даже по сравнению с высшим слоем торговцев и ремесленников, а повсеместно в Европе они считаются ниже крупных купцов и владельцев мануфактур. Поэтому редко может случиться, чтобы человек, обладающий сколько-нибудь значительным капиталом, захотел покинуть высшее общественное положение, чтобы занять положение низшее. Следовательно, даже в современной Европе возможно ожидать из всех других профессий лишь небольшого притока капиталов для земельных улучшений в фермерском хозяйстве. Пожалуй, в Великобритании притекает таким путем больше капиталов, чем в любой другой стране, хотя даже здесь крупные капиталы, вложенные в некоторых местах в фермерское хозяйство, были по общему правилу накоплены в самом фермерском хозяйстве, промысле, где накопление происходит обычно в сравнении с другими промыслами медленнее всего. Тем не менее после мелких земельных собственников богатые и крупные фермеры во всех странах больше всех других лиц занимаются улучшением земли. Их, вероятно, в Англии имеется больше, чем в какой-либо другой европейской монархии. В республиках Голландии и Бернском кантоне в Швейцарии фермеры, как сообщают, не уступают английским.

Помимо всего изложенного преобладавшая раньше в Европе политика была неблагоприятна для улучшения и возделывания земель безразлично, кто бы ни производил их — собственник земли или фермер. Первым препятствием служило общее воспрещение вывоза хлеба без специального разрешения, что, как кажется, было всеобщим правилом; вторым препятствием служили стеснения и ограничения, которым подвергалась внутренняя торговля не только хлебом, но и почти всеми другими сельскохозяйственными продуктами ввиду нелепых законов против тех, кто повышал и понижал цены, скупщиков, а также привилегий, даровавшихся ярмаркам и рынкам. Уже было отмечено, что воспрещение вывоза хлеба вместе с некоторыми льготами, предоставлявшимися при ввозе заграничного хлеба, препятствовало возделыванию земель в древней Италии, от природы самой плодородной стране в Европе и в ту эпоху бывшей центром величайшей державы в мире. Трудно, пожалуй, представить себе, в какой сильной степени подобные стеснения внутренней торговли этим продуктом вместе с общим воспрещением его вывоза за границу должны были затруднять возделывание земли в странах менее плодородных.

Глава III

ВОЗНИКНОВЕНИЕ И РАЗВИТИЕ ГОРОДОВ ПОСЛЕ ПАДЕНИЯ РИМСКОЙ ИМПЕРИИ

После падения Римской империи население местечек и городов оказалось не в лучшем положении, чем сельское население. По своему составу оно резко отличалось от первоначального населения древних республик Греции и Италии. Последнее состояло главным образом из землевладельцев, между которыми была первоначально разделена принадлежащая государству земля и которые сочли наиболее целесообразным строить свои дома один подле другого, окружая их стеной в целях совместной защиты. После падения Римской империи, напротив, землевладельцы, по-видимому, жили по общему правилу в укрепленных замках в своих поместьях, среди своих держателей и зависимых крестьян. Города были населены главным образом торговцами и ремесленниками, которые в ту пору находились, по-видимому, в зависимом или полузависимом состоянии. Особые права, предоставляемые древними хартиями жителям некоторых из главных городов Европы, достаточно показывают, каково было их положение до получения этих прав. Люди, которым жалуется привилегия выдавать своих дочерей замуж, не спрашивая согласия господина, оставлять после смерти свое имущество детям, а не господину, располагать своей собственностью по завещанию, должны были до получения этой привилегии находиться в такой же или почти такой же крепостной зависимости, как и сельские жители.

И действительно, это, по-видимому, был очень бедный и приниженный класс людей, кочевавший со своими товарами из одного места в другое, с ярмарки на ярмарку подобно современным коробейникам и бродячим торговцам. В ту пору, как и в некоторых татарских государствах Азии в настоящее время, во всех европейских государствах пошлины взимались с путешественников и их товаров, когда они проезжали через поместья, переезжали через мосты, перевозили свои товары на ярмарку, сооружали на ярмарке лавочку или ларек для продажи их. Эти различные пошлины и сборы были известны в Англии под названием заставных, мостовых, весовых и лавочных. Иногда король, а иногда и крупный землевладелец, который, по-видимому, имел в определенных случаях право делать это, предоставляли отдельным торговцам, в особенности жившим в их владениях, полное освобождение от таких пошлин. Такие торговцы, хотя в других отношениях их положение не отличалось или почти совсем не отличалось от положения крепостных, назывались ввиду этого вольными торговцами. За это они обычно платили своему покровителю нечто вроде ежегодной подушной подати. В ту пору покровительство редко предоставлялось иначе как за значительное вознаграждение, и эту подать следует, вероятно, считать возмещением того, что покровители теряли благодаря освобождению их от уплаты остальных пошлин. Вначале как эта подушная подать, так и эти изъятия имели вообще личный характер и распространялись только на отдельных лиц пожизненно или в зависимости от усмотрения их покровителей. В весьма неполных данных, извлеченных из «Domesday-book» (Книга Страшного суда) и относящихся к некоторым городам Англии, часто встречается упоминание о пошлине, уплачиваемой тем или иным горожанином королю или какому-нибудь могущественному землевладельцу за такого рода покровительство, либо только об общей сумме всех таких пошлин*.

Но как ни зависимо было первоначально положение городских жителей, представляется очевидным, что они

---

* *Brady*. An Historical Treatise of Cities and Burghs or Boroughs. P. 3 sqq.

получили свободу и независимость гораздо раньше, чем держатели земли в деревне. Та часть дохо-
да короля, которая получалась от взимания таких подушных податей в каком-либо городе, сдавалась обычно на определенное число лет и за определенную сумму на откуп шерифу графства или другим лицам. Часто сами горожане пользовались таким доверием, что им отдавали на откуп доходы этого рода, получающиеся с их города, причем они за круговой порукой несли ответственность за уплату всей условленной суммы*. Как мне кажется, государи всех европейских стран считали такие откупа делом весьма удобным и выгодным; они часто сдавали на откуп целые поместья крестьянам этих последних, принимавшим на себя за круговой порукой обязательство уплачивать всю сумму арендной платы; взамен этого им предоставлялось взимать ее по собственному усмотрению и вносить в королевское казначейство непосредственно (это делал их староста), избавляясь, таким образом, от вымогательств и насилий королевских чиновников. Это обстоятельство в те времена признавалось величайшим преимуществом.

Первоначально откуп сдавался горожанам, как и другим откупщикам, только на определенное число лет. Однако с течением времени вошло, по-видимому, в обычай предоставлять его им без срока, т.е. навсегда, с установлением неизменной ренты, уже не подлежащей в дальнейшем увеличению. И поскольку постоянный характер приобретала сама пошлина, постольку и льготы, за которые она уплачивалась, тоже, естественно, приобретали постоянный характер. Ввиду этого подобные льготы утрачивали личный характер, и в дальнейшем их уже нельзя было считать принадлежащими отдельным лицам как таковым; они становились достоянием горожан данного города, который ввиду этого получал название вольного города, подобно тому как их жителей называли вольными горожанами или вольными торговцами.

Наряду с таким пожалованием городу его жителям обычно предоставлялись вышеупомянутые важные приви-

---

* *Madox.* Firma Burgi, p. 18; «History of the exchequer», 1 edit., chap. 10, sect. V, p. 223.

легии: право выдавать замуж дочерей, наследование детей и свободное распоряжение своим имуществом путем завещания. Мне неизвестно, жаловались ли раньше такие привилегии вместе со свободой торговли отдельным горожанам в отличие от других. Мне думается, что это вполне возможно, хотя я и не могу привести каких-либо прямых доказательств этого. Но как бы то ни было, поскольку они избавлялись от главных признаков крепостного или зависимого состояния, они становились действительно свободными в современном смысле этого слова.

И это еще не все. Обычно они в то же время соединялись в общину или корпорацию, получившую право иметь собственных судей и городской совет, издавать законы для регулирования жизни города, возводить стены для его защиты и подчинять всех своих жителей известного рода военной дисциплине, обязывая их нести сторожевую службу, т.е., как это понималось в минувшие времена, охранять и защищать эти стены днем и ночью от возможных нападений. В Англии жители таких городов были обычно изъяты из подсудности судам сотен и графств, и все тяжбы, которые возникали между ними, исключая иски короны, решались их собственными судьями. В других странах им часто предоставлялась гораздо более значительная и более обширная юрисдикция.

Иногда оказывалось необходимым жаловать городам, получавшим на откуп сбор пошлин со своих жителей, некоторую принудительную власть и судебные права, чтобы дать им возможность заставлять своих граждан вносить приходящиеся на их долю платежи. При неустановившемся в ту пору правопорядке могло быть чрезвычайно неудобным заставлять города обращаться со своими исками такого рода к чужим судебным учреждениям. Но что кажется удивительным, так это то, что государи всех стран Европы уступали, таким образом, за определенную сумму, не подлежавшую уже увеличению, ту отрасль своих доходов, которая в большей степени, чем все другие доходы, должна была возрастать в результате естественного хода вещей без всяких издержек или усилий с их стороны, и что они, помимо того, добровольно создавали, таким образом, в самом сердце своих владений своего рода независимые республики.

Чтобы понять это, необходимо вспомнить, что в те времена ни в одной, пожалуй, стране Европы государь не был в состоянии на пространстве всей принадлежащей ему территории ограждать от произвола и гнета могущественных феодалов более слабую часть своих подданных. Те, кто не мог находить защиту закона и кто не был достаточно силен для того, чтобы защищать самого себя, были вынуждены прибегать к покровительству какого-либо могущественного феодала и становиться крепостными или вассалами или же объединяться друг с другом в целях совместной и взаимной защиты. Жители городов и местечек, каждый в отдельности, не имели силы защищать себя; объединившись же для совместной защиты со своими соседями, они были способны оказывать немалое сопрстивление. Феодалы презирали горожан, которых они рассматривали не только как другой класс людей, но и как толпу освобожденных рабов, почти как людей иной породы, чем они сами. Богатство горожан всегда вызывало у них зависть и негодование, и при всяком удобном случае они грабили их беспощадно и без угрызений совести. Горожане, естественно, ненавидели и боялись феодальных владельцев. Король тоже ненавидел и боялся их; что же касается горожан, то их он, пожалуй, мог презирать, но не имел причин ненавидеть или бояться. Поэтому общность интересов внушала горожанам мысль поддерживать короля, а королю — поддерживать горожан против феодалов. Они были врагами его врагов, и в его интересах было по возможности обеспечить их безопасность и независимость. Предоставляя им право иметь собственных судей, издавать в целях управления свои законы, возводить стены в целях защиты и подчинить всех жителей города своего рода военной дисциплине, король давал горожанам для обеспечения их безопасности и независимости от баронов все средства, которые только он в состоянии был предоставить им. Без учреждения регулярного правительства подобного рода, при отсутствии власти принуждать своих граждан действовать по определенному плану никакое добровольное объединение в целях взаимной защиты не могло бы обеспечить им сколько-нибудь устойчивой безопасности или позволять оказывать королю сколько-нибудь значительную поддержку. Предоставляя городам на вечные времена на откуп сбор пошлин с их жителей, король отнимал у тех, кого хотел иметь своими друзьями, или, если можно так выразиться, союзниками, всякий повод опасаться или подозревать, что когда-либо впоследствии он станет угнетать их, повышая сумму платежа или отдавая взимание пошлин другому откупщику.

Государи, бывшие в наихудших отношениях со своими баронами, проявляли в соответствии с этим наибольшую щедрость в деле пожалования подобного рода привилегий своим городам. Король английский Иоанн, например, был, по-видимому, самым щедрым благодетелем своих городов*.Филипп I французский утратил всякую власть над своими баронами. В конце его царствования сын его Людовик, известный впоследствии под именем Людовика Толстого, совещался согласно сообщению отца Даниила с епископами королевских поместий относительно мероприятий, наиболее пригодных для обуздания крупных феодалов. Они предложили ему два проекта. Один сводился к установлению новой юрисдикции и учреждению для этой цели судей и городского совета в каждом значительном городе его владений. Второй состоял в образовании новой милиции: жители этих городов должны были под командой своих собственных должностных лиц выступать в надлежащих случаях в поход на поддержку короля. Согласно указаниям французских историков именно к этому времени следует относить учреждение судей и городских советов во Франции. Точно так же именно во время неблагополучного царствования государей из Швабского дома бóльшая часть германских вольных городов получила свои первые пожалования привилегий и знаменитый Ганзейский союз впервые приобрел свою силу и значение**.

Милиция городов в ту пору не уступала, по-видимому, сельской милиции, и так как при внезапной тревоге она могла быть созвана скорее, то это нередко давало горожа-

* См. Madox'a.

** См. Пфеффеля.

нам перевес в их столкновениях с соседними феодальными владетелями. В таких странах, как Италия и Швейцария, где ввиду отдаленности резиденции правительства, ввиду природной защищенности самой страны или по каким-либо другим причинам государь ссвершенно утратил свою власть, города обыкновенно становились независимыми республиками и подчиняли себе всю окрестную знать, вынуждая ее срывать свои замки и жить в городе подобно всем мирным жителям. Такова в кратких словах история Бернской республики, как и ряда других швейцарских городов. За исключением Венеции, история которой несколько отлична, таково же прошлое всех значительных итальянских республик, которые в таком множестве возникали и исчезали в период между концом XII и началом XVI века.

В таких странах, как Франция или Англия, где королевская власть хотя часто и очень ослабевала, но все же никогда не была полностью уничтожена, города не имели возможности сделаться совершенно независимыми. Тем не менее они приобрели такую силу и значение, что государь не мог без их согласия взимать с них никаких налогов, за исключением установленной откупной пошлины с города. Поэтому они приглашались посылать своих депутатов на общее собрание сословий королевства, где могли вместе с духовенством и баронами давать свое согласие на предоставление в случаях настоятельной необходимости чрезвычайной субсидии королю. При этом, поскольку города по большей части были настроены в пользу его власти, он нередко опирался на их депутатов в своей борьбе на этих собраниях с крупными феодалами. Таково происхождение представительства городов в сословных собраниях всех больших монархий Европы.

Таким образом, порядок и нормальное управление, а вместе с ними свобода и безопасность отдельных лиц установились в городах в то время, когда жители деревень подвергались еще всякого рода насилиям. Но, будучи в таком беззащитном состоянии, люди, естественно, довольствуются самым необходимым для жизни: приобретая больше того, что необходимо для существования, они лишь могли бы искушать своих угнетателей. В стране, где жителям обеспечено пользование плодами их труда, они, естественно, затрачивают его для улучшения своего положения и для приобретения не только необходимых средств существования, но и различных удобств и предметов роскоши. Поэтому промышленность, имеющая целью вырабатывать нечто большее, чем одни только средства к существованию, возникла в городах задолго до того, как получила распространение среди сельского населения. Если бедному земледельцу, придавленному крепостным правом, удастся скопить небольшой капитал, он, естественно, с величайшей старательностью будет скрывать его от своего господина, который иначе завладеет им, и при первом удобном случае постарается убежать в город. Закон в то время был так снисходителен к городским жителям и так стремился ослабить власть феодалов над крестьянами, что если такой беглец мог укрыться от поисков своего господина в течение одного года, он становился навсегда свободным. Поэтому капиталы, накоплявшиеся в руках трудолюбивой части сельского населения, естественно, искали прибежища в городе, как в единственном надежном месте, где люди, приобретшие их, могли безопасно располагать ими.

Городские жители, правда, должны всегда в конечном счете получать свои средства существования, а также все сырые материалы и средства для их промышленной деятельности из деревни. Но жители города, расположенного на морском побережье или на берегах судоходной реки, необязательно вынуждены получать их от окрестной сельской местности. В их распоряжении гораздо более обширный рынок, и они могут приобретать все необходимое в самых отдаленных концах мира или в обмен на готовые изделия своей собственной промышленности, или выполняя функцию посредника, доставляющего товары из одной отдаленной страны в другую и обменивающего продукты одной из них на продукты другой. Таким путем город мог становиться богатым и могущественным, в то время как не только окружающая его местность, но и страны, с которыми он вел торговлю, оставались бедными и разоренными. Каждая из этих стран, взятая в отдельности, могла, возможно, доставить только ничтожную долю нужных для города средств существования и предъявить спрос только на небольшую долю его труда, но все они вместе могли обеспечить то и другое в полной мере. В узком кругу торговли древней эпохи существовали все же страны, отличавшиеся своим богатством и промышленностью. Такова была Греция, пока существовало греческое государство, а также Сарацинское государство при династии Аббасидов. Таковы же были Египет вплоть до завоевания его турками, часть берега Берберии и все те провинции Испании, которые находились под властью мавров.

По-видимому, города Италии первые из городов Европы достигли благодаря торговле сколько-нибудь значительной степени богатства. Италия расположена в центре той области, которая в то время представляла собою единственную развитую и культурную часть мира. Притом, хотя крестовые походы вследствие значительной затраты капитала и истребления населения, вызванных ими, должны были задержать развитие большей части Европы, они все же оказали чрезвычайно благотворное влияние на развитие некоторых городов Италии. Большие армии, двигавшиеся со всех сторон на завоевание Святой земли, дали сильнейший толчок развитию судоходства Венеции, Генуи и Пизы, поскольку из них совершалась перевозка войск на восток и снабжение их потом продовольствием. Города эти явились, так сказать, интендантами этих армий, и одно из самых разрушительных безумий, когда-либо охвативших народы Европы, явилось источником богатства этих республик.

Жители торговых городов, ввозя изделия и предметы роскоши более богатых стран, питали тщеславие крупных землевладельцев, которые охотно покупали их в обмен на большие количества сырых продуктов своих земель. В соответствии с этим торговля значительной части Европы в ту пору состояла главным образом в обмене ее сырья на готовые изделия более культурных наций. Так, английская шерсть выменивалась на вина Франции и тонкое сукно Фландрии, точно так же как в наши дни хлеб из Польши обменивается на вина и ликеры Франции и на шелка и бархат Франции и Италии.

Таким образом, вкус к более тонким и улучшенным изделиям был привит заморской торговлей в тех странах, где не существовало этих производств. Когда же употребление этих изделий стало настолько общераспространенным, что вызвало значительный спрос на них, купцы в целях сбережения издержек на перевозку, естественно, пытались поставить производство некоторых из этих изделий у себя на родине. Таково происхождение первых мануфактур для продажи на отдаленный рынок, которые, по-видимому, возникли в западных областях Европы после падения Римской империи.

Следует заметить, что ни одна обширная страна никогда не существовала и не могла существовать без каких-либо промышленных производств, ведущихся в ней; и когда говорят, что она не имеет промышленности, под этим надо понимать, что она не имеет промышленности, производящей более тонкие и дорогие изделия или работающей на отдаленный рынок. В любой обширной стране одежда, домашняя обстановка и утварь подавляющего большинства населения представляют собою продукт его собственного труда. Это еще в большей степени относится к тем бедным странам, которые, как обычно говорят, совсем не имеют промышленности, чем к странам богатым, которые обладают ею в избытке. В последних вы по общему правилу найдете, что гораздо большая часть одежды и домашней обстановки низших классов состоит из предметов заграничного производства, чем в странах бедных.

Те производства, которые приспособлены для сбыта на отдаленный рынок, в различных странах возникли, по-видимому, двумя различными путями.

В одних случаях они вводились упомянутым выше путем, насильственным, если можно так выразиться, действием капитала отдельных купцов и предпринимателей, которые заводили их в подражание иностранным мануфактурам подобного рода. Эти мануфактуры являются, таким образом, отпрысками иностранной торговли, и таково было, как кажется, происхождение старинных мануфактур шелка, бархата и парчи, которые процветали в Лукке в XIII веке. Они были изгнаны оттуда тиранией одного из героев Макиавелли, Каструччо Кастракани. В 1310 г. девятьсот семейств были изгнаны из Лукки, причем 31 из них удалилось в Венецию и предложило ввести там шелковое производство*. Их предложение было принято, им было предоставлено много привилегий, и они начали производство с 300 рабочих. Таковы же, как кажется, были мануфактуры тонкого сукна, в прежнее время процветавшие во Фландрии и введенные в Англии в начале правления Елизаветы; таковы же современные шелковые мануфактуры в Лионе и Спитальфильде. Мануфактуры, заведенные таким путем, работали обыкновенно на иностранном сырье, будучи подражанием заграничным мануфактурам. Когда впервые была устроена венецианская мануфактура, все необходимые материалы привозились из Сицилии и Леванта. Ранее возникшие мануфактуры Лукки тоже работали на заграничном сырье. Разведение тутовых деревьев и шелковичных червей не было, по-видимому, распространено в Северной Италии до XVI века. Во Франции этим стали заниматься только в царствование Карла IX. Фландрские мануфактуры работали главным образом с испанской и английской шерстью. Испанская шерсть служила сырьем, если не для первой шерстяной мануфактуры Англии, то для первой приспособленной для продажи на отдаленных рынках. Больше половины шелка-сырца, употребляемого в настоящее время лионской промышленностью, иностранного происхождения: при ее возникновении все или почти все сырье получалось из-за границы. Ни малейшая доля сырья, употребляемого промышленностью Спитальфильда, не произведена в самой Англии. Местонахождением таких предприятий, поскольку они устраиваются обычно по замыслу отдельных лиц, служит в одних случаях приморский город, в других — город внутри страны в зависимости от интересов этих лиц, их соображений или прихоти.

В другие времена мануфактуры, работающие на отдаленный рынок, вырастают как бы сами по себе, в результате постепенного совершенствования тех домашних и более грубых промыслов, без которых не могут обходиться даже самые бедные и некультурные страны. Такие мануфактуры пользуются по общему правилу сырьем, которое производит данная страна, и, по-видимому, они часто являлись первыми заведениями, изготовлявшими более тонкие из-

* *Sandi*. Istoria civile de Vinezia, part. II, vol. I, 247, 256.

делия, в таких континентальных странах, которые были расположены если не на очень большом, то все же на значительном расстоянии от морского побережья, а то и от всяких водных путей сообщения. Континентальная страна, обладающая естественным плодородием и легко возделываемая, производит значительный избыток предметов питания сравнительно с тем, что необходимо для существования земледельцев; ввиду дороговизны сухопутного транспорта и неудобства речной перевозки часто может оказаться затруднительным отправлять этот избыток за границу. Поэтому изобилие делает предметы питания дешевыми и поощряет многочисленных работников поселяться поблизости, ибо они убеждаются, что их промысел может обеспечить им здесь больше предметов необходимости и удобства, чем в других местах. Они обрабатывают сырье, которое производит земля, и обменивают свои готовые изделия, или, что то же самое, цену их, на новое сырье и предметы питания. Они придают добавочную стоимость избыточному сырью, сберегая издержки по перевозке его к морю или на отдаленный рынок; в обмен на него они снабжают земледельцев предметами, полезными или приятными им, и притом на более выгодных условиях, чем они раньше могли получать их. Земледельцы получают лучшую цену за свой избыточный продукт и имеют возможность дешевле приобретать другие предметы потребления, нужные им. Таким образом, это поощряет их и дает возможность увеличивать количество этого избыточного продукта путем дальнейших улучшений и лучшей обработки земли. И если плодородие земли породило обрабатывающую промышленность, то развитие этой промышленности, в свою очередь, отражается на земле и еще более повышает ее плодородие. Промышленные предприятия сперва снабжают ближайшую окрестность, а потом, по мере усовершенствования и улучшения своих изделий, более отдаленные рынки. Действительно, если ни сырье, ни даже грубые и простейшие промышленные изделия не могут без величайших затруднений выдерживать издержки по перевозке сухим путем на значительное расстояние, то это вполне легко для более дорогих и тонких продуктов промышленности. Небольшой объем их часто по цене соответствует значительному количеству сырья. Кусок тонкого сукна, например, весящий всего 80 ф., в своей цене содержит не только цену 80 ф. шерсти, но и цену нескольких тысяч фунтов хлеба, пошедших на содержание рабочих и их непосредственных предпринимателей. Хлеб, который в своем естественном виде только с трудом мог бы быть вывезен за границу, вывозится, таким образом, фактически в виде готовых промышленных изделий и легко может быть отправлен в самые отдаленные концы мира. Так естественно, как бы самопроизвольно выросли и развились мануфактуры Лидса, Галифакса, Шеффилда, Бирмингема и Уольвергамптона. Эти мануфактуры представляют собою порождение земледелия. В истории Европы в новейшее время их распространение и развитие обычно следовали за возникновением мануфактур, порождаемых заморской торговлей. Англия славилась производством тонких сукон, выделываемых из испанской шерсти, за сто с лишним лет до того, как созрела для продажи за границу своих изделий хотя бы одна из тех мануфактур, которые процветают ныне в вышеназванных городах. Развитие и улучшение этих последних могло иметь место только в результате развития и улучшения сельского хозяйства, этого последнего и главнейшего следствия внешней торговли и промышленности, порожденной непосредственно этой торговлей. К изложению этого я сейчас перейду.

Глава IV

КАК ТОРГОВЛЯ ГОРОДОВ СОДЕЙСТВОВАЛА РОСТУ БЛАГОСОСТОЯНИЯ СЕЛЬСКИХ МЕСТНОСТЕЙ

Рост и богатство торговых и промышленных городов тремя различными путями содействовали увеличению благосостояния и культуры сельских местностей, в которых они находились.

Во-первых, представляя собою большой и готовый рынок для сырого продукта сельских местностей, они поощряли обработку земель и их дальнейшее улучшение. Этот положительный результат не ограничивался даже странами, в которых они были расположены, а распространялся более или менее и на те страны, с которыми они поддерживали торговые сношения. Они служили рынком сбыта для некоторой доли их сырья или промышленных изделий и, следовательно, в известной степени поощряли промышленность и культуру их всех. Но их собственная страна ввиду ее близости извлекала наибольшую выгоду от этого рынка. Поскольку на ее сырье ложились меньшие издержки по перевозке, торговцы могли платить за него производителям лучшую цену и все же доставлять его потребителям не дороже сырья более отдаленных стран.

Во-вторых, богатства, приобретавшиеся жителями городов, часто затрачивались на покупку имевшихся в продаже земель, из которых значительная часть нередко оставалась бы невозделанной. Купцы обычно проявляют стремление сделаться землевладельцами, и, став ими, они по общему правилу являются лучшими проводниками улучшений в сельском хозяйстве. Купец приучен затрачивать свои деньги главным образом на проекты, приносящие прибыль, тогда как коренной помещик привык расходовать их без пользы. Первый часто видит, как его деньги уходят от него и потом возвращаются к нему с прибылью, тогда как другой, раз расставшись с ними, очень редко ожидает снова увидеть их. Эти различные привычки, естественно, влияют на манеру и способ действий во всякого рода практических делах. Купец обычно бывает смелым предпринимателем, помещик — робким. Первый не боится вложить сразу значительный капитал в улучшение своей земли, если может ожидать от этого увеличение ее стоимости пропорционально произведенной затрате; второй, если он вообще обладает капиталом, что бывает отнюдь не всегда, редко решается затратить его таким образом. Если он вообще делает улучшения, то обычно не на капитал, а на те суммы, которые может сберечь из своего ежегодного дохода. Кому приходилось жить в торговом городе, находящемся в стране с низким уровнем сельского хозяйства, должен был часто наблюдать, насколько смелее и умнее были в этой области действия купцов, чем коренных помещиков. Помимо того, привычка к порядку, бережливости и вниманию, которую воспитывает в купце занятие торговлей, делает его гораздо более способным к осуществлению с прибылью и успехом любого проекта улучшений.

В-третьих, торговля и промышленность постепенно приводили к установлению порядка и нормального управления, а вместе с ними и к обеспечению свободы и безопасности личности в сельских местностях, жители которых до того времени жили в почти постоянном состоянии войны со своими соседями и в рабской зависимости от выше их стоящих. И хотя это меньше всего замечалось, все же было важнейшим из всех последствий развития торговли и промышленности. Юм*, насколько мне известно, является единственным автором, который до сих пор обратил внимание на это обстоятельство.

В стране, в которой отсутствуют внешняя торговля и более усовершенствованные мануфактуры, крупный землевладелец, так как он не может обменять большую часть продукта своих земель, которая остается после покрытия расходов на содержание обрабатывающих землю людей, употребляет ее целиком на деревенское гостеприимство у себя в поместье. Если этого избытка хватает на содержание ста или тысячи человек, он может его использовать не иначе как на содержание ста или тысячи человек. Поэтому он бывает всегда окружен множеством клиентов и приближенных; не имея чем оплатить свое содержание и обязанные всем его щедрости, они должны повиноваться ему по той же причине, в силу которой солдаты повинуются государю, оплачивающему их. До развития торговли и промышленности в Европе гостеприимство богатых и властьимущих, начиная с государя и кончая незначительным бароном, превышало все то, что ныне мы в состоянии себе представить. Зал Вестминстерского аббатства служил столовой для Вильгельма Рыжего, и часто он сказывался слишком мал, чтобы вместить всех его сотрапезников. Расточительность и щедрость Фомы Бекета усматривали в том, что он приказывал устилать в дурную погоду пол своего зала свежим сеном или камышом, чтобы рыцари и сквайры, для которых не хватало стульев, не запачкали своих

* См. «Опыты» Юма, опыт о торговле.

парадных одежд, усаживаясь на пол для участия в обеде. Могущественный граф Варвик, как передают, содержал изо дня в день в своих многочисленных замках 30 тыс. человек; как ни преувеличено, возможно, это число, оно все же должно было быть очень велико, чтобы допускать такое преувеличение. Гостеприимство почти такого же рода практиковалось не так давно во многих частях Шотландии. Оно, по-видимому, присуще всем народам, у которых мало известны торговля и промышленность. Я видел, рассказывает доктор Покок*, как один арабский вождь обедал на улицах города, куда он пришел для продажи своего скота, и приглашал всех проходящих, даже простых нищих, садиться около него и принять участие в его пиршестве.

Крестьяне во всех отношениях так же зависели от крупного землевладельца, как и его дворня и приближенные; даже те из них, которые не находились в состоянии крепостной зависимости, являлись свободными арендаторами, платящими ренту, которая не стояла ни в каком отношении к величине дохода, получаемого ими с земли. Крона, полкроны, овца, ягненок составляли несколько лет тому назад в Шотландии обычную арендную плату за участок, который обеспечивал существование целой семьи. В некоторых местах это сохранилось и до сего дня, причем на известную сумму денег там нельзя приобрести большее количество продуктов, чем в других местах. В стране, где избыточный продукт крупного поместья должен быть потреблен в самом поместье, владельцу часто выгоднее и удобнее, чтобы часть его потреблялась в некотором отдалении от его жилища, если только те, кто потребляет его, остаются столь же зависимы от него, как его свита и слуги. Это избавляет его от хлопот и затруднений, связанных с наличием слишком многочисленной свиты или слишком многочисленной семьи. Свободный арендатор, имеющий достаточно земли, чтобы содержать свою землю, при уплате почти только номинальной аренды столь же зависит от землевладельца, как и любой из его слуг или приближенных, и должен так же безоговорочно повиноваться ему. Такой землевладелец

---

* *Pocock.* Description of the East. I, 183.

у себя дома кормит слуг и приближенных, а своих арендаторов кормит в их собственных домах. Те и другие существуют за счет его щедрости, и от его доброй воли зависит сохранение ими получаемого содержания.

На власти и влиянии, которыми неизбежно обладали при таком положении вещей крупные землевладельцы по отношению к своим арендаторам и приближенным, основывалось могущество баронов былых времен. Они неизбежно становились для всех тех, кто жил в их поместьях, судьями во время мира, военачальниками во время войны. Они могли поддерживать порядок и осуществлять законы в своих владениях, так как каждый из них мог обращать силу всех обитателей поместья против насилий или незаконных действий одного из них. Никто, кроме них, не имел власти делать это, даже, в частности, сам король. В те отдаленные времена король представлял собой почти не больше, чем крупнейшего землевладельца в своем государстве, которому в целях совместной защиты против общих врагов остальные крупные землевладельцы оказывали известное уважение. Взыскание небольшого долга в пределах владений какого-нибудь землевладельца, где все жители были вооружены и привыкли поддерживать друг друга, потребовало бы от короля, если бы он попытался сделать это своей властью, почти таких же усилий, как и подавление гражданской войны. Ввиду этого он был вынужден предоставить отправление правосудия в большей части своей страны тем, кто был в состоянии справиться с этим делом, а также в силу той же причины поручить командование сельской милицией тем, кому она была готова повиноваться.

Было бы ошибкой думать, будто эта территориальная юрисдикция возникла из феодального права. Не только высшая юрисдикция, гражданская и уголовная, но и право набирать войска, чеканить монету и даже издавать правила и законы для зависимого от них населения искони принадлежало в силу аллоидального права крупным землевладельцам за несколько столетий до того, как стало известно в Европе само понятие феодального права. Власть и юрисдикция саксонских лордов в Англии, по-видимому, были до завоевания столь же значительны, как и власть любого из норманнских лордов после него. Но феодальное право, как полагают, стало общепризнанным в Англии только после завоевания. Бесспорным фактом следует считать, что в порядке аллоидальном крупные землевладельцы Франции искони обладали весьма обширной властью и юрисдикцией задолго до введения в этой стране феодального права. Такая власть и юрисдикция, естественно, вырастали на почве вышеописанных отношений собственности и нравов. Не углубляясь в отдаленные времена французской или английской монархии, мы можем найти в гораздо более близкую нам эпоху много доказательств того, что подобные последствия всегда должны порождаться подобными причинами. Не прошло еще и 30 лет с тех пор, как м-р Кэмерон-оф-Лочиэль, помещик из Локбэра в Шотландии, не имея на то никаких законных полномочий, не будучи так называемым тогда лордом королевства или даже держателем земли непосредственно от короля, а будучи лишь вассалом герцога Аргайльского и не являясь даже мировым судьей, все же чинил уголовную расправу вплоть до смертной казни над подвластным ему населением. Как передают, он соблюдал при этом величайшую справедливость, хотя и не придерживался никаких судебных формальностей; и вполне возможно, что состояние этой части страны в то время вынуждало его присвоить себе эту власть, чтобы поддерживать общественное спокойствие и порядок. Этот помещик, рента которого ни разу не превысила пятисот фунтов в год, увлек за собою в 1745 г. в мятеж восемьсот человек из подчиненного ему населения.

Введение феодального права отнюдь не усилило власти крупных аллоидальных владельцев; оно скорее было попыткой ограничить ее. Оно установило правильную подчиненность, связанную с целым рядом служб и обязанностей, начиная с короля и кончая мельчайшим землевладельцем. Во время несовершеннолетия землевладельца доходы вместе с управлением его землями передавались стоявшему непосредственно над ним; таким образом, доходы и управление землями крупных землевладельцев попадали в руки короля, на которого возлагались содержание и воспитание малолетнего и который в качестве опекуна имел право, как признавалось, устраивать его брак при том условии, если последний соответствовал его положению. Но хотя это учреждение необходимо вело к усилению королевской власти и к ослаблению власти крупных землевладельцев, этого все же было недостаточно для того, чтобы установить порядок и хорошее управление среди сельского населения, потому что одновременно с этим не происходили в достаточной мере изменения в отношениях собственности и в нравах, которые порождали беспорядок. Власть правительства все еще оставалась слишком слабой наверху и слишком сильной внизу; чрезмерная сила низших членов являлась причиной слабости головы. После установления феодальной иерархии король оказывался столь же неспособным обуздывать произвол и насилия крупных владетелей, как и прежде. По-прежнему они продолжали вести по своему усмотрению почти непрерывные войны друг с другом, а очень часто и против короля; и деревня по-прежнему оставалась ареной насилий, грабежей и беспорядков.

Но то, чего никогда не могли бы сделать при всей своей принудительности феодальные учреждения, было постепенно осуществлено бесшумным и незаметным действием внешней торговли и мануфактур. Они стали постепенно снабжать крупных землевладельцев чем-то таким, на что они могли выменивать весь избыточный продукт своих земель и что они могли потреблять сами, не делясь со своими держателями или приближенными. Все для самих себя и ничего для других — таково во все времена было, по-видимому, неизменное правило властителей рода человеческого. И поэтому, как только они находят способ потреблять всю стоимость своих доходов, они утрачивают всякую готовность делиться ими с кем-либо другим. За пару бриллиантовых пряжек или за что-нибудь столь же суетное и бесполезное они платили такую цену, которая соответствовала стоимости содержания тысячи человек в течение года, а вместе с тем отказывались от того влияния и власти, которые это могло давать им. Зато бриллиантовые пряжки являлись целиком их достоянием, и ни одно другое человеческое существо не пользовалось ими, тогда как при прежнем способе расходования своих средств они должны были делиться ими по меньшей мере с тысячью человек. Для тех, кто решал, какой из этих способов предпочтительнее, указанное различие имело решающее значение. Таким-то образом, ради удовлетворения самого ребяческого, низменного и нелепого тщеславия они постепенно отдали всю свою власть и влияние.

В стране, где не существует внешней торговли или мануфактур, производящих предметы роскоши, человек, имеющий годовой доход в десять тысяч фунтов, не может затрачивать свой доход иначе как имея на своем содержании приблизительно тысячу семейств, которые все по необходимости зависят тогда от него. При современном состоянии Европы человек, получающий доход в десять тысяч фунтов в год, может полностью расходовать его — и он обычно и расходует его таким образом, не имея на своем содержании непосредственно и двадцати человек или не имея в своем распоряжении более десяти слуг. Косвенно он, возможно, обеспечивает содержание не меньшего или даже большего количества людей, чем когда-либо мог это делать при прежнем способе расходования: хотя количество дорогостоящих изделий, на которые он обменивает весь свой доход, очень незначительно, количество рабочих, занятых в собирании и изготовлении их, должно быть по необходимости очень велико. Высокая цена этих изделий обусловливается по общему правилу уплачиваемой за их труд заработной платой и прибылями всех их непосредственных предпринимателей. Уплачивая эту цену, он косвенно оплачивает всю эту заработную плату и прибыли и таким образом косвенно участвует в содержании всех этих рабочих и их предпринимателей. Впрочем, он участвует в содержании каждого из них лишь весьма незначительной долей: десятой долей, может быть, в содержании очень немногих, сотой долей — многих и тысячной, даже десятитысячной, долей — в содержании остальных. Хотя он поэтому участвует в содержании их, они все более или менее независимы от него, потому что в общем могут просуществовать и без него.

Когда крупные землевладельцы затрачивают свои доходы на содержание своих держателей и приближенных, любой из них целиком дает содержание каждому из своих держателей и каждому из своих приближенных. Когда же они затрачивают их на содержание торговцев и ремесленников, они могут, взятые все вместе, содержать такое же или, принимая во внимание расточительность, присущую деревенскому гостеприимству, даже еще большее количество людей, чем прежде. Однако каждый из них, взятый в отдельности, часто вносит лишь очень небольшую долю на содержание отдельного человека из этого большого количества. Каждый торговец или ремесленник получает свои средства к существованию не от одного, а от сотни или тысячи различных потребителей. Поэтому, хотя он в некоторой степени обязан им всем, он не находится в абсолютной зависимости от каждого из них в отдельности.

Когда, таким образом, стали постепенно возрастать личные издержки крупных землевладельцев, не могла не сокращаться столь же постепенно численность их дворни и свиты, пока они под конец совсем не распустили их. Та же самая причина постепенно заставила их отпустить излишнюю часть своих держателей. Они увеличивали размеры ферм, и количество фермеров, несмотря на жалобы на обезлюдение, было сокращено до числа, необходимого для возделывания земли соответственно низкому уровню культуры и сельского хозяйства в ту пору. Благодаря удалению ненужных ртов и получению от фермера полной стоимости фермы землевладелец получал больший избыточный продукт, или, что то же самое, цену большего избыточного продукта, причем купцы и промышленники скоро предоставили ему возможность затрачивать его на свои личные потребности, как он это делал с остальной частью продукта. И так как те же причины продолжали действовать, он стремился повысить свои доходы сверх того, что могли дать при данном их состоянии его земли. Его арендаторы могли соглашаться на это только при том условии, что им будет обеспечено обладание их участками на определенное количество лет, в течение которых они смогут вернуть с прибылью все то, что затратят на дальнейшее улучшение земли. Тщеславная расточительность землевладельца побуждала его принимать это условие; так возникла долгосрочная аренда.

Свободный арендатор, уплачивающий полную стоимость земли, уже не находится в полной зависимости от землевладельца. Материальные выгоды, которые они получают друг от друга, взаимны и одинаковы, и такой арендатор не станет рисковать своей жизнью или имуществом на службе у своего землевладельца. Если же он имеет аренду на продолжительный срок, он вообще независим, и его землевладелец не должен ожидать от него даже самой ничтожной услуги сверх того, что определенно оговорено в арендном договоре или возлагается на него в силу общепринятого обычного права страны.

После того как арендаторы сделались таким образом независимыми, а дворня была распущена, крупные землевладельцы лишились возможности мешать регулярному отправлению юстиции или нарушать общественный мир в деревне. Продав свое право первородства не за чечевичную похлебку, как Исав в момент голода и нужды, а под влиянием излишеств изобилия, ради побрякушек и безделушек, пригодных скорее быть игрушками для детей, чем интересовать взрослых людей, они утратили всякое влияние и сравнялись с любым зажиточным мещанином или городским торговцем. В деревне, как и в городе, установилось нормальное управление, ибо никто уже не обладал достаточной силой, чтобы нарушать его.

Это, пожалуй, не имеет прямого отношения к нашей теме, но я не могу не отметить, что в торговых странах очень редко встречаются старинные фамилии, из поколения в поколение обладавшие крупными поместьями. Напротив, в местностях с малоразвитой торговлей, как, например, Уэльс или горная часть Шотландии, они очень многочисленны. Арабская история изобилует генеалогиями, а история, написанная одним татарским ханом и переведенная на несколько европейских языков, содержит почти только одни такие генеалогии; это доказывает, что старинные фамилии очень распространены среди этих народов. В странах, где богатый человек может расходовать свои доходы не иначе как имея на своем содержании столько людей, сколько возможно при данной величине дохода, он не рискует разориться, и щедрость его, по-видимому, редко бывает так безгранична, чтобы он пытался содержать больше людей, чем это ему по средствам. Но когда он имеет возможность расходовать на самого себя очень большой доход, он часто не знает границ своим затратам, потому что не знает границ своему тщеславию или своему эгоизму. Поэтому в торговых странах богатство вопреки строжайшим предписаниям закона, имеющим целью предотвратить его расточение, очень редко остается надолго в одной и той же семье. Напротив, это часто имеет место у примитивных народов без вмешательства каких бы то ни было предписаний закона, так как у скотоводческих народов, каковы татары и арабы, подобные предписания невозможны в силу того, что их имущество состоит из предметов потребления.

Таким образом, революция величайшей важности для общественного блага была совершена двумя различными классами людей, которые не имели ни малейшего намерения служить обществу. Удовлетворение самого смешного тщеславия — таков был единственный мотив крупных землевладельцев. Торговцы и ремесленники, гораздо менее смешные, действовали исключительно в своих собственных интересах и придерживались присущего им торгашеского правила зашибать копейку при всяком удобном случае. Ни те, ни другие не думали и не предвидели той великой революции, которую постепенно совершало безумие одних и трудолюбие других.

Таким-то образом торговля и промышленность городов явились в большей части Европы не следствием, а причиной подъема и развития деревни и сельского хозяйства.

Однако, поскольку такой порядок развития противоречит естественному ходу вещей, он неизбежно отличается медленностью и неустойчивостью. Сравните медленное развитие европейских стран, богатство которых в очень большой степени зависит от их торговли и мануфактур, с быстрым успехом наших североамериканских колоний, богатство которых основано исключительно на земледелии. В большей части Европы число жителей, как предполагают, удваивается не меньше чем в пятьсот лет. В некоторых из наших североамериканских колоний население удваивается, как это установлено, за 20 или 25 лет. В Европе закон первородства и неотчуждаемость владений всякого рода препятствуют разделу крупных имений и этим затрудняют возрастание числа мелких собственников. А между тем мелкий собственник, который знает каждый клочок своего маленького участка и относится к нему со всей привязанностью, естественно, внушаемой собственностью, в особенности мелкою собственностью, которому поэтому доставляет удовольствие не только обработка его, но и украшение, по общему правилу является наиболее трудолюбивым, наиболее сообразительным и достигающим наилучших результатов в сравнении со всеми другими, кто работает над улучшением земли. Кроме того, эти же ограничения держат вне рынка так много земли, что всегда налицо имеется больше капиталов, желающих купить ее, чем продажной земли, так что поступающая в продажу земля всегда продается по монопольной цене. Доход с земли никогда не оплачивает процентов на затраченную при покупке сумму и, сверх того, обременен расходами на ремонт и другими текущими издержками, которые не имеют места при отдаче денег на проценты. Покупка земли повсюду в Европе представляет собой самое невыгодное вложение небольшого капитала. В целях большей верности и сохранности человек скромного достатка, уходящий на покой от дел, нередко, правда, предпочитает вложить свой небольшой капитал в землю. Человек свободной профессии, доход которого получается из другого источника, часто предпочитает сохранить свои сбережения таким же образом. Но молодой человек, который, вместо того чтобы заняться торговлей или какой-нибудь свободной профессией, затратит свой капитал в две или три тысячи фунтов на покупку и обработку небольшого участка земли, может, конечно, рассчитывать на вполне счастливую и вполне независимую жизнь, но должен распрощаться навсегда со всякой надеждой приобрести крупное состояние или большую известность, которые — при затрате своего капитала иным образом — он имел бы такие же шансы приобрести, как и всякий другой. Такой человек, хотя он и не может претендовать сделаться крупным собственником, часто не захочет снизойти до положения фермера. Поступление на рынок незначительного количества земли и высокая цена ее затрудняют затрату на обработку и улучшение земли многих капиталов, которые при других условиях были бы затрачены на это дело. В Северной Америке, напротив того, 50 или 60 ф. часто признаются достаточным капиталом для того, чтобы завести плантацию. Приобретение и улучшение невозделанной земли представляют собой там наиболее выгодное применение как самых небольших, так и самых крупных капиталов и ведут самым прямым путем к богатству и известности, которые только можно приобрести в этой стране. Такую землю в Северной Америке можно получить почти задаром или по цене, которая значительно меньше стоимости ее естественного продукта, — вещь, невозможная в Европе или в любой стране, где вся земля давно перешла в частную собственность. Но если бы поместья делились поровну между всеми детьми после смерти владельца, оставляющего многочисленную семью, они по общему правилу, поступали бы в продажу. На рынок выносилось бы так много земли, что она уже не могла бы продаваться по монопольной цене. Доход с земли легче покрывал бы проценты с затраченного на ее покупку капитала, и мелкие капиталы могли бы затрачиваться на приобретение земли с не меньшей выгодой, чем при затрате их иным путем.

Англия ввиду естественного плодородия почвы, большей протяженности ее морского побережья в сравнении с общей поверхностью всей страны и наличия многих судоходных рек, прорезывающих ее и доставляющих преимущества водного транспорта некоторым наиболее отдаленным от моря частям ее, не меньше всякой иной крупной европейской страны предназначена самой природой быть средоточием заморской торговли, мануфактур, работающих на отдаленный рынок, и всех тех достижений и улучшений, которые обусловливаются этими последними. К тому же с начала правления Елизаветы английское законодательство проявляло особое внимание к интересам торговли и мануфактур, и действительно, не существует в Европе страны, не исключая даже Голландии, где закон, в общем, более благоприятствовал бы этому роду деятельности и труда. В силу этого торговля и мануфактуры непрерывно развивались на протяжении всего этого периода. Земледелие, без сомнения, тоже постепенно развивалось, но оно, по-видимому, медленно и несколько отставая следовало за более быстрым прогрессом торговли и мануфактур. Бо́льшая часть страны обрабатывалась, должно быть, еще до правления Елизаветы, но очень значительная часть ее до сих пор еще остается невозделанной, а еще бо́льшая часть ее возделывается гораздо хуже, чем это могло бы быть. Впрочем, законы Англии поощряют земледелие не только косвенно, покровительствуя торговле, но и непосредственно, различными мерами. За исключением неурожайных лет, вывоз хлеба не только свободен, но и поощряется особой премией. В годы среднего урожая ввоз иностранного хлеба облагается пошлинами, по своим размерам имеющими запретительный характер. Ввоз живого скота, кроме как из Ирландии, воспрещен всегда, и только в последнее время он разрешен из Ирландии. Поэтому те, кто занимается обработкой земли, имеют монополию в отношении к своим согражданам на два главнейших из сельскохозяйственных продуктов, а именно на хлеб и мясо. Такое поощрение, хотя, в сущности, оно может быть вполне иллюзорно, как я попытаюсь в дальнейшем показать, достаточно доказывает, по крайней мере, намерение законодательства содействовать развитию земледелия. Но гораздо важнее всего этого то, что йомены в Англии пользуются столь прочным положением, независимостью и уважением, которые только может обеспечить им закон. Ввиду этого ни одна страна, где существует право первородства, где уплачивается десятина и где неотчуждаемость владения, хотя и противоречащая духу закона, в некоторых случаях допускается, не может поощрять сельское хозяйство больше, чем это имеет место в Англии. А между тем уровень его невысок. И каков был бы он, если бы закон не оказывал прямого поощрения сельскому хозяйству помимо того, которое косвенно получается благодаря развитию торговли, и оставил бы йоменов в том положении, в каком они находятся в большинстве других европейских стран? Прошло уже более двухсот лет со времени начала правления Елизаветы — период, который обычно требуется для развития человеческого благосостояния.

На Францию, по-видимому, приходилась значительная доля международной торговли приблизительно за столетие до того, как Англия получила значение в качестве торговой страны. Согласно сообщениям того времени флот

Франции был значителен еще до экспедиции Карла VIII в Неаполь. Однако сельское хозяйство Франции, в общем, стоит на более низком уровне, чем в Англии. Ее законодательство никогда не оказывало такого же прямого поощрения земледелию.

Внешняя торговля Испании и Португалии с другими частями Европы, хотя она ведется главным образом на иностранных судах, весьма значительна. Торговля же со своими колониями ведется на их собственных судах и гораздо значительнее ввиду богатства и обширности колоний. Но эта торговля отнюдь не создала ни в одной из этих стран сколько-нибудь значительных мануфактур для продажи на отдаленных рынках, и большая часть их земель все еще остается невозделанной. Заморская торговля Португалии возникла гораздо раньше, чем в какой-либо иной большой стране Европы, исключая Италию.

Италия, как кажется, является единственной обширной страной в Европе, где земля была целиком возделана и подвергалась улучшению благодаря внешней торговле и мануфактурам, работающим на отдаленный рынок. До вторжения Карла VIII в Италию, по словам Гвиччиардини, земля возделывалась одинаково как в самых гористых и бесплодных частях страны, так и в самых равнинных и плодородных. Выгодное местоположение страны и большое число независимых государств, существовавших в то время в ней, немало содействовали, должно быть, такому широкому распространению земледелия. Впрочем, вполне возможно вопреки этому общему замечанию одного из самых рассудительных и осторожных современных историков, что земля в Италии того времени была обработана не лучше, чем в Англии в настоящее время.

Но капитал, приобретенный страной путем торговли и мануфактур, представляет собой очень ненадежное и сомнительное достояние, пока некоторая часть его не закреплена и не вложена в обработку и улучшение ее земель. Вполне правильно было отмечено, что купец необязательно должен быть гражданином какой-нибудь определенной страны. Для него в значительной мере безразлично, из какого пункта вести свою торговлю, и самое ничтожное неудовольствие может побудить его перенести из одной страны в другую свой капитал, а вместе с ним и всю ту промышленность, которую питает последний. Ни про одну часть этого капитала нельзя сказать, что она принадлежит какой-нибудь определенной стране, пока этот капитал не будет как бы рассеян по лицу этой страны в виде построек или в виде длительных земельных улучшений. Никаких следов не осталось в настоящее время от больших богатств, которыми обладала, как сообщают, большая часть ганзейских городов, если не считать упоминания о них в забытых историях XIII и XIV столетий. С точностью даже неизвестно, где были расположены какие-либо из них или к каким городам Европы относятся латинские названия, данные некоторым из них. Но хотя бедствия, пережитые Италией в конце XV и в начале XVI века, значительно уменьшили торговлю и мануфактуру городов Ломбардии и Тосканы, эти области все же продолжают оставаться в числе наиболее населенных и лучше всего обработанных областей Европы. Гражданские войны во Фландрии и последовавшее за ними владычество испанцев заставили переместиться обширную торговлю Антверпена, Гента и Брюгге. Тем не менее Фландрия по-прежнему остается одной из самых богатых и лучше всего возделываемых и наиболее населенных областей Европы. Потрясения, вызываемые войной, и политические революции легко иссушают источники того богатства, которое порождается одной только торговлей. Богатство, возникающее в результате более прочных улучшений в сельском хозяйстве, более устойчиво и может быть уничтожено только в результате таких резких потрясений, которые порождаются грабежами и опустошениями враждебных и варварских народов и продолжаются в течение одного или двух столетий подряд, как это было некоторое время до и после падения Римской империи в западных областях Европы.

Книга IV
О СИСТЕМАХ ПОЛИТИЧЕСКОЙ ЭКОНОМИИ

Политическая экономия, рассматриваемая как отрасль знания, необходимая государственному деятелю или законодателю, ставит себе две различные задачи: во-первых, обеспечить народу обильный доход или средства существования, а точнее, обеспечить ему возможность добывать себе их; во-вторых, доставлять государству или обществу доход, достаточный для общественных потребностей. Она ставит себе целью обогащение как народа, так и государя.

Различный характер развития благосостояния в разные периоды и у разных народов породил две неодинаковые системы политической экономии по вопросу о способах обогащения народа. Одна может быть названа коммерческой, а другая — системой земледелия. Я попытаюсь с доступной мне полнотой и отчетливостью изложить обе эти системы, причем начну с коммерческой. Это современная система, и ее лучше всего понять на примере нашей страны и нашего времени.

Глава I
О ПРИНЦИПАХ КОММЕРЧЕСКОЙ, ИЛИ МЕРКАНТИЛИСТИЧЕСКОЙ, СИСТЕМЫ

Что богатство состоит из денег или золота и серебра — таково общераспространенное представление, естественно порождаемое двойной функцией денег, как орудия обмена и мерила стоимости. Ввиду того что деньги являются орудием обмена, мы, обладая ими, легче можем достать все то, что нам нужно, чем посредством всякого другого товара. Мы всегда убеждаемся, что самое главное — это добыть деньги. Когда они добыты, не представляет уже никаких затруднений произвести любую покупку. Поскольку же деньги являются мерилом стоимости, мы измеряем стоимость всех других товаров количеством денег, на которое они обмениваются. О богатом человеке мы говорим, что он стоит много тысяч, а про бедняка — что цена ему грош. Про человека бережливого или стремящегося разбогатеть говорят, что он любит деньги, а о человеке легкомысленном, щедром или расточительном говорят, что он равнодушен к ним. Разбогатеть — значит получить деньги; одним словом, на общеупотребительном языке богатство и деньги признаются во всех отношениях равнозначащими понятиями.

Богатой страной, как и богатым человеком, признается страна, в изобилии обладающая деньгами, и потому накопление возможно большего количества золота и серебра в данной стране признается самым надежным способом ее обогащения. В течение некоторого времени после открытия Америки первый вопрос испанцев, когда они высаживались на каком-нибудь неизвестном берегу, обычно сводился к тому, имеется ли в окрестностях золото или серебро. В зависимости от полученных ими сведений они решали, стоит ли устраивать здесь поселение на берегу или завоевывать страну. Монах Плано Карпино, отправленный королем Франции в качестве посланника к одному из сыновей знаменитого Чингисхана, рассказывает, что татары часто спрашивали его, много ли овец и много ли быков во французском королевстве. Их вопрос преследовал ту же цель, что и вопрос испанцев. Они хотели знать, достаточно ли богата страна, чтобы стоило завоевывать ее. У татар, как и у других скотоводческих народов, которые обычно не знают употребления денег, скот является орудием обмена и мерилом стоимости. Поэтому в их глазах богатство состояло в скоте, как для испанцев оно выражалось в золоте и серебре. Представление татар было, пожалуй, ближе к истине, чем испанцев.

Локк отмечает различие между деньгами и всяким другим движимым имуществом*. Все другие движимые пред-

---

* *Locke*. An Essay concerning Human Understanding.

меты, говорит он, по своей природе потребляемы, и поэтому нельзя особенно полагаться на богатство, состоящее из них; народ, обладающий ими в изобилии в одном году, может в следующем ощущать острую нужду в них даже при отсутствии вывоза, а только в результате его собственной расточительности. Деньги же, напротив, являются неизменным другом; хотя они и могут переходить из рук в руки, все же они не так легко уничтожаются и потребляются, если только удается предотвратить их отлив из страны. Ввиду этого, по его мнению, золото и серебро представляют собой самую устойчивую и существенную часть движимого богатства нации, и потому умножение этих металлов должно быть, как он думает, главной задачей ее политической экономии.

Другие полагают, что если бы какая-нибудь нация могла быть изолирована от всего мира, то не имело бы никакого значения, какое количество денег обращается в ней. Предметы потребления, обращающиеся посредством этих денег, лишь обменивались бы на большее или меньшее количество монет, но действительное богатство или бедность страны, по их мнению, зависели бы исключительно от обилия или недостаточности этих предметов потребления. Иначе, однако, обстоит дело, считают они, в странах, которые поддерживают сношения с другими народами и которые вынуждены вести войны, содержать флоты и армии в отдельных странах. Это, по их словам, может быть достигнуто лишь при отправке денег за границу для оплаты их, а народ не может отправлять много денег за границу, если не имеет их в достаточном количестве у себя дома. Поэтому всякий народ должен стараться в мирное время копить золото и серебро, чтобы иметь возможность, когда это потребуется, вести войны за границей.

Под влиянием этих общераспространенных представлений все народы Европы изучали, хотя и без всякой пользы, все возможные средства для накопления золота и серебра в своих странах. Испания и Португалия, обладатели главных рудников, снабжающих Европу этими металлами, запрещали под страхом самых суровых кар их вывоз или облагали его высокой пошлиной. Подобное же запрещение, по-видимому, входило в старое время в политику большинства остальных европейских народов. Проявления такой политики встречаются даже там, где мы меньше всего могли бы ожидать этого, а именно в некоторых старинных законах шотландского парламента, которые запрещают под угрозой строгих кар вывоз золота и серебра *из королевства.* Такая же политика в давние времена проводилась во Франции и в Англии.

Когда эти страны сделались торговыми, купцы во многих случаях стали находить такое запрещение чрезвычайно неудобным. Они часто могли покупать с большей выгодой на золото и серебро, чем в обмен на какой-нибудь другой товар, те заграничные товары, которые им были нужны для ввоза в свою страну или для переотправки в какую-нибудь другую чужую страну. Поэтому они протестовали против такого запрещения, как вредящего торговле.

Они доказывали, во-первых, что вывоз золота и серебра для покупки иностранных товаров не всегда уменьшает количество этих металлов в стране; что, наоборот, он может часто приводить к увеличению этого количества, так как, если потребление иностранных товаров не увеличится в результате этого внутри страны, эти товары могут быть обратно экспортированы в другие страны и, будучи проданы там с большей прибылью, могут принести обратно гораздо больше звонкой монеты, чем было вывезено первоначально для покупки их. Мэн сравнивает эту операцию внешней торговли с посевом и жатвой в сельском хозяйстве. «Если бы, — говорит он, — мы стали судить о действиях земледельца во время посева, когда он бросает в землю много хорошего зерна, мы должны были бы признать его скорее сумасшедшим, чем старательным хозяином. Но если мы вспомним о жатве, являющейся венцом его усилий, мы убедимся в плодотворности и полезности его усилий».

Они доказывали, во-вторых, что такое запрещение не может помешать вывозу золота и серебра, которые легко могут быть вывозимы за границу контрабандой ввиду незначительности их объема по сравнению с их стоимостью; что вывоз их может быть предотвращен только при надлежащем внимании к соблюдению так называемого ими торгового баланса; что, когда стоимость вывоза страны превышает стоимость ее ввоза, другие нации остаются ее должниками на известную сумму, которая обязательно уплачивается ей золотом и серебром и таким образом увеличивает собою количество этих металлов в стране. Если же страна ввозит на большую стоимость, чем вывозит, баланс становится неблагоприятным для нее в пользу других наций, причем она необходимо должна уплачивать последним тоже золотом и серебром, уменьшая, таким образом, их количество у себя. В таком случае запрещение вывоза этих металлов не может помешать их вывозу, но только сделает его более дорогим, поскольку он станет более опасным; благодаря этому курс окажется более неблагоприятным для страны, баланс которой является отрицательным, чем это было бы при иных условиях, потому что купец, покупающий вексель на заграницу, должен будет платить банкиру, продавшему его, не только за нормальный риск, хлопоты и расходы по пересылке туда денег, но и за добавочный риск, обусловленный запрещением вывоза. Но чем неблагоприятнее курс какой-нибудь страны, тем неблагоприятнее становится по необходимости и ее торговый баланс; соответственно этому по необходимости понижается стоимость ее денег по сравнению с деньгами страны, в пользу которой обращен баланс. Так, например, если разница в курсе между Англией и Голландией составляет пять процентов против Англии, то на покупку векселя на 100 унций серебра потребуется затратить в Англии 105 унций серебра; таким образом, 105 унций серебра в Англии будут стоить лишь 100 унций серебра в Голландии, и на них можно будет купить только соответствующее количество голландских товаров; английские товары, продаваемые Голландии, будут продаваться дешевле на всю разницу в курсе, а голландские товары, продаваемые Англии, на столько же дороже. В первом случае уменьшится на всю эту разницу приток голландских денег в Англию, а во втором — увеличится на столько же отлив английских денег в Голландию. В результате этого торговый баланс необходимо окажется на соответственно бо́льшую сумму против Англии, и это потребует вывоза в Голландию большего количества золота и серебра.

Эти аргументы и соображения были отчасти основательны и отчасти ложны. Они были основательны, поскольку утверждали, что вывоз золота и серебра для нужд торговли часто может быть выгоден для страны. Они были также основательны, поскольку утверждали, что никакие запрещения не могут предотвратить их вывоза, если частные лица находят какую-либо выгоду от него. Но они были ложны, поскольку предполагали, что сохранение или увеличение наличного количества этих металлов требует большего внимания и забот правительства, чем сохранение или увеличение количества каких-либо других полезных продуктов, которые при свободе торговли и при отсутствии такого внимания и забот всегда имеются в надлежащем количестве. Они были ложны также постольку, поскольку утверждали, что высокий вексельный курс обязательно увеличивает то, что они называли неблагоприятным торговым балансом, или приводит к вывозу большего количества золота и серебра. Этот высокий курс действительно крайне невыгоден купцам, которым предстоит производить платежи в других странах. Им приходится соответственно дороже платить за векселя, предоставляемые им банкирами на эти страны. Но хотя риск, обусловленный запрещением вывоза, может вызвать для банкиров некоторые чрезвычайные издержки, это отнюдь не должно вести обязательно к отливу из страны большего количества денег. Эти издержки должны обычно производиться в самой стране, оплачивая контрабандный вывоз денег из нее, и редко могут приводить к вывозу хотя бы одной лишней шестипенсовой монеты сверх суммы вексельного перевода. Притом высокий вексельный курс должен, естественно, побуждать купцов стараться, чтобы их вывоз покрывал более или менее ввоз, чтобы таким образом им приходилось по этому высокому курсу оплачивать возможно меньшую сумму. Сверх того, высокий вексельный курс должен производить такое же действие, как и пошлина, повышая цену иностранных товаров и этим уменьшая их потребление. Он поэтому вызовет тенденцию не к усилению, а к ослаблению так называемого неблагоприятного баланса, а следовательно, и вывоза золота и серебра.

Но как бы то ни было, приведенные аргументы убедили тех, к кому они были обращены. Они исходили от купцов и были обращены к парламентам и королевским советам, к аристократии и поместному дворянству; они исходили от тех, которые считались знатоками торговли, и были обращены к тем, которые сознавали, что решительно ничего не понимают в этом деле. Опыт показал как аристократии и землевладельцам, так и купечеству, что иностранная торговля обогатила страну, но никто из них не отдавал себе отчета, как или каким образом произошло это. Купцы отлично знали, как она обогащала их самих; их делом было знать это, но вопрос о том, каким образом она обогащала страну, совершенно их не занимал. Вопрос этот возникал у них только в тех случаях, когда им приходилось обращаться к своей стране в целях каких-либо изменений в законах, относящихся к внешней торговле. Тогда становилось необходимым сказать что-нибудь о благотворном действии внешней торговли и о том, как мешают этому существующие законы. Судьям, которые должны были решать этот вопрос, казалось вполне удовлетворительным разъяснением дела, когда им говорили, что внешняя торговля вызывает прилив денег в страну, но что законы, о которых идет речь, препятствуют притоку их в таком большом количестве, который имел бы место при их отсутствии. Эти доводы поэтому производили желаемое действие. Запрещение вывоза золота и серебра было во Франции и в Англии ограничено запрещением вывоза монеты этих стран; вывоз же иностранной монеты и слитков был объявлен свободным. В Голландии и в некоторых других местах эта свобода вывоза была распространена и на монету данной страны. Внимание правительства было отвлечено от забот о недопущении вывоза золота и серебра и направлено в сторону наблюдения за торговым балансом как единственной причиной, могущей вызывать увеличение или уменьшение этих металлов. От одной бесплодной заботы оно обращалось к другой, гораздо более сложной, гораздо более затруднительной и столь же бесплодной. Заглавие книги Мэна — «Богатство Англии во внешней торговле» — стало основным положением политической экономии не только в Англии, но и во всех других торговых странах. Внутренняя, или отечественная, торговля — главнейший вид торговли, в которой капитал данной величины приносит наибольший доход и дает максимальное занятие населению страны, — признавалась лишь вспомогательной по отношению к внешней торговле. Утверждали, что она не вызывает притока денег в страну и не приводит к отливу их. Страна поэтому не может в результате этой торговли стать богаче или беднее, если не считать того, что ее процветание или упадок могут косвенно влиять на состояние внешней торговли.

Страна, не обладающая собственными рудниками, должна, разумеется, получать свое золото и серебро из других стран, подобно тому как стране, не имеющей своих виноградников, приходится ввозить вина. Однако не представляется необходимым, чтобы внимание правительства было больше занято одной из этих задач, чем другой. Страна, которой приходится покупать вино где-нибудь на стороне, всегда получит его, когда оно ей понадобится; точно так же страна, которой приходится покупать на стороне золото и серебро, никогда не будет терпеть недостатка в этих металлах. Их можно покупать за определенную цену, как и все другие товары, и подобно тому как они составляют цену всех остальных товаров, так и все остальные товары составляют их цену. Мы рассчитываем с полной уверенностью, что свобода торговли помимо всяких мероприятий правительства всегда снабдит нас вином, какое нам нужно; с такою же уверенностью мы можем рассчитывать и на то, что она всегда доставит все количество золота и серебра, какое мы сможем купить или употребить как для обращения наших товаров, так и для других надобностей.

Количество любого товара, который может быть куплен или произведен трудом человека, естественно, регулируется само собою в каждой стране в зависимости от действительного спроса, т.е. спроса тех, кто готов оплатить полностью ренту, труд и прибыль, которые надо оплатить для того, чтобы изготовить его и доставить на рынок. Но ни один товар не приспособляется легче или точнее к этому действительному спросу, чем золото и серебро, потому что ввиду малого объема и высокой стоимости этих металлов никакой другой товар не может быть легче их перево-

зим из одного места в другое, из пунктов, где они дешевы, в пункты, где они дороги, из пунктов, где
они имеются в избытке, в пункты, где они не покрывают этого действительного спроса. Если, например, в Англии имеется действительный спрос на добавочное количество золота, то почтовый пароход может привезти из Лиссабона или из какого-либо другого места, где можно достать, 50 тонн золота, из которых можно начеканить более 5 млн гиней. Но если бы имелся действительный спрос на хлеб на такую же стоимость, то ввоз его потребовал бы, при цене в 5 гиней за тонну, миллион тонн водоизмещения, или тысячу кораблей в 1 тыс. тонн каждый. Для этого не хватило бы всего флота Англии.

Когда количество золота и серебра, ввозимого в данную страну, превышает действительный спрос, никакие старания правительства не могут помешать их вывозу. Все суровые законы Испании и Португалии не в состоянии удержать в стране золото и серебро. Непрерывный ввоз их из Перу и Бразилии превышает действительный спрос этих стран и понижает там цену этих металлов сравнительно с ее уровнем в соседних странах. Напротив, если в какой-либо стране их количество окажется ниже действительного спроса, так что их цена превысит их цену в соседних странах, правительству не будет нужды прилагать усилий для ввоза их. Даже если бы оно старалось препятствовать их ввозу, оно не сможет достичь этого. Металлы эти, когда спартанцы приобрели средства для покупки их, прорвались через все преграды, какие законы Ликурга воздвигали на пути их проникновения в Лакедемон. Все свирепые таможенные законы не в состоянии воспрепятствовать ввозу чаев Голландской и Геттенборгской ост-индских компаний, потому что они несколько дешевле чаев Британской компании. А между тем фунт чая своим объемом почти в 100 раз превышает объем максимальной цены его в 16 шилл., обычно уплачиваемой серебром, и более чем в 2000 раз превышает объем той же цены его в золоте, а следовательно, контрабандный ввоз его во столько же раз затруднительнее.

Отчасти именно ввиду легкости доставки золота и серебра из мест, где они имеются в избытке, в места, где в них ощущается недостаток, цена этих металлов не подвергается постоянным колебаниям подобно цене большей части других товаров, громоздкость которых препятствует их перемещению, когда рынок окажется переполнен или же недостаточно снабжен ими. Правда, цена этих металлов не совсем свободна от колебаний, но они обычно медленны, постепенны и единообразны. В Европе, например, считается, может быть, и без особых оснований, что в течение текущего и предыдущего столетий стоимость золота и серебра постоянно, но постепенно понижалась ввиду непрерывного ввоза их из испанской Вест-Индии. Но для того чтобы вызвать такое внезапное изменение цены золота и серебра, которое могло бы сразу чувствительно и заметно повысить или понизить денежную цену всех других товаров, требуется такая революция в торговле, какая была произведена открытием Америки.

Если, несмотря на все это, окажется в какой-либо момент недостаток в золоте и серебре в стране, имеющей средства для покупки их, то существует больше способов заменить их, чем всякий другой товар. Если недостает сырья для мануфактур, должна остановиться промышленность. Если недостает продовольствия, должен голодать народ. Но если не хватает денег, их заменит, хотя и со значительными неудобствами, непосредственный товарообмен. Покупка и продажа в кредит — причем все участники сделок ежемесячно или ежегодно погашают свои счета друг с другом — заменят деньги с меньшими неудобствами. Надлежащим образом регулируемые бумажные деньги заменят их не только без всяких неудобств, но в некоторых случаях и с известными выгодами. Со всех точек зрения поэтому никогда заботы правительства не были так излишни, как тогда, когда они направлялись на сохранение или увеличение количества денег в данной стране.

Между тем чаще всего слышатся жалобы именно на недостаток денег. Денег, как и вина, всегда не хватает тем, кто не имеет средств, чтобы купить, или не обладает кредитом, чтобы занять их. Люди, обладающие тем или другим, редко будут испытывать нужду в деньгах или в вине, которые им могут понадобиться. Однако эти жалобы на недостаток денег не всегда исходят от одних только непредусмотрительных расточителей. Нередко они получают распространение во всем торговом городе и в окружающих его деревнях. Обычно причиной этого бывает чрезмерное расширение торговых операций. Вполне благоразумные люди, планы которых оказались в несоответствии с их капиталами, точно так же могут не иметь средств, чтобы купить деньги, или не располагать кредитом, чтобы занять их, как и расточители, расходы которых не соответствовали их доходу. Пока осуществляются их проекты, капитал их исчерпывается, а вместе с ним и кредит. Они бегают повсюду, чтобы занять деньги, и все и каждый говорят им, что у них нет свободных денег. Даже такие всеобщие жалобы на отсутствие денег не всегда служат доказательством того, что в стране в данный момент не обращается обычное количество золотых и серебряных монет; они лишь доказывают, что в этих монетах нуждается множество людей, не имеющих ничего дать взамен них. Когда прибыль, приносимая торговлей, почему-либо превышает обычный уровень, чрезмерное расширение торговых операций является общей ошибкой как крупных, так и мелких торговцев. Они не всегда отправляют за границу больше денег, чем обыкновенно, но покупают в кредит как внутри страны, так и за границей необычайно большое количество товаров, отправляя их на какой-нибудь отдельный рынок в надежде, что выручка за них получится до срока платежа. Но платежи наступают до получения выручки, и у них не оказывается в наличности ничего, на что они могли бы купить деньги или представить солидное обеспечение под заем. Таким образом, не недостаток золота и серебра, а трудность для таких людей занять деньги, а для их кредиторов получить следуемые им платежи порождает общие жалобы на отсутствие денег.

Было бы слишком смешно доказывать серьезно, что богатство заключается отнюдь не в деньгах и не в золоте и серебре, а в том, что покупается на деньги, и что оно ценится только ради этой способности покупать. Не подлежит сомнению, что деньги всегда составляют часть национального капитала, но было уже указано, что они составляют только небольшую часть его, и притом приносящую наименьшую выгоду.

476 Если купцу по общему правилу легче покупать товары за деньги, чем деньги за товары, то происходит это не потому, что богатство заключается преимущественно в деньгах, а не в товарах, а потому, что деньги представляют собой общераспространенное и признанное орудие обмена, на которое в обмен охотно отдают любую вещь, но которое не всегда бывает столь же легко получить в обмен на другие предметы. Помимо того, бо́льшая часть товаров легче подвергается порче или уничтожению, чем деньги, и купец, который держит их, часто может понести гораздо более значительные убытки. Далее, когда его товары находятся у него на складе, он легче может оказаться не в состоянии покрыть предъявляемые к нему денежные платежи, чем в том случае, если продаст их и вырученные деньги спрячет в свои сундуки. Помимо всего этого, его прибыль получается более непосредственно от продажи, а не от покупки, и ввиду этого он обычно стремится больше обменивать свои товары на деньги, чем свои деньги на товары. Но хотя отдельный купец, склады которого переполнены товарами, может иногда разориться, не будучи в состоянии продать их вовремя, народ или страна не подвергаются такой опасности. Весь капитал купца часто состоит из подверженных уничтожению товаров, предназначенных для покупки денег. Но лишь небольшая часть годового продукта земли и труда всей страны может быть предназначена для покупки золота и серебра у ее соседей. Значительно бо́льшая часть обращается и потребляется в самой стране, и даже из избытка, отправляемого за границу, бо́льшая часть обычно предназначается на покупку других иностранных товаров. Поэтому, если даже золото и серебро нельзя получить в обмен на товары, предназначенные на покупку, нация все же не будет разорена. Она, конечно, сможет испытать некоторые потери и неудобства и оказаться вынужденной прибегнуть к тому или иному из тех мероприятий, которые необходимы для замены денег. Но годовой продукт ее земли и труда останется неизменным или почти неизменным, потому что такой же капитал, как прежде, или почти такой же капитал будет затрачиваться на его производство. И хотя товары не всегда так быстро притягивают к себе деньги, как деньги притягивают товары, все же в общем и целом товары с большей необходимостью притягивают к себе деньги, чем наоборот. Ведь товары могут служить для многих других целей помимо покупки денег, тогда как деньги могут служить только для покупки товаров. Деньги поэтому необходимо ищут товары, тогда как товары не всегда и необязательно ищут деньги. Человек, совершающий покупку, не всегда имеет в виду продать потом купленное, часто он предполагает употребить купленное или потребить, между тем продавец всегда имеет в виду совершить покупку. Первый часто оказывается закончившим свою операцию, второй всегда оказывается выполнившим только половину ее. Люди хотят обладать деньгами не ради них самих, а ради того, что они могут купить на них.

Как указывают, предметы потребления быстро уничтожаются, тогда как золото и серебро отличаются большей долговечностью, и, если бы не происходило упомянутого постоянного вывоза их, они могли бы накопляться на протяжении веков, что невероятно увеличило бы действительное богатство страны. Поэтому полагают, что нет ничего столь невыгодного для страны, как торговля, которая состоит в обмене таких долговечных предметов, как драгоценные металлы, на товары, подлежащие уничтожению. Мы, однако, не считаем невыгодной ту торговлю, которая состоит в обмене английских металлических изделий на французские вина, а между тем металлические изделия представляют собой весьма прочный товар, и, если бы не было постоянного его вывоза, этих изделий на протяжении веков тоже накопилось бы так много, что это невероятно увеличило бы количество горшков и кастрюль страны. Но очевидно, что количество подобной утвари в каждой стране необходимо ограничено имеющейся в ней потребностью. Было бы нелепо иметь больше горшков и кастрюль, чем необходимо для приготовления предметов питания, обычно потребляемых в ней. При возрастании количества предметов питания легко увеличится соответственно этому и количество горшков и кастрюль, так как часть возросшего количества предметов питания пойдет на покупку или на содержание добавочного количества рабочих, изготовляющих их. Не менее очевидно, что количество золота и серебра ограничено в каждой стране наличной потребностью в этих металлах. Они употребляются — в виде монеты — для обращения товаров и — в виде посуды — для домашнего обихода; количество звонкой монеты в каждой стране определяется стоимостью товаров, обращающихся в ней; достаточно этой стоимости возрасти, и немедленно часть товаров будет отправлена за границу для покупки, где это окажется возможным, добавочного количества монеты, необходимого для их обращения; что количество золотой и серебряной посуды определяется числом и богатством тех частных семейств, которые позволяют себе пользоваться подобной роскошью; стоит увеличиться количеству и богатству таких семей, и часть этого увеличившегося богатства почти наверное будет затрачена на покупку добавочного количества золотой и серебряной посуды; пытаться увеличить богатство страны посредством ввоза в нее или удержания в ней излишнего количества золота и серебра столь же нелепо, как нелепо было бы пытаться улучшить питание частных семей, заставляя их держать излишнее количество кухонной посуды. Подобно тому как расход на покупку этой ненужной посуды понизит, а не повысит количество или качество пищи, употребляемой ими, так и расход на излишнее количество золота и серебра должен столь же необходимо уменьшить богатство, за счет которого кормится, одевается, оплачивает свои жилища население страны и которое содержит его и дает ему занятие. Не надо забывать, что золото и серебро в виде монеты или посуды представляют собой такой же предмет обихода, как и кухонная посуда. Увеличьте пользование ими, увеличьте количество предметов потребления, подлежащих при их помощи обращению, хранению и изготовлению, и вы обязательно придете к увеличению их количества; но если вы попытаетесь увеличить их количество какими-нибудь чрезвычайными средствами, вы неизбежно сократите пользование ими, а также и количество их, которое для этих металлов никогда не может превышать действительной потребности в них. Если бы даже золота и серебра накопилось больше этого количества, перевозка их так легка, а потеря от их неиспользования и оставления без дела так велика, что никакой закон не мог бы помешать их немедленному вывозу из страны.

Не всегда представляется необходимым копить золото и серебро, чтобы дать стране возможность вести внешние войны и содержать флот и армии в отдельных странах. Флот и армии содержатся не на золото и серебро, а на предметы потребления. Народ, который из годового продукта своей туземной промышленности, из годового дохода, получающегося с его земель, от его труда и производительного капитала, имеет на что покупать эти предметы потребления в отдельных странах, может вести там войны.

Нация может приобретать деньги на оплату армии в отдаленной стране и провиант для нее тремя путями, а именно: посылая за границу, во-первых, некоторую часть накопленного ею золота и серебра или, во-вторых, некоторую часть годового продукта своих мануфактур, или, наконец, некоторую часть своей годовой добычи сырья.

Золото и серебро, которые надлежит считать накопленным запасом страны, можно подразделить на три части: во-первых, деньги, находящиеся в обращении, во-вторых, золотая и серебряная посуда частных семей, в-третьих, деньги, накопленные в результате многолетней бережливости и хранящиеся в казне государя.

Редко бывает, чтобы удавалось много сберечь из обращающихся в стране денег, потому что редко может существовать значительный излишек их. Стоимость товаров, покупаемых и продаваемых в течение года в данной стране, требует определенного количества денег для обращения их и распределения среди соответствующих потребителей и не может дать применения добавочному количеству денег. Каналы обращения необходимо вбирают в себя сумму, достаточную для наполнения их, и никогда не вмещают сверх этого. Но в случае внешней войны некоторая сумма обычно извлекается из этих каналов. При большом числе людей, содержимых за границей, меньше содержится внутри страны. В ней обращается меньше товаров, и для их обращения требуется теперь меньше денег. В таких случаях обыкновенно выпускается необычайное количество бумажных денег того или иного рода, как, например, билеты адмиралтейства и банковые билеты в Англии; заменяя в обращении золото и серебро, эти бумажные деньги дают возможность отсылать большее количество их за границу. Тем не менее все это может служить лишь очень недостаточным источником для ведения внешней войны, требующей крупных расходов и продолжающейся несколько лет.

Превращение в слитки золотой и серебряной посуды частных лиц во всех случаях оказалось еще более незначительным источником. Французы в начале последней войны не получили от этого средства даже столько выгоды, чтобы это оправдывало потерю художественной формы посуды.

Накопленные у государя сокровища в прежние времена являлись гораздо более крупными и более постоянными ресурсами. В настоящее время, если не считать прусского короля, накопление сокровищ, по-видимому, не входит в политику ни одного из европейских государей. Средства, на которые велись внешние войны текущего столетия, потребовавшие неслыханных еще в истории расходов, получались, по-видимому, отнюдь не от вывоза денег, находившихся в обращении, или от золотой и серебряной посуды частных лиц, или сокровищницы государя. Последняя война с Францией обошлась Великобритании свыше 90 млн, включая в эту сумму не только 75 млн нового долга, заключенного в это время, но и увеличение на 2 шилл. с фунта земельного налога, а также ежегодные позаимствования из фонда погашения. Более двух третей этих расходов были произведены в отдельных странах — в Германии, Португалии, Америке, в портах Средиземного моря, в Ост- и Вест-Индии. Короли Англии не имели накопленных сокровищ. Мы совсем не слыхали о больших количествах золотой и серебряной посуды, обращенной в слитки. Стоимость золота и серебра, находившегося в обращении страны, определялась не более чем в 18 млн. Впрочем, полагают, судя по последней перечеканке золота, что цифра эта сильно преуменьшена. Предположим поэтому в соответствии с самой преувеличенной оценкой, какую мне, помнится, приходилось читать или слышать, что общая стоимость обращающейся золотой и серебряной монеты достигла 30 млн. Если бы война велась на наши деньги, находящиеся в обращении, они целиком должны были бы даже согласно этой оценке по крайней мере дважды быть отправлены за границу и вернуться оттуда, и притом на протяжении шести-семи лет. Допущение такого предположения явилось бы самым убедительным доказательством того, как излишне правительству заботиться о сохранении денег в стране, если вся денежная наличность могла в такой короткий промежуток времени дважды уйти из страны и вернуться так, что никто этого и не заметил. Однако каналы обращения ни на один момент за весь этот период не казались опустевшими более обычного. Немногие из тех, кто имел чем оплатить деньги, испытывали недостаток в них. Прибыли от внешней торговли превышали, правда, обычный уровень в течение всей войны, особенно же к концу ее. Это привело, как и всегда приводит, к общему чрезмерному расширению торговых операций во всех портах Великобритании, а это, в свою очередь, породило обычные жалобы на отсутствие денег, которые всегда следуют за таким расширением операций. В деньгах нуждалось множество лиц, не имевших средств, чтобы купить их, или не обладавших кредитом, чтобы занять их. И так как должникам было трудно занять деньги, то кредиторам оказалось трудным получать платежи по долгам. Тем не менее те, которые могли отдать какую-нибудь стоимость в обмен на золото и серебро, по общему правилу могли получать их по стоимости.

Таким образом, громадные издержки последней войны должны были быть покрыты преимущественно не вывозом золота и серебра, а вывозом тех или иных британских товаров. Когда правительство или его агенты договаривались с купцом о переводе денег в какую-нибудь страну, купец, естественно, старался уплатить своему заграничному корреспонденту, на которого он выдал переводный вексель, отправкой за границу каких-нибудь товаров, а не золота и серебра. Если в этой стране не было спроса на английские товары, он старался отправить их в какую-нибудь другую страну, где мог купить вексель на нужную ему страну. Доставка товаров на иностранный рынок, если она отвечает спросу, всегда приносит значительную прибыль, тогда как доставка золота и серебра почти никогда не дает ее. Когда эти металлы посылаются за границу для покупки иностранных товаров, прибыль купца получается не от покупки, а от продажи купленного. Когда же они посылаются за границу лишь для уплаты долга, он ничего не получает взамен и потому не имеет никакой прибыли. Поэтому он, естественно, проявляет свою изобретательность, чтобы найти способ оплатить свои заграничные долги посредством вывоза товаров, а не золота и серебра. В согласии с этим автор «Современного состояния нации» отмечает значительный вывоз британских товаров во время последней войны без соответствующих обратных поступлений.

Помимо трех упомянутых выше видов золота и серебра во всех больших торговых странах имеется значительное количество слитков, попеременно ввозимых и вывозимых в целях внешней торговли. Эти слитки, поскольку они обращаются между различными торговыми странами таким же образом, как национальная монета обращается внутри каждой отдельной страны, можно рассматривать как деньги великой торговой республики. Национальная монета получает свое движение и направление от товаров, обращающихся в пределах каждой отдельной страны; деньги всего торгового мира получают свое движение и направление от товаров, обращающихся между различными странами. Та и другие употребляются для облегчения обмена: первая — между различными лицами в одной стране, последние — между отдельными лицами в различных странах. Часть этих денег великой торговой республики могла быть, и наверное была, употреблена на ведение последней войны. Естественно предположить, что во время войны эти деньги получают направление, отличное от обычного направления их в мирное время, что они больше будут обращаться в районе войны и будут больше употребляться на приобретение там и в соседних странах жалованья и провианта для различных армий. Но какой бы частью этих денег великой торговой республики ни пользовалась в течение года Великобритания, она должна была приобретать их за это же время или на британские товары, или на что-нибудь иное, полученное в обмен на последние; это опять-таки возвращает нас к товарам, к годовому продукту земли и труда страны как к последнему источнику, давшему нам возможность вести войну. Действительно, естественно предполагать, что такой большой расход должен был быть покрыт за счет большой годовой продукции. Расходы 1761 г., например, превышали 19 млн. Никакого накопления не хватало бы для таких расточительных расходов. Нет такого годичного продукта, даже золота и серебра, который мог бы покрыть такой расход. Весь ежегодный ввоз золота и серебра в Испанию и Португалию, согласно наиболее достоверным источникам, обычно ненамного превышает 6 млн ф., что в некоторые годы едва оплатило бы издержки последней войны за четыре месяца.

По-видимому, товарами, наиболее подходящими для вывоза в отдаленные страны в целях приобретения там жалованья и провианта для армии или же в целях приобретения некоторой доли денег великой торговой республики для оплаты этого жалованья и провианта, являются более тонкие и дорогие изделия промышленности, которые при небольшом объеме обладают высокой стоимостью и поэтому могут вывозиться на большие расстояния с незначительными издержками. Страна, промышленность которой производит значительный годовой избыток таких изделий, обычно вывозимых в другие страны, может в течение многих лет вести сопряженную с очень большими издержками внешнюю войну, не вывозя сколько-нибудь значительных количеств золота и серебра или даже совсем не имея их для вывоза. Разумеется, в таком случае бо́льшая часть годового избыточного продукта ее мануфактур должна вывозиться без соответствующих обратных поступлений для страны, хотя купец такие поступления получает, ибо правительство покупает у купца его векселя на заграницу, чтобы приобрести там жалованье и провиант для армии. Однако некоторая часть этого избытка может все же приносить обратные поступления. К владельцам мануфактур во время войны предъявляется удвоенный спрос, и им приходится, во-первых, изготовлять товары для отправки за границу, чтобы оплатить векселя, выписанные на другие страны для приобретения жалованья и провианта для армии, и, во-вторых, вырабатывать такие товары, какие нужны для покупки за границей товаров, обычно потребляемых в стране. Поэтому в разгар самой разрушительной внешней войны мануфактуры в большей своей части могут сильно процветать и, напротив, могут приходить в упадок при восстановлении мира. Они могут процветать во время разорения их страны и склоняться к упадку, когда она начинает опять процветать. Неодинаковое состояние различных отраслей британских мануфактур во время последней войны и некоторое время после заключения мира может служить иллюстрацией к только что сказанному.

Никакую войну, связанную с большими расходами или отличающуюся своей продолжительностью, нельзя без неудобств вести за счет вывоза сырых продуктов. Слишком велики оказались бы издержки по отправке такого количества их за границу, на которое можно было бы приобрести там жалованье и провиант для армии. Притом лишь немногие страны производят сырые продукты в количестве, значительно превышающем то, которое необходимо для существования их собственных жителей. Поэтому отправка за границу сколько-нибудь значительного количества сырья означала бы в большинстве случаев отправку части необходимых средств существования населения. Иначе обстоит дело с вывозом изделий мануфактур. Средства, необходимые на содержание рабочих, занятых производством, остаются внутри страны, и вывозится только избыточная часть продуктов их труда. Юм часто отмечает неспособность прежних королей Англии вести без перерыва сколько-нибудь продолжительные внешние войны*. Англичане того времени не имели средств, чтобы приобретать в чужих странах жалованье и провиант для своих армий; у них было слишком мало сырья, чтобы сколько-нибудь значительная часть его могла быть сбережена от внутреннего потребления; они вырабатывали мало мануфактурных изделий и притом самых грубых и дешевых, транспорт которых, как и сырья, обходился слишком дорого. Эта неспособность обусловливалась не недостатком денег, а отсутствием тонких и лучшего качества мануфактур. Купля и продажа в ту пору, как и теперь, совершалась в Англии посредством денег. Отношение количества денег, находя-

* *Hume D.* History of England from the invasion of Julius Caesar to the revolution in 1688. London, 1778.

щихся в обращении, к числу и стоимости покупок и продаж, обычно совершавшихся в ту пору, должно было быть таким же, как и в настоящее время, или, вернее, оно должно было быть несколько больше, так как тогда не существовало бумажных денег, которые ныне заменяют значительную часть золота и серебра. У народов, которым мало известны торговля и мануфактуры, государь в чрезвычайных обстоятельствах редко может получить сколько-нибудь существенную помощь от своих подданных в силу причин, которые будут объяснены в дальнейшем. В этих странах он обычно старается копить сокровища как единственный источник в таких чрезвычайных случаях. Независимо от этой необходимости государь вообще в подобных условиях бывает склонен к бережливости, необходимой для накопления. В таком примитивном состоянии расход даже одного соверена производится не ради удовлетворения тщеславия, которое наслаждается пышной роскошью двора, а для оказания помощи держателям или гостеприимства приближенным и сторонникам. Но такие щедроты и гостеприимство очень редко ведут к расточительности, тогда как тщеславие почти всегда ведет к ней. В соответствии со сказанным любой татарский хан обладает сокровищами. Как передают, сокровища Мазепы, главы казаков на Украине, известного союзника Карла XII, были очень велики. Французские короли меровингской династии все обладали сокровищами. Когда они производили раздел своего королевства между своими детьми, они делили также свои сокровища. Англосаксонские князья и первые короли после завоевания тоже, по-видимому, копили сокровища. Первым делом каждого нового царствования было обычно завладеть сокровищами предшествующего короля; это было главным средством упрочить наследование. Государи культурных и торговых стран не испытывают такой необходимости копить сокровища, потому что они, по общему правилу, могут получить от своих подданных чрезвычайную помощь в чрезвычайных обстоятельствах. Они и проявляют менее склонности к этому. Они естественно и, пожалуй, даже необходимо следуют за обычаями своего времени, их расходы определяются тем же расточительным тщеславием, которое руководит всеми другими крупными землевладельцами в их владениях. Скромная пышность их двора становится с каждым днем все роскошнее, и расходы на нее не только препятствуют накоплению, но часто черпают из фондов, предназначенных для более необходимых издержек. То, что Дерсиллидас говорит о персидском дворе, может быть отнесено к дворам многих европейских государей: он видел там много блеска, но мало силы, много слуг, но мало воинов.

Ввоз золота и серебра представляет собою не главную и тем более не единственную выгоду, которую нация получает от своей внешней торговли. Все местности, между которыми ведется внешняя торговля, извлекают из нее двоякого рода выгоду. Внешняя торговля вывозит ту избыточную часть продукта их земли и труда, на которую у них нет спроса, и в обмен на это привозит какие-нибудь другие товары, на которые существует у них спрос. Она придает стоимость излишкам, обменивая их на продукты, которые могут удовлетворить часть их потребностей и увеличить наслаждения. Благодаря ей ограниченность рынка не препятствует развитию разделения труда в любой отрасли ремесел или мануфактур до высшей степени совершенства. Открывая более обширный рынок для той доли продукта их труда, которая превышает потребности внутреннего потребления, она поощряет их развивать свои производительные силы и увеличивать до максимальных размеров свой годовой продукт и таким образом увеличивать действительный доход и богатство общества. Такие большие и важные услуги внешняя торговля постоянно оказывает всем странам, между которыми она ведется. Они все извлекают из нее большую пользу, хотя наибольшую пользу обыкновенно извлекает та страна, где живет купец, потому что он больше занят удовлетворением потребностей и вывозом излишков своей собственной страны, чем какой-либо чужой страны. Нет сомнения, что ввоз в страны, не обладающие собственными рудниками, необходимого им золота и серебра составляет одну из функций внешней торговли. Но это — самая незначительная из ее функций. Страна, ведущая внешнюю торговлю только для этой цели,

едва ли могла бы за целое столетие отправить
одно груженое судно.

Открытие Америки обогатило Европу не благодаря ввозу золота и серебра. Вследствие обилия американских рудников эти металлы подешевели. Золотую или серебряную посуду теперь можно купить за треть того количества хлеба или труда, которого она стоила бы в XV столетии. При той же ежегодной затрате труда и товаров Европа может теперь покупать ежегодно в три раза большее количество золотой и серебряной посуды, чем покупала в ту пору. Но когда какой-нибудь товар начинает продаваться за третью часть своей обычной цены, не только прежние его покупатели могут приобретать в три раза больше прежнего, но он делается также по средствам гораздо большему числу новых покупателей, может быть, в десять или даже двадцать раз превышающему прежнее их число. Таким образом, в Европе в настоящее время имеется, может быть, не только в три раза, а, пожалуй, в 20 или 30 раз большее количество золотой и серебряной посуды, чем было бы в ней даже при современном ее благосостоянии, если бы не произошло открытия американских рудников. Постольку Европа, несомненно, извлекла из этого действительную выгоду, но, разумеется, совершенно ничтожную. Дешевизна золота и серебра делает эти металлы, пожалуй, даже менее пригодными для выполнения роли денег, чем это было прежде. Для того чтобы произвести те же самые покупки, мы должны теперь нагружаться бóльшим количеством их и носить в своем кармане шиллинг в тех случаях, когда прежде было бы достаточно монеты в четыре пенса. Трудно сказать, что из этого имеет меньшее значение — это неудобство или же противоположное удобство. Ни то, ни другое не могло вызвать сколько-нибудь существенного изменения в общем положении Европы. Однако открытие Америки, несомненно, произвело весьма существенное изменение. Открыв новый и неисчерпаемый рынок для всех товаров Европы, оно дало толчок дальнейшему разделению труда и улучшению техники, которые в узких пределах прежней торговли никогда не могли бы иметь места из-за отсутствия рынка, способного поглотить бóльшую часть их продукта. Производительность труда повысилась, продукт его во всех странах Европы увеличился, а вместе с этим увеличились действительный доход и богатство их населения. Европейские товары почти все были неизвестны Америке, а многие американские товары — неизвестны Европе. Поэтому начали совершаться многочисленные акты обмена, которые раньше никому не приходили в голову и которые, естественно, оказывались столь же выгодными для нового материка, как были, без сомнения, выгодны для старого. Дикая несправедливость европейцев сделала событие, которое могло быть благодетельным для всех, разорительным и гибельным для некоторых из этих несчастных стран.

Открытие пути в Ост-Индию мимо мыса Доброй Надежды приблизительно около того же времени дало, пожалуй, еще более широкий простор развитию внешней торговли, чем даже открытие Америки, несмотря на большую отдаленность новых рынков. В Америке имелись только два народа, во всех отношениях стоявшие выше дикарей, и они были истреблены почти сейчас же после того, как были открыты. Остальные жители Америки были настоящими дикарями. Напротив, государства Китая, Индостана, Японии, а также другие страны Ост-Индии, не обладая особенно богатыми рудниками золота и серебра, во всех других отношениях были богаче, культурнее и дальше ушли вперед во всех ремеслах и мануфактурах, чем Мексика и Перу, даже если мы отнесемся с доверием, очевидно, к не заслуживающим его преувеличенным сообщениям испанских писателей о состоянии последних государств древности. Но богатые и цивилизованные народы всегда могут производить обмен друг с другом на гораздо большую стоимость, чем с дикарями и варварами. Европа, однако, до сих пор извлекала гораздо меньше выгоды из своей торговли с Ост-Индией, чем из торговли с Америкой. Португальцы приблизительно на целое столетие монополизировали ост-индскую торговлю в свою пользу, и только окольным путем и через них другие народы Европы могли отправлять или получать товары из этой страны. Когда в начале минувшего столетия голландцы начали проникать туда, они сосредоточили всю свою ост-индскую торговлю в руках одной монопольной компании. Англичане, французы, шведы и датчане — все последовали их примеру, так что ни одна большая нация Европы никогда не пользовалась преимуществами свободной торговли с Ост-Индией. Не нужно отыскивать других причин для объяснения того, почему она никогда не была так выгодна, как торговля с Америкой, которая, поскольку речь идет о торговле между данной европейской нацией и ее колониями, вполне свободна для всех подданных этой нации. Исключительные привилегии этих ост-индских компаний, их большие богатства, значительные льготы и покровительство, которые благодаря этому были им обеспечены со стороны их правительств, возбуждали сильную зависть по отношению к ним. Эта зависть часто изображала их торговлю как вообще вредную ввиду больших количеств серебра, которые ежегодно вывозились из стран, ведущих эту торговлю. Заинтересованная сторона отвечала, что ее торговля благодаря такому непрерывному вывозу серебра может действительно приводить к обеднению Европы в целом, но не отдельной страны, ведущей ее, потому что благодаря вывозу части получаемых ее товаров в другие европейские страны она ежегодно привозит домой гораздо большее количество этого металла, чем вывозит. Как обвинение, так и ответ на него основаны на том распространенном представлении, которые я только что подверг рассмотрению, поэтому нет необходимости останавливаться на них. В результате ежегодного вывоза серебра в Ост-Индию серебряная посуда в Европе, возможно, становится несколько дороже, чем это было бы при отсутствии такого вывоза, а за серебряную монету дают, вероятно, большее количество труда и товаров. Первое из этих последствий представляет собой весьма незначительную потерю, а последнее составляет столь же незначительную выгоду; то и другое слишком незначительны, чтобы заслуживать какого-либо общественного внимания. Торговля с Ост-Индией, открывая рынок европейским товарам или, что сводится почти к тому же, золоту и серебру, которые приобретаются на эти товары, необходимо должна вести к увеличению годового производства европейских товаров, а следовательно и действительного богатства и дохода Европы. То обстоятельство, что она до сих пор увеличила его так незначительно, объясняется, вероятно, теми ограничениями, при которых ей повсеместно приходится работать.

Я счел необходимым, хотя и с риском показаться скучным, рассмотреть со всей подробностью то распространенное представление, будто богатство заключается в деньгах или в серебре и золоте. Деньги в просторечии, как я уже заметил, часто означают богатство, и эта двусмысленность выражения сделала это распространенное представление столь привычным для нас, что даже те, кто убежден в его нелепости, весьма склонны забывать свои собственные принципы и в ходе своих рассуждений принимать его как несомненную и неопровержимую истину. Ряд лучших английских писателей о торговле начинали свои сочинения с замечания, что богатство страны состоит не только из золота и серебра, но также из ее земель, домов и предметов потребления всякого рода. Однако в ходе рассуждений земли, дома и предметы потребления как будто ускользают из их памяти, и вся их аргументация часто исходит из того, что все богатство состоит из золота и серебра и что умножение этих металлов составляет главную цель национальной промышленности и торговли.

Поскольку, таким образом, утвердились два основных положения, что богатство состоит из золота и серебра и что эти металлы могут притекать в страну, не обладающую рудниками, только в результате благоприятного торгового баланса или посредством вывоза на бóльшую сумму, чем страна ввозит, главной задачей политической экономии неизбежно сделалось уменьшение, елико возможно, ввоза иностранных товаров для внутреннего потребления и увеличение по возможности вывоза продуктов отечественной промышленности. И поэтому двумя главными ее средствами для обогащения страны явились ограничения ввоза и поощрение вывоза.

Ограничения ввоза были двоякого рода:

1. Ограничения ввоза тех иностранных продуктов для внутреннего потребления, которые могут быть вырабатываемы внутри страны независимо от того, из какой страны они ввозятся.

2. Ограничения ввоза продуктов почти всех родов из тех отдельных стран, торговый баланс по отношению к которым считался неблагоприятным.

Эти различные ограничения и стеснения состояли или в обложении высокими пошлинами, или в полном запрещении ввоза.

Вывоз поощрялся возвратом пошлин, выдачей премий, или заключением выгодных торговых договоров с иностранными государствами, или, наконец, учреждением колоний в отдельных странах.

Возврат пошлин практиковался в двух различных случаях. Отечественные фабриканты, облагаемые каким-нибудь налогом или акцизом, при вывозе своих изделий получали часто обратно всю или часть уплачиваемой ими суммы; точно так же, когда в страну ввозились с целью обратного вывоза товары, облагаемые пошлиной, эта пошлина целиком или частично возвращалась иногда при их вывозе.

Премии выдавались в целях поощрения или вновь возникающих мануфактур, или таких отраслей промышленности, которые признавались заслуживающими особого покровительства.

Посредством выгодных торговых договоров товарам и купцам данной страны предоставлялись в некоторых иностранных государствах особые преимущества сравнительно с товарами и купцами других стран.

При учреждении колоний в отдаленных странах товарам и купцам метрополии часто предоставлялись не только особые преимущества, но и монополия.

Упомянутые два вида ограничений ввоза вместе с четырьмя способами поощрения вывоза представляют собою шесть главных средств, при помощи которых меркантилистическая система предполагает увеличить количество золота и серебра в данной стране, изменив торговый баланс в ее пользу. В особой главе я подвергну рассмотрению каждое из этих средств и, не останавливаясь специально на их предполагаемой тенденции вызывать приток денег в страну, займусь выяснением главным образом вероятного влияния каждого из них на годовой продукт промышленности страны. В зависимости от того, ведут ли они к увеличению или уменьшению стоимости этого годового продукта, они, очевидно, должны вести к увеличению или уменьшению действительного богатства и дохода страны.

Глава II

ОБ ОГРАНИЧЕНИИ ВВОЗА ИЗ-ЗА ГРАНИЦЫ ТАКИХ ПРОДУКТОВ, КОТОРЫЕ МОГУТ БЫТЬ ПРОИЗВОДИМЫ ВНУТРИ СТРАНЫ

Ограничением при помощи высоких пошлин или абсолютным воспрещением ввоза из-за границы таких продуктов, которые могут производиться внутри страны, более или менее обеспечивается монополия внутреннего рынка для отечественной промышленности, занятой их производством. Так, запрещение ввоза из-за границы живого скота или солонины обеспечивает скотоводам Великобритании монополию внутреннего рынка мяса. Высокие пошлины на ввозимый хлеб, которые в годы среднего урожая почти равносильны запрещению, дают такое же преимущество производителям этого товара. Запрещение ввоза иностранных шерстяных изделий столь же выгодно шерстяным фабрикантам. Шелковое производство, хотя и работающее исключительно на иностранном сырье, недавно добилось такого же преимущества. Производство полотна еще не добилось его, но прилагает большие усилия к этому. Многие другие отрасли промышленности таким же образом добились в Великобритании или полной монополии, или почти монопольного положения по отношению к своим соотечественникам. Люди, мало знакомые с таможенными законами, нелегко могут представить себе все разнообразие и многочисленность товаров, ввоз которых в Великобританию воспрещен или абсолютно, или при известных условиях.

Не может подлежать сомнению, что такая монополия внутреннего рынка часто служит большим поощрением для отрасли промышленности, пользующейся ею, и нередко привлекает к ней большую долю труда и капитала общества, чем это было бы при других условиях. Но, пожалуй, не столь очевидно, ведет ли она к развитию всей промышленности общества в целом и дает ли ей наиболее выгодное направление.

Вся промышленность данного общества в целом не может никогда выходить за пределы, определяемые размером капитала этого общества. Поскольку количество рабочих, которым может дать занятие отдельное лицо, должно находиться в известном отношении к его капиталу, постольку и количество тех рабочих, которым могут дать постоянное занятие все члены обширного общества, должно также находиться в известном отношении ко всему капиталу этого общества и никогда не может превысить это соотношение. Никакое регулирование торговли не в состоянии вызвать увеличение промышленности какого-либо общества сверх того, что соответствует его капиталу. Оно может лишь дать некоторой части промышленности такое направление, в каком она без этого не могла бы развиваться, и отнюдь не представляется несомненным, что это искусственное направление более выгодно для общества, чем то, по какому она развивалась бы, если бы была предоставлена самой себе.

Каждый отдельный человек постоянно старается найти наиболее выгодное приложение капитала, которым он может распоряжаться. Он имеет в виду свою собственную выгоду, а отнюдь не выгоды общества. Но когда он принимает во внимание свою собственную выгоду, это естественно, или, точнее, неизбежно, приводит его к предпочтению того занятия, которое наиболее выгодно обществу.

Во-первых, каждый человек старается приложить свой капитал по возможности поближе к своему дому и, следовательно, по возможности для вложения в отечественную промышленность при том неизменном условии, что он может таким путем получить обычную или почти обычную прибыль на капитал.

Так, при условии одинаковой или почти одинаковой прибыли всякий оптовый купец, естественно, предпочитает торговлю внутри страны внешней торговле для нужд потребления, а внешнюю торговлю для нужд потребления — транзитной торговле. При занятии внутренней торговлей его капитал никогда не уходит из рук на столь продолжительное время, как это часто бывает во внешней торговле для нужд потребления. Он может лучше узнавать характер и положение лиц, которым оказывает доверие, а если ему случится быть обманутым, он лучше знает законы страны, у которой должен искать помощи. В транзитной торговле капитал купца как бы делится между двумя заграничными странами, ни малейшая часть его не возвращается необходимо домой и не оказывается под его непосредственным контролем и в его распоряжении. Капитал, который амстердамский купец затрачивает на доставку хлеба из Кёнигсберга в Лиссабон и фруктов и вина из Лиссабона в Кёнигсберг, должен обычно находиться наполовину в Кёнигсберге и наполовину в Лиссабоне. Ни малейшая доля его не должна попадать в Амстердам. Естественным местопребыванием такого купца должен был бы служить Кёнигсберг или Лиссабон, и только какие-либо особые обстоятельства могут заставить его предпочесть пребывание в Амстердаме. Впрочем, неудобство, причиняемое ему тем, что его капитал находится так далеко от него, обычно побуждает его доставлять в Амстердам часть кёнигсбергских товаров, предназначенных для Лиссабона, и часть лиссабонских товаров, предназначенных им для Кёнигсберга; и хотя это необходимо обременяет его двойным расходом на нагрузку и разгрузку, а также платежом лишних налогов и пошлин, он все же охотно идет на этот добавочный расход, лишь бы только всегда иметь в своем распоряжении и под своим контролем некоторую часть своего капитала. Таким-то образом всякая страна, принимающая сколько-нибудь значительное участие в транзитной торговле, становится всегда складочным местом или центральным рынком для товаров всех тех стран, торговлю которых она ведет. Купец в своем стремлении обойтись без вторичной нагрузки и разгрузки всегда старается продать на отечественном рынке столько товаров этих стран, сколько только может, и таким образом по возможности превратить свою транзитную торговлю во внешнюю торговлю для нужд потребления. Точно так же и купец, занятый внешней торговлей для нужд потребления, будет всегда рад, собирая товары для иностранных рынков, продать — при одинаковой или почти одинаковой прибыли — возможно большую часть их у себя на родине. Он избавляет себя от риска и хлопот, связанных с вывозом их благодаря тому, что он по возможности превращает свою внешнюю торговлю для нужд потребления во внутреннюю торговлю. Внутренний рынок является, таким образом, центром, если можно так выразиться, вокруг которого постоянно обращаются капиталы жителей всякой страны и к которому они всегда стремятся, хотя особые причины могут иногда отвлекать их для употребления в отдаленных местах. Но капитал, занятый во внутренней торговле, как уже показано, неизбежно приводит в движение большее количество отечественного труда и дает доход и занятие большему числу жителей страны, чем таких же размеров капитал, вложенный во внешнюю торговлю для нужд потребления, а капитал, вложенный в последнюю, обладает таким же преимуществом сравнительно с капиталом одинакового размера, вложенным в транзитную торговлю. Ввиду этого при одинаковой или почти одинаковой прибыли каждый отдельный человек, естественно, склонен употреблять свой капитал таким способом, при котором он оказывает наибольшее содействие отечественной промышленности и дает доход и занятие наибольшему числу жителей своей страны.

Во-вторых, всякий человек, затрачивающий свой капитал на поддержку отечественного труда, обязательно старается дать ему такое направление, чтобы его продукт обладал возможно большей стоимостью.

Продукт промышленности составляет то, что прибавляется ею к предмету или материалу, к которым промышленный труд прилагается. В зависимости от того, насколько значительна или незначительна стоимость этого продукта, будет и прибыль предпринимателя. Но всякий человек употребляет капитал на поддержку промышленности только ради прибыли, поэтому он всегда будет стараться употреблять его на поддержку той отрасли промышленности, продукт которой будет обладать наибольшей стоимостью и обмениваться на наибольшее количество денег или других товаров.

Но годовой доход любого общества всегда в точности равен меновой стоимости всего годового продукта его труда или, вернее, именно и представляет собой эту меновую стоимость. И поскольку каждый отдельный человек старается по возможности употреблять свой капитал на поддержку отечественной промышленности и так направлять эту промышленность, чтобы продукт ее обладал наибольшей стоимостью, постольку он обязательно содействует тому, чтобы годовой доход общества был максимально велик. Разумеется, обычно он не имеет в виду содействовать общественной пользе и не сознает, насколько он содействует ей. Предпочитая оказывать поддержку отечественному производству, а не иностранному, он имеет в виду лишь свой собственный интерес, и осуществляя это производство таким образом, чтобы его продукт обладал максимальной стоимостью, он преследует лишь свою собственную выгоду, причем в этом случае, как и во многих других, он невидимой рукой направляется к цели, которая совсем и не входила в его намерения; при этом общество не всегда страдает от того, что эта цель не входила в его намерения. Преследуя свои собственные интересы, он часто более действительным образом служит интересам общества, чем тогда, когда сознательно стремится делать это. Мне ни разу не приходилось слышать, чтобы много хорошего было сделано теми, которые делали вид, что они ведут торговлю ради блага общества. Впрочем, подобные претензии не очень обычны среди купцов, и немного надо слов, чтобы уговорить их отказаться от них.

Очевидно, что каждый человек, сообразуясь с местными условиями, может гораздо лучше, чем это сделал бы вместо него любой государственный деятель или законодатель, судить о том, к какому именно роду отечественной промышленности приложить свой капитал и продукт какой промышленности может обладать наибольшей стоимостью. Государственный деятель, который попытался бы давать частным лицам указания, как они должны употреблять свои капиталы, обременил бы себя совершенно излишней заботой, а также присвоил бы себе власть, которую нельзя без ущерба доверить не только какому-либо лицу, но и какому бы то ни было совету или учреждению и которая ни в чьих руках не оказалась бы столь опасной, как в руках человека, настолько безумного и самонадеянного, чтобы вообразить себя способным использовать эту власть.

Установление монополии внутреннего рынка для продукта отечественной промышленности в той или иной отрасли ремесел или мануфактур в известной мере равносильно указанию частным лицам, каким образом они должны употреблять свои капиталы, и должно почти во всех случаях являться или бесполезным, или вредным мероприятием. Это регулирование, очевидно, бесполезно, если продукт отечественной промышленности может быть доставлен на внутренний рынок по такой же цене, как и продукт иностранной промышленности. Если это невозможно, регулирование, по общему правилу, должно оказаться вредным. Основное правило каждого благоразумного главы семьи состоит в том, чтобы не пытаться изготовлять дома такие предметы, изготовление которых обойдется дороже, чем при покупке их на стороне. Портной не пробует сам шить себе сапоги, а покупает их у сапожника. Сапожник не пробует сам шить себе одежду, а прибегает к услугам портного. Фермер не пробует ни того, ни другого, а пользуется услугами обоих этих ремесленников. Все они находят более выгодным для себя затрачивать весь свой труд в той области, в которой они обладают некоторым преимуществом перед своими соседями, и все необходимое им покупать в обмен на часть продукта, или, что то же самое, на цену части продукта своего труда.

То, что представляется разумным в образе действий любой частной семьи, вряд ли может оказаться неразумным для всего королевства. Если какая-либо чужая страна может снабжать нас каким-нибудь товаром по более дешевой цене, чем мы сами в состоянии изготовлять его, гораздо лучше покупать его у нее на некоторую часть продукта нашего собственного промышленного труда, прилагаемого в той области, в которой мы обладаем некоторым преимуществом. Общая сумма промышленного труда страны, будучи всегда пропорциональна капиталу, который пользуется им, от этого не уменьшится, как не уменьшится и труд вышеупомянутых ремесленников; ему придется лишь искать область, в которой он может быть употреблен с наибольшей выгодой. Вне всякого сомнения, он прилагается не с наибольшей выгодой, когда направлен на изготовление предмета, который может быть куплен дешевле, чем произведен им самим. Стоимость его годового продукта, несомненно, более или менее понизится, когда он таким образом отвлекается от производства товаров, обладающих большей стоимостью по сравнению с товаром, на изготовление которого он направляется. Согласно нашему предположению товар этот может быть куплен за границей по более дешевой цене, чем при изготовлении внутри страны. Следовательно, он может быть куплен на часть товаров, или, что то же самое, на часть цены товаров, которые произвел бы внутри страны промышленный труд, употребляемый равным капиталом, если бы ему было предоставлено следовать своим естественным путем. Промышленный труд страны, таким образом, отвлекается от более выгодного к менее выгодному занятию, и меновая стоимость его годового продукта, вместо того чтобы увеличиться, как хотел законодатель, должна неизбежно уменьшаться в результате каждого подобного ограничения.

Правда, благодаря таким мероприятиям отдельная отрасль промышленности может возникнуть в стране скорее, чем это было бы в противном случае, и по истечении некоторого времени ее изделия будут изготовляться внутри страны дешевле, чем за границей. Но, хотя промышленный труд может таким образом быть с выгодой направлен в особое русло скорее, чем это было бы в противном случае, отсюда вовсе не следует, что общая сумма промышленного труда, или дохода страны, может быть каким-либо образом увеличена при помощи подобных мероприятий. Промышленный труд общества может возрастать только в меру возрастания его капитала, а этот последний может возрастать лишь в меру того, что может быть постепенно сбережено из дохода общества. Между тем непосредственным результатом каждого такого мероприятия является уменьшение дохода общества, а то, что уменьшает его доход, разумеется, вряд ли может увеличивать его капитал быстрее, чем это было бы, если бы капиталу и промышленному труду было предоставлено самим находить себе свое естественное применение.

Если даже в результате отсутствия подобных мероприятий общество никогда не введет у себя упомянутой отрасли мануфактур, оно из-за этого отнюдь не станет беднее в какой-либо период своего существования. В каждый данный момент весь его капитал и промышленный труд могут все же быть заняты, хотя и в других областях, и притом таким образом, который наиболее выгоден в данное время. В каждый данный момент его доход может достигать того максимума, который способен давать его капитал, и как капитал его, так и доход могут возрастать с максимально возможной быстротой.

Естественные преимущества, какими обладает одна страна перед другой при производстве определенных продуктов, иногда так велики, что всеми признается безнадежной всякая борьба с ними. Путем применения стеклянных рам, парников и теплиц в Шотландии возможно выращивать очень хороший виноград, и из него можно также выделывать очень хорошее вино, обходящееся по меньшей мере в тридцать раз дороже такого же качества вина, привозимого из-за границы. Будет ли разумным закон, запрещающий ввоз этих заграничных вин исключительно в целях поощрения производства кларета и бургундского в Шотландии? Но если очевидной нелепостью было бы обращать к какому-либо занятию в тридцать раз большее количество капитала и промышленного труда страны, чем требуется для того, чтобы купить за границей такое же количество нужных товаров, то также является нелепостью — хотя и не столь вопиющей, но совершенно такого же рода — обращать к подобному занятию хотя бы на одну тридцатую или на одну трехсотую долю больше капитала или промышленного труда. В данном случае не имеет никакого значения, являются ли те преимущества, какими обладает одна страна сравнительно с другой, естественными или приобретенными. Поскольку одна страна обладает такими преимуществами, а другая лишена их, для последней всегда будет выгоднее покупать у первой, а не производить самой. Преимущество, которым обладает ремесленник перед своими соседями, занимающимися другими профессиями, является приобретенным, и тем не менее как он, так и они находят более выгодным покупать друг у друга, вместо того чтобы производить предметы не по своей специальности.

Наибольшую выгоду от указанной монополии на внутреннем рынке извлекают купцы и владельцы мануфактур. Запрещение ввоза заграничного скота и солонины, а также высокие пошлины на иностранный хлеб, в годы среднего урожая равносильные запрещению ввоза, даже приблизительно не столь выгодны для скотоводов и фермеров Великобритании, насколько другие ограничения подобного рода выгодны ее купцам и владельцам мануфактур. Мануфактурные изделия, в особенности более дорогие, гораздо легче перевозятся из одной страны в другую, чем скот или хлеб. Ввиду этого внешняя торговля занимается главным образом скупкой и доставкой мануфактурных изделий. При торговле мануфактурными изделиями самое незначительное преимущество позволяет иностранцам с успехом конкурировать с нашими рабочими даже на нашем внутреннем рынке. Но требуется очень большое преимущество, чтобы они могли конкурировать при продаже сельскохозяйственных продуктов. Если бы был допущен свободный ввоз иностранных мануфактурных изделий, некоторые из отечественных мануфактур, вероятно, пострадали бы от этого, а некоторые даже разорились бы, значительная часть капитала и промышленного труда, занятая в настоящее время в них, была бы вынуждена искать какого-нибудь другого применения. Но самый свободный ввоз сельскохозяйственных продуктов не мог бы иметь подобных последствий для сельского хозяйства страны.

Так, например, если бы был сделан совершенно свободным ввоз скота из-за границы, могло бы ввозиться столь небольшое количество его, что скотоводы Великобритании были бы мало затронуты этим. Живой скот, пожалуй, представляет собою единственный товар, перевозка которого обходится дороже морем, чем по суше. При сухопутной перевозке скот сам доставляет себя на рынок. При перевозке морем приходится возить с немалыми расходами и неудобствами не только самый скот, но и корм для него, и воду. Небольшое протяжение морского пути между Ирландией и Великобританией делает ввоз ирландского скота более легким. Но хотя свободный ввоз его, разрешенный раньше только на определенный срок, теперь установлен навсегда, это не могло сколько-нибудь чувствительно отразиться на интересах скотоводов Великобритании. Те части Великобритании, которые граничат с Ирландским морем, являются все скотоводческими районами. Ирландский скот не может ввозиться для них, он должен перегоняться через эти обширные районы с немалыми расходами и неудобствами, пока не попадет на подходящий для него рынок. Но откормленный скот нельзя перегонять на столь далекое расстояние. Поэтому возможен ввоз только тощего скота, а такой ввоз может задевать интересы не откармливающих районов, для которых он скорее выгоден, поскольку понижает цену тощего скота, а только районов, которые разводят скот. Небольшие размеры ввоза ирландского скота со времени разрешения его, а также высокие цены, по которым по-прежнему продается неоткормленный скот, свидетельствуют, по-видимому, что даже те районы Великобритании, которые занимаются разведением скота, не очень пострадали от свободного ввоза ирландского скота. Сообщают, что ирландские бедные классы иногда насильно препятствовали вывозу скота. Но если экспортеры находили сколько-нибудь значительную выгоду в продолжении своей торговли, они легко могли, имея на своей стороне закон, сломить это противодействие толпы.

Надо еще заметить, что районы, откармливающие скот, должны отличаться высокой земледельческой культурой, тогда как районы, занимающиеся разведением скота, обычно стоят на низком уровне земледельческой культуры. Высокая цена тощего скота, увеличивая стоимость невозделанных земель, является как бы премией за отказ от ее возделывания и улучшения. Для страны с высокой земледельческой культурой гораздо выгоднее ввозить нужный ей тощий скот, чем самой разводить его. Как сообщают, Голландия в настоящее время следует этому правилу. Горы Шотландии, Уэльса и Нортумберленда представляют собою районы, непригодные для значительных улучшений, и предназначены, по-видимому, природой быть скотоводческими районами Великобритании. Неограниченная свобода ввоза иностранного скота могла иметь лишь тот результат, что она помешала этим скотоводческим районам воспользоваться ростом населения и благосостояния остального королевства, повысить цены на скот до чрезвычайных размеров и таким образом обложить фактическим налогом все более развитые и более культурные районы страны.

Неограниченная свобода ввоза солонины точно так же могла столь же мало задевать интересы скотоводов Великобритании, как и свободный ввоз живого скота. Солонина не только очень громоздкий товар, но в сравнении со свежим мясом представляет собою товар и худшего качества, и более дорогой, поскольку на него затрачено больше труда и издержек. Поэтому она никогда не может конкурировать со свежим мясом, хотя и может конкурировать с солониной, изготовленной внутри страны. Она может употребляться для снабжения продовольствием судов, отправляющихся в дальнее плавание, и для других подобных целей, но никогда не может служить в сколько-нибудь значительных размерах для питания населения. Малый размер ввоза солонины из Ирландии со времени объявления его свободным служит наглядным доказательством того, что нашим скотоводам не приходится опасаться его. Нет никаких данных, что ввоз солонины сколько-нибудь отразился на цене мяса.

Даже свободный ввоз иностранного хлеба может весьма мало отражаться на интересах фермеров Великобритании. Хлеб гораздо более громоздкий товар, чем мясо. Фунт пшеницы при цене в один пенни так же дорог, как фунт мяса при цене в 4 пенса. Небольшие размеры ввоза иностранного хлеба даже во времена сильнейших неурожаев могут убедить наших фермеров, что им нечего бояться самой неограниченной свободы ввоза. Средний ввоз достигает, согласно весьма осведомленному автору трактатов о хлебной торговле, 23 728 квартеров всех видов хлеба и не превышает одной пятьсот семьдесят первой доли всего годового потребления. Но подобно тому как премия на хлеб вызывает увеличение вывоза в урожайные годы, так в годы неурожайные она должна вызывать больший ввоз, чем это имело бы место при отсутствии премии при данном состоянии земледелия. Благодаря этому изобилие одного года не компенсирует скудости другого, и это необходимо повышает среднее количество как вывозимого хлеба, так и ввозимого. Если бы не существовало премии, вывозилось бы меньше хлеба и потому, вероятно, ввозилось бы в среднем также меньше, чем в настоящее время. Торговцы хлебом, занимающиеся закупкою и доставкою хлеба между Великобританией и другими странами, имели бы меньше дел и могли бы чувствительно пострадать, но землевладельцы и фермеры пострадали бы очень мало. Ввиду этого я замечал сильнейшее желание возобновления и сохранения премии не столько среди землевладельцев и фермеров, сколько среди торговцев хлебом.

Землевладельцы и фермеры, к их большой чести, менее всех заражены извращенным духом монополии. Владелец большой мануфактуры нередко бывает встревожен, если другое предприятие такого же рода возникает на расстоянии 20 миль от него. Голландский предприниматель шерстяной фабрики в Эббевилле поставил условия, чтобы ни одно заведение подобного же рода не открывалось в районе 30 миль от этого города. Фермеры и землевладельцы, напротив, по общему правилу склонны скорее содействовать, чем препятствовать обработке и улучшению ферм и поместий своих соседей. Они не имеют никаких секретов, какими владеет большинство владельцев мануфактур; напротив, они скорее любят сообщать своим соседям и распространять, насколько возможно, все новые приемы и методы, которые они нашли выгодными. «Pius Questus, — говорит старик Катон*, — stabilimusque, minimeque invidiosus, minimeque male cogitantes sunt, qui in eo studio occupati sunt». Земледельцы и фермеры, рассеянные по всей стране, не могут так легко объединяться и сговариваться, как купцы и владельцы мануфактур, которые, будучи сосредоточены в городах и пропитавшись преобладающим в последних духом корпоративной исключительности, естественно, стараются приобрести по отношению ко всем своим соотечественникам те же исключительные преимущества, какими они обычно обладают по отношению к жителям своих го-

---

* *Caton.* De re rustica.

родов. В соответствии с этим они, по-видимому, являлись инициаторами и авторами тех ограничений ввоза иностранных товаров, которые обеспечивают их монополию внутреннего рынка. Вероятно, в подражание им и из желания не уступать тем, кто, по их мнению, намеревался угнетать их, землевладельцы и фермеры Великобритании настолько забыли благородство, свойственное их классу, что стали требовать исключительного права снабжать своих соотечественников хлебом и мясом. Они, наверное, не дали себе труда поразмыслить, насколько меньше могут быть затронуты свободой торговли их интересы сравнительно с интересами людей, примеру которых они последовали.

Запрещение на основе постоянно действующего закона ввоза иностранного хлеба и скота на деле равносильно провозглашению того, что население и промышленность страны никогда не должны превышать те размеры, при которых они могут содержаться за счет сырого продукта ее собственной почвы.

Однако имеются, по-видимому, два случая, когда, по общему правилу, выгодно наложить некоторые тяготы на иностранную промышленность в целях поощрения промышленности отечественной.

Первый случай имеет место тогда, когда какая-либо отдельная отрасль промышленности необходима для обороны страны. Оборона Великобритании, например, в весьма большой степени зависит от количества ее моряков и кораблей. Навигационный акт поэтому вполне уместно пытается предоставить морякам и судоходству Великобритании монополию торговли их собственной страны, устанавливая в одних случаях полное запрещение, а в других подвергая тяжелому обложению судоходство других стран. Главные положения этого акта таковы:

1) Всем судам, на которых их владельцы, капитаны и три четверти экипажа не состоят британскими подданными, воспрещается под страхом конфискации судна и груза вести торговлю с британскими поселениями и колониями или заниматься каботажной торговлей в Великобритании.

2) Целый ряд наиболее громоздких предметов ввоза может доставляться в Великобританию только на судах, удовлетворяющих описанным условиям, или же на судах той страны, где произведены эти товары, причем владельцы, капитаны и три четверти экипажа их должны быть подданными этой страны; но, даже будучи ввезены на судах этого рода, товары эти облагаются двойной пошлиной. При ввозе же на судах какой-либо иной страны установлена конфискация судна и товаров.

Когда был издан этот закон, голландцы были, как и являются до сих пор, главными транспортерами Европы; установленные законы ограничения совершенно лишили их возможности транспортировать товары в Великобританию или ввозить к нам товары других европейских стран.

3) Воспрещается под угрозой конфискации судна и груза ввоз целого ряда наиболее громоздких предметов, даже на британских судах, откуда бы то ни было, кроме той страны, где они производятся.

Эта мера тоже, вероятно, была направлена против голландцев. Голландия в эту эпоху являлась, как и в настоящее время, главным складом всех европейских товаров; это постановление запрещало британским судам принимать на борт в Голландии товары других европейских стран.

4) Соленая рыба всякого рода, китовые плавники, китовый ус, жир и ворвань, добытые и заготовленные не на борту британских судов, при ввозе в Великобританию облагаются двойной пошлиной.

Голландцы являются и до сих пор главными, а в то время были единственными, рыболовами Европы, старавшимися снабжать рыбой другие страны. Эта мера очень затруднила им снабжение Великобритании рыбой.

Хотя Англия и Голландия не находились в состоянии войны друг с другом во время издания Навигационного акта, между этими двумя государствами существовала сильнейшая вражда. Она возникла во время управления Долгого парламента, который впервые проектировал этот акт, и вскоре после того вылилась в войну с Голландией при протекторе и Карле II. Поэтому возможно, что некоторые из ограничений этого знаменитого акта порождены национальной враждой. Тем не менее они отличаются такой мудростью, точно были продиктованы самым зрелым размышлением. Национальная вражда в данном случае наметила себе ту самую цель, какую подсказало бы и самое зрелое размышление, — ослабление морского могущества Голландии, единственной морской силы, какая могла угрожать безопасности Англии.

Навигационный акт не благоприятствует внешней торговле или возрастанию того богатства, которое порождается ею. В своих торговых сношениях с другими народами нация, подобно купцу в его сношениях с различными лицами, заинтересована покупать возможно дешевле и продавать возможно дороже. Но наибольшие шансы покупать дешево она будет иметь в том случае, если наиболее полной свободой торговли будет поощрять все народы привозить к ней товары, которые ей надо покупать, и по той же причине у нее будут наибольшие шансы продавать дорого, когда ее рынки будут таким же образом привлекать наибольшее число покупателей. Навигационный акт, правда, не налагает никаких пошлин на иностранные суда, прибывающие в целях вывоза продуктов британской промышленности. Даже прежняя пошлина с иностранцев, которая уплачивалась за все товары, как вывозимые, так и ввозимые, была различными последующими законами отменена для большей части вывозимых предметов; но если запрещениями или высокими пошлинами затрудняется приезд иностранцев для продажи товаров, то они не всегда могут приезжать и для закупок, потому что, приезжая без груза, они должны терять фрахт от их страны до Великобритании. Таким образом, уменьшая число продавцов, мы неизбежно уменьшаем и количество покупателей и потому вынуждены не только платить дороже при покупке иностранных товаров, но и продавать наши собственные товары по более дешевой цене, чем если бы существовала более полная свобода торговли. Однако, принимая во внимание, что оборона страны гораздо важнее, чем богатство, Навигационный акт представляет собою, пожалуй, одно из самых мудрых мероприятий Англии по регулированию торговли.

Вторым случаем, когда выгодно подвергать некоторому обложению иностранную промышленность в целях поощрения отечественной, является тот, когда продукт последней внутри страны облагается налогом. В таком случае представляется целесообразным, чтобы таких же размеров налог взимался с аналогичного продукта промышленности иностранной. Это не создаст монополии внутреннего рынка для отечественной промышленности и не направит в эту отрасль большую долю капитала и труда, чем это было бы при обычных условиях. Это только предотвратит отлив от нее благодаря налогу части естественно предназначенного для нее капитала и труда и сохранит после установления налога по возможности прежние условия конкуренции между иностранной и отечественной промышленностью. В Великобритании принято за правило в тех случаях, когда устанавливается какой-либо подобный налог на продукт отечественной промышленности, одновременно с этим вводить еще более тяжелую пошлину на ввоз всех иностранных товаров такого же рода, чтобы прекратить громкие жалобы наших купцов и фабрикантов на непосильную конкуренцию.

Это второе ограничение свободы торговли, по мнению некоторых, должно быть в ряде случаев распространено гораздо дальше, а именно не только на те иностранные товары, которые могут вступить в конкуренцию с товарами, облагаемыми внутри страны. Они полагают, что при обложении внутри страны предметов продовольствия надлежит облагать не только эти же предметы продовольствия, ввозимые из других стран, но и все другие иностранные товары, которые могут конкурировать с любым продуктом отечественной промышленности. Предметы питания, говорят они, неизбежно становятся дороже в результате таких налогов, а цена труда всегда должна повышаться вместе с возрастанием цены средств существования рабочего. Ввиду этого всякий товар, произведенный отечественной промышленностью, хотя непосредственно и не облагается, становится все же дороже в результате таких налогов, потому что становится дороже труд, который производит его. Подобные налоги ввиду этого, по их словам, фактически равносильны налогу на все товары, производимые внутри страны. Поэтому для обеспечения отечественной промышленности равных условий с иностранной необходимо обложить все иностранные товары некоторым налогом, соответствующим удорожанию отечественных товаров, с которыми они конкурируют.

В дальнейшем, при рассмотрении вопроса о налогах, я выясню, повышают ли налоги на предметы потребления, как, например, существующие в Великобритании налоги на мыло, соль, кожу, свечи и т.п., цену труда, а следовательно, и всех других товаров. Если мы временно допустим такое их действие — а они, без сомнения, оказывают его, — это общее удорожание цены всех товаров в результате повышения цены труда представляет собою случай, в двух следующих отношениях отличающийся от того, когда цена какого-нибудь отдельного товара повышается благодаря налогу, налагаемому непосредственно на него.

Во-первых, всегда можно с большой точностью установить, насколько цена того товара может повыситься благодаря подобному налогу, тогда как никогда нельзя определить хотя бы с некоторой точностью, в каких размерах общее повышение цены труда может отразиться на цене каждого отдельного товара, на изготовление которого был потрачен этот труд. Поэтому окажется невозможным хотя бы с некоторой точностью сообразовать пошлину на каждый заграничный товар с этим повышением цены соответствующего товара внутреннего производства.

Во-вторых, налоги на предметы первой необходимости почти так же отражаются на условиях жизни народа, как и дурная почва и плохой климат. Благодаря им средства питания становятся дороже, как если бы требовался добавочный труд и издержки для их производства. Если было бы нелепо при естественной скудости, обусловленной почвой и климатом, указывать людям, как им затрачивать свой капитал и промышленный труд, то столь же нелепо делать это при искусственной скудости, порождаемой такими налогами. В обоих случаях, очевидно, выгоднее всего для них, если им самим будет предоставлено приспособить, насколько они могут, свой промышленный труд к данному положению и найти такие занятия, которые, несмотря на неблагоприятные условия, могут дать им некоторые преимущества на внутреннем или внешнем рынке. Облагать их новым налогом, потому что они уже переобременены ими, и принуждать их платить слишком дорого за бóльшую часть других товаров, потому что они уже платят слишком дорого за предметы первой необходимости, было бы, без сомнения, самым нелепым способом поправить их положение.

Такие налоги, когда они достигают известной высоты, являются бедствием, не уступающим бесплодию земли и немилосердию небес, а между тем чаще всего они устанавливаются в наиболее богатых и наиболее промышленных странах. Ни одна другая страна не могла бы выдержать такого серьезного расстройства. Подобно тому как только самые сильные организмы могут жить и пользоваться здоровьем при нездоровом режиме, так и при таких налогах могут существовать и процветать только те народы, которые во всех отраслях промышленности обладают наибольшими естественными и приобретенными преимуществами. Голландия представляет собой ту страну в Европе, в которой больше всего существует подобных налогов и которая в силу особых обстоятельств продолжает процветать, но не благодаря им, как это нелепым образом предполагали, а несмотря на эти налоги.

Если в двух случаях вообще выгодно подвергать некоторому обложению иностранную промышленность в целях поощрения отечественной, то могут иметь место и такие два случая, когда понадобится взвесить следующие вопросы: во-первых, насколько целесообразно продолжать допущение свободного ввоза определенных иностранных товаров и, во-вторых, в какой степени и каким образом может оказаться полезным восстановить свободный ввоз после того, как он на некоторое время был приостановлен.

Подвергнуть обсуждению вопрос о целесообразности сохранения свободного ввоза определенных иностранных товаров приходится в том случае, когда какое-нибудь иностранное государство ограничивает высокими пошлинами или запрещает ввоз некоторых наших мануфактурных изделий в свою страну. Чувство мести, естественно, диктует в таком случае возмездие — обложение такими же пошлинами или объявление запрещения ввоза в нашу страну некоторых или всех ее мануфактурных изделий. И действительно, нации обычно отвечают подобным возмездием.

Французы особенно энергично поощряли свои мануфактуры посредством стеснения ввоза таких иностранных товаров, которые могли конкурировать с ними. В этом состояло главное основание политики Кольбера, на которого, при всех его больших способностях, повлияли, по-видимому, в этом случае доводы купцов и владельцев мануфактур, всегда требующих монополии в ущерб своим соотечественникам. В настоящее время наиболее просвещенные люди во Франции сходятся в том, что эти его мероприятия не были полезны для страны. Этот министр тарифом 1667 г. обложил весьма высокими пошлинами большое количество иностранных мануфактурных изделий. Вследствие отказа его понизить их в пользу голландцев последние в 1671 г. запретили ввоз вина, водок и мануфактурных изделий Франции. Война 1672 г. была, по-видимому, вызвана отчасти этим торговым столкновением. Нимвегенский мир в 1678 г. положил ей конец, понизив некоторые из этих пошлин в интересах голландцев, которые вследствие этого отменили свое запрещение ввоза. Приблизительно в это же время французы и англичане начали взаимно стеснять промышленность друг друга установлением подобных же пошлин и запрещений, причем, впрочем, первый пример, по-видимому, подали французы. Вражда, существовавшая с тех пор между этими двумя нациями, препятствовала до настоящего времени смягчению этих мер той или другой стороной. В 1697 г. англичане запретили ввоз плетеных кружев, этого продукта мануфактур Фландрии. Правительство этой страны, в то время находившейся под владычеством Испании, воспретило в ответ на это ввоз английских сукон. В 1700 г. запрещение ввоза кружев в Англию было отменено на том условии, что ввоз английских сукон во Фландрию будет допущен на прежних основаниях.

Такого рода репрессивные меры могут быть признаны правильной политикой, когда имеется вероятность, что они приведут к отмене высоких пошлин или запрещений. Приобретение вновь обширного иностранного рынка обычно возместит с избытком временную невыгоду, заключающуюся в необходимости платить дороже за некоторые товары в течение непродолжительного времени. Мнение о том, насколько подобные репрессивные меры смогут оказать такое действие, относится, пожалуй, не столько к науке законодателя, который в своих суждениях должен руководствоваться общими принципами, всегда неизменными, сколько к искусству того коварного и хитрого создания, в просторечии называемого государственным деятелем или политиком, решения которого определяются изменчивыми и преходящими моментами. Когда достижение такой отмены не представляется вероятным, такие репрессивные меры следует признать плохим методом для возмещения ущерба, причиненного некоторым классам нашего народа, если мы сами будем причинять новый ущерб не только этим, но и всем вообще классам. Когда соседи запрещают ввоз какого-нибудь нашего мануфактурного изделия, мы обычно запрещаем ввоз не только этого же их изделия (ибо одно это редко чувствительно их заденет), но и какого-нибудь другого. Это, без сомнения, может дать поощрение какому-нибудь отдельному классу наших работников и, устранив некоторых из их соперников, обеспечить им возможность повысить свою цену на внутреннем рынке. Но те работники, которым нанесен ущерб запретительной мерой наших соседей, ничего не выиграют от нашей меры. Напротив, как они, так и почти все другие классы наших граждан будут благодаря этому вынуждены платить дороже, чем до сих пор, за ряд товаров. Следовательно, каждый такой закон облагает фактическим налогом всю страну не в пользу того класса работников, который пострадал благодаря установленному нашими соседями запрещению, а какого-нибудь другого.

Подвергать обсуждению вопрос о том, насколько и каким образом целесообразно восстановить свободный ввоз иностранных товаров после того, как в течение некоторого времени он был приостановлен, придется в том случае, когда определенные отрасли мануфактур в результате высоких пошлин или запрещения ввоза всех иностранных товаров, могущих конкурировать с ними, настолько разрослись, что занимают бóльшее количество рабочих рук. Чувство человечности может в подобных случаях требовать, чтобы свобода торговли была восстановлена лишь постепенно и с большой осторожностью и предусмотрительностью. При отмене сразу всех этих высоких пошлин и запрещений более дешевые иностранные товары этой отрасли промышленности могут нахлынуть в таком количестве на внутренний рынок, что лишат сразу многие тысячи нашего населения обычной работы и средств к существованию. Расстройство, которое будет этим вызвано, может, без сомнения, оказаться очень значительным. Однако, по всей вероятности, оно будет гораздо меньше, чем это обычно полагают, и в силу следующих двух причин:

1) Все те отрасли мануфактур, часть изделий которых обычно вывозится в другие европейские страны без премии, могут быть весьма мало задеты даже самым свободным ввозом иностранных товаров. Эти мануфактурные изделия должны продаваться за границей не дороже, чем иностранные товары такого же рода и качества, и потому на отечественном рынке должны продаваться дешевле. Поэтому они сохранят за собою внутренний рынок, и хотя привередливый модник может иногда предпочесть заграничные товары только потому, что они заграничные, более дешевым и лучшим по качеству товарам того же рода, изготовленным внутри страны, такая причуда по самой природе вещей может быть свойственна столь немногим, что это не окажет сколько-нибудь заметного влияния на количество занятых рабочих. Но значительная часть продуктов различных отраслей нашей шерстяной промышленности, наши выделанные кожи и металлические изделия из года в год без всякой премии вывозятся в другие европейские страны, а эти отрасли мануфактур как раз дают работу наибольшему количеству рабочих. Шелковая промышленность, пожалуй, больше всего пострадает от такой свободы торговли, а после нее — производство полотна, хотя последнее гораздо меньше первой.

2) Хотя такое восстановление свободы торговли сразу лишит большое количество рабочих обычного их занятия и привычных условий существования, это отнюдь не означает, что благодаря этому они вообще окажутся без работы или без средств к существованию. В результате сокращения армии и флота по окончании последней войны больше 100 тыс. солдат и матросов — количество, не уступающее

числу рабочих, занятых в крупнейших отраслях мануфактурной промышленности, — были сразу лишены своего обычного занятия; тем не менее, хотя они, без сомнения, испытали некоторые неудобства, это отнюдь не лишило их всякого занятия и средств к существованию. Большая часть матросов, вероятно, постепенно обратилась к торговому судоходству, поскольку они могли найти в нем работу; вообще же как они, так и солдаты растворились в общей массе народа и стали заниматься всеми разнообразными видами труда. Не только серьезного потрясения, но и сколько-нибудь заметного расстройства не получилось от столь крупной перемены в положении более 100 тыс. человек, которые все привыкли к употреблению оружия, а многие — к грабежу и насилиям. Количество бродяг едва ли сколько-нибудь заметно возросло в результате этого, даже заработная плата рабочих не понизилась ни в одной профессии, насколько я мог установить, исключая оплаты матросов в торговом судоходстве. Но если мы сравним привычки солдата и рабочего любой отрасли мануфактурной промышленности, то увидим, что привычки последнего не в такой степени делают его непригодным к работе по другой специальности, как привычки солдата. Мануфактурный рабочий приучен всегда рассчитывать на средства к жизни только от своего труда, солдат же рассчитывает на свое жалованье. Старательность и трудолюбие привычны первому, для второго обычны праздность и разгульная жизнь. Очевидно, что гораздо легче направить приложение промышленного труда от одного занятия к другому, чем направить к труду праздность и разгульную жизнь. Кроме того, как уже указывалось, в большей части мануфактурной промышленности существует столько родственных и сходных по своему характеру производств, что рабочий легко может переходить от одного из них к другому. К тому же значительная часть таких рабочих находит временное занятие в сельском хозяйстве. Капитал, дававший им раньше работу в какой-либо специальной отрасли мануфактурной промышленности, останется все же в стране и будет давать работу такому же количеству рабочих в какой-либо иной отрасли. Поскольку капитал страны останется неизменным, не изменится или почти не изменится и спрос на труд, хотя он может быть затрачиваем в других местах и для других целей. Будучи отпущены с королевской службы, солдаты и матросы могут свободно выбрать любую профессию в любом городе или местности Великобритании и Ирландии. Восстановите так же, как для солдат и матросов, эту естественную свободу заниматься по своему усмотрению любой профессией для всех подданных его величества, т.е. уничтожьте исключительные привилегии корпораций и отмените устав об ученичестве, ибо они представляют собой действительное ограничение естественной свободы, и прибавьте к этому отмену закона об оседлости, чтобы бедный работник, лишившийся работы в одной отрасли промышленности или в одном месте, мог искать ее в другой промышленности или в другом месте, не опасаясь преследования или выселения, и тогда ни общество в целом, ни отдельные лица не будут страдать от увольнения того или иного разряда мануфактурных рабочих больше, чем от увольнения солдат. Наши мануфактурные рабочие, без сомнения, имеют большие заслуги перед своей родиной, но они не могут быть больше заслуг тех, кто защищает ее своей кровью, и не дают права на более бережное обращение.

Конечно, ожидать восстановления когда-нибудь полностью свободы торговли в Великобритании так же нелепо, как ожидать осуществления в ней «Океании» или «Утопии». Этому непреодолимо препятствуют не только предубеждения общества, но и частные интересы многих отдельных лиц, которые еще труднее одолеть. Если бы офицеры армии восставали с таким же усердием и единодушием против всякого сокращения численности армии, с какими владельцы мануфактур противятся всякому закону, могущему привести к увеличению числа их конкурентов на внутреннем рынке; если бы они подстрекали своих солдат, как владельцы мануфактур подстрекают своих рабочих, нападать с оскорблениями и ругательствами на людей, предлагающих подобные меры, то попытка сократить армию была бы столь же опасна, как сделалось в настоящее время опасным пытаться уменьшить в каком-либо отношении монополию, захваченную нашими владельцами мануфактур. Эта монополия привела к такому сильному увеличению численности некоторых групп нашего промышленного населения, что подобно разросшейся постоянной армии оно стало внушительной силой в глазах правительства и во многих случаях запугивает законодателей. Член парламента, поддерживающий любое предложение в целях усиления этой монополии, может быть уверен, что приобретает не только репутацию знатока промышленности, но и большую популярность и влияние среди класса, которому его численность и богатство придают большой вес. Напротив того, если он высказывается против таких мер и если он пользуется достаточным авторитетом, чтобы иметь возможность помешать им, то ни его общепризнанная честность, ни самое высокое общественное положение, ни величайшие общественные заслуги не смогут оградить его от самых гнусных обвинений и клеветы, от личных оскорблений, а иногда даже от опасностей, грозящих со стороны взбешенных и разочарованных монополистов.

Владелец большой мануфактуры, который при внезапном открытии внутреннего рынка для конкуренции иностранцев будет вынужден прекратить свое дело, без сомнения, потерпит очень значительный убыток. Та часть его капитала, которая затрачивалась им на покупку сырых материалов и на оплату его рабочих, сможет без особых затруднений найти другое применение. Но та часть его, которая была вложена в фабричные постройки и в орудия производства, вряд ли сможет быть реализована без крупных потерь. Поэтому справедливое внимание к его интересам требует, чтобы перемены такого рода производились отнюдь не внезапно, а медленно, постепенно и после предупреждения за продолжительный срок. Если бы было возможно, чтобы решения законодательных учреждений внушались всегда не крикливой настойчивостью групповых интересов, а широким пониманием общественного блага, то именно ввиду этого они должны были бы особенно избегать как установления новых монополий этого рода, так и дальнейшего расширения уже существующих монополий. Каждое такое ограничительное мероприятие вносит известную степень расстройства в состояние государства, от которого трудно потом будет избавиться, не вызывая другого расстройства.

Насколько может быть уместным обложение пошлиной ввоза иностранных товаров не с целью противодействия их ввозу, а с целью получения дохода для правительства, я рассмотрю в дальнейшем, когда перейду к вопросу о налогах. Пошлины, налагаемые с целью воспрепятствовать ввозу или хотя бы только уменьшить его, очевидно, одинаково подрывают как таможенные доходы, так и свободу торговли.

Глава III
ОБ ИСКЛЮЧИТЕЛЬНЫХ ОГРАНИЧЕНИЯХ ВВОЗА ПОЧТИ ВСЕХ ТОВАРОВ ИЗ СТРАН, БАЛАНС С КОТОРЫМИ ПРИЗНАЕТСЯ НЕБЛАГОПРИЯТНЫМ

Отдел I
Неразумность подобных ограничений с точки зрения самой меркантилистической системы

Установление особых ограничений ввоза всех почти товаров из тех стран, торговый баланс с которыми считается неблагоприятным, представляет собою второе средство, при помощи которого меркантилистическая система рассчитывает увеличить количество золота и серебра. Так, например, в Великобританию разрешен ввоз силезского батиста для внутреннего потребления при уплате известной пошлины, но воспрещен ввоз французского кембрика и батиста, если не считать лондонского порта, где они должны храниться в складах для вывоза. Более высокие пошлины наложены на французские вина, чем на вина португальские или какой-либо другой страны. Так называемая пошлина 1692 г. составляла 25% суммы стоимости на все французские товары, тогда как товары других наций в большинстве своем были обложены гораздо более низкими пошлинами, редко превышающими 5%. Исключение было сделано для вина, водки, соли и уксуса из Франции; эти товары были обложены другими тяжелыми пошлинами на основании других законов или специальных статей того же закона. В 1696 г. добавочная пошлина в 25% была наложена на все французские товары, кроме водки, ибо основная пошлина была признана недостаточно затрудняющей их ввоз; вместе с тем была установлена новая пошлина в 25 фунтов с бочки французского вина и другая — в 15 фунтов с бочки французского уксуса. Французские товары никогда не исключались при взимании тех общих платежей или пошлин в 5%, которые налагались на все или на бóльшую часть товаров, перечисленных в таможенном уставе. Если мы будем считать пошлины в одну треть и в две трети за одну целую пошлину, то получится всего пять таких общих пошлин, так что в период до начала настоящей войны пошлину в 75% с цены следует считать минимальным обложением большей части сельскохозяйственных или промышленных продуктов Франции. Для большинства этих товаров такие пошлины были равносильны запрещению ввоза. Французы, в свою очередь, как кажется, относились к нашим товарам и мануфактурным изделиям с такой же суровостью, хотя я не столь хорошо осведомлен о том специальном обложении, какому они подвергали их. Эти взаимные стеснения и ограничения прекратили почти всякую легальную торговлю между этими двумя народами, а контрабандисты стали теперь главными поставщиками британских товаров во Францию и французских товаров в Великобританию. Руководящие принципы, которые я подверг рассмотрению в предыдущей главе, порождены частными интересами и духом монополии; принципы, которые я рассмотрю в настоящей главе, имеют своим источником национальное предубеждение и вражду. Ввиду этого они, как и следовало ожидать, еще более неразумны. Неразумными они являются даже с точки зрения меркантилистической системы.

1) Хотя и было несомненно, что при свободной торговле между Францией и Англией, например, баланс окажется в пользу Франции, это отнюдь не означало, что торговля будет невыгодна для Англии или что общий баланс всей ее торговли окажется поэтому более неблагоприятным для нее. Если вина Франции лучше и дешевле португальских или если ее полотно лучше полотна Германии, то для Великобритании выгоднее покупать нужное ей вино и загра-

ничное полотно у Франции, а не у Португалии и Германии. Хотя стоимость ежегодного ввоза из Франции благодаря этому значительно повысится, стоимость всего ежегодного ввоза понизится соответственно тому, насколько французские товары одинакового качества дешевле товаров двух других стран. И это действительно имело бы место даже при предположении, что все ввозимые французские товары потребляются в самой Великобритании.

2) Однако значительная часть этих товаров может быть снова вывезена в другие страны, где, будучи проданы с прибылью, они могут принести доход, равный по стоимости первоначальной цене всех вывезенных из Франции товаров. Возможно, что к торговле с Францией приложимо то, что часто утверждали относительно ост-индской торговли, а именно, что, хотя большая часть ост-индских товаров покупается на золото и серебро, обратный вывоз части их в другие страны возвращает стране, ведущей эту торговлю, больше золота и серебра, чем стоят все ее затраты. Одна из главнейших отраслей голландской торговли состоит в настоящее время в доставке французских товаров в другие европейские страны. Даже часть французских вин, распиваемых в Великобритании, тайно вводится из Голландии и Зеландии. Если бы существовала свободная торговля между Францией и Англией или если бы французские товары могли ввозиться с уплатой лишь таких же пошлин, какие взимаются с товаров других европейских народов, причем они возвращались бы при обратном вывозе, то Англия имела бы некоторую долю в торговле, которая оказалась столь выгодной для Голландии.

3) Не существует, наконец, надежного критерия, при помощи которого мы можем определить, в чью пользу обращен так называемый баланс между данными двумя странами или какая из них вывозит на бóльшую стоимость. Национальные предубеждения и вражда, питаемые всегда частными интересами отдельных торговцев, обычно определяют наше суждение по всем вопросам, относящимся к этой области. Однако часто ссылались в этих случаях на два таких критерия, как записи в таможенных книгах и вексельный курс. Записи в таможнях, я полагаю, как это

теперь общепризнано, представляют собой очень ненадежный критерий ввиду неточности оценки, которой подвергается в них большая часть товаров. Вексельный курс, пожалуй, является почти столь же ненадежным критерием.

Когда вексельный курс между двумя пунктами, например между Лондоном и Парижем, стоит на уровне паритета, говорят, что это свидетельствует о том, что обязательства Лондона на Париж покрываются обязательствами Парижа на Лондон. Напротив, когда в Лондоне уплачивается премия за вексель на Париж, это, как утверждают, служит свидетельством того, что обязательства Лондона на Париж не покрываются обязательствами Парижа на Лондон и, следовательно, из Лондона должна быть послана разница в балансе наличными деньгами; за риск, затруднения и расходы по вывозу этих денег требуется и уплачивается премия. Но обычное состояние дебета и кредита между этими двумя городами должно обязательно регулироваться, как утверждают, обычным ходом их торговых операций друг с другом. Если ни один из них не ввозит из другого на бо́льшую сумму, чем вывозит туда, дебет и кредит каждого из них могут покрывать друг друга. Но когда один из них ввозит из другого на бо́льшую стоимость, чем вывозит туда, первый необходимо становится должником второго на большую сумму, чем второй должен ему: дебет и кредит каждого из них не покрывают друг друга, и деньги должны быть посланы из того города, у которого дебет превышает кредит. Поэтому обычный вексельный курс, будучи показателем обычного соотношения дебета и кредита между двумя пунктами, должен быть также показателем обычного состояния их ввоза и вывоза, так как последнее определяет соотношение дебета и кредита.

Но даже при допущении того, что обычный курс является достаточным показателем обычного соотношения дебета и кредита между данными двумя пунктами, отнюдь не следует, что торговый баланс благоприятен тому пункту, в пользу которого обращено обычное соотношение дебета и кредита. Это соотношение дебета и кредита между двумя пунктами не всегда определяется исключительно обычным ходом их операций друг с другом, на него часто оказывает влияние ход операций этих пунктов с многими другими местностями. Если, например, английские купцы обычно уплачивают за товары, которые они покупают в Гамбурге, Данциге, Риге и пр., векселями на Голландию, то обычное соотношение дебета и кредита между Англией и Голландией будет определяться не исключительно только ходом торговых операций этих стран друг с другом, но и ходом операций Англии с упомянутыми другими пунктами. Англия может оказаться вынужденной пересылать ежегодно деньги в Голландию, хотя ее ежегодный вывоз в эту страну может значительно превышать стоимость ее ввоза оттуда и хотя так называемый торговый баланс может на очень большую сумму быть в пользу Англии.

Помимо того, при том способе, которым до сих пор исчислялся вексельный паритет, обычный вексельный курс не может служить достаточным показателем того, что обычное соотношение дебета и кредита складывается в пользу той страны, которая, по-видимому, имеет или которая предполагается имеющей вексельный курс в свою пользу; или, говоря другими словами, фактический курс может расходиться и часто действительно настолько расходится с исчисленным, что по последнему во многих случаях нельзя делать никаких заключений о первом.

Когда за известную сумму денег, уплачиваемую в Англии и содержащую соответственно пробе английской монеты определенное количество унций чистого серебра, вы получаете вексель на определенную сумму денег, подлежащую выплате во Франции и содержащую соответственно пробе французской монеты такое же количество унций чистого серебра, то курс между Англией и Францией, как выражаются, стоит на уровне паритета. Когда вы уплачиваете больше, считается, что вы даете премию, и курс тогда, как говорят, против Англии и в пользу Франции. Когда вы платите меньше, считается, что вы получаете премию, и курс тогда против Франции и в пользу Англии.

Но, во-первых, мы не всегда можем судить о стоимости обращающихся денег различных стран по установленной у них пробе: в одних странах деньги больше, в других меньше стерты, обрезаны или иным образом отступают от установленной нормы. А ведь стоимость обращающихся денег каждой страны в сравнении с деньгами всякой другой страны определяется не количеством чистого серебра, которое они должны содержать, а количеством, которое они фактически содержат. До перечеканки серебряной монеты во времена короля Вильгельма вексельный курс между Англией и Голландией, исчисленный обычным способом соответственно пробе их соответствующей монеты, был на 25% против Англии. Но стоимость находившихся в обращении денег Англии, как мы это знаем от Лаундса, была на 25% с лишним ниже своей нормальной стоимости. Поэтому фактический курс мог быть даже и в то время в пользу Англии, хотя предполагаемый курс был значительно против нее; на меньшее количество унций чистого серебра, фактически уплаченное в Англии, можно было купить вексель на большее количество унций чистого серебра, подлежащих уплате в Голландии, и человек, который считался приплачивающим премию, на самом деле мог получить премию. Французская монета до последней перечеканки английской золотой монеты была гораздо меньше стерта, чем английская, и была, пожалуй, на 2 или 3% ближе к установленной норме. Поэтому, если исчисленный курс с Францией был не больше, чем на 2 или 3% против Англии, фактический курс мог быть в пользу последней. Со времени перечеканки золотой монеты вексельный курс постоянно был в пользу Англии и против Франции.

Во-вторых, в некоторых странах расходы по чеканке покрываются правительством; в других они оплачиваются частными лицами, которые доставляют свои слитки на монетный двор, и правительство даже извлекает некоторый доход от чеканки. В Англии расходы эти покрываются правительством, и если вы приносите на монетный двор фунт серебра установленной пробы, вы получаете обратно 62 шилл., содержащие ровно фунт серебра такой же пробы. Во Франции при чеканке удерживается налог в 8%, который не только покрывает расходы по чеканке, но и дает правительству небольшой доход. Так как в Англии чеканка ничего не стоит, звонкая монета никогда не может стоить дороже слитка, содержащего такое же количество металла. Во Франции труд, затрачиваемый на чеканку, поскольку вы платите за него, увеличивает стоимость монеты точно так же, как и стоимость изделий из золота и серебра. Поэтому во Франции сумма денег, содержащая определенное весовое количество чистого серебра, стоит больше, чем сумма английских денег, содержащая такое же весовое количество чистого серебра, и для приобретения ее требуются слитки больших размеров или большее количество других товаров. И поэтому, хотя звонкая монета обеих этих стран одинаково близка к пробе, установленной их монетными дворами, на определенную сумму английских денег нельзя получить соответствующую сумму французских денег, содержащую одинаковое количество унций чистого серебра, а следовательно, нельзя и получить вексель на Францию на такую сумму. Если за такой вексель уплачивается не больше добавочных денег, чем требуется для покрытия издержек по чеканке во Франции, то фактический курс между обеими странами может держаться на уровне паритета, их дебет и кредит могут взаимно покрывать друг друга, хотя предполагаемый курс считается немного в пользу Франции. Если уплачивается меньше этой суммы, фактический курс может быть в пользу Англии, тогда как предполагаемый — в пользу Франции.

В-третьих, наконец, в некоторых местах, как, например, в Амстердаме, Гамбурге, Венеции и т.п., иностранные векселя оплачиваются так называемыми там банковыми деньгами, тогда как в других местах, как в Лондоне, Лиссабоне, Антверпене, Ливорно и др., они оплачиваются обычной ходячей монетой страны. Так называемые банковые деньги всегда стоят больше, чем такая же номинальная сумма ходячей монетой. Тысяча гульденов деньгами Амстердамского банка, например, стоит больше, чем тысяча гульденов амстердамской ходячей монетой. Разница между ними называется банковским лажем, который в Амстердаме достигает обычно около 5%. Если предположить, что ходячая монета двух стран одинаково близка к установленной монетными дворами пробе и что одна страна оплачивает заграничные векселя этой ходячей монетой, а другая — банковыми деньгами, то очевидно, что исчисленный вексельный курс может оказаться в пользу страны, платящей банковыми деньгами, тогда как действительный курс

будет в пользу страны, платящей ходячей монетой;
так будет по той же причине, по которой исчисленный курс может быть в пользу страны, платящей лучшими деньгами или деньгами, более близкими к установленной для них пробе, хотя действительный курс стоит в пользу страны, платящей худшими деньгами. Исчисленный курс до последней перечеканки золотой монеты был обычно против Лондона, в пользу Амстердама, Гамбурга, Венеции и, полагаю, в пользу всех других мест, где платежи производятся так называемыми банковыми деньгами. Однако отсюда отнюдь не следует, что действительный курс был против Лондона. Со времени перечеканки золотой монеты он был в пользу Лондона даже в сношениях с этими городами. Исчисленный курс был обыкновенно в пользу Лондона в сношениях с Лиссабоном, Антверпеном, Ливорно и, исключая Францию, наверное, с большей частью других стран Европы, производящих платежи ходячей монетой, и вполне вероятно, что действительный курс тоже был в его пользу.

Отступление
относительно депозитных банков, и в частности Амстердамского банка

Деньги, находящиеся в обращении какого-нибудь большого государства, вроде Франции или Англии, состоят обыкновенно почти целиком из монеты его собственной чеканки. И если эта монета окажется стертой, обрезанной или как-нибудь иначе пониженной в стоимости сравнительно с установленной нормой, то государство посредством перечеканки своей монеты может с успехом восстановить ее стоимость. Напротив, деньги, служащие для целей обращения в маленьком государстве, как, например, Генуя или Гамбург, редко могут состоять только из его собственной монеты; в обращении должно находиться много денег всех соседних государств, с которыми его жители ведут постоянные торговые сношения. Такое государство поэтому не всегда сможет посредством перечеканки своей монеты восстановить свое денежное обращение. Если заграничные векселя оплачиваются этой монетой, то неопределенность стоимости всякой суммы, выплачиваемой в этих неустойчивых деньгах, делает всегда вексельный курс обращенным против такого государства, поскольку его валюта во всех других государствах неизбежно расценивается даже ниже ее действительной стоимости.

Для устранения неудобств, которые должны проистекать от такого неблагоприятного курса для их купцов, подобные небольшие государства, когда они начали заботиться об интересах торговли, часто устанавливали законом, что заграничные векселя определенной стоимости должны оплачиваться не ходячей монетой, а чеком или переводом на банк, который основан на государственном кредите и пользуется покровительством государства, причем этот банк обязан производить свои платежи полноценной монетой в точном соответствии с установленными в данном государстве весом и пробой монет. Банки Венеции, Генуи, Амстердама, Гамбурга и Нюрнберга были, по-видимому, все первоначально учреждены в этих видах, хотя впоследствии некоторые из них могли быть использованы и для других целей. Деньги этих банков, будучи лучшего качества, чем ходячая монета, обращались с некоторой премией (лаж), большей или меньшей в зависимости от того, насколько ходячая монета считалась обесцененной сравнительно с установленной в государстве валютой. Так, лаж Гамбургского банка, который, как передают, достигает обычно около 14%, представляет собою предполагаемую разницу между полноценной монетой государства и обрезанными, стертыми и неполноценными деньгами, притекающими к нему из всех соседних государств.

В период до 1609 г. большое количество обрезанной и стертой иностранной монеты, привлеченной со всех концов Европы обширной торговлей Амстердама, уменьшило стоимость его ходячей монеты приблизительно на 9% по сравнению с только что начеканенной монетой, выходящей с монетного двора. Как только такая полноценная монета появлялась в обращении, ее сейчас же обращали в слитки или вывозили из страны, как это всегда бывает при подобных условиях. Купцы, имевшие более чем достаточно ходячей монеты, не всегда могли добыть нужное количество полноценных денег, чтобы оплатить свои переводные векселя, и стоимость таких векселей, несмотря на различные меры в целях предупреждения этого, становилась в значительной степени неустойчивой.

В целях устранения этих неудобств был учрежден в 1609 г. банк с гарантией города. Этот банк принимал как иностранную монету, так и неполновесную и стертую монету страны по ее действительной внутренней стоимости в полноценных деньгах страны за вычетом лишь суммы, необходимой для покрытия расхода по чеканке и других постоянных издержек по управлению. На оставшуюся после этого небольшого вычета сумму банк открывал в своих книгах соответствующий кредит. Этот кредит получил название банковых денег, которые, представляя собою полноценные деньги согласно установленному весу и пробе, всегда обладали неизменной действительной стоимостью, и притом большей, чем ходячая монета. Одновременно с этим был издан закон, что все векселя на сумму в 600 флоринов и выше, выданные на Амстердам или выписанные в Амстердаме, должны оплачиваться банковыми деньгами, что сразу устранило всякую неустойчивость стоимости этих векселей. Все купцы в силу этого постановления были обязаны иметь счет в банке, чтобы оплачивать свои заграничные векселя, и это необходимо порождало определенный спрос на банковые деньги.

Банковые деньги, помимо их внутреннего превосходства сравнительно с ходячей монетой и добавочной стоимостью, которую необходимо придает им указанный спрос, обладают также и другими преимуществами. Они обеспечены от пожара, краж и других случайностей; город Амстердам гарантирует их, они могут быть выплачены посредством простого перевода, без затруднений, связанных с отсчитыванием их, и без риска при доставке из одного места в другое. Вследствие этих различных преимуществ они с самого начала, по-видимому, ходили с премией, и считается несомненным, что все деньги, вложенные первоначально в банк, оставлялись там вкладчиками, потому что никому не приходило в голову требовать выплаты долга, который можно было продать на рынке с премией. Требуя от банка платежа, обладатель банковского кредита терял бы эту премию. Подобно тому как на монету в один шиллинг, только что выпущенную с монетного двора, можно купить на рынке не больше товаров, чем на один из находящихся в наших руках стертых шиллингов, так и хорошая и полноценная монета, перешедшая из денежных шкафов банка в шкаф частного лица, будучи смешана с обычной ходячей монетой страны, обладает не большей стоимостью, чем эта ходячая монета, от которой ее нельзя уже будет легко отличить. Пока она оставалась в хранилищах банка, ее превосходство было известно и удостоверено. Когда она переходила в руки частного лица, ее превосходство не могло быть установлено без затруднений и расходов, превышающих, может быть, разницу в стоимости. Помимо того, будучи извлечена из хранилищ банка, она утрачивала все другие преимущества банковых денег: надежность, легкость и безопасность перехода из рук в руки, способность оплачивать заграничные векселя. А кроме того, ее нельзя было извлечь из этих хранилищ, как это выяснится в дальнейшем, не уплатив предварительно за хранение.

Эти вклады в монете или вклады, которые банк обязывался выплачивать монетой, составляли первоначальный капитал банка или всю ту стоимость, которая была представлена так называемыми банковыми деньгами. В настоящее время они составляют, как полагают, только очень небольшую часть его. Для того чтобы облегчить торговлю слитками, банк в течение ряда последних лет стал практиковать открытие в своих книгах кредита под вклады золота и серебра в слитках. Этот кредит предоставляется обычно в размере на 5% менее цены этих слитков на монетном дворе. Банк выдает вместе с тем так называемую квитанцию, дающую право вкладчику или предъявителю в любое время в течение шести месяцев взять из банка слитки при условии обратной уплаты банку того количества банковых денег, на которое был открыт кредит в его книгах, когда был сделан вклад, и уплаты четверти процента за хранение, если вклад был в серебре, и половины процента, если он был в золоте; но в квитанции вместе с тем указывается, что в случае если эта уплата не последует, то по истечении установленного срока вклад переходит в собственность банка по цене, по какой он был принят или на какую был открыт кредит в книгах банка. Плату, взимаемую за хранение вклада, можно считать своего рода арендной платой за складское помещение, а относительно того, почему эта плата для золота дороже, чем для серебра, даются различные объяснения. Указывают, что труднее установить качество золота, чем серебра. Легче могут иметь место надувательства, вызывая большую потерю более дорогого металла. Кроме того, поскольку основой валюты является серебро, государство, как утверждают, стремится поощрять больше вклады серебра, чем золота.

Вклады слитков на хранение производятся в большинстве случаев тогда, когда цена их несколько ниже обычной, а берутся они обратно, когда она повышается. В Голландии рыночная цена серебра и золота в слитках обычно выше их монетной цены по той же причине, по которой это имело место и в Англии перед последней перечеканкой золотой монеты. Разница, как передают, составляет обычно от 6 до 16 стив. на марку или на 8 унций серебра 88-й пробы. Банковская цена, или кредит, который банк предоставляет за вклады такого серебра (если они производятся иностранной монетой, содержание в которой драгоценного металла точно известно и удостоверено, как, например, мексиканские доллары), равняется 22 фл. за марку; монетная цена достигает 23 фл., а рыночная цена — от 23 фл. 6 стив. до 23 фл. 16 стив., или на 2–3% выше цены монетного двора. Соотношение между банковской, монетной и рыночной ценой золотых слитков почти такое же. Обладатель банковской квитанции может обычно продать ее за разницу между монетной ценой слитков и их рыночной ценой. Квитанция на вклад слитка почти всегда обладает некоторой стоимостью, поэтому очень редко бывает, чтобы кто-либо дал истечь сроку своей квитанции или допустил переход его слитка в собственность банка по цене, по которой он был принят, не взяв его обратно до истечения шести месяцев или не уплатив $^1/_4$ или $^1/_2$% за возобновление квитанции на дальнейшие шесть месяцев. Впрочем, как сообщают, это иногда, хотя и редко, имеет место, притом чаще с вкладами золота, чем серебра, ввиду более высокой платы за хранение, взимаемой за более дорогой металл.

Лицо, которое после вклада слитка получает банковский кредит и квитанцию, оплачивает свои переводные векселя, когда наступает их срок, своим банковским кредитом и продает или сохраняет у себя квитанцию в зависимости от того, ожидает он повышения или понижения цены слитков. Квитанция и банковский кредит редко сохраняются долгое время в одних руках, ибо для этого нет особой причины.

Лицо, обладающее квитанцией и желающее взять обратно слиток, всегда легко сможет купить на какую угодно сумму банковский кредит или банковые деньги, а лицо, обладающее банковыми деньгами и желающее получить слиток, всегда найдет в таком же изобилии продающиеся квитанции.

Обладатели банковских кредитов и держатели квитанций образуют две различные группы кредиторов банка. Держатель квитанции не может взять обратно слиток, на который она выдана, не возместив банку сумму банковых денег, соответствующую цене, по которой был принят слиток. Если у него нет своих банковых денег, он должен купить их у тех, кто обладает ими. Обладатель банковых денег не может взять обратно слитки, не представив банку квитанции на нужное ему количество драгоценного металла в слитках. Если он таких квитанций совсем не имеет, он должен купить их у тех, кто обладает ими. Держатель квитанции, покупая банковые деньги, покупает вместе с тем право взять из банка такое количество драгоценного металла в слитках, цена которого на монетном дворе на 5% превышает банковскую цену. Таким образом, премия в 5%, которую он обычно уплачивает за это, уплачивается не за воображаемую, а за реальную стоимость. Обладатель банковых денег, покупающий квитанцию, покупает право взять из банка такое количество драгоценного металла в слитках, рыночная цена которого обычно на 2–3% превышает цену монетного двора. Таким образом, уплачиваемая им цена точно так же уплачивается за реальную стоимость. Цена квитанции и цена банковых денег составляет в своей сумме полную стоимость, или цену драгоценного металла в слитках.

На вклады ходячей в стране монеты банк тоже выдает квитанции и открывает банковские кредиты, но эти квитанции часто не обладают никакой стоимостью и не имеют никакой цены на рынке. Под дукатоны, например, которые в обращении ходят по 3 фл. 3 стив. каждый, банк дает кредит только в 3 фл., или на 5% ниже их ходячей стоимости. Он равным образом выдает квитанцию, дающую предъявителю право взять обратно в любое время в течение шести месяцев сданное количество дукатонов после уплаты $^1/_4$% за хранение. Такие расписки часто не имеют никакой рыночной цены. 3 фл. банковыми деньгами обычно продаются на рынке за 3 фл. 3 стив., т.е. по полной стоимости дукатонов, если они взяты из банка и для взятия их из банка нужно предварительно уплатить $^1/_4$% за хранение, что является чистой потерей для держателя квитанции. Однако, если банковская премия в какой-либо момент понизится до 3%, такие квитанции могут тогда иметь некоторую рыночную цену и могут продаваться за $1^3/_4$%. Но поскольку банковская премия в настоящее время обычно превышает 5%, часто дают истекать сроку таких квитанций или, как выражаются в таких случаях, оставляют их в пользу банка. Квитанции, выдаваемые на вклады золотых дукатонов, остаются банку еще чаще, потому что более высокая плата за хранение, или $^1/_2$%, должны уплачиваться при взятии их обратно; 5%, которые выигрывает банк, когда вклады монеты или слитки оставляют в пользу банка, можно признать платой за постоянное хранение таких вкладов.

Сумма банковых денег, срок квитанций на которые истекает, должна быть очень значительна. Она должна включать весь первоначальный капитал банка, который, как обычно предполагается, оставался в нем с того момента, как первоначально был вложен туда, поскольку никто не думает возобновлять свои квитанции или брать обратно свои вклады, так как в силу уже указанных причин ни то, ни другое не может быть сделано без потерь. Но каковы бы ни были размеры этой суммы, она совершенно незначительна по сравнению со всей массой банковых денег. Амстердамский банк в течение многих лет являлся крупным хранилищем Европы для драгоценных металлов в слитках, на которые квитанции редко не возобновлялись в срок или, как принято выражаться, оставлялись в пользу банка. Гораздо более значительная часть банковых денег, или кредитов на книги банка, имела своим основанием, как полагают, в эти годы такие вклады, которые торговцы слитками постоянно вносили или брали обратно.

Требования к банку могут предъявляться только посредством предъявления квитанций. Меньшее количество банковых денег, на которые срок квитанций истек, смешалось с гораздо большим количеством таких, на которые квитанции сохраняют еще силу, так что, хотя налицо может быть значительная сумма банковых денег, на которые совсем не существует квитанций, все же нет такой определенной суммы или части их, которая не могла бы быть истребована в любой момент. Банк не может быть должником двух различных лиц за одну и ту же вещь, и обладатель банковых денег, не имеющий квитанции, не может потребовать от банка платежа, пока не купит ее. В нормальное и спокойное время он без затруднений может купить такую квитанцию по рыночной цене, соответствующей обычно цене, по какой он может продать монету или слиток, на получение которых из банка она дает ему право.

Иначе может обстоять дело во время какого-нибудь общественного бедствия, как, например, неприятельского вторжения, вроде вторжения французов в 1672 г. Владельцы банковых денег в таких случаях стремятся извлечь деньги из банка, чтобы иметь их у себя на руках, и потому спрос на квитанции может поднять их цену до чрезвычайной высоты. Держатели их могут проникнуться чрезмерными ожиданиями и вместо двух или трех процентов требовать половины банковых денег, на которые был открыт кредит под вклады, обозначенные на этих квитанциях. Неприятель, осведомленный об уставе банка, может даже скупить квитанции, чтобы воспрепятствовать изъятию вложенных на хранение драгоценных металлов. В таких чрезвычайных обстоятельствах банк, как полагают, нарушит свое обычное правило производить платежи только предъявителям квитанций. Держатели квитанций, не имеющие банковых денег, получат от 2 до 3% стоимости вкладов, на которые им выданы квитанции. Банк поэтому не постесняется в этом случае выплачивать деньгами или слитками полную стоимость той суммы, на какую был открыт в его книгах кредит владельцам банковых денег, не могущим добыть квитанций; он вместе с тем будет платить 2 или 3% тем держателям квитанций, которые не имеют банковых денег, причем эта сумма составляет всю ту стоимость, которая при таком положении вещей по справедливости им причитается.

Даже в нормальное и спокойное время в интересах держателей квитанций понижать премию, чтобы по более дешевой цене покупать банковые деньги (а следовательно, и слитки, на получение которых из банка их квитанции дают им тогда право) или дороже продавать свои квитанции тем, кто имеет банковые деньги и хочет взять из банка слитки; ведь цена квитанции обыкновенно равняется разности между рыночной ценой банковых денег и рыночной ценой монеты и слитков, на которые выдана квитанция. Напротив, в интересах владельца банковых денег повышать премию, чтобы соответственно дороже продавать свои банковые деньги или соответственно дешевле покупать квитанцию. Для предупреждения подобной биржевой спекуляции, какую могут иногда порождать эти противоположные интересы, банк в последние годы пришел к решению продавать во всякое время банковые деньги за ходячую монету с премией в 5% и покупать их с премией в 4%. Ввиду этого премия не может никогда подняться выше 5% или упасть ниже 4% и соотношение между рыночной ценой банковых денег и ходячей монеты постоянно удерживается весьма близко к отношению между их действительными стоимостями. До принятия этого решения рыночная цена банковых денег то поднималась так высоко, что премия достигала 9%, то падала до уровня паритета, смотря по тому, как воздействовали на рынок противоположные интересы.

Амстердамский банк заявляет, что он не отдает в ссуду ни малейшей части вложенных в него вкладов и что на каждый флорин, на который открывается кредит, он держит в своих подвалах стоимость флорина в монете или слитках. Не подлежит сомнению, что он держит в своих подвалах все те деньги или слитки, на которые им выданы квитанции, которые в любой момент могут быть предъявлены к оплате и которые действительно непрерывно выдаются им и поступают к нему обратно. Но представляется не столь бесспорным, поступает ли он таким же образом с той частью своего капитала, на которую срок квитанций давно истек, которая в нормальное и спокойное время не может быть истребована и которая в действительности, по всей вероятности, останется у него навсегда или до тех пор, пока существует государство Соединенных Провинций Голландии. Тем не менее в Амстердаме считается бесспорным догматом, что на каждый флорин, находящийся в обращении в виде банковых денег, в подвалах банка лежит соответствующий флорин золотом или серебром. Город гарантирует это. Банк управляется четырьмя бургомистрами, сменяющимися ежегодно. Каждый новый состав бургомистров посещает кладовые банка, сверяет наличность с книгами, принимает ее под присягой и передает ее с такой же торжественностью составу, сменяющему его, а в этой трезвой и религиозной стране присяга еще не потеряла своего значения. Уже одна эта частая смена управителей, по-видимому, представляется достаточной гарантией против всяких недозволительных операций. Ни разу среди всех переворотов в управлении Амстердама, к каким приводила партийная борьба, победившая партия не обвиняла своих предшественников в злоупотреблениях при управлении банком. Между тем никакое обвинение не могло бы сильнее подорвать репутацию и судьбу побежденной партии, и если бы такое обвинение возникло, то мы можем быть уверены, что оно было бы предъявлено. В 1672 г., когда король Франции был в Утрехте, Амстердамский банк производил платежи столь беспрепятственно, что не оставил никаких сомнений в точном соблюдении им принятых на себя обязательств. Некоторые из монет, извлеченных тогда из его кладовых, носили еще следы пожара, бывшего в ратуше вскоре после учреждения банка. Это значит, что монеты эти лежали там еще с того времени.

Каковы могут быть размеры запаса банка — вот вопрос, который долгое время занимал любопытных; на этот счет можно делать только предположения. Считают, что около 2000 человек имеют счета в банке, и если принять, что на счету каждого из них числится 1500 ф. (что очень много), то все количество банковых денег, а следовательно и запас банка, выразится в сумме около 3 млн ф. ст., или, считая 11 фл. за 1 ф. ст., 33 млн фл. Сумма эта весьма значительна и достаточна для обслуживания очень большого обращения, но она намного ниже тех преувеличенных представлений, которые некоторая часть публики составила себе на этот счет.

Город Амстердам извлекает из банка значительный доход. Помимо упомянутой выше платы, которую можно назвать платой за помещение, каждое лицо при открытии в первый раз счета в банке уплачивает взнос в 10 фл., а за каждый новый счет — 3 фл. 3 стив.; за каждый перевод денег уплачивается 2 стив., а если перевод не достигает 300 фл., то 6 стив., чтобы предотвратить множество мелких сделок. Лицо, которое не балансирует свой счет два раза в год, уплачивает штраф в 25 фл. Лицо, дающее распоряжение о переводе суммы большей, чем имеется на его счету, обязано платить 3% за добавочную сумму, и вдобавок его распоряжение остается невыполненным. Кроме того, как полагают, банк получает значительную прибыль от продажи иностранной монеты или слитков, которые иногда достаются ему в результате истечения сроков квитанций и которые он всегда выдерживает до того времени, когда их можно продать с выгодой. Точно так же он извлекает прибыль от продажи банковых денег с премией в 5% и покупки их с премией в 4%. Эти различные поступления значительно превышают то, что необходимо для выплаты жалованья служащим и покрытия издержек по управлению. Одна только плата за хранение слитков, на которые выданы квитанции, дает, как полагают, чистый годовой доход в 150–200 тыс. фл. Конечно, первоначальной целью этого учреждения была общественная польза, а не доход. Его целью было избавить купцов от неудобств неблагоприятного курса. Доход, какой получился от него, не был предусмотрен и может считаться случайным.

Однако пора вернуться от этого длинного отступления, в которое я незаметно вдался, к выяснению причин, в силу которых вексельный курс между странами, платящими так называемыми банковыми деньгами, и странами, платящими обычной ходячей монетой, неизменно оказывается в пользу первых и против последних. Первые платят такими деньгами, внутренняя стоимость которых всегда неизменна и точно соответствует уставу соответствующих монетных дворов, тогда как последние платят деньгами, внутренняя стоимость которых постоянно изменяется и почти всегда в той или иной мере ниже этой нормы.

Отдел II

Неразумность чрезвычайных ограничений в силу других соображений

В предыдущем отделе этой главы я пытался показать, насколько излишне, даже с точки зрения меркантилистической системы, обставлять особыми ограничениями ввоз товаров из тех стран, торговый баланс с которыми предполагается неблагоприятным.

Ничего не может быть нелепее всей этой теории торгового баланса, на которой основаны не только эти ограничения, но почти все другие меры, регулирующие торговлю. Когда две страны торгуют друг с другом, то согласно этой теории при одинаковости баланса ни одна из них не теряет и не выигрывает; но, если баланс хотя чуть-чуть склоняется на одну сторону, одна из них теряет, а другая выигрывает соответственно его отклонению от точного равновесия. Оба предположения неправильны. Торговля, которая создается посредством премий и монополий, может быть и обычно бывает невыгодной для той страны, в интересах которой это делается, как я и постараюсь показать в дальнейшем. Напротив, торговля, которая, помимо всяких искусственных воздействий или стеснений, естественно и нормально ведется между двумя странами, всегда выгодна, хотя и не всегда одинаково, им обеим.

Под выгодой я понимаю увеличение не количества золота и серебра, а меновой стоимости годового продукта земли и труда страны, или увеличение годового дохода ее жителей.

Если баланс уравновешивается и если торговля между двумя странами состоит вообще в обмене производимыми ими товарами, то они в большинстве случаев не только выигрывают обе, но и выигрывают одинаково или почти одинаково; каждая из них в этом случае служит рынком для части излишнего продукта другой, каждая возмещает капитал, который был затрачен на добывание и приготовление для рынка этой части излишнего продукта другой и который, будучи распределен среди известного числа ее жителей, доставил им доход и средства к существованию. Таким образом, известная часть жителей каждой из этих стран получает свой доход и средства к существованию от другой. И так как предполагается, что обмениваемые товары имеют равную стоимость, то оба капитала, затрачиваемые в этой торговле, должны быть в большинстве случаев равны или почти равны; и поскольку оба они затрачиваются на производство местных товаров в обеих странах, доходы и средства существования жителей каждой страны в результате распределения тоже будут равны или почти равны. Эти доходы и средства существования, таким образом доставляемые ими друг другу, будут больше или меньше в соответствии с размерами их оборотов. Если эти последние будут достигать, например, 100 тыс. или 1 млн ф. в год для каждой стороны, то каждая из них будет обеспечивать жителям другой годовой доход в 100 тыс. ф. в одном случае и в 1 млн ф. — в другом.

Если их торговля будет такова, что одна из них вывозит в другую только товары своего собственного производства, тогда как другая в обмен на них дает иностранные товары, то баланс в этом случае все же будет считаться уравновешивающимся, поскольку товары оплачиваются товарами. В этом случае они обе тоже будут выигрывать, но неодинаково; жители страны, вывозящей только товары собственного производства, будут получать от такой торговли бóльшую выгоду. Если, например, Англия стала бы ввозить из Франции только товары собственного производства этой страны, а сама, не имея таких собственных товаров, на какие там существует спрос, посылала туда в обмен иностранные товары, положим, табак и ост-индские продукты, то такая торговля, хотя и дающая доход жителям обеих стран, давала бы жителям Франции более значительный доход, чем жителям Англии. Весь французский капитал, затрачиваемый ежегодно в ней, распределялся бы среди жителей Франции, тогда как среди жителей Англии распределялась бы только та часть английского капитала, которая затрачивалась бы на производство английских товаров, в обмен на которые были бы приобретены эти иностранные товары. Значительно бо́льшая часть его шла бы на возмещение капиталов, затраченных в Виргинии, Индостане и Китае и давших доход и средства существования жителям этих отдаленных стран. Поэтому, если капиталы были равны или почти равны, такая затрата французского капитала гораздо больше увеличит доход населения Франции, чем затрата английского капитала — доход населения Англии. Франция в этом случае будет вести с Англией непосредственную внешнюю торговлю предметами потребления, тогда как Англия будет вести лишь косвенную торговлю такого же рода с Францией. Различные результаты от затраты капитала в непосредственной и косвенной торговле предметами потребления были уже подробно выяснены.

Не бывает, вероятно, такой торговли между двумя странами, которая заключалась бы в том, что обе взаимно обмениваются только их собственными продуктами или же одна дает в обмен только собственные продукты, а другая — только иностранные продукты. Почти все страны обмениваются друг с другом отчасти собственными и отчасти иностранными продуктами. Но всегда больше выгадывает та страна, в грузах которой больше отечественных продуктов и меньше иностранных.

Если бы Англия платила за товары, ежегодно ввозимые из Франции, не табаком и ост-индскими продуктами, а золотом и серебром, то баланс считался бы в этом случае неблагоприятным, поскольку товары оплачивались бы не товарами, а золотом и серебром. Тем не менее торговля в этом случае, как и в предыдущем, давала бы некоторый доход жителям обеих стран, но больший — жителям Франции, чем Англии. Она давала бы некоторый доход жителям Англии. Возмещался бы и мог бы служить дальше для той же цели капитал, затраченный на производство английских товаров, на которые приобретены эти золото и серебро, капитал, распределенный между некоторыми жителями Англии и доставивший им доход. Капитал Англии в целом от такого вывоза золота и серебра уменьшится не в большей степени, чем от вывоза на такую же стоимость каких-либо других товаров. Напротив, в большинстве случаев он даже увеличится. За границу отправляются только такие товары, спрос на которые предполагается там более значительным, чем внутри страны, и выручка за которые поэтому будет, как ожидают, иметь внутри страны бо́льшую стоимость, чем вывезенные товары. Если табак, стоящий в Англии только 100 тыс. ф., будучи отправлен во Францию, даст возможность приобрести вино, стоящее в Англии 110 тыс. ф., то такой обмен увеличит капитал Англии на 10 тыс. ф. Точно так же, если на 100 тыс. ф. английским золотом можно купить вино, которое стоит в Англии 110 тыс. ф., то такой обмен тоже увеличит капитал Англии на 10 тыс. ф. Если купец, имеющий в своем погребе вина на 110 тыс. фунтов, богаче купца, имеющего у себя на складе табаку только на 100 тыс. ф., то он точно так же богаче того купца, который имеет в своих сундуках золота только на 100 тыс. ф. Он может привести в движение большее количество труда и дать доход, средства к существованию и занятие большему числу людей, чем оба другие. Но капитал страны равняется сумме капиталов всех ее жителей, и количество труда, которое в течение года может быть занято в ней, равняется тому количеству, которое могут занять все эти отдельные капиталы, вместе взятые. Таким образом, в результате такого обмена должны по общему правилу возрастать как капитал страны, так и количество труда, которое может быть в течение года занято в ней. Конечно, для Англии было бы выгоднее, если бы она могла покупать французские вина в обмен на свои собственные металлические изделия и сукно, а не в обмен на виргинский табак или на золото и серебро из Бразилии и Перу. Непосредственная внешняя торговля предметами потребления всегда более выгодна, чем косвенная. Но косвенная внешняя торговля предметами потребления, которая производится на золото и серебро, не менее выгодна, чем всякая другая косвенная торговля того же рода. Равным образом страна, не обладающая рудниками, вряд ли может больше оскудеть золотом и серебром в результате такого вывоза этих металлов, чем оскудеет табаком благодаря его вывозу страна, которая сама не разводит табак. Подобно тому как страна, которой приходится покупать где-нибудь на стороне табак, никогда не будет долгое время терпеть недостаток в нем, так и не будет нуждаться в золоте и серебре страна, которой нужно покупать на стороне эти металлы.

Говорят, что обмен, который рабочий производит с кабаком, убыточен и торговый обмен, который промышленная нация ведет со страной, производящей вино, можно приравнять к обмену этого рода. На это я отвечаю, что обмен с кабаком отнюдь не обязательно представляет собою убыточную торговлю. По своей природе он столь же выгоден, как и всякая другая торговля, хотя, может быть, чаще ведет к злоупотреблениям. Профессия пивовара или даже содержателя пивной представляет собою такое же необходимое проявление разделения труда, как и всякое иное. По общему правилу рабочему будет выгоднее покупать нужное ему количество пива у пивовара, чем самому варить его, а для бедного рабочего будет обычно выгоднее покупать его малыми количествами у трактирщика, чем покупать сразу много у пивовара. Без сомнения, может случиться, что он покупает слишком много у того или другого, но ведь может также случиться, что он покупает слишком много у любого из окрестных торговцев: у мясника, если он любит хорошо поесть, или у суконщика, если хочет выделяться своим нарядом среди товарищей. Тем не менее для массы рабочих выгодно, чтобы все эти занятия были свободны, хотя возможны злоупотребления этой свободой в каждом из них, и притом в некоторых они более вероятны, чем в других. Кроме того, хотя отдельные лица иногда могут разориться благодаря чрезмерному потреблению спиртных напитков, нет, по-видимому, опасности, чтобы это могло случиться со всей нацией в целом. Хотя в каждой стране имеется много людей, которые тратят на эти напитки свыше своих средств, в ней всегда найдется гораздо больше таких, которые тратят меньше этого. С другой стороны, надлежит заметить, что, как говорит опыт, дешевизна вина является, по-видимому, причиной не склонности к пьянству, а трезвости. Жители винодельческих стран являются по общему правилу самыми трезвыми народами Европы: свидетельством этого служат испанцы, итальянцы и жители южных провинций Франции. Люди редко виновны в злоупотреблении тем, что составляет предмет их повседневного потребления. Никто не покажется щедрым и хорошим собутыльником, если он жалеет напитка, столь же дешевого, как и простое пиво. Напротив, в странах, где из-за чрезмерной жары или холода не растет виноград и где поэтому вино дорого и представляет собою редкость, пьянство является широко распространенным пороком — как у северных народов, так и у всех тех, которые живут между тропиками, например у негров на Гвинейском берегу. Мне часто приходилось слышать, что при переводе какого-нибудь французского полка из северных провинций, где вино дороже, на квартиры в южные провинции, где оно очень дешево, солдаты сперва начинают пьянствовать ввиду дешевизны и новизны для них хорошего вина, но после нескольких месяцев пребывания на новом месте большинство их становится столь же трезвыми, как и остальные жители. Отмена сразу пошлин на иностранные вина и акцизов на солод, пиво и эль могла бы точно таким же образом породить в Великобритании почти всеобщее и временное пьянство среди средних и низших классов народа, за которым, вероятно, скоро последовала бы постоянная и почти всеобщая трезвость. В настоящее время пьянство отнюдь не является пороком светских людей или таких, которые легко могут приобретать самые дорогие напитки. Вряд ли когда-либо приходилось видеть среди нас приличного человека, опьяневшего от эля. Помимо того, стеснения торговли вином в Великобритании, по-видимому, имеют в виду удерживать людей, если можно так выразиться, от посещения не столько портерных, сколько таких мест, где они могут покупать самый лучший и самый дешевый напиток. Они поощряют торговлю португальским вином и затрудняют торговлю вином французским. Указывают, что португальцы являются лучшими, чем французы, потребителями наших промышленных изделий и потому им следует оказывать покровительство преимущественно перед французами. Так как они удовлетворяют свои потребности нашими товарами, мы должны, как утверждают, свои потребности удовлетворять их товарами. Таким образом, низменные приемы мелких лавочников возводятся в политическое правило поведения большого государства, ибо только самые мелкие торговцы придерживаются правила давать заказы преимущественно своим покупателям. Крупный купец покупает всегда свои товары там, где они дешевле и лучше всего, не считаясь с мелкими интересами этого рода.

Однако подобными принципами народам внушили, что их интерес состоит в разорении всех их соседей. Каждый народ приучили смотреть завистливыми глазами на все народы, с которыми он ведет торговлю, и их выгоду считать своим убытком. Торговля, которая, естественно, должна создавать между народами, как и между отдельными людьми, узы единения и дружбы, сделалась самым обильным источником вражды и разногласий. Капризное тщеславие королей и министров не было в течение настоящего и минувшего столетий более роковым для спокойствия Европы, чем высокомерное соревнование купцов и промышленников. Насилия и несправедливость правителей человечества — старинное зло, против которого, боюсь, природа дел человеческих вряд ли знает лекарство. Но низменной жадности, монополистическим стремлениям купцов и промышленников, которые ведь и не являются и не должны являться владыками человечества, можно очень легко воспрепятствовать нарушать чье-либо спокойствие, кроме их собственного, если уже нельзя совсем вылечить их от этих пороков.

Не может подлежать сомнению, что именно дух монополии первоначально придумал и распространил эту теорию; и те, кто первые проповедовали его, были отнюдь не так глупы, как те, кто уверовал в нее. В любой стране главная масса народа всегда заинтересована и должна быть заинтересована в том, чтобы покупать все необходимое у тех, кто продает дешевле всего. Положение это настолько очевидно, что представляется смешным стараться доказывать его, да оно и никогда не ставилось бы под сомнение, если бы хитрые, своекорыстные доводы купцов и промышлен-

ников не затуманили здравый смысл человечества.
Их интерес в этом отношении прямо противоположен интересу главной массы народа. Подобно тому как мастера, члены цеха заинтересованы в том, чтобы препятствовать остальным жителям давать работу другим работникам, кроме них самих, так и купцы и владельцы мануфактур каждой страны заинтересованы в закреплении за собою монополии внутреннего рынка. Отсюда в Великобритании и в большинстве других европейских стран чрезмерные пошлины почти на все товары, ввозимые иностранными купцами. Отсюда высокие пошлины и запреты на все те заграничные мануфактурные изделия, которые могут конкурировать с нашими. Отсюда также чрезвычайные стеснения ввоза почти всех видов товаров из тех стран, торговый баланс с которыми признается неблагоприятным, т.е. из тех, по отношению к которым обычно сильнее всего разгорается национальная вражда.

Между тем, хотя богатство соседней нации опасно во время войны и в политическом отношении, оно несомненно выгодно с точки зрения торговли. В состоянии войны оно может позволить нашим противникам содержать флот и армии более сильные, чем наши, но во время мира и торговых сношений оно должно также давать им возможность обмениваться с нами на более значительную стоимость и являться лучшим рынком для непосредственных продуктов нашего труда или для тех товаров, которые куплены на эти продукты. С богатой нацией дело обстоит так же, как и с богатым человеком, который, наверное, будет лучшим потребителем для живущих в этой местности трудящихся людей, чем бедняк. Разумеется, богатый человек, если он сам владелец мануфактуры, является очень опасным соседом для всех тех, кто занят этим же делом. Но все остальные соседи, подавляющее большинство их, выгадывают благодаря тому хорошему рынку, который создают для них его расходы. Они даже выгадывают от того, что он побивает более бедных работников, которые производят те же продукты, что и он. Владельцы мануфактур богатой нации точно таким же образом могут быть, без сомнения, очень опасными соперниками для владельцев мануфактур соседних стран. Но эта же конкуренция выгодна главной массе народа, которая, помимо того, много выигрывает благодаря хорошему рынку сбыта, создаваемому для нее во всех других отношениях большими расходами такой нации. Частные лица, желающие составить себе состояние, никогда не помышляют об отъезде в отдаленные и бедные районы страны, а направляются в столицу или в один из больших городов. Они знают, что мало можно заработать там, где обращается мало богатств, но знают, что некоторая доля может достаться и им там, где в движении находятся большие богатства. Те самые принципы, которые руководят, таким образом, здравым смыслом одного, десяти или двадцати отдельных лиц, должны определять суждение одного, десяти или двадцати миллионов и заставлять всю нацию видеть в богатствах своих соседей вероятную причину и возможность для собственного обогащения. Нация, желающая разбогатеть при помощи внешней торговли, наверное, скорее достигнет своей цели, если все ее соседи — богатые, трудолюбивые и торговые нации. Великая нация, окруженная со всех сторон кочующими дикарями и бедными варварами, может, без сомнения, приобрести богатства путем возделывания своих земель и путем внутренней торговли, но отнюдь не путем торговли внешней. Как кажется, таким именно образом приобрели свое большое богатство древние египтяне и современные китайцы. Передают, что древние египтяне не занимались внешней торговлей, а современные китайцы, как известно, относятся к ней с крайним презрением и едва удостаивают предоставлять ей хотя бы слабую защиту законов. Современные принципы внешней торговли, поскольку они имеют целью обеднение всех наших соседей и поскольку они в состоянии привести к желательным им результатам, имеют тенденцию превратить эту торговлю в нечто незначительное и не стоящее внимания.

Именно на основании этих принципов торговля между Францией и Англией была подвергнута в обеих этих странах столь многочисленным ограничениям и стеснениям. Между тем, если бы эти страны обсуждали свои действительные интересы без меркантилистической зависти или национальной вражды, торговля Франции могла бы быть более выгодной Великобритании, чем торговля какой-либо другой страны, и по той же причине то же самое было бы с торговлей Великобритании для Франции. Франция является ближайшим соседом Великобритании. В торговле между южным побережьем Англии и северным и северо-западным берегами Франции можно ожидать, как и во внутренней торговле, четырех, пяти или шести оборотов в год. Ввиду этого капитал, вкладываемый в эту торговлю, может в каждой из этих стран приводить в движение в четыре, пять или шесть раз большее количество труда и давать занятие и средства к существованию в четыре, пять или шесть раз большему количеству людей сравнительно с одинаковым по размерам капиталом в других отраслях внешней торговли. В торговле между наиболее отдаленными частями Франции и Великобритании можно ожидать по меньшей мере одного оборота в год; постольку даже и эта торговля будет во всяком случае не менее выгодна, чем большинство других отраслей нашей внешней торговли с европейскими странами. Она будет по меньшей мере в три раза выгоднее хваленой торговли с нашими североамериканскими колониями, в которой капитал редко оборачивается меньше чем в три года, а часто не меньше чем в четыре или пять лет. Во Франции, кроме того, насчитывается 24 млн жителей, тогда как для наших североамериканских колоний ни одно исчисление не дает больше трех миллионов; притом Франция гораздо более богатая страна, чем Северная Америка, хотя ввиду более неравномерного распределения богатств в ней гораздо больше бедных и нищих, чем в последней. Ввиду этого Франция может служить рынком, по меньшей мере в восемь раз более обширным и ввиду большей быстроты оборотов в двадцать четыре раза более выгодным, чем когда бы то ни было были наши североамериканские колонии. Торговля с Великобританией столь же выгодна для Франции, и соответственно богатству, численности населения и близости этих стран она будет иметь такие же преимущества сравнительно с торговлей, которую Франция ведет со своими колониями. Таково громадное различие между той торговлей, какую мудрость обеих этих наций сочла нужным затруднять, и той торговлей, какую она больше всего поощряла.

Но те самые условия, которые делали бы открытую и свободную торговлю между этими двумя странами столь выгодной для них обеих, породили главные препятствия для этой торговли. Будучи соседями, они по необходимости являются врагами, и богатство и могущество каждой из них становятся ввиду этого тем более опасными для другой; поэтому то, что должно было бы увеличивать выгоды национальной дружбы, служит только раздуванию вражды. Обе они представляют собой богатые и промышленные нации, купцы и владельцы мануфактур каждой из них опасаются соперничества, искусства и активности купцов и промышленников другой. Возбуждается коммерческая зависть, обе стороны заражают других и сами заражаются национальной враждой; и торговцы обеих стран возвестили со всей страстной уверенностью заинтересованного заблуждения свое несомненное разорение вследствие неблагоприятного торгового баланса, который, как они утверждают, явится неизбежным результатом ничем не стесняемой торговли между этими странами.

Нет такой торговой страны в Европе, предстоящее разорение которой в связи с неблагоприятным торговым балансом часто не предсказывалось мнимыми учеными этой системы. Но несмотря на все опасения, которые они по этому поводу возбуждали у нас, несмотря на все тщетные попытки почти всех торговых наций обратить торговый баланс в свою собственную пользу и против своих соседей, нет данных, чтобы какая-то европейская нация в какомлибо отношении обеднела от этого. Напротив, те города и страны, которые открывали свои порты всем нациям, богатели благодаря этому, вместо того чтобы разориться в результате такой свободы торговли, как мы это должны были бы ожидать на основании принципов меркантилистической системы. В Европе, правда, существует несколько городов, заслуживающих в некоторых отношениях названия вольных гаваней, но таких стран совсем нет. Голландия, пожалуй, больше всех других стран приближается к такому типу, хотя все еще весьма далека от него; и тем не менее Голландия, как это общепризнано, от внешней торговли получает не только все свое богатство, но и значительную часть своих средств существования.

На самом деле существует другой баланс, уже объясненный выше и весьма отличный от торгового баланса, баланс, который необходимо обусловливает процветание или упадок нации в зависимости от того, благоприятен он ей или нет. Это — баланс годового производства и потребления. Если меновая стоимость годового продукта, как уже замечено, превышает меновую стоимость годового потребления, капитал общества должен ежегодно возрастать соответственно этому избытку. Общество в этом случае живет, не выходя за пределы своего дохода, а то, что сберегается за год из этого дохода, соответственно добавляется к его капиталу и затрачивается на дальнейшее увеличение его годового продукта. Напротив, если меновая стоимость годового продукта не покрывает годового потребления, капитал общества должен уменьшаться в соответствии с этим дефицитом. В этом случае расходы общества превышают его доход и неизбежно затрагивают его капитал. Его капитал должен поэтому уменьшаться, а вместе с тем должна уменьшаться меновая стоимость годового продукта его труда.

Этот баланс производства и потребления совершенно отличен от так называемого торгового баланса. О нем может идти речь в применении к нации, совсем не ведущей внешней торговли и совершенно изолированной от всего остального мира. О нем может идти речь в применении ко всему земному шару в целом, богатство которого, население и производительные силы могут постепенно возрастать или постепенно уменьшаться.

Баланс производства и потребления может быть постоянно в пользу нации, хотя так называемый торговый баланс все время обращен против нее. Нация может в течение пятидесяти лет ввозить на большую стоимость, чем вывозить; все золото и серебро, притекающие к ней за все это время, могут немедленно отливать из нее; ее находящаяся в обращении монета может постепенно снашиваться, причем для замены ее могут вводиться различного рода бумажные деньги, могут также постепенно возрастать долги ее главным нациям, с которыми она торгует, и все же ее действительное богатство, меновая стоимость годового продукта ее земли и труда на протяжении этого же периода может возрасти в гораздо большей степени. Состояние наших североамериканских колоний и торговли, какую они вели с Великобританией перед началом нынешних осложнений*, может служить доказательством того, что это отнюдь не невозможное предположение.

Глава IV
О ВОЗВРАТНЫХ ПОШЛИНАХ

Купцы и владельцы мануфактур не удовлетворяются монополией на внутреннем рынке, они добиваются также возможно большей продажи за границу своих товаров. Их страна не располагает властью над иностранными народами и потому редко может обеспечить им там монополию. Поэтому им, по общему правилу, приходится ограничиваться просьбами о тех или иных поощрительных мерах для вывоза.

Среди этих поощрительных мер наиболее разумными представляются так называемые возвратные пошлины. Предоставление купцу права получать обратно при вывозе весь или часть акциза, или внутренней пошлины, взыскиваемых с отечественной промышленности, никогда не может вызвать вывоза большего количества товаров, чем было бы вывезено их при отсутствии такого обложения. Такое поощрение не имеет тенденции направлять к какому-либо определенному употреблению более значительную долю капитала страны, чем это было бы при отсутствии его, а может только препятствовать тому, чтобы взимание пошлины отвлекало какую-нибудь часть этого капитала к другому занятию. Оно стремится не к нарушению того равновесия, которое естественным образом устанавливается в обществе между всеми различными отраслями промышленности, а только предотвращает нарушение его этой пошлиной; оно направлено не к уничтожению, а к сохранению того, что в большинстве случаев выгодно сохранить, — к сохранению естественного разделения и распределения труда в обществе.

---

* Настоящий параграф написан в 1775 г.

То же самое можно сказать и о возвратных пошлинах для иностранных товаров, ввезенных в страну и обратно вывозимых из нее; эти возвратные пошлины в Великобритании обычно значительно превышают половину ввозных пошлин. На основании второго добавления к закону, установившему так называемую ныне старую субсидию, каждому купцу, англичанину или иностранцу, предоставляется право получать обратно при вывозе половину ввозной пошлины: английский купец получает ее в том случае, если он вывозит товар не позже 12 месяцев после ввоза его, иностранный купец — не позже 9 месяцев. Вина, коринка и выделанные шелка представляли собою единственные товары, на которые не распространялось действие этого постановления, так как для них были установлены другие, более выгодные ставки. Пошлины, установленные этим законом, были в то время единственными на ввозимые иностранные товары. Впоследствии (закон в 7-й год правления Георга I, гл. 21, раздел 10) срок, в течение которого можно было требовать уплаты этой и всех других возвратных пошлин, был продолжен до трех лет.

Бо́льшая часть пошлин, установленных после старой субсидии, целиком возвращается при вывозе. Впрочем, это общее правило не свободно от многочисленных исключений, и теория возвратных пошлин стала гораздо менее простым вопросом, чем это было при введении их впервые.

При вывозе некоторых иностранных товаров, относительно которых предполагается, что их ввоз значительно превышает потребность для внутреннего потребления, возвращается обратно вся пошлина полностью, без удержания даже половины старой субсидии. До мятежа наших североамериканских колоний мы обладали монополией мэрилендского и виргинского табака. Мы вывозили около 96 тыс. бочек, а внутреннее потребление не превышало, по предположениям, 14 тыс. бочек. В целях поощрения крупного вывоза, который был необходим для того, чтобы мы могли сбыть табак с рук, пошлина возвращалась целиком при условии, если табак вывозился обратно не позднее трех лет.

Мы до сих пор обладали почти полной монополией сахара с наших вест-индских островов. Поэтому, если сахар вывозится обратно в течение года, ввозная пошлина возвращается полностью, а если он вывозится на протяжении трех лет, пошлина возвращается за вычетом половины старой субсидии, которая все еще удерживается при вывозе большей части товаров. Хотя ввоз сахара превышает нужды внутреннего потребления, получающийся излишек все же незначителен в сравнении с получавшимся излишком табака.

Воспрещен ввоз некоторых товаров для внутреннего потребления, представляющих предмет особенной ревности наших собственных владельцев мануфактур. Но при уплате известной пошлины они могут ввозиться и храниться на складе для обратного вывоза. Однако при таком вывозе ни малейшая доля этой пошлины не возвращается обратно. По-видимому, нашим владельцам мануфактур нежелательно, чтобы встречал поощрение даже такой ограниченный ввоз, и они опасаются, что часть этих товаров может быть украдена из складов и начнет конкурировать с их собственными товарами. Только с соблюдением этих правил мы можем ввозить выделанные шелка, французский кембрик и батист, бумажные ткани — цветные, набивные, печатные или крашеные и т.п.

Мы даже неохотно являемся посредниками по продаже французских товаров и предпочитаем лишиться прибыли, лишь бы не помогать тем, кого считаем своими врагами, получить некоторую прибыль. При вывозе французских товаров удерживается не только половина старой субсидии, но еще 25%.

В силу четвертого добавления к старому закону о пошлине возвратная пошлина при вывозе всех вин значительно превышала половину пошлины, взимавшейся в то время при ввозе их; законодательство в то время, по-видимому, ставило себе целью оказывать несколько больше, чем обычно, поощрение транзитной торговле вином. Целиком возвращался при обратном вывозе ряд других пошлин и сборов, установленных одновременно со старой пошлиной или вскоре после нее, а именно так называемая добавочная пошлина, новая пошлина, пошлина в одну треть и в две трети, сбор 1692 г., монетная пошлина на вина. Однако ввиду того, что все они, за исключением добавочной пошлины и сбора 1692 г., уплачивались наличными деньгами при ввозе товаров, проценты на столь большую сумму составляли такой расход, что нельзя было ожидать сколько-нибудь выгодной транзитной торговли этим продуктом. Поэтому при вывозе возвращалась только часть пошлины, называвшейся сбором с вина, и совсем не возвращалась пошлина в 25 ф. с бочки французских вин или пошлины, установленные в 1745, 1763 и 1778 гг. Два сбора в 5%, установленные в 1779 и 1781 гг. в добавление ко всем прежним таможенным пошлинам, целиком возвращаемые при вывозе всех других товаров, возвращались также и при вывозе вина. Последняя пошлина, специально наложенная на вино, а именно пошлина 1780 г., возвращается при вывозе полностью — льгота, которая при сохранении столь многочисленных высоких пошлин, по всей вероятности, не смогла повести к вывозу хотя бы одной лишней бочки вина. Эти добавочные правила относятся ко всем местам законного вывоза, исключая британские колонии в Америке.

Закон, изданный в 15-й год правления Карла II, гл. 7, и называемый актом о поощрении торговли, дал Великобритании монополию в деле снабжения колоний всеми продуктами, растущими или производимыми в Европе, а следовательно и винами. В странах со столь протяженными береговыми линиями, как наши североамериканские и вест-индские колонии, где наша власть всегда была очень слаба и где жителям было дозволено вывозить на собственных кораблях свои, не включенные в таможенную роспись товары сперва во все части Европы, а затем во все части Европы южнее мыса Финистера, не очень вероятно, чтобы эта монополия когда-либо строго соблюдалась; их жители, вероятно, всегда находили способы привозить обратно грузы из стран, куда им дозволялось возить свои товары. Однако они, по-видимому, нашли затруднительным ввозить европейские вина непосредственно из стран их происхождения, а также не могли ввозить их из Великобритании, где они были обременены тяжелыми пошлинами, значительная часть которых не возвращалась при вывозе. Мадера, не будучи продуктом европейского происхождения, могла ввозиться непосредственно в Америку и Вест-Индию, которые пользовались полной свободой торговли с островом Мадерой всеми товарами, не включенными в роспись. Эти обстоятельства, вероятно, содействовали появлению того всеобщего предпочтения мадере, какое наши офицеры обнаружили во всех наших колониях в начале войны, начавшейся в 1755 г., и какое они привезли с собою на свою родину, где это вино до того не пользовалось особым распространением. По окончании войны, в 1763 г. (закон, изданный в 4-й год правления Георга III, гл. 15, раздел 12), все пошлины, за вычетом 3 ф. 10 шилл., стали возвращаться при вывозе в колонии всех вин, исключая французские вина, торговле которыми и потреблению которых национальное предубеждение не хотело оказывать ни малейшего поощрения. Период между установлением этой льготы и мятежом наших североамериканских колоний был, вероятно, слишком непродолжителен для того, чтобы произвести сколько-нибудь значительные перемены в привычках этих колоний.

Тот самый закон, который возвратом пошлин со всех вин, исключая французские, значительно больше благоприятствовал колониям, чем другим странам, в отношении возврата пошлин с большей части других товаров благоприятствовал им гораздо меньше. При вывозе большей части товаров в другие страны возвращалась половина старой пошлины. А между тем этот закон устанавливал, что ни малейшая часть этой пошлины не подлежит возврату при вывозе в колонии продуктов, растущих или выделываемых в Европе или Ост-Индии, исключая вина, белые бумажные ткани и муслин.

Возврат пошлин был первоначально установлен, вероятно, в целях поощрения транзитной торговли, которая ввиду того, что фрахт за морскую перевозку часто уплачивается иностранцами звонкой монетой, считалась особенно пригодной для привлечения в страну золота и серебра. Но хотя транзитная торговля, безусловно, не заслуживает особого поощрения и хотя мотив введения такого порядка был, пожалуй, в высшей степени нелеп, самый порядок этот представлялся вполне разумным. Такой возврат пошлин не может привлечь к этому виду торговли бóльшую долю капитала страны, чем притекала бы к ней естествен-

ным путем при отсутствии ввозных пошлин. Он только предотвращает полный отлив капитала
в результате этих пошлин. Транзитная торговля, хотя и не заслуживает никакого поощрения, не должна встречать противодействия; ей следует предоставить свободу, как и всем прочим отраслям торговли. Она является необходимым прибежищем для тех капиталов, которые не могут найти приложения ни в сельском хозяйстве или промышленности страны, ни в ее внутренней или внешней торговле.

Доход таможен вместо того, чтобы уменьшаться от такого возврата пошлин, увеличивается благодаря ему на ту часть пошлины, которая удерживается. Если бы удерживалась полностью вся пошлина, то иностранные товары, с которых она взимается, редко могли бы вывозиться, а следовательно и ввозиться, ввиду отсутствия рынка, а потому совсем не уплачивались бы пошлины, часть которых теперь удерживается.

Эти соображения, как кажется, достаточно оправдывают возврат пошлин и притом оправдывают даже в том случае, если пошлина возвращается всегда целиком при вывозе продуктов отечественной промышленности или иностранных товаров. Акцизный доход в таком случае, правда, несколько сократится, еще более сократится таможенный доход, но это в большой степени восстановит естественный баланс промышленности, естественное разделение и распределение труда, которое всегда более или менее нарушается подобными пошлинами.

Однако эти соображения могут оправдывать возврат пошлин при вывозе товаров только в иностранные и независимые государства, а не в страны, где наши купцы и владельцы мануфактур пользуются монополией. Возврат пошлин, например, при вывозе европейских товаров в наши американские колонии не всегда приведет к увеличению вывоза сравнительно с тем, какой был бы без этого. Благодаря монополии, какой пользуются там наши купцы и владельцы мануфактур, туда часто можно было бы, наверное, отправлять то же количество товаров, даже если бы удерживалась вся пошлина целиком. Таким образом, возврат пошлин может часто представлять собой чистую потерю в доходе от акциза и таможен, не влияя в то же время на состояние торговли или не ведя в каком-либо отношении к расширению ее оборотов. Насколько такой возврат пошлин может быть оправдан как надлежащая мера поощрения промышленности наших колоний или насколько выгодно самой метрополии, чтобы они освобождались от налогов, уплачиваемых всеми остальными их соотечественниками, выяснится в дальнейшем, когда я займусь вопросом о колониях.

Впрочем, всегда надлежит помнить, что возврат пошлин полезен только в тех случаях, когда товары, при вывозе которых он производится, действительно вывозятся в какое-либо иностранное государство, а не ввозятся тайком обратно в нашу же страну. Хорошо известно, что возвратом некоторых пошлин, в особенности пошлин на табак, часто злоупотребляли таким образом и что он давал повод к многочисленным обманам в ущерб как доходу казны, так и честным торговцам.

Глава V
О ПРЕМИЯХ

В Великобритании часто подаются петиции о вывозных премиях, и последние иногда предоставляются для продуктов определенных отраслей отечественной промышленности. Как утверждают, наши купцы и владельцы мануфактур будут благодаря им в состоянии продавать свои товары столь же дешево или дешевле, чем их соперники на внешнем рынке. Говорят, что таким образом будет вывозиться большее количество товаров и торговый баланс, следовательно, склонится больше в пользу нашей страны. Мы не можем обеспечить нашим производителям монополию на внешнем рынке, как сделали это на внутреннем. Мы не можем заставить иностранцев покупать их товары, как сделали это с нашими собственными гражданами. Поэтому решили, что лучший способ — это платить иностранцам, чтобы они покупали наши товары. Таким-то образом меркантилистическая система рассчитывает обогатить всю страну и наполнить деньгами все наши карманы посредством торгового баланса.

Допускают, что премии следует давать только тем отраслям торговли, которые не могут вестись без них. Но всякая отрасль торговли, в которой купец может продавать свои товары по цене, возмещающей ему с обычной прибылью весь капитал, затраченный на приготовление их и доставку на рынок, может вестись без премии. Такая отрасль торговли находится, очевидно, в одинаковых условиях со всеми другими отраслями, которые ведутся без премии, и потому не больше их может требовать для себя премии. Только те отрасли торговли требуют премии, в которых купец вынужден продавать свои товары за цену, не возмещающую ему его капитал вместе с обычной прибылью, или в которых он вынужден продавать их дешевле, чем обходится ему доставка их на рынок. Премия дается в целях покрытия этого убытка и поощрения его продолжать или, может быть, начать торговлю, издержки которой согласно предположению превышают доходы, каждая операция которой съедает часть капитала, вложенного в нее, и которая отличается таким характером, что, если бы все другие отрасли торговли походили на нее, в стране скоро совсем не осталось бы никакого капитала.

Следует заметить, что отрасли торговли, которые ведутся при помощи премий, являются единственными, которые могут вестись между двумя нациями сколько-нибудь продолжительное время таким образом, чтобы одна из них постоянно и регулярно несла убыток или продавала свои товары по цене, которая меньше действительной стоимости доставки их на рынок. Но если бы премия не возмещала купцу то, что он при ее отсутствии терял бы на цене своих товаров, его собственный интерес скоро заставил бы затратить свой капитал иным образом или найти такую отрасль торговли, в которой цена товаров возмещала бы ему с обычной прибылью тот капитал, который затрачен на доставку их на рынок. Результатом премий, как и всех других мероприятий меркантилистической системы, может быть только искусственное направление торговли страны в русло, гораздо менее выгодное, чем то, по какому она естественно шла бы, будучи предоставлена сама себе.

Остроумный и хорошо осведомленный автор трактатов о хлебной торговле очень ясно показал, что со времени введения вывозной премии на хлеб цена вывозимого хлеба, исходя из довольно умеренной ее оценки, превысила цену ввезенного хлеба, исчисленную по очень высокой оценке, на гораздо большую сумму, чем вся сумма премий, выплаченных за этот период. Это, думает он, исходя из принципов меркантилистической системы, служит несомненным доказательством того, что такая искусственно вызванная хлебная торговля благотворна для нации, поскольку стоимость вывоза превышает стоимость ввоза на гораздо большую сумму, чем весь чрезвычайный расход, понесенный государством для достижения такого вывоза. Он не принимает во внимание, что этот чрезвычайный расход, или премия, составляет ничтожнейшую часть издержек, с которыми фактически связан для общества вывоз хлеба. В расчет должен быть также принят и капитал, затраченный фермером на добывание его. Если цена хлеба при продаже его на внешнем рынке не возмещает не только премию, но и этот капитал вместе с обычной прибылью на капитал, то общество терпит убыток на всю разницу, или национальный капитал соответственным образом уменьшается. Но ведь установить премию было сочтено необходимым именно потому, что цена на хлеб признавалась недостаточной для этого.

Средняя цена хлеба, как утверждали, значительно понизилась со времени введения премии. Я уже пытался показать, что средняя цена хлеба начала понижаться приблизительно к концу минувшего столетия и продолжала понижаться в течение первых шестидесяти четырех лет настоящего столетия. Но это явление, если считать его действительно установленным, — а я полагаю, что это так, — должно было иметь место вопреки премии и никак не могло произойти вследствие ее. Оно имело место во Франции, так же как и в Англии, хотя во Франции не только не было никакой премии, но и вывоз хлеба вплоть до 1764 г. был вообще воспрещен. Поэтому такое постепенное падение средней цены зерна в конечном счете обусловлено, вероятно, не тем или иным мероприятием, а тем постепенным и незаметным повышением действительной стоимости серебра, которое, как я пытался показать в первой книге этого труда, происходило на общеевропейском рынке в течение настоящего столетия. Представляется вообще невозможным, чтобы премия могла когда-либо содействовать понижению цены зерна.

Как уже было замечено, в урожайные годы премия, вызывая чрезмерный вывоз, необходимо удерживает цену хлеба на внутреннем рынке на более высоком уровне, чем тот, на котором она естественно держалась бы. Достичь этого было признанной целью введения премии. Хотя в неурожайные годы премия часто временно отменяется, однако увеличение вывоза, вызываемое ею в годы урожайные, часто препятствует тому, чтобы изобилие одного года уравновесило скудость другого. Таким образом, как в годы урожайные, так и в годы неурожайные премия неизбежно ведет к несколько большему повышению денежной цены хлеба на внутреннем рынке, чем это было бы при отсутствии ее.

Что при современном состоянии земледелия премия необходимо должна иметь такую тенденцию, это, полагаю я, не станет оспаривать ни одно разумное существо. Но многие думали, что она имеет тенденцию поощрять земледелие, и притом двояким образом: во-первых, открывая хлебу земледельца более обширный внешний рынок, она, по их мнению, увеличивает спрос на этот продукт, а следовательно и производство его, а, во-вторых, обеспечивая ему лучшую цену, чем он мог бы без такой премии ожидать при современном состоянии земледелия, она, как они полагают, поощряет развитие земледелия. Такое двойное поощрение должно, как они воображают, вызвать по прошествии продолжительного периода такое увеличение производства зерна, которое может понизить его цену на внутреннем рынке в гораздо большей степени, чем может повысить ее премия при том состоянии земледелия, в каком оно будет находиться к концу этого периода.

На это я отвечаю, что всякое расширение внешнего рынка, обусловленное премией, должно происходить в каждом данном году за счет внутреннего рынка, так как каждый бушель хлеба, который вывозится благодаря премии и который при ее отсутствии не вывозился бы, оставался бы на внутреннем рынке, увеличивая потребление и понижая цену этого продукта. Премия на хлеб, следует заметить, как и всякая другая вывозная премия, налагает на народ два различных налога: во-первых, налог, который он вынужден вносить, чтобы выплачивать премию, и, во-вторых, налог, который порождается высокой ценой этого продукта на внутреннем рынке и который, поскольку вся масса народа является покупателем хлеба, должен быть оплачиваем при покупке этого продукта всем народом. Таким образом, этот второй налог, уплачиваемый на этом особом товаре, гораздо тяжелее первого. Предположим, что в среднем для ряда лет премия в 5 шилл. при вывозе квартера пшеницы повышает цену этого товара на внутреннем рынке только на 6 п. на бушель или на 4 шилл. на квартер сравнительно с той ценой, которая стояла бы при данном урожае. Даже при таком осторожном предположении вся масса народа, помимо уплаты налога, из которого покрывается премия в 5 шилл. за каждый вывозимый квартер пшеницы, должна платить еще 4 шилл. за каждый квартер пшеницы, который она сама потребляет. Но согласно весьма хорошо осведомленному автору трактатов о хлебной торговле, среднее отношение количества вывозимого хлеба к количеству его, потребляемому внутри страны, не превышает 1 к 31. Следовательно, на каждые 5 шилл., вносимые народом на уплату первого налога, он должен затрачивать 6 ф. 4 шилл. на уплату второго. Такой тяжелый налог на предмет самой первой необходимости должен или понижать уровень существования трудящихся бедных классов, или вести к некоторому увеличению их денежной заработной платы, пропорционально увеличению денежной цены необходимых им средств существования. Поскольку он действует в первом направлении, он должен понижать способность трудящихся бедняков воспитывать и кормить своих детей и в результате этого должен вести к ограничению населения страны. Поскольку он действует во втором направлении, он должен сокращать возможность для предпринимателей давать работу такому количеству людей, которое они занимали бы без этого, и, следовательно, должен вести к ограничению промышленности страны. Таким образом, чрезмерный вывоз хлеба, вызываемый премией, не только в каждом отдельном году уменьшает внутренний рынок и потребление ровно настолько, насколько расширяет внешний, но, сокращая население и промышленность страны, своей конечной тенденцией имеет остановку роста и задержку постепенного расширения внутреннего рынка, а потому в конечном счете скорее уменьшение, чем увеличение общего рынка и потребление хлеба.

Однако полагали, что такое повышение денежной цены хлеба, делая этот товар более выгодным для фермера, должно необходимо поощрять его производство. На это я возражаю, что было бы именно так, если бы следствием премии являлось повышение действительной цены хлеба или предоставление фермеру возможности содержать на прежнее количество хлеба большее число рабочих таким же образом (более щедро, умеренно или скудно), как обычно содержатся в его местности остальные рабочие. Но очевидно, что ни премия, ни какое-либо иное человеческое учреждение не могут иметь такого влияния. Не на действительную, а только на номинальную цену хлеба может сколько-нибудь заметно влиять премия. И хотя налог, который эта премия накладывает на весь народ, может быть очень обременителен для уплачивающих его, он приносит совсем мало выгоды тем, кто получает его.

Действительно, следствие премии состоит не столько в повышении действительной стоимости хлеба, сколько в понижении действительной стоимости серебра, так что одинаковое количество его обменивается уже на меньшее количество не только хлеба, но и всех других товаров внутреннего производства, ибо денежная цена хлеба определяет цену всех других товаров внутреннего производства.

Она определяет денежную цену труда, которая всегда должна быть такова, чтобы давать возможность рабочему покупать количество хлеба, достаточное для содержания его самого и семьи в изобилии, умеренности или скудости, в зависимости от того, находится ли общество в состоянии процветания, застоя или упадка.

Она определяет денежную цену всех других видов сырого продукта земли, которые на всех ступенях развития должны находиться в известном соотношении с ценою хлеба, хотя оно и неодинаково в различные периоды. Цена хлеба определяет, например, денежную цену травы или сена, мяса, лошадей и фуража для лошадей, а следовательно, сухопутного транспорта или большей части внутренней торговли страны.

Но, определяя денежную цену всех других видов сырого продукта земли, она вместе с тем определяет и цену материалов почти всех мануфактурных изделий. Определяя денежную цену труда, она определяет цену мануфактурного труда и искусства, а определяя их, она определяет денежную цену готового мануфактурного изделия. Денежная цена труда и всего того, что представляет собою продукт земли или труда, должна неизбежно повышаться или понижаться соответственно повышению или понижению денежной цены хлеба.

Поэтому хотя благодаря премии фермер сможет продавать бушель хлеба за 4 шилл. вместо 3 шилл. 6 п. и платить своему землевладельцу денежную аренду, соответствующую такому повышению денежной цены его продукта, все же, если в результате такого повышения цены хлеба можно будет покупать на 4 шилл. не больше товаров внутреннего производства, чем раньше можно было купить на 3 шилл. 6 п., то от такой перемены ненамного улучшится положение фермера или землевладельца. Фермер не сделается способным значительно лучше обрабатывать землю, землевладелец не получит возможности жить много лучше. При покупке заграничных товаров такое повышение цены хлеба может дать им некоторую небольшую выгоду, но при покупке продуктов внутреннего производства она не может дать им никакой выгоды, а между тем почти вся сумма затрат фермера и даже значительно большая часть затрат землевладельца приходятся на продукты внутреннего производства.

То уменьшение стоимости серебра, которое является результатом богатства рудников и которое действует равномерно или почти равномерно в большей части торгового мира, весьма мало задевает каждую отдельную страну. Обусловливаемое им повышение всех денежных цен хотя и не делает в действительности более богатыми тех, кто получает их, но и не делает их и более бедными. Серебряный сервиз становится действительно более дешевым, а все остальные предметы обладают той же точно действительной стоимостью, какою обладали и до того.

Но такое уменьшение стоимости серебра, которое, будучи результатом особого положения или политических учреждений отдельной страны, происходит только в этой стране, имеет очень большое значение и, далеко не делая кого-либо действительно богаче, делает каждого действительно более бедным. Повышение денежной цены всех товаров, которое в таком случае характерно для этой страны, имеет тенденцию более или менее задерживать развитие всех отраслей промышленности, существующих в ней, и давать другим нациям возможность конкурировать с ними не только на внешнем, но даже и на ее внутреннем рынке, поскольку они могут доставлять почти все виды товаров в обмен на меньшее количество серебра, чем могут это делать ее собственные производители.

Особое положение Испании и Португалии как собственников рудников делает их поставщиками золота и серебра для всех других стран Европы. Эти металлы поэтому, естественно, должны быть несколько дешевле в Испании и Португалии, чем в любой другой части Европы. Впрочем, разница не должна превышать размеров фрахта и страховой премии; а ввиду значительной стоимости и небольшого объема этих металлов их фрахт не играет большой роли, а страховая премия за них не превышает премии за любой другой товар такой же стоимости. Поэтому Испания и Португалия очень мало страдали бы от своего особого положения, если бы не отягчали его невыгод своими политическими учреждениями.

Испания, облагая налогом, а Португалия, запрещая вывоз золота и серебра, обременяют этот вывоз расходами по контрабанде и повышают стоимость этих металлов в других странах сравнительно со стоимостью их в Испании и Португалии на всю сумму этих расходов. Когда вы запруживаете поток воды, то, как только уровень воды достигнет высоты плотины, волна должна переливаться через плотину, как будто бы последней совсем не было. Воспрещение вывоза не может удержать в Испании и Португалии большее количество золота и серебра, чем они могут при данном годовом продукте их земли и труда употребить на монету, утварь, золочение и серебрение и другие украшения из золота и серебра. Когда они получат это количество, уровень плотины достигнут и вся вода, притекающая после этого, должна переливать через нее. В соответствии с этим годовой вывоз золота и серебра из Испании и Португалии, несмотря на все ограничения, почти равняется, согласно всем сообщениям, всему годовому ввозу их. Однако так как уровень воды перед плотиной всегда должен быть выше, чем за нею, то количество золота и серебра, которое эти ограничения удерживают в Испании и Португалии, должно в соответствии с годовым продуктом их земли и труда быть больше того количества, которое имеется в других странах. Чем выше и крепче плотина, тем больше должна быть разница в уровне воды за и перед ней. Чем выше налог, чем строже кары, ограждающие действующие запрещения, чем бдительнее и строже надзор, который следит за соблюдением закона, тем больше должна быть разница в отношении между золотом и серебром к годовому продукту земли и труда в Испании и Португалии и в других странах. Действительно, сообщают, что оно очень значительно и что вы часто можете встретить там обилие золотой и серебряной посуды в домах, где отсутствуют другие предметы, которые в других странах считались бы подходящими или соответствующими такого рода великолепию. Дешевизна золота и серебра, или, что то же самое, дороговизна всех товаров, являющаяся неизбежным следствием такого обилия драгоценных металлов, затрудняет развитие земледелия и промышленности Испании и Португалии и дает возможность другим нациям снабжать их многими видами сырья и почти всеми мануфактурными продуктами в обмен на меньшее количество золота и серебра, чем то, которого стоило бы производство этих продуктов в самой Испании и Португалии. Налог и запрещение вывоза действуют двояким образом: они не только очень значительно понижают стоимость драгоценных металлов в Испании и Португалии, но, удерживая там известное количество этих металлов, которое без этого отливало бы в другие страны, они удерживают их стоимость в этих других странах несколько выше естественного уровня и таким образом дают этим странам двойное преимущество в их торговле с Испанией и Португалией. Откройте шлюз в плотине, и перед нею будет теперь меньше воды, а позади — больше, и скоро она окажется тут и там на одном уровне. Отмените налог и запрещение, и так как количество золота и серебра значительно уменьшится в Испании и Португалии, то оно несколько увеличится в других странах и стоимость этих металлов, их отношение к годовому продукту земли и труда станет одинаковым или почти одинаковым во всех странах. Потеря, которую Испания и Португалия могут иметь в результате такого вывоза их золота и серебра, будет вообще номинальной и воображаемой. Номинальная стоимость их товаров и годового продукта их земли и труда уменьшится и будет выражаться меньшим количеством серебра, чем до того, но их действительная стоимость останется прежней и будет достаточна для того, чтобы содержать, распоряжаться и занимать прежнее количество труда. Так как номинальная стоимость товаров уменьшится, то действительная стоимость оставшегося у них золота и серебра увеличится и меньшее количество этих металлов будет удовлетворять всем тем потребностям торговли и обращения, которые раньше требовали большего количества. Золото и серебро, ушедшие за границу, уйдут не без соответствующего возмещения, они принесут на такую же стоимость товары того или иного рода. Притом не все эти товары будут представлять собой предметы роскоши, предназначенные для потребления праздных людей, которые ничего не производят в оплату своего потребления. Поскольку действительное богатство и доход праздных людей не увеличатся в результате такого необычайного вывоза золота и серебра, постольку вследствие этого не увеличится значительно и их потребление. Эти товары в большей своей части, во всяком случае в некоторой своей части, будут состоять, вероятно, из материалов, инструментов и продовольствия для занятия и содержания трудящихся людей, которые воспроизведут с прибылью полную стоимость своего потребления. Таким образом, часть мертвого капитала общества обратится в действующий капитал, и он приведет в движение большее количество труда, чем было занято до того. Годовой продукт земли и труда немедленно несколько увеличится, а через несколько лет увеличится, по всей вероятности, очень значительно, поскольку промышленность этих стран избавится от самого тяжелого бремени, задерживающего ныне ее развитие.

Вывозная премия на хлеб необходимым образом оказывает такое же действие, как и эта нелепая политика Испании и Португалии. Независимо от фактического состояния сельского хозяйства она несколько удорожает наш хлеб на внутреннем рынке сравнительно с тем, сколько он стоил бы при данном состоянии сельского хозяйства, и несколько удешевляет его на рынке внешнем; а так как средняя денежная цена хлеба определяет более или менее денежную цену всех других товаров, премия значительно понижает стоимость серебра на внутреннем рынке и имеет тенденцию немного повышать ее на внешнем. Она позволяет иностранцам, в особенности голландцам, не только питаться нашим хлебом по более дешевой цене, но иногда даже подешевле, чем может иметь его наш собственный народ, — так уверяет нас безусловный авторитет сэр Мэтью Деккер. Премия не позволяет нашим производителям поставлять свои товары за такое небольшое количество серебра, за какое они могли бы отдавать их при отсутствии премии, и дает голландцам возможность поставлять их за меньшее количество серебра. Она имеет тенденцию удорожать несколько наши мануфактурные изделия на всех рынках, а изделия голландцев — несколько удешевлять, а следовательно, давать их промышленности двойное преимущество перед нашей собственной.

Так как премия повышает на внутреннем рынке не столько действительную, сколько номинальную стоимость нашего хлеба, так как она увеличивает не количество труда, которое определенное количество хлеба может содержать и занимать, а только количество серебра, на которое оно обменивается, то оно задерживает развитие наших мануфактур, не оказывая сколько-нибудь значительных услуг нашим фермерам или землевладельцам. Конечно, она дает тем и другим несколько больше денег, и, пожалуй, будет трудновато убедить большинство их, что это отнюдь не оказывает им значительной услуги. Но если стоимость этих денег, т.е. количество труда, предметов продовольствия и всякого рода продуктов отечественного производства, которое можно купить на эти деньги, понижается, и притом понижается пропорционально увеличению их количества, то польза от этого будет почти только номинальная и воображаемая.

Во всем государстве имеется только один класс, которому премия была или может быть действительно полезна. Это — торговцы хлебом, экспортеры и импортеры хлеба. В урожайные годы премия необходимо вызывала более значительный вывоз, чем это было бы при отсутствии ее; препятствуя изобилию одного года восполнять скудость другого, она в неурожайные годы вызывала больший ввоз, чем это было бы необходимо в противном случае. В обоих случаях она увеличивала обороты хлеботорговцев, а в неурожайные годы она не только давала им возможность ввозить большее количество хлеба, но и продавать его по лучшей цене, а следовательно, и с большей прибылью, чем это было бы, если бы не была более или менее устранена возможность восполнять недостаток хлеба в одном году обилием его в другом. В соответствии с этим именно среди этого класса я наблюдал наибольшее стремление сохранить или возобновить вывозную премию.

Наши землевладельцы, вводя высокие пошлины на ввозимый иностранный хлеб, которые в годы среднего урожая равносильны запрещению ввоза, и устанавливая премию, подражали, по-видимому, поведению владельцев наших мануфактур. При помощи первых они закрепляли за собою монополию на внутреннем рынке, а при помощи второй пытались помешать тому, чтобы этот рынок оказался когда-либо переполненным их товаром. Посредством обоих этих мероприятий они старались повысить действительную стоимость хлеба точно таким же образом, как наши владельцы мануфактур посредством таких же мер повышали действительную стоимость различных видов мануфактурных изделий. Они, вероятно, не обратили внимания на большое и существенное различие, самой природой установленное, между хлебом и почти всеми другими товарами. Когда посредством монополии на внутреннем рынке или вывозной премии вы даете владельцам наших шерстяных или полотняных мануфактур возможность продавать их товары по несколько более высокой цене, чем они могли бы без этого получить за них, вы повышаете не только номинальную, но и действительную цену этих товаров. Вы делаете их эквивалентными большему количеству труда и предметов существования; вы увеличиваете не только номинальную, но и действительную прибыль, действительное богатство и доход этих владельцев мануфактур; вы даете им возможность или самим жить лучше, или занимать большее количество рабочих на своих мануфактурах. Вы оказываете этим владельцам мануфактур действительное поощрение и направляете к ним большее количество труда страны, чем это, вероятно, было бы при естественном ходе вещей. Но когда посредством таких же мероприятий вы повышаете номинальную или денежную цену хлеба, вы не повышаете его действительную стоимость — вы не увеличиваете действительное богатство, действительный доход наших фермеров или землевладельцев, вы не поощряете производства хлеба, так как вы не даете им возможности содержать и занимать больше рабочих для выращивания его. По самой природе вещей хлеб имеет определенную действительную стоимость, которая не может быть изменена одним лишь изменением его денежной цены. Никакая вывозная премия, никакая монополия на внутреннем рынке не могут повысить эту стоимость. Самая свободная конкуренция не в состоянии понизить ее. Во всем мире стоимость эта равна количеству труда, которому она может дать содержание, и в каждой отдельной местности она равняется количеству труда, которое — обильно, умеренно или скудно в зависимости от обычного уровня существования рабочих в этой местности — она может содержать. Шерстяные материи или полотно не являются регулирующими товарами, которыми в конечном счете должна измеряться и определяться действительная стоимость всех других товаров; таким товаром является хлеб. Действительная стоимость всякого другого товара измеряется и определяется в конечном счете отношением его средней денежной цены к средней денежной цене хлеба. Действительная стоимость хлеба не изменяется вместе с теми изменениями его средней денежной цены, которые иногда происходят от одного столетия к другому. В результате этих изменений изменяется лишь действительная стоимость серебра.

Вывозные премии на любой продукт отечественного производства вызывают, во-первых, то общее возражение, которое может быть выдвинуто против всех вообще мероприятий меркантилистической системы, а именно что они насильственно направляют некоторую часть труда страны в русло, менее выгодное, чем то, по какому он направлялся бы, будучи предоставлен самому себе; во-вторых, то специальное возражение, что они направляют его не только в менее выгодное, но и фактически в невыгодное русло; торговля, которую можно вести только при существовании вывозной премии, обязательно должна быть убыточной торговлей. Вывозная премия на хлеб вызывает то дальнейшее возражение, что она ни в каких отношениях не может увеличивать производство того продукта, которое она имеет в виду поощрять. Таким образом, наши землевладельцы, требуя установления премии, хотя и подражали при этом нашим купцам и владельцам мануфактур, не проявили того правильного понимания своих собственных интересов, которое обычно руководит поведением этих двух других классов общества. Они обременили общественный доход весьма значительным расходом; они взвалили очень тяжелый налог на всю массу народа, но не увеличили в сколько-нибудь значительной мере действительную стоимость своего собственного товара; понизив несколько действительную стоимость серебра, они в известной мере затруднили развитие всей вообще промышленности страны и вместо того, чтобы подвинуть вперед, более или менее замедлили улучшение своих собственных земель, которое необходимо зависит от общего состояния промышленности страны.

Могут предположить, что в целях поощрения производства какого-нибудь продукта более непосредственное действие будет иметь премия за производство, а не вывозная премия. Кроме того, такая премия будет облагать народ только одним налогом, а именно тем, который ему придется вносить для выплаты этой премии. Вместо того чтобы повышать, она будет иметь тенденцию понижать цену данного продукта на внутреннем рынке, а потому, не налагая на народ второго налога, она сможет по крайней мере отчасти возмещать ему то, что он внес в виде первого налога. Однако премии за производство выдавались очень редко. Предрассудки, привитые меркантилистической системой, приучили нас думать, что национальное богатство создается главным образом вывозом, а не производством. В соответствии с этим вывоз больше поощрялся как более непосредственное орудие привлечения денег в страну. Вместе с тем утверждали, что премии за производство, как это выяснилось на опыте, в большей степени допускают обманы, чем вывозные премии. Не знаю, насколько это справедливо. Очень хорошо известно, что вывозными премиями злоупотребляли для многочисленных надувательств. Но отнюдь не в интересах купцов и владельцев мануфактур, главных изобретателей всех этих мер, чтобы внутренний рынок был переполнен их товарами — явление, которое может иногда вызывать премия за производство. Это переполнение устраняет вывозная премия, позволяя им отправлять за границу излишки и поднимая цену остающегося на внутреннем рынке продукта. Ввиду этого из всех мероприятий меркантилистической системы купцы и владельцы мануфактур больше всего одобряют именно эту меру. Мне приходилось слышать, что предприниматели определенной отрасли промышленности вступали между собою в частное соглашение о выдаче из их собственного кармана премии за вывоз определенной доли товаров, составлявших предмет их торговли. Эта мера действовала так удачно, что более чем удваивала цену товаров на внутреннем рынке, несмотря на значительное увеличение производства. Действие же вывозной премии на хлеб следует считать совершенно противоположным, если она вела к понижению денежной цены этого товара.

Впрочем, нечто вроде премии за производство предоставлялось в некоторых специальных случаях. Близкими по своему характеру подобным премиям следует, пожалуй, считать потонные премии, выдаваемые ловцам белых сельдей и китоловам. Можно предполагать, что они непосредственно ведут к удешевлению на внутреннем рынке определенных товаров. В других отношениях их действие следует признать аналогичным действию вывозных премий. Благодаря им часть капитала страны употребляется на снабжение рынка товарами, цена которых не покрывает издержек вместе с обычной прибылью на капитал.

Но хотя потонные премии этим рыболовным предприятиям не содействуют увеличению богатства нации, можно, пожалуй, думать, что они содействуют ее обороне, поскольку увеличивают численность ее моряков и судов. Это, пожалуй, может быть достигнуто иногда посредством таких премий с гораздо меньшими издержками, чем посредством содержания большого, если позволено так выразиться, постоянного флота наподобие постоянной армии.

Вопреки этим благоприятным предположениям нижеследующие соображения заставляют меня полагать, что при установлении по крайней мере одной из этих премий законодательство сделало грубую ошибку.

1) Премия за ловлю сельдей на парусниках представляется слишком высокой.

С начала зимнего рыболовного сезона 1771 г. до конца зимнего рыболовного сезона 1781 г. потонная премия на сельдяной промысел на мелких парусниках равнялась 30 шилл. за тонну. За эти одиннадцать лет весь улов от мелкого сельдяного промысла в Шотландии достигал 378 347 бочонков. Сельдь, выловленная в море и тут же засоленная, называется сельдью морской заготовки. Для того чтобы сделать ее так называемой продажной сельдью, необходимо перебрать ее, добавив некоторое количество соли. Поэтому считают, что из трех бочонков с сельдью морской заготовки получаются обычно два бочонка продажных сельдей. Таким образом, общий улов продажной сельди за эти 11 лет выразится, согласно этому расчету, только в 252 231 $^1/_3$ бочонка. За эти 11 лет потонной премии было всего выплачено 155 463 ф. 11 шилл., или 8 шилл. 2 $^1/_4$ п. на каждый бочонок продажной сельди.

Для заготовки этой сельди употребляется иногда шотландская соль, иногда заграничная; та и другая предоставляется рыбопромышленникам освобожденной от всякого акциза. Акциз на шотландскую соль составляет в настоящее время 1 шилл. 6 п., а акциз на заграничную соль — 10 шилл. на бушель. На бочонок сельдей требуется, согласно расчетам, около одного бушеля с четвертью заграничной соли; шотландской соли требуется в среднем два бушеля. Если сельди предназначаются для вывоза, этот акциз совсем не взыскивается; если они предназначаются для внутреннего потребления, уплачивается с каждого бочонка всего 1 шилл., безразлично, заграничная или шотландская соль была употреблена на заготовку. Таков был размер старинного шотландского акциза с бушеля соли, т.е. того количества, которое считалось необходимым для заготовки бочонка сельдей. В Шотландии заграничная соль очень мало употребляется для других целей, кроме засолки сельдей. Но с 5 апреля 1771 г. по 5 апреля 1782 г. количество ввезенной заграничной соли достигло 937 974 бушеля, по 84 ф. в каждом, а количество шотландской соли, доставленной соляными предприятиями рыбопромышленникам, не превышало 168 226 бушелей, по 56 ф. в каждом. Отсюда явствует, что при засолке сельдей употребляется главным образом заграничная соль. Кроме того, за каждый бочонок сельдей, вывозимый за границу, выдается премия в 2 шилл. 8 п., а вывозится больше двух третей всего улова сельдей мелких парусников. Если принять в соображение все эти факты, то окажется, что за эти 11 лет каждый бочонок сельдей улова мелких парусников, на заготовку которого была употреблена шотландская соль, при вывозе его за границу обходится правительству в 17 шилл. 11 $^3/_4$ п., а при назначении его для внутреннего потребления — в 14 шилл. 33 $^3/_4$ п. и что каждый бочонок, на заготовку которого была употреблена заграничная соль, при вывозе его за границу обходился правительству в 1 ф. 7 шилл. 5 $^3/_4$ п., а при назначении его для внутреннего потребления — 1 ф. 3 шилл. 9 $^3/_4$ п. Цена бочонка продажных сельдей хорошего качества колеблется от 17–18 до 24–25 шилл., равняясь в среднем одной гинее.

2) Премия, установленная для промысла белых сельдей, представляет собой потонную премию и пропорциональна вместимости судна, а не успешности или усердию ловцов; и я боюсь, что слишком часто суда снаряжались с единственной целью вылавливать не рыбу, а премию. В 1759 г., когда премия достигала 50 шилл. за тонну, весь промысел на мелких парусниках Шотландии дал всего

только четыре бочонка сельдей морской заготовки. В этом году каждый бочонок сельдей морской заготовки потребовал от правительства затраты на одну только премию 113 ф. 15 шилл., а бочонок продажной сельди — 159 ф. 7 шилл. 6 п.

3) Самый характер промысла по ловле белых сельдей, за который выдавалась премия (на палубных судах вместимостью от 20 до 80 т), по-видимому, приспособлен не столько к условиям Шотландии, сколько к условиям Голландии, откуда он, как кажется, заимствован. Голландия расположена на большом расстоянии от морей, в которые главным образом устремляются сельди, и потому может вести этот промысел только на палубных судах, которые могут забирать с собой достаточно воды и провизии для рейса в далекое море. Но Гебридские, или Западные, острова, острова Шотландские, северные и северо-западные берега Шотландии, по соседству с которыми главным образом ведется ловля сельдей, повсюду прорезаются морскими заливами, глубоко вдающимися в сушу и называющимися на местном языке морскими озерами. В эти-то морские озера преимущественно и стекаются сельди в те периоды, когда посещают эти воды: эта рыба, а также и многие другие виды рыб, как меня уверяли, появляются не регулярно и не всегда. Ввиду этих обстоятельств ловля рыбы с баркасов представляется наиболее приспособленной к специальным условиям Шотландии, ибо рыбаки доставляют сельдь на берег сейчас же после того, как выловят ее, для заготовки или потребления в свежем виде. Но значительное поощрение, оказываемое рыбному промыслу на парусных судах выдачей премии в 30 шилл. за тонну, неизбежно наносит ущерб баркасному промыслу, который, не получая никакой премии, не может доставлять свой улов на рынок на таких же условиях, на каких доставляют его промышляющие на парусных судах. Благодаря этому почти совсем пришел в упадок рыбный промысел на баркасах, который до введения премии для парусных судов был очень значителен и, как передают, давал занятие не меньшему числу людей, чем в настоящее время занято промыслом на парусных судах. Впрочем, должен признать, что относительно прежних размеров этого ныне подорванного и покинутого рыбного

 промысла я не могу говорить с большой точностью. Так как никакой премии не выдавалось на участвующие в промысле баркасы, таможенные и соляные чиновники не вели регистрацию их.

4) Во многих частях Шотландии в течение известных периодов года сельди составляют довольно значительную часть питания простого народа. Премия, понижающая их цену на внутреннем рынке, могла бы много содействовать улучшению положения многочисленных наших соотечественников, которые не всегда обладают достатком. Но премия, предоставленная сельдяному промыслу на парусниках, совсем не содействует этой благой цели. Она разорила баркасный рыбный промысел, который лучше всего приспособлен для снабжения внутреннего рынка, и добавочная вывозная премия в 2 шилл. 8 п. на бочонок ведет к вывозу за границу большей части улова (более двух третей). Меня уверяли, что 30–40 лет тому назад, до введения премий для промысла на парусниках, 16 шилл. за бочонок составляли обычную цену белых сельдей. Лет 10–15 тому назад, когда баркасный рыбный промысел не был еще совершенно уничтожен, цена колебалась, как сообщают, в пределах от 17 до 20 шилл. за бочонок. В течение последних пяти лет она в среднем достигала 25 шилл. за бочонок. Впрочем, такая высокая цена могла вызываться малым количеством сельдей у берегов Шотландии. Точно так же я должен заметить, что самый бочонок, который продается обычно вместе с сельдью и цена которого включена во все приведенные выше цены, со времени начала американской войны вздорожал вдвое против прежнего, а именно — с 3 шилл. до 6 шилл. Должен равным образом заметить, что сообщения, полученные мною относительно цен прежних лет, отнюдь не сходятся друг с другом и не единодушны и один старик, отличающийся большой точностью и опытностью, уверял меня, что более 50 лет тому назад обычная цена бочонка хорошей продажной сельди равнялась одной гинее, и эту цену, мне кажется, можно и для настоящего времени считать средней ценой. Как бы то ни было, все сообщения, кажется мне, сходятся в том, что цена на внутреннем рынке не понизилась в результате введения премии для промысла на парусниках.

Если рыбопромышленники после предоставления им таких щедрых премий продолжают продавать свой товар по прежней или даже еще более высокой цене, чем обычно продавали раньше, то можно ожидать, что их прибыли будут очень высоки, и весьма вероятно, что прибыли некоторых из них действительно таковы. Однако по общему правилу, как я имею все основания полагать, дело обстоит совершенно иначе. Обычное действие подобных премий выражается в том, что они поощряют опрометчивых предпринимателей браться за дело, которого они не понимают, и то, что они теряют в результате собственной неосмотрительности и незнания, с избытком поглощает все то, что они могут выгадать благодаря чрезвычайной щедрости правительства. В 1750 г. тот самый закон, который впервые устанавливает премию в 30 шилл. за тонну в целях поощрения ловли белых сельдей (закон, изданный в 23-й год правления Георга II, гл. 24), учреждал также акционерную компанию с капиталом в 500 тыс. ф., причем акционерам (помимо всех прочих поощрительных мер: только что упомянутой потонной премии, вывозной премии в 2 шилл. 8 п. за бочонок, безакцизного отпуска британской и иностранной соли) на протяжении 14 лет предоставлялось право получать на каждые 100 ф., подписанные ими и внесенные в капитал общества, по 3 ф. в год, выплачиваемые им главным заведующим таможенными сборами равными долями каждые полгода. Помимо этой большой компании, председатель и директора которой должны были жить в Лондоне, разрешалось учреждение различных рыбопромышленных контор во всех внешних портах королевства при условии подписки в капитал каждой из них не менее 10 тыс. ф., причем они должны были вести операции на свой собственный риск. Этим малым конторам были предоставлены такие же ежегодные дотации и такие же поощрения разного рода, как и большой лондонской компании. Капитал большой компании был скоро полностью внесен, а в различных внешних портах королевства возникло несколько рыбопромышленных контор. Несмотря на эти поощрения, почти все эти компании, как большие, так и малые, потеряли весь или большую часть своего капитала; в настоящее время от них почти не осталось следа, и промысел по ловле белых сельдей ныне целиком или почти целиком ведется отдельными предпринимателями. Если какая-либо отдельная отрасль мануфактур необходима для защиты общества, не всегда будет благоразумно оставаться зависимыми в деле снабжения ее изделиями от наших соседей, и может оказаться целесообразным обложение всех других отраслей промышленности для поддержания ее, если она иначе не может существовать внутри страны. Этот принцип может, пожалуй, оправдывать выдачу премий на вывоз парусины и пороха британской выделки.

Но хотя очень редко может оказаться разумным обложение налогом труда широкой массы народа в целях поддержания труда какого-нибудь одного разряда владельцев мануфактур, однако при расточительности, свойственной периодам большого процветания, когда публика получает больший доход, чем может с толком употребить, можно, пожалуй, признать такие премии излюбленным отраслям мануфактур не менее естественными, чем всякий другой ненужный расход. В деле государственных, как и частных, расходов ссылкой на большое богатство часто считают возможным оправдать большую расточительность, но, конечно, требуется нечто большее, чем нормальная глупость, чтобы продолжать такую расточительность в периоды общих затруднений и нужды.

Так называемые премии нередко представляют собою не что иное, как возврат пошлин, и к ним поэтому в таких случаях неприложимы те возражения, какие делаются против премий в собственном смысле слова. Премия, например, за вывозимый рафинад может рассматриваться как возврат пошлины, взимаемой с сахарного песку, из которого он выделывается; премия за вывозимый выделанный шелк — как возврат пошлины с ввозимого шелка-сырца и трощеного шелка; премия за вывозимый порох — как возврат пошлины с ввозимой серы и селитры. На таможенном языке только те выдачи называются возвратом пошлин, которые предоставляются за товары, вывозимые в той же самой форме, в какой они ввезены. Когда их форма так изменяется при мануфактурной переработке, что они получают новое обозначение, эти выдачи называются премиями.

Награды, даваемые обществом художникам или мануфактуристам, которые выделяются в своей специальности, не могут вызывать тех же возражений, как премии вышеописанного характера. Поощряя выдающиеся способности и умение, они служат поддержанию соревнования между работниками, занятыми в этих специальностях, но недостаточно велики для того, чтобы направлять в какую-либо из них большую долю капитала страны, чем это было бы при отсутствии таких наград. Они имеют тенденцию не нарушать естественное равновесие занятий, а сделать работу, выполняемую в каждом из них, возможно более искусной и совершенной. Кроме того, расход на такие награды незначителен, тогда как премии требуют очень больших расходов. Одна только премия на хлеб обходилась иногда государству в течение года более чем в 300 тыс. ф.

Премии иногда называются наградой, как возвратные пошлины иногда называются премиями. Но мы должны во всех случаях считаться с сущностью вещей, не обращая внимания на слова.

Отступление
по вопросу о хлебной торговле и хлебных законах

Я не могу закончить эту главу относительно премий, не указав, что совершенно незаслуженны похвальные отзывы, которыми удостаивали закон, устанавливающий премию на вывозимый хлеб, и связанную с ним систему мероприятий. Специальное выяснение природы хлебной торговли и изучение главных законов Великобритании, относящихся к ней, достаточно подтвердят справедливость этого утверждения. Важность этого вопроса должна оправдать размеры нашего отступления.

Хлебная торговля состоит из четырех различных ветвей, которые, хотя и могут иногда вестись все одним и тем же лицом, по самому характеру своему представляют собою четыре самостоятельные и особые отрасли торговли. Это, во-первых, торговля хлебом внутри страны; во-вторых, импортная торговля для внутреннего потребления; в-третьих, экспортная торговля хлебом страны для иностранного потребителя и, в-четвертых, транзитная торговля хлебом — ввоз хлеба в целях обратного вывоза.

I. Интересы торговца хлебом внутри страны и широких слоев народа, как бы они ни казались противоположными с первого взгляда, совершенно тождественны даже в годы сильнейшего неурожая. В интересах торговца поднимать цену своего хлеба так высоко, как этого требует скудость урожая, и в его интерес никогда не может входить поднятие ее выше этого уровня. Поднимая цену, он ограничивает потребление и заставляет всех, а в особенности низшие классы народа, более или менее соблюдать бережливость и умеренность. Если чрезмерным повышением цены он уменьшает потребление столь значительно, что запасы урожая могут превысить потребление до следующей жатвы и оставаться у него некоторое время после того, как начнет поступать хлеб нового урожая, он рискует не только потерять оставшийся хлеб в силу естественных причин, но и оказаться вынужденным продать оставшийся хлеб по гораздо более дешевой цене, чем мог получить за него несколькими месяцами раньше. Если он поднимет цену недостаточно высоко и благодаря этому так мало ограничит потребление, что запасов урожая не хватит до новой жатвы, он не только теряет часть прибыли, которую мог бы в противном случае получить, но и заставляет народ терпеть до нового урожая если не тягости дороговизны, то убийственные ужасы голода. В интересах народа, чтобы его потребление за день, неделю и месяц по возможности точно соответствовало запасам урожая. Интересы торговца хлебом внутри страны таковы же. Снабжая население по возможности соответственно такому расчету, он, наверное, продаст свой хлеб по наиболее высокой цене и с наибольшей прибылью; а знание им состояния запасов и размеров своей ежедневной, еженедельной, месячной продажи позволяет ему судить с большей или меньшей точностью, в какой мере население действительно снабжается указанным образом. Не имея в виду соблюдения интересов населения, он неизбежно побуждается ради соблюдения своих собственных интересов обращаться с ним даже в годы неурожая совсем так, как осмотрительный капитан корабля иногда оказывается вынужден обращаться со своим экипажем. Когда он предвидит, что провианта может не хватить, он сажает его на уменьшенную порцию. Из избытка предосторожности он иногда делает это при отсутствии действительной необходимости, тем не менее все неудобства, которые от этого может терпеть экипаж, незначительны в сравнении с опасностью, страданиями и гибелью, которым могут иногда подвергнуться при менее предусмотрительном поведении. Хотя точно так же торговец хлебом внутри страны может нередко под влиянием чрезмерной жадности поднять цену на хлеб несколько выше, чем это требуется недостатком хлеба, все же все те неудобства, которые население может испытывать благодаря такому образу действий, фактически избавляющему их от голода в конце года, будут незначительны в сравнении с тем, что им пришлось бы пережить, если бы он в начале года проявил меньшую строгость. Хлеботорговец сам скорее всего пострадает от такой чрезмерной жадности, и не только ввиду возмущения, которое он в таком случае возбудит против себя, но также и потому, что, если даже он сумеет избежать последствий этого возмущения, все же у него на руках к концу года останется непроданный хлеб, который, если новый урожай окажется более благоприятным, ему придется продать по более низкой цене, чем это могло бы быть в противном случае.

Конечно, если бы было возможно, чтобы одна большая торговая компания захватила в свои руки весь урожай обширной страны, в ее интересах было бы, пожалуй, поступать с ним так, как голландцы, по рассказам, поступают с пряностями с Молуккских островов, а именно уничтожают или выбрасывают в море значительную часть их, чтобы удержать на высоком уровне цену оставшегося количества. Но даже с помощью принудительного воздействия закона вряд ли возможно установить такую всеобъемлющую монополию в отношении хлеба; и всюду, где закон охраняет свободу торговли, хлеб из всех товаров труднее всего сосредоточить в одних руках или монополизировать при помощи немногих крупных капиталов, скупающих значительную часть его. Стоимость хлеба не только намного превышает размеры капиталов тех немногих частных лиц, которые попытались бы его скупить, но даже при предположении, что этих капиталов достаточно для скупки всего хлеба, ее делает вообще неосуществимой самый способ, каким производится хлеб. Так как во всех культурных странах хлеб представляет собою продукт, потребляемый больше всего, то на производство хлеба затрачивается большее количество труда, чем на производство всякого другого продукта. Далее, когда снимается жатва, хлеб оказывается по необходимости распределенным между большим числом владельцев, чем всякий иной товар, и их никак нельзя собрать в одно место, как небольшое число независимых владельцев мануфактур; они необходимо разбросаны по всем концам страны. Эти первоначальные владельцы или непосредственно снабжают потребителей в своей округе, или снабжают других торговцев хлебом внутри страны, которые, в свою очередь, снабжают им потребителей. Поэтому торговцы хлебом внутри страны, включая фермера и булочника, по необходимости более многочисленны, чем торговцы всяким другим товаром, и разбросанность их делает для них вообще невозможным вступать в какие-либо общие соглашения. Ввиду этого, если в неурожайный год один из них увидит, что у него на руках значительно больше хлеба, чем он может рассчитывать продать по существующей цене до нового урожая, он ни за что не станет держаться этой цены в убыток самому себе и лишь к выгоде своих соперников и конкурентов, а сейчас же понизит ее, чтобы сбыть свой хлеб до того, как станет поступать хлеб нового урожая. Те же соображения, тот же самый интерес, которые определяют в данном случае образ действия одного торговца, будут определять и образ действий всякого другого и побуждать их всех продавать свой хлеб по цене, наиболее соответствующей, по их крайнему разумению, недостатку или обилию его в данном году.

Всякий, изучающий внимательно историю периодов дороговизны и голодовок, которые поражали ту или иную часть Европы в течение настоящего или двух предшествовавших столетий и относительно которых мы имеем довольно точные данные, убедится, что дороговизна никогда не возникала в результате какого-либо соглашения между собой торговцев хлебом внутри страны или какой-нибудь другой причины, а порождалась действительным недостатком хлеба, который создавался иногда и в некоторых отдельных местах ввиду расточительности войны, а в гораздо большем числе случаев — из-за плохого урожая, и что голод никогда не возникал по какой-либо иной причине, как в результате насильственных мероприятий правительства, пытавшегося негодными средствами устранить неудобства дороговизны.

В обширной земледельческой стране, между различными частями которой существует свободная торговля и сообщение, недостаток хлеба, порожденный самым сильным неурожаем, никогда не может быть так значителен, чтобы вызвать голод, и даже самый скудный урожай, если обращаться с ним с бережливостью и умеренностью, прокормит в течение всего года такое же количество людей, какое обычно прокармливается более щедро в годы среднего урожая. Больше всего неблагоприятна для урожая погода слишком засушливая или слишком дождливая. Но так как хлеб растет одинаково на высоких и низменных местах, на почвах очень влажных или очень засушливых, то засуха или дожди, гибельные для одной части страны, полезны для другой; и хотя как в дождливый, так и в засушливый год урожай бывает значительно хуже, чем в год с более равномерной погодой, однако в обоих этих случаях потери в одной части страны в известной мере уравновешиваются избытком в другой. В странах, выращивающих рис, где для этого растения необходима не только очень влажная почва, но и нахождение в известный период его произрастания под водой, последствия засухи гораздо более серьезны. Однако даже и в таких странах засуха редко бывает столь повсеместной, чтобы обязательно породить голод, если только правительство допустит свободную торговлю. Засуха в Бенгалии несколько лет тому назад могла, вероятно, вызвать очень сильную дороговизну. Ряд неправильных мероприятий, ряд неразумных ограничений торговли рисом, установленных служащими Ост-Индской компании, содействовали, наверное, превращению этой дороговизны в голод.

Когда правительство в стремлении устранить неудобства дороговизны приказывает всем торговцам продавать хлеб по цене, которую оно считает разумной и справедливой, оно или удерживает их от доставки хлеба на рынок, что может иногда вызвать голод даже в начале года, или, если они и привозят его туда, это дает населению возможность и потому поощряет его потреблять хлеб так неумеренно, что это должно неизбежно породить голод еще до конца года. Неограниченная, ничем не стесняемая свобода хлебной торговли не только представляет собою единственное средство для предотвращения бедствий голода, она является также наилучшим средством против неудобств дороговизны, ибо неудобные последствия действительного неурожая ничем нельзя предотвратить, их можно только смягчить. Ни один род торговли не заслуживает в большей степени покровительства закона и ни один из них не нуждается в нем в такой степени, ибо ни один другой вид торговли не рискует вызвать такого возмущения и нападок населения.

В неурожайные годы низшие классы населения приписывают свои лишения алчности хлеботорговца, который становится предметом их ненависти и возмущения. Поэтому, вместо того чтобы наживать в таких случаях барыши, хлеботорговец часто подвергается опасности разориться и видеть свои склады разграбленными и разрушенными в результате их насильственных действий. Тем не менее именно в неурожайные годы, когда цены высоки, хлеботорговец рассчитывает получить наибольшую прибыль. Он обычно имеет договоры с несколькими фермерами на поставку ему в течение определенного числа лет установленного количества хлеба по определенной цене. Эта договорная цена устанавливается в соответствии с тем, что считается умеренной и справедливой ценой, т.е. в соответствии с обычной или средней ценой, которая до последних неурожайных годов колебалась в пределах от 8 до 20 шилл. за квартер пшеницы с соответствующими изменениями для прочих хлебов. Поэтому в неурожайные годы хлебный торговец покупает значительную часть своего хлеба по нормальной, а продает его по гораздо более высокой цене. Но что эта сверхобычная прибыль не более чем достаточна для того, чтобы поставить его торговлю в такие же условия, как и другие виды торговли, и компенсировать многочисленные потери, которые он несет в других случаях как из-за порчи товара, так и из-за частых и непредвидимых колебаний его цены, представляется вполне очевидным уже в силу одного того, что большие состояния в хлебной торговле приобретаются столь же редко, как и во всякой другой. Однако народное недовольство, которому она подвергается в неурожайные годы, — единственные годы, когда она может быть очень прибыльной, — внушает людям честным и самостоятельным нежелание заниматься ею. Она оказывается предоставленной низшему разряду торговцев, и мельники, булочники, мучные торговцы и мучные комиссионеры вместе с жалкими мелочными лавочниками представляют собою единственных посредников, которые на внутреннем рынке оперируют между производителем и потребителем.

Политика, установившаяся в прежнее время в Европе, вместо того чтобы устранить эту общераспространенную вражду по отношению к торговле, столь благодетельной для общества, по-видимому, напротив, только освящала и питала ее.

Законом, изданным в 5-й и 6-й год правления Эдуарда VI, гл. 14, было установлено, что всякий, покупающий какой бы то ни было хлеб или зерно в целях перепродажи его, будет объявлен незаконным скупщиком и будет подлежать в первый раз двухмесячному тюремному заключению и штрафу в размере стоимости этого хлеба, во второй раз — шестимесячному заключению и штрафу в размере двойной стоимости и в третий раз — тюремному заключению до королевского распоряжения и конфискации всех его товаров и имущества. Политика большей части остальной Европы была не лучше политики Англии.

Наши предки воображали, по-видимому, что люди смогут покупать хлеб дешевле у фермера, чем у хлеботорговца, который, как они боялись, будет брать с них сверх цены, уплаченной им фермеру, чрезмерную прибыль в свою пользу. Поэтому они пытались совсем уничтожить его торговлю; они даже старались по возможности помешать тому, чтобы существовал какой-либо посредник между производителем и потребителем; таков был смысл многих ограничений, которым они подвергали торговлю так называемых ими перекупщиков или перевозчиков хлеба, — торговлю, которой никто не имел права заниматься без разрешения, удостоверяющего его честность и добросовестность. Согласно статуту Эдуарда VI, для выдачи такого разрешения требовалось согласие трех мировых судей. Но даже и такое ограничение было впоследствии признано недостаточным, и в силу статута Елизаветы право выдавать его было передано четвертным судебным сессиям.

Политика Европы в минувшие времена пыталась таким образом регулировать сельское хозяйство, главный промысел деревни, принципами, совершенно отличными от тех, которые она установила по отношению к мануфактурной промышленности, главному занятию городов. Не оставляя фермеру других покупателей, кроме потребителей или их непосредственных комиссионеров, перекупщиков и перевозчиков хлеба, она пыталась заставить его заниматься промыслом не только фермера, но также крупного хлеботорговца или торговца хлебом в розницу. Первым законом она имела в виду служить общему интересу страны или удешевить хлеб, сама, пожалуй, не отдавая себе отчета, как это может быть достигнуто. Вторым законом она имела в виду служить интересам определенного класса — лавочников, которым владелец мануфактуры, если бы только ему было позволено вести розничную торговлю, составил, как полагали, такую сильную конкуренцию, что они были бы совсем разорены.

Однако если бы даже владельцу мануфактуры было дозволено держать лавку и продавать свои товары в розницу, он все же не мог бы успешно конкурировать с обыкновенным лавочником. Какую бы часть своего капитала он ни вложил в свою лавку, он должен был бы взять ее из своей мануфактуры. Для того чтобы вести свое предприятие в обычных условиях, он должен был бы получать, с одной стороны, прибыль в качестве владельца мануфактуры, а с другой — в качестве лавочника. Предположим для примера, что в городе, где он живет, десять процентов составляют обычную прибыль как на капитал, вложенный в мануфактурное предприятие, так и на капитал, вложенный в розничную торговлю. В этом случае он должен накидывать на каждую единицу своего товара, продаваемого в его лавке, двадцать процентов на прибыль. Вывозя товары со склада к себе в лавку, он должен расценивать их по цене, по которой мог бы продавать их лавочнику или купцу, которые купили бы их у него оптом. Если он расценивает их дешевле, он теряет часть прибыли со своего капитала, занятого в мануфактуре. Когда же он продает их в своей лавке, он теряет часть прибыли со своего торгового капитала, если только не выручает такую же цену, по которой продавал бы их лавочник. Поэтому, хотя и может казаться, что он получает двойную прибыль на одной и той же единице товара, на самом деле, поскольку эти товары составляли последовательно часть двух различных капиталов, он получает обычную прибыль на весь капитал, затрачиваемый на них. А если он получает прибыль меньшую, он терпит убыток или оказывается затрачивающим свой капитал с меньшей выгодой, чем большинство его соседей.

То, что воспрещалось владельцу мануфактуры, в известной мере предписывалось делать фермеру, а именно — делить свой капитал между двумя различными назначениями: одну часть его он должен держать в амбарах и на гумне для удовлетворения требований рынка, а другую — затрачивать на обработку своей земли. Но подобно тому как он не может затрачивать последнюю с меньшей прибылью, чем это обычно для фермерского капитала, столь же мало он может затрачивать первую с меньшей прибылью, чем это обычно для торгового капитала. Принадлежит ли капитал, на который фактически ведется предприятие хлеботорговца, лицу, называемому фермером, или лицу, называемому хлебным торговцем, в обоих случаях необходима одинаковая прибыль, чтобы возместить собственнику употребление его таким именно образом, чтобы его промысел находился в таких же условиях, как и другие предприятия, и чтобы у него не появилось стремление возможно скорее переменить это занятие на другое. Поэтому фермер, вынужденный таким образом заниматься промыслом торговца хлебом, никак не может продавать свой хлеб дешевле, чем всякий другой торговец хлебом при наличии свободной конкуренции.

Торговец, который может вкладывать весь свой капитал в одно определенное предприятие, обладает такого же рода преимуществом, как и рабочий, который может затрачивать весь свой труд на одну определенную операцию. Как последний приобретает ловкость, позволяющую ему теми же двумя руками выполнять гораздо большее количество работы, так и первый приобретает навык столь легко и быстро вести свое дело, покупать и сбывать свои товары, что с одним и тем же капиталом он может делать гораздо большие обороты. Как первый обычно может продавать свой труд значительно дешевле, так и второй обычно может продавать свои товары несколько дешевле, чем в том случае, когда его капитал и его внимание были бы заняты не одним только делом. Большинство владельцев мануфактур не в состоянии продавать в розницу свои товары так дешево, как старательный и деятельный розничный торговец, единственное занятие которого состоит в покупке их оптом и в продаже потом в розницу. Большинство фермеров еще меньше может продавать в розницу свой хлеб, снабжать жителей города на расстоянии, может быть, четырех или пяти миль по такой же цене, по какой может делать это старательный и деятельный хлеботорговец, единственное занятие которого состоит в покупке хлеба оптом, в доставке его на склад и последующей его продаже.

Закон, воспрещавший владельцу мануфактуры заниматься промыслом лавочника, пытался форсировать отмеченное разделение в употреблении капиталов; закон, обязывавший фермера заниматься промыслом хлеботорговца, пытался задержать развитие в этом направлении; оба закона являлись явным нарушением естественной свободы, а потому были несправедливы; вместе с тем они были столь же нецелесообразны. В интересах всякого общества, чтобы в подобного рода делах не было ни принуждения, ни стеснения. Человек, употребляющий свой труд или свой капитал на большее число занятий, чем требует его положение, никогда не сможет повредить своему соседу, конкурируя с ним: он скорее повредит самому себе, и это обычно так и бывает. Хватающийся сразу за несколько дел никогда не разбогатеет, говорит пословица. Закон должен всегда предоставлять людям самим заботиться об их собственных интересах, так как о своих специальных условиях и положении они, по общему правилу, более способны судить, чем законодатель. Из вышеупомянутых законов более вредным был закон, который обязывал фермера заниматься промыслом хлеботорговца.

Этот закон не только задерживал деление употребляемого капитала, столь выгодное для каждого общества, но и препятствовал также улучшению и обработке земли. Заставляя фермера заниматься двумя промыслами вместо одного, он принуждал его делить свой капитал на две части, из которых только одна могла быть употреблена на возделывание земли. Если же, напротив, фермер был бы волен продавать весь свой хлеб хлеботорговцу, как только успеет обмолотить его, весь его капитал мог бы немедленно вернуться к земле и быть употреблен на покупку добавочного скота и на наем добавочных батраков, чтобы лучше возделывать землю. Будучи же обязан продавать свой хлеб в розницу, он был вынужден держать значительную часть своего капитала на протяжении года в амбарах и на гумне и потому не мог обрабатывать землю так хорошо, как мог бы делать это в противном случае при том же капитале. Таким образом, закон этот мешал улучшению и обработке земли и вместо того, чтобы вести к удешевлению хлеба, должен был уменьшать его количество, а потому и удорожать в сравнении с тем, что было бы при естественном ходе вещей.

После промысла фермера промысел хлеботорговца представляет собой в действительности тот промысел, который при надлежащем поощрении и охране может больше всего содействовать производству хлеба. Он может содействовать промыслу фермера точно так, как промысел оптового торговца содействует промыслу владельцев мануфактур.

Оптовый торговец, доставляя владельцу мануфактуры готовый рынок, беря у него товары, как только он успевает изготовить их, и иногда даже выплачивая ему вперед еще до их изготовления, позволяет ему держать весь свой капитал, а иногда и еще большую сумму, постоянно в производстве, а потому и вырабатывать гораздо большее количество товаров, чем если бы он был вынужден сам сбывать их непосредственным потребителям или только розничным торговцам. При этом так как капитал оптового торговца обычно по своим размерам равен капиталу нескольких мануфактуристов, то эти деловые отношения между ними делают владельца крупного капитала заинтересованным в поддержке владельцев большого числа мелких капиталов и в оказании им помощи при тех потерях и неудачах, которые в противном случае могли бы оказаться для них гибельными.

Если бы подобного же рода деловые отношения повсюду установились между фермерами и торговцами хлебом, то это имело бы столь же благодетельные последствия для фермеров. Они получали бы возможность постоянно держать вложенным в земледелие весь свой капитал и даже больше этой суммы. В случае одного из тех несчастий, которые нигде не случаются так часто, как в фермерском промысле, они находили бы в своем постоянном покупателе, богатом хлеботорговце, человека, который и заинтересован помочь им, и в состоянии сделать это, и они не зависели бы целиком, как в настоящее время, от снисходительности своего землевладельца или от милости его управляющего. Если бы было возможно установить такие деловые отношения повсеместно и сразу, если бы было возможно обратить одновременно весь фермерский капитал королевства к его действительному назначению, к возделыванию земли, отвлекши его от всех тех других занятий, на которые в настоящее время затрачивается его часть, и если бы было возможно в целях содействия и поддержки в необходимых случаях операций этого большого капитала добыть сразу другой капитал почтой таких же размеров, то трудно даже представить себе, какие большие, глубокие и быстрые успехи земледелия повлекла бы за собою во всех частях страны такая перемена.

Следовательно, статут Эдуарда VI, запрещавший всякое посредничество между производителем и потребителем, старался уничтожить промысел, свободное занятие которым представляет собой не только лучшее средство против неудобств дороговизны, но и лучшее предупредительное средство против этого бедствия, ибо после фермерского промысла ни один другой промысел не содействует так производству хлеба, как промысел торговца хлебом.

Суровый характер этого закона был впоследствии смягчен изданием нескольких новых статутов, разрешавших последовательно скупку хлеба, когда цена пшеницы не превышала 20, 24, 32 и 40 шилл. за квартер. Наконец, законом, изданным в 15-й год правления Карла II, гл. 7, скупка или покупка хлеба в целях перепродажи его, поскольку цена пшеницы не превышала 48 шилл. за квартер (при соответственной цене других хлебов), объявлялась дозволенной всем лицам, не являющимся барышниками, т.е. не перепродающим его на том же рынке до истечения трех месяцев. Вся та свобода, которой с тех пор пользовалась торговля хлебом внутри страны, была установлена этим законом. Статут, изданный в 12-й год правления нынешнего короля и отменяющий все остальные прежние законы против скупщиков и перекупщиков, не отменяет ограничений, установленных этим законом, которые поэтому сохраняют свою силу и по сию пору.

Однако статут этот в известном смысле подтверждает два совершенно нелепых общераспространенных предрассудка.

Во-первых, он предполагает, что при повышении цены пшеницы до 48 шилл. за квартер (и всех других хлебов соответственно) будет происходить такая скупка в одни руки, что это неблагоприятно отразится на народе. Но из сказанного выше, кажется, достаточно очевидно, что ни при какой цене не может происходить такая скупка хлеба торговцами внутри страны, чтобы это отражалось на населении; притом цена в 48 шилл. за квартер, хотя она и может казаться очень высокой, в неурожайные годы нередко устанавливается сейчас же после сбора урожая, когда не может еще быть продана сколько-нибудь значительная часть нового хлеба и когда даже невежественные люди не могут предполагать, чтобы хотя небольшая часть его могла быть скуплена в одни руки в ущерб населению.

Во-вторых, статут предполагает, что существует определенная цена, при которой обычно происходит спекуляция хлебом, т.е. при которой хлеб скупается в целях перепродажи его в ближайшем будущем на том же рынке, что причиняет ущерб населению. Но если купец когда-либо скупает хлеб, направляемый на рынок или уже находящийся там, чтобы вскоре снова продать его на этом же рынке, то это объясняется только тем, что он полагает, что рынок в течение всего года не может снабжаться так обильно, как в данный момент, и что поэтому цена должна скоро повыситься. Если его расчеты на это ошибочны и цена не повысится, он теряет не только всю прибыль с капитала, затрачиваемого им таким образом, но и часть самого капитала ввиду издержек и потерь, необходимо связанных со скупкой хлеба и хранением его. Поэтому он самому себе причиняет гораздо больший ущерб, чем может нанести его тем отдельным людям, которым он помешает приобрести нужный им хлеб в данный базарный день, потому что они могут позже, в один из следующих базарных дней, купить хлеб так же дешево. Если его расчеты оправдываются, он не только не причиняет ущерба главной массе народа, но оказывает ей весьма важную услугу. Заставляя население почувствовать неудобства дороговизны несколько ранее, чем это было бы в противном случае, он не дает ему чувствовать эту дороговизну впоследствии так остро, как это было бы, если бы дешевизна хлеба поощряла потребление его в большем количестве, чем это совместимо с недостатком хлеба в данном году. Когда недостаток хлеба действительно существует, самое лучшее, что можно сделать, это распределить проистекающие от этого неудобства по возможности равномерно на все месяцы, недели и дни года. Интерес хлеботорговца побуждает его наблюдать за этим с возможной для него точностью; и так как никто другой не может быть в этом так заинтересован и не может обладать таким же знакомством с положением дела и такой же способностью точно следить за ним, то эта важнейшая функция торговли должна быть всецело предоставлена хлеботорговцу, или, другими словами, торговля хлебом, поскольку по крайней мере дело идет о снабжении внутреннего рынка, должна быть оставлена совершенно свободной.

Широко распространенную в народе боязнь скупки хлеба и спекуляции им можно сравнить со столь же широко распространенными страхами и подозрениями относительно колдовства. Несчастные жертвы, обвинявшиеся в этом последнем преступлении, были столь же виноваты в бедствиях, приписываемых им, как те, кого обвиняли в первом преступлении. Закон, положивший конец всем преследованиям за колдовство, лишивший возможности любого человека удовлетворять свою собственную злобу обвинением своего соседа в этом воображаемом преступлении, по-видимому, действительно положил конец этим страхам и подозрениям, устранив главную причину, питавшую и поддерживавшую их. Закон, который восстановит полностью свободу внутренней торговли хлебом, окажется, вероятно, столь же действительным для полного устранения общераспространенных опасений относительно скупки и спекуляции хлебом.

Несмотря, однако, на все свои несовершенства, закон 15-го года правления Карла II, гл. 7, наверное, больше содействовал достаточному снабжению внутреннего рынка и развитию хлебопашества, чем какой-либо другой в нашей книге статутов. Именно благодаря этому закону внутренняя хлебная торговля получила ту свободу и защиту, которыми она с тех пор пользовалась, а как снабжению внутреннего рынка, так и интересам земледелия гораздо более содействует внутренняя торговля, чем торговля импортная или экспортная.

Согласно вычислениям автора трактатов о хлебной торговле, отношение среднего количества всех хлебов, ввозимых в Великобританию, к среднему количеству всех хлебов, потребляемому внутри страны, не превышает 1 к 570. Следовательно, в деле снабжения внутреннего рынка внутренняя торговля в 570 раз важнее импортной торговли.

Среднее количество всех хлебов, вывозимых из Великобритании, не превышает, согласно этому же автору, одной тридцать первой части годового продукта. Следовательно, для поощрения земледелия внутренняя торговля, обеспечивая его продукту рынок, имеет в 30 раз большее значение, чем экспортная торговля.

Я не придаю особенно большой веры политической арифметике и не думаю ручаться за точность этих расчетов. Я привожу их только для того, чтобы показать, насколько меньшее значение, по мнению самых благоразумных и опытных людей, имеет экспортная торговля хлебом сравнительно с торговлей внутренней. Значительная дешевизна хлеба в годы, непосредственно предшествовавшие установлению пошлины, пожалуй, не без основания может быть приписана в известной мере действию этого статута Карла II, изданного за 25 лет до того и, следовательно, имевшего уже достаточно времени, чтобы проявить свое действие.

Немногих слов будет достаточно для объяснения всего того, что я хочу сказать относительно других трех отраслей хлебной торговли.

II. Торговля купца, ввозящего иностранный хлеб для внутреннего потребления, очевидно, содействует непосредственному снабжению внутреннего рынка и постольку должна быть непосредственно полезна для массы населения. Она имеет тенденцию несколько понижать среднюю денежную цену хлеба, но не уменьшать его действительную стоимость или количество труда, которое он может содержать. Если бы ввоз всегда был свободен, наши фермеры и землевладельцы выручали бы, вероятно, за свой хлеб в среднем за ряд лет несколько меньше денег, чем выручают в настоящее время, когда ввоз почти всегда оказывается в действительности воспрещенным; но деньги, которые они получали бы, имели бы большую стоимость, на них можно было бы покупать больше всяких других товаров и занимать большее количество труда. Таким образом, их действительное богатство, их действительный доход были бы такими же, как и в настоящее время, хотя и выражались бы в меньшем количестве серебра; это не лишило бы их возможности и не помешало бы им производить хлеб в таком же количестве, как и теперь. Напротив, так как повышение действительной стоимости серебра в результате понижения денежной цены хлеба несколько уменьшает денежную цену всех других товаров, это создает для промышленности страны, где это имеет место, некоторое преимущество на всех иностранных рынках и потому ведет к поощрению и развитию этой промышленности. Но размеры внутреннего рынка для хлеба должны соответствовать общим размерам промышленности страны, в которой он произрастает, или количеству тех, кто производит что-то иное и потому обладает ценой чего-нибудь другого для обмена на хлеб. При этом

внутренний рынок, будучи в каждой стране самым близким и наиболее удобным, является вместе
с тем самым обширным и наиболее важным рынком для хлеба. Поэтому отмеченное повышение действительной стоимости серебра, являющееся следствием понижения средней денежной цены хлеба, ведет к расширению самого большого и наиболее важного рынка для хлеба и таким образом поощряет его производство, а не ведет к уменьшению последнего.

В силу закона, изданного в 22-й год правления Карла II, гл. 13, ввоз пшеницы, когда ее цена на внутреннем рынке не превышала 53 шилл. 4 п. за квартер, был обложен пошлиной в 16 шилл. на квартер и пошлиной в 8 шилл., когда цена не превышала 4 ф.; первая из этих двух цен на протяжении более столетия имела место только во времена очень большого неурожая, а вторая, насколько мне известно, ни разу не была отмечена. Тем не менее, пока цена пшеницы не поднималась выше этой последней нормы, закон облагал ее очень тяжелой пошлиной, а пока она не достигала первой, он облагал ее пошлиной, имевшей запретительный характер. Ввоз других видов хлеба был ограничен пошлинами — пропорционально стоимости данного вида — почти одинаково высокими*. Последующие законы еще более повысили эти пошлины.

---

* До закона, изданного в 13-й год правления теперешнего короля (Георга III), на разного рода привозной хлеб уплачивалась следующая пошлина:

Бобы: при цене	до 28 ш. за квартер пошлина составляла	19 ш.	10 п.
	40 ш.	16 ш.	8 п.
	св. 40 ш.	—	12 п.
Ячмень:	до 28 ш.	19 ш.	10 п.
	32 ш.	16 ш.	—
	св. 32 ш.	—	12 п.

Ввоз солода воспрещается ежегодным биллем о пошлине на солод.

Овес: при цене	до 16 ш. за квартер пошлина составляла	5 ш.	10 п.
	св. 16 ш.	—	$9^1/_2$ п.
Горох:	до 40 ш.	16 ш.	—
	св. 40 ш.	—	$9^3/_4$ п.
Рожь:	до 36 ш.	19 ш.	10 п.
	до 40 ш.	16 ш.	8 п.
	св. 40 ш.	—	12 п.

Лишения, которые в урожайные годы вызвало бы для народа строгое проведение этих законов, были бы, вероятно, очень велики, но обыкновенно в таких случаях их применение приостанавливалось временными статутами, которые разрешали в течение ограниченного срока ввоз иностранного хлеба. Необходимость таких временных статутов достаточно свидетельствует о непригодности этого общего закона.

Эти стеснения ввоза, хотя они и предшествовали установлению вывозной премии, были внушены тем же духом, теми же принципами, которые впоследствии привели к указанной мере. Те или иные ограничения ввоза, как ни вредны были бы они сами по себе, сделались необходимыми вследствие введения премий. Если бы при цене пшеницы ниже 48 шилл. за квартер или несколько выше этого заграничный хлеб мог ввозиться или вовсе без пошлины, или с уплатой лишь незначительной пошлины, его можно было бы вывозить обратно с прибылью в размере всей вывозной пошлины к большому ущербу для государственной казны и при полном извращении того установления (премии), целью которого было расширение рынка для хлеба отечественного производства, а не для хлеба чужих стран.

III. Торговля купца, вывозящего хлеб для потребления его за границей, безусловно, не содействует непосредственно обильному снабжению внутреннего рынка, но делает это косвенным путем. Из какого бы источника ни производилось обычно это снабжение, за счет ли выращиваемого в стране хлеба или ввозимого из-за границы, снабжение внутреннего рынка никогда не может быть очень обильным, если обычно не выращивается или не ввозится

Пшеница:	до 44 ш.	21 ш.	9 п.
	до 53 ш. 4 п.	17 ш.	—
	4 ф. ст.	8 ш.	—
	св. 4 ш.	около 1 ш.	4 п.
Гречиха:	св. 32 ш.	16 ш.	—

Пошлины эти были установлены отчасти постановлением 22-го года правления Карла II вместо старой пошлины, отчасти постановлениями о новой пошлине, о пошлинах в одну треть и в две трети и о пошлине 1747 г.

в страну больше хлеба, чем потребляется в ней. Но если при нормальных условиях нельзя вывозить этот излишек, производители постараются производить, а импортеры — ввозить не больше того, чего требует одно лишь потребление внутреннего рынка. Этот рынок очень редко будет переполнен хлебом; напротив, по общему правилу он будет снабжаться недостаточно, так как люди, занимающиеся его снабжением, будут обычно опасаться, как бы их товар не остался у них на руках. Запрещение вывоза ограничивает возделывание и улучшение земли тем размером, которого требует снабжение населения страны. Свобода вывоза позволяет стране расширять обработку земель в целях снабжения других народов.

Законом, изданным в 12-й год правления Карла II, гл. 4, был дозволен вывоз хлеба во всех тех случаях, когда цена пшеницы не превышала 40 шилл. за квартер. Законом, изданным в 15-й год правления того же государя, эта свобода вывоза предоставлялась при цене до 48 шилл. за квартер, а законом 22-го года она сохранялась при любой более высокой цене. Правда, при вывозе взимался весовой сбор в пользу королевской казны. Но для всех хлебов были установлены такие низкие ставки, что на квартер пшеницы приходился весовой сбор всего в 1 шилл., на квартер овса — 4 п. и на все другие хлеба — 6 п. В силу закона, изданного в 1-й год правления Вильгельма и Марии и установившего вывозную премию, этот небольшой сбор фактически отменялся всякий раз, когда цена пшеницы не превышала 48 шилл. за квартер, а законом 11-го и 12-го годов правления Вильгельма III, гл. 20, он был специально отменен и при более высокой цене.

Таким образом, торговля экспортера не только поощрялась премией, но и была сделана гораздо более свободной, чем промысел торговца внутри страны. На основании последнего из этих законов хлеб для вывоза можно было скупать при любой цене, тогда как для продажи внутри страны его дозволялось скупать только тогда, когда цена не превышала 48 шилл. за квартер. Между тем, как уже выяснено, интересы торговца внутри страны никогда не могут идти вразрез с интересами широких слоев населения, а интересы купца-экспортера могут расходиться и иногда действительно расходятся с ними. Если в момент, когда собственная родина экспортера страдает от дороговизны, соседняя страна поражена голодом, в его интересах, может быть, вывозить туда хлеб в таких количествах, что это очень сильно увеличит бедствия дороговизны. Обильное снабжение внутреннего рынка не было прямой целью этих законов; под предлогом поощрения земледелия они имели в виду поднять по возможности выше денежную цену хлеба и таким образом по возможности вызвать постоянную дороговизну на внутреннем рынке. Благодаря затруднениям, которые ставились ввозу хлеба, снабжение этого рынка даже в периоды большого неурожая ограничивалось хлебом внутреннего производства, а благодаря поощрению вывоза, когда цена не превышала 48 шилл. за квартер, этот рынок не мог получать всего урожая страны даже в периоды значительного недостатка хлеба. Временные законы, воспрещавшие на определенный срок вывоз хлеба и на определенный же срок отменявшие ввозные пошлины, — меры, к которым Великобритания так часто вынуждена бывала прибегать, — достаточно свидетельствуют о непригодности ее общей системы. Если бы система эта была хороша, Великобритании не приходилось бы так часто отступать от нее.

Если бы все нации придерживались либеральной системы свободного вывоза и свободного ввоза, то многочисленные государства, на которые распадается великий континент, уподобились бы различным провинциям одного большого государства. Подобно тому как свобода внутренней торговли между различными провинциями одного большого государства представляется не только лучшим средством против дороговизны, но и самым действенным средством для предотвращения голода, так подобное же значение имела бы свобода вывозной и ввозной торговли между различными странами, на которые делится континент. Чем обширнее континент, чем легче по суше и по воде сообщение по различным частям его, тем меньше будет какая-либо его часть подвергаться когда-нибудь этим бедствиям, так как недостаток хлеба в одной стране сможет восполняться изобилием его в другой. Но очень немногие страны целиком приняли эту либеральную систему. Свобода хлебной торговли почти везде более или менее ограничена, а во многих странах стеснена такими нелепыми правилами, которые нередко превращают неустранимое несчастье дороговизны в ужасное бедствие голода. Спрос таких стран на хлеб может иногда быть столь большим и столь настоятельным, что небольшое государство по соседству с ними, которое как раз в это время страдает от некоторой дороговизны, не решится снабжать их, чтобы не рисковать самому подвергнуться столь же ужасному бедствию. Таким образом, неправильная политика одной страны может делать в известной мере опасным и неосторожным проведение в другой такой политики, которая при других условиях явилась бы наилучшей. Неограниченная свобода вывоза будет гораздо менее опасной в больших государствах, где сбор хлебов гораздо более значителен и где поэтому на снабжении редко может чувствительно отразиться вывоз любого количества хлеба. В каком-нибудь кантоне Швейцарии или в одном из мелких государств Италии может, пожалуй, оказаться иногда необходимым ограничить вывоз хлеба, но в таких обширных государствах, как Франция или Англия, это вряд ли когда-нибудь может понадобиться. Помимо того, препятствовать фермеру отправлять его товары в любое время на наиболее выгодный для него рынок, очевидно, равносильно принесению обычных законов справедливости в жертву идее общественного блага, своего рода соображениям государственной пользы. Такого рода акты законодательной власти должны иметь место и могут быть оправданны только в случае самой крайней необходимости. Цена, при которой воспрещается вывоз хлеба, если он вообще когда-либо воспрещается, должна всегда устанавливаться на очень высоком уровне.

Законы относительно хлеба можно сравнить с законами, касающимися религии. Люди чувствуют себя столь заинтересованными в том, что касается их существования в здешней жизни или их блаженства в жизни будущей, что правительство бывает вынуждено уступать их предрассудкам и, чтобы сохранить общественное спокойствие, устанавливать ту систему, которую они одобряют. Может быть, именно поэтому нам так редко приходится встречать разумные системы, установленные в этих двух важнейших областях.

IV. Участие купца в транзитной торговле, т.е. импортирующего иностранный хлеб для обратного вывоза его, содействует обильному снабжению внутреннего рынка. Правда, в цели его торговли прямо не входит продавать на внутреннем рынке свой хлеб, но обычно он охотно делает это и даже по гораздо меньшей цене, чем он мог бы получить на заграничном рынке. Он это делает потому, что таким образом сберегает издержки по погрузке и разгрузке, на фрахт и страхование. Страна, которая благодаря такой транзитной торговле становится складочным местом и хранилищем для снабжения других стран, очень редко сама может терпеть нужду в хлебе. Хотя таким образом транзитная торговля может содействовать понижению средней денежной цены хлеба на внутреннем рынке, она этим отнюдь не понижает его действительной стоимости: она только несколько повышает действительную стоимость серебра.

Транзитная торговля в Великобритании была фактически запрещена при нормальных условиях благодаря высоким пошлинам на ввоз иностранного хлеба, на большую часть которого не выдавались возвратные пошлины; что же касается чрезвычайных обстоятельств, когда недостаток хлеба делал необходимой отмену этих пошлин временными законами, то в это время оказывался почти совсем запрещенным вывоз хлеба. Ввиду этого существовавшая система законов фактически запрещала транзитную торговлю во всех случаях.

Поэтому та система законов, которая связана с установлением вывозных премий, совсем, по-видимому, не заслуживает и части той похвалы, которая высказывалась по ее адресу. Богатство и процветание Великобритании, столь часто приписывавшиеся этим законам, могут быть очень легко объяснены другими причинами. Та уверенность, которую законы Великобритании дают каждому человеку в том, что он сможет пользоваться плодами своего труда, сама по себе уже является достаточной для процветания любой страны, несмотря на те или другие нелепые правила о торговле; и эта уверенность была упрочена революцией как раз около того времени, когда была установлена премия. Естественное стремление каждого человека улучшить свое положение, если ему обеспечена возможность свободно и беспрепятственно проявлять себя (security), представляет собой столь могущественное начало, что одно оно не только способно без всякого содействия со стороны довести общество до богатства и процветания, но и преодолеть сотни досадных препятствий, которыми безумие человеческих законов так часто затрудняет его деятельность, хотя эти препятствия всегда более или менее ограничивают его свободу или ослабляют его действие (security). В Великобритании труд беспрепятственно проявляет себя, и хотя он далек от того, чтобы быть совершенно свободным, он, во всяком случае, не менее или даже более свободен, чем в любой стране Европы.

Хотя период наибольшего процветания и благосостояния Великобритании последовал за установлением системы законов, связанной с премией, мы не должны все же приписывать его этим законам. Этот период ведь следовал также и за появлением национального долга. А последний, несомненно, не был его причиной.

Хотя система законов, связанная с установлением премии, имеет совершенно такую же тенденцию, как и политика Испании и Португалии, а именно тенденцию несколько понизить стоимость драгоценных металлов в стране, применяющей ее, все же Великобритания, несомненно, является одной из самых богатых стран Европы, тогда как Испания и Португалия должны быть причислены, пожалуй, к самым нищенским. Но такое различие в положении этих стран может быть легко объяснено двумя причинами: во-первых, налог в Испании на вывоз золота и серебра, запрещение его в Португалии и бдительная полиция, которая следит за выполнением этих законов, должны в этих двух очень бедных странах, ввозящих ежегодно на 6 млн ф. ст. с лишним, влиять не только более непосредственно, но и гораздо более действительно на понижение там стоимости этих металлов, чем могут делать это в Великобритании хлебные законы; во-вторых, эта плохая политика не уравновешивается в этих странах общей свободой и безопасностью населения. Труд там не свободен и не обеспечен, а гражданское и церковное управление как Испании, так и Португалии таковы, что их одних достаточно для увековечения их нынешней бедности, даже если бы их законы, относящиеся к торговле, были столь же мудры, как нелепо и неразумно большинство их в настоящее время.

Закон, изданный в 13-й год правления ныне царствующего короля, гл. 43, установил новую систему в отношении хлебных законов, во многом лучшую, чем прежняя система, но кое в чем, пожалуй, не столь удовлетворительную.

На основании этого закона высокие пошлины на хлеб, ввозимый для потребления внутри страны, отменяются всякий раз, когда цена пшеницы среднего качества повышается до 48 шилл. за квартер, цена среднего качества ржи, гороха или бобов — до 32 шилл., цена ячменя — до 24 шилл., а овса — до 16 шилл., вместо них взимается небольшой налог — всего лишь 6 п. с квартера пшеницы и в соответственных размерах с остальных хлебов. Таким образом, в отношении всех этих хлебов, а в особенности в отношении пшеницы, внутренний рынок открыт для снабжения его из-за границы при ценах, гораздо более низких, чем это было раньше.

На основании того же закона прекращается выдача при вывозе пшеницы прежней премии в 5 шилл., как только цена поднимается до 44 шилл. за квартер вместо цены в 48 шилл., при которой прежде прекращалась выдача премии; прекращается выдача прежней премии в 2 шилл 6 п. при вывозе ячменя, как только цена поднимается до 22 шилл. за квартер вместо прежних 24 шилл.; премия в 2 шилл. 6 п. при вывозе овсяной муки перестает выдаваться, как только цена поднимается до 14 шилл. вместо прежних 15 шилл. Премия при вывозе ржи понижена с 3 шилл. 6 п. до 3 шилл., и ее выдача прекращается, как только цена достигает 28 шилл. вместо прежде установленных для этого 32 шилл. Если вывозные премии столь нецелесообразны, как я это пытался доказать, то чем скорее они отменяются и чем они ниже, тем это лучше.

Этот же закон разрешает, при самых низких ценах, беспошлинный ввоз хлеба в целях обратного его вывоза при том условии, если он до вывоза хранится на складе за пломбами казенной и импортера. Правда, эта свобода ввоза распространена только на 25 портов Великобритании, но это — все главные порты, и в большей части остальных портов не найдется складов, приспособленных для этой цели.

В указанных отношениях закон этот представляется очевидным улучшением прежней системы. Но этим же законом устанавливается премия в 2 шилл. за квартер при вывозе овса, когда цена его не превышает 14 шилл. До сих пор не существовало никакой премии за вывоз этого зерна, как и за вывоз гороха или бобов.

Этим же законом равным образом воспрещается вывоз пшеницы, как только ее цена повышается до 44 шилл. за квартер, вывоз ржи — при цене в 28 шилл., вывоз ячменя — при цене в 22 шилл. и вывоз овса — при цене в 14 шилл. Все эти цены представляются установленными слишком низко, и, кроме того, кажется нецелесообразным запрещать вообще вывоз как раз при тех ценах, при которых отменяется премия, установленная для поощрения его. Нет сомнения, что либо премия должна отменяться при гораздо более низкой цене, либо же вывоз должен быть допущен при гораздо более высокой цене.

В этом отношении новый закон представляется уступающим прежней системе. Тем не менее при всех его несовершенствах мы можем, пожалуй, сказать о нем то, что было сказано о законах Солона, а именно, что хотя он сам по себе и не является наилучшим, он все же лучше всего того, что допускают интересы, предрассудки и нравы его времени. Может быть, он подготовит со временем почву для лучшего закона.

* * *

Два следующих расчета присоединены здесь для иллюстрации и подтверждения того, что сказано в пятой главе четвертой книги по поводу премии за тонну улова белых сельдей. Я надеюсь, что читатель может вполне положиться на точность обоих расчетов.

Расчет

судов для лова сельдей, снаряженных в Шотландии в течение одиннадцати лет, числа взятых пустых бочек и бочек, заполненных сельдями: средняя премия за каждую бочку сельдей морской заготовки и за каждую наполненную бочку

Годы	Число двухмачтовых судов	Вывезенные пустые бочки	Бочки с сельдями	Премии на двухмачтовые суда		
				ф. ст.	ш.	п.
1771	29	5948	2832	2085	0	0
1772	168	41316	22237	11055	7	6
1773	190	42333	42055	12510	8	6
1774	248	59303	56365	16952	2	6
1775	275	69144	52879	19315	15	0
1776	294	76329	51863	21290	7	6
1777	240	62679	43313	17592	2	6
1778	220	56390	40958	16316	2	6
1778	206	55194	29367	15287	0	0
1778	181	48315	19885	13445	12	6
1778	135	33992	16593	9613	12	6
Итого:	**2186**	**550943**	**378347**	**155463**	**11**	**0**

Сельди морской заготовки	378347			
За вычетом $^1/_3$	126115 $^2/_3$			
Наполненные	252231 $^1/_3$			
Средняя премия за бочку сельдей морской заготовки	£	0	8	2 $^1/_4$
Но так как бочка сельдей морской заготовки считается равной только $^2/_3$ наполненной бочки, то $^1/_3$ следует вычесть, и премия поэтому составит	£	0	12	3 $^3/_4$
А если сельди экспортируются, то, кроме того, получается премия в	£	0	2	8
Таким образом, премия, выплачиваемая правительством деньгами за каждую бочку, составляет.	£	0	14	11 $^3/_4$
Но сюда следует еще прибавить пошлину на соль, причем обыкновенно считают, что на бочку употребляются в среднем 1 $^1/_4$ бушеля иностранной соли, что составляет	£	0	12	6

Премия за каждую бочку составляет, таким образом	£ 1	7	$5\frac{3}{4}$
При употреблении для приготовления сельдей британской соли получаем следующий расчет:			
Премия прежняя	£ 0	14	$11\frac{3}{4}$
Но если к этой премии прибавить пошлину на два бушеля шотландской соли, по 1 шилл. 6 п. на бушель, которая в среднем употребляется на каждую бочку, а именно	£ 0	3	0
То премия на каждую бочку составит	£ 0	17	$11\frac{3}{4}$
А если двухмачтовые суда привозят сельди для внутреннего потребления в Шотландии и платят 1 шилл. пошлины с бочки, то премия, как и прежде, составит	£ 0	12	$3\frac{3}{4}$
Из этой суммы следует вычесть 1 шилл. с бочки	£ 0	1	0
	£ 0	11	$3\frac{3}{4}$
Но к этому опять следует прибавить пошлину на иностранную соль, употребляемую при заготовке сельдей	£ 0	12	6
Таким образом, законная премия на каждую бочку ввозимых для внутреннего потребления сельдей составит	£ 1	3	$9\frac{3}{4}$
Если для приготовления сельдей употребляется британская соль, то получается следующий расчет:			
Премия за каждую бочку, ввезенную двухмачтовым судном, прежняя	£ 0	12	$3\frac{3}{4}$
Отсюда следует вычесть 1 шилл. с бочки, уплачиваемый при ввозе для внутреннего потребления	£ 0	1	0
	£ 0	11	$3\frac{3}{4}$
Но если прибавить к премии пошлину на два бушеля шотландской соли, по 1 шилл. за бушель, которые составляют среднее количество соли, употребляемой на бочку, то премия за каждую ввезенную для внутреннего потребления бочку составит	£ 0	3	0
	£ 0	14	$3\frac{3}{4}$

Хотя вычет пошлин за вывозимые сельди нельзя считать, собственно говоря, премией, но зато можно, конечно, считать премией вычет пошлин за сельди, ввозимые для внутреннего потребления.

Расчет

количества иностранной соли, ввезенной в Шотландию, и шотландской соли, выданной беспошлинно из солеварен для рыбной ловли с 5 апреля 1771 г. по 6 апреля 1782 г., и среднее количество той и другой в год

	Ввезенная иностранная соль (бушелей)	**Шотландская соль, выданная из солеварен (бушелей)**
Период с 5 апреля 1771 г. по 6 апреля 1782 г.	936 974	168 226
В среднем за год	851,79 $^{5}/_{11}$	152,93 $^{3}/_{11}$

Надо заметить, что бушель иностранной соли весит 84 ф., а бушель британской соли только 56 ф.

Глава VI
О ТОРГОВЫХ ДОГОВОРАХ

Когда какая-нибудь нация обязуется договором разрешать ввоз определенных товаров другой страны, ввоз которых из всех остальных стран она воспрещает, или освобождать товары одной страны от уплаты пошлин, которыми она облагает товары всех остальных стран, страна или по крайней мере купцы и владельцы мануфактурной страны, торговля которой получает такое преимущество, должны необходимым образом извлекать большую выгоду из подобного договора. Эти купцы и владельцы мануфактур пользуются своего рода монополией в стране, которая так предупредительна к ним. Она становится и более обширным и более выгодным рынком сбыта для их товаров: более обширным, потому, что ввиду устранения или обложения тяжелыми пошлинами товаров других наций она поглощает большее количество их товаров; более выгодным рынком потому, что купцы благоприятствуемой страны, пользуясь на нем своего рода монополией, могут часто продавать свои товары по лучшей цене, чем если бы им приходилось иметь дело со свободной конкуренцией всех других наций.

Однако такие договоры, хотя они и могут быть выгодны торговцам и владельцам мануфактур благоприятствуемой страны, обязательно невыгодны купцам и владельцам мануфактур страны, оказывающей такое предпочтение. Таким образом, чужой нации предоставляется монополия против них, и им часто приходится покупать нужные им иностранные товары по более дорогой цене, чем это было бы при допущении свободной конкуренции других наций. Та часть собственного продукта такой нации, в обмен на которую она приобретает иностранные товары, должна ввиду этого продаваться дешевле потому, что, когда два предмета обмениваются один на другой, дешевизна одного является необходимым следствием или, точнее, равносильна дороговизне другого. Поэтому меновая стоимость годового продукта этой нации должна уменьшаться в результате каждого такого договора. Впрочем, это уменьшение вряд ли может представлять собой положительный убыток, оно лишь ведет к уменьшению прибыли, которая в противном случае могла бы быть получена. Хотя эта нация продает свои товары дешевле, чем могла бы делать это при других условиях, она, наверное, не будет продавать их дешевле того, что они стоят, или, как при существовании премий, по цене, не возмещающей капитал, затраченный на изготовление и доставку их на рынок, вместе с обычной прибылью на капитал. Торговля в противном случае не могла бы долго продолжаться. Следовательно, даже благоприятствующая страна может все же извлекать пользу из торговли, хотя и меньшую, чем это было бы при свободной конкуренции.

Впрочем, некоторые торговые договоры считались выгодными в силу совершенно иных соображений, и торговая страна иногда давала чужой стране против самой себя монополию этого рода на определенные товары, потому что ожидала, что в общем торговом обороте между ними она в течение года будет продавать больше, чем покупать, и что баланс в золоте и серебре будет ежегодно в ее пользу. Именно с этой точки зрения так много восхваляли торговый договор между Англией и Португалией, заключенный в 1703 г. Метуеном. Вот точный перевод этого договора, который состоит всего лишь из трех статей:

Статья I. Его священное величество король Португалии обещает от имени своего и своих преемников навсегда отныне допускать в Португалию сукно и другие шерстяные изделия Великобритании, как это практиковалось до запрещения законом их ввоза; это делается на том условии, что:

Статья II. Ее священное величество королева Великобритании [Анна] обязуется от имени своего и своих преемников отныне и навсегда допускать в Британию вина португальского происхождения так, что никогда, будет ли между королевствами Британии и Франции мир или война, с этих вин под видом пошлин, или сборов, или под каким-либо иным названием, прямо или косвенно, будут ли они ввозиться в Великобританию в бочках, или малых бочонках, или в какой-либо другой посуде, не будет взиматься больше того, что взимается за такое же количество или такую же меру французского вина со скидкой одной трети пошлины или сбора. Если же когда-либо будет нарушена или отменена вышеупомянутая скидка пошлины, будет правомерно и законно со стороны его священного величества короля Португалии снова воспретить ввоз сукна и других британских шерстяных изделий.

Статья III. Их высокие превосходительства уполномоченные обещают и обязуются, что их вышеназванные государи ратифицируют этот договор и что обмен ратификациями должен произойти не позже двух месяцев.

Согласно этому договору, Португалия обязуется допускать ввоз английских шерстяных тканей на тех же основаниях, как и до запрещения, т.е. не повышать пошлин, которые взимались до того. Но она не обязалась допускать их на лучших условиях, чем предоставленные другим нациям условия, например Франции или Голландии. Великобритания, напротив, обязуется допускать ввоз португальских вин с уплатой только двух третей пошлины, уплачиваемой с французских вин, т.е. тех вин, которые больше всего могут конкурировать с ними. Этот договор, очевидно, выгоден Португалии и невыгоден Великобритании.

Тем не менее его прославляли как лучший образец торговой политики Англии. Португалия получает ежегодно из Бразилии большее количество золота, чем может быть употреблено в ее внутренней торговле, в виде монеты или драгоценных изделий. Излишек весьма ценен, чтобы можно было его оставлять без употребления и хранить в сундуках; так как он не может найти выгодного рынка внутри страны, он должен, несмотря на все запрещения, вывозиться за границу и обмениваться на что-нибудь такое, для чего имеется внутри страны более выгодный рынок. Значительная часть его попадает ежегодно в Англию в оплату или английских товаров, или товаров других европейских наций, получающих свою оплату через Англию. Г-ну Баретти сообщили, что еженедельный почтовый пароход из Лиссабона привозит в Англию каждый раз более 50 тыс. ф. золота. Сумма эта, вероятно, преувеличена. Это составит более 2600 тыс. ф. в год, что превышает всю предполагаемую добычу Великобритании.

Наши торговцы несколько лет тому назад были недовольны португальским правительством. Некоторые преимущества, предоставленные им не договором, а по доброй воле правительства, — вероятно, по специальной просьбе и в обмен на гораздо большие льготы, защиту и покровительство со стороны правительства Великобритании — были ограничены или совсем отменены. Поэтому люди, обычно наиболее заинтересованные в восхвалении торговли с Португалией, в ту пору были скорее склонны изображать ее менее выгодной, чем это всеми предполагалось. Они заявляли, что значительно бо́льшая часть, если не весь этот годовой ввоз золота производится не за счет Великобритании, а за счет других европейских наций, что фрукты и вина Португалии, ежегодно ввозимые в Великобританию, почти покрывают стоимость британских товаров, отправляемых в Португалию.

Но допустим, однако, что весь ввоз золота производится за счет Великобритании и что он достигает даже еще большей суммы, чем это, по-видимому, предполагает Баретти. И все же такой факт не сделает эту торговлю более выгодной, чем всякая иная, при которой за определенную вывезенную стоимость мы получаем в обмен предметы потребления на такую же стоимость.

Как можно предполагать, только очень небольшая часть этого ввозимого золота употребляется ежегодно на добавление к уже существующим в королевстве изделиям из этого металла или к монете. Весь остаток должен отсылаться за границу и вымениваться на предметы потребления того или иного рода. Но если бы эти предметы потребления покупались непосредственно в обмен на продукты английской промышленности, это было бы для Англии более выгодно, чем сперва приобретать на этот продукт португальское золото, а потом покупать на это золото эти предметы потребления. Торговля для нужд непосредственного потребления всегда выгоднее, чем торговля, ведущаяся обходным путем, и, для того чтобы доставить на внутренний рынок иностранные товары определенной стоимости, требуется гораздо меньший капитал при торговле первого рода, чем при торговле второго рода. Поэтому для Англии было бы выгоднее, если бы меньшая часть ее промышленности была занята производством товаров, пригодных для португальского рынка, а большая часть — производством товаров, пригодных для других рынков, где можно получать те предметы потребления, на которые существует спрос в Великобритании. Тогда требовалась бы гораздо меньшая затрата капитала, чем теперь, чтобы получить золото, в котором она нуждается для собственного употребления, и вместе с тем предметы потребления. Оставался бы свободный капитал, который мог бы затрачиваться на другие цели: на расширение промышленности и на увеличение годового продукта.

Если бы даже Британия была совсем отстранена от торговли с Португалией, для нее не составило бы никакого труда ежегодно добывать все количество золота, нужное ей для драгоценных изделий, для монеты или для внешней торговли. Золото, как и всякий другой товар, всегда могут достать в том или другом месте за его стоимость те, кто имеет в обмен соответствующую стоимость. К тому же ежегодный излишек золота в Португалии будет по-прежнему отсылаться за границу, и если его будет вывозить не Великобритания, то это будет делать какая-нибудь другая нация, которая будет рада перепродавать его по надлежащей цене, как это в настоящее время делает Великобритания. Правда, покупая золото в Португалии, мы покупаем его из первых рук, тогда как при покупке его у другой нации, исключая Испанию, мы покупали бы его из вторых рук и должны были бы платить несколько дороже. Но эта разница в цене была бы, несомненно, настолько незначительна, что совсем не заслуживала бы общественного внимания.

Как сказано, почти все наше золото получается из Португалии. С другими нациями торговый баланс или против нас, или не намного склоняется в нашу пользу. Но мы должны помнить, что чем больше золота мы ввозим из одной страны, тем меньше должны мы по необходимости ввозить из всех других стран. Действительный спрос на золото, как и на всякий другой товар, ограничен в каждой стране определенным количеством. Если девять десятых этого количества ввозят из одной страны, для ввоза из всех остальных остается всего только одна десятая. Кроме того, чем больше золота ввозится ежегодно из определенных стран сверх того, что необходимо для драгоценных изделий и монеты, тем больше должно вывозиться в другие страны; и чем больше торговый баланс, этот не имеющий никакого значения объект современной политики, оказывается в нашу пользу в торговле с определенными странами, тем больше он должен оборачиваться против нас в торговле с некоторыми другими странами.

Однако это нелепое представление, что Англия не может существовать без торговли с Португалией, повело к тому, что к концу последней войны Франция и Испания, не ссылаясь даже на какие-нибудь обиды или провокацию, потребовали от португальского короля недопущения в его порты всех британских судов, а для гарантии полного недопущения — принятия в них французских и испанских гарнизонов. Если бы португальский король подчинился этим унизительным требованиям, поставленным ему его зятем, королем испанским, то Британия с потерей торговли с Португалией избавилась бы от гораздо большего неудобства, а именно от обузы поддерживать очень слабого союзника, столь плохо снабженного всем необходимым для его собственной защиты, что все могущество Англии, если бы оно целиком было направлено на эту цель, вряд ли могло бы защитить его в течение его одной кампании. Потеря торговли с Португалией причинила бы, без сомнения, значительные затруднения купцам, в данный момент занимающимся ею, которые, может быть, не были бы в состояния в течение года или двух найти другое, столь же выгодное применение своим капиталам; в этом, вероятно, состоял бы весь ущерб, который был бы причинен Англии этим замечательным образчиком торговой политики.

Большой ввоз золота и серебра имеет место не в целях использования их для драгоценных изделий или монеты, а для нужд внешней торговли. Внешняя торговля предметами потребления, ведущаяся обходным путем, может вестись с большей выгодой посредством этих металлов, чем при посредстве почти всех других товаров. Так как они являются всеобщим орудием торговли, их охотнее принимают, чем какие-либо другие товары, в обмен на все решительно товары; а ввиду их незначительного объема и большой стоимости перевозка их из одного места в другое обходится дешевле, чем перевозка любого другого товара, и при этом они меньше теряют в своей стоимости. Поэтому из всех товаров, докупаемых за границей с единственной целью перепродажи их или обмена на какие-нибудь иные товары в другой стране, нет других, столь же удобных, как золото и серебро. Главная выгода от торговли с Португалией в том и состоит, что она поощряет все различные отрасли ведущейся обходным путем внешней торговли, которыми занимается Великобритания; и хотя эта выгода не первостепенная, она все же, без сомнения, имеет большое значение.

Кажется достаточно очевидным, что любое добавление, которое, как это можно разумно предполагать, делается ежегодно к уже существующим в королевстве драгоценным изделиям или монете, может требовать лишь совершенно незначительного ввоза золота и серебра. И если бы даже мы не вели непосредственной торговли с Португалией, это незначительное количество всегда могло бы быть получено в том или другом месте.

Хотя промысел золотых дел мастеров имеет в Великобритании очень значительные размеры, большая часть новых драгоценностей, ежегодно продаваемых ими, сделана из старых драгоценностей, переплавленных для этой цели, так что ежегодное добавление к уже имеющимся в королевстве драгоценным изделиям не может быть очень велико и может требовать лишь весьма незначительного ежегодного ввоза.

Точно так же обстоит дело и с монетой. Никто, я думаю, не воображает, что большая часть вновь начеканенной монеты, составлявшей ежегодно в среднем за десять лет до последней перечеканки золотой монеты свыше 800 000 фунтов золотом, фактически добавлялась к монете, уже находящейся в обращении в королевстве. В стране, где расходы по чеканке оплачиваются правительством, стоимость монеты, даже когда она содержит по весу установленное законом количество золота и серебра, никогда не может намного превышать стоимость такого же количества этих металлов в слитках, потому что достаточно дать себе труд отправиться на монетный двор и подождать, может быть, несколько недель, чтобы получить за любое количество золота и серебра в слитках равное количество этих металлов в монете. Но во всех странах большая часть находящейся в обращении монеты почти всегда более или менее стерта и вообще отступает от установленной нормы. В Великобритании до последней перечеканки это несоответствие было очень значительно: золотой монете до установленной нормы не хватало 2% с лишним, серебряной — 8% с лишним. Но если за 44 $^1/_2$ гинеи, имеющие полностью установленный вес, т.е. фунт золота, можно было получить чуть-чуть больше фунта золота в слитках, то за 44 $^1/_2$ гинеи, весящие несколько меньше установленной нормы, нельзя было получить фунт золота и надо было к ним добавлять некоторую сумму, чтобы компенсировать разницу. Ввиду этого обычная цена на рынке золотых слитков, вместо того чтобы равняться их монетной цене, или 46 ф. 14 шилл. 6 п. за фунт, достигала тогда 47 ф. 14 шилл., а иногда и около 48 ф. Но когда большая часть обращающейся монеты настолько испорчена, то за 44 $^1/_2$ гинеи, только что выпущенные из монетного двора, можно получить на рынке не больше товаров, чем за все другие гинеи, ранее выпущенные, потому что после того, как они попадут в кассу купца и будут перемешаны с другими деньгами, их уже нельзя отличить от последних без труда, который стоит больше, чем сама разница в цене. Поэтому, подобно старым гинеям, они стоят уже не более 46 ф. 14 шилл. 6 п., а между тем, будучи сплавлены, они дают без особых потерь фунт стандартного золота, который можно продать в любое время за 47 ф. 14 шилл. — 48 ф. в золотых или серебряных монетах, которые выполняют все функции денег не хуже, чем переплавленные монеты. Таким образом, была очевидная выгода переплавлять вновь отчеканенную монету в слитки, и это делалось так упорно, что никакие предупредительные меры правительства не могли этому помешать. Ввиду этого работа монетного двора уподобилась работе Пенелопы: сработанное днем уничтожалось ночью. Монетный двор был занят не столько ежедневным увеличением количества обращающейся монеты, сколько возмещением наиболее доброкачественной ее части, ежедневно переплавляемой в слитки.

Если бы частные лица, приносящие на монетный двор свое золото и серебро, сами оплачивали стоимость чеканки, это увеличивало бы стоимость этих металлов точно таким же образом, как увеличивает стоимость фасон и рисунок сделанной из них посуды. Золото и серебро в монете стоили бы больше, чем в слитках. Пошлина за чеканку, если бы она не была чрезмерна, увеличивала бы стоимость слитков на всю стоимость взимаемой суммы, потому что при повсеместной исключительной монополии правительства на чеканку монеты ни одна монета не может появиться на рынке по более дешевой цене, чем оно сочтет это нужным. При чрезмерности этой пошлины, т.е. если бы она на очень много превышала действительную стоимость труда и расходов, необходимых при чеканке, фальшивомонетчики как внутри страны, так и за границей поощрялись бы значительной разницей между стоимостью слитков и монеты выпускать в обращение такое большое количество фальшивой монеты, что это привело бы к понижению стоимости правительственных денег. Между тем, хотя во Франции пошлина за чеканку достигает 8%, там не обнаружили сколько-нибудь значительных неудобств от этого. Опасности, которым везде подвергается фальшивомонетчик, если он живет в той самой стране, чьи деньги он подделывает, и которым подвергаются его агенты и корреспонденты, если он живет за ее пределами, слишком велики, чтобы рисковать ради прибыли в 6 или 7%.

Пошлина за чеканку, установленная во Франции, повышает стоимость монеты больше, чем это соответствует содержимому ею количеству чистого золота. Так, законом, изданным в январе 1726 г., монетная цена 24 каратов золота была установлена в 740 ливров 9 су $^{1}/_{11}$ денье за марку в 8 парижских унций*. Золотая монета Франции, считая оплату издержек по чеканке, содержит 21 $^{3}/_{4}$ карата чистого золота и 2 $^{1}/_{4}$ карата лигатуры. Поэтому марка золота установленной пробы стоит не более 671 ливра 10 денье. Но во Франции из этой марки стандартного золота чеканится 30 луидоров по 24 ливра в каждом, или 720 ливров. Таким образом, при превращении в монету стоимость слитка в марку золотом установленной пробы увеличивается на всю разность между 671 ливром 10 денье и 720 ливрами, или на 48 ливров 19 су 2 денье.

Пошлина за чеканку во многих случаях совсем уничтожает и всегда уменьшает прибыль от превращений новой монеты в слитки. Эта прибыль всегда получается от разности между тем количеством металла, которое должна содержать находящаяся в обращении монета, и тем количеством, которое она фактически содержит. Если эта разность меньше пошлины, взимаемой за чеканку, получается вместо прибыли убыток. Если она равняется пошлине, не будет ни прибыли, ни убытка. Если она превышает пошлину, получается действительно некоторая прибыль, но меньше той, которая была бы, если бы пошлина не существовала. Если бы, например, перед последней перечеканкой золотой монеты существовала пошлина за чеканку в 5%, то при превращении золотой монеты в слитки получался бы убыток в 3%. При пошлине в 2% не было бы ни прибыли, ни убытка. При пошлине в 1% получалась бы прибыль, но только в 1% вместо двух. Поэтому всюду, где монета принимается счетом, а не по весу, пошлина за че-

* См. сочинение Або-де-Базингена, советника Парижского монетного двора. Dictionnaire des Monnoies. Том III, слово Seigneurage, стр. 489.

 канку представляет собой самое действительное средство против превращения монеты в слитки, а следовательно, и вывоза ее за границу. Превращаются в слитки и вывозятся за границу обычно лучшие и самые тяжелые монеты, потому что на них получается наибольшая прибыль.

Закон о поощрении чеканки монеты объявлением ее бесплатной был сперва установлен при Карле II на определенный срок, а затем действие его несколько раз было продолжено вплоть до 1769 г., когда он получил постоянный характер. Английский банк часто вынужден для пополнения своих касс деньгами отправлять слитки на монетный двор, и интересам банка — как его директора, вероятно, воображали — больше соответствовало, чтобы чеканка производилась за счет правительства, а не за его собственный счет. Вероятно, из внимания к этой большой компании правительство согласилось сделать этот закон постоянным. Но если будет покинут обычай взвешивать золото, как это, вероятно, случится ввиду неудобства его, если в Англии золотую монету станут принимать счетом, как это было до последней перечеканки, то эта большая компания, пожалуй, найдет, что в этом случае, как и в некоторых других, она неправильно поняла свои собственные интересы.

Перед последней перечеканкой, когда золотая монета была на 2% ниже своего стандартного веса, она стоила, ввиду того что не существовало пошлины за чеканку, на 2% меньше того количества стандартного золота в слитке, которое должна была содержать. Поэтому, когда эта компания покупала золотые слитки для перечеканки их в монету, она вынуждена была платить за них на 2% больше того, что они стоили после превращения в монету. Но если бы существовала пошлина в 2% за чеканку, то находящаяся в обращении монета, хотя и весящая на 2% меньше установленного, имела бы тем не менее такую же стоимость, как и то количество стандартного золота, которое она должна была содержать; стоимость работы в этом случае компенсировала бы уменьшение в весе. Правда, пришлось бы платить пошлину за чеканку, но, поскольку она равняется 2%, потеря на всей операции также была бы в точности равной 2%, т.е. не превышала бы ту, которая наличествует в действительности.

Если бы пошлина за чеканку была 5%, а золотая монета, находящаяся в обращении, только на 2% не достигала стандартного веса, то банк в таком случае выгадывал бы 3% на цене слитков; но так как ему приходилось бы платить за чеканку 5%, то его потеря на всей операции точно так же равнялась бы ровно 2%.

Если бы пошлина за чеканку была только 1%, а золотая монета на 2% не достигала стандартного веса, то банк в таком случае терял бы всего 1% на цене слитков; но так как ему приходилось бы платить за чеканку тоже 1%, его потеря на всех операциях достигала бы тоже 2%, ровно столько же, сколько во всех других случаях.

Если бы была установлена умеренная пошлина за чеканку при содержании в монете ее полного стандартного веса, как это было со времени последней перечеканки, то все, что банк мог терять благодаря пошлине, он должен был бы выгадывать на цене слитков; а все, что он мог выигрывать на цене слитков, он должен был бы терять благодаря пошлине. Поэтому вся операция не сопровождалась бы для него ни убытком, ни прибылью, и в данном случае, как и во всех предыдущих, для него ничего не изменилось бы сравнительно с тем положением, когда пошлина за чеканку совсем отсутствовала бы.

Когда пошлина на какой-нибудь товар настолько умеренна, что не поощряет контрабанды, купец, торгующий им, хотя и уплачивает вперед пошлину, но, собственно, оплачивает ее не из своего кармана, так как получает ее обратно в цене товара. Пошлина оплачивается в конечном счете последним покупателем или потребителем. Но деньги представляют собой товар, по отношению к которому каждый человек является купцом. Все покупают их только для того, чтобы снова продать, и по отношению к ним не существует в обычных случаях последнего покупателя или потребителя. Поэтому, когда пошлина за чеканку настолько умеренна, что не поощряет выделывания фальшивой монеты, то, хотя каждый уплачивает эту пошлину, никто не платит ее из своего кармана, потому что каждый получает ее обратно в повышенной стоимости монеты.

Таким образом, умеренная пошлина за чеканку не во всех случаях увеличивает издержки банка или любого частного лица, которое приносит свой слиток на монетный двор для перечеканки его в монету, а отсутствие умеренной пошлины не во всех случаях уменьшает эти издержки. Независимо от того, существует или нет пошлина за чеканку, если только монета содержит свой полный стандартный вес, чеканка ничего никому не стоит, а если в ней не хватает полного веса, она всегда должна обходиться в размере разности между количеством металла, которое должна была содержать монета, и тем количеством, которое фактически содержится в ней.

Поэтому правительство, когда оно само покрывает расходы по чеканке, не только берет на себя некоторый небольшой расход, но и теряет небольшой доход, который оно могло бы извлекать при надлежащей пошлине; и при этом ни банк, ни частные лица ни в малейшей мере не выгадывают от такого бесцельного проявления государственной щедрости.

Впрочем, директора банка, вероятно, не захотели бы согласиться на установление пошлины за чеканку, ссылаясь на теорию, которая не обещает им прибыли, но только претендует гарантировать их от всякой потери. При теперешнем качестве золотой монеты и до тех пор, пока монета будет приниматься по весу, они, безусловно, ничего не выиграют от такой перемены. Но если даже обычай взвешивать золотую монету когда-либо исчезнет, как это весьма вероятно, и если золотая монета окажется в такой степени испорченной, в какой была до последней перечеканки, то прибыль, или, точнее, экономия банка, в результате установления пошлины будет весьма значительной. Английский банк является единственной компанией, отправляющей сколько-нибудь значительное количество слитков на монетный двор, и расход по ежегодной чеканке монеты производится поэтому целиком или почти целиком ради него. Если бы вновь выпускаемая ежегодно монета должна была лишь восполнять неизбежную убыль и неизбежное снашивание монеты, она редко в своей сумме превышала бы 50 тыс. или самое большее 100 тыс. фунтов.

Ежегодно выпускаемая монета должна, кроме того, заполнять те большие опустошения, которые вывоз и плавильный тигль производят постоянно в обращающейся монете. Именно по этой причине в течение десяти или двенадцати лет, непосредственно предшествовавших последней перечеканке золотой монеты, ежегодно чеканилось новой монеты в среднем более чем на 850 тыс. ф. Но если бы существовала пошлина в 4 или 5% за чеканку золотой монеты, то, вероятно, даже при существовавшем тогда положении вещей это положило бы действительный конец промыслу по вывозу золота и работе плавильного тигля. Банк, вместо того чтобы терять ежегодно около $2^1/_2$% на слитках, из которых приходится чеканить монету более чем на 850 тыс. ф., т.е. терпеть ежегодный убыток свыше 21 250 ф., не имел бы и десятой части этой потери.

Парламент ассигнует на покрытие издержек по чеканке монеты всего только 14 тыс. ф. в год, а действительный расход правительства на это дело, или жалованье служащим монетного двора, при нормальных условиях, как уверяли меня, не превышает половины этой суммы. Можно подумать, что сбережение столь ничтожной суммы или даже получение другой суммы, которая не может быть много больше, — дело слишком незначительное, чтобы заслуживать серьезного внимания правительства. Но сбережение 18 или 20 тыс. ф. в год в случае наступления обстоятельств, которые не представляются невероятными, которые часто бывали раньше и, весьма вероятно, повторятся, — дело, безусловно, заслуживающее серьезного внимания такой крупной компании, как Английский банк.

Некоторые из вышеизложенных соображений и замечаний, может быть, было бы уместнее поместить в тех главах первой книги, которые говорят о возникновении и употреблении денег и о различии между действительной и номинальной ценой товаров. Но так как закон о поощрении чеканки монеты своим возникновением обязан тем вульгарным предрассудкам, которые были пущены в оборот меркантилистической системой, то я счел более целесообразным отнести их к этой главе. Ничто не могло бы так соответствовать духу этой системы, как своего рода премия за производство денег, того именно предмета, который, по ее предположению, составляет богатство всякой нации. Это представляет собой одно из ее многочисленных чудесных средств для обогащения страны.

Глава VII
О КОЛОНИЯХ

Отдел I
О причинах, побуждающих к учреждению новых колоний

Учреждение первых европейских колоний в Америке и Вест-Индии было вызвано не столь отчетливыми и определенными интересами, как это было при учреждении колоний Древней Греции и Рима.

Все до одного государства Древней Греции обладали очень незначительной территорией, и когда население какого-либо из них возрастало свыше того, что могла прокормить эта территория, часть его отсылалась на поиски нового местожительства в какой-нибудь отдаленной части света, поскольку наличие воинственных соседей, окружавших их со всех сторон, делало для каждого из них трудным делом заметное расширение своей территории у себя дома. Колонии дорийцев направлялись главным образом в Италию и Сицилию, населенные в эпоху, предшествовавшую основанию Рима, варварскими и некультурными народами. Колония ионян и эолийцев, двух других больших греческих племен, направлялась в Малую Азию и на острова Эгейского моря, жители которых в ту пору находились, по-видимому, на той же ступени развития, как и население Сицилии и Италии. Город-метрополия, хотя и считавший колонию своим детищем, имеющим право во всякое время на благожелательность и содействие и обязанным взамен этого проявлять благодарность и уважение, все же смотрел на нее как на отделившееся дитя, по отношению к которому он не претендовал ни на прямую власть, ни на юрисдикцию. Колония устанавливала свою собственную форму управления, издавала собственные законы, заключала мир или объявляла войну соседям как самостоятельное государство, которое не считает нужным ожидать одобрения или согласия метрополии. Ничего не может быть яснее и определеннее интереса, побуждавшего учреждать подобного рода колонии.

Рим, как и большинство других древних республик, первоначально имел своим основанием аграрный закон, деливший общественную территорию в известной пропорции между гражданами, которые составляли государство. Обычное течение человеческих дел в результате браков, перехода по наследству, отчуждения неизбежно нарушало этот первоначальный раздел и часто передавало в обладание одного-единственного лица земли, которые были предоставлены для содержания многих семейств. Для устранения такого ненормального положения (ибо оно считалось ненормальным) был издан закон, ограничивавший количество земли, которым мог обладать отдельный гражданин, 500 югерами, или приблизительно 350 акрами. Однако закон этот игнорировался или обходился, хотя мы читаем о применении его в одном или двух случаях, и неравенство состояний все более усиливалось. Большая часть граждан совсем не обладала землей, а без нее нравы и обычаи того времени делали невозможным для свободного человека сохранять свою независимость. В настоящее время бедный человек, хотя он и не имеет земли, если он обладает небольшими средствами, может или арендовать землю у другого, или вести мелочную торговлю; а если у него нет средств, он может найти работу или в качестве сельского батрака, или в качестве ремесленника. Но у древних римлян земли богатых обрабатывались рабами, которые работали под надзором надсмотрщика, бывшего тоже рабом, так что неимущий свободный человек имел мало шансов устроиться арендатором или батраком. Точно так же все промыслы и мануфактуры, даже розничная торговля, велись рабами богатых в пользу их господ; богатство, власть и покровительство последних делали трудным для неимущего свободного человека выдерживать конкуренцию с рабами. Поэтому граждане, не обладавшие землей, не имели почти никаких других средств к существованию, кроме подачек кандидатов на ежегодных выборах. Народные трибуны, когда они хотели возбудить народ против богатых и властвующих, напоминали ему о старинном разделе земель и изображали закон, ограничивавший этот вид частной собственности, как основной закон республики. Народ начинал требовать наделения землей, а богатые и властвующие, как это понятно, твердо решали не отдавать ему ни пяди своей земли. Для того же чтобы хотя в некоторой степени удовлетворить его, они часто предлагали основать колонию. Но Рим-завоеватель даже в таких случаях не был связан необходимостью выбрасывать своих граждан на поиски счастья, так сказать, по белу свету, без определенного места поселения. Он обыкновенно отводил им земли в завоеванных провинциях Италии, где они не могли образовать самостоятельного государства, поскольку оставались в пределах владений республики; в лучшем случае они образовывали лишь нечто вроде корпорации, которая, хотя и имела власть издавать правила и местные законы для собственного управления, оставалась все же подчиненной указаниям, юрисдикции и законодательной власти своей метрополии. Выделение такого рода колонии не только давало некоторое удовлетворение народу, но часто также создавало своего рода гарнизон в недавно завоеванной провинции, подчинение которой без этого могло бы оказаться сомнительным. Таким образом, римская колония как по методу ее создания, так и по мотивам, побуждавшим учреждать ее, была совершенно отлична от колонии греческой. Соответственно этому совершенно несходное значение имеют слова, которыми эти учреждения обозначались на латинском и греческом языках. Латинское слово *colonia* означает просто поселение; греческое слово *apoikia*, напротив, означает разделение жилья, отъезд с родины, уход из дома. Но хотя римские колонии во многих отношениях отличались от греческих, причины, побуждавшие учреждать их, были столь же ясны и определенны. В обоих случаях они возникали или в силу непреодолимой необходимости, или ввиду явной пользы.

Основание европейских колоний в Америке и Вест-Индии не диктовалось никакой необходимостью, и хотя польза, полученная от них, была велика, она не так ясна и самоочевидна. При учреждении колоний отсутствовало понимание этой пользы, и не она служила побудительной причиной к учреждению их или к тем открытиям, которые вызвали их к жизни. Вместе с тем характер этой полезности колоний, степень ее и ее пределы, пожалуй, и по настоящее время не поняты в полной мере.

Венецианцы в XIV и XV столетиях вели очень выгодную торговлю пряностями и другими ост-индскими товарами, которые они доставляли другим народам Европы. Они покупали их главным образом в Египте, в то время находившемся под властью мамелюков, врагов турок, врагами которых были и венецианцы. Эта общность интересов, усиливаемая деньгами Венеции, создала такую связь между ними, которая давала венецианцам почти полную монополию торговли.

Громадные барыши венецианцев возбуждали жадность португальцев. В течение всего XV столетия они старались найти морской путь в страны, откуда мавры доставляли им через пустыню слоновую кость и золотой песок. Они открыли острова Мадеру, Канарские, Азорские, острова Зеленого Мыса, Гвинейский берег, берег Лоанго, Конго, Анголы и Бенгуэлы и, наконец, мыс Доброй Надежды. Они давно желали приобщиться к прибыльной торговле венецианцев, и последнее из их открытий сделало вероятным достижение ими этой цели. В 1497 г. Васко да Гама отплыл из гаваней Лиссабона с эскадрой из четырех судов и после одиннадцатимесячного плавания прибыл к берегу Индостана и таким образом завершил ряд открытий, которые с большой настойчивостью и без перерывов производились в течение почти целого столетия.

За несколько лет до этого, когда вся Европа напряженно следила за проектами португальцев, успех которых казался еще сомнительным, один генуэзский мореплаватель задумал еще более смелый проект — направиться в Ост-Индию западным путем. В ту пору положение последней было очень неточно известно в Европе. Немногие европейские путешественники, побывавшие там, преувеличивали ее расстояние от Европы; возможно, что благодаря невежеству и простодушию расстояние, действительно очень большое, казалось почти бесконечным тем, кто не мог измерить его; возможно также, что это делалось в целях усиления чудесного характера их приключений — посещения стран, столь неимоверно отдаленных от Европы. Чем длиннее путь на восток, вполне верно заключал Колумб, тем короче он должен быть на запад. Он решил поэтому направиться этим путем, как более коротким и безопасным, и ему удалось убедить Изабеллу Кастильскую в осуществимости своего проекта. Он отплыл из гавани Палос в августе 1492 г., почти за пять лет до отплытия экспедиции Васко да Гама из Португалии. После путешествия, длившегося от двух до трех месяцев, он открыл сперва некоторые из Малых Багамских (Лукайских) островов, а затем большой остров Сан-Доминго.

Но страны, открытые Колумбом в этом или в его последующих путешествиях, не походили на те, на поиски которых он отправился. Вместо богатства, культуры и населенности Китая или Индостана он находил в Сан-Доминго и во всех других частях Нового Света, которые он посетил, только местности, сплошь покрытые лесами, невозделанные и населенные малочисленными племенами голых и жалких дикарей. Тем не менее он не хотел признать, что это не те страны, которые описал Марко Поло, первый европеец, который посетил или по крайней мере оставил после себя описание Китая или Ост-Индии. Часто бывало достаточно ничтожного сходства, например между Цибао, названием одной горы в Сан-Доминго, и Ципранго, упоминаемым Марко Поло, чтобы Колумб возвращался к своему излюбленному предположению, хотя и вопреки самым очевидным фактам. В письмах к Фердинанду и Изабелле он называл открытые им страны Индиями. Он ни в малейшей степени не сомневался в том, что они представляют собой крайнюю оконечность стран, описанных Марко Поло, и что они не очень отдалены от Ганга или стран, завоеванных когда-то Александром. И даже когда он в конце концов убедился в своей ошибке, он все же обольщался надеждой, что эти богатые страны не очень далеки, и в свое следующее путешествие отправился на поиски их вдоль берега материка и в сторону Дариенского перешейка.

Ошибочное название, данное Колумбом, сохранилось с тех пор за этими несчастными странами; а когда, наконец, было ясно установлено, что эта новая Индия не имеет ничего общего со старой Индией, первая была названа Западной (Вест-Индия) в отличие от последней, которая получила название Восточной (Ост-Индии).

Для Колумба было, конечно, очень важно изобразить испанскому двору открытые им земли, каковы бы они ни были, как имеющие очень большую ценность и значение. А между тем, поскольку речь идет о том, что составляет действительное богатство каждой страны, т.е. о животном и растительном царстве, в это время отсутствовали какие бы то ни было данные, которые могли бы оправдывать такое изображение этих стран.

Самым крупным живородящим четвероногим в Сан-Доминго было *кори,* нечто среднее между крысой и кроликом, которое Бюффон считает тождественным с бразильским *aperea*.* Этот вид, по-видимому, никогда не был очень многочисленным, а собаки и кошки испанцев, как передают, давно уже почти полностью истребили его, как и некоторых других животных, еще меньшего размера. Эти животные вместе с довольно большой ящерицей, называемой *ивано,* или *игуана,* составляли главную часть животной пищи, которая здесь имелась.

Растительная пища жителей, хотя и не очень обильная ввиду отсутствия трудолюбия с их стороны, все же не была так скудна. Она состояла из маиса, плодов хлебного дерева, картофеля, бананов и других растений, тогда вообще еще неизвестных в Европе и впоследствии не очень ценившихся в ней и не считавшихся столь же питательными, как обычные сорта хлеба и стручковых, которые с незапамятных времен возделывались в этой части света.

Хлопок, правда, доставлял материал для очень важной отрасли мануфактур и, без сомнения, был в то время для европейцев самым ценным из всех растительных продуктов этих островов. Но хотя в конце XV столетия кисея и другие хлопчатобумажные изделия Ост-Индии весьма ценились во всей Европе, хлопчатобумажная промышленность не существовала ни в одной из европейских стран. Поэтому даже этот продукт не мог иметь в то время в глазах европейцев особенно большого значения.

---

* *Buffon.* Histoire naturelle. Vol. XV, p. 162.

Не находя ничего среди животного или растительного царства вновь открытых земель, что могло бы оправдывать изображение их в очень выгодном свете, Колумб обратил свое внимание на минералы; он утешал себя мыслью, что в богатстве этого третьего царства он нашел полное возмещение скудости двух других. Маленьких кусочков золота, которыми жители украшали свою одежду и которые, как ему сообщили, они часто находили в ручьях и потоках, стекавших с гор, было достаточно, чтобы убедить его, что эти горы изобилуют богатейшими золотыми залежами. Поэтому Сан-Доминго был изображен страной, изобилующей золотом и ввиду этого (в соответствии с предрассудками не только настоящего времени, но и той эпохи) являющейся неисчерпаемым источником действительного богатства для Королевства Испании. Когда после возвращения из своего первого путешествия Колумб был представлен с торжественными почестями государям Кастилии и Арагонии, перед ним в торжественной процессии несли главные продукты открытых им стран. Единственно ценная часть их состояла из нескольких маленьких золотых обручей, браслетов и других украшений и из нескольких тюков хлопка. Все остальное представляло собою лишь предметы, рассчитанные на возбуждение любопытства и удивления толпы: тростник чрезвычайно больших размеров, несколько птиц с очень красивым оперением и несколько чучел громадных аллигаторов и ламантинов; во главе этой процессии шли шесть или семь несчастных туземцев, необычный цвет кожи и внешность которых усиливали оригинальность всего зрелища.

В результате представлений Колумба совет Кастилии решил принять в свое владение земли, жители которых были явно неспособны защищаться. Благочестивая цель обращения их в христианство освящала несправедливость этого проекта. Но надежда найти там золотые сокровища являлась единственным мотивом, побуждавшим предпринять этот шаг; и чтобы придать этому мотиву больший вес, Колумбом было предложено, чтобы короне уплачивалась половина всего золота и серебра, которые будут найдены. Предложение это было одобрено советом.

До тех пор пока все золото или значительная часть золота, привозимого в Европу первыми искателями приключений, добывалась таким легким способом, как ограбление беззащитных туземцев, было, пожалуй, не очень трудно платить даже эту тяжелую пошлину. Но после того как у туземцев отняли все, что они имели, — а это в Сан-Доминго и во всех других странах, открытых Колумбом, было полностью сделано за шесть или семь лет — и когда, чтобы добыть золото, стало необходимо искать его в рудниках, уже не представлялось ни малейшей возможности уплачивать эту пошлину. Ввиду этого строгое взимание ее привело сперва, как передают, к тому, что рудники в Сан-Доминго были совсем заброшены и разработка их потом уже никогда не возобновлялась. Поэтому пошлина скоро была понижена до одной трети, потом до пятой, затем до одной десятой и наконец до одной двадцатой валовой добычи. Пошлина с серебра еще долгое время оставалась в размере одной пятой валовой добычи; она была понижена до одной десятой только в текущем столетии. Но первые искатели приключений, как кажется, не очень интересовались серебром. Предметы менее драгоценные, чем золото, не казались им заслуживающими внимания.

Все остальные предприятия испанцев в Новом Свете, последовавшие за путешествиями Колумба, были вызваны, по-видимому, тем же мотивом. «Священная жажда золота» привела Сйеду, Никессу, Васко-Нуньеса де Бальбоа к Дариенскому перешейку, Кортеца — в Мексику, а Альмагро и Пизарро — в Чили и Перу. Когда эти искатели приключений прибывали к какому-нибудь неведомому берегу, они всегда первым делом осведомлялись, есть ли здесь золото, и в зависимости от полученного ответа на этот счет они решали, покинуть ли эту местность или осесть в ней.

Между тем из всех тех дорогих и ненадежных проектов, которые приносят банкротство большинству людей, увлекающихся ими, нет, пожалуй, более разорительного и гибельного, чем поиски новых серебряных и золотых рудников. Это, вероятно, самая невыгодная на свете лотерея или во всяком случае такая, в которой выгода тех, на долю которых выпадают выигрыши, меньше всего соответствует потерям тех, кто получает пустые номера, ибо выигрышей немного, пустых билетов много, а самая цена билета обычно равняется целому состоянию очень богатого человека. Приисковые предприятия не только не возмещают затраченный на них капитал вместе с обычной на него прибылью, но и поглощают обычно как капитал, так и прибыль. Поэтому благоразумный законодатель, желающий увеличить капитал своей нации, меньше всего станет оказывать особое поощрение именно этому роду деятельности или направлять к нему большую долю капитала, чем это было бы при отсутствии поощрения. Действительно, нелепая вера всех людей в свою удачу столь сильна, что значительная часть их склонна по собственному почину заняться этим делом, если налицо имеется хотя бы малейшая вероятность успеха.

Но, хотя отношение здравого смысла и опыта к подобного рода проектам было всегда крайне неблагоприятно, человеческая жадность обычно шла наперекор этому. Та самая страсть, которая внушала столь многим людям нелепую мысль о философском камне, внушала другим столь же нелепое представление о неисчерпаемо богатых золотых и серебряных рудниках. Они не принимали во внимание тот факт, что стоимость этих металлов во все времена и у всех народов обусловливалась главным образом их редкостью, а эта последняя обусловливалась тем, что природа расположила их очень небольшими количествами во всех тех местах, где они встречаются, что почти повсюду она окружила эти небольшие количества твердыми и прочными веществами и что поэтому повсюду необходимы значительный труд и расходы, чтобы добраться до них и овладеть ими. Эти люди льстили себя надеждой, что во многих местах можно найти жилы этих металлов столь же мощные и обильные, как и обычно обнаруживаемые жилы свинца, меди, олова или железа. Мечта сэра Вальтера Ралея* о золотом городе и стране Эльдорадо свидетельствует нам, что даже мудрые люди не всегда свободны от подобных иллюзий. Больше ста лет после смерти этого великого человека

---

* *Raleigh.* The discovery of large, rich and beautiful empire of Guiana. 1596.

иезуит Гумила* все еще был убежден в действительном существовании этой чудесной страны и с большой горячностью и, смею сказать, с большой искренностью говорил о том, как был бы он счастлив понести свет Евангелия народу, который в состоянии так хорошо вознаграждать благочестивые усилия своего миссионера.

В странах, впервые открытых испанцами, в настоящее время неизвестны золотые или серебряные рудники, которые считались бы стоящими разработки. Сведения о количествах этих металлов, найденных там первыми пришельцами, были, вероятно, очень сильно преувеличены, равно как и сведения о богатстве рудников, которые были подвергнуты разработке непосредственно вслед за открытием этих стран. Тем не менее того, что нашли, по слухам, эти искатели приключений, было достаточно, чтобы воспламенить жадность всех их соотечественников. Каждый испанец, отправлявшийся в Америку, ожидал найти Эльдорадо. Фортуна сделала в этом случае то, что делала очень редко: она осуществила в некоторой степени чрезмерные надежды своих почитателей, и при открытии и завоевании Мексики и Перу (первое имело место спустя 30, а второе — 40 лет после первой экспедиции Колумба) она преподнесла им нечто близкое к тому изобилию драгоценных металлов, которого они искали.

Таким образом, проект о торговле с Ост-Индией повел к открытию Вест-Индии. Стремление к завоеванию породило все колонии испанцев в этих вновь открытых землях. К такому завоеванию их побуждала мысль о золотых и серебряных рудниках; и ход событий, который не в состоянии предвидеть никакая человеческая мудрость, обеспечил этим стремлениям больший успех, чем это имели разумные основания ожидать сами инициаторы.

Первые выходцы всех других наций Европы, пытавшиеся устраивать поселения в Америке, вдохновлялись подобными же химерическими намерениями, но не имели такого же успеха. Только спустя сто с лишним лет после основания первых поселений в Бразилии там были открыты серебряные, золотые и бриллиантовые рудники. В ко-

* *Gumila.* El Orinoco illustrado. Vol. I, cap. 25.

лониях английских, французских, голландских и датских до настоящего времени не найдено ни одного месторождения этих металлов, во всяком случае ни одного, признаваемого ныне заслуживающим разработки. А между тем первые английские поселенцы в Северной Америке предлагали королю пятую часть всего золота и серебра, которые могут быть найдены там, взамен за предоставление им патентов. В соответствии с этим в патентах, выданных сэру Вальтеру Ралею, Лондонской и Плимутской компаниям, Плимутскому совету и др., пятая часть добычи сохранялась за короной. Наряду с ожиданием найти золотые и серебряные рудники эти первые поселенцы надеялись также открыть северо-западный путь в Ост-Индию. До сей поры обе эти надежды обманывали их.

Отдел II

Причины процветания новых колоний

Колония цивилизованной нации, занимающая обширную страну или страну, столь редко населенную, что ее коренные обитатели легко уступают место новым пришельцам, быстрее движется по пути к богатству и могуществу, чем всякое другое общество людей.

Колонисты приносят с собой знание земледелия и других полезных ремесел, превосходящее то знание, которое может самостоятельно развиваться в течение ряда веков среди диких и варварских народов. Они также приносят с собой привычку к подчинению, некоторое представление об устойчивом правительстве, какое существует у них на родине, о системе законов, ограждающих его, и о регулярном отправлении юстиции, и они, естественно, устанавливают нечто подобное в новом поселении. Но у диких и варварских народов, после того как закон и правительство установлены в той мере, в какой это необходимо для их защиты, естественное развитие совершается еще медленнее, чем естественное развитие ремесел. Каждый колонист получает больше земли, чем он в состоянии обрабатывать. Ему не приходится платить никакой ренты и почти никаких налогов. Он не знает землевладельца, с которым должен был бы делить свой продукт, который при таких условиях почти полностью достается ему самому, доля же государя совершенно ничтожна. Но его земельный участок обычно так обширен, что при всем напряжении его собственных сил и сил других работников, которых он может нанять, он редко в состоянии извлечь из него десятую часть того, что он мог бы произвести. Поэтому он стремится привлекать отовсюду работников и вознаграждать их самой щедрой заработной платой. Но эта высокая заработная плата вместе с обилием и дешевизной земли скоро побуждает этих работников покинуть его, чтобы самим сделаться землевладельцами и оплачивать с такой же щедростью других работников, которые, в свою очередь, скоро покидают их по той же причине, по какой они сами оставили своих хозяев. Высокая оплата труда поощряет браки. Дети в годы младенчества хорошо питаются и пользуются надлежащим уходом; когда они подрастают, стоимость их труда с избытком оплачивает стоимость их содержания. Когда они достигают зрелости, высокая цена труда и дешевизна земли позволяют им завести самостоятельное хозяйство, как до них делали это их отцы.

В других странах земельная рента и прибыль съедают заработную плату, и два высших класса общества угнетают низший. В новых колониях интерес двух высших классов заставляет их относиться к низшему с бо́льшим вниманием и человечностью по крайней мере там, где этот низший класс не находится в состоянии рабства. Обширные земли, отличающиеся величайшим естественным плодородием, можно получать здесь за безделицу. Увеличение дохода, которое собственник, являющийся всегда вместе с тем и предпринимателем, ожидает от улучшения земли, составляет его прибыль, при этих условиях обычно значительную. Но эта значительная прибыль может быть получена только при затрате труда других людей на расчистку и обработку земли, а несоответствие между большой площадью земли и незначительностью населения, по общему правилу, существующее в новых колониях, делает для него трудным получение необходимого труда. Поэтому он не торгуется из-за заработной платы, а готов нанимать рабочих за любую цену. Высокая оплата труда поощряет рост населения. Дешевизна и обилие хороших земель поощряют их возделывание и дают землевладельцу возможность платить такую высокую заработную плату. Из этой заработной платы состоит почти вся цена земли, и хотя в качестве оплаты труда ее следует считать высокой, она совсем низка, поскольку составляет цену столь ценного предмета, как земля. Все, что содействует росту населения и возделыванию земли, содействует также возрастанию действительного богатства и могущества.

В соответствии со сказанным рост богатства и могущества многих древних греческих колоний, по-видимому, совершался очень быстро. За одно или два столетия некоторые из них, по-видимому, сравнялись со своими метрополиями и даже оставили их за собою. Сиракузы и Агригент в Сицилии, Тарент и Локры в Италии, Эфес и Милет в Малой Азии, согласно всем сообщениям, по меньшей мере не уступали ни одному из городов Древней Греции. Хотя они и возникли значительно позднее, все же у них культура, философия, поэзия, ораторское искусство развились столь же рано и были доведены до такого же совершенства, как и в любой части метрополии. Примечательно, что школы двух древнейших греческих философов, Фалеса и Пифагора, возникли не в Древней Греции: одна — в азиатской, а другая — в итальянской колониях. Все подобные колонии основывались в странах, населенных дикими и варварскими народами, которые легко уступали место новым поселенцам. Последние имели в изобилии хорошую землю, и, поскольку они были вообще независимы от своего родного города, они могли свободно вести свое дело так, как считали наиболее соответствующим своим интересам.

История римских колоний отнюдь не так блестяща. Правда, некоторые из них, как, например, Флоренция, на протяжении столетий и после падения своей метрополии выросли в крупные государства, но ни одна из них не отличалась очень быстрым развитием. Они все основывались в завоеванных провинциях, которые в большинстве случаев уже до этого были густо заселены. Количество земли, предоставляемое каждому колонисту, редко бывало весьма значительным; а так как колония не пользовалась независимостью, она не всегда вольна была вести свои дела так, как считала соответствующим своим интересам.

По обилию хорошей земли европейские колонии, основанные в Америке и Вест-Индии, приближаются к колониям Древней Греции и даже значительно оставляют их за собой. Своей зависимостью от метрополии они похожи на римские колонии, но их отдаленность от Европы более или менее ослабляла для них последствия этой зависимости. Благодаря своей отдаленности они не всегда были на виду, а это уменьшало власть над ними метрополии. Когда они самостоятельно и по собственному разумению преследовали свои интересы, на их образ действий во многих случаях не обращали внимания — потому ли, что не знали об этом в Европе, или потому, что не понимали его, — а в некоторых случаях терпели его и соглашались с ним потому, что их отдаленность делала трудным вмешательство. Даже насильническое и произвольное правительство Испании во многих случаях оказывалось вынужденным, опасаясь общего восстания, отменять или смягчать приказы, которые оно издавало для управления своими колониями. Ввиду этого прогресс всех европейских колоний в отношении богатства, населения и культуры был очень велик.

Испанское правительство с первых же дней существования своих колоний извлекало из них некоторый доход в виде доли добываемого золота и серебра. По своей природе доход этот был таков, что возбуждал в человеческой жадности чрезмерные ожидания еще больших богатств. Поэтому испанские колонии с самого своего возникновения привлекали к себе очень большое внимание своей метрополии, тогда как колонии других европейских наций долгое время оставались в большой мере в пренебрежении. Первые, пожалуй, не очень выгадали от такого внимания, а последние — не потерпели особого ущерба от этого пренебрежения. Испанские колонии, принимая во внимание имеющуюся в их распоряжении площадь страны, менее населены и пользуются меньшим благосостоянием, чем колонии почти всех других европейских наций. Однако рост населения и благосостояния даже испанских колоний был, несомненно, очень быстрый и очень значительный. Город Лима, основанный после завоеваний, по сообщению

Уллоа*, имел около тридцати лет тому назад 50 тыс. жителей. Квито, бывший жалкой деревушкой индейцев, изображается этим же автором столь же населенным в его время. Гемелли Карери**, который, как говорят, был лишь мнимым путешественником, но все же писал, по-видимому, на основании в высшей степени достоверных источников, рисует город Мехико насчитывающим 100 тыс. жителей — количество, которое при всем преувеличении испанских писателей, вероятно, в пять раз превышает то, которое он имел во времена Монтезумы. Эти цифры значительно превышают численность населения Бостона, Нью-Йорка и Филадельфии — трех самых больших городов английских колоний. В Мексике и Перу до завоевания их испанцами не было совсем скота, годного для перевозки тяжестей. Лама была их единственным вьючным скотом, а ее выносливость, кажется, значительно уступает выносливости обыкновенного осла. Плуг был неизвестен в этих странах. Население их было незнакомо с употреблением железа. Оно не обладало чеканной монетой и вообще каким бы то ни было общеустановленным орудием торгового обмена. Торговля велась посредством натурального обмена. Нечто вроде деревянной лопаты было главным орудием для возделывания земли. Заостренные камни служили вместо ножей и топоров, кости рыб и крепкие жилы некоторых животных служили иглами и нитками для шитья, и, по-видимому, они же являлись вместе с тем главным орудием торговли. При таком положении вещей представляется немыслимым, чтобы то или другое из этих государств могло обладать таким же благосостоянием, как в настоящее время, когда они обладают в изобилии всеми видами европейского скота и когда в них введено употребление железа, плуга и стали, известны многие европейские ремесла. Но населенность всякой страны должна быть пропорциональна степени ее благосостояния и культуры. Несмотря на жестокое истребление коренных жителей, последовавшее за завоеванием, эти два обширных государства в настоящее время, вероятно, обладают более мно-

* *Ulloa.* Relacion de Viage à la America Meridional. 1740.

** *Careri.* Voyage du tour du monde. Vol. VI, p. 36.

гочисленным населением, чем когда бы то ни было раньше, да и самый народ, несомненно, очень изменился, ибо мы должны признать, мне думается, что испанские креолы во многих отношениях стоят выше древних индейцев.

После поселений испанцев португальские поселения в Бразилии являются старейшими из колоний всех других европейских наций. Но так как в течение долгого времени после открытия Бразилии здесь не находили ни золота, ни серебра и новая колония поэтому доставляла правительству небольшой доход или даже совсем не давала его, то она продолжительное время оставалась почти в полном пренебрежении. Именно за этот период пренебрежения она развилась в большую и могущественную колонию. Когда Португалия находилась под властью Испании, на Бразилию напали голландцы, овладевшие семью провинциями из четырнадцати, на которые она подразделялась. Они рассчитывали вскоре завоевать и остальные семь, когда Португалия вернула себе независимость, возведя на престол Браганцскую династию. Тогда голландцы, бывшие врагами испанцев, стали союзниками португальцев, которые тоже были врагами испанцев. Поэтому они согласились оставить ту часть Бразилии, которую еще не завоевали, королю португальскому, согласившемуся, в свою очередь, оставить за ними завоеванную уже часть, считая это дело не заслуживающим вражды между столь добрыми союзниками. Но голландское правительство скоро начало угнетать португальских колонистов, которые, вместо того чтобы тратить время на жалобы, взялись за оружие против своих новых владык и благодаря своей храбрости и решимости, разумеется, при попустительстве своей родной страны, но без всякой открытой помощи с ее стороны выгнали голландцев из Бразилии. Голландцы, убедившись в невозможности удержать за собой какую-либо часть страны, должны были согласиться на возвращение ее целиком под власть португальского короля. Как сообщают, в этой колонии насчитывается свыше 600 тыс. жителей — португальцев или потомков португальцев, креолов, мулатов и расы, смешанной из португальцев и бразильцев. Ни одна колония в Америке, как полагают, не имеет так много жителей европейского происхождения.

В конце XV и в течение большей части XVI столетия Испания и Португалия являлись двумя великими морскими державами; действительно, хотя торговля Венеции распространялась на все части Европы, ее флот почти не выходил за пределы Средиземного моря. Испанцы, ссылаясь на право первого открытия, предъявили притязания на всю Америку; и хотя они не могли воспрепятствовать такой великой морской державе, как Португалия, утвердиться в Бразилии, все же страх перед именем испанцев был в то время так велик, что большинство других наций Европы опасалось заводить колонии в какой-либо другой части этого великого материка. Французы, пытавшиеся поселиться во Флориде, были все перебиты испанцами. Однако упадок морской силы последних, явившийся результатом поражения или неудачи их так называемой Непобедимой армады в конце XVI столетия, лишил их силы и впредь препятствовать устройству колоний других европейских наций. Поэтому в течение XVII столетия англичане, французы, голландцы, датчане и шведы — одним словом, все великие нации, обладавшие морскими гаванями, пытались устраивать поселения в Новом Свете.

Шведы поселились в Нью-Джерси, и большое число шведских семейств, которых еще и ныне можно встретить там, достаточно свидетельствует, что эта колония, наверное, процветала бы, если бы пользовалась поддержкой своей метрополии. Но, будучи пренебрегаема Швецией, она была поглощена голландской колонией Нью-Йорк, которая, в свою очередь, подпала в 1674 году под власть англичан.

Небольшие острова Св. Фомы и Санта-Круз представляют собой единственные местности в Новом Свете, когда-либо принадлежавшие датчанам. Притом эти небольшие поселения находились в управлении монопольной компании, которая одна обладала правом покупать избыточный продукт колонистов и снабжать их теми товарами других стран, в которых они нуждались; благодаря этому указанная компания при этих покупках и продажах не только могла подвергаться, но и действительно подвергалась большому искушению угнетать их. Управление монопольной компании купцов является, пожалуй, самым худшим из всех правительств для любой страны. Однако оно не могло совсем остановить развитие этих колоний, хотя и сделало его более медленным и затрудненным. Покойный датский король распустил эту компанию, и с тех пор благосостояние этих колоний сильно возросло.

Голландские поселения в Вест-Индии, так же как и в Ост-Индии, были сначала поставлены под управление монопольной компании. Поэтому развитие некоторых из них, хотя и значительное в сравнении почти с любой другой страной, давно заселенной, было медленным в сравнении с развитием большей части новых колоний. Колония Суринам, хотя и очень значительная, все еще стоит ниже большей части сахарных колоний других европейских наций. Колония Новая Бельгия, ныне разделенная на две провинции — Нью-Йорк и Нью-Джерси, вероятно, скоро тоже сильно разрослась бы, если бы даже и осталась под управлением голландцев. Изобилие и дешевизна хорошей земли представляют собою столь мощные факторы процветания, что даже наихудшее правительство почти не может помешать их действию. Помимо того, и отдаленность от метрополии позволит колонистам более или менее освобождаться при помощи контрабанды от гнета монополии, которой компания пользовалась в ущерб им. В настоящее время компания допускает все голландские суда к торговле с Суринамом при условии уплаты за разрешение двух с половиной процентов со стоимости их груза и сохраняет исключительно за собой только непосредственную торговлю между Африкой и Америкой, которая состоит почти исключительно в торговле рабами. Такое смягчение монопольных привилегий компании является, вероятно, главной причиной той степени благосостояния, какой в настоящее время пользуется эта колония. Кюрасо и Св. Евстафия, два главных острова, принадлежащие голландцам, представляют собой вольные гавани, открытые судам всех наций, и эта свобода, предоставленная им в то время, как гавани лучших колоний открыты только для судов одной нации, была главной причиной процветания этих двух бесплодных островов.

Французская колония Канада в течение большей части минувшего столетия и некоторой части текущего находилась под управлением монопольной компании. При столь неблагоприятном управлении ее развитие неизбежно подвигалось вперед очень медленно в сравнении с развитием других новых колоний, но оно пошло гораздо быстрее, когда эта компания была распущена после неудачи так называемого Миссисипского проекта. Когда англичане завладели этой страной, они нашли в ней почти вдвое большее число жителей сравнительно с тем населением, какое определял за 20–30 лет до того отец Шарльвуа*. Этот иезуит объехал всю страну и не имел никаких оснований изображать ее менее значительной, чем она была в действительности.

Французская колония Сан-Доминго была основана пиратами и разбойниками, которые в течение продолжительного времени не домогались защиты Франции и не признавали ее власти; а когда это племя бандитов настолько превратилось в граждан, что стало признавать власть Франции, то еще долго ее приходилось осуществлять с очень большой мягкостью. В течение этого периода население и благосостояние этой колонии возрастали очень быстро. Даже гнет монопольной компании, которой она вместе со всеми другими французскими колониями была на некоторое время подчинена, хотя, без сомнения, замедлил, но не смог совсем остановить ее развитие. Быстрый темп развития ее благосостояния возобновился сейчас же после того, как она была избавлена от этого гнета. В настоящее время она является важнейшей из сахарных колоний Вест-Индии, и ее продукт, как утверждают, размерами своими превышает продукт всех английских сахарных колоний, взятых вместе. Остальные сахарные колонии Франции в общем все очень незначительны.

Но не существует колоний, развитие которых совершалось быстрее, чем развитие английских колоний в Северной Америке.

---

* *Charlevoix.* Histoire et description de la Nouvelle France, avec le journal historique d'un voyage dans l'Amérique septentrionale. Paris, 1744.

Обилие хороших земель и свобода по собственному усмотрению вести свои дела являются, по-видимому, двумя основными причинами процветания всех новых колоний.

В отношении обилия хорошей земли английские колонии Северной Америки, хотя, без сомнения, снабжены землею в большом изобилии, уступают колониям испанцев и португальцев и не превосходят некоторых из тех колоний, которыми обладали французы до последней войны. Но политические учреждения английских колоний были более благоприятны для их развития и возделывания земли, чем учреждения колоний любой из других трех наций.

1) Сосредоточение в одних руках больших пространств невозделанной земли хотя и не запрещалось совсем, но было в большей степени ограничено в английских колониях, чем в других. Колониальный закон, обязывающий каждого земельного собственника в течение определенного срока улучшить и обработать известную часть его земель, а в случае неисполнения этого объявляющий эти заброшенные земли подлежащими отводу всякому желающему, оказал определенное действие, хотя, возможно, и не очень строго применялся на практике.

2) В Пенсильвании не существует права первородства и земля, как и движимое имущество, делится поровну между всеми детьми. В трех провинциях Новой Англии старший сын получает лишь двойную долю, как это установлено Моисеевым законом. Поэтому, хотя в этих провинциях иногда слишком большое количество земли может оказаться сосредоточенным в руках одного лица, оно в течение одного или двух поколений должно снова быть поделенным на части. В других английских колониях, правда, право первородства существует, как и в английском законе. Но во всех английских колониях порядок владения землями, сдаваемыми в наследственную аренду, облегчает их отчуждение, и тот, кто получает большой участок земли, обычно заинтересован в том, чтобы сдать от себя другим лицам большую его часть, сохраняя за собой лишь право на небольшую ренту. В испанских и португальских колониях при наследовании всех крупных поместий, с которыми

связаны какие-либо почетные титулы, соблюдается так называемое майоратное право. Такие поместья целиком переходят к одному лицу и являются фактически неделимыми и неотчуждаемыми. Во французских колониях применяется парижское обычное право, которое в отношении наследования земли гораздо больше покровительствует младшим детям, чем английский закон. Но во французских колониях существует правило, что при отчуждении какой-либо части имения, дворянского или пожалованного за заслуги, по отношению к нему на определенный срок сохраняется право выкупа его наследником старшего сына или наследником семейства; а так как все крупнейшие поместья здесь находятся в руках дворян, то это неизбежно затрудняет их отчуждение. Между тем во всякой новой колонии большое невозделываемое поместье гораздо скорее может быть разделено на небольшие владения путем отчуждения, а не в порядке наследования. Обилие и дешевизна хорошей земли, как уже замечено, являются главными причинами быстрого процветания новых колоний. Но сосредоточение в одних руках большого количества земли уничтожает это обилие и дешевизну. Такое сосредоточение невозделанных земель, кроме того, составляет величайшее препятствие для их обработки и улучшения. Но труд, затрачиваемый на возделывание и улучшение земли, дает обществу наибольший и наиболее ценный продукт. Продукт труда в этом случае оплачивает не только затраченную на него заработную плату и прибыль на капитал, занимающий этот труд, но также и ренту за землю, на которой он прилагается. Ввиду этого поскольку труд английских колонистов в большей степени затрачивается на улучшение и обработку земли, постольку он должен приносить больший и более ценный продукт, чем труд колонистов трех других наций, который из-за сосредоточения земель в одних руках в большей или меньшей мере отвлекается к другим занятиям.

3) Труд английских колонистов не только дает больший и более ценный продукт; вследствие умеренности уплачиваемых ими налогов им достается более значительная часть этого продукта, который они могут накоплять и употреблять в целях приложения еще большего количе-

ства труда. Английским колонистам еще ни разу не приходилось вносить что-нибудь для обороны своей метрополии или на содержание ее гражданского управления. Напротив, они сами до сих пор защищались почти целиком за счет метрополии. Но расходы на флот и армию несоизмеримо превышают необходимые расходы на содержание гражданского управления. Расходы на гражданское управление самих колоний всегда были очень невелики: они обычно ограничивались суммами, необходимыми для уплаты достаточного вознаграждения губернатору, судьям и некоторым другим полицейским чиновникам и для выполнения немногих наиболее полезных общественных сооружений. Расходы гражданского управления Массачусетса до возникновения нынешних смут не превышали обычно 18 тыс. ф. в год. В Нью-Гэмпшайре и Род-Айленде эти расходы выражались в 3500 ф. в каждом, Коннектикуте — в 4 тыс. ф., в Нью-Йорке и Пенсильвании — по 4500 ф., в Нью-Джерси — 1200 ф., в Виргинии и Южной Каролине — по 8 тыс. ф. Гражданское управление Новой Шотландии и Георгии содержится отчасти за счет ежегодной субсидии парламента. Но Новая Шотландия в добавление к ней уплачивает около 7 тыс. ф. в год на общественные расходы колонии, а Георгия вносит около 2500 ф. в год. Одним словом, все гражданское управление Северной Америки, если не считать Мэриленда и Северной Каролины, относительно которых не удалось получить точных данных, стоило жителям до возникновения нынешних смут не больше 64 700 ф. в год; это — вечно памятный пример того, с какими ничтожными издержками можно не только управлять, но и хорошо управлять трехмиллионным населением. Правда, наиболее важная часть расходов по управлению, а именно расходы на оборону и защиту, постоянно падали на метрополию. Притом церемониал гражданского управления в колониях при встрече нового губернатора, при открытии новой сессии колониального собрания и пр., хотя и достаточно торжественный, но не сопровождается чрезмерной пышностью. Управление церковными делами колоний ведется столь же экономно. Десятины у них неизвестны, и их духовенство, отнюдь не многочисленное, содержится на умеренное жалованье или на добровольные взносы населения. Испанское и португальское правительства, напротив, извлекают некоторую выгоду из налогов, взимаемых ими с колоний. Что касается Франции, то она никогда не извлекала сколько-нибудь значительного дохода со своих колоний, поскольку налоги, взимаемые ею с них, обычно там же и расходуются. Но колониальное управление этих трех наций ведется с гораздо большими расходами и сопровождается гораздо более дорогим церемониалом. Суммы, затрачивавшиеся на прием нового вице-короля Перу, например, часто бывали громадны. Такие церемонии не только представляют собою тяжелый налог, уплачиваемый богатыми колонистами в этих особых случаях, но и приучают их к пышности и расточительности во всех других случаях. Они являются не только очень вредным единовременным налогом, но и содействуют установлению постоянного налога такого же рода, еще более вредного, — разорительного налога роскоши и расточительности частных лиц. В колониях этих трех наций равным образом чрезвычайно обременительно и церковное управление. Десятина существует у них всех, а в колониях Испании и Португалии взимается с чрезвычайной строгостью. Помимо этого, их обременяет многочисленный класс нищенствующих монахов, попрошайничество которых, не только допускаемое, но и освящаемое религией, является в высшей степени обременительным налогом, падающим на бедное население, которому усиленно внушают, что его долг подавать монахам и что очень грешно отказывать им в милостыни. Помимо этого, духовенство во всех этих колониях больше всего занимается скупкой и сосредоточением в своих руках земли.

4) В отношении реализации своего избыточного продукта, или того, что превышает их собственное потребление, английские колонии были в более благоприятном положении и имели в своем распоряжении более обширный рынок, чем колонии какой-либо иной европейской нации. Все европейские нации старались в большей или меньшей степени монополизировать в свою пользу торговлю своих колоний и с этой целью воспрещали судам других наций торговать с ними, а также запрещали своим колониям ввозить европейские товары какой-либо другой нации. Впро-

чем, способы осуществления этой монополии различными нациями были очень различны.

Некоторые нации передавали всю торговлю своих колоний монопольной компании, у которой колонисты обязаны были покупать все нужные им европейские товары и которой они должны были продавать весь свой избыточный продукт. Ввиду этого компания была заинтересована не только в том, чтобы продавать первые так дорого и покупать последние так дешево, как только возможно, но и в том, чтобы покупать продукты колоний даже по этой низкой цене не в большем количестве, чем она могла продавать их по очень высокой цене в Европе. Поэтому в ее интересах было не только понижать во всех случаях стоимость избыточного продукта колонии, но затруднять, а часто и задерживать естественное возрастание его количества. Из всех средств, которые могут быть придуманы для воспрепятствования естественному росту новой колонии, метод установления монопольной компании является, без сомнения, наиболее действительным. Однако такова была политика Голландии, хотя голландская компания в настоящем столетии отказалась во многих отношениях от пользования своей исключительной привилегией. Такова же была политика Дании до царствования последнего короля. В отдельных случаях такой же политики держалась Франция; а в самое последнее время, с 1755 г., после того как от этой политики отказались все другие нации ввиду ее нелепости, она воспринята Португалией, по крайней мере по отношению к двум главным провинциям Бразилии — Фернамбуко и Мараньян.

Другие нации, не учреждая монополии одной какой-нибудь компании, сосредоточивали торговлю со своими колониями в определенном порту метрополии, откуда ни одному судну не разрешалось отплывать иначе, как в составе целого флота, или в установленное время года, или со специального разрешения, которое в большинстве случаев очень хорошо оплачивалось. Такая политика оставляла торговлю с колониями открытой для всех уроженцев метрополии при том условии, что они вывозили товары из назначенного порта в установленное время года и на соответствующих судах. Но так как различные купцы, соединявшие свои капиталы для снаряжения этих судов, получивших разрешительные свидетельства, были заинтересованы в согласовании своих действий, то и торговля, ведущаяся при таких условиях, необходимо должна была вестись почти на таких же основаниях, как и торговля монопольной компании. Прибыли этих купцов должны были быть столь же чрезмерными и обременительными. Колонии плохо снабжались и должны были покупать по очень дорогим ценам и продавать по очень дешевым. Такова, однако, до самого последнего времени была всегда политика Испании, и в соответствии с этим цена всех европейских товаров, как сообщают, была невероятно высока в испанской Вест-Индии. В Квито, как рассказывает нам Уллоа, фунт железа продавался за 4 шилл. 6 п., а фунт стали — за 6 шилл. 9 п. Но колонии продают часть своего собственного продукта главным образом для того, чтобы покупать европейские товары. Поэтому чем больше они платят за последние, тем меньше получают фактически за первые, и дороговизна одних равносильна дешевизне других. Колониальная политика Португалии в этом отношении не отличается от прежней политики Испании, исключая Фернамбуко и Мараньян, по отношению к которым недавно усвоена еще худшая политика.

Другие нации предоставляют полную свободу торговли с колониями всем своим подданным, которые могут вести ее из всех портов метрополии без особых разрешительных свидетельств, кроме обычных таможенных формальностей. В этом случае многочисленность и разбросанность купцов делает для них невозможным заключение каких-либо общих соглашений, и конкуренция между ними является достаточной, чтобы воспрепятствовать им извлекать чрезмерные барыши. При такой либеральной политике колонии получают возможность продавать свои продукты и покупать европейские товары по разумной цене. Со времени ликвидации Плимутской компании, когда наши колонии переживали еще свое детское состояние, такова именно была всегда политика Англии; по общему правилу, такова же была и политика Франции, оставаясь без изменений с момента ликвидации так называемой в Англии Миссисипской компании. Поэтому прибыль от торговли, которую Франция и Англия ведут со своими колониями, хотя, без сомнения, и несколько выше той, которую они получали бы при допущении свободной конкуренции всех других наций, но все же отнюдь не чрезмерна; соответственно этому и цена европейских товаров в большей части колоний обеих этих наций не отличается чрезмерной высотой.

Что касается вывоза избыточного продукта колоний Великобритании, то они ограничены рынком своей метрополии только в отношении некоторых товаров. Так как эти товары были перечислены в Навигационном и некоторых других последующих актах, то они поэтому получили название *перечисленных товаров,* а все остальные — *неперечисленных;* эти последние могут вывозиться непосредственно в другие страны при условии, что они перевозятся на британских или колониальных судах, владельцы которых и три четверти экипажа состоят британскими подданными.

Среди неперечисленных товаров находятся некоторые из наиболее важных продуктов Америки и вест-индских островов: все хлеба, лес, консервы, рыба, сахар и ром.

Хлеб, естественно, является первым и главным предметом земледельческой культуры во всех новых колониях. Предоставляя им самый широкий рынок для этого продукта, закон поощряет расширять культуру его сверх потребностей редкозаселенной страны и таким образом обеспечить заранее обильные средства существования непрерывно возрастающему населению.

В стране, почти целиком покрытой лесом, где древесина поэтому стоит очень мало или почти ничего не стоит, издержки по расчистке земли служат главным препятствием для увеличения посевов. Предоставляя своим колониям очень обширный рынок для их лесных материалов, закон старается облегчить увеличение посевов повышением цены товара, который без этого имел бы ничтожную стоимость, и облегчением им извлечения некоторой прибыли из той операции, которая в противном случае вызывала бы только издержки.

В стране, еще и наполовину не заселенной и не возделанной, скот, естественно, размножается больше, чем требуется для потребления жителей, и часто поэтому имеет ничтожную стоимость или совсем ничего не стоит.

Но, как уже показано, для того, чтобы большая часть земель какой-либо страны подвергалась обработке, необходимо, чтобы цена скота находилась в определенном соотношении с ценою хлеба. Открывая очень обширный рынок американскому скоту во всех его видах, как битому, так и живому, закон старается повысить стоимость товара, высокая цена которого так необходима для возделывания земли. Благотворные последствия этой свободы, впрочем, должны несколько ослабляться законом, изданным в 4-й год правления Георга III, гл. 15, который относит шкуры и кожи к перечисленным товарам и таким образом ведет к понижению стоимости американского скота.

Увеличить судоходство и морское могущество Великобритании посредством расширения рыболовного промысла в наших колониях — такова цель, которую законодательство, по-видимому, почти всегда имело в виду. Вследствие этого рыболовный промысел пользовался всем тем поощрением, которое могла дать ему свобода, и поэтому процветал. В частности, рыболовство в Новой Англии было до последних смут одним из самых крупных, пожалуй, во всем мире. Китоловный промысел, который, несмотря на чрезвычайно высокую премию, ведется в Великобритании со столь незначительными результатами, что, по мнению многих (за правильность которого я, впрочем, не ручаюсь), вся добыча ненамного превышает стоимость премий, ежегодно выплачиваемых за нее, в Новой Англии ведется в очень широких размерах без всякой премии. Рыба представляет собою один из главных предметов торговли североамериканцев с Испанией, Португалией и портами Средиземного моря.

Сахар первоначально относился к перечисленным товарам и мог вывозиться только в Великобританию. Но в 1731 г. в результате представления сахарных плантаторов был разрешен его вывоз во все порты мира. Однако ограничения, которыми была обусловлена эта свобода вывоза, вместе с высокой ценой сахара в Великобритании в значительной степени ослабили действие этой меры. Великобритания и ее колонии продолжают и в настоящее время оставаться почти единственным рынком для всего сахара, производимого на британских плантациях. Их потребление возрастает так быстро, что, хотя в результате увеличения производительности Ямайки и уступленных островов ввоз очень значительно увеличился в течение последних двадцати лет, вывоз в иностранные государства, как утверждают, ненамного превышает вывоз прежних лет.

Ром является очень важным предметом в торговле, которую американцы ведут на Африканском берегу, откуда они привозят вместо этого рабов-негров.

Если бы весь избыточный продукт Америки — хлеб всех видов, солонина и рыба — был внесен в список перечисленных товаров и таким образом насильственно направлен на рынок Великобритании, это сильно отразилось бы на продукте труда нашего собственного народа. И, вероятно, не столько из внимания к интересам Америки, сколько из опасения конкуренции эти важные товары не только не были включены в список, но и ввоз в Великобританию всех хлебов, исключая рис, а также ввоз солонины был при нормальных условиях воспрещен.

Так называемые неперечисленные товары могли первоначально вывозиться во все части света. Вывоз лесных материалов и риса, первоначально включенных в перечень, был впоследствии, после их исключения из него, ограничен, поскольку речь идет о европейском рынке, странами, расположенными южнее мыса Финистер. В силу гл. 52 закона, изданного в 6-й год правления Георга III, все неперечисленные товары были подчинены такому же ограничению. Части Европы, находящиеся южнее мыса Финистер, — сплошь непромышленные страны, и мы меньше опасались, что колониальные суда будут вывозить оттуда домой какие-либо промышленные изделия, которые бы могли конкурировать с нашими.

Перечисленные товары разделяются на две группы: во-первых, такие, которые представляют собою специальный продукт Америки или которые не могут производиться и во всяком случае не производятся в метрополии. К этой группе относятся: патока, кофе, бобы, какао, табак, индейский перец, имбирь, китовый ус, шелк-сырец, хлопок, бобровый мех и другой пушной товар Америки, индиго, желтник и другие красильные вещества; во-вторых, такие товары, которые не представляют собой специального продукта Америки и которые могут производиться и производятся в метрополии, хотя и не в таком количестве, чтобы покрывать большую часть ее спроса, удовлетворяемого главным образом другими странами. В эту группу входят все корабельные снасти, мачты, бушприты, реи, смола, деготь и скипидар, полосовое железо и чугун, медная руда, шкуры и кожи, поташ. Самый широкий ввоз товаров первой группы не мог мешать возрастанию или препятствовать сбыту какой-либо части производства метрополии. Благодаря направлению их исключительно на рынок метрополии наши купцы, как предполагалось, получат возможность не только покупать их по более дешевой цене из колоний и, следовательно, продавать их с большей прибылью дома, но и установить выгодную транзитную торговлю между колониями и иностранными государствами, центром или местом склада которой неизбежно должна была сделаться Великобритания, как европейская страна, куда прежде всего привозятся эти товары. Что же касается ввоза товаров второй группы, то предполагалось, что его тоже возможно так регулировать, чтобы он отразился не на продаже таких же продуктов внутреннего производства, а на продаже тех продуктов, которые ввозились из иностранных государств: действительно, посредством соответствующих пошлин цену этих товаров всегда можно было установить несколько выше цены первых товаров и значительно ниже цены последних. Таким образом, направляя эти товары исключительно на рынок метрополии, предполагали препятствовать производству не Великобритании, а некоторых иностранных государств, торговый баланс с которыми считался неблагоприятным для Великобритании.

Запрещение вывоза из колоний куда бы то ни было, кроме Великобритании, мачт, рей, бушпритов, смолы, дегтя и скипидара, естественно, вело к понижению цены леса в колониях, а следовательно, и к увеличению издержек по расчистке их земель, служившей главным затруднением при обработке их. Но в самом начале текущего столетия, а именно в 1703 г., Шведская компания торговли смолой и дегтем пыталась повысить цену своих товаров в Великобритании, запретив их вывоз иначе, как на ее собственных судах, по установленным ею ценам и в таких количествах, какие она находила нужным. Для того чтобы парализовать этот замечательный акт меркантилистической политики и сделать себя по возможности независимой не только от Швеции, но и от всех других северных держав, Великобритания установила премию на ввоз корабельных снастей и материалов из Америки; эта премия имела своим последствием повышение цены лесных материалов в Америке в гораздо большей степени, чем могло понизить ее ограничение вывоза их исключительно на рынок метрополии; и так как обе эти меры были установлены одновременно, то их одновременное действие скорее поощряло, чем затрудняло расчистку земли в Америке.

Хотя чугун и полосовое железо включены в список перечисленных товаров, однако, так как при ввозе их из Америки они были освобождены от значительных пошлин, какими они облагаются при ввозе из всякой другой страны, это ограничение в одной своей части поощряет устройство в Америке плавильных печей, а в другой — затрудняет его. Нет другой отрасли промышленности, которая вызывала бы такое большое потребление леса, как чугуноплавильная, или которая могла бы так содействовать расчистке страны, поросшей лесом.

Тенденция некоторых из этих ограничительных мер повышать цену лесных материалов в Америке и этим облегчать расчистку земель, вероятно, не имелась в виду и не учитывалась законодательством. Однако, хотя их благотворные последствия были в этом отношении случайными, они не становятся от этого менее действительными.

Наиболее полная свобода торговли как перечисленными, так и неперечисленными товарами допущена между британскими колониями Америки и вест-индскими островами. Эти колонии становятся теперь столь населенными и столь процветающими, что каждая из них находит в некоторых из других большой и широкий рынок для продуктов своего производства. Взятые вместе, они образуют один большой внутренний рынок для своих продуктов.

Терпимость Англии по отношению к торговле ее колоний ограничивалась, однако, главным образом тем, что касалось рынка сырья или, так сказать, полуобработанного продукта. Более сложную и тонкую переработку даже колониальных продуктов купцы и владельцы мануфактур Великобритании предпочитали сохранять за собой и сумели побудить законодательство предотвратить устройство соответствующих предприятий в колониях в одних случаях установлением высоких пошлин, а в других — абсолютным запрещением.

Так, например, в то время как сахар-сырец из британских колоний облагается при ввозе пошлиной только в 6 шилл. 4 п. с 1 т, белый сахар облагается пошлиной в 1 ф. 1 шилл. 1 п., а сахар-рафинад в головах, двойной или простой, — в 4 ф. 2 шилл. $5^{8}/_{20}$ п. Когда были установлены эти высокие пошлины, Великобритания представляла собой единственный рынок, а в настоящее время продолжает быть еще главным рынком, куда может вывозиться сахар британских колоний. Пошлины поэтому были первоначально равносильны полному запрещению очистки или рафинирования сахара для какого бы то ни было внешнего рынка; в настоящее время пошлины равносильны запрещению очистки или рафинирования его для рынка, который поглощает, пожалуй, более девяти десятых всего производства. Ввиду этого промышленность по очистке и рафинированию сахара, процветавшая во всех производящих сахар колониях Франции, очень мало развилась в колониях Англии, ограничиваясь только работой на рынок самих колоний. Пока Гренада находилась в руках Франции, почти на каждой плантации производилось рафинирование сахара, хотя бы в виде очистки его глиной. С тех пор как она попала в руки англичан, почти все заводы этого рода были остановлены, и в настоящее время (в октябре 1773 г.), как меня уверяют, на всем острове остается не более двух или трех таких заводов. Впрочем, теперь благодаря снисходительности таможни очищенный, или рафинированный, сахар обычно ввозится в качестве сахара-сырца, если предварительно головы его превращены в песок.

В то время как Великобритания поощряет в Америке производство чугуна и полосового железа, освобождая их от пошлин, какими облагаются эти изделия при ввозе из других стран, она налагает абсолютное запрещение на устройство сталелитейных и прокатных заводов во всех своих американских колониях. Она не желает допускать, чтобы колонисты занимались этим более сложным производством хотя бы только для своего собственного потребления, и настаивает, чтобы все нужные им продукты этого рода они покупали у ее купцов и владельцев мануфактур.

Великобритания запрещает вывоз из одной колонии в другую водой и даже сухим путем верхом или в повозках шляп, шерсти и шерстяных товаров американского производства; такое ограничение фактически препятствует устройству каких-либо мануфактур, занятых производством этих товаров на определенный рынок, и таким образом ограничивает промышленность ее колонистов производством тех грубых и домашнего обихода предметов, которые обычно отдельная семья производит для своего собственного потребления или для нужд своих соседей в этой же провинции.

Запрещение подавляющему числу людей выделывать из продукта своего труда все то, что они могут, или затрачивать свой капитал и промышленный труд таким образом, как они считают для себя наиболее выгодным, представляет собою явное нарушение самых священных прав человечества. Однако, как ни несправедливы были такие запрещения, они до сих пор не причинили колониям слишком большого ущерба. Земля все еще у них так дешева, а труд, следовательно, так дорог, что они могут ввозить из метрополии почти все более тонкие и сложные мануфактурные изделия по более дешевым ценам, чем могли бы сами производить их. Поэтому, если бы даже им не было запрещено устройство таких мануфактур, при современном уровне их хозяйства правильное понимание их собственных интересов все равно удержало бы их от этого. При современном уровне их хозяйственного развития эти запрещения, отнюдь не парализуя их труд (industry) и не препятствуя последнему направляться на те промыслы, на какие он направился бы по собственному почину, являются лишь нелепыми символами рабства, налагаемыми на них без всякого разумного основания беспочвенной завистью купцов и владельцев мануфактур метрополии. На более высокой ступени развития они могли бы оказаться совершенно вредными и невыносимыми.

Ограничивая вывоз некоторых из важнейших продуктов колонии своим собственным рынком, Великобритания взамен этого предоставляет некоторым из них известные преимущества на этом рынке; делает она это или путем обложения более высокими пошлинами соответствующих продуктов, ввозимых из других стран, или установлением премий при ввозе их из колоний. Первым способом она дает преимущество на своем внутреннем рынке сахару, табаку и железу из ее собственных колоний, а вторым способом их шелку-сырцу, пеньке и льну, индиго, корабельным материалам и строительному лесу. Этот второй способ поощрения колониального производства посредством ввозных пошлин, насколько я мог установить, практикуется исключительно Великобританией в противоположность первому способу. Португалия не ограничивается обложением высокими пошлинами табака, ввозимого из других стран, а воспрещает его ввоз под страхом самых строгих кар.

В отношении ввоза товаров из Европы Англия тоже проявляла в большей мере великодушие к своим колониям, чем какая-либо другая нация.

Великобритания допускает возврат части пошлины, почти всегда половины, обычно больше половины, а иногда и всей пошлины, уплачиваемой при ввозе иностранных товаров, когда они снова вывозятся в какую-нибудь другую страну. Ни одно независимое иностранное государство, как это легко было предвидеть, не стало бы приобретать эти товары, если бы они прибывали обремененные высокими пошлинами, какими облагаются при ввозе в Великобританию почти все иностранные товары. Поэтому, если бы при обратном вывозе не возвращалась часть этих пошлин, прекратилась бы всякая транзитная торговля — та торговля, которой так сильно покровительствует меркантилистическая система.

Но наши колонии отнюдь не являются независимыми иностранными государствами, и Великобритания, присвоившая себе исключительное право снабжать их всеми товарами из Европы, могла бы заставлять (как это делали другие страны со своими колониями) принимать эти товары, обремененные всеми теми пошлинами, какие уплачиваются за них в метрополии. Несмотря на это, до 1763 г. при вывозе большей части иностранных товаров в наши колонии производился такой же возврат пошлин, как и при вывозе их в любое независимое иностранное государство. Впрочем, в 1763 г. законом 4-го года правления Георга III, гл. 15, эта льгота была в значительной степени уменьшена и было постановлено, что «никакая часть пошлины, называемая старой пошлиной, не подлежит возврату с каких-либо продуктов, растущих, производимых или выделываемых в Европе или в Ост-Индии, которые вывозятся из этого королевства в какую-либо британскую колонию или плантацию в Америке, исключая вина, ситца и кисеи». До издания этого закона многие иностранные товары можно было покупать в колониях по более дешевой цене, чем в метрополии; с некоторыми товарами дело так обстоит и в настоящее время.

Главными вдохновителями большей части правил и ограничений, относящихся к торговле с колониями, были, следует отметить это, купцы, занимавшиеся ею. Мы поэтому не должны удивляться, что при установлении большинства их интересы этих купцов принимались во внимание в большей степени, чем интересы колоний или метрополии. Благодаря наделению этих купцов исключительным правом снабжать колонии всеми нужными им европейскими товарами и покупать всю ту часть их избыточного продукта, которая не могла повредить торговле, ведущейся ими самими в метрополии, интересы колонии были принесены в жертву этим купцам. Благодаря установлению такого же возврата пошлин при обратном вывозе большей части европейских и ост-индских продуктов в колонии, как и при обратном вывозе их в любую независимую страну, ради купцов были принесены в жертву интересы метрополии даже согласно меркантилистическому пониманию этих интересов. Именно купцы были заинтересованы платить возможно меньше за иностранные товары, отправленные ими в колонии, и, следовательно, получать обратно возможно большую часть пошлин, уплаченных ими при ввозе их в Великобританию. Это позволяло им продавать в колониях то же самое количество товаров с большей прибылью или большее количество их при той же прибыли, а следовательно, так или иначе получать известную выгоду. Точно так же и колонии были заинтересованы в том, чтобы получать все такие товары возможно дешевле и в возможно большем количестве, но это не всегда могло быть в интересах метрополии. Последняя часто могла терпеть ущерб как в своем доходе вследствие возвращения части пошлин, уплаченных при ввозе этих товаров, так и в отношении сбыта своих мануфактурных изделий, так как она встречала на колониальном рынке конкуренцию иностранных товаров вследствие льготных условий ввоза их туда благодаря возврату пошлин. Как признается всеми, развитие полотняных мануфактур в Великобритании было значительно замедлено установлением возврата пошлин при обратном экспорте германского полотна в американские колонии.

Но хотя политика Великобритании по отношению к торговле ее колоний вдохновлялась тем же меркантилистическим духом, как и политика других наций, она все же в целом была менее стеснительна и не столь несправедлива, как политика любой из них.

Решительно во всем, за исключением внешней торговли, свобода английских колонистов вести свои дела по собственному усмотрению ничем не ограничена. Она во всех отношениях не уступает свободе их соотечественников на родине и точно таким же образом ограждается собранием народных представителей, которые претендуют на признание лишь за ними одними права устанавливать налоги для содержания колониального управления. Власть собрания держит в узде исполнительную власть, и даже самый бедный и зависимый колонист, поскольку он не нарушает закона, может не бояться неудовольствия губернатора, а также любого другого гражданского или военного чиновника провинции. Правда, колониальные собрания, как и палата общин в Англии, не всегда являются вполне точным представительством народа, но все же они по своему характеру ближе к этому; и так как исполнительная власть не располагает средствами подкупать их или ввиду поддержки, получаемой ей из метрополии, не имеет необходимости делать это, то, по общему правилу, эти собрания находятся под большим влиянием настроения своих избирателей. Советы, которые в законодательных учреждениях колоний соответствуют палате лордов в Великобритании, состоят не из наследственной знати. В некоторых колониях, как, например, в трех округах Новой Англии, советы эти не назначаются королем, а выбираются народными представителями. Ни в одной из английских колоний не существует наследственной аристократии. Конечно, во всех них, как и во всех других свободных странах, потомок старинной колониальной фамилии пользуется большим уважением, чем новопришелец одинаковых достоинств и столь же состоятельный, но он только пользуется большим уважением и не обладает никакими привилегиями, могущими быть неприятными и отяготительными для его соседей. До возникновения нынешних смут колониальные собрания обладали не только законодательной, но и частью исполнительной властью. В Коннектикуте и Род-Айленде они выбирали губернатора. В других колониях они назначали чиновников, собиравших налоги, устанавливаемые ими, причем эти чиновники были подчинены непосредственно этим собраниям. Таким образом, среди английских колонистов больше равенства, чем среди жителей метрополии. Их нравы более республиканские, и их правительства, в особенности в трех провинциях Новой Англии, до сих пор тоже были более республиканскими.

Напротив того, в колониях Испании, Португалии и Франции правительства отличаются тем же абсолютистским характером, какой они имеют в их метрополиях, и неограниченные полномочия, которые эти правительства обычно предоставляют всем своим низшим чиновникам, естественно, осуществляются там ввиду большой отдаленности с более чем обычными произволом и насилием. При существовании неограниченного правительства столица пользуется большей свободой, чем любая другая часть страны. Сам государь никогда не бывает заинтересован и склонен нарушать справедливость или угнетать основную массу народа. В столице его присутствие более или менее сдерживает всех его низших чиновников, которые в более отдаленных провинциях, откуда жалобы народа нелегко могут дойти к нему, имеют возможность с большей безнаказанностью проявлять свою тиранию. Но европейские колонии в Америке более отдалены, чем самые отдаленные провинции величайших империй, когда-либо известных раньше. И правительство английских колоний является, пожалуй, единственным с самого возникновения мира, которое может обеспечивать полную безопасность жителям столь отдаленной провинции. Впрочем, управление французскими колониями осуществлялось всегда с большей мягкостью и умеренностью, чем управление колониями португальскими и испанскими. Такое превосходство соответствует как характеру французской нации, так и природе ее правительства, которая определяющим образом влияет на характер нации; это правительство, хотя жестокое и полное произвола в сравнении с великобританским, все же считается с законом и свободно в сравнении с правительствами Испании и Португалии.

Превосходство английской политики проявляется, впрочем, главным образом в развитии североамериканских колоний. Развитие сахарных колоний Франции по меньшей мере не отставало, а может быть, и опередило развитие большей части сахарных колоний Англии, а между тем эти последние обладают таким же свободным правительством, какое существует в ее колониях Северной Америки. Но сахарные колонии Франции не встречают препятствия, как сахарные колонии Англии, в деле рафинирования своего сахара, и, что еще важнее, характер их правительства естественно обусловливает лучшее использование их невольников-негров.

Во всех европейских колониях возделывание сахарного тростника производится рабами-неграми. Организм лиц, родившихся в умеренном климате Европы, не может, как полагали, выдержать работу по вскапыванию земли под палящим солнцем вест-индских островов, а культура сахарного тростника, как она ведется в настоящее время, основана целиком на ручном труде, хотя, по мнению многих, вспашка плугом может быть введена здесь с большой выгодой. Но подобно тому как доходность и успешность обработки земли, ведущейся посредством скота, очень сильно зависят от умелого обращения с этим скотом, так и доходность и успешность работы, выполняемой рабами, должны также зависеть от умелого обращения с этими рабами, а в отношении умелости обращения с ними французские плантаторы, как это, по-видимому, признается всеми, превосходят англичан. Закон, поскольку он дает хотя бы слабую защиту рабу от жестокости его хозяина, будет, наверное, лучше исполняться, где правительство в значительной мере ограничено, чем в колонии, обладающей свободным правительством. Во всякой стране, где существует злосчастный институт рабства, должностное лицо, выступающее на защиту раба, в известной мере вмешивается в право частной собственности его хозяина; а в свободной стране, где этот хозяин состоит, может быть, членом колониального законодательного собрания или избирателем этих членов, он решается делать это только с величайшей осторожностью и осмотрительностью. Уважение, которое он вынужден оказывать хозяину, делает для него более трудным выступление на защиту раба. Напротив того, в стране с правительством более или менее не ограниченным, где чиновники обычно вмешиваются даже в управление частных лиц своей собственностью и посылают им, может быть, приказ об аресте (lettres de cachet), если они управляют ею не по их вкусу, им гораздо легче оказывать рабу некоторую защиту, а чувство гуманности, естественно, побуждает их к этому. Покровительство чиновников делает раба менее безответственным в глазах его хозяина, который благодаря этому побуждается относиться к нему с некоторым вниманием и более мягко обращаться с ним. Более мягкое обращение делает раба не только верным, но и более толковым, а следовательно, вдвойне более полезным. Он приближается к положению свободного рабочего, может обладать некоторой степенью честности и проявлять внимание к интересам своего хозяина — добродетели, часто свойственные свободным рабочим, но отнюдь не рабу, с которым обращаются так, как это обычно принято в странах, где их хозяин совершенно независим и ничего не опасается.

652 Тот факт, что положение раба лучше при самодержавном правительстве, чем при свободном, подтверждается, по моему мнению, историей всех веков и народов. В римской истории о должностном лице, выступающем на защиту раба от жестокости его хозяина, мы в первый раз читаем при императорах. Когда Ведий Поллион в присутствии Августа приказал разрубить на куски одного из своих рабов, совершившего небольшой проступок, и бросить его в пруд, чтобы накормить рыб, император с негодованием велел ему немедленно отпустить на волю не только этого раба, но и всех других, принадлежавших ему. При республике ни одно должностное лицо не могло иметь достаточно власти, чтобы защитить раба, и еще меньше, чтобы наказать хозяина.

Следует отметить, что капитал, содействовавший развитию сахарных колоний Франции, в частности большой колонии Сан-Доминго, был получен почти целиком в результате постепенной разработки и усовершенствования колоний.

Он представлял собою почти целиком продукт почвы и труда колонистов, или, другими словами, цену этого продукта, постепенно накопленную благодаря хорошему управлению и затраченную на производство еще большего продукта. Напротив, капитал, послуживший для развития сахарных колоний Англии, в большей своей части был доставлен из самой Англии и ни в какой мере не является продуктом почвы и труда колонистов. Процветание английских сахарных колоний в значительной мере обусловливалось большим богатством Англии, часть которого притекала, если можно так выразиться, в эти колонии; процветание сахарных колоний Франции, с другой стороны, обусловливалось целиком хорошим ведением дела колонистами, которые, следовательно, должны были обладать некоторым превосходством над английскими колонистами, и это превосходство ни в чем так сильно не проявлялось, как в хорошем обращении с рабами.

Таковы были общие линии политики различных европейских наций по отношению к своим колониям.

Политика Европы, таким образом, очень мало чем может похвастать как в отношении первоначального основания американских колоний, так и в отношении их последующего процветания, поскольку речь идет об их внутреннем управлении.

Безумие и несправедливость были, по-видимому, основными началами, какими руководствовались при первоначальном проекте учреждения этих колоний, — безумие в поисках золотых и серебряных рудников и несправедливость в желании завладеть страной, безобидные жители которой не только никогда не причиняли вреда европейцам, но и приняли первых пришельцев со всевозможными свидетельствами доброжелательства и гостеприимства.

Правда, другие переселенцы, основавшие некоторые из позднейших колоний, присоединяли к химерическому проекту поисков золотых и серебряных рудников другие мотивы, более разумные и более похвальные, но даже и эти мотивы делают очень мало чести политике Европы.

Английские пуритане, притесняемые на родине, бежали в поисках свободы в Америку и основали там четыре провинции Новой Англии. Английские католики, терпевшие еще более несправедливое обращение, образовали провинцию Мэриленд; квакеры основали колонию Пенсильванию. Португальские евреи, преследуемые инквизицией, лишившиеся своего достояния и изгнанные в Бразилию, установили своим примером некоторый порядок и привычку к труду среди сосланных преступников и проституток, какими первоначально была заселена эта колония, и обучили их разведению сахарного тростника. Во всех этих различных случаях не мудрая политика, а беспорядок и несправедливость европейских правительств вели к заселению Америки и возделыванию ее земель.

В создании некоторых наиболее значительных из этих колоний различным правительствам Европы принадлежит не большая заслуга, чем в проектировании их. Завоевание Мексики было задумано не высшим советом Испании, а губернатором Кубы, выполнено же было смелым авантюристом, которому оно было поручено вопреки всем попыткам помешать этому со стороны губернатора, скоро раскаявшегося в том, что оказал доверие такому человеку. Завоеватели Чили и Перу и почти всех других испанских владений на материке Америки не имели другого содействия государства, кроме общего разрешения основывать поселения и завоевывать земли от имени короля Испании. Испанское правительство ни одному из них не оказало почти никакой поддержки. Все эти предприятия производились на свой риск и за счет самих авантюристов. Английское правительство столь же мало содействовало основанию некоторых из важнейших колоний в Северной Америке.

Когда эти колонии были основаны и настолько разрослись, что привлекли внимание метрополии, первые ее мероприятия по отношению к ним всегда имели в виду обеспечить ей монополию торговли с ними, ограничить их рынок и за их счет расширить свой собственный, а следовательно, скорее задержать и помешать развитию их благосостояния, чем ускорить и подвинуть его вперед. В различии методов осуществления этой монополии состоит одно из главнейших различий в политике различных европейских наций по отношению к своим колониям. Лучшая из них, политика Англии, лишь несколько менее стеснительна и несправедлива, чем политика других стран.

Итак, каким же путем политика Европы содействовала основанию колоний в Америке или их современному процветанию? Одним и только одним путем она оказала им благотворное содействие. «Magna virûm Mater!» [Вергилий] Она воспитала и создала людей, способных совершить великие деяния и заложить основания столь великим владениям. На всем земном шаре нет другого места, где политика была бы способна создавать таких людей или действительно создала их. Колонии обязаны политике Европы воспитанием и широтой взглядов, и некоторые из них, поскольку дело касается их внутреннего управления, вряд ли обязаны ей чем-либо большим.

Отдел III

О выгодах, полученных Европой от открытия Америки и пути в Ост-Индию мимо мыса Доброй Надежды

Таковы выгоды, полученные Америкой от политики Европы. Каковы же выгоды, извлеченные Европой из открытия и колонизации Америки?

Их можно разделить, во-первых, на те общие выгоды, которые Европа в целом получила от этих великих событий, и, во-вторых, на особые выгоды, которые каждая колонизующая страна извлекла из принадлежащих ей колоний вследствие своей власти или обладания ими.

Общего характера выгоды, извлеченные Европой в целом от открытия и колонизации Америки, состоят, во-первых, в увеличении количества предметов, служащих удовлетворению ее потребностей, и, во-вторых, в развитии ее промышленности.

Избыточный продукт Америки, ввозимый в Европу, снабжает жителей этого великого материка разнообразными предметами, которые они другим путем не могли бы иметь, причем некоторые из этих предметов служат для удобства и полезного употребления, некоторые — для удовольствия, а иные — для украшения; таким образом, разнообразится и расширяется их потребление.

Открытие и колонизация Америки, как согласится с этим всякий, содействовали росту и развитию промышленности прежде всего тех стран, которые ведут непосредственную торговлю с ней, каковы Испания, Португалия, Франция и Англия, и во вторую очередь всех тех, которые, не торгуя непосредственно с Америкой, через посредство других стран отправляют туда продукты своего производства; таковы австрийская Фландрия и некоторые области Германии, которые через посредство вышеназванных стран отправляют в Америку значительное количество полотна и других товаров. Все подобные страны приобрели, очевидно, более обширный рынок для своего избыточного продукта и, следовательно, получили толчок для увеличения его количества.

Но, пожалуй, не столь очевидно, что эти великие события могли также содействовать развитию промышленности таких стран, как Венгрия и Польша, которые, возможно, ни разу не отправили в Америку ни одного продукта своего производства. Однако не приходится сомневаться, что события оказали на эти страны такое действие. Некоторая доля продукта Америки потребляется в Венгрии и Польше, где существует некоторый спрос на сахар, шоколад и табак, производимые в этой новой части света. Но эти продукты приходится покупать в обмен или на продукты промышленности Венгрии и Польши, или на какие-нибудь другие продукты, купленные в обмен на последние. Эти американские товары представляют собой новые стоимости, новые эквиваленты, ввозимые в Венгрию и Польшу для обмена там на избыточный продукт этих стран. Будучи привозимы туда, они создают новый и более обширный рынок для этого избыточного продукта. Они повышают его стоимость и этим поощряют его увеличение. Хотя, может быть, ни малейшая часть этого продукта не будет отправлена в Америку, он может быть вывезен в другие страны, покупающие его на часть их доли в избыточном продукте Америки; таким образом, он может найти рынок в результате оборотов торговли, исходным пунктом которой был избыточный продукт Америки.

Указанные великие события могли даже содействовать увеличению потребления и росту промышленности стран, которые не только никогда не отправляли товаров в Америку, но и никогда не получали оттуда никаких товаров. Даже такие страны могли получать в гораздо большем количестве другие товары из тех стран, избыточный продукт которых увеличился вследствие торговли с Америкой. Такое изобилие, неизбежно увеличивая их потребление, должно также вызывать рост их промышленности. Большее количество новых эквивалентов того или иного рода должно было предлагаться им в обмен на избыточный продукт этой промышленности. Более широкий рынок должен был возникнуть для этого избыточного продукта, повышая его стоимость и еще больше содействуя увеличению его. Вся масса товаров, ежегодно обращающихся в кругообороте европейской торговли и в своем кругообращении распределяемых ежегодно между различными нациями, охватываемыми ею, должна была увеличиться на всю массу избыточного продукта Америки. Поэтому несколько большая доля этой увеличившейся массы должна приходиться на каждую из этих наций, увеличивая их потребление и вызывая рост их промышленности.

Монопольная торговля метрополий имеет тенденцию уменьшать или, по крайней мере, задерживать увеличение потребностей и торговли всех этих наций вообще и американских колоний в частности. Это — мертвый груз в работе одной из великих пружин, приводящих в движение значительную часть хозяйственной деятельности человечества. Удорожая колониальные продукты во всех других странах, эта монополия уменьшает их потребление и таким образом уменьшает промышленность колоний, а также потребление и промышленность всех других стран, которые и потребляют меньше, когда им приходится платить дороже за потребляемое ими, и производят меньше, когда получают меньше за свой продукт. Удорожая в колониях продукты всех других стран, она точно таким же образом уменьшает промышленность в них вместе с потреблением и промышленностью колоний. Это — помеха, которая ради предполагаемой выгоды какой-либо отдельной страны суживает потребности и задерживает развитие промышленности всех других стран, а больше всего колоний. Монопольная торговля не только устраняет по возможности с какого-нибудь отдельного рынка все остальные страны, но и по возможности ограничивает колонии каким-нибудь одним рынком; а ведь разница между устранением с одного отдельного рынка, когда открыты все другие, и ограничением одним каким-нибудь рынком, когда закрыты все другие, очень велика. Между тем избыточный продукт является основным источником всего того увеличения потребления и промышленности, которое произошло в Европе в результате открытия и колонизации Америки, а монопольная торговля метрополий имеет тенденцию делать этот источник менее обильным, чем это было бы при отсутствии монополии.

Специальные выгоды, которые всякая колонизирующая страна извлекает из принадлежащих ей колоний, бывают двух родов: во-первых, это те обычные выгоды, которые всякое государство получает от подчиненных ему владений, и, во-вторых, те специальные выгоды, которые, по предположению, должны получаться от владений столь своеобразного характера, как европейские колонии Америки.

Общего характера выгоды, которые каждая страна получает от подчиненных ее власти провинций, состоят, во-первых, из военных сил, доставляемых ими для ее обороны, и, во-вторых, из дохода, приносимого ими для содержания ее гражданского управления. Римские колонии иногда давали то и другое. Греческие колонии иногда доставляли военную силу, но редко приносили какой-либо доход. Они редко признавали себя подчиненными власти своей метрополии и обычно являлись ее союзниками в войне, но очень редко были ее подданными во время мира.

Европейские колонии в Америке еще ни разу не дали военной силы для защиты метрополии. Их военные силы никогда еще не являлись достаточными для собственной защиты; и в различных войнах, которые вели метрополии, защита их колоний обычно требовала очень значительного отвлечения военных сил. В этом отношении все европейские колонии без исключения являлись причиной скорее слабости, чем силы, своих метрополий.

Только колонии Испании и Португалии доставляли некоторый доход для обороны метрополии или для содержания ее гражданского управления. Налоги, которые взимались с колоний других европейских наций, в частности с колоний Англии, редко покрывали расходы, производимые на них в мирное время, и никогда не были достаточны для того, чтобы оплатить издержки, вызываемые ими во время войны. Поэтому эти колонии являлись для своих метрополий источником издержек, а не доходов.

Выгоды от таких колоний для их метрополий состоят вообще в тех особых преимуществах, которые, как предполагают, получаются от областей столь своеобразного характера, как европейские колонии в Америке; и монопольная торговля признается единственным источником всех этих особых преимуществ.

Вследствие установления такой монополии торговли вся та часть избыточного продукта английских колоний, которая, например, состоит из так называемых перечисленных товаров, не может вывозиться ни в какую другую страну, кроме Англии. Другие страны должны потом покупать их у последней. Они должны быть поэтому дешевле в Англии, чем в какой-либо другой стране, и должны в большей мере содействовать увеличению потребления

Англии, чем других стран; точно так же это должно больше содействовать развитию ее промышленности. За всю ту часть своего собственного избыточного продукта, какую Англия обменивает на эти «перечисленные» товары, она должна получать более высокую цену, чем могут получить другие страны при обмене своего избыточного продукта на эти же товары. Так, например, в обмен на ткани Англии можно приобрести большее количество сахару и табаку ее колоний, чем на такие же ткани других стран. И поскольку мануфактурные изделия Англии и этих других стран вымениваются на сахар и табак английских колоний, такое превосходство цены дает большее поощрение промышленности Англии по сравнению с промышленностью других стран. Следовательно, поскольку монопольная торговля с колониями уменьшает или по крайней мере не допускает роста потребления и промышленности стран, которые не обладают ею, постольку она дает очевидное преимущество странам, обладающим ею.

Однако можно, пожалуй, признать, что это преимущество является скорее, так сказать, относительным, чем абсолютным, и дает превосходство стране, обладающей им, главным образом в силу того, что оно задерживает промышленность и рост производства других стран, а не потому, что содействует развитию их в данной отдельной стране сверх того, что было бы при свободе торговли.

Так, например, мэрилендский и виргинский табак благодаря монополии, какой пользуется Англия, стоит, конечно, дешевле в Англии, чем во Франции, которой Англия обычно продает значительную часть его. Но если бы Франции и всем другим европейским странам в любой момент была открыта свободная торговля с Мэрилендом и Виргинией, то табак названных колоний мог бы оказаться дешевле при существующих условиях не только во всех этих странах, но также и в Англии. Производство табака вследствие такого расширения рынка сравнительно с прежним могло бы возрасти и, наверное, действительно настолько возросло бы в указанном случае, что это уменьшило бы прибыли с табачных плантаций до их естественного уровня, сравняв их с прибылью от хлебных посевов, которую они, как полагают, несколько превышают. Цена табака в этом случае сможет понизиться и, вероятно, действительно несколько понизится сравнительно с его ценой в настоящее время. И тогда на одно и то же количество товаров Англии или других стран можно будет купить в Мэриленде или Виргинии большее количество табака, чем это возможно теперь, и, следовательно, за них можно будет получить при продаже настолько же более высокую цену. Таким образом, поскольку табак может в силу своей дешевизны и обилия увеличивать потребление или промышленность Англии или какой-либо иной страны, он при свободной торговле, вероятно, оказывал бы оба эти действия в несколько большей степени, чем может делать это теперь. И в этом случае Англия, конечно, не обладала бы никакими преимуществами сравнительно с другими странами. Она могла бы покупать табак своих колоний несколько дешевле и, следовательно, продавать некоторые из своих собственных товаров несколько дороже, чем в настоящее время. Но она не могла бы покупать первый дешевле и продавать последние дороже, чем это делала бы любая другая страна. Она могла бы получать абсолютную выгоду, но наверняка утратила бы относительную.

Однако в стремлении получить это относительное преимущество в колониальной торговле, в стремлении осуществить завистливый и зложелательный проект отстранения елико возможно других наций от участия в ней Англия, как мы имеем все основания предполагать, не только принесла в жертву часть абсолютной выгоды, какую она вместе с другими нациями могла извлекать из этой торговли, но и лишила себя как абсолютной, так и относительной невыгоды почти во всех других отраслях своей торговли.

Когда изданием Навигационного акта Англия утвердила за собой монополию торговли с колониями, иностранные капиталы, до того времени занятые в этой торговле, были из нее извлечены. Английский капитал, который до сих пор вел только часть этой торговли, теперь должен был целиком вести ее. Капитал, который до сих пор снабжал колонии только частью тех европейских товаров, которые им были нужны, теперь составлял весь тот капитал, посредством которого должно было происходить все их снабжение; но полностью всем необходимым он не мог их снабжать, и потому товары, которые он им доставлял, неизбежно продавались по очень дорогой цене. Капитал, на который раньше покупалась только часть избыточного продукта колоний, теперь должен был служить для покупки всего избыточного продукта; но купить весь этот продукт по цене, сколько-нибудь приближающейся к прежней, он не мог, и потому все, что покупалось на этот капитал, по необходимости покупалось очень дешево. Но при такой затрате капитала, когда купец продавал очень дорого, а покупал очень дешево, прибыль неизбежно была весьма высока и намного превышала обычный уровень прибыли в других отраслях торговли. Такая высота прибыли в колониальной торговле не могла не отвлечь из других ее отраслей части капитала, до сих пор занятого в них. Такое перемещение капитала, постепенно усиливая конкуренцию капиталов в колониальной торговле, должно было вместе с тем постепенно ослаблять ее во всех других отраслях торговли; постепенно понижая прибыли в колониальной торговле, оно должно было вместе с тем постепенно повысить их в других отраслях торговли, пока прибыли и тут и там не установились на новом уровне, отличном от прежнего и несколько превышающем его.

Такой двойной результат — отвлечение капитала из всех других отраслей торговли и некоторое повышение нормы прибыли во всех ее отраслях — не только был вызван самим установлением этой монополии, но и продолжал проявляться в продолжение всего времени ее существования.

1) Эта монополия постоянно отвлекала капитал от всех других отраслей торговли для вложения его в колониальную торговлю.

Хотя богатство Великобритании очень сильно возросло со времени издания Навигационного акта, оно, без сомнения, возросло не в той пропорции, в какой увеличилось богатство колоний; но внешняя торговля всякой страны, естественно, увеличивается в соответствии с ростом ее богатства, а ее избыточный продукт — в соответствии с общей массой ее продукта; и поскольку Великобритания захватила в свои руки почти всю внешнюю торговлю колоний, а ее капитал не увеличивался в такой же степени, как обороты этой торговли, постольку она могла вести ее лишь при условии отвлечения постоянно от других отраслей торговли некоторой части капитала, до того занятого в них, а также препятствования притоку к ним еще больших капиталов, которые при нормальных условиях притекали бы к ним. Ввиду этого со времени издания Навигационного акта колониальная торговля непрерывно возрастала, тогда как многие другие отрасли внешней торговли, в частности торговля с другими странами Европы, непрерывно приходили в упадок. Наши мануфактуры, работающие на иностранный рынок, вместо того чтобы иметь в виду, как это было до Навигационного акта, соседний рынок Европы или более отдаленный рынок по побережью Средиземного моря, в своем большинстве приспособились к еще более отдаленному рынку колоний, где они обладают монополией, предпочитая его тем рынкам, где у них много конкурентов. Причины упадка других отраслей внешней торговли, которые сэр Мэтью Деккер и другие авторы искали в чрезмерном и неправильном обложении, в высокой цене труда, в увеличении роскоши и т. п., все могут быть сведены к чрезмерному возрастанию колониальной торговли. Торговый капитал Великобритании, хотя он и очень велик, все же не беспределен, и хотя он очень возрос со времени Навигационного акта, все же он не увеличился пропорционально колониальной торговле; и поэтому эта торговля не могла вестись без отвлечения части этого капитала от других отраслей торговли и, следовательно, не могла не вызывать некоторого упадка этих последних.

Следует иметь в виду, что Англия была великой торговой страной, что ее торговый капитал был очень велик и возрастал с каждым днем не только до того, как Навигационный акт установил монополию колониальной торговли, но и до того, как эта торговля приобрела сколько-нибудь значительные размеры. В войне с Голландией, при правлении Кромвеля, английский флот превосходил голландский, а в войне, вспыхнувшей в начале царствования Карла II, он по меньшей мере не уступал, а может быть, и превосходил соединенные флоты Франции и Голландии. Его превосходство в настоящее время, пожалуй, вряд ли будет значительнее, во всяком случае если размеры голландского флота находятся в настоящее время в таком же соответствии с оборотами торговли Голландии, какое было в то время. Но это морское могущество Англии в обеих войнах не могло быть порождено Навигационным актом. Во время первой из этих войн проект акта был еще только задуман, а что касается второй войны, то хотя перед возникновением ее Навигационный акт был уже полностью опубликован законодательной властью, однако ни одно из его положений не успело еще произвести сколько-нибудь серьезного действия, и меньше всего та его часть, которая устанавливала монополию торговли с колониями. И сами колонии, и их торговля были тогда незначительны в сравнении с размерами в настоящее время. Остров Ямайка представлял собой нездоровую пустыню, малонаселенную и еще хуже возделываемую; Нью-Йорк и Нью-Джерси принадлежали голландцам; половина острова Св. Христофора принадлежала французам. Остров Антигуа, обе Каролины, Пенсильвания, Георгия и Новая Шотландия не были еще заселены. Виргиния, Мэриленд и Новая Англия были заселены, и, хотя эти колонии очень процветали, в то время в Европе и Америке не было, наверное, ни одного человека, который предвидел или хотя бы подозревал тот быстрый рост их богатства и населения, какой имел место впоследствии. Одним словом, остров Барбадос был единственной сколько-нибудь значительной английской колонией, состояние которой в то время сколько-нибудь походило на современное. Торговля с колониями, которая даже спустя некоторое время после издания Навигационного акта только частью находилась в руках Англии (потому что этот акт не очень строго соблюдался в первые годы после его опубликования), не могла быть в то время причиной больших размеров торговли Англии, а также ее морского могущества, обусловленного этой торговлей. Источником этого морского могущества была в то время торговля со странами Европы, и в частности со странами по берегам Средиземного моря. Между тем та часть торговли, которая приходится на долю Великобритании, в настоящее время не может служить источником такого большого морского могущества. Если бы растущая торговля с колониями была оставлена свободной для всех наций, то какая бы часть ее ни пришлась на долю Великобритании (а на долю последней, вероятно, пришлась бы очень значительная ее часть), она увеличивала бы собой указанную обширную торговлю, находившуюся раньше в руках Великобритании. В результате же монополии рост колониальной торговли вызвал не столько увеличение торговли по сравнению с той, которую Великобритания вела раньше, сколько полное изменение ее направления.

2) Эта монополия колониальной торговли неизбежно вела к повышению нормы прибыли во всех различных отраслях британской торговли сравнительно с тем, на каком уровне она стояла бы при допущении свободной торговли всех наций с британскими колониями.

Монополия колониальной торговли необходимо привлекала к последней большую долю капитала Великобритании, чем это имело бы место при естественном ходе вещей; вместе с тем, устраняя все иностранные капиталы, она неизбежно уменьшала общую сумму капитала, вкладываемого в эту отрасль торговли, сравнительно с тем, как это было бы при свободе торговли. Но, уменьшая конкуренцию капиталов в этой отрасли торговли, она необходимо вела к повышению нормы прибыли в этой последней. Точно так же, уменьшая конкуренцию британских капиталов во всех других отраслях торговли, она необходимо повышала в них норму прибыли британских купцов. Каковы бы ни были в любой период после издания Навигационного акта размеры или состояние торгового капитала Великобритании, монополия колониальной торговли должна была при прочих равных условиях повышать норму прибыли британских купцов несколько больше, чем это было бы при отсутствии монополии как в этой, так и во всех других отраслях британской торговли. Если со времени издания Навигационного акта обычная норма прибыли британского капитала значительно понизилась, как это, несомненно, имело место, то она должна была бы понизиться еще больше, если бы монополия, установленная этим актом, не содействовала удержанию ее на более высоком уровне.

Но все то, что повышает в какой-либо стране обычную норму прибыли выше ее нормального уровня, неизбежно ставит эту страну в абсолютно и относительно неблагоприятное положение во всех отраслях ее торговли, в которых она не обладает монополией.

Это ставит ее в абсолютно неблагоприятное положение, потому что в таких отраслях торговли ее купцы не могут получать эту повышенную прибыль, не продавая дороже, чем делали бы это при нормальных условиях, как иностранные товары, ввозимые ими в свою страну, так и товары своей страны, вывозимые ими в чужие государства. Их собственная страна должна и покупать и продавать по более дорогим ценам, должна и покупать и продавать меньше, должна и потреблять и производить меньше, чем это было бы при нормальных условиях.

Это ставит страну в относительно неблагоприятное положение, потому что в указанных отраслях торговли позволяет другим нациям, не находящимся в таком же абсолютно невыгодном положении, больше обгонять ее или меньше отставать от нее, чем это было бы в противном случае. Это позволяет им потреблять и производить больше сравнительно с тем, что данная страна потребляет и производит. Повышение прибыли усиливает превосходство или уменьшает их отставание от нее сравнительно с тем, что было бы в противном случае. Повышение цены ее продуктов выше нормального уровня позволяет купцам других наций успешно конкурировать с нею на иностранных рынках и таким образом вытеснять ее почти из всех тех отраслей торговли, в которых она не обладает монополией. Наши купцы часто жалуются на высокую заработную плату британских рабочих как на причину того, что их товары вытесняются с иностранных рынков, но они молчат насчет высоких прибылей на капитал. Они жалуются на чрезмерные барыши других, но ни слова не говорят о своих собственных. А между тем высокая норма прибыли на английский капитал может во многих случаях вести к повышению цены британских товаров в такой же, а в некоторых случаях в еще большей степени, чем высокая заработная плата британских рабочих.

С полным основанием можно сказать, что именно таким образом капитал Великобритании был отчасти отвлечен и вытеснен из различных отраслей торговли, в которых она не пользуется монополией, в частности из европейской торговли и особенно из торговли со странами по берегам Средиземного моря.

Капитал отчасти отвлекался от этих отраслей торговли, привлекаемый более высокой прибылью в колониальной торговле вследствие непрерывного ее возрастания и вследствие того обстоятельства, что капитал, на который она велась в одном году, всегда оказывался недостаточным для ведения ее в следующем году.

Частично же капитал вытеснялся из этих отраслей вследствие того преимущества, какое высокая норма прибыли, установившаяся в Великобритании, дает другим странам во всех отраслях торговли, в которых Великобритания не пользуется монополией.

Отвлекая из других отраслей торговли часть британского капитала, который был бы в противном случае вложен в них, монополия колониальной торговли привлекала к ним многочисленные иностранные капиталы, которые никогда не притекли бы к ним, если бы они не были вытеснены из колониальной торговли. В остальных отраслях торговли эта монополия уменьшила конкуренцию британских капиталов и благодаря этому повысила норму прибыли с британского капитала сравнительно с той, которая существовала бы при отсутствии монополии. Вместе с тем она усилила конкуренцию иностранных капиталов, а потому понизила их норму прибыли сравнительно с той, которая была бы в противном случае. Как тем, так и другим путем эта монополия должна была, очевидно, поставить Великобританию в относительно неблагоприятное положение во всех других отраслях торговли.

Однако могут, пожалуй, сказать, что колониальная торговля более выгодна Великобритании, чем всякая иная, и что монополия, привлекая в эту торговлю большую долю капитала Великобритании, чем та, которая притекала бы к ней при отсутствии ее, давала этому капиталу более выгодное для страны применение, чем всякое иное, какое он мог бы найти.

Наиболее выгодным употреблением капитала для страны, которой он принадлежит, является такое, при котором в ней находит приложение наибольшее количество производительного труда и больше всего увеличивается годовой продукт земли и труда этой страны. Но количество производительного труда, какое может применять капитал, вкладываемый во внешнюю торговлю предметами потребления, как это доказано во второй книге, находится в точном соответствии с быстротой его оборота. Капитал в тысячу фунтов, например, который вкладывается во внешнюю торговлю предметами потребления и оборачивается обычно один раз в год, может давать в стране, которой он принадлежит, постоянное занятие такому количеству производительного труда, которое можно содержать там в течение года на тысячу фунтов. Если капитал оборачивается дважды или трижды в год, он может давать постоянное занятие такому количеству производительного труда, которое можно содержать там в течение года на две или три тысячи фунтов. Ввиду этого внешняя торговля для нужд потребления, ведущаяся с соседней страной, по общему правилу, более выгодна, чем торговля со страной отдаленной; по той же причине непосредственная внешняя торговля для нужд потребления, как это тоже доказано во второй книге, обычно более выгодна, чем торговля, ведущаяся обходным путем.

Но монополия колониальной торговли, поскольку последняя велась на капитал Великобритании, во всех случаях отвлекала некоторую его часть от внешней торговли для нужд потребления, ведущейся с соседней страной, к торговле, ведущейся с более отдаленной страной, а во многих случаях отвлекала его от непосредственной торговли для нужд потребления к торговле, ведущейся обходным путем.

1) Монополия колониальной торговли во всех случаях отвлекала часть капитала Великобритании от внешней торговли для нужд потребления, ведущейся с соседней страной, к такой же торговле, ведущейся со страной, более отдаленной.

Во всех случаях она отвлекала некоторую часть этого капитала от торговли с Европой и странами, лежащими по побережью Средиземного моря, к торговле с более отдаленными областями Америки и Вест-Индии, в которой обороты по необходимости более медленны не только ввиду большей отдаленности, но и ввиду особых условий этих стран. Как уже было отмечено, новые колонии всегда бедны капиталом. Их капитал всегда значительно меньше того, какой они могли бы с большой прибылью и выгодой употребить на улучшение и обработку своей земли. Поэтому у них существует постоянный спрос на капитал, превышающий их собственный, и для того чтобы восполнить недостаточность своего капитала, они стараются занимать возможно больше у своей метрополии, у которой они поэтому всегда состоят должниками. Наиболее обычный способ, каким колонисты заключают эту сделку, состоит не в займах под закладные у богатых людей метрополии, хотя иногда они поступают именно так, а в затягивании, по возможности, платежей своим корреспондентам, снабжающим их товарами из Европы, поскольку эти последние допускают это. Их ежегодные платежи часто не превышают трети того, что они должны, а иногда не достигают и этой доли. Поэтому весь капитал, авансируемый их корреспондентами, редко возвращается в Англию раньше чем через три года, а иногда через четыре или пять лет. Но британский капитал, например, в тысячу фунтов, который возвращается в Великобританию только один раз в пять лет, может давать постоянное занятие лишь пятой части того британского труда, который он мог бы занимать, если бы целиком оборачивался в один год; вместо того, чтобы давать постоянное в течение года занятие такому количеству труда, которое можно содержать на тысячу фунтов, он теперь дает постоянное занятие только такому количеству, которое можно содержать на двести фунтов. Плантатор, без сомнения, возмещает — и даже более чем возмещает — все потери своего корреспондента, которые тот может иметь от затягивания платежей, возмещает их высокой ценой, уплачиваемой им за европейские товары, процентами по выдаваемым им долгосрочным векселям и комиссией при возобновлении краткосрочных векселей. Но, хотя он может возмещать потери своего корреспондента, он не в состоянии возместить потери Великобритании. В торговле, обороты которой очень медленны, прибыль купца может быть не меньше или даже больше, чем в торговле с быстро оборачивающимся капиталом; но выгода страны, в которой он живет, количество производительного труда, находящего в ней постоянное занятие, годовой продукт земли и труда всегда должны быть меньше. Я думаю, всякий сколько-нибудь знакомый с различными отраслями торговли охотно признает, что ее обороты с Америкой и еще больше с Вест-Индией, по общему правилу, не только более медленны, но и более нерегулярны и ненадежны, чем обороты торговли с любой частью Европы или странами по побережью Средиземного моря.

2) Монополия колониальной торговли во многих случаях отвлекала часть капитала Великобритании от непосредственной внешней торговли для нужд потребления к торговле, ведущейся обходным путем.

Среди так называемых перечисленных товаров, которые могут вывозиться только на рынок Великобритании, есть несколько таких, количество которых очень значительно превышает потребление Великобритании и часть которых поэтому должна вывозиться в другие страны. Но это не может быть сделано без отвлечения части капитала Великобритании во внешнюю торговлю для нужд потребления, ведущуюся обходным путем. Мэриленд и Виргиния, например, отправляют ежегодно в Великобританию свыше 96 000 бочек табаку, а потребление Великобритании, как утверждают, не превышает 14 000 бочек. Свыше 82 000 бочек должно быть поэтому вывезено в другие страны: во Францию, в Голландию и в страны, расположенные по берегам Балтийского и Средиземного морей. Но та часть капитала Великобритании, которая доставляет эти 82 000 бочек в Великобританию, потом снова вывозит их оттуда в указанные страны и затем привозит обратно из этих стран в Великобританию полученные взамен товары или деньги, занята во внешней торговле для нужд потребления, ведущейся обходным путем, и привлекается к такому занятию, чтобы сбыть этот значительный излишек. Если мы хотим высчитать, через сколько лет весь этот капитал сможет вернуться в Великобританию, мы должны к медленности оборотов с Америкой прибавить медленность оборотов с этими странами. Если в непосредственной внешней торговле для нужд потребления, которую мы ведем с Америкой, весь вложенный капитал часто возвращается не раньше, чем через три или четыре года, то весь капитал, вкладываемый в такую торговлю, ведущуюся обходным путем, вряд ли может возвращаться раньше, чем через четыре или пять лет. Если первый может давать постоянное занятие только третьей или четвертой части того количества труда внутри страны, какое может содержать капитал, оборачивающийся за год, то второй может давать постоянное занятие только четвертой или пятой части этого труда. В некоторых внешних портах обычно предоставляется кредит тем иностранным корреспондентам, для которых они вывозят свой табак. Впрочем, в лондонском порту он обычно продается за наличные. Здесь правилом является: взвешивай и плати. Поэтому в лондонском порту окончательное поступление денег замедляется сравнительно с поступлением денег от торговли с Америкой только на то время, в течение которого товар пролежит на складе, где, впрочем, он может иногда пролежать достаточно долго. Между тем, если бы колонии не были связаны необходимостью продавать свой табак исключительно на рынке Великобритании, к нам, вероятно, привозилось бы не многим более того, что необходимо для нашего собственного внутреннего потребления. Товары, которые Великобритания в настоящее время покупает для своего собственного потребления в обмен на этот большой излишек табака, вывозимый ею в другие страны, она в этом случае, вероятно, приобретала бы непосредственно на продукт своего собственного труда или на некоторую часть своих мануфактурных изделий. Этот продукт, эти промышленные изделия, вместо того чтобы почти полностью, как в настоящее время, быть приноровленными к одному обширному рынку, вероятно, приноравливались бы к большому числу менее обширных рынков. Вместо обширной внешней торговли для нужд потребления, ведущейся обходным путем, Великобритания, вероятно, вела бы несколько отдельных, меньших по объему операций по внешней непосредственной торговле того же рода. Ввиду большей быстроты оборотов только часть и, вероятно, только небольшая часть — возможно, не больше трети или четверти — капитала, который ныне ведет обходным путем эту обширную торговлю, оказалась бы достаточной для ведения всех этих небольших непосредственных торговых операций, могла бы давать постоянное занятие такому же количеству британского труда и поддерживала бы на том же уровне годовой продукт земли и труда Великобритании. Поскольку, таким образом, все нужды этой торговли обслуживались бы гораздо меньшим капиталом, оставался бы значительный свободный капитал для употребления его на другие цели — на улучшение земель, на увеличение числа мануфактур, на расширение торговли Великобритании, на конкуренцию по крайней мере с другими британскими капиталами, затрачиваемыми на понижение нормы прибыли во всех этих отраслях, что обеспечило бы Великобритании еще большее превосходство над другими странами, чем то, которым она обладает в настоящее время.

Монополия колониальной торговли точно так же отвлекала некоторую часть капитала Великобритании вообще от внешней торговли для нужд потребления к торговле транзитной, а следовательно, от большей или меньшей поддержки промышленного труда Великобритании к поддержке отчасти промышленного труда колоний, отчасти некоторых других стран.

Так, например, товары, покупаемые ежегодно на большой излишек в 82000 бочек табаку, ежегодно вывозимого из Великобритании, не целиком потребляются. Часть их, например полотно из Германии и Голландии, возвращается в колонии для их потребления. Но часть капитала Великобритании, затрачиваемая на покупку табака, в обмен на который впоследствии покупается это полотно, неизбежно отвлекается от оплаты труда Великобритании, чтобы быть затраченной на оплату отчасти труда колоний, отчасти труда тех отдельных стран, которые оплачивают этот табак продуктом своего собственного труда.

Монополия колониальной торговли, кроме того, привлекая к себе гораздо большую долю капитала Великобритании, чем направлялась бы в нее при нормальных условиях, нарушила, по-видимому, то естественное равновесие, которое в противном случае существовало бы между различными отраслями британской промышленности. Промышленность Великобритании, вместо того чтобы приспособляться к большому числу менее обширных рынков, приноровилась преимущественно к одному обширному рынку. Ее торговля, вместо того чтобы направляться по большому числу небольших каналов, была приучена идти преимущественно по одному широкому руслу. Это сделало всю систему ее промышленности и торговли менее устойчивой, а общее состояние ее политического организма менее здоровым, чем это было бы в противном случае. В своем современном состоянии Великобритания напоминает один из тех нездоровых организмов, у которых некоторые важные члены слишком разрослись и которые поэтому подвержены многим опасным заболеваниям, почти неизвестным тем организмам, у которых члены развиты более пропорционально. Небольшая остановка в деятельности того большого кровеносного сосуда, который искусственно расширен сравнительно с его естественными размерами и через который заставляют циркулировать неестественно большую часть промышленности и торговли страны, почти, наверное, приведет к весьма опасным заболеваниям всего политического организма. В соответствии с этим перспектива разрыва с колониями напугала народ Великобритании гораздо больше, чем Испанская армада или вторжение французов. Именно этот страх, основательный или безосновательный, сделал отмену закона о штемпельном сборе популярной мерой по крайней мере среди купцов. В полном устранении с колониального рынка, хотя бы оно длилось всего несколько лет, бóльшая часть наших купцов усматривала неизбежную полную приостановку своей торговли, большая часть владельцев наших мануфактур — полную гибель своих предприятий, а большая часть наших рабочих — прекращение своей работы. Напротив, разрыв с кем-либо из наших соседей на континенте, хотя он тоже может вызвать некоторое нарушение или приостановку в занятиях некоторых из различных классов населения, ожидается без такого всеобщего волнения. Кровь, циркуляция которой задерживается в одном из меньших сосудов, легко просачивается в сосуд больших размеров, не вызывая сколько-нибудь опасного расстройства; напротив, когда она задерживается в каком-либо из более крупных сосудов, немедленным и неизбежным последствием бывают судороги, паралич или смерть. Если только одна из этих чрезмерно разросшихся отраслей мануфактурной промышленности, искусственно поднятая при помощи премий или монополий на внутреннем и колониальном рынке на неестественную высоту, испытывает небольшую остановку или перерыв в своей работе, это часто вызывает возмущение и беспорядки, беспокоящие правительство и даже затрудняющие работу законодательного учреждения. Как велики должны быть поэтому расстройство и замешательство, неизбежно вызываемые внезапной и полной остановкой работы столь большой части главных отраслей нашей мануфактурной промышленности!

Умеренное и постепенное смягчение законов, дающих Великобритании монополию торговли с колониями, пока она не будет сделана в значительной степени свободной, представляется единственным средством, которое может избавить Великобританию на будущее время от этой опасности, которое может позволить ей или даже вынудить ее перейти, хотя и с меньшей прибылью, к другим занятиям, которое, наконец, постепенно сократит одну отрасль ее промышленности и расширит все другие и таким образом сможет постепенно восстановить то естественное, здоровое и надлежащее соотношение между всеми различными отраслями промышленности, какое необходимо устанавливает полная свобода и которое она одна в состоянии сохранить. Открытие сразу колониальной торговли всем нациям могло бы вызвать не только некоторые временные затруднения, но и значительные длительные потери для большей части тех, кто в настоящее время участвует в ней своим трудом или капиталом. Внезапное лишение работы даже одних только кораблей, которые ввозят 82 000 бочек табаку, превышающие потребление Великобритании, очень сильно дало бы себя почувствовать. Таковы несчастные последствия всех регулирующих мер меркантилистической системы! Они не только вызывают очень опасное расстройство политического организма; расстройства эти такого характера, что часто бывает трудно устранить их, не вызывая, по крайней мере временно, еще бо́льших расстройств. Поэтому мы должны предоставить мудрости будущих государственных деятелей и законодателей решить, каким именно образом должна быть колониальная торговля постепенно открыта, какие ограничения должны быть отменены в первую и какие в последнюю очередь или каким образом должна быть постепенно восстановлена естественная система полной свободы и справедливости.

Пять различных событий, непредвиденных и не имевшихся в виду, очень счастливо содействовали тому, что Великобритания не почувствовала так сильно, как это всеми ожидалось, полного отстранения от очень важной ветви колониальной торговли, длящегося уже более года (с 1 декабря 1774 г.), а именно от торговли с двенадцатью объединенными провинциями Северной Америки. Во-первых, эти колонии, готовясь к своему соглашению об отказе от ввоза, совершенно очистили Великобританию от всех товаров, пригодных для их рынка; во-вторых, чрезвычайный спрос испанского флота поглотил в этом году многие товары Германии и северных государств, в частности полотно, которые обычно конкурировали даже на британском рынке с мануфактурными изделиями Великобритании; в-третьих, мир между Россией и Турцией вызвал чрезвычайный спрос со стороны турецкого рынка, который во время расстройств в этой стране и крейсирования русского флота в Архипелаге снабжался очень скудно; в-четвертых, в течение некоторого времени из года в год возрастал спрос северных государств Европы на мануфактурные изделия Великобритании, и, в-пятых, недавний раздел Польши, открыв рынок этой обширной страны, прибавил в этом году чрезвычайный спрос ее к возросшему спросу северных стран. Все эти события, исключая четвертое, по природе своей отличаются временным и случайным характером, и отстранение от столь важной ветви колониальной торговли, если, к несчастью, оно затянется на более продолжительное время, может все еще вызвать некоторые затруднения. Однако эти затруднения, поскольку они наступят постепенно, будут ощущаться не столь остро, как если бы они проявились сразу, а за это время труд и капитал страны смогут найти новое занятие и направление, предупреждая, таким образом, возможность сколько-нибудь значительного роста указанных затруднений.

Таким образом, монополия колониальной торговли, поскольку она отвлекала к себе гораздо большую долю капитала Великобритании, чем это было бы при отсутствии ее, во всех случаях отвлекала его от внешней торговли для нужд потребления с соседней страной к такого же рода торговле с более отдаленной страной, во многих случаях — от непосредственной внешней торговли для нужд потребления к торговле, ведущейся обходным путем. Следовательно, во всех случаях она отвлекала капитал от того направления, при котором он занимал бы большее количество производительного труда, и давала ему направление, при котором он может занимать гораздо меньшее количество труда. Помимо того, приспособляя к одному только специальному рынку столь большую часть промышленности и торговли Великобритании, она сделала общее состояние их более неустойчивым и менее обеспеченным, чем это было бы при приспособлении ее производства к большему количеству различных рынков.

Мы должны тщательно различать действия колониальной торговли и действия монополии колониальной торговли. Первое всегда и обязательно благотворно, второе всегда и обязательно вредно. Но первое настолько полезно, что колониальная торговля, даже будучи монополизирована и несмотря на вредные последствия этого, все же в целом остается благотворной, и притом очень благотворной, хотя и в меньшей степени, чем это было бы при отсутствии монополии.

Действие колониальной торговли в ее естественном и свободном состоянии должно выражаться в открытии обширного, хотя и отдаленного, рынка для той части продукта британской промышленности, которая может оказаться превышающей спрос более близких рынков, а именно — рынков Европы и стран по побережью Средиземного моря. В своем естественном и свободном состоянии колониальная торговля, не отвлекая от этих рынков ни малейшей доли продуктов, обычно отправлявшихся туда, поощряет

Великобританию постепенно увеличивать избыточный продукт, постоянно предлагать новые эквиваленты для обмена. В своем естественном и свободном состоянии колониальная торговля имеет тенденцией увеличивать количество производительного труда в Великобритании, ни в малейшей степени не изменяя при этом направления, в каком он раньше затрачивался там. При естественном и свободном состоянии колониальной торговли конкуренция всех других наций не допускает повышения нормы прибыли выше обычного уровня как на новом рынке, так и в сфере новых занятий. Новый рынок, ничего не отвлекая от прежнего, создает, если можно так выразиться, новый продукт для своего собственного снабжения, который образует новый капитал для нового производительного употребления, которое, в свою очередь, ничего не отвлекает от прежнего капитала.

Напротив того, монополия колониальной торговли, устраняя конкуренцию других наций и этим повышая норму прибыли на новом рынке и при новом вложении капитала, отвлекает продукт от прежнего рынка и капитал от прежнего употребления. Признанная цель монополии — увеличение нашей доли в колониальной торговле сверх той, какую мы имели бы в нормальных условиях. Если бы эта доля не увеличилась сравнительно с тем, какою она была бы при отсутствии монополии, не было бы причины устанавливать последнюю. Но все то, что искусственно привлекает в отрасль торговли, обороты которой медленнее, чем в большей части других отраслей, большую долю капитала какой-либо страны, чем естественно притекало бы в эту отрасль, неизбежно уменьшает против нормального количества производительного труда, ежегодно затрачиваемого в ней, уменьшает общий годовой продукт земли и труда. Монополия понижает доход жителей этой страны сравнительно с его естественными размерами и таким образом уменьшает их способность к накоплению. Она не только всегда препятствует их капиталу содержать такое количество труда, которое он содержал бы в противном случае, но и препятствует его возрастанию столь быстрым темпом, каким он возрастал бы в противном случае, и, следовательно, содержанию еще большего количества производительного труда.

Тем не менее естественные благотворные последствия колониальной торговли более чем уравновешивают для Великобритании дурные последствия монополии, так что монополия вместе с этой торговлей, даже в том виде, как она в настоящее время ведется, очень выгодна. Новый рынок и новые приложения производительности труда, открытые колониальной торговлей, гораздо более обширны, чем та доля прежнего рынка и прежних приложений труда, которые утрачены благодаря монополии. Новый продукт и новый капитал, созданные, так сказать, колониальной торговлей, дают в Великобритании содержание большему количеству производительности труда, чем то, которое могло лишиться занятия благодаря отливу капитала от других отраслей торговли с более быстрым оборотом. Но если колониальная торговля, даже в том виде, как она ведется в настоящее время, выгодна Великобритании, то это отнюдь не в результате монополии, а вопреки ей.

Колониальная торговля открывает новый рынок главным образом для мануфактурных изделий Европы, а не для ее сырых продуктов. Сельское хозяйство — занятие, наиболее подходящее для всех новых колоний, занятие, которое дешевизна земли делает более выгодным, чем всякое другое. Поэтому колонии располагают в избытке сырым продуктом земли и, вместо того чтобы ввозить его из других стран, обычно имеют значительные излишки его для вывоза. В новых колониях сельское хозяйство или отвлекает рабочие руки от всех других занятий, или удерживает их от перехода к каким-либо другим занятиям. У них налицо мало рабочих сил, которые можно было бы уделять на производство необходимых мануфактурных изделий и совсем не для производства предметов, служащих для украшения. Они находят, что большую часть этих изделий им дешевле покупать у других стран, чем производить самим. Поощряя европейскую мануфактурную промышленность, колониальная торговля косвенно поощряет европейское земледелие. Владельцы мануфактур в Европе, которым эта торговля дает работу, образуют новый рынок для продукта земли, и, таким образом, благодаря торговле с Америкой значительно расширяется самый выгодный из всех рынков — внутренний рынок для зерна и скота, для хлеба и мяса Европы.

Но пример Испании и Португалии достаточно свидетельствует о том, что одной лишь монополии торговли с населенными и процветающими колониями недостаточно для того, чтобы создать или даже хотя бы поддерживать существование мануфактурной промышленности какой-либо страны. Испания и Португалия были промышленными странами до того, как обзавелись обширными колониями. Они перестали быть ими после того, как стали обладать богатейшими и плодороднейшими во всем мире колониями.

В Испании и Португалии дурные последствия монополии, усугубленные другими причинами, почти уравновесили, вероятно, естественные благоприятные последствия колониальной торговли. Причинами этими являются, по-видимому, другие монополии различного рода: понижение стоимости золота и серебра ниже ее уровня в большинстве других стран; устранение с иностранных рынков в силу несоответственных вывозных пошлин и сужение внутреннего рынка благодаря еще более несоответственным пошлинам при перевозке товаров из одной части страны в другую; но больше всего то беспорядочное и пристрастное отправление правосудия, которое часто ограждает богатого и могущественного должника от преследования его потерпевшим кредитором и внушает трудолюбивой части населения неохоту изготовлять продукты для потребления тех высокомерных и могущественных людей, которым они не осмеливаются отказать в продаже в кредит и от которых они не уверены получить уплату долга.

В Англии, напротив, естественные благотворные последствия колониальной торговли в соединении с другими причинами в значительной мере парализовали вредные последствия монополии. Эти причины, по-видимому, следующие: общая свобода торговли, которая, несмотря на некоторые ограничения, по меньшей мере, не уступает, если не превосходит, ту свободу, которая существует в любой другой стране; свобода вывоза, без уплаты пошлины, почти всех видов товаров, являющихся продуктом отечественной промышленности, почти во все иностранные государства и, что, пожалуй, имеет еще большее значение, неограниченная свобода перевозки их из любой части нашей страны в другую без обязательства доводить это до сведения каких-либо властей или отвечать на какие бы то ни было расспросы; но наибольшее значение имеет то справедливое и беспристрастное отправление правосудия, которое делает права самого скромного британского подданного неприкосновенными для самых могущественных людей и которое, обеспечивая каждому плоды его труда, служит величайшим и наиболее действенным поощрением всех видов промышленности.

Тем не менее, если колониальная торговля подвинула вперед — что она, несомненно, сделала — развитие мануфактурной Великобритании, то произошло это не благодаря монополии колониальной торговли, а вопреки ей. Следствием монополии было не увеличение количества, а изменение качества и формы части мануфактурных изделий Великобритании и приспособление тех товаров, которые в нормальных условиях направлялись бы на рынок с быстрым оборотом торговли, к рынку с медленным оборотом торговли. Следовательно, ее результатом было отвлечение части капитала Великобритании от такого употребления, при котором он питал бы большее количество мануфактурной промышленности, к такому, при котором он питает гораздо меньшее количество, и, таким образом, уменьшение, а не увеличение всего размера мануфактурной промышленности, существующей в Великобритании.

Итак, монополия колониальной торговли, подобно всем другим низменным и завистливым мероприятиям меркантилистической системы, подавляет промышленность всех других стран, главным образом колоний, ни в малейшей степени не увеличивая, а, напротив, уменьшая промышленность страны, в пользу которой она устанавливается.

Монополия препятствует капиталу этой страны, каковы бы ни были в данный момент его размеры, занимать такое большое количество производительного труда, которое он в противном случае занимал бы, и доставлять трудолюбивым жителям такой большой доход, который он давал бы в противном случае. Но так как капитал может возрастать только за счет сбережений из дохода, то монополия, не давая капиталу приносить столь большой доход, какой он приносил бы при ее отсутствии, неизбежно препятствует его естественному возрастанию, а следовательно, и занятию им еще большего количества производительного труда и доставлению трудолюбивым жителям страны еще большего дохода. Таким образом, монополия неизбежно должна всегда делать менее обильным великий первоначальный источник дохода, заработную плату, чем это было бы при ее отсутствии.

Повышая норму торговой прибыли, монополия замедляет улучшение земли. Прибыль от улучшения земли зависит от разницы между тем, что земля ежегодно производит, и тем, что она может производить при приложении некоторого капитала. Если эта разница дает более высокую прибыль, чем та, какая может быть получена от такого же капитала в любом торговом занятии, улучшение земли будет привлекать капиталы из всех торговых занятий. Если прибыль меньше, торговля будет отвлекать капитал от улучшения земли. Поэтому все, что повышает норму торговой прибыли, обязательно или уменьшает избыток прибыли, получаемой от улучшения земли, или увеличивает дефицитность этой прибыли: в первом случае это удерживает капитал от перехода к улучшению земли, а во втором — отвлекает его от последнего. Но, замедляя улучшение земли, монополия неизбежно замедляет естественное возрастание другого великого первоначального источника дохода — земельной ренты. Повышая норму прибыли, монополия также необходимо держит рыночную норму процента на более высоком уровне, чем это было бы в противном случае. Но цена земли по отношению к ренте, которую она дает, или число лет, на какое помножается при определении цены земли приносимая ею рента, неизбежно уменьшается по мере повышения нормы процента и увеличивается при понижении ее. Поэтому монополия двояким образом вредит интересам землевладельца: она задерживает естественное возрастание, во-первых, его ренты, а во-вторых, цены, которую он мог бы получить за свою землю пропорционально приносимой ею ренте.

Монополия, правда, увеличивает норму торговой прибыли и этим несколько увеличивает барыши наших купцов. Но так как она препятствует естественному возрастанию капитала, она имеет тенденцию скорее уменьшать, чем увеличивать общую сумму дохода, получаемого жителями страны от прибыли на капитал; небольшая прибыль с большого капитала обычно дает больший доход, чем большая прибыль с малого капитала. Монополия повышает норму прибыли, но не дает сумме прибыли подняться так высоко, как это было бы при отсутствии монополии.

Все первоначальные источники дохода: заработная плата, земельная рента и прибыль на капитал благодаря монополии становятся гораздо менее обильными, чем это было бы при ее отсутствии. Одностороннее содействие ограниченным интересам одного немногочисленного класса в стране означает собою причинение ущерба интересам других классов и всех людей во всех других странах.

Только в силу производимого ею повышения обычной нормы прибыли монополия оказалась или могла оказаться выгодной какому-либо отдельному классу. Но помимо всех уже отмеченных вредных последствий для страны вообще, являющихся неизбежным результатом высокой нормы прибыли, существует еще одно, более гибельное, пожалуй, чем все они, взятые вместе, и, как можно судить по опыту, неразрывно связанное с монополией. Высокая норма прибыли, как кажется, повсюду уничтожает ту бережливость, которая при других условиях естественна для купца. Когда прибыли высоки, эта трезвая добродетель представляется купцу излишней, расточительная роскошь кажется более соответствующей улучшению его положения. Обладатели больших торговых капиталов необходимо являются вождями и руководителями всей промышленной деятельности страны всякой нации, и их пример оказывает гораздо большее влияние на нравы всей трудящейся части последней, чем пример какого-либо иного класса. Если предприниматель старателен и бережлив, таким же будет, наверное, и его рабочий, но если хозяин ведет беспорядочный образ жизни и расточителен, то рабочий тоже устроит свою жизнь по образцу, даваемому им. Это препятствует накоплению в руках тех, кто, естественно, больше всего расположен к накоплению, а фонды, предназначенные на содержание производительного труда, не получают никакого увеличения из дохода тех, кто должен был бы, естественно, больше всего увеличивать их. Капитал страны, вместо того чтобы возрастать, постепенно растрачивается, и количество производительного труда, содержимого в ней, уменьшается с каждым днем. Увеличили ли чрезмерные прибыли купцов Кадикса и Лиссабона капитал Испании и Португалии? Смягчили ли они бедность, содействовали ли развитию промышленной деятельности этих двух нищенских стран? Так велики были траты коммерческих кругов этих двух торговых городов, что чрезмерные прибыли не только не увеличили общего капитала страны, но, по-видимому, оказались недостаточными для того, чтобы сохранить в прежних размерах капиталы, от которых они получались. Иностранные капиталы ежедневно все больше и больше вторгаются, так сказать, в торговлю Кадикса и Лиссабона. В целях изгнания этих иностранных капиталов из торговли, которую их собственные капиталы с каждым днем все более и более становятся неспособными вести, испанцы и португальцы стараются все сильнее и сильнее натянуть цепь своей нелепой монополии. Сравните купеческие нравы Кадикса и Лиссабона, с одной стороны, Амстердама — с другой, и вы отметите, как различно влияет на поведение и характер купцов высота или малые размеры прибыли на капитал. Правда, лондонские купцы, по общему правилу, еще не стали такими расточительными, важными господами, какими стали купцы Кадикса и Лиссабона, но вместе с тем они и не являются такими старательными и бережливыми гражданами, какими являются амстердамские купцы. А между тем многие из них считаются значительно более богатыми, чем большая часть купцов Кадикса и Лиссабона, и не столь богатыми, как многие из купцов амстердамских. Легко нажито, легко прожито, — говорит пословица, и обычный уровень расходов, как кажется, регулируется повсюду не столько действительной способностью тратить, сколько предполагаемой легкостью доставать деньги для расходования.

Таким образом, единственная выгода, которую монополия приносит одному только классу, во многих отношениях вредит интересам страны.

Основание обширных владений с единственной целью создать народ, состоящий из потребителей, может с первого взгляда показаться проектом, подобающим нации лавочников. Однако он совсем не пригоден для нации лавочников, а чрезвычайно пригоден для нации, правительство которой находится под влиянием торгашей. Такие, и только такие, государственные деятели способны воображать, что найдут какую-либо выгоду в расточении крови и денег своих сограждан для создания и сохранения подобных владений. Скажите лавочнику: «Купи мне хорошее поместье, и я всегда буду покупать в твоей лавке свое платье, хотя бы даже мне пришлось платить несколько дороже, чем при покупке в других лавках», — вы не встретите с его стороны особенной готовности принять ваше предложение. Но если другое лицо купит вам такое поместье, то торговец будет очень благодарен вашему благодетелю, если он обяжет вас покупать все нужное вам платье в его лавке. Англия приобрела для некоторых из своих подданных, которые плохо чувствовали себя дома, большое поместье в отдаленной стране. Цена его, правда, была очень невелика, и вместо тридцатикратной стоимости ежегодного дохода, как в настоящее время определяется обычная цена земли, она ненамного превышала расходы различных экспедиций, сделавших первые открытия, обследовавших побережье и номинально занявших страну. Земля была хороша и обширна, и земледельцы, располагая для обработки любым количеством хорошей земли и в течение некоторого времени обладая свободой продавать свой продукт, где им вздумается, уже по прошествии каких-нибудь 30 или 40 лет (между 1620 и 1660 гг.) превратились в столь многочисленный и процветающий народ, что лавочники и другие торговцы Европы захотели обеспечить за собою монополию их потребления. Не ссылаясь поэтому на то, что они оплатили хотя бы часть или первоначальной покупной цены, или последующих издержек, они обратились к парламенту с петицией, чтобы земледельцы Америки на будущее время были принуждены к торговле исключительно с ними: во-первых, при покупке всех товаров, нужных им из Европы, и, во-вторых, при продаже всех тех своих продуктов, которые эти торговцы сочтут для себя желательным покупать; они не находили нужным покупать все эти продукты, так как некоторые из них, будучи ввезены в Англию, могли бы повредить некоторым отраслям торговли, которые сами торговцы вели дома. Поэтому они хотели, чтобы колонисты продавали эту часть своих продуктов, где могут, — чем дальше, тем лучше. Ввиду этого они предложили, чтобы продажа этих товаров была ограничена странами южнее мыса Финистер. Специальный пункт знаменитого Навигационного акта превратил это чисто торгашеское предложение в закон.

Сохранение этой монополии до сих пор было главной или, пожалуй, единственной целью и задачей господства Великобритании над ее колониями. Монопольная торговля, как предполагают, представляет собой большую выгоду, получаемую от провинций, которые до сих пор совсем еще не доставляли никакого дохода или военной силы для содержания гражданского управления или защиты метрополии. Монополия служит главным признаком их зависимости и является единственным плодом, который до сих пор был получен от этой зависимости. Все расходы, производившиеся до сих пор Великобританией для сохранения этой зависимости, фактически производились в целях удержания этой монополии. Расходы на обычное в мирное время управление колониями выражались, до возникновения нынешних смут, в оплате двадцати полков пехоты, в издержках на содержание артиллерии, складов и на добавочное необходимое для них продовольствие, а также в издержках на весьма значительный флот, который постоянно содержался, чтобы охранять от занимающихся контрабандой судов других наций громадное побережье Северной Америки и берега наших вест-индских островов. Весь этот расход на управление мирного времени ложился бременем на доход Великобритании и вместе с тем представлял собою наименьшую часть того, во что обходилось метрополии господство над колониями. Если бы мы знали общую сумму расхода мирного времени, мы должны были бы добавить к ней проценты на те суммы, которые Великобритания в различное время затратила на защиту своих колоний, поскольку смотрела на них как на подвластные ей провинции. Мы должны были бы добавить к ней, в частности, всю сумму расходов последней войны и значительную часть расходов войны, предшествовавшей ей. Последняя война являлась вообще столкновением из-за колоний, и весь расход, связанный с ней, в какой бы части света он ни производился, в Германии или в Ост-Индии, по справедливости должен быть поставлен на счет колоний. Он превышал 90 млн ф. ст., считая не только новый заем, который был заключен, но и добавочный поземельный налог в размере двух шиллингов с фунта, а также суммы, ежегодно заимствовавшиеся из фонда погашения государственного долга. Война с Испанией, начавшаяся в 1739 г., была главным образом столкновением из-за колоний. Ее главной целью было прекратить осмотр колониальных судов, занимавшихся контрабандной торговлей с Испанией. В действительности все эти расходы представляют собою премию, выданную в целях сохранения монополии. Их предполагаемой целью было поощрение мануфактурной промышленности и увеличение торговли Великобритании, но ее фактическим результатом было повышение нормы торговой прибыли и предоставление нашим купцам возможности направить более значительную долю своего капитала в ту отрасль торговли, обороты которой гораздо более медленны, чем в большинстве других ее отраслей. Это — последствия такого рода, что, если бы премия могла предотвратить их, стоило бы, пожалуй, установить такую премию.

Итак, при современной системе Великобритания ничего, кроме убытка, не получает от своего господства над колониями.

Предлагать, чтобы Великобритания добровольно отказалась от всякой власти над колониями и предоставила им свободно избирать свое правительство, издавать свои законы, заключать мир и объявлять войну по своему усмотрению — значило бы предлагать такую меру, на которую никогда не шла и никогда не пойдет ни одна нация в мире. Ни одна нация никогда добровольно не отказывалась от господства над какой-либо провинцией, как ни обременительно могло быть управление ею и как бы мал ни был приносимый ею доход в сравнении с вызываемыми расходами. Такие отказы, хотя они часто могут соответствовать интересам, всегда унизительны для гордости всякой нации, что, пожалуй, имеет еще большее значение, всегда идут вразрез с частными интересами ее правящей части, которая при этом лишилась бы возможности распоряжаться многочисленными ответственными и доходными должностями, лишилась бы многих случаев приобрести богатство и отличия, а ведь господство даже над наиболее беспокойной и самой невыгодной для большинства народа провинцией редко не доставляет таких случаев. Самый пылкий энтузиаст вряд ли решится предложить такой шаг по крайней мере со сколько-нибудь серьезной надеждой на успех. Между тем, если бы такая мера была принята Великобританией, последняя не только немедленно избавилась бы от всего ежегодного расхода на мирное управление колоний, но и могла бы заключить с ними торговый договор, обеспечивающий ей свободу торговли, более выгодную для всей массы народа, хотя и менее выгодную купцам, чем монополия, которой она обладает в настоящее время. Если метрополия и колонии расстанутся добрыми друзьями, их естественная симпатия к ней, почти уничтоженная нашими недавними раздорами, быстро снова возродится. Это расположит их не только соблюдать в течение веков тот торговый договор, который они заключат с нами при расставании, но и благоприятствовать нам как в войне, так и в торговле; из беспокойных и мятежных подданных они превратятся в наших самых верных, сердечных и щедрых союзников. Тогда между Великобританией и ее колониями сможет вновь ожить та отеческая любовь, с одной стороны, и то сыновнее уважение — с другой, которые обычно существовали между колониями Древней Греции и метрополией, от которой они происходили.

Для того чтобы сделать какую-нибудь провинцию выгодной для государства, которому она принадлежит, она должна в мирное время приносить доход, достаточный для покрытия не только всего расхода на ее собственное управление, но и ее доли в содержании общего правительства государства в целом. Всякая провинция вызывает большее или меньшее увеличение расходов этого общего правительства. Поэтому, если какая-нибудь провинция не доставляет своей доли на покрытие этих расходов, большее бремя должно быть взвалено на какую-нибудь другую часть государства. Точно так же чрезвычайный доход, который каждая провинция доставляет казне во время войны, должен в силу тех же соображений стоять в таком же отношении к чрезвычайному расходу государства, в каком обычный доход с нее стоит к расходу в мирное время. Всякий согласится с тем, что ни обыкновенный, ни чрезвычайный доход, получаемый Великобританией от ее колоний, не составляет такой доли всего дохода Британской империи. Правда, высказывалось предположение, что монополия, увеличивая частный доход жителей Великобритании и этим позволяя им платить более высокие налоги, возмещает недостаточность дохода с колоний. Но эта монополия, как я пытался показать, хотя и является очень обременительным налогом на колонии и хотя она может увеличивать доход одного класса из всего населения Великобритании, уменьшает, а не увеличивает доход главной массы народа, а следовательно, уменьшает, но отнюдь не увеличивает способность последней платить налоги. А люди, доход которых монополия увеличивает, составляют особый класс, который, как я постараюсь доказать в следующей книге, совершенно невозможно и крайне неполитично даже пытаться облагать свыше той нормы, которая принята при обложении других классов. Поэтому никакие добавочные средства не могут быть получены от этого особого класса.

Колонии могут облагаться или их собственными собраниями представителей, или парламентом Великобритании.

Представляется маловероятным, чтобы можно было когда-нибудь так воздействовать на колониальные собрания, чтобы они взимали со своих избирателей средства, достаточные не только для содержания во всякое время их собственного гражданского управления и военных сил, но и для уплаты приходящейся на них доли расхода общего правительства Британской империи. Потребовалось много времени, пока даже парламент Англии, хотя он находится непосредственно на глазах государя, мог быть подчинен подобной системе воздействия и проявил достаточную щедрость в своих ассигнованиях на содержание гражданских и военных учреждений своей собственной страны.

Только посредством предоставления отдельным членам парламента значительной части должностей в гражданском или военном управлении или возможности распоряжаться ими удалось установить такого рода систему даже по отношению к английскому парламенту. Но отдаленность колониальных собраний от надзора государя, их многочисленность, их разбросанность и различный состав делали очень трудным воздействие на них, если бы у государя были такие же средства делать это, а таких средств у него нет. Было бы совершенно невозможно предоставить влиятельным членам всех колониальных собраний такую часть должностей или возможность распоряжаться должностями в общем управлении Британской империи, чтобы это побуждало их пожертвовать своей популярностью у себя дома и облагать своих избирателей для содержания этого управления, в котором почти все оплачиваемые должности достаются посторонним им людям. Помимо того, неизбежное незнание администрацией относительного значения отдельных членов этих собраний, оскорбления, неизбежно часто наносимые, и ошибки, неизбежно совершаемые постоянно при попытках воздействовать на них таким образом, — все это, по-видимому, делает подобную систему воздействия не осуществимой в отношении к колониям.

К тому же колониальные собрания не могут почитаться компетентными судьями в вопросе о том, что необходимо для защиты и управления всей империи. Забота о защите и управлении империи не доверена им. Это не их дело, и у них нет нормальных способов осведомиться на этот счет. Собрание провинции, как и собрание жителей прихода, может очень хорошо судить о делах своего собственного района, но не обладает надлежащими данными для того, чтобы судить о делах, относящихся до всего государства в целом. Оно даже не может правильно судить о том, какую часть всего государства составляет его провинция, не может судить об относительной степени ее богатства и значения сравнительно с другими провинциями, потому что другие провинции не находятся под надзором и контролем собрания какой-нибудь отдельной провинции. О том, что необходимо для защиты и управления всего государства и в какой пропорции каждая его часть должна нести расходы на это, может судить только то собрание, которое контролирует и наблюдает за делами всего государства.

В соответствии с этим было предложено, чтобы колонии облагались в порядке раскладки, чтобы парламент Великобритании определял общую сумму, которую каждая колония должна уплатить, а провинциальное собрание распределяло и собирало ее таким способом, какой лучше всего соответствует условиям провинции. При таком порядке то, что касается всего государства, устанавливалось бы собранием, наблюдающим и контролирующим дела всего государства, а провинциальные дела каждой колонии могли бы регулироваться ее собственным собранием. Хотя колонии в этом случае не имели бы представителей в британском парламенте, однако, если можно судить на основании опыта, маловероятно, чтобы такая парламентская раскладка была несправедлива. Английский парламент ни в одном случае не проявил ни малейшей склонности чрезмерно обременять те части империи, которые не представлены в нем. Острова Гернси и Джерси, не обладающие никакими средствами сопротивления власти парламента, обложены гораздо легче, чем любая часть Великобритании. Парламент в своих попытках осуществлять свое предполагаемое право, хорошо или плохо обоснованное, еще ни разу до сих пор не требовал от них чего-либо, что хотя бы приближалось к той доле, которую платили их сограждане на родине. К тому же если бы взимаемый с колонии налог повышался или понижался в соответствии с изменением поземельного налога, то парламент не мог бы облагать их, не облагая одновременно с этим своих собственных избирателей, и колонии в таком случае можно было бы признать фактически представленными в парламенте.

Нет недостатка в примерах таких государств, где различные провинции, если можно так выразиться, не облагаются по одному типу и где государь устанавливает сумму, которую каждая провинция должна платить, причем в некоторых провинциях он определяет и взимает ее по своему усмотрению, тогда как в других провинциях он предоставляет останавливать и взимать ее по усмотрению представительных собраний каждой провинции. В некоторых провинциях Франции король не только устанавливает налоги, какие считает нужными, но и распределяет и взимает их по своему усмотрению. От других же провинций он требует определенную сумму, но предоставляет властям каждой провинции распределять и собирать ее, как им заблагорассудится. При принятии способа обложения посредством раскладки парламент Великобритании окажется в таком же положении по отношению к колониальным собраниям, в каком король Франции находится по отношению к штатам тех отдельных провинций, которые еще сохранили привилегию иметь такие собрания и которые управляются лучше других провинций Франции.

Но хотя при проведении этой системы у колоний не может быть разумных оснований опасаться, что их доля в государственных налогах когда-либо превысит надлежащие размеры в сравнении с долей их соотечественников на родине, Великобритания может иметь разумные основания опасаться, что эта доля никогда не достигнет этих размеров. Парламент Великобритании в последнее время не обладал в колониях той общепризнанной властью, какой обладает король Франции в тех французских провинциях, которые пользуются еще привилегией иметь собственные штаты, представительные собрания. Колониальные собрания, если настроение их не очень благожелательно (а если на них не будут воздействовать более умело, чем до сих пор, оно вряд ли станет благожелательным), все еще могут находить многочисленные предлоги для уклонения от самых справедливых требований парламента и для отклонения их. Предположим, что вспыхивает война с Францией; должно быть немедленно собрано 10 млн, чтобы защищать столицу государства. Эта сумма может быть занята в долг под обеспечение какого-нибудь фонда, установленного парламентом для платежа процентов. Часть этого фонда парламент предлагает собрать при помощи налога, взимаемого в Великобритании, а другую — посредством раскладки между колониальными собраниями Америки и Вест-Индии. Охотно ли будут люди ссужать свои деньги, обеспечиваемые фондом, само существование которого зависит от доброй воли всех этих собраний, находящихся далеко от театра войны, а иногда, возможно, не считающих себя сильно заинтересованными в ее исходе? Под обеспечение такого фонда можно будет, вероятно, получить в заем немного больше денег, чем сможет дать налог, взимаемый в Великобритании. Вся тяжесть займа, заключенного по случаю войны, ляжет, таким образом, как это всегда бывало до сих пор, на Великобританию, на часть государства, а не на все государство. Великобритания, кажется, является единственным государством с самого возникновения мира, которое, превратившись в империю, только увеличило свои расходы, отнюдь не увеличив свои ресурсы. Другие государства обычно взваливали на покоренные и подвластные им провинции самую значительную часть расходов по защите империи. Великобритания до сих пор допускала, чтобы покоренные и подвластные ей провинции взваливали на нее почти всю сумму этих расходов. Для того чтобы поставить Великобританию в равные условия с ее собственными колониями, которые закон до сих пор признавал подчиненными и подвластными ей, представляется необходимым при принятии метода обложения их посредством парламентской раскладки, чтобы парламент обладал теми или иными средствами добиваться немедленного выполнения его раскладок на тот случай, если колониальные собрания попытаются уклониться от них или отвергнуть их. Каковы должны быть эти средства — это не очень легко представить себе и еще не выяснено.

Одновременно с этим, если за парламентом Великобритании когда-либо будет окончательно признано право облагать колонии, даже независимо от согласия их собственных собраний, эти собрания с того момента утратят свое значение, а вместе с тем утратят его и все руководящие деятели Америки. Люди желают участвовать в управлении государственными делами главным образом ради значения, которое это дает им. От той способности и силы, которыми большинство руководящих деятелей, естественная аристократия всякой страны, обладают в деле сохранений или защиты своего значения, зависит устойчивость и долговечность всякой системы свободного правительства. В постоянных нападках этих руководящих деятелей друг против друга с целью подорвать чужой престол или защитить свой собственный и состоит вся игра партий и честолюбия. Руководящие деятели Америки, подобно деятелям всех других стран, желают сохранить свое влияние. Они чувствуют или воображают, что если их собрания, которые они любят называть парламентами и считают равными по власти парламенту Великобритании, будут в такой степени принижены, что превратятся в скромных слуг и чиновников для поручений этого последнего, то наступит конец большей части их собственного влияния. Они поэтому отвергли предложение об обложении их в порядке раскладки, производимой парламентом, и, подобно другим честолюбивым и высокомерным людям, предпочли обнажить меч в защиту своего влияния и значения.

В период упадка Римской республики союзники Рима, на которых ложилось главное бремя защиты государства и расширения его пределов, стали требовать распространения на них всех прав римских граждан. Когда им в этом было отказано, началась гражданская война. В ходе этой войны Рим предоставил эти права большей части союзников — сперва одним, потом другим, по мере того как они отпадали от общей конфедерации. Парламент Великобритании настаивает на обложении колоний, а они не соглашаются на обложение их парламентом, в котором они не представлены. Если каждой колонии, которая отпадет от общей конфедерации, Великобритания предоставит иметь столько представителей, сколько соответствует ее доле в государственных доходах империи, установив некоторые налоги с нее и взамен этого разрешив ей свободу торговли с ее соотечественниками в метрополии, причем число ее представителей будет увеличиваться соответственно увеличению в дальнейшем ее взноса, то перед руководящими деятелями каждой колонии откроется новый способ приобретения влияния и значения, новый и более заманчивый объект для их честолюбия. Вместо того чтобы состязаться из-за ничтожных призов, которые можно выиграть, если позволено так выразиться, в жалкой лотерее колониальной партийной борьбы, они смогут также надеяться, исходя из свойственной людям веры в свои способности и свою счастливую звезду, вытянуть один из больших выигрышей, выбрасываемых иногда колесом большой государственной лотереи британской политической жизни. Если не будет принят такой или подобный ему метод (а по-видимому, нет другого, более подходящего) для сохранения влияния и удовлетворения честолюбия руководящих деятелей Америки, то маловероятно, чтобы они когда-либо добровольно подчинились нам. А мы должны помнить, что кровь, которую необходимо пролить, чтобы принудить их к этому, каждая ее капля, представляет собою кровь тех, кто является и кого мы хотим иметь нашими согражданами. Очень ошибаются те, кто обольщает себя мыслью, что при создавшемся положении наши колонии легко будут завоеваны при помощи одной только силы. Лица, которые в настоящее время определяют решения так называемого ими континентального конгресса, исполнены в данный момент такого сознания своего значения, какого не чувствуют, пожалуй, самые великие люди в Европе. Из лавочников, купцов, адвокатов они превратились в государственных людей и законодателей и заняты созданием новой формы управления для обширного государства, которое, как они надеются и как это весьма вероятно, сделается одним из величайших и сильнейших государств, которые когда-либо существовали на земле. 500 человек, различным образом непосредственно участвующих в деятельности континентального конгресса, и до 500 тыс. человек, действующих под руководством этих 500, — все одинаково чувствуют соответствующее возрастание своего значения. Почти каждый отдельный член господствующей партии в Америке занимает теперь в собственном воображении положение более высокое в сравнении не только с тем, какое занимал прежде, но и с тем, какое когда-либо рассчитывал занимать. И если перед ним или его вождями не будет выдвинута какая-нибудь новая цель для честолюбия, он умрет, защищая это положение, если только обладает нормальным мужеством.

Президент Гено* замечает, что мы теперь с интересом читаем о мелких подробностях деятельности Лиги, не счи-

---

* *Hénaut*. Histoire de France. Vol. I.

 тавшихся в ту пору важными новостями. В то время, рассказывает он, каждый приписывал себе некоторое значение; и бесчисленные воспоминания, дошедшие до нас от того времени, были в большинстве своем написаны людьми, которым доставляло удовольствие передать и возвеличивать события, в которых они, по их мнению, были важными действующими лицами. Хорошо известно, как упорно тогда защищался город Париж, какой ужасный голод он переносил, лишь бы не покориться наилучшему и впоследствии наиболее любимому из всех королей Франции. Бóльшая часть граждан или тех, кто управлял большей их частью, боролись в защиту своего собственного значения и влияния, которые, как они предвидели, должны были прийти к концу, как только будет восстановлено прежнее правительство. Наши колонии, если только их не удастся побудить к заключению союза, будут, по всей видимости, столь же упорно защищаться против лучшей из метрополий, как город Париж делал это против лучшего из королей.

Идея представительства была неизвестна в древние времена. Когда жители одного государства получали право гражданства в другом, они не обладали другим средством пользоваться этим правом, как отправляться всей массой для голосования и обсуждения вместе с жителями этого другого государства. Распространение на большýю часть жителей Италии прав римского гражданства окончательно погубило Римскую республику. Стало уже невозможно различие между теми, кто был римским гражданином и кто не был им. Ни одно племя не могло знать всех своих членов. Сброд всякого рода мог быть привлекаем к участию в народных собраниях; эти люди могли вытеснять из них настоящих граждан и решать дела республики, как будто они сами являлись ее гражданами. Но даже, если Америка будет посылать 50 или 60 новых представителей в парламент, привратнику палаты общин не составит сколько-нибудь большого труда делать различие между членами и нечленами. Поэтому, хотя римская конституция была неизбежно разрушена в результате объединения Рима с союзными государствами Италии, нет ни малейшего вероятия, чтобы британской конституции могло повредить объединение

Великобритании с ее колониями. Напротив, эта конституция была бы таким образом только завершена и кажется не совершенной без этого. Собрание, обсуждающее и решающее дела всех частей государства, должно, несомненно, иметь в своем составе представителей их всех, чтобы быть надлежащим образом осведомленным. Однако я не стану утверждать, что такое объединение может быть легко осуществлено или что при его осуществлении не могут представиться различные затруднения, и притом значительные. И все же мне не приходилось слышать ни об одном затруднении, которое являлось бы непреодолимым. Главное из них вытекает, пожалуй, не из природы вещей, а из предрассудков и взглядов людей по эту и по ту сторону Атлантического океана.

Мы, находящиеся по эту сторону океана, опасаемся, что большое число американских представителей нарушит равновесие конституции и чрезмерно усилит или влияние короны, с одной стороны, или силу демократии — с другой. Но если число американских представителей будет соответствовать доходу от обложения Америки, то количество населения, подлежащего управлению, возрастет в точном соответствии со средствами для управления им, а средства управления — с численностью управляемого населения. Демократическая и монархическая части конституции останутся после объединения при совершенно таком же соотношении сил между собой, как это было до того.

Люди по ту сторону океана опасаются, что отдаленность их от местопребывания правительства подвергнет их всякого рода угнетению. Но их представители в парламенте, число которых с самого начала должно быть значительно, легко смогут оградить их от всякого угнетения. Расстояние не может сильно ослабить зависимость представителя от избирателя, и первый будет все же сознавать, что обязан своим местом в парламенте и всем, что он извлекает из него, доброй воле последнего. Поэтому в его интересах будет питать эту добрую волю обличением, со всем авторитетом члена законодательного собрания, каждой несправедливости, в какой может провиниться в этих отдаленных частях империи любой гражданский или военный чиновник. Кроме того, как могут утешаться с некоторым основанием жители Америки, отдаленность этой страны от местопребывания правительства не очень долго сохранится. Так велика была доселе быстрота, с какою эта страна развивалась в отношении богатства и населения, что немногим больше чем через 100 лет, пожалуй, доходы от обложения Америки превысят доходы от обложения Великобритании, и центр империи тогда, естественно, передвинется в ту ее часть, которая дает больше всего для общей защиты и содержания органов государства.

Открытие Америки и пути в Ост-Индию мимо мыса Доброй Надежды представляют собою два величайших и важнейших события во всей истории человечества. Последствия их уже теперь очень значительны, но за короткий период в 200 лет, протекший со времени этих открытий, никоим образом не могли в полной мере проявиться все их результаты. Человеческая мудрость не в состоянии предвидеть, какие благие или несчастные последствия могут еще проистечь от этих великих событий. Их общее влияние представляется скорее благотворным, поскольку они сблизили самые отдаленные части мира, позволили им удовлетворять нужды друг друга, расширять круг потребностей и возможность удовлетворять их друг для друга, поощрять промышленность друг друга. Но для туземцев Ост- и Вест-Индии все коммерческие выгоды, которые могли получиться от этих событий, были совершенно парализованы порожденными ими ужасными бедствиями. Однако они были обусловлены, по-видимому, скорее привходящими обстоятельствами, а не чем-либо, коренящимся в самом характере событий. В эпоху открытий превосходство силы на стороне европейцев было так велико, что они могли безнаказанно совершать в этих отдаленных странах любые несправедливые поступки. Впоследствии, может быть, туземцы этих стран станут сильнее или европейцы станут слабее, и жители всех различных частей мира настолько сравняются в мужестве и силе, что это одно, внушая им боязнь друг перед другом, сможет превратить несправедливость независимых наций в некоторое уважение к правам друг друга. Но скорее всего такое равенство силы может установить взаимное сообщение знаний и ознакомление со всеми видами промышленной деятельности, которые естественно или даже необходимо ведут за собою оживленные сношения между всеми странами.

Между прочим, одним из главных последствий этих открытий было то, что меркантилистическая система приобрела блеск и славу, которых она при других условиях никогда бы не достигла. Цель этой системы состоит в обогащении каждой большой нации преимущественно при посредстве торговли и мануфактур, а не при посредстве обработки и улучшения земли, преимущественно при посредстве труда городов, а не деревень. Но вследствие этих открытий торговые города Европы, вместо того чтобы быть мануфактуристами и транспортерами лишь для очень небольшой части мира (части Европы, омываемой Атлантическим океаном, и стран, лежащих по берегам Балтийского и Средиземного морей), сделались теперь мануфактуристами для многочисленных и пользующихся благосостоянием колонистов Америки и транспортерами, а также в некоторых отношениях и мануфактуристами почти для всех различных наций Азии, Африки и Америки. Два новых мира были открыты для их промышленности, причем каждый из них был гораздо значительнее и обширнее, чем старый, а рынок одного из них с каждым днем становился все больше и больше.

Страны, обладающие колониями в Америке и торгующие непосредственно с Ост-Индией, пользуются действительно всем блеском и показным величием этой торговли. Однако другие страны вопреки всем завистливым стеснениям, посредством которых хотят оттеснить их, часто пользуются большей долей выгоды, приносимой ею. Колонии Испании и Португалии, например, гораздо больше содействуют фактически развитию промышленности других стран, чем самих Испании и Португалии. Потребление этими колониями одного только предмета, а именно полотна, достигает, как сообщают (но я не ручаюсь за точность этой цифры), суммы в 3 с лишним млн ф. в год. Но все это значительное потребление обслуживается почти целиком Францией, Фландрией, Голландией и Германией. Испания и Португалия доставляют лишь ничтожную часть всего потребляемого их колониями полотна. Капитал, снабжающий колонии этим большим количеством полотна, ежегодно распределяется между жителями этих других стран и доставляет им доход, только прибыли с него тратятся в Испании и Португалии, где дают пищу роскоши и расточительности купцов Кадикса и Лиссабона.

Даже ограничения, посредством которых каждая нация старается закрепить исключительно за собою торговлю со своими колониями, часто бывают более вредными для стран, в пользу которых они установлены, чем для тех, против которых они были направлены. Несправедливое угнетение промышленности других стран, так сказать, обрушивается на голову самих угнетателей и сокрушает их промышленность в гораздо большей степени, чем промышленность этих стран. На основании этих ограничений, например, гамбургский купец должен полотно, предназначаемое им для американского рынка, отправлять в Лондон и вынужден привозить оттуда табак, предназначаемый им для германского рынка, потому что он не может ни отправлять полотно прямо в Америку, ни вывозить табак непосредственно из Америки. Благодаря таким стеснениям он, вероятно, вынуждается продавать полотно несколько дешевле и покупать табак несколько дороже, чем мог бы делать это при отсутствии их; его прибыли в силу этого, вероятно, урезываются. Однако в этой торговле между Гамбургом и Лондоном его капитал, несомненно, оборачивается гораздо быстрее, чем это могло бы быть в непосредственной торговле с Америкой, даже если предположить (а этого отнюдь не бывает), что платежи Америки производятся так же аккуратно, как и платежи Лондона. Следовательно, при торговле, при которой эти стеснения ограничивают гамбургского купца, его капитал может давать постоянное занятие гораздо большему количеству германского труда, чем это было бы при торговле, от которой он отстранен. Хотя, таким образом, один вид торговли может быть менее выгоден ему, чем другой, но не может быть менее выгоден для его страны. Как раз обратно обстоит дело с тем видом торговли, к которому монополия, естественно, привлекает, так сказать, лондонского купца. Он может, пожалуй, быть более выгодным ему, чем большая часть других отраслей торговли, но ввиду медленности оборотов он не может быть более выгодным для страны.

Таким образом, после несправедливых усилий всех стран Европы взять себе всю выгоду от торговли со своими колониями ни одной из них не удалось еще до сих пор получить для себя ничего другого, кроме издержек на сохранение во время мира и защиту во время войны той притеснительной власти, которую они присвоили себе над ними. Все страны полностью получили на свою долю все неудобства, вытекающие из обладания колониями. Что касается выгод, даваемых торговлей с ними, то их им приходилось делить со многими другими странами.

С первого взгляда, несомненно, монополия обширной торговли с Америкой, естественно, кажется приобретением в высшей степени ценным. С точки зрения легкомысленного честолюбия она в запутанной схватке политической и военной борьбы представляется объектом, весьма достойным. Но именно заманчивый блеск цели, громадные размеры торговли являются как раз тем свойством, которое делает монополию ее вредной или которое приводит к тому, что одно занятие — по самой природе своей менее выгодное для страны, чем большинство других занятий, — поглощает гораздо большую часть капитала страны, чем это было бы при отсутствии такой монополии.

Торговый капитал каждой страны, как уже показано во второй книге, естественно, ищет, так сказать, приложения, наиболее выгодного для данной страны. Если он вложен в транзитную торговлю, страна, которой он принадлежит, становится складочным местом товаров всех стран, для которых этот капитал служит посредником. Но владелец этого капитала необходимо стремится сбыть возможно большую часть этих товаров у себя на родине. Он таким путем избавляет себя от беспокойств, риска и издержек, связанных с вывозом, и поэтому он охотно продаст их внутри страны не только за значительно меньшую цену, но и с несколько меньшей прибылью, чем мог бы получить при отправке их за границу. Поэтому он, естественно, старается превратить по возможности свою транзитную торговлю во внешнюю для нужд потребления. Точно так же, если его капитал вложен во внешнюю торговлю для нужд потребления, он по той же самой причине будет рад сбыть внутри страны возможно большую часть тех товаров внутреннего производства, которые он скупает для вывоза их на какой-нибудь иностранный рынок, и таким образом будет по мере своих сил стараться превратить свою внешнюю торговлю для нужд потребления во внутреннюю торговлю. Торговый капитал каждой страны, таким образом, естественно, ищет близкого вложения и избегает отдаленного, естественно, ищет такого применения, при котором он оборачивается быстро, и избегает такого, при котором обороты медленны, естественно, ищет такого применения, при котором он может давать занятие наибольшему количеству производительного труда в стране, где он находится или где живет его владелец, и избегает такого применения, при котором он может содержать там наименьшее количество труда. Он, естественно, ищет такого применения, которое в обычных условиях наиболее выгодно, и избегает такого, которое в обычных случаях менее всего выгодно этой стране.

Но если в одном из этих отдаленных вложений при обычных условиях, менее выгодных для страны, прибыль почему-либо несколько повысится сравнительно с тем, что достаточно для того, чтобы перевесить естественное предпочтение, отдаваемое вложениям более близким, то такая сверхобычная прибыль будет вызывать отлив капитала из этих более близких вложений, пока прибыли повсюду не вернутся к своему нормальному уровню. Однако такая сверхобычная прибыль служит доказательством того, что при современных общественных условиях в этих отдаленных вложениях помещено недостаточно капитала в сравнении с другими видами торговли и что капитал общества распределяется не вполне надлежащим образом среди всех различных отраслей торговли, ведущихся в нем. Это служит доказательством того, что какие-нибудь предметы покупаются дешевле или продаются дороже, чем следовало бы, и что какой-нибудь определенный класс граждан подвергается в большей или меньшей степени угнетению, уплачивая больше или получая меньше против того, что соответствует тому равенству, которое должно существовать и которое, естественно, осуществляется среди всех различных классов граждан. Хотя один и тот же капитал никогда не может давать занятие одному и тому же количеству производительного труда как при отдаленном, так и при близком вложении, все же первое может быть столь же необходимым для благоденствия общества, как и последнее, поскольку товары, которыми ведется в этом случае торговля, необходимы для ведения многих более близких операций. Но если прибыли тех, кто торгует такими товарами, превышают обычный уровень, они будут продаваться дороже, чем следовало бы, или с некоторым превышением против их естественной цены, и все те, кто занят в более близких операциях, будут более или менее терпеть ущерб от такой высокой цены. Поэтому их интересы в подобном случае требуют, чтобы часть капитала была извлечена из этих более близких вложений и была обращена на это более отдаленное, чтобы свести прибыль от него к надлежащему уровню, а цену соответствующих товаров — к их естественной цене. В этом исключительном случае общественный интерес требует, чтобы часть капитала была отвлечена от тех занятий, которые в обычных условиях более выгодны, и обращена к такому занятию, которое в обычных условиях менее выгодно обществу; в этом исключительном случае естественные интересы и наклонности людей так же полно совпадают с общественными интересами, как и во всех других нормальных случаях, и побуждают их отвлекать капитал от близкого и обращать его на отдаленное занятие.

Таким-то образом частные интересы и стремления отдельных людей, естественно, располагают их обращать свой капитал к занятиям, в обычных условиях наиболее выгодным для общества. Но если под влиянием такого естественного предпочтения они начнут обращать слишком много капитала к этим занятиям, понижение прибыли в них и повышение ее во всех других занятиях немедленно же побудят их исправить такое неправильное распределение. Таким путем без всякого вмешательства закона частные интересы и стремления людей, естественно, заставляют их делить и распределять капитал любого общества среди различных занятий, существующих в нем, по возможности в точном соответствии с тем, что наиболее совпадает с интересами всего общества в целом.

Все разнообразные ограничения меркантилистической системы неизбежно в большей или меньшей степени нарушают это естественное и наиболее выгодное распределение капитала. Те же ограничения, которые касаются торговли с Америкой и Ост-Индией, нарушают его, пожалуй, больше, чем все другие, потому что торговля с этими двумя великими материками поглощает гораздо больше капитала, чем любые другие две отрасли торговли. Впрочем, ограничения и правила, при помощи которых достигается в этих двух отраслях торговли такое перемещение капитала, отнюдь не одни и те же. Монополия в обоих случаях является главным средством, но монополия особого рода. Действительно, монополия того или иного рода является, по-видимому, единственным оружием меркантилистической системы.

В торговле с Америкой все нации стараются по возможности сосредоточить в своих руках весь сбыт на рынок своих колоний, совершенно отстранив все другие нации от непосредственной торговли с ними. В течение большей части XVI столетия португальцы старались таким же образом регулировать торговлю с Ост-Индией, претендуя на исключительное право плавать в индийских водах на том основании, что им принадлежит заслуга первого открытия пути туда. Голландцы и теперь еще не допускают все другие европейские нации к торговле с их островами, дающими пряности. Монополии такого рода явно установлены против всех других европейских наций, которые благодаря этому не только отстраняются от торговли, куда им было бы выгодно обратить часть своего капитала, но и оказываются вынужденными покупать товары, доставляемые этой торговлей, по несколько более дорогой цене сравнительно с той, какую им пришлось бы платить, если бы они могли сами ввозить их непосредственно из стран, производящих их.

Но после падения могущества Португалии ни одна европейская нация уже не претендовала на исключительное право плавания в индийских водах, главные порты которых открыты теперь кораблям всех европейских наций. Однако, исключая Португалию и с недавнего времени

Францию, торговля с Ост-Индией во всех европейских странах была отдана в руки монопольных компаний. Монополии подобного рода, в сущности, устанавливаются против той самой нации, какая прозозглашает ее. Значительнейшая часть этой нации не только устраняется благодаря ей от торговли, к которой ей могло бы быть выгодно обратить часть своего капитала, но и вынуждена покупать товары, доставляемые этой торговлей, по несколько более дорогой цене, чем если бы она была открыта и свободна для всех членов этой нации. Со времени учреждения английской Ост-Индской компании, например, остальные жители Англии, помимо того что были отстранены от торговли, должны были оплачивать в цене потребляемых ими ост-индских товаров не только все чрезвычайные прибыли, которые компания получала на этих товарах вследствие своей монополии, но и все те чрезвычайные излишние издержки, которые неизбежно должны были вызываться обманом и злоупотреблениями, не отделимыми от управления делами столь большой компании. Таким образом, нелепость этого второго рода монополии гораздо более очевидна, чем нелепость монополии первого рода.

Оба этих вида монополии более или менее нарушают естественное распределение капитала общества, но они не всегда нарушают его одинаковым образом.

Монополии первого рода всегда привлекают к одной какой-нибудь отрасли торговли, в которой они устанавливаются, более значительную долю капитала общества, чем та, которая естественно притекала бы к ней.

Монополии второго рода могут иногда привлекать капитал к той отрасли торговли, в которой они устанавливаются, а иногда и отвлекать его от нее в зависимости от различных обстоятельств. В бедных странах они, естественно, привлекают к ней больше капитала, чем при нормальных условиях притекало бы к ней. В богатых странах они, естественно, отвлекают от нее значительное количество капитала, которое в нормальных условиях направляли бы в нее.

Такие бедные страны, как, например, Швеция и Дания, вероятно, никогда не отправили бы ни одного судна в Ост-Индию, если бы эта торговля не была предоставлена монопольной компании. Учреждение такой компании неизбежно поощряет предприимчивых людей. Монополия ограждает их от всех конкурентов на внутреннем рынке, а на внешних рынках они имеют равные шансы с купцами других наций. Их монополия дает им уверенность, что они получат большую прибыль на значительном количестве товаров, и вероятность того, что они получат значительную прибыль на большом количестве товаров. Не получая такого чрезвычайного поощрения, бедные купцы таких бедных стран никогда, наверное, не решились бы рисковать своими небольшими капиталами в столь отдаленном и ненадежном предприятии, каким, естественно, должна была казаться им торговля с Ост-Индией.

Напротив, такая богатая страна, как Голландия, при свободной торговле, вероятно, отправляла бы в Ост-Индию гораздо больше кораблей, чем делает это в настоящее время. Ограниченный капитал Голландской ост-индской компании не пускает, вероятно, в эту торговлю многие крупные торговые капиталы, которые притекали бы к ней при отсутствии монополии. Торговый капитал Голландии так велик, что он, так сказать, постоянно перетекает то в займы иностранных государств, то в займы частным торговцам и предприимчивым людям чужих стран, то в транзитную торговлю. Поскольку почти все отрасли торговли переполнены, а весь капитал, который с более или менее сносной прибылью может быть помещен в них, уже вложен туда, постольку капитал Голландии неизбежно отвлекается к наиболее отдаленным предприятиям. Если бы торговля с Ост-Индией была вполне свободна, она, вероятно, поглотила бы большую часть этого избыточного капитала. Ост-Индия представляет собой как для мануфактурных изделий Европы, золота и серебра, так и для некоторых других продуктов Америки более обширный и емкий рынок, чем Европа и Америка, взятые вместе.

Всякое нарушение естественного распределения капитала неизбежно бывает вредным для общества, в котором оно происходит; или тем, что отвлекает от какой-нибудь отрасли торговли капитал, который в противном случае притекал бы к ней, или же привлечением [капитала] в какую-нибудь отрасль торговли, которое, в противном случае, не произошло бы. Если бы при отсутствии монопольной компании торговля Голландии с Ост-Индией была значительнее, чем теперь, страна эта должна терпеть значительный ущерб благодаря тому, что часть ее капитала отстранена от такого занятия, которое для нее наиболее выгодно. Точно так же если при отсутствии монопольной компании торговля Швеции и Дании с Ост-Индией была бы меньше, чем теперь, или — что, пожалуй, более вероятно — совсем не существовала бы, то обе эти страны должны терпеть значительный ущерб ввиду отвлечения части их капитала в занятие, которое в той или иной мере не соответствует их современным условиям. Для них, пожалуй, было бы лучше при настоящих условиях покупать ост-индские товары у других наций, даже платя при этом несколько дороже, чем отвлекать столь значительную часть своего незначительного капитала к столь отдаленной торговле, в которой капитал оборачивается так медленно и может содержать столь небольшое количество производительного труда внутри собственной страны, где имеется столь большая нужда в производительном труде, где так мало производится и так много требуется производить.

Хотя, таким образом, при отсутствии монопольной компании какая-нибудь отдельная страна может оказаться не в состоянии вести непосредственную торговлю с Ост-Индией, отсюда отнюдь не следует, что подобного рода компания должна быть учреждена в ней; отсюда следует только то, что при данных обстоятельствах такая страна не должна торговать непосредственно с Ост-Индией. Тот факт, что подобные компании вообще не являются необходимыми для торговли с Ост-Индией, достаточно доказывается опытом Португалии, которая более 100 лет подряд почти всю ее держала в своих руках без всякой монопольной компании.

Указывали, что ни один отдельный купец не может обладать капиталом, достаточным для содержания представителей и агентов в различных портах Ост-Индии, чтобы доставать товары для судов, посылаемых им туда, а между тем при отсутствии таких представителей и агентов трудность найти груз может часто приводить к тому, что суда упустят благоприятное время для возвращения, и издержки, связанные с таким промедлением, не только съедят всю прибыль от предприятия, но и могут причинить значительные убытки. Однако этот довод, если он вообще что-нибудь доказывает, доказывал бы только то, что ни одна значительная отрасль торговли не может вестись без монопольной компании, а это противоречит опыту всех наций. Нет такой крупной отрасли торговли, в которой капитал любого отдельного купца был бы достаточен для ведения всех подсобных операций, необходимых для ведения основной торговли. Но когда нация созревает для ведения какой-нибудь крупной отрасли торговли, одни купцы, естественно, вкладывают свои капиталы в основную ее ветвь, а другие — в подсобные ее ветви, и хотя таким образом ведутся все ее ветви, однако очень редко бывает, чтобы все они велись посредством капитала одного отдельного торговца. Если поэтому нация созрела для торговли с Ост-Индией, известная часть ее капитала, естественно, распределится между различными ветвями этой торговли. Некоторые из ее купцов сочтут выгодным для себя поселиться в Ост-Индии и затрачивать там свои капиталы на доставку товаров судам, которые присылаются другими купцами, живущими в Европе. Если бы поселения, приобретенные различными европейскими нациями в Ост-Индии, были отняты у монопольных компаний, которым они ныне принадлежат, и поставлены под непосредственное покровительство государя, жизнь в них стала бы удобной и безопасной по крайней мере для купцов тех наций, которым эти поселения принадлежат. Если в какой-либо момент та часть капитала какой-либо страны, которая по собственному почину стремится и склоняется, так сказать, к торговле с Ост-Индией, окажется недостаточной для ведения всех этих различных ее ветвей, это будет служить доказательством того, что в данное время эта страна еще не созрела для такой торговли и что ей выгоднее еще некоторое время покупать даже по более высокой цене у других европейских наций нужные ей ост-индские товары, вместо того чтобы ввозить их самой непосредственно из Ост-Индии. Ее потери на высокой цене этих товаров редко могут сравняться с потерями, которые она понесет вследствие отвлечения значительной части своего капитала от другого употребления, более нужного, более полезного или более соответствующего ее условиям и положению, чем непосредственная торговля с Ост-Индией.

Хотя европейцы обладают на Африканском побережье и в Ост-Индии многочисленными значительными поселениями, они еще не обзавелись ни тут, ни там такими населенными и богатыми колониями, как на островах и материке Европы. Африка, равно как некоторые из стран, объединяемых под общим наименованием Ост-Индии, населена варварскими народами. Но эти народы отнюдь не были так слабы и беззащитны, как жалкие и беспомощные американцы; помимо того, они были и гораздо более многочисленны в зависимости от естественного плодородия населяемых ими стран. Самые варварские народы Африки или Ост-Индии были пастушескими народами, даже готтентоты, тогда как туземцы всех местностей Америки, за исключением Мексики и Перу, были лишь охотниками; а существует очень большая разница между числом пастухов и числом охотников, которым может обеспечить средства к существованию территория одного и того же размера и одинакового плодородия. Поэтому в Африке и Ост-Индии было гораздо труднее вытеснить туземцев и распространить плантации на большую часть земель их первоначальных жителей. Кроме того, как уже было отмечено, дух монопольных компаний неблагоприятен для развития новых колоний и был, вероятно, главной причиной ничтожности успехов их в Ост-Индии. Португальцы вели торговлю как с Африкой, так и с Ост-Индией, не учреждая монопольных компаний, и их поселения в Конго, Анголе и Бенгуэле на Африканском побережье и в Гоа в Ост-Индии, хотя на них сильно отразились предрассудки и всяческие проявления плохого управления, все же отчасти, хотя и слабо, напоминают американские колонии и отчасти заселены португальцами, поселившимися там несколько поколений назад. Голландские поселения на мысе Доброй Надежды и в Батавии являются в настоящее время самыми значительными колониями из учрежденных европейцами в Африке или в Ост-Индии и притом очень удачно расположенными. Мыс Доброй Надежды был населен народом, почти столь же варварским и столь же неспособным защищать себя, как и туземцы Америки. К тому же он представляет собою как бы постоялый двор на пути между Европой и Ост-Индией, где на некоторое время останавливается почти каждое европейское судно во время своего рейса туда или обратно. Снабжение этих судов всякого рода свежими съестными припасами, фруктами и иногда вином одно уже создает весьма обширный рынок для избыточного продукта колонистов. Тем, чем является мыс Доброй Надежды на пути между Европой и Ост-Индией, является Батавия между главными пунктами Ост-Индии. Она расположена на самой оживленной дороге от Индостана к Китаю и Японии и находится почти на половине этой дороги. Почти все суда, плавающие между Европой и Китаем, заходят в Батавию; помимо этого, она служит центральным и главным рынком так называемой местной торговли Ост-Индии — не только той ее части, которая ведется европейцами, но и той, которая ведется туземными народами; в ее порту часто можно видеть суда, управляемые жителями Китая и Японии, Тонкина, Малакки, Кохинхины и острова Целебес. Столь выгодное местоположение позволяло обеим этим колониям преодолеть все препятствия, которые мог противопоставлять их развитию гнетущий дух монопольной компании. Оно позволило Батавии парализовать добавочную невыгоду самого, пожалуй, нездорового климата во всем мире.

Английская и Голландская компании, хотя они и не учредили никаких крупных колоний, за исключением двух вышеупомянутых, сделали обе значительные завоевания в Ост-Индии. Но в том, как они обе управляют своими новыми подданными, естественный дух монопольной компании проявился наиболее ярко. На островах, где растут пряности, голландцы, как утверждают, сжигают пряности, доставляемые обильным урожаем сверх того количества, которое они рассчитывают продать в Европе с достаточной, по их мнению, прибылью. На островах, где они совсем не имеют поселений, они дают премию тем, кто собирает молодые цветы и зеленые листья гвоздичного и мускатного деревьев, естественно растущих там, но почти совершенно уничтоженных теперь, как передают, в результате этой дикой политики. Даже на островах, где они имеют свои поселения, они очень сильно уменьшили количество этих деревьев. Если сбор даже на их собственных островах окажется значительно большим, чем это соответствует их рынку, туземцы, как они опасаются, могут найти способы доставить некоторую часть его другим нациям; и поэтому, как им кажется, самым лучшим средством обеспечить себе монополию будет забота о том, чтобы здесь произрастало не больше того, что они сами доставляют на рынок. Различными средствами угнетения они сократили население некоторых из Молуккских островов почти до такой численности, которая достаточна для снабжения свежим провиантом и другими необходимыми предметами их незначительных гарнизонов и тех их судов, которые время от времени заходят туда за грузами пряностей, а между тем при господстве даже португальцев эти острова, как сообщают, были довольно хорошо заселены. Английская компания еще не успела установить в Бенгалии столь совершенную разрушительную систему. Но система их управления отличалась в точности такой же тенденцией. Как меня заверяли, нередко бывало, что начальник, т.е. главный приказчик какой-либо фактории, приказывал крестьянину распахать цветущее поле мака и засеять его рисом или каким-нибудь другим злаком. Предлогом выставлялось предупреждение недостатка продовольствия, но фактической причиной являлось стремление дать начальнику возможность продать по лучшей цене большое количество опиума, имевшееся у него на руках. В других случаях давалось приказание противоположного характера, и хорошее поле риса или другого хлеба перепахивалось, чтобы уступить место плантации мака; это делалось, когда начальник предусматривал возможность получения чрезвычайно большой прибыли от опиума. Служащие компании во многих случаях пытались устанавливать в свою собственную пользу монополию какой-либо из важнейших отраслей не только внешней, но и внутренней торговли страны. Если бы им было позволено действовать дальше в таком же направлении, они необходимо попытались бы раньше или позже ограничить производство отдельных продуктов, монополию которых они таким образом захватили, ограничить его не только тем количеством, которое могли продать, но и тем, которое могли рассчитывать продать с достаточной, по их мнению, прибылью. По прошествии столетия или двух политика Английской компании, наверное, оказалась бы, таким образом, столь же разрушительной, как и политика Голландской компании.

Однако ничто не может в большей степени идти вразрез с действительными интересами этих компаний, чем эта разрушительная система. Почти во всех странах доход государя получается из дохода народа. Поэтому чем больше доход народа, чем больше годовой продукт земли и труда населения, тем больше может оно уделить государю. Ввиду этого в интересах последнего увеличивать по возможности этот годовой продукт. Но если таков интерес всякого государя, это особенно относится к такому государю, доход которого, как это имеет место с государем Бенгалии, получается главным образом от земельной ренты. Эта рента должна обязательно зависеть от количества и стоимости продукта, а оба они, в свою очередь, зависят от размеров рынка. Количество всегда будет соответствовать с большей или меньшей точностью потреблению тех, кто в состоянии платить за него, а цена, которую последние будут согласны платить, всегда будет стоять в зависимости от напряженности конкуренции между ними. Поэтому в интересах такого государя открывать возможно более обширный рынок для продукта своей страны, предоставлять наиболее полную свободу торговли, чтобы увеличивать по возможности число и конкуренцию покупателей, а следовательно, устранять не только все монополии, но и все стеснения при перевозке продукта страны из одной ее части в другую, при вывозе его в другие страны или при ввозе всевозможных товаров, на которые он может обмениваться. Таким путем он скорее всего увеличит количество и стоимость этого продукта, а следовательно, и своей собственной доли его или свой доход.

Но, как кажется, торговая компания не способна смотреть на себя как на государя даже после того, как становится им. Она по-прежнему считает своим главным делом торговлю, т.е. покупку с целью последующей перепродажи, и по странному непониманию рассматривает роль государя как некое дополнение к своей роли купца, как нечто такое, что должно быть подчинено последней или в силу чего она может получить возможность дешевле покупать в Индии и благодаря этому продавать с большей прибылью в Европе. С этой целью она пытается по возможности отстранять всех конкурентов с рынка стран, подчиненных ее управлению, а следовательно, сокращать по крайней мере некоторую часть избыточного продукта этих стран до того количества, которое только достаточно для удовлетворения ее собственного спроса или которое она рассчитывает продать в Европе с нормальной, по ее мнению, прибылью. Торгашеские привычки, таким образом, побуждают ее почти неизбежно — хотя, может быть, и бессознательно — предпочитать во всех обычных случаях небольшую и временную прибыль монополиста большому и устойчивому доходу государя и постепенно ведут ее к почти такому же обращению со странами, подчиненными ее управлению, каково обращение голландцев с Молуккскими островами. В интересах Ост-Индской компании, рассматриваемой в качестве государя, чтобы европейские товары, привозимые в ее индийские владения, продавались там возможно дешевле и чтобы индийские товары, доставляемые оттуда, приносили туда наибольшую выручку или продавались по возможно более высокой цене. Но ее интересы как купца прямо противоположны этому. В качестве государя она имеет интересы, совершенно совпадающие с интересами страны, управляемой ею. В качестве купца ее интересы совершенно противоположны последним.

Но если дух такого управления, даже поскольку речь идет о его руководителях в Европе, является, таким образом, по существу и, пожалуй, безнадежно неправильным, то практика его в Индии является таковой в еще большей степени. Во главе этого управления стоит по необходимости совет купцов — профессия, без сомнения, чрезвычайно почтенная, но ни в одной стране мира не обладающая тем авторитетом, который, естественно, внушает народу страх и без всякого применения силы вызывает его добровольное подчинение. Такой совет в состоянии добиваться повиновения только с помощью военной силы, которой он располагает, и его управление поэтому по необходимости носит военный и деспотический характер. Между тем его главное занятие — занятие купца. Оно состоит в продаже за счет его хозяев европейских товаров, доставляемых ему, и в покупке взамен индийских товаров для европейского рынка. Оно состоит в продаже первых так дорого и в покупке вторых так дешево, как только это возможно, а следовательно, в отстранении по возможности всех соперников от того рынка, где он держит свои конторы и магазины. Поэтому дух администрации компании, поскольку это относится к ее торговле, не отличается от духа ее правления. Он имеет тенденцию подчинять управление интересам монополии, а следовательно, ограничивать естественный рост по крайней мере некоторой части избыточного продукта страны ровно тем, что достаточно для удовлетворения спроса самой компании.

Помимо того, все члены администрации торгуют более или менее за свой собственный счет, и тщетно было бы воспрещать им делать это. Ничего не может быть глупее, как ожидать, чтобы служащие большой фирмы, находящейся на расстоянии десяти тысяч миль, а следовательно, почти совершенно свободные от контроля, по одному приказу своих хозяев прекратили сразу ведение всякого рода операций за собственный счет, отказались навсегда от всякой надежды составить себе состояние, для чего они имеют в руках все средства, и удовлетворились скромным жалованьем, которое дают им хозяева и которое при всей его умеренности редко может быть увеличено, поскольку оно обычно устанавливается в размерах, допускаемых действительной прибылью от торговли компании. При таких условиях запрещение служащим компании торговать за собственный счет вряд ли может приводить к чему-либо иному, как к возможности для старших служащих под предлогом выполнения распоряжения своих хозяев угнетать тех из низших служащих, которые имели несчастье вызвать их неудовольствие. Служащие, естественно, стараются установить в пользу своей собственной частной торговли такую же монополию, как и для торговли компании. Если им предоставят действовать по своему усмотрению, они установят эту монополию открыто и непосредственно, запретив всем другим лицам торговать предметами, какими они хотят торговать, и это, пожалуй, лучший и наименее стеснительный способ установления монополии. Но если приказом из Европы это им запрещено, они тем не менее постараются установить такого же рода монополию тайно и не прямым путем, а способом гораздо более губительным для страны. Они будут пользоваться всем авторитетом правительства и извращать отправление правосудия, чтобы преследовать и разорять тех, кто мешает им в какой-либо отрасли торговли, которую они ведут при помощи агентов, или скрыто, или по крайней мере не признаваясь в этом открыто. Вместе с тем частная торговля служащих, естественно, должна распространиться на гораздо большее количество разных предметов, чем официальная торговля компании. Торговля компании охватывает только торговлю с Европой, охватывает только часть внешней торговли страны. Частная же торговля служащих может распространяться на все различные отрасли ее внутренней и внешней торговли. Монополия компании может вести только к задержке естественного возрастания той части избыточного продукта, которая при свободе торговли вывозилась бы в Европу. Монополия служащих ведет к задержке естественного возрастания количества всех решительно продуктов, какими они вздумают торговать, предназначенных как для внутреннего потребления, так и для вывоза, а следовательно, к понижению культуры всей страны и к уменьшению численности ее населения. Она ведет к уменьшению количества всех решительно продуктов, даже предметов жизненной необходимости, когда служащие компании вздумают торговать ими, покупая их и рассчитывая продать их с желательной им прибылью.

По самому характеру своего положения служащие равным образом должны быть более склонны с большей строгостью отстаивать свои интересы против интересов управляемой ими страны, чем могут делать это их хозяева. Страна принадлежит не служащим, а хозяевам, которые не могут совсем не считаться с интересами страны. Действительные интересы хозяев, если только они способны понять их, совпадают с интересами страны, и если они угнетают ее, то главным образом благодаря неведению и нелепости меркантилистического предрассудка. Напротив, действительные интересы служащих отнюдь не тождественны с интересами страны, и наилучшее осведомление необязательно должно вести к прекращению притеснений с их стороны. Ввиду этого правила, присылавшиеся из Европы, хотя и были часто неудачны, в большинстве случаев преследовали благие намерения, больше понимания и, пожалуй, меньше благожелательности проявлялось иногда в правилах, устанавливавшихся служащими в Индии. Что это вообще за странное правительство, если каждый член его администрации стремится поскорее уехать из страны и, следовательно, по возможности скорее расстаться с этим правительством, если каждому члену администрации на другой же день после того, как он уехал и увез с собою свое состояние, совершенно безразлично, что вся страна будет уничтожена землетрясением.

Все сказанное здесь отнюдь не означает, что я возвожу какие-либо обвинения против служащих Ост-Индской компании и еще меньше против каких-либо отдельных лиц. Я порицаю систему управления, положение, в какое люди поставлены, а не характер людей, работавших в этой системе управления. Они поступали так, как это, естественно, диктовалось их положением, и те, кто громче всех кричал против них, вероятно, действовали бы сами не лучше. Во время войны и переговоров советы Мадраса и Калькутты во многих случаях действовали с решительностью и уверенной мудростью, которые сделали бы честь римскому сенату в лучшие дни республики. А между тем члены этих советов были воспитаны для профессий, весьма далеких от войны и политической деятельности. Но, по-видимому, одно только их положение без соответствующего образования, опыта или даже примера породило в них все те великие качества, которые требовались обстоятельствами, и пробудило в них способности и доблести, наличие которых у себя они даже сами не подозревали. Если поэтому в некоторых случаях их положение воодушевляло их к великодушным действиям, каких от них трудно было ожидать, то не приходится удивляться, что в других случаях оно толкало их на поступки несколько иного характера.

Итак, подобного рода монопольные компании во всех отношениях являются вредными, всегда более или менее невыгодными для стран, в которых они учреждаются, и гибельными для тех, которые имеют несчастье оказаться под их управлением.

Глава VIII

ЗАКЛЮЧЕНИЕ О МЕРКАНТИЛИСТИЧЕСКОЙ СИСТЕМЕ

Хотя поощрение вывоза и затруднение ввоза представляют собою два главных средства, при помощи которых меркантилистическая система хочет обогащать любую страну, по отношению к некоторым особым товарам она все же, по-видимому, идет противоположным путем: стоит за затруднение вывоза и за поощрение ввоза. Однако ее конечная цель, как она утверждает, всегда одна и та же, а именно обогащение страны посредством благоприятного торгового баланса. Она затрудняет вывоз промышленного сырья и орудий производства, чтобы дать нашим рабочим преимущество и позволить им успешно конкурировать с рабочими других наций на всех иностранных рынках; ограничивая таким образом вывоз немногих товаров, не очень дорогих, она имеет в виду вызвать гораздо больший и гораздо более ценный вывоз других. Она поощряет ввоз сырья для мануфактур, чтобы население нашей страны могло перерабатывать его дешевле и чтобы этим был предотвращен более значительный и стоящий дороже ввоз мануфактурных изделий. Я не вижу, по крайней мере в нашем своде законов, никаких поощрительных мер в пользу ввоза орудий производства. Когда мануфактурная промышленность достигает известной степени развития, производство орудий производства само становится занятием большого числа очень важных мануфактур. Предоставление особого поощрения ввозу таких орудий производства слишком нарушало бы интересы этих предприятий. Поэтому их ввоз не только не поощрялся, но часто совсем воспрещался. Так, ввоз шерсточесальных аппаратов был воспрещен законом, изданным в 3-й год правления Эдуарда IV; исключение было сделано только при ввозе из Ирландии или при ввозе их в качестве призового груза или груза, спасенного при кораблекрушении. Запрещение это было возобновлено законом в 39-м году правления Елизаветы и было продолжено и установлено навсегда последующими законами.

Ввоз сырья для промышленности иногда поощрялся освобождением его от пошлин, которыми облагались другие товары, а иногда премиями.

Ввоз шерсти из ряда стран, хлопчатой бумаги из всех стран, нечесаного льна, большей части красильных веществ, большей части невыделанных кож из Ирландии или британских колоний, тюленьих кож с британских промыслов в Гренландии, чугуна и полосового железа из британских колоний, а также ввоз некоторых других видов промышленного сырья поощрялся освобождением от всяких пошлин при условии надлежащей регистрации в таможне. Возможно, что эти изъятия, равно как бóльшую часть наших других торговых правил, исторг у законодательства частный интерес наших купцов и владельцев мануфактур. Тем не менее они совершенно справедливы и разумны, и если, не посягая на нужды государства, их можно было бы распространить на все другие виды промышленного сырья, общество, без сомнения, выиграло бы от этого.

Однако жадность наших владельцев крупных мануфактур в некоторых случаях распространяла эти изъятия гораздо дальше того, что может быть с основанием признано сырьем для их работы. Законом 24-го года правления Георга II, гл. 46, была установлена незначительная пошлина, всего только в 1 пенни на фунт, при ввозе иностранной суровой пряжи вместо гораздо более высокой пошлины, какою она облагалась прежде, а именно в 6 п. с фунта парусной пряжи, в 1 шилл. с фунта французской и голландской пряжи и в 2 ф. 13 ш. 4 п. с центнера русской льняной пряжи. Но наши владельцы мануфактур недолго удовлетворялись этим понижением. Законом, изданным в 29-м году правления этого же короля, гл. 15, вместе с предоставлением премии при вывозе британского и ирландского полотна, цена которого не превышала 18 п. за ярд, была также отменена даже эта незначительная пошлина при ввозе суровой льняной пряжи. Однако в различных операциях, необходимых для изготовления льняной пряжи, затрачивается гораздо больше труда, чем в последней операции — выделке полотна из льняной пряжи. Не говоря уже о труде тех, кто выращивает лен, и о труде чесальщиков льна, требуются по меньшей мере три или четыре прядильщика, чтобы давать постоянное занятие одному ткачу, и более $^{4}/_{5}$ всего количества труда, необходимого для изготовления полотна, затрачивается при изготовлении льняной пряжи; но наши прядильщики состоят из бедняков, обычно женщин, разбросанных в различных частях страны, не встречающих поддержки или защиты. Не от продажи их работы, а от продажи законченного продукта ткачей получают свою прибыль наши владельцы крупных мануфактур. Подобно тому как в их интересах продавать готовые изделия возможно дороже, так и в их интересах покупать нужное им сырье возможно дешевле. Добиваясь от законодательства премий при вывозе их собственного полотна, высоких пошлин при ввозе всех иностранных полотен и полного воспрещения употребления внутри страны некоторых сортов французского полотна, они стараются продавать свои собственные изделия возможно дороже. Поощряя ввоз иностранной льняной пряжи и вызывая таким образом конкуренцию с нашей собственной пряжей, они стремятся возможно дешевле покупать труд бедных прядильщиков. Они одинаково стремятся понижать заработную плату своих ткачей, как и заработок бедных прядильщиков, и, конечно, отнюдь не ради рабочих они стараются повысить цену готового продукта или понизить цену сырых материалов. Наша меркантилистическая система поощряет главным образом ту именно промышленность, которая ведется в пользу богатых и сильных. Та промышленность, которая ведется в интересах бедных и нуждающихся, слишком часто оказывается в пренебрежении или стесняется.

Как премия при вывозе полотна, так и освобождение от пошлины при ввозе иностранной пряжи, предоставленные сроком на 15 лет, но продолженные в силу двух отсрочек, подлежат прекращению в конце сессии парламента, непосредственно после 24 июня 1786 г.

Поощрение, оказываемое ввозу сырых материалов для промышленности посредством установления премий, ограничивалось главным образом сырьем, ввозимым из наших американских плантаций.

Первыми премиями такого рода явились премии, установленные в начале текущего столетия при ввозе корабельных снастей из Америки. Под этим наименованием подразумевались мачтовый лес, реи и бушприты, пенька, смола, деготь и скипидар. Но премия в 1 ф. на тонну мачтового леса и в 6 ф. на тонну пеньки была распространена на эти предметы и при ввозе в Англию из Шотландии. Эти премии сохранялись без всяких изменений в тех же размерах, пока не истек установленный для них срок: премия для пеньки — 1 января 1741 г., премия для мачтового леса — по окончании парламентской сессии, открывшейся вслед за 24 июня 1781 г.

Премии на смолу, деготь и скипидар за время своего существования подвергались неоднократным изменениям. Первоначально премия на смолу равнялась 4 ф. за тонну, такого же размера была премия и на деготь, а на скипидар достигала 3 ф. за тонну. Премия в 4 ф. за тонну смолы была впоследствии сохранена только для смолы, приготовленной особым образом; премия на другие сорта хорошей, чистой и продажной смолы была понижена до 2 ф. 4 шилл. за тонну. Премия на деготь тоже была понижена до 1 ф., а на скипидар — до 1 ф. 10 шилл. с тонны.

Второй в порядке времени премией при ввозе сырья для промышленности была премия, установленная гл. 30 закона, изданного в 21-й год правления Георга II, для ввозимого с британских плантаций индиго. Когда индиго с плантаций стоило три четверти цены лучшего французского индиго, этим актом предоставлялась премия в 6 п. за фунт. Она, как и большинство других, была установлена лишь на определенный срок, была продолжена рядом последующих отсрочек, но понижена до 4 п. за фунт. Премия не была возобновлена и перестала выдаваться в конце сессии парламента 25 марта 1781 г.

Третья премия этого рода была установлена (около того времени, когда мы начали то проявлять любезность к нашим американским колониям, то ссориться с ними) законом, изданным в 4-й год правления Георга III, гл. 26, при ввозе пеньки или нечесаного льна с британских плантаций. Эта премия была установлена на 21 год, с 24 июня 1764 по 24 июня 1785 г. В течение первых семи лет она определялась в 8 ф. за тонну, вторых семи лет — 6 ф. и третьих — 4 ф. Она не была распространена на Шотландию, климат которой не очень пригоден для этого продукта (хотя пенька иногда выращивается там в небольших количествах и худшего качества). Подобная же премия при ввозе шотландского льна в Англию явилась бы слишком большим препятствием для производства этого продукта в южной части Соединенного Королевства.

Четвертой премией этого рода явилась премия, установленная законом 5-го года правления Георга III, гл. 45, для лесных материалов, ввозимых из Америки. Она была предоставлена на девять лет, с 1 января 1766 по 1 января 1775 г. В течение первых трех лет она должна была равняться 1 ф. за каждые 120 хороших досок и 12 ш. за 50 куб. футов всякого иного обтесанного леса. На следующие три года она определялась в размере 15 ш. для досок и 8 ш. для прочего обтесанного леса, а на последние три года — соответственно в 10 и 5 ш.

Пятой премией этого рода была премия при ввозе из британских плантаций шелка-сырца, установленная законом 9-го года правления Георга III, гл. 38. Сроком она была на 21 год, с 1 января 1770 по 1 января 1791 г. На первые семь лет она определялась в 25 ф. на каждые 100 ф. по стоимости, на вторые семь лет — в 20 ф. и на третьи семь лет — в 15 ф. Уход за шелковичным червем и изготовление шелка требуют так много ручного труда, а труд так дорог в Америке, что даже эта высокая премия, как мне сообщали, не оказала, по-видимому, сколько-нибудь значительного влияния.

Шестой премией этого рода была премия, установленная законом 11-го года правления Георга III, гл. 50, на ввозимые бочки и клепку из британских плантаций. Она была введена на девять лет, с 1 января 1772 по 1 января 1781 г. На первые три года она достигала 6 ф. за определенное количество этих материалов, на последующие три года — 4 ф. и на последние три года — 2 ф.

Седьмая, и последняя премия этого рода была установлена законом 19-го года правления Георга III, гл. 37, для пеньки, ввозимой из Ирландии. Она была введена, как и премия для пеньки и нечесаного льна, ввозимых из Америки, на 21 год, с 24 июня 1779 по 24 июня 1800 г. Срок этот точно так же подразделен на три периода, по семь лет каждый, причем в каждый из них размер премии при ввозе из Ирландии совпадает с размером премии при ввозе из Америки. Однако в отличие от премии при ввозе из Америки она не распространяется на нечесаный лен. Это слишком повредило бы культуре этого растения в Великобритании. Когда устанавливалась эта премия, взаимоотношения между законодательными учреждениями Великобритании и Ирландии были не лучше, чем раньше были взаимоотношения между законодательными учреждениями Великобритании и Америки. Но надо надеяться, что эта льгота дана была Ирландии при лучших предзнаменованиях, чем все льготы, предоставленные Америке.

Те самые товары, на которые мы выдавали премии при ввозе их из Америки, облагались значительными пошлинами при ввозе их из всякой другой страны. Интересы наших американских колоний признавались тождественными с интересами метрополии. Их богатство считалось нашим богатством. Все деньги, которые посылаются в колонии, как утверждали, в силу торгового баланса полностью возвращаются к нам, и мы не можем стать хотя бы на фартинг беднее в результате каких бы то ни было расходов, производимых ради них. Во всех отношениях колонии принадлежат нам, и поэтому затраченные деньги представляют собою расход на улучшение нашей собственности и для предоставления выгодного занятия нашему собственному населению. Мне думается, нет необходимости в настоящее время останавливаться дальше на этом, чтобы показать все безумие системы, истинный смысл которой достаточно выяснил печальный опыт. Если бы наши американские колонии были действительно частью Великобритании, эти премии можно было бы считать премиями для производства, и они вызывали бы все те возражения, которые относятся к такого рода премиям, но только эти возражения.

Вывоз промышленного сырья задерживался или абсолютными воспрещениями, или высокими пошлинами.

Владельцы наших шерстяных мануфактур имели больше успеха, чем другой какой-либо класс работников, в деле внушения законодательным учреждениям, что благосостояние всей нации зависит от успешности и процветания их специального промысла. Они не только добивались монополии против потребителей посредством абсолютного запрещения ввоза сукна из других стран, но равным образом добились другой монополии против овцеводов и производителей шерсти установлением подобного же запрещения вывоза овец и шерсти. С полным основанием жалуются на суровость многих законов, издававшихся для ограждения доходов казны, поскольку они тяжело карали действия, которые до издания законов, объявлявших их преступлением, всегда почитались вполне дозволенными. Но самый жесткий из всех этих законов, решаюсь утверждать это, мягок и снисходителен в сравнении с некоторыми из тех, которые были исторгнуты воплями наших купцов и мануфактуристов от законодательства для ограждения их собственных нелепых и стеснительных монополий. Как и законы Дракона, они, можно сказать, написаны все кровью.

На основании гл. 3 закона, изданного в 8-й год правления Елизаветы, виновный в вывозе овец, ягнят и баранов подлежал в первый раз конфискации навсегда всего имущества, годичному тюремному заключению, а после того отсечению левой руки на базарной площади с пригвождением ее к столбу, а во второй раз признавался государственным изменником и в соответствии с этим подлежал смертной казни. Целью этого закона было, по-видимому, воспрепятствовать распространению в других странах породы наших овец. Законом 13-го и 14-го годов правления Карла II, гл. 18, вывоз шерсти был объявлен государственной изменой, и экспортер подлежал карам и конфискациям, определенным для государственных изменников.

Во имя чести нации надо надеяться, что ни один из этих законов не осуществлялся на практике. Однако, насколько мне известно, первый из них не был никогда определенно отменен, и юрист Гаукинс* как будто считает его остающимся еще в силе. Все же, пожалуй, этот закон можно признавать фактически отмененным законом 12-го года правления Карла II, гл. 32, ст. 3, который, не отменяя прямо кары, налагаемые прежними законами, устанавливает новое наказание, а именно штраф в 20 шилл. за вывоз или попытку вывоза каждой овцы вместе с конфискацией овцы и доли ее владельца в судне. Второй из вышеупомянутых законов был определенно отменен законом, изданным в 7-й и 8-й годы правления Вильгельма III, гл. 28, ст. 4, который объявлял: «Поскольку закон 13 и 14-го годов правления короля Карла II, изданный против вывоза шерсти наряду с некоторыми другими предметами, признавал его государственной изменой, благодаря каковой строгости наказания преследование нарушителей закона производилось недостаточно энергично, постольку пусть будет отныне установлено, что отменяется и объявляется недействительной та часть вышеуказанного закона, которая объявляет это преступление государственной изменой».

Тем не менее кары, установленные этим более мягким законом или же установленные предыдущими законами и не отмененные ими, все еще достаточно суровы. Помимо конфискации имущества экспортер подлежит штрафу в 3 шилл. с каждого фунта шерсти, вывезенной или предназначавшейся к вывозу, т.е. штрафу, в четыре или пять раз превышающему ее стоимость. Всякий купец или другое лицо, осужденное за это преступление, лишается права требовать уплаты долгов от своих комиссионеров или других лиц. Каково бы ни было его имущество, в состоянии ли он или нет уплатить этот высокий штраф, закон имеет целью совершенно разорить его. Но так как нравственность основной массы народа еще не развращена так, как нравственность вдохновителей этого закона, я не слышал, чтобы когда-либо пользовались этим пунктом закона. Если лицо, осужденное за это преступление, не в состоянии

---

* *Hawkins.* Pleas of the crown. I, 195.

уплатить наложенный штраф в течение трех месяцев после приговора, оно подлежит ссылке на семь лет, а в случае возвращения до истечения этого срока подлежит наказанию, как за государственную измену, с недопущением к нему исповедника. Владелец судна, знающий об этом преступлении, утрачивает свои права на судно и его оборудование. Капитан и матросы, знающие об этом преступлении, лишаются всего своего имущества, подвергаются трехмесячному тюремному заключению. Согласно изданному впоследствии закону, капитан подлежит шестимесячному заключению в тюрьму.

Ради предотвращения вывоза вся внутренняя торговля шерстью подвергнута весьма отяготительным и стеснительным ограничениям. Воспрещается упаковывать шерсть в ящики какого бы то ни было рода или в какую-нибудь другую тару; она должна паковаться только в кипы, обшиваемые кожей или холстиной, причем снаружи должна делаться надпись: шерсть или пряжа, большими буквами, размером не менее 3 дюймов, под страхом конфискации шерсти и упаковки и штрафа в 3 шилл. за каждый фунт шерсти, уплачиваемого владельцем или упаковщиком. Шерсть разрешается грузить на лошадь или телегу и перевозить сухим путем на расстояние пяти миль от берега только от восхода до заката солнца под страхом в случае нарушения этого правила конфискации самой шерсти, лошадей и телег. Волость, ближайшая к побережью, из которой или через которую вывозится или перевозится шерсть, платит штраф в 20 ф., если шерсть стоит меньше 10 ф., а при большей ее стоимости — в тройном размере последней вместе с издержками в тройном размере, причем штраф этот взыскивается не позже, как в течение года, с каких-либо двух жителей волости, которым суд возмещает внесенную сумму за счет раскладки, распределенной среди всех остальных жителей, как это делается в случаях воровства. И если кто-либо сговаривается с волостью об уплате штрафа в меньшем размере, он заключается в тюрьму на пять лет, и всякому лицу предоставляется право возбудить преследование. Эти правила действительны на всем протяжении королевства.

Однако в двух графствах — Кенте и Суссексе — установленные правила еще отяготительнее. Каждый владелец шерсти на расстоянии 10 миль от морского побережья должен письменно извещать ближайшего таможенного чиновника не позднее трех дней после стрижки овец о количестве состриженной шерсти и о месте ее хранения, и перед увозом со склада хотя бы части ее он должен посылать такое же извещение с указанием количества и веса шерсти, а также имени и местожительства лица, которому она продана, и места, куда предполагается ее перевезти. Ни одно лицо в этих графствах на расстоянии 15 миль от моря не имеет права покупать шерсть, не принеся присяги в том, что ни одна частица шерсти, покупаемой им, не будет продана им кому бы то ни было в пределах 15 миль от моря. Если в этих графствах обнаруживается шерсть, перевозимая по направлению к морю, она конфискуется, если не была зарегистрирована и не было дано упомянутого ручательства, а виновный уплачивает штраф в размере 3 шилл. за каждый фунт шерсти. Если кто-либо хранит у себя шерсть, не зарегистрированную, согласно вышеприведенному правилу, на расстоянии 15 миль от моря, она подлежит отобранию и конфискации, и если после такого отобрания кто-либо станет предъявлять на нее претензии, он должен представить обеспечение казначейству, что, если проиграет процесс, он уплатит издержки в тройном размере помимо других кар.

Раз таким стеснениям подвергнута внутренняя торговля, то следует предполагать, что и прибрежная торговля не оставлена совсем свободной. Каждый владелец шерсти, отправляющий или поручающий отправить шерсть в какой-нибудь порт или место на морском побережье, должен сделать заявление об этом в порту, откуда предполагается ее отправить, причем в этом заявлении должны быть указаны вес, марки и число кип; заявление должно быть сделано до того, как шерсть доставлена на расстояние 5 миль от порта. За нарушение этого предписания у виновного конфискуется шерсть, а также лошади, телега и другие перевозочные средства, а сам он подлежит наказанию, определенному другими действующими законами, воспрещающими вывоз шерсти.

Однако закон этот (1-го года правления Вильгельма III, гл. 32) простирает свою снисходительность так далеко, что объявляет, что «это не должно мешать кому бы то ни было отвозить домой свою шерсть с места стрижки, хотя бы это было в пределах пяти миль от моря, при условии, что в течение 10 дней после стрижки и перед перевозкой шерсти данное лицо сообщит за своей подписью ближайшему таможенному чиновнику действительное количество шерсти и место, где она хранится, и не будет перевозить ее, не оповестив за своей подписью этого чиновника о своем намерении сделать это за три дня до перевозки». Закон требовал представления поручительства в том, что шерсть, отправляемая водою вдоль берега, будет выгружена в том именно порту, который указан при отправке, а при выгрузке хотя какой-нибудь ее части в отсутствие таможенного чиновника устанавливалась не только конфискация шерсти и другого имущества, но и обычный добавочный штраф в 3 шилл. за каждый фунт шерсти.

Владельцы наших шерстяных мануфактур в целях оправдания своего требования таких чрезвычайных ограничений и правил уверенно утверждали, что английская шерсть отличается особым качеством и лучше шерсти всех других стран; что из шерсти других стран нельзя выделывать сколько-нибудь сносной материи, не примешав некоторого количества английской шерсти; что тонкое сукно невозможно выделывать без нее; что поэтому Англия может монополизировать в свою пользу почти всю торговлю шерстяными материями, если окажется возможным совершенно прекратить вывоз английской шерсти, и сможет таким образом, не имея соперников, продавать их по любой, угодной ей, цене и достичь в короткое время совершенно невероятной степени богатства благодаря максимально выгодному торговому балансу. Эта теория, как и большинство других теорий, с уверенностью отстаиваемых какой-либо многочисленной группой, принималась и принимается на веру еще большим количеством людей — почти всеми теми, кто не знаком с торговлей шерстяными изделиями или кто не наводил специальных справок. Между тем совершенно неверно, будто английская шерсть в каком бы то ни было отношении необходима для выделки тонкого сукна; напротив, она совершенно непригодна для этого. Тонкое сукно вообще выделывается из испанской шерсти. Английскую шерсть нельзя даже примешивать к испанской при выработке такого сукна, не испортив и не понизив в известной степени его качества.

На страницах этого сочинения было уже показано, что результатом этих стеснений было понижение цены английской шерсти не только ниже того уровня, на котором она, естественно, держалась бы в настоящее время, но и гораздо ниже того уровня, на котором она фактически стояла во времена Эдуарда III. Цена шотландской шерсти, когда она вследствие объединения Шотландии с Англией подверглась тем же стеснениям, понизилась, как утверждают, наполовину. Очень добросовестный и осведомленный автор «Записок о шерсти», достопочтенный Джон Смит* замечает, что цена английской шерсти лучшего качества в Англии в общем ниже обычной цены шерсти гораздо худшего качества на Амстердамском рынке. Понизить цену этого товара ниже его естественной и надлежащей цены было признанной целью этих стеснений и правил, и, по-видимому, нет никакого сомнения, что они произвели то действие, которое от них ожидали.

Такое понижение цены, как могут, пожалуй, подумать, делая невыгодным разведение овец, должно было очень значительно сократить годовое производство этого продукта по сравнению, правда, не с его прежними размерами, а с теми, которых оно достигло бы, вероятно, при современных условиях, если бы благодаря наличию открытого и свободного рынка цена шерсти могла подняться до своего естественного и надлежащего уровня. Однако я склонен думать, что эти ограничения вряд ли могли оказать большое влияние на размеры годового производства шерсти, хотя, возможно, некоторое влияние они и оказали. Получение шерсти не является главной целью, ради которой овцевод затрачивает свой труд и капитал. Он ждет прибыли не столько от цены руна, сколько от цены туши,

---

* *John Smith.* Chronic on rusticum-commerciale, or Memoirs of wool. 1747. Vol. II. P. 215.

и средняя или обычная цена последней должна даже во многих случаях возмещать ему то, что он может недополучить в средней или обычной цене первого. Как уже было замечено в предыдущей части этого сочинения, «всякого рода регулирующие меры, ведущие к понижению цены шерсти или невыделанных шкур ниже их естественного уровня, в культурной и развитой в хозяйственном отношении стране должны иметь тенденцию повышать цену мяса. Цена как крупного, так и мелкого скота, разводимого и откармливаемого на улучшенной и культурной земле, должна быть достаточна для оплаты ренты и прибыли, которые вправе ожидать получить с такой земли ее владелец и фермер. Если она недостаточна для этого, они скоро перестанут откармливать скот. Поэтому та доля этой цены, которая не оплачивается шерстью или шкурой, должна покрываться ценою туши. Чем меньше платят за первые, тем больше должно быть уплачено за вторую. Землевладельцам и фермерам безразлично, как распределяется эта цена между различными частями животного, если только она полностью уплачивается им. Поэтому в хозяйственно развитой и культурной стране интересы землевладельцев и фермеров не могут быть сильно задеты такими регулирующими мерами, хотя их интересы, как потребителей, могут оказаться затронутыми в результате повышения цены продовольствия». Согласно этим соображениям такое понижение цены шерсти не должно в культурной и промышленной стране вызывать какое-либо уменьшение годового производства этого товара, если только не считать того, что, ведя к повышению цены баранов, оно может несколько уменьшить спрос, а следовательно, и производство этого особого вида мяса. Но и такое действие, вероятно, не очень значительно.

Но, хотя действие понижения цены шерсти на количество годового продукта и не было сколько-нибудь значительно, его действие на качество, как могут, пожалуй, думать, должно быть очень сильное. Могут, пожалуй, предполагать, что понижение качества английской шерсти, если не сравнительно с ее качеством в прежнее время, то с тем, которого она, естественно, достигла бы при современном уровне культуры и улучшений, должно было почти полностью соответствовать понижению ее цены. Так как качество зависит от породы, корма и ухода за овцой во все время роста шерсти, то можно, естественно, предполагать, что затрачиваемые на это внимание и усилия всегда будут соответствовать тому вознаграждению, которое цена руна обещает за труд и издержки, вызываемые ими. Однако дело обстоит так, что хорошее качество руна стоит в зависимости в значительной мере от здоровья, размеров и веса животного; тот уход, который необходим для улучшения туши, достаточен в некоторых отношениях и для улучшения руна. Несмотря на понижение цены, английская шерсть, как утверждают, значительно улучшилась даже в течение настоящего столетия. Улучшение, может быть, было бы более заметно, если бы цена была выше, но низкий уровень ее, хотя, может быть, и затруднял это улучшение, во всяком случае, безусловно, не сделал его невозможным.

Таким образом, суровый характер этих ограничений, по-видимому, не оказал такого большого влияния ни на количество, ни на качество годового производства шерсти, какого можно было ожидать (хотя я считаю вероятным, что он повлиял на последнее гораздо больше, чем на первое), и, хотя интересы производителей шерсти должны были в некоторой степени страдать от этого, они, в общем, по-видимому, страдали гораздо меньше, чем это можно было предполагать.

Тем не менее соображения эти отнюдь не оправдывают полного воспрещения вывоза шерсти. Они только вполне оправдывают установление значительной пошлины при вывозе ее.

Причинять какой-либо ущерб интересам одного класса граждан с единственной целью идти навстречу интересам другого противоречит, очевидно, той справедливости и равенству в обращении, которые обязательны для государя в его отношении ко всем различным классам его подданных. Но запрещение вывоза, несомненно, причиняет в известной мере ущерб производителям шерсти с единственной целью содействовать интересам владельцев мануфактур.

Все классы граждан обязаны вносить свою долю на расходы государя или государства. Пошлина в 5 или даже в 10 шилл. с каждого тода вывозимой шерсти даст государю очень значительный доход. Она будет задевать интересы производителей несколько меньше, чем запрещение вывоза, потому что не понизит, вероятно, цену шерсти так чувствительно. Она даст достаточное преимущество мануфактуристу, потому что, хотя он и не сможет покупать шерсть так дешево, как при запрещении вывоза, все же он будет покупать ее по меньшей мере на 5 или 10 шилл. дешевле, чем любой иностранный мануфактурист, не говоря уже о фрахте и страховании, которые должен будет оплачивать последний. Вряд ли возможно придумать другой налог, который мог бы давать столь значительный доход государю и вместе с тем причинял так мало неудобств кому бы то ни было.

Запрещение вывоза, несмотря на все кары, установленные для нарушающих его, не останавливает вывоза шерсти. Как хорошо известно, она вывозится в больших количествах. Большая разница в цене внутри страны и на внешнем рынке создает такое искушение для контрабанды, что вся строгость закона не в состоянии предотвратить последнюю. Такой незаконный вывоз невыгоден никому, кроме самого контрабандиста. Между тем дозволенный законом вывоз, облагаемый пошлиной, приносит доход государю и таким образом устраняет необходимость установления других, может быть, более обременительных и неудобных налогов, а следовательно, может оказаться выгодным для всех подданных государства.

Вывоз валяльной глины, которая считалась необходимой для выделки и очистки суконных изделий, был воспрещен под страхом таких же наказаний, как и вывоз шерсти. Даже вывоз глины для курительных трубок, хотя она была признана отличной от валяльной глины, все же был воспрещен и карался таким же образом ввиду его сходства с нею и ввиду того, что последняя могла вывозиться под видом глины для курительных трубок.

Законом, изданным в 13-й и 14-й год правления Карла II, гл. 7, был воспрещен вывоз не только сырых кож, но и выделанных, за исключением кожи в виде сапог, башмаков или туфель; закон предоставлял монополию сапожникам и башмачникам не только против наших скотоводов, но и против наших кожевников. В силу последующих законов кожевники добились избавления от этой монополии, уплачивая небольшую пошлину всего в 1 шилл. с центнера выделанной кожи весом в 112 фунтов. Они добились также возврата $^2/_3$ акциза, которым облагался их товар, даже в случае вывоза его без дальнейшей выделки. Все кожаные изделия могут вывозиться беспошлинно, и экспортер, кроме того, имеет право на возврат ему всего акциза. Наши скотоводы по-прежнему остаются во власти старой монополии. Скотоводы, будучи разобщены друг с другом и разбросаны по всем углам страны, не могут без больших усилий объединиться в целях установления монополии против своих сограждан или освобождения себя от монополии, которой они подчинены другими. Легко могут делать это владельцы мануфактур всякого рода, объединенные в многочисленные группы во всех больших городах. Даже вывоз рогов скота воспрещен, и два незначительных промысла — роговых изделий и гребней — пользуются в этом отношении монополией против скотоводов.

Всякого рода ограничения — в виде ли воспрещения или обложения пошлиной — вывоза товаров, которые представляют собою не готовые изделия, а только полуфабрикаты, характерны не только для кожевенной мануфактуры. Во всех случаях, когда остается еще какая-нибудь операция, чтобы сделать какой-нибудь товар пригодным для непосредственного использования или потребления, владельцы мануфактур считают, что они сами должны выполнить ее. Вывоз шерстяной пряжи и крученой шерсти воспрещен и подвержен такому штрафу, как и вывоз шерсти. Даже некрашеное сукно обложено вывозной пошлиной, и наши красильщики таким образом получили монополию против суконщиков. Наши суконщики, вероятно, смогли бы защитить себя против нее, но случилось так, что большинство из них является вместе с тем и красильщиками. Запрещен вывоз часовых ящиков, футляров и циферблатов для стенных и карманных часов. Наши часовых дел мастера, по-видимому, не хотят, чтобы цена этих предметов повысилась для них в результате спроса иностранных покупателей.

Некоторыми старинными законами Эдуарда III, Генриха VIII и Эдуарда VI был воспрещен вывоз всех металлов. Исключение было сделано только для свинца и олова, вероятно, ввиду большого изобилия этих металлов, в вывозе которых состояла в то время значительная часть торговли королевства. В целях поощрения горной промышленности закон, изданный в 5-й год правления Вильгельма и Марии, гл. 17, изъял из этого запрещения железо, медь и литье из британской руды. Впоследствии законом, изданным в 9-й и 10-й год правления Вильгельма III, гл. 26, был допущен вывоз всякого рода полосовой меди, иностранной и британской. Вывоз невыделанной меди, так называемого пушечного, колокольного и банковского металла, оставался по-прежнему запрещенным. Медные изделия всякого рода могли вывозиться беспошлинно.

Вывоз промышленного сырья в тех случаях, когда он вообще не воспрещен, во многих случаях облагался высокими пошлинами.

Законом, изданным в 8-й год правления Георга I, гл. 15, был объявлен свободным от обложения пошлинами вывоз всех товаров, сырья или промышленных изделий Великобритании, которые облагались какими-либо пошлинами на основании прежних законов. Впрочем, исключение было сделано для следующих предметов: квасцы, свинец, свинцовая руда, олово, выделанная кожа, купорос, уголь, чесалки для шерсти, некрашеные сукна, гальмейный камень, шкуры всякого рода, клей, кроличий пух или шерсть, заячья шерсть, всякого рода волос, лошади и свинцовый глет. За исключением лошадей, все эти предметы представляют собою или промышленное сырье, или полуфабрикаты (которые можно рассматривать как сырой материал для дальнейшей мануфактурной обработки), или средства производства. Этот закон оставляет для перечисленных предметов все прежние пошлины, установленные для них.

Тем же законом большое число иностранных москательных товаров, нужных в красильном деле, было освобождено от каких бы то ни было ввозных пошлин. Но каждый из них затем облагается при вывозе некоторой пошлиной, правда, не очень обременительной. Наши красильщики, по-видимому, считали в своих интересах не только поощрять ввоз этих веществ посредством освобождения их от всяких пошлин, но и несколько затруднять их вывоз. Однако жадность, внушившая это примечательное проявление меркантилистической изобретательности, весьма вероятно, обманулась в своих расчетах. Она по необходимости научила импортеров проявлять гораздо большую осторожность, чтобы ввозимое ими количество товаров не превышало необходимого для снабжения внутреннего рынка. Внутренний рынок все время оказывался более скудно снабженным, и товары всегда стоили несколько дороже, чем если бы вывоз был так же свободен, как и ввоз.

В силу вышеупомянутого закона сенегальская, или аравийская, камедь, поскольку она была включена в список перечисленных красящих веществ, могла ввозиться беспошлинно. Она облагалась при обратном вывозе только незначительным весовым сбором в размере всего 3 пенсов с центнера. Франция в это время пользовалась монополией торговли со страной, больше всего производящей эти вещества и находящейся в окрестностях Сенегала, и британский рынок не мог легко снабжаться путем непосредственного ввоза их из места добывания. Поэтому законом 25-го года правления Георга II был дозволен ввоз сенегальской камеди (в изъятие из общих правил Навигационного акта) из всех стран Европы. Но так как закон не имел в виду поощрять этот вид торговли, столь идущий вразрез с общими принципами меркантилистической политики Англии, то он установил ввозную пошлину в 10 шилл. с центнера, причем при обратном вывозе пошлина эта не возвращалась даже частично. Успешная война, начавшаяся в 1755 г., дала Великобритании такую же монополию с этими странами, какой раньше обладала Франция. Наши владельцы мануфактур, как только был заключен мир, попытались использовать это преимущество и установить монополию в свою собственную пользу против производителей и против импортеров этого продукта. В результате этого закон 5-го года правления Георга III, гл. 37, ограничил вывоз сенегальской камеди из владений его величества в Африке одной только Великобританией и подчинил его всем тем ограничениям, правилам, конфискациям и карам, которые были установлены для перечисленных товаров британских колоний в Америке и Вест-Индии. Ввоз камеди облагался, правда, незначительной пошлиной в 6 п. с центнера, но при обратном вывозе она облагалась громадной пошлиной в 1 ф. 10 шилл. с центнера. Владельцы наших мануфактур хотели, чтобы весь продукт этих стран ввозился в Великобританию, а для того, чтобы они сами могли покупать его по угодной им цене, они добивались, чтобы ни малейшую долю его нельзя было вывозить обратно без таких издержек, которые делали бы невыгодным такой вывоз. Однако их жадность в этом случае, как и во многих других, привела к противоположным результатам. Эта громадная пошлина служила таким искушением к контрабанде, что большие количества этого продукта тайно вывозились, вероятно, во все промышленные страны Европы, в особенности же в Голландию, и не только из Великобритании, но и из Африки. Ввиду этого законом 14-го года правления Георга III, гл. 10, эта вывозная пошлина была понижена до 5 шилл. на центнер.

В таможенном тарифе, на основании которого взималась старая пошлина, тариф на бобровые шкуры был установлен в 6 шилл. 8 п. за штуку, и различные пошлины и сборы, которые до 1722 г. взимались при ввозе их, достигали одной пятой этого тарифа, или 16 п. за каждую шкуру, причем вся эта сумма за вычетом старой пошлины возвращалась обратно при вывозе. Такая пошлина при ввозе столь важного материала для промышленности была признана слишком высокой, и в 1722 г. ставка была понижена до 2 шилл. 6 п., что довело ввозную пошлину до 6 п., причем при вывозе возвращалась обратно только половина этой суммы. Упомянутая выше война сделала владением Великобритании страну, более всех изобилующую бобрами, и, поскольку бобровые шкуры были включены в список перечисленных товаров, их вывоз из Америки мог направляться только на рынок Великобритании. Наши владельцы мануфактур скоро сообразили выгоду, какую они могут извлечь из этого обстоятельства, и в 1764 г. ввозная пошлина с бобровых шкур была понижена до 1 пенни, но вывозная пошлина был повышена до 7 п. со шкуры, причем не был установлен возврат ввозной пошлины. Тем же самым законом была установлена вывозная пошлина в 18 п. с фунта бобровой шерсти, причем не было сделано никакого изменения ввозной пошлины на этот товар, которая при ввозе его британцами и на британских судах достигала в это время 4–5 п. со штуки.

Уголь можно рассматривать и как промышленное сырье, и как средство производства. В соответствии с этим его вывоз был обложен высокими пошлинами, достигающими в настоящее время (1783 г.) 5 с лишним шиллингов с тонны, или 15 с лишним шиллингов с чалдрона ньюкаслской меры, что в большинстве случаев превышает стоимость самого товара на руднике или даже в порту при вывозе.

Что касается вывоза собственно так называемых средств производства, то обыкновенно он предотвращается не высокими пошлинами, а полным запрещением. Так, законом 7-го и 8-го годов правления Вильгельма III, гл. 20, ст. 8, вывоз рам или машин для вязания перчаток или чулок воспрещен под угрозой не только конфискации этих рам или машин при вывозе или попытке вывезти их, но и штрафа в 40 ф., причем половина его идет в пользу казны, а другая половина — в пользу лица, донесшего об этом или возбудившего обвинение. Точно таким же образом законом 14-го года правления Георга III, гл. 71, вывоз в иностранные государства инструментов и принадлежностей, употребляемых в хлопчатобумажной, льняной, шерстяной и шелковой промышленности, запрещен под угрозой не только конфискации их, но и штрафа в 200 ф., уплачиваемого лицом, которое нарушило это запрещение, а также и штрафа в 200 ф. с владельца судна, заведомо допустившего погрузку на свое судно подобных инструментов и принадлежностей.

Если такие суровые кары налагались за вывоз мертвых орудий производства, трудно было ожидать, чтобы был допущен свободный отъезд из страны живого орудия производства, работника. И действительно, закон, изданный в 5-й год правления Георга I, гл. 27, устанавливал, что всякий, кто будет уличен в том, что подговаривал какого-либо мастера с какой-либо мануфактуры в Великобритании уехать за границу, чтобы заниматься там своим ремеслом или обучать ему, подлежит в первый раз штрафу не свыше 100 ф. и трехмесячному заключению в тюрьме до уплаты штрафа, а второй раз — штрафу по усмотрению суда и годичному заключению в тюрьме до уплаты штрафа. Законом 23-го года правления Георга II, гл. 13, это наказание усилено: в первый раз штраф установлен в размере 500 ф. за каждого рабочего, склоненного к отъезду, а заключение продлено до одного года и до уплаты штрафа, а во второй раз штраф доведен до 1 тыс. ф., а заключение в тюрьме — до двух лет и вплоть до уплаты штрафа.

На основании первого из этих двух законов, если было доказано, что кто-либо склонял какого-нибудь ремесленника или какой-нибудь ремесленник обещал или подрядился отправиться за границу для вышесказанной цели, то такой ремесленник мог быть обязан представить обеспечение по усмотрению суда, что он не отправится за океан, и мог быть заключен в тюрьму до представления такого поручительства.

Если какой-либо ремесленник отправится за океан и станет заниматься там своим ремеслом или обучать ему в каком-либо иностранном государстве и если после предостережения, данного ему одним из послов или консулов его величества за границей или одним из государственных секретарей его величества, он не вернется в течение шести месяцев после этого предупреждения в королевство и не станет после того постоянно проживать в его пределах, он объявляется неправомочным получать наследство, завещанное ему в пределах королевства, или быть душеприказчиком или опекуном кого бы то ни было, или владеть землей по наследству, по завещанию или посредством покупки. Равным образом у него конфискуются в пользу короля все принадлежащие ему земли, товары и скот, он объявляется во всех отношениях иностранцем и лишается покровительства короля.

Излишне, думается мне, указывать, насколько противоречат эти правила хваленой свободе личности, которою мы как будто так дорожим, но которая в данном случае явно приносится в жертву мелочным интересам наших купцов и владельцев мануфактур.

Похвальной целью всех подобных правил является расширение наших собственных мануфактур не в результате их улучшения, но при помощи затруднений, причиняемых мануфактурам всех наших соседей, и посредством прекращения насколько возможно отяготительной конкуренции столь ненавистных и неприятных соперников. Наши владельцы мануфактур считают разумным и справедливым, чтобы им принадлежала монополия на искусство и способности всех их сограждан. Хотя посредством ограничения в некоторых профессиях числа учеников, которое можно держать одновременно, и необходимости продолжительного обучения во всех профессиях, они все без исключения стараются возможно больше ограничить число людей, обученных соответствующим профессиям, они тем не менее не хотят, чтобы хотя некоторая часть из этого небольшого числа уезжала за границу и обучала там иностранцев.

Потребление является единственной целью всякого производства, и интересы производителя заслуживают внимания лишь постольку, поскольку они могут служить интересам потребителя. Положение это настолько самоочевидно, что было бы нелепо даже пытаться доказывать его. Между тем при господстве меркантилистической системы интересы потребителя почти постоянно приносятся в жертву интересам производителя, и эта система, по-видимому, признает не потребление, а производство главной и конечной целью всякой промышленной деятельности и торговли.

При установлении ограничений ввоза всех тех иностранных товаров, которые могут оказаться конкурирующими с нашими сельскохозяйственными или мануфактурными продуктами, интересы отечественного потребителя явно принесены в жертву интересам производителя. Именно в пользу последнего первый оказывается вынужденным оплачивать то повышение цены, которое почти всегда вызывает эта монополия.

Именно в пользу производителя устанавливаются премии при вывозе некоторых продуктов его производства.

Отечественный потребитель вынуждается платить, во-первых, налог, необходимый для выдачи премий, и, во-вторых, еще больший налог в виде повышения цены товара на внутреннем рынке.

Прославленный торговый договор с Португалией посредством высоких пошлин лишает потребителя возможности покупать в соседней стране товар, которого мы не можем сами производить благодаря нашему климату, а заставляет покупать его в более отдаленной стране, хотя признано, что в этой последней он худшего качества, чем в стране соседней. Отечественный потребитель вынужден испытывать неудобство для того, чтобы производитель мог ввозить в эту более отдаленную страну некоторые свои продукты на более выгодных условиях, чем это было бы при других условиях. Потребителю равным образом приходится оплачивать то повышение цены этих продуктов, которое может вызвать на внутреннем рынке подобный форсированный вывоз.

Но в общей системе законов, установленных для управления нашими американскими и вест-индскими колониями, интересы отечественного потребителя были принесены в жертву интересам производителя еще в гораздо больших размерах, чем во всем остальном нашем торговом законодательстве. Была организована огромная область с единственной целью создать нацию потребителей, обязанных покупать из магазинов различных наших производителей все товары, которыми они могут снабжать их. Ради того небольшого повышения цены, которое эта монополия могла дать нашим производителям, на отечественных потребителей был взвален весь расход по содержанию и защите этой области. Для этой и только этой цели на две последние войны было израсходовано более 200 млн и был заключен новый государственный долг, превышающий 170 млн в добавление ко всем издержкам на ту же цель в предыдущих войнах. Одни проценты по этому долгу превышают не только всю ту добавочную прибыль, которую когда-либо могла давать монополия колониальной торговли, но и всю стоимость оборотов этой торговли или всю стоимость товаров, которые в среднем вывозились ежегодно в колонии.

Не может составить большого труда установить, кто был вдохновителем всей этой меркантилистической системы: то не были, мы можем быть уверены в этом, потребители, интересы которых были оставлены совершенно без внимания; то были производители, об интересах которых так старательно позаботились; и среди этих последних главными действующими лицами явились наши купцы и владельцы мануфактур. В меркантилистических постановлениях, отмеченных в этой главе, больше всего были приняты во внимание интересы наших мануфактуристов, а принесены были в жертву им интересы не столько потребителей, сколько некоторых других групп производителей.

Глава IX
О ЗЕМЛЕДЕЛЬЧЕСКИХ СИСТЕМАХ, ИЛИ О ТЕХ СИСТЕМАХ ПОЛИТИЧЕСКОЙ ЭКОНОМИИ, КОТОРЫЕ ПРИЗНАЮТ ПРОДУКТ ЗЕМЛЕДЕЛИЯ ЕДИНСТВЕННЫМ ИЛИ ГЛАВНЫМ ИСТОЧНИКОМ ДОХОДА И БОГАТСТВА КАЖДОЙ СТРАНЫ

Земледельческие системы политической экономии не потребуют такого подробного выяснения, которое я счел необходимым уделить меркантилистической, или коммерческой, системе.

Теория, признающая продукт земледелия единственным источником дохода и богатства каждой страны, насколько мне известно, никогда не была воспринята ни одной нацией и в настоящее время выдвигается только в рассуждениях немногочисленной группы ученых и талантливых людей во Франции. Вне всякого сомнения, не стоит труда подробно выяснять ошибки теории, которая никогда не причиняла и, вероятно, никогда не причинит ни малейшего вреда ни в одной части земного шара. Все же я попытаюсь изложить так отчетливо, как могу, основные мысли этой весьма остроумной теории.

Кольбер, знаменитый министр Людовика XIV, был человеком честным, трудолюбивым и обладавшим знанием житейской практики, человеком большой опытности и сведущим в государственных финансах, отличавшимся, одним словом, способностями, во всех отношениях подходящими для установления метода и надлежащего порядка при собирании и расходовании государственных доходов. Этот министр, к несчастью, воспринял все предрассудки меркантилистической системы, являющейся по своей природе и сущности системой ограничений и стеснений; она не могла не быть по душе столь трудолюбивому и старательному деловому человеку, привыкшему заведовать различными отраслями государственного управления и устанавливать необходимые ограничения и контроль, чтобы удерживать каждую из них в предоставленной ей сфере. Промышленность и торговлю великой страны он пытался регулировать по тому же образцу, как и деятельность различных отраслей государственного управления, и, вместо того чтобы предоставить каждому человеку преследовать свои интересы по своему собственному разумению, при соблюдении равенства, свободы и справедливости, он наделял одни отрасли промышленности чрезвычайными привилегиями, тогда как другие подвергал чрезвычайным стеснениям. Он не только был склонен, как и другие европейские министры, поощрять больше промышленность городов, чем промышленность деревни, но и обнаруживал здесь стремление ради поддержки первой стеснять и задерживать развитие последней. Для того чтобы сделать дешевыми для жителей городов предметы продовольствия и этим поощрять мануфактурную промышленность и внешнюю торговлю, он запретил вывоз хлеба и таким образом отнял внешний рынок у самого главного продукта труда жителей деревни. Это запрещение в соединении со стеснениями, установленными старинными провинциальными законами Франции при перевозке хлеба из одной провинции в другую, и с произвольными и невыносимыми налогами, взимаемыми с крестьян почти во всех провинциях, задерживало развитие земледелия этой страны и удерживало его на гораздо более низком уровне, чем оно, естественно, достигло бы при столь плодородной почве и столь благоприятном климате. Этот упадок и замедленное развитие земледелия ощущались более или менее во всех частях страны и вызвали многочисленные обследования причин этого. Одною из этих причин оказалось предпочтение, оказывавшееся мероприятиями Кольбера промышленности городов в ущерб хозяйственной деятельности деревни.

Если палка слишком перегнута в одну сторону, говорит пословица, для выпрямления ее следует настолько же перегнуть в другую сторону. Французские философы, предложившие систему, которая представляет земледелие единственным источником дохода и богатства каждой страны, усвоили, по-видимому, мудрость этой пословицы. Если в плане Кольбера промышленность городов была, несомненно, переоценена в сравнении с земледелием, то в их системе она столь же, несомненно, недооценивается.

Они подразделяют на три класса все те различные группы населения, которые когда-либо считались участвующими в том или ином отношении в создании годового продукта земли и труда страны. Первый класс — это собственники земли; второй класс составляют земледельцы, фермеры и сельскохозяйственные рабочие, которых они отличают специальным наименованием производительного класса; третий класс состоит из ремесленников, мануфактуристов и купцов, который они стараются принизить, прилагая к нему название бесплодного, или непроизводительного, класса.

Класс земельных собственников участвует в годовом продукте издержками, производимыми для улучшения земли, сооружения построек, осушительных работ, устройства ограждений и для других улучшений, которые они могут делать или поддерживать и благодаря которым земледельцы получают возможность при том же капитале собирать больший продукт, а следовательно, платить более высокую ренту. Эту повышенную ренту можно рассматривать как процент или прибыль, причитающуюся землевладельцу за издержки, или капитал, который он таким образом затрачивает на улучшение своей земли. Такие издержки эта теория называет поземельными авансами (dépenses fonciéres).

Земледельцы или фермеры участвуют в годовом продукте тем, что эта теория называет первоначальными и ежегодными авансами (dépenses primitives et dépenses annuelles), которые они производят для обработки земли. Первоначальные авансы состоят в сельскохозяйственных орудиях, в скоте, семенах и в содержании семьи самого фермера, рабочих и скота в течение по крайней мере большей части первого года ведения им хозяйства или пока он сможет получить что-нибудь с земли. Ежегодные авансы состоят в семенах, в снашивании орудий и в содержании в течение года рабочих фермера и его скота, а также и его семьи, поскольку некоторую часть членов ее можно считать рабочими, занятыми возделыванием земли. Та часть продукта земли, которая остается ему после уплаты ренты, должна быть достаточна, во-первых, для возмещения ему в непродолжительный срок, по крайней мере в течение срока его аренды, всей суммы его первоначальных авансов вместе с обычной прибылью на капитал, а во-вторых, для возмещения ему ежегодно всей суммы его ежегодных расходов, точно так же вместе с обычной прибылью на капитал. Эти две различные группы авансов представляют собою два капитала, затрачиваемых фермером при обработке земли, и если они не будут регулярно возмещаться ему вместе с умеренной прибылью на капитал, он не сможет вести свой промысел на одном уровне с другими промыслами; в своих собственных интересах он должен будет оставить его как можно скорее и поискать себе другое занятие. Та часть продукта земли, которая, таким образом, необходима для того, чтобы фермер мог продолжать свой промысел, должна почитаться неприкосновенным фондом земледелия; если землевладелец посягнет на него, он неизбежно уменьшит продукт со своей собственной земли и по прошествии немногих лет сделает для фермера невозможным уплачивать не только такую вздутую, но и умеренную ренту, которую в противном случае он мог бы получать со своей земли. Рента, которая собственно принадлежит землевладельцу, не превышает чистого продукта, остающегося после оплаты сполна всех необходимых издержек, которые должны быть предварительно произведены, чтобы получить валовой или весь продукт. И на том основании, что чистый продукт этого рода, остающийся сверх полной оплаты всех этих необходимых издержек, составляет именно труд землевладельцев, эта теория особо отличает этот класс людей под почетным наименованием производительного класса. По той же причине эта теория называет их первоначальные и ежегодные авансы производительными издержками, потому что помимо возмещения своей собственной стоимости они обусловливают ежегодно воспроизводство указанного чистого продукта.

Так называемые поземельные авансы, или затраты, производимые землевладельцем для улучшения его земли, тоже обозначаются этой теорией как производительные издержки. До тех пор пока вся сумма этих издержек вместе с обычной прибылью на капитал не оплачена землевладельцу сполна повышенной рентой, получаемой им со своей земли, эта рента должна признаваться священной и неприкосновенной для церкви и короля и из нее не должно производиться вычетов на десятину или налоги. В противном случае, отбивая охоту к улучшению земли, церковь делает невозможным возрастание в будущем своей десятины, а король — получаемых им налогов. Так как, таким образом, при нормальном порядке эти поземельные авансы помимо полного возмещения своей собственной стоимости обусловливают также по истечении определенного промежутка времени воспроизводство чистого продукта, эта теория признает их производительными издержками.

Однако эта теория признает производительными только три вида издержек — поземельные авансы землевладельца, первоначальные и ежегодные авансы фермера. Все другие издержки и все другие классы населения, даже те, которые в обычных представлениях людей считаются самыми производительными, в этой характеристике общего положения вещей признаются бесплодными и непроизводительными.

Ремесленники, и мануфактуристы в особенности, труд которых, согласно общераспространенному представлению, так значительно увеличивает стоимость сырого продукта земли, этой теорией изображаются как класс вообще бесплодный и непроизводительный. Их труд, говорит она, только возмещает вместе с обычной прибылью тот капитал, который занимает их. Капитал этот состоит из материалов, орудий труда и заработной платы, авансированной им их предпринимателями, и представляет собою фонд, предназначенный для занятия их и содержания. Прибыль, приносимая их трудом, составляет фонд, предназначенный для содержания их предпринимателя. Их предприниматель, авансирующий капитал в виде сырья, орудий труда и заработной платы, необходимых для их работы, вместе с тем авансирует самому себе то, что необходимо для его собственного содержания; последнее он обычно соразмеряет с прибылью, какую ожидает получить с цены их изделий. Если эта цена не оплачивает ему содержания, которое он авансирует самому себе, а также сырье, орудие труда и заработную плату, которые он авансирует своим рабочим, она, очевидно, не оплачивает ему всех произведенных им издержек. Прибыль на промышленный капитал не представляет собой поэтому, подобно ренте с земли, чистый продукт, остающийся после полной оплаты всех издержек, необходимых для получения ее. Капитал фермера приносит ему прибыль так же, как и капитал промышленного предпринимателя, но вместе с тем он приносит также ренту другому лицу, чего не делает капитал последнего. Таким образом, авансы, производимые для занятия и содержания ремесленников и мануфактуристов, только продолжают, так сказать, существование своей собственной стоимости и не производят никакой новой стоимости. Они являются поэтому бесплодными и непроизводительными издержками. Напротив того, авансы, производимые для занятия фермеров и сельскохозяйственных рабочих, помимо воспроизведения своей собственной стоимости производят новую стоимость — ренту землевладельца. Они поэтому представляют собою производительные издержки.

Торговый капитал так же бесплоден и непроизводителен, как и капитал промышленный. Он только воспроизводит свою собственную стоимость, не производя никакой новой стоимости. Его прибыль представляет собою лишь оплату содержания, которое он авансирует себе на то время, в продолжение которого занимает этот капитал или пока получит доход от него. Она является лишь оплатой части авансов, которые необходимо произвести при употреблении этого капитала.

Труд ремесленников и мануфактуристов решительно ничего не добавляет к стоимости всего годового сырого продукта земли. Он, правда, значительно увеличивает стоимость некоторых отдельных частей его, но потребление других частей, которое он в это же время вызывает, в точности равняется стоимости, какую он добавляет к этим частям сырого продукта; в результате этого стоимость всей массы сырого продукта ни на один момент не увеличивается им ни в малейшей степени. Лицо, изготовляющее кружева для пары тонких манжет, например, иногда может повысить до 30 ф. ст. стоимость мотка льняных ниток ценою в 1 пенни. Но хотя с первого взгляда кажется, что это лицо увеличило таким образом стоимость части сырого продукта в 7200 раз, на самом деле оно ничего не добавляет к стоимости всей массы годового сырого продукта. Работа над этим кружевом, может быть, стоит ему двух лет труда. 30 ф., получаемые им по окончании этой работы, представляют собою не что иное, как возмещение тех средств существования, которые оно авансирует самому себе в течение двух лет, затраченных на работу. Стоимость, которую оно добавляет к стоимости льна за каждый день, месяц, год своего труда, только возмещает стоимость его собственного потребления за этот день, месяц или год. Таким образом, ни в какой момент оно ничего не добавляет к стоимости всей массы годового сырого продукта земли, поскольку доля продукта, непрерывно им потребляемого, всегда равна той стоимости, которую это лицо непрерывно производит. Крайняя бедность большей части лиц, занятых в этой дорогой, хотя и процветающей мануфактурной промышленности, служит доказательством для нас, что цена их труда по общему правилу не превышает стоимости их средств существования. Иначе обстоит дело с трудом фермеров и сельскохозяйственных рабочих. Рента землевладельца представляет собою стоимость, которую этот труд нормально производит сверх полного возмещения всего потребления, всех авансов, сделанных для содержания и занятия как рабочих, так и их предпринимателя.

Ремесленники, мануфактуристы и купцы могут увеличивать доход и богатство общества, членами которого они состоят, только посредством бережливости или, как выражаются авторы этой теории, посредством воздержания, т.е. отказываясь от части фондов, предназначенных для их содержания. Они воспроизводят ежегодно только эти фонды и ничего больше. Поэтому, если они не сберегают ежегодно некоторую часть их, если они не воздерживаются от потребления некоторой части этих средств существования, доход и богатство общества не могут ни в малейшей степени увеличиться в результате их труда. Фермеры и сельскохозяйственные рабочие, напротив, могут целиком потреблять фонды, предназначенные для их существования, и увеличивать в то же время доход и богатство общества. Сверх того, что необходимо для существования, их труд ежегодно доставляет чистый продукт, увеличение которого необходимо увеличивает доход и богатство общества. Ввиду этого нации, которые, подобно Франции или Англии, состоят в значительной мере из землевладельцев и земледельцев, могут обогащаться трудом и потреблением. Напротив, страны или города, которые, подобно Голландии и Гамбургу, состоят преимущественно из купцов, ремесленников и мануфактуристов, могут богатеть только посредством бережливости и воздержания. Как различны интересы столь различных наций, так и различен общий характер их народов. У наций первого рода естественными чертами характера бывают щедрость, откровенность и веселость, тогда как вторые отличаются скупостью, мелочностью и эгоизмом и не любят никаких общественных развлечений и удовольствий.

Непроизводительный класс, класс купцов, ремесленников и мануфактуристов, содержится и получает занятие за счет двух других классов: класса землевладельцев и класса земледельцев. Последние оба снабжают его материалами своего труда и средствами существования, хлебом и скотом, которые он потребляет в то время, когда занят своим трудом. Землевладельцы и земледельцы в конечном счете оплачивают как заработную плату всех рабочих непроизводительного класса, так и прибыли всех их предпринимателей. Эти рабочие и их предприниматели являются, собственно, слугами землевладельцев и крестьян с тем отличием, что они работают на стороне, тогда как прислуга работает в самом хозяйстве. Но те и другие одинаково содержатся за счет одних и тех же хозяев. Труд тех и других одинаково непроизводителен. Он ничего не прибавляет к стоимости общей суммы сырого продукта земли. Вместо того, чтобы увеличивать стоимость этой общей суммы, он представляет собою издержки, которые должны оплачиваться за ее счет.

Тем не менее непроизводительный класс не только полезен, но и необходим для других двух классов. Благодаря труду купцов, ремесленников и мануфактуристов землевладельцы и земледельцы могут покупать нужные им заграничные товары и мануфактурные изделия своей собственной страны в обмен на продукт гораздо меньшего количества своего труда, чем то, которое они вынуждены были бы затрачивать, если бы пытались, неловко и неумело, сами ввозить первые или сами выделывать вторые для своего потребления. Непроизводительному классу земледельцы обязаны избавлением от многих работ, которые отвлекли бы их внимание от возделывания земли. Увеличенное количество продукта, которое они в состоянии получать со своей земли в результате такого сосредоточения своего внимания, вполне достаточно для оплаты всех издержек, которые вызывает содержание и занятие непроизводительного класса для землевладельцев или для самих земледельцев. Таким образом, хотя труд купцов, ремесленников и мануфактуристов по природе своей и непроизводителен, он все же косвенно содействует увеличению продукта с земли. Он увеличивает производительность производительного труда, обеспечивая ему возможность сосредоточиться на своем основном занятии — возделывании земли, и плуг нередко ходит легче и лучше, водимый рукой человека, специальность которого ничего общего с изготовлением плуга не имеет.

Ограничение или стеснение в каком-либо отношении труда купцов, ремесленников и мануфактуристов никогда не может быть в интересах землевладельцев и земледельцев. Чем больше свобода, какой пользуется этот непроизводительный класс, тем больше будет конкуренция во всех различных промыслах, которыми он занимается, и тем дешевле будут оба другие класса получать иностранные товары и мануфактурные изделия своей собственной страны.

Непроизводительный класс никогда не может быть заинтересован в угнетении двух других классов. Содержание и занятие ему обеспечивает избыточный продукт земли или то, что остается за вычетом содержания, во-первых, земледельцев и, во-вторых, землевладельцев. Чем больше этот излишек, тем больше должно идти на содержание и занятие этого класса. Установление совершенного правосудия, совершенной свободы и полного равенства — вот тот совсем простой секрет, который наиболее действительным образом обеспечивает наибольшее преуспеяние всех трех классов.

Купцы, ремесленники и мануфактуристы тех торговых государств, которые, подобно Голландии и Гамбургу, состоят главным образом из этого непроизводительного класса, точно так же получают содержание и занятие за счет землевладельцев и земледельцев. Единственное отличие состоит в том, что эти землевладельцы и земледельцы в большинстве своем живут на очень отдаленном расстоянии от тех купцов, ремесленников и мануфактуристов, которых они снабжают материалами для их работы и средствами существования, а именно являются жителями других стран и подданными других правительств.

Все же эти торговые государства не только полезны, но и необходимы для жителей этих других стран. Они заполняют в известной мере весьма важный пробел и заменяют тех купцов, ремесленников и мануфактуристов, которых жители этих последних стран должны были бы иметь у себя дома, но которых ввиду ошибочности своей политики они у себя дома не имеют.

Интересы этих земледельческих стран, если можно так назвать их, никогда не могут требовать стеснения или расстройства промышленности таких торговых государств посредством обложения высокими пошлинами их торговли или товаров, которые они доставляют. Подобные пошлины, удорожая эти товары, могут вести только к понижению действительной стоимости избыточного продукта их собственной земли, на который или, что то же самое, на цену которого приобретаются эти товары. Подобные пошлины могут только задерживать увеличение этого избыточного продукта, а следовательно, препятствовать улучшению и возделыванию их собственной земли. Напротив, наиболее действительным средством повысить стоимость этого избыточного продукта, поощрить его увеличение, а следовательно, улучшение и возделывание их земли, будет допущение наиболее полной свободы торговли всех таких торговых наций.

Такая полная свобода торговли явится даже наиболее действительным средством для того, чтобы они обзавелись по прошествии известного времени всеми ремесленниками, мануфактуристами и купцами, которых у них не было в стране, чтобы заполнился самым подходящим и наиболее выгодным образом тот весьма важный пробел, который они до сих пор чувствовали.

Непрерывное увеличение избыточного продукта с их земли должно по прошествии известного времени образовать больший капитал, чем может быть употреблен с обычной нормой прибыли для улучшения и возделывания земли; излишек его, естественно, будет обращен на использование труда ремесленников и мануфактуристов внутри страны. И эти ремесленники и мануфактуристы, находя у себя в стране как материалы для своей работы, так и средства для существования, смогут сразу же, даже при меньшем умении и искусстве, работать так же дешево, как и такие же ремесленники и мануфактуристы упомянутых торговых государств, которым приходится привозить то и другое издалека. Если даже ввиду недостаточного умения и искусства они некоторое время не будут в состоянии работать так же дешево, все же они смогут, имея рынок у себя в стране, продавать на нем продукты своего труда не дороже изделий ремесленников и мануфактуристов торговых государств, которые могут быть доставлены на этот рынок только издалека. А когда их умение и искусство возрастут, они скоро смогут продавать свои изделия дешевле. Ремесленники и мануфактуристы таких торговых государств поэтому встретят соперников на рынке этих земледельческих наций, а вскоре затем будут побиваться ими и окажутся вообще вытесненными с этого рынка. Дешевизна мануфактурных изделий этих земледельческих наций, вследствие постепенного увеличения их умения и искусства, через некоторое время распространит их продажу за пределы внутреннего рынка и даст им доступ на многие иностранные рынки, из которых они точно так же постепенно вытеснят многие мануфактурные изделия торговых наций.

Такое непрерывное увеличение сырого продукта и мануфактурных изделий этих земледельческих стран через некоторое время создаст больший капитал, чем может быть употреблен с обычной нормой прибыли в земледелии или в мануфактурах. Излишек этого капитала, естественно, направится во внешнюю торговлю и будет употреблен на вывоз в другие страны той части сырого продукта и мануфактурных изделий его собственной страны, которая превышает спрос внутреннего рынка. При вывозе продукта своей страны купцы земледельческой нации будут обладать тем же преимуществом перед купцами торговых наций, каким обладают ее ремесленники и мануфактуристы перед ремесленниками и мануфактуристами последних, — преимуществом находить у себя дома те грузы, запасы и предметы продовольствия, которые последним приходится добывать издалека. Поэтому, даже будучи менее опытны и умелы в мореплавании, они будут в состоянии продавать на иностранных рынках перевозимые ими товары столь же дешево, как и купцы торговых наций, а при одинаковой опытности и умелости они смогут продавать их дешевле. Поэтому они скоро смогут успешно соперничать с этими торговыми нациями в этой отрасли внешней торговли, а через некоторое время и совсем вытеснить их из нее.

Таким образом, согласно этой либеральной и великодушной теории, самым выгодным способом, каким земледельческая нация может создать у себя своих ремесленников, мануфактуристов и купцов, является предоставление самой полной свободы торговли ремесленникам, мануфактуристам и купцам всех других наций. Эта нация таким путем повышает стоимость избыточного продукта своей собственной земли, непрерывное увеличение которого постепенно создает фонд, вызывающий по прошествии некоторого времени появление нужных ей ремесленников, мануфактуристов и купцов.

Если же земледельческая нация, напротив того, стесняет высокими пошлинами или запрещениями ввоза торговлю иностранных наций, она неизбежно причиняет ущерб своим собственным интересам, и притом двумя различными путями: во-первых, повышая цену всех иностранных товаров и всякого рода мануфактурных изделий, она неизбежно понижает действительную стоимость избыточного продукта своей земли, на который или, что то же самое, на цену которого она покупает эти иностранные товары и мануфактурные изделия; во-вторых, давая своего рода монополию внутреннего рынка своим собственным купцам, ремесленникам и мануфактуристам, она повышает норму торговой и промышленной прибыли по сравнению с нормой земледельческой прибыли, а следовательно, или отвлекает от земледелия часть капитала, до того вкладывавшегося в него, или противодействует притоку к нему той части капитала, которая в противном случае притекала бы к нему. Такая политика поэтому задерживает развитие земледелия двояким образом: понижением действительной стоимости его продукта, а следовательно, и понижением нормы его прибыли, и, во-вторых, повышением нормы прибыли во всех остальных занятиях. Земледелие делается менее выгодным, а торговля и мануфактурная промышленность более выгодными, чем это было бы в противном случае, и интересы всех решительно людей побуждают их отвлекать, по возможности, свой капитал и свой труд от первого к последнему.

Хотя при помощи такой притеснительной политики земледельческая нация окажется в состоянии создать у себя своих ремесленников, мануфактуристов и купцов несколько скорее, чем могла бы сделать это при свободе торговли (это, впрочем, подлежит немалому сомнению), все же она создаст их, так сказать, преждевременно и до того, как вполне созреет для них. Вызывая к жизни слишком поспешно один вид труда, она помешает развитию другого, более ценного вида труда. Вызывая слишком поспешно отрасль труда, которая только возмещает капитал, затрачиваемый на нее, вместе с обычной прибылью, она задержит развитие отрасли труда, которая, помимо возмещения этого капитала вместе с соответственной прибылью, дает также чистый продукт, ренту для землевладельца. Она будет сокращать производительный труд, слишком поспешно поощряя тот труд, который совершенно бесплоден и непроизводителен.

Каким образом, согласно этой теории, вся сумма годового продукта земли распределяется между тремя вышеназванными классами и каким образом труд непроизводительного класса только возмещает стоимость своего собственного потребления, ни в малейшей степени не увеличивая стоимости этой общей суммы, — это изображает Кенэ, очень талантливый и глубокий творец этой теории, в нескольких арифметических таблицах. Первая из этих таблиц, которую ввиду ее важности он специально выделяет, назвав ее «Экономической таблицей», изображает, как, по его предположению, происходит это распределение в состоянии наиболее полной свободы, а потому и наивысшего благосостояния, когда годовой продукт достигает таких размеров, что дает наибольший возможный чистый продукт, и когда каждый класс получает причитающуюся ему долю из всего годового продукта. Дальнейшие таблицы изображают, как, по его мнению, это распределение происходит при существовании ограничений и стеснений, когда класс землевладельцев, или бесплодный и непроизводительный класс, пользуется бóльшим покровительством, чем класс земледельцев, и когда тот или другой из них посягает на большую или меньшую часть доли, которая должна была бы принадлежать этому производительному классу. Каждое такое посягательство, каждое нарушение этого естественного распределения, устанавливаемого при наиболее полной свободе, неизбежно должно, согласно этой теории, понижать в большей или меньшей степени из года в год стоимость и общие размеры годового продукта и неизбежно вести к постепенному уменьшению действительного богатства и дохода общества — к уменьшению, которое должно происходить быстрее или медленнее в зависимости от того, насколько резко нарушено то естественное распределение, которое устанавливает наиболее полная свобода. Различные степени уменьшения соответствуют, согласно этой теории, различным степеням нарушения этого естественного распределения.

Некоторые врачи-доктринеры воображали, по-видимому, что здоровье тела может быть сохранено только при соблюдении определенного точного режима диеты и упражнений, причем всякое малейшее нарушение его должно вести к какому-либо заболеванию или расстройству, причем серьезность их соответствует серьезности этого нарушения. Однако опыт, как кажется, свидетельствует, что человеческое тело часто остается, по крайней мере по видимости, в самом отличном состоянии здоровья при самых разнообразных режимах, даже при таких, которые обычно считаются далеко не здоровыми. Но в здоровом состоянии человеческий организм, по-видимому, таит в себе самом неизвестное начало самосохранения, способное в некоторых отношениях предотвращать или исправлять скверные последствия даже очень неправильных режимов. Кенэ, который сам был врачом, и притом врачом-теоретиком, держался, по-видимому, такого же взгляда и относительно политического организма и воображал, что он может благоденствовать и процветать только при соблюдении определенного режима, режима полной свободы и совершенного правосудия. Он, очевидно, не принял во внимание, что в политическом организме естественные усилия, постоянно делаемые каждым отдельным человеком для улучшения своего положения, представляют собою начало самосохранения, способное во многих отношениях предупреждать и исправлять дурные последствия пристрастной и притеснительной политической экономии. Хотя такая политическая экономия, без сомнения, более или менее замедляет естественный прогресс нации в сторону богатства и процветания, она не всегда может совсем остановить его и еще меньше — заменить его попятным движением. Если бы нация не могла преуспевать, не пользуясь полной свободой и совершенным правосудием, на всем свете не нашлось бы нации, которая когда-либо могла бы процветать. Но мудрая природа, к счастью, позаботилась о том, чтобы заложить в политическом организме достаточно средств для исправления многих вредных последствий безумия и несправедливости человека, совсем так, как она сделала это с физическим организмом человека для исправления последствий его неосторожности и невыдержанности.

Однако главная ошибка этой теории состоит, как кажется, в изображении класса ремесленников, мануфактуристов и купцов как совершенно бесплодного и непроизводительного. Нижеследующие замечания должны показать неправильность такого изображения.

I. Этот класс, как это признается, воспроизводит ежегодно стоимость своего собственного годового потребления и сохраняет по меньшей мере тот запас или капитал, который содержит его и дает ему занятие. Уже в силу одного этого название бесплодного и непроизводительного совершенно неправильно применено к нему. Мы ведь не назовем брак бесплодным или непроизводительным, хотя бы он принес только сына и дочь, заменяющих отца и мать, и хотя бы он не увеличивал число особей человеческого рода, а только поддерживал его на прежнем уровне. Правда, фермеры и сельскохозяйственные рабочие сверх капитала, который содержит их и дает им занятие, воспроизводят ежегодно чистый продукт, ренту землевладельца. Подобно тому как брак, приносящий трех детей, несомненно, производительнее брака, приносящего только двух, так и труд фермеров и сельскохозяйственных рабочих, несомненно, производительнее труда купцов, ремесленников и мануфактуристов. Более значительная производительность одного класса не делает, однако, другой класс бесплодным и непроизводительным.

II. Ввиду этого представляется вообще неправильным рассматривать ремесленников, мануфактуристов и купцов в таком же свете, как и домашнюю прислугу. Труд домашней прислуги не продолжает существования фонда, который содержит ее и дает ей занятие. Она содержится и получает занятие исключительно за счет своих хозяев, и работа, которую она выполняет, не такого рода, чтобы возместить издержки. Работа эта состоит в услугах, следы которых исчезают в самый момент выполнения их; она не овеществляется или не реализуется в каком-либо могущем быть проданным товаре, который мог бы возместить стоимость ее заработной платы и содержания. Напротив того, труд ремесленников, мануфактуристов и купцов, естественно, овеществляется или реализуется в каком-нибудь таком товаре, который может быть продан. По этой именно причине в главе, в которой я говорю о производительном труде, я отнес ремесленников, мануфактуристов и купцов к производительным работникам, а домашнюю прислугу — к бесплодному и непроизводительному классу.

III. Представляется со всех точек зрения неправильным утверждение, что труд ремесленников, мануфактуристов и купцов не увеличивает действительный доход общества. Если даже предположить, например, как это считается, по-видимому, этой теорией, что стоимость ежедневного, месячного и годового потребления этого класса в точности равняется стоимости его ежедневного, месячного и годового производства, все-таки отсюда отнюдь не следует, что его труд ничего не добавляет к действительному доходу, к реальной действительной стоимости годового продукта земли и труда общества. Так, например, ремесленник, который в первые шесть месяцев после жатвы выполняет работу на 10 ф. ст., хотя и потребляет за это время хлеба и других предметов продовольствия на 10 ф. ст., на деле добавляет стоимость в 10 ф. ст. к годовому продукту земли и труда общества. Потребляя хлеб и другие предметы продовольствия на сумму полугодичного дохода в 10 ф. ст., он выполняет работу такой же стоимости, на которую можно приобрести для него самого или для какого-нибудь лица такое же содержание в течение полугода. Поэтому стоимость того, что потреблено и произведено в течение этих шести месяцев, равняется не 10, а 20 ф. Конечно, вполне возможно, что в каждый данный момент налицо было не более 10 ф. этой стоимости. Но если бы хлеб и другие предметы продовольствия стоимостью в 10 ф., потребленные ремесленником, были потреблены солдатом или домашним слугой, то стоимость той части годового продукта, которая существовала в конце шести месяцев, оказалась бы на 10 ф. меньше по сравнению с тем, что имеется на самом деле в результате труда ремесленника. Таким образом, хотя стоимость того, что производит ремесленник, не была бы признана превышающей то, что он потребляет, все же в каждый данный момент фактически существующая стоимость товаров на рынке благодаря тому, что он производит, больше той, которая была бы, если бы он не работал.

Когда сторонники этой теории утверждают, что потребление ремесленников, мануфактуристов и купцов равняется стоимости того, что они производят, они, наверное, имеют в виду только то, что их доход, или фонд, предназначенный для их потребления, равен тому, что они производят. Но если бы они выражались точнее и только утверждали, что доход этого класса равняется стоимости того, что он производит, читателю стало бы сразу ясно, что все естественно сберегаемое из этого дохода должно необходимо увеличивать в большей или меньшей степени действительное богатство общества. И поэтому, желая привести доказательство в пользу своего взгляда, они, по необходимости, должны были выразиться именно так, как сделали это; тем не менее, даже если предположить, что дело обстоит так, как они считали, этот их довод представляется весьма малоубедительным.

IV. Фермеры и сельскохозяйственные рабочие при отсутствии бережливости могут увеличивать действительный доход, годовой продукт земли и труда своего общества, не больше, чем ремесленники, мануфактуристы и купцы. Годовой продукт земли и труда любого общества может быть увеличен только двумя путями: во-первых, или посредством увеличения производительности полезного труда, выполняемого в нем, или, во-вторых, посредством увеличения количества этого труда.

Увеличение производительности полезного труда зависит прежде всего от повышения ловкости и умения работника, а затем от улучшения машин и инструментов, при помощи которых он работает. Но так как разделение труда ремесленников и мануфактуристов и сведение труда каждого работника к более простой операции можно проводить в большей степени, чем это возможно с трудом фермеров и сельскохозяйственных рабочих, то повышение производительности труда первых обоими указанными способами гораздо легче достижимо. В этом отношении класс земледельцев не может обладать решительно никаким преимуществом сравнительно с классом ремесленников и мануфактуристов.

Увеличение количества полезного труда, фактически затрачиваемого в данном обществе, должно зависеть вообще от увеличения капитала, который дает ему занятие, а увеличение этого капитала, в свою очередь, должно в точности равняться размерам сбережений из дохода тех лиц, которые определяют употребление этого капитала, или каких-либо других лиц, которые ссужают его им. Если купцы, ремесленники и мануфактуристы, как, по-видимому, предполагает эта теория, естественно, более склонны к бережливости и сбережению, чем землевладельцы и земледельцы, то, поскольку это так, они скорее могут увеличивать количество полезного труда, затрачиваемого в обществе, а следовательно, и действительный доход общества, годовой продукт его земли и труда.

V. Хотя было предположено, — как это, по-видимому, делает рассматриваемая теория, — что доход жителей каждой страны состоит исключительно из количества средств существования, которое им может дать их труд, однако даже при таком предположении доход торговой и промышленной страны при прочих равных условиях должен быть всегда больше, чем страны, не имеющей торговли и мануфактур. При помощи торговли и мануфактур в данную страну можно ежегодно ввозить большее количество средств существования, чем могли бы дать ее собственные земли при данном уровне ее сельского хозяйства. Хотя жители города часто совсем не имеют собственной земли, они все же посредством своего труда получают такое количество сырого продукта земли других людей, которое доставляет им не только материалы для их работы, но и фонд для их существования. Тем, чем всегда является город по отношению к окрестной земледельческой местности, часто может являться одна независимая страна или государство по отношению к другим независимым государствам или странам. Так, например, Голландия получает большую часть своих средств существования от других стран: живой скот из Голштинии и Ютландии, а хлеб из всех стран Европы. На небольшое количество мануфактурных изделий можно покупать большое количество сырого продукта. Поэтому торговая и промышленная страна, естественно, покупает на небольшую часть своих мануфактурных изделий большую часть сырого продукта других стран, тогда как, напротив, страна, не обладающая мануфактурами и торговлей, обычно вынуждена покупать за счет значительной части своего сырого продукта совсем небольшую часть мануфактурных изделий других стран. Одна вывозит то, что может служить для существования и удобства очень немногих, и ввозит средства существования и предметы удобства для многих. Другая вывозит предметы удобства и средства существования для большого числа людей и ввозит их только для очень немногих. Жители первой страны должны всегда иметь в своем распоряжении гораздо большее количество средств существования, чем могут доставить им при данном уровне земледелия их собственные земли. Жители другой всегда должны обладать гораздо меньшим количеством их.

И все же изложенная теория, при всех ее несовершенствах, пожалуй, ближе всего подходит к истине, чем какая-либо другая теория политической экономии, до сих пор опубликованная. Ввиду этого она вполне заслуживает внимания каждого, желающего исследовать принципы этой весьма важной науки. Правда, изображая труд, затрачиваемый в земледелии, как единственный производительный труд, она отстаивает, пожалуй, слишком узкие и ограниченные взгляды, но поскольку она признает богатство народов состоящим не в непригодных для потребления деньгах, а в предметах потребления, ежегодно воспроизводимых трудом общества, поскольку она признает полную свободу единственным действительным средством для обеспечения возможно больших размеров этого ежегодного воспроизводства, постольку ее учение, надо думать, во всех отношениях столь же истинно, сколь благородно и либерально. Эта теория имеет очень много последователей, и так как люди любят парадоксы и любят казаться понимающими то, что превосходит понимание простых смертных, то лежащий в ее основе парадокс о непроизводительном характере промышленного труда немало содействовал, быть может, увеличению числа ее поклонников. В последние годы они составляли во французском литературном мире довольно значительную школу, известную под названием «экономистов». Их сочинения, без сомнения, оказали известную услугу стране, не только выдвинув на общее обсуждение много вопросов, которые раньше никогда как следует не подвергались обсуждению, но и повлияв в некоторой степени на правительство в пользу сельского хозяйства. Так, в результате их представлений сельское хозяйство Франции было освобождено от ряда стеснений, от которых оно до того много терпело. Срок, на который земля могла сдаваться в аренду и с которым должен был считаться всякий будущий приобретатель или собственник земли, был удлинен с 9 до 27 лет. Прежние стеснения при перевозке хлеба из одной провинции королевства в другую были совершенно отменены, свобода вывоза его во все иностранные государства была установлена как общий закон королевства при нормальных условиях. Эта школа в своих сочинениях, которые весьма многочисленны и обсуждают не только то, что собственно называется политической экономией, т.е. природу и причины богатства народов, но и все другие отрасли системы гражданского управления, буквально следует, не делая сколько-нибудь заметных отступлений, учению Кенэ. В этом отношении большая часть их сочинений мало различается между собою. Наиболее отчетливое и связное изложение этой теории можно найти в небольшой книге, написанной Мерсье де ла Ривьером, бывшим интендантом в Мартинике, и озаглавленной «Естественный и необходимый строй политических обществ»*. Преклонение всей этой секты перед своим учителем, который сам был человеком величайшей скромности и простоты, не меньше того, какое питал любой из древних философов к основателю своей системы. «С самого возникновения мира, — говорит весьма прилежный и почтенный автор, маркиз Мирабо**, — были сделаны три великих изобретения, которые главным образом придали устойчивость политическим обществам независимо от многих других изобретений, обогащавших и украшав-

---

* *Mercier de la Rivière*. L'ordre naturel et essentiel des sociétés politiques. Paris, 1767.

** *Mirabeau*. Philosophie rurale. 1763. Vol. I, p. 52.

ших их. Первое из них — это изобретение письма, которое одно дает людям способность передавать без изменений их законы, их договоры, их предания и их открытия. Второе — это изобретение денег, которые связывают воедино все сношения между цивилизованными обществами. Третье изобретение — это «Экономическая таблица», результат первых двух, который завершает их, совершенствуя их задачу, великое открытие нашего века, плоды которого, впрочем, соберет наше потомство».

Если политическая экономия народов современной Европы больше благоприятствовала мануфактурной промышленности и внешней торговле, промышленности городов, чем сельскому хозяйству деревень, то политическая экономия других народов придерживалась противоположного направления и благоприятствовала больше земледелию, чем мануфактурной промышленности и внешней торговле.

Политика Китая благоприятствует сельскому хозяйству больше, чем всем другим промыслам. В Китае, как передают, положение крестьянина настолько же лучше положения ремесленника, насколько в большей части Европы положение ремесленника лучше положения крестьянина. В Китае заветная мечта каждого человека состоит в получении небольшого клочка земли в собственность или в аренду, и аренда, как утверждают, дается там на очень умеренных условиях и дает достаточно гарантий арендаторам. Китайцы проявляют мало уважения к внешней торговле. «Ваша презренная торговля!» — таким языком говорили о ней мандарины Пекина с русским посланником Де-Ланге.Если не считать торговли с Японией, китайцы сами и на своих собственных судах не ведут почти никакой внешней торговли: суда иностранных государств они даже допускают только в один или два порта своего государства. Поэтому в Китае внешняя торговля как на китайских судах, так и на судах других наций ограничивается гораздо более узким кругом, чем это было бы, если бы ей была предоставлена бóльшая свобода.

Так как мануфактурные изделия при небольшом объеме обладают часто большой стоимостью и их поэтому возможно перевозить из одной страны в другую с меньшими издержками, чем большую часть сырых продуктов, то они почти во всех странах составляют главный предмет внешней торговли. Кроме того, в странах, менее обширных и обладающих менее благоприятными условиями для внутренней торговли, чем Китай, мануфактурная промышленность обыкновенно нуждается в содействии внешней торговли. Не имея обширного внешнего рынка, она не может процветать в небольших странах, представляющих собою слишком ограниченный внутренний рынок, или в таких странах, где сообщение между провинциями так затруднительно, что это делает невозможным для товаров одной местности пользоваться всем тем внутренним рынком, каким может служить вся страна. Следует помнить, что совершенство мануфактурной промышленности зависит вообще от разделения труда, а степень разделения труда, возможного в том или другом производстве, определяется, как уже было показано, размерами рынка. Но громадные размеры Китайской империи, многочисленность ее населения, разнообразие климата, а следовательно, и продуктов различных ее провинций, и легкое сообщение водным путем между большей частью этих провинций делают внутренний рынок этой страны столь обширным, что его одного достаточно для существования очень крупных мануфактур и для проведения весьма значительного разделения труда. Внутренний рынок Китая, пожалуй, по своей обширности немногим уступает рынку всех стран Европы, взятых вместе. Более обширная внешняя торговля, которая к этому большому внутреннему рынку присоединила бы внешний рынок всего остального мира, в особенности, если бы значительная часть этой торговли велась на китайских судах, должна была бы повести к очень большому росту китайской мануфактурной промышленности и к значительному увеличению производительности последней. При более обширном мореплавании китайцы, естественно, научились бы применению и сооружению всех тех различных машин, которыми пользуются в других странах, а также другим усовершенствованиям в ремеслах и промышленности, применяемым во всех частях мира. При современном характере своего хозяйства они имеют мало возможностей улучшить его, беря пример с других наций, если не считать примера японцев.

Политика Древнего Египта и правительства Индостана, по-видимому, тоже покровительствовала больше сельскому хозяйству, чем всем другим промыслам. Как в Древнем Египте, так и в Индостане вся масса жителей разделялась на касты, из которых членам каждой было наследственно, от отца к сыну, предоставлено одно какое-нибудь занятие или род занятий. Сын жреца был обязательно жрецом, сын солдата — солдатом, сын крестьянина — крестьянином, сын ткача — ткачом, сын портного — портным и т.д. В обеих этих странах высшее положение занимала каста жрецов, вслед за нею шла каста воинов, и в обеих странах каста фермеров и крестьян была выше каст купцов и мануфактуристов.

Правительство обеих этих стран особенно внимательно относилось к нуждам сельского хозяйства. Сооружения, возведенные древними государями Египта для надлежащего распределения воды Нила, были знамениты в древности, и сохранившиеся развалины некоторых из них до сих пор еще вызывают изумление путешественников. Столь же грандиозными, хотя они и не так прославились, были, по-видимому, подобного же рода сооружения, возводившиеся древними государями Индостана для надлежащего распределения воды Ганга, а также многих других рек. В соответствии с этим обе эти страны, хотя иногда и терпели неурожай, были известны своим высоким плодородием. Хотя они и обладали чрезвычайно многочисленным населением, они все же могли в годы среднего урожая вывозить большие количества хлеба к своим соседям.

Древние египтяне питали суеверное отвращение к морю, а так как религия древних индусов не позволяет своим последователям зажигать на воде огонь, а следовательно, и приготовлять пищу, то фактически она этим запрещает им какие бы то ни было отдаленные морские путешествия. И египтяне и индусы при вывозе своего избыточного продукта должны были почти целиком зависеть от судоходства других народов; эта зависимость, ограничивая рынок, должна была задерживать возрастание избыточного продукта. При этом она должна была в большей степени задерживать возрастание мануфактурных продуктов, чем возрастание главнейших видов сырья. Первые требуют гораздо более обширного рынка, чем главнейшие виды сырого продукта земли. Один только сапожник изготовит за год более трехсот пар башмаков, а его собственная семья не сносит за это время, наверное, и шести пар. Поэтому, если у него нет в качестве заказчиков по крайней мере пятидесяти таких семей, как его собственная, он не может сбыть весь продукт своего труда. В обширной стране, даже при очень значительном развитии ремесла, число ремесленников редко составляет больше двух или одного процента числа всех семей, живущих в ней. Напротив, в таких больших странах, как Франция и Англия, число лиц, занятых в сельском хозяйстве, исчислялось некоторыми авторами в половину, другими — в треть и ни одним известным мне автором — менее чем в одну пятую всего населения страны. Но так как продукт сельского хозяйства Франции и Англии в преобладающей своей части потребляется внутри страны, то это значит, что каждое лицо, занятое в нем, должно, согласно этим расчетам, иметь своими покупателями несколько больше одной, двух или, самое большее, четырех таких семей, как его собственная, чтобы иметь возможность сбыть весь продукт своего труда. Таким образом, сельское хозяйство гораздо лучше, чем мануфактурная промышленность, может существовать при неблагоприятном условии ограниченного рынка. В Древнем Египте и Индостане ограниченность внешнего рынка до известной степени возмещалась удобством внутреннего водного сообщения, благодаря которому весь внутренний рынок при самых выгодных условиях был открыт для всех решительно продуктов любого района этих стран. К тому же обширность Индостана делала внутренний рынок этой страны очень большим и достаточным для существования самых разнообразных отраслей мануфактурной промышленности. Напротив, небольшие размеры Древнего Египта, который никогда не достигал размеров Англии, должны были во все времена делать внутренний рынок его слишком ограниченным, чтобы обеспечивать существование большого числа разнообразных отраслей мануфактурной промышленности. Ввиду этого Бенгалия, провинция Индостана, которая обычно вывозит наибольшее количество риса, всегда более выделялась вывозом разнообразных мануфактурных изделий, чем вывозом своего зерна; напротив, Древний Египет, хотя он и вывозил некоторые мануфактурные изделия, — в особенности тонкое полотно, — а также некоторые другие товары, всегда был больше известен своим большим вывозом хлебов. В течение продолжительного времени он являлся житницей Рима.

Государи Китая, Древнего Египта и отдельных государств, на которые в различное время разделялся Индостан, всегда извлекали весь свой доход или гораздо большую его часть из того или иного вида поземельного налога, или земельной ренты. Этот поземельный налог, или земельная рента, подобно десятине в Европе, состояла, как передают, в пятой части продукта земли, сдаваемой в натуре или уплачиваемой деньгами по определенной оценке, и таким образом изменялась в размере из года в год в зависимости от колебаний размеров валового продукта. Естественно поэтому, что государи этих стран с особым вниманием относились к интересам земледелия, от процветания или упадка которого непосредственно зависело ежегодное увеличение или уменьшение их собственного дохода.

Политика древних республик Греции и политика Рима, хотя она более ценила земледелие, чем мануфактурную промышленность или внешнюю торговлю, все же, по-видимому, скорее затрудняла эти последние занятия, чем непосредственно или сознательно поощряла первое. В некоторых из древних государств Греции внешняя торговля была совершенно запрещена, а в некоторых других промысел ремесленников и мануфактуристов считался вредным для силы и ловкости человеческого тела, поскольку он делал его неспособным воспринимать те навыки, которые старались развить в нем при помощи военных и гимнастических упражнений, а потому и неспособным в большей или меньшей степени переносить утомление и опасности войны. Эти промыслы считались пригодными только для рабов, а свободным гражданам государства запрещалось заниматься ими. Даже в тех государствах, где не существовало такого запрещения, как, например, в Риме и Афинах, масса народа фактически была отстранена от всех тех промыслов, какими в настоящее время занимаются обычно низшие слои населения городов. Всеми этими промыслами в Афинах и в Риме занимались рабы богачей, причем занимались они ими в пользу своих хозяев, которые своим богатством, могуществом и влиянием делали почти невозможным для свободного бедняка найти рынок для продукта своего труда, когда последнему приходилось конкурировать с продуктами труда рабов богатого человека. Но рабы редко проявляют изобретательность; все более важные улучшения в орудиях труда или в порядке и распределении работы, которые облегчают и уменьшают труд, являлись открытиями свободных людей. Если бы даже раб предложил какое-либо улучшение подобного рода, его хозяин был бы склонен счесть это предложение внушенным леностью и желанием раба сократить свой труд за счет хозяина. Бедный раб вместо награды получил бы, вероятно, на свою долю град ругательств, а может быть, и подвергся бы наказанию. Поэтому в мануфактурах, в которых работают рабы, обычно требуется больше труда для выполнения того же самого количества работы, чем в предприятиях, где применяется труд свободных рабочих. Труд первых должен ввиду этого обходиться дороже, чем труд последних. Как замечает Монтескьё*, венгерские рудники, хотя они и не богаче расположенных по соседству турецких рудников, всегда разрабатывались с меньшими издержками, а потому и с большей прибылью, чем последние. В турецких рудниках работали рабы, руки этих рабов являлись единственными машинами, которые турки когда-либо думали употреблять в дело. Венгерские рудники разрабатываются свободными людьми, которые применяют много различных машин, при помощи которых облегчают и уменьшают свой труд. Судя по тому немногому, что известно относительно цены мануфактурных изделий в эпоху греков и римлян, кажется, что изделия более высокого качества были чрезвычайно дороги. Шелк продавался на вес золота. Правда, в ту пору шелк не являлся европейским изделием,

* *Montesquieu*. Esprit des lois. Книга XV, гл. 8.

и так как он весь привозился из Ост-Индии, расход на перевозку на такое большое расстояние может в известной мере объяснять высоту его цены. Но цена, которую знатная женщина, по рассказам, готова была иногда платить за штуку очень тонкого полотна, равным образом была, по-видимому, чрезвычайно высокой. А так как полотно всегда было европейским или в крайнем случае египетским продуктом, то такая высокая цена может быть объяснена только большой затратой труда, который надо было употребить на его изготовление, а чрезмерность затраты его, в свою очередь, могла вызываться только несовершенством применявшихся орудий труда. Цена тонких шерстяных материй, хотя и не столь высокая, все же, как кажется, намного превышала цену нынешнего времени. Плиний рассказывает нам, что некоторые материи, окрашенные особым образом, стоили 100 динариев, или 3 ф. 6 ш. 8 п. за фунт по весу*. Другие материи, окрашенные иным способом, стоили за фунт 1 тыс. дин., или 33 ф. 6 ш. 8 п. Римский фунт, следует иметь в виду, содержал только 12 наших унций. Правда, такая высокая цена обусловливалась главным образом краской. Но если бы сама материя не стоила намного дороже материй, выделываемых в настоящее время, на нее, вероятно, не тратили бы столь дорогостоящей краски. Слишком велико было бы несоответствие между подсобным и основным материалом. Упоминаемая тем же автором** цена некоторых триклинарий, особых шерстяных подушек, употреблявшихся для того, чтобы облокачиваться на них во время возлежания за столом, превышает всякое вероятие: некоторые из них стоили будто бы более 30 тыс., другие — более 300 тыс. ф. При этом не упоминается, чтобы такая высокая цена обусловливалась краской. Как замечает доктор Арбутнот***, в древние времена в одежде богатых людей обоего пола было гораздо меньше разнообразия, чем в настоящее время. И это замечание подтверждается весьма небольшим разнообра-

---

* *Plin.,* I, IX, c. 39.

** *Plin.,* I. VIII, c. 48.

*** *John Arbuthnot.* Table of ancient Coins, Weights and Measures. 1754.

 зием одежды, какое мы видим на древних статуях. Арбутнот заключает из этого, что их одежда должна была в общем стоить дешевле, чем наша, но такое заключение совсем не вытекает из этого. Когда расход на изысканную одежду очень велик, ее разнообразие должно быть незначительно, но когда благодаря увеличению производительности труда и улучшению его методов стоимость того или иного предмета одежды оказывается умеренной, разнообразие становится, естественно, очень значительным. Богатые люди, не имея возможности отличаться дороговизной своей одежды, естественно, будут стараться выделяться большим количеством и разнообразием ее.

Самая значительная и наиболее важная отрасль торговли каждой нации, как это уже отмечено, — это та, которая ведется между жителями города и деревни. Жители города получают из деревни сырой продукт, который служит как материалом для труда, так и фондом для их существования; они оплачивают этот сырой продукт тем, что посылают взамен в деревню некоторую часть своих мануфактурных и готовых для непосредственного потребления продуктов. Торговля, ведущаяся между этими двумя различными группами населения, выражается в конечном счете в обмене известного количества сырых продуктов на известное количество мануфактурных изделий. Поэтому чем дороже последние, тем дешевле первые, и все то, что в какой-либо стране ведет к повышению цены мануфактурных изделий, ведет вместе с тем к понижению цены сырого продукта земли и этим замедляет развитие земледелия. Чем меньше количество мануфактурных изделий, которое можно купить на данное количество сырого продукта, или, что то же самое, на цену последнего, тем меньше меновая стоимость этого количества сырого продукта, тем меньше побуждений может быть у землевладельца увеличить его количество улучшением земли, а у фермера — возделыванием ее. Кроме того, все, что ведет к уменьшению в стране числа ремесленников и мануфактуристов, ведет к уменьшению внутреннего рынка, наиболее важного из всех рынков для сырого продукта земли, и этим еще больше задерживает развитие земледелия.

Ввиду изложенного те теории, которые предпочитают сельское хозяйство всем другим занятиям и для поощрения его налагают стеснения на мануфактуры и внешнюю торговлю, действуют вразрез с той целью, которую ставят себе, и косвенно затрудняют развитие как раз того вида труда, которому хотят содействовать. В этом они, пожалуй, еще более непоследовательны, чем даже меркантилистическая система. Эта последняя, поощряя мануфактурную промышленность и внешнюю торговлю больше, чем сельское хозяйство, отвлекает часть капитала общества от более выгодного к менее выгодному виду труда. Все же на деле и в конечном счете она поощряет именно тот вид труда, который имеет в виду поощрять. Указанные сельскохозяйственные теории, напротив, в конечном счете только задерживают развитие своей излюбленной отрасли труда.

Таким-то образом всякая система, старающаяся чрезвычайными поощрительными мерами привлекать к какой-либо особой отрасли труда большую долю капитала общества, чем, естественно, направлялось к ней, или чрезвычайными стеснениями отвлекать от какой-нибудь отрасли труда ту долю капитала, которая без таких стеснений была бы вложена в нее, в действительности поступает как раз обратно тому, к чему стремится. Она задерживает, вместо того чтобы ускорять, развитие общества в направлении к действительному богатству и величию и уменьшает, вместо того чтобы увеличивать, действительную стоимость продукта его земли и труда.

Поэтому, поскольку совершенно отпадают все системы предпочтения или стеснений, очевидно, остается и утверждается простая и незамысловатая система естественной свободы. Каждому человеку, пока он не нарушает законов справедливости, предоставляется совершенно свободно преследовать по собственному разумению свои интересы и конкурировать своим трудом и капиталом с трудом и капиталом любого другого лица и целого класса. Государь совершенно освобождается от обязанности, при выполнении которой он всегда будет подвергаться бесчисленным обманам и надлежащее выполнение которой не доступно никакой человеческой мудрости и знанию, от обязанности руководить трудом частных лиц и направлять его к занятиям, более соответствующим интересам общества. Согласно системе естественной свободы, государю надлежит выполнять только три обязанности, правда, они весьма важного значения, но ясные и понятные для обычного разумения: во-первых, обязанность ограждать общество от насилий и вторжения других независимых обществ; во-вторых, обязанность ограждать по мере возможности каждого члена общества от несправедливости и угнетения со стороны других его членов, или обязанность установить хорошее отправление правосудия, и, в-третьих, обязанность создавать и содержать определенные общественные сооружения и учреждения, создание и содержание которых не может быть в интересах отдельных лиц или небольших групп, потому что прибыль от них не сможет никогда оплатить издержки отдельному лицу или небольшой группе, хотя и сможет часто с излишком оплатить их большому обществу.

Надлежащее выполнение этих различных обязанностей государя необходимо предполагает известные издержки; эти издержки, в свою очередь, предполагают получение некоторого дохода для покрытия их. Поэтому в следующей книге я попытаюсь выяснить, во-первых, в чем выражаются необходимые издержки государя или государства, какие из этих издержек должны оплачиваться за счет взносов всего общества и какие — только некоторыми определенными его членами; во-вторых, каковы различные методы, посредством которых все общество может быть привлечено к участию в расходах, ложащихся на все общество, и каковы главные преимущества и неудобства каждого из этих методов; наконец, в-третьих, каковы основания и причины, побудившие почти все современные правительства закладывать некоторую часть этого дохода или заключать займы; каково было влияние этих долгов на действительное богатство, на годовой продукт земли и труда общества. Следующая книга, естественно, распадается поэтому на три главы.

Книга V
О ДОХОДАХ ГОСУДАРЯ ИЛИ ГОСУДАРСТВА

Глава I
О РАСХОДАХ ГОСУДАРЯ ИЛИ ГОСУДАРСТВА

Отдел I
О расходах на оборону

Первой обязанностью государя является защита общества от насилия и посягательства со стороны других независимых обществ; она может быть выполнена только посредством военной силы. Однако расходы как на подготовку военной силы в мирное время, так и на использование ее во время войны весьма различны в разных состояниях общества, в разные периоды его развития.

У охотничьих народов, находящихся на самой низкой ступени развития общества, — что мы видим у туземных племен Северной Америки, — каждый мужчина является настолько же воином, насколько и охотником. Когда он идет на войну, защищать свое общество или мстить за ущерб, нанесенный ему другими обществами, он поддерживает свое существование собственным трудом точно таким же способом, как и живя дома. Его общество — в этом состоянии, собственно говоря, еще нет ни государя, ни государства — не несет никаких расходов ни на подготовку его к походу, ни на содержание его в продолжение войны.

У пастушеских народов, находящихся на более высокой ступени развития, как, например, у татар или арабов, каждый мужчина точно так же есть воин. Такие народы обыкновенно не имеют постоянных жилищ, а живут в шатрах или крытых повозках, которые легко переносятся с места на место. Целое племя или народ меняет свое местоположение в зависимости от времен года и других случайных обстоятельств. Когда их табуны и стада уничтожают корм в одной части страны, они передвигаются в другую, а оттуда — в третью. В сухое время года они спускаются к берегам рек, а в дождливое — уходят на возвышенности. Когда такой народ идет на войну, воины не доверяют своих стад слабой защите стариков, женщин и детей; их женщин, стариков и детей нельзя оставить без защиты и средств к существованию. Кроме того, народ, привыкший к скитальческой жизни в мирное время, легко передвигается и во время войны. Выступают ли они в поход как армия, кочуют ли как пастухи, образ жизни их одинаков, хотя поставленные перед ними цели весьма различны. Они идут на войну все вместе, и каждый делает свое дело, как может. У татар часто даже женщины вступают в бой. Если они побеждают, то все, принадлежащее побежденному племени, вознаграждает победителя; если они разбиты, то все теряют; не только их стада, но их женщины и дети становятся добычей победителя. Даже большая часть тех, кто пережил поражение, должна подчиниться победителю из-за отсутствия средств к существованию. Остальные обыкновенно рассеиваются в пустыне.

Повседневная жизнь, повседневные занятия подготовляют татарина или араба к войне. Бег, борьба, фехтование, метание дротика и стрельба из лука — обычное времяпровождение тех, кто живет на открытом воздухе, и все эти занятия копируют войну. Когда татарин или араб идет на войну, его существование поддерживается стадами, которые движутся вместе с ним, как и в мирное время. Его вождь или государь — ибо все эти народы имеют вождей или государей — не несет никаких расходов по подготовке его к походу, а в походе только возможность грабежа является платой, которую воин может ожидать или требовать.

Армия охотничьего племени редко превышает две-три сотни человек. Ненадежное добывание средств существования, которые доставляет охота, редко позволяет большему количеству людей собираться вместе на продолжительное время. Армия же пастухов, напротив, может иногда достигать двух или трех тысяч человек. Поскольку ничто не останавливает их продвижения, они переходят из одной области, где уничтожен фураж, в другую, еще не тронутую, и, по-видимому, трудно ограничить число их, которое может соединиться для похода. Охотничье племя не может внушать страха цивилизованному народу, живущему по соседству, а народ пастухов может. Ничто не может быть менее серьезным, чем индейские войны в Северной Америке. Напротив, ничего не может быть ужасней татарских нашествий, имевших место в Азии. Суждение Фукидида, что ни Европа, ни Азия не могут сопротивляться объединенным скифам, было подтверждено опытом всех последующих эпох. Обитатели обширных и беззащитных степей Скифии и Татарии быстро объединились под владычеством вождя нескольких победоносных орд или племени; опустошение и разгром Азии всегда были следствием такого союза. Обитатели негостеприимной Аравийской пустыни — другой великий народ пастухов — объединились только однажды при Магомете и его ближайших преемниках. Их объединение, бывшее скорее результатом религиозного энтузиазма, чем победы, ознаменовалось точно такими же следствиями. Если бы охотничьи народы Америки сделались когда-нибудь пастухами, их соседство было бы много опасней для европейских колонистов, чем в настоящее время.

На еще более высокой ступени развития общества у землевладельческих народов, имевших небольшую внешнюю торговлю и не обладавших никакой промышленностью, кроме грубой домашней, которой почти каждая отдельная семья занималась для удовлетворения собственных потребностей, точно так же каждый мужчина был воином или легко им становился. Те, кто живет земледелием, обыкновенно проводят целые дни на открытом воздухе, подвергаясь всем непогодам. Суровость их повседневной жизни подготовляет их к тяготам войны, со многими из которых их обычные занятия имеют большое сходство. Повседневная землекопная работа готовит их к рытью окопов, и они так же хорошо устраивают лагерь, как и огораживают свое поле. Обычные развлечения земледельца те же, что и пастуха, и точно так же напоминают о войне. Но земледельцы имеют меньше досуга, чем пастухи, и они не так часто предаются этим развлечениям. Они солдаты, но солдаты, не так мастерски усвоившие свои приемы. Но так как они все-таки воины, то государь или государство редко несет расходы по их подготовке к походу.

Земледелие даже на самой низкой ступени развития предполагает поселение, некоторый род постоянного обиталища, которое не может быть оставлено без большой потери. Когда народ, состоящий из одних только земледельцев, отправляется на войну, он не может выступить в поход весь целиком. По крайней мере старики, женщины и дети должны остаться дома, чтобы охранять жилища. Все мужчины военного возраста могут, разумеется, выступить в поход, и у малых земледельческих народов часто так и делается. Считается, что у каждого народа количество мужчин, способных носить оружие, ограничивается четвертой или пятой частью всего народа. Далее, если поход начинается после посева и кончается перед жатвой, то земледелец и его главные работники могут быть оторваны от хозяйства без больших потерь. Он знает, что работы, выполняемые в этот промежуток времени, могут быть довольно хорошо исполнены стариками, женщинами и детьми. Поэтому он согласен служить бесплатно в продолжение короткого похода и поэтому часто расходы государя или государства на его содержание в походе бывают так же малы, как и на его подготовку. Граждане всех государств Древней Греции, по-видимому, несли таким образом военную службу до конца второй Персидской войны, а жители Пелопоннеса — до конца Пелопоннесской войны. Последние, как замечает Фукидид, оставляли поле летом и возвращались домой к уборке хлеба. Римляне в эпоху царей и в первый период республики служили таким же образом. Только во время осады Вейи те, кто оставался дома, начали нести некоторые расходы на содержание ушедших на войну. В европейских монархиях, возникших на развалинах Римской империи до и в первое время после возникновения собственно феодального строя, сеньоры с непосредственно зависевшими от них вассалами должны были служить короне на свой собственный счет. В походе, так же как и дома, они должны были содержать себя на свои собственные доходы, не получая от короля никакого жалованья или платы на удовлетворение их личных потребностей.

На более высокой ступени общественного развития две различные причины делают совершенно невозможным, чтобы отправившиеся в поход могли содержать себя на свой собственный счет. Эти две причины суть: прогресс мануфактурной промышленности и развитие военного искусства.

Если земледелец занят походом, то перерыв в его работах не всегда вызывает уменьшение его доходов, разумеется, если поход начинается после посева и кончается перед жатвой. Без его вмешательства природа сама делает большую часть работы, которая должна быть сделана. Но в тот момент, когда ремесленник — кузнец, плотник или ткач, например, — отрывается от своей мастерской, источник его доходов совершенно иссякает. Природа ничего не делает за него; он все делает сам. Когда он идет в поход защищать общество, его необходимо должно содержать общество, так как он не имеет доходов для того, чтобы самому содержать себя. В стране, бо́льшая часть населения которой ремесленники и мануфактуристы, те, кто идет на войну, должны быть набраны из этих классов и должны, пока служат, содержаться на счет общества.

Когда искусство войны мало-помалу развилось в очень запутанную и сложную науку, когда исход войны перестал решаться, как в первобытные эпохи, единственной случайной схваткой или битвой, когда борьба стала протекать в нескольких различных кампаниях, каждая из которых продолжалась большую часть года, тогда повсюду возникла необходимость для общества содержать тех, кто ему служит на войне, по крайней мере пока они заняты этой службой. Каково бы ни было обычное занятие людей, идущих на войну, в мирное время, такая продолжительная и разорительная служба легла бы на них слишком тяжелым бременем. В соответствии с этим после второй Персидской войны армия Афин была составлена из наемных войск: правда, они состояли отчасти из граждан и только отчасти из иностранцев, но все они одинаково нанимались и оплачивались за счет государства. Со времени осады Вейи армии Рима получали плату за свою службу, пока они оставались в походе. В феодальном строе военная служба сеньоров и их непосредственных вассалов по истечении некоторого периода повсеместно была заменена уплатой денег на содержание тех, кто служил вместо них.

Количество людей, могущих идти на войну, по отношению к общему числу народа необходимо должно быть значительно меньше в цивилизованном обществе, чем на низкой ступени общественного развития. Так как солдаты в цивилизованном обществе содержатся трудом несолдат, то количество первых не может превышать то, которое последние могут содержать сверх содержания самих себя и содержания чиновников соответственно их положению. В маленьких аграрных государствах Древней Греции четвертая или пятая часть всего населения считала себя солдатами и, как говорят, иногда выступала в поход. Вычислено, что у цивилизованных народов новой Европы не больше чем одна сотая часть населения какой-либо страны может быть солдатами без разорения страны, оплачивающей расходы на их службу.

Расходы по подготовке армии к войне не были значительны до тех пор, пока содержание ее на войне не было окончательно передано государю или государству. Во всех республиках Древней Греции обучение военным упражнениям было необходимой частью воспитания, предписанного государством всем свободным гражданам. Кажется, что в каждом городе были общественные места, в которых под председательством магистрата молодые люди учились различным упражнениям под руководством учителей. Этим простым институтом ограничивались, как кажется, все расходы, которые греческое государство несло на подготовку своих граждан к войне. В Древнем Риме упражнения на Марсовом поле отвечали той же цели, что и упражнения в гимназиях Древней Греции. В феодальном обществе в некоторых областях было постановлено, чтобы граждане практиковались в стрельбе из лука и других военных упражнениях, чем намеревались достигнуть той же цели, но, кажется, она достигалась не так хорошо. От отсутствия ли интереса к этим постановлениям со стороны чиновников, которые должны были наблюдать за их исполнением, или по каким-либо другим причинам, но только военные упражнения мало-помалу вышли из употребления у большей части народов.

В республиках Древней Греции и Рима в продолжение всего их существования, а также при феодальном строе в продолжение значительного периода после его учреждения ремесло солдата не было отдельным, определенным ремеслом, которое составляло бы единственное или главное занятие особого класса граждан. Каждый член государства, каким бы ремеслом или занятием он ни добывал себе средства существования, при обыкновенных обстоятельствах считал себя способным к ремеслу солдата, а в чрезвычайных случаях считал себя обязанным стать солдатом.

Военное искусство, будучи благороднейшим из искусств, вместе с тем по мере прогресса культуры необходимо становится самым сложным среди них. Состояние механики, а также других искусств, с которыми военное искусство неразрывно связано, определяет степень его совершенства в данное время. Но для доведения его до этой степени совершенства необходимо, чтобы оно было единственным или главным занятием особого класса граждан; разделение труда так же необходимо для его развития, как и в каком-либо другом искусстве. В других искусствах разделение труда, естественно, вводится благоразумием отдельных лиц, понимающих, что они лучше достигнут удовлетворения своих личных интересов, занимаясь одним каким-нибудь промыслом, чем несколькими. Но только благоразумие государства может сделать ремесло солдата отдельным ремеслом, отличным от всех других. Отдельный гражданин, который во время глубокого мира и без каких-либо поощрений со стороны общества был бы в состоянии проводить большую часть своего времени в военных упражнениях, без сомнения, мог бы очень хорошо как усовершенствоваться в них, так и получить от них удовольствие; но, конечно, этим он не удовлетворил бы своих интересов. Только мудрость государства может дать ему возможность в интересах последнего предаваться этому специальному занятию, но государства не всегда имеют эту мудрость, даже когда обстоятельства, в которых они находятся, требуют для сохранения их существования, чтобы они обладали этой мудростью.

Пастух имеет очень много досуга; земледелец на низкой ступени развития земледелия имеет тоже некоторое количество досуга; ремесленник или мануфактурист не имеют его вовсе. Первый может без каких-либо потерь занять большую часть своего времени военными упражнениями; второй может занять ими некоторую часть своего времени; но последний не может занять ими ни единого часа без некоторых потерь, и естественно, что внимание, направленное к собственным интересам, заставляет его пренебрегать ими. Усовершенствование земледелия, необходимо вызываемое развитием искусств и мануфактурной промышленности, оставляет земледельцу так же мало досуга, как и ремесленнику. Военные упражнения так же сильно пренебрегаются жителями деревни, как и городами, и весь народ становится невоинственным. В то же время богатство, которое всегда следует за улучшением земледелия и мануфактурной промышленности и которое в действительности является не чем иным, как накопленным продуктом этих улучшений, вызывает нападения соседних народов. Благодаря своей промышленности богатый народ является для других народов наиболее желанным объектом нападения; и если только государство не предпримет новых мер для общественной защиты, естественные привычки народа сделают его совсем неспособным к собственной защите.

При этих обстоятельствах, как кажется, есть только два способа, которыми государство может сделать возможной подготовку общественной обороны.

Это может быть выполнено или, во-первых, средствами очень строгой власти, которая, пренебрегая целым рядом интересов, склонностей и привычек населения, насильно заставляет его заниматься военными упражнениями, а в военное время обязывает всех граждан или некоторую часть их соединять их ремесло или профессию с ремеслом солдата.

Или, во-вторых, содержа и занимая постоянными упражнениями известную часть граждан, государство может сделать ремесло солдата особым ремеслом, отдельным и отличным от всех других ремесел.

Если государство обращается к первому из этих двух способов, его военную силу, как говорится, составляет ополчение; если ко второму, то — регулярная армия. Практика военных упражнений есть единственное или главное занятие солдат регулярных войск, содержание которых, или плату, государство доставляет им как главный и повседневный источник их существования. Военная практика является только случайным занятием солдат ополчения, и главные источники своего существования они извлекают посредством других занятий. В ополчении характер рабочего, ремесленника или торговца преобладает над характером солдата; в регулярной армии характер солдата преобладает над всеми другими; это различие составляет существенную разницу между этими двумя разными родами военной силы.

Ополчения бывали различного типа. В некоторых странах граждане, предназначенные для обороны государства, подлежали, как кажется, только военному обучению, не будучи, если можно так выразиться, сформированы в полки, не будучи разделены на отдельные отряды, находящиеся под командой собственных постоянных офицеров. В республиках Древней Греции и римской каждый гражданин, пока он оставался дома, занимался упражнениями или отдельно и независимо от других, или с теми из равных ему по положению, которые ему нравились больше; он не был прикреплен к какому-либо отряду войск до тех пор, пока его не призывали в поход. В других странах ополчение не только занималось упражнениями, но было и сформировано. В Англии, в Швейцарии и, я думаю, также в других странах новейшей Европы, где была организована несовершенная военная сила подобного рода, каждый ополченец, даже в мирное время, прикреплен к особому отряду, который выполняет свои упражнения под руководством своих постоянных офицеров.

До изобретения огнестрельного оружия из двух армий превосходство было на стороне той, в которой каждый солдат в отдельности обладал большей ловкостью и искусством в употреблении своего оружия. Сила и ловкость человека имели величайшее значение и обыкновенно определяли судьбу сражений. Но эта ловкость и искусство в употреблении оружия приобретались таким же точно способом, как в фехтовании в настоящее время, не упражнениями больших отрядов, а упражнениями отдельных людей в специальных школах под руководством особых учителей или вместе с их товарищами и сверстниками. С изобретением огнестрельного оружия сила и ловкость человека и даже чрезвычайное искусство в употреблении оружия, хотя еще далеко не потеряли своего значения, все же имеют гораздо меньшее значение. Природа оружия, хотя и не уравнивает неуклюжего с ловким, делает разницу между ними гораздо меньшей, чем это было раньше. Полагают, что вся та ловкость и искусство, которые необходимы для употребления огнестрельного оружия, могут быть в достаточной степени приобретены посредством упражнений больших отрядов.

Регулярность, порядок и быстрое исполнение приказаний — таковы свойства, которые в современных армиях имеют большее значение для определения судьбы боя, чем ловкость и искусство солдат в пользовании своим оружием. Но шум, производимый огнестрельным оружием, дым и невидимая смерть, которой в любое мгновение подвергается каждый, как только он вступает в зону орудийного огня, часто долгое ожидание боя создают большие трудности для поддержания на значительной высоте этой регулярности, порядка и быстрого исполнения приказаний даже в начале боя. В древнем сражении не было шума, который превосходил бы человеческий голос, не было дыма, не было невидимой причины ран и смерти. Каждый до тех пор, пока смертельное оружие не приближалось действительно к нему, видел ясно, что этого оружия близ него нет. При таких условиях в войсках, которые имеют некоторое доверие к своей ловкости и искусству в обращении с оружием, было значительно меньше трудностей в сохранении на некоторой высоте регулярности и порядка не только в начале, но и в течение всей древней битвы, пока одна из двух армий не бывала разбита. Но привычка к регулярности, к порядку и быстрому исполнению приказаний может быть приобретена только войсками, обучающимися в больших отрядах.

Во всяком случае ополчение, в какой бы степени оно ни было дисциплинировано и обучено, всегда должно быть более слабым в сравнении с хорошо дисциплинированной и хорошо обученной постоянной армией.

Солдаты, которые упражняются раз в неделю или раз в месяц, никогда не могут быть столь опытными в обращении с оружием, как войска, упражняющиеся ежедневно или через день; и хотя это обстоятельство не может иметь в новое время такого значения, какое оно имело в древности, однако признанное превосходство прусских войск, происходящее от их высокой опытности в упражнениях, показывает нам, что и в настоящее время, теперь, оно имеет очень большое значение.

Солдаты, которые обязаны повиноваться своему офицеру только раз в неделю или раз в месяц, а все остальное время могут устраивать свои собственные дела, как они хотят, без всякой ответственности перед ним, никогда не будут испытывать такого страха в его присутствии, никогда не будут иметь такой привычки к быстрому исполнению приказаний, как те, вся жизнь которых и поведение определяются им и которые каждый день встают и ложатся спать или по крайней мере расходятся по домам по его приказу. В том же, что называется дисциплиной, или в привычке быстро исполнять приказания, ополчение всегда должно еще более уступать постоянной армии, чем в упражнениях и умении пользоваться оружием. Но в современной войне привычка немедленно исполнять приказания имеет гораздо большее значение, чем значительное превосходство в умении владеть оружием. Те ополчения, которые, подобно татарам или арабам, идут на войну под начальством тех же вождей, которым они привыкли повиноваться в мирное время, являются самыми лучшими. В почитании своих офицеров, в привычке к быстрому исполнению приказаний они подходят ближе всего к постоянным армиям. Ополчения шотландских горцев, когда они служат под начальством своих собственных вождей, имеют также некоторые преимущества того же самого рода. Но так как эти горцы не кочующие пастухи, а все живут оседло, в постоянных жилищах, и так как они не привыкли в мирное время следовать за своими вождями с места на место, то они менее расположены следовать за ними в походы на значительное расстояние и на долгое время. Когда они захватывали какую-нибудь добычу, они стремились возвратиться домой, и начальство редко было способно удержать их. В повиновении они стояли ниже того, что известно о татарах и арабах. Так как шотландские горцы при их оседлой жизни проводят меньше времени на открытом воздухе, они менее привычны к военным упражнениям и менее опытны во владении своим оружием, чем татары и арабы.

Однако нужно заметить, что ополчение, проделавшее несколько последовательных военных кампаний, становится во всех отношениях похожим на постоянную армию. Солдаты, упражняющиеся ежедневно со своим оружием и постоянно находящиеся под командой своих офицеров, привыкают к такому же быстрому исполнению приказаний, какое имеет место в постоянных армиях. То, чем они занимались до начала войны, теперь имеет мало значения. Они необходимо уподобляются во всех отношениях постоянной армии после того, как провели несколько кампаний. Если война в Америке протянется еще одну кампанию, американское ополчение во всех отношениях не будет уступать той постоянной армии, которая во время последней войны обнаружила не меньшую храбрость, чем самые закаленные ветераны Франции и Испании.

Поняв это различие, в истории всех эпох можно найти доказательства непреодолимого превосходства хорошо обученной постоянной армии над ополчением.

Одна из первых постоянных армий, насчет которой мы имеем известия в хорошо засвидетельствованной истории, есть армия Филиппа Македонского. Его постоянные войны с фракийцами, иллирийцами, фессалийцами и греческими государствами по соседству с Македонией мало-помалу образовали из его войск, — вероятно, вначале представлявших собой ополчение, — хорошо дисциплинированную регулярную армию. Во время мира, который наступал очень редко и никогда не продолжался долго, он заботился о том, чтобы не распускать свою армию. Последняя победила и покорила — правда, после долгой и жестокой борьбы — храбрые и хорошо обученные ополчения главных республик Древней Греции и, после очень небольших усилий, изнеженное и плохо обученное ополчение великой Персидской империи. Падение греческих республик и персидской монархии было следствием непреодолимого превосходства регулярной армии над разного рода ополчениями. Это была первая великая революция в делах человечества, о которой история сохранила точное и обстоятельное известие.

Падение Карфагена и последующее возвышение Рима являются второй революцией. Изменения в судьбах этих двух знаменитых республик могут быть объяснены той же причиной.

От конца Первой и до начала Второй Пунической войны карфагенские армии были постоянно в походе под управлением трех великих военачальников, которые следовали в командовании один за другим: Гамилькара, его зятя Гасдрубала и его сына Ганнибала; сперва ими были усмирены восставшие рабы, затем покорены мятежные народы Африки и, наконец, завоевано великое государство Испания. Армия, которую Ганнибал повел из Испании в Италию, необходимо должна была в этих войнах обратиться в хорошо дисциплинированную регулярную армию. Между тем римляне хотя и не пользовались полным миром, однако в этот период не были втянуты в большие войны, и их военная дисциплина, как говорится, была в значительной степени ослаблена. Римские армии, с которыми Ганнибал сражался при Требии, Тразименском озере и Каннах, были ополчением, противопоставленным регулярной армии. Вероятно, это обстоятельство, больше чем какое-либо другое, определило судьбу этих сражений. Постоянная армия, которую Ганнибал оставил в Испании, имела подобное же превосходство над ополчением, посланным туда римлянами; в короткое время, под командой младшего Гасдрубала, брата Ганнибала, римляне были вытеснены почти из всей страны.

Ганнибалу плохо помогали из дому. Римское ополчение, находясь постоянно в походе, стало в течение войны хорошо дисциплинированной и хорошо обученной армией, и превосходство Ганнибала с каждым днем становилось меньше. Гасдрубал был поставлен в необходимость вести всю или почти всю армию, которой он командовал в Испании, на помощь брату в Италию. Говорят, что в этом походе он был сбит с пути своими проводниками; в незнакомой стране он был неожиданно атакован другой регулярной армией, во всех отношениях равной или даже превосходящей его армию, и был совершенно разбит.

Когда Гасдрубал оставил Испанию, Сципион Великий не нашел там никого, способного сопротивляться ему, кроме ополчения, более слабого, чем его собственное. Он разбил это ополчение, и в течение войны его собственное ополчение стало хорошо дисциплинированной и хорошо обученной регулярной армией. Эта регулярная армия была перевезена в Африку, где только ополчение могло противостоять ей. Для спасения Карфагена необходимо было отозвать регулярную армию Ганнибала. Последняя была пополнена лишенным бодрости духа вследствие частых поражений африканским ополчением, составлявшим в сражении при Заме большую часть войск Ганнибала. События этого дня определили судьбу двух соперничавших республик.

От конца Второй Пунической войны и до падения Римской республики армии Рима были во всех отношениях регулярными армиями. Регулярная армия Македонии оказала им значительное сопротивление. Риму, находившемуся на высочайшей ступени его величия, покорение этого небольшого государства стоило двух больших войн и трех великих сражений; завоевание, вероятно, было бы еще более трудным, если бы не малодушие последнего македонского царя. Ополчения всех цивилизованных народов древнего мира — Греции, Сирии и Египта — оказали только слабое сопротивление постоянным войскам Рима. Ополчение некоторых варварских народов защищалось гораздо лучше. Скифское и татарское ополчения, которые Митридат собрал в странах к северу от Черного и Каспийского морей, были самым страшным врагом, с которым сражались римляне со времен Второй Пунической войны. Парфянское и германское ополчения также представляли собой внушительную силу, которая при случае одерживала верх над римскими армиями. Вообще же, когда римские армии были под командой хороших полководцев, они всегда имели большие преимущества; и если римляне не завоевали окончательно Парфии или Германии, то, вероятно, потому, что не считали их достаточно ценными, чтобы присоединить их к и без того уже слишком большой империи. Древние парфяне были, кажется, народом скифского или татарского происхождения и всегда в значительной степени сохраняли обычаи своих предков. Древние германцы, подобно скифам или татарам, были народом кочующих пастухов, отправлявшимся на войну под начальством тех же вождей, за которыми они привыкли следовать в мирное время. Их ополчение было точно такого же рода, как ополчения скифов или татар, от которых они, вероятно, и происходили.

Много различных причин содействовало упадку дисциплины в римской армии. Может быть, чрезмерная жестокость была одной из них. В дни величия Рима, когда не оказывалось врага, способного противиться ему, тяжелые латы вышли из употребления как излишняя тяжесть, трудными упражнениями пренебрегали как ненужным утомлением. С другой стороны, при римских императорах те воинские части, которые охраняли германскую и паннонскую границы, становились опасными для своих повелителей, против которых они часто восставали под командой своих военачальников. Чтобы сделать их менее опасными, по одним сведениям — Диоклетиан, а по другим — Константин сперва отозвал их с границ, где перед этим они всегда были соединены в большие отряды, обыкновенно по два или три легиона вместе, и затем разместил их маленькими отрядами по различным провинциальным городам, откуда их ни разу не перемещали, за исключением случаев, когда являлась необходимость отражать вторжение. Маленькие отряды солдат, квартирующие в торговых или ремесленных городах, редко передвигались из этих квартир, и солдаты превращались в торговцев, ремесленников и промышленников. Гражданский характер начал преобладать над военным; постоянные армии Рима мало-помалу превратились в развращенное, небрежное и недисциплинированное ополчение, неспособное сопротивляться нападению германского и скифского ополчений, нахлынувших вскоре после этого на Западную империю. Некоторое время императоры были еще способны защищаться только тем, что они нанимали ополчение одного из этих народов, чтобы бороться с другими. Падение Западной империи было третьей великой революцией в делах человечества, о которой древняя история сохранила точные обстоятельные указания. Она была закончена благодаря непреодолимому превосходству, которое варварские ополчения имеют над цивилизованными народами и которое ополчение пастушеского народа имеет над ополчением народа земледельцев, ремесленников и промышленников. Победы, выигранные ополчениями, обыкновенно были одержаны не над регулярной армией, а над другими ополчениями, менее обученными и дисциплинированными. Так было в победах, одержанных греками над ополчениями Персидской империи, так же было и в позднейшие времена, когда швейцарское ополчение одержало верх над австрийцами и бургундцами.

Военные силы германских и скифских народов, которые утвердились на развалинах Западной империи, продолжали быть некоторое время точно такими же в их новых поселениях, как и в их прежней стране. Это были ополчения пастухов и земледельцев, которые во время войны шли в поход под командой тех же вождей, каким они привыкли повиноваться в мирное время. Они были поэтому сносно обучены и сносно дисциплинированы. Однако с развитием искусства и промышленности влияние вождей мало-помалу пришло в упадок, и у большей части народа оставалось меньше времени для военных упражнений. Поэтому дисциплина и военное обучение феодальных ополчений постепенно приходили в упадок и их место постепенно заступали постоянные армии. При этом, когда один из цивилизованных народов вводил у себя постоянную армию, для всех его соседей становилось необходимым последовать его примеру. Они скоро увидели, что их безопасность зависит от этого и что ополчение совершенно неспособно сопротивляться такой армии.

Солдаты регулярной армии, хотя бы они никогда не видели неприятеля, часто обнаруживали всю храбрость старых войск и с первого момента похода способны были противостоять самым выносливым и опытнейшим ветеранам. В 1756 г., когда русская армия вступила в Польшу, смелость русских солдат оказалась не ниже, чем прусских, считавшихся в то время самыми выносливыми и опытнейшими ветеранами Европы. Между тем перед этим около 20 лет Русская империя пользовалась глубоким миром, и в это время она могла иметь очень мало солдат, когда-либо видевших неприятеля. Когда в 1739 г. разразилась испанская война, Англия пользовалась глубоким миром в течение 28 лет. Однако храбрость ее солдат далеко не была подорвана ее долгим миром и никогда не была столь отличной, как в попытке взятия Картагены — в этом первом несчастном подвиге этой несчастной войны. Генералы, может быть, и могут во время долгого мира иногда терять свое искусство, но там, где содержится хорошо устроенная постоянная армия, солдаты никогда не теряют своей храбрости.

Когда цивилизованный народ в деле обороны полагается на ополчение, он в любое время может оказаться побежденным варварским народом, случайно оказавшимся по соседству с ним. Частые завоевания татарами всех цивилизованных стран Азии достаточно показывают превосходство ополчения варваров над ополчениями цивилизованных народов. Хорошо обученная постоянная армия превосходит всякое ополчение. Такая армия может содержаться лучше всего богатым и цивилизованным народом, и в то же время только она может защищать его от вторжения бедного варварского соседа. Поэтому только посредством постоянной армии можно продолжать и сохранять цивилизацию в течение значительного времени. Подобно тому как только посредством хорошо обученной постоянной армии цивилизованная страна может быть защищена, так только при ее посредстве цивилизация может быстро проникнуть в варварскую страну. Постоянная армия с неодолимой силой утверждает закон государя в отдаленнейших провинциях империи и поддерживает до некоторой степени правильное управление в странах, которые в противном случае не допустили бы этого. Если кто-либо исследует со вниманием преобразования, проведенные Петром Великим в России, то увидит, что они почти все имели в виду учреждение хорошо обученной постоянной армии. Она — орудие, которое проводило и поддерживало все другие его мероприятия. Та степень порядка и внутреннего спокойствия, которой пользовалась с тех пор империя, всецело объясняется влиянием этой армии.

Люди республиканских убеждений относятся недоверчиво к постоянной армии как опасной для свободы. Конечно, она бывает такой там, где интересы генерала и главных офицеров не связаны неразрывно с поддержанием существующего государственного устройства. Постоянная армия Цезаря уничтожила Римскую республику. Постоянная армия Кромвеля разогнала Долгий парламент. Но там, где государь — сам генерал, где высшее и среднее дворянство страны составляет большую часть офицеров армии, где военная сила находится под командой тех, чей главный интерес в поддержании существующей власти, потому что они сами составляют большую часть этой власти, там постоянная армия не может быть опасной для свободы. Напротив, в некоторых случаях она может быть благоприятна для свободы. Устойчивость, которую она дает государю, делает ненужной беспокойную недоверчивость, которая в некоторых новых республиках, по-видимому, следит за самыми мелкими делами и в любой момент готова нарушить спокойствие каждого гражданина. Где прочность гражданской власти, хотя бы и поддерживаемой большей частью населения страны, подвергается опасности в случае какого-либо народного недовольства, где небольшое волнение способно превратиться в несколько часов в большую революцию, вся власть правительства должна употребляться на подавление и наказание малейшего ропота и недовольства против нее. Напротив, государю, опирающемуся не только на прирожденную аристократию, но и на постоянную регулярную армию, самые грубые, неосновательные и своевольные выступления доставляют мало тревоги. Он спокойно может прощать их или пренебрегать ими, и его собственное превосходство, естественно, располагает его так и поступать. Такая степень свободы, доходящая до своеволия, может быть терпима только в стране, где государь охраняется постоянной армией. Только в таких странах общественная безопасность не требует, чтобы государь на самом деле стал неограниченным властелином для подавления нелепой распущенности такой своевольной свободы.

Итак, первая обязанность государя — защита общества от насилия других независимых обществ — постепенно требует все больше и больше расходов, по мере того как общество развивается и цивилизуется. Военная сила общества, которая первоначально не стоила ничего государю ни во время мира, ни во время войны, должна, по мере развития прогресса, содержаться им сперва во время войны, а потом и в мирное время.

Великий переворот, произведенный в военном искусстве изобретением огнестрельного оружия, еще более увеличил расходы как по обучению известного количества солдат в мирное время, так и по употреблению их во время войны. И оружие, и снаряжение их стало много дороже. Ружье — более дорогое оружие, чем дротик, лук или стрелы; пушка или мортира дороже, чем баллиста или катапульта. Порох, который тратится во время смотров, теряется безвозвратно, что является весьма значительным расходом; брошенные дротики и выпущенные стрелы в древности можно было подобрать, и притом они стоили очень немного. Пушка или мортира не только много дороже, но и много тяжелее, чем катапульта или баллиста, и требуют больше расходов на изготовление и на перевозку их. Превосходство новой артиллерии над древней очень велико, и укрепить город так, чтобы он мог сопротивляться этой артиллерии хотя бы несколько недель, становится все более трудным и, следовательно, все более дорогим. В новое время много различных причин содействует тому, что защита общества стала более дорогой. В этом отношении неизбежным следствием переворота, произведенного в военном искусстве простой случайностью — открытием пороха, было огромное увеличение расходов вместе с естественным прогрессом.

В современной войне большие расходы на огнестрельное оружие дают очевидное преимущество народу, который больше в состоянии нести эти расходы, а следовательно, народу богатому и цивилизованному над народом бедным и варварским. В древние времена народам богатым и цивилизованным было трудно защищаться от народов бедных и варварских. В новое время бедным и варварским народам трудно защищаться от народов богатых и цивилизованных. Изобретение огнестрельного оружия, сначала казавшееся столь вредным, на самом деле благоприятно для сохранения и распространения цивилизации.

Отдел II

О расходах на отправление правосудия

Вторая обязанность государя, а именно — защита, насколько это возможно, каждого члена общества от несправедливости и притеснения его другими членами общества, или обязанность установления точного отправления правосудия, также требует весьма различных расходов в разные периоды развития общества.

У охотничьих народов едва ли есть собственность или по крайней мере нет собственности, стоимость которой превосходила бы оплату двух-трех дней труда; поэтому у них редко встречаются судебные учреждения или правильное отправление правосудия. Люди, не имеющие собственности, могут наносить вред только личности или репутации друг друга. Но когда один человек убивает, ранит, бьет или позорит другого, то, хотя тот, кому нанесен вред, страдает, нанесший вред не получает от этого никакой выгоды. Иначе обстоит дело с нанесением вреда собственности. Выгода лица, наносящего вред, часто равна потерям того, кто этот вред терпит. Ненависть, злоба или месть являются чувствами, побуждающими одного человека наносить вред только личности или репутации другого. Но большая часть людей не очень часто подпадает под влияние этих чувств; даже очень плохие люди поддаются им только по временам. Далее, так как удовлетворение этих чувств, как бы оно ни было приятно некоторым характерам, не сопровождается какими-либо реальными или постоянными выгодами, то большая часть людей удерживается от этого соображениями благоразумия. Люди могут, живя вместе в одном обществе, пользоваться некоторой умеренной степенью безопасности, хотя бы не было судебного учреждения, защищающего их от посягательств, вызванных этими чувствами. Но скупость и честолюбие у богатых, а у бедных ненависть к работе и любовь к покою и удовольствиям — эти чувства побуждают посягать на собственность, чувства, гораздо более устойчивые в своем действии и гораздо более всеобъемлющие в своем влиянии. Где есть большая собственность — там есть и большое неравенство. На одного очень богатого человека должно приходиться по меньшей мере пятьсот бедных, и богатство немногих предполагает нищету многих. Обилие богача возбуждает негодование бедняков, которые часто, гонимые нуждой и подгоняемые ненавистью, покушаются на его владения. Только под покровительством гражданских властей владелец ценной собственности, приобретенной трудами многих лет, а быть может, и многих поколений, может ночью спокойно спать. Он всегда окружен неизвестными врагами, которых, хотя он их никогда не возбуждал, он удовлетворить не может и от насилия которых он может быть защищен только мощной рукой гражданских властей, всегда готовых наказать их. Поэтому возникновение ценной и большой собственности необходимо требует учреждения гражданского правительства. Где нет собственности или где по крайней мере собственность не превышает стоимости двух-трех дней труда, там существование правительства не необходимо.

Гражданское правительство предполагает некоторое подчинение. Но подобно тому, как нужда в таком правительстве постепенно усиливается вместе с приобретением ценной собственности, так и главные причины, которые, естественно, вызывают подчинение, также постепенно усиливаются вместе с ростом этой ценной собственности.

Причин или обстоятельств, которые вызывают подчинение или которые, естественно, до установления гражданских учреждений ставят некоторых людей несколько выше большинства их собратьев, всего четыре.

Первая из этих причин или обстоятельств есть превосходство личных качеств, силы, красоты и ловкости тела, мудрости и добродетели, благоразумия, справедливости, мужества, воздержанности и ума. Превосходство тела, не поддержанное превосходством ума, во всяком периоде развития общества может дать лишь небольшую власть. Очень сильным человеком является уже тот, кто может принудить исключительно своей физической силой повиноваться себе двух слабых людей. Но только умственные способности могут дать очень большую власть. Они, разумеется, представляют собою невидимые качества; они всегда спорны и обыкновенно оспариваются. Ни одно общество, будь то варварское или цивилизованное, не находило удобным устанавливать правила, определяющие степень преимуществ и подчинения в соответствии с этими невидимыми качествами, но выделяло для этого признаки более простые и очевидные.

Вторая из этих причин или обстоятельств есть преимущество возраста. Старик, если только он не жил так долго, чтобы впасть в слабоумие, всегда более уважается, чем молодой человек одинакового с ним положения, состояния и способностей. У охотничьих народов, как, например, у туземных племен Северной Америки, возраст есть единственное основание для положения и преимуществ. Среди них старшего называют отцом, равного — братом, а младшего — сыном. У самых богатых и цивилизованных народов возраст определяет ранг между теми людьми, которые во всех других отношениях равны друг другу и для которых поэтому ранг не может быть определен на основании какого-нибудь другого признака. Между братьями и сестрами старший обыкновенно получает преимущество: при наследовании отцовского состояния то, что не может быть разделено, а должно перейти к одному из них, как, например, титул, в большинстве случаев отдается старшему. Возраст есть простое и очевидное, не допускающее споров качество.

Третья из этих причин или обстоятельств есть преимущество состояния. Однако, хотя власть богатства велика на разных ступенях развития общества, она, быть может, наиболее велика на низших ступенях его развития, которые только допускают более или менее значительное имущественное неравенство. Татарский вождь, который на прирост своих стад и табунов может содержать тысячи людей, не может употреблять своего дохода на что-либо другое, кроме содержания этих тысяч людей. Низкая ступень развития его общества не доставляет ему каких-либо промышленных продуктов или драгоценностей и предметов роскоши, на которые он мог бы обменять часть собственных сырых продуктов, которых производится во много раз больше, чем нужно для его собственного потребления. Тысячи людей, которых он таким образом содержит, всецело зависят от него в средствах к своему существованию, должны повиноваться его приказам на войне и подчиняться его юрисдикции в мирное время. Он непременно является их полководцем и судьей, и его власть есть необходимое следствие превосходства его состояния. В богатом и цивилизованном обществе человек может обладать гораздо большим состоянием и, однако, не быть в состоянии командовать и дюжиной людей. Хотя продуктов его поместья хватит для содержания более тысячи человек, — и возможно, что он их действительно содержит, — однако эти люди платят ему за то, что получают, и едва ли он дает что-нибудь кому бы то ни было, не получив в обмен чего-либо равноценного; поэтому едва ли кто-нибудь считает себя всецело зависящим от него, и его власть простирается только на несколько домашних слуг. Тем не менее власть богатства очень велика даже в богатом и цивилизованном обществе. То обстоятельство, что влияние богатства гораздо сильнее, чем влияние, зависящее от возраста или личных качеств, служит предметом постоянных жалоб во все периоды развития, характеризующиеся значительным имущественным неравенством. Первый период развития общества — охотничий — не допускает такого неравенства. Всеобщая бедность утверждает их всеобщее равенство; превосходство возраста или личных качеств является слабым, но единственным основанием власти и подчинения. Поэтому и нет ни большой власти, ни большой подчиненности в этот период развития общества. Второй — пастушеский — период развития общества допускает очень большое неравенство состояний, и нет другого периода, в котором богатство давало бы большую власть тому, кто владеет им. Поэтому нет периода, в котором власть и подчинение были бы так полно установлены, как в этом. Власть арабского шейха очень велика; власть татарского хана совсем деспотична.

Четвертая из этих причин или обстоятельств есть преимущество рождения. Преимущество рождения предполагает старинное превосходство богатства в семье лица, которое претендует на него. Все семьи одинаково древни; предки князя, хотя они лучше известны, не могут быть более многочисленны, чем предки нищего. Древность фамилии предполагает древность или богатства, или величия, которое обыкновенно основывается на богатстве или сопровождается им. Внезапно возникшее величие везде уважается меньше, чем величие древней фамилии. Ненависть к узурпаторам и любовь к фамилии древних монархов в значительной степени основывается на пренебрежении, которое люди обыкновенно проявляют к первым, и уважении к последним. Как офицер охотно подчиняется власти старшего, который всегда ему приказывал, но не выносит, чтобы младший стал его начальником, так люди легко подчиняются семье, которой они и их предки всегда подчинялись, но загораются негодованием, когда какая-нибудь фамилия, превосходства которой они никогда не признавали, присваивает себе господство над ними.

Преимущества по рождению, поскольку они следуют за имущественным превосходством, не могут иметь места у охотничьих народов, у которых все люди, будучи равными в имущественном отношении, должны быть очень близки и к равенству в происхождении. Разумеется, сын умного и смелого человека даже и среди них более уважается, чем человек с такими же заслугами, но имеющий несчастье быть сыном дурака или труса. Тем не менее различие не будет очень велико, и я полагаю, что никогда в мире не было такой важной семьи, блеск которой проистекал бы из наследования мудрости или добродетели.

Преимущества по рождению не только могут быть, но всегда имеют место у пастушеских народов. Такие народы всегда бывают незнакомы с какой бы то ни было роскошью, и у них большое богатство едва ли может быть растрачено самой безрассудной расточительностью. Поэтому нет народов, у которых было бы большее обилие чтимых и уважаемых семейств, ведущих свое происхождение от длинного ряда великих и блестящих предков, потому что нет народов, у которых богатство оставалось бы так долго в одном и том же роду.

Очевидно, что происхождение и богатство представляют собою два обстоятельства, которые преимущественно ставят одного человека выше другого. Они — два великих источника личных преимуществ, и, следовательно, они — главные причины, естественно устанавливающие власть и подчинение между людьми. У пастушеских народов обе эти причины действуют с полной силой. Богатый пастух или стадовладелец, уважаемый за свое богатство, за большое количество людей, зависящих от него в средствах существования, за благородство своего происхождения, незапамятную древность своей блестящей фамилии, естественно, имеет власть над всеми младшими пастухами или стадовладельцами своей орды или племени. Он может командовать соединенной силой большего количества людей, чем они. Его военная мощь больше, чем у кого-либо из них. Во время войны они все скорее склонны собраться под его знаменем, чем под знаменем кого-либо другого; его происхождение и богатство, естественно, предоставляют ему своего рода исполнительную власть. Далее, командуя большим количеством людей, чем любой из них, он больше всех способен принудить того, кто нанес вред другому, исправить зло. Следовательно, он является тем лицом, к которому все те, кто чувствует себя слишком слабым, чтобы защищаться от насилия, обращаются за покровительством. Естественно, что ему жалуются на причиненные обиды, и лицо, на которое жалуются, скорее подчинится его вмешательству, чем вмешательству какого-либо другого лица. Так происхождение и богатство предоставляют ему своего рода судебную власть.

В пастушескую эпоху, т.е. во второй период развития общества, впервые появляется неравенство состояний и вводит между людьми некоторую степень власти и подчинения, которая не могла существовать прежде. Вследствие этого вводится некоторая степень гражданского управления, которое необходимо нужно для сохранения общества, и, кажется, это делается естественно, даже независимо от соображений о необходимости этого. Соображения об этой необходимости, без сомнения, являются впоследствии и тогда содействуют и поддерживают укрепление власти и подчинения. В особенности богатые люди неизбежно заинтересованы в поддержании того порядка вещей, который один может укрепить за ними обладание их преимуществами. Люди менее богатые соединяются с богатыми, чтобы защищать их собственность, с условием, что богатые соединятся с ними для защиты также и их собственности. Все малоимущие пастухи и стадовладельцы чувствуют, что безопасность их стад и табунов зависит от безопасности стад богатого пастуха или стадовладельца; что сохранение их меньшей власти зависит от его большей власти; что от их подчинения его силе зависит удержание бедных в подчинении им самим. Они составляют род мелкого дворянства, которое заинтересовано в защите собственности и поддержании власти своего царька, чтобы он был в состоянии защищать их собственность и поддерживать их власть. Гражданское управление, поскольку оно учреждено для защиты собственности, на самом деле учреждено для защиты богатых от бедных или для защиты тех, кто имеет какую-либо собственность, от тех, которые совсем ее не имеют.

Как бы то ни было, а судебная власть такого государя не только не была причиной расходов, но долгое время была источником его дохода. Лица, которые обращались к его правосудию, всегда были согласны платить за него, и подарок всегда сопровождал прошение. Затем, после того как власть государя была окончательно установлена, лицо, найденное виновным, сверх удовлетворения противной стороны принуждалось также к уплате пени государю. Он доставлял беспокойство, делал беспорядок, нарушал спокойствие своего господина и царя, и считали, что за это преступление с него причитается пеня. В татарских государствах Азии и европейских государствах, основанных германскими и скифскими народами, разрушившими Римскую империю, отправление правосудия было значительным источником доходов как для государя, так и для младших вождей или вельмож, которые имели особую юрисдикцию в отдельном племени или клане, в отдельной области или округе. Первоначально и государь, и младшие вожди производили судопроизводство лично. Позднее всюду они нашли более удобным посылать вместо себя заместителей — чиновников или судей. Такой заместитель должен был все еще давать отчет своему государю и доверителю в прибылях от отправления правосудия. Кто прочтет инструкции*, какие давались судьям, объезжавшим округа во времена Генриха II, ясно увидит, что они были чем-то вроде странствующих приказчиков, рассылаемых королем по стране для сбора некоторых из королевских доходов. В эти дни отправление правосудия не только доставляло некоторый доход государю, но, кажется, добывание этого дохода было одной из главных выгод, которые он рассчитывал получить от отправления правосудия.

Такая система отправления правосудия, служившая целям добывания доходов, вызывала много различных грубых злоупотреблений. Лицо, обращавшееся к правосудию с большим подарком, получало больше, чем ему полагалось по праву, а лицо, дававшее маленький подарок, получало меньше. Далее, осуществление правосудия часто откладывалось, чтобы подарок был поднесен еще раз. С другой стороны, пеня с лица, на которое приносилась жалоба, часто могла являться сильным соображением в пользу его обвинения, хотя бы в действительности оно было право. История каждой страны в Европе доказывает, что такие злоупотребления были далеко не редкостью.

Когда государь или вождь отправлял судебную власть лично, то, как бы много он ни допустил несправедливостей, едва ли было возможно исправить их, потому что редко можно было найти кого-нибудь, кто был бы достаточно силен, чтобы призвать его к ответу. Когда же он отправлял правосудие посредством чиновника, исправления несправедливости иногда можно было добиться. Если чиновник преступно допускал какой-нибудь акт неправосудия только ради своей собственной выгоды, то государь мог иногда согласиться наказать его или принудить его загладить несправедливость. Но если это принудительное действие совершалось для выгоды государя или в угоду лицу, доставившему чиновнику место и могущему доставить ему повышение, то

* Их можно найти в «Истории Англии» Тирреля: *James Tyrrell.* The General History of England. London, 1770.

исправление его было так же невозможно, как если бы его причинил сам государь. Поэтому во всех варварских государствах, и в частности в тех государствах Европы, которые возникли на развалинах Римской империи, судебная администрация в течение долгого времени была чрезвычайно развращена — очень далека от справедливости и беспристрастия даже при лучших монархах и совершенно развращена при худших.

У пастушеских народов, где государь или вождь является только богатейшим пастухом — стадовладельцем племени или орды, он получает средства к существованию, как и любой из его подданных, от своих стад. У земледельческих народов, которые только что вышли из пастушеского периода и еще недалеко отошли от него, — какими были греческие общины около времени Троянской войны или наши германские и скифские предки, когда они впервые поселились на развалинах Западной империи, — государь или вождь является только богатейшим землевладельцем страны и существует, подобно всем другим, на доходы, притекающие от его собственного личного имения, или от того, что в новой Европе называется владениями короны. Его подданные в обыкновенных случаях ничего не платят ему, исключая те случаи, когда вынуждены обращаться к его покровительству против притеснений их каким-либо другим подданным. Подарки, которые они делают в таких случаях, составляют весь его доход, всю выгоду, которую он получает от своего господства над ними, исключая, может быть, некоторые, совершенно чрезвычайные случаи. Когда у Гомера Агамемнон, чтобы приобрести дружбу Ахиллеса, обещает ему сеть греческих городов, единственная выгода, которую он обещает от владения ими, состоит в том, что граждане принесут ему дары. Пока такие подарки, доходы от отправления правосудия, или, как их можно назвать, судебные пошлины, составляли, таким образом, весь обыкновенный доход государя, извлекаемый им из своей власти, нельзя было ждать, даже неразумно было бы предположить, чтобы он совсем отказался от этого дохода. Можно было предлагать и часто предлагалось, чтобы он регулировал и устанавливал размер их. Но после того как они были регулированы и точно установлены, все-таки было очень трудно, если не сказать невозможно, воспрепятствовать всемогущему человеку увеличить их за определенные размеры. Поэтому, пока продолжалось такое положение вещей, едва ли можно было найти какое-либо действительное средство против развращенности правосудия, бывшей следствием произвольности и неопределенности этих подарков.

Но когда вследствие различных причин, главным образом вследствие постоянно растущих расходов на защиту народа от вторжения других народов, личное имущество государя стало совершенно недостаточным для покрытия расходов государства и когда стало неизбежным, чтобы народ ради своей собственной безопасности уплачивал эти расходы посредством разного рода налогов, стало весьма обычным договариваться, чтобы за отправление правосудия ни государь, ни чиновники, замещавшие его в качестве судей, не получали никаких подарков. Кажется, полагали, что много легче эти подарки уничтожить совсем, чем их урегулировать и ограничить. Определенное жалованье было назначено судьям, которое, как предполагалось, вознаграждало их за потерю их доли в прежних доходах от судопроизводства, подобно тому как налоги более чем вознаграждали государя за его потери. Суд, как тогда говорилось, должен производиться бесплатно.

Тем не менее суд ни в одной стране в действительности не производился бесплатно. Адвокаты и стряпчие всегда оплачивались сторонами; если бы этого не было, они бы исполняли еще хуже свои обязанности, чем теперь. Ежегодные доходы стряпчих и адвокатов в каждой стране достигают большей суммы, чем жалованье судей. То обстоятельство, что жалованье последним уплачивается короной, нигде не может уменьшить неизбежных расходов процесса. Но этот порядок был введен не столько для уменьшения расходов, сколько для того, чтобы предупредить развращение суда, воспрепятствовав судьям получать подарки или взятки от тяжущихся сторон.

Должность судьи так почетна сама по себе, что люди склонны добиваться ее, хотя бы она доставляла очень малые доходы. Должность мирового судьи, хотя она сопряжена с большим беспокойством и в большинстве случаев не приносит никаких доходов, является предметом честолюбия большей части наших помещиков. Жалованье различных судей, высших и низших, вместе со всеми расходами на отправление правосудия и исполнение приговора составляет во всех цивилизованных странах, — даже тех, которые в своем управлении не соблюдают большой бережливости, — очень незначительную часть всех расходов государства.

Все расходы на отправление правосудия легко могут быть покрыты судебными пошлинами, и, не подвергая судебное управление какой бы то ни было опасности развращения, можно таким образом совершенно освободить общественный доход от этого, хотя бы и небольшого, расхода. Действительно, трудно упорядочить судебные пошлины там, где лицо, столь могущественное, как государь, имеет в них долю и извлекает из них некоторую значительную часть своих личных доходов. Но это легко сделать там, где главным лицом, могущим получать некоторую выгоду от судебных пошлин, является судья. Закон легко может заставить судью уважать известные постановления, но он не всегда может заставить государя уважать их. Там, где судебные пошлины точно установлены и ограничены, где они уплачиваются сразу в известный период процесса кассиру или сборщику, распределяющему их в некоторой известной пропорции между различными судьями лишь после того, как процесс решен, там, кажется, не больше опасности развращения суда, чем при полном запрещении таких пошлин. Эти пошлины, не причиняя значительного увеличения расходов на ведение процесса, могут быть вполне достаточными для покрытия целиком расходов судопроизводства. Если судьям не платят до того момента, когда процесс закончен, эти пошлины могут быть некоторой побудительной причиной для усердия суда в решении его. В судах, состоящих из большого количества судей, можно при помощи пошлин, соразмеряя долю каждого судьи с количеством часов и дней, употребленных им на разрешение процесса, в самом ли суде или в следственной комиссии по предписанию суда, дать некоторое поощрение усердию каждого отдельного судьи. Общественная служба никогда не исполняется лучше, чем в тех случаях, когда награда является следствием исполнения и соразмерна усердию, употребленному на него. В различных парламентах Франции судебные пошлины (называемые épices et vocations) составляют большую часть доходов судей. За всеми вычетами чистое жалованье, уплачиваемое короной советнику или судье Тулузского парламента — по месту и достоинству второго парламента в королевстве, — достигает только 150 ливров, т.е. около 6 ф. ст. 11 шилл. в год. Около семи лет тому назад такая же сумма в том же самом месте была обыкновенно годовым жалованьем простого лакея. Распределение этих épices производится также соответственно усердию судей. Прилежный судья получает хороший, хотя и умеренный, доход от своей должности, а ленивый получает немного больше своего жалованья. Эти парламенты, может быть, не очень пригодные суды во многих отношениях, но они никогда не обвинялись, даже никогда не подозревались в подкупности.

Первоначально судебные пошлины были главным источником средств, на которые существовали различные судебные учреждения Англии. Каждый суд старался привлечь к себе так много дел, как только мог, и был склонен считать себе подсудными многие процессы, которые вначале не подлежали его юрисдикции. Так называемый Суд королевской скамьи, учрежденный только для разбора уголовных дел, присвоил себе подсудность и гражданских дел, ссылаясь на то, что ответчик, причиняя несправедливость истцу, совершает некоторый проступок или преступление. Суд казначейства, учрежденный только для собирания королевских доходов и принуждения к уплате долгов королю, присвоил себе подсудность над всеми долговыми обязательствами на том основании, что, по словам истца, он не в состоянии платить долги королю, так как ему не платит долгов ответчик. Вследствие таких уловок стороны получали во многих случаях возможность выбирать разные суды для решения своих дел, и каждый суд старался большей быстротой решения дела и беспристрастностью привлечь к себе как можно больше дел. Современное превосходное состояние судов в Англии получилось вначале, может быть, в значительной степени благодаря этому соревнованию, которое исстари имело место между различными судьями;

каждый судья старался в своем суде дать самое скорое и действительное средство, какое только допускалось законом, против разного рода беззакония. Первоначально гражданские суды приговаривали к уплате причиненных убытков только за нарушение договоров. Суд канцелярии, как суд совести, первый принял на себя принуждение к выполнению обязательства. Когда нарушение договора состояло в неплатеже денег, причиненные убытки не могли компенсироваться иначе, как принуждением к платежу, что равносильно принуждению к точному исполнению обязательства. В таких случаях средство гражданского суда было достаточно. Но это было не так в других случаях. Когда арендатор обращался с жалобой в суд на своего лорда, несправедливо прогнавшего его с арендуемой земли, покрытие убытков было неравноценно владению землей. Поэтому такие дела на некоторое время перешли в суд канцелярии, к немалому ущербу для гражданских судов. Для того чтобы привлечь к себе обратно такие дела, гражданские суды изобрели искусственный и фиктивный указ об отказе во владении, самое действенное средство против несправедливого изгнания или лишения земли.

Гербовый сбор на бумаги судопроизводства в каждом отдельном суде, собираемый этим судом и употребляемый на содержание судей и других чиновников суда, может, таким образом, доставлять доход, достаточный для покрытия расходов на отправление правосудия, не обременяя собой общий доход государства. Правда, в этом случае у судьи может быть искушение ненужного увеличения количества бумаг по каждому делу ради возможного роста дохода от гербового сбора. В новейшей Европе был обычай платить поверенным и писцам суда по количеству страниц, какое нужно было написать; между тем суд требовал, чтобы каждая страница заключала в себе известное количество строк, а каждая строка известное количество слов. Ради увеличения платы поверенный и писцы без всякой нужды размножали слова и развращали судебный язык, я полагаю, во всех судах Европы. Такое же искушение развращения форм судопроизводства может иметь место и в этом случае.

Но будет ли придумано средство, чтобы суд сам покрывал свои расходы, или судьи будут получать определенное жалованье, которое будет выплачиваться из какого-либо другого источника, необходимо, чтобы лицу или лицам, связанным с исполнительной властью, было доверено заведование этим источником или уплата жалованья судьям. Таким источником может служить рента с земельных угодий, причем управление каждым угодьем предоставляется тому суду, который должен содержаться за его счет. Такой источник может заключаться в процентах с капитала, которым точно так же распоряжается суд, содержащийся на эти средства. Часть, хотя и небольшая, жалованья судей в Шотландии составляется из процентов на капитал. Неизбежная неустойчивость такого источника делает его, однако, непригодным для содержания учреждения, которое должно существовать вечно.

Отделение власти судебной от исполнительной вначале произошло, по-видимому, от увеличения дел общества в результате его развития. Отправление правосудия стало делом настолько трудным и сложным, что требовало уже безраздельного внимания лица, которому оно было поручено. Так как лицо, которому вручалась исполнительная власть, не имело досуга заниматься разрешением частных дел, то вместо него назначался его заместитель, чтобы разрешать их. С ростом могущества Рима консул был слишком занят политическими делами государства, чтобы заниматься отправлением правосудия. Поэтому был назначен вместо него претор. При развитии европейских монархий, основанных на развалинах Римской империи, государи и феодалы везде стали считать отправление правосудия обязанностью и слишком трудной, и слишком неблагородной, чтобы исполнять ее лично. Поэтому они везде отказались от нее, назначая себе заместителей, управителей или судей.

Когда судебная и исполнительная власть соединены, представляется мало возможным, чтобы правосудие не приносилось часто в жертву тому, что обычно называют политикой. Лицо, обладающее исполнительной властью, может ради великих государственных интересов, даже не имея корыстных целей, иногда думать, что необходимо пожертвовать правами частного лица. Но от беспристрастного отправления правосудия зависят свобода каждого отдельного человека и его чувства собственной безопасности. Для того чтобы каждый отдельный человек чувствовал полную безопасность во владении всеми принадлежащими ему правами, не только необходимо отделение судебной власти от исполнительной, но необходимо судебную власть сделать насколько возможно независимой от власти исполнительной. Судья не должен быть увольняем от своей должности по капризу исполнительной власти. Регулярная уплата жалованья судье не должна зависеть от доброй воли или даже от бережливости исполнительной власти.

Отдел III

О расходах на общественные работы и общественные учреждения

Третьей и последней обязанностью государя или государства является основание и содержание таких общественных учреждений и таких общественных работ, которые, будучи, может быть, в самой высокой степени полезными для обширного общества в целом, не могут, однако, своей прибылью возместить расходы отдельного человека или небольшой группы людей; поэтому нельзя ожидать, чтобы частное лицо или небольшая группа частных лиц основывали и содержали их. Выполнение этих обязанностей также требует очень различных расходов в различные периоды развития общества.

После общественных учреждений и общественных работ, необходимых для защиты общества и для отправления правосудия, которые уже были упомянуты, главными являются общественные учреждения и работы для содействия торговле общества и поощрения народного образования. Учреждения для образования бывают двух родов: для воспитания юношества и для образования людей всех возрастов. Для рассмотрения наиболее соответствующего способа ведения расходов на эти общественные работы и учреждения третий отдел настоящей главы будет разделен на три статьи.

Статья I

Об общественных работах и учреждениях для содействия торговле общества

О тех, которые необходимы для содействия торговле вообще

Очевидно без всяких доказательств, что основание и содержание таких общественных работ для содействия торговле любой страны, как хорошие дороги, мосты, судоходные каналы, гавани и т.п., должны требовать различных расходов в разные периоды развития общества. Расходы на прокладку и содержание общественных дорог, очевидно, должны увеличиваться вместе с ростом годового продукта земли и труда данной страны или с количеством и весом товаров, которые должны быть перенесены или перевезены по этим дорогам. Крепость моста должна соразмеряться с количеством и весом подвод, которые должны переезжать через него. Глубина судоходного канала и снабжение его водой должны соответствовать количеству и грузоподъемности барж, которые провозят по нему товары; размеры гавани — количеству судов, которые находят в ней убежище.

По-видимому, нет нужды, чтобы расходы на эти общественные работы покрывались из так называемых общественных доходов, собирание и употребление которых в большей части стран предоставлено исполнительной власти. Бóльшую часть таких общественных работ легко можно вести так, чтобы получать специальный доход, достаточный для самостоятельного покрытия расходов на них, не отягощая общего дохода общества.

Например, шоссейная дорога, мост, судоходный канал могут в большинстве случаев и устраиваться, и содержаться за счет небольшого сбора с подвод, пользующихся ими; гавань — умеренным портовым потонным сбором с судов, нагружаемых или разгружаемых в ней. Чеканка монеты — другое учреждение для содействия торговле — во многих странах не только покрывает свои собственные расходы, но еще доставляет небольшой доход государю. Почта — еще одно учреждение для той же самой цели — сверх покрытия своих собственных расходов почти во всех странах приносит очень значительный доход государю.

Когда подводы, проезжающие по шоссе или через мост, и баржи, плывущие по судоходному каналу, платят сбор пропорционально их весу или грузоподъемности, они платят на содержание этих общественных сооружений в точном соответствии тому изнашиванию и порче, которые они причиняют им. По-видимому, невозможно изобрести более справедливый способ содержания этих сооружений. Далее, хотя этот сбор или пошлина уплачивается подводчиком, в конечном счете он платится потребителем, на которого, в цене товаров, он всегда должен ложиться. Так как расходы по перевозке очень сильно сокращаются благодаря этим общественным сооружениям, то, несмотря на пошлину, товары обходятся потребителю дешевле, чем если бы эти сооружения не были устроены; цена товаров не настолько возрастает от взимания пошлин, насколько понижается благодаря дешевизне перевозки. Лицо, уплачивающее этот налог, в конечном итоге выигрывает от его введения и употребления собранных сумм больше, чем теряет от уплаты его. Его уплата точно соответствует его выигрышу. В действительности же этот налог не что иное, как та часть дохода, которую он должен уплатить, чтобы получить остальное. Трудно представить себе более справедливый способ взимания налога.

Когда пошлины на роскошные экипажи, кареты, почтовые кареты и т.п. устанавливаются в более высокой пропорции к их весу, чем на экипажи, перевозящие предметы необходимости, — телеги, фургоны и т.п., леность и тщеславие богатых должны участвовать в оплате расходов для облегчения бедных, удешевляя перевозку тяжелых товаров во все части страны.

Если шоссе, мосты, каналы и т.п., таким образом, сооружаются и поддерживаются торговлей, которая ведется при посредстве их, то они могут быть сооружены только там, где торговля требует их и, следовательно, есть в них надобность. Их расходы, величина и великолепие должны соответствовать тому, что может доставить торговля. Они, следовательно, должны быть сделаны так, как обычно принято их делать. Великолепная дорога не может быть сооружена в пустынной местности, где мало или совсем нет торговли, только потому, что она ведет к даче начальника провинции или к поместью вельможи, которому этот начальник хочет угодить. Большой мост не может быть переброшен через реку в том месте, где никому не нужно переправляться через нее, просто для украшения вида из окон соседнего замка; такие вещи случаются в странах, где подобные работы производятся за счет других доходов, а не тех, которые они могут доставить сами.

В некоторых странах Европы пошлины, или шлюзные сборы на каналах, являются собственностью частных лиц, которых личный интерес заставляет поддерживать каналы в надлежащем состоянии. Если такое лицо не содержит канал в надлежащем порядке, то навигация по нему прекращается совсем, а с ней вместе и вся прибыль, которую доставляют пошлины. Если бы эти сборы были поставлены под управление лиц, не заинтересованных в них, они могли бы быть менее внимательны к производимым работам. Канал в Лангедоке стоил королю и провинции 13 млн ливров, которые (при 28 ливрах — в марке серебра — такова была стоимость французских денег в конце прошлого столетия) в итоге равны сумме около 900 тыс. ф. ст. Когда это огромное сооружение было закончено, то самым лучшим способом содержать канал в постоянном порядке сочли передачу пошлины Рике, инженеру, который составил план и провел всю работу. В настоящее время эти пошлины приносят очень большой доход различным ветвям семьи этого господина, которые поэтому сильно заинтересованы содержать канал в исправности. Но если бы эти пошлины были под управлением незаинтересованных лиц, последние, может быть, растратили бы их на украшение и ненужные расходы, в то время как главные части работы были бы доведены до разрушения.

Пошлины для содержания шоссейных дорог не могут быть безопасно переданы в собственность частного лица. Шоссе, хотя бы совершенно запущенное, не становится от этого совсем непроходимым, как канал. Собственники пошлин на шоссе могут совершенно не исправлять дороги и тем не менее продолжать собирать почти такое же количество пошлин. Поэтому самым удобным было бы передать сбор пошлин для содержания шоссе заведованию комиссаров или чиновников.

В Великобритании очень часто и очень справедливо жаловались на злоупотребления, какие допускались чиновниками в заведовании этими пошлинами. На многих заставах, как говорят, взимают пошлин больше чем вдвое сравнительно с тем, что необходимо для содержания дороги в полнейшем порядке, в то время как дороги очень часто исправляются чрезвычайно неряшливо, а иногда и вовсе не исправляются. Способ поддержания в порядке шоссе посредством взимания пошлин не очень старинный. Поэтому неудивительно, что он еще не доведен до возможной степени совершенства. Если для заведования дорогами назначаются маленькие и неподходящие люди, если надзор и отчетность для контроля их действий и для доведения пошлин до размера, достаточного для производства необходимых работ, все еще не учреждены, то объяснением и оправданием этих недостатков служит новизна учреждения; со временем большая часть этих недостатков мало-помалу будет исправлена парламентом.

Полагают, что деньги, собираемые на разных заставах в Великобритании, достигают такой суммы, которая далеко превосходит необходимую для ремонта дорог и которая при надлежащей экономии, как это было замечено даже некоторыми министрами, могла бы быть в тех или иных случаях употреблена на нужды государства. Правительство, как указывали, взяв в свои руки заведование заставами и употребив солдат для работ с небольшой прибавкой к их жалованью, могло бы содержать дороги в хорошем состоянии и с гораздо меньшими расходами, чем частные лица, рабочие которых целиком содержат себя на свою заработную плату. Утверждают, что огромный доход — возможно, полмиллиона — может быть получен таким образом без какого-либо нового отягощения народа* и что дорожные

---

* Со времени опубликования двух первых изданий этой книги я получил твердое основание полагать, что пошлины с застав, собираемые в Великобритании, не достигают полумиллиона, т.е. суммы, которая при управлении правительства была бы недостаточна для поддержания в порядке пяти главных шоссейных дорог королевства.

заставы могут покрывать обычные расходы государства так, как почта покрывает их в настоящее время.

Я не спорю, что значительный доход мог бы быть получен таким образом, хотя, вероятно, не такой большой, как полагают составители проекта. Тем не менее самый план вызывает несколько очень важных возражений.

Во-первых, если бы эти пошлины когда-либо стали считать одним из ресурсов для покрытия государственных нужд, то их, конечно, стали бы увеличивать, как только того потребовали бы эти нужды. Соответственно обычной политике Великобритании они, вероятно, очень скоро были бы увеличены. Легкость, с которой большой доход мог бы быть собран с них, вероятно, поощрила бы правительство очень часто обращаться к этому источнику. Хотя, может быть, и более чем сомнительно, чтобы при экономии можно было получить от этих пошлин полмиллиона при их настоящих размерах, но едва ли можно оспаривать, что можно собрать миллион, если их удвоить, или два миллиона, если их утроить*. Затем этот доход мог бы собираться без назначения даже одного нового чиновника к прежнему количеству собиравших его; но заставные пошлины продолжали бы увеличиваться и, таким образом, вместо облегчения внутренней торговли страны очень скоро создали бы для нее большие затруднения. Расходы по перевозке тяжелых товаров из одной части страны в другую так возросли бы, следовательно, рынок для всех этих товаров был бы так сильно ограничен, что их производство в значительной мере сократилось бы и важнейшие отрасли отечественной промышленности были бы совсем уничтожены.

Во-вторых, налог на экипажи соответственно по весу, хотя и очень справедлив, когда взимается с целью ремонта дорог, очень несправедлив, когда направляется на другие цели или на удовлетворение обших нужд государства. Когда он обращен к единственной указанной выше цели, предполагается, что каждая повозка платит за ту порчу

---

* В настоящее время я имею твердые основания полагать, что эти предположительные суммы слишком преувеличены.

и изнашивание, которые она причиняет дороге. Когда же налог направляется к другим целям, то каждая повозка платит больше, чем за изнашивание и порчу дороги, и принуждается восполнять другие нужды государства. Но так как заставная пошлина повышает цену товаров пропорционально их весу, а не стоимости, то она оплачивается главным образом потребителями громоздких и простых товаров, а не дорогих и легких. Поэтому, какие бы нужды государства ни намеревались покрывать этими пошлинами, они будут оплачиваться главным образом бедными, а не богатыми за счет тех, кто наименее, а не тех, кто наиболее способен оплачивать их.

В-третьих, если бы правительство когда-нибудь стало пренебрегать исправлением шоссе, то его было бы еще труднее, чем в настоящее время, принудить к надлежащему употреблению для этого какой-либо части дорожных пошлин. Таким образом, большой доход собирался бы с народа без того, чтобы какая-либо часть его шла на удовлетворение той цели, ради которой этот налог собирается. Если благодаря бедности и низкому положению людей, заведующих дорогами, трудно заставить их починять дороги в настоящее время, то богатство и могущество правительства сделали бы это в 10 раз труднее.

Во Франции фонды, назначаемые для исправления шоссейных дорог, находятся под непосредственным управлением исполнительной власти. Эти фонды состоят отчасти из некоторого количества рабочих дней, которое обязано давать для исправления шоссе сельское население в большей части стран Европы, а отчасти из той доли общих доходов государства, которую король находит нужным уделить от других своих расходов.

По старому французскому закону, как и в других странах Европы, работа сельского населения находилась под управлением местных или провинциальных властей, которые не зависели непосредственно от королевского совета. Но при современной практике работа местного населения и средства, отпускаемые королем для исправления шоссе в отдельной провинции или округе, находятся целиком под управлением интенданта, чиновника, который назначается и увольняется королевским советом, получает от него приказания и постоянно переписывается с ним. При развитии деспотизма сила исполнительной власти постепенно поглощает всякую другую власть в государстве и принимает на себя управление всякой отраслью дохода, предназначенного для общественной цели. Большие почтовые дороги во Франции, по которым поддерживается сообщение между главными городами государства, обычно содержатся в большом порядке; в некоторых провинциях они даже значительно превосходят шоссейные дороги Англии. Но проселочные дороги, которые составляют большую часть дорог страны, обыкновенно заброшены и во многих местах совершенно непроходимы для тяжелых повозок. В некоторых местах они даже опасны для путешествия верхом, и мул представляет собою единственное перевозочное средство, которому не опасно довериться. Гордый министр пышного двора может часто находить удовольствие в великолепном и блестящем труде, как сооружение шоссе, которое часто видит знать, чье одобрение не только льстит его тщеславию, но и доставляет ему поддержку при дворе. Но выполнение большого количества мелких работ, которые не имеют блестящего вида и не вызывают ни в малейшей степени восхищения путешественника, одним словом, которые отличаются только своей чрезвычайной полезностью, является делом слишком мелким и ничтожным, чтобы заслужить внимание столь высокой особы. Под таким управлением подобные работы, разумеется, почти всегда находятся в пренебрежении.

В Китае и в других государствах Азии исполнительная власть принимает на себя постройку больших дорог и содержание судоходных каналов. Как говорят, в инструкциях, которые даются начальнику провинции, постоянно предлагается следить за ними, и по вниманию, которое он обращает на эту часть своих инструкций, при дворе составляют себе суждение о его деятельности. Эта отрасль общественных дел, как говорят, пользуется большим вниманием во всех странах, но особенно в Китае, где большие дороги и еще более каналы превосходят все, что известно в этом роде в Европе. Сведения об этих трудах, однако, доставлялись в Европу обычно слабыми и пораженными удивлением путешественниками, а часто глупыми и лживыми миссионерами. Если бы эти сведения были проверены более трезвыми глазами и исходили от более надежных свидетелей, то они, вероятно, не представлялись бы столь удивительными. Описание сооружений такого рода в Индостане, даваемое Бернье*, гораздо скромнее того, что было рассказано другими, более склонными к чудесному путешественниками. Далее, в этих странах, может быть, имеет место то же самое, что и во Франции, где большие дороги являются предметом разговоров при дворе в столице и пользуются вниманием, тогда как остальные дороги заброшены. В Китае, Индостане и других государствах Азии доход государя получается почти исключительно от земельного налога или земельной ренты, которая увеличивается или уменьшается с увеличением или уменьшением продукта земли. Поэтому важные интересы государя, его доход неизбежно и непосредственно связаны с возделыванием земли, размерами ее продукта и с его стоимостью. Но чтобы возможно больше увеличить этот продукт и придать ему возможно бóльшую стоимость, необходимо обеспечить ему возможно более обширный рынок и, следовательно, устроить свободные, самые легкие, самые дешевые пути сообщения между различными частями страны, что и достигается наилучшими дорогами и каналами. Доход государя в Европе ни в одной стране не получается главным образом от земельного налога или земельной ренты. Возможно, что в конечном счете доход во всех больших королевствах Европы тоже зависит от продукта земли, но эта зависимость не является ни непосредственной, ни очевидной. Поэтому в Европе государь не чувствует себя заинтересованным так непосредственно ростом количества и стоимости продукта земли или содержанием хороших дорог и каналов, доставляющих обширный рынок этому продукту. Поэтому если бы даже соответствовало истине, что, как я думаю, несколько сомнительно, что в Азии эта отрасль общественного дела превосходно управляется исполнительной властью, то нет ни малейшей вероятности при современном положении вещей,

---

* *F. Bernier*. Voyages de Francois Bernier, contenant la description des Etats du Grand Mogol. 2 vols. Amsterdam, 1699.

чтобы в какой-либо части Европы эта власть управляла бы ею сносно.

Даже те общественные сооружения, которые по природе своей не могут доставлять никакого дохода для их содержания, но выгоды которых ограничены некоторой отдельной местностью или округом, всегда лучше содержатся на местный или провинциальный доход под управлением местной и провинциальной администрации, чем на общий доход государства, которым всегда заведует исполнительная власть. Если бы лондонские улицы должны были освещаться и моститься за счет казначейства, была бы какая-либо вероятность, чтобы они были освещены и вымощены так хорошо и с такими небольшими расходами, как в настоящее время? С другой стороны, расход на них, вместо того чтобы пополняться местным налогом на жителей каждой отдельной улицы, прихода или округа Лондона, покрывался бы в этом случае общим доходом государства и, следовательно, происходил от налога на всех жителей королевства, которым по большей части нет никакой пользы от того, освещены ли и вымощены ли улицы Лондона или нет.

Злоупотребления, которые по временам вкрадываются в управление местными или провинциальными доходами, как бы огромны они иногда ни были, тем не менее почти всегда оказываются ничтожными в сравнении с теми, которые обыкновенно имеют место в управлении и тратах доходов большого государства. С другой стороны, они могут быть гораздо легче исправлены. При местном или провинциальном управлении мировых судей в Великобритании шестидневная работа, которую сельское население обязано отдавать на исправление шоссейных дорог, применялась, возможно, не всегда очень справедливо, но едва ли когда-нибудь вынуждалась с жестокостью или притеснениями. Во Франции под управлением интендантов применение ее не всегда было справедливое, а принуждение к ней — часто самое жестокое и стеснительное. Такие барщины, как они называются, являются одним из главных орудий тирании, которой эти чиновники подчиняют какой-либо приход или общину, имевшие несчастье подпасть под их немилость.

Целью общественных работ и учреждений, о которых говорилось выше, было поощрение торговли вообще. Но для поощрения отдельных отраслей ее необходимы некоторые особые учреждения, которые, в свою очередь, требуют специальных и чрезвычайных расходов.

Некоторые отдельные отрасли торговли, которые ведутся с варварскими и нецивилизованными народами, требуют чрезвычайного покровительства. Обыкновенный склад или контора может давать малую безопасность товарам и купцам, торгующим на западном берегу Африки. Для ограждения их от варварских туземцев необходимо, чтобы места, где товары находятся на складе, были до известной степени укреплены. Беспорядки в управлении Индостана делают необходимой подобную предосторожность даже среди этого кроткого и мягкого народа; под предлогом защиты людей и товаров от насилия Английская и Французская ост-индские компании получили разрешение возвести первые форты, которыми они обладают в этой стране. У других народов, чье сильное правительство не потерпит, чтобы иностранцы обладали каким-либо укрепленным местом на их территории, может оказаться необходимым содержать посланника, консула или дипломатического агента, который благодаря своему официальному положению с большим авторитетом мог бы разрешать споры между своими земляками в согласии с их обычаями, а также вмешиваться в их споры с туземцами и давать им более могущественную защиту, чем какое-либо частное лицо. Интересы торговли часто заставляли содержать посланников в странах, где политические цели не требовали этого. Торговля Турецкой компании была первой причиной назначения постоянного посла в Константинополе. Первые английские посольства в Россию тоже вызывались только торговыми интересами. Постоянные столкновения интересов, неизбежно возникающие между подданными различных государств Европы, вероятно, ввели обычай содержания даже в мирное время постоянных посланников во всех соседних странах. Этот обычай, по-видимому, неизвестный в древние времена, — не старше конца пятнадцатого или начала шестнадцатого столетия, т.е. того времени, когда торговля впервые начала охватывать бо́льшую часть народов Европы и когда впервые ее интересы начали привлекать к себе внимание.

Кажется небезосновательным требование, чтобы чрезвычайный расход, причиняемый покровительством отдельной отрасли торговли, покрывался умеренным налогом на эту же отрасль, например умеренным взносом, уплачиваемым купцами, когда они вступают в нее, или, что более справедливо, пошлиной в размере определенного процента с товаров, ввозимых или вывозимых ими из стран, с которыми ведется эта торговля. Говорят, что защита торговли от пиратов и каперов была причиной первоначального введения таможенных пошлин. Но хотя вполне правильно налагать на общую торговлю налог для покрытия расходов по общему ей покровительству, казалось бы также правильным облагать особым налогом отдельные ветви торговли для покрытия чрезвычайных расходов, вызванных покровительством этим отраслям.

Общее покровительство торговле всегда считалось крайне важным для защиты государства и составляло поэтому неотъемлемую часть обязанностей исполнительной власти. Поэтому собирание и расходование общих таможенных пошлин всегда было предоставлено этой власти. Но покровительство какой-либо отдельной отрасли торговли есть часть покровительства торговле вообще, а следовательно, также составляет часть обязанностей исполнительной власти, и если бы народы всегда поступали последовательно, то специальные пошлины, взимаемые для этого специального покровительства, тоже всегда оставались бы в ведении исполнительной власти. Но в этом отношении, как и во многих других, народы поступали не всегда последовательно, и в большей части торговых государств Европы отдельные компании купцов ухитрялись убедить законодательную власть доверить им выполнение этой части обязанностей государя вместе со всей той властью, которая с этим неизбежно связана.

Эти компании, хотя и могли быть полезными благодаря тому, что впервые вводили некоторые отрасли торговли и делали за свой счет опыты, которые государство не находило благоразумным делать, в конце концов везде доказали свою обременительность или бесполезность, везде расстроили или стеснили торговлю.

Когда эти компании торгуют не на акционерный капитал, но обязаны допускать после уплаты известного взноса любое лицо, удовлетворяющее определенным требованиям и согласное подчиняться правилам компании, причем каждый член торгует на свой собственный капитал и риск, то они называются привилегированными компаниями. Когда компании торгуют на акционерный капитал, причем каждый член ее участвует в прибылях или потерях пропорционально своей доле в этом капитале, они называются акционерными. Эти компании, привилегированные или акционерные, иногда имели исключительные привилегии, а иногда не имели их.

Привилегированные компании во многих отношениях сходны с ремесленными корпорациями, столь обычными в городах разных стран Европы, и представляют вид расширенной монополии того же рода. Как житель города не может заниматься ремеслом корпорации без вступления в нее, так во многих случаях подданный государства не может законно заниматься той отраслью торговли, для которой учреждена привилегированная компания, не вступив в члены последней. Монополия эта более или менее строго проводится соответственно большей или меньшей трудности вступления, большему или меньшему влиянию директоров компании или большей или меньшей власти их управлять компанией таким образом, чтобы большая часть торговли сосредоточивалась в их руках или в руках их личных друзей. В самых старых привилегированных компаниях привилегии ученичества были те же, что и в других корпорациях, и давали право вступать в члены лицу, прослужившему установленное время у члена компании, без уплаты вступительного взноса или с уплатой гораздо меньшего взноса, чем тот, который взыскивался с посторонних людей. Обычный корпоративный дух там, где закон не сдерживает его, господствует в привилегированных компаниях. Когда им позволяли поступать согласно их естественным склонностям, они всегда ради ограничения соперничества возможно малым количеством лиц старались подчинять торговлю многим обременительным постановлениям. Когда же закон лишил их возможности делать это, они стали совсем бесполезными и бессильными.

Привилегированные компании для иностранной торговли, существующие в настоящее время в Великобритании, таковы: старинная компания купцов-авантюристов, теперь называемая обыкновенно Гамбургской компанией, Российская компания, Восточная компания, Турецкая компания и Африканская.

Утверждают, что теперь вступление в Гамбургскую компанию очень легко; директора ее не имеют права стеснять торговлю обременительными ограничениями и постановлениями или по крайней мере не пользуются в последнее время этим правом. Но не всегда было так. Около середины минувшего столетия вступительный взнос равнялся 50, а одно время 100 ф. ст., и управление компанией было чрезвычайно стеснительно. В 1643, в 1645 и 1661 гг. суконщики и свободные торговцы Западной Англии жаловались на компанию в парламент как на монополистов, которые ограничивают торговлю и притесняют мануфактуристов страны. Хотя эти жалобы не произвели никакого действия на парламент, но они, вероятно, испугали компанию так сильно, что принудили ее изменить свое поведение: с этого времени против нее не подавали жалоб. Законом, изданным в 10 и 11-й годы правления Вильгельма III, гл. 6, вступительный взнос в Российскую компанию был установлен в 5 ф., а законом 25-го года правления Карла II вступительный взнос в Восточную компанию установлен в 40 шилл.; одновременно с этим Швеция, Дания и Норвегия, все страны на северном берегу Балтийского моря, были выделены из их монопольного права на торговлю. Вероятно, поведение компании вызвало эти два парламентских акта. Перед этим сэр Джошуа Чайльд* изображал обе эти компании чрезвычайно стеснительными и плохое состояние их торговли со странами, входящими в их монополию, объяснял скверным управлением. Но хотя такие компании не

---

* *J. Child.* Discourse upon Trade. London, 1691. Chap. 3.

могут в настоящее время быть очень стеснительными, они, конечно, совершенно бесполезны. Быть только бесполезной — это, пожалуй, самая высокая похвала, какую когда-либо может справедливо заслужить привилегированная компания; и все три упомянутые выше компании в настоящее время заслуживают эту похвалу.

Вступительный взнос в Турецкую компанию сначала составлял 25 ф. для лиц моложе 26 лет, и 50 ф. для лиц старше этого возраста. Никто, кроме настоящих купцов, не мог быть принят; ограничение это исключало розничных и мелочных торговцев. Особым постановлением никакие британские промышленные изделия не могли вывозиться в Турцию иначе, как на кораблях компании; так как эти корабли всегда отплывали из Лондонского порта, то это постановление ограничивало торговлю с Турцией этим портом и купцами, живущими в Лондоне и по соседству с ним. По другому постановлению не могли быть приняты в компанию лица, живущие в 20 милях от Лондона и не состоявшие гражданами города; это второе ограничение вместе с предыдущим исключало всех, кроме граждан Лондона. Так как время погрузки и отплытия кораблей компании всецело зависело от директоров, они легко могли грузить корабли своими товарами и товарами своих личных друзей, исключая других, под предлогом, что они опоздали со своими заявлениями о погрузке. При таком положении вещей, разумеется, компания являлась очень стеснительной монополией. Эти злоупотребления дали повод издать закон (25-й год правления Георга III, гл. 18), понижавший вступительный взнос до 20 ф. для всех лиц без различия возраста и без ограничения их только купцами или гражданами Лондона; этот акт даровал всем этим лицам свободу вывоза из всех портов Великобритании в порты Турции всех британских товаров, вывоз которых не был запрещен, и свободу ввоза всех турецких товаров, ввоз которых не был запрещен, с уплатой обычных таможенных пошлин и особой пошлины на покрытие необходимых расходов компании; одновременно с этим он подчинял их законной власти британского посланника или консулов, находящихся в Турции, и надлежащим образом утвержденным постановлениями компании. Чтобы воспрепятствовать каким-либо стеснениям этих постановлений, тот же закон предписывал, что если семь членов компании сочтут себя стесненными каким-либо постановлением, утвержденным после издания закона, они могут обжаловать его в Совете торговли и колоний (замененный теперь комитетом при Тайном совете) при условии подачи этой жалобы до истечения 12 месяцев после утверждения постановления; далее, если семь членов сочтут себя стесненными каким-либо постановлением, изданным до этого закона, они также могут обжаловать его не позже 12 месяцев со дня издания закона. Однако опыт одного года не всегда может быть достаточным, чтобы показать всем членам вредное действие какого-либо отдельного постановления; и если некоторые из них откроют это вредное действие после установленного срока, то ни Совет торговли, ни комитет Тайного совета не могут отменить постановления. С другой стороны, целью большей части правил всех привилегированных компаний, как и других корпораций, является не столько притеснение тех, кто уже вошел в их члены, сколько затруднение для вступления в их состав других лиц; это может быть достигнуто не только высоким вступительным взносом, но и многими другими способами. Постоянной целью таких компаний является елико возможное повышение своих прибылей; для этого на рынке поддерживается недостаток как ввозимых, так и вывозимых товаров, что может быть достигнуто только ограничением конкуренции или недопущением новых участников в торговлю. Кроме того, хотя вступительный взнос в 20 ф., возможно, и недостаточен для того, чтобы воспрепятствовать кому-либо приступить к торговле с Турцией с намерением продолжать ее, он может быть достаточен для того, чтобы отбить смелость у какого-либо спекулянта рисковать в отдельной операции. Во всякой торговле крепко обосновавшиеся купцы, даже если они не объединены в корпорацию, естественно, соединяются, чтобы повысить свои прибыли; для понижения этих прибылей до их надлежащего уровня во все времена не было иного средства, как возникавшая время от времени случайная конкуренция спекулирующих купцов. Хотя торговля с Турцией до некоторой степени и была открыта для всех указанным парламентским актом, однако она многими все еще считается далеко не совершенно свободной. Турецкая компания вносит часть содержания посланника и двух или трех консулов, которые должны, подобно другим чиновникам, всецело содержаться за счет государства, а торговля должна быть открыта для всех подданных его величества. Различные сборы, производимые компанией для этой и других корпоративных целей, могли бы доставить более чем достаточный доход государству на содержание этих чиновников.

Привилегированные компании, как было замечено сэром Джошуа Чайльдом, хотя они часто и участвовали в содержании чиновников, никогда не содержали каких-либо укреплений или гарнизонов в странах, с которыми они торговали, тогда как акционерные компании часто это делали. Действительно, первые гораздо менее пригодны для подобного рода деятельности, чем последние. Во-первых, директора привилегированной компании не имеют личного интереса в процветании общей торговли компании, ради которой эти укрепления и гарнизоны содержатся. Упадок этой общей торговли часто даже приносит выгоду их собственной личной торговле; уменьшение числа их конкурентов дает им возможность покупать дешевле и продавать дороже. Наоборот, директора акционерной компании, имеющие только долю в прибылях, получаемых на общий капитал компании, находящийся под их управлением, не ведут собственной личной торговли, которая имела бы другие интересы, чем общая торговля компании. Их личные интересы связаны с процветанием общей торговли компании и с содержанием укреплений и гарнизонов, необходимых для ее защиты. Поэтому они скорее будут проявлять постоянное и заботливое внимание, которого требует содержание гарнизонов и укреплений. Во-вторых, директора акционерных компаний всегда управляют большим капиталом — акционерным капиталом компании, часть которого они нередко могут употреблять на постройку, ремонт и содержание таких необходимых укреплений и гарнизонов. Директора же привилегированных компаний никогда не имеют в руках ни общего капитала, ни других фондов для этой цели, кроме случайных доходов вроде вступительных взносов и других сборов, взимаемых с торговых оборотов компании. Хотя бы они имели такой же интерес в содержании укреплений и гарнизонов, они редко имеют возможность проявить этот интерес на деле. Содержание чиновника, почти не требующее заботливости и связанное с умеренным и ограниченным расходом, является делом, более соответствующим характеру и возможностям привилегированных компаний.

Тем не менее спустя долгое время после сэра Джошуа Чайльда, а именно в 1750 г., была учреждена существующая до настоящего времени привилегированная компания купцов, торгующих с Африкой, которой вначале было вменено в обязанность содержать укрепления и гарнизоны между мысом Белым и мысом Доброй Надежды, а впоследствии — только между мысами Красным и Доброй Надежды. Акт, учреждавший эту компанию (23-й год правления Георга II, гл. 31), имел, по-видимому, в виду две различные цели: во-первых, действительно обуздать стеснительный и монополистический дух, присущий директорам привилегированных компаний, и, во-вторых, заставить их проявить несвойственную им вообще заботливость к содержанию укреплений и гарнизонов.

Для достижения первой цели вступительный взнос ограничен был 40 шилл. Компании запрещены: торговля на корпоративный или акционерный капитал, займы под общее поручительство, всякое препятствие торговле, которая может производиться в любом месте всеми британскими подданными, внесшими вступительный взнос. Правление состоит из девяти лиц и собирается в Лондоне; оно ежегодно избирается членами компании из Лондона, Бристоля и Ливерпуля, причем от каждого города выбирается по три члена правления. Член правления не может быть в этой должности больше трех лет сряду. Каждый член правления может быть смещен Советом торговли и земледелия (ныне комиссией Тайного совета) по выслушивании того, что он может сказать в свою защиту. Правлению запрещено вывозить негров из Африки и ввозить африканские товары в Великобританию; но так как оно обязано содержать укрепления и гарнизоны в Африке, то для этой цели оно может ввозить в Африку британские товары и разного рода провиант. Из денег, получаемых правлением от компании, ему разрешается тратить не свыше 800 ф. на жалованье конторщикам и агентам в Лондоне, Бристоле и Ливерпуле, на наем дома для конторы в Лондоне и на все другие расходы: агентурные, комиссионные и по управлению делами компании в Англии. То, что остается от этой суммы после покрытия всех расходов, они могут делить между собой по своему усмотрению как вознаграждение за их труд. Можно было ожидать, что такое устройство действительно обуздает дух монополии и будет отвечать первой цели акта. Но на самом деле это, по-видимому, не имело места. Хотя законом 4-го года правления Георга III, гл. 20, форт Сенегал с прилегающими к нему окрестностями был передан компании купцов, торгующих с Африкой, однако в следующем году (5-й год правления Георга III, гл. 44) не только Сенегал с его окрестностями, но и весь берег Африки от Южной Берберии до Красного мыса был изъят из ведения компании, возвращен короне и торговля с ним объявлена свободной для всех подданных его величества. Компания была обвинена в том, что ограничила торговлю и установила нечто вроде ввозной монополии. Однако очень легко понять, как при действии закона 23-го года правления Георга II она могла это сделать. Как бы то ни было, я замечаю на основании печатных отчетов о прениях в Палате общин, которые не всегда отвечают действительности, что ее обвиняли в этом. Поскольку члены правления из девяти лиц все были купцами, а начальники и агенты различных фортов и поселений зависели от них, весьма возможно, что последние особенно старательно исполняли их распоряжения и поручения, устанавливающие настоящую монополию.

Для достижения второй из этих целей, содержания укреплений и гарнизонов, компании ежегодно отпускалась парламентом сумма около 13 тыс. ф. Отчет о надлежащем употреблении этой суммы правление обязано было представлять начальнику казначейства, а потом этот отчет вносился в парламент. Но парламент, так мало внимания уделяющий расходованию миллионов, вряд ли станет уделять много внимания расходованию этих 13 тыс. в год, а начальник казначейства по своей специальности и своему образованию не очень подготовлен к пониманию нужных расходов на укрепление и гарнизоны. Правда, капитаны кораблей его величества и другие офицеры, назначенные Советом адмиралтейства, могут быть осведомлены о состоянии укреплений и гарнизонов и докладывать свои наблюдения совету, но этот совет, по-видимому, не имеет прямого отношения к правлению компании и не имеет власти исправлять поступки, о которых он осведомлен; с другой стороны, нельзя предполагать глубокое знание фортификационной науки у капитанов кораблей его величества. Увольнение от должности, которую можно занимать только в течение трех лет и которая даже в течение этого срока доставляет ничтожное законное вознаграждение, является самым большим наказанием для провинившегося члена правления, исключая случаи взяточничества или растраты денег государства или компании; страх такого наказания никогда не может быть достаточно веским побуждением к постоянному и заботливому вниманию к делам, не сопровождающимся никаким другим интересом. Правление компании обвинялось в том, что оно посылало кирпич и камень из Англии на берег Гвинеи для ремонта крепости Берегового мыса, на что парламент отпускал несколько раз специальные суммы. Кроме того, кирпич и камень, отправленные в столь длинное путешествие, оказались настолько скверного качества, что пришлось заново перестроить стены, которые были сделаны из них. Укрепления, лежащие к северу от Красного мыса, не только содержатся на средства государства, но и находятся под непосредственным управлением исполнительной власти, и не легко представить себе разумные основания, почему укрепления, находящиеся к югу от него и по крайней мере отчасти содержащиеся также на средства государства, должны быть под другим управлением. Покровительство средиземноморской торговле было первоначальной причиной или поводом для занятия гарнизоном Гибралтара и Минорки; однако содержание их и управление этими гарнизонами совершенно правильно было поручено не Турецкой компании, а исполнительной власти. В обширности господства исполнительной власти заключаются в значительной мере ее величие и достоинство, и трудно ожидать, чтобы она пренебрегала тем, что необходимо для защиты этого господства. И гарнизоны Гибралтара и Минорки никогда не были в пренебрежении; хотя Минорка два раза была отнята и теперь, вероятно, потеряна навсегда, но никогда это несчастье не приписывалось небрежности со стороны исполнительной власти. Я не хотел бы, чтобы меня поняли так, будто та или другая из этих дорогостоящих крепостей была когда-нибудь в малейшей степени нужна для достижения той цели, ради которой вначале они были оторваны от испанской монархии. Этот захват, может быть, никогда не служил на самом деле другой цели, кроме отчуждения от Англии ее естественного союзника, испанского короля, и соединения двух главных ветвей Бурбонского дома в более тесный и более постоянный союз, чем тот, который могли когда-нибудь установить узы крови.

Акционерные компании, утвержденные королевской хартией или парламентским актом, во многих отношениях отличаются не только от привилегированных компаний, но и от частных торговых товариществ.

Во-первых, в частных торговых товариществах ни один участник не может без разрешения компании передать свой пай другому лицу или ввести нового члена в товарищество. Однако каждый член может по надлежащем извещении выйти из товарищества и требовать выплаты ему его пая из общего капитала. Напротив, в акционерной компании член не может требовать от компании выплаты его пая, но каждый член может без согласия компании передать свой пай другому лицу и таким образом ввести нового члена. Стоимость акции акционерной компании всегда определяется ее ценой на рынке и может быть больше или меньше суммы, внесенной ее обладателем в капиталы компании.

Во-вторых, в частном торговом товариществе каждый член отвечает по обязательствам и долгам товарищества всем своим имуществом. В акционерной компании, напротив, каждый член отвечает только в размере своего пая.

Торговые операции акционерной компании всегда ведутся советом директоров. Правда, этот совет часто подлежит во многих отношениях контролю общего собрания акционеров. Но это собрание редко претендует на понимание дел компании; и когда среди них не господствуют партийные раздоры, они не считают нужным интересоваться ими, довольствуясь получением такого полугодового или годового дивиденда, какой директора сочтут нужным выдать им. Это полное освобождение от забот и риска сверх определенной суммы привлекает в акционерные компании многих людей, которые не считали бы возможным рисковать всем состоянием в частном торговом товариществе. Поэтому такие компании обычно привлекают к себе гораздо большие капиталы, чем те, какими могут похвалиться частные торговые товарищества. Торговый капитал Южноокеанской компании в одно время превышал 33 800 тыс. ф. Приносящий дивиденд капитал Английского банка достигает в настоящее время 10 780 тыс. ф. Однако от директоров подобных компаний, которые заведуют в большей степени чужими деньгами, чем своими собственными, нельзя ожидать такой неусыпной осторожности, какую участники частного торгового товарищества проявляют в управлении своим капиталом. Подобно управляющему на службе у богатых людей, они склонны считать мелкие дела ниже достоинства своих хозяев и очень легко освобождают себя от заботы о них. Поэтому небрежность и расточительность должны всегда в большей или меньшей степени проявляться в управлении делами такой компании. Вследствие этого акционерные компании для внешней торговли редко обнаруживали способность выдерживать конкуренцию частных торговых товариществ. Они редко имели успех без исключительных привилегий; часто не имели успеха и с привилегиями. Без исключительных привилегий они обыкновенно расстраивали торговлю. При исключительных привилегиях они и расстраивали, и стесняли ее.

Королевская африканская компания, предшествовавшая теперешней Африканской компании, получила исключительную привилегию на основании хартии, но так как она не была подтверждена парламентом, то торговля вследствие декларации прав, объявленной после революции, была открыта для всех подданных его величества. Компания Гудзонова залива, что касается ее законных прав, находится в таком же положении, как и Королевская африканская компания. Ее исключительная хартия не была подтверждена парламентом. Южноокеанская компания, пока она действовала как торговая компания, имела исключительную привилегию, подтвержденную парламентом, точно так же как и существующая до настоящего времени объединенная компания купцов, торгующих с Ост-Индией.

Королевская африканская компания скоро оказалась неспособной выдержать конкуренцию частных торговцев, которых она, невзирая на декларацию прав, продолжала в течение некоторого времени называть контрабандистами и преследовать как таковых. Однако в 1698 г. частных торговцев заставили платить со всех почти предметов их торговли пошлину в десять процентов, которая употреблялась компанией на содержание своих укреплений и гарнизонов. Но, несмотря на этот тяжелый налог, компания все-таки была не способна выдержать конкуренцию. Ее капитал и кредит мало-помалу уменьшались. В 1712 г. долги компании так возросли, что понадобился парламентский акт для ее сохранения и для удовлетворения кредиторов. Было постановлено, что решение двух третей кредиторов по их количеству и суммам долга должно быть обязательным для остальных как в отношении сроков, даваемых компании для уплаты долгов, так и в отношении других соглашений, какие могут быть признаны целесообразными относительно этих долгов.

В 1730 г. дела компании пришли в такое расстройство, что она оказалась совсем не в состоянии содержать укрепления и гарнизоны, служить единственной цели, бывшей предлогом ее существования. С этого года до окончательного роспуска компании парламент решил отпускать ей для этой цели 10 тыс. ф. В 1732 г. после многолетних убытков в торговле по ввозу негров в Вест-Индию она, наконец, решила совсем от этой торговли отказаться, продавать частным торговцам Америки негров, приобретаемых на берегу, и устроить торговлю с внутренними частями Африки для вывоза золотого песка, слоновой кости, красящих веществ и т.п. Но ее успех в этой более ограниченной торговле был не больше, чем в прежней, более обширной. Дела компании продолжали постепенно приходить в упадок, пока, наконец, она не оказалась полным банкротом и не была распущена парламентским актом, а ее укрепления и гарнизоны были переданы теперешней привилегированной компании купцов, торгующих с Африкой. До организации Королевской африканской компании последовательно учреждались три другие акционерные компании для торговли с Африкой. Все они равным образом не имели успеха. Все они имели исключительные хартии, хотя не подтвержденные парламентом, но в то время действительно доставлявшие исключительную привилегию.

Компания Гудзонова залива до бедствий, постигших ее в последнюю войну, была гораздо счастливее, чем Королевская африканская компания. Ее обязательные расходы были гораздо меньше. Все количество людей, которых она содержала в различных поселениях и отдельных жилищах, гордо именуемых укреплениями, не превосходило, как передают, 120 человек. Этого количества людей, однако, было достаточно для заблаговременной заготовки груза пушнины и других товаров, нужных для погрузки на корабли компании, которые из-за льдов редко могли оставаться в этих морях больше шести или восьми недель. Этим преимуществом заблаговременной заготовки товаров без нескольких лет подготовительных работ не могли заручиться частные торговцы, а без этого, по-видимому, невозможна торговля в Гудзоновом заливе. Небольшой капитал компании, как говорят, не превышавший 110 тыс. ф., мог быть тем не менее достаточным для того, чтобы компания захватила в свои руки всю или почти всю торговлю и весь избыток продуктов бедной, хотя и обширной, страны, на которую простиралось действие ее хартии. Соответственно с этими условиями не было частных купцов, которые когда-либо пробовали бы конкурировать с компанией в торговле с этой страной. Поэтому компания всегда фактически обладала монополией торговли, хотя последняя и не была закреплена за ней законом. Помимо всего этого, небольшой капитал компании, как говорят, принадлежал очень небольшому числу купцов. Но акционерная компания, состоящая из малого количества владельцев акций и владеющая небольшим капиталом, по своей природе очень близко подходит к частному торговому товариществу и может оказаться способной к такой же степени бережливости и внимания к делам. Поэтому неудивительно, что вследствие этих преимуществ компания Гудзонова залива до последней войны могла вести свою торговлю со значительным успехом. Однако, по-видимому, невероятно, чтобы прибыли компании когда-либо приближались к тому, что говорил о них Доббс*. Гораздо более серьезный и осторожный писатель Андерсон, автор «Исторического и хронологического обзора торговли», весьма справедливо замечает, что, рассмотрев отчеты вывоза и ввоза компании, данные за несколько лет самим Доббсом, и учтя надлежащим образом чрезвычайный риск и расходы компании, он обнаружил, что ее прибыли не заслуживают зависти или что они не могли намного превышать обыкновенную торговую прибыль.

Южноокеанской компании никогда не приходилось содержать ни укреплений, ни гарнизонов, и благодаря этому она была совершенно свободна от крупного расхода, который лежал на других акционерных компаниях. Но она имела огромный капитал, распределенный между огромным количеством акционеров. Поэтому естественно было ждать, что нерасчетливость, небрежность и расточительность господствуют во всем управлении делами компании. Мошенничество и сумасбродство ее биржевой игры достаточно известны, но рассмотрение их увело бы нас за пределы нашей темы. Торговые операции ее велись ненамного лучше. Первым торговым предприятием, которым занялась компания, было снабжение испанской Вест-Индии неграми, предоставленное ей в исключительную монополию на основе так называемого договора «ассиенто», заключенного по Утрехтскому миру. Но так как нельзя было от этой торговли ожидать больших выгод, поскольку Португальская и Французская компании, занимавшиеся перед этим такой же торговлей и на тех же самых условиях, разорились на ней, то компании в возмещение было разрешено ежегодно посылать непосредственно в испанскую Вест-Индию один корабль с различным грузом. Из десяти рейсов этого ежегодного корабля, говорят, принес значитель-

---

* *Arthur Dobbs.* An Account of the Countries adjoining the Hudson's Bay.

ные выгоды только один, сделанный кораблем «Royal Caroline» в 1731 г.; почти все остальные были более или менее убыточны. Эти плохие результаты приписывались поверенными и агентами компании вымогательствам и притеснениям со стороны испанского правительства; но возможно, что это происходило главным образом от растрат и хищений самих этих поверенных и агентов; передают, что многие из них приобрели громадные состояния только в один год. В 1734 г. компания обратилась к королю с прошением, чтобы ей было позволено вследствие малой выгодности прекратить торговлю и отправку ежегодного корабля с грузом и взамен получить то, что удастся добиться от короля Испании.

В 1724 г. эта компания попробовала заняться китоловным промыслом. Правда, в этом промысле она не обладала монополией, но все время, пока она занималась им, ни один британский подданный не брался за него. Из восьми экспедиций, которые сделали ее корабли в Гренландию, прибыльной была одна, все остальные были убыточны. После восьмой, последней экспедиции, когда компания продала суда, запасы и орудия, потери, принесенные этим предприятием, включая сюда и проценты на капитал, превысили 237 тыс. ф.

В 1722 г. компания обратилась в парламент с прошением, чтобы ей разрешили разделить ее огромный капитал — более чем 33 800 тыс. ф., который весь был дан в долг правительству, на две равные части: одна половина, т.е. свыше 16 900 тыс. ф., ставилась в равное положение с другими государственными рентами и не должна была подвергаться взысканиям по долгам, заключенным директорами компаний, или по убыткам, понесенным ими при осуществлении их торговых проектов; другая часть оставалась, как и прежде, торговым капиталом и отвечала по долгам и убыткам. Просьба была слишком основательной, чтобы оставаться без удовлетворения. В 1733 г. компания снова обратилась с прошением, чтобы $^3/_4$ ее торгового капитала были отданы в ссуду правительству и только $^1/_4$ часть оставалась бы в виде торгового капитала и подвергалась бы риску, связанному с дурным управлением ее директоров. Как ссудный, так и торговый капитал компании был к этому времени уменьшен больше чем на 2 млн каждый последовательными платежами правительства; таким образом, эта четвертая часть в итоге равнялась 3 662 784 ф. 8 шилл. и 6 п. В 1748 г. все требования компании к испанскому королю, основанные на договоре «ассиенто», были по трактату в Аахене удовлетворены соответствующим образом. Таким образом был положен конец ее торговле с испанской Вест-Индией, ее торговый капитал был обращен в ссудный и компания прекратила существование как торговое предприятие.

Надо заметить, что в торговле, которую вела Южноокеанская компания посредством своего ежегодного снаряжаемого корабля и от которой она единственно ожидала получить сколько-нибудь значительный барыш, она встречала конкуренцию как на иностранном, так и на внутреннем рынке. В Картагене, Порто-Белло и Вера-Крузе компания сталкивалась с конкуренцией испанских купцов, привозивших из Кадиса на эти рынки те же европейские товары, которые вывозил корабль компании, а в Англии компания сталкивалась с конкуренцией английских купцов, ввозивших из Кадиса те же вест-индские товары. Правда, товары испанских и английских купцов облагались более высокими пошлинами. Но, по всей вероятности, потери, вызываемые небрежностью, растратами и хищениями служащих компании, были гораздо более тяжелым налогом, чем все эти пошлины. Всему опыту противоречит то, что акционерная компания может успешно вести какую-либо отрасль внешней торговли, если отдельные торговцы могут вступать в открытую свободную конкуренцию с ней.

Старая Ост-Индская компания была учреждена в 1600 г. хартией королевы Елизаветы. В первые 12 экспедиций, снаряженных ею в Индию, она, по-видимому, являлась торговой привилегированной компанией с отдельными капиталами, торговавшей, однако, исключительно на общих кораблях компании. В 1612 г. члены объединились в акционерную компанию. Их хартия давала им привилегию, и хотя последняя не была утверждена парламентским актом, она в то время доставляла компании настоящую, исключительную привилегию. Поэтому в течение многих лет компанию не сильно тревожили конкуренты. Ни ее капитал, который никогда не превышал 744 тыс. ф., с акциями в 50 ф., не был настолько велик, ни ее торговля не была настолько обширна, чтобы они давали возможность большой небрежности и расточительности или больших хищений. Несмотря на несколько чрезвычайных потерь, причиненных отчасти недоброжелательством Голландской ост-индской компании, а отчасти другими обстоятельствами, компания в течение многих лет вела успешную торговлю. Но с течением времени, когда начали лучше понимать принципы свободы, становилось с каждым днем все более спорным, насколько королевская хартия, не утвержденная парламентским актом, может давать исключительную привилегию. Решения судов по этому вопросу не были одинаковы, но менялись со сменой правительства и духом времени. Количество конкурентов увеличивалось; к концу царствования Карла II, во все царствование Якова II и в продолжение части царствования Вильгельма III они поставили компанию в крайне тяжелое положение. В 1689 г. парламенту было сделано предложение дать правительству 2 млн из 8% на условии образования из подписчиков этого займа новой Ост-Индской компании с исключительными привилегиями. Старая Ост-Индская компания предложила 700 тыс. ф., почти весь свой капитал, из 4% и на тех же условиях. Но в это время состояние государственного кредита было таково, что правительству было выгоднее занять 2 млн из 8%, чем 700 тыс. ф. из 4%. Предложение новых акционеров было принято, и вследствие этого учреждена новая Ост-Индская компания. Однако старая Ост-Индская компания получила право продолжать свою торговлю до 1701 г. В то же время она очень искусно приобрела на имя своего казначея акций новой компании на 315 тыс. ф. По небрежности в тексте парламентского акта, передавшего торговлю с Ост-Индией подписчикам этого двухмиллионного займа, осталось неясно, должны ли они вести свои торговые операции сообща и на соединенные средства. Некоторые отдельные торговцы, подписавшиеся в общей сложности на 7 тыс. 200 ф., настаивали на своем праве торговать отдельно на свой собственный капитал и свой собственный риск. Старая Ост-Индская компания сохранила право торговли на свой старый капитал до 1701 г.; точно так же до и после этого срока, подобно другим отдельным купцам, она имела право торговать самостоятельно на 315 тыс. ф., подписанных ею в капитал новой компании. Говорят, что конкуренция двух компаний с частными торговцами и между собой почти разорила их обеих. При следующем случае, когда в 1730 г. парламенту было сделано предложение передать ведение торговли привилегированной компании и этим сделать ее более свободной, Ост-Индская компания в противовес этому предложению изобразила в очень ярких красках несчастные последствия, вызванные к этому времени, по ее мнению, конкуренцией. В Индии, как она утверждала, эта последняя подняла цены на товары так высоко, что их не стоило покупать, а в Европе, переполнив рынок, она так понизила цены, что не было выгоды от продажи их. То, что более обильным ввозом она должна была сильно понизить на английском рынке цены на индийские товары, к великой выгоде и удобству потребителей, не может быть оспариваемо; но чтобы она повысила цены на них на индийском рынке, кажется маловероятным, так как весь чрезвычайный спрос, какой могла вызвать эта конкуренция, должен был являться только каплей среди необъятного океана индийской торговли. С другой стороны, хотя увеличение спроса вначале временно поднимает цены на товары, но всегда в конце концов понижает их. Спрос поощряет производство и поэтому вызывает конкуренцию между производителями, которые, ради того чтобы иметь возможность продавать дешевле других, вводят новое разделение труда и новые приемы в промысле, о которых в противном случае они никогда бы и не подумали. Печальные последствия, на которые жаловалась компания, были: дешевизна предметов потребления и поощрение, данное производству, как раз два результата, являющиеся главной задачей политической экономии. Однако конкуренция, на которую компания так горько жаловалась, недолго просуществовала. В 1702 г. обе компании были до некоторой степени соединены тройственным договором, третьей стороной в котором была королева; в 1708 г. парламентским актом они были окончательно соединены в одну компанию под ее теперешним названием «Соединенной компании купцов, торгующих с Ост-Индией». В этот акт сочли нужным включить оговорку, разрешающую отдельным торговцам продолжать свои операции до Михайлова дня 1711 г.; в то же время директорам давалось полномочие с предупреждением за три года выкупить небольшой капитал этих торговцев в 7 тыс. 200 ф. и таким образом обратить весь капитал компании в акционерный. Тем же самым актом капитал компании вследствие нового займа правительству был увеличен с 2 млн до 3 млн 200 тыс. ф. В 1745 г. компания ссудила еще 1 млн правительству; но так как этот миллион не был собран по подписке среди акционеров, а получился от продажи ренты и выпуска долговых обязательств, то от этого капитал, с которого акционеры могли требовать дивиденд, не увеличился. Однако это увеличило торговый капитал компании, который вместе с остальными 3 млн 200 тыс. ф. нес ответственность по понесенным компанией в ее торговой деятельности потерям и заключенным ею долгам. С 1708 г. или по крайней мере с 1711 г. компания была избавлена от конкурентов и, установив полную монополию английской торговли с Ост-Индией, успешно торговала и из прибылей ежегодно выплачивала умеренный дивиденд своим акционерам. Во время французской войны, начавшейся в 1741 г., происки Дюпле, французского губернатора в Пондишери, вовлекли компанию в войны в Карнатике и в политические распри индийских князей. После многих замечательных успехов и одинаково замечательных потерь компания в конце концов потеряла Мадрас, в то время главное ее поселение в Индии. Мадрас был возвращен компании по трактату в Аахене; но около этого времени дух войны и завоеваний овладел, по-видимому, ее служащими и с тех пор никогда не оставлял их. Во время французской войны, которая началась в 1755 г., военные силы компании участвовали во всех успехах оружия Великобритании. Они отстояли Мадрас, взяли Пондишери, возвратили Калькутту и овладели доходами богатой и обширной страны, превышавшими, как тогда говорили, 3 млн в год. Компания в течение нескольких лет спокойно овладела этими доходами; но в 1767 г. правительство предъявило претензию на ее территориальные приобретения и получающиеся от них доходы как принадлежащие по праву короне; компания в виде удовлетворения этого требования согласилась платить правительству 400 тыс. ф. в год. Перед этим компания постепенно повысила дивиденд с 6 до 10%, т.е. на ее капитал в 3 млн 200 тыс. ф. дивиденд возрос на 128 тыс. ф., т.е. увеличился с 192 тыс. ф. до 320 тыс. ф. в год. Компания собиралась увеличить дивиденд еще больше, а именно до $12^1/_2$%, тогда ежегодная выплата акционерам была бы равна сумме, которую она согласилась платить правительству, т.е. 400 тыс. ф. в год. Но в течение двух лет, когда должно было выполняться соглашение компании с правительством, двумя последовательными актами парламента было ограничено дальнейшее увеличение дивидендов; целью этих актов было ускорение уплаты долгов компании, которые в это время определялись в 6 или 7 млн ф. В 1769 г. компания возобновила соглашение с правительством еще на пять лет, причем добилась, чтобы в течение этого периода ей позволено было увеличить постепенно дивиденд до $12^1/_2$%, однако при условии, чтобы увеличение его ни в коем случае не превышало 1% в год. Поэтому увеличение дивиденда, когда он достиг своего максимального размера, могло увеличить ежегодные платежи компании акционерам и государству только на 608 тыс. ф. по сравнению с тем, что она выплачивала до своих последних территориальных приобретений. Каков, по предположениям, был валовой доход компании от этих территориальных приобретений, уже было упомянуто; по отчету, доставленному в 1768 г. судном Ост-Индской компании «Круттенден», чистый доход компании за всеми вычетами и военными издержками выражался в 2048 747 ф. Помимо того, компания, как передавали, располагала еще другими доходами, отчасти с земель, а главным образом от пошлин, установленных ею в различных поселениях и достигающих в общем 439 тыс. ф. Прибыли компании от торговли, согласно показанию ее председателя в Палате общин, достигали в то время по меньшей мере 400 тыс. ф. в год, по свидетельству ее бухгалтера — по меньшей мере 500 тыс. ф.; по самому осторожному подсчету, она равнялась самому высокому дивиденду, какой мог выплачиваться акционерам. Такой громадный доход компании мог, конечно, выдержать увеличение на 608 тыс. ф. ее ежегодных платежей и в то же время составить большой фонд погашения долгов для быстрого сокращения их. Однако в 1773 г. ее долги вместо уменьшения увеличились невнесением в казначейство годового взноса в 400 тыс. ф., неплатежом пошлин в таможню, большим долгом банку по сделанным займам и, наконец, по векселям, выданным в Индии и неосторожно акцептованным, в общей сумме свыше 1 млн 200 тыс. ф. Затруднения, обрушившиеся на компанию в результате этих скопившихся требований, принудили ее не только сократить сразу дивиденд до 6%, но и прибегнуть к милости правительства, умоляя его, во-первых, об освобождении от дальнейшей уплаты условленных 400 тыс. ф., а во-вторых, о займе в 1 млн 400 тыс. ф. для того, чтобы спасти ее от неминуемого банкротства. Огромный рост капиталов компании послужил, по-видимому, для ее служащих только поводом для еще большей расточительности и прикрытия огромных хищений, чем это соответствовало возрастанию ее средств. Поведение служащих компании в Индии и общее состояние ее дел и в Европе, и в Индии стали предметом парламентского расследования, вследствие которого было сделано несколько очень важных изменений в строении ее управления как в Англии, так и за границей. В Индии главные поселения компании — Мадрас, Бомбей и Калькутта, которые перед этим были совсем независимы одно от другого, были подчинены генерал-губернатору, при котором состоял совет из четырех членов, причем парламент оставил за собой первое назначение губернатора и совета; их резиденцией назначалась Калькутта; этот город стал в Индии тем, чем прежде был Мадрас, — главным английским поселением в Индии. Суд мэра Калькутты, вначале учрежденный для разбирательства торговых споров, возникавших в городе и по соседству его, мало-помалу расширил свою юрисдикцию вместе с расширением владений компании. Теперь он был ограничен и введен в свои первоначальные рамки. Вместо него был учрежден новый верховный суд, состоящий из главного судьи и трех судей, назначенных короной. В Европе ценз, дающий право голоса в общем собрании акционеров, первоначально равнявшийся 500 ф. — цене акций компании, — был повышен до тысячи фунтов. Кроме того, было установлено, что право голоса при покупке акции, а не получении ее в порядке наследования дается при условии владения ею по меньшей мере в течение года вместо шести месяцев, требовавшихся прежде. Совет из 24 директоров прежде избирался ежегодно; теперь было постановлено, чтобы каждый директор в будущем избирался на четыре года; однако шесть из них попеременно выбывали из должности каждый год и не имели права переизбираться при выборе шести новых директоров следующего года. Ожидали, что вследствие этих преобразований собрание акционеров и совет директоров окажутся способными действовать с большим достоинством и систематичностью, чем это обыкновенно имело место прежде. Но, по-видимому, представляется невозможным посредством каких-либо преобразований сделать их способными управлять и даже принимать участие в управлении огромной страной, потому что бо́льшая часть членов всегда слишком мало заинтересована в процветании этой страны, чтоб относиться со сколько-нибудь серьезным вниманием к тому, что может содействовать ему. Часто человек, обладающий большим, а иногда и маленьким состоянием, склонен купить тысячефунтовую акцию Индийской компании исключительно ради того влияния, которое он думает получить правом голоса в собрании акционеров. Она дает ему если не участие в грабеже, то участие в назначении грабителей Индии; хотя это назначение производится советом директоров, но последний неизбежно находится более или менее в зависимости от влияния акционеров, которые не только избирают директоров, но иногда распоряжаются назначением служащих в Индии. Если только акционер может в течение нескольких лет пользоваться таким влиянием и этим способом устроить некоторое число своих друзей, то часто его мало интересует дивиденд или даже цена акции, на которой основано его право голоса. О преуспевании страны, в управлении которой его акция дает ему право голоса, он редко думает. Не было и по самой природе вещей не могло быть государей, до такой степени равнодушных к счастью или несчастью своих подданных, процветанию или запустению своих владений, славе или бесчестию своего правительства, какими должны быть вследствие непреодолимых моральных причин большинство акционеров такой торговой компании. Это безразличие скорее всего должно было возрасти, а не уменьшиться от некоторых новых постановлений, сделанных в результате парламентского расследования. Например, постановлением Палаты общин было объявлено, что акционеры могут получать 8 % дивиденда на капитал не ранее того, как будет уплачен долг правительству в 1400 тыс. ф., а остальные долги доведены до 1500 тыс. ф., и что все остатки дохода и чистой прибыли должны делиться на четыре части, из которых три должны уплачиваться в казначейство для общественных надобностей, а четвертая обращаться в запасный капитал для дальнейшего погашения долгов или покрытия непредвиденных расходов компании. Но если компания была плохим управителем и плохим государем, когда весь ее чистый доход и прибыль принадлежали ей и находились в ее собственном распоряжении, она вряд ли могла стать лучше, если $^3/_4$ их должны были принадлежать другим, а $^1/_4$ хотя и должна была употребляться на нужды компании, но под чужим контролем и с чужого разрешения.

Компании было бы, наверное, приятнее, чтобы ее собственные служащие и агенты имели удовольствие извлекать выгоды от расхищения излишков, остающихся за уплатой положенных 8 % дивиденда, чем если бы эти излишки попадали в руки других людей согласно указанному постановлению. Интересы этих служащих и их близких могли преобладать на собрании акционеров и побуждать его оказывать поддержку виновникам хищений, совершенных в прямое нарушение его собственных распоряжений. Для большинства акционеров поддержание авторитета своего собственного собрания может иногда представляться делом менее важным, чем поддержка подрывающих этот авторитет.

Постановления 1773 г., однако, не положили конца беспорядкам в управлении делами компании в Индии. Несмотря на то что в продолжение кратковременного хорошего ведения дел она собрала в Калькуттском казначействе более 3 млн ф. ст., несмотря на то что в дальнейшем она распространила свое господство или свое грабительство, присоединив некоторые богатейшие и плодороднейшие области в Индии, все было расхищено и разрушено. Компания оказалась совершенно неподготовленной к тому, чтобы остановить или сопротивляться вторжению Гайдер-Али; вследствие этих беспорядков дела компании теперь (1784 г.) находятся в большем расстройстве, чем когда-либо; чтобы предупредить немедленное банкротство, она еще раз вынуждена просить помощи у правительства. Различные планы предлагались разными партиями в целях лучшего управления делами компании, и, по-видимому, все эти планы сходятся в предположении, которое в сущности всегда было достаточно очевидным, что она совсем непригодна для управления своими территориальными владениями. Даже сама компания, по-видимому, была вполне убеждена в своей неспособности и была готова передать их правительству.

С правом владения укреплениями и гарнизонами в отдаленных и варварских странах неизбежно соединено право объявления войны и заключения мира в этих странах. Акционерные компании, имевшие одно из этих прав, постоянно пользовались и другим, которое часто определенно предоставлялось им. Как несправедливо, как легкомысленно, как жестоко пользовались они им, слишком хорошо известно после недавнего опыта.

Когда компания купцов предпринимает на свой риск и за свой счет организацию новой торговли с каким-либо отдаленным и варварским народом, может быть, целесообразно соединить их в акционерную компанию и в случае успеха предоставить им монополию этой торговли в течение некоторого количества лет. Это — самый легкий и самый естественный способ, каким государство может вознаградить их за риск опасного и дорогостоящего опыта, из которого впоследствии общество извлечет пользу. Такого рода временная монополия может быть оправдана теми же соображениями, в силу которых монополия новой машины дается ее изобретателю или новой книги — автору. Но по истечении срока монополия, конечно, должна быть уничтожена; укрепления и гарнизоны, если было найдено необходимым завести их, должны быть переданы правительству, их стоимость должна быть уплачена компании, а торговля открыта для всех подданных государства. При постоянной монополии все другие подданные государства очень нелепо облагаются двумя налогами: во-первых, более высокой ценой товаров, которые при свободной торговле они могли бы покупать гораздо дешевле, а во-вторых, полным исключением их из отрасли торговли, заняться которой было бы удобно и выгодно многим из них. И притом они облагаются таким образом для самой бесполезной и ненужной из всех целей. Это делается лишь для того, чтобы дать возможность компании сохранять небрежность, расточительность и хищничество ее служащих, чье беспорядочное ведение дел редко позволяет дивиденду компании превосходить обычную норму прибыли в отраслях торговли, совершенно свободных, а часто заставляет его падать намного ниже этого уровня. Однако без монополии акционерные компании, как это показывает опыт, не могут долго вести какую-либо отрасль внешней торговли. Покупать на одном рынке, чтобы продать с прибылью на другом, когда на обоих имеется много конкурентов, следить не только за случайными колебаниями спроса, но и за более значительными и более частыми колебаниями в конкуренции или в удсвлетворении этого спроса другими торговцами, приспособлять умело и с пониманием дела ко всем этим обстоятельствам количество и качество каждого ассортимента товаров — это своего рода ведение войны, операции которой беспрерывно меняются и которая едва ли может вестись успешно без таких неослабных усилий бдительности и внимания, каких нельзя ожидать от директоров акционерной компании. Ост-Индская компания по погашении всех своих вкладов и по истечении срока своей привилегии имеет, согласно парламентскому акту, право продолжать торговлю с Ост-Индией, сохраняя корпоративное строение акционерной компании и на корпоративные средства, наравне с остальными британскими подданными. Но при таком положении большая расторопность и внимательность частных торговцев, по всей вероятности, скоро заставят ее бросить эту торговлю.

838 Выдающийся французский автор, большой знаток политической экономии аббат Морелле* приводит список 55 акционерных компаний для внешней торговли, учрежденных в разных странах Европы с 1600 г., которые, по его словам, все потерпели неудачу благодаря плохому управлению, несмотря на то что обладали исключительными привилегиями. Морелле был неверно осведомлен относительно истории двух или трех из них, которые не были акционерными компаниями и не кончили крахом, но зато было несколько обанкротившихся акционерных компаний, пропущенных им.

Акционерные компании могут вести успешно, по-видимому, без исключительных привилегий только те предприятия, в которых все операции могут быть сведены к так называемой рутине или к такому единообразию методов, какое допускает немного или совсем не допускает изменений. К предприятиям такого рода относятся: во-первых, банки, во-вторых, предприятия по страхованию от огня, от морского риска и каперства во время войны, в-третьих, сооружение и содержание судоходных каналов и, в-четвертых, подобные им предприятия, снабжающие водой большие города.

Хотя принципы банковского дела могут казаться до некоторой степени темными, его практика может быть сведена к точным правилам. Отступление в каких бы то ни было случаях от этих правил ради чрезвычайного барыша от заманчивых спекуляций почти всегда в высшей степени опасно и часто гибельно для банковской компании, рискнувшей на это. Но акционерные компании в силу своей структуры обычно более усердно соблюдают установленные правила, чем частные товарищества. Поэтому такие компании, по-видимому, чрезвычайно пригодны для этого дела. Главные банки в Европе поэтому являются акционерными компаниями, и многие из них занимаются своим делом очень успешно без каких-либо исключительных привилегий. Английский банк не имеет других привилегий, кроме той, что другие банковские компании в Англии не

---

* *Morellet.* Réfutation de l'ouvrage qui a pour titre «Dialogues sur le Commerce des Bleds». 1770.

могут состоять более чем из шести лиц. Два банка в Эдинбурге являются акционерными компаниями без всяких привилегий.

Хотя стоимость риска от огня, от потерь в море или от каперства и не может быть вычислена очень точно, однако она допускает такую приблизительную оценку, которая позволяет сводить риск до некоторой степени к твердым правилам и методам. Поэтому страховое предприятие может вестись акционерной компанией без исключительных привилегий. Ни Лондонская страховая, ни Королевская биржевая страховая компании не имеют таких привилегий.

Когда судоходный канал сооружен, управление им совсем просто и легко и подчиняется точным правилам и методам. Даже сооружение его таково, что может быть сдано подрядчику с расплатой поверстно или по количеству шлюзов. То же самое, что о канале, можно сказать и о водопроводе, снабжающем водой большой город. Поэтому такие предприятия могут вестись, а часто на самом деле ведутся очень успешно под управлением акционерных компаний без исключительных привилегий.

Однако учреждение акционерной компании для какого-либо предприятия только потому, что она может оказаться способной вести это предприятие успешно, или изъятие отдельной группы купцов от действия обычных законов, которые распространяются на всех их соседей, только потому, что при таком изъятии они могут преуспевать, конечно, не является основательным. Для того чтобы такое учрежденье было вполне целесообразно, наряду с возможностью точных правил и методов налицо должны быть еще два других обстоятельства: во-первых, должно быть совершенно очевидно, что это предприятие приносит большую и более общую пользу, чем большая часть обыкновенных предприятий; во-вторых, что оно требует большего капитала, чем тот, какой может быть без труда собран частным товариществом. Если умеренный капитал достаточен, большая полезность предприятия не может служить достаточным основанием для учреждения акционерной компании, потому что в таком случае спрос на то, что она должна производить, может быть незамедлительно и легко удовлетворен отдельными предпринимателями. Во всех четырех отмеченных выше видах предприятия налицо имеются оба эти условия.

Большая и общая польза банковских предприятий, когда они благоразумно управляются, была обстоятельно выяснена во второй книге этого исследования. Но государственный банк, который поддерживает государственный кредит и в отдельных случаях авансирует правительству весь его доход от налогов, иногда достигающий, может быть, многих миллионов, за год или два до того, как налог будет собран, требует капитала большего, чем тот, какой может быть легко собран какой-либо частной компанией.

Страховые предприятия обеспечивают значительную устойчивость состояния отдельных лиц; распределяя между многими людьми те убытки, которые разорили бы отдельное лицо, они облегчают их для всего общества. Однако для того, чтобы дать эту устойчивость, страхователи должны обладать очень большим капиталом. Говорят, что перед учреждением двух акционерных страховых компаний в Лондоне генеральному прокурору был представлен список 150 частных страхователей, обанкротившихся в течение пяти лет.

То, что судоходные каналы и сооружения, необходимые иногда для снабжения больших городов водой, очень полезны для общества и в то же время часто требуют больших расходов, чем это соответствует средствам частных лиц, достаточно ясно.

За исключением четырех видов предприятий, о которых выше упоминалось, я не мог представить себе какого-либо другого, где налицо имелись бы условия, требующиеся для того, чтобы было целесообразно учреждение акционерной компании. Английская медная компания в Лондоне, компания для выплавки свинца, компания для шлифовки зеркал не имеют целью какой-либо большой или особенной пользы, которую они бы преследовали; не требуется также, по-видимому, для выполнения их целей затрат, непосильных для состояния многих частных лиц. Мне неизвестно, возможно ли свести дело, какое ведут эти акционерные компании, к таким точным правилам и методам, которые делают его пригодным для акционерных компаний, или имеют ли они основание хвалиться чрезвычайными прибылями. Горно-промышленная торговая компания давно уже обанкротилась. Акции Британской полотняной компании в Эдинбурге продаются в настоящее время много ниже своей нарицательной стоимости, хотя и выше, чем несколько лет тому назад. Акционерные компании, учрежденные с патриотической целью поддержания некоторых отдельных видов мануфактурной промышленности, кроме принесения себе вреда и уменьшения капитала всего общества, вряд ли приносят больше пользы, чем вреда. Несмотря на самые честные намерения, неизбежное пристрастие директоров к отдельным отраслям промышленности, в которые разные предприниматели завлекают их и обманывают, задерживает фактически развитие остальной промышленности и неизбежно более или менее нарушает то естественное соотношение, какое в противном случае установилось бы между правильно ведущейся промышленностью и прибылями и какое для общей промышленности страны является большим и самым действительным поощрением.

Статья II

О расходах на учреждения для образования юношества

Учреждения для образования юношества точно так же могут приносить доход, достаточный для покрытия расходов по их содержанию. Плата, или гонорар, который студент уплачивает учителю, естественно, составляет доход этого рода.

Даже в тех случаях, когда вознаграждение учителя получается не из этого естественного источника, все же не представляется необходимым, чтобы оно оплачивалось за счет общих государственных доходов, собирание и расходование которых в большинстве стран предоставлено исполнительной власти. Действительно, в большей части Европы содержание школ и университетов или совсем не ложится бременем на эти общие доходы государства, или ложится очень небольшим бременем. Они повсюду содержатся главным образом за счет каких-нибудь местных или провинциальных доходов, за счет ренты с какого-либо земельного владения или процентов с капитала, предоставленного специально для этой цели иногда самим государем, иногда каким-нибудь частным жертвователем и порученного управлению особых доверенных людей.

Содействовали ли в общем эти общественные пожертвования достижению той цели, ради которой они делались? Содействовали ли они поощрению старательности и улучшению способностей преподавателей? Направляли ли они обучение в сторону целей, более полезных как для отдельного лица, так и для всего общества, чем те, какие оно, естественно, преследовало бы, будучи предоставлено самому себе? Не представляется очень трудным дать более или менее точный ответ на каждый из этих вопросов.

В любой профессии старательность большинства тех, кто занимается ею, всегда соответствует необходимости для них проявлять ее. Эта необходимость сильнее всего ощущается теми, для которых вознаграждение их профессии составляет единственный источник, из которого они рассчитывают приобрести себе состояние или даже свой обычный доход и средства к существованию. Для того чтобы приобрести это состояние или даже только получать эти средства к существованию, они должны на протяжении года выполнить определенное количество работы установленной стоимости; и там, где конкуренция свободна, соперничество конкурентов, которые все стараются вытеснить друг друга, вынуждает каждого стараться выполнять свою работу с известной степенью точности. Величина благ, которые могут быть получены при успехе в некоторых профессиях, может, несомненно, возбуждать иногда усилия немногих людей, отличающихся чрезвычайным честолюбием и характером. Однако большие блага, очевидно, отнюдь не необходимы для того, чтобы вызывать величайшие усилия. Соперничество и борьба делают первенство и превосходство даже в маловажных профессиях целью честолюбия и часто вызывают величайшие усилия. Напротив того, одни большие блага при отсутствии необходимости добиваться их редко бывали достаточны для того, чтобы вызвать сколько-нибудь значительные усилия. В Англии успех в профессии юриста ведет к очень заманчивым для честолюбия благам, и, однако, как мало людей, рожденных в богатых семьях, выделились здесь в этой профессии!

Капиталы школ и университетов неизбежно более или менее уменьшили необходимость прилежания для преподавателей. Их средства к существованию, поскольку их источником является их жалованье, получаются, очевидно, из фонда, совершенно независимого от их успеха и репутации в их специальной профессии.

В некоторых университетах жалованье составляет только часть, и притом часто только небольшую часть, вознаграждения преподавателя, большая его часть получается от гонорара или платы, вносимой его слушателями. Необходимость усердия, хотя всегда более или менее уменьшенная, в данном случае не совсем устранена. Репутация в своей профессии имеет для преподавателя еще некоторое значение, он еще зависит от симпатий, благодарности и благоприятных отзывов тех, кто слушал его лекции; и такое благоприятное отношение к себе он приобретет скорее всего только в том случае, если заслужит его, т.е. если проявит способности и старательность при выполнении всех своих обязанностей.

В других университетах преподавателям запрещено получать от слушателей какой-либо гонорар или плату и их жалованье составляет весь заработок, который они получают от своей должности. В данном случае интересы преподавателя поставлены в самую непосредственную и прямую противоположность его обязанностям. В интересах каждого человека жить так спокойно, как это только возможно, и если его заработок останется неизменным, будет ли он или не будет выполнять некоторые очень обременительные обязанности, то, конечно, в его интересах, по крайней мере как последние обычно понимаются, или совсем пренебрегать ими, или, если он подчинен некоторой власти, которая не потерпит этого с его стороны, выполнять их так небрежно и неаккуратно, как только это допустит указанная власть. Если он по природе деятелен и трудолюбив, в его интересе проявить эту активность таким образом, чтобы извлекать из этого некоторую выгоду, но не расходовать ее на выполнение своих обязанностей, которое не принесет ему ни малейшей выгоды.

Если власть, которой он подчинен, олицетворяется в корпорации — в колледже или университете, членом которой он состоит сам и бо́льшая часть других членов которой состоит из таких же преподавателей, как и он, или будущих преподавателей, то они скорее всего будут действовать согласно, будут все очень снисходительны друг к другу, причем каждый согласится, чтобы его сосед пренебрегал своими обязанностями при условии, чтобы ему самому также позволяли пренебрегать ими. В Оксфордском университете большинство профессоров в течение уже многих лет совсем отказалось даже от видимости преподавания.

Если власть, которой преподаватель подчинен, принадлежит не столько корпорации, членом которой он является, а каким-либо другим посторонним лицам, например епископу диоцеза, губернатору провинции или, может быть, одному из министров государства, в таких случаях маловероятно, чтобы ему вообще было позволено пренебрегать своими обязанностями. Но такое начальство может самое большее заставить его посвящать своим ученикам определенное число часов, т.е. читать им определенное число лекций в неделю или в год. Содержание и характер этих лекций по-прежнему будут зависеть от старательности преподавателя, а эта старательность тоже, вероятно, будет соответствовать побуждениям, которые могут у него быть для проявления ее. Помимо того, подобного рода посторонняя власть легко может осуществляться невежественно и произвольно. По своей природе она произвольна и безапелляционна, и лица, осуществляющие ее, не присутствуя сами на лекциях преподавателя и не понимая, может быть, наук, которые он должен преподавать, редко способны осуществлять эту власть с надлежащим пониманием. Нередко высокомерие, обусловленное их положением, делает их индифферентными к отправлению обязанностей, и они проявляют бо́льшую склонность делать преподавателю выговоры или легкомысленно и без всякой основательной причины отрешать его от должности. Лицо, подчиненное такой власти, неизбежно принижается этим и вместо того, чтобы быть одним из наиболее уважаемых лиц в обществе, становится одним из наиболее жалких, презираемых. Только при помощи могущественного покровительства оно может оградить себя от плохого обращения, которому оно в любой момент может подвергнуться; а такое покровительство оно скорее всего приобретет не благодаря своим способностям или старательности, проявляемой им в сфере своей специальности, а посредством угодливости перед желаниями вышестоящих и постоянной готовности жертвовать правами, интересами и достоинством корпорации, членом которой оно состоит. Все, кому приходилось более или менее продолжительное время наблюдать управление каким-нибудь французским университетом, должны были иметь случай заметить последствия, к каким, естественно, ведет произвольная и посторонняя власть подобного рода.

Все, что принуждает определенное количество студентов посещать какой-либо колледж или университет, независимо от достоинств или репутации преподавателей, в большей или меньшей степени ведет к уменьшению необходимости таких достоинств и репутации.

Права, даваемые ученой степенью в области искусства, юриспруденции, естественных наук и богословия, если она может быть получена только после пребывания в продолжение определенного числа лет в известных университетах, неизбежно заставляют определенное количество студентов поступать в эти университеты независимо от достоинств и репутации преподавателей. Особые права бакалавров представляют собой своего рода уставы об ученичестве, которые столь же содействовали улучшению образования, как последние содействовали улучшению ремесел и мануфактур.

Благотворительные фонды для содержания кафедр, стипендии для учащихся и т.п. неизбежно привлекают известное количество студентов в определенные колледжи независимо от достоинств этих последних. Если бы студентам, пользующимся этими благотворительными фондами, была предоставлена свобода выбирать колледж по своему вкусу, то она, возможно, могла бы вести к возбуждению некоторого соревнования между различными колледжами. Напротив, правило, воспрещающее даже независимым членам колледжа покидать его и переходить в другой, не испросив и не получив предварительно разрешения у колледжа, который они намереваются оставить, много содействует уничтожению такого соревнования.

Если в каждом колледже учитель или преподаватель, который должен обучать каждого студента всем искусствам и наукам, не выбирается добровольно самим студентом, а назначается главою колледжа; если в случае его небрежного отношения к делу, неспособности и плохого поведения студенту не будет разрешено переменить его на другого, не испросив предварительно и не получив на это разрешения, то такое правило будет вести не только к уничтожению всякого соревнования между преподавателями одного и того же колледжа, но и к уменьшению необходимости для них проявлять усердие и внимание по отношению к своим ученикам. Такие преподаватели, хотя и очень хорошо оплачиваемые своими студентами, могут оказаться столь же расположенными пренебрегать ими, как и те, которые совсем не получают от них платы или не имеют другого вознаграждения, кроме своего жалованья.

Если преподаватель человек не глупый, для него должно быть неприятно сознание, что, преподавая своим студентам, он говорит или читает пустяки или нечто такое, что очень мало отличается от пустяков. Точно так же ему должно быть неприятно замечать, что большая часть студентов не посещает его лекций или, может быть, присутствует на них, достаточно ясно обнаруживая свое пренебрежение, презрение и насмешку. Поэтому, если он обязан прочесть определенное число лекций, одни эти мотивы, помимо всяких других соображений, могут побудить его дать себе труд читать сколько-нибудь сносные лекции. Впрочем, могут быть пущены в ход различные средства, освобождающие от необходимости проявлять такую старательность. Вместо того чтобы самостоятельно излагать своим ученикам науку, которую он хочет преподавать им, преподаватель может читать им какую-нибудь книгу на эту тему; а если она написана на иностранном и мертвом языке, то, переводя ее на их родной язык или, что причинит ему еще менее беспокойства, заставляя их переводить ее и время от времени вставляя замечание от себя, он может обольщать себя мыслью, что читает лекцию. Малейшая степень знания и усердия позволит ему делать это, не навлекая на себя насмешки или презрения и не говоря ничего такого, что было бы действительно глупо, нелепо или смешно. В то же самое время дисциплина колледжа может позволить ему принудить всех своих учеников к самому аккуратному посещению его постыдных лекций и к сохранению самого приличного и почтительного поведения во время их чтения.

Дисциплина в колледжах и университетах, по общему правилу, установлена не ради блага студентов, а в интересах или, правильнее выражаясь, для удобства преподавателей. Ее цель во всех случаях — это поддержать авторитет учителя и, независимо от того, пренебрегает ли он своими обязанностями или выполняет их, принудить студентов во всех случаях относиться к нему так, как если бы он выполнял их с величайшей старательностью и талантом. Дисциплина как будто предполагает мудрость и добродетель у одних и величайшую слабость и неразумие у других. Везде, где учителя действительно выполняют свои обязанности, не бывает примеров, я уверен, чтобы большинство студентов пренебрегало своими обязанностями. Не требуется совсем никакой дисциплины для принуждения посещать лекции, которые действительно заслуживают этого, потому что хорошо известно, где такого рода лекции читаются. Принуждение и дисциплина могут быть, без сомнения, до известной степени необходимы для того, чтобы заставить детей или совсем маленьких мальчиков не пренебрегать теми предметами обучения, усвоение которых признается необходимым для них в этот ранний период жизни; но по достижении 12- или 13-летнего возраста, если только учитель выполняет свои обязанности, принуждение или дисциплина вряд ли могут оказаться необходимыми для прохождения той или иной части образования. Таково великодушие и благородство большей части молодых людей, что, отнюдь не будучи склонны игнорировать или презирать наставления своего учителя, если только он обнаруживает хотя сколько-нибудь серьезное стремление быть полезным им, они обычно склонны прощать значительные упущения при исполнении им своих обязанностей и иногда даже скрывать от публики грубое пренебрежение ими.

Следует отметить, что наилучшие результаты получаются, по общему правилу, в тех отраслях обучения, для которых не существует общественных школ. Если молодой человек посещает фехтовальную или танцевальную школу, он, правда, не всегда научится очень хорошо фехтовать или танцевать, но редко он не научится вообще фехтованию или танцам. Хорошие результаты школ верховой езды обычно не столь заметны. Расходы на содержание школы верховой езды так велики, что в большинстве мест они являются учреждениями общественными. Три наиболее важные части общего образования — чтение, письмо и счет — все еще принято больше усваивать в частных школах, а не в общественных, и очень редко бывает, чтобы кто-либо не сумел усвоить их в той степени, в какой это необходимо.

В Англии общественные школы находятся в гораздо меньшем упадке, чем университеты. В школах юношество обучается или по крайней мере может обучаться греческому и латинскому языкам, т.е. всему, чему учителя, согласно их заявлениям, учат или чему они должны, согласно ожиданиям, учить. В университетах же молодежь не обучается и не всегда находит надлежащие средства обучаться тем наукам, обучение которым составляет обязанность этих корпораций. Вознаграждение школьного учителя в большинстве случаев зависит главным образом, а в некоторых случаях почти целиком от платы, вносимой его учениками. Школы не обладают исключительными привилегиями. Для получения степени нет необходимости, чтобы данное лицо представило удостоверение о том, что училось определенное число лет в общественной школе. Если после экзамена оно оказывается знающим все то, что преподается в школе, его не спрашивают, где он учился.

Те отрасли знания, которые обычно преподаются в университетах, преподаются, можно сказать, не очень хорошо. Но если бы не было таких учреждений, то этим предметам обычно совсем не обучались бы, и как отдельные лица, так и общество в целом очень сильно чувствовало бы отсутствие этих важных отраслей образования.

Современные университеты Европы в своем большинстве были первоначально духовными корпорациями, учрежденными для образования священников. Они основывались властью папы и настолько находились под его непосредственным покровительством, что их члены, безразлично — профессора или студенты, пользовались тем, что в ту эпоху называлось привилегией духовенства, т.е. были изъяты из гражданской юрисдикции тех стран, где находились их университеты, и были подсудны только церковным трибуналам. В большинстве этих университетов преподавалось то, что соответствовало цели их учреждения, — теология или предметы, служившие только подготовкой к теологии.

Когда христианство было впервые признано государственной религией, испорченный латинский язык сделался общим языком всех западных областей Европы. В соответствии с этим церковная служба велась на этом испорченном латинском языке и на него же была переведена Библия, читавшаяся в церквах, т.е. на общеупотребительный язык страны. После нашествия варварских народов, разрушивших Римскую империю, латинский язык постепенно вышел из употребления во всех странах Европы. Но благоволение народа, естественно, сохраняет установившиеся религиозные формы и церемонии долгое время после того, как исчезают обстоятельства, впервые вызвавшие их к жизни и делавшие их разумными. Поэтому, хотя масса народа нигде уже не понимала латинского языка, вся церковная служба по-прежнему отправлялась на этом языке. Таким образом, в Европе, как и в Древнем Египте, появились два языка: язык священников и язык народа. Но представлялось необходимым, чтобы священники хотя немного понимали тот священный и ученый язык, на котором они должны были отправлять церковную службу; поэтому изучение латинского языка с самого начала составляло существенную часть университетского обучения.

Не так обстояло дело с языком греческим или европейским. Непогрешимые декреты церкви провозгласили латинский перевод Библии, обычно называемый латинской Вульгатой, продиктованным божественным вдохновением и потому равным по авторитету с греческим и европейским оригиналами. Поскольку в силу этого знание обоих языков не было абсолютно необходимо для церковника, изучение их долгое время не составляло обязательной части обычного курса университетского образования. Как меня уверяют, в Испании есть такие университеты, где изучение греческого языка никогда не входило в этот курс. Первые реформаторы нашли греческий текст Нового Завета и даже еврейский текст Древнего Завета более благоприятным для их взглядов, чем перевод Вульгаты, который, как это естественно можно было предположить, был постепенно приспособлен для подтверждения доктрин католической церкви. Они поэтому занялись разоблачением многочисленных ошибок этого перевода, который римско-католическое духовенство ввиду этого было поставлено в необходимость защищать или комментировать. Но это не могло быть надлежащим образом выполнено без некоторого знакомства с оригинальными языками, изучение которых было поэтому введено постепенно в большей части университетов, как в принявших учение реформации, так и в отвергавших его. Греческий язык входил во все области того классического образования, которое, хотя оно сперва культивировалось главным образом католиками и итальянцами, вошло в моду как раз около того времени, когда стали распространяться идеи реформации. Поэтому в большинстве университетов этот язык изучался до философии и сейчас же после того, как студент приобретал некоторые познания в латинском языке. Поскольку еврейский язык не стоит ни в какой связи с классическим образованием и, за исключением Священного Писания, на нем не написано ни одной книги, заслуживающей какого-либо внимания, постольку изучение его обычно начинается только после курса философии, когда студент уже приступил к изучению теологии. Первоначально зачатки греческого и латинского языков преподавались в университетах, а в некоторых из них это практикуется и по сию пору. В других предполагается, что студент приобрел уже предварительно хотя бы самые первые познания в одном или в обоих этих языках, изучение которых продолжает составлять повсюду весьма существенную часть университетского образования.

Древняя греческая философия подразделялась на три больших отдела: физика, или натуральная философия, этика, или моральная философия, и логика. Такое общее подразделение представляется вполне соответствующим самой природе вещей.

Великие явления природы, движение небесных тел, затмения, кометы, гром, молния и другие необычные метеорологические явления; рождение, жизнь, рост и разложение растений и животных — все это такие предметы, которые, поскольку они неизбежно вызывают удивление, естественно, возбуждают любопытство и желание человечества дознаться их причин. Сперва суеверие пыталось удовлетворить это любопытство, объясняя все удивительные явления непосредственной деятельностью богов. Затем философия пыталась объяснить их более простыми причинами или такими, которые лучше известны человечеству, чем действия богов. Так как эти великие явления представляют собой первые объекты человеческого любопытства, то и наука, старавшаяся объяснить их, естественно, должна была явиться первой отраслью философии, которая разрабатывалась. И, действительно, первые философы, о которых история сохранила какие-либо сведения, были натурфилософами.

Во все эпохи и во всех странах мира люди должны были обращать внимание на характеры, стремления и действия друг друга: им приходилось устанавливать и одобрять с общего согласия многочисленные важные правила и обычаи человеческого поведения. Как только распространилось умение писать, мудрые люди или люди, воображавшие себя таковыми, естественно, пытались увеличить количество таких установленных и почитаемых правил и высказать свое собственное понимание того, что является надлежащим или ненадлежащим поведением, прибегая иногда к более искусственной форме иносказаний, подобно басням Эзопа, а иногда к более простой форме изречений, каковы притчи Соломона, стихи Феогниса или Фокилида и некоторые произведения Гезиода. Они могли, таким образом, продолжать долгое время свое творчество, умножая число таких правил благоразумия и нравственности, даже не пытаясь привести их в более или менее отчетливую и упорядоченную систему, не говоря уже об объединении их одним или несколькими общими принципами, из которых они все вытекали бы, как следствия вытекают из своих естественных причин. Прелесть систематического расположения различных наблюдений, объединенных немногими общими принципами, впервые заметна в грубых попытках этой древней эпохи создать натуральную философию. Нечто в том же роде пытались впоследствии создать и в области морали. Правила поведения в повседневной жизни были сгруппированы в известном методическом порядке и объединены немногими общими принципами, как раньше пытались сгруппировать и объединить явления природы. Наука, ставящая себе задачей исследование и объяснение этих объединяющих принципов, и есть то, что, собственно, называют моральной философией.

Различные авторы предлагают различные системы натуральной и моральной философии, но доводы, которые они приводили в обоснование этих систем, далеко не всегда будучи доказательными, часто представляли собой в лучшем случае малообоснованные предположения, а иногда просто софизмы, основывавшиеся исключительно на неточности и двусмысленности обиходного языка. Во все эпохи спекулятивные системы принимались на основе соображений столь неосновательных, что они никогда не могли бы определять суждение здравомыслящих людей в делах, связанных с малейшим денежным интересом. Грубая софистика вообще вряд ли когда-либо имела влияние на мнение человечества, за исключением вопросов философии и умозрения, причем в этих областях она часто пользовалась наибольшим влиянием. Сторонники каждой системы натуральной и моральной философии, естественно, старались разоблачить слабость доводов, приводимых в обоснование систем, противоположных их собственной. Исследуя эти доводы, они необходимо приходили к выяснению различия между доводами, основанными на вероятности, и доводами доказательными, между доводами ложными и убедительными; из наблюдений, вызванных исследованием этого рода, необходимо развилась логика, или наука об общих принципах правильного и неправильного мышления. Хотя она возникла после физики и этики, она обыкновенно преподавалась — не во всех, правда, но в большей части древних школ философии — до обеих этих наук. Полагали, по-видимому, что студент должен хорошо усвоить различие между правильным и неправильным мышлением прежде, чем приступить к обсуждению вопросов столь большого значения.

Такое старинное подразделение философии на три отдела в большинстве университетов Европы сменилось подразделением ее на пять отделов.

В древней философии все учения, касавшиеся природы человеческого духа или божества, составляли часть системы физики. В чем бы ни состояла, по предположению их, сущность, они являлись частями великой системы вселенной и притом такими частями, которые проявляли в высшей степени важное действие. Все, что человеческий разум мог заключать или предполагать относительно них, составляло как бы две главы, притом, без сомнения, две очень важные главы той науки, которая хотела объяснить происхождение и изменения великой системы вселенной. Но в университетах Европы, где философия преподавалась лишь в качестве вспомогательной науки для теологии, было естественно останавливаться на этих двух главах дольше, чем на какой-либо другой главе науки. Постепенно они все более и более расширялись и подразделялись на многие второстепенные главы, пока, наконец, учение о духе, о котором так мало может быть известно, не заняло в системе философии столько же места, сколько и учение о телах, о которых так много может быть известно. Учения об этих двух предметах были признаны составляющими две самостоятельные науки. Так называемая метафизика, или учение о духе (пневматика), была противопоставлена физике и разрабатывалась не только как более возвышенная, но и как более полезная для целей специальной профессии наука. Область знания, открытая для опыта и наблюдения, область знания, в которой тщательное внимание способно приводить к столь многочисленным полезным открытиям, была оставлена почти в полном пренебрежении. Напротив, тщательно разрабатывалась та область, где, помимо весьма немногих простых и почти очевидных истин, самое тщательное исследование не может ничего открыть, кроме мрака и неизвестности, и поэтому способно породить только ненужные тонкости и софизмы.

Когда эти две науки были, таким образом, противопоставлены одна другой, сравнение между ними, естественно, привело к появлению третьей науки, так называемой онтологии, или науки, рассматривавшей качества и свойства, общие предметам двух других наук. Но если бессодержательные тонкости и софизмы составляли главную часть метафизики, или учения о духе, различных школ, то исключительно из них состояла вся эта паутина онтологии, которую точно так же называли иногда метафизикой.

Все то, что вело к счастью и совершенствованию человека, рассматриваемого не только как отдельная личность, но и членом семьи, государства или великого целого — человечества, составляло предмет исследования древней моральной философии. В этой философии обязанности человека признавались средствами для счастья и улучшения человеческой жизни. Когда же моральная философия и натурфилософия стали преподаваться как науки, подсобные для теологии, на обязанности человека стали смотреть главным образом как на средство для счастья в будущей жизни. В древней философии совершенная добродетель изображалась необходимо приносящей человеку, обладающему ею, совершенное счастье в этой жизни. В современной философии она часто изображалась как нечто по общему правилу или почти всегда несовместимое с какой бы то ни было степенью счастья в этой жизни; небесного блаженства, согласно ей, можно было достичь только путем покаяния и умерщвления плоти, смирения и суровой жизни монаха, а не свободным, великодушным и благородным поведением человека. Казуистика и аскетическая мораль составляли в большинстве случаев главное содержание школьной моральной философии. Наиболее важная из всех отраслей философии оказалась, таким образом, больше всего извращенной.

Ввиду изложенного обычный порядок философского обучения в большинстве европейских университетов был таков: в первую очередь преподавалась логика; на втором месте стояла онтология; третье место занимала пневматология, включая сюда учение о природе человеческой души и божества; на четвертом месте следовала извращенная система моральной философии, которая признавалась непосредственно связанной с теориями пневматологии, с бессмертием человеческой души и наградами и наказаниями со стороны божественной справедливости, каких следовало ожидать в будущей жизни; краткая и поверхностная система физики обычно заключала курс обучения.

Все изменения, какие европейские университеты ввели, таким образом, в древний курс философии, имели в виду образование духовенства и превращение этого курса в более подходящее введение к изучению теологии. Но добавочное количество тонкостей и софистики, казуистики и аскетической морали, введенное в него этими изменениями, безусловно, не сделало его более пригодным ни для воспитания светских людей, ни для развития умственных способностей или улучшения характера.

Этот курс философии и теперь еще преподается в большей части университетов Европы, преподается с большим или меньшим усердием в зависимости от того, насколько устройство каждого отдельного университета делает это усердие более или менее необходимым для преподавателей. В некоторых из наиболее богатых и лучше всего снабженных средствами университетах учителя ограничиваются преподаванием немногих, не связанных между собою отрывков и кусков этого извращенного курса, причем даже их они обычно преподают очень небрежно и поверхностно.

Успехи, сделанные в современную эпоху в различных областях философии, в большей своей части были сделаны не в университетах, хотя, без сомнения, некоторые из них были достигнуты в последних. Большинство университетов даже не очень спешило воспринять эти достижения после того, как они были сделаны, а некоторые из этих ученых обществ предпочитали оставаться в течение долгого времени святилищем, где отвергнутые системы и устарелые предрассудки находили убежище и защиту после того, как они были изгнаны из всех уголков мира. По общему правилу, наиболее богатые и лучше всего снабженные университеты проявляли наибольшую медлительность в принятии этих достижений и больше всего сопротивлялись сколько-нибудь значительным изменениям в установленном плане обучения. Эти нововведения находили более легкий доступ в некоторые из более бедных университетов, где преподаватели, самое существование которых зависело главным образом от их репутации, были вынуждены больше считаться с новыми течениями мысли.

Но, хотя общественные школы и университеты Европы первоначально устраивались только для образования определенной профессии духовенства и хотя они не всегда достаточно усердно обучали своих учеников даже тем наукам, которые считались необходимыми для этой профессии, они все же постепенно взяли на себя образование почти всех других людей, в частности почти всего дворянства и состоятельных лиц. Это, по-видимому, лучший способ затратить с пользой продолжительный промежуток между детством и тем периодом жизни, когда человек серьезно приступает к практической деятельности, к той работе, какой ему придется заниматься до конца своих дней. Однако бóльшая часть того, чему обучают в школах и университетах, не является наиболее подходящей подготовкой к этой деятельности.

В Англии с каждым днем все более входит в обычай посылать молодых людей путешествовать за границу сейчас же после окончания школы, не определяя их ни в какой университет. Как утверждают, наша молодежь обычно возвращается домой, много приобретя в своих путешествиях. Молодой человек, уезжающий за границу 17 или 18 лет и возвращающийся домой 21 года, возвращается старше на три или четыре года по сравнению с тем, каким уезжал за границу, в этом возрасте очень трудно не развиться и не приобрести значительных знаний за три или четыре года. За время своих путешествий он обыкновенно приобретает некоторые познания в одном или двух иностранных языках — познания, впрочем, редко достаточные для того, чтобы он мог как следует говорить или писать на них. Во всех остальных отношениях он обыкновенно возвращается более тщеславным, более безнравственным и более неспособным к какому бы то ни было занятию или делу, чем это могло бы быть, если бы он оставался дома. Благодаря странствованиям в столь юном возрасте и бесплодной затрате самых драгоценных лет жизни на самый легкомысленный разгул, вдали от надзора и контроля родителей и родственников, все полезные привычки, какие могли в некоторой степени воспитать в нем прежние годы обучения, вместо того чтобы упрочиться, почти неизбежно утратили над ним силу или совсем исчезли. Только дурная репутация, до которой университеты позволили себе докатиться, могла сделать распространенным столь нелепый обычай, как путешествия в этот ранний период жизни. Отправляя своего сына за границу, отец избавляет себя, по крайней мере на некоторое время, от неприятности видеть своего сына шатающимся без дела, ни к чему не пристроенным и на его глазах идущим к гибели.

Таковы были результаты некоторых из современных образовательных учреждений.

В иные эпохи и у других народов существовали, по-видимому, другие программы и другие учреждения для образования.

В республиках Древней Греции каждый свободный гражданин обучался под контролем государственной власти гимнастическим упражнениям и музыке. Посредством гимнастических упражнений имелось в виду закалить его тело, развить в нем мужество и подготовить его к тяготам и опасностям войны; и так как греческое ополчение, согласно всем сообщениям, было одним из лучших, которые когда-либо существовали, то эта часть их общественного воспитания, надо думать, вполне отвечала цели, для которой она была установлена. Посредством другой его части — музыки — имелось в виду, по крайней мере по мнению философов и историков, которые описали нам эти учреждения, гуманизировать ум, смягчать характер и располагать его к выполнению всех социальных и нравственных обязанностей общественной жизни.

В Древнем Риме упражнения на Марсовом поле служили той же цели, что и гимназии в Древней Греции, и, как кажется, служили ей столь же хорошо. Но у римлян не было ничего, что соответствовало бы музыкальному образованию греков. Однако нравственный уровень римлян как в частной, так и в общественной жизни, по-видимому, был не только не ниже, но, в общем, гораздо выше, чем у греков. То, что они в частной жизни стояли в этом отношении выше, свидетельствуют нам Полибий* и Дионисий Галикарнасский, два писателя, хорошо знакомые с обоими народами; и весь характер греческой и римской истории свидетельствует нам о превосходстве общественных нравов римлян. Спокойный характер и умеренность борющихся партий представляются наиболее важными чертами в общественных нравах свободного народа. Между тем партии в Греции отличались почти всегда насильственными действиями и склонностью к кровопролитию, тогда как до эпохи Гракхов ни одна из римских партий не пролила никогда ни капли крови, а со времен Гракхов Римскую республику можно считать фактически переставшей существовать. Вопреки, таким образом, весьма почтенному авторитету Платона, Аристотеля и Полибия и вопреки весьма остроумным соображениям, какими Монтескье пытается подкрепить этот авторитет, представляется вероятным, что музыкальное воспитание греков мало отразилось на улучшении их нравов, поскольку при отсутствии такого воспитания нравы римлян в общем были выше. Уважение этих древних мудрецов к учреждениям своих предков располагало их, вероятно, находить большую политическую мудрость в том, что было, быть может, только старинным обычаем, существовавшим без перерыва с самого раннего периода этих обществ до того времени, когда они достигли значительной степени цивилизации. Музыка и танцы служат большим развлечением почти у всех варварских народов и считаются большим талантом, делающим каждого человека способным развлекать общество. Это наблюдается в наше время у негров на Африканском побережье. То же имело место у древних кельтов, у древних скандинавов и, как мы можем видеть у Гомера, у древних греков в эпоху, предшествовавшую Троянской войне. Когда греческие племена сложились в небольшие республики, изучение этих искусств в течение долгого времени, естественно, составляло часть государственного и общего воспитания народа.

Учителя, которые обучали молодых людей музыке или военным упражнениям, по-видимому, не оплачивались

---

* *Polybius.* Hist. VI, 54.

и даже не назначались государством ни в Риме, ни даже в Афинах, той греческой республике, о законах и обычаях которой мы лучше всего осведомлены. Государство требовало, чтобы каждый свободный гражданин подготовил себя к защите его во время войны и с этой целью прошел курс военных упражнений, но оно предоставляло ему учиться у тех преподавателей, каких он найдет, и, как кажется, ничего не давало на эту цель, если не считать предоставления общественного поля или места для упражнений, где он мог практиковаться и выполнять последние.

В ранние периоды существования греческих и Римской республик другие части образования состояли, по-видимому, в обучении чтению, письму и счету согласно правилам арифметики того времени. Эти знания более богатые граждане, как кажется, приобретали часто у себя на дому с помощью домашних учителей, которые обыкновенно были рабами или вольноотпущенниками, а более бедные граждане — в школах таких учителей, которые делали себе ремесло из преподавания за плату. Эти отделы образования были целиком предоставлены заботам родителей и опекунов каждого отдельного лица. Нет данных, чтобы государство когда-либо брало на себя надзор или руководство ими. Впрочем, по законам Солона, дети освобождались от обязанности содержать в старости тех родителей, которые не обучили их какой-нибудь полезной профессии или ремеслу.

С развитием культуры и просвещения, когда вошли в моду философия и риторика, люди богатые и состоятельные стали посылать своих детей в школы философов и риторов для обучения этим модным наукам; школы эти, однако, не содержались на государственные средства; оно долгое время лишь терпело их. Спрос на философию и риторику в течение долгого времени был так незначителен, что первые учителя, сделавшие себе профессию из той или другой, не могли найти постоянного занятия в какомнибудь одном городе, а были принуждены странствовать из одного места в другое. Так жили Зенон Элейский, Протагор, Горгий, Гиппий и многие другие. С усилением спроса школы философии и риторики сделались постоянными сперва в Афинах, а потом в ряде других городов.

Тем не менее государство, как кажется, никогда в своем поощрении их не шло дальше предоставления некоторым из них специального помещения для занятий, которое нередко отводилось также и частными жертвователями. Государство, по-видимому, предоставило Академию Платону, Лицей — Аристотелю и Портик — Зенону из Цитты, основателю стоической школы. Эпикур завещал свои сады своей собственной школе. Однако, насколько известно, до времени Марка Антония ни один учитель не получал никакого жалованья от государства и вообще не имел иного вознаграждения, кроме гонорара или платы за учение от своих учеников. Пенсия, пожалованная этим императором-философом, как нам сообщает Лукиан*, одному из учителей философии, вероятно, выдавалась только при его жизни. В ту пору не существовало ничего, соответствующего ученой степени, и для занятия какой-либо профессией или ремеслом не было необходимости прослушать курс одной из этих школ. Если бы учеников не привлекало к ним сознание их полезности, закон все равно не принуждал никого посещать эти школы и не давал никому вознаграждения за посещение их. Учителя не обладали никакими правами и никакой властью над своими учениками, если не считать того естественного авторитета, каким в глазах юношества всегда пользуются те, кому поручена та или иная часть их образования, кто отличается высшей добродетелью и способностями.

В Риме изучение гражданского права составляло часть образования не большинства граждан, а лишь некоторых семей. Но молодые люди, желавшие изучать право, не имели к своим услугам общественных школ, которые они могли бы посещать, и не обладали другими способами ознакомиться с ним, кроме более частого общения с теми из своих родственников и друзей, которые считались сведущими в праве. Не лишним будет, пожалуй, заметить, что, хотя часть законов Двенадцати таблиц была заимствована из законов некоторых древних греческих республик, ни в одной из них в Древней Греции право, по-видимому, не разви-

---

* *Lucian*. Eunuchus. C ad. 3.

лось до степени науки. В Риме оно очень рано превратилось в науку, и там граждане, считавшиеся сведущими в ней, пользовались большой известностью. В республиках Древней Греции, в особенности в Афинах, обыкновенные суды состояли из многочисленных, а потому и беспорядочных народных коллегий, которые часто выносили свои приговоры наудачу или так, как то внушалось криками и партийным духом. Позор несправедливого решения дела, когда он делится между 500, 1000 и 1500 людей (ибо некоторые их суды были столь многочисленны), не мог ложиться очень большой тяжестью на отдельное лицо. В Риме, напротив, главные суды состояли из одного судьи или очень малого числа судей, на репутации которых, поскольку они всегда обсуждали дела публично, должно было сильно отражаться всякое несправедливое или опрометчивое решение. В сомнительных случаях такие суды в стремлении избегнуть порицания естественно стремились прикрыться примером или прецедентом, установленным судьями, заседавшими раньше в этом же или в другом каком-нибудь суде. Этот интерес к практике и прецедентам необходимо придал римскому праву ту прочную и последовательную систему, в которой оно дошло до нас; такое же влияние он оказывал на право всякой другой страны. Превосходство римского характера над греческим, которое отмечают Полибий и Дионисий Галикарнасский, скорее всего объясняется лучшим устройством их судов, а не одной из тех причин, которые выдвигают эти авторы. Как передают, римляне особенно отличались своим высоким уважением к присяге, а люди, привыкшие приносить присягу только перед внимательным и хорошо осведомленным судом, естественно, будут относиться с большей осторожностью к тому, что они показывают под присягой, чем люди, привыкшие присягать перед шумными и беспорядочными собраниями.

Следует, бесспорно, признать, что как гражданские, так и военные способности греков и римлян по меньшей мере не уступали способностям любой из современных наций. Наши предрассудки, пожалуй, даже располагают нас скорее переоценивать способности первых. Но, за исключением военного дела, государство, по-видимому, не проявляло особых забот для развития этих способностей; в самом деле, я не могу поверить, чтобы музыкальное образование греков имело большое значение в этом отношении. Однако находились учителя для обучения богатых людей этих народов всем тем искусствам и наукам, обучение которым в данном обществе считалось для них необходимым или приличествующим. Спрос на такое преподавание порождал, как всегда, соответствующие способности и умение; и соревнование, которое всегда неизбежно вызывает неограниченная конкуренция, довело эти способности до высшей степени совершенства. Судя по тому вниманию, которое возбуждали древние философы, по влиянию, какое они приобретали над мнениями и убеждениями своих слушателей, по их способности придавать определенную окраску и характер поведению и разговору последних, они, по-видимому, значительно превосходили современных учителей. В новейшее время старательность общественных преподавателей более или менее ослабляется ввиду условий, делающих их более или менее независимыми от успеха и репутации в специальности. То обстоятельство, что они получают жалованье, ставит также частного учителя, который пожелал бы конкурировать с ними, в такое же положение, в каком находится купец, желающий торговать при отсутствии премии, конкурируя с купцами, получающими значительную премию. Если он продает свои товары приблизительно по той же цене, он не может иметь такую же прибыль, и его неизбежно ожидает печальная участь — по меньшей мере бедность и нищета, если не полное разорение и гибель. Если же он попробует продавать их дороже, то у него будет так мало покупателей, что обстоятельства его значительно не улучшатся. Помимо того, во многих странах ученая степень необходима или по крайней мере чрезвычайно важна для людей ученых профессий, т.е. для преобладающей части тех, кто хочет заняться учеными профессиями. Но эту степень можно получить, только посещая лекции общественных преподавателей. Самые серьезные занятия под руководством самого способного частного учителя не всегда могут дать право на соискание степени. Эти различные причины привели к тому, что в новейшее время частные преподаватели тех наук, какие обычно преподаются в университете, обычно считаются самым низшим разрядом людей свободных профессий. Человек действительно способный едва ли может найти более унизительное и более невыгодное занятие, чем сделаться частным учителем. Таким-то образом стипендии и оклады школ и колледжей не только уменьшили старательность общественных преподавателей, но и сделали почти невозможным иметь сколько-нибудь хороших частных преподавателей.

Если бы не существовало никаких общественных образовательных учреждений, то не преподавались бы науки, на которые отсутствует спрос или изучение которых по условиям времени не было бы необходимым, желательным или по меньшей мере не требовалось бы модой. Частный учитель при таких условиях никогда не мог бы с выгодой обучать всеми отвергнутой и устаревшей научной системе или науке, признаваемой всеми совершенно бесполезной и педантической смесью софизмов и нелепостей. Такие системы и науки могут уцелеть только в таких образовательных корпорациях, благосостояние и доход которых в значительной степени не зависят от репутации и совсем не зависят от их деятельности. Если бы не существовало общественных образовательных учреждений, молодой человек благородного происхождения, старательный и способный, прошедший самый полный курс образования, какой только можно было бы пройти по условиям его времени, не мог бы вступить в жизнь, оставаясь совершенно невежественным во всем том, что составляет содержание обычных разговоров воспитанных и светских людей.

Не существует общественных заведений для образования женщин, и в результате этого в обычном курсе их обучения нет ничего бесполезного, нелепого или фантастического. Их обучают тому, что родители или опекуны считают нужным или полезным для них изучить, и ничему иному их не учат. Все части образования явно направлены к какой-нибудь полезной цели: или к развитию естественной привлекательности их личности, или к воспитанию в них сдержанности, скромности, целомудрия и бережливости, к подготавливанию их к роли хозяйки семьи и к умению вести себя в качестве таковой. Во все периоды своей жизни женщина чувствует какие-либо удобства или преимущества от полученного ею образования. Напротив, редко бывает, чтобы мужчина в какой-либо период своей жизни извлекал какие-либо удобства или преимущества из наиболее трудных и обременительных частей своего образования.

Могут спросить, не должно ли общество в силу этих оснований совсем игнорировать народное образование? Или если оно должно уделять известное внимание, то каковы должны быть различные виды образования, которым оно должно содействовать в отношении различных классов народа? Каким образом оно должно содействовать им?

В некоторых случаях общее состояние общества необходимо ставит большинство отдельных личностей в такое положение, которое, естественно, развивает в них без всякого содействия правительства почти все способности и качества, которые это состояние общества требует или может допускать. В других случаях общее состояние общества не ставит большинство отдельных лиц в такое положение, и тогда становится необходимым некоторое вмешательство правительства, чтобы предотвратить почти полное развращение и упадок нравственности широких масс народа.

С развитием разделения труда занятие подавляющего большинства тех, кто живет своим трудом, т.е. главной массы народа, сводится к очень небольшому числу простых операций, чаще всего к одной или двум. Но умственные способности и развитие большей части людей необходимо складываются в соответствии с их обычными занятиями. Человек, вся жизнь которого проходит в выполнении немногих простых операций, причем и результаты их, возможно, всегда одни и те же или почти одни и те же, не имеет случая и необходимости изощрять свои умственные способности или упражнять свою сообразительность для придумывания способов устранять трудности, которые никогда ему не встречаются. Он поэтому, естественно, утрачивает привычку к такому упражнению и обыкновенно становится таким тупым и невежественным, каким только может стать человеческое существо. Его умственная тупость делает его не только неспособным находить удовольствие или участвовать в сколько-нибудь разумной беседе, но и понимать какое бы то ни было благородное, великодушное или нежное чувство, а следовательно, и составлять сколько-нибудь правильное суждение относительно многих даже обычных обязанностей частной жизни. О великих и общих интересах своей страны он вообще не способен судить, и, если не прилагаются чрезвычайные усилия, чтобы повлиять на него, он оказывается столь же неспособным защищать свою страну во время войны. Однообразие неподвижной жизни, естественно, подрывает мужество его характера и заставляет его с ужасом взирать на беспорядочную, неверную и полную случайностей жизнь солдата. Оно ослабляет даже деятельность его тела и делает его неспособным напрягать свои силы сколько-нибудь продолжительное время для иного какого-либо занятия, кроме того, к которому он приучен. Его ловкость и умение в его специальной профессии представляются, таким образом, приобретенными за счет его умственных, социальных и военных качеств. Но в каждом развитом цивилизованном обществе в такое именно состояние должны неизбежно впадать трудящиеся бедняки, т.е. главная масса народа, если только правительство не прилагает усилий для предотвращения этого.

Иначе обстоит дело в варварских обществах, как они обычно называются, в обществах охотничьих, пастушеских и даже земледельческих на той низкой ступени земледелия, которая предшествует успехам мануфактурной промышленности и расширению внешней торговли. В таких обществах разнообразие занятий каждого человека вынуждает его развивать свои способности и придумывать средства для устранения постоянно возникающих затруднений. Все время дается пища изобретательности, и ум не может впасть в ту тупую сонливость, которая в цивилизованном обществе притупляет умственные способности почти всех членов низших классов народа. В этих так называемых варварских обществах каждый человек, как уже указано, является воином. Каждый человек вместе с тем является в некоторой степени государственным деятелем и может составить себе более или менее правильное суждение относительно интересов общества и образа действий тех, кто управляет им. Наблюдению почти каждого из них совершенно ясно, насколько их вожди являются хорошими судьями в мирное время или хорошими предводителями на войне. Конечно, в таком обществе ни один человек не может приобрести то высокое и утонченное умственное развитие, каким нередко обладают немногие люди в более цивилизованном обществе. Хотя на низкой ступени развития общества существует большое разнообразие в занятиях каждого отдельного его члена, во всем обществе в целом занятий совсем не так уже много. Каждый человек выполняет или способен выполнять почти все то, что выполняет или способен выполнять всякий другой человек. Каждый обладает значительным запасом знаний, сообразительности и изобретательности, но вряд ли хотя бы у одного из них запас этот очень велик. И все же тот запас, какой имеется налицо, является обычно достаточным для ведения простых дел общества. Напротив, хотя в цивилизованном обществе существует мало разнообразия в занятиях большей части отдельных его членов, имеется налицо почти бесконечное разнообразие занятий общества в целом. Эти разнообразные занятия представляют почти бесконечное разнообразие предметов для размышления тех немногих, которые, не занимаясь сами каким-нибудь определенным делом, имеют досуг и проявляют склонность исследовать и наблюдать занятия других людей. Наблюдение над столь разнообразными предметами необходимо изощряет ум в бесконечных сравнениях и сопоставлениях и делает их умственные способности в чрезвычайной степени развитыми и восприимчивыми. Однако, если эти немногие не ставятся в совершенно особое положение, их большие способности, хотя и лестные для них самих, могут очень мало содействовать хорошему управлению или счастью их общества. Несмотря на большие способности этих немногих, все более благородные стороны человеческого характера могут быть в значительной мере подавлены и уничтожены в главной массе народа.

Образование простого народа в цивилизованном и торговом обществе требует, пожалуй, большего внимания и содействия государства, чем образование людей знатных и состоятельных. Люди знатные и состоятельные обычно только в восемнадцати- или девятнадцатилетнем возрасте приступают к тому специальному делу, профессии или промыслу, посредством которого предполагают приобрести себе положение в свете. До этой поры у них вполне достаточно времени для приобретения или по крайней мере для подготовки себя к приобретению впоследствии всех тех данных и сведений, которые могут обеспечить им общественное уважение или сделать их достойными его. Их родители или опекуны обычно проявляют достаточно забот, чтобы они приобрели такую подготовку, и в большинстве случаев довольно охотно производят расходы, необходимые для этой цели. И если они не всегда получают должное образование, то это редко происходит от недостаточности расходов, произведенных на эту цель, а вызывается ненадлежащим употреблением расходуемых средств; это редко бывает от недостатка учителей, а происходит от небрежности и неспособности тех учителей, каких можно найти, или, вернее, от невозможности при современном положении вещей найти сколько-нибудь лучших. Вместе с тем занятия, в которых люди знатные и состоятельные проводят большую часть своей жизни, в отличие от занятий простого народа не отличаются простотой и единообразием; почти все они чрезвычайно сложны и такого характера, что требуют больше работы головы, а не рук. Умственные способности тех, кто участвует в этих занятиях, редко могут отупеть от недостатка упражнения. Помимо того, занятия людей знатных и состоятельных редко бывают таковы, чтобы изнурять их с утра до ночи. Они обычно располагают немалым досугом, в течение которого могут совершенствоваться в любой отрасли полезного знания или искусства, первоначальное ознакомление с которой или интерес к которой они приобрели в более ранний период своей жизни.

Иначе обстоит дело с простым народом. Он мало времени может уделять на образование. Родители людей из простонародья едва даже могут содержать их в детстве. Как только они становятся способными к труду, они вынуждены заняться каким-нибудь промыслом, при помощи которого могли бы зарабатывать себе средства к существованию. Притом профессия их, очевидно, так проста и однообразна, что дает мало упражнения уму, тогда как одновременно с этим их труд так непрерывен и так утомителен, что оставляет им мало досуга и пробуждает мало охоты заняться или даже подумать о чем-нибудь другом.

Но, хотя люди из простонародья не могут в цивилизованном обществе получать такое хорошее образование, как люди знатные и состоятельные, однако умение читать, писать и считать может быть приобретено в столь ранний период жизни, что большинство даже тех, кто воспитывается для более простых занятий, имеет время приобрести эти познания еще до того, как они могут быть приставлены к этим занятиям. С весьма небольшими издержками государство может облегчить, поощрять и даже сделать обязательным почти для всего народа приобретение этих наиболее существенных элементов образования.

Общество может облегчать приобретение этих знаний учреждением в каждом приходе или округе небольшой школы, где дети могли бы обучаться за столь умеренную плату, которая была бы посильна даже для рядового поденщика; учитель должен был бы частью, но не целиком, оплачиваться из общественных средств, потому что при оплате его целиком или главным образом за счет общества он скоро научился бы небрежно относиться к своему делу. В Шотландии учреждение таких приходских школ привело к обучению почти всего простонародья чтению и весьма значительной части его — письму и счету. В Англии учреждение благотворительных школ произвело такого же рода действие, хотя и не в столь широких размерах, поскольку учреждались они не повсеместно. Если бы в этих первоначальных школах учебники, по которым дети обучаются читать, были несколько более содержательны, чем это обычно теперь бывает, и если бы вместо поверхностного ознакомления с латинским языком, которому иногда обучают в этих школах детей из простого народа и который вряд ли когда-нибудь может пригодиться им, их обучали бы элементарным отделам геометрии и физики, то общее образование этого класса народа было бы, пожалуй, так полно, как только может быть. Нет почти такого ремесла или профессии, где не представляется случая прилагать принципы геометрии и физики и где поэтому простой народ не упражнялся бы и не знакомился бы глубже с этими принципами, которые служат необходимым введением к самым возвышенным, а также и самым полезным наукам.

Общество может поощрять приобретение этих наиболее существенных знаний путем выдачи небольших премий и отличий детям из простонародья, которые отличились в этой области.

Государство может сделать необходимым почти для всего населения приобретение этих наиболее существенных знаний, сделав обязательным экзамен или испытание в них для каждого, желающего сделаться членом какой-либо корпорации или намеревающегося заняться каким-нибудь промыслом в деревне или городе.

Именно таким путем, облегчая занятие военными и гимнастическими упражнениями, поощряя его и даже делая обязательным для всего народа, греческие и римская республики поддерживали военный дух своих граждан. Они облегчали занятие этими упражнениями тем, что отводили определенное место для них и предоставляли определенным учителям право преподавать в этом месте. Эти учителя, по-видимому, не получали совсем жалованья и не пользовались никакими особыми правами. Все их вознаграждение состояло в том, что они получали от своих учеников; и гражданин, обучавшийся упражнениям в общественной гимназии, не имел никаких законных преимуществ сравнительно с тем, кто обучался им частным образом, при условии, конечно, что последний обучался им так же хорошо. Эти республики поощряли занятие этими упражнениями тем, что давали небольшие премии и знаки отличия тем, кто выделялся своими успехами в них. Получение приза на Олимпийских, Истмийских или Немейских играх давало известность не только лицу, взявшему его, но и всему его семейству и родственникам. Обязанность каждого гражданина прослужить известное число лет в армиях республики являлась достаточным побуждением к занятию этими упражнениями, без чего он оказался бы непригодным для этой службы.

Пример современной Европы достаточно убедительно свидетельствует о том, что с развитием цивилизации практика военных упражнений, если правительство не прилагает надлежащих усилий к сохранению ее, постепенно приходит в упадок, а вместе с ней и военный дух широкой народной массы. Но безопасность каждого общества должна всегда в большей или меньшей степени зависеть от военного духа широкой народной массы. Правда, в современную эпоху одного военного духа, не подкрепляемого хорошо дисциплинированной постоянной армией, пожалуй, недостаточно для защиты и безопасности общества. Но в тех странах, где каждый гражданин обладает военным духом, для этого понадобится, без сомнения, постоянная армия меньших размеров. Этот дух, кроме того, обязательно уменьшит весьма значительно опасения, действительные или воображаемые, угрозы свободе со стороны постоянной армии. Подобно тому как наличность такого духа будет очень существенно облегчать операции этой армии против чужеземного вторжения, она в такой же мере будет затруднять их, если, к несчастью, они когда-нибудь будут направлены против конституции государства.

Древние учреждения Греции и Рима, кажется, гораздо лучше достигали цели поддержания военного духа основной массы народа, чем современное учреждение так называемой милиции или ополчения. Они были гораздо проще. Будучи однажды учреждены, они действовали самостоятельно, а от правительства требовалось мало или совсем не требовалось внимания для того, чтобы поддерживать их в полной силе. Напротив, поддержание хотя бы сносного выполнения сложных правил любой из современных милиций требует постоянных и обременительных забот со стороны правительства, при отсутствии которых они постоянно оказываются в полном пренебрежении и перестают существовать. Помимо того, влияние древних учреждений имело гораздо более общий характер. Благодаря им весь народ был вполне обучен употреблению оружия, тогда как совсем ничтожная часть его может быть обучена этому при действии правил современных милиций, за исключением, может быть, швейцарской. Трус, человек, неспособный защищать себя или отомстить за себя, очевидно, страдает отсутствием одной из главнейших черт характера человека. Его дух так же искалечен и обезображен, как и тело человека, лишившегося какого-либо важного члена или утратившего способность владеть им. Из этих двух человек первый, очевидно, более несчастен и жалок, потому что счастье и несчастье, представляющие собою исключительно состояние духа, должны зависеть больше от здорового или нездорового, искалеченного или нормального состояния духа, чем от состояния тела. Если бы даже военный дух народа был бесполезен для защиты государства, все же в интересах предотвращения распространения в массе народа того рода моральной искалеченности, обезображенности и несчастья, к каким неизбежно ведет трусость, он заслуживает самого серьезного внимания правительства, как самого серьезного внимания заслуживало бы с его стороны предотвращение распространения в народе проказы или другой какой-нибудь заразной и мучительной болезни, хотя не смертельной и не опасной, если бы даже такое внимание не принесло, может быть, иной пользы обществу, кроме предупреждения столь большого общественного бедствия.

То же самое можно сказать и относительно грубого невежества и тупости, в которых в цивилизованном обществе так часто цепенеет ум всех низших классов народа. Человек, лишенный умственных способностей, представляется еще более жалким, чем трус, и кажется искалеченным и изуродованным в еще более важном свойстве характера человека. Если бы даже государство не могло получить никакой выгоды от образования низших классов народа, оно все же должно было бы заботиться о том, чтобы они не оставались совсем необразованными. Чем более они образованны, тем менее они подвержены заблуждениям экстаза и суеверия, которые у непросвещенных наций часто вызывают самые ужасные беспорядки. Помимо того, образованный и просвещенный народ всегда более воспитан и более склонен к порядку, чем народ невежественный и тупой. Каждый человек в отдельности чувствует себя более достойным уважения и способным встречать уважение со стороны выше его стоящих и потому сам бывает более расположен уважать их. Такой народ более склонен критически относиться и более способен устанавливать истинный смысл корыстных претензий партий и мятежных элементов: ввиду этого его не так легко увлечь в легкомысленную или ненужную оппозицию мероприятиям правительства. В свободных странах, где устойчивость правительства очень сильно зависит от благоприятной оценки его образа действия народом, должно быть, без сомнения, чрезвычайно важно, чтобы последний не был склонен судить о правительстве слишком быстро и опрометчиво.

Статья III
О расходах на учреждения для образования людей всех возрастов

Учреждения для образования лиц всех возрастов состоят главным образом из учреждений для религиозного обучения. Целью этого вида обучения является не столько превращение людей в хороших граждан в этом мире, сколько подготовка их к иному и лучшему миру в будущей жизни. Преподаватели доктрин, входящих в это обучение, подобно другим учителям, могут или зависеть в своих средствах к существованию от добровольных взносов своих слушателей, или получать их из каких-либо иных фондов, предоставляемых им законом страны, каковы земельные владения, десятина или поземельный налог, установленное жалованье или стипендия. Их старательность, усердие и прилежание точно так же будут гораздо больше в первом случае, чем в последнем. В этом отношении наставники новых религий всегда обладали значительным преимуществом, поскольку нападали на давние и утвердившиеся системы, духовенство которых, спокойно пользуясь своими бенефициями, пренебрегало поддержанием в массе народа ревности к вере и благочестия и, предавшись лености и бездействию, сделалось вообще неспособным к сколько-нибудь серьезным усилиям для защиты даже своего собственного института. Представители духовенства официально признанной и хорошо снабженной средствами религии часто становятся людьми учеными и светскими, обладающими всеми качествами знати или такими чертами, которые вызывают уважение со стороны ее, но вместе с тем они легко утрачивают постепенно те качества, хорошие и дурные, которые давали им авторитет и влияние среди низших классов народа и были, наверное, первоначальной причиной успеха и распространения их религии. Такое духовенство, когда на него нападает кучка популярных и смелых, хотя, может быть, глупых и невежественных энтузиастов, чувствует себя столь же беззащитным, как ленивые, изнеженные и сытые народы южных частей Азии, когда на них нападали стремительные, смелые и голодные татары с севера. Такое духовенство в подобной крайности не знает обычно иного выхода, как призыв к гражданской власти преследовать, уничтожать или изгонять его противников как нарушителей общественного мира и спокойствия. Именно так было, когда римско-католическое духовенство добивалось от гражданских властей преследования протестантов, а англиканская церковь — преследования диссентеров, и вообще всякая религиозная секта, после того как она в течение столетия или двух пользовалась обеспеченностью признанного законом учреждения, оказывалась неспособной сколько-нибудь решительно защищаться против всякой новой секты, нападавшей на ее учение или правила. В таких случаях преимущество в отношении учености и умения хорошо писать может быть иногда на стороне признанной церкви. Но умение приобретать популярность, умение и способность привлекать новых сторонников всегда оказываются на стороне ее противников. В Англии эти навыки и способность давно уже находятся в пренебрежении у хорошо оплачиваемого духовенства признанной церкви и в настоящее время воспитываются главным образом у диссентеров и методистов. Однако независимые доходы, которые во многих местах были установлены для диссентерских проповедников посредством добровольных пожертвований, завещаний и других обходов закона, кажется, очень сильно уменьшили ревность и активность этих проповедников. Многие из них сделались очень учеными и почтенными людьми, но по общему правилу перестали быть очень популярными проповедниками. Методисты, не обладая и половинной долей учености диссентеров, пользуются гораздо большим успехом.

В римской церкви старательность и рвение низшего духовенства гораздо больше поддерживаются могущественным мотивом заинтересованности, чем в какой-либо признанной протестантской церкви. Многие представители приходского духовенства получают весьма значительную часть своих средств к существованию от добровольных приношений народа — источник дохода, который исповедь дает им много возможностей сделать более обильным. Нищенствующие монашеские ордены все свои средства к существованию получают от таких приношений. К ним применимо то же, что к гусарам и легкой пехоте некоторых армий: не пограбишь, ничего не получишь. Это приходское духовенство находится в таком же положении, как и те учителя, вознаграждение которых зависит отчасти от их жалованья и отчасти от платы, или гонорара, получаемого ими от своих учеников; они всегда должны зависеть в большей или меньшей степени от своего усердия и репутации. Нищенствующие монахи подобны тем учителям, заработок которых всецело зависит от их старательности. Они поэтому вынуждены прибегать к всевозможным ухищрениям, которые могут возбуждать благочестие простого народа. Учреждение двух больших нищенствующих орденов, св. Доминика и св. Франциска, как это заметил Макиавелли, оживило в XIII и XIV вв. потухавшие веру и благочестие католической церкви. В римско-католических странах дух благочестия поддерживается вообще монахами и более бедным приходским духовенством. Высшие сановники церкви, при всех своих блестящих качествах знати и людей светских, а иногда и ученых, достаточно заботятся о поддержании необходимой дисциплины среди своих подчиненных, но редко дают себе труд делать что-нибудь для просвещения народа.

«Большинство ремесел и профессий в государстве, — говорит самый замечательный философ и историк нашего века, — таковы по своей природе, что, служа интересам общества, они вместе с тем полезны или приятны некоторым отдельным лицам; и, поскольку это так, неизбежным правилом государственной власти, за исключением, может быть, первоначального введения какого-нибудь ремесла, должно быть предоставление профессии самой себе и ожидание ее поощрения и развития от усилий тех лиц, которые получают выгоду от нее. Ремесленники, видя, что их прибыль увеличивается при благоприятном отношении к ним заказчиков и покупателей, стараются по возможности увеличить свое искусство и старательность; и так как в промысел не вносится никакого расстройства нецелесообразным вмешательством, то всегда есть уверенность, что количество сработанного товара постоянно будет приблизительно соответствовать спросу».

«Но существуют и такие занятия, которые, хотя и полезны и даже необходимы в государстве, не приносят никакой выгоды или удовольствия ни одному человеку; верховная власть обязана изменить свой образ действий по отношению к представителям этих профессий. Она обязана оказывать им государственное поощрение, чтобы они могли существовать; против пренебрежения, в каком эти профессии, естественно, окажутся, она должна принимать меры, связывая с этими профессиями особые почести и знаки отличия, устанавливая целую цепь рангов и строгую зависимость одного от другого или прибегая к какимлибо иным средствам. Лица, занятые в финансовом ведомстве, во флоте и судебном ведомстве, представляют собою пример этого класса людей».

«С первого взгляда можно подумать, что духовенство принадлежит к первому роду профессий и что поощрение его, равно как юристов и врачей, можно смело предоставить щедрости отдельных лиц, которые следуют его учениям и получают пользу или утешение от его духовной деятельности и помощи. Его старательность и усердие, без сомнения, будут только подхлестываться этим добавочным побуждением, а его искусство в своей профессии, а также умение управлять умами народа должны будут ежедневно возрастать в результате увеличения его практики, прилежания и внимания к делу».

«Но при более близком рассмотрении дела мы найдем, что каждое мудрое правительство должно стараться как раз не допускать этого заинтересованного усердия духовенства, потому что во всякой религии, исключая истинной, оно в высшей степени опасно, оно имеет даже естественную тенденцию искажать истинную религию, пропитывая ее значительной примесью суеверий, нелепостей и заблуждений. Любой духовный деятель, стремясь стать в глазах своих последователей более нужным и священным, готов внушать им самое резкое возмущение против всех остальных сект и постоянно пытаться возбуждать какой-нибудь новой выдумкой ослабевающее благочестие своей аудитории. В проповедуемых доктринах не будет обращаться ни малейшего внимания на истину, нравственность или приличие. Будет приниматься любое положение, какое лучше всего соответствует беспорядочным страстям человеческой натуры. Каждая община будет привлекать к себе приверженцев все новыми усилиями и ловкостью в воздействии на страсти и легковерие черни; и в конце концов гражданская власть увидит, что она дорого заплатила за преследуемую ею бережливость, экономя на постоянном жалованье священникам, и что на деле ей выгоднее и удобнее всего в ее отношениях к духовным пастырям просто купить их пассивность, установив для этой профессии определенное жалованье и сделав для них излишним проявлять большее усердие и активность, чем это необходимо для того, чтобы не дать своему духовному стаду рассеяться в поисках новых пастырей. Таким-то образом церковные учреждения, хотя и возникавшие обычно первоначально в силу религиозных побуждений, в конце концов оказываются выгодными для политических интересов общества».

Но были ли хороши или дурны результаты установления независимых доходов для духовенства, это очень редко делалось для достижения этих результатов. Эпохи, отличавшиеся ожесточенными религиозными распрями, были обычно и эпохами столь же ожесточенной политической борьбы. В такой обстановке каждая политическая партия считала для себя выгодным заключать союз с той или другой из борющихся между собой религиозных сект. Но это было осуществимо лишь при условии принятия или по крайней мере покровительственного отношения к основным догматам этой отдельной секты. Секта, которой удалось заключить союз с победившей партией, неизбежно приобщалась к победе своего союзника, при помощи которого вскоре получала возможность до известной степени привести к молчанию и подчинению всех своих противников. Эти последние обычно объединялись с врагами победившей партии, а потому и становились ее врагами. Духовенство отдельной секты, одержав полную победу и приобретя величайшее влияние и авторитет в массе народа, оказывалось достаточно могущественным, для того чтобы держать в руках вождей и руководителей своей собственной партии и вынуждать гражданскую власть считаться с его взглядами и стремлениями. Обыкновенно первое требование этого духовенства состояло в том, чтобы гражданская власть принуждала к молчанию и обуздывала всех его противников, а второе его требование сводилось к предоставлению ему этой властью независимых доходов. Так как духовенство обычно немало содействовало победе, то казалось справедливым, чтобы оно получило некоторую долю в добыче. Помимо того, для него стала неприятной и обременительной необходимость приспособляться к народу и зависеть в своих средствах к существованию от его настроений. Таким образом, предъявляя это требование, духовенство считалось со своими удобствами и выгодой, не задумываясь о последствиях, какие это может иметь в будущем для влияния и авторитета его сословия. Гражданская власть, которая могла удовлетворить это требование только передачей духовенству части того, что она предпочла бы взять сама или удержать в свою пользу, редко проявляла большую готовность уступить этому требованию. Однако необходимость всегда заставляла ее в конце концов подчиниться, хотя часто это происходило только после продолжительных оттяжек, уклончивости и неискренних оправданий.

Но если бы политика никогда не призывалась на помощь религии, если бы победившая партия никогда не поддерживала учения одной секты в ущерб учениям другой, то она, вероятно, относилась бы одинаково и беспристрастно ко всем существующим сектам и предоставляла бы каждому человеку выбирать себе священника и религию согласно его убеждению. В таком случае, без сомнения, налицо оказалось бы большое множество религиозных сект. Почти каждая отдельная община, вероятно, составляла бы своего рода самостоятельную маленькую секту или исповедовала свои особые учения. Каждый проповедник, вне всякого сомнения, чувствовал бы себя вынужденным прилагать чрезвычайные усилия и пускать в ход всевозможные уловки, чтобы сохранить за собой и увеличить наличное количество своих последователей. Но так как все другие проповедники чувствовали бы себя вынужденными к тому же самому, то ни один проповедник или секта проповедников не могли бы пользоваться очень большим успехом. Заинтересованное и деятельное рвение религиозных проповедников может быть опасно и может иметь неприятные последствия только там, где в обществе допущена только одна секта или где все общество в целом разделяется на две или три большие секты, причем проповедники каждой из них действуют согласованно и подчиняясь установленной дисциплине и иерархии. Но это рвение безопасно там, где общество делится на 200, или 300, или, может быть, на много тысяч маленьких сект, из которых ни одна не может быть достаточно значительна, чтобы нарушать общественное спокойствие. Проповедники каждой секты, видя себя окруженными со всех сторон большим количеством противников, чем друзей, были бы вынуждены учить тому чистосердечию и умеренности, которые так редко возможно встретить среди проповедников больших сект, учения которых, поддерживаемые гражданской властью, почитаются почти всеми жителями обширных королевств или империй и которые знают только последователей, учеников и смиренных почитателей. Проповедники каждой маленькой секты, видя себя почти одинокими, были бы вынуждены с уважением относиться к проповедникам других сект, и уступки, которые они признали бы удобным и приятным делать друг другу, с течением времени могли бы превратить учения большинства их в ту чистую и рациональную религию, свободную от всякой примеси нелепостей, обманов или фанатизма, которую мудрые люди во все эпохи желали видеть утвердившейся, но которая еще, пожалуй, никогда не была установлена положительным законом и, вероятно, никогда не будет установлена им ни в одной стране, потому что в вопросах религии на положительный закон всегда оказывали и, наверное, всегда будут оказывать большее или меньшее влияние народные предрассудки и предпочтения. Такого рода церковное управление, или, точнее говоря, отсутствие всякого церковного управления, предлагала установить в Англии в конце гражданской войны секта так называемых индепендентов, секта, без сомнения, совершенно необузданных фанатиков. Если бы оно было установлено, то, хотя в его основу совсем не были положены философские принципы, то, вероятно, к нашему времени имело бы своим последствием в высшей степени философскую терпимость и умеренность в отношении к религиозным принципам.

Оно было установлено в Пенсильвании, где, несмотря на то что квакеры там наиболее многочисленны, закон фактически не благоприятствует одной секте больше, чем другой, и где оно, как утверждают, привело к указанной философской умеренности и терпимости.

Но если бы даже это одинаковое отношение ко всем религиозным сектам какой-либо страны не порождало такой терпимости и умеренности у всех или у большей части их, то все же при том условии, что эти секты достаточно многочисленны и каждая из них вследствие этого слишком незначительна, чтобы нарушать общественное спокойствие, чрезмерная ревность каждой из них по отношению к своему учению не могла бы приводить к каким-либо очень вредным последствиям, а, напротив, была бы в состоянии вызывать некоторые хорошие результаты; и если бы правительство твердо решило не вмешиваться в их жизнь и заставить их не вмешиваться в жизнь друг друга, то маловероятно, что они и по собственному почину не раздробились бы достаточно быстро и не стали бы скоро довольно многочисленны.

В любом цивилизованном обществе, в любом обществе, где уже вполне установилось разделение на классы, всегда существовали одновременно две схемы или системы нравственности, из которых одну можно назвать строгой, или суровой, а другую — свободной, или, если хотите, распущенной. Первая обычно принимается и почитается простонародьем, вторая — так называемым обществом, людьми воспитанными и светскими. Та степень осуждения, с какою мы должны относиться к порокам легкомыслия, порокам, легко порождаемым богатством и избытком веселости и хорошего настроения, служит, по-видимому, главным признаком, отличающим эти две противоположные системы. Свободная, или распущенная, система нравственности обычно относится с большой снисходительностью к роскоши, расточительности и даже беспорядочным развлечениям, к доведению удовольствий до некоторой степени невоздержанности, к нарушению целомудрия по крайней мере одним из двух полов и т.п. при условии, если все это не сопровождается грубым неприличием и не ведет к лживости или несправедливости; она легко извиняет и даже прощает все это. Напротив, суровая система нравственности относится к подобным излишествам и крайностям с крайним отвращением и презрением. Пороки легкомыслия всегда гибельны для простого народа; беззаботности и разгула в течение одной только недели часто бывает достаточно, чтобы погубить навсегда бедного работника и толкнуть его в отчаянии к совершению самых чудовищных преступлений. Поэтому более благоразумные и лучшие люди из простонародья всегда питают отвращение к подобным эксцессам, которые, как говорит им опыт, столь непосредственно губительны для людей их положения. Напротив, беспорядочный образ жизни и расточительность в течение нескольких лет не всегда разоряют и губят человека светского, и люди этого класса весьма склонны считать возможность предаваться до известной степени подобным эксцессам одним из преимуществ своего богатства, а свободу поступать так, не навлекая на себя порицания или упреков, — одной из привилегий, связанных с их общественным положением. Ввиду этого к подобным эксцессам со стороны представителей своего класса они относятся лишь с незначительным неодобрением и порицают их очень слабо, а то и совсем не делают этого.

Почти все религиозные секты зарождались среди простого народа, из рядов которого они обыкновенно привлекали своих первых, впоследствии наиболее многочисленных приверженцев. В соответствии с этим указанные секты почти всегда или за очень немногими исключениями усваивали систему строгой нравственности. Именно такой нравственностью они могли лучше всего зарекомендовать себя в глазах того класса, кому они в первую очередь предлагали свой проект реформирования существующих учреждений. Многие из них, даже, пожалуй, большинство, старались приобрести доверие усилением строгости этой системы нравственности и доведением ее до нелепости и чрезмерности; и эта чрезмерная суровость часто привлекала к ним больше, чем что-либо другое, уважение и преклонение простого народа.

В силу своего положения человек знатный и состоятельный является заметным и выдающимся членом большого общества, которое следит за каждым его шагом и таким образом вынуждает его самого следить за собственным поведением. Его влияние и вес очень сильно зависят от уважения, с каким относится к нему общество. Он не решится делать ничего такого, что может опорочить или навлечь на него дурную славу в глазах общества, и вынужден очень строго соблюдать тот вид нравственности, снисходительной или суровой, какую общее мнение общества предписывает людям его положения и богатства. Человек низших классов, напротив, отнюдь не является заметным членом какого-либо большого общества. Пока он живет в деревне, за его поведением могут следить и он сам, может быть, вынужден следить за собственным поведением. В таком положении, и только в таком, он может утратить так называемое доброе имя. Но стоит ему поселиться в большом городе, и он погружается в неизвестность и мрак. Никто уже не наблюдает за его поведением, поэтому весьма вероятно, что он перестанет сам следить за ним и предастся всем видам низменной распущенности и порока. Только став членом небольшой религиозной секты, он фактически выходит из своей неизвестности, а его поведение делается предметом большого внимания общества почтенных людей. С этого момента он приобретает некоторую репутацию и вес, какими до сих пор никогда не обладал. Все его братья — члены секты — в интересах репутации секты заинтересованы в наблюдении за его поведением, и, если он служит причиной какого-либо скандала или слишком резко отклоняется от той суровой нравственности, какую они почти всегда требуют друг от друга, в их интересах подвергнуть его тому наказанию, которое всегда является очень суровым, хотя и не связано ни с какими скверными последствиями, а именно — исключению или отлучению его от секты. В соответствии с этим в небольших религиозных сектах нравственность простонародья отличалась почти всегда замечательной устойчивостью и чистотой, обычно оставляя далеко позади себя нравственность членов официально признанной церкви. Нравственность таких небольших сект была часто даже в известной степени неприятно сурова и антиобщественна.

Однако существуют два весьма простых и действенных средства, при помощи которых государство могло, не прибегая к насилию, смягчить то, что представлялось антиобщественным или неприятно суровым в нравственности всех маленьких сект, на которые делилось население страны.

Первое из этих средств заключается в изучении науки и философии, которое государство может сделать почти общераспространенным среди всех лиц среднего и выше среднего положения и состояния; сделать это оно может не выдачей жалованья учителям, что вызовет со стороны последних небрежность и нерадивость, а установлением определенного экзамена даже по высшим и более трудным наукам, которому должно подвергаться всякое лицо для получения разрешения заниматься какой-либо либеральной профессией или для назначения его на какую-либо почтенную должность, ответственную или доходную. Если государство создает для этого класса людей необходимость учиться, ему не приходится заботиться о том, чтобы снабдить их надлежащими учителями. Они скоро найдут для себя сами учителей лучших, чем это могло бы сделать для них государство. Наука является великим противоядием против отравы суеверия и фанатизма, а там, где высшие классы застрахованы от нее, низшие классы тоже уже не так сильно подвергаются этой опасности.

Вторым средством служит частое устройство и веселый характер общественных развлечений. Государство, поощряя, т.е. предоставляя полную свободу всем тем, кто в собственных интересах старается без скандала или бесстыдства развлекать и забавлять народ живописью, поэзией, музыкой, танцами, всякого рода драматическими представлениями и зрелищами, легко рассеет в большинстве народа то мрачное настроение и меланхолию, которые почти всегда питают общественное суеверие и фанатизм. Общественные развлечения всегда были предметом ужаса и ненависти для всех фанатических сеятелей и возбудителей этого народного безумия. Веселое и радостное настроение, внушаемое такими развлечениями, вообще несовместимо с тем умонастроением, какое наиболее соответствует их целям или на какое им легче всего воздействовать. Кроме того, драматические представления, часто разоблачающие и подвергающие общественному осмеянию их уловки, а иногда вызывающие общественное возмущение, навлекали на себя ввиду этого более, чем всякие другие развлечения, их особенную ненависть и отвращение.

В стране, где закон не покровительствует проповедникам одной религии больше, чем проповедникам другой, не окажется необходимым, чтобы кто-либо из них находился в особой или непосредственной зависимости от государя или исполнительной власти или чтобы государь имел какое-либо отношение к назначению или смещению их с должности. При таких условиях ему не будет никакой нужды вмешиваться в их дела больше, чем это требуется для поддержания мира между ними (как он делает это по отношению ко всем другим своим подданным), т.е. для воспрепятствования им преследовать, позорить или угнетать друг друга. Совершенно иначе обстоит дело в странах, где существует официально признанная или господствующая религия. В таких странах государь никогда не может чувствовать себя достаточно прочно, если он не располагает средствами для воздействия в значительной степени на большинство проповедников этой религии.

Духовенство всякой официально признанной церкви образует многочисленную корпорацию. Оно может действовать согласованно и преследовать свои интересы по общему плану и объединенное одним духом, как будто бы оно руководилось все одним человеком; и часто, действительно, оно и находится под таким руководством. Его интересы, как особой корпорации, никогда не совпадают с интересами государя, а иногда прямо противоположны им. Главный интерес духовенства состоит в сохранении своего авторитета и влияния на народ, а эти последние зависят от предполагаемой достоверности и важности всего учения, проповедуемого им, и от предполагаемой необходимости принимать его во всех его подробностях, целиком, с полной верой, чтобы избежать вечных мук. И если государь будет иметь неосторожность показаться отступающим или сомневающимся в самом пустячном вопросе их учения или из чувства человечности захочет заступиться за тех, кто провинился в том или другом из этих прегрешений, то щепетильная часть духовенства совершенно независимо от государя сейчас же провозгласит его нечестивцем и пустит в ход все страхи религии, чтобы вынудить народ перейти в подданство к более правоверному и послушному государю. А если он воспротивится каким-либо из претензий для узурпации духовенства, опасность не менее велика. Государи, осмелившиеся таким образом восстать против церкви, обычно навлекали на себя обвинение не только в этом преступлении, но и в добавочном преступлении — ереси, несмотря на их торжественные заверения о своей вере и на смиренное подчинение всем догматам, какие она считала нужным предписать им. Но авторитет религии выше всякого другого авторитета. Страх, внушаемый ею, превозмогает всякий другой страх. Когда признанные проповедники религии распространяют в массе народа учения, подрывающие авторитет и власть государя, последний может поддержать свой авторитет и власть только насильственными действиями или силой постоянной армии. Даже постоянная армия не может в таком случае служить для него прочной опорой, потому что если солдаты не чужеземцы — что редко бывает, — а рекрутируются из массы народа — что должно быть почти всегда, — то и они скоро окажутся зараженными этими самыми учениями. Революции, которые постоянно вызывали интриги греческого духовенства в Константинополе во все время существования Западной империи, смуты и потрясения, которые в течение нескольких столетий постоянно порождались интригами римско-католического духовенства повсеместно в Европе, достаточно свидетельствуют о том, как непрочно и ненадежно всегда положение государя, не обладающего надлежащими средствами воздействовать на духовенство признанной и господствующей в его стране религии.

Символ веры, равно как и все другие духовные вопросы, само собой разумеется, не входит в сферу деятельности светского государя, который, правда, может в полной мере обладать качествами, необходимыми для защиты народа, но редко предполагается способным наставлять и просвещать его. Поэтому в отношении этих вопросов его авторитет редко может быть достаточен для того, чтобы перевесить объединенный авторитет духовенства официально признанной церкви. Между тем общественное спокойствие и его собственная безопасность часто могут зависеть от учений, которые духовенство находит нужным распространять относительно этих вопросов. И так как он редко может с надлежащим весом и авторитетом открыто противиться решению духовенства, то необходимо, чтобы он мог воздействовать на него, а это возможно только внушением страха отрешения от должности или надежд на повышение большинству членов этого сословия.

Во всех христианских церквах бенефиции духовных лиц представляют собой владения, которыми они пользуются не по усмотрению государя, а пожизненно или до тех пор, пока не совершат какого-нибудь проступка. Если бы обладание этими бенефициями было менее надежно и духовенство могло бы лишаться их при малейшем неудовольствии государя или его министров, оно было бы, вероятно, не в состоянии сохранять свой авторитет в глазах народа, который в таком случае считал бы его представителей наемниками, зависящими от двора, и не питал бы никакого доверия к искренности их проповеди и наставлений. Но если государь попытается незаконно или насильственно лишить некоторое количество священников их бенефиций хотя бы на том основании, что они проповедовали с чрезмерным усердием то или иное мятежное учение, то таким преследованием он только сделает их и их учение в десять раз более популярным, а потому и в десять раз более докучным и опасным. Страх почти во всех случаях оказывается плохим оружием управления, и к нему в особенности никогда не следует прибегать против такого класса людей, который проявляет хотя бы малейшее притязание на независимость. Попытка застращать их ведет только к их озлоблению и усиливает их противодействие, тогда как более мягкое обращение с ними, может быть, легко побудило бы их умерить свою оппозицию или совсем отказаться от нее. Насилие, которое французское правительство обычно употребляло, чтобы заставить все свои парламенты или высшие судебные места зарегистрировать тот или иной непопулярный указ, очень редко приводило к успешным результатам. А между тем средство, употреблявшееся обычно в таких случаях, а именно заключение в тюрьму всех строптивых членов, следует признать достаточно решительным. Государи из дома Стюартов иногда прибегали к такому же средству, чтобы воздействовать на некоторых членов английского парламента, которые обыкновенно оставались столь же непреклонными. Обращение с английским парламентом теперь иное, и небольшой опыт, который проделал двенадцать лет тому назад герцог Шуазель с парижским парламентом, убедительно показал, что таким путем еще легче поладить со всеми парламентами Франции. Но опыт этот не был продолжен, потому что, хотя уступчивость и убеждение всегда представляют собою самое легкое и самое надежное средство управления, между тем как принуждение и насилие являются самым худшим и наиболее опасным средством, все же таково, по-видимому, естественное самомнение человека, что он почти всегда пренебрегает хорошими средствами, за исключением тех случаев, когда не может или не смеет пользоваться дурными. Французское правительство могло и имело смелость прибегнуть к силе и потому не считало нужным прибегать к уговорам и убеждению. Но не существует, по-видимому, такого сословия, как об этом говорит опыт всех веков, по отношению к которому было бы опаснее или даже губительнее применять принуждение или насилие, чем по отношению к уважаемому духовенству признанной церкви. Особые права, преимущества и личная свобода каждого отдельного представителя духовенства, который ладит со своим собственным сословием, больше уважаются даже в самых деспотических государствах, чем права, преимущества и личная свобода любого другого лица приблизительно одинакового общественного положения и состояния. Так бывает при всех степенях деспотизма, начиная с мягкого и снисходительного правительства в Париже и кончая насильственным и необузданным правительством в Константинополе. Но если это сословие трудно принудить к чему-нибудь силой, то поладить с ним столь же легко, как и со всяким другим, и безопасность государя, равно как и общественное спокойствие, сильно зависит, по-видимому, от средств, какие у него имеются для воздействия на духовных лиц; эти средства, по-видимому, выражаются вообще в повышении, каким он может награждать их.

При древнем устройстве христианской церкви епископ каждого диоцеза избирался соединенным голосованием духовенства и жителей епархиального города. Народ недолго сохранял свое право на участие в выборах, а пока пользовался им, почти всегда действовал под влиянием духовенства, которое в подобного рода духовных вопросах казалось его естественным руководителем. Но духовенству скоро, однако, надоело затруднять себя хлопотами, необходимыми для воздействия на народ, и оно сочло более удобным и простым самому избирать своих епископов. Точно так же и настоятель избирался монахами монастыря, по крайней мере в большей части аббатств. Все низшие церковные бенефиции, входящие в состав диоцеза, жаловались епископом, который раздавал их тем членам духовенства, кому считал нужным. Таким образом, все церковные должности и чины находились в распоряжении самой церкви. И хотя государь мог пользоваться некоторым косвенным влиянием на эти выборы — иногда было принято спрашивать его согласия на производство выборов и утверждение избранных лиц, — все же он не располагал прямыми или достаточными средствами воздействия на духовенство. Честолюбие каждого церковника, естественно, побуждало его заботиться о благоволении не столько государя, сколько своего собственного сословия, от которого только он мог ожидать повышения.

В большей части Европы папа постепенно присвоил себе сперва раздачу почти всех епископств и аббатств, или так называемых консисторских бенефиций, а потом посредством различных махинаций и предлогов — большей части низших бенефиций, входящих в состав каждого диоцеза, причем епископу было оставлено немногим больше того, что представлялось абсолютно необходимым для обеспечения ему хотя бы минимального авторитета в глазах подчиненного ему духовенства. Благодаря такому порядку положение государя еще ухудшилось сравнительно с тем, что было прежде. Духовенство всех стран Европы сложилось, таким образом, в своего рода духовную армию, правда, рассеянную по различным местам, но которая могла теперь во всех своих движениях и действиях направляться одним главой и руководиться по одному единообразному плану. Духовенство каждой отдельной страны можно было рассматривать как особый отряд этой армии, действия которого легко могли быть поддержаны и подкреплены всеми другими отрядами, размещенными в соседних странах. Каждый отряд являлся не только независимым от государя той страны, в которой он находился и которая содержала его, но и зависимым от чужестранного государя, который мог в любой момент обратить свое оружие против государя данной страны и поддержать свой отряд оружием всех других отрядов.

Это оружие было страшнее и сильнее всего, что только можно себе представить. В древней Европе до развития ремесел и мануфактур богатство духовенства давало ему такое же влияние на простой народ, какое богатство баронов обеспечивало им власть над вассалами, арендаторами и крепостными. В громадных поместьях, которые жертвовало церкви ошибочно направленное благочестие государей и частных лиц, устанавливалась юрисдикция такого же рода, как и в поместьях крупных баронов, и по тем же причинам. В этих больших поместьях духовенство или его управители легко могли охранять мир, не обращаясь к поддержке и помощи короля или кого бы то ни было другого, и ни король, ни какое-либо другое лицо не могли бы охранять там мир без поддержки и помощи духовенства. Поэтому юрисдикция духовенства в принадлежащих ему баронствах или поместьях была столь же независима и столь же не подчинена власти королевских судов, как и юрисдикция крупных светских владетелей. Держатели земли духовенства были почти все, как и держатели земли крупных баронов, свободными арендаторами, целиком зависимыми от своих непосредственных господ и потому подлежащими в любой момент призыву для участия в военных действиях, в какие духовенство считало нужным вовлечь их. Помимо доходов с этих поместий духовенство обладало в виде десятины весьма значительной долей доходов со всех других поместий во всех королевствах Европы. Доходы эти в своей большей части поступали натурой, т.е. уплачивались хлебом, вином, скотом, птицей и т.п. Количество, собираемое таким образом духовенством, значительно превышало то, что оно само могло потребить, а в то время еще не существовало ремесел и мануфактур, на продукты которых оно могло бы выменять этот излишек. Духовенство могло не иначе употреблять эти громадные излишки, как расходуя их, подобно крупным баронам, на самое широкое гостеприимство и на самую щедрую благотворительность. В соответствии с этим как гостеприимство, так и благотворительность духовенства были, как передают, очень велики. Оно не только поддерживало бедных почти во всех королевствах, но и многие рыцари и дворяне не имели часто другой возможности существовать, как странствуя из монастыря в монастырь под предлогом благочестия, а на самом деле с целью воспользоваться гостеприимством духовенства. Свита и приближенные у некоторых прелатов были иногда столь же многочисленны, как и у самых могущественных светских лордов, а если взять все духовенство в целом, то, пожалуй, и более многочисленны, чем у всех светских лордов, взятых вместе. Духовенство отличалось всегда гораздо большей объединенностью и единодушием, чем светские лорды. Оно было связано постоянной дисциплиной и подчинением папской власти. Лорды, напротив, были свободны от всякой дисциплины и подчинения и почти всегда соперничали друг с другом и враждовали с королем. Поэтому хотя у духовенства было меньше держателей и челяди, взятых вместе, чем у могущественных лордов (а число их держателей само по себе, вероятно, было еще гораздо меньше), однако его согласие и единодушие делали его более сильным. Равным образом гостеприимство и благотворительность духовенства не только позволяли ему распоряжаться большой светской силой, но и значительно увеличивали вес его духовного оружия. Эти добродетели доставляли ему величайшее уважение и почитание со стороны всех низших классов народа, из которых множество людей постоянно, а почти все по временам получали от него пропитание. Решительно все принадлежавшее или имевшее отношение к столь популярному сословию — его владения, его привилегии, его учения необходимо являлось священным в глазах простого народа, и всякое посягательство на него, действительное или предполагаемое, казалось актом святотатственного безумия и нечестия. При таком положении вещей нас не должно удивлять, что если государь часто находил трудным сопротивляться объединению немногих представителей высшего дворянства, то еще более трудным оказывалось для него противиться объединенной силе духовенства его собственных владений, поддерживаемого силой духовенства всех соседних владений. В таких условиях приходится удивляться не тому, что он иногда бывал вынужден уступать, а тому, что он вообще когда-либо оказывался в состоянии сопротивляться.

Привилегии духовенства в те давно минувшие времена (представляющиеся нам, живущим ныне, в высшей степени нелепыми), его полное изъятие из светской подсудности, или так называемое в Англии право духовенства, являлись естественным, или, вернее, неизбежным, последствием такого положения вещей. Как опасно должно было быть для государя пытаться наказать духовное лицо за какое-либо преступление, если его собственное сословие было склонно защищать его и объявлять улики недостаточными для осуждения столь святого человека или наказание слишком суровым для наложения его на человека, личность которого освящена религией. При таких условиях государю не оставалось ничего другого, как предоставить рассмотрение его дела церковным судам, которые ради доброго имени и достоинства своего сословия были заинтересованы в удержании насколько возможно всех его членов от совершения тяжких преступлений или даже от создания поводов к громким скандалам, могущим вызвать возмущение народа.

При том положении вещей, какое существовало в большей части Европы в течение X, XI, XII и XIII столетий и в течение некоторого времени до и после этого периода, устройство римской церкви можно считать самой страшной силой, которая когда-либо была объединена и сосредоточена против власти и прочности гражданского правительства, а также против свободы, разума и счастья человечества, которые могут процветать только там, где гражданское правительство в состоянии оказывать им защиту. При этом устройстве самые грубые заблуждения суеверия питались и поддерживались частными интересами столь большого числа людей, что это ограждало их от всех нападений человеческого разума: в самом деле, хотя человеческий разум мог бы иногда разоблачить даже в глазах простого народа некоторые из заблуждений суеверия, он никогда не мог разорвать узы частного интереса. Если бы на это учреждение не нападал никакой другой враг, кроме человеческого разума с его слабыми усилиями, то оно сохранилось бы на вечные времена. Но этот громадный и тщательно построенный организм, потрясти который, а еще меньше свалить не могла вся мудрость и добродетель человека, был в силу естественного хода вещей сперва ослаблен, а потом и частично разрушен, теперь же в течение ближайших столетий, наверное, и совсем распадется.

Постепенное развитие ремесел, мануфактур и торговли — та самая причина, которая уничтожила власть крупных баронов, уничтожила точно так же в большей части Европы всю светскую власть духовенства. В продуктах, доставляемых ремеслом, мануфактурами и торговлей, духовенство, как и крупные бароны, находило нечто такое, на что оно могло обменивать свои сырые продукты; таким путем оно открыло способ расходовать все свои доходы на самого себя, не отдавая сколько-нибудь значительной доли их другим людям. Его благотворительность постепенно стала менее широкой, его гостеприимство — менее щедрым или менее расточительным. В результате этого уменьшилось число зависящих от него лиц, постепенно свита и челядь духовенства совсем исчезли. Подобно крупным баронам, духовенство тоже стремилось получать более высокую ренту со своих поместий, чтобы расходовать ее точно таким же образом на удовлетворение своего личного тщеславия и прихотей. Но такое увеличение ренты можно было обеспечить только предоставлением земельных участков в аренду своим крестьянам, которые благодаря этому становились в значительной мере независимыми. Таким образом постепенно были ослаблены и совсем разорваны те узы заинтересованности, которые привязывали низшие классы народа к духовенству. Они даже были ослаблены и разорваны раньше, чем такие же узы, связывавшие эти же классы народа с крупными баронами, потому что, поскольку бенефиции духовенства большей частью были гораздо меньше земельных владений крупных баронов, обладатели отдельных бенефиций могли гораздо легче израсходовать весь свой доход на свою собственную персону. На протяжении большей части XIV и XV столетий могущество крупных баронов в большей части Европы было еще в полной силе, тогда как светская власть духовенства, абсолютная власть, какою оно некогда обладало над широкой массой народа, пришла в значительный упадок. Власть церкви к этому времени в большей части Европы свелась почти исключительно к тому, что вытекало из ее духовного авторитета, и даже этот духовный авторитет был значительно ослаблен, когда его уже перестали поддерживать благотворительность и гостеприимство духовенства. Низшие классы народа перестали смотреть на это сословие, как делали это до сих пор, как на помощника и целителя в своей нужде и болезнях. Напротив того, их возмущали суетность, роскошь и расточительность более богатого духовенства, которое казалось теперь расходующим на свои собственные удовольствия то, что всегда рассматривалось как достояние бедных.

При таком положении вещей государи различных государств Европы стали делать попытки вернуть себе то влияние, которым они некогда обладали в деле распоряжения крупными бенефициями церкви, и с этой целью восстанавливали старинное право настоятелей и капитулов каждого диоцеза выбирать своего епископа и право монахов каждого аббатства выбирать своего аббата. Восстановление этого старинного порядка было целью ряда законов, изданных в Англии на протяжении XIV столетия, в частности так называемого статута о провизорах и прагматической санкции, установленной в XV столетии во Франции. Для действительности избрания было необходимо, чтобы государь согласился предварительно на самое производство выборов и утвердил потом избранное лицо; и хотя выборы по-прежнему предполагались свободными, однако государь располагал всеми косвенными средствами воздействия на духовенство своих владений, какие, естественно, давало его положение. В остальных частях Европы вводились другие правила, преследовавшие подобные же цели. Но власть папы в деле раздачи крупных бенефиций церкви нигде, кажется, не была до реформации так действительно и так всемерно ограничена, как во Франции и в Англии. В дальнейшем, в XVI столетии, конкордат предоставил королям Франции неограниченное право раздачи всех больших, или так называемых консисторских, бенефиций галликанской церкви.

Со времени установления прагматической санкции и конкордата духовенство Франции стало в общем проявлять меньше уважения к распоряжениям папской курии, чем духовенство всех других католических стран. Во всех спорах и столкновениях своего государя с папой оно почти постоянно становилось на сторону первого. Такая независимость духовенства Франции от римской курии основывается, по-видимому, главным образом на прагматической санкции и конкордате. В более ранние периоды существования монархии духовенство Франции представляется не менее преданным и послушным папе, чем духовенство всякой другой страны. Когда Роберт, второй государь капетингской династии, самым незаслуженным образом был отлучен от церкви римской курией, его собственные слуги, как рассказывают, выбрасывали приносимую с его стола пищу собакам и отказывались вкушать что-либо, оскверненное прикосновением такого человека. Можно почти с уверенностью предполагать, что делать это им внушило духовенство его собственных владений.

Притязание на право раздачи крупных церковных бенефиций, притязание, в защиту которого римская курия часто колебала, а иногда и опрокидывала троны некоторых из величайших государей христианского мира, было, таким образом, ограничено, или видоизменено, или даже совсем отменено в различных частях Европы еще до эпохи реформации. И если духовенство пользовалось теперь меньшим влиянием на народ, то государство обладало большим влиянием на духовенство. И потому последнее имело меньше силы и проявляло менее склонности противодействовать государству.

В таком упадке находились авторитет и влияние римской церкви, когда в Германии начались споры, породившие реформацию и скоро распространившиеся по всей Европе. Новые учения всюду встречались народом с большим восторгом. Они пропагандировались со всем тем восторженным рвением, какое обычно воодушевляет всякую группу, когда она нападает на установленную власть. Проповедники этих учений, которые в других отношениях не отличались, пожалуй, большей ученостью, чем многие из священников, защищавших официальную церковь, в общем, по-видимому, были лучше ознакомлены с церковной историей, происхождением и развитием той системы идей, на которой покоится авторитет церкви. Поэтому почти во всех диспутах они оказывались победителями. Строгость нравов давала им авторитет в глазах народа, который сопоставлял их строгий образ жизни с беспорядочной жизнью большей части его собственного духовенства. Помимо того, они обладали в гораздо большей степени, чем их противники, умением приобретать популярность и привлекать новых сторонников, чем давно уже пренебрегали надменные и важные сыны церкви как в значительной мере бесполезным для них. Содержание и смысл новых учений располагали к ним некоторых, их новизна — многих, а ненависть и презрение к официальному духовенству привлекали к ним еще большее число сторонников; горячее, страстное и фанатическое, хотя нередко грубоватое и примитивное, красноречие, с каким они почти везде проповедовались, располагало к ним еще больше массы.

Успех новых учений был почти повсеместно так велик, что государи, которые в ту пору оказались в плохих отношениях с римской курией, легко смогли, опираясь на них, ниспровергнуть в своих владениях церковь, которая, утратив уважение и почитание со стороны низших классов народа, почти не могла оказать сопротивления. Римская курия задела и обидела некоторых из второстепенных государей в северной части Германии, которых она, вероятно, считала слишком незначительными, чтобы стоило с ними церемониться. Они поэтому повсюду ввели реформацию в своих владениях.

Тирания Христиана II и Тролля, архиепископа Упсальского, позволила Густаву Вазе изгнать их из Швеции. Папа покровительствовал тирану и архиепископу, поэтому Густав Ваза не встретил никаких затруднений при введении реформации в Швеции. Христиан II был потом низложен с трона Дании, где его поведение сделало его столь же ненавистным, как и в Швеции. Папа, однако, все еще был склонен поддерживать его, и Фридрих Гольштейнский, занявший трон вместо него, отомстил тем, что последовал примеру Густава Вазы. Магистры Берна и Цюриха, не имевшие особых столкновений с папой, легко ввели реформацию в своих кантонах, где как раз перед тем некоторые из представителей духовенства благодаря несколько более грубому, чем обычно, обману сделали все свое сословие предметом сильной ненависти и презрения.

При таком критическом положении своих дел папская курия не щадила усилий для поддержания и укрепления дружественных отношений с могущественными государями Франции и Испании, из которых последний был в это время императором германским. С их помощью ей удалось, хотя и не без большого труда и с большим кровопролитием, или совсем подавить, или значительно задержать развитие реформации в их владениях. Она также проявляла готовность ладить и идти навстречу королю Англии, но в силу сложившихся обстоятельств не могла сделать это, не оскорбив еще более могущественного государя Карла V, короля испанского и императора германского. Ввиду этого Генрих VIII, хотя он сам не разделял большей части учений реформации, мог все же благодаря их всеобщему распространению закрыть все монастыри и уничтожить власть римской церкви в своих владениях. То обстоятельство, что он сделал это, хотя и не пошел дальше, дало некоторое удовлетворение сторонникам реформации, которые, завладев правительством в правление его сына и преемника, без всякого труда завершили дело, начатое Генрихом VIII.

В некоторых странах, как, например, в Шотландии, где правительство было слабо, непопулярно и непрочно, реформация оказалась достаточно сильной для того, чтобы ниспровергнуть не только церковь, но и государственную власть, пытавшуюся поддержать ее.

У последователей реформации, рассеянных по всем странам Европы, не было общего трибунала, который, подобно трибуналу римской курии или вселенскому собору, мог бы улаживать все споры между ними и с непреодолимым авторитетом предписывать всем им точные границы правоверия. Поэтому, если последователям реформации в одной стране случалось расходиться во взглядах с их братьями в другой, они не имели общепризнанного судьи, к которому можно было бы обратиться, и спор никогда не мог быть разрешен, а таких споров и разногласий среди них возникало множество. Разногласия относительно церковного управления и права раздачи церковных бенефиций были, пожалуй, наиболее важны для мира и благоденствия гражданского общества. Ввиду этого они породили две главные партии, или секты, среди сторонников реформации — лютеранскую и кальвинистскую — единственные секты среди них, учения и организации которых были установлены до сих пор законом в странах Европы.

Последователи Лютера вместе с так называемой англиканской церковью сохранили более или менее епископское управление, установили субординацию среди духовенства, предоставили государю распоряжение всеми епископствами и другими консисторскими бенефициями в его владениях и этим сделали его фактическим главой церкви; и, не лишая епископа права раздавать менее значительные бенефиции в пределах его диоцеза, они даже в отношении этих бенефиций не только допускали, но и высказывались за право государя и других светских патронов предлагать своих кандидатов. Эта система церковного управления с самого начала благоприятствовала миру, нормальному порядку и подчинению светскому государю. И действительно, она никогда не служила поводом и не вызывала каких-либо смут или гражданских потрясений

в странах, в которых была введена. В частности,
англиканская церковь всегда гордилась, и не без основания, исключительной лояльностью своих принципов. При такой системе управления духовенство, естественно, старается снискать расположение государя, двора, знати и дворянства страны, от влияния которых оно главным образом ожидает повышений и движения вперед. Без сомнения, оно нередко ухаживает за этими покровителями при помощи самой низкой лести и угодливости, но часто также старается совершенствоваться в тех искусствах, которые больше всего заслуживают, а потому и скорее всего могут приобрести им уважение людей с положением и состоятельных; оно старается выделяться своими познаниями во всех областях полезных и приятных знаний приличной непринужденностью своего обращения, остроумием и добродушием своего разговора и явным презрением к тем нелепым и лицемерным строгостям нравов и суровости, каких требуют фанатики и каких они будто бы придерживаются, чтобы обеспечить себе уважение простонародья и вызвать возмущение последнего против большей части людей состоятельных и знатных, признающих, что они не придерживаются их. Однако такое духовенство, ухаживающее за высшими классами, очень склонно пренебрегать вообще средствами, служащими сохранению его влияния и авторитета среди низших классов. К нему прислушиваются, его уважают высшие, но перед низшими оно часто бывает неспособно успешно и убедительно для слушателей защищать свои собственные трезвые и умеренные взгляды против самого невежественного фанатика, нападающего на последние.

Напротив, последователи Цвингли, или, точнее, последователи Кальвина, передали населению каждого прихода, где свободно место церковного священника, право избрания своего пастыря и одновременно с этим установили самое полное равенство среди духовенства. Что касается первого, то это право, пока оно оставалось в силе, порождало, по-видимому, только беспорядок и смуты и вело к развращению одинаково как духовенства, так и народа. Что касается второго, то, по-видимому, учреждение это имело только вполне хорошие последствия.

До тех пор пока жители каждого прихода сохраняли право избирать своего священника, они почти всегда действовали под влиянием духовенства и притом обычно под влиянием наиболее мятежных и фанатичных членов этого сословия. Стремясь сохранить свое влияние на этих народных выборах, духовенство в лице своих многих представителей становилось или делало вид, что становится фанатичным, поощряло фанатичность среди народа и почти всегда отдавало предпочтение самому фанатичному кандидату. Столь маловажное дело, как назначение приходского священника, вызывало почти всегда ожесточенную борьбу не только в одном приходе, но и во всех соседних приходах, которые редко упускали случай принять участие в кампании. Если приход находился в большом городе, это делило всех его жителей на две партии, а когда этот город составлял сам по себе маленькую республику или был столицей небольшой республики, как это имело место со многими значительными городами Швейцарии и Голландии, то всякий незначительный спор этого рода, помимо того что обострял вражду всех их партий, грозил повести к новому расколу в церкви и к новым смутам в государстве. Поэтому в таких небольших республиках гражданские власти очень скоро сочли необходимым в целях сохранения общественного спокойствия присвоить себе право замещения всех освобождающихся бенефиций. В Шотландии, самой обширной стране из тех, где когда-либо была установлена эта пресвитерианская форма церковного управления, права патрона были отменены законом, установившим в начале правления Вильгельма III пресвитерианство. Этот закон предоставил по крайней мере возможность определенным группам граждан в каждом приходе покупать за совсем незначительную сумму право выбирать своего пастора. Порядок, установленный этим законом, существовал 22 года, а затем был отменен законом, изданным в 10-й год правления королевы Анны (гл. 12) ввиду тех смут и беспорядков, которые почти везде вызывал этот наиболее популярный способ избрания. Но в столь большой стране, как Шотландия, смуты в каком-нибудь отдаленном приходе вряд ли могли в такой же мере затруднить правительство, как в государстве меньших размеров. Закон 10-го года правления королевы Анны восстановил право патроната. Но хотя в Шотландии закон предоставляет бенефиций каждому лицу, указываемому патроном, все же церковь иногда требует (ибо в этом отношении ее решения не всегда были единообразны) известного участия народа, прежде чем предоставить кандидату так называемое врачевание душ или церковную юрисдикцию в приходе. Иногда даже, будто бы заботясь о мире в данном приходе, она откладывает окончательное назначение, пока не добьется этого участия народа. Частные происки и усилия некоторых из членов окрестного духовенства, чтобы добиться или, еще чаще, предотвратить это участие, а также и средства, употребляемые ими для достижения этой цели, являются, надо думать, главной причиной сохранения до сих пор остатков старого фанатического духа среди духовенства и народа Шотландии.

Равенство, которое пресвитерианская форма церковного управления устанавливает среди духовенства, выражается, во-первых, в равенстве власти или церковной юрисдикции и, во-вторых, в равенстве бенефиций. Во всех пресвитерианских церквах равенство власти проведено в полной мере; не так обстоит дело с равенством бенефиций. Однако разница между бенефициями редко бывает столь значительна, чтобы побуждать обладателя даже маленького бенефиция стараться угождать своему патрону низкой лестью и попустительством в целях получения лучшего. Во всех пресвитерианских церквах, где полностью проведено право патроната, духовенство по общему правилу старается приобрести благоволение высших более благородными и лучшими средствами: своей ученостью, безупречной честностью своей жизни, добросовестным и старательным выполнением своих обязанностей. Их патроны часто даже жалуются на независимость образа мыслей и действий пресвитерианских священников, которую они склонны объявлять неблагодарностью за прежние милости, но которая в худшем случае редко представляет собою что-либо большее, чем безразличие, которое, естественно, порождается сознанием, что не приходится больше ожидать дальнейших милостей этого рода. Вряд ли где бы то ни было в Европе можно встретить более ученую, более приличную, независимую и почтенную корпорацию людей, чем большая часть пресвитерианского духовенства Голландии, Женевы, Швейцарии и Шотландии.

Там, где церковные бенефиции все почти одинаковы, ни один из них не может быть очень велик, и такие скромные размеры бенефиций, хотя, без сомнения, и могут быть чрезмерно малы, имеют все же некоторые положительные результаты. Ничто, кроме самой примерной нравственности, не может придать достоинства человеку, не имеющему состояния. Пороки легкомыслия и суетности неизбежно делают его смешным и, помимо того, почти так же губительны для него, как и для людей из простонародья. Поэтому в своем поведении он вынужден следовать тем правилам нравственности, которые больше всего почитает простой народ. Он приобретает уважение и любовь последнего благодаря тому образу жизни, какой побуждают его вести собственный интерес и положение. Простой народ смотрит на него с той доброжелательностью, с какой мы, естественно, относимся к тем, кто несколько приближается к нашему собственному положению, но кто, по нашему мнению, должен был бы стоять более высоко. Его доброжелательность, естественно, вызывает доброжелательность со стороны священника. Он проявляет старания просвещать народ и усердно помогает ему. Он даже не проявляет презрения к предрассудкам людей, столь расположенных к нему, и никогда не относится к ним с таким презрением и высокомерием, какое мы столь часто встречаем у гордых сановников могущественных и богатых церквей. Вследствие этого пресвитерианское духовенство пользовалось большим влиянием на умы простого народа, чем, пожалуй, духовенство любой другой официально признанной церкви. Поэтому также только в пресвитерианских странах мы видим, что простой народ без всяких преследований целиком и почти поголовно принадлежит к официальной церкви.

В странах, где церковные бенефиции в большинстве своем очень скромны, университетская кафедра обычно дает лучшее положение, чем церковный бенефиций. Университеты в таком случае выискивали и избирали своих членов из среды всего духовенства страны, составляющего везде самый значительный класс ученых людей. Напротив, там, где церковные бенефиции в своем большинстве очень значительны, церковь, естественно, привлекает к себе из университетов большую часть их выдающихся ученых, которые обыкновенно находят покровителя, гордого возможностью добыть для них церковное назначение. В первом случае мы найдем университеты, заполненными самыми выдающимися учеными, какие имеются в стране; во втором случае найдем в них мало выдающихся людей, причем эти немногие окажутся среди самых молодых членов университетской корпорации; и они тоже, вероятно, перейдут на церковные должности, прежде чем успеют приобрести достаточно опыта и знаний, чтобы приносить много пользы университету. Вольтер заметил, что отец Порэ, иезуит, не выделявшийся особенно в мире ученых, был единственным профессором из французских иезуитов, сочинения которого стоило читать. Должно казаться несколько странным, что в стране, породившей так много выдающихся ученых, почти ни один из них не был профессором университета. Знаменитый Гассенди был в начале своей деятельности профессором в университете в Э. Но когда проявились первые проблески его гения, ему было указано, что, перейдя в церковь, он сможет легко найти для себя более спокойную и комфортабельную жизнь, а также обеспечить себе лучшие условия для продолжения своих научных работ, и он немедленно последовал этому совету. Замечание Вольтера, как мне кажется, может быть применено не только к Франции, но и ко всем другим римско-католическим странам. Мы очень редко можем встретить в любой из них выдающегося ученого, состоящего профессором в университете, за исключением, может быть, таких областей, как юридические науки и медицина, от которых церковь не так легко может отвлекать их. После римской церкви наиболее богатой и лучше всего обеспеченной в христианском мире является церковь англиканская. Ввиду этого в Англии церковь постоянно отнимает у университетов всех их лучших и способнейших членов, и здесь столь же редко можно найти, как и в любой римско-католической стране, старого университетского преподавателя, который был бы известен в Европе как выдающийся ученый. Напротив того, в Женеве, в протестантских кантонах Швейцарии, в протестантских государствах Германии, в Голландии, Шотландии, Швеции и Дании самые выдающиеся ученые, каких породили эти страны, если и не все без исключения, то в громадном большинстве своем, были профессорами в университетах. В этих странах университеты постоянно отвлекают от церкви всех ее самых выдающихся ученых.

Не излишним будет, пожалуй, заметить, что если исключить поэтов, немногих ораторов и историков, то значительно бóльшая часть остальных выдающихся ученых и писателей как в Греции, так и в Риме были, как оказывается, частными или общественными учителями, обычно философии или риторики. Это замечание справедливо начиная с Лизия и Сократа, Платона и Аристотеля до дней Плутарха и Эпиктета, Светония и Квинтилиана. Заставить человека преподавать из года в год определенную отрасль науки представляется в самом деле наиболее действительным средством для того, чтобы он сам вполне овладел ею. Будучи обязан ежегодно обозревать один и тот же предмет, он неизбежно, если вообще пригоден на что-нибудь, должен через несколько лет вполне ознакомиться со всеми его подробностями; и если по какому-либо частному вопросу он в один год составит себе скороспелое мнение, то, когда на следующий год ему придется в ходе своих лекций снова подумать об этом вопросе, он, наверное, исправит свое ошибочное суждение. Преподавание, являясь, несомненно, естественным занятием человека науки, вместе с тем представляет собой лучшее средство сделать его человеком солидных знаний и учености. Небольшие размеры церковных бенефиций, естественно, ведут в стране, где это имеет место, к отвлечению большей части ученых к тому занятию, в котором они могут быть наиболее полезны обществу, и в то же время к обеспечению им наилучшей научной подготовки, какую только они могут получить. Они делают их ученость возможно более солидной и возможно более полезной.

Нужно заметить, что доход всякой государственной церкви (за исключением тех его частей, которые могут получаться от специальных земель и поместий) представляет собой часть общего дохода государства, которая, таким образом, затрачивается на цель, не имеющую ничего общего с защитой государства. Десятина, например, является настоящим поземельным налогом, который лишает землевладельцев возможности так широко содействовать своими взносами защите государства, как они могли бы делать это при отсутствии десятины. А между тем земельная рента представляет собой, согласно мнению одних, единственный, а согласно мнению других, главный фонд, из которого во всех обширных монархиях должны в конечном счете покрываться все расходы государства. Чем больше из этого фонда отдается церкви, тем меньше, очевидно, может остаться для государства. Можно установить в качестве несомненного положения, что при прочих равных условиях чем богаче церковь, тем беднее должен быть или государь, или народ, и во всех случаях тем менее способно должно быть государство защищать себя. В некоторых протестантских странах, в частности во всех протестантских кантонах Швейцарии, доходы, раньше принадлежавшие римско-католической церкви, десятины и церковные земли оказались фондом, достаточным не только для оплаты приличного содержания духовенству, но и для покрытия с небольшой добавкой или совсем без нее всех остальных расходов государства. Власти богатого Бернского кантона, в частности, накопили из излишков этого фонда очень большую сумму, достигающую, как предполагают, нескольких миллионов, причем часть ее вложена на хранение в государственное казначейство, а другая часть вложена под проценты в так называемые государственные фонды различных обремененных долгами народов Европы, главным образом Франции и Великобритании. Я точно не знаю, каковы могут быть размеры общего расхода государства, вызываемого церковью Бернского или какого-либо другого протестантского кантона. Согласно вполне точным данным, явствует, что в 1755 г. весь доход духовенства шотландской церкви, включая церковные земли и ренту с его жилых домов, оценивался, по осторожной оценке, всего только в 68 514 ф. 1 ш. и $5^{1}/_{12}$ п. Этот очень скромный доход доставляет приличное содержание 944 священникам. Весь расход церкви, включая единовременные издержки на постройку и ремонт храмов и домов для священников, не может, по предположениям, превышать 80 или 85 тыс. ф. в год. Самая богатая церковь в христианстве не поддерживает лучше единообразие веры, религиозную ревность, дух порядка, честности и строгой нравственности в массе народа, чем эта очень бедно обставленная церковь Шотландии. Все благотворные результаты, как гражданские, так и религиозные, которые может, по предположению, порождать государственная церковь, порождаются шотландской церковью в такой же полной мере, как и всякой другой. Большинство протестантских церквей Швейцарии, по общему правилу обладающих не бóльшими средствами, чем шотландская церковь, дают такие же результаты в еще гораздо большей степени. В большей части протестантских кантонов нельзя встретить ни одного человека, который не принадлежал бы к государственной церкви. Правда, если он принадлежит к какой-либо другой церкви, закон обязывает его покинуть кантон. Но такой суровый, или, вернее, такой притеснительный, закон никогда не мог бы проводиться в жизнь в столь свободных странах, если бы усердие духовенства не привлекло к этой церкви заранее всю массу народа, за исключением, может быть, немногих отдельных лиц. Действительно, в некоторых частях Швейцарии, где благодаря случайному соединению протестантских и римско-католических местностей обращение было не столь полное, обе религии не только терпятся, но и признаны государственными.

Надлежащее выполнение всякой услуги предполагает, по-видимому, чтобы оплата за нее или вознаграждение по возможности точно соответствовало характеру самой услуги. Если за какую-нибудь услугу платят значительно меньше того, что следует, на ее выполнении отразится неспособность и негодность большей части тех, кто занят этим делом. Если за нее платят слишком много, ее выполнение еще больше может страдать от их небрежности и лености. Человек, обладающий большим доходом независимо от своей профессии, склонен думать, что ему следует жить подобно другим людям, получающим большие доходы, и проводить значительную часть своего времени в увеселениях, в суетных развлечениях и мотовстве. Но у священнослужителя такой образ жизни не только отнимает время, которое должно было бы затрачиваться на выполнение его обязанностей, но и почти полностью уничтожает в глазах народа святость его профессии, которая одна дает ему возможность с надлежащим весом и авторитетом выполнять эти обязанности.

Отдел IV

О расходах на поддержание достоинства государя

Помимо расходов, необходимых для того, чтобы позволить государю выполнять разнообразные его обязанности, некоторая сумма требуется еще для поддержания его величия и достоинства. Размеры этого расхода колеблются в зависимости от различных периодов развития и от различных форм управления.

В богатом и развитом обществе, где все классы народа с каждым днем производят все бóльшие расходы на свои дома, свою обстановку, на свой стол и одежду, трудно ожидать, чтобы один только государь устоял против этого обычая. Поэтому он естественно или, вернее, по необходимости, тоже начинает тратить большие суммы на все эти предметы. Его достоинство, по-видимому, даже требует от него этого.

Так как в смысле величия и достоинства монарх гораздо больше возвышается над своими подданными, чем высшее должностное лицо в республике, то и больший расход оказывается необходимым для поддержания этого большего достоинства. Мы, естественно, ожидаем встретить больше блеска при дворе короля, чем в резиденции дожа или бургомистра.

Заключение. Расход для защиты общества и расход на поддержание достоинства главы государства производятся в интересах общей пользы всего общества. Справедливо поэтому, чтобы они покрывались за счет общего обложения всего общества, причем различные его члены платят соответственно своим возможностям.

Расход на отправление правосудия тоже может, без сомнения, рассматриваться как производимый в интересах всего общества. Поэтому вполне уместно, чтобы он покрывался за счет общего обложения всего общества. Однако лица, вызывающие этот расход, своей несправедливостью в том или ином отношении делают необходимым искать возмещения или защиты у судов. С другой стороны, наиболее непосредственно получают выгоду от этого расхода те лица, которых суды восстанавливают в их правах или утверждают в них. Поэтому расход на отправление правосудия вполне справедливо мог бы покрываться за счет специального обложения той или другой или обеих этих категорий лиц в зависимости от обстоятельств, т.е. в виде судебных пошлин. Не может быть необходимости прибегать к всеобщему обложению всего общества, за исключением случаев суда над теми преступниками, которые не обладают собственным имуществом или средствами, достаточными для оплаты этих пошлин.

Те местные или областные расходы, которые имеют местное или областное значение (например, издержки на полицию в отдельном городе или округе), должны покрываться из местных или областных доходов и не должны обременять собой общий доход общества. Несправедливо, чтобы общество в целом доставляло средства на оплату расходов, производимых в пользу одной лишь части общества.

Расход на содержание в порядке дорог и путей сообщения, без сомнения, полезен для всего общества и может поэтому покрываться без всякой несправедливости путем общего обложения всего общества. Однако он наиболее непосредственным образом полезен для тех, кто путешествует или перевозит товары из одного места в другое, и для тех, кто потребляет эти товары. Заставные пошлины в Англии и так называемые дорожные сборы в других странах перекладывают этот расход на обе вышеуказанные группы лиц и этим освобождают общий доход общества от очень значительного бремени.

Расходы на учреждения для образования и религиозного обучения точно так же, без сомнения, полезны для всех и потому без несправедливости могут покрываться за счет общего обложения всего общества. Однако расход этот, пожалуй, мог бы оплачиваться с одинаковым удобством и даже с некоторой выгодой теми, кто получает непосредственную пользу от этого образования и обучения, или по-

средством добровольных взносов тех, кто считает
себя заинтересованным в том или другом.

Когда учреждения или общественные сооружения, полезные для всего общества, оказывается невозможным содержать целиком или когда они не содержатся целиком за счет обложения тех именно членов общества, которые наиболее непосредственно пользуются ими, то недостающая сумма в большинстве случаев должна быть собрана посредством общего обложения всего общества. Общий доход общества после покрытия расходов на его защиту и на поддержание престижа главы государства должен покрывать то, чего недостает во многих специальных отделах дохода. В следующей главе я постараюсь выяснить источники этого общего, или государственного, дохода.

Глава II

ОБ ИСТОЧНИКАХ ОБЩЕГО, ИЛИ ГОСУДАРСТВЕННОГО, ДОХОДА ОБЩЕСТВА

Доход, за счет которого должны покрываться не только расходы по защите общества и на поддержание престижа главы государства, но и все другие необходимые расходы правительства, для которых конституцией государства не предусмотрено какого-либо специального дохода, может получаться, во-первых, или из какого-нибудь фонда, принадлежащего государю или государству и не зависящего от народного дохода, или, во-вторых, из народного дохода.

Отдел I

О фондах, или источниках дохода, которые могут принадлежать специально государю или государству

Фонды, или источники дохода, которые могут принадлежать специально государю или государству, должны состоять в капиталах или в земле.

Государь, подобно всякому другому владельцу капитала, может получать от него доход, или пользуясь им сам, или ссужая его. Его доход в первом случае составляет прибыль, во втором — проценты.

Доход татарского или арабского вождя состоит в прибыли. Он получается главным образом от молока и приплода принадлежащих ему стад, за которыми он сам наблюдает и является главным пастухом или скотоводом своего племени. Однако только на этой ранней и самой примитивной ступени гражданского управления прибыль составляла когда-либо главную часть дохода монархического государства.

Небольшие республики иногда извлекали значительный доход от прибыли с торговых предприятий. Как сообщают, Гамбург получает доход с прибыли от принадлежащего ему винного погреба и аптекарского магазина. Не может быть очень обширным государство, государь которого имеет достаточно свободного времени, чтобы заниматься делом виноторговли или аптекаря. Доход с государственного банка был источником дохода более значительных государств. Он был таковым не только в Гамбурге, но и в Венеции и Амстердаме. Некоторые люди полагали даже, что доход такого рода заслуживает внимания столь большого государства, как Великобритания. Считая обычный дивиденд Английского банка в $5^1/_2$%, а его капитал в 10 млн 780 тыс. ф., чистая годовая прибыль после покрытия расходов по управлению должна достигать, как указывают, 592 900 ф. Правительство, как предполагают, может занять этот капитал с уплатой 3% и, взяв управление банком в свои собственные руки, может получать чистую прибыль в 269 500 ф. в год. Честная, бдительная и бережливая администрация таких аристократий, как Венеция и Амстердам, в высшей степени пригодна, как об этом свидетельствует опыт, для ведения коммерческих предприятий подобного рода. Но представляется во всяком случае гораздо более сомнительным, возможно ли спокойно доверить осуществление подобного проекта такому правительству, как английское, которое при всех его достоинствах никогда не славилось бережливостью и которое в мирное время обычно проявляло нерадивое и небрежное мотовство, естественное, пожалуй, для монархий, а во время войны постоянно действовало со всей той необдуманной расточительностью, в которую так легко впадают демократии.

Почтовое дело — превосходное коммерческое предприятие. Правительство затрачивает средства на устройство различных контор и на покупку или наем необходимых лошадей или экипажей и покрывает свои расходы со значительной прибылью платой, взимаемой за перевозку. Это, пожалуй, единственное коммерческое предприятие, которое, как мне кажется, успешно велось правительствами всех видов. Капитал, который приходится вкладывать в дело, не очень значителен. Дело не представляет собой ничего сложного. Доход не только обеспечен, но и получается немедленно.

Однако государи часто пускались во многие другие коммерческие предприятия и стремились, как и частные лица, исправить свои имущественные дела, занявшись какой-либо из обычных отраслей торговли. Почти никогда они не имели успеха: расточительность, с какой обычно ведутся дела государей, делает успех почти невозможным. Агенты государя считают состояние своего господина неисчерпаемым; они не придают значения тому, по какой цене покупают и продают, не придают значения тому, во сколько обходится им перевозка товаров из одного места в другое. Эти агенты часто живут столь же широко, как и государи, и иногда, несмотря на эту расточительность, при помощи умелого составления своих отчетов приобретают состояние, не уступающее состоянию государя. Именно так, по рассказу Макиавелли*, вели торговлю агенты Лоренцо Медичи, государя не малых способностей. Флорентийская республика несколько раз оказывалась вынужденной уплачивать долги, в которые втягивали ее их небрежность и расточительность. Ввиду этого Медичи счел целесообразным отказаться от профессии купца, от той профессии, которой его семья первоначально была обязана своим богатством, и в позднейшую пору своей жизни употреблял то, что осталось еще от этого богатства, и ту часть государственного дохода, какой мог распоряжаться, на проекты и расходы, более соответствующие его положению.

Нет ничего более несовместимого, чем занятие торговлей и положение государя. Если торговый дух английской

---

* *Machiavelli.* Delle Istorie Fiorentine. 1532. Liber VIII.

 Ост-Индской компании делает ее очень плохим правителем, то сознание своей верховной власти сделало ее, как кажется, одинаково плохим торговцем. Когда она была только купцом, она вела свою торговлю успешно и была в состоянии выплачивать из своих прибылей умеренный дивиденд собственникам своего капитала. С того момента, когда она получила права государя с доходом, превышавшим, как сообщают, первоначально 3 млн ф., она оказалась вынужденной просить чрезвычайной помощи у правительства, чтобы избежать неминуемого банкротства. При прежнем положении ее служащие в Индии считали себя приказчиками купцов, а при современном — чиновниками государя.

Государство может иногда извлекать часть своего дохода из процентов на капитал, равно как и их прибыли от него. Если оно накопило сокровища, оно может ссужать часть их другим государствам или своим собственным подданным.

Бернский кантон получает значительный доход, ссужая часть своей казны другим государствам, т.е. помещая ее в государственные фонды различных обремененных долгами наций Европы, главным образом Франции и Англии. Надежность этого дохода должна зависеть, во-первых, от надежности займов, в которые помещены деньги, или от добросовестности правительства, ведающего ими, и, во-вторых, от прочности или вероятности сохранения мира с нацией-должником. В случае войны первый акт враждебных действий со стороны нации-должника может выразиться в конфискации фондов ее кредитора. Такая политика ссуды денег другим государствам, насколько мне известно, является особенностью Бернского кантона.

Город Гамбург* учредил своего рода общественную кассу ссуд, которая ссужает деньги подданным государства под залог, взимая 6%. Эта ссудная касса, или ломбард, как она называется, приносит государству доход, согласно сообщениям, в 150 тыс. крон, что при курсе в 4 шилл. 6 п. за крону составляет 33 750 ф. ст.

---

* «Mémoires concernant les Droits et Impositions en Europe». Tome I. P. 73.

Правительство Пенсильвании придумало способ, не накопляя сокровищ, ссужать своим подданным если не деньги, то нечто эквивалентное им. Выдавая частным лицам под проценты и под обеспечение землей на двойную стоимость бумажные кредитные деньги, которые выкупаются через 15 лет после выпуска и в течение этого срока могут переходить из рук в руки, подобно банкнотам, обладая на основе акта законодательного собрания силой законного средства при всех платежах, производимых жителями провинции друг другу, оно получило скромный доход, который значительно содействовал покрытию ежегодного расхода в 4500 ф., т.е. всей суммы обыкновенного расхода этого бережливого правительства. Успех мероприятия подобного рода должен был зависеть от трех различных обстоятельств: во-первых, от потребности в каком-либо ином орудии торговли, кроме золотой и серебряной монеты, или от спроса на такое количество предметов потребления, которое нельзя было получить, не послав за границу для их покупки большую часть имеющихся золотых и серебряных денег; во-вторых, от прочности кредита правительства, прибегнувшего к такому средству; и, в-третьих, от осторожности, с которой пользовались им, имея в виду, чтобы вся стоимость бумажных кредитных билетов никогда не превышала общую стоимость золотых и серебряных денег, которые были бы необходимы для обращения, если бы не было бумажных кредитных билетов. К этому средству в различных случаях прибегали некоторые другие американские колонии, но ввиду отсутствия указанной осторожности оно в большей части их порождало гораздо больше расстройства, чем удобств.

Однако неустойчивый и непрочный характер капитала и кредита делает их непригодным для того, чтобы полагаться на них как на главный фонд того верного, устойчивого и постоянного дохода, который один может обеспечить правительству прочность и достоинство. И, по-видимому, ни одно правительство большой нации, вышедшей из пастушеского состояния, никогда не извлекало бо́льшую часть своего государственного дохода из таких источников.

Земля представляет собою фонд более устойчивого и неизменного характера, и рента с государственных земель была вследствие этого главным источником государственного дохода многих больших наций, оставивших далеко позади себя пастушескую ступень развития. От продукта, или ренты с государственных земель, древние республики Греции и Италии получали в течение долгого времени бóльшую часть того дохода, который покрывал необходимые расходы государства. Рента с коронных земель в течение долгого времени составляла большую часть дохода древних государей Европы.

Война и подготовка на случай войны вызывают в новейшее время большую часть необходимых расходов всех больших государств. В древних республиках Греции и Италии каждый гражданин был солдатом, причем он служил и подготовлялся к военной службе за собственный счет. Поэтому оба эти обстоятельства не могли тогда вызвать сколько-нибудь значительных издержек государства. Ренты с очень небольших земельных владений могло вполне хватать для покрытия всех других необходимых расходов государства.

В древних европейских монархиях нравы и привычки того времени достаточно хорошо подготовляли главную массу народа к войне, и когда народные массы выступали в поход, они должны были содержаться согласно условиям своего феодального владения землей или на свой собственный счет, или за счет своих лордов, не вызывая никаких новых расходов для государя. Большая часть других расходов правительства была очень невелика. Отправление правосудия, как было уже указано, вместо того чтобы вызывать издержки, являлось источником дохода. Обязательный труд сельского населения в течение трех дней до жатвы и трех дней после нее признавался достаточным для поддержания в исправности мостов, шоссе и других общественных сооружений, в которых нуждалась торговля страны. В ту эпоху главный расход государя состоял, по-видимому, в содержании его собственного семейства и домашнего хозяйства. Ввиду этого служащие его двора являлись главными должностными лицами государства. Главный казначей собирал его ренты. Главный дворецкий и камергер следили за расходами его семьи. Забота о его конюшнях была поручена главному констеблю и главному маршалу. Его дома строились все в виде замков и, по-видимому, представляли собою главные крепости, какими он обладал. Управителей этих домов, или замков, можно считать своего рода военными губернаторами. Они, очевидно, являлись единственными военными должностными лицами, которых представлялось необходимым содержать во время мира. При таких условиях рента с обширных земельных владений могла в обычных обстоятельствах вполне хорошо покрывать все необходимые расходы правительства.

При современном состоянии большей части цивилизованных монархий Европы рента со всех земель страны при управлении ими так, как это, вероятно, было бы, если бы они все принадлежали одному владельцу, едва ли достигала бы размеров обычного дохода, какой эти монархии взимают с народа даже в мирное время. Обыкновенный доход Великобритании, например, включая суммы, необходимые не только для покрытия текущих ежегодных расходов, но и для уплаты процентов по государственным долгам и для погашения части капитальной суммы этих долгов, достигает 10 млн с лишним в год. Но поземельный налог, взимаемый в размере 4 шилл. с фунта, дает менее 2 млн в год. А между тем этот так называемый поземельный налог предполагается равным $^1/_5$ не только ренты со всей земли, но и дохода со всех домов и процентов со всех капиталов Великобритании, за исключением только той части последних, какая отдана в ссуду государству или вложена в виде фермерского капитала в обработку земли. Весьма значительная часть поступлений этого налога получается от дохода с домов и процентов на капитал. Поземельный налог города Лондона, например, в размере 4 шилл. с фунта достигает 123 399 ф. 6 шилл. 7 п., поземельный налог города Вестминстера — 63 092 ф. 1 шилл. 5 п., с дворцов Уайтхолл и Сент-Джемс — 30 754 ф. 6 шилл. 3 п. Известная доля поземельного налога таким же образом распределена по всем другим городам и торговым местечкам и почти целиком получается от дохода с домов и от предполагаемого процента с торгового или производительного капитала.

Следовательно, согласно оценке, какая положена в основу обложения Великобритании поземельным налогом, вся масса дохода, получаемого от ренты со всех земель, от ренты со всех домов и от процентов на все капиталы, за исключением только той части последних, которая отдана в ссуду государству или употреблена на возделывание земли, не превышает 10 млн ф. ст. в год, т.е. того обыкновенного дохода, который правительство взимает с народа даже в мирное время. Оценка, положенная в основу обложения Великобритании поземельным налогом, без сомнения, значительно ниже действительной стоимости, если взять все королевство в среднем, хотя в некоторых отдельных графствах и округах она, как утверждают, почти равняется ей. Рента с одних только земель, исключая доход с домов и процент на капиталы, оценивалась многими в 20 млн — оценка, которая в значительной мере произвольна и, как мне кажется, с одинаковой вероятностью превышает или не достигает действительной цифры. Но если земли Великобритании при современном состоянии их возделывания не дают более 20 млн ренты в год, то они не могли бы дать половины, а вероятно, даже и четвертой части этой ренты, если бы все они принадлежали одному владельцу и находились под небрежным, расточительным и притеснительным управлением его управителей и служащих. Коронные земли Великобритании не приносят в настоящее время четвертой части той ренты, которая могла бы, вероятно, получаться с них, если бы они принадлежали частным лицам, если бы коронных земель было еще больше, то управление ими, вероятно, было бы еще хуже.

Доход, который масса населения получает с земли, определяется не рентой, а продуктом земли. Весь годовой продукт земли каждой страны за исключением той части, которая идет на семена, потребляется в течение года массой населения или обменивается на другие продукты, потребляемые ею. Все то, что понижает продукцию земли ниже того уровня, до какого она нормально могла бы подняться, понижает доход массы населения в еще большей степени, чем доход собственников земли. Рента с земли, та доля продукции, которая принадлежит землевладельцам, почти нигде в Великобритании не принимается превышающей третью часть всего получаемого продукта. Если земля, при данном состоянии земледелия дающая ренту в 10 млн ф. в год, могла бы приносить при более высоком уровне культуры 20 млн, то при предположении, что рента в обоих случаях составляет третью часть всего продукта, окажется, что доход землевладельцев в первом случае только на 10 млн в год меньше того дохода, какой возможен при более высоком уровне культуры, тогда как доход массы населения меньше возможного на целых 30 млн в год (вычитая только часть продукта, необходимую на семена). В таком случае население страны будет меньше на то количество людей, какое могло бы существовать на 30 млн в год (опять-таки за вычетом необходимого на семена) в соответствии с привычным образом жизни и обычными издержками людей различного положения, между которыми распределялась бы остающаяся часть.

Хотя в настоящее время в Европе не существует ни одного цивилизованного государства, которое извлекало бы главную часть своих государственных доходов из ренты с земель, принадлежащих государству, однако во всех больших монархиях Европы все еще имеется много обширных земельных владений, принадлежащих короне. Это по большей части леса, и притом иногда такие леса, где на протяжении нескольких миль не встретишь ни одного дерева, — сплошная пустыня в отношении растительности и населения. В любой большой европейской монархии продажа коронных земель дала бы очень большую сумму денег, которая при употреблении ее на уплату государственных долгов освободила бы гораздо большую часть дохода, чем тот доход, который когда-либо приносили казне эти земли. В странах, где земли очень значительно улучшены, хорошо обрабатываются и дают к моменту продажи такую высокую ренту, которая легко может быть получена с них, при продаже оцениваются обычно в размере 30-летней доходности, там неулучшенные, необрабатываемые и приносящие незначительную ренту коронные земли могут быть проданы, вероятно, по цене, соответствующей доходности за 40, 50 или 60 лет. Казна в таком случае могла бы сразу воспользоваться доходом, который эта большая сумма освободила бы от обязательных платежей. А спустя немного лет она, вероятно, стала бы получать еще и другой доход. Перейдя в частную собственность, коронные земли в течение нескольких лет были бы значительно улучшены и стали бы лучше обрабатываться. Увеличение даваемого ими продукта должно вести к увеличению населения страны, поскольку увеличивает его доход и потребление. А доход, получаемый казной от пошлин и акцизов, обязательно возрастает вместе с ростом дохода и потребления населения.

Хотя и представляется на первый взгляд, будто доход, получаемый в цивилизованных монархиях казной от казенных земель, ничего не стоит отдельным лицам, однако в действительности он обходится обществу гораздо дороже, чем всякий другой равный по размерам доход казны. Во всех случаях в интересах общества заменить казне этот доход каким-либо другим таких же размеров и распределить земли среди населения, что лучше всего может быть осуществлено, вероятно, продажей их с торгов.

Земли, служащие для удовольствия и роскоши, а именно: парки, сады, места для гуляний и прочие владения, которые везде считаются источником издержек, а не доходов, одни только, по-видимому, должны в обширных и изолированных монархиях оставаться в собственности казны.

Таким образом, поскольку общественные капиталы и общественные земли, могущие принадлежать государству или государю, представляются неподходящим и недоступным источником для покрытия необходимых расходов всякого большого и цивилизованного государства, расходы эти в большей их части приходится покрывать налогами того или иного рода, причем население отдает долю своего частного дохода, чтобы составить общественный доход государя или государства.

Отдел II
О налогах

Как уже было выяснено в первой книге этого исследования, частный доход отдельных лиц получается в конечном счете из трех источников: ренты, прибыли и заработной платы. Каждый налог должен быть в конечном счете уплачиваем из того или другого из этих трех различных видов дохода или одинаково из них всех. Я постараюсь дать возможно полное представление о налогах, которые имеют в виду обложение, во-первых, ренты, во-вторых, прибыли, в-третьих, заработной платы и, в-четвертых, всех этих трех источников частного дохода. Отдельное рассмотрение каждого из этих четырех видов налогов разделит второй отдел настоящей главы на четыре статьи, причем три из них потребуют дальнейших подразделений. Как выяснится из последующего обзора, многие из этих налогов уплачиваются в конечном счете не из того фонда или источника дохода, какой имелся в виду.

Прежде чем приступить к рассмотрению отдельных налогов, необходимо предпослать четыре нижеследующих общих положения относительно налогов вообще.

I. Подданные государства должны по возможности соответственно своей способности и силам участвовать в содержании правительства, т.е. соответственно доходу, каким они пользуются под покровительством и защитой государства. Расходы правительства по отношению к отдельным лицам, составляющим население большой нации, подобны расходам по управлению большим поместьем, принадлежащим нескольким владельцам, которые все обязаны участвовать в них соответственно своей доле в имении. Соблюдение этого положения или пренебрежение им приводит к так называемому равенству или неравенству обложения. Всякий налог, заметим это раз и навсегда, который в конечном счете падает только на один из этих трех вышеупомянутых видов дохода, является обязательно неравным, поскольку не затрагивает двух остальных. В дальнейшем рассмотрении различных налогов я редко буду отмечать особенно этот вид неравенства, но в большинстве случаев буду ограничивать свои замечания тем неравенством, которое создается отдельным налогом, неравномерно падающим на тот вид частного дохода, который затрагивается им.

II. Налог, который обязывается уплачивать каждое отдельное лицо, должен быть точно определен, а не произволен. Срок уплаты, способ платежа, сумма платежа — все это должно быть ясно и определенно для плательщика и для всякого другого лица. Там, где этого нет, каждое лицо, облагаемое данным налогом, отдается в большей или меньшей степени во власть сборщика налогов, который может отягощать налог для всякого неугодного ему плательщика или вымогать для себя угрозой такого отягощения подарок или взятку. Неопределенность обложения развивает наглость и содействует подкупности того разряда людей, которые и без того не пользуются популярностью даже в том случае, если они не отличаются наглостью и подкупностью. Точная определенность того, что каждое отдельное лицо обязано платить, в вопросе налогового обложения представляется делом столь большого значения, что весьма значительная степень неравномерности, как это, по моему мнению, явствует из опыта всех народов, составляет гораздо меньшее зло, чем весьма малая степень неопределенности.

III. Каждый налог должен взиматься в то время или тем способом, когда и как плательщику должно быть удобнее всего платить его. Налог на ренту с земли или домов, уплачиваемый в тот именно срок, когда обычно уплачиваются эти ренты, взимается как раз в то время, когда плательщику, по-видимому, удобнее всего внести его или когда у него скорее всего будут на руках деньги для уплаты. Налоги на такие предметы потребления, которые представляют собой предметы роскоши, в конечном итоге уплачиваются все потребителем и обычно таким способом, какой очень удобен для него. Он уплачивает их понемногу, по мере того как покупает соответствующие товары. И так как он свободен покупать или не покупать их, то его собственная вина, если ему приходится испытывать сколько-нибудь значительное неудобство от таких налогов.

IV. Каждый налог должен быть так задуман и разработан, чтобы он брал и удерживал из карманов народа возможно меньше сверх того, что он приносит казначейству государства. Налог может брать или удерживать из карманов народа гораздо больше, чем он приносит казначейству четырьмя следующими путями: во-первых, собирание его может требовать большого числа чиновников, жалованье которых может поглощать большую часть той суммы,

какую приносит налог, и вымогательства которых могут обременить народ добавочным налогом;
во-вторых, он может затруднять приложение труда населения и препятствовать ему заниматься теми промыслами, которые могут давать средства к существованию и работу большому множеству людей. Обязывая людей платить, он может этим уменьшать или даже уничтожать фонды, которые дали бы им возможность с большей легкостью делать эти платежи. В-третьих, конфискациями и другими наказаниями, которым подвергаются несчастные люди, пытающиеся уклониться от уплаты налога, он может часто разорять их и таким образом уничтожать ту выгоду, которую общество могло бы получать от приложения их капиталов. Неразумный налог создает большое искушение для контрабанды, а кары за контрабанду должны усиливаться в соответствии с искушением. Закон вопреки всем обычным принципам справедливости сперва создает искушение, а потом наказывает тех, кто поддается ему, и притом обычно он усиливает наказание соответственно тому самому обстоятельству, которое, несомненно, должно было бы смягчать его, а именно — соответственно искушению совершить преступление*. В-четвертых, подвергая людей частым посещениям и неприятным расспросам сборщиков налогов, он может причинять им много лишних волнений, неприятностей и притеснений; и хотя неприятности, строго говоря, не представляют собою расхода, однако они, без сомнения, эквивалентны расходу, ценой которого каждый человек готов избавить себя от них. Тем или другим из этих четырех различных способов налоги часто делаются гораздо более отяготительными для народа, чем полезными для государя.

Очевидная справедливость и польза этих положений обращали на себя большее или меньшее внимание всех народов. Все народы старались по силе своего разумения сделать свои налоги настолько равномерными, как только могли, настолько определенными, чтобы это было удобно плательщику как в отношении срока и способа уплаты, так и в отношении доли его дохода, которую он отдавал госу-

* «Sketches of the History of Man». Vol. II, p. 273.

 дарю, сделать их возможно менее отяготительными для народа. Нижеследующий краткий обзор некоторых главных налогов, существовавших в различные эпохи и в различных странах, должен показать, что усилия эти не у всех народов были в этом отношении одинаково успешны.

Статья I

Налоги на ренту. Налоги на земельную ренту

Налог на земельную ренту может устанавливаться согласно определенной схеме, причем для каждого округа принимается в основу оценки определенная рента, и эта оценка потом уже не изменяется, или же налог может устанавливаться таким образом, что он изменяется вместе с каждым изменением размеров действительной ренты с земли и повышается или понижается в зависимости от улучшения или ухудшения ее обработки.

Поземельный налог, который, как это имеет место в Великобритании, раскладывается на каждый округ соответственно определенной схеме, может быть равномерен в момент его первой раскладки, но в дальнейшем он неизбежно становится неравномерным ввиду того, что в различных частях страны обработка земли в неодинаковой степени улучшается или ухудшается. В Англии оценка, которая была положена в основу обложения поземельным налогом различных графств и приходов законом 4-го года Вильгельма и Марии, была с самого начала весьма неравномерна. Поэтому этот налог идет вразрез с первым из вышеприведенных четырех правил. Зато он вполне согласуется с остальными тремя. Он определен вполне точно. Поскольку срок платежа налога совпадает с временем уплаты ренты, он так удобен для плательщика, как это только возможно. Хотя во всех случаях действительным плательщиком является землевладелец, но налог обычно уплачивается заранее арендатором, которому землевладелец обязан вычесть эту сумму при уплате ренты. Этот налог взимается гораздо меньшим числом чиновников, чем всякий другой налог, приносящий приблизительно такой же доход. Поскольку налог с каждого округа не повышается вместе с возрастанием ренты, государь не получает доли прибылей, которые являются результатом улучшений, производимых землевладельцем. Правда, эти улучшения иногда служат для облегчения налога с других землевладельцев округа. Но увеличение тяжести налога, которое оно иногда может вызвать для отдельного имения, всегда настолько незначительно, что никогда не может препятствовать улучшениям или задерживать рост производительности земли. И поскольку налог не ведет к уменьшению количества продуктов, производимых землею, он не может вести и к повышению их цены. Он не препятствует приложению труда населения. Он не причиняет землевладельцу никаких других неудобств, кроме неизбежного неудобства платить налог.

Однако выгода, которую землевладелец получал от неизменности оценки, согласно которой облагались поземельным налогом все земли Великобритании, зависела главным образом от обстоятельств, совершенно чуждых природе налога.

Она отчасти обусловливалась большим преуспеванием почти всей страны, так как рента почти со всех имений Великобритании неизменно возрастала со времени установления этой оценки и ни в одном почти случае не уменьшалась. Ввиду этого почти все землевладельцы выгадывали разницу между тем налогом, который они должны бы платить соответственно действительно получаемой ими ренте со своих имений, и тем, какой они фактически уплачивали согласно старинной оценке. Если бы состояние страны было иное, если бы ренты постепенно понижались вследствие упадка земледелия, землевладельцы почти все потеряли бы эту разницу. При том положении вещей, которое сложилось после революции, неизменность оценки оказалась выгодной для землевладельцев и вредной для государя. При другом положении вещей она могла бы явиться выгодной для государя и вредной для землевладельцев.

Так как налог подлежит уплате деньгами, то и оценка земли выражена в деньгах. Со времени установления этой оценки стоимость серебра оставалась почти неизменной и не происходило также никаких изменений в весе или содержании чистого металла в монете. Если бы серебро значительно повысилось в своей стоимости, как это, по-видимому, было в течение двух столетий, предшествовавших открытию рудников Америки, неизменность оценки могла бы оказаться чрезвычайно невыгодной и обременительной для землевладельца. Если бы серебро значительно понизилось в своей стоимости, как это, без сомнения, было в течение по крайней мере столетия после открытия этих рудников, то эта самая неизменность оценки на очень много сократила бы статью дохода государя. Если бы было произведено значительное изменение в характере денег, причем прежнее количество серебра стало бы обозначаться меньшей или большей монетной единицей; если бы, например, из унции серебра вместо 5 шилл. 2 п. стали чеканить монеты всего только в 2 шилл. 7 п. или, напротив, монеты столь высокого обозначения, как 10 шилл. 4 п., в первом случае это подорвало бы доход собственника земли, а во втором — доход государя.

Итак, при условиях, несколько отличных от тех, которые фактически имели место, такая неизменность оценки могла бы представлять собою очень большое неудобство или для плательщиков налога, или для государства. Однако на протяжении веков такие обстоятельства должны наступать в тот или другой момент. Но, хотя обширные государства, как и все творения рук человеческих, оказывались до сих пор все без исключения смертными, тем не менее каждое государство стремится к бессмертию. Поэтому всякое учреждение, которому предназначается столь же постоянное существование, как и самому государству, должно быть удобно не только при определенных обстоятельствах, но и во всех обстоятельствах, должно соответствовать не преходящим, изменчивым или случайным условиям, а неизбежным и потому всегда неизменным.

Налог на ренту, изменяющийся в зависимости от каждого изменения ренты или повышающийся и понижающийся в соответствии с улучшением или ухудшением обработки земли, рекомендуется как наиболее справедливый из всех налогов той школой французских писателей, которые называют себя экономистами. Все налоги, заявляют они, падают в конечном счете на земельную ренту и должны поэтому равномерно взиматься с того фонда, из

какого они в конце концов выплачиваются. Без
сомнения, справедливо, чтобы все налоги по возможности равномерно падали на тот фонд, из которого они в конечном счете должны быть уплачены. Но, не входя в утомительное обсуждение метафизических доводов, которыми они защищают свою весьма остроумную теорию, из последующего обзора с достаточной убедительностью выяснится, какие налоги падают в конце концов на земельную ренту и какие падают на какой-либо другой источник.

На территории Венеции все пахотные земли, сдаваемые в аренду фермерам, облагаются в размере десятой части ренты. Арендные договоры заносятся в официальный регистр, который ведется податными чиновниками в каждой провинции или округе. Когда собственник сам обрабатывает свои земли, они расцениваются по справедливой оценке и ему предоставляется скидка в $^1/_5$ налога, так что за такую землю он платит только 8% вместо 10 предполагаемой ренты.

Поземельный налог такого рода, несомненно, более равномерен, чем поземельный налог Англии. Он, может быть, не всегда так устойчив, и часто определение размеров налога может доставлять землевладельцу немало неудобств. Равным образом он может требовать более значительных издержек при взимании.

Однако может быть, пожалуй, придумана такая система проведения этого налога, которая в значительной степени устраняла бы эту неопределенность и уменьшала бы эти издержки.

Землевладелец и арендатор, например, могли бы оба быть обязаны заявлять о своем договоре об аренде для записи в общественном регистре. Могли бы быть установлены надлежащие штрафы за сокрытие или неправильное сообщение каких-либо из этих условий; и если бы часть этих штрафов выдавалась одной из этих сторон, которая сообщила и уличила другую сторону в таком сокрытии или неправильном сообщении, то это действительно удерживало бы их от сговора в целях надувательства финансового ведомства. Все условия аренды могли бы быть известны в достаточной мере из таких заявлений.

Некоторые землевладельцы, вместо того чтобы повысить ренту, включают единовременную сумму за возобновление аренды. Такая практика в большинстве случаев отличает расточителя, который за некоторую сумму наличных денег продает будущий доход гораздо большей стоимости. Поэтому в большинстве случаев она вредна для землевладельца; она часто вредна для арендатора и всегда вредна для общества. Она часто берет у арендатора значительную часть его капитала и этим так уменьшает его способность обрабатывать землю, что для него оказывается более трудным уплачивать небольшую ренту, чем при других условиях платить более высокую. А все то, что уменьшает его способность обрабатывать землю, неизбежно понижает наиболее важную часть дохода общества. Если бы налог с таких единовременных сумм был установлен гораздо более высокий, чем с обычной ренты, можно было бы затруднить эту практику к немалой выгоде всех заинтересованных сторон — землевладельца, арендатора, государя и общества в целом.

Некоторые арендные договоры предписывают арендатору определенный способ возделывания земли и определенный севооборот в течение всего срока аренды. Это условие, которое обычно является плодом самомнения землевладельца и уверенности в превосходстве его собственных знаний (самомнения, в большинстве случаев очень малообоснованного), следует всегда рассматривать как добавочную ренту, как ренту в виде определенных услуг вместо денежной ренты. Для затруднения и прекращения такой практики, которая обычно нелепа, можно было бы этот вид ренты оценивать более высоко и, следовательно, облагать несколько выше, чем обычные денежные ренты.

Некоторые землевладельцы вместо ренты деньгами требуют ренту натурой — хлебом, скотом, птицей, вином, растительным маслом и т.п., другие, в свою очередь, требуют ее работой. Такие ренты всегда более обременительны для арендатора, чем выгодны для землевладельца. Они берут больше из кармана первого, чем дают последнему. Во всякой стране, где эти ренты встречаются, арендаторы бедны и нищенствуют почти в полном соответствии со степенью распространения рент. Эту практику, вредную для всего общества, можно было бы, пожалуй, тоже в достаточной степени затруднить, оценивая подобные ренты несколько выше, а следовательно, и облагая их несколько выше обычных денежных рент.

Когда землевладелец сам ведет хозяйство на части своих земель, рента может быть определена согласительной оценкой окрестных фермеров и землевладельцев, и ему может быть предоставлено небольшое понижение налога, как это практикуется на венецианской территории, при условии, если рента с занимаемых им земель не превышает определенной суммы. Важно поощрять землевладельца обрабатывать часть своей земли. Его капитал обычно больше капитала арендатора, и при меньшем умении он часто может получать больший продукт. Землевладелец может позволить себе различные опыты и обычно склонен делать их. Его неудачные опыты приносят ему лишь небольшие потери, тогда как его успешные — содействуют улучшению и лучшему развитию всей страны. Но может оказаться важным, чтобы понижение налога поощряло его самостоятельно обрабатывать свои земли только до известной степени. Если бы большинство землевладельцев было поставлено перед искушением самим вести хозяйство на всех своих землях, то страна (вместо трезвых и трудолюбивых арендаторов, вынужденных в своих собственных интересах обрабатывать землю так хорошо, как только позволяют это их капитал и умение) оказалась бы заполненной ленивыми и расточительными управителями, небрежное управление которых скоро ухудшило бы обработку земли и понизило бы годовой продукт земли, вызвав не только уменьшение дохода их хозяев, но и сокращение наиболее важной части дохода всего общества.

Такая система управления могла бы, пожалуй, избавить налог этого рода от всякой степени неопределенности, которая может вызывать притеснение или неудобство для плательщика, и в то же самое время могла бы содействовать всеобщему применению такого способа использования земли, какой мог бы немало повлиять на общее улучшение культуры страны.

Расход по взиманию поземельного налога, который изменялся бы при каждом изменении ренты, был бы, несомненно, несколько больше, чем при взимании налога, устанавливаемого всегда соответственно неизменной оценке. В первом случае неизбежны были бы добавочные издержки как на содержание учреждений по оценке, которые пришлось бы учредить в различных округах страны, так и на производство оценки земель, которые землевладельцы вздумали бы обрабатывать сами. Расход на все это тем не менее мог бы быть очень умеренным и значительно ниже расхода, связанного с взиманием многих других налогов, которые приносят совершенно незначительный доход в сравнении с тем, что легко может быть получено от налога этого рода.

Самое важное возражение, которое может быть сделано, по-видимому, против изменяющегося поземельного налога этого рода, состоит в том, что он может помешать улучшению земли. Землевладелец, наверное, будет менее склонен к улучшениям, если государь, не участвовавший в расходах на это, будет получать часть прибыли от этих улучшений. Даже это возражение может быть устранено, если землевладельцу будет разрешено прежде, чем он приступит к улучшениям, устанавливать совместно с податными чиновниками действительную стоимость его земель в данный момент согласно справедливой оценке определенного числа окрестных землевладельцев и фермеров, избранных поровну обеими сторонами, и если он будет обложен соответственно этой оценке на число лет, вполне достаточное для полного возмещения ему его расходов на улучшения. Привлечение внимания государя к улучшению земли в интересах увеличения его собственного дохода — такова одна из главных выгод поземельного налога этого рода. Поэтому срок, предоставляемый для возмещения затрат землевладельца, не должен быть намного продолжительнее того, что безусловно необходимо для этой цели, потому что в противном случае отдаленность ожидаемой выгоды чрезмерно ослабила бы это внимание. Но все же лучше в некотором отношении, чтобы он был несколько длиннее, чем слишком короток. Никакое возбуждение внимания и забот государя не может уравновесить малейшее затруднение, создаваемое для улучшений со стороны землевладельца. Внимание и заботы государя в лучшем случае могут вести к самому общему и расплывчатому взвешиванию того, что способно содействовать лучшей обработке большей части его владений. Внимание же и заботы землевладельца выражаются в тщательном и подробном взвешивании того, что может явиться наиболее выгодным использованием каждого дюйма земли его имения. Главное внимание государя должно быть направлено на поощрение всеми имеющимися в его власти средствами старательности и внимания землевладельца и фермера; для этого он должен предоставить им обоим преследовать свои интересы самостоятельно и по собственному разумению, дать им полнейшую уверенность, что они смогут в полной мере пользоваться плодами своего труда, и обеспечить им самый обширный рынок для всех их продуктов, установив наиболее легкие и безопасные пути сообщения по суше и по воде повсеместно в своих владениях, а также совершенно неограниченную свободу вывоза во владения всех других государей.

Если при такой системе управления налог этого рода окажется возможным применять таким образом, чтобы не только не препятствовать, но, напротив, несколько поощрять улучшение земли, то он вряд ли причинит какое-либо иное неудобство для землевладельца, кроме неустранимого вообще неудобства — необходимости платить налог.

При всех меняющихся состояниях общества, при развитии и упадке земледелия, при всех изменениях стоимости серебра и содержания благородных металлов в монете налог этого рода сам по себе и без всяких усилий со стороны правительства будет согласоваться с фактическим положением вещей и будет одинаково справедлив и равномерен при всех этих изменениях. Поэтому он гораздо более пригоден для установления в качестве постоянного и неизменного правила или так называемого основного закона государства, чем всякий иной налог, взимаемый всегда согласно фиксированной оценке.

Некоторые государства вместо простого и понятного способа регистрации арендных договоров прибегали к более сложному и дорогому способу — фактической переписи и оценки всех земель страны. Они, вероятно, подозревали, что сдающий землю и арендатор могут в целях обмана фискального ведомства по взаимному соглашению скрывать действительные условия аренды. «Книга страшного суда» являлась, по-видимому, результатом весьма точной переписи этого рода.

В старых владениях короля Пруссии поземельный налог взимается согласно фактической переписи и оценке, пересматриваемой и изменяемой время от времени*. Соответственно этой оценке светские землевладельцы уплачивают от 20 до 25% своего дохода, духовные — от 40 до 45%. Перепись и оценка в Силезии были произведены по распоряжению нынешнего короля и, как говорят, отличаются большой точностью. Согласно этой оценке земли, принадлежащие епископу Бреславльскому, обложены в размере 25% приносимой ими ренты. Другие доходы духовенства обоих вероисповеданий обложены в размере 50%; командорства Тевтонского и Мальтийского орденов обложены в размере 40%; земли, находящиеся в руках дворян, обложены в размере $38\,^1/_3$%, а в руках простолюдинов — $35\,^1/_3$%.

Перепись и оценка земель в Богемии потребовали, как сообщают, работы в продолжение более 100 лет. Они были закончены лишь после мира 1748 г. по приказу ныне царствующей императрицы. Перепись Миланского герцогства, начавшаяся еще при Карле VI, была закончена только после 1760 г. Она считается одной из самых точных, какие когда-либо были произведены. Перепись Савойи и Пьемонта была выполнена по приказу покойного короля Сардинии**.

Во владениях прусского короля доход церкви облагается намного выше, чем доход светских землевладельцев. Церковный доход в большей своей части лишь ложится бременем на земельную ренту. Редко бывает, чтобы хотя некоторая часть его шла на улучшение земли или употреблялась таким образом, чтобы в каком-либо отношении содействовать увеличению дохода массы народа. Прусский король счел, вероятно, ввиду этого справедливым, чтобы духовенство вносило значительно больше для удовлетворения нужд государства. В некоторых странах церковные

---

* «Mémoires concernant les Droits etc.». Tome I. P. 114, 115, 116 etc.

** «Mémoires». P. 280 etc., 287–316.

земли освобождены от всех налогов, в других — они облагаются легче, чем иные земли. В герцогстве Миланском земли, которыми церковь обладала до 1575 г., оценены при обложении лишь в третью часть своей стоимости.

В Силезии земли, находящиеся во владении дворян, обложены на 3% выше, чем земли, находящиеся в руках простолюдинов. Прусский король, вероятно, предполагал, что почет и различные привилегии, связанные с владениями первого рода, достаточно вознаградят землевладельца за небольшое увеличение налога, а унизительная подчиненность последних будет в некоторой степени ослаблена благодаря более легкому обложению. В других странах система обложения не только не ослабляет, но еще и усугубляет это неравенство. Во владениях короля сардинского и в тех провинциях Франции, на которые распространяется так называемая реальная, или поземельная, подать, налог падает исключительно на земли, находящиеся во владении простолюдинов, тогда как дворянские земли не подлежат обложению.

Поземельный налог, устанавливаемый в соответствии с общей переписью и оценкой, как бы справедлив и равномерен он ни был сначала, должен спустя очень непродолжительное время сделаться несправедливым и неравномерным. Для предотвращения этого со стороны правительства требовалось бы постоянное и обременительное внимание ко всем колебаниям в общем состоянии и производительности каждой отдельной фермы в стране. Правительства Пруссии, Богемии, Сардинии и герцогства Миланского действительно проявляют такого рода внимание — внимание, столь не свойственное природе всякого правительства, что вряд ли оно будет проявляться долгое время, а если и будет, то, вероятно, станет причинять в конце концов гораздо больше беспокойства и стеснений плательщикам налога, чем сможет приносить им облегчения.

В 1666 г. в Монтабанском округе реальная, или поземельная, подать была разверстана, как передают, в соответствии с весьма точной переписью и оценкой*. К 1727 г.

* «Mémoires concernant les Droits etc.». Tome II. P. 193 etc.

эта разверстка оказалась совершенно неравномерной и несправедливой. В целях исправления этого неудобства правительство не нашло лучшего средства, как наложить на весь округ добавочный налог в 120 тыс. ливров. Этот добавочный налог разверстывается по всем участкам округа, подлежащим подати, соответственно прежней раскладке. Но он взимается только с тех участков, которые при современном положении вещей обложены по старой раскладке ниже действительной доходности, и употребляется для облегчения тех, кто по той же раскладке обложен выше доходности. Например, два участка обложены по старой раскладке по 1 тыс. ливров каждый, тогда как согласно современному положению вещей первый должен был бы платить 900, а второй — 1 тыс. ливров. Добавочным налогом оба эти участка облагаются по 1100 ливров каждый, но он взимается только с недообложенного участка и употребляется на облегчение участка переобложенного, который таким образом платит только 900 ливров. Правительство ничего не выгадывает и не проигрывает от добавочного налога, который применяется исключительно для устранения неравномерности, обусловленной старой разверсткой. Применение его предоставлено усмотрению интенданта округа и должно быть поэтому в большой мере произвольным.

Налоги, определяемые не соответственно ренте, а соответственно продукции земли

Налоги на продукцию земли в действительности представляют собой налоги на ренту, и, хотя они могут сперва выплачиваться фермером, в конечном счете их платит землевладелец. Когда приходится уплачивать в виде налога часть продукции, фермер высчитывает по мере возможности стоимость этой части из года в год и потом соответственно уменьшает ренту, которую соглашается платить землевладельцу. Нет такого фермера, который не высчитывал бы заранее, сколько составит за все годы аренды церковная десятина, представляющая собой поземельный налог такого же рода.

Десятина и всякий другой поземельный налог такого же рода, хотя они по внешности и кажутся совершенно одинаковыми, на самом деле являются далеко не одинаковыми, поскольку известная часть продукции при различных условиях равна по стоимости весьма различной доле ренты. На некоторых очень плодородных землях продукция так велика, что половины ее достаточно для возмещения фермеру капитала, затраченного им на обработку, вместе с обычной в округе прибылью на фермерский капитал. Другую половину, или, что то же самое, стоимость этой другой половины, он мог бы платить в виде ренты землевладельцу, если бы не было десятины. Но если десятая часть продукции отнимается у него в виде десятины, он должен требовать понижения ренты на одну пятую, потому что иначе не сможет вернуть свой капитал с обычной прибылью. В этом случае рента землевладельца вместо того, чтобы достигать половины, или пяти десятых, всей продукции, будет равняться только четырем десятым ее. На менее плодородных землях продукция иногда так мала, а расходы по обработке так велики, что требуется четыре пятых всей продукции, чтобы возместить фермеру его капитал вместе с обычной прибылью. В этом случае даже при отсутствии десятины рента землевладельца может достигать не больше одной пятой, или двух десятых, всей продукции. А если фермер уплачивает десятую часть своего продукта в виде десятины, он должен требовать от землевладельца соответствующего понижения ренты, которая, таким образом, окажется пониженной до одной десятой всей продукции. На ренту с плодородных земель десятина может иногда ложиться налогом не более чем в одну пятую, т.е. в 4 шилл. на фунт, тогда как на ренту с плохих земель она может иногда ложиться налогом в целую половину, т.е. в 10 шилл. на фунт.

Поскольку десятина оказывается часто очень неравномерным налогом на ренту, постольку она всегда служит большим препятствием как для улучшений со стороны землевладельца, так и для обработки земли фермером. Первый не может рисковать производить наиболее важные, обычно дороже всего стоящие улучшения, а последний не решается возделывать наиболее ценные растения, которые обычно требуют наибольших издержек, если церковь, не несущая ни малейшей доли этих расходов, должна получать очень значительную часть прибыли. Разведение марены в течение долгого времени производилось благодаря десятине только в Соединенных провинциях, которые, как пресвитерианская страна, были избавлены от этого разорительного налога и пользовались своего рода монополией на это полезное красящее вещество в ущерб всей остальной Европе. Недавние попытки ввести культуру этого растения в Англии были произведены только вследствие издания закона, согласно которому с земель, засеянных мареной, взимается только 5 шилл. с акра взамен всякого рода десятины.

Подобно тому как в большей части Европы церковь, так и во многих странах Азии государство содержится главным образом за счет поземельного налога, соразмеряемого не с рентой, а с продукцией земли, — в Китае главный доход государя состоит в десятой части продукции со всех земель империи. Однако эта десятая часть определяется так умеренно, что во многих провинциях она, как передают, не превышает одной тридцатой части обычной продукции. Поземельный налог, или земельная рента, которая уплачивалась магометанскому правительству Бенгалии до того, как эта страна попала в руки английской Ост-Индской компании, достигал, как утверждают, одной пятой продукции. Поземельный налог в Древнем Египте, как сообщают, тоже равнялся пятой части.

В Азии этот вид поземельного налога питает интерес государя к улучшению и обработке земли. Государи Китая, Бенгалии при магометанском правительстве и Древнего Египта, как сообщают, действительно очень заботились о проведении и содержании хороших дорог и судоходных каналов, чтобы как можно больше увеличить как количество, так и стоимость всей продукции земли, обеспечивая ей самый обширный рынок, какой только могли предоставить ей их собственные владения. Церковная десятина дробится на столь незначительные части, что ни один из ее обладателей не может питать подобного рода интереса. Приходский священник никогда не выручит своих денег, если проведет дорогу или канал к отдаленной части страны, чтобы расширить рынок для продуктов своего отдельного прихода. Такого рода налоги, поскольку они предназначены для доставления средств государству, обладают некоторыми полезными сторонами, которые могут в известной степени уравновешивать их неудобства; когда же они должны служить для доставления средств церкви, они связаны с одними только неудобствами.

Налоги с продукции земли могут взыскиваться натурой или по определенной оценке деньгами.

Приходский священник или средней руки помещик, живущий со своего имения, могут иногда, пожалуй, находить некоторую выгоду в получении: первый — своей десятины, второй — своей ренты натурой. Количество, подлежащее сбору, и район, в пределах которого производится сбор, так малы, что они оба могут собственными глазами следить за сбором и использованием решительно всего того, что им следует получить. Богатый помещик, живущий в столице, рисковал бы большими потерями от небрежности и еще больше — от злоупотребления со стороны своих управителей и служащих, если бы ренты с его имения в отдаленной провинции уплачивались ему таким способом. Потери государя вследствие злоупотреблений и хищений его сборщиков налогов должны быть в таком случае неизбежно гораздо больше. Слуги и служащие самого легкомысленного частного лица гораздо больше, вероятно, находятся на глазах своего хозяина, чем слуги и служащие самого осмотрительного государя, и государственный доход, уплачиваемый натурой, так сильно страдал бы от злоупотреблений сборщиков налога, что совсем незначительная часть сумм, собираемых с народа, попадала бы в казначейство государя. Однако, как передают, некоторая часть государственного дохода в Китае вносится именно таким образом. Мандарины и другие сборщики налогов, без сомнения, находят выгоду сохранять способ платежа, при котором гораздо более возможны злоупотребления, чем при уплате деньгами.

Налог с продукции земли, взимаемый деньгами, может взиматься или по оценке, меняющейся в соответствии со всеми изменениями рыночной цены, или согласно твердой оценке, так что, например, бушель пшеницы всегда оценивается в одну и ту же цену независимо от состояния рынка. Выручка от налога, взимаемого первым способом, изменяется лишь в зависимости от изменений фактической продукции земли, в зависимости от улучшения или недостатков обработки земли. Выручка от налога, взимаемого вторым способом, изменяется не только в зависимости от изменений размеров фактической продукции, но и в зависимости от изменений стоимости драгоценных металлов и количества этих металлов, содержащегося в разное время в монете того же самого обозначения. Выручка в первом случае всегда стоит в определенном отношении к стоимости действительной продукции земли; выручка во втором случае может в различные периоды стоять в весьма неодинаковом отношении к этой стоимости.

Когда вместо уплаты определенной части продукта с земли или цены определенной его части требуется уплата определенной денежной суммы в погашение всего налога или десятины, налог в таком случае приобретает совершенно такой же характер, как и поземельный налог в Англии. Он не повышается и не понижается вместе с земельной рентой, он и не поощряет улучшения и не затрудняет их. Десятина в большинстве тех приходов, которые уплачивают так называемый модус вместо всех других десятин, представляет собою налог этого рода. Во времена магометанского владычества в Бенгалии вместо платежа натурой пятой части продукции в большей части округов, или заминдаров, страны была установлена уплата определенной денежной суммы и притом, как передают, очень умеренной. Некоторые служащие Ост-Индской компании под предлогом восстановления надлежащей стоимости государственного дохода взамен уплаты этой суммы установили в некоторых провинциях платеж натурой. При их управлении такая перемена должна, вероятно, затруднять обработку земли и вместе с тем создавать новые поводы для злоупотреблений при взимании государственных доходов, которые упали намного ниже того уровня, на каком они стояли, как утверждают, в то время, когда впервые были переданы в ведение компании. Служащие компании, возможно, выгадали от этой перемены, но, вероятно, за счет своих хозяев и страны.

Налоги на ренту с домов

В ренте с дома, или наемной плате, можно различать две части, из которых одна может быть вполне уместно названа строительной рентой, а другая обычно называется земельной рентой.

Строительная рента (или рента от здания) представляет собою процент, или прибыль, на капитал, затраченный на постройку дома. Для того чтобы поставить строительную промышленность в одинаковые условия с другими промыслами, необходимо, чтобы эта рента была достаточна, во-первых, для оплаты строителю такого же процента, какой он получил бы на свой капитал, если бы ссудил его под надежное обеспечение, и, во-вторых, для сохранения его дома в надлежащем порядке, или, что то же самое, для возмещения спустя определенное число лет капитала, затраченного на его постройку. Рента со строений, или обычная прибыль с построек, везде поэтому определяется обычным процентом на деньги. Там, где рыночная норма процента равняется четырем, рента с дома, которая по уплате земельной ренты дает 6 или $6^1/_2$% на все издержки по постройке, может, пожалуй, приносить достаточную прибыль строителю. Когда рыночная норма процента достигает пяти, нужна будет для этого, пожалуй, рента в 7 и $7^1/_2$%. Если сравнительно с существующим процентом на капитал строительное дело приносит в какой-либо момент гораздо более высокую прибыль, чем эта, то оно скоро привлечет к себе из других отраслей промышленности так много капитала, что это понизит прибыль до ее нормального уровня. Если оно в какой-либо момент приносит меньше этого, то другие отрасли промышленности скоро отвлекут от него так много капитала, что опять-таки повысят прибыль.

Вся та часть ренты с дома, которая остается сверх того, что необходимо для доставления этой умеренной прибыли, естественно, приходится на земельную ренту, и в тех случаях, когда собственник земли и собственник здания — два различных лица, она в большинстве случаев целиком выплачивается первому. Эта добавочная рента представляет собой цену, которую обитатель дома уплачивает за какое-либо действительное или предполагаемое преимущество местоположения. Сельские дома, находящиеся на значительном расстоянии от большого города, где вдоволь свободной земли, дают совсем незначительную ренту и во всяком случае не больше того, что приносила бы земля, на которой стоит дом, если бы была использована для земледелия. Рента с загородных вилл по соседству с большим городом бывает иногда значительно выше, и в этом случае особые удобства или красота местоположения очень хорошо оплачиваются. Земельная рента обычно выше всего в столице и в тех отдельных районах ее, где предъявляется наибольший спрос на дома безразлично для каких целей: для промышленных и торговых, для развлечений и приема гостей или из-за простого тщеславия и моды.

Налог на наемную плату (ренту с дома), уплачиваемый съемщиком и пропорциональный всей ренте с каждого дома, не может, по крайней мере на сколько-нибудь значительное время, оказывать влияние на строительную ренту. Если бы строитель не выручал своей умеренной прибыли, он вынужден был бы прекратить свое дело, а это в непродолжительном времени вернуло бы его прибыль на уровень, соответствующий ее уровню в других промыслах, поскольку усилило бы спрос на здания. Такой налог не может падать целиком на земельную ренту; он распределяется таким образом, что падает частью на обитателя дома и частью на владельца земли.

Предположим, например, что некто находит по своим средствам затрачивать в год на аренду дома 60 ф.; предположим также, что на наемную плату с домов установлен налог в размере 4 шилл. с фунта, или одной пятой, уплачиваемый нанимателем; дом, сдающийся за 60 ф. в год, будет обходиться ему в таком случае в 72 ф., т.е. на 12 ф. дороже, чем он считает возможным для себя платить. Он удовлетворится поэтому несколько худшим домом, или домом, сдающимся за 50 ф., что вместе с добавочными 10 ф., которые он должен затрачивать на уплату налога, составит как раз 60 ф. в год, тот расход, который он считает себе по средствам; для того чтобы уплатить налог, он откажется от части добавочных удобств, какие мог бы иметь от дома, стоящего на 10 ф. в год дороже. Я говорю: от части добавочных удобств, потому что он лишь в редких случаях лишится всех этих удобств, так как благодаря налогу он получит за 50 ф. в год лучший дом, чем мог бы получить за эту сумму при отсутствии налога. Ибо подобно тому как налог этого рода, устраняя данного соискателя, должен уменьшить спрос на дома в 60 ф., он должен также уменьшить спрос и на дома в 50 ф. и вообще на дома в любую другую цену, исключая самые дешевые дома, спрос на которые он на некоторое время усилит. Но рента с домов всех категорий, спрос на которые уменьшился, обязательно более или менее понизится. Так как ни малейшая часть этого понижения не может, по крайней мере сколько-нибудь значительное время, отразиться на строительной ренте, то все оно должно в конечном счете упасть на земельную ренту. Таким образом, конечная уплата этого налога должна лечь частью на нанимателя дома, который окажется вынужденным для уплаты этого налога отказаться от ряда своих удобств, и частью на собственника земли, который для уплаты своей доли вынужден будет отказаться от части своего дохода. Не очень легко, пожалуй, установить, в каком отношении распределится между ними этот конечный платеж. Распределение это будет, вероятно, весьма различно при различных условиях, и налог этого рода может в зависимости от этих различных обстоятельств очень неравномерно ложиться на нанимателя дома и на собственника земли.

Неравномерность, с какой налог этого рода может ложиться на обладателей различных земельных рент, возникает целиком из-за случайной неравномерности указанного распределения, тогда как неравномерность, с какой он может ложиться на нанимателей различных домов, обусловливается не только этой, но и другой причиной. Доля расхода на наемную плату в общих издержках на жизнь неодинакова у лиц, обладающих различным состоянием. Она, вероятно, выше всего у самых богатых людей и понижается постепенно с уменьшением состояния, так что, по общему правилу, оказывается ниже всего на самой низшей ступени благосостояния. Предметы первой необходимости составляют главный расход бедняков. Им трудно доставать себе пищу, и бо́льшая часть их скромного дохода затрачивается на приобретение ее. Предметы роскоши и суетности вызывают главный расход богатых, а великолепный дом еще украшает и выставляет в наиболее выгодном свете все другие предметы роскоши и суетные украшения, которыми они обладают. Поэтому налог на наемную плату должен, по общему правилу, ложиться наибольшей тяжестью на богатых, и в такого рода неравномерности нет, пожалуй, ничего особенно несправедливого. Отнюдь не несправедливо, чтобы богатые участвовали в государственных расходах не только пропорционально своему доходу, но и несколько большей долей.

Хотя рента с домов, или наемная плата, в некоторых отношениях походит на земельную ренту, в одном она существенно разнится от нее. Земля, с которой уплачивается рента, производит ее. Рента с домов уплачивается за пользование непроизводительным предметом. Ни дом, ни земля, на которой он стоит, ничего не производят. Поэтому лицо, уплачивающее ренту, должно брать деньги для этого из какого-либо другого источника дохода, отличного и независимого от этого предмета. Налог с наемной платы, или ренты с домов, поскольку он ложится на нанимателей, должен браться из того же источника, как и сама рента, и должен уплачиваться из дохода нанимателей, получаемого от заработной платы, прибыли на капитал или земельной ренты. Поскольку он ложится на нанимателей, он принадлежит к числу тех налогов, которые падают не на один только, а безразлично на все три источника дохода, и во всех отношениях подобен по своему характеру всякому другому налогу на любой другой предмет потребления. В общем, не существует, пожалуй, такого другого предмета расхода или потребления, по которому лучше можно было бы судить о широте или скромности общих издержек человека, чем по уплачиваемой им наемной плате за дом. Пропорциональный налог на эту особую статью расхода мог бы, пожалуй, приносить более значительный доход, чем до сих пор извлекали из него в какой-либо части Европы. Разумеется, если налог будет очень высок, большинство людей будут стараться по возможности уменьшить свои платежи и будут удовлетворяться домами меньших размеров, обращая большую часть своего дохода на другие цели.

Размер ренты с дома, или наемной платы, может быть легко установлен с достаточной точностью посредством практики такого же рода, какая необходима для установления обычной земельной ренты. Дома ненаселенные не должны платить никакого налога. Налог на них целиком ложился бы на собственника, который таким образом облагался бы за предмет, не доставляющий ему ни удобств, ни дохода. Дома, в которых живут сами владельцы их, должны облагаться не в соответствии с их строительной стоимостью, а согласно справедливой оценке — вероятному доходу с них в случае сдачи их внаем арендатору. При обложении таких домов соответственно их строительной стоимости налог в 3 или 4 шилл. с фунта в соединении с другими налогами разорил бы почти все богатые и знатные фамилии не только нашей, но, думается мне, и всякой другой цивилизованной страны. Кто со вниманием познакомится с городскими и сельскими домами богатейших и знатнейших фамилий нашей страны, убедится, что при норме только в $6\,^1/_2$ или 7% с первоначальной строительной стоимости их рента с дома почти равняется всей чистой ренте с их поместий. Это накопленный расход нескольких последовательных поколений, затраченный, правда, на предметы большой красоты и великолепия, но в сравнении с тем, во что они обошлись, весьма малой меновой стоимости*.

Земельная рента с участков под домами представляет собою еще более подходящий объект обложения, чем наемная плата. Налог на такого рода земельную ренту не повысит наемную плату за дома. Он целиком будет ложиться на владельца этой земельной ренты, который всегда выступает в качестве монополиста и требует наивысшей ренты, какая только может быть получена за пользование его участком земли. Он может получить за него больше или меньше в зависимости от того, богаче или беднее окажутся соискатели, будут ли они в состоянии удовлетворить свой выбор определенного участка с большими или меньшими издержками. Во всех странах наибольшее количество бога-

* После первого издания этой книги был введен налог приблизительно на вышеизложенных основаниях.

тых соискателей бывает в столице, и потому именно там всегда встречается самая высокая земельная рента с застроенных участков. Так как богатство этих соискателей ни в каком отношении не увеличится от налога на эту земельную ренту, они вряд ли будут склонны платить дороже за пользование участком. Мало будет иметь значения, кто непосредственно уплачивает налог — наниматель или владелец участка. Чем больше вынужден будет платить в виде налога наниматель, тем меньше он будет склонен платить за участок, так что в конце уплата налога целиком ляжет на владельца участка. Земельная рента с необитаемых домов должна быть освобождена от налога.

Земельная рента с застроенных участков и обычная земельная рента представляют собой такой вид дохода, которым собственник во многих случаях пользуется без всяких забот и усилий с его стороны. И если часть этого дохода будет отниматься у него для покрытия расходов государства, от этого не пострадает ни одна отрасль труда. После введения такого налога годовой продукт земли и труда общества, действительное богатство и доход массы населения могут остаться неизменными. Ввиду этого земельная рента с застроенных участков и обычная земельная рента являются, пожалуй, тем видом дохода, какой лучше всего может выносить особый налог, устанавливаемый с него.

Рента с застроенных участков представляется с этой точки зрения более подходящим объектом обложения, чем даже обычная земельная рента. Эта последняя во многих случаях обусловлена, по крайней мере отчасти, заботами и хорошим управлением землевладельца. Очень тяжелый налог может слишком неблагоприятно отразиться на этих заботах и хорошем управлении. Рента с застроенных участков, поскольку она превышает уровень обычной земельной ренты, целиком обусловлена хорошим управлением государя, который, покровительствуя труду всего народа или жителей какой-нибудь отдельной местности, дает им возможность платить за участок, на котором они строят свои дома, значительно больше его действительной стоимости или с большим избытком возмещать его владельцу потери, какие он может нести от такого использования участка. Не может быть ничего более справедливого, нежели чтобы фонд, обязанный своим существованием хорошему управлению государства, был обложен хорошим налогом или участвовал несколько большей долей, чем бóльшая часть других фондов, в расходах на содержание этого управления.

Хотя во многих европейских странах устанавливались налоги на наемную плату с домов, я не знаю такой страны, где рента с застроенных земельных участков считалась бы самостоятельным предметом обложения. Изобретатели налогов встретили, вероятно, некоторое затруднение при установлении того, какая часть ренты должна признаваться земельной и какая — строительной рентой. Между тем не представляется очень трудным отличать эти две части ренты одну от другой.

В Великобритании наемная плата за дома подвергается обложению в таких же размерах, как и земельная рента, посредством так называемого ежегодного земельного налога. Оценка, согласно которой определялся этот налог в каждом приходе или округе, всегда одна и та же. Первоначально она была чрезвычайно неравномерна и поныне остается такою же. В большей части королевства этот налог падает на ренту с домов еще меньшей тяжестью, чем на земельную ренту. Только в небольшом числе округов, которые первоначально были высоко обложены и в которых рента с домов значительно понизилась, земельный налог в 3 или 4 шилл. на фунт признается соответствующим действительной доходности дома. Дома, не имеющие жильцов, хотя в силу закона они подлежат обложению налогом, в большинстве округов освобождаются от него благодаря снисходительности сборщиков; это изъятие иногда вызывает небольшие изменения в окладах налога с отдельных домов, хотя для всего округа он всегда остается неизменным. Увеличение ренты в результате новых построек, ремонта и пр. служит облегчению всего округа, что вызывает дальнейшие колебания в окладе отдельных домов.

В Голландии* каждый дом облагается в 2 $^1/_2$% его стоимости, причем не обращается никакого внимания ни на

* «Mémoires concernant les Droits etc.», p. 223.

фактически приносимый им доход, ни на то обстоятельство, сдан ли он внаем или остается необитаемым. Обременительным является, по-видимому, принуждение собственника платить налог за необитаемый дом, от которого он не может извлечь никакого дохода, в особенности платить такой очень тяжелый налог. В Голландии, где рыночная норма процента не превышает трех, $2\,^1/_2\%$ со всей стоимости должны в большинстве случаев составлять более трети строительной ренты, а возможно, и всей ренты. В самом деле, оценка, согласно которой дома облагаются, всегда, как говорят, ниже действительной стоимости. Когда дом перестраивается, исправляется или расширяется, производится новая оценка и соответственно ей определяется оклад налога.

Изобретатели различных налогов, какими в различные эпохи облагали в Англии дома, воображали, по-видимому, что очень затруднительно установить с приблизительной точностью, какова действительная рента с каждого дома. Поэтому они регулировали свои налоги в соответствии с более очевидными признаками, которые, по их мнению, должны были в большинстве случаев находиться в некотором соответствии с рентой.

Первым налогом этого рода явилась подымная подать, или налог в 2 шилл. на каждый очаг. Для того чтобы удостовериться, сколько очагов в доме, сборщику налогов надо было осматривать все комнаты в нем. Это неприятное посещение сделало налог ненавистным. Поэтому вскоре после революции он был отменен как клеймо рабства.

Следующим налогом этого рода был налог в 2 шилл. с каждого обитаемого жилого дома. Дом с 10 окнами облагался добавочными 4 шилл., дом с 20 окнами и больше — 8 шилл. Этот налог в дальнейшем был изменен в том смысле, что дома с 20 окнами и меньше чем с 30 должны были платить 10 шилл., а дома с 30 окнами и больше — 20 шилл. Число окон в большинстве случаев можно считать снаружи и во всех случаях, не входя во все комнаты дома. Ввиду этого посещение сборщика при взимании этого налога было менее неприятно, чем при взимании подымной подати.

Налог этот потом был отменен, и вместо него был введен налог на окна, который тоже подвергся ряду изменений и увеличений. Налог на окна, как он существует в настоящее время (январь 1775 г.), сверх налога в 3 шилл. с каждого дома в Англии и 1 шилл. в Шотландии облагает еще каждое окно, причем он в Англии увеличивается постепенно с низшей ставки в 2 пенса с домов, имеющих не более семи окон, до высшей ставки в 2 шилл. с домов, имеющих 25 окон и больше.

Главное возражение против всех подобного рода налогов — это их неравномерность, неравномерность худшего сорта, так как они должны часто ложиться гораздо тяжелее на бедных, чем на богатых. Дом в небольшом городе, сдающийся за 10 ф., может иногда иметь более окон, чем дом, приносящий 500 ф. в Лондоне, и хотя жилец первого наверное гораздо беднее жильца второго, однако, поскольку его доля определяется налогом на окна, он должен вносить больше на содержание государства. Ввиду этого подобные налоги прямо противоположны первому из вышеприведенных четырех основных принципов. Они, по-видимому, не противоречат сильно ни одному из трех других принципов.

Естественная тенденция налога на окна и всех других налогов с домов проявляется в понижении ренты. Чем больше кто-либо уплачивает в виде налога, тем меньше, очевидно, может он платить за наем дома. Однако со времени введения налога на окна рента с домов в целом более или менее повысилась почти во всех городах и сельских местностях Великобритании, которые мне известны. Так сильно было почти везде увеличение спроса на дома, что он повысил наемную плату больше, чем мог понизить его налог на окна, — одно из многочисленных доказательств большого процветания страны и увеличивающегося дохода ее жителей. Если бы не этот налог, наемная плата, вероятно, поднялась бы еще выше.

Статья II

Налоги на прибыль, или на доход, приносимый капиталом

Доход, или прибыль, получающаяся с капитала, распадается на две части — на ту часть, которая оплачивает процент и принадлежит владельцу капитала, и на ту добавочную часть, которая остается сверх того, что необходимо для уплаты процента.

Последняя часть прибыли, очевидно, не может облагаться непосредственно. Она составляет вознаграждение, и в большинстве случаев лишь очень умеренное, за риск и труды при применении капитала. Предприниматель должен получать это вознаграждение, в противном случае он не может в согласии со своими интересами продолжать свое предприятие. Поэтому при непосредственном обложении соответственно всей прибыли в целом он был бы вынужден или повысить норму своей прибыли, или переложить налог на денежный процент, т.е. платить меньший процент. При повышении им нормы своей прибыли пропорционально налогу весь этот налог, хотя бы он и уплачивался им самим, в конечном счете оплачивался бы одною из двух различных групп в зависимости от того, каким способом он употребляет капитал, находящийся в его распоряжении. Употребляя его как фермерский капитал на обработку земли, он мог бы повысить норму своей прибыли, только удерживая большую долю, или, что то же самое, цену большей доли, продукта земли; а так как это может быть сделано только путем сокращения ренты, то конечная уплата налога ложилась бы на землевладельца. Употребляя его как торговый или промышленный капитал, он мог бы повысить нормы своей прибыли только путем повышения цены своих товаров; в этом случае конечная уплата налога ложилась бы целиком на потребителей этих товаров. Если бы он не повысил норму прибыли, он был бы вынужден взимать весь налог с той ее части, которая приходится на проценты за капитал. Он мог бы платить меньший процент за занятый капитал, и вся тяжесть налога ложилась бы в этом случае в конечном счете на денежный процент. Поскольку он не мог бы переложить с себя налог одним способом, он был бы вынужден сделать это другим способом.

Денежный процент с первого взгляда кажется объектом, столь же допускающим непосредственное обложение, как и земельная рента. Подобно последней, он представляет собою чистый продукт, который остается после полного вознаграждения за риск и труды при применении капитала. Подобно тому как налог на земельную ренту не может вести к повышению ренты, потому что чистый продукт, остающийся после возмещения капитала фермера вместе со справедливой прибылью, не может быть после налога больше, чем был до него, так и в силу той же причины налог на денежный процент не может повысить норму процента, поскольку количество капитала или денег в стране предполагается не изменившимся после введения налога, как и до него. Обычная норма прибыли, как это показано в первой книге, определяется повсюду отношением количества наличного капитала к количеству предприятий и дел, для которых он нужен. Но никакой налог на денежный процент не в состоянии ни увеличить, ни уменьшить количество применений капитала. И если поэтому количество капитала, вкладываемого в различные предприятия, не увеличивается и не уменьшается благодаря налогу, то обычная норма прибыли обязательно останется прежней, а также останется неизменной и та часть этой прибыли, которая необходима для вознаграждения предпринимателя за риск и труд, поскольку последние также не изменились. Таким образом, и остаток, т.е. та часть, которая принадлежит владельцу капитала и которая оплачивает денежный процент, тоже необходимо останется неизменным. Поэтому с первого взгляда денежный процент представляется объектом, столь же допускающим непосредственное обложение налогом, как и земельная рента.

Однако существуют два обстоятельства, которые делают денежный процент гораздо менее пригодным объектом непосредственного обложения, чем земельная рента.

Во-первых, количество и стоимость земли, какою обладает тот или иной человек, никогда не могут быть тайной, они всегда могут быть точно установлены. Напротив, общая сумма денежного капитала, которым он обладает, почти всегда составляет тайну и почти никогда не может быть установлена с приблизительной точностью. Помимо того, она подвержена почти непрерывным колебаниям. Редко проходит год, часто даже месяц, а иногда всего только один день без того, чтобы она в большей или меньшей степени не увеличилась или не уменьшилась. Расследование частных обстоятельств каждого отдельного человека и притом расследование, которое следило бы за изменениями его состояния, чтобы согласовать с ними налог, явилось бы источником такого постоянного и бесконечного притеснения, которого не мог бы выдержать ни один народ.

Во-вторых, земля представляет собою предмет, который нельзя переносить из одного места в другое, тогда как капитал легко можно переносить. Собственник земли необходимо является гражданином той страны, где находится его имение. Собственник капитала является в сущности гражданином всего мира и отнюдь не обязательно связан с какой-либо отдельной страной. Он легко может покинуть страну, в которой подвергается в целях обложения его обременительным налогом стеснительному контролю и расспросам, и перенести свой капитал в другую страну, где он может с большим удобством вести свое предприятие или пользоваться своим состоянием. Перенося свой капитал, он прекратит всю ту работу, которую вел в покинутой им стране. Капитал возделывает землю, капитал дает занятие труду. Налог, ведущий к отливу капитала из какой-либо страны, ведет, таким образом, к исчезновению всех источников доходов государя и общества. Вследствие перенесения капитала в другую страну неизбежно уменьшатся в большей или меньшей мере не только прибыль с него, но и земельная рента и заработная плата.

Ввиду этого те нации, которые стремились обложить доход, получающийся от капитала, были вынуждены вместо такого рода строгого расследования и контроля довольствоваться весьма приблизительной, а следовательно, более или менее произвольной оценкой. Чрезвычайная неравномерность и неопределенность налога, устанавливаемого таким образом, может быть уравновешена только его крайней умеренностью, вследствие которой каждый плательщик видит себя обложенным настолько ниже своего действительного дохода, что его мало беспокоит, если его сосед обложен несколько ниже.

При установлении в Англии так называемого поземельного налога имелось в виду обложить и капитал в таком же размере, как землю. Когда поземельный налог равнялся 4 шилл. с фунта, или одной пятой предполагаемой ренты, имелось в виду обложить и капитал в размере одной пятой предполагаемых процентов с него. При введении современного ежегодного поземельного налога законная норма процента составляла шесть на сто. В соответствии с этим каждую сотню фунтов капитала предполагалось обложить в 24 шилл., т.е. в размере одной пятой 6 ф. После того как законная норма процента понижена до 5, каждые 100 ф. капитала стали облагаться в размере только 20 шилл. Сумма, подлежащая взысканию посредством так называемого поземельного налога, разверстывалась между сельскими местностями и главными городами, причем большая часть падала на первые, а большая часть доли, приходившейся на города, разверстывалась на дома. Сумма, остававшаяся для разверстки на капитал и торговлю (капитал, вложенный в землю, облагать не имелось в виду), была много ниже действительной стоимости этого капитала или торговли. Ввиду этого все неравномерности, которые могли иметь место при первоначальной разверстке, вызывали мало неудобств и неудовольствия. Все приходы и округа по настоящее время продолжают облагаться для уплаты налога с их земель, домов и капиталов согласно первоначальной раскладке, и почти всеобщее преуспеяние страны, которое во многих местах весьма значительно повысило стоимость всех этих статей, еще уменьшило значение этой неравномерности. Равным образом ввиду того, что обложение каждого округа остается все время неизменным, неопределенность этого налога, поскольку он может взыскиваться с капитала каждого отдельного лица, весьма значительно уменьшилась и имеет теперь гораздо меньшее значение. Если большая часть земель Англии оценена для взимания поземельного налога меньше чем в половину своей действительной стоимости, то большая часть капитала Англии оценена, может быть, меньше чем в одну пятую своей действительной стоимости. В некоторых городах вся сумма поземельного налога раскладывается на дома, как, например, в Вестминстере, где капитал и торговля свободны от обложения. Иначе обстоит дело в Лондоне.

Во всех странах старательно избегалось тщательное расследование обстоятельств частных лиц.

В Гамбурге* каждый житель обязан платить государству четверть процента всего того, чем он владеет, и так как имущество населения Гамбурга заключается главным образом в капитале, то налог этот может рассматриваться как налог на капитал. Каждый облагает себя сам и в присутствии чиновника вносит ежегодно в государственное казначейство определенную сумму денег, которая, согласно его заявлению под присягой, составляет четверть процента всего его имущества, но не делает заявления о его размерах и не подлежит никаким расспросам по этому поводу. Согласно общему мнению, налог этот уплачивается с большой добросовестностью. В небольшой республике, где население относится с полным доверием к своим чиновникам, где оно убеждено в необходимости налога для существования государства и уверено, что он будет добросовестно употреблен на эту цель, можно иногда ожидать такой добросовестной и добровольной уплаты. Она не представляет особенности населения Гамбурга.

Кантон Унтервальден в Швейцарии часто опустошается бурями и наводнениями и потому несет чрезвычайные расходы. В таких случаях собирается население, и каждый гражданин, как передают, объявляет с величайшей откровенностью размеры своего имущества, чтобы соответственно этому быть обложенным налогом. В Цюрихе закон устанавливает, чтобы в случае необходимости все жители облагались пропорционально доходу, размеры которого они должны объявлять под присягой. Там не существует подозрения, что кто-либо из граждан захочет обмануть государство. В Базеле главный доход государства получается от небольшой пошлины с вывозимых товаров. Все граждане приносят присягу, что будут уплачивать каждые три месяца все налоги, устанавливаемые законом. Всем купцам и даже всем содержателям гостиниц поручается вести самим запись всех тех товаров, которые они продают в пределах или вне территории Базеля. По истечении каждых трех месяцев они посылают эту запись казначею вместе с суммой налога, вычисленной в конце ее. Нет подозрений, чтобы государственный доход терпел ущерб от такого доверия**.

---

* «Mémoires concernant les Droits». Tome I. P. 74.

** Ibid. P. 163, 166, 171.

Возлагаемое на каждого гражданина обязательство публично объявлять под присягой свое состояние, по-видимому, не признается в этих швейцарских кантонах стеснительным, но в Гамбурге оно считалось бы в высшей степени стеснительным. Купцы, пускающиеся в рискованные торговые предприятия, все трепещут при мысли быть обязанными обнаруживать в любое время действительное положение своих дел. Они предвидят, что последствием этого часто может явиться подрыв их кредита и неудача их проектов. Рассудительный и бережливый народ, чуждый подобного рода проектам, не чувствует необходимости в такого рода секретах.

В Голландии, вскоре после возведения принца Оранского в штатгальтеры, был установлен налог в 2%, или так называемая 50-я деньга, со всего имущества каждого гражданина. Каждый гражданин сам облагал себя и вносил налог таким же образом, как это делалось в Гамбурге; согласно обшему предположению, налог этот уплачивался с большой добросовестностью. Народ в ту пору питал величайшую привязанность к своему новому правительству, которое он только что установил путем всеобщего восстания. Налог был единовременным, будучи предназначен помочь государству в чрезвычайной нужде; действительно, он был слишком тяжел, чтобы быть постоянным. В стране, где рыночная норма процента редко превышает три, налог в 2% достигает 13 шилл. 4 п. на фунт с самого высокого чистого дохода, который обычно получается с капитала. Такой налог только немногие могут платить, не затрагивая в большей или меньшей степени своих капиталов. При какой-либо особой крайности народ может, под влиянием сильного общественного воодушевления, сделать большое усилие и отдать даже часть своего капитала, чтобы прийти на помощь государству, но совершенно немыслимо, чтобы он делал это сколько-нибудь продолжительное время; а если бы он делал это, налог скоро разорил бы его в такой степени, что он вообще утратил бы способность поддерживать государство.

Хотя налог на капитал, установленный в Англии законом о поземельном налоге, пропорционален капиталу, все же он не имеет в виду уменьшить или отнять часть этого капитала. Имелось только в виду сделать его налогом на денежный процент, соответствующим по размерам налогу на земельную ренту, так что когда последний равняется 4 шилл. на фунт, первый тоже мог бы достигать 4 шилл. на фунт. Налог в Гамбурге и еще более умеренные налоги в Унтервальдене и Цюрихе точно так же имелись в виду как налоги не на капитал, а на процент или чистый доход с капитала; налог же в Голландии должен был являться налогом на капитал.

Налоги на прибыль с отдельных промыслов

В некоторых странах устанавливаются чрезвычайные налоги с прибылей на капитал при вложении его в определенные отрасли торговли или в земледелие.

К первой категории в Англии относятся налоги на разносчиков и бродячих торговцев, на извозчичьи кареты и фаэтоны и налог, который содержатели пивных уплачивают за разрешение продавать в розницу пиво и спиртные напитки. Во время последней войны предполагался еще один налог этого рода, а именно — на магазины. Указывали, что так как война предпринята в целях защиты торговли страны, то купцы, которые выгадывают от нее, должны участвовать в несении расходов на нее.

Однако налог на прибыль с капитала, вкладываемого в ту или иную отрасль торговли, никогда не может в конечном итоге ложиться на самих торговцев (которые во всех нормальных случаях должны иметь свою справедливую прибыль и редко могут получить больше этой прибыли, если конкуренция не ограничена), он всегда ложится на потребителей, которые принуждены платить в цене товаров налог, выплачиваемый торговцем, и притом обычно еще с некоторой надбавкой.

Налог этого рода, если он соответствует оборотам торговца, в конечном счете уплачивается потребителем и не причиняет никаких неудобств торговцу. Когда же он не соразмеряется с оборотом, а в одинаковых размерах взыскивается со всех торговцев, то, хотя в этом случае он в конечном итоге уплачивается потребителем, все же он более благоприятен для крупного торговца и обременителен для мелкого. Налог в 5 шилл. в неделю на каждую извозчичью карету и в 10 шилл. в год на каждую извозчичью коляску, поскольку он уплачивается различными содержателями таких карет и колясок, достаточно точно соразмерен с их выручкой. Он не мирволит крупному и не притесняет более мелкого предпринимателя. Налог в 20 шилл. в год за разрешение продавать пиво, в 40 шилл. за разрешение торговать спиртными напитками и еще в 40 шилл. за разрешение торговать винами, будучи одинаков для всех торговцев, должен обязательно обеспечить некоторое преимущество крупным торговцам и причинить некоторое неудобство мелким. Первым должно быть легче, чем последним, выручать обратно сумму налога в цене своих товаров. Впрочем, умеренность налога делает эту неравномерность имеющей мало значения, и многим может даже казаться вполне целесообразным несколько затруднить размножение мелких пивных и трактиров. Налог на лавки имелось в виду сделать одинаковым со всех лавок. Да и трудно было бы сделать иначе. Было бы невозможно соразмерять со сколько-нибудь приблизительной точностью налог на лавку с размерами торговли, производящейся в ней, не прибегая к расследованиям и розыскам, невыносимым в свободной стране. Если бы налог был значителен, он ложился бы бременем на мелких торговцев и привел бы к переходу почти всей розничной торговли в руки крупных торговцев. С устранением конкуренции первых последние пользовались бы монополией торговли и, подобно всем монополистам, скоро столковались бы относительно повышения своих прибылей намного больше того, что необходимо для уплаты налога. Конечная уплата налога вместо того, чтобы ложиться на лавочника, падала бы на потребителя со значительной надбавкой в пользу лавочника. В силу этих соображений проект налога на лавки был оставлен и вместо него был установлен налог 1759 г.

Так называемая во Франции подушная подать представляет собой, вероятно, самый важный налог на прибыли с капитала, затрачиваемого в сельском хозяйстве, который взимается в какой-либо из европейских стран.

При безначалии, существовавшем в Европе при господстве феодализма, государь был вынужден довольствоваться обложением тех, кто был слишком слаб, чтобы отказаться платить налоги. Крупные феодалы, хотя и готовые приходить ему на помощь в чрезвычайных обстоятельствах, не соглашались на обложение их постоянным налогом, а государь был недостаточно силен, чтобы вынудить их. Земледельцы по всей Европе были первоначально в своем большинстве рабами. В большей части Европы они постепенно получили свободу. Некоторые из них приобретали в собственность свои участки, которые отдавались им королем или каким-нибудь другим крупным владельцем, причем оставались в большей или меньшей степени зависимыми от своих господ; таковы были старинные копигольдеры в Англии. Другие, не приобретая своих участков в собственность, брали их в аренду на определенное число лет и таким образом становились менее зависимыми от своего господина. Крупные землевладельцы смотрели поэтому с завистливым и презрительным возмущением на возрастающее благосостояние и независимость этого низшего класса людей и охотно соглашались, чтобы государь облагал его налогом. В некоторых странах налог этот ограничивался землями, принадлежащими по праву собственности недворянам, и в этом случае назывался реальной податью. Поземельный налог, установленный покойным сардинским королем, и подать в провинциях Лангедок, Прованс, Дофинэ и Бретань, в округе Монтобан и в избирательных округах Ажанском и Кондомском, а также в некоторых других местах Франции представляют собой налог на недворянские земли. В других странах налогом облагались предполагаемые прибыли всех тех лиц, которые владели на правах аренды чужими землями как дворянскими, так и недворянскими; в этом случае подать называлась подушной. В большей части тех провинций Франции, которые называются pays d'élection, подать отличается именно этим характером. Поскольку реальная подать взыскивается только с части земель страны, она неизбежно является налогом неравномерным, но не всегда произвольным, хотя в некоторых случаях имеет место и последнее. Подушная подать, поскольку она должна соответствовать прибылям определенного класса людей — прибылям, которые могут быть устанавливаемы только по догадкам, неизбежно бывает и произвольна и неравномерна.

В настоящее время (1775 г.) подушная подать, взимаемая ежегодно во Франции в 20 провинциях, так называемых pays d'élection, составляет 40 107 239 ливров 16 су*. Пропорция, в которой эта сумма раскладывается между этими провинциями, изменяется из года в год в соответствии с отчетами, представляемыми королевскому совету о хорошем или плохом состоянии хлебов, также и о других обстоятельствах, которые могут увеличивать или уменьшать их платежеспособность. Каждый округ разделен на известное число участков, и разверстка между ними суммы, наложенной на весь округ, тоже изменяется из года в год в зависимости от отчетов, представляемых совету относительно платежеспособности каждого. Представляется невозможным, чтобы совет даже при всем своем желании был в состоянии производить обе эти раскладки хотя бы в приблизительном соответствии с действительной платежеспособностью провинций или округов, с которых взимается подать. Отсутствие надлежащих сведений или неправильная осведомленность всегда должны в большей или меньшей степени вводить в заблуждение даже самый справедливый совет. Доля, которую должен уплачивать каждый приход из суммы, приходящейся на весь участок, а также доля, которую должен уплачивать каждый обитатель прихода из суммы, приходящейся на последний, точно так же изменяется ежегодно соответственно обстоятельствам. Эти обстоятельства оцениваются и взвешиваются в одном случае должностными лицами участка, в другом — прихода, причем те и другие находятся под большим или меньшим влиянием интенданта и зависят от него. Как утверждают, не только неведение и неправильная осведомленность, но и дружба, партийная вражда и личное неудовольствие часто ведут к неправильным действиям этих чиновников. Ни один человек, подлежащий налогу, никогда, очевидно, не может до получения раскладки точно знать, сколько ему придется уплатить. Он не может даже знать это и после получения раскладки. Если кто-либо из плательщиков оказы-

* «Mémoires concernant les Droits etc.». Tome II. P. 17.

вается несостоятельным и не может уплатить своего оклада, за него обязан внести налог сам сборщик, причем эта сумма взыскивается на следующий год со всего прихода, чтобы возместить ее сборщику. Если сам сборщик оказывается несостоятельным, то приход, избирающий его, должен отвечать за него перед главным сборщиком налогов участка. А так как для главного сборщика может быть затруднительным возбуждать преследование против всего прихода, он выбирает по своему усмотрению пять или шесть из наиболее богатых плательщиков и взыскивает с них сумму, недополученную участковым сборщиком. Для возмещения этим пяти или шести лицам потом производится дополнительная раскладка на весь приход. Такие раскладки всегда делаются в дополнение к подати того года, в течение которого они собираются.

Когда прибыли с капитала в какой-либо отрасли торговли облагаются налогом, торговцы стараются доставлять на рынок не больше товаров, чем они могут продать по цене, достаточной для возмещения им расхода на уплату налога. Некоторые из них извлекают часть своих капиталов из торговли, и рынок снабжается благодаря этому более скудно, чем раньше. Цена товаров возрастает, и в конечном итоге уплата налога ложится на потребителя. Когда же налогом облагается прибыль с капитала, вложенного в земледелие, не в интересах фермеров извлекать какую-либо часть своего капитала из своего дела. Каждый фермер занимает определенное количество земли, за которое он платит ренту. Для надлежащей обработки этой земли необходимо определенное количество капитала, и при извлечении из дела какой-либо части этого необходимого количества фермеру не станет легче уплачивать ренту или налог. Он никогда не может быть заинтересован для уплаты налога в том, чтобы уменьшать размеры своей продукции, а следовательно, снабжать рынок более скудно, чем раньше. Поэтому налог никогда не даст ему возможности поднять цену своих продуктов так, чтобы возместить себе этот расход посредством перекладывания конечной уплаты на потребителя. Между тем фермер, как и всякий другой торговец, должен иметь умеренную прибыль, ибо в противном случае он должен будет отказаться от своего промысла.

После установления налога такого рода он может получать такую умеренную прибыль только при уплате землевладельцу меньшей ренты. Чем больше он принужден платить в виде налога, тем меньше он в состоянии платить в виде ренты. Налог этого рода, налагаемый во время действия арендного договора, может, без сомнения, затруднить или разорить фермера. При возобновлении же аренды налог всегда должен падать на землевладельца.

В странах, где существует подушная подать, фермер обыкновенно облагается пропорционально капиталу, который он затрачивает на обработку земли. Ввиду этого он часто опасается иметь хороших рабочих лошадей и быков и старается вести свое хозяйство при помощи самых плохих и негодных орудий, насколько только возможно. Так сильно его недоверие к справедливости оценщиков, что он симулирует бедность и старается казаться едва способным вообще платить что-нибудь из опасения быть вынужденным платить слишком много. Благодаря такой глупой политике он, возможно, не всегда более целесообразно учитывает свои собственные интересы и, вероятно, теряет больше в результате уменьшения своей продукции, чем выгадывает от уменьшения налога. Хотя вследствие такого нелепого ведения хозяйства рынок, без сомнения, снабжается несколько хуже, все же возможное в результате этого небольшое повышение цены вряд ли может возместить фермеру уменьшение его продукции и, конечно, еще меньше может позволить ему платить землевладельцу более высокую ренту. Общество, фермер, землевладелец — все терпят больший или меньший ущерб от такого ухудшения возделывания земли. Я имел уже случай указать в третьей книге настоящего исследования, что подушная подать ведет многими различными путями к понижению уровня сельского хозяйства и, следовательно, к истощению главного источника богатства каждой обширной страны.

Так называемый подушный налог в южных провинциях Северной Америки и на Вест-Индских островах, т.е. ежегодный налог в размере определенной суммы с каждого негра, представляет собой собственно налог на прибыль с особого вида капитала, затрачиваемого в сельском хозяйстве. Поскольку плантаторы в большинстве своем совмещают в своем лице и фермеров и землевладельцев, конечная уплата налога ложится на них в качестве землевладельцев без всякого возмещения.

Налоги в размере определенной суммы с каждого раба, употребляемого в земледелии, в древнее время были, по-видимому, общим явлением во всей Европе. В настоящее время налог такого рода существует в Российской империи. Вероятно, именно по этой причине подушные налоги всех видов изображались часто как признак рабства. Однако всякий налог является для лица, которое платит его, признаком не рабства, а свободы. Он означает, правда, что это лицо является подданным правительства, но также и то, что, поскольку оно обладает некоторой собственностью, оно не может быть само собственностью какого-нибудь хозяина. Подушный налог с рабов всецело отличается от подушного налога со свободных людей: последний уплачивается теми лицами, на которых накладывается, первый уплачивается совсем другими лицами. Налог со свободных людей или совершенно произволен, или совершенно неравномерен, а в большинстве случаев имеет место то и другое. Налог же с рабов, хотя в некоторых отношениях и неравномерен, поскольку различные рабы имеют различную стоимость, все же ни в каком отношении не является произвольным. Каждый хозяин, знающий число своих рабов, точно знает, сколько ему следует платить. Тем не менее, ввиду того что эти различные налоги получили одинаковое наименование, их рассматривали как имеющие одинаковый характер.

Налоги, которыми облагается в Голландии мужская и женская прислуга, представляют собой налоги не на капитал, а на личные расходы, и в этом отношении походят на налоги на предметы потребления. Такой именно характер имеет налог в одну гинею с каждого слуги-мужчины, недавно введенный в Великобритании. Наибольшей тяжестью он ложится на средний класс. Человек, имеющий ежегодный доход в 200 ф., может держать одного слугу; обладатель дохода в 10 тыс. ф. в год не будет держать 50 слуг. Но зато налог этот не задевает бедных.

Налоги с прибыли на капитал, вкладываемый в те или другие специальные промыслы, никогда не могут отразиться на денежном проценте. Никто не станет ссужать свои деньги тем, кто занимается облагаемым промыслом, за меньший процент, чем тем, кто занимается промыслами необлагаемыми. Налоги на доход, получающийся с капитала, без различия промыслов, в каких он занят, там, где правительство пытается взимать их с некоторой степенью точности, во многих случаях ложатся на денежный процент. «Двадцатая доля» во Франции представляет собой налог того же рода, как и так называемый поземельный налог в Англии, и взимается точно так же с дохода от земли, домов и капитала. Поскольку он касается дохода с капитала, он раскладывается хотя и не с большой суровостью, но с гораздо большей точностью, чем та доля поземельного налога в Англии, которая получается из того же источника. Во многих случаях он ложится целиком на денежный процент. Во Франции деньги часто помещаются по договорам об установлении пожизненной ренты, т.е. о выплате ежегодно определенных взносов, причем должник в любое время может выкупить эту пожизненную ренту, уплатив первоначально занятую сумму, тогда как кредитор не может требовать выкупа, за исключением особых случаев. «Двадцатая доля», по-видимому, не повысила размеры этих ежегодных рент, хотя она строго взимается со всех них.

Дополнение к статьям I и II. *Налоги на капитальную стоимость земли, домов и капиталов*

Какие бы постоянные налоги ни налагались на собственность, они никогда не задавались целью, пока последняя остается в руках своего обладателя, уменьшить или отобрать какую-либо часть ее капитальной стоимости, а имели в виду взыскивать только некоторую часть дохода, получающегося от нее. Но когда собственность переходит в другие руки, когда она передается от умершего живому или от живого к другому живому, она облагается часто такими налогами, которые неизбежно отнимают часть ее капитальной стоимости.

Передача всех видов собственности от умершего живому лицу и недвижимой собственности — земли и домов — от одного живого лица другому представляет собой сделку, которая по самой сущности своей публична и известна или имеет такой характер, что не может быть скрыта долгое время. Такие сделки возможно поэтому облагать непосредственно. Передача капитала или движимой собственности от одного живого лица к другому в виде денежной ссуды часто представляет собой тайную сделку, и ее всегда можно сделать таковой. Поэтому ее не легко обложить непосредственно. Ее облагали косвенно двумя различными способами: во-первых, требуя, чтобы документ, содержащий обязательство уплатить занятую сумму, писался на особой бумаге, оплаченной определенным сбором; без этого документ считался не имеющим силы; во-вторых, требуя под страхом такой же недействительности, чтобы он заносился в публичный или секретный реестр, причем за такую регистрацию взималась определенная пошлина. Гербовые сборы и пошлины за регистрацию часто взимались также с документов, передающих всякого рода собственность от умершего живущему лицу, а также передающих недвижимую собственность от одного живущего лица другому, со сделок, которые легко было бы облагать непосредственно.

«Vicesima hereditatum», 20-я деньга с наследств, установленная Августом у древних римлян, была налогом при переходе собственности от умершего к живущему лицу; Дион Кассий, сообщающий об этом налоге наиболее точные сведения, говорит, что он взимался со всех наследств, завещаний и дарений, за исключением тех случаев, когда собственность переходила к ближайшим родственникам и неимущим.

Такой же характер имеет голландский налог с наследств*. Наследства по боковой линии облагаются в зависимости от степени родства в размере от 5 до 30% всей стоимости наследства. Дарения, или отказы по завещаниям своим родственникам по боковой линии, облагаются такими же пошлинами. Имущество, переходящее по заве-

* «Mémoires concernant les Droits etc.». Tome I. P. 225.

щанию от мужа к жене или от жены к мужу, облагается в размере пятнадцатой доли, наследование по восходящей линии облагается в размере только 5%. Прямые наследования, т.е. по нисходящей линии, свободны от обложения. Смерть отца редко сопровождается для его детей, живущих под одним с ним кровом, каким-либо увеличением их дохода, а часто, напротив, уменьшением его ввиду прекращения его промысла, его службы или какого-либо пожизненного имущества, которым он владел. Жестоким и притеснительным был бы налог, который отягчал бы их потерю, отнимая часть их наследства. Иначе может иногда обстоять дело с детьми, которые, по римской юридической терминологии, эмансипированы, а по шотландской — выделены из семьи, т.е. которые получили уже свою долю имущества, обзавелись собственными семьями и существуют на средства, отдельные и не зависимые от средств их отца. Какая бы доля наследства их отца ни досталась таким детям, она явится действительным увеличением их имущества и может поэтому облагаться налогами без большего неудобства, чем связанное со всеми другими налогами такого рода.

Феодальным законом устанавливались налоги при переходе земли как от умершего к живущему, так и от одного живущего к другому. В давно минувшие времена они по всей Европе составляли один из главнейших источников дохода короны.

Наследник каждого непосредственного вассала короны уплачивал определенный налог обычно в размере годичной ренты при получении инвеституры (пожалования) на поместье. Если наследник был несовершеннолетен, все доходы с поместья в продолжение всего его несовершеннолетия поступали в пользу сюзерена, на которого возлагалось только обязательство содержать несовершеннолетнего и уплачивать пенсию вдове умершего, если таковая имелась налицо. Когда наследник достигал совершеннолетия, он должен был уплачивать сюзерену другой налог, так называемый выкуп, обычно тоже в размере годового дохода с поместья. Продолжительное несовершеннолетие, которое в наше время часто освобождает большое поместье от всех обременяющих его долгов и восстанавливает былой блеск и богатство фамилии, в ту эпоху не могло оказывать такого действия. Расточительность была обычным следствием продолжительного несовершеннолетия.

В силу феодальных законов вассал не мог отчуждать землю без согласия своего сюзерена, который обычно вымогал платеж или выкуп за разрешение. Этот платеж, размеры которого первоначально были произвольны, в дальнейшем стал во многих странах определяться известной долей цены земли. В некоторых странах, где большая часть других феодальных обычаев вышла из употребления, этот налог при отчуждении земли все еще продолжает составлять весьма значительную статью дохода государя. В Бернском кантоне он так высок, что составляет шестую часть цены всех дворянских владений и десятую часть владений недворянских*. В Люцернском кантоне пошлина при продаже земель установлена не повсеместно, а взимается только в некоторых округах; но если кто-либо продает свою землю с целью выселиться, он уплачивает 10 % с цены проданной земли**. Подобного же рода пошлины при продаже всяких земель или только земель, принадлежащих на определенном праве владения, существуют во многих других странах и составляют более или менее значительную статью дохода государя.

Подобного рода сделки могут облагаться косвенно посредством гербовых сборов или нотариальных записей, причем эти налоги могут быть пропорциональны или непропорциональны стоимости объекта, переходящего от одного лица к другому.

В Великобритании гербовые сборы выше или ниже не столько в зависимости от стоимости переходящей в другие руки собственности (гербовой бумаги в 18 п. или полкроны достаточно для заключения обязательства на самую крупную сумму денег), сколько в зависимости от характера документа. Высшая ставка не превышает 6 ф. с листа бумаги или пергамента, и эти высокие пошлины приходятся глав-

---

* «Mémoires concernant les Droits etc.». Tome I. P. 154.

** Ibid. P. 157.

ным образом на пожалования от короны и на судебные документы, независимо от стоимости объекта. В Великобритании не существует пошлин с нотариальной записи документов и бумаг, если не считать вознаграждения самих нотариусов; последнее редко превышает справедливую оплату их труда. Корона не извлекает от этого никакого дохода.

В Голландии* существуют как гербовые, так и нотариальные сборы, которые в некоторых случаях пропорциональны стоимости передаваемой собственности. Все завещания должны писаться на гербовой бумаге, цена которой соответствует передаваемой стоимости, так что там существует гербовая бумага, стоящая от 3 п. или 3 стиверов за лист до 300 флоринов, что составляет около 27 ф. 10 шилл. на наши деньги. Если употреблена гербовая бумага низшего разряда, чем должен был употребить завещатель, то наследство его конфискуется. Этот гербовый сбор взимается сверх всех других существующих в Голландии налогов с наследств. За исключением векселей и некоторых других коммерческих документов, все остальные документы, обязательства и договоры подлежат гербовому сбору. Однако налог этот не повышается пропорционально стоимости объекта. Все сделки по продаже домов и земли и все залоговые операции с теми и другими должны регистрироваться нотариусом, и при этой записи взимается налог в пользу государства в размере $2^1/_2$% с цены продаваемого или закладываемого имущества. Налог этот распространен также на сделки по продаже всех судов и кораблей грузоподъемностью свыше 2 *т*, палубных или беспалубных. Они, по-видимому, рассматриваются как своего рода дома на воде. Такой же налог в $2^1/_2$% взыскивается при продаже движимых имуществ, если она производится в силу судебного постановления.

Во Франции существует как гербовый, так и нотариальный сборы. Первый считается частью общей системы пошлин и акцизов и в провинциях, где установлены эти последние, взимается акцизными чиновниками; второй признается частью коронных доходов и взимается другой группой чиновников.

---

* «Mémoires concernant les Droits etc.». Tome I. P. 223, 224, 225.

Такой способ обложения посредством гербовых и нотариальных сборов представляет собою изобретение самого недавнего времени. Однако в течение не более столетия гербовый сбор в Европе был введен почти повсеместно, а нотариальный сбор сделался чрезвычайно распространенным. Никакому другому искусству не выучивается скорее одно правительство у другого, как искусству выкачивать деньги из карманов своего народа.

Налоги при переходе собственности от умершего к живущему ложатся в конце концов и притом непосредственно на лицо, которому передается собственность. Налоги при продаже земли ложатся целиком на продавца. Последний почти всегда продает по необходимости и должен поэтому соглашаться на такую цену, какую может получить; покупатель почти никогда не бывает вынужден купить и потому дает только такую цену, какую считает нужным. Он подсчитывает, сколько должна ему обойтись земля вместе с налогом; чем больше он обязан платить в виде налога, тем меньше согласится он заплатить за землю. Поэтому такие налоги ложатся почти всегда на лицо, испытывающее нужду, а следовательно, должны быть часто очень жестоки и притеснительны. Налоги при продаже вновь выстроенных домов в тех случаях, когда здание передается без земли под ним, ложатся обычно на покупателя, потому что строитель должен по общему правилу получать свою прибыль, в противном случае ему придется отказаться от своего промысла. Поэтому, если он и уплачивает налог, покупатель обычно должен возместить его ему. Налоги при продаже старых домов по той же причине, что и налоги при продаже земли, ложатся обычно на продавца, которого в большинстве случаев заставляет продавать выгода или необходимость. Количество вновь выстроенных домов, ежегодно поступающих на рынок, в большей или меньшей степени определяется спросом. Если спрос не так силен, чтобы обеспечивать строителю после оплаты всех издержек нормальную прибыль, он не станет больше строить дома. Количество старых домов, в любой момент поступающих на рынок, определяется случайными обстоятельствами, из которых большая часть не имеет никакого отношения к спросу. Два или три крупных банкротства в торговом городе вызывают предъявление к продаже многих домов, которые должны быть проданы за любую цену, которую можно выручить за них. Налоги при продаже участков под застройку ложатся исключительно на продавца по той же причине, что и налоги при продаже земли. Гербовый и нотариальный сборы с обязательств и договоров в связи с займом денег ложатся целиком на занимающего и на деле всегда оплачиваются им. Такого же рода сборы с судебных бумаг ложатся на тяжущихся. Они уменьшают для обеих сторон капитальную стоимость спорного объекта. Чем дороже обходится приобретение собственности, тем меньше будет ее чистая стоимость после приобретения.

Все налоги при переходе из рук в руки собственности всех видов, поскольку они уменьшают капитальную стоимость этой собственности, ведут к уменьшению фонда, предназначенного для содержания производительного труда. Они все в большей или меньшей степени представляют собой невыгодные налоги, которые увеличивают доход государя, редко содержащего других работников, кроме непроизводительных, за счет капитала народа, который содержит лишь производительный труд.

Такие налоги, даже когда они пропорциональны стоимости переходящей собственности, остаются все же неравномерными, поскольку различные виды собственности равной стоимости не всегда одинаково часто переходят из одних рук в другие. Когда же эти налоги не пропорциональны этой стоимости, что имеет место с большей частью гербовых и нотариальных сборов, то они становятся еще более неравномерными. Они ни в каком отношении не произвольны, а во всех случаях могут быть или бывают вполне определенными и точно установленными. Хотя нередко они ложатся на лицо, которому платить нелегко их, момент платежа в большинстве случаев достаточно удобен для него. Когда наступает такой момент, у него в большей части случаев должны быть деньги для уплаты. Они взимаются с очень небольшими издержками и, по общему правилу, не доставляют плательщикам других неудобств, кроме неустранимого вообще неудобства платить налог.

 Во Франции гербовые сборы не вызывают особых жалоб; иначе обстоит дело с нотариальными пошлинами, которые называются там «контрольными». Как утверждают, они служат поводом значительных вымогательств со стороны чиновников главных откупщиков, собирающих этот налог, в большей мере произвольный и неопределенный. В большей частя памфлетов, написанных против современной финансовой системы во Франции, главной темой служат злоупотребления «контроля». Однако неопределенность не представляется обязательно присущей характеру таких налогов. Если народные жалобы основательны, они должны питаться не столько самим характером налога, сколько недостаточной точностью и ясностью текста указов или законов, установивших его.

Нотариальное засвидетельствование закладных и всех вообще сделок относительно недвижимой собственности чрезвычайно выгодно обществу, поскольку обеспечивает права как кредиторов, так и покупателей. Нотариальное засвидетельствование большей части документов другого рода часто неудобно и даже опасно для отдельных лиц, не принося вместе с тем ни малейшей пользы обществу. Все нотариальные книги, которые, как это признано, должны вестись без огласки записей, совсем не должны были бы существовать. Кредит отдельных лиц, без сомнения, ни при каких условиях не должен зависеть от столь ненадежного обеспечения, как честность и скромность низших податных чиновников. Но там, где пошлины с нотариальных записей были сделаны источником дохода государя, обычно умножалось без конца количество нотариальных контор как для документов, которые должны были заноситься в регистр, так и для тех, которые не подлежали занесению. Во Франции существует целый ряд различных секретных регистров. Следует признать, что это злоупотребление, хотя, может быть, и неизбежное, представляет собой вполне естественное следствие такого рода налогов.

Такие штемпельные налоги, как существующие в Англии на игральные карты и кости, на газеты и периодические издания и т.п., представляют собою, собственно, налоги на потребление; конечный платеж ложится на тех лиц, которые пользуются или употребляют эти предметы.

Такие пошлины, как сборы свидетельств на розничную торговлю пивом, вином и спиртными напитками, хотя, может быть, при введении их имелось в виду обложить прибыль самих торговцев, в конечном итоге тоже оплачиваются потребителями этих напитков. Такие налоги, хотя они носят такое же обозначение и взимаются теми же чиновниками и таким же способом, как и вышеупомянутые гербовые сборы при переходе собственности в другие руки, отличаются все же совсем другим характером и ложатся на совсем другие источники.

Статья III

Налоги на заработную плату

Как я старался показать в первой книге, заработная плата низших разрядов рабочих повсюду неизбежно определяется двумя различными условиями: спросом на труд и обычной или средней ценой предметов питания. Спрос на труд в зависимости от того, возрастает ли он, остается ли неизменным или уменьшается, т.е. требует ли он возрастающего, неизменного или уменьшающегося населения, определяет уровень существования рабочего и устанавливает, в какой мере оно должно быть изобильно, умеренно или скудно. Обычная, или средняя, цена предметов продовольствия определяет количество денег, какое должен получать рабочий, чтобы иметь возможность из года в год приобретать эти обильные, умеренные или скудные средства существования. Поэтому при неизменном размере спроса на труд и цены предметов продовольствия прямой налог на заработную плату может иметь своим следствием только повышение заработной платы на сумму, несколько превышающую самый налог. Предположим, в самом деле, что в определенной местности спрос на труд и цена предметов продовольствия таковы, что делают 10 шилл. в неделю обычной заработной платой рабочего и что установлен налог с заработной платы в $^{1}/_{5}$, т.е. в размере 4 шилл. на фунт. Если спрос на труд и цена предметов продовольствия не изменятся, то по-прежнему будет необходимо, чтобы рабочий в этой местности зарабатывал такие средства к существованию, которые могут быть куплены только на

10 шилл. в неделю, или чтобы по уплате налога у него оставался чистый заработок в 10 шилл. в неделю. Но для того чтобы у него оставался такой чистый заработок после уплаты налога, цена труда в этой местности должна будет скоро повыситься и не только до 12 шилл. в неделю, а до 12 шилл. 6 п., т.е. для того, чтобы рабочий мог уплачивать налог в одну пятую, его заработная плата должна обязательно скоро повыситься не на одну пятую только, а на одну четверть. Независимо от отношения налога к заработной плате последняя во всех случаях должна увеличиваться не только пропорционально налогу, но и несколько больше. Если, например, налог установлен в размере одной десятой, заработная плата должна неизбежно повыситься скоро не только на одну десятую, но даже на одну восьмую.

Таким образом, относительно прямого налога на заработную плату, если даже рабочий уплачивает его сам, нельзя, собственно, даже говорить, что он авансируется рабочим по крайней мере в том случае, если спрос на труд и цена предметов продовольствия остались после введения налога такими же, какими были и до него. Во всех таких случаях не только налог, но и несколько большая сумма в действительности авансируется лицом, которое непосредственно нанимает рабочего. Окончательный платеж ляжет в различных случаях на различные лица. Повышение, которое такой налог может вызвать в заработной плате мануфактурного труда, будет уплачено владельцем мануфактуры, который и будет вправе и окажется вынужденным накинуть его вместе с прибылью на цену своих товаров. Таким образом, окончательная оплата такого повышения заработной платы вместе с добавочной прибылью владельца мануфактуры ляжет на потребителя. Повышение, которое такой налог может вызвать в заработной плате сельскохозяйственного труда, будет оплачено фермером, который, чтобы занимать прежнее число рабочих, будет вынужден затрачивать больший капитал. А для того чтобы выручать обратно этот больший капитал вместе с обычной прибылью на него, ему придется удерживать большую долю, или, что то же самое, цену большей доли, продукта его земли, а следовательно, платить меньшую ренту землевладельцу. Следовательно, в этом случае окончательная уплата этого повышения заработной платы ляжет на землевладельца вместе с добавочной прибылью фермера, который авансировал ее. Во всех случаях прямой налог на заработную плату должен в конечном счете вызывать и большее уменьшение земельной ренты и большее повышение цены мануфактурных изделий, чем это имело место при взимании суммы, равной выручке от налога, отчасти с земельной ренты, отчасти с предметов потребления.

Если прямые налоги на заработную плату не всегда вызывали пропорциональное увеличение последней, то это потому, что они обычно вели к значительному уменьшению спроса на труд. Упадок промышленности, уменьшение работы для бедных и сокращение годового продукта земли и труда страны являлись, по общему правилу, следствиями таких налогов. Однако вследствие этих налогов цена труда всегда должна быть выше, чем это было бы при данных размерах спроса, и это увеличение цены вместе с прибылью тех, кто авансирует его, всегда должно быть в конечном счете оплачиваемо землевладельцами и потребителями.

Налог на заработную плату сельскохозяйственного труда не повышает цены сырого продукта земли пропорционально налогу в силу той же причины, по какой налог на прибыль фермера не повышает пропорционально этой же цены.

Как ни нелепы и разорительны такие налоги, они все же существуют во многих странах. Во Франции та часть подушной подати, которая взимается с труда рабочих и сельских поденщиков, представляет собой, собственно, налог такого же рода. Их заработная плата исчисляется соответственно обычному уровню того округа, в котором они живут; а для того чтобы их заработок по возможности не подвергался чрезмерной оценке, в основу принимается не больше 200 рабочих дней в году*. Налог с каждого отдельного лица колеблется из года в год в соответствии с различными обстоятельствами, о которых судит сборщик или ко-

---

* «Mémoires concernant les Droits etc.». Tome II. P. 108.

миссар, назначаемый в помощь себе интендантом.

В Богемии в результате реформы финансовой системы, начатой в 1748 г., установлен очень тяжелый налог на труд ремесленников. Они разбиты на четыре разряда. Высший разряд уплачивает 100 фл. в год, что составляет, считая флорин в 22 $^{1}/_{2}$ п., 9 ф. 7 шилл. 6 п. Второй разряд обложен в 70 фл., третий — в 50, а четвертый, включающий деревенских ремесленников и низший разряд городских, обложен в 25 фл.*

Как я пытался доказать в первой книге, вознаграждение талантливых артистов и лиц свободных профессий необходимо стоит в известном соотношении с заработной платой более простых видов труда. Налог на это вознаграждение поэтому не может иметь иного результата, как повышение его, и притом несколько больше, чем на сумму налога. Если бы оно не повышалось в таких размерах, искусства и либеральные профессии оказались бы не идущими вровень с другими видами труда, а потому от них начался бы такой сильный отлив работников, что скоро они вернулись бы к общему уровню.

Вознаграждение, уплачиваемое чиновникам, не определяется, подобно вознаграждению в промышленности и либеральных профессиях, свободной конкуренцией на рынке и поэтому не всегда находится в надлежащем соответствии с тем, чего требует самый характер их занятия. В большинстве стран оно, пожалуй, выше этого, поскольку лица, стоящие во главе правительства, склонны вознаграждать как себя самих, так и своих непосредственных подчиненных в большей мере, чем это необходимо. Ввиду этого жалованье чиновников в большинстве случаев вполне хорошо может выдержать обложение налогом. Кроме того, лица, занимающие государственные должности, вызывают во всех странах общую зависть, и налог на их жалованье, даже если бы он был несколько выше, чем на другие виды дохода, всегда бывает популярным налогом. В Англии, например, где предполагается, что поземельный налог облагает все виды дохода в размере 4 шилл. с фунта, большой популярностью было встречено обложение жалованья чи-

* «Mémoires concernant les Droits etc.». Tome III. P. 87.

новников, превышающего 100 ф. в год, в размере 5 шилл. 6 п. с фунта; не подверглось этому налогу лишь содержание, выплачиваемое младшим линиям королевской фамилии, жалованье офицеров армии и флота и некоторых других чиновников, возбуждающих меньше зависти. Других налогов на заработную плату в Англии не существует.

Статья IV

Налоги, которые имеют в виду обложение всех видов доходов безразлично

Налогами, имеющими целью обложение всех видов доходов безразлично, являются подушные подати и налоги на предметы потребления. Они должны уплачиваться независимо от того, каким доходом обладают плательщики, — с их земельной ренты, с прибыли от капиталов, с заработной платы за их труд.

Подушные подати

Подушные подати, если пытаются их устанавливать в соответствии с состоянием или доходом каждого плательщика, приобретают совершенно произвольный характер. Размеры состояния каждого человека изменяются постоянно и, если не производится тщательного расследования, более нестерпимого, чем любой налог, и возобновляемого по крайней мере один раз в год, могут быть определены лишь приблизительно. Поэтому его обложение должно в большей или меньшей степени зависеть от доброго или плохого расположения духа оценщика, а следовательно, отличаться вообще произвольностью и неопределенностью.

Подушные подати, если они устанавливаются не соответственно предполагаемому состоянию, а соответственно общественному положению каждого плательщика, становятся вообще неравномерными, потому что люди одного и того же общественного положения обладают часто неодинаковыми состояниями.

Поэтому такие налоги, если пытаются сделать их равномерными, становятся произвольными и неопределенными, а если пытаются сделать их определенными и не зависимыми от произвола, делаются неравномерными, а будет ли налог легким или тяжелым, его неопределенность всегда представляет собой большое неудобство. При легкости налога можно еще выдержать значительную степень неравномерности, при тяжести его она вообще невыносима.

При установлении различных подушных налогов в Англии в правление Вильгельма III плательщики в большинстве своем облагались в соответствии со своим рангом и положением, как, например, герцоги, маркизы, графы, виконты, бароны, эсквайры, дворяне, старшие и младшие сыновья пэров и др. Все лавочники и торговцы, обладающие имуществом выше 300 ф., т.е. высшая группа их, были обложены в одинаковом размере, как бы велико ни было различие их состояний. Их положение больше принималось во внимание, чем их состояние. Некоторые из тех, кто при взимании первого подушного налога были обложены в соответствии с их предполагаемым состоянием, были потом обложены в соответствии с их общественным положением. Врачи, адвокаты и юрисконсульты, которые при первом подушном налоге были обложены в размере 3 шилл. с фунта их предполагаемого дохода, потом облагались, как дворяне. При раскладке налога не очень тяжелого значительная степень неравномерности была признана менее невыносимой, чем какая-либо степень неопределенности.

При взимании подушного налога, существовавшего во Франции без всякого перерыва с начала текущего столетия, высшие классы облагались соответственно их рангу, а низшие классы населения — в зависимости от их предполагаемого состояния, причем раскладка налога изменялась из года в год. Чиновники королевского суда, судьи и другие чиновники высших судов, офицеры войска и т.п. облагались первым способом. Низшие сословия в провинции облагались вторым способом. Во Франции сильные мира сего охотно соглашаются на значительную неравномерность налога, который, поскольку он касается их, не очень тяжел, но не могут сносить произвольной раскладки интенданта. Низшие классы должны в этой стране терпеливо сносить порядок, который стоящие выше их считают нужным установить для них.

В Англии различные подушные налоги никогда не давали той суммы, которую от них ожидали или которую, по предположениям, они могли бы дать, если бы правильно взимались. Во Франции подушный налог всегда приносит ожидаемую от него сумму. Снисходительное правительство Англии, произведя раскладку подушного налога между различными группами и сословиями населения, удовлетворялось тем, что такая раскладка давала, и не требовало никаких возмещений потерь, которые могло понести государство благодаря тем, кто не мог уплатить, или тем, кто не захотел уплатить (а таких было много) и кого не заставляли платить ввиду снисходительного применения закона. Более строгое правительство Франции облагает каждый округ определенной суммой, которую интендант должен добыть, как сумеет. Если какая-либо из провинций жалуется на слишком тяжелое обложение, она может получить при раскладке следующего года некоторое уменьшение оклада, соответствующее излишне взысканной сумме в предыдущем году, но пока что она должна платить. Для того чтобы интенданту было обеспечено получение суммы, наложенной на его округ, ему было дано право облагать последний на несколько большую сумму, чтобы неплатежеспособность некоторых плательщиков могла компенсироваться добавочным обложением остальных; до 1765 г. определение размеров этого добавочного обложения всецело предоставлялось его усмотрению. Только с этого года королевский совет присвоил это право самому себе. Как замечает вполне хорошо осведомленный автор «Записки относительно налогового обложения во Франции», при обложении провинций подушным налогом доля, ложащаяся на дворянство и на тех, привилегии которых освобождают их от подушной подати, совершенно незначительна. Наибольшая часть ложится на тех из привлекаемых к уплате подушной подати, кто при взимании поголовного налога облагается в размере определенной суммы с каждого фунта уплачиваемой ими подушной подати.

Подушные налоги, поскольку они взимаются с низших классов населения, представляют собой прямой налог на заработную плату и связаны со всеми отрицательными сторонами такого налога.

Подушные налоги взимаются с небольшими издержками и в тех случаях, когда они строго взыскиваются, доставляют государству очень верный доход. Именно поэтому такие налоги очень распространены в странах, где мало обращается внимания на благосостояние, довольство и обеспеченность низших классов народа. Однако, по общему правилу, только небольшая часть государственных доходов получалась когда-либо в обширных государствах от таких налогов, и самая крупная сумма, какую они когда-либо давали, всегда могла бы быть получена каким-нибудь другим путем, гораздо более удобным для народа.

Налоги на предметы потребления

Невозможность обложить население пропорционально доходности посредством подушных налогов вызвала, по-видимому, появление налогов на предметы потребления. Государство, не зная, как облагать непосредственно и пропорционально доход своих подданных, пытается облагать его косвенно, облагая их расходы, которые, по предположению, в большинстве случаев должны близко соответствовать их доходу. Их расходы облагаются посредством обложения предметов потребления, на которые эти расходы производятся.

Предметы потребления бывают предметами необходимости или предметами роскоши.

Под предметами необходимости я понимаю не только предметы, которые безусловно необходимы для поддержания жизни, но и такие, обходиться без которых в силу обычаев страны считается неприличным для почтенных людей даже низшего класса. Полотняная рубашка (linen shirt), например, отнюдь не является, строго говоря, предметом необходимости. Греки и римляне, надо думать, жили с большим удобством, хотя и не имели полотна; но в наше время в большей части Европы уважающий себя поденщик постыдится показаться на людях без полотняной рубашки, отсутствие которой будет сочтено свидетельством той унизительной степени бедности, в которую, как предполагается, никто не может впасть иначе как в результате чрезвычайно плохого поведения. Обычай точно так же сделал кожаную обувь предметом жизненной необходимости в Англии. Самое бедное уважаемое лицо того или другого пола постыдится появиться на людях без нее. В Шотландии обычай сделал кожаную обувь предметом необходимости для мужчин самого низшего класса, но не для женщин того же класса, которые могут, не вызывая осуждения, ходить босиком. Во Франции она не составляет предмета необходимости ни для мужчин, ни для женщин; мужчины и женщины низшего класса ходят там на людях, не вызывая осуждения, иногда в деревянной обуви, иногда босиком. Поэтому под предметами необходимости я понимаю не только те предметы, которые сделала природа необходимыми для низшего класса населения, но и те предметы, которые сделали необходимыми установившиеся правила приличия. Все остальные вещи я называю предметами роскоши, не имея в виду этим обозначением бросать хотя бы малейшую тень на умеренное пользование ими. Пиво и эль в Великобритании, например, и вино даже в винодельческих странах я называю предметами роскоши. Человек любого класса может, не навлекая на себя упреков, вполне обходиться без употребления этих напитков. Природа не делает их необходимыми для поддержания жизни, а обычаи нигде не делают неприличной жизнь без них.

Так как заработная плата рабочих повсюду определяется частью спросом на них и частью средней ценой необходимых предметов существования, то все, что повышает эту среднюю цену, должно обязательно повышать заработную плату, чтобы рабочий мог по-прежнему приобрести то количество этих необходимых предметов, которого требует для него состояние спроса на труд, — возрастание его, неизменность или уменьшение. Налог на эти предметы неизбежно ведет к повышению их цены несколько большему, чем размер самого налога, так как розничный торговец, заранее уплачивающий этот налог, должен обычно вернуть его с прибылью. Поэтому такой налог должен вызывать повышение заработной платы рабочих соответственно этому повышению цен.

Таким-то образом налог на предметы необходимости действует точно так же, как и прямой налог на заработную плату рабочих. Относительно рабочего, хотя бы он и сам выплачивал этот налог, нельзя говорить, что он даже авансирует его по крайней мере на сколько-нибудь продолжительное время. В конечном счете он всегда должен авансироваться рабочему его непосредственным предпринимателем в виде повышенной заработной платы. Его предприниматель, если он владелец мануфактуры, наложит на цену своих товаров эту надбавку к заработной плате вместе с соответствующей прибылью, так что конечная уплата налога вместе с этой надбавкой ляжет на потребителя. Если его предпринимателем является фермер, конечная уплата вместе с такой же надбавкой ляжет на ренту землевладельца.

Иначе обстоит дело с налогами на так называемые мною предметы роскоши, даже на те из них, которые употребляются бедняками. Повышение цены облагаемых предметов не вызовет обязательно повышения заработной платы рабочих. Налог на табак, например, хотя он и представляет собою предмет роскоши одинаково для богатых и для бедных, не поведет к повышению заработной платы. Хотя он облагается в Англии в тройном размере, а во Франции — в 15-кратном размере своей первоначальной цены, эти высокие пошлины, по-видимому, не оказывают никакого действия на размеры заработной платы рабочих. То же самое можно сказать и о налогах на чай и сахар, которые в Англии и Голландии сделались предметом роскоши самых низших слоев населения, и о налоге на шоколад, который, как сообщают, сделался таковым в Испании. Как предполагают, различные налоги, которыми в течение настоящего столетия облагались в Великобритании спиртные напитки, не оказали никакого влияния на заработную плату. Повышение цены портера, вызванное добавочным налогом в 3 шилл. с барреля крепкого пива, не повысило заработную плату чернорабочего в Лондоне. Она равнялась приблизительно 18–20 п. в день до установления этого налога и не превышает этого в настоящее время.

Высокая цена таких предметов не уменьшает обязательно способность низших слоев населения содержать свои семьи. На воздержанных и трудолюбивых членов бедных классов налоги на эти предметы действуют подобно законам против роскоши и побуждают их уменьшить потребление или совсем воздерживаться от потребления таких предметов излишества, которые они уже не могут легко позволить себе. Их способность содержать семьи в результате такого вынужденного воздержания часто, пожалуй, увеличивается благодаря налогу, а отнюдь не уменьшается. Как раз трезвые и трудолюбивые бедняки имеют обычно наиболее многочисленные семьи и удовлетворяют главным образом спрос на полезный труд. Конечно, не все бедняки рассудительны и трудолюбивы, беспорядочные и распущенные среди них могут продолжать злоупотреблять такими предметами и после указанного повышения их цены, как делали это раньше, не обращая внимания на лишения, которые это может навлечь на их семьи. Но подобные беспорядочные люди редко имеют многочисленные семьи, поскольку их дети обычно погибают от небрежного ухода, плохого обращения и недостаточности питания или плохого его качества. И если даже благодаря крепости своего организма эти дети выживают, несмотря на все лишения, на какие обрекает их плохое поведение их родителей, то все же пример этого плохого поведения обыкновенно развращает их, так что вместо того чтобы быть полезными обществу своим трудом, они благодаря своим порокам и распущенности становятся общественным злом. Таким образом, хотя повышение цены предметов роскоши бедняков может несколько усиливать лишения таких беспорядочных семейств, а следовательно, и несколько уменьшить их способность воспитывать своих детей, представляется маловероятным, чтобы оно значительно уменьшило полезное население страны.

Всякое повышение средней цены предметов необходимости, если оно не возмещается соответствующим повышением заработной платы, обязательно должно в большей или меньшей степени уменьшать способность бедных классов содержать многочисленные семьи, а следовательно, удовлетворять спрос на полезный труд, каково бы ни было состояние этого спроса — возрастает ли он, остается неизменным или сокращается, требует ли он возрастающего, неизменного или уменьшающегося населения.

Налоги на предметы роскоши не имеют тенденции вызывать повышение цены каких-либо других товаров, кроме облагаемых налогом. Напротив, налоги на предметы необходимости, вызывая повышение заработной платы, неизбежно ведут к повышению цены всех мануфактурных изделий, а следовательно, и к уменьшению их продажи и потребления. Налоги на предметы роскоши в конечном счете уплачиваются без всякого возмещения потребителями облагаемых предметов. Они ложатся безразлично на все виды дохода: на заработную плату рабочих, на прибыль на капитал, на ренту с земли. Налоги на предметы необходимости, поскольку они падают на трудящихся бедняков, уплачиваются в конечном итоге отчасти землевладельцами, поскольку уменьшается рента с их земель, и отчасти богатыми потребителями, землевладельцами и др., поскольку они платят дороже за мануфактурные изделия, и при этом уплачивают они их всегда со значительной надбавкой. Повышение цены таких товаров, которые представляют собою действительно необходимые предметы для жизни и предназначены для потребления неимущих, как, например, грубые шерстяные изделия, должно уравновешиваться для бедняков дальнейшим увеличением их заработной платы. Средние и высшие классы, если бы они понимали свои собственные интересы, должны были бы всегда противиться всем налогам на предметы жизненной необходимости, как и всем прямым налогам на заработную плату. Конечная уплата тех и других ложится целиком на них самих и всегда со значительной надбавкой. Тяжелее всего они ложатся на землевладельцев, которые всегда платят в двойном количестве: и как землевладельцы — в виде уменьшения их ренты, и как богатые потребители — в виде увеличения своих расходов. Замечание сэра Мэттью Деккера, что некоторые налоги иногда увеличиваются в два, четыре или пять раз в цене некоторых товаров, совершенно справедливо в отношении налогов на предметы жизненной необходимости. В цене кожи, например, вам приходится оплачивать не только налог на кожу, идущую на ваши башмаки, но и часть налога на кожу, идущую на башмаки сапожника и кожевника. Кроме того, вы должны оплатить налоги на соль, на мыло и свечи, которые потребляют эти рабочие в то время, когда они заняты работой на вас, и налог на кожу, которую потребляют рабочий по добыванию соли, мыловар и свечник, пока они работают на вас.

В Великобритании главными налогами на предметы необходимости являются налоги на четыре только что упомянутых предмета потребления, а именно на соль, кожу, мыло и свечи.

Соль с самых давних времен и повсеместно являлась предметом обложения. Она облагалась налогом у римлян и облагается в настоящее время, как мне кажется, во всех странах Европы. Количество соли, потребляемое в течение года отдельным лицом, так незначительно и покупается так постепенно, что никто, как, по-видимому, полагали, не может очень сильно ощущать даже очень большой налог на нее. В Англии она обложена в размере 3 шилл. 4 п. за бушель, т.е. почти в тройном размере своей первоначальной цены. В некоторых других странах налог этот еще выше. Кожа представляет собой предмет действительной жизненной необходимости. Употребление белья делает таковым мыло. В странах, где зимние вечера продолжительны, свечи необходимы для торговли. Кожа и мыло обложены в Великобритании в размере 3 $^1/_2$ п. с фунта, свечи — в размере 1 пенни; налоги эти могут составлять до 8 или 10% первоначальной цены кожи, 20–25% первоначальной цены мыла и 14 или 15% первоначальной цены свечей, будучи, таким образом, хотя и несколько менее обременительными, чем налог на соль, но все же очень тяжелыми. Так как все эти четыре товара являются предметами действительной необходимости, то столь тяжелые налоги на них должны несколько увеличивать расходы бережливых и трудолюбивых неимущих, а следовательно, и в большей или меньшей степени повышать их заработную плату.

В стране, где зимы так холодны, как в Великобритании, топливо в это время года представляет в самом точном смысле этого слова предмет жизненной необходимости не только для приготовления пищи, но и для нормального существования рабочих различных специальностей, которые работают в закрытых помещениях; из всех видов топлива самым дешевым является уголь. Цена угля оказывает столь важное влияние на цену труда, что по всей Великобритании мануфактуры устраивались главным образом в угольных районах; другие части страны ввиду высокой цены этого необходимого предмета не были в состоянии работать так дешево. Помимо того, в некоторых отраслях мануфактурной промышленности уголь является необходимым средством самого производства, как, например, на мануфактурах стекла, железа и других металлов. Если в каких-либо случаях премии могут быть целесообразны, то, пожалуй, именно при перевозке угля из тех частей страны, где он имеется в изобилии, в те местности, где в нем ощущается недостаток. Но законодательство вместо установления премии ввело налог в 3 шилл. 3 п. с тонны угля, перевозимого вдоль побережья, что для большей части сортов угля составляет более 60% первоначальной цены на шахте. С угля, перевозимого сухим путем или по внутренним водам, не взимается никакого налога. Там, где уголь в силу естественных причин дешев, он потребляется без обложения его налогом; там, где он в силу естественных причин дорог, он облагается тяжелым налогом.

Налоги такого рода, хотя они повышают цену средств существования, а следовательно, и заработную плату, доставляют тем не менее значительный доход правительству, который нелегко было бы получить каким-либо другим путем. Могут быть поэтому разумные основания сохранять их. Премия на вывоз хлеба, поскольку при современном состоянии земледелия она ведет к повышению цены этого необходимого продукта, имеет столь же плохие последствия и, вместо того чтобы приносить доход, часто требует от правительства очень больших расходов. Высокие пошлины при ввозе иностранного хлеба, равносильные в годы сильного урожая запрещению ввоза, и полное запрещение ввоза живого скота или солонины, установленное законом для нормального времени, а ныне ввиду недостатка этих продуктов отмененное на определенное время по отношению к Ирландии и британским колониям, имеют плохие последствия для налогов на предметы жизненной необходимости и не приносят правительству никакого дохода.

Для отмены этих законов необходимо лишь убедить общественное мнение в нецелесообразности той системы воззрений, под влиянием которой они были установлены.

Налоги на предметы жизненной необходимости во многих других странах намного выше, чем в Великобритании. Во многих странах существуют налоги на муку и хлеб в зерне, перемалываемый на мельницах, и на печеный хлеб. В Голландии, как полагают, денежная цена хлеба, потребляемого в городах, удваивается благодаря таким налогам. Вместо части этих налогов жители деревень уплачивают ежегодно определенную сумму с души в соответствии с сортом хлеба, какой они, по предположению, потребляют. Потребляющие пшеничный хлеб уплачивают 3 гульд. 15 стив., т.е. около 6 шилл. 9,5 п. Как утверждают, эти и некоторые другие налоги, повысив цену труда, привели к гибели большей части мануфактур Голландии*. Подобные же налоги, хотя и не столь тяжелые, существуют в Миланской области, в Генуе, в герцогствах Парма, Пиаченца и Гвастала, а также в Папской области. Один довольно известный французский писатель предложил преобразовать финансы своего отечества, заменив большинство других налогов этим самым разорительным из всех налогов. Нет такой нелепости, говорит Цицерон**, которая не защищалась бы когда-либо тем или другим философом.

Налоги на мясо еще более распространены, чем налоги на хлеб. Действительно, можно считать сомнительным, является ли мясо где-либо предметом жизненной необходимости. Как известно из опыта, хлеб и другие растения вместе с молоком, сыром и сливочным или растительным маслом, когда нельзя достать первого, могут и без кусочка мяса доставлять самое обильное и здоровое, подкрепляющее питание. Приличия нигде не требуют от человека питаться мясом, как они требуют от него в большинстве мест носить полотняное белье или кожаные башмаки.

Предметы необходимого потребления или роскоши могут быть облагаемы двумя способами: или потребитель

---

* «Mémoires concernant les Droits etc.». P. 210, 211.

** *Cicero*. De Divinatione. Lib. II, cap. 58.

 уплачивает ежегодно определенную сумму за пользование или потребление известных товаров, или товары облагаются налогом, будучи еще на руках у торговца и до того, как они передаются потребителю. Предметы потребления, которые сохраняются продолжительное время, прежде чем вполне будут потреблены, лучше всего облагать первым способом; вторым способом наиболее целесообразно обложение тех предметов потребления, которые потребляются немедленно или более скоро. Налоги на экипажи и на посуду представляют собою примеры первого способа обложения, большинство других налогов в виде акциза и пошлин — второго способа.

Экипаж может при бережном обращении прослужить 10 или 12 лет. Он может быть обложен налогом раз навсегда, прежде чем выйдет из рук каретного мастера. Но, конечно, покупателю удобнее платить 4 ф. в год за право держать экипаж, чем сразу заплатить на 40 или 48 ф. дороже каретнику, или ту сумму, в какую обойдется ему налог за все то время, в течение которого он пользуется этим экипажем. Точно так же серебряный или золотой сервиз может сохраняться в течение более столетия. Потребителю, разумеется, легче платить 5 шилл. в год за каждые 100 унций посуды, т.е. около 1% ее стоимости, чем выкупать этот налог из расчета 25 или 30 лет, что должно повысить цену по крайней мере на 25 или 30%. Различные налоги, взимаемые с домов, с большим удобством уплачиваются, без сомнения, посредством умеренных годичных взносов, чем при установлении тяжелого налога такой же стоимости при постройке их или при первой их продаже.

Хорошо известно предложение сэра Мэттью Деккера, чтобы все предметы, даже те, которые потребляются немедленно или очень быстро, облагались этим именно способом, т.е. чтобы торговец ничего заранее не платил, но чтобы потребитель уплачивал определенную сумму ежегодно за дозволение потреблять известные предметы. Целью этого проекта было поощрение всех различных отраслей внешней торговли, в особенности торговли транзитной, посредством отмены всех пошлин при ввозе и вывозе и предоставления, таким образом, торговцу возможности затрачивать весь свой капитал и кредит на покупку товаров и зафрахтование судов, не отвлекая ни малейшей доли того и другого на предварительную уплату налогов. Однако проект обложения таким способом предметов, потребляемых немедленно или скоро, вызывает, по-видимому, следующие четыре весьма существенные возражения. Во-первых, налог в таком случае окажется более неравномерным или не так хорошо соответствующим издержкам и потреблению различных плательщиков, как при том способе, каким он обычно взимается. Налоги на эль, вино и спиртные налитки, которые уплачиваются заранее торговцами, в конечном итоге оплачиваются различными потребителями в точном соответствии с потреблением каждого из них. Но если бы налог уплачивался посредством покупки разрешения на право пить эти напитки, то трезвый оказался бы сравнительно со своим потреблением обложен гораздо более тяжело, чем пьяница. Семейство, проявляющее большое гостеприимство, облагалось бы гораздо легче, чем семейство, принимающее меньше гостей. Во-вторых, этот способ обложения посредством сплаты за год, за полгода или три месяца разрешения на право потребления определенных товаров очень значительно уменьшил бы одно из главных удобств налогов на предметы быстрого потребления, а именно уплату их малыми долями. В цене в $3\,^1/_2$ п., какую в настоящее время стоит кружка портера, различные налоги на солод, хмель и пиво вместе с добавочной прибылью, какую пивовар накидывает на авансирование их, составляют, вероятно, около $^1/_2$ п. Если рабочий может без труда обойтись без этих $1\,^1/_2$ п., он покупает кружку портера; если не может, он удовлетворяется пинтой, и, поскольку неистраченный пенни равносилен приобретению одного пенни, он таким образом выгадывает благодаря своей воздержанности фартинг; он уплачивает налог малыми долями, в зависимости от того, как и когда может платить его, и каждый акт платежа совершенно доброволен с его стороны. При желании он может совсем не платить. В-третьих, эти налоги будут приносить меньше, чем налоги на предметы роскоши. Раз разрешение приобретено, будет ли покупатель пить много или мало, налог с него останется тем же самым. В-четвертых, если бы рабочему приходилось уплачивать сразу посредством годовых, полугодичных или трехмесячных платежей весь налог, который он теперь уплачивает с незначительным неудобством или без всякого неудобства при покупке всех кружек и пинт портера, выпиваемых им за любой из этих периодов времени, то эта сумма могла бы часто быть для него очень обременительной. Поэтому представляется очевидным, что этот способ обложения никогда не может без самого жестокого угнетения приносить доход, хотя бы сколько-нибудь приближающийся к тому доходу, который получается при действующем ныне способе без всякого угнетения. Тем не менее в некоторых странах предметы, потребляемые немедленно или очень быстро, облагаются именно таким способом. В Голландии жители уплачивают определенную сумму с души за разрешение пить чай. Я уже упоминал о налоге на хлеб, который взимается таким же образом, поскольку он потребляется на фермах и в деревнях.

Налоги в виде акцизов взимаются главным образом с продуктов отечественного производства, предназначенных для потребления внутри страны; они налагаются только на немногие виды продуктов наиболее широкого потребления. Никогда не может быть никаких недоразумений как относительно продуктов, подлежащих этим налогам, так и относительно специального налога, каким облагается каждый вид продуктов. Они ложатся почти исключительно на так называемые мною предметы роскоши, исключая четыре вышеупомянутых налога: на соль, мыло, кожу, свечи и, пожалуй, налог на простое стекло.

Таможенные пошлины гораздо более старинного происхождения, чем налоги акцизные. По-видимому, они и получили название customs (обычаев) для обозначения обычных платежей, существовавших с незапамятных времен; первоначально их считали, по-видимому, налогами на прибыль купцов. В варварские времена феодальной монархии к купцам, как и ко всем прочим жителям городов, относились не многим лучше, чем к освобожденным крепостным, личность которых презиралась и барыши которых вызывали зависть. Крупная знать, которая согласилась, чтобы король облагал прибыли ее собственных вассалов, не имела ничего против того, чтобы он облагал точно так же и прибыль того класса людей, в защите которого она была гораздо менее заинтересована. В те непросвещенные времена не понимали, что прибыли купцов не могут быть облагаемы непосредственно или что конечная уплата всех подобных налогов должна ложиться с значительной надбавкой на потребителей.

К барышам иностранных купцов относились с еще большим недоброжелательством, чем к барышам купцов английских; было поэтому естественно, что прибыли первых облагались более тяжело, чем прибыли последних. Эта неодинаковость налогов на иностранных и английских купцов, порожденная невежеством, сохранялась в дальнейшем благодаря духу монополии или в целях обеспечения нашим собственным купцам преимущества как на внутреннем, так и на внешнем рынке.

Принимая во внимание это различие, старинными таможенными пошлинами облагались одинаково все виды продуктов, предметы необходимости так же, как и предметы роскоши, товары как вывозимые, так и ввозимые. Почему торговцы одним видом продуктов — так, по-видимому, рассуждали — должны находиться в более благоприятном положении, чем торговцы другим видом продуктов? Или почему купец, вывозящий товары, должен пользоваться большим покровительством, чем купец, ввозящий их?

Старинные пошлины распадались на три группы; первой, и, вероятно, самой древней, из них была пошлина на шерсть и кожу. Она, по-видимому, была главным образом или исключительно вывозной пошлиной. Когда в Англии возникла суконная промышленность, была установлена такая же пошлина на сукно, чтобы король при вывозе последнего не лишался части причитающихся ему пошлин с шерсти. Две другие группы составляли, во-первых, пошлина на вино, которая называлась tonnage (потонной), потому что взималась в определенном размере с тонны, и, во-вторых, пошлина на все другие товары, которая называлась poundage (пофунтовой), потому что взималась в определенном размере с фунта стерлингов их предполагаемой стоимости. В 47-й год правления Эдуарда III была установлена пошлина в 6 п. с фунта стоимости всех вывозимых и ввозимых товаров, исключая шерсть, шкуры, кожи и вина, которые подлежали особым пошлинам. В 14-й год правления Ричарда II пошлина эта была повышена до 1 шилл. с фунта, но спустя три года снова понижена до 6 п. Она была увеличена до 8 п. во 2-й год правления Генриха IV, а в 4-й год правления этого государя — до 1 шилл. С этого времени до 9-го года правления Вильгельма III пошлина эта оставалась на уровне 1 шилл. с фунта. Пошлины, потонная и пофунтовая, обыкновенно предоставлялись королю одним и тем же актом парламента и назывались потонной и пофунтовой субсидией. Так как пофунтовая субсидия столь продолжительное время существовала в размере 1 шилл. с фунта, или 5%, то на таможенном языке слово «субсидия» стало обозначать общую пошлину этого рода в 5%. Эта субсидия, называемая ныне старой, и по сию пору продолжает взиматься на основании таможенного устава, введенного на 12-м году правления Карла II. Порядок определения на основе таможенного устава стоимости товаров, облагаемых этой пошлиной, установлен, как говорят, во времена, предшествовавшие королю Якову I. Новая субсидия, установленная на 9-м и 10-м гг. правления Вильгельма III, состояла в добавочных 5% с большей части товаров. Субсидии в $^1/_3$ и $^2/_3$ составили вместе еще 5%, которые пропорционально приходились на каждую из них. Субсидия 1747 г. добавила четвертые 5% с большей части товаров, а субсидия 1759 г. — пятые с некоторых групп товаров. Помимо этих пяти субсидий в различных случаях было установлено великое множество разных других пошлин с отдельных товаров иногда в целях удовлетворения нужд государства, а иногда в целях регулирования торговли страны в соответствии с принципами меркантилистической системы.

Эта система приобретала все больше и больше влияния. Старая субсидия взималась безразлично как при вывозе, так и при ввозе. Четыре последующие субсидии, равно как и другие пошлины, которые потом в различных случаях устанавливались с отдельных товаров, облагали вообще за немногими исключениями только ввоз. Большая часть старинных пошлин, которыми облагался вывоз товаров отечественного происхождения и производства, были или понижены, или совсем отменены. В большинстве случаев они были отменены. Выдавались даже премии на вывоз некоторых из них. Установлен был также возврат иногда полностью, а в большинстве случаев частично пошлин, уплачиваемых при ввозе иностранных товаров, при обратном их вывозе. Только половина пошлин, устанавливаемых старой субсидией при ввозе товаров, возвращается при вывозе их, но полностью возвращаются в таких случаях с большинства товаров пошлины, установленные последующими субсидиями и другими актами. Это усиливающееся поощрение вывоза и затруднение ввоза знали только немного исключений, относящихся преимущественно к сырью для некоторых мануфактурных производств. Ведь наши купцы и владельцы мануфактур стремятся, чтобы это сырье доставалось им возможно дешевле и обходилось возможно дороже их соперникам и конкурентам в других странах. Ввиду этого иностранное сырье иногда допускается к беспошлинному ввозу; примером этого служат испанская шерсть, лен и суровая льняная пряжа. Вывоз сырья отечественного происхождения и сырья, представлявшего собою специальный продукт наших колоний, иногда воспрещался, а иногда облагался высокими пошлинами. Вывоз английской шерсти был воспрещен. Вывоз бобровых шкур, бобрового меха и сенегальской резины был обложен высокими пошлинами, поскольку в результате завоевания Канады и Сенегала Великобритания приобрела почти монополию на эти продукты.

То, что меркантилистическая система была не очень благоприятна для увеличения дохода населения, для увеличения годового продукта земли и труда страны, я старался показать в четвертой книге настоящего исследования. Она, по-видимому, была не более благоприятной и для дохода государя, поскольку по крайней мере он зависит от таможенных пошлин.

В соответствии с этой системой ввоз некоторых видов товаров был совсем воспрещен. Это запрещение в одних случаях совсем прекратило, а в других значительно уменьшило ввоз последних, вынудив импортеров прибегать к контрабанде. Она совершенно прекратила ввоз иностранной шерсти и очень сильно уменьшила ввоз иностранного шелка и бархата. В обоих случаях контрабанда свела к нулю таможенный доход, который мог бы получаться при ввозе этих товаров.

Высокие пошлины, какими облагался ввоз многих иностранных товаров, чтобы уменьшить потребление их в Великобритании, во многих случаях служили только для поощрения контрабанды и во всех случаях уменьшали таможенный доход сравнительно с тем, какой приносили бы гораздо более умеренные пошлины. Изречение д-ра Свифта, что в таможенной арифметике два плюс два вместо того, чтобы составлять четыре, иногда дают только единицу, совершенно подтверждается на примере таких высоких пошлин, которые иной раз не были бы установлены, если бы меркантилистическая система не учила нас во многих случаях пользоваться обложением не как средством для извлечения дохода, а как орудием монополии.

Премии, которые иногда выдавались при вывозе отечественного сырья и мануфактурных изделий, и возврат пошлин при обратном вывозе большей части иностранных товаров создавали почву для многочисленных злоупотреблений и для особого вида контрабанды, более убыточного для государственного дохода, чем всякий другой. Хорошо известно, что в целях получения премии или возвратной пошлины нередко грузят на корабль товары и отправляют в море, но вскоре после того тайком снова выгружают их в какой-либо другой части страны. Сокращение таможенного дохода, вызываемое премиями и возвратом пошлин, из которых значительная часть получается посредством обманов, очень велико. Общий таможенный доход за год, истекший 5 января 1755 г., достигал 5068 тыс. ф. ст. Премии, выплаченные из этого дохода, хотя в этом году не действовала премия на хлеб, составили 167 800 ф. ст.; возвратные пошлины, выплаченные по дубликатам и удостоверениям, составили 2156 тыс. ф. ст. Премии и возвратные пошлины составили вместе 2 324 600 ф. ст. В результате этих вычетов таможенный доход выразился всего в 2 743 400 ф. ст., а за вычетом 287 900 ф. ст. на расходы по управлению (жалованье служащим и другие издержки) чистый таможенный доход этого года равен 2 455 500 ф. ст. Таким образом, расход по управлению составляет от 5 до 6 % валового таможенного дохода и несколько более 10 % той суммы, которая остается из этого дохода после вычета расхода на выплату премий и возвратных пошлин.

Поскольку почти на все ввозимые товары наложены высокие пошлины, наши купцы-импортеры ввозят по возможности больше контрабандным путем и возможно меньше через таможни. Напротив, наши купцы-экспортеры провозят через таможни гораздо больше, чем на самом деле вывозят; иногда они делают это из тщеславия и для того, чтобы прослыть крупными торговцами товаров, которые не обложены пошлиной, а иногда в целях получения премии или возвратной пошлины. Вследствие этих различных обманов и злоупотреблений наш экспорт по таможенным книгам оказывается значительно превышающим наш ввоз, что доставляет невыразимое удовлетворение тем политикам, которые измеряют национальное благосостояние так называемым ими торговым балансом.

Все ввозимые товары, если для них не сделано специальных изъятий, а такие изъятия не очень многочисленны, облагаются теми или иными пошлинами. При ввозе товаров, не упомянутых в таможенном уставе, они облагаются в размере 4 шилл. $9^{9}/_{20}$ п. с каждых 20 шилл. стоимости, объявленной под присягой импортером, т.е. почти в размере пяти субсидий, или пяти пофунтовых пошлин. Таможенный устав чрезвычайно подробен и перечисляет великое множество предметов, из которых многие малоупотребительны и потому малоизвестны. Ввиду этого часто представляется неясным, к какой статье следует отнести данный вид товаров, а следовательно, и какую пошлину он должен платить. Ошибки в этом отношении иногда разоряют таможенного чиновника и часто причиняют значительные затруднения, издержки и хлопоты импортеру. Ввиду этого в отношении понятности, точности и определенности таможенные пошлины много уступают акцизным сборам.

Для того чтобы большинство членов общества вносило свою долю в государственный доход пропорционально своим расходам, не представляется необходимым, чтобы облагался каждый отдельный предмет этого расхода. Доход, взимаемый посредством акцизных сборов, предполагается падающим на плательщиков столь же равномерно, как и доход, получающийся от таможенных пошлин, а акциз взимается ведь только с немногих предметов наиболее широкого потребления. Многие полагали, что при надлежащем управлении таможенные пошлины тоже могли бы без всяких потерь для государственного дохода и с большей выгодой для внешней торговли взиматься только с немногих товаров.

Иностранными продуктами, наиболее широко употребляемыми в Великобритании, в настоящее время являются, по-видимому, главным образом заграничные вина и водки, некоторые продукты Америки и Вест-Индии, сахар, ром, табак, какао и т.п., а также некоторые продукты Ост-Индии, каковы чай, кофе, китайский фарфор, пряности разного рода, различные сорта материй и т.д. Эти различные товары доставляют в настоящее время, наверное, большую часть дохода, получаемого от таможенных пошлин. Пошлины, существующие ныне для иностранных мануфактурных изделий, за исключением тех немногих, которые приведены в данном выше перечислении, были установлены большей частью в целях не извлечения дохода, а установления монополии или предоставления нашим купцам преимущества на внутреннем рынке. При отмене всех запрещений и при обложении всех иностранных мануфактурных изделий такими умеренными пошлинами, которые, как это установлено опытом, приносят с каждого предмета наибольший доход государству, наши собственные работники могли бы все еще иметь преимущество на внутреннем рынке и многие товары, из которых некоторые в настоящее время не приносят правительству никакого дохода, а другие — совсем незначительный, могли бы доставлять ему очень большой доход.

Высокие пошлины, иногда сокращая потребление облагаемых товаров и иногда поощряя контрабанду, часто дают правительству меньший доход сравнительно с тем, какой мог бы получаться от более умеренных пошлин. Когда уменьшение дохода представляет собой следствие сокращения потребления, имеется только одно средство против этого, а именно понижение пошлины.

Когда уменьшение дохода происходит в результате поощрения, данного контрабанде, против этого могут быть применены, пожалуй, два средства: или ослабление искушения заниматься контрабандой, или увеличение затруднений, связанных с контрабандой. Искушение к занятию контрабандой может быть ослаблено только понижением пошлины, а затруднена контрабанда может быть только путем установления такой системы управления, какая наиболее пригодна для предотвращения ее.

Как мне кажется, опыт показывает, что акцизные законы препятствуют и затрудняют операции контрабандиста с гораздо большим успехом, чем таможенные законы. Установлением в таможнях системы управления, настолько сходной с системой акцизного управления, насколько это допускается природой этих различных налогов, можно очень сильно увеличить трудности, связанные с контрабандой. Такое преобразование, как предполагали многие, может быть очень легко осуществлено.

Указывали, что импортер товаров, облагаемых таможенными пошлинами, мог бы иметь право по своему усмотрению или свозить их в свой собственный частный склад, или помещать их в склад, устроенный за его счет или на общественные средства, но замыкаемый таможенным чиновником и открываемый только в его присутствии. Когда купец свозит товары в свой частный склад, пошлины должны уплачиваться немедленно и притом безвозвратно; таможенный чиновник имеет право в любое время посещать и осматривать склад, чтобы удостовериться, насколько количество товаров, находящихся в нем, соответствует тому количеству, за какое уплачена пошлина. Когда же купец свозит товары в общественные склады, уплата пошлины производится только при вывозе их со склада для потребления внутри страны. Когда они берутся со склада для вывоза за границу, они освобождаются от уплаты пошлины, причем всегда должна быть предоставлена надлежащая гарантия, что они действительно будут вывезены за границу. Торговцы оптом или в розницу этими товарами должны подлежать в любое время посещению и опросу таможенного чиновника и обязаны представлять надлежащие оправдательные документы в подтверждение уплаты пошлин за все количество товаров, находящееся в их лавках или складских помещениях. Так называемые акцизные пошлины с ввозимого рома в настоящее время взимаются таким способом, и возможно, что такая же система могла бы быть распространена на все пошлины с ввозимых товаров при том, разумеется, условии, чтобы эти пошлины, как и акцизные сборы, ограничивались немногими категориями товаров наиболее широкого потребления. Если бы они распространялись почти на все категории товаров, как в настоящее время, не легко было бы обеспечить наличность общественных складских помещений достаточной вместимости и товары, которые очень легко портятся или сохранение которых требует большого внимания и ухода, купец не решался бы доверить никакому другому складу, кроме своего собственного.

Если бы при такой системе управления удалось даже при очень высоких пошлинах предотвратить сколько-нибудь обширную контрабанду и если бы каждая пошлина повышалась или понижалась соответственно с тем, при каком размере можно скорее всего ожидать от нее наибольшего дохода для государства, причем обложением всегда пользовались бы как средством извлечения дохода, а не как орудием для установления монополии, то не представляется невозможным, чтобы доход, по меньшей мере равный нынешнему чистому доходу от таможен, получался от ввозных пошлин с немногих только видов товаров наиболее широкого потребления и чтобы таможенные пошлины были таким образом доведены до той степени простоты, определенности и точности, какой отличаются акцизные сборы. Все то, что государственный доход теряет в настоящее время благодаря возврату пошлин при обратном вывозе иностранных товаров, которые потом снова погружаются и потребляются внутри страны, полностью сберегалось бы при этой системе. И если бы к этому сбережению, которое само по себе было бы очень значительно, была добавлена отмена всех премий при вывозе отечественных продуктов во всех случаях, когда эти премии не являются в действительности возвратом тех или иных акцизных сборов, уплаченных до того, то нельзя сомневаться, что чистый таможенный доход после такого рода реформы оказался бы не меньшим, чем когда бы то ни было раньше.

Если в результате такого преобразования системы государственный доход не потерпел бы ущерба, то торговля и мануфактурная промышленность страны, несомненно, получили бы весьма значительные выгоды. Торговля необложенными товарами, т.е. громадным большинством товаров, стала бы совершенно свободной и могла бы вестись во всех частях света со всеми возможными преимуществами. В число этих товаров были бы включены все предметы продовольствия и все сырые материалы для мануфактурной промышленности. Поскольку свободный ввоз предметов продовольствия понижал бы их среднюю денежную цену внутри страны, он повел бы к понижению денежной цены труда, не понижая, однако, ни в каком отношении его действительное вознаграждение. Стоимость денег пропорциональна количеству предметов продовольствия, какое можно купить на них; стоимость предметов продовольствия совершенно не зависит от количества денег, какое можно получить за них. Уменьшение денежной цены труда обязательно сопровождалось бы пропорциональным уменьшением денежной цены всех продуктов отечественной мануфактурной промышленности, которая таким образом приобрела бы некоторое преимущество на всех иностранных рынках. Цена некоторых промышленных изделий понизилась бы в еще большей пропорции благодаря беспошлинному ввозу сырых материалов. Если бы шелк-сырец ввозился из Китая и Индостана беспошлинно, то английские владельцы шелковых мануфактур могли бы с большим успехом побивать владельцев шелковых мануфактур как Франции, так и Италии. Тогда не было бы причины запрещать ввоз иностранного шелка и бархата; дешевизна наших изделий обеспечивала бы нашим собственным производителям не только господство на внутреннем, но и очень большой сбыт на иностранных рынках; даже торговля облагаемыми товарами велась бы с гораздо большей выгодой, чем в настоящее время. При отпуске этих товаров из общественных складов для вывоза за границу — причем они освобождались бы от уплаты всех пошлин — торговля ими была бы совершенно свободной. Транзитная торговля всеми видами товаров пользовалась бы при этой системе всеми возможными преимуществами. При отпуске этих товаров для потребления внутри страны импортер, так как он не был бы обязан заранее уплачивать пошлину еще до того, как ему представился случай продать свои товары торговцу или какому-нибудь потребителю, всегда имел бы возможность продавать их дешевле, чем в том случае, если бы он был вынужден уплачивать их при ввозе. При наличии тех же пошлин внешняя торговля для нужд потребления, даже облагаемыми товарами, могла бы, таким образом, вестись с гораздо большей выгодой, чем в настоящее время.

Целью известного акцизного проекта сэра Роберта Вальполя было введение по отношению к вину и табаку системы, не очень значительно отличающейся от предложенной здесь. Но хотя законопроект, внесенный тогда в парламент, включал только эти два предмета, общим было мнение, что он задуман как приступ к осуществлению более широкого плана такого же характера. Партийная вражда в соединении с интересами купцов, занимающихся контрабандой, подняли такой сильный, хотя и несправедливый, крик против этого законопроекта, что министр счел целесообразным отказаться от него, и из страха вызвать подобный крик ни один из его преемников не осмелился вновь выдвинуть этот проект.

Хотя пошлины на иностранные предметы роскоши, ввозимые для потребления внутри страны, иногда ложатся на бедные классы, но главным образом они падают на людей среднего или более чем среднего достатка. Таковы, например, пошлины на заграничные вина, кофе, шоколад, чай, сахар и т.д.

Налоги на более дешевые предметы роскоши отечественного производства, предназначенные для потребления внутри страны, ложатся почти равномерно на членов всех классов пропорционально их расходам. Бедняк платит налоги на солод, хмель, пиво и эль, потребляемые им самим, богатый уплачивает их со своего собственного потребления и с потребления своих слуг.

Следует заметить, что общее потребление низших классов населения, т.е. тех, которые стоят ниже среднего класса, во всех странах немного больше не только количественно, но и по стоимости, чем общее потребление среднего класса и класса, стоящего выше среднего. Общая сумма издержек низшего класса гораздо больше, чем высших классов. Во-первых, почти весь капитал каждой страны распределяется ежегодно среди низшего класса в виде заработной платы за производительный труд. Во-вторых, значительная часть дохода, получающегося от земельной ренты и от прибыли на капитал, ежегодно распределяется среди членов этого же класса в виде заработной платы и содержания домашней прислуги и других непроизводительных работников. В-третьих, некоторая часть прибыли с капитала принадлежит членам того же класса в виде дохода, получающегося от применения их небольших капиталов. Сумма прибылей, ежегодно получаемых мелкими лавочниками и торговцами всякого рода, повсюду весьма велика и составляет очень значительную долю годового продукта. Наконец, в-четвертых, даже некоторая часть земельной ренты принадлежит этому же классу, значительная ее часть принадлежит тем, кто стоит несколько ниже среднего класса, и небольшая часть даже самому низшему классу, поскольку простые рабочие иногда владеют акром или двумя земли. Хотя, таким образом, издержки членов этих низших классов населения, взятых каждый в отдельности, очень невелики, однако вся сумма издержек для всего класса составляет всегда наибольшую часть общих издержек всего общества, причем все, что остается от годового продукта земли и труда страны для потребления высших классов, всегда значительно меньше не только по количеству, но и по стоимости. Ввиду этого налоги, ложащиеся главным образом на издержки высших классов населения, т.е. на меньшую долю годового продукта, должны скорее всего приносить гораздо меньше, чем налоги, ложащиеся одинаково на издержки всех классов или даже падающие главным образом на издержки низшего класса, т.е. налоги, падающие одинаково на весь годовой продукт или на его большую часть. Вследствие этого акциз на сырье и производство хмельных и спиртных напитков, изготовляемых внутри страны, дает гораздо больше дохода, чем все другие налоги на потребление, и этот акциз ложится значительной, если не главной, своей долей на издержки простонародья. За год, окончившийся 5 июля 1775 г., валовой доход от этого вида акциза достигал 3 341 837 ф. 9 шилл. 9 п.

Однако следует всегда помнить, что облагать надлежит всегда расходы низших классов на предметы роскоши, а не на предметы необходимости. Уплата налога на их необходимые расходы в конечном счете упала бы целиком на высшие классы народа, на меньшую часть годового продукта, а не на бóльшую. Подобный налог должен во всех случаях вести к повышению заработной платы рабочих или к уменьшению спроса на них. Он не может увеличить заработную плату, не перелагая конечную уплату налога на высшие классы; он не может уменьшить спрос на труд, не уменьшив годовой продукт земли и труда страны, т.е. тот фонд, из которого в конечном счете должны выплачиваться все налоги. До каких бы размеров ни уменьшил налог такого рода спрос на труд, он всегда должен вести к большему повышению заработной платы, чем это соответствовало бы данному сокращению спроса, и конечная плата этого повышения заработной платы должна во всех случаях лечь на высшие классы.

Хмельные и спиртные напитки, выделываемые и перегоняемые не на продажу, а для собственного потребления, не подлежат в Великобритании никакому акцизу. Это изъятие, целью которого является избавление частных семей от неприятных посещений и осмотров сборщиков налогов, приводит к тому, что бремя этого акциза ложится часто гораздо меньше на богатых людей, чем на бедных. Правда, сравнительно мало распространено обыкновение гнать спиртные напитки для своего частного употребления, хотя иногда это и делается, но в сельских местностях многие семьи среднего достатка и почти все богатые и аристократические семьи сами варят для себя пиво. Поэтому крепкое пиво обходится им на 8 шилл. с барреля дешевле, чем обходится среднему пивовару, который должен получить прибыль на сумму налога, равно как и на все другие произведенные им издержки. Поэтому такие семьи должны иметь свое пиво по крайней мере на 9 или 10 шилл. за баррель дешевле, чем обходится какой-либо напиток такого же качества простонародью, которому удобнее покупать пиво по мере надобности, на заводе или в пивной. Точно так же не подлежит контролю и осмотру сборщика налогов солод, изготовляемый для нужд частных семейств, с тем чтобы в последнем случае за каждого члена семьи уплачивался налог в 7 шилл. 6 п. Эта сумма составляет акциз с 10 бушелей солода, количества, соответствующего тому, что, вероятно, потребляют в среднем все члены трезвого семейства — мужчины, женщины и дети. Но в богатых семьях, где широко практикуется сельское гостеприимство, напитки, приготовляемые из солода и потребляемые членами семьи, составляют только незначительную часть домашнего потребления. Вследствие ли этого налога или по другим причинам обычай приготовлять солод для домашнего употребления распространен гораздо меньше, чем обычай варить пиво. Трудно привести разумные основания, почему не должны облагаться таким же налогом те, кто варит пиво или изготовляет спиртные напитки для домашнего потребления.

Часто указывалось, что гораздо больший доход, чем получается ныне от всех высоких налогов на солод, пиво и эль, мог бы быть получен от гораздо менее обременительного налога на солод, так как у пивоваренных заводов гораздо больше возможностей обмануть казну, чем у предприятий, изготовляющих солод, а лица, варящие пиво для домашнего потребления, освобождены от всяких налогов, что не имеет места по отношению к тем, кто изготовляет солод для домашнего употребления.

На пивоваренном заводе в Лондоне из квартера солода варится обычно более $2^{1}/_{2}$, а иногда и 3 барреля портера. Различные налоги на солод составляют 6 шилл. с квартера, а налоги на крепкое пиво и эль — 8 шилл. за баррель. Таким образом, на пивоваренном заводе различные налоги на солод, пиво и эль ложатся в размере от 26 до 30 шилл. на продукт 1 квартера солода. На деревенском пивоваренном заводе, продающем пиво сельскому населению, из квартера солода редко варят меньше 2 баррелей крепкого и 1 барреля слабого пива, а часто — $2^{1}/_{2}$ барреля одного только крепкого пива. Различные налоги на слабое пиво составляют 1 шилл. 4 п. на баррель. Поэтому на деревенском пивоваренном заводе различные налоги на солод, пиво и эль редко составляют меньше 23 шилл. 4 п., а часто достигают 26 шилл. на продукт 1 квартера солода. Следовательно, беря все королевство в среднем, общую сумму налогов на солод, пиво и эль нельзя принимать меньше чем в 24 или 25 шилл. на продукт 1 квартера солода. Но, как утверждают, при отмене различных налогов на пиво и эль и при увеличении в три раза налога на солод, т.е. при повышении его с 6 шилл. до 18 шилл. на квартер солода, можно было бы от одного этого налога получить больший доход, чем извлекается теперь из всех этих более тяжелых налогов.

	ф.	ш.	п.
В 1772 г. старый налог на солод дал	722 023	11	11
добавочный	356 766	7	$9\frac{3}{4}$
В 1773 г. старый налог на солод дал	561 627	3	$7\frac{1}{2}$
добавочный	278 650	15	$3\frac{3}{4}$
В 1774 г. старый налог на солод дал	624 614	17	$5\frac{3}{4}$
добавочный	310 745	2	$8\frac{1}{2}$
В 1775 г. старый налог на солод дал	657 357	0	$8\frac{1}{4}$
добавочный	323 755	12	$6\frac{1}{4}$
	3 835 580	12	$\frac{3}{4}$
Средняя годовая за эти четыре года	958 895	3	$\frac{2}{16}$
В 1772 г. акциз в деревне дал	1 243 128	5	3
лондонские пивоварни дали	408 260	7	$2\frac{3}{4}$
В 1773 г. акциз в деревне дал	1 245 808	3	3
лондонские пивоварни дали	405 406	17	$10\frac{1}{2}$
В 1774 г. акциз в деревне дал	1 246 373	14	$5\frac{1}{2}$
лондонские пивоварни дали	320 601	18	$\frac{1}{2}$
В 1775 г. акциз в деревне дал	1 214 583	6	1
лондонские пивоварни дали	463 670	7	$\frac{1}{4}$
	6 547 832	19	$2\frac{1}{4}$
Средняя годовая за эти четыре года	1 636 958	4	$9\frac{1}{2}$
Плюс годовое поступление налога на солод	958 895	3	$\frac{3}{16}$
Общая сумма этих налогов составляет	2 595 853	7	$9\frac{11}{12}$
При увеличении втрое налога на солод или при увеличении его с 6 до 18 шилл. на квартер этот один налог даст	2 876 685	9	$\frac{9}{16}$
Эта сумма превышает предыдущую на	280 832	1	$2\frac{14}{16}$

Под старым налогом на солод подразумевается налог в 4 шилл. с бочки сидра и другой налог в 10 шилл. с барре-

ля мума. В 1774 г. налог на сидр дал только 3083 ф.
6 шилл. 8 п. Он, вероятно, дал в этом году меньше обычного; в этом году все налоги на сидр дали меньше, чем обыкновенно. Налог на мум, хотя и гораздо более высокий, дает еще меньше ввиду меньшего потребления этого напитка. Но для того чтобы восполнить недопоступление обычной суммы с этих двух налогов, к сельскому акцизу причислены: 1) старый акциз в 6 шилл. 8 л. с бочки сидра; 2) такой же налог в 6 шилл. 8 п. с бочки виноградного сока; 3) налога 8 шилл. 9 п. с бочки винного уксуса и, наконец, 4) налог в 11 п. с галлона меда; поступления с этих налогов, вероятно, с избытком уравновесят поступления с так называемого ежегодного солодового налога на сидр и мум.

Солод употребляется не только при варке пива и эля, но также и при изготовлении низших сортов вин и водок. При увеличении налога на солод до 18 шилл. на квартер могло бы оказаться необходимым несколько понизить акцизы, которые взимаются с этих сортов вин и водок, при изготовлении которых употребляется солод. В так называемых солодовых напитках солод составляет обычно одну треть употребляемого материала, а остальные две трети приходятся на ячмень или одна треть на ячмень и одна треть на пшеницу. На водочных заводах возможности и искушение обходить акцизные законы гораздо значительнее, чем на пивоваренных заводах или при изготовлении солода; возможности — ввиду меньшей громоздкости и большей стоимости этого товара, а искушение — ввиду больших размеров налогов, которые достигают 3 шилл. 10 $^2/_3$ п.* с галлона спирта. При повышении налога на солод и понижении налога на спирт уменьшатся как возможность, так и искушение нарушать акцизные законы, что может вызвать еще большее увеличение дохода.

В последнее время в Великобритании принята политика затруднять употребление спиртных напитков ввиду их

* Хотя налог, взимаемый непосредственно с градусного спирта, достигает только 2 шилл. 6 п. на галлон, но, будучи добавлен к налогу на сусло, из которого гонится градусный спирт, он составит 3 шилл. 10 $^2/_3$ п. В настоящее время в целях предотвращения злоупотреблений сусло и градусный спирт одинаково облагаются соответственно количеству градусов в сусле.

 предполагаемого действия, разрушающего здоровье и подрывающего нравственность простого народа. Согласно этой политике понижение налогов на производство спирта не должно быть столь значительно, чтобы в какой-либо мере понижать цену этих напитков. Спиртные напитки могут оставаться столь же дорогими, как и прежде, тогда как в то же самое время полезные и укрепляющие напитки, каковы пиво и эль, могут быть значительно понижены в цене. Народ, таким образом, мог бы быть отчасти избавлен от одной из тех тягот, на которые он ныне жалуется, при одновременном значительном увеличении дохода.

Возражения д-ра Давенанта* против такого изменения современной системы акцизного обложения представляются необоснованными. Возражения эти сводятся к тому, что налог, вместо того чтобы падать почти равномерно на прибыли предпринимателя, изготовляющего солод, пивовара и торговца, будет, поскольку он падает на прибыль, ложиться целиком на прибыль первого; что предприниматель, изготовляющий солод, не сможет так легко выручить обратно сумму, затраченную на уплату налога, при помощи повышения цены своего солода, как могут это делать пивовар и торговец, повышая цену своих напитков; что столь высокий налог на солод может понизить ренту и прибыль с земли, засеваемой ячменем.

Никакой налог не может на сколько-нибудь продолжительное время понизить норму прибыли в какой-либо отдельной отрасли торговли или промышленности, которая всегда должна держаться на одном уровне с нормой прибыли, существующей в других отраслях в данной местности. Существующие ныне налоги на солод, пиво и эль не влияют на прибыль торгующих этими продуктами, которые все выручают обратно сумму налога с добавочной прибылью в повышенной цене своих товаров. Правда, налог может сделать облагаемые им продукты столь дорогими, что это уменьшит их потребление. Но солод употребляется для изготовления напитков, и налог в 18 шилл. на квартер

---

* *Davenant.* Discourses on the public revenues and on the trade of England. Works, 1771. Vol. I. P. 221–224.

солода не может, конечно, сделать эти напитки более дорогими, чем различные налоги, достигающие 24 или 25 шилл., делают это в настоящее время. Напротив, эти напитки, вероятно, подешевеют и потребление их скорее увеличится, чем сократится.

Не очень легко понять, почему производителю солода будет труднее вернуть 18 шилл. в повышенной цене своего солода, чем пивовару вернуть в настоящее время в цене его напитка 24 или 25 шилл., а иногда и 30 шилл. Правда, ему придется уплачивать в виде налога с каждого квартера солода не 6, а 18 шилл. Но пивовар в настоящее время обязан уплачивать налог в 24–25, а иногда и 30 шилл. за каждый квартер солода, который он варит. Не может оказаться более затруднительным для изготовителя солода уплачивать более незначительный налог, чем для пивовара платить теперь более тяжелый. Производитель солода не всегда держит в своих амбарах такой запас солода, распродажа которого требовала бы более продолжительного времени, чем распродажа запаса пива и эля, который пивовар часто держит в своих погребах. Первый поэтому может часто вернуть себе затраченные деньги так же скоро, как и последний. Но какие затруднения ни возникли бы для производителя солода из-за необходимости уплачивать более тяжелый налог, они легко могут быть устранены предоставлением ему на несколько месяцев более продолжительного кредита, чем кредит, обычно даваемый в настоящее время пивовару.

Ренту и прибыль с земли, засеваемой ячменем, может уменьшить только сокращение спроса на ячмень. Но изменение системы, уменьшающей налоги с квартера солода, идущего на варку пива и эля, с 24–25 до 18 шилл., скорее увеличит спрос, чем сократит его. Кроме того, рента и прибыль с земли, засеваемой ячменем, всегда должны быть приблизительно равны ренте и прибыли с других одинаково плодородных и одинаково хорошо возделываемых земель. Если бы они были меньше, некоторая часть земли под ячменем была бы скоро обращена на какую-нибудь другую цель, а если бы они были больше, большее количество земли скоро было бы обращено под посев ячменя. Когда обычная цена какого-либо продукта земли представляет собою, так сказать, монопольную цену, налог на него обязательно понижает ренту и прибыль с земли, на которой он растет. Налог на продукт тех роскошных виноградников, на которых производство вина настолько меньше действительного спроса на него, что его цена всегда превышает естественный уровень цены продукта других одинаково плодородных и одинаково хорошо возделываемых земель, неизбежно понизит ренту и прибыль с этих виноградников. Поскольку цена этих вин уже достигает максимума, который может быть получен за обычно отправляемое на рынок количество их, она не может быть увеличена еще больше без уменьшения этого количества, а последнее не может быть сделано без еще большей потери, потому что земли не могут быть обращены на производство какого-либо другого столь же ценного продукта. Ввиду этого вся тяжесть налога должна ложиться на ренту и прибыль, собственно говоря, на ренту с виноградника. Всякий раз, когда предполагалось ввести какой-нибудь новый налог на сахар, наши сахарные плантаторы жаловались, что вся тяжесть таких налогов ложится не на потребителя, а на производителя, потому что они никогда не могут повысить цену своего сахара после введения налога. Цена эта до введения налога была, по-видимому, монопольной ценой, и довод, приводимый в доказательство того, что сахар представляет собою предмет, не подходящий для обложения, доказывал, пожалуй, что он вполне подходит для этого, потому что прибыли монополистов, всякий раз когда они могли бы быть обнаружены, служат, без сомнения, самым подходящим предметом для обложения. Между тем обычная цена ячменя никогда не была монопольной, а рента и прибыль с земли под ячмень никогда не превышали естественного уровня ренты и прибыли с других земель, одинаково плодородных и одинаково хорошо обрабатываемых. Различные налоги, какими облагались солод, пиво и эль, никогда не вели к понижению цены ячменя, никогда не понижали ренты и прибыли с земли под ячменем. Цена солода, в которую он обходился пивовару, постоянно повышалась соответственно налогам, взимавшимся с него, и эти налоги вместе с различными акцизами на пиво и эль постоянно или повышали цену, или, что сводится к тому же, понижали качество этих продуктов для потребителя. Конечная уплата этих налогов всегда ложилась на потребителя, а не на производителя.

От предложенной здесь реформы системы могут пострадать исключительно только те лица, которые варят пиво для собственного потребления. Но освобождение высшего класса населения от уплаты весьма тяжелых налогов, уплачиваемых бедными рабочими и ремесленниками, представляется, несомненно, наиболее несправедливым и противоречащим равенству и должно быть устранено, хотя бы даже указанная реформа никогда не была произведена. Возможно, однако, именно интерес этого высшего класса предотвращал до сих пор изменение системы, которое не смогло бы наверняка достичь одновременно и увеличения дохода [общества] (revenue), и облегчения положения людей.

Помимо таких налогов, как упомянутые выше таможенные пошлины и акцизные сборы, существует еще ряд других, которые влияют на цену товаров более неравномерно и не так непосредственно. Таковыми являются налоги, которые называются во Франции дорожными пошлинами (péages), а во времена древних саксов назывались пошлинами за проезд и которые, по-видимому, были первоначально установлены с той же целью, что и наши заставные пошлины или сборы за проезд по нашим каналам и судоходным рекам, а именно для содержания дороги или поддержания судоходности. Такие налоги, когда они предназначаются для подобных целей, вполне правильно устанавливаются соответственно объему или весу перевозимых предметов. Поскольку они первоначально были местными и провинциальными налогами, употребляемыми для местных провинциальных нужд, управление ими в большинстве случаев предоставлялось какому-нибудь определенному городу, приходу или поместью, в которых они взимались, причем предполагалось, что эти общины тем или иным образом должны давать отчет в их употреблении. Государь, который вообще никому не обязан отчетом, во многих странах взял в свои руки управление этими налогами, и хотя довольно часто очень значительно повышал налог, он во многих случаях совершенно не считал нужным расходовать собираемые суммы согласно назначению. Если заставные пошлины Великобритании когда-либо сделаются одним из источников дохода правительства, то пример многих других народов заранее может указать нам, каковы будут вероятные последствия этого. Подобные пошлины, без сомнения, оплачиваются в конечном счете потребителем, но при платеже он облагается не в соответствии со своими издержками и стоимостью, а в соответствии с объемом или весом того, что он потребляет. Когда подобные налоги взимаются соответственно не объему или весу, а предполагаемой стоимости товаров, они в сущности превращаются в своего рода внутренние пошлины, или акциз, который весьма сильно затрудняет самую важную отрасль торговли — внутреннюю торговлю страны.

В некоторых небольших государствах налоги, подобные этим пошлинам за проезд, взимаются с товаров, перевозимых через их территорию сушей или водой из одного иностранного государства в другое. В некоторых странах они называются транзитными пошлинами. Некоторые небольшие итальянские государства, расположенные в бассейне По и ее притоков, извлекают известный доход от пошлин этого рода, уплачиваемых целиком иностранцами и представляющих собой, пожалуй, единственный налог, каким одно государство может облагать граждан другого, не задерживая нисколько развития своей собственной промышленности или торговли. Самой важной из всех транзитных пошлин в мире является пошлина, взимаемая королем Дании со всех торговых судов, проходящих через Зунд.

Хотя такие налоги на предметы роскоши, какова большая часть таможенных пошлин и акцизных сборов, ложатся одинаково на все виды дохода и уплачиваются в конечном итоге теми, кто потребляет облагаемые ими предметы, все же они не всегда ложатся равномерно или пропорционально на доход каждого отдельного лица. Поскольку размеры потребления каждого человека определяются его собственными вкусами и привычками, постольку он уплачивает налог скорее в соответствии со своими вкусами и привычками, чем в соответствии со своим доходом: расточительный уплачивает больше, бережливый меньше, чем это соответствует их доходу. Богатый человек во время своего несовершеннолетия обычно уплачивает со своего потребления очень немного на содержание государства, защита которого обеспечивает ему его большой доход. Люди, живущие за границей, своим потреблением ничего не вносят на содержание правительства страны, в которой находится источник их дохода. При отсутствии в такой стране поземельного налога или крупного налога при передаче движимой или недвижимой собственности, как это имеет место в Ирландии, такие дезертиры из своей страны могут получать большой доход, пользуясь покровительством правительства, на содержание которого не вносят ни одного шиллинга. Такая неравномерность резче всего должна проявляться в стране, правительство которой в некоторых отношениях находится в зависимости от правительства какой-нибудь другой страны. Люди, обладающие наиболее крупными имуществами в зависимой стране, в этом случае предпочтут обычно жить в господствующей стране. Ирландия находится как раз в таком положении, и нас поэтому не должно удивлять, что проект налога на абсентеистов пользуется такой популярностью в этой стране. Возможно, что будет несколько затруднительно установить характер или длительность отсутствия, при котором отдельный человек подлежит этому налогу, или когда именно должно начинаться или прекращаться взимание налога; тем не менее, если исключить этот совершенно своеобразный случай, всякая неравномерность обложения отдельных лиц, какая может иметь место при таких налогах на потребление, больше чем уравновешивается тем самым обстоятельством, которое создает эту неравномерность, — тем обстоятельством, что взнос каждого человека вообще добровольен, ибо целиком от него самого зависит, потреблять ли или не потреблять облагаемый налогом предмет. Поэтому там, где подобные налоги устанавливаются надлежащим образом и на соответствующие предметы, они уплачиваются с меньшим ропотом, чем всякий другой налог. Когда они наперед уплачиваются торговцем или владельцем мануфактуры, потребитель, который в конечном счете оплачивает их, скоро перестает отличать их от цены товара и почти забывает, что платит вообще какой-нибудь налог.

Такие налоги бывают или могут быть вполне точно определены или устанавливаются таким образом, чтобы не оставалось ни малейшего сомнения относительно того, сколько или когда следует платить, относительно размера или времени платежей. Если и проявляются тогда произвольность и неопределенность при взимании таможенных пошлин в Великобритании или других подобного же рода налогов в других странах, то это обусловлено отнюдь не природой этих налогов, а только неточной или неумелой редакцией закона, устанавливающего их.

Налоги на предметы роскоши обыкновенно уплачиваются или всегда могут уплачиваться по мелочам или по мере того, как плательщики имеют нужду в приобретении предметов, которые обложены ими. Что касается момента и способа уплаты, они являются или могут быть самыми удобными из всех налогов. Такие налоги ввиду этого в общем удовлетворяют, пожалуй, первым трем из четырех основных принципов обложения не меньше, чем всякий другой налог. Но зато они во всех смыслах идут вразрез с четвертым принципом.

Подобные налоги в сравнении с тем, что они дают государственной казне, всегда берут из карманов населения гораздо больше, чем почти всякий другой налог. Они делают это, по-видимому, всеми четырьмя различными путями, какими это вообще возможно.

1) Взимание таких налогов, даже когда они устанавливаются самым целесообразным образом, требует значительного количества таможенных и акцизных чиновников, жалованье и поборы которых ложатся действительным налогом на население и ничего не приносят казначейству. Впрочем, следует признать, что эти расходы более умеренны в Великобритании, чем в большинстве других стран. За год, кончающийся 5 июля 1775 г., общая сумма поступлений от различных налогов, находившихся в Англии в ведении акцизных чиновников, достигала 5 507 308 ф. 18 шилл. $8\,^1/_2$ п., причем взыскание этой суммы обошлось в $5\,^1/_4$% с небольшим. Однако из этого валового дохода надо вычесть суммы, уплаченные в виде премий и возврата пошлин при вывозе облагаемых акцизом товаров, что сократит чистый доход с суммы, немного не достигающей 5 млн.*

* Чистый доход этого года за вычетом всех издержек и выдач достигал 4 975 652 ф. 19 шилл. 6 п.

Взимание соляного налога, этого акцизного сбора,
находящегося в другом ведомстве, обходится гораздо дороже. Чистый доход от него не достигает $2^1/_2$ млн, причем эта сумма взимается с издержками в 10% с лишним на жалованье чиновникам и другие расходы. Но поборы таможенных служащих повсеместно намного превышают их жалованье, в некоторых портах они увеличивают это жалованье вдвое и втрое. Если, таким образом, жалованье таможенных чиновников и другие расходы составляют более 10% чистого дохода таможен, то все издержки по взиманию этого дохода могут превысить 20 или 30%. Акцизные чиновники получают мало или совсем не получают взяток; поскольку это ведомство учреждено не так давно, оно в общем менее подкупно, чем таможенное ведомство, в котором продолжительность его существования породила и узаконила много злоупотреблений. Беря с солода всю ту сумму, которая в настоящее время взимается при помощи различных налогов с солода и напитков, изготовляемых из него, можно получить, согласно предположениям, экономию в расходах акцизного ведомства больше чем в 50 тыс. ф. в год. Если обложение таможенными пошлинами ограничить только немногими видами товаров и взимать их способом, установленным акцизными законами, можно, вероятно, получить еще гораздо большую экономию в издержках таможенного ведомства.

2) Такие налоги неизбежно приносят определенный вред или задерживают развитие некоторых отраслей промышленности. Так как они всегда повышают цену облагаемого продукта, то ведут к сокращению его потребления, а следовательно, и его производства. Если это продукт, выращиваемый или изготовляемый внутри страны, то в результате этого меньше труда будет затрачиваться на его выращивание и производство. Если налог, таким образом, повышает цены заграничного продукта, то, конечно, такого же рода продукты отечественного производства могут приобрести некоторое преимущество на внутреннем рынке, и большее количество отечественного труда может быть в результате этого обращено на изготовление их. Но хотя такое повышение цены заграничного продукта может поощрять какую-нибудь одну отрасль отечественной про-

мышленности, оно неминуемо оказывает вредное влияние почти на все другие ее отрасли. Чем дороже платит бирмингемский владелец мануфактуры за потребляемое им заграничное вино, тем дешевле он неизбежно продает ту часть своих металлических изделий, на которую, или, что то же самое, за цену которой, он покупает это вино. Поэтому эта часть его металлических товаров оказывается имеющей для него меньшую стоимость, и у него становится меньше побуждений выделывать ее. Чем дороже потребители одной страны платят за избыточный продукт другой, тем дешевле продают они по необходимости ту часть своего собственного избыточного продукта, на которую, или, что то же самое, за цену которой, они покупают его. Эта часть их собственного избыточного продукта приобретает для них меньшую стоимость, и у них теперь имеется меньше побуждений увеличивать его количество. Таким образом, все налоги на предметы потребления имеют тенденцию уменьшать количество производительно затрачиваемого труда на изготовление облагаемых предметов, если это продукты отечественного производства, или тех продуктов, на которые они покупаются, если это заграничные продукты. Притом такие налоги всегда в большей или меньшей степени изменяют естественное направление отечественной промышленности и толкают ее в русло, всегда отличное от того, по какому она шла бы, если бы была предоставлена самой себе, и обычно менее выгодное.

3) Надежда избавиться от этих налогов при посредстве контрабанды часто ведет к конфискациям и другим карам, которые совершенно разоряют контрабандиста — человека, который, хотя он и заслуживает величайшего порицания за нарушение законов своей страны, часто не способен нарушать законы естественной справедливости и был бы во всех отношениях прекрасным гражданином, если бы законы его страны не делали преступлением то, что природа никогда не думала признавать таковым. В тех странах с дурным управлением, где существует по меньшей мере общее подозрение относительно наличности многих ненужных расходов и весьма неправильного расходования государственных доходов, законы, ограждающие последние, мало уважаются. Немногие люди проявляют щепетильность в отношении

контрабанды, когда, не нарушая присяги, могут найти удобный и безопасный случай к этому. Если кто-нибудь сочтет недопустимым покупать контрабандные товары, то, хотя такая покупка является явным поощрением нарушения фискальных законов и лжеприсяги, в большинстве стран это было бы сочтено одним из тех педантических проявлений лицемерия, которые не только не приобретают человеку уважения, но и навлекают на него подозрение в том, что он еще больший мошенник, чем большинство его соседей. Благодаря такой снисходительности общества контрабандист часто поощряется продолжать промысел, который он, таким образом, приучается считать до известной степени невинным, а когда вся строгость фискальных законов готова обрушиться на него, он часто бывает склонен оружием защищать то, что привык рассматривать как свою законную собственность. Будучи сначала скорее неблагоразумным и легкомысленным, а не преступным, он в конце концов слишком часто становится одним из самых смелых и наиболее решительных нарушителей законов общества. При разорении контрабандиста его капитал, который раньше затрачивался на содержание производительного труда, поглощается или государственной казной, или податным чиновником и затрачивается на содержание непроизводительного труда, благодаря чему уменьшается общий капитал общества и сокращается полезная промышленная деятельность.

4) Эти налоги, подвергая по меньшей мере розничных торговцев облагаемыми предметами частым посещениям и придирчивым расследованиям сборщиков налогов, без сомнения, иногда причиняют им известные притеснения и всегда приносят много неприятностей и затруднений; хотя и такого рода неприятности, как уже отмечено, не представляют собой, строго говоря, издержек, однако они эквивалентны расходу, который каждый человек готов понести для того, чтобы откупиться от них. Акцизные законы, хотя они лучше достигают цели, для которой установлены, являются в этом отношении более придирчивыми и обременительными, чем законы таможенные. Купец, привезший из-за границы товары, облагаемые известными пошлинами, уплативший эти пошлины и сложивший това-

ры на склад, в большинстве случаев не подвергается уже никаким дальнейшим беспокойствам или придиркам со стороны таможенного чиновника. Иначе обстоит дело с продуктами, облагаемыми акцизом. Акцизные чиновники не дают торговцу покоя своими постоянными посещениями и расспросами. Ввиду этого акцизные налоги более непопулярны, чем таможенные пошлины, а равным образом и чиновники, взыскивающие их. Утверждают, что, хотя эти чиновники в общем выполняют свои обязанности, может быть, столь же хорошо, как и таможенные чиновники, они все же отличаются обычно некоторой жестокостью характера, часто чуждой последним, так как обязанности нередко вынуждают их быть очень надоедливыми и придирчивыми к некоторым из своих соседей. Впрочем, такое мнение является, весьма вероятно, лишь внушением нечестных торговцев, контрабанда которых была предупреждена или обнаружена бдительностью чиновников.

При всем том неудобства, которые, пожалуй, в известной степени неотделимы от налогов на предметы потребления, ложатся на народ Великобритании не большей тяжестью, чем на народ всякой другой страны, правительство которой обходится приблизительно столь же дорого. Наше положение отнюдь не великолепно и может быть улучшено, но оно не хуже или даже лучше, чем положение большинства наших соседей.

Вследствие мнения, что налоги на предметы потребления представляют собой налоги на прибыли торговцев, они в некоторых странах взыскивались при каждой последовательной продаже товаров. Если облагаются прибыли купца-импортера или купца, занимающегося переработкой, то, казалось, справедливость требует обложения также прибылей всех промежуточных покупателей, посредничествующих между ними и потребителем. Известная алькавала в Испании была, по-видимому, установлена соответственно этому принципу. Она представляла собой первоначально налог в 10%, потом в 14%, а в настоящее время — лишь в 6% при продаже всякого рода собственности, движимой или недвижимой, причем взимание его повторяется и при каждой новой продаже собственности*. Взимание этого

* «Mémoires concernant les Droits etc.». Tome I. P. 455.

налога требует множества податных чиновников для надзора за перевозкой товара не только из одной провинции в другую, но и из одной лавки в другую. Он обрекает на постоянные посещения и осмотры со стороны сборщика налогов не только торговцев некоторыми видами товаров, но и всех вообще торговцев, любого фермера, любого владельца мануфактуры, любого купца и лавочника. В большей части страны, где введен такой налог, ничего нельзя производить для продажи на отдаленном рынке. Производство каждой части страны должно сообразоваться с потреблением ее округи. Ввиду этого Устариц* именно алькавале приписывает упадок и разорение мануфактурной промышленности в Испании. Он равным образом мог бы поставить на ее счет упадок сельского хозяйства, поскольку алькавала взималась не только с мануфактурных изделий, но и с сельскохозяйственных продуктов.

В Неаполитанском королевстве существует подобный налог в 3% со стоимости всех договоров и, следовательно, со всех сделок о продаже. Он легче соответствующего испанского налога, и притом большей части городов и приходов дозволено уплачивать вместо него определенную сумму. Они собирают эту сумму способом, каким хотят, обычно таким образом, чтобы это не причиняло затруднений внутренней торговле данной местности. Поэтому неаполитанский закон далеко не так губителен, как налог испанский.

Единообразная система обложения, которая за немногими незначительными исключениями существует во всех частях Соединенного Королевства Великобритании, оставляет всю внутреннюю торговлю страны, как сухопутную, так и каботажную, почти совершенно свободной. Внутренняя торговля почти совершенно свободна, и большая часть товаров может перевозиться с одного конца королевства в другой без каких бы то ни было разрешений или пропусков, без всяких опросов или осмотров со стороны податных чиновников. Существуют немногочисленные исключения, но они таковы, что не могут нарушать нормального хода какой-либо важной отрасли внутренней торговли страны; например, при перевозке товаров по побережью требуются

---

* *Ustariz*. Teórica y práctica de Comercio y de Marina. Madrid, 1724.

 удостоверения прибрежных таможенных постов.

Впрочем, за исключением угля, остальные товары почти все свободны от обложения. Эта свобода внутренней торговли, результат единообразия системы обложения, является, пожалуй, одной из главных причин процветания Великобритании, поскольку каждая большая страна необходимо представляет собой лучший и самый обширный рынок для большей части продуктов ее собственной промышленности. Если бы такая же свобода в результате подобного же единообразия могла быть распространена на Ирландию и колонии, величие государства и процветание всех частей империи были бы, вероятно, еще более значительны, чем в настоящее время.

Во Франции многообразные фискальные законы, существующие в различных провинциях, требуют наличия множества податных чиновников для охранения границ не только королевства, но почти каждой отдельной провинции, чтобы препятствовать ввозу определенных товаров или взыскивать с них определенные пошлины, немало затрудняя этим внутреннюю торговлю страны. Некоторым провинциям разрешено уплачивать известную сумму взамен gabelles, или соляного налога, другие совсем освобождены от него. Некоторые провинции освобождены от монополии торговли табаком, которая в большей части королевства принадлежит обычно генеральным откупщикам. Так называемые aides, соответствующие акцизным сборам в Англии, весьма неодинаковы в различных провинциях. Некоторые провинции освобождены от них и уплачивают вместо них определенную сумму. В тех провинциях, где они взимаются и сдаются на откуп, существует много местных налогов, которые не распространяются за пределы отдельного города или округа. Так называемые traites, соответствующие нашим пошлинам, делят королевство на три большие области: первая охватывает провинции, находящиеся под действием тарифа 1664 г. и называющиеся провинциями пяти главных откупов; в их число входят Пикардия, Нормандия и большая часть внутренних провинций королевства; вторая охватывает провинции, находящиеся под действием тарифа 1667 г. и называемые провинциями на положении иностранных; в их число входит большая часть пограничных провинций; третья охватывает провинции, которые приравниваются к иностранной территории и которые ввиду того, что им разрешено свободно торговать с иностранными государствами, в своей торговле с другими провинциями Франции облагаются такими же пошлинами, как и другие иностранные государства. К ним относятся: Эльзас, три епископства — Метц, Туль и Верден и три города — Дюнкирхен, Байонна и Марсель. Как в провинциях пяти главных откупов (называемых так ввиду старинного разделения таможенных пошлин на пять главных отделов, из которых каждый сдавался первоначально особому откупщику, хотя в настоящее время они все соединены в один откуп), так и в тех, которые считаются на положении иностранных, существуют многочисленные местные пошлины, действие которых ограничивается отдельным городом или округом. Они существуют даже в провинциях, приравниваемых к иностранной территории, в частности в городе Марселе. Нет нужды указывать, насколько должны умножаться как стеснения внутренней торговли страны, так и количество налоговых чиновников, чтобы охранять границы этих различных провинций и округов, подчиненных столь различным системам обложения.

Помимо общих стеснений, порождаемых этой сложной системой фискальных законов, торговля вином, которое является после хлеба, пожалуй, самым важным продуктом Франции, в большинстве провинций подлежит особым ограничениям, порожденным покровительством, которое оказывалось виноградникам отдельных провинций и округов предпочтительно перед другими. Как я полагаю, провинциями, наиболее славящимися своими винами, окажутся те, где торговля этими продуктами испытывает меньше всего стеснений. Обширный рынок, которым обладают эти провинции, поощряет как надлежащий уход за виноградниками, так и последующее тщательное изготовление вин.

Столь различные и сложные фискальные законы не представляют собой особенности Франции. Небольшое герцогство Миланское разделено на шесть провинций, в каждой из которых существует особая система обложения различных предметов потребления. Еще меньшие владения герцога Пармского разделены на три или четыре провинции, из которых каждая точно так же имеет свою особенную систему обложения. При таком нелепом управлении ничто, кроме большого плодородия почвы и благоприятного климата, не может предохранить подобные страны от скорого погружения в самую глубокую степень нищеты и варварства.

Налоги на предметы потребления могут взиматься ведомством, чиновники которого назначаются правительством и непосредственно подотчетны ему, причем доход правительства должен в этом случае колебаться из года в год в зависимости от колебаний поступлений от этих налогов, или же они могут сдаваться на откуп за определенную сумму, причем откупщику предоставляется право назначать своих собственных служащих, которые, будучи обязаны взимать налог указанным в законе образом, находятся под его непосредственным надзором и подотчетны непосредственно ему. Откупная система никогда не может быть лучшим и наиболее экономным способом взимания налогов. Сверх того что необходимо для уплаты обусловленной суммы, жалованья служащим и покрытия всех издержек по управлению, откупщик всегда должен отчислять себе из общей выручки налога некоторую прибыль, пропорциональную по крайней мере предварительным затратам, делаемым им, риску, какому он подвергается, хлопотам и беспокойствам, какие ему при этом приходится нести, и специальным знаниям и умению, какие необходимы для того, чтобы вести столь сложное предприятие. Правительство, учреждая собственное управление, находящееся в его непосредственном ведении и подобное тому, какое организует откупщик, может сэкономить по крайней мере эту прибыль, которая почти всегда чрезмерна. Взятие на откуп какой-либо значительной отрасли государственных доходов требует наличности большого капитала или большого кредита — условий, которые сами по себе должны чрезвычайно ограничивать число людей, конкурирующих между собой при сдаче таких откупов. И из этого небольшого числа людей, обладающего таким капиталом или кредитом, еще меньшее число обладает необходимыми знаниями или опытом — еще одно обстоятельство, суживающее еще больше круг соревнующихся. И те немногие, кто в состоянии принять участие в соревновании, находят более соответствующим своим интересам вступать в соглашение между собою, стать компаньонами, вместо того чтобы конкурировать друг с другом, и при сдаче откупа с торгов они предлагают за него только такую плату, которая много ниже его действительной стоимости. В странах, где государственные доходы сдаются на откуп, откупщики обычно являются самыми богатыми людьми. Одно уже их богатство должно было бы вызывать общественное возмущение, а тщеславие, которое всегда сопровождает такие быстро нажитые состояния, нелепая пышность, с какою они обычно щеголяют своим богатством, усиливают это возмущение еще больше.

Откупщики государственных доходов никогда не считают достаточно суровыми законы, карающие попытки уклонения от уплаты налога. Они безжалостны по отношению к плательщикам налогов, которые не являются их подданными и всеобщее разорение которых, если бы оно произошло на другой день после окончания срока их откупа, не задело бы сильно их интересы. При переживаемых государством величайших затруднениях, когда государь по необходимости больше всего озабочен обеспечением аккуратного поступления его доходов, они редко упускают случай жаловаться, что без издания законов, более суровых, чем существующие, им будет невозможно уплачивать даже установленную сумму. В такие моменты общественных бедствий трудно спорить против их домогательств. Фискальные законы ввиду этого становятся постепенно все более и более суровыми. Наиболее жестокие законы в этой области всегда имеют место в странах, где бóльшая часть государственных налогов отдана на откуп, наиболее мягкие — в странах, где они взимаются под непосредственным надзором государя. Даже плохой государь чувствует большее сострадание к своему народу, чем какого можно ожидать от откупщиков его доходов. Он знает, что устойчивое могущество его династии зависит от благосостояния его народа, он не захочет сознательно подрывать это благосостояние ради своих собственных временных интересов. Иначе обстоит дело с откупщиками его доходов, богатство которых часто может являться результатом разорения, а не благосостояния народа.

Иногда не только налог сдается на откуп за определенную сумму, но и откупщику, кроме того, предоставляется монополия на предметы, облагаемые налогом. Во Франции так именно взимаются налоги на табак и соль. В таких случаях откупщик получает с народа не простую прибыль, а двойную: прибыль откупщика и еще более чрезмерную прибыль монополиста. Поскольку табак представляет собой предмет роскоши, каждому предоставлена возможность по усмотрению покупать его или не покупать. Но соль является предметом первой необходимости, и каждый человек вынужден покупать у откупщика определенное количество ее, потому что предполагается, что сам он не покупает это количество у откупщика, он приобретает ее у какого-нибудь контрабандиста. Налоги на оба эти предмета чрезмерно высоки, вследствие чего искушение заняться контрабандой их для многих людей непреодолимо, тогда как одновременно с этим строгость закона и бдительность служащих откупщика ведут к почти верной гибели и разорению тех, кто поддается этому искушению. Контрабандный провоз соли и табака ежегодно отправляет несколько сот человек на каторгу, не считая весьма значительного числа тех, кого он приводит на виселицу. Эти налоги, взимаемые таким образом, приносят правительству очень значительный доход. В 1767 г. табачный откуп был сдан за 22 541 278 л. в год, а соляной откуп — за 36 492 404 л. В обоих случаях срок откупа должен был начинаться в 1768 г. и длиться шесть лет. Те, кто не придает значения крови народа в сравнении с доходами государя, могут, пожалуй, одобрять такой способ взимания налогов. Подобные налоги и монополии на соль и табак устанавливались во многих других странах, в частности во владениях Австрии и Пруссии и в большей части государств Италии.

Во Франции преобладающая часть нынешнего дохода короны получается из восьми различных источников: налог с дохода (taille), подушная подать, две двадцатых, соляной налог (gabelies), акциз (aides), таможенные пошлины (traites), государственные имущества и табачный откуп. Пять последних в большей части провинций сданы на откуп. Первые три налога взимаются повсеместно администрацией, находящейся под непосредственным контролем и руководством правительства. Всеми признано, что в соответствии с тем, что они берут из карманов народа, эти три налога приносят казначейству государя больше, чем другие пять, администрация которых гораздо более расточительна и дорога.

Финансы Франции в их современном состоянии допускают, по-видимому, три очень простые реформы: во-первых, отмену налога с дохода и подушной подати и увеличение числа двадцатых долей для получения добавочного дохода, равного сумме поступлений с двух отменяемых налогов, так что доход короны не уменьшится. Расход по взиманию мог бы быть значительно сокращен; могли бы быть совершенно устранены притеснения низших классов народа, связанные с налогом с дохода и подушной податью, а высшие классы не были бы обременены больше того, чем обременена в настоящее время большая часть их представителей. Двадцатая доля, как я уже отметил, представляет собой налог почти совсем такого же рода, как и поземельный налог в Англии. Бремя налога с дохода, как это признано, ложится в конечном итоге на землевладельцев, а так как большая часть подушной подати взимается с лиц, уплачивающих налог с дохода в размере определенной суммы с фунта этого последнего налога, то в конечном счете уплата большей ее части должна тоже ложиться на этот же класс населения. Поэтому при увеличении числа двадцатых долей для получения добавочного дохода, равного сумме этих двух налогов, высшие классы не оказались бы обремененными больше, чем в настоящее время. Это может, без сомнения, случиться со многими отдельными лицами ввиду большой неравномерности, с какой производится обычно определение окладов подоходного налога с земель и арендуемых участков различных лиц. Заинтересованность и противодействие тех лиц, которые находятся в привилегированном положении, представляют собою препятствие, которое скорее всего не допустит проведения этой или какой-либо другой подобного рода реформы. Во-вторых, сделав соляной налог, акцизы, таможенные пошлины, налоги на табак, всевозможные таможенные и акцизные сборы единообразными во всех частях королевства, можно будет взимать эти налоги с гораздо меньшими издержками, и внутренняя торговля королевства сможет тогда сделаться столь же свободной, как и в Англии. В-третьих: наконец, при передаче всех этих налогов в ведение администрации, находящейся под непосредственным контролем и руководством правительства, можно будет увеличить доходы государства на всю сумму чрезмерных прибылей главных откупщиков. Противодействие, обусловливаемое частными интересами отдельных лиц, окажется, вероятно, не менее действенным для предотвращения двух последних проектов реформы, как и первого.

Французская система налогового обложения во всех отношениях уступает британской. В Великобритании ежегодно взимается 10 млн ф. с населения, не достигающего 8 млн душ, причем нельзя говорить о притеснении или чрезмерном обложении какого-либо отдельного класса. На основании данных аббата Экспильи* и замечаний автора «Опыта о законодательстве и торговле хлебом» представляется вероятным, что Франция, включая провинции Лотарингию и Бар, обладает населением в 23–24 млн душ, т.е. раза в три больше Великобритании. Во Франции почва и климат лучше, чем в Великобритании. Страна эта гораздо более продолжительное время возделывалась и земли ее улучшались, и вследствие этого она богаче всем тем, создание и накопление чего требует продолжительного времени, каковы, например, богатые города, удобные и хорошо выстроенные дома в городе и деревне. При таких преимуществах можно было бы ожидать, что во Франции доход в 30 млн на содержание государства будет собираться с не большими затруднениями, чем в Великобритании доход в 10 млн. Согласно лучшим, хотя, должен признать, очень несовершенным данным, какие я мог достать на этот счет, в 1765 и 1766 гг. весь доход, поступивший в казначейство Франции, выражался в сумме от 308 млн до 325 млн л., т.е. не достигал 15 млн ф., половины того, чего можно было бы ожидать, если бы население платило в той же пропорции к своей численности, как и население Великобритании.

---

* *Expilly.* De la population de la France. Amsterdam, 1765.

Между тем общепризнано, что народ Франции гораздо более обременен налогами, чем население Великобритании. А ведь Франция, несомненно, является великой европейской державой, которая после Великобритании обладает наиболее мягким и наиболее снисходительным правительством.

В Голландии высокие налоги на предметы необходимости привели, как утверждают, к гибели ее главных отраслей мануфактурной промышленности и способны даже постепенно подорвать ее рыболовный промысел и кораблестроение. Налоги на предметы необходимости в Великобритании незначительны, и ни одна отрасль мануфактурной промышленности до сих пор не была подорвана ими. Налогами, наибольшей тяжестью ложащимися на мануфактурные изделия, в Великобритании являются некоторые ввозные пошлины на сырые материалы, на шелк-сырец. Согласно сообщениям, доходы генеральных штатов и различных городов превышают 5250 тыс. ф., а так как нельзя предполагать, чтобы число жителей Соединенных провинций превышало третью часть населения Великобритании, то они должны быть облагаемы гораздо более тяжело.

После того как исчерпаны все пригодные для обложения объекты, если нужды государства продолжают требовать введения новых налогов, ими приходится облагать предметы, для этого не подходящие. Поэтому налоги на предметы необходимости не могут служить укором мудрости государства, которое в целях завоевания и сохранения своей независимости было втянуто, несмотря на крайнюю его бережливость, в столь дорого стоившие войны, что было вынуждено войти в крупные долги. Кроме того, находящиеся в особенных условиях провинции Голландия и Зеландия требуют значительных издержек даже для сохранения их существования или для предотвращения поглощения их морем; это обстоятельство должно было вести к значительному увеличению бремени налогов в этих двух провинциях. Республиканская форма управления представляется, по-видимому, главным основанием современного могущества Голландии. Обладатели больших капиталов, известные купеческие фамилии, обычно принимают непосредственное участие в правительстве или пользуются некоторым косвенным влиянием на него. Ради уважения и власти, которую дает им такое положение, они обнаруживают готовность жить в стране, где их капитал, если они сами пускают его в дело, принесет им меньше прибыли, а если они ссудят его другому лицу, принесет им меньший процент, и где на очень умеренный доход, какой они могут получать с него, они могут приобретать меньше предметов необходимости и удобств, чем в любой другой части Европы. Наличие таких богатых людей необходимо поддерживает на известном уровне промышленность страны, несмотря на все неблагоприятные моменты. Всякое общественное бедствие, которое уничтожит республиканскую форму правления и передаст все управление в руки знати и военных, сведет на нет значение этих богатых коммерсантов, скоро сделает для них неприятной жизнь в стране, где они уже не пользуются особым уважением. Они перенесут и свое местожительство и свои капиталы в какую-либо другую страну, а промышленность и торговля Голландии скоро последуют за капиталами, которые питали их.

Глава III
О ГОСУДАРСТВЕННЫХ ДОЛГАХ

На той низкой ступени развития общества, которая предшествует распространению торговли и прогрессу обрабатывающей промышленности, когда совсем неизвестны те дорогостоящие предметы роскоши, которые могут вводить в употребление только торговля и мануфактурная промышленность, лицо, обладающее крупным доходом, как это я старался выяснить в третьей книге настоящего исследования, может расходовать или использовать этот доход только таким образом, что он содержит приблизительно такое количество людей, сколько можно на этот доход содержать. Относительно крупного дохода всегда можно сказать, что он состоит в возможности распоряжаться большим количеством предметов потребления. На указанной низкой ступени развития он обычно выплачивался в виде большого количества этих предметов необходимости, в виде предметов продовольствия и грубых материй, хлебом и скотом, шерстью и невыделанными шкурами. Если ни торговля, ни мануфактурная промышленность не доставляют никаких продуктов, на которые обладатель дохода может обменять большую часть этих материалов, превышающую его собственное потребление, он с этим излишком не может сделать ничего другого, как кормить и одевать приблизительно такое число людей, на которое его может хватить. Гостеприимство, чуждое роскоши, и щедрость, чуждая тщеславия, составляют при таком положении вещей главные расходы богатых и знатных людей. Но, как я равным образом пытался выяснить в той же книге, это все такие расходы, благодаря которым люди не так легко разоряются. Нет, пожалуй, таких суетных эгоистических удовольствий, пристрастие к которым не разоряло бы иной раз даже благоразумных людей; страсть к петушиным боям, например, разорила многих. Но, мне думается, не очень много можно встретить примеров разорения людей вследствие гостеприимства или щедрости этого рода, хотя гостеприимство вместе с роскошью и щедрость вместе с тщеславной пышностью разорили многих. У наших феодальных предков продолжительность времени, в течение которого поместья оставались в руках одной и той же семьи, достаточно свидетельствует об общей склонности их не выходить за пределы своего дохода. Хотя деревенское гостеприимство, которое постоянно проявляли крупные землевладельцы, может казаться нам в настоящее время несовместимым с порядком, который мы склонны считать неразрывно связанным с надлежащей экономией, однако мы, несомненно, должны признать, что они были по крайней мере настолько бережливы и умеренны, что не всегда расходовали целиком свои доходы. Часть своей шерсти и невыделанных шкур они обычно имели возможность продавать за деньги. Часть этих денег они, вероятно, затрачивали на покупку немногих предметов украшения и роскоши, какие по условиям того времени могли достать, но некоторую часть их они, по-видимому, обыкновенно копили. Действительно, землевладельцам не оставалось делать ничего другого, как копить деньги. Заняться торговлей считалось позорным для дворянина, а ссужать деньги под проценты, что в то время считалось ростовщичеством и воспрещалось законом, было бы еще более позорным.

Сверх того, в ту эпоху насилия и беспорядка было удобно иметь у себя под рукой некоторый запас денег; будучи изгнан из собственных владений, такой землевладелец мог в таком случае иметь нечто обладающее общепризнанной стоимостью, чтобы увезти с собой в какое-либо безопасное место. Те же самые насилия, которые делали целесообразным накопление денег, делали столь же целесообразным запрятывание накопленных денег. Частое нахождение кладов и скрытых сокровищ, владельцы которых неизвестны, достаточно свидетельствует о распространенности в то время обыкновения как копить деньги, так и прятать свои сокровища. Найденные клады считались тогда важной отраслью дохода государя. В настоящее время все клады, обнаруживаемые во всем королевстве, вряд ли составят сколько-нибудь значительную статью дохода какого-нибудь богатого дворянина.

Такая же склонность накоплять и хранить сокровища проявлялась у государя, как и у его подданных. У наций, которым мало знакомы торговля и мануфактурная промышленность, государь, как уже отмечено в четвертой книге, находится в положении, естественно располагающем его к бережливости, необходимой для накопления. При таком положении издержки даже государя не могут определяться тщеславием, которое находит удовольствие в пышном блеске двора. Примитивность той эпохи знает лишь ничтожное количество тех безделушек и украшений, в каких проявляется эта пышность. Постоянные армии не являются тогда необходимыми, так что даже расходы государя, как и расходы любого крупного землевладельца, могут состоять почти только в щедрости по отношению к его вассалам и гостеприимстве по отношению к его придворным. Но щедрость и гостеприимство редко ведут к расточительности, тогда как тщеславие почти всегда ведет к ней. В соответствии с этим, как уже было указано, все европейские государи обладали в старину сокровищами, и, как сообщают, любой татарский хан обладает ими в настоящее время.

В торговой стране, изобилующей всякого рода дорогой роскошью, государь точно так же, как и почти все крупные собственники в его владениях, естественно, затрачивает большую часть своего дохода на покупку этих предметов роскоши. Его собственная и соседние страны обильно снабжают всеми дорогими безделушками и украшениями, которые составляют блестящую, но пустую пышность двора. Ради пышности такого же рода, хотя и более скромной, его знать распускает своих приближенных, делает независимыми своих вассалов и постепенно становится сама имеющей столь же мало значения, как и большинство богатых горожан в его владениях. Те же суетные страсти, которые определяют их образ жизни, воздействуют и на государя. Как можно предполагать, чтобы он был единственным богатым человеком в своих владениях, безразличным к подобного рода удовольствиям? Если он не затрачивает, как это, вероятно, и имеет место, на эти удовольствия столь большую часть своего дохода, чтобы это слишком ослабило обороноспособность государства, то нельзя ожидать, чтобы он не тратил на них всю ту часть своих доходов, которая остается после необходимых издержек на поддержание этой обороноспособности. Его обыкновенные расходы становятся равными его обыкновенным доходам и в лучшем случае не превышают последних. Теперь уже не приходится ожидать накопления сокровищ, и когда чрезвычайные обстоятельства требуют чрезвычайных расходов, он по необходимости бывает должен обращаться к своим подданным за чрезвычайной помощью. Нынешний и покойный короли Пруссии являются единственными великими европейскими государями, которые со времени смерти Генриха IV французского в 1610 г. собрали, как предполагают, сколько-нибудь значительные сокровища. Бережливость, ведущая к накоплению, сделалась почти одинаково редкой как в республиканских, так и в монархических странах. Итальянские республики, Соединенные провинции Нидерландов по уши в долгах. Бернский кантон представляет собой единственную республику в Европе, которая накопила значительную казну, другие швейцарские республики не имеют ее. Страсть к некоторой пышности, к великолепным зданиям и к другим публичным украшениям часто одинаково господствует в трезвом по внешности сенате маленькой республики, как и при развращенном дворе величайшего короля.

Недостаточная бережливость во время мира вызывает необходимость входить в долги во время войны. Когда вспыхивает война, в казначействе не оказывается денег свыше того, что необходимо для покрытия обыкновенных расходов по управлению во время мира. Во время войны для защиты государства становится необходимым расход в три или четыре раза больший, а следовательно, в три или четыре раза больший доход, чем в мирное время. Даже если предположить, что у государя имеются, — а это вряд ли когда-нибудь бывает, — средства для немедленного увеличения его доходов соответственно увеличению расходов, все же налоги, за счет которых должно быть произведено это увеличение доходов, начнут поступать в казначейство, вероятно, не раньше, как спустя 10 или 12 месяцев после введения их. Но уже в самый момент начала войны, или, точнее, в момент, когда выяснится ее неизбежность, армия должна быть увеличена, флот снаряжен, крепости приведены в состояние обороны; эта армия, этот флот, эти крепости должны быть снабжены оружием, снаряжением и продовольствием; в этот момент непосредственной опасности, не ждущей постепенного и медленного поступления новых налогов, должны производиться немедленные и значительные расходы. В такой крайности у правительства не может быть иного выхода, как прибегнуть к займу.

То самое торговое развитие общества, которое посредством действия известных моральных причин приводит таким образом правительство к необходимости занимать деньги, порождает у граждан как возможность ссужать деньги, так и склонность к этому. Если оно приносит с собой необходимость делать долги, оно одновременно с этим создает возможность к этому.

Страна, имеющая в изобилии купцов и владельцев мануфактур, изобилует также такими людьми, через руки которых проходят не только их собственные капиталы, но и капиталы всех тех, кто или ссужает им деньги, или дает им в кредит свои товары, причем эти капиталы обращаются в их руках так же быстро или еще быстрее, чем доход частных лиц, не занимающихся торговлей или промышленностью и живущих на свой доход. Доход последних лиц может обычно проходить через их руки только один раз в год, тогда как вся сумма капитала и кредита купца, ведущего торговлю, в которой обороты очень быстры, может иногда проходить через его руки два, три или четыре раза в год. Поэтому страна, изобилующая купцами и владельцами мануфактур, обладает многочисленным классом людей, которые в любой момент могут, если захотят, ссудить правительству весьма значительную сумму денег. Отсюда способность граждан торгового государства ссужать деньги.

Торговля и мануфактурная промышленность редко могут процветать продолжительное время в государстве, которое не пользуется правильным отправлением правосудия, где население не чувствует себя обеспеченным в обладании своей собственностью, где сила договоров не поддерживается законом и где нет уверенности в том, что власть государства регулярно пускается в ход для вынуждения уплаты долгов всеми теми, кто в состоянии платить. Торговля и мануфактурная промышленность, одним словом, редко могут процветать в государстве, где не существует известной степени доверия к правосудию правительства. То доверие, которое располагает крупных купцов и владельцев мануфактур в нормальных условиях вверять свою собственность защите и покровительству определенного правительства, располагает их в чрезвычайных обстоятельствах доверять этому правительству пользование ею. Ссужая правительству деньги, они даже ни на минуту не уменьшают возможности продолжать свои торговые или промышленные операции, напротив, они обыкновенно лишь увеличивают ее этим. Нужды государства делают правительство в большинстве случаев готовым занимать деньги на условиях, чрезвычайно выгодных для лица, дающего их. Обеспечение, какое правительство предоставляет первоначальному кредитору, может быть передаваемо любому другому кредитору и в силу всеобщего доверия к государству обычно продается на рынке по более высокой цене, чем первоначально было уплачено за него. Купец или денежный человек наживает деньги, ссужая правительство, и не только не уменьшает, а, напротив, увеличивает свой торговый капитал. Поэтому он обыкновенно считает проявлением благосклонности к себе, когда правительство допускает его к участию в первоначальной подписке на новый заем. Отсюда готовность подданных торгового государства ссужать деньги.

Правительство государства очень склонно рассчитывать на такую способность и готовность его подданных ссужать свои деньги в чрезвычайных обстоятельствах. Оно предусматривает легкость занять деньги и потому освобождает себя от обязанности делать сбережения.

На низкой ступени развития общества не существует значительных торговых или промышленных капиталов. Лица, которые копят деньги, какие только могут сберечь, и прячут свои сбережения, делают это из недоверия к правосудию правительства, из боязни быть ограбленными, если только станет известным, что у них имеются сбережения и где эти сбережения можно найти. При таком положении вещей едва ли найдутся охотники ссужать свои деньги правительству в случаях чрезвычайной необходимости. Государь сознает тогда, что должен обеспечить себя на случай такой чрезвычайной нужды посредством бережливости, потому что предвидит абсолютную невозможность занять деньги. Это предвидение еще больше усиливает его естественную наклонность делать сбережения.

Рост громадных долгов, которые в настоящее время гнетут и в конечном счете, вероятно, разорят все великие нации Европы, почти везде происходил однообразно. Нации, как и частные лица, начинали обыкновенно занимать, так сказать, под свой личный кредит, не предоставляя или не закладывая никакого специального фонда в обеспечение уплаты долга, а когда этот способ отказался служить, они перешли к займам под обеспечение или под залог специальных фондов.

Так называемый неконсолидированный долг Великобритании составился первым из указанных способов. Он состоит частью в долге, который не приносит или считается не приносящим процентов и который подобен долгам, заключаемым частным лицом по счетам, и частью в долге, приносящем проценты и подобном долгу, который частное лицо делает под вексель или под обязательство. Долги, вызванные чрезвычайными потребностями или непредусмотренными затратами или расходами, не оплаченными в тот момент, когда они были произведены, часть чрезвычайных расходов на армию, флот, артиллерию, невыплаченные субсидии иностранным государям, невыплаченное жалованье матросам и т.п., составляют обычно долги первого рода. Билеты адмиралтейства и казначейства, которые выпускаются иногда в уплату части таких долгов, а иногда для других целей, составляют долги второго рода, причем казначейские билеты приносят проценты со дня выпуска, а билеты адмиралтейства через шесть месяцев после выпуска. Английский банк, добровольно учитывая эти билеты по их биржевой стоимости или вступая с правительством в соглашение о введении за определенную комиссию в обращение казначейских билетов, т.е. о принятии их по номинальной стоимости с уплатой причитающихся процентов, поддерживает их стоимость и облегчает обращение и этим часто дает правительству возможность заключать очень значительные долги такого рода. Во Франции, где не существует банка, государственные билеты (billets d'état) иногда продавались со скидкой в 60 и 70% номинальной стоимости. Во время большой перечеканки монеты в правление короля Вильгельма, когда Английский банк счел нужным приостановить свои обычные операции, казначейские билеты и купоны продавались, как сообщают, со скидкой от 25 до 60%; это было вызвано отчасти, без сомнения, предполагаемой непрочностью нового правительства, установленного революцией, но отчасти также отсутствием поддержки со стороны Английского банка.

Когда этот источник оказывался исчерпанным и становилось необходимо для получения денег предоставить в обеспечение или заложить какую-либо отрасль государственного дохода, правительство в некоторых случаях делало это двумя различными способами. Иногда оно устанавливало такое обеспечение или залог только на короткий период времени, например на год или на несколько лет, а иногда устанавливало их без срока. В первом случае предоставляемый фонд признавался достаточным для выплаты в течение непродолжительного времени как капитальной суммы долга, так и процентов на нее, во втором случае он признавался достаточным только для уплаты процентов или ежегодного дохода, равного причитающимся процентам, причем правительство сохраняло за собою право выкупить в любой момент эту вечную ренту, уплатив занятую им капитальную сумму. Когда деньги получались первым способом, это называлось срочным долгом, когда они занимались вторым способом, это называлось вечным или консолидированным долгом.

В Великобритании годовой оклад поземельного налога и налога на солод ежегодно получается правительством наперед в силу специальной статьи о займе, постоянно включаемой в законы, которые устанавливают эти налоги. Английский банк обычно авансирует суммы, в размере которых определены эти налоги, взимая процент, который со времени революции колеблется от 8 до 3, и суммы эти уплачиваются ему по мере поступления налогов. Если окажется недобор, — а это бывает всегда, — он покрывается из поступлений следующего года. Таким образом, единственная значительная отрасль государственных доходов, остающаяся еще не заложенной, регулярно расходуется еще до того, как поступает в казначейство. Подобно легкомысленному моту, неотложные нужды которого не позволяют ему выжидать регулярного поступления его доходов, государство постоянно производит займы у своих собственных агентов и комиссионеров и уплачивает проценты за пользование своими собственными деньгами.

В правление короля Вильгельма и в течение значительной части правления королевы Анны, когда мы еще не ознакомились так хорошо, как теперь, с практикой бессрочных займов, большая часть новых налогов устанавливалась лишь на короткий период времени (только на четыре, пять, шесть или семь лет) и значительная часть ассигнований каждого года состояла в займах под ожидаемые поступления от этих налогов. И так как поступления часто оказывались недостаточными для уплаты в короткий срок капитальной суммы долга и процентов по нему, то получалась недоимка, для покрытия которой становилось необходимым продлить срок.

В 1697 г. актом, изданным в 8-й год правления Вильгельма III, ст. 20, недоимки по ряду налогов были отнесены на так называвшуюся тогда первую общую закладную, или фонд, который должен был составиться в результате продолжения до 1 августа 1706 г. нескольких налогов, срок которых истекал раньше и поступления от которых должны были составить один общий фонд. Недоимки, отнесенные к этому продолженному сроку, достигали 5 160 459 ф. 14 шилл. $9\,^1/_4$ п.

В 1701 г. эти налоги вместе с некоторыми другими были с той же целью продолжены до 1 августа 1710 г. и получили название второй общей закладной, или фонда. Отнесенные на него недоимки достигали 2 055 999 ф. 7 шилл. $11\,^1/_2$ п.

В 1707 г. налоги эти были продолжены еще раз в качестве фонда для новых займов до 1 августа 1712 г. и получили название третьей общей закладной, или фонда. Сумма, занятая под них, равнялась 983 254 ф. 11 шилл. $9\,^1/_4$ п.

В 1708 г. эти налоги (за исключением старой субсидии — потонной и пофунтовой пошлины, лишь половина которой была включена в этот фонд, и пошлины на ввозимое шотландское полотно, отмененной ввиду закона о соединении Шотландии с Англией) были снова продолжены в качестве фонда для новых займов до 1 августа 1714 г. и получили название четвертой общей закладной, или фонда. Сумма, занятая под них, равнялась 925 176 ф. 9 шилл. $2\,^1/_4$ п.

В 1709 г. эти налоги (за исключением старой субсидии — потонной и пофунтовой пошлины, которая теперь была совсем выделена из этого фонда) были снова продолжены с той же целью до 1 августа 1716 г. и получили название пятой общей закладной, или фонда. Сумма, занятая под них, равнялась 922 029 ф. 6 шилл.

В 1710 г. эти налоги опять были продолжены до 1 августа 1720 г. под названием шестой общей закладной, или фонда. Сумма, занятая под них, достигала 1 296 552 ф. 9 шилл. $11\,^3/_4$ п.

В 1711 г. эти же налоги (которые, следовательно, к этому времени служили обеспечением для четырех различных займов) вместе с некоторыми другими были продолжены бессрочно и составили фонд для оплаты процентов Южно-океанской компании, которая в этом году ссудила правительству для погашения долгов и покрытия дефицита сумму в 9 177 967 ф. 15 шилл. 4 п. — крупнейший заем, какой был в то время когда-либо произведен.

До этого периода главными и, насколько я мог установить, единственными налогами, которые вводились на вечное время для оплаты процентов по займу, были налоги, предназначенные для выплаты процентов за деньги, ссуженные правительству Английским банком и Ост-Индской компанией, и за суммы, какие ожидали получить, но какие никогда не были получены от проектировавшегося Земельного банка. Банковский фонд в это время достигал 3 375 027 ф. 17 шилл. $10^{1}/_{2}$ п., на которые ежегодно выплачивалось 206 501 ф. 13 шилл. 5 п. процентов. Ост-индский фонд достигал 3200 тыс. ф., и на него выплачивалось ежегодно 160 тыс. ф. процентов; банковский фонд оплачивался 6%, ост-индский — 5%.

В 1715 г. актом 1-го года правления Георга I, гл. 12, различные налоги, выделенные в обеспечение ежегодных платежей Английскому банку вместе с некоторыми другими, тоже превращенными этим актом в постоянные, были соединены в один общий фонд, на который были отнесены не только ежегодные платежи банку, но и различные другие ежегодные платежи и расходы. Этот фонд был потом увеличен актами, изданными в 3-й год правления Георга I, гл. 8, и в 5-й год правления Георга I, гл. 3, и различные налоги, которые были тогда присоединены к нему, были тоже превращены в постоянные.

В 1717 г. актом 3-го года правления Георга I, гл. 7, некоторые другие налоги были превращены в постоянные и объединены в другой общий фонд, названный «Соединенным фондом», для выплаты ряда обязательных ежегодных платежей, достигавших в общей сложности 724 849 ф. 6 шилл. $10^{1}/_{2}$ п.

В результате этих различных актов большая часть налогов, под которые раньше брались авансы лишь на короткий срок, была превращена в постоянные в виде фонда для уплаты не капитала, а только процентов на суммы, которые занимались под них путем ряда последовательных авансов.

Если бы займы делались правительством только в виде краткосрочных авансов, то в течение нескольких лет государственные доходы были бы освобождены от всяких обязательств, причем от правительства не требовалось бы никаких особых усилий, кроме воздержания от перегрузки фонда отнесением на него более значительных долгов, чем возможно выплатить в непродолжительный срок, и от нового аванса до погашения первого аванса. Но большинство европейских правительств было не способно проявлять такое воздержание и осторожность. Они часто переобременяли фонд обеспечения уже при первом авансе; а если это и не имело места, они не упускали случая переобременить его, заключая второй и третий срочный заем до погашения первого. Поскольку в результате этого фонд становился совершенно недостаточным для уплаты и капитальной суммы долга, и процентов на нее, оказывалось необходимым относить на него только проценты или ежегодные платежи, равные причитающимся процентам; такие неблагоразумные авансовые займы неизбежно порождали еще более разорительную практику — бессрочный залог налоговых поступлений в обеспечение займов. Но, хотя такая практика неизбежно отодвигает освобождение государственных доходов от лежащих на них обязательств с точно установленного срока на срок столь неопределенный, что он вряд ли когда-нибудь может наступить, все же, поскольку посредством этой новой практики могут быть получены суммы бо́льшие, чем при помощи прежнего метода краткосрочных авансов, эта новая практика, как только она стала известна, в моменты острой нужды государства повсеместно предпочиталась прежнему методу. Удовлетворение требований данного момента всегда больше всего занимает внимание тех, на ком непосредственно лежит управление общественными делами. Будущее освобождение государственных доходов от лежащих на них обязательств они предоставляют заботам потомства.

Во время правления королевы Анны рыночная норма процента понизилась с 6 до 5, и в 12-м году ее правления 5% были объявлены высшим процентом, какой мог законно взиматься за деньги, занятые под частное обеспечение. Вскоре после того как бо́льшая часть временных налогов Великобритании была превращена в постоянные и распределена по соединенному, южноокеанскому и общему фондам, кредиторы государства, подобно кредиторам частных лиц, должны были согласиться на получение 5% на свои деньги, что привело к экономии в 1% с капитальной суммы большей части долгов, консолидированных таким образом, или в $^1/_6$ большей части ежегодных платежей, производившихся из трех вышеупомянутых фондов. Эта экономия оставляла значительный излишек от поступлений с налогов, соединенных в эти фонды, сравнительно с тем, что было необходимо для уплаты ежегодных платежей, отнесенных теперь на них, и положила начало фонду, названному впоследствии фондом погашения. В 1717 г. он достигал 323 434 ф. 7 шилл. 7 $^1/_2$ п. В 1727 г. норма процента по большей части государственных долгов была понижена еще больше, а именно до 4, а в 1753 и 1757 гг. — до 3 $^1/_2$ и 3; эти понижения нормы процента вели к еще большему увеличению фонда погашения.

Хотя фонд погашения учрежден для уплаты старых долгов, он значительно облегчает заключение новых. Он представляет собой вспомогательный фонд, всегда могущий служить обеспечением в подкрепление какого-нибудь другого сомнительного фонда, под который имеется в виду занять деньги в момент чрезвычайной нужды государства. В дальнейшем достаточно выяснится, для какой из этих двух целей чаще всего употребляется фонд погашения Великобритании. Помимо указанных двух способов займа денег посредством авансовых займов и консолидированных долгов, существует еще два других способа, занимающих как бы среднее место между ними. Это — займы под выплату ренты на определенное число лет и займы под выплату пожизненной ренты.

В правление короля Вильгельма и королевы Анны крупные суммы часто занимались под выплату ежегодной ренты в течение определенного срока, более или менее продолжительного. В 1693 г. был принят закон о займе 1 млн на 16 лет с ежегодной выплатой 14%, или 140 тыс. ф. ст. В 1691 г. был принят закон о займе в 1 млн под выплату пожизненных рент на условиях, которые в настоящее время показались бы очень выгодными. Но подписка не покрыла полностью суммы займа. В следующем году недостающая сумма была пополнена займом под выплату пожизненных рент из 14%, т.е. с капитализацией из семилетнего дохода. В 1695 г. лицам, приобретшим эти ренты, было предоставлено право обменять их на другие ренты сроком на 96 лет с уплатой в казначейство по 63 ф. на каждые 100 ф., т.е. разница между 14-процентной пожизненной рентой и 14-процентной рентой на 96 лет оценивалась в 63 ф., или в сумме доходов за $4\,^1/_2$ года. Правительство считалось настолько непрочным, что даже эти условия привлекли мало покупателей. В правление королевы Анны деньги в различных случаях занимались как под выплату пожизненных рент, так и под выплату срочных рент на 32, 89, 98 и 99 лет. В 1719 г. владельцам ренты на 32 года было предложено принять вместо них акции Южноокеанской компании на сумму доходности ренты за $11\,^1/_2$ лет плюс добавочное количество акций на сумму накопившейся недоимки по их рентам. В 1720 г. в этот же фонд была превращена бóльшая часть других рент на определенное число лет, долгосрочных и краткосрочных. Долгосрочные ренты к этому времени составляли 666 821 ф. 8 шилл. $3\,^1/_2$ п. в год, к 5 января 1775 г. их остаток достигал 136 453 ф. 12 шилл. 8 п.

Во время двух войн, начавшихся в 1739 и 1755 гг., небольшие суммы денег занимались под срочные или пожизненные ренты. Рента на 98 или 99 лет стоит, однако, почти столько, сколько и вечная рента, и должна была бы, можно думать, служить не менее хорошим обеспечением для займов. Но лица, покупающие государственные процентные бумаги для осуществления семейных разделов и для обеспечения в отдаленном будущем, не захотят покупать такие бумаги, стоимость которых постоянно понижается, а такие люди составляют весьма значительную часть владельцев и покупателей процентных бумаг. Ввиду этого долгосрочная рента, хотя ее внутренняя стоимость может почти совсем не отличаться от стоимости вечной ренты, находит меньшее количество покупателей. Подписчики на новый заем, которые обычно имеют в виду по возможности скорее перепродать приобретенные фонды, в большинстве случаев предпочитают вечную ренту, могущую быть выкупленной парламентом, не подлежащей выкупу долгосрочной ренте на ту же сумму. Стоимость первой может считаться всегда неизменной или почти неизменной, и ввиду этого она является гораздо более пригодной для перехода из рук в руки, чем вторая.

Во время обеих только что упомянутых войн срочные или пожизненные ренты предоставлялись только в виде премии подписчикам на новый заем в добавление к подлежащей выкупу ежегодной ренте или к процентам, под обеспечение которых производился заем. Они предоставлялись не как обеспечение, под которое занимались деньги, а в виде добавочного поощрения лицам, ссужающим деньги.

Пожизненные ренты иногда предоставлялись двумя различными способами — на срок жизни отдельных лиц или целой группы, что во Франции называлось тонтиной по фамилии изобретателя этого способа. Когда ренты устанавливаются на срок жизни отдельных лиц, смерть каждого отдельного обладателя ренты уменьшает расход государства на сумму этой ренты. Когда ренты устанавливаются по системе тонтин, расход государства уменьшается только с момента смерти всех обладателей ренты, включенных в одну группу, могущую иногда состоять из 20 или 30 человек, из которых остающиеся в живых наследуют ренты всех тех, кто умирает до них, а последний из остающихся в живых получает в свою пользу ренты всей группы. Под одно и то же обеспечение всегда можно получить больше денег при системе тонтин, чем посредством пожизненных рент для отдельных лиц. Рента с правом наследования рент умирающих членов группы сто́ит в действительности больше, чем рента на такую же сумму по жизнь отдельного лица; ввиду веры в свою удачу, какую имеет каждый человек, на ней основывается успех всех лотерей — такая рента обычно продается несколько дороже своей номинальной стоимости. В странах, где правительство обычно достает деньги посредством предоставления рент, тонтины ввиду этого обычно предпочитаются рентам по жизнь отдельных лиц. Способ, могущий дать больше всего денег, почти всегда предпочитается такому способу, который обещает всего быстрее уменьшить государственные расходы.

Во Франции гораздо большая часть государственных долгов состоит в пожизненных рентах, чем это имеет место в Англии. Согласно записке, представленной королю в 1764 г. Бордоским парламентом, весь государственный долг Франции оценивался в 2400 млн л., причем капитал, на который были предоставлены пожизненные ренты, достигал, по предположению, 300 млн, или восьмой части всего государственного долга. Сами ренты, как полагают, составляют 30 млн в год, четвертую часть 120 млн, т.е. предполагаемой суммы процентов по всему этому долгу. Мне хорошо известно, что эти исчисления не точны, но, поскольку они представлены столь почтенным учреждением как приближающиеся к истине, их можно, мне думается, признать таковыми. Это различие в способах занимать деньги, отличающее правительства Франции и Англии, зависит не от различной степени заботливости, проявляемой ими для освобождения государственных доходов от лежащих на них обязательств. Оно зависит целиком от различия стремлений и интересов людей, ссужающих деньги.

В Англии, где местопребыванием правительства служит крупнейший торговый город мира, обыкновенно ссужают деньги правительству купцы. Ссужая их, они имеют в виду отнюдь не уменьшить, а, напротив, увеличить свои торговые капиталы; и они ни за что не подписывались бы на займы, если бы не рассчитывали продать с некоторой прибылью свою долю подписки на новый заем. Но если бы взамен ссужаемых денег купцы получали не бессрочные ренты, а только пожизненные, безразлично — на срок их собственной жизни или других лиц, они не всегда могли бы так легко продать их с прибылью. Ренты на срок их собственной жизни они всегда могли бы продать только с убытком, потому что никто не захочет дать за ренту на срок жизни другого человека, почти одного с ним возраста и здоровья, такую же цену, какую он дал бы за ренту на срок своей собственной жизни. Конечно, рента на срок жизни третьего лица имеет, без сомнения, одинаковую стоимость для покупателя и продавца, но ее действительная стоимость начинает уменьшаться с момента ее установления и продолжает все более уменьшаться в течение всего времени ее существования. Она поэтому никогда не может быть столько же удобной и легко передаваемой ценной бумагой, как бессрочная рента, действительная стоимость которой может считаться всегда неизменной или почти неизменной.

Во Франции местом пребывания правительства не служит большой торговый город и потому купцы не составляют столь значительного процента среди людей, ссужающих деньги правительству. Люди, занятые финансовыми операциями: главные откупщики, сборщики налогов, не сдаваемых на откуп, придворные банкиры и т.п. — составляют большинство тех, кто ссужает деньги во всех случаях, когда они нужны государству. Такие люди бывают обычно низкого происхождения, но очень богаты и часто весьма спесивы. Они слишком спесивы, чтобы жениться на равных себе, а женщины из кругов знати не желают выходить за них. Они поэтому часто решают оставаться холостяками, не имея собственной семьи и не питая особенной привязанности к семьям своих родственников, которых они не всегда даже готовы признавать; они желают лишь жить в блеске и роскоши, пока не придет смерть, и не имеют ничего против того, чтобы их имущество исчезло вместе с ними самими. Помимо того, во Франции гораздо значительнее, чем в Англии, количество богатых людей, которые не расположены жениться или условия жизни которых делают для них брак неподходящим и неудобным. Для таких людей, мало или совсем не заботящихся о потомстве, ничего не может быть более удобным, чем обмен их капитала на постоянный доход, который будет получаться как раз до тех пор и не дольше, чем это им желательно.

Так как обыкновенные расходы большей части современных правительств в мирное время равны или почти равны их обыкновенным доходам, то при возникновении войны они и не хотят, и не в состоянии увеличить свои доходы соответственно увеличению своих расходов. Они не хотят этого из боязни вызвать неудовольствие народа, который вследствие столь значительного и внезапного увеличения налогов скоро настроится против войны; они не в состоянии сделать это ввиду того, что не знают как следует, какие налоги окажутся достаточными, чтобы принести нужный доход. Легкая возможность занять деньги избавляет их от затруднения, в котором они в противном случае оказались бы благодаря опасениям и затруднениям. Посредством займов они получают возможность при очень умеренном повышении налогов доставать из года в год деньги, достаточные для ведения войны, а посредством практики вечных рент они оказываются в состоянии добывать ежегодно при минимальном повышении налогов максимальные суммы денег. В обширных государствах люди, живущие в столице и в провинциях, отдаленных от театра военных действий, почти не ощущают — по крайней мере многие из них — никаких неудобств от войны, а наслаждаются, никем не тревожимые, чтением в газетах описания подвигов отечественного флота и армий. Для них это удовольствие окупает небольшую разницу между налогами, которые они уплачивают из-за войны, и теми, которые они привыкли платить в мирное время. Они обычно бывают недовольны при восстановлении мира, который кладет конец этому удовольствию, а также фантастическим надеждам на завоевание и приобретение национальной славы при дальнейшем продолжении войны.

Впрочем, восстановление мира редко избавляет их от большей части налогов, установленных во время войны. Эти налоги отданы в обеспечение процентов по займам, заключенным для ведения войны. Если сверх уплаты процентов по этим займам и покрытия обыкновенных расходов правительства прежние доходы вместе с новыми налогами дают некоторый излишний доход, он может быть обращен в фонд погашения этих займов. Но, во-первых, этот фонд погашения, даже при предположении, что им не будут пользоваться для других целей, обычно бывает совершенно недостаточен для выплаты всего долга, сделанного во время войны, за тот период времени, в течение которого можно не без основания ожидать сохранения мира. Во-вторых, этот фонд всегда обращается на другие цели.

Новые налоги были установлены с единственной целью платить проценты по займам, заключенным под них. Если они приносят больше, то этот излишек обычно не имелся в виду и не ожидался и потому редко бывает очень значительным. Фонды погашения обыкновенно составлялись не столько за счет излишков от налогов, превышавших суммы, необходимые для оплаты процентов или ежегодных рент, отнесенных на них, сколько вследствие последующего понижения этих процентов. Фонды погашения Голландии в 1655 г. и Церковной области в 1685 г. образовались именно таким образом. Это объясняет обычную недостаточность этих фондов.

Во время самого глубокого мира происходят различные события, требующие чрезвычайных расходов, и правительство всегда находит более удобным покрыть эти расходы посредством неправильного использования фонда погашения, чем посредством установления нового налога. Всякий новый налог немедленно же более или менее сильно ощущается народом. Он всегда вызывает некоторый ропот и порождает некоторое противодействие. Чем больше умножаются налоги, чем выше поднимаются ставки налогов, взимаемых с различных предметов обложения, тем громче жалуется население по поводу каждого нового налога, тем труднее становится также находить новые предметы обложения или повышать ставки уже существующих налогов. Временная же приостановка выплаты долга непосредственно не ощущается населением и не вызывает ропота или жалоб. Заимствование из фонда погашения всегда представляет простое и легкое средство для того, чтобы выйти из затруднений данного момента. Чем больше накопилось государственных долгов, чем более необходимо стремиться уменьшить их, чем опаснее и губительнее может быть использование не по назначению фонда погашения, тем менее вероятно, чтобы государственные долги были уменьшены в сколько-нибудь значительной степени, тем вероятнее и несомненнее, что фонд погашения будет неправильно употребляться на покрытие всех чрезвычайных расходов, возникающих в мирное время. Когда какая-либо нация уже чрезмерно обременена налогами, ничто, кроме требований новой войны, ничто, кроме чувства национальной мести или опасения за национальную безопасность, не может побудить народ терпеливо подчиниться новому налогу. Это объясняет ставшее обычным неправильное использование фонда погашения.

В Великобритании с того времени, когда мы впервые прибегали к разорительному средству бессрочных долговых обязательств, уменьшение государственного долга в мирное время никогда не соответствовало увеличению его во время войны. Во время войны, начавшейся в 1688 г. и закончившейся Рисквикским договором в 1697 г., было положено основание существующему ныне громадному долгу Великобритании.

На 31 декабря 1697 г. государственные долги Великобритании, консолидированные и неконсолидированные, достигали 21 515 742 ф. 13 шилл. 8 $^1/_2$ п. Значительная часть этих долгов была заключена под краткосрочные обязательства, а некоторая часть — под пожизненные ренты, так что к 31 декабря 1701 г., т.е. меньше чем за четыре года, частью была выплачена и частью возмещена держателям займов сумма в 5 121 041 ф. 12 шилл. $^3/_4$ п. — наибольшее сокращение государственного долга, какое когда-либо с того времени производилось в столь короткий период времени. Таким образом, остающийся долг достигал лишь 16 394 701 ф. 1 шилл. 7 $^1/_4$ п.

Во время войны, начавшейся в 1702 г. и закончившейся Утрехтским договором, государственные долги возросли еще больше: на 31 декабря 1714 г. они достигли суммы в 53 681 076 ф. 5 шилл. 6 $^1/_{12}$ п. Подписка на южноокеанский фонд кратко- и долгосрочных рент увеличила капитальную сумму государственного долга, так что на 31 декабря 1722 г. он достигал 55 282 978 ф. 1 шилл. 3 $^5/_6$ п. Сокращение долга началось в 1723 г. и происходило так медленно, что к 31 декабря 1739 г., т.е. за 17 лет глубокого мира, вся выплаченная сумма не превысила 8 328 354 ф. 17 шилл. 11 $^3/_{12}$ п., так что государственный долг к этому времени выражался в сумме 46 954 623 ф. 3 шилл. 4 $^7/_{12}$ п.

Война с Испанией, начавшаяся в 1739 г., и война с Францией, последовавшая вскоре за нею, повели к дальнейшему увеличению долга, который на 31 декабря 1748 г. после окончания войны договором в Э-ла-Шапелль достигал 78 293 313 ф. 1 шилл. 10 $^3/_4$ п. Глубокий мир, длившийся 17 лет, уменьшил его не более чем на 8 328 354 ф. 17 шилл. 11 $^3/_{12}$ п. Война, продолжавшаяся менее девяти лет, увеличила его на 31 338 689 ф. 18 шилл. 6 $^1/_6$ п.

Во время министерства Пельгэма проценты по государственному долгу были понижены или по крайней мере были приняты меры к понижению их с 4 до 3 на 100; фонд погашения увеличился, и некоторая часть государственного долга была погашена. В 1755 г. накануне возникновения последней войны консолидированный долг Великобритании достигал 72 289 673 ф. К 15 января 1763 г. при заключении мира консолидированный долг достигал 122 603 336 ф.

8 шилл. $2^1/_4$ п. Неконсолидированный долг оценивался в 13927589 ф. 2 шилл. 2 п. Но расходы, вызванные войною, не прекратились с заключением мира, так что, хотя к 5 января 1764 г. консолидированный долг увеличился (отчасти благодаря новому займу и отчасти в результате консолидации части текущего долга) до 129586789 ф. 10 шилл. $1^3/_4$ п., оставался еще (согласно данным очень хорошо осведомленного автора «Рассуждения о торговле и финансах Великобритании») неконсолидированный долг, в этом и следующем году доходивший до 9975017 ф. 12 шилл. $2^{15}/_{44}$ п. Таким образом, согласно этому автору, в 1764 г. государственный долг Великобритании, консолидированный и текущий, достигал суммы 139516807 ф. 2 шилл. 4 п. Кроме того, пожизненные ренты, предоставленные в виде премии подписчикам на новые займы в 1757 г. и капитализированные по доходности за 14 лет, оценивались в 472500 ф., а долгосрочные ренты, тоже предоставленные в виде премии в 1761 и 1762 гг. и капитализированные по доходности за $27^1/_2$ лет, оценивались в 6826875 ф. За время мира в течение около семи лет осторожное и поистине патриотическое управление Пельгэма не смогло погасить старых долгов на 6 млн. За время войны, длившейся почти столько же времени, были сделаны новые долги на 75 млн с лишком.

На 5 января 1775 г. консолидированный долг Великобритании достигал 124996086 ф. 1 шилл. $6^1/_4$ п., неконсолидированный долг, не считая большого долга по цивильному листу, достигал 4150236 ф. 3 шилл. $11^7/_8$ п. Вместе это составляет 129146322 ф. 5 шилл. 6 п. Согласно этому счету, за 11 лет полного мира было погашено всего 10415474 ф. 16 шилл. $9^7/_8$ п. долга. Но даже и это незначительное сокращение долга произведено не целиком за счет сбережений из обыкновенных доходов государства. Различные чрезвычайные поступления, совершенно независимые от обыкновенных доходов, были употреблены для этой цели. В числе их мы можем указать добавочный шиллинг с каждого фунта поземельного налога, взимавшийся в течение трех лет, 2 млн, полученные от Ост-Индской компании в возмещение за ее территориальные приобретения, и 110 тыс. ф., полученные от Английского банка за возобновление его привилегии. К этому следует добавить ряд других сумм, которые, пожалуй, следует вычесть из общей суммы издержек последней войны, поскольку они получены благодаря ей. Главные из них таковы:

	ф.	шилл.	п.
Выручка от захвата французских кораблей	690 449	18	9
Возмещение за французских пленных	670 000	0	0
Выручка при продаже уступленных островов	95 500	0	0
Итого	1 455 949	18	9

Если добавить к этой сумме остаток по счетам лорда Чатама и Калькрафта и другие сбережения подобного же рода на содержание армии вместе с суммами, полученными от Английского банка, Ост-Индской компании и от добавочного шиллинга с фунта поземельного налога, то общий итог должен значительно превысить 5 млн. Таким образом, погашение государственного долга за время мира за счет сбережений из обыкновенных доходов не превышало в среднем полумиллиона в год. Без сомнения, фонд погашения был значительно увеличен после заключения мира в результате выплаты части долга, понижения процентов по выкупаемым обязательствам с четырех до трех и погашения части пожизненных рент; и если бы мир продолжался, то миллион, наверное, можно было бы ежегодно уделять из него на погашение долга. Действительно, за минувший год был выплачен миллион, но в то же самое время был оставлен неоплаченным значительный долг по цивильному листу, а теперь мы вовлечены в новую войну, которая в дальнейшем может оказаться столь же дорогой, как и предыдущие войны. Новый долг, который, вероятно, будет сделан до окончания следующей кампании, будет, наверное, приблизительно равняться той сумме, на какую был уменьшен старый за счет сбережений по обыкновенным доходам государства. Поэтому было бы совершенно неосновательно ожидать, что государственный долг может быть когда-либо полностью погашен посредством возможных сбережений из обыкновенных доходов при их нынешнем состоянии.

Государственные долговые обязательства различных европейских наций, обремененных налогами, в частности Англии, один автор считает суммой огромного капитала, который добавлен к наличному капиталу страны и посредством которого расширяется ее торговля, умножаются ее мануфактуры, улучшаются и обрабатываются ее земли в значительно больших размерах, чем это было бы возможно посредством одного только наличного капитала. Он не принимает во внимание, что капитал, предоставленный первыми кредиторами государства правительству, представлял собой с того самого момента, как был ссужен государству, известную часть годового продукта, отвлеченную от своей функции капитала для того, чтобы служить доходом, отвлеченную от содержания производительного труда к содержанию непроизводительных работников и к тому, чтобы быть израсходованной и растраченной в течение года, даже без надежды на воспроизводство в будущем. В обмен на предоставленный капитал кредиторы, правда, получили ежегодную ренту из государственных средств в большинстве случаев большей стоимости. Эта рента, без сомнения, возместила им их капитал и позволила им вести их торговлю и операции в прежних или, может быть, в еще более широких размерах; это значит, что они получили возможность или занимать у других лиц новый капитал под обеспечение этой ренты, или, продав ее, получить от третьих лиц новый собственный капитал, равный или даже превышающий тот, какой они ссудили правительству. Однако этот новый капитал, приобретенный или занятый ими у третьих лиц, должен был существовать в стране раньше и должен был, как все капиталы, употребляться на содержание производительного труда. Когда он перешел в руки тех, кто ссудил свои деньги правительству, хотя он и явился в некоторых отношениях новым капиталом для них, он не стал таковым для страны; он лишь представлял собою капитал, отвлеченный от одного употребления для того, чтобы быть обращенным на другое. Хотя он возместил им капитал, ссуженный ими правительству, он не возместил его стране. Если бы они не ссудили этого капитала правительству, в стране было бы два капитала, две части годового продукта вместо одной, затрачиваемые на содержание производительного труда.

Когда для покрытия расходов правительства получается ежегодно доход в виде поступлений от свободных, или незаложенных, налогов, известная доля дохода частных лиц отвлекается от содержания одного вида непроизводительного труда на содержание другого. Несомненно, некоторая часть сумм, уплачиваемых ими в виде этих налогов, могла бы быть превращена в капитал, а следовательно, употреблена на содержание производительного труда, но более значительная часть, вероятно, была бы израсходована, а следовательно, употреблена на содержание непроизводительного труда. Покрытие государственных расходов таким способом, без сомнения, затрудняет в большей или меньшей степени дальнейшее накопление нового капитала, но оно не ведет необходимо к уничтожению какой-либо доли фактически существующего капитала.

Когда же государственные расходы покрываются бессрочными займами, они покрываются путем ежегодного уничтожения некоторого капитала, до того существовавшего в стране, поскольку некоторая часть годового продукта, которая раньше предназначалась для содержания производительного труда, отвлекается на содержание труда непроизводительного. Однако так как в этом случае налоги оказываются более легкими, чем они были бы, если бы суммы, достаточные для покрытия этих же расходов, собирались в течение одного года, то частный доход отдельных лиц неизбежно меньше обременяется и вследствие этого значительно меньше ослабляется их способность сберегать и обращать часть этого дохода в капитал. Если практика займов в большей мере уничтожает уже существовавший капитал, то одновременно с этим она в меньшей мере препятствует накоплению или приобретению нового капитала, чем метод покрытия государственных расходов доходами, собираемыми в течение данного года. При системе займов бережливость и трудолюбие частных лиц могут гораздо легче заполнить бреши, которые расточительность и неосмотрительность правительства могут в тех или иных случаях делать в совокупном капитале общества.

Впрочем, эта система бессрочных займов имеет такое преимущество перед другой системой только во время войны. Если бы военные расходы покрывались всегда доходом, получаемым в течение года, то налоги, дающие этот чрезвычайный доход, отменялись бы с окончанием войны. Способность частных лиц накоплять, меньшая во время войны, была бы большей в мирное время, чем при системе бессрочных займов. Война не обязательно приводила бы к уничтожению части существовавших уже капиталов, а мир приводил бы к накоплению значительных новых капиталов. Войны, по общему правилу, заканчивались бы гораздо быстрее и затевались бы не столь опрометчиво. Население, чувствуя во время войны целиком всю тяжесть ее, скоро стало бы тяготиться ею; правительство, чтобы удовлетворить его, не было бы вынуждено вести ее дольше, чем это необходимо. Предвидение тяжелого и неизбежного бремени войны удерживало бы народ от опрометчивого требования ее, когда нет к тому действительных и серьезных оснований. Периоды, в течение которых способность частных лиц накоплять несколько ослабляется, повторялись бы реже и были бы короче. Напротив того, периоды, в течение которых эта способность достигает максимальных размеров, были бы гораздо продолжительнее, чем это может быть при системе бессрочных фундированных долгов.

Помимо того, когда бессрочные фундированные долги достигли значительных размеров, умножение налогов, вызываемое этим, иногда уменьшает способность частных лиц накоплять даже в мирное время столь же сильно, как другая система делает это во время войны.

Доходы Великобритании в мирное время превышают ныне 10 млн ф. в год. Если бы они были свободны от обязательств и не заложены, их могло бы хватить, при надлежащем управлении и не делая ни на один шиллинг новых долгов, на ведение самой упорной войны. Частный доход жителей Великобритании ныне не менее обременен в мирное время, а их способность накоплять ослаблена не меньше, чем это было бы во время наиболее дорогостоящей войны, — и все это в результате применения гибельной системы бессрочных займов.

Как утверждали, при уплате процентов по государственному долгу деньги из правой руки переходят в левую. Деньги не выходят за пределы страны. При этом доля дохода одной части населения переходит к другой, и нация ни на грош не становится беднее. Эта апология целиком основывается на софистике меркантилистической системы, и после подробного рассмотрения, какому я уже подверг эту систему, представляется, пожалуй, излишним распространяться дальше на эту тему. Она предполагает также, что держателями государственных займов являются исключительно жители данной страны, а это как раз и неверно: голландцы, а также ряд других иностранных наций обладают весьма значительной долей наших государственных займов. Но даже если бы весь долг принадлежал жителям страны, он из-за этого не был бы менее гибелен.

Земля и денежные капиталы составляют два основных источника всякого дохода как частного, так и государственного. Денежный капитал оплачивает заработную плату производительного труда, занятого в земледелии, в мануфактурной промышленности или в торговле. Распоряжение этими двумя основными источниками дохода принадлежит двум различным группам — собственникам земли и владельцам денежного капитала или предпринимателям.

Землевладелец заинтересован ради сохранения своего дохода в содержании своего владения в возможно лучшем состоянии — он должен строить и ремонтировать дома своих арендаторов, производить и поддерживать необходимые осушения земель и огораживание их, а также все другие дорогостоящие улучшения, какие надлежит делать и поддерживать землевладельцу. Но в результате различных поземельных налогов доход землевладельца может быть так сильно уменьшен, а из-за всевозможных налогов на предметы необходимости и удобства он может быть сведен к столь незначительной действительной стоимости, что землевладелец может увидеть себя совершенно неспособным производить или поддерживать эти дорогие улучшения. Но когда землевладелец перестает выполнять лежащие на нем обязанности, то становится совершенно невозможным, чтобы арендатор продолжал выполнять свои. По мере увеличения затруднений землевладельца сельское хозяйство страны неизбежно приходит в упадок.

Когда владельцы капитала, производительно прилагающие его, находят, что вследствие различных налогов на предметы необходимости и удобств получаемый от него доход не дает возможности в данной стране приобретать такое же количество предметов необходимости и удобств, какое можно было бы приобрести на равный доход в любой другой стране, они проявляют склонность переселяться в другую страну. А если при взимании этих налогов все или большая часть купцов и владельцев мануфактур, т.е. все или большая часть крупных капиталистов, оказываются обреченными на оскорбительные и неприятные посещения сборщиков налогов, эта склонность переселиться скоро претворится в фактическое переселение. Промышленная деятельность в стране неизбежно придет в упадок с отливом капитала, питавшего ее, и замирание торговли и промышленности будет сопровождаться упадком земледелия.

Передача большей части дохода с земли и капитала от владельцев этих двух главных источников дохода, т.е. от лиц, непосредственно заинтересованных в хорошем состоянии каждого клочка земли и в надлежащем употреблении каждой доли капитала, другой группе лиц (кредиторам государства, не имеющим такого специального интереса) должна в конечном счете привести к небрежному обращению с землей и к расточению или отливу капитала. Не подлежит сомнению, что кредитор государства заинтересован, в общем, в процветании земледелия, промышленности и торговли страны, а следовательно, в хорошем состоянии ее земель и в надлежащем употреблении ее капиталов. При общем упадке одного из этих факторов выручка от различных налогов может оказаться уже недостаточной для того, чтобы производить уплату следуемой ему ежегодной ренты или процентов. Но кредитор государства, рассматриваемый только в этом своем качестве, ни малейшим образом не заинтересован в хорошем состоянии какой-нибудь определенной части земли или в надлежащем употреблении какой-нибудь определенной доли капитала; в качестве кредитора государства он не знает ни одной такой отдельной части, он не наблюдает за ней, не может проявлять заботу о ней. Ее уничтожение может в некоторых случаях оставаться неизвестным ему и не может непосредственно отразиться на нем.

Практика бессрочных фундированных займов приводила к постепенному ослаблению всех государств, которые усваивали ее. Начали применять ее, как кажется, итальянские республики. Генуя и Венеция, единственные две уцелевшие республики, которые могут претендовать на самостоятельное существование, обе были ослаблены ею. Испания, по-видимому, переняла эту практику у итальянских республик и (ввиду того, что ее налоги были, вероятно, менее справедливы, чем у них) была еще более ослаблена сравнительно со своими естественными силами. Долги Испании очень давнего происхождения. Она была значительно обременена долгами еще в конце XVI столетия, т.е. почти за целых 100 лет до того, как Англия имела долг хотя бы в 1 шилл., Франция, несмотря на все свои естественные богатства, изнемогает под таким же тяжелым бременем. Республика Соединенных провинций своими долгами ослаблена не меньше Генуи и Венеции. Возможно ли, чтобы в одной только Великобритании практика, которая приносила всякой другой стране слабость или затруднения, могла оказаться совсем невредной?

Могут возразить, что во всех этих странах налоговая система хуже той, которая существует в Англии. Согласен, что это так. Но не следует забывать, что даже самое мудрое правительство, когда оно исчерпало все подходящие объекты обложения, должно в случаях настоятельной необходимости прибегать к совсем неподходящим. Мудрая Голландская республика в некоторых случаях бывала вынуждена прибегать к налогам, столь же нецелесообразным и неудобным, как большинство налогов Испании. Новая война, начавшаяся до того, как будет освобождена от лежащих на ней обязательств значительная часть государственного дохода, и в ходе своем требующая столь же больших расходов, как и последняя война, может с непреодолимой необходимостью сделать британскую систему обложения столь же обременительной, как и налоговая система Голландии или даже Испании. К чести существующей ныне у нас системы обложения она до сих пор так мало затрудняла развитие промышленности, что даже за время вызывавших наибольшие расходы войн воздержание и надлежащее поведение отдельных лиц оказывались, по-видимому, в состоянии благодаря бережливости и накоплению заполнять все те бреши, которые расточительность и небрежность правительства вызывали в совокупном капитале страны. К моменту окончания последней войны, связанной с наибольшими расходами, какие когда-либо приходилось Великобритании нести во время войны, ее земледелие столь же процветало, ее мануфактуры были столь же многочисленны и работали столь же полным ходом, ее торговля велась в столь же широких размерах, как и прежде. Отсюда следует, что капитал, питавший все эти отрасли производительного труда, не уменьшился за время войны. Со времени заключения мира состояние сельского хозяйства улучшилось еще больше, рента с домов повысилась во всех городах и селах страны — доказательство возрастания богатства и доходов населения; точно так же непрерывно возрастали ежегодные поступления от большей части старых налогов, в частности главных акцизов и пошлин, что тоже служит ясным доказательством увеличения потребления, а следовательно, и увеличения продукции, без которой не может быть и роста потребления. Великобритания, кажется, легко выносит бремя, которое полвека тому назад никто не считал ее способной выдержать. Однако не станем ввиду этого слишком поспешно заключать, что она способна выдержать любое бремя, и даже слишком полагаться на то, что она сможет выдержать, не переживая больших бедствий, бремя, несколько более тяжелое, чем то, какое уже взвалено на нее.

Не было, кажется мне, еще почти ни одного примера того, чтобы национальные долги, накопившиеся до известных пределов, были потом полностью и честно выплачены. Освобождение государственных доходов от лежащих на них обязательств, если оно вообще когда-нибудь происходило, всегда производилось посредством банкротства — в некоторых случаях открыто признанного, но всегда настоящего банкротства, хотя часто в виде фиктивного платежа.

Изменение объявленной стоимости монеты в сторону повышения служило наиболее употребительным средством, при помощи которого фактическому государственному банкротству придавался вид уплаты долгов. Если, например, монета в 6 п. объявлялась актом парламента или королевским указом стоящей столько, сколько шиллинг, а 20 шестипенсовых монет — сколько фунт стерлингов, то лицо, которое заняло при прежнем обозначении монеты 20 шилл., или около 4 унций серебра, заплатит при новом обозначении свой долг 20 шестипенсовыми монетами, или немного менее чем двумя унциями. Национальный долг в размере около 128 млн, почти равный капиталу консолидированного и неконсолидированного долга Великобритании, можно было бы таким путем погасить уплатой 64 млн нашими теперешними деньгами. Но на самом деле это была бы фиктивная уплата и кредиторы государства были бы фактически ограблены в размере 10 шилл. с каждого фунта, должного им. При этом бедствие распространилось бы дальше круга кредиторов государства — такую же потерю понесли бы и кредиторы каждого частного лица, и последнее не сопровождалось бы никакой выгодой, но в большинстве случаев было бы связано с добавочными значительными потерями для кредиторов государства. Конечно, если бы эти последние в общем были должны значительные суммы другим людям, то они могли бы в некоторой мере компенсировать свои потери, платя своим кредиторам той же монетой, какою заплатило им государство; но в большинстве стран большая часть кредиторов государства принадлежит к числу богатых людей, которые выступают больше в роли кредиторов, чем должников, по отношению к остальным своим согражданам. Таким образом, фиктивная уплата такого рода, вместо того чтобы уменьшить, в большинстве случаев только увеличивает потери кредиторов государства и, не принося никакой выгоды обществу, распространяет бедствие на значительное число других невинных людей. Она вызывает общее и чрезвычайно опасное перемещение состояний частных людей, обогащая в большинстве случаев ленивого и расточительного должника за счет трудолюбивого и бережливого кредитора и перенося значительную часть национального капитала из рук тех, кто скорее всего увеличит его, в руки тех, кто, вероятно, расстроит и уничтожит его. Когда государство оказывается в необходимости, как это бывает и с отдельным частным лицом, объявить себя банкротом, то честное, открытое и признанное банкротство всегда является мерой, которая наименее позорит должника и меньше всего причиняет вреда кредитору. О репутации государства, несомненно, очень мало заботятся, когда в целях избежания позора действительного банкротства прибегают к мошеннической уловке этого рода, столь легко разгадываемой и в то же самое время столь гибельной.

Тем не менее почти все государства, как древние, так и современные, когда они оказывались перед такой необходимостью, в ряде случаев прибегали как раз к этой мошеннической уловке. Римляне в конце Первой Пунической войны уменьшили содержание меди в ассе — монете, посредством которой они исчисляли стоимость всех других своих монет, — с 12 унций всего только до 2, т.е. 2 унциям меди они дали название, каким раньше выражали всегда стоимость 12 унций. Республика, таким образом, получила возможность уплатить крупные долги, которые она сделала посредством шестой части того, что она в действительности была должна. Мы в настоящее время склонны были бы предполагать, что столь неожиданное и грандиозное банкротство должно было вызвать очень сильное возмущение народа. Но, по-видимому, оно ничего подобного не вызвало. Закон, устанавливающий эту меру, подобно всем другим законам, относящимся к денежному обращению, был внесен и проведен через народное собрание трибуном и, вероятно, был очень популярным законом. В Риме, как и во всех других древних республиках, бедняки были постоянно должниками богатых и знатных, которые, желая обеспечить себе их голоса на ежегодных выборах, обычно ссужали им деньги под чрезмерно высокие проценты; так как последние никогда не уплачивались, то долг скоро возрастал до таких размеров, что ни должник не мог заплатить его сам, ни кто-либо другой за него. Должник из страха весьма сурового взыскания вынужден был без всякого вознаграждения голосовать за кандидата, рекомендуемого кредитором. Несмотря на все законы против подкупов и взяток, подачки кандидатов вместе с происходившей время от времени раздачей хлеба, согласно постановлению сената, представляли собою главные источники, из которых в последний период Римской республики беднейшие граждане получали свои средства к существованию. Для того чтобы освободиться от такого порабощения своими кредиторами, беднейшие граждане постоянно требовали или полной отмены всех долговых обязательств, или, как они выражались, новых таблиц, т.е. закона, который освобождал бы их целиком от накопившихся на них долгов при уплате лишь определенной доли последних. Закон, уменьшивший до $^{1}/_{6}$ части стоимость монеты всех обозначений, самым выгодным образом шел навстречу их требованию, так как давал им возможность уплатить свои долги посредством шестой части того, что они были фактически должны. Для успокоения народа богатые и знатные неоднократно бывали вынуждены соглашаться на издание законов, отменяющих долги и вводящих новые таблицы; они, вероятно, побуждались соглашаться на этот закон отчасти из-за указанных выше соображений, а отчасти потому, что, освободив от бремени долгов государственные доходы, они могли восстановить силу правительства, руководство которым находилось главным образом в их собственных руках. Операция такого рода должна была сразу уменьшить долг в 128 млн до 21 333 333 ф. 6 шилл. 8 п. Во время Второй Пунической войны стоимость асса была снова понижена сперва с 2 унций меди до 1 унции, а потом с 1 унции до пол-унции; т.е. до $^{1}/_{24}$ части его первоначальной стоимости. Соединив три римские операции в одну, долг в 128 млн на наши деньги можно было бы, таким образом, уменьшить сразу до 5 333 333 ф. 6 шилл. 8 п. Даже громадный долг Великобритании можно было таким способом скоро выплатить.

Посредством таких мероприятий, если не ошибаюсь, монета всех наций постепенно все более и более понижалась сравнительно со своей первоначальной стоимостью, и та же самая номинальная сумма постепенно стала содержать все меньшее и меньшее количество серебра.

Иногда народы для той же цели изменяли пробу своей монеты, т.е. примешивали к ней большее количество лигатуры. Если бы, например, на фунт по весу нашей серебряной монеты примешивалось 8 унций лигатуры вместо 18 п.

 весом согласно теперешней пробе, то фунт стерлингов или 20 шилл. такой монеты стоили бы немногим больше 6 шилл. 8 п. на наши теперешние деньги. Количество серебра, содержащееся в 6 шилл. 8 п. на наши теперешние деньги, было бы таким образом повышено в стоимости почти до фунта стерлингов. Искажение пробы сопровождается совершенно тем же результатом, как и так называемое у французов повышение обозначения монеты.

Увеличение или прямое повышение обозначения монеты всегда представляет собой и по самому своему характеру должно быть гласной и общепризнанной операцией. В результате ее монеты меньшего веса и размера получают такое же название, какое раньше было присвоено монетам большего веса и размера. Изменение пробы, напротив, обычно бывало скрытой операцией. В результате ее монетным двором выпускались в обращение монеты того же обозначения и по мере возможности того же веса, размера и внешнего вида, какие имели монеты гораздо большей стоимости, обращавшиеся до того. Когда французский король Иоанн* для уплаты своих долгов прибег к порче своей монеты, со всех служащих монетного двора была взята присяга о сохранении этого в тайне. Обе операции несправедливы, но простое повышение объявленной стоимости монеты представляет собой дело открытого насилия, тогда как порча монеты не что иное, как обман и мошенничество. Поэтому последний прием, как только узнавали о нем, — а скрыть это на продолжительное время никогда нельзя — всегда возбуждал гораздо большее негодование, чем операция первого рода. Очень редко бывало, чтобы монета после сколько-нибудь значительного увеличения ее объявленной стоимости снова доводилась до своего прежнего вида, тогда как после величайшей порчи она почти всегда доводилась до прежнего содержания металла. Почти никогда не удавалось успокоить возмущение народа иным путем.

В конце правления Генриха VIII и в начале правления Эдуарда VI английская монета была не только повышена в своей номинальной стоимости, но и подвергалась порче

---

* См. Словарь Дюканжа (слово «Moneta»), бенедиктинское издание.

своей пробы. Такой же обман практиковался в Шотландии во время несовершеннолетия Якова VI. То же самое делалось и в большинстве других стран.

По-видимому, совершенно напрасно ожидать, чтобы государственные доходы Великобритании были когда-либо вполне освобождены от лежащих на них обязательств или даже чтобы были сделаны сколько-нибудь значительные успехи на пути к этому освобождению, раз излишек доходов или остаток после покрытия ежегодных издержек управления мирного времени так ничтожен. Вполне очевидно, что такое освобождение никогда не может быть произведено без весьма значительного увеличения государственных доходов или столь же значительного сокращения государственных расходов.

Более равномерный поземельный налог, более равномерный налог на ренту с домов и такие изменения в современной системе пошлин и акцизов, которые указаны в предыдущей главе, могли бы, пожалуй, не увеличивая бремени, лежащего на большей части народа, а только распределяя более равномерно его тяжесть между всеми жителями страны, привести к значительному увеличению дохода. Но и самый крайний оптимист вряд ли сможет обольщать себя надеждой, что какое-либо увеличение этого рода позволит вполне освободить государственные доходы или настолько приблизиться к такому освобождению за время мира, чтобы предотвратить или компенсировать дальнейшее накопление государственных долгов во время ближайшей войны.

Распространив британскую систему обложения на все области империи, населенные лицами британского или европейского происхождения, можно было бы ожидать гораздо большего увеличения доходов. Впрочем, это вряд ли может быть осуществлено без нарушения принципов британской конституции и без включения в британский парламент или, если хотите, в генеральные штаты Британской империи справедливого и равномерного представительства всех этих областей; представительство каждой области должно было бы находиться в таком же соответствии с суммой уплачиваемых ею налогов, в каком представительство Великобритании находится с суммой налогов, взимаемых в Великобритании. Частные интересы многих могущественных людей, закоренелые предрассудки народных масс в настоящее время, как кажется, ставят для столь серьезной реформы такие препятствия, которые, может быть, очень трудно, а пожалуй, и совершенно невозможно преодолеть. Тем не менее, не претендуя решать вопрос о том, насколько осуществимо или неосуществимо такое объединение, не будет, пожалуй, неуместным в теоретическом исследовании, каким является настоящее сочинение, выяснить, в какой мере британская система обложения может быть применена к различным областям империи, какого дохода можно ожидать от нее в таком случае и как может отразиться объединение такого рода на благоденствии и благосостоянии различных областей, включенных в него. Такие рассуждения в худшем случае могут быть признаны новой утопией, несомненно, менее интересной, но не более бесполезной и химеричной, чем какая-нибудь старая.

Поземельный налог, штемпельные сборы и разного рода таможенные пошлины и акцизы составляют четыре главные группы британских налогов.

Ирландия, несомненно, столь же в состоянии, а наши американские и вест-индские поселения еще больше в состоянии платить поземельный налог, чем Великобритания. Там, где землевладелец не обложен ни десятиной, ни налогом на бедных, он, разумеется, должен иметь большую возможность уплачивать этот налог, чем там, где на него взвалены оба эти бремени. Десятина в тех местах, где она не заменяется определенной суммой денег и взимается натурой, уменьшает ренту землевладельца более значительно, чем поземельный налог в размере 5 шилл. с фунта. Такая десятина в большинстве случаев превышает четверть действительной ренты с земли или того, что остается после полного возмещения капитала фермера вместе с умеренной прибылью на него. Если не считать все десятины в денежной форме и все десятины, отчужденные в пользу светских лиц, то всю церковную десятину Великобритании и Ирландии следует определить не меньше чем в 6 или 7 млн. Если бы в Великобритании и Ирландии совсем не существовало десятины, землевладельцы могли бы платить на 6 или 7 млн добавочного поземельного налога, не будучи обременены больше того, чем обременено в настоящее время большинство их. Америка не платит десятины и потому без труда может платить поземельный налог. Правда, земли в Америке и в Вест-Индии по общему правилу не сдаются в аренду. Поэтому их нельзя облагать в соответствии с уплачиваемой рентой. Но и земли Великобритании в 4-й год правления Вильгельма и Марии были обложены не соответственно ставкам арендных договоров, а в соответствии с очень приблизительной и неточной оценкой. Земли в Америке могли бы быть обложены или таким же образом, или на основании справедливой оценки, согласно данным точного обследования, как это недавно было сделано в Миланском герцогстве и во владениях Австрии, Пруссии и Сардинии.

Штемпельные и гербовые сборы могут, очевидно, взиматься без всяких изменений во всех странах, где формы судопроизводства и акты, посредством которых совершается передача реальной и личной собственности, одинаковы или почти одинаковы.

Распространение на Ирландию и колонии таможенных законов Великобритании при условии, что оно сопровождалось бы, как этого требует справедливость, распространением на них свободы торговли, было бы в высшей степени выгодно им. Сразу был бы положен конец всем завистливым ограничениям, которые ныне стесняют торговлю Ирландии, различию между так называемыми перечисленными и неперечисленными товарами Америки. Страны, расположенные к северу от мыса Финистер, стали бы столь же открыты для всех решительно продуктов Америки, как открыты в настоящее время страны, находящиеся южнее этого мыса, для некоторых ее продуктов. Вследствие такого единообразия таможенных законов торговля между всеми различными частями Британской империи сделалась бы столь же свободной, как и прибрежная торговля Великобритании в настоящее время. Британская империя, таким образом, создала бы в своих пределах громадный внутренний рынок для всех продуктов всех своих областей. Столь большое расширение рынка скоро возместит Ирландии и колониям все, что они потеряют от увеличения таможенных пошлин.

Акцизные сборы представляют собой единственную часть британской системы обложения, которая потребует видоизменений применительно к различным областям империи, где она будет вводиться. В Ирландии она может быть применена без всяких изменений, поскольку производство и потребление этого королевства по характеру своему ничем не отличаются от Великобритании. При применении ее в Америке и Вест-Индии, производство и потребление которых так сильно отличается от Великобритании, могут оказаться необходимыми некоторые видоизменения, как это было сделано при применении ее в графствах Англии, славящихся производством сидра и пива.

Обычным напитком значительной части населения Америки является, например, хмельный напиток, называемый пивом, но который, ввиду того что он изготовляется из патоки, очень мало походит на наше пиво. Этот напиток, так как он может сохраняться всего несколько дней, нельзя, подобно нашему пиву, изготовлять и хранить для продажи на больших пивоваренных заводах; каждая отдельная семья должна варить его для своего собственного потребления совсем так, как она варит себе пищу. Но было бы совершенно несовместимо со свободой подвергать каждую частную семью тягостным посещениям и опросам сборщиков налогов, как это мы делаем с содержателями пивных и с пивоварами, изготовляющими пиво для продажи. Если из соображений равенства будет сочтено необходимым обложить налогом этот напиток, это можно будет сделать, обложив материал, из которого он делается, или в месте его производства, или, если условия промысла сделают такой акциз неудобным, установив пошлину при ввозе его в колонию, где он потребляется. Сверх пошлины в 1 пенни на галлон, установленной британским парламентом при ввозе патоки в Америку, существует еще провинциальная пошлина такого же рода в 8 п. с бочки при ввозе ее в Массачусетскую бухту на судах, принадлежащих какой-либо другой колонии, а также пошлина в 5 п. с галлона при ввозе из ее северных колоний в Южную Каролину. Или, если ни один из этих способов не будет найден удобным, каждая семья сможет производить единовременную уплату за свое потребление этого напитка соответственно количеству лиц, из которых она состоит, как это делают частные семьи в Англии при уплате налога на солод, или в зависимости от возраста и пола этих лиц, как взимаются различные налоги в Голландии, или приблизительно так, как сэр Мэтью Деккер предлагает взимать в Англии все налоги на предметы потребления. Как уже указано, этот способ обложения при применении его к предметам, быстро потребляемым, не очень удобен. Все же он мог бы быть принят в тех случаях, когда нельзя было бы применить лучшего.

Сахар, ром и табак представляют собой товары, которые, не являясь нигде предметами жизненной необходимости, сделались предметами почти всеобщего потребления и поэтому чрезвычайно подходят для обложения их налогом. Если состоится объединение с колониями, эти предметы можно будет облагать или до того, как они выйдут из рук промышленника или производителя, или, если такой способ обложения окажется не соответствующим условиям промысла этих лиц, их можно будет помещать в государственные склады как в месте производства, так и в различных портах империи, куда они могут быть в дальнейшем отправлены, под соединенным надзором владельца и податного чиновника до наступления того момента, когда их надо будет передать потребителю, розничному торговцу для потребления внутри страны или экспортеру, причем налог не будет уплачиваться до такой сдачи товара. При выдаче товара для вывоза он освобождается от пошлины, если представлена надлежащая гарантия, что он действительно будет вывезен за пределы империи. Это, вероятно, главные товары, по отношению к которым при объединении с колониями могут понадобиться сколько-нибудь значительные изменения в действующей ныне британской системе обложения.

Без сомнения, невозможно установить хотя бы с приблизительной точностью, каковы могут быть размеры дохода при распространении этой системы обложения на все различные области империи. При действии этой системы ежегодно взимается в Великобритании с населения, не достигающего 8 млн человек, более 10 млн. Ирландия имеет более 2 млн жителей, а согласно отчетам, представленным конгрессу, 12 объединенных провинций Америки имеют более 3 млн жителей. Однако возможно, что эти отчеты преувеличены, чтобы подбодрить свой собственный народ или застращать жителей нашей страны; поэтому мы примем, что наши североамериканские и вест-индские колонии, взятые вместе, имеют население, не превышающее 3 млн человек, или что вся Британская империя в Европе и Америке имеет не более 13 млн жителей. Если с населения, не достигающего 8 млн человек, эта система обложения собирает доход в 10 млн с лишним, то с 13 млн она должна собирать доход, превышающий 16 250 тыс. ф. ст. Из этого дохода, если предположить, что эта система может дать его, следует вычесть доход, обычно получаемый с Ирландии и колоний для покрытия расходов по их гражданскому управлению. Расходы гражданского и военного ведомств Ирландии вместе с процентами по государственному долгу составляют в среднем за два года, кончающиеся мартом 1775 г., несколько менее 750 тыс. ф. в год. Согласно весьма точному исчислению дохода главных колоний Америки и Вест-Индии, он достигал до возникновения нынешних смут 141 800 ф. В этом исчислении, впрочем, отсутствует доход Мэриленда, Северной Каролины и всех наших позднейших приобретений на материке и на островах, что составит, вероятно, разницу в 30 или 40 тыс. ф. Итак, округляя цифры, предположим, что доход, необходимый для содержания гражданского управления Ирландии и колоний, достигает одного миллиона. Следовательно, остается доход в 15 250 тыс. ф. на покрытие общих расходов империи и для уплаты государственного долга. Но если из получающегося ныне дохода Великобритании оказывается возможным уделять во время мира 1 млн на уплату долга, то из этого увеличивающегося дохода совсем нетрудно сберечь для этой цели 6250 тыс. ф. Притом этот фонд погашения сможет увеличиваться каждый год на сумму процентов с той части долга, которая погашалась бы в предыдущем году, и, таким образом, сможет возрастать столь быстро, что он окажется спустя немного лет достаточным для уплаты всего долга и, следовательно, для полного восстановления столь ослабленной ныне мощи империи. В то же самое время народ мог бы быть освобожден от некоторых наиболее отяготительных налогов, от налогов, какими обложены предметы необходимости или промышленное сырье. Бедный труженик получит таким образом возможность жить лучше, работать дешевле и посылать свои изделия на рынок по более дешевой цене. Дешевизна его изделий увеличит спрос на них, а следовательно, на труд тех, кто производит их. Такое увеличение спроса на труд увеличит численность и улучшит условия жизни трудящихся бедняков. Их потребление возрастет, а вместе с этим возрастет и доход, получающийся со всех тех предметов их потребления, которые будет сочтено нужным по-прежнему облагать налогом.

Впрочем, доход, получающийся от такой системы обложения, может не сразу возрасти соответственно количеству людей, на которых она будет распространена. Некоторое время необходимо будет проявлять большую снисходительность к областям империи, на которые будет, таким образом, возложено бремя, ранее непривычное для них; и даже, когда эти налоги станут повсюду взиматься неукоснительно, они не везде будут давать доход, пропорциональный численности населения. В бедной стране потребление главных предметов, облагаемых таможенными пошлинами и акцизом, очень незначительно, а в редконаселенной стране очень велики возможности для контрабанды. Потребление напитков, изготовляемых из солода, среди низших классов Шотландии очень невелико, и акциз на солод, пиво и эль приносит там меньше, чем в Англии, если принять во внимание численность населения и размер налогов, который для солода установлен там в другом размере ввиду его предполагаемого другого качества. В этой области акциза, насколько мне известно, в Шотландии не наблюдается значительно больше контрабанды, чем в Англии. Акциз со спирта и большая часть таможенных пошлин сравнительно с численностью населения в обеих странах приносят в Шотландии меньше, чем в Англии, не только вследствие меньшего потребления облагаемых предметов, но и ввиду большей легкости контрабанды. В Ирландии низший класс населения еще беднее, чем в Шотландии, и многие части страны населены почти столь же редко. Поэтому в Ирландии потребление обложенных предметов может оказаться сравнительно с численностью населения еще меньшим, чем в Шотландии, а легкость контрабанды — почти такая же. В Америке и в Вест-Индии белое население даже низших классов находится в гораздо лучших условиях, чем лица этих же классов в Европе, и их потребление всех предметов роскоши, какие они обычно позволяют себе, вероятно, намного значительнее. Правда, чернокожие, которые составляют большинство населения как в южных колониях на материке, так и на Вест-Индских островах, находятся в состоянии рабства, и потому их положение должно быть хуже, чем положение беднейшего населения Шотландии или Ирландии; однако не следует думать ввиду этого, что они хуже питаются или что их потребление предметов, которые могли бы быть обложены умеренными налогами, меньше потребления даже низших классов населения Англии. Для того чтобы они хорошо работали, их владелец заинтересован кормить их хорошо и поддерживать в них бодрое настроение совсем так, как заинтересован в этом же по отношению к своему рабочему скоту. В соответствии с этим чернокожие почти повсюду получают свою порцию рома и патоки или пива, как и белые слуги; и они, вероятно, не будут лишены этой порции при обложении этих предметов умеренными налогами. Поэтому потребление обложенных предметов по сравнению с численностью населения будет в Америке и Вест-Индии, вероятно, не меньше, чем в любой другой части Британской империи. Возможностей для контрабанды будет, правда, гораздо больше, поскольку Америка сравнительно с размерами страны гораздо реже заселена, чем Шотландия и Ирландия. Однако если доход, который ныне получается от различных налогов на солод и на приготовляемые из него напитки, будет взиматься посредством налога на один лишь солод, то почти будет уничтожена возможность контрабанды в главнейшей отрасли акциза; а если таможенные пошлины не будут взиматься со всех почти ввозимых предметов и вместо того будут ограничены немногими предметами наиболее всеобщего потребления и если пошлины будут взиматься в порядке, установленном акцизными законами, то возможность контрабанды, если и не будет совсем уничтожена, будет весьма значительно уменьшена. В результате этих двух, очевидно, очень простых и легких реформ таможенные пошлины и акцизные сборы смогут, вероятно, приносить доход, столь же большой сравнительно с потреблением чрезвычайно редконаселенной провинции, какой получается ныне сравнительно с потреблением наиболее населенной.

Указывали, правда, что американцы не имеют золотых или серебряных денег; внутренняя торговля страны ведется у них при помощи бумажных денег, а все золото и серебро, которое иногда попадает к ним, отсылается целиком в Великобританию в обмен на товары, получаемые ими от нас; а без золота и серебра, прибавляют к этому, нет возможности уплачивать налоги. Мы уже получили все то золото и серебро, которое они имеют. Как возможно брать у них то, чего у них нет?

Современный недостаток золота и серебра в Америке не является следствием бедности этой страны или неспособности ее населения приобретать эти металлы. В стране, где заработная плата настолько выше, а цена предметов продовольствия настолько ниже, чем в Англии, большая часть населения должна, несомненно, иметь на что покупать более значительное количество благородных металлов, если бы это ему было нужно или удобно. Поэтому недостаток этих металлов должен быть лишь результатом собственного желания населения, а не необходимости.

Золотые или серебряные деньги бывают необходимы или удобны для ведения операций внутри страны или с заграницей.

Как выяснено во второй книге настоящего исследования, торговые сделки внутри каждой страны могут, по крайней мере в мирное время, совершаться посредством бумажных денег почти с таким же удобством, как и посредством золотых и серебряных денег. Американцам, которые всегда могут употреблять с прибылью на улучшение своих земель больший капитал, чем они в состоянии достать без труда, выгодно возможно более экономить при расходовании столь дорогостоящего орудия торговли, как золото и серебро, и лучше употреблять ту часть своего избыточного продукта, которая была бы нужна для приобретения этих металлов, на покупку орудий производства, предметов одежды, различных предметов домашней обстановки, хозяйства и тех железных изделий, которые нужны для постройки и расширения их поселений и плантаций, — на приобретение не мертвого, а активного и производительного капитала. Колониальные правительства находят выгодным снабжать население таким количеством бумажных денег, какое вполне достаточно, а обычно и более чем достаточно для ведения всех их внутренних торговых операций. Некоторые из этих правительств, в особенности правительство Пенсильвании, извлекают доход от ссуды этих бумажных денег своим подданным, взимая определенный процент. Другие, подобно правительству Массачусетса, выпускают в случаях чрезвычайной необходимости бумажные деньги этого рода для покрытия государственных расходов, а потом, когда позволяют обстоятельства, выкупают их по уменьшенной стоимости, до которой они постепенно падают. В 1747 г. названная колония уплатила таким образом большую часть своих государственных долгов посредством десятой части суммы, на которую были выпущены ее кредитные билеты. Выгодам плантаторов соответствует сберегать издержки по употреблению золота и серебра в их внутренних торговых сделках, а колониальным правительствам выгодно снабжать их орудием обмена, употребление которого, правда, связано с некоторыми очень значительными неудобствами, но которое позволяет им экономить эти издержки. Обилие бумажных денег неизбежно вытесняет золото и серебро из внутреннего обращения колоний по той же причине, по которой они вытеснили эти металлы из большей части внутреннего обращения Шотландии. И в обеих странах не бедность, а предприимчивость населения, его желание дать деятельное и производительное применение всему капиталу, который оно может добыть, привели к такому обилию бумажных денег.

Во внешней торговле, которую различные колонии ведут с Великобританией, золото и серебро употребляется в большей или меньшей степени, в точном соответствии с тем, насколько они необходимы. В тех случаях, когда эти металлы не бывают необходимы, они редко появляются на сцене. Когда они необходимы, их обычно находят.

В торговле между Великобританией и колониями, производящими табак, британские товары обычно предоставляются колонистам в кредит на довольно продолжительный срок и потом оплачиваются табаком, расцененным по определенной цене. Колонистам удобнее платить табаком, чем золотом и серебром. Для всякого купца было бы удобнее платить за товары, проданные ему его контрагентами, какими-либо другими товарами, которыми он торгует, чем платить за них деньгами. Такому купцу не было бы надобности держать часть своего капитала при себе бездеятельной и в наличных деньгах для покрытия возможных требований. Он мог бы все время держать большее количество товаров в своей лавке или в своем складе и мог бы более широко развить свои обороты. Но редко бывает удобным для всех клиентов купца получать платежи за продаваемые ему товары товарами какого-либо другого рода, которыми он торгует. Британские купцы, ведущие торговлю с Мэрилендом и Виргинией, оказываются особого рода клиентами, которым удобнее получать платежи за товары, продаваемые ими колониям, табаком, а не золотом и серебром. Они ожидают получить прибыль от продажи табака. Никакой прибыли они не могут получить от продажи золота и серебра. Поэтому золото и серебро очень редко появляются в торговле между Великобританией и производящими табак колониями. Мэриленду и Виргинии эти металлы одинаково мало нужны как в их внешней, так и во внутренней торговле. Соответственно этому сообщают, что у них меньше золотых и серебряных денег, чем в какой-либо другой колонии Америки. Тем не менее они считаются столь же преуспевающими, а следовательно, и богатыми, как любая из соседних колоний.

В северных колониях, каковы Пенсильвания, Нью-Йорк, Нью-Джерси, четыре округа Новой Англии и др., стоимость продуктов, вывозимых ими в Великобританию, не равна стоимости мануфактурных изделий, которые они ввозят для собственного потребления и для потребления некоторых других колоний, посредниками для которых они служат. Поэтому баланс должен уплачиваться метрополии золотом и серебром, и нужные для этого суммы они обычно находят.

В колониях, производящих сахар, стоимость продукта, ежегодно вывозимого в Великобританию, намного превышает стоимость всех товаров, ввозимых оттуда. Если бы сахар и ром, ежегодно отправляемые в метрополию, оплачивались на месте в этих колониях, то Великобритания была бы вынуждена пересылать ежегодно очень большую разницу наличными деньгами, и торговля с Вест-Индией признавалась бы известным сортом политиков чрезвычайно невыгодной. Но обстоятельства сложились так, что многие из главных владельцев сахарных плантаций живут постоянно в Великобритании. Их ренты доставляются им сахаром и ромом, продуктами их поместий. Сахар и ром, покупаемые купцами Вест-Индии в этих колониях за их собственный счет, не равны по стоимости товарам, которые они ежегодно продают там. Поэтому разница должна выплачиваться им золотом и серебром, и обыкновенно это делается без затруднений.

Затруднения и нерегулярность в платежах различных колоний Великобритании отнюдь не зависели от больших или меньших размеров разницы, которую должна была платить каждая из них. Платежи обычно были более регулярны со стороны северных колоний, чем со стороны колоний, производящих табак, хотя первые уплачивали обычно очень значительную разницу наличными деньгами, тогда как последним или совсем не приходилось платить разницу, или приходилось платить гораздо меньшую. Трудность получать платежи от наших различных сахарных колоний была большей или меньшей в зависимости не столько от размеров разницы, какую они должны были платить, сколько от количества невозделанной земли, находившейся в них, т.е. от большего или меньшего соблазна для плантаторов вести торговлю в слишком больших размерах или заселять и возделывать большие пространства свободной земли, чем это соответствовало размерам их капиталов. Поступления с большого острова Ямайка, где имеется еще больше невозделанной земли, были ввиду этого обычно еще более нерегулярны, чем с островов меньшего размера, Барбадоса, Антигуа и св. Христофора, которые за последнее время были целиком заняты под культуру и потому оставляли меньше поприща для спекуляций плантаторов. Недавние приобретения Гренады, Тобаго, Сент-Винцентса и Доминики открыли новое поле для спекуляций этого рода, и поступления с этих островов были в последнее время столь же нерегулярны и неверны, как с большого острова Ямайка.

Таким образом, отнюдь не бедность колоний вызывает у большей части их нынешний недостаток в золотой и серебряной монете. Большой спрос на активный и производительный капитал делает удобным для них иметь как можно меньше мертвого капитала и ввиду этого располагает их довольствоваться более дешевым, хотя и менее удобным орудием торговли, чем золото и серебро. Благодаря этому они получают возможность превращать стоимость этого золота и серебра в орудия производства, в предметы одежды, в домашнюю утварь и обзаведение, в железные изделия, необходимые для постройки и расширения их плантаций и поселений. Что касается тех отраслей торговли, которые нельзя вести без золота и серебра, то, по-видимому, они всегда могут найти необходимое количество этих металлов, а если часто они не находят его, это является следствием не их бедности, а излишней и чрезмерной предприимчивости. Их платежи нерегулярны и ненадежны не потому, что они бедны, а потому, что они слишком стремятся сделаться чрезвычайно богатыми. Если бы даже вся та часть поступлений с налогов, взимаемых в колониях, которая превышает сумму, необходимую для оплаты расходов их собственных гражданских и военных учреждений, пересылалась в Великобританию золотом и серебром, у колоний оставалось бы более чем достаточно средств для приобретения требующегося количества этих металлов. Правда, в этом случае они были бы вынуждены обменять часть своего избыточного продукта, на которую они теперь покупают активный и производительный капитал, на капитал мертвый. В своих внутренних торговых сделках они были бы вынуждены употреблять дорогое орудие торговли вместо дешевого, и расходы на приобретение этого дорогого орудия могли бы несколько умерить живость и пылкость их чрезмерной предприимчивости в деле улучшения земли. Однако возможно, что совсем не было бы необходимости отсылать какую-либо часть американского дохода в золоте и серебре. Его можно было бы переводить посредством векселей, выписанных на великобританских купцов и акцептованных ими, купцов, которым была отправлена часть избыточного продукта Америки и которые вносили бы наличными деньгами в казначейство получаемые с Америки поступления, получив сами предварительно их стоимость товарами; вся эта операция могла бы часто выполняться без того, чтобы из Америки вывозилась хотя бы одна унция золота или серебра. Отнюдь не противоречит справедливости, чтобы Ирландия и Америка участвовали в погашении государственного долга Великобритании. Этот долг был заключен в целях поддержания правительства, созданного революцией, правительства, которому протестанты Ирландии обязаны не только всем тем влиянием, каким они ныне пользуются в своей стране, но и всеми гарантиями их свободы, собственности и религии, какими они обладают, правительства, которому некоторые из колоний Америки обязаны своими хартиями, а следовательно, своей нынешней конституцией, и которому все колонии Америки обязаны своей свободой, безопасностью и собственностью, какими они все время пользовались. Этот государственный долг был заключен для защиты не одной только Великобритании, но всех многочисленных областей империи; в частности, громадный долг, заключенный во время последней войны, и значительная часть долга, заключенного во время предшествовавшей ей войны, были заключены, собственно, для защиты Америки.

При объединении с Великобританией Ирландия получит помимо свободы торговли другие, гораздо более важные, выгоды, которые более чем вознаградят ее за любое увеличение налогов, могущее сопровождать такое объединение. Благодаря соединению с Англией средние и низшие классы народа в Шотландии получили полное избавление от власти аристократии, которая всегда до того угнетала их. Благодаря соединению с Великобританией большинство людей всех классов населения Ирландии получит столь же полное освобождение от гораздо более гнетущей аристократии — аристократии, не основанной, как в Шотландии, на естественных и почтенных отличиях рождения и богатства, а покоящейся на самых отвратительных из всех отличий, а именно отличий, коренящихся в религиозных и политических предубеждениях, отличий, которые больше всяких других возбуждают наглость угнетателей, ненависть и возмущение угнетаемых и которые обыкновенно внушают жителям одной и той же страны больше вражды друг к другу, чем испытывают ее по отношению друг к другу жители разных стран. Без объединения с Великобританией жители Ирландии еще в течение многих веков вряд ли смогут считать себя единым народом.

В колониях никогда не господствовала какая-либо аристократия, угнетающая народ. Но даже и они с точки зрения спокойствия и счастья значительно выиграют от соединения с Великобританией. Оно по крайней мере избавит их от тех мстительных и злобных партий, которые неразлучны со всеми небольшими демократиями и которые так часто вносили разделение в чувства населения и нарушали спокойствие их управления, по форме своей столь близкого к демократическому. В случае полного отделения от Великобритании, которое, весьма вероятно, произойдет, если не будет предупреждено указанным соединением, эти партии станут в 10 раз более ожесточенными, чем когда бы то ни было. До возникновения нынешних смут сдерживающая сила метрополии всегда была в состоянии препятствовать действиям этих партий вылиться в нечто худшее, чем в грубые насилия и оскорбления. Если эта сдерживающая сила будет совсем устранена, их борьба скоро проявится, вероятно, в открытом насилии и кровопролитии. Во всех обширных странах, объединенных под властью одного общего правительства, дух партийности обычно не так силен в отдаленных провинциях, как в центре государства. Отдаленность этих провинций от столицы, от главного средоточия великого котла партийной вражды и честолюбий, заставляет их менее интересоваться взглядами борющихся партий и делает более безучастными и беспристрастными зрителями поведения их всех. Партийный дух не так сильно проявляется в Шотландии, как в Англии. В случае соединения он, вероятно, будет меньше проявляться в Ирландии, чем в Шотландии, а колонии, наверное, скоро станут наслаждаться согласием и единодушием, в настоящее время не известными ни в одной части Британской империи. Правда, на Ирландию и колонии будут распространены налоги более тяжелые, чем те, которые они платят ныне. Однако в результате старательного и добросовестного употребления государственных доходов на погашение государственного долга большая часть этих налогов продержится недолго, и государственные доходы Великобритании скоро смогут быть сокращены до тех размеров, какие необходимы для содержания экономного управления мирного времени.

Территориальные приобретения Ост-Индской компании, это бесспорное достояние короны, т.е. государства и народа Великобритании, могут быть сделаны другим источником дохода, более обильным, пожалуй, чем все уже упомянутые. Эти страны изображаются более плодородными, более обширными и сравнительно со своими размерами более богатыми и населенными, чем Великобритания. Для получения от них большого дохода не понадобится, вероятно, вводить какую-либо новую систему обложения в страны, уже достаточно и более чем достаточно обложенные налогами. Может, пожалуй, оказаться более целесообразным облегчить, а не отягчить бремя этих несчастных стран и постараться извлекать из них доход не посредством введения новых налогов, а посредством предупреждения присвоения и растраты большей части налогов, которые они уже платят.

Если будет сочтено неудобным или невыполнимым для Великобритании получение сколько-нибудь значительного увеличения доходов от упомянутых выше источников, то единственное средство, которое может оставаться у нее, — это сокращение ее расходов. В отношении способа собирания и расходования государственных доходов (хотя в той и другой области остается еще много места для улучшения) Великобритания, по-видимому, по меньшей мере столь же экономна, как и любая из соседних с нею стран. Ее военные расходы, производимые в мирное время в целях собственной защиты, более умеренны, чем соответствующие расходы любого европейского государства, которое может претендовать на соперничество с нею в отношении богатства или могущества. Поэтому в этой области, по-видимому, невозможно сколько-нибудь значительное сокращение расходов. Расходы по гражданскому управлению мирного времени в колониях были до возникновения нынешних смут очень значительны и представляют собой расход, который может быть и — если из колоний нельзя будет получить никакого дохода — безусловно должен быть совершенно вычеркнут. Этот постоянный расход во время мира, хотя и очень большой, представляется незначительным в сравнении с тем расходом, какого стоит нам защита колоний во время войны. Последняя война, предпринятая целиком из-за колоний, обошлась Великобритании, как уже отмечено, свыше 90 млн. Война с Испанией в 1739 г. была затеяна главным образом из-за них; во время этой войны и войны с Францией, которая была вызвана ею, Великобритания израсходовала свыше 40 млн, значительная часть которых должна быть по справедливости отнесена на счет колоний. За эти две войны колонии обошлись Великобритании гораздо более чем вдвое по сравнению с той суммой, какой достигал национальный долг перед началом первой из них. Если бы не эти войны, этот долг мог бы и, вероятно, был бы к настоящему моменту совершенно выплачен. И если бы не колонии, первая из этих войн, возможно, не была бы затеяна, а последняя, наверное, не была бы начата. Только потому, что колонии рассматривались как провинции Британской империи, этот расход был произведен ради них. Но страны, не доставляющие ни дохода, ни военной силы для поддержки империи, не могут быть признаваемы провинциями. Их можно, пожалуй, считать поместьями, своего рода блестящим и показным украшением империи. Но если империя не может дольше выдерживать расход по содержанию такого украшения, она, без сомнения, должна отказаться от него, а если она не в состоянии повысить свои доходы соответственно своим расходам, ей следует по крайней мере согласовать свои расходы с доходами. Если колонии, несмотря на их отказ признать британские налоги, все же будут по-прежнему считаться провинциями Британской империи, то защита их во время какой-либо из будущих войн может обойтись Великобритании в такую же большую сумму, как в одной из предыдущих войн. Правители Великобритании в течение более столетия услаждали народ мыслью, что он владеет по ту сторону Атлантического океана громадной империей. Однако эта империя до сих пор существовала только в воображении. До сих пор это была не империя, а только проект ее, не золотой рудник, а только проект золотого рудника, проект, который стоил, продолжает стоить и, если за него будут держаться так, как до сих пор, будет и дольше стоить громадных издержек, не обещая приносить ни малейшей прибыли, потому что монополия торговли с колониями, как это было уже выяснено, для главной массы народа приносит скорее убыток, чем прибыль. Пора уже, без сомнения, чтобы наши правители либо осуществили тот золотой сон, в котором они, возможно, сами пребывали до сих пор вместе с народом, либо же чтобы они сами проснулись и постарались пробудить от него народ. Если проект не может быть осуществлен, от него надо отказаться. Если какие-либо провинции Британской империи нельзя заставить участвовать в содержании всей империи, то, несомненно, настало время, чтобы Великобритания освободила себя от расхода по защите этих провинций во время войны и от содержания той или иной отрасли их гражданского или военного управления во время мира и постаралась согласовать свои будущие стремления и планы с фактической скудостью своих средств.

Содержание

Научно-популярное издание

Смит Адам

ИССЛЕДОВАНИЕ О ПРИРОДЕ И ПРИЧИНАХ БОГАТСТВА НАРОДОВ

Ответственный редактор *Н. Никитенко*
Компьютерная верстка: *Р. Рыдалин*
Технический редактор *Т. Полонская*
Корректор *Н. Митрофанова*

Подписано в печать 03.09.2019. Формат 76x100 $^{1}/_{32}$.
Печать офсетная. Гарнитура Newton.
Усл. печ. л. 47,15. Тираж 5000 экз. Заказ № 7643.

Произведено в Российской Федерации
Изготовлено в 2019 г.
Изготовитель: ООО «Издательство АСТ»
129085, г. Москва, Звёздный бульвар, дом 21, строение 1, комната 705, пом. I, 7 этаж.
Наш электронный адрес: **www.ast.ru.** Интернет-магазин: **www.book24.ru.**
E-mail: **neoclassic@ast.ru.** ВКонтакте: **vk.com/ast_neoclassic.**

«Баспа Аста» деген ООО
129085, г. Мәскеу, Жұлдызды гүлзар, д. 21, 1 құрылым, 705 бөлме, пом. 1, 7-қабат
Біздің электрондық мекенжаймыз: **www.ast.ru**
Интернет-магазин: **www.book24.kz** Интернет-дүкен: **www.book24.kz**
Импортер в Республику Казахстан и Представитель по приему претензий
в Республике Казахстан — ТОО РДЦ Алматы, г. Алматы.
Қазақстан Республикасына импорттаушы және Қазақстан Республикасында
наразылықтарды қабылдау бойынша өкіл — «РДЦ-Алматы» ЖШС, Алматы
қ., Домбровский көш., 3«а», Б литері офис 1. Тел.: 8(727) 2 51 59 90,91,
факс: 8 (727) 251 59 92 ішкі 107; E-mail: **RDC-Almaty@eksmo.kz, www.book24.kz**
Тауар белгісі: «АСТ» Өндірілген жылы: 2019
Өнімнің жарамдылық; мерзімі шектелмеген.

Отпечатано с готовых файлов заказчика
в АО «Первая Образцовая типография»,
филиал «УЛЬЯНОВСКИЙ ДОМ ПЕЧАТИ»
432980, Россия, г. Ульяновск, ул. Гончарова, 14

16+